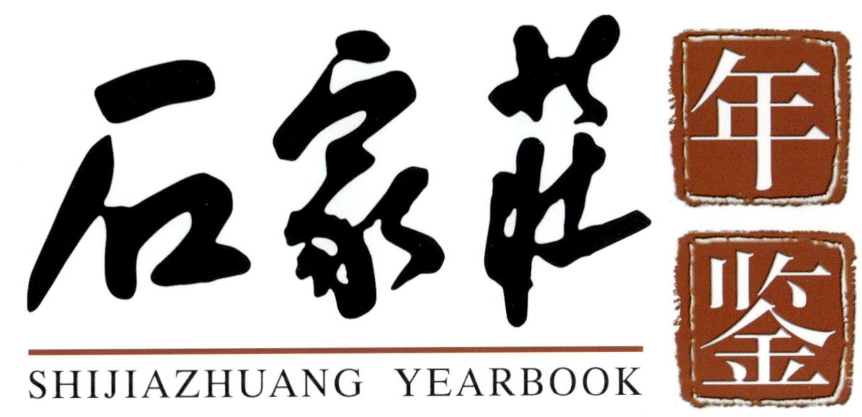

2019 石家庄市地方志编纂委员会 编

河北出版传媒集团
河北人民出版社
·石家庄·

图书在版编目（CIP）数据

石家庄年鉴．2019/石家庄市地方志编纂委员会编
．—石家庄：河北人民出版社，2020.12
ISBN 978-7-202-15324-6

Ⅰ．①石… Ⅱ．①石… Ⅲ．①石家庄—2019—年鉴
Ⅳ．①Z522.21

中国版本图书馆 CIP 数据核字（2020）第 266919 号

书　　名　石家庄年鉴 2019
　　　　　SHIJIAZHUANG NIANJIAN 2019
编　　者　石家庄市地方志编纂委员会

责任编辑　王　颖
美术编辑　于艳红
策划总监　薛鹏飞
版式设计　速诺传媒
封面设计　王　鹏
翻　　译　杨永林

出版发行　河北出版传媒集团　河北人民出版社
　　　　　（石家庄市友谊北大街 330 号）
印　　刷　山东黄氏印务有限公司
开　　本　889 毫米 ×1194 毫米　1/16
印　　张　36
字　　数　1 045 000
版　　次　2020 年 12 月第 1 版　2020 年 12 月第 1 次印刷
书　　号　ISBN 978-7-202-15324-6
定　　价　500.00 元

石家庄市地方志编纂委员会

名誉主任：邢国辉　省委常委　市委书记

主　　任：（空缺）　市委副书记、市长

常务副主任：李雪荣　市委常委、常务副市长

副　主　任：罗　利　市委常委、市委秘书长

楚行宇　市人大常委会副主任

葛瑞芳　市政协副主席

李　清　市委原副书记

郭广生　市政府原副市长

高际永　市委常务副秘书长、市委办公室主任

苏志超　市政府秘书长、市政府办公室主任

委　　员：郭纯阳　市委宣传部常务副部长、市新闻出版局局长

刘　力　市委组织部副部长

祁军英　市档案馆馆长

李　霞　市委党史研究室主任

于燕红　市社会科学院院长

王东华　市财政局局长

赵建林　市发展和改革委员会主任

赵立芬　市教育局局长

王雁南　市科学技术局局长

刘生彦　市工业和信息化局局长

左力鸥　市民政局局长

张忠良　市人力资源和社会保障局党组书记

赵路新　市自然资源和规划局党组书记

李君涛　市生态环境局局长
付庆文　市住房和城乡建设局局长
王溪波　市农业农村局党组书记、局长
常志卷　市商务局局长
赵　勇　市投资促进局局长
赵俊芳　市委宣传部副部长
　　　　市文化广电和旅游局党组书记
崔　芸　市卫生健康委员会主任
暴胜贤　市应急管理局党组书记
张军卫　市国有资产监督管理委员会主任
宋国宏　市市场监督管理局党组书记
金福中　市统计局局长
任维维　市体育局局长
赵　东　市地方金融监督管理局局长
周树仁　市行政审批局局长
张颖悟　市税务局局长

《石家庄年鉴》特邀编委

刘月霞（新乐市）　王春乔（晋州市）　米志科（藁城区）
赵荣德（鹿泉区）　段广平（栾城区）　李蕙萍（行唐县）
马军山（井陉县）　袁剑军（深泽县）　屈海平（赵　县）
冯建林（赞皇县）　刘　庆（灵寿县）
杨永林（河北人民出版社）　王　颖（河北人民出版社）
赵　蕊（河北人民出版社）　郭　忠（河北人民出版社）

石家莊年鉴 SHIJIAZHUANG YEARBOOK

《石家庄年鉴》编纂

主　编：祁军英

副主编：曹立波　薛鹏飞

《石家庄年鉴》编辑部

主　　任：薛鹏飞

副 主 任：肖海军

责任编辑（以承编顺序为序）：

薛鹏飞：图照、特载、大事记、索引

肖海军：市情概览、党政机关、工业、城乡建设、生态环境、交通运输·邮政、信息产业

崔海萍：农业农村、商业·旅游、金融、综合经济管理

王建峰：开发区·园区·保税区、群众团体、法治、军事·外事·台港澳侨事务、卫生·体育

郝　楠：科学技术、教育、文化、社会生活、区县（市）、人物、附录

数字石家庄

土地面积 13504 平方千米
常住人口 1031.49 万人
户籍人口 981.60 万人

地区生产总值 6082.6 亿元，同比增长 7.5%
第一产业增加值 373.2 亿元
第二产业增加值 2000.6 亿元
第三产业增加值 3212.8 亿元

财政收入 1040.0 亿元，同比增长 13.5%
公共财政预算收入 500.9 亿元
财政支出 938.2 亿元
社会消费品零售总额 2934.1 亿元
实际利用外资 14.9 亿美元

农林牧渔业总产值 593.67 亿元，同比增长 3.1%
粮食播种面积 68.11 万公顷，总产量 424.79 万吨
小麦总产量 195.86 万吨，平均亩产 891.4 千克
玉米总产量 217.01 万吨，平均亩产 896.4 千克

规模以上工业企业 2324 家
规模以上工业企业总资产 6283.9 亿元
规模以上工业企业主营业务收入 4349.9 亿元
规模以上工业企业利润 280.5 亿元

石家庄机场通航城市 84 个
石家庄机场旅客吞吐量 1133.25 万人次
石家庄机场货邮吞吐量 4.61 万吨
普通铁路营业里程 328.72 千米
高速铁路营业里程 468.36 千米
铁路客运量 4692.7 万人次
铁路货运量 6162.6 万吨
地铁营运里程 30.3 千米
地铁客运量 8731.96 万人次
公路通车总里程 18112.49 千米
公路客运量 4.51 亿人次
公路货运量 5.2 亿吨
公交车辆 5730 辆
公交营运总里程 1.87 亿千米
公交客运总量 4.18 亿人次

商品住房上市面积 543.8 万平方米
商品住房成交面积 485.1 万平方米
商品住房成交均价 9584 元 / 平方米
存量住房成交面积 171.2 万平方米
存量住房成交均价 15144 元 / 平方米
住房公积金年度归集 100.94 亿元
住房公积金年度提取 66.8 亿元

建筑业总产值 1297.16 亿元

建筑业利润总额 28.01 亿元
建筑业施工企业 2212 家

接待海内外游客 1.07 亿人次
旅游业总收入 1211.01 亿元

对外贸易进出口总值 864.1 亿元
出口总值 533.2 亿元
进口总值 330.9 亿元

金融机构年末人民币存款余额 13225.2 亿元
金融机构年末人民币贷款余额 10095.1 亿元

森林覆盖率 40.6%
建成区绿地面积 9411.9 公顷
建成区绿化覆盖率 40.98%
市区一级优良天数 5 天，二级良好天数 146 天

专利申请量 19421 件，专利授权量 11450 件
发明专利申请量 4696 件，发明专利授权量 1487 件
学校（不含高校）3544 所，在校生 185.60 万人
幼儿园 1641 所，在园幼儿 31.0 万人
小学 1359 所，在校学生 84.42 万人
初中 188 所，在校学生 33.62 万人
高级中学 59 所，在校学生 17.0 万人

市属高校 5 所，在校学生 5.94 万人
卫生医疗机构 7563 个，卫生医疗床位 60665 张
执业（助理）医师 37438 人，注册护士 32523 人

城镇居民年人均可支配收入 38550 元
城镇居民年人均消费支出 23349 元
农村居民年人均可支配收入 15853 元
农村居民年人均消费支出 9908 元

城乡居民养老保险参保人数 408.1 万人
城镇职工养老保险参保人数 253.6 万人
城乡居民医疗保险参保人数 937.5 万人
城镇职工失业保险参保人数 95.5 万人
城镇职工工伤保险参保人数 164.1 万人
享受居民最低生活保障 10.3 万人
城镇新增就业 19.5 万人
城镇登记失业率 3.31%
农村劳动力转移就业 5.72 万人

户籍登记家庭 2862744 户
户籍登记出生人口 120162 人
户籍登记死亡人口 33091 人
户籍登记男性 4931089 人、女性 4884917 人
户籍登记 60 岁以上老人 1847956 人
结婚登记 67667 对，离婚登记 24800 对

编辑说明

一、《石家庄年鉴》是全面记述石家庄市情的权威性地方综合年鉴。1993年开始编纂，1993～1994年、1995～1996年为两年合刊，1997年起逐年出版，面向国内外公开发行。2019年起，《石家庄年鉴》由石家庄市档案馆负责编纂。

二、本年鉴以马克思列宁主义、毛泽东思想、邓小平理论、“三个代表”重要思想、科学发展观、习近平新时代中国特色社会主义思想为指导，如实记录上一年度石家庄市的自然、政治、经济、军事、文化、科技、教育等方面情况，充分反映各行各业取得的成就，客观记述改革和建设中的经验与教训，是各级领导和机构实施决策的重要依据，也是国内外了解石家庄市最准确、最权威的资料性文献。

三、《石家庄年鉴2019》是《石家庄年鉴》总第24卷，主要记述2018年度石家庄市经济社会等发展情况。本卷采用分类编纂法，由类目、分目、条目三个部分组成，共设特载、大事记、市情概览、开发区·园区·保税区、党政机关、群众团体、法治、军事·外事·台港澳侨事务、农业农村、工业、城乡建设、生态环境、交通运输·邮政、信息产业、商业·旅游、金融、综合经济管理、科学技术、教育、文化、卫生·体育、社会生活、区县（市）、人物、附录25个类目。条目统一用黑体字加【】表示。记述时间“月”“日”，未标注年份均为2018年。货币单位“元”，无专门标注均指人民币。为帮助读者理解内文，部分条目下设立“链接”注释。记述土地用地、占地、耕地面积有的使用“亩”，其余均采用国家规定的法定计量单位。

四、年鉴组稿采取部门供稿与国家工作人员采编相结合的方式。市直各部门、各县（市、区）及有关单位均指定专人撰写，并经主管领导审核。

五、本年鉴数据一般截至2018年12月31日，个别事情记述上限适当追溯，下限稍有延长，以供读者了解发展脉络。全局性数据以石家庄市统计局提供的数据为准。统计资料由石家庄市统计局和政府部门提供。2013年6月原石家庄辛集市划归河北省直接管辖，如无标注说明，本年鉴数据一般不包括辛集市。“特载”全文引用，数据未作改动，其他内文数据均为准确数据。因统计口径等原因，有关部门提供的个别数据与统计数据不尽一致，采用时请予注意。

◆ 2018年7月3日，省委常委、市委书记邢国辉（前排右）到长安区青园社区参加党员到社区报到活动，并调研指导社区党建工作

◆ 2018年4月30日，省委常委、市委书记邢国辉（前排左三）到栾城区调研指导奇瑞（石家庄）新能源汽车项目

◆ 2018年7月27日，市人大常委会主任司存喜（左五）参加《石家庄市公共文明行为条例》主题宣传活动启动仪式

◆ 2018年5月14日，市政协主席刘明轩（中）视察指导全市创新创业工作

从严治党

2018年全市纪检监察机关忠实履行党章和宪法赋予的职责，持之以恒正风肃纪，坚定不移惩贪治腐，深入整治侵害群众利益的不正之风和腐败问题。全年通报曝光典型案例215起409人，问责党员干部760人，处分580人；查处违反中央八项规定精神和“四风”问题671件，处分227人；立案审查调查各类违纪违法案件3564件，其中，县处级干部96人次、乡科级干部809人次，党纪政务处分3402人，移送司法机关51人。

◆ 2018年2月9日，石家庄市监察委员会挂牌成立

◆ 2018年2月4日，中国共产党石家庄市第十届纪律检查委员会第二次全体会议在亚太大酒店国际会议中心举行

◆ 2018年7月30日，石家庄市全面从严治党暨政治性警示教育大会在亚太大酒店国际会议中心举行

◆ 2018年8月10日，十届市委第五轮巡察动员部署会在亚太大酒店国际会议中心举行

滹沱河生态修复

◆ 滹沱河旅游休憩观览区

◆ 滹沱河畔

滹沱河生态
修复藁城段

城市规划

◆ 中央商务区金融南区鸟瞰图

◆ 石家庄综合保税区鸟瞰图

◆ 高新区天山世界之门鸟瞰图

◆ 2018年12月21日，市委宣传部、市工业和信息局、市企业家协会联合举行石家庄市庆祝改革开放40周年“工业铸魂”大型颁奖盛典

魂
放40周年
石家庄工业盛典
家庄广播电视台 市企业家协会

应急救援演习与比武大赛

◆ 6月29日，石家庄市2018年危险化学品事故应急救援演习在石家庄宝丰化工有限公司举行

◆ 7月26日，石家庄市2018年重点企业应急救援技能比武大赛举行

青年志愿服务

◆ 选拔优秀青年志愿者服务2018中国国际数字经济峰会

◆ 组织优秀青年志愿者服务河北省第十五届运动会

石家庄市动物园

石家庄市动物园始建于1947年，最初地址为石家庄市人民公园（今河北省会儿童少年活动中心）。1983年，市动物园实施第一次搬迁，由人民公园搬迁至西郊动物园（今石家庄市裕西公园）。2005年，市动物园第二次搬迁至鹿泉区杜家庄西北侧向阳南大街，距离石家庄主城区17.5千米，总占地面积3500余亩（除国有土地180余亩外，均为租赁地），动物展区2000亩。2007年市动物园获评省会城市名片，并被命名为石家庄市百年十大精品园林建筑；2009年获评五星级公园；2015年获授“全国科普教育基地”称号。至2018年底，市动物园饲养和展出有大熊猫、火烈鸟、金丝猴、东北虎、亚洲象、黑猩猩、白虎、长颈鹿等动物248种4607只（头）。

◆ 大熊猫馆

◆ 天鹅湖

◆ 狮虎谷

◆ 火烈鸟

石家庄市植物园

石家庄市植物园位于市区西北部（新华区植物园街60号），距离石家庄主城区14千米，是一个以植物观赏为主，集科研科普、游览观光、休闲娱乐、社会生产等多功能为一体的大型综合性公园。市植物园始建于1998年4月25日，一期工程建设时间为1998年4月25日至当年9月26日，二期工程建设时间为2002年6月16至2003年9月30日，经过两期工程建造，市植物园总占地面积达到167.1公顷，其中，水体面积38.7公顷，湖岸线长1.5万米，蓄水量64万立方米。市植物园被国家和河北省分别确定为“全国青少年科学教育基地”“全国中小学环境教育社会实践基地”“河北省科普教育基地”，并获评河北省“五星级公园”。至2018年底，市植物园拥有乔木138种4.78万株、灌木272种29.3万株及荷花、睡莲、红赤鸢尾等水生植物50余种；乔木主要品种为银杏、白蜡、法桐、油松、海棠栾树等；灌木主要品种为月季、百日红、木槿、榆叶梅、连翘等。

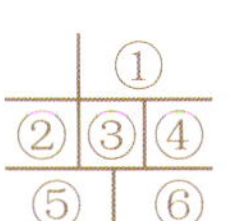

①市植物园入口

②花钟

③观景台

④玫瑰艺术广场

⑤市植物园景区鸟瞰图

⑥初秋植物园

千年古县——大美灵寿

灵寿县位于石家庄市西北部，距离石家庄市主城区30千米，东与行唐县，东南与正定县，西与平山县、五台县，南与鹿泉区，北与阜平县相邻。著名景区有五岳寨等。灵寿县是山区县、老区县、国家扶贫开发工作重点县，也是民政部、联合国地名考察组命名的“千年古县”。总面积1066平方千米，辖6个镇、9个乡，1个省级经济开发区，3个居委会，279个行政村，常住人口34.0万人。2018年灵寿县完成地区生产总值93.8亿元，同比增长5.2%；全部财政收入7.9亿元，同比增长31.0%，其中，公共财政预算收入5.0亿元，增长22.9%；财政支出25.6亿元，同比增长25.5%。2018年12月27日，河北省政府批复同意灵寿县城为省级园林县城。

◆ 松阳河湿地公园

◆ 古中山城阙

◆ 圣地五岳寨

◆ 灵寿夜景

华药集团

华北制药集团有限责任公司（简称华药集团）位于石家庄市和平东路388号。华药集团前身为华北制药厂，1953年6月筹建，1958年6月建成投产，1992年重组设立华北制药股份有限公司，1994年在上海证券交易所挂牌上市（股票名称：华北制药，股票代码：600812）。1996年1月华北制药厂改制为国有独资公司——华北制药集团有限责任公司。2009年6月经河北省政府批准，冀中能源集团重组华药集团。2018年华药集团实现营业收入132亿元，位列石家庄百强企业第15位，实现利税9.1亿元，资产总额206亿元，拥有职工14616人、子（分）公司40余家。华药集团“华北制药”品牌价值196.62亿元。

◆ 华药集团华民药业新头孢生产线

◆ 华药集团新制剂软胶囊生产线

◆ 华药集团河北华民药业有限责任公司

目　录

CONTENTS

特　载
Special Reports

1　市委全会报告
Report of the Committee of The Municipal Committee of the CPC
8　政府工作报告
Report on the Work of the Government

大 事 记
Chronicles of Events

19　1月
January
19　2月
February
19　3月
March
19　4月
April
20　5月
May
20　6月
June
21　7月
July
21　8月
August
21　9月
September
22　10月
October
23　11月
November
23　12月
December

市情概览
City Overview

24　行政区划
Administrative Divisions
24　概况
24　地理位置
24　区划设置
25　建置沿革
Evolution of Organizational System
26　市标
City Symbol
26　概况
26　市花
26　市树
26　自然资源
Natural Resources
26　矿产资源
27　能源资源
27　生物资源
28　水资源
28　土地资源
28　人口
Population
28　概况
29　人口性别
29　人口分布
30　年龄构成
30　民族·宗教
Ethnics & Religions
30　民族
31　宗教

31 风景名胜
Famous Tourist Sites
31 概况
31 纪念馆、陵园
31 风景区
33 古迹
35 气候
Climate
35 概况
36 气温
36 降水
37 日照
37 异常天气
37 国民经济与社会发展
National Economics and Society Development
37 概况
39 农业
40 工业
41 商业和旅游
42 财政和金融
42 科学技术和教育
43 文化、卫生和体育
43 城乡交通和生态环境
43 人民生活和社会保障
44 4 家企业入选中国企业 500 强
44 《关于支持民营经济高质量发展的政策措施》

开发区・园区・保税区

Development Zone & Bonded Zone

49 石家庄国家高新技术产业开发区
Shijiazhuang National High and New Technology Industrial Development Zone
49 概况
49 产业项目
50 招商引资
51 人才引进
51 科技创新
51 京津冀协同发展
51 城区建设
52 社会民生
52 河北石家庄循环化工园区
Hebei Shijiazhuang Cyclic Chemical Industry Park
52 概况
53 产业项目
53 城区建设
53 社会民生
54 石家庄综合保税区
Shijiazhuang Comprehensive Bonded Zone
54 概况
55 重点项目
55 商品贸易
55 获批设立国际邮件互换局
55 社会事业

党政机关

Party and Government Organs

56 中国共产党石家庄市委员会
Shijiazhuang Municipal Committee of the CPC
56 概况
57 中共石家庄市委及工作部门组成人员
58 中共石家庄市委常委会会议
63 中共石家庄市委全会
63 市委理论学习中心组学习会
65 市委全面深化改革领导小组会议
65 巡视巡察
66 组织工作
Organization Work
66 概况
66 干部管理
67 党组织建设
67 党员队伍
68 离退休老干部管理
68 宣传工作
Publicity Work
68 概况
69 政治理论学习
69 新闻宣传
69 社会主义核心价值观教育
70 文化产业
70 第四届“善美石家庄”微电影大赛

70 统战工作
United Front Work
70 概况
71 多党合作与政治协商
71 维护民族宗教稳定
72 支持非公经济发展
72 党外人士队伍
72 对台工作
72 市台湾同胞联谊会
73 市黄埔军校同学会
73 政策研究
Policy Research
73 概况
73 调查研究
73 推进和深化改革
74 《石家庄决策》
74 “改革开放 40 周年——我为家乡改革献一策”主题征文活动
74 机构编制
Establishment of Administrative Organs
74 概况
75 党政机关机构设置
76 市委机关机构改革
76 政府机关机构改革
78 党政机构改革时间表
80 事业单位机构改革
80 开发区（园区）机构改革
81 行政审批制度改革
81 机关工委
Work of Organs Work Committee
81 概况
82 思想政治建设
82 组织建设
82 作风建设
83 信访
Letters and Visits
83 概况
83 群众信访办理
83 化解信访积案
83 机关事务管理
Government Office Administration
83 概况
84 公车使用管理
84 机关房产管理
84 公共机构节能
85 档案
Archives
85 概况
85 档案开发利用
85 档案信息化建设
85 地方史志
Local History and Local Chronicles
85 概况
86 鹿泉区村志编修
86 藁城区乡镇志村志村史编修
86 高邑县村志编修
86 《正定史源》出版发行
87 《耿村民间故事选》编辑出版
87 《鹿泉城志》出版发行
87 《南高营社区志》出版发行
87 社会科学
Social Sciences
87 概况
87 组织建设
87 理论研究
88 社会科学宣传
88 党史
History of CPC
88 概况
88 党史编纂
88 党建研究
89 党史开发利用
89 党校
Communist Party School
89 概况
89 思想政治
89 教学改革
90 科研咨政
90 石家庄市人民代表大会
Shijiazhuang Municipal People's Congress
90 概况
90 市第十四届人大常委会组成人员及各部门负责人
91 石家庄市全国和河北省人大代表

91 市第十四届人民代表大会第三次会议
92 市第十四届人大常委会会议
94 市人大常委会主任会议
94 市人大常委会主任与“一府两院”三长联席会议
94 立法
95 人大代表重点建议
95 视察、调研、执法检查活动
95 石家庄市人民政府
Shijiazhuang Municipal People's Government
95 概况
96 市政府领导及工作部门组成人员
100 市政府常务会
102 利民惠民 10 件实事
103 建议与提案办理
104 政务公开
104 人力资源和劳动就业
Human Resources and Labor Employment
104 概况
104 创业就业
105 民营企业招聘周
105 人才引进
105 人事制度改革
106 春季高校毕业生就业洽谈会暨“4+4”产业人才交流会
106 创业创新大赛
106 首批 7 家市级“双创”示范基地
107 河北省首届创业培训讲师大赛
107 “石家庄人才日”系列活动
107 高层次人才交流洽谈会
107 高校毕业生就业洽谈会
107 农民工转移就业
108 农民工工资拖欠治理
108 劳动者权益维护
108 经济研究
Economics Research
108 概况
109 调查研究
109 智库建设
109 行政审批
Administrative Approval
109 概况
110 行政审批改革
110 工程项目审批
110 公共资源交易
110 政务大厅建设
150 中国人民政治协商会议石家庄市委员会
Chinese People's Political Consultative Conference(CPPCC) Shijiazhuang Municipal Committee
150 概况
150 市政协第十三届常委会组成人员及工作机构负责人
152 市政协第十三届委员会第二次会议
152 市政协第十三届常委会会议
153 石家庄市全国和河北省政协委员
153 政协提案
153 建言献策
154 纪检监察
Discipline Inspection and Supervision
154 概况
154 重要会议
155 党风廉政建设
155 纪检监察体制改革
155 纪律审查和监察调查
155 查处侵害群众利益不正之风和腐败问题
156 巡察监督
156 扶贫领域腐败和作风问题典型案例通报
159 违反中央“八项规定”和“四风”问题查处
163 1 人严重违纪违法开除党籍和公职
164 民主党派和工商联
Democratic Parties and the Federation of Industry and Commerce
164 概况
164 民主党派和工商联领导成员
164 中国国民党革命委员会石家庄市委员会
165 中国民主同盟石家庄市委员会
165 中国民主建国会石家庄市委员会
166 中国民主促进会石家庄市委员会
166 中国农工民主党石家庄市委员会
166 九三学社石家庄市委员会
167 市工商业联合会

群众团体
Mass Organizations

169 群众团体领导成员
169 石家庄市总工会
Shijiazhuang Federation of Trade Unions
169 概况
169 劳动竞赛
170 技术创新
170 工会组织
170 帮扶困难职工
171 中国共产主义青年团石家庄市委员会
Chinese Communist Youth League Committee of Shijiazhuang City
171 概况
172 共青团组织建设
172 青少年思想教育
172 青年志愿活动
172 石家庄市妇女联合会
Shijiazhuang Women's Federation
172 概况
173 创业创新巾帼行动
173 维护妇女儿童合法权益
173 家庭教育
174 石家庄市文学艺术界联合会
Shijiazhuang Federation of Literary and Art Circles
174 概况
174 文艺创作
176 摄影展览与比赛
176 第九届规范汉字书写艺术节
177 石家庄市科学技术协会
Shijiazhuang Association for Science and Technology
177 概况
177 科普活动
177 科普服务
178 石家庄市归国华侨联合会
Shijiazhuang Federation of Returned Overseas Chinese
178 概况
178 组织建设
179 联络联谊
179 石家庄市残疾人联合会
Shijiazhuang Federation of Disabled Persons
179 概况
179 残疾人康复服务
180 残疾人就业援助
180 残疾人体育运动
180 石家庄市红十字会
Shijiazhuang Red Cross
180 概况
181 募集捐赠
181 社会救助
181 石家庄市消费者协会
Shijiazhuang Consumers Association
181 概况
181 消费者权益日活动
182 消费教育
182 消费者咨询投诉

法 治
Governed by Law

183 政法委
Politics and Law Committee
183 概况
183 维护社会稳定
184 "扫黑除恶"专项斗争
184 社会治安综合治理
184 执法司法规范化
184 信息化建设
185 法治政府建设
Construction of Government Ruled by Law
185 概况
185 依法行政
185 立法及废止
186 行政复议与应诉
186 公安
Public Security
186 概况
187 治安管理
187 "扫黑除恶"专项行动
187 刑事侦查
188 交通管理

189 执法规范化
189 检察
Procuratorial Work
189 概况
189 “扫黑除恶”专项斗争
190 公益诉讼
190 检察监督
190 智慧检务
191 法院
Court
191 概况
191 刑事审判
191 民商事审判
192 审判执行
192 审判管理
193 司法行政
Judicial Administration
193 概况
193 人民调解
194 律师服务
194 公证办理
194 法律服务
195 仲裁
Arbitration
195 概况
195 建筑地产争议仲裁
195 金融争议仲裁
195 仲裁调解

军事·外事·台港澳侨事务

Military Affairs & Foreign Affairs and Taiwan and Hong Kong and Macao and Overseas Chinese Affairs

197 石家庄警备区
Shijiazhuang Garrison Command
197 概况
197 国防动员
197 双拥共建
197 国防教育
198 人民防空
People's Air Defense
198 概况
198 人防工程
198 宣传教育
199 外事
Foreign Affairs
199 概况
199 市级领导出访
199 对外交往
200 台港澳侨事务
Taiwan and Hong Kong and Macao and Overseas Chinese Affairs
200 概况
200 第二届海峡两岸武术交流会
200 对台交流

农业农村

Agriculture & Rural Areas

201 综述
Overview
202 种植业
Crop Production
202 概况
203 粮食作物
203 蔬菜生产
203 果品产业
204 中药材
204 畜牧水产业
Animal Husbandry & Fishery
204 概况
205 畜牧水产养殖
205 动物疫病防控
206 畜牧饲料管理
206 林业
Forestry
206 概况
206 林业机构改革
207 造林绿化
207 花卉种植
207 古树名木
207 有害生物防治
208 林业科技研究与服务

208 森林公安执法
209 河北井陉藏龙山国家连翘公园获批建设
209 水利
Water Affairs
209 概况
209 水利机构改革
210 河长制
210 水利工程
210 滹沱河生态修复
211 农业机械
Farm Machinery
211 概况
211 农机推广
211 农机补贴与作业
212 农业科技
Science and Technology of Agriculture
212 概况
212 农业科技创新
212 石麦 26、石麦 28 通过国家小麦新品种审定
213 石豆 3 号、石豆 6 号获得金桥奖项目突出贡献奖
213 农业技术推广
214 农业科技园区与农业基地
214 农业科技服务
214 农村工作
Rural Work
214 概况
215 美丽乡村建设
215 农业园区
215 山区经济技术开发
216 13 类农村产权允许交易
216 “空心村”治理
216 革命老区重点村

工 业
Industry

217 综述
Overview
223 医药工业
Pharmaceutical Industry
223 概况
223 石药集团
224 华药集团
224 以岭药业
225 神威药业
225 石家庄四药
226 纺织服装业
Textile Industry
226 概况
226 常山集团
227 际华三五零二职业装有限公司
227 际华三五一四制革制鞋有限公司
227 皮革行业废物治理
228 石化工业
Petroleum Chemicals Industry
228 概况
228 石家庄炼化分公司
229 河北诚信集团有限公司
229 晋煤金石化工公司
229 河北威远生物化工股份公司
230 白龙化工股份有限公司
230 装备制造业
Equipment Manufacturing
230 概况
231 格力电器（石家庄）有限公司
231 博深股份有限公司
231 石家庄煤矿机械有限公司
231 中航通飞华北飞机工业有限公司
232 食品工业
Food Industry
232 概况
232 君乐宝乳业
233 河北三元食品有限公司
233 河北双鸽食品股份有限公司
233 市惠康食品有限公司
234 市制酒厂
234 冶金工业
Metallurgical Industry
234 概况
234 河北敬业集团
235 河钢集团石钢公司
235 建材工业
Building Materials Industry

235 概况
236 河北曲寨集团有限公司
236 河北金隅鼎鑫水泥有限公司
236 赞皇金隅水泥有限公司
236 高邑力马建陶有限公司
237 石家庄玉晶玻璃有限公司
237 **电力工业**
Electric Power Industry
237 概况
237 电网建设
238 电厂装机容量
238 农村电网改造
238 供电服务

城乡建设
Urban and Rural Construction

239 **综述**
Overview
241 **城乡规划**
Urban and Rural Planning
241 概况
241 城乡规划会议
242 规划审批
242 重点区域规划
243 规划维护与景观管控
243 **城乡基础设施建设**
Urban and Rural Construction
243 概况
244 城市设施建设
246 县城建设
246 村镇建设
247 19个小镇入选省市特色小镇名单
247 15个村庄入选第五批中国传统村落名录
247 **政府投资代建项目**
Government Investment and Construction Projects
247 概况
248 竣工项目
248 在建项目
249 **建筑业**
Construction Industry
249 概况
249 工程质量监管
249 建筑科技与节能
249 建筑工程招投标管理
250 勘察设计造价行业监管
250 **住房保障和房地产业**
Housing Security and Real Estate
250 概况
250 保障性安居工程
251 棚户区改造
251 老旧小区改造
252 房地产市场交易
252 房地产市场监管
253 **住房公积金管理**
Administration on Housing Fund
253 概况
253 住房公积金政策
254 住房公积金风险防范
254 住房公积金信息化
254 **城市管理**
City Management
254 概况
256 城市环卫保洁
256 市政设施维护
256 城市综合整治
257 城镇垃圾处理费征收
257 供水、排水与污水处理
258 供热
259 供气
259 **园林绿化**
Landscaping
259 概况
259 环城水系
260 道路绿化
260 公园游园
261 园林管护
261 创建园林县城
261 省级园林式单位、小区、街道及星级公园广场、游园
262 园博会展览
262 市动物园
262 市植物园

生态环境
Ecological Environment

263 综述
Overview
264 空气环境质量
Air Environment Quality
264 概况
265 空气污染状况
265 县（市、区）空气质量
267 秋冬季平均浓度降幅排名第二
267 水环境质量
Water Environment Quality
267 概况
267 地表水环境质量
267 河流水环境质量
269 声环境质量
Acoustic Environment Quality
269 概况
269 功能区噪声
269 道路交通噪声
270 生态治理与保护
Ecological Governance and Protection
270 概况
271 大气环境治理
271 土壤污染治理
272 水源地保护
272 自然生态保护
272 固体废物与化学品管理
273 生态环境监测

交通运输·邮政
Transportation & Postal Service

274 铁路
Railways
274 概况
275 石家庄站
275 石家庄南站
275 铁路运行图调整
276 公路
Highways
276 概况
276 高速公路
277 干线公路及城市出口路
277 农村公路
278 公路养护
278 公路运输管理
278 民用航空
Civil Aviation
278 概况
279 安全生产
279 经营管理
279 机场至鹿泉旅客直通车开通
280 城市轨道交通
Urban Rail Transit
280 概况
280 地铁 1 号线二期工程
281 地铁 2 号线一期工程
281 地铁 3 号线二期工程
281 地铁沿线资源开发
281 城市公共交通
Urban Public Transportation
281 概况
282 公交信息化建设
282 公交车辆及线路优化
282 邮政
Post
282 概况
282 快递业务
283 邮政行业监管

信息产业
Information Industry

284 综述
Overview
285 电子信息技术产业
Electronic Information Technology Industry
285 概况
285 中电科第五十四研究所
286 中电科第十三研究所

286 科林电气股份有限公司
286 城市信息化建设
Urban Informatization Construction
286 概况
287 诚志永华显示材料有限公司
287 互联网融合发展试点示范项目
287 网络安全和信息化
Network Security and Informatization
287 概况
287 机构设置
288 防范化解网络风险
288 弘扬网络正能量
288 营造清朗网络空间
288 发展政务新媒体
289 数据资源管理
Data Resource Management
289 概况
289 门户网站改版
289 政务办公系统
290 电子政务中心
290 无线电管理
Radio Management
290 概况
290 无线电监测
290 无线电保障
291 电信
Telecom
291 中国移动通信集团河北有限公司石家庄分公司
China Mobile Communications, Shijiazhuang Branch
291 概况
291 市场营销
291 网络建设
292 企业管理
292 中国联合网络通信有限公司石家庄市分公司
China United Network Communications, Shijiazhuang Branch
292 概况
292 网络建设
292 业务经营
293 中国电信集团有限公司石家庄分公司
China Telecom Corporation Limited Shijiazhuang Branch
293 概况
293 提速降费
293 客户服务

商业·旅游

Business & Tourism

295 商贸流通
Commerce and Trade Circulation
295 概况
296 重点商贸项目
297 特色商业街区
297 肉菜储备及投放
297 首届葡萄酒节、啤酒节
297 传统特色美食评选
297 北国人百集团有限责任公司
298 东方城市广场有限公司
299 电子商务
Electronic Commerce
299 概况
299 电子商务平台
299 农村电子商务
300 会展业
Convention and Exhibition Industry
300 概况
300 石家庄国际会展中心投用
301 河北（石家庄）第十四届印刷机械器材展览会
301 第十五届石家庄观赏石博览会
301 2018 中国·石家庄（正定）国际小商品博览会
301 2018 国际数字经济博览会
302 2018 中国国际通用航空博览会
303 2018 中国（石家庄）国际汽车工业展览会
303 2018 中国·石家庄金融博览会
303 第十二届中国石家庄国际医药博览会
304 2018 国际动漫游戏产业博览会
304 对外贸易
Foreign Trade
304 概况
305 服务外包业
305 服务贸易
305 招商引资
Trade and Investment Invitation

305 概况
306 机构调整
306 外商投资平稳增长
306 投资招商改革
308 投资招商活动
308 京津冀协同发展
308 开发区建设
309 第二十二届中国（廊坊）农产品交易会
309 2018 中国·石家庄国际投资合作洽谈会
310 供销合作商业
Business of Supply and Marketing Cooperatives
310 概况
310 供销社改革
311 为农供销服务
311 河北中山日化股份有限公司
312 市第一棉麻总公司
312 烟草专卖管理
Management of Tobacco Monopoly
312 概况
312 卷烟营销
312 专卖管理
313 成品油供应
Product Oil Supply
313 概况
313 中国石化石家庄分公司
313 成品油价格调整
314 成品油市场整治
315 旅游
Tourism
315 概况
315 第二届石家庄市旅游产业发展大会
316 第三届旅游产业发展大会
317 旅游项目建设
317 旅游行业管理
318 旅游主题活动

金 融
Finance

319 综述
Overview
320 银行
Banking
320 概况
321 中国人民银行石家庄中心支行
324 中国农业发展银行河北省分行营业部
324 中国工商银行石家庄分行
325 中国农业银行石家庄分行
325 中国银行石家庄管理部
326 中国建设银行石家庄分行
326 交通银行河北省分行
327 中信银行石家庄分行
327 华夏银行石家庄分行
328 中国民生银行石家庄分行
328 中国光大银行石家庄分行
328 中国邮政储蓄银行石家庄市分行
329 河北银行石家庄分行
329 河北农村信用社石家庄审计中心
330 浦发银行石家庄分行
330 北京银行石家庄分行
330 天津银行石家庄分行
331 邯郸银行石家庄分行
331 廊坊银行石家庄分行
331 张家口银行石家庄分行
332 沧州银行石家庄分行
332 证券
Securities
332 概况
334 6 家企业新三板挂牌上市
337 18 家企业石交所挂牌上市
339 保险
Insurance
339 概况
339 中国人寿保险石家庄分公司
340 中国人民财产保险石家庄市分公司
341 太平洋人寿保险石家庄中心支公司
342 太平洋财产保险石家庄中心支公司
342 平安人寿保险河北分公司
344 平安财产保险石家庄中心支公司
344 新华人寿保险石家庄中心支公司
345 富德生命人寿保险石家庄中心支公司

综合经济管理

Comprehensive Economic Management

347 发展和改革
Development and reform
347 概况
348 重点项目
348 “4+4”现代产业
349 经济体制改革
350 固定资产投资
351 民营经济和服务业
351 气代煤、电代煤
351 粮油购销
351 口岸与物流管理
352 财政
Government Finance
352 概况
353 财政收入
353 财政支出
353 上级补助、调入及结余收入
353 民生事业支出
353 产业发展支出
353 财政资金管理
354 税务
Taxation
354 概况
356 依法治税
357 纳税服务
357 税务稽查
357 统计
Statistics
357 概况
358 第四次全国经济普查
358 统计能力建设
359 审计
Statistics
359 概况
359 跟踪审计
359 经济责任审计
360 专项审计
360 市场监督管理
Market Supervision and Management
361 质量技术监督
Supervision for Quality and Technology
361 概况
361 13项省级地方标准获批立项
361 政府质量奖
361 特种设备监管
362 认证管理
362 计量管理
363 食品药品监督管理
Supervision and Administration for Food and Drug
363 概况
363 食用农产品抽检
363 食品安全责任保险
363 食品药品安全工程
364 食品药品安全专项整治
364 专利和知识产权保护
Patent and Intellectual Property Protection
364 概况
364 专利获奖
365 专利侵权执法
365 物价监督管理
Price Supervision and Administration
365 概况
365 调整价费标准
366 价费改革
366 价格监管
366 供热价格
366 居民燃气价格
367 外资登记和市场管理
Foreign Capital Registration and Market Administration
367 概况
367 市场主体登记
367 商品市场监管
368 国有资产监督管理
Supervision and Administration of State Property
368 概况
368 国资国企改革
368 国资监管
369 重点项目建设

369　自然资源管理
Natural Resource Management
369　概况
369　不动产登记
370　执法监察
370　地图审核
370　地籍管理
370　土地利用

科学技术
Science & Technology

372　综述
Overview
373　科学技术研究与发展计划
Reserch and Development Plan on Science and Technology
373　概况
373　科研经费
374　科技成果
374　工业科技与高新技术
Industrial Technology and High-tech Industry
374　概况
375　科技企业孵化器
375　科技创新平台
375　科技创新服务
376　社会发展领域科技进步
Scientific and Technological Research in the Field of Social Development
376　概况
376　生物医药技术创新
376　节能减排技术创新
376　森朗生物 CAR-T 研究中心建成投用
376　首届中国（石家庄）国际生物医药论坛
377　科技合作与交流
Cooperation and Exchange on Science and Technology
377　概况
377　国际科技合作
377　科技资源共享
377　科学技术奖励
Award on Science and Technology
377　概况
378　国家科学技术奖
378　河北省科学技术奖
387　科技成果转化推广与管理
The Promotion and Management of S&T Achievements Transformation
387　概况
388　科技成果转化
388　技术市场管理
388　科技成果转化服务平台

教　育
Education

389　综述
Overview
393　学前教育
Preschool education
393　概况
393　普惠性幼儿园建设
393　幼儿园扶持政策
394　幼小衔接
394　基础教育
Basic Education
394　概况
395　学区管理制试点
395　大班额消除行动
396　中考招生
397　高考招生
397　市第一中学
398　市第二中学
398　河北正定中学
398　石家庄外国语学校
399　石家庄精英中学
399　中等职业教育
Secondary Vocational Education
399　概况
400　职教园区
400　职业技能比赛
401　市第四十五中学
401　高等教育
Higher Education

401 概况
402 石家庄学院
402 石家庄职业技术学院
403 石家庄信息工程职业学院
403 石家庄科技工程职业学院
404 石家庄幼儿师范高等专科学校

文 化
Culture

405 **文化艺术**
Culture and Art
405 概况
406 文艺创作及演出
407 文化惠民工程
407 第八届民间艺术节
407 历史文献展览
407 全民阅读活动
408 非物质文化遗产
410 文化产业
411 2018 中国·石家庄第十三届国际动漫博览交易会
411 文化市场管理
411 市图书馆
412 市博物馆
412 市群众艺术馆
413 市美术馆
413 **报业传媒**
Newspaper Media
413 概况
414 宣传报道
414 媒体融合
414 经营管理
415 **广播影视**
Radio and Television
415 概况
415 经营管理
415 新媒体融合
416 历史纪录片《中山国》
416 **文物**
Cultural Relics
416 概况
416 正定古城保护
417 行唐故郡遗址考古
417 西三庄唐墓考古
417 文物虚拟数字展厅
417 井陉煤矿工业遗产建筑群入选《第二批国家工业遗产拟认定名单》
418 **西柏坡纪念馆**
Xibaipo Memorial Hall
418 概况
419 学习考察活动
419 展馆设施建设
420 西柏坡精神研究

卫生·体育
Public Health & Sports

421 **卫生**
Public Health
421 概况
422 医药卫生体制改革
422 公共卫生服务
423 中医药管理
424 妇幼保健
424 第一批肿瘤多学科诊疗试点医院及专家委员会成员
425 市疾病预防控制中心
425 市第一医院
426 市第二医院
426 市第三医院
427 市中医院
427 市第四医院
428 市第五医院
428 市第六医院
428 市第八医院
429 **体育**
Sports
429 概况
430 竞技体育
430 群众体育
431 社会体育
432 体育设施建设

社会生活
Social Life

433 城乡居民收入与消费
Income and Consumption of Urban and Rural Residents
433 概况
433 居民收入
434 居民消费
434 扶贫
Poverty Alleviation
434 概况
435 帮扶措施
436 驻村帮扶
436 扶贫举措
436 平山县脱贫“摘帽”
437 全国脱贫攻坚奖
437 教育扶贫
437 健康扶贫
437 社会保障
Social Security
437 概况
438 养老金调整
438 工资及薪酬管理
438 医疗保障
Medical Security
438 概况
438 医保政策调整
439 医保基金监管
439 异地就医结算
439 民族宗教事务
Ethnic and Religious Affairs
439 概况
439 少数民族地方建设
439 宗教事务管理
440 退役军人事务
veterans Affairs
440 概况
441 退役军人优抚
441 慰问驻军官兵及现役军人家属
442 民政
Civil Administration
442 概况
442 抚恤优抚
442 “慈善光明行”白内障贫困患者救助
443《节地生态安葬奖补办法》
443 社会救助
443 社会组织
444 养老服务
444 福利彩票
444 区划地名
445 应急管理
Contingency Management
445 概况
446 安全生产培训
446 安全生产宣传
446 安全生产监管
447 应急救援
447 地质灾害
448 防震减灾
449 精神文明建设
Spiritual Civilization Construction
449 概况
449 创建文明城市
450 公民思想道德建设
450 未成年人思想道德教育
451 志愿服务

区县（市）
Districts and Counties (Cities)

452 长安区
Changan District
452 概况
452 产业项目
452 城区建设
453 社会民生
453 桥西区
Qiaoxi District
453 概况
454 产业项目
454 城区建设
454 社会民生

455 新华区
Xinhua District
455 概况
455 产业项目
456 城区建设
456 社会民生
456 裕华区
Yuhua District
456 概况
457 产业项目
457 城区建设
457 社会民生
458 井陉矿区
Jingxing Mine District
458 概况
458 产业项目
458 城乡建设
459 社会民生
459 藁城区
Gaocheng District
459 概况
459 产业项目
460 农业生产
460 城乡建设
461 社会民生
461 石家庄经济技术开发区
461 鹿泉区
Luquan District
461 概况
462 产业项目
462 农业生产
463 城乡建设
463 社会民生
464 栾城区
Luancheng District
464 概况
464 产业项目
464 农业生产
465 城乡建设
465 社会民生
465 井陉县
Jingxing County
465 概况
466 产业项目
466 农业生产
466 城乡建设
467 社会民生
467 正定县
Zhengding County
467 概况
468 产业项目
468 农业生产
468 城乡建设
469 社会民生
469 行唐县
Xingtang County
469 概况
470 产业项目
470 农业生产
470 城乡建设
471 社会民生
471 灵寿县
Lingshou County
471 概况
472 产业项目
472 农业生产
472 城乡建设
473 社会民生
473 高邑县
Gaoyi County
473 概况
474 产业项目
474 农业生产
474 城乡建设
475 社会民生
475 深泽县
Shenze County
475 概况
476 产业项目
476 农业生产
477 城乡建设
477 社会民生
477 赞皇县
Zanhuang County

477 概况
478 产业项目
478 农业生产
478 城乡建设
479 社会民生
479 无极县
Wuji County
479 概况
479 产业项目
480 农业生产
480 城乡建设
481 社会民生
481 平山县
Pingshan County
481 概况
481 产业项目
482 农业生产
482 城乡建设
483 社会民生
483 元氏县
Yuanshi County
483 概况
484 产业项目
484 农业生产
484 城乡建设
485 社会民生
485 赵县
Zhao County
485 概况
485 产业项目
486 农业生产
486 城乡建设
487 社会民生
487 晋州市
Jinzhou City
487 概况
487 产业项目
488 农业生产
488 城乡建设
489 社会民生
489 新乐市
Xinle City
489 概况
490 产业项目
490 农业生产
491 城乡建设
491 社会民生

人 物
Figures

492 感动中国十大人物
Top Ten People Who Moved China
492 全国“五一劳动奖章”获得者
Winners of National May 1st Labor Medal
493 中国好人
The Best Person in China
494 大国工匠年度人物
The Best Craftsman of the Year
495 河北省“五一劳动奖章”获得者
Winner of the May 1st Labor Medal of Hebei Province
495 河北省道德模范
Moral Models in Hebei Province
495 河北好人
Good People in Hebei
496 时代新人·河北好人
The New Man of The Times & Hebei Good People
496 河北省“五四青年奖章”获得者
Winners of the May Fourth Youth Medal of Hebei Province
497 河北省最美政法干警
The Most Beautiful Polices Officer in Hebei Province
497 河北省优秀退役军人
Excellent Veterans in Hebei Province
497 河北省最美教师
The Most Beautiful Teachers in Hebei
497 石家庄市见义勇为模范
Models for Justice and Courage in Shijiazhuang
498 石家庄市“三八红旗手”
Shijiazhuang City March 8th Red Flag Bearer
500 石家庄市文明公民标兵
Shijiazhuang Civilized Citizen Models
503 石家庄市“五四青年奖章”获得者
Shijiazhuang May 4th Youth Medal Winners

503 石家庄市优秀退役军人
Outstanding Veterans in Shijiazhuang City
505 石家庄市最美教师
The Most Beautiful Teacher in Shijiazhuang City
505 石家庄市十大名师工作室导师
Instructor of Shijiazhuang Citys Top Ten Famous Teacher Studio
505 石家庄市第二批高层次人才
The Second Batch of High-Level Talents in Shijiazhuang City
506 感动省城十大人物
Top Ten Characters Moving Shijiazhuang
509 逝世人物
Death figures

附 录
Appendix

510 条例法规
Regulations
510 石家庄市公共文明行为条例
Regulations of Shijiazhuang City on Public Civilized Behaviors
513 石家庄市人才发展促进条例
Shijiazhuang City Talent Development Promotion Regulations
517 石家庄市国家建设项目审计条例
Regulations of Shijiazhuang City on Audit of National Construction Projects
521 关于修改《石家庄市水土保持条例》《石家庄市河道管理条例》的决定
Decision on Amending Shijiazhuang City Water and Soil Conservation Regulations and Shijiazhuang City River Management Regulations
523 石家庄市公园管理办法
Shijiazhuang City Park Management Measures
527 石家庄市行政规范性文件管理规定
Administrative Regulations of Shijiazhuang City on Regulatory Documents
529 石家庄市人民政府关于废止《石家庄市知名商标认定和保护办法》的决定
Shijiazhuang Municipal People's Government Decision on Abolishing the Measures for the Recognition and Protection of Famous Trademarks in Shijiazhuang
530 光荣榜
The Honor Roll
530 全国工人先锋号
National Worker Pioneer
530 全国最美家庭
The Most Beautiful Family in the Country
530 第十一届全国“五好家庭”
The 11th National Five Good Families
530 河北省“五一劳动奖状”
May 1st Labor Award of Hebei Province
530 河北省工人先锋号
Hebei Workers Pioneer
531 河北省最美家庭榜样
The Most Beautiful Family Role Models in Hebei Province
531 河北省最美家庭
The Most Beautiful Familys in Hebei
531 石家庄市“三八红旗集体”
March 8th Red Flag Collective of Shijiazhuang City
532 石家庄市百强企业
Top 100 Enterprises in Shijiazhuang City
536 石家庄市亿元纳税大户
Large Taxpayer of More Than 100 Million Yuan in Shijiazhuang City
540 统计资料
Statistical Data

549 索引
Index

558 编后记
Acronyms

市委全会报告
以新担当新作为
推动高质量发展实现新突破

（2018年7月10日在市委十届五次全会第一次全体会议上）

中共河北省委常委、市委书记　邢国辉

在全年时间过半的这个重要节点，市委决定召开十届五次全会，主要任务是深入学习贯彻习近平新时代中国特色社会主义思想和党的十九大精神，认真落实省委九届五次、六次、七次全会精神，总结上半年工作，分析当前形势，部署下半年工作，动员全市上下担当实干、奋发作为，确保圆满完成全年目标任务，推动高质量发展实现新突破。

刚才，德进、雪荣、韶华、明利同志通报了有关情况，6个单位作了典型发言。大家要全面对照总结，积极学习借鉴，找准短板差距，找准薄弱环节，认真加以研究解决，切实激发干事创业的澎湃激情和敢打敢拼的斗志。

今年以来，全市各级党组织坚持以习近平新时代中国特色社会主义思想为统领，以全面落实党的十九大精神为动力，在省委的坚强领导下，按照市委十届四次全会的决策部署，一项一项地推进，一项一项地攻坚，取得的成绩可圈可点，实属不易；实现的突破有目共睹、令人振奋。但正如刚才通报的情况那样，我们的工作中还存在不少短板亟待补齐。下半年，我们必须坚持以习近平新时代中国特色社会主义思想为统领，深入贯彻落实新发展理念，以供给侧结构性改革为主线，坚持目标导向和问题导向相结合，按照东峰书记提出的经济总量和质量重返全省第一、大气质量率先退倒十、创建国家卫生城市、城市建设攻坚提质等重要指示，紧紧围绕建设“四高四强”现代省会、经济强市的奋斗目标，以担当担责的实干作风和攻城拔寨的工作劲头，聚焦重点、精准发力，扭住关键、全力突破，展现新气象、体现新作为，确保全年目标任务完成。一会儿，沛然同志就全市经济工作还要作出安排部署，各级各部门要抓好贯彻落实。下面，我强调几点意见。

一、进一步把思想和行动统一到高质量发展上

习近平总书记强调，现阶段我国经济发展的基本特征，就是由高速增长阶段转向高质量发展阶段。高质量发展，就是能够很好满足人民日益增长的美好生活需要的发展，是体现新发展理念的发展，是创新成为第一动力、协调成为内生特点、绿色成为普遍形态、开放成为必由之路、共享成为根本目的的发展。从全市上半年工作情况看，我们沿着高质量发展道路迈出了坚实步伐，取得了积极成效。一是应对复杂局面的能力不断提升，在宏观环境严峻复杂的大背景下，上

半年经济运行持续向好，整体态势稳中有进，主要经济指标好于全省平均水平，“双过半”目标如期实现。二是提高发展质量效益的思路途径更为清晰，立足我市优势和基础，市委作出了构建“4+4”现代产业发展格局的战略部署，为解决我市产业定位不精准、特色不鲜明、效益不高等问题，明确了主攻方向。各级各部门聚焦聚力“4+4”现代产业，强势推进、狠抓落实，“4+4”现代产业对高质量发展的支撑作用日益凸显。上半年，预计高新技术产业投资同比增长13.2%，规模以上高新技术产业增加值增速16.2%；新一代信息技术、生物医药健康、先进装备制造、旅游等产业营业收入均实现了大幅增长。三是重点工作取得积极进展，中央商务区建设、滹沱河生态修复等重大工程加快实施，石家庄国际展览中心、南二环东延等建成投用，第二届旅发大会成功召开，县城建设、卫生城市创建全力攻坚；“双创双服”“双问计”活动成效明显，营商环境不断优化；中欧（石家庄）班列正式开通，融入“一带一路”建设迈上新台阶。所有这些，都为我们实现高质量发展创造了条件、积蓄了势能。成绩的取得，是习近平新时代中国特色社会主义思想科学指引的结果，是省委坚强领导的结果，是全市人民拼搏奋斗的结果，也充分证明市委确定的思路举措是正确的、是符合石家庄实际的，充分表明全市各级领导班子和广大党员干部是能干事、能干成事的。

高质量发展是一场关系全局的深刻变革，面临着诸多问题和挑战，不会是轻轻松松、一蹴而就，需要坚强的政治定力和高超的智慧胆识。反思我们的工作，为什么我们调结构、转方式这么多年，但传统产业占比依然较高？为什么我们在治理污染上投入了大量人力、物力、财力，却还有那么多问题屡屡曝光？为什么我们在解决人民群众办事、上学、就医等方面诉求上下了很大功夫，但人民群众获得感还不够高？究其根源，就在于我们在推进高质量发展上，还存在认识不够、措施不硬、作风不实等差距。有的政治站位不够高，守着落后产业不愿经历阵痛，对拆“两违”、整治“散乱污”企业缺乏壮士断腕的决心，踩不准高质量发展的鼓点，跟不上新时代的节奏。有的工作作风不扎实，视野不开阔，心思不集中，工作不担当，谋发展、抓发展意识不强，遇到问题推脱逃避、畏难发愁，安于现状、不求进取。有的政策举措不接地气，制定措施不触及矛盾，管用的招数落不了地，导致文件印发了一大堆，市场主体和人民群众却不满意。这些问题的存在，是我们推动高质量发展的“拦路虎”和“绊脚石”，必须认真对待、尽快解决。

习近平总书记对石家庄知之深、爱之切，在正定工作时为我们留下了宝贵思想财富、精神财富和实践成果。进入新时代，追寻总书记在正定的实践足迹，把总书记的崇高精神和优良作风传承好，把总书记对我们的殷切嘱托和厚重期望实现好，推进高质量发展是重要内容和重大责任。可以说，沿着总书记指引的方向，实现高质量发展，是我们面临的一场大考，考验着我们的政治能力，检验着我们的执政水平，也是我们应有的政治担当，是我们践行“四个意识”、传承红色基因的具体体现。我们要认真学习贯彻习近平新时代中国特色社会主义思想，带着感情学，深入反复学，及时跟进学，自觉用习近平新时代中国特色社会主义思想武装头脑、指导实践，在高质量发展道路上把石家庄的各项事业干得更好，让全市人民生活得更加幸福。

二、进一步以“4+4”现代产业支撑高质量发展

产业是实现高质量发展的根本支撑。我们必须保持定力，坚定不移把“4+4”现代产业抓下去、抓出更大成效。

一要抢抓开放机遇。置身于国内国际大环境下来谋划推动，是促进“4+4”现代产业加快发展的有效路径。要积极对接京津和雄安新区，紧盯京津的科技人才资源、研发转化能力和雄安的产业发展方向，增强北京疏解清单与我市需求清单的契合度，抓紧谋划布局一批上下游产业，加快建设中关村天合石家庄科技成果转化服务广场，着力构建“雄石产业生态圈”，推进京津雄科技成果在我市进行中试、转化、落地。要积极融入“一带一路”建设，谋划增加中欧（石家庄）班列的线路和频次，加强与班列沿线城市的沟通交流，大力发展现代商贸物流业，打造全国现代商贸物流中心城市，并主动在旅游、文化、科技等领域广泛开展交流，寻找合作商机。要积极实施“走出去”战略，坚持世界眼光、全球视野，全面对接国际贸易规则，既要注重与西欧、北美发达国家开展合作，也要促进优势产能走向东南亚、非洲、拉美等发展中国家，通过多种方式拓展外贸业务，主动参加河北产品“走出

去”系列贸促活动，在对外开放中提升我市产业发展的层次和水平。要针对当前的中美贸易问题，未雨绸缪、早做准备，研究制定我市的应对措施。

二要突出招商引资。瞄准“4+4”现代产业，持续深入开展招商引资，力争引进实施一批大项目、好项目。要把招商引资作为硬任务，从市委常委会一班人做起，从市级领导做起，在抓好分管战线工作的同时，带头外出招商引资，给全市作好示范。各级党政“一把手”要始终把项目建设牢牢抓在手上，切实做到重大招商活动亲自参加、重要客商亲自接洽、重点项目亲自推进，持续掀起项目建设高潮。在项目招引上，各县（市、区）要强化大局观念，加强协同配合，形成全市“一盘棋”的工作格局。要把务实精准作为硬要求，根据“4+4”现代产业发展需要，举办专题对接交流会，把综合实力突出的“旗舰型”企业、竞争力强劲的行业“龙头”、细分领域的“隐形冠军”、高科技“独角兽”作为招商引资重点，构建规模体量大、支撑带动力强的现代产业集群。要把完善机制作为硬保障，按照项目建设“六个一”要求，进一步完善项目落地的跟踪问效机制，坚持一周一调度，一月一通报，市县两级党政领导班子成员都要分包重点项目，及时协调解决手续、用地、资金等问题。下半年适时组织项目观摩拉练，推动“4+4”重点项目建设提速提质提效，力争早日形成新的经济增长点。

三要用好载体平台。推进“4+4”现代产业发展，必须以优质的载体平台作基础。要充分发挥园区平台作用，加强开发区基础设施建设，深入推进开发区改革，提高聚集产业的能力；有序推进开发区托管，重点支持高新区、石家庄经济技术开发区跨县（市、区）整合托管开发区，提升整体竞争力；积极引入国内外战略投资者、专业化园区运营商，支持中美科技石家庄国际创新园这样有潜力的园中园项目，推动正定自贸区等示范性共建园区建设，提升园区运营水平。要充分发挥创新平台作用，以石保廊全面创新改革试验区建设为契机，利用好京津冀产学研联盟、科技大市场等平台，促进河北工业设计创新中心、国际生命科学创新园等建设，大力推进院士专家工作站建设，打造一批拥有自主知识产权、市场前景好的“杀手锏”产品，提高产业的核心竞争力。要充分发挥交流平台作用，继续办好军民融合（鹿泉）高峰论坛、中国数字经济峰会、石洽会等合作交流平台，加强在高端高新产业发展方面的交流合作，为“4+4”现代产业发展不断注入新的活力。

四要做强民营经济。民营经济具有市场意识强、体制机制活等优势特点，是我们发展“4+4”现代产业不可或缺的一支重要力量。要认真贯彻落实全省民营经济发展大会精神，按照速度快于全省、质量高于全省、水平优于全省的标准，大力推动我市民营经济发展实现更大突破、更大提升。要着力推动民营经济向高端高新产业聚集发展，以实施战略性新兴产业三年行动计划为契机，鼓励民营企业加大科研投入和创新力度，大力发展高端装备制造、电子信息、新能源、新材料、节能环保等产业和现代服务业，引导民营企业加快产业结构优化升级。要着力帮助民营企业排忧解难，深入开展“双创双服”活动，落实好领导干部包联企业和重点项目制度，主动靠前服务，真正帮助企业解决实际困难。要着力提高企业家队伍素质，研究制定更加优惠的民营企业引才育才政策，组织开展“创新型企业家培育工程”，大力宣传优秀企业家典型，营造尊重企业家价值、鼓励企业家创新、发挥企业家作用的社会氛围。

三、进一步以高品质城市建设助推高质量发展

城市建设承载着人民对美好生活的向往，也检验着经济社会发展的质量和水平。我们要持续发力用劲，全面提高城市规划建设管理水平。

一要不断提升城市形象品位。省会城市就要有省会城市的样子。要以高水平的规划设计提升形象品位。按照“全域统筹、多规合一”的要求，高水平做好新一轮城市总规修编，真正让规划体现出石家庄特色、发挥好引领作用。同时，要提高建筑单体设计水平，外立面要美观大方，注重楼体之间的协调搭配，真正让城市有温度、有美感、有时代气息。要以重点工程的扎实推进提升形象品位。突出抓好中央商务区建设，尽快完成规划设计，合理分布功能分区，同步推进征地拆迁和项目招商，确保年底取得实质性进展。同时，要加快推进功能性综合场馆、中山路商业繁华大道和民族路商业步行街建设，不断提高石家庄现代省会的魅力指数。要以精致精美的园林绿化提升形象品位。加快推进龙泉湖、西环公园、铁路文化公

园建设和平安公园、裕西公园提升工程，高标准实施和平路西延等道路绿化工程，进一步提高城市绿化水平，让石家庄四季常青、繁花似锦。要以城乡统筹的协调发展提升形象品位。把县城建设作为城乡一体化发展的关键节点，大气魄拆“两违”，大手笔整治环境容貌，大力度补齐公共设施短板，高标准打造一批具有地域特色和现代风格的精品工程，切实让县城更加整洁规范、文明有序、靓丽多彩。

二要不断补齐城市功能短板。功能不完善、设施不完备，是石家庄城市建设的突出短板和弱项。要研究我市人口增长趋势、把握人口增长规律，适度超前谋划布局、推进实施一批基础设施建设，为城市快速发展奠定良好基础。要持续优化交通路网结构。加快推进轨道交通建设，力争明年上半年1号线二期建成通车，2号线一期和3号线一期两边段等项目也要按既定时间节点实现通车。要强力推进断头路打通工程，抓好全国公交都市示范城市创建，加快实施津石、石衡，以及太行山和南绕城等高速公路建设，积极推动与雄安新区的交通连接，进一步提升石家庄对内通行能力和对外交通枢纽作用。要持续改善群众居住环境。深入实施老旧小区整治和棚户区改造三年攻坚行动，积极稳妥推进城中村改造，不断完善保障房后续管理机制，从严加强房地产市场监管，加大“解遗”工作力度，确保老百姓住得安心舒心。要持续加强基础设施建设。大力实施地下综合管廊试点建设和海绵城市建设，特别是要坚持“冬病夏治”，扎实开展供热设施检修工作，加快推进废热入市、热电联产、老旧一次管网改造等供热项目建设，确保9月底前竣工并具备供热条件。

三要不断强化城市管理水平。城市管理贵在常抓不懈。要全面推进国家卫生城市创建。持续巩固全国文明城市创建成果，充分借鉴相关工作经验，认真对标评价体系、聚焦短板弱项，每月都要有活动载体、有成效变化，一项一项抓整改、抓提升、抓巩固。特别是要把制度建设贯穿全过程，进一步理顺城市精细管理的体制机制，推动城市管理走向制度化、规范化。同时，要严格落实垃圾清运处理机制。按照既定工作分工，坚持源头治理和末梢管控相结合，认真履职尽责，着力抓好生活垃圾、建筑垃圾、医疗垃圾、餐饮垃圾等清运处理工作，优化垃圾处理点建设布局，逐步提升垃圾的减量化、无害化和资源化处置水平。市政府要定期协调调度，加强督导检查，不断完善体制机制，确保制度真管用、真落地、真见效。

四要不断提高城市经营成效。城市建设不能单靠政府投入，必须学会经营城市，充分利用市场机制，在城市建设中开拓商机、寻求效益，从根本上解决城市可持续发展的问题。要摘下思维模式的“紧箍咒”。彻底改变“输血式”城市建设的陈旧思维，进一步增强市场意识的观念，更加注重通过经营城市，促进城市资产快速升值增值，直接产生财富，切实在思想上实现城市经营理念的大转变。要做好盘活土地的“大文章”。认真学习借鉴杭州经验，坚持适度超前原则，通过收回、收储、收购或征收等方式，加快处置长期闲置土地和低效利用土地，并尽快梳理我市土地底数，对存量土地进行整理、开发，切实发挥出土地的最大效益。市内各区要首当其冲抓好研究推进，落实好属地责任。要破解资金不足的“大难题”。加大与银行的对接力度，最大限度寻求贷款支持，将资金投入到生态环境、服务设施类等项目中，从中收回成本，扩大再投入。同时，要积极拓宽融资渠道，发挥我市各类融资平台作用，开放投资市场，支持各类资本多形式参与城市建设和经营管理，保障城市建设越做越活、越做越好。

四、进一步以生态环境保护促进高质量发展

生态环境是实现高质量发展的重要保障。我们要深入贯彻习近平生态文明思想，坚决打赢污染治理这场大仗、硬仗、苦仗。

一要全面统筹抓防治。坚持把握重点、统筹推进，坚决打好标志性的几大战役。要坚决打赢蓝天保卫战，狠抓燃煤污染、工业企业污染、扬尘污染、机动车污染治理，加快推进重点行业深度治理，进一步降低PM2.5浓度，明显减少重污染天数，在大气污染治理上实现率先突破。要着力打好碧水保卫战，以落实“河长制”“湖长制”为抓手，加快水生态系统整治，持续推进滹沱河生态修复和环城水系整体改造提升工程，各县及人口集聚区要补齐污水处理设施建设的短板，尽快消除城市黑臭水体，不断改善我市水环境。要扎实推进净土保卫战，认真组织好农用地土壤详查，推进耕地土壤污染治理与修复试点项目实施，加快农村面源污染综合

治理，大力推行农业清洁生产，最大程度减少土壤污染。要持续开展农村人居环境整治行动，认真落实国家三年行动方案，以农村垃圾、污水治理和村容村貌提升为重点开展环境整治，大力推进“厕所革命”，积极开展生态文明示范市县创建工作。要狠抓中央环保督察“回头看”和省环保督导组检查反馈问题整改，坚持举一反三、挂账督办，立行立改、全面整改，推动全市生态环境质量持续改善。

二要依法铁腕抓监管。紧盯环境治理中的死角、盲区与短板，全面加强监管、压实责任、严格追责。要强化监管责任，坚持“党政同责、一岗双责，失职追责”，坚持“管行业必须管环保，管业务必须管环保，管生产经营必须管环保”，确保各级监管责任不折不扣地落到实处。要提升监管能力，充分运用环保热点网格、污染源“双在线”、红外视频监控系统等先进手段，不断提升环境监管的机动性和精准性；同时，进一步完善环境突发事件应急预案，确保一旦发生问题，能第一时间赶赴现场，第一时间采取防控措施。要严格监管执法，对生态环境问题突出、环境质量明显恶化的地方，该约谈的约谈，该通报的通报，该追责的追责，决不姑息迁就。对党政领导干部在环境保护上不作为、慢作为、乱作为，甚至失职渎职、滥用职权的，要依法依纪严肃处理。

三要着眼长远抓机制。把建立完善长效工作机制作为推动环境质量改善的基础性、根本性工作，加快制度创新，完善制度配套。要进一步落实好领导分包责任制。上个月，我们印发了《关于建立市推进生态文明建设解决生态环境问题分包责任制的通知》，明确了市领导包联县（市、区）的具体责任和职责，要严格执行落实，确保分包责任制取得实效。要进一步规范统筹协调机制。切实加强与上级环保部门、督察组的对接沟通，及时掌握上级环保工作精神及要求，及时协调解决工作中的困难和问题，加强对下工作指导，搞好衔接配合，形成上下联动的工作合力。要进一步强化督查检查机制。借鉴中央和省委做法，充分发挥好市委督查室、市政府督查室和重点工作大督查办公室作用，定期对县（市、区）环境保护工作开展督查检查，推动生态环境保护各项工作有效落实。

五、进一步以全面深化改革引领高质量发展

今年是改革开放40周年，全面深化改革已经进入攻坚期和深水区，剩下的都是难啃的硬骨头。必须更加坚定不移地深化和推进改革，释放改革红利、激发发展动力。

一要从满足人民群众需求中找准发力点。人民群众的小事就是我们的大事。各级党组织要牢固树立改革就是要为群众排忧解难的意识，群众办什么事烦，就把什么列入改革的范围，群众办什么事难，就把什么纳入必须解决的范畴。要了解掌握人民群众的心声、呼声和实际感受，从中捕捉改革任务、安排改革路径、把控改革预期。要持续加大医保制度、居民生活缴费“一卡通”、普惠性幼儿园等改革力度，并注重把贯穿其中的理念、方法、作风，体现到社会民生事业改革的各个领域和环节，发挥撬动作用、引发聚变效应，推进更多群众点赞叫好的改革。

二要从服务市场主体发展中找准突破口。经济体制改革是全面深化改革的重点，核心问题是要处理好政府和市场的关系，服务好市场主体发展。各级要围绕商事制度改革、行政审批制度改革、综合执法体制改革等方面，来一场从理念、制度到作风的全方位深层次变革。下半年，重点抓好三个方面拓展深化：要在创建服务型政府上抓深化，探索建立负面清单管理模式，规范公权力运行；要在服务企业发展上抓深化，探索实施节能环保、文化旅游等绿色行业企业绿卡制度，进一步打通产学研链条等政策供给和制度保障，不断吸引聚集优质资源；要在优化社会服务上抓深化，将改革理念向涉政中介机构、各类公共服务机构延伸，提高全社会服务质量，打造最佳营商环境。

三要从调动党员干部积极性中找准着力点。改革戏，大家唱。全面深化改革，必须充分调动各级的积极性和主动性。要努力营造担当有为的干事氛围，认真贯彻落实党中央《关于进一步激励广大干部新时代新担当新作为的意见》，按照“三个区分开来”的要求，严格落实《石家庄市党政机关容错纠错办法》等5个专件，切实增强广大干部的政治担当、历史担当和责任担当。要努力营造加快推进的干事氛围，坚持早改革早受益，有关单位要抓紧制定出台相关改革方案，确保各项改革举措尽快落实、早见成效，特别是对经济体制改革、农业农村体制改革、生态文明体制改革等群众关心的重点领域改革，要倒排工期、挂图作战，确保如期圆满完成改

革任务。

六、进一步以改善民生共享高质量发展

推动高质量发展，最终要体现在民生福祉上。要践行以人民为中心的发展思想，紧扣民心这个最大的政治，把民生实事办到人民群众心坎上。

一要扎实推进精准脱贫攻坚，不断增强人民群众获得感。要深入学习贯彻习近平总书记扶贫开发重要战略思想，压紧压实各级党委政府的主体责任、纪委监委的监督责任、领导干部的包联责任、驻村工作组和帮扶单位的帮扶责任，加强协调调度，下足绣花功夫，分类施策、精准帮扶，扎实组织开展脱贫攻坚补短板行动，确保扶贫扶到点上、扶到根上。特别是要聚焦国家考核、巡查反馈我省的问题以及省考核反馈我市的问题，举一反三、彻底整改、建章立制，全面提高脱贫攻坚质量，切实经得起各级考核验收，经得起历史、实践和人民的检验。要在抓好四个国定贫困县的同时，加大非贫困县贫困群众脱贫出列工作力度，精准实施产业扶贫、就业扶贫、科技扶贫，充分激发内生动力，确保一个贫困群众都不掉队。要始终把“三农”工作作为重中之重，坚持精准脱贫攻坚与乡村振兴战略有机结合，加快农业科技进步，推进特色小镇和美丽乡村建设，不断改善农村生产生活条件，推动实现乡村产业振兴、人才振兴、文化振兴、生态振兴、组织振兴“五大振兴”。

二要全力推进民生实事落实，不断增强人民群众幸福感。各级各部门要继续深入开展“双创双服”和“双问计”活动，拓展活动内容，提高活动实效，真正摸准老百姓所思所想所盼。两个活动办公室要及时总结经验，抓好督导推动，确保活动不走过场、取得扎实成效。要积极回应和解决上学难、办事难等老百姓反映强烈的突出问题，大力推进社区卫生服务“三个100”工程等工作，不断提升公共服务均等化水平，让人民群众更顺心、更满意。要加快实施省20项民心工程和市利民惠民10件实事，已经完成的，要抓好巩固深化；没有完成的，要加快推进，确保如期兑现承诺。要坚持文化惠民，进一步完善公共文化服务设施，打造一批具有石家庄特色的文艺精品，举办好2018年全国梆子声腔优秀剧目展演、国际动漫博览会等重大文化活动，更好满足人民群众精神文化需求。

三要坚决维护社会安全稳定，不断增强人民群众的安全感。要深入开展扫黑除恶专项斗争，坚持专群结合、依法严惩，严格落实“一案三查”，严查黑恶势力犯罪，追查背后关系网和保护伞，倒查党委政府主体责任和有关部门监管责任，彻底铲除滋生黑恶势力的土壤，切实做到除恶务尽。要用心做好退役军人管理服务，充分发挥“两站两中心”职能，做细做实就业创业培训扶持、生活困难救助等工作，让广大退役军人感受到党的温暖。要毫不放松地抓好信访维稳工作，巩固和扩大“双百日攻坚”清仓行动成果，严格落实信访工作责任制，进一步加强信访法治化建设，不断提高信访工作水平。要突出防范化解金融风险，统筹抓好防汛防灾、社会治安、反恐防暴、安全生产和食品药品安全等工作，坚决保障人民群众生命财产安全。

七、进一步以坚强有力的党的领导保证高质量发展

全市各级党组织要牢牢把握新时代党的建设总要求，坚持打铁必须自身硬，不断加强自身建设，充分发挥推动高质量发展的领导核心作用。

一要把党的政治建设摆在首位，铸就对党绝对忠诚的政治品格。政治建设是党的根本性建设。各级党组织要坚持以政治建设为统领，把学习贯彻习近平新时代中国特色社会主义思想作为首要政治任务，严肃党内政治生活，加强党内政治文化建设，严守党的政治纪律和政治规矩，增强“四个意识”、树牢“四个自信”，切实把对党绝对忠诚融入血脉、浸入骨髓，坚决维护习近平总书记核心地位，坚决维护以习近平同志为核心的党中央权威和集中统一领导。要深入调研谋划、认真组织开展“不忘初心、牢记使命”主题教育，探索形式多样、特色鲜明的载体，运用好革命圣地西柏坡、习近平总书记正定足迹等独特资源，增强教育实效，引导党员干部永葆政治本色。

二要贯彻新时代党的组织路线，锻造务实担当的领导班子和干部队伍。党的力量来自组织。各级领导班子作为一个地方、一个单位的领导核心，必须拧成一股绳，攥成一股劲，形成坚强的领导集体。要以推进机构改革为契机，进一步调优结构、配强班子，把各级领导班子建设得更加精干高效。在这方面，各级领导干部要讲政治、顾大局，认真履行岗位职责，坚决服从组织安排。要高度重视制度机制建设，严格执行民主集中

制，不断提高科学决策、民主决策、依法决策水平，同时，进一步健全完善领导包联、督导检查等推动工作落实的长效机制，确保工作落地见效。要着力做好干部的教育、选拔、管理、使用工作，建立源头培养、跟踪培养、全程培养的素质培养体系，日常考核、分类考核、近距离考核的知事识人体系，以德为先、任人唯贤、人事相宜的选拔任用体系，管思想、管工作、管作风、管纪律的从严管理体系，以及崇尚实干、带动担当、加油鼓劲的正向激励体系。要大力培养引进高素质专业人才，加快推进人才强市战略，实行更加积极、更加开放、更加有效的人才引进政策，进一步完善人才绿卡等引才引智机制，不仅要培养人才、引进人才，更要留住人才、用好人才，搭建平台、优化服务，让广大人才在石家庄这片热土上尽情施展才华、创新创业。

三要推动基层党组织全面进步、全面过硬，打造坚强的战斗堡垒。党的工作最坚实的力量支撑在基层。要以提升组织力为重点，突出政治功能，加强企业、农村、机关、事业单位、社区等各领域党建工作，提升非公企业和社会组织党组织覆盖率。要高标准完成农村（社区）"两委"换届工作，选优配强"两委"班子，及时开展村（社区）党组织书记轮训。要做好驻区单位党组织和在职党员到社区"双报到双报告双考核"工作，深入开展党员志愿服务活动，发挥好党员先锋模范作用。

四要善于驾驭复杂局面，不断提高工作能力和领导水平。当前，我市改革发展稳定的任务十分繁重，对党员领导干部素质能力提出了更高要求。要大力解放思想，培树创新思维，更新观念、敢为人先、敢闯敢干，只要符合中央精神、符合石家庄实际、符合老百姓根本利益，就要大胆试、大胆闯，决不能因循守旧、故步自封。要学会"弹钢琴"，善于科学摆布、合理调配，既要抓住主要矛盾和矛盾的主要方面，又要做到统筹兼顾、协调联动，实现相互促进、相得益彰，决不能顾此失彼，摁下葫芦浮起瓢。要增强抗压能力，遇到挫折撑得住，碰到瓶颈不退缩，不能任务一多、要求一高，或者出现问题、受到批评，就稀里糊涂懈怠了、趴下了，结果必将贻误发展，辜负党和人民的重托。大家一定要变压力为动力，迎难而上、百折不挠。要健全责任体系，明晰各级各部门的责任分工，确保每项工作都有人抓、有人管。市大督查办要进一步创新督查方式，强化跟踪问效举措，真正督细、督实、督到位，确保各项任务落地见效。

五要推进全面从严治党向纵深发展，营造良好政治生态。各级党组织要认真履行管党治党的政治责任，党组织书记要严格落实第一责任人责任，其他领导干部要履行"一岗双责"，较真碰硬、敢抓敢管。要持之以恒正风肃纪反腐，严格执行中央八项规定精神和实施细则，坚决反对"四风"特别是形式主义、官僚主义，大力整治发生在群众身边的腐败和作风问题，始终保持惩治腐败的高压态势。要积极探索强化党内监督的有效形式，让党员干部习惯在受监督和约束的环境中工作生活。

扬帆新时代，奋斗正当时。做好下半年的工作，任务艰巨、责任重大。让我们更加紧密地团结在以习近平同志为核心的党中央周围，坚持以习近平新时代中国特色社会主义思想为统领，在省委的坚强领导下，不忘初心、牢记使命，锐意进取、苦干实干，奋力谱写石家庄高质量发展新篇章！

政府工作报告

（2019 年 1 月 21 日在石家庄市第十四届人民代表大会第四次会议上）

各位代表：

现在，我代表石家庄市人民政府，向大会作政府工作报告，请予审议，并请各位市政协委员和列席人员提出意见。

一、2018 年工作回顾

过去的一年，我们深入学习贯彻习近平新时代中国特色社会主义思想和党的十九大精神，树牢“四个意识”，坚定“四个自信”，做到“两个维护”，在省委、省政府和市委的正确领导下，紧紧依靠全市人民，坚持稳中求进工作总基调，践行新发展理念，把握高质量发展要求，深化供给侧结构性改革，统筹做好稳增长、促改革、调结构、治污染、惠民生、防风险各项工作，扎实开展“双创双服”“双问计”活动，较好完成了市十四届人大三次会议确定的各项目标任务，开创了现代省会、经济强市建设新局面。

——经济运行稳中有进，发展质量效益持续提升。全市生产总值增长 7.5%。一般公共预算收入、全部财政收入分别完成 519.7 亿元、1076.3 亿元，增长 12.8%、13.6%，顺利实现“跨五越千”。减税降费 117.3 亿元。固定资产投资增长 6.4%，社会消费品零售总额增长 9.1%。主要经济指标增速均好于全省。规模以上高新技术产业增加值增长 17.3%，连续 8 年实现两位数增长。

——产业结构稳中调优，“4+4”现代产业格局基本确立。三次产业结构优化为 6.9 ∶ 37.6 ∶ 55.5，服务业对经济增长的贡献率超过 70%。落实“4+4”现代产业发展决策部署，出台“1+8”行动方案，1788 个“4+4”现代产业项目完成投资占全市固定资产投资的 58.3%，对投资的贡献率达到 65.6%。“4+4”现代产业税收增长 14.6%，成为引领石家庄高质量发展的主要力量。

——城市建设稳中提质，省会综合竞争力大幅提高。积极创建国家卫生城市，顺利通过全国文明城市国家复检，省级以上园林县城实现全覆盖。成功举办首届国际数字经济博览会，打造了省会又一张靓丽名片，成为数博会永久举办地。成功承办省运会、省残运会，连续举办了中国国际通用航空博览会、石家庄国际投资贸易洽谈会、市旅游产业发展大会等高水平会展活动，被评为“中国会展名城”“亚太旅游目的地城市”，省会的影响力、吸引力、辐射力明显提升。

——生态环境稳中向好，空气质量持续改善。单位生产总值能耗降低率、化学需氧量、二氧化硫、氨氮、氮氧化物排放量完成省下达的目标任务。全市地表水达到或优于省考断面的比例提高 10 个百分点。森林覆盖率达到 40.6%。全市 PM2.5 平均浓度下降 16.3%，综合指数下降率为 13.6%，首次实现全年“零爆表”。全长 42 千米的滹沱河生态修复工程全面开工建设，城区段生态景观长廊正式向市民开放。

——民生事业稳步前行，人民群众福祉显著增强。城乡居民人均可支配收入分别增长 8% 左右、8.5% 左右。城镇新增就业 19.5 万人，农村转移劳动力 5.2 万人，城镇登记失业率 3.3%。纳入省考核的 490 个“三难”房地产遗留问题全部解决。完成老旧供热管网改造 358 千米，提前一周带热试运行，供热效果明显提高。高考成绩再创历史新高，勇夺全省文科、理科成绩“双第一”，职教园区一期 6 所学校全部入驻。在全国主要城市中，交通拥堵率降幅排名第二，社会治安名列第三，食品安全位列第八。10 件利民惠民实事顺利完成。民之所望，政之所向。石家庄，正在用民生温度彰显城市发展的新高度。

一年来，面对错综复杂的外部环境，面对产业转型、结构调整、污染治理的艰巨任务，我们凝心聚力，积极应对，战胜各种困难挑战，推动各项工作迈上新台阶。

（一）抓转型、转动能，着力构建“4+4”现代产业格局。强化产业发展的顶层设计，研究制定支持“4+4”现代产业发展的系列政策文件。新一代信息技术产业快速发展，与中电科13所和54所签署战略合作框架协议，通信与导航设备、新型显示、应用电子和软件等优势产业加速集聚，主营业务收入增速突破20%。生物医药健康产业稳步增长，“全国心脑血管医药产业知名品牌创建示范区”正式获批筹建，以岭药业“理临科产教”五位一体发展模式成为全国中医药科技成果产业化的创举，生物医药健康产业税收增长17.3%。先进装备制造产业竞争力明显增强，中渥电气成套设备生产基地等重点项目相继开工，奇瑞新能源汽车首车下线。现代商贸物流业提档升级，华润万象城、北国奥特莱斯水世界、天山海世界二期建成开业，掀起省会新消费热潮。金融创新开发区建设初见成效，金融业增加值增长8.1%，税收增长22.5%。全域旅游开创新局面，旅游业总收入增长25.8%。科技服务与文化创意产业大幅增长，节能环保产业规模不断壮大，实现利税分别增长26%、30%。开发区成为“4+4”现代产业发展的重要平台，全年主营业务收入增长20%以上。大力推进传统产业改造升级，组织实施“千企转型”行动，134个技改项目列入省“千项技改项目”。县域经济活跃度明显提升，长安区、藁城区跻身全国综合实力百强区，正定县、井陉矿区入围全国投资潜力百强县区。重点龙头企业发展实现历史性跨越，石炼化公司利税超百亿，君乐宝乳业集团主营业务收入超百亿，石药集团成为香港恒生指数成分股中首支蓝筹医药股。

（二）**抓改革、促开放，着力增强经济发展活力。**深化供给侧结构性改革，坚定不移去产能，全年压减水泥产能357.5万吨、焦炭130万吨，圆满完成年度目标任务。持续深化“放管服”改革，取消下放行政权力事项76项，在全省率先建成“互联网+政务服务”平台，实现“五十二证合一”，企业开办时间压减至2.5个工作日，新增市场主体19.4万户。金融改革措施落地见效，全年新增贷款1148.9亿元，小微企业贷款风险补偿机制向全国推广。创新土地管理工作，全面推行“先做土地、后做项目”和大片区土地收储做法，全市新增占补平衡指标4万亩。旗帜鲜明支持民营经济发展，制定实施促进民营经济高质量发展的系列政策，敬业集团、东旭集团、天山集团跻身全国民营企业500强。招商引资成效明显，一批优质企业和项目签约落地，全球领先的生物医药研发企业药明康德、技术世界领先的现代生物制药企业沃森生物开工建设，全国成立最早、规模最大、连接全球创客资源网络最紧密的柴火创客空间引进运营。对外开放不断扩大，主动融入“一带一路”建设，中欧（石家庄）班列正式开通，打通了通往欧洲市场的贸易大通道；积极落实京津冀协同发展战略，全力支持雄安新区规划建设和冬奥会筹办；加强对外交往，80多个国家驻华大使、参赞到石家庄共谋发展。全市实际利用外资14.9亿美元，增长7.5%；进出口总值完成864.1亿元，增长8.6%。

（三）**抓创新、建体系，着力打造区域发展新高地。**坚持把创新作为引领高质量发展的第一动力，深入实施创新驱动发展战略，落实配套政策措施，完善科技创新生态体系。诺贝尔奖获得者工作站达到6家，院士工作站达到64家。认定工业企业研发机构764家，新认定国家企业技术中心3家，国内唯一的“平板显示国家工程实验室”去年在我市建成并通过验收。省级以上孵化器、加速器和众创空间达到78家。新增国家级高新技术企业515家、达到1315家，新增科技型中小企业2027家、达到11132家，均居全省第一。新增专利授权8334件，技术合同成交额完成95亿元。君乐宝乳业集团获“中国质量奖提名奖”，东旭集团获“国家科技进步一等奖”，我市成为国家知识产权示范城市。强化创新人才队伍建设，在全国省会城市中第一个出台《人才发展促进条例》，发放“人才绿卡”3580张，柔性引进诺贝尔奖获得者6名、两院院士24名，培养引进国家“千人计划”“万人计划”入选者和长江学者17名，引进世界500强大学和国家“双一流”建设高校毕业生3800多名，为高质量发展提供了智力支撑。

（四）**抓规划、提品质，着力提升城市建设管理水平。**坚持现代化标准，紧紧扭住城市规划设计、基础设施建设、精细化管理等环节，推进城市高质量发展。高起点修编新一轮城市总规，形成阶段性成果。中央商务区开发建设正式启动，车辆厂和百年广场临建全部拆除。地铁全年运送旅客8700余万人次，1号线二期实现“洞通”。南二环东西延、和平路高架桥西延、和平路中华大街立交桥全线贯通，联石丰道路拓宽工程除个别节点外基本贯通，中华大街南延、建设大街南延等13条“断头路”彻底打通。太行山高速石家庄段主体完工通车，津石、石衡高速开工建设。新建地下综合管廊20千米。新购置水洗机扫车239辆，主城区道路机扫率达到90%。新建停车泊位2800多个，智慧泊车被评为全国公共停车场运营管理示范项目。新建改造西兆通等公园7座，建成街旁游园7处，新增绿地面积938万平方米。国家新型城镇化综合试点任务基本完成，常住人口城镇化率达到63.83%。

（五）抓基础、补短板，着力推进乡村全面振兴。调整优化农业产业结构，大力发展科技农业、绿色农业、品牌农业、质量农业。继续稳定农业综合生产能力，粮食、蔬菜及食用菌、肉蛋奶总产量分别达到424.8、502.5、187.9万吨。农业科技装备水平得到新提升，主要农作物耕种收机械化水平达到97.3%。农产品质量持续提高，建成农业标准化生产基地110个，新认证“三品一标”企业79家、达到353家。智慧农业大数据平台投入使用，农产品二维码质量追溯平台实现农业县（市、区）全覆盖。深入开展农村人居环境整治行动，新改建农村公路436千米，天然气入户率达到44.8%，光纤覆盖率达到99%，无害化卫生厕所普及率提高到70%，农村生活垃圾处理长效机制实现全覆盖。成功打造井陉古村落等6个美丽乡村旅游度假区，晋州周家庄入选中国美丽休闲乡村。农村集体产权制度改革扎实推进，完成3979个村集体资产清产核资，成功获批国家整市推进试点。

（六）抓重点、攻难点，着力加强生态环境综合治理。践行“绿水青山就是金山银山”的理念，扎实做好中央和省环保督查“回头看”问题整改，污染防治攻坚战取得新进展。空气质量持续改善，围绕退“倒十”目标，坚持科学治污、精准治污、铁腕治污、协同治污，聘请国家级专家团队跟踪加密研判，设立会商指挥平台统筹协调调度，实行周会商、月调度，采取超常规措施，深入开展“两散两车三高三尘”综合治理，取得阶段性成效。完成农村“双代”取暖改造31.9万户，任务完成量全省第一。全面取消散煤，市域内35蒸吨以下燃煤锅炉实现“清零”，压减燃煤120万吨。巩固深化“散乱污”企业整治和涉VOCs企业治理成果。修复责任主体灭失矿山1652亩，治理黄土裸露地面107万平方米。PM2.5平均浓度从2016年的99微克/立方米下降到72微克/立方米，下降浓度绝对值在全国169个重点城市中排名第一。积极开展水土污染防治，严格落实“河长制”，土壤污染治理与修复试点工作有序推进，造林绿化73万亩。环境执法力度持续加大，立案处罚4527件。全市上下勠力同心、众志成城，付出了巨大努力，圆满完成了省定目标任务，让人民群众享受到更多的蓝天白云、绿水青山。

（七）抓民生、办实事，着力增强人民群众获得感幸福感安全感。持续加大民生投入，民生事业支出759.3亿元，占一般公共预算支出的76.3%。精准脱贫成效显著，5.7万人稳定脱贫，226个贫困村出列，平山县正式脱贫摘帽，赞皇县、灵寿县、行唐县达到脱贫出列标准。社会保障水平继续提高，发放援企稳岗补贴1.77亿元，企业退休人员养老金人均月增133.3元，城乡低保标准分别提高到每人每月610元、每人每年4400元；建成棚户区改造住房2.8万套，改造提升老旧小区210个，建成公租房7473套，分配入住比例达到97.2%，超额完成省定任务。社会事业协调发展，新建普惠性幼儿园44所，消除义务教育大班额1861个，我市普职融通改革获得“全国教育改革创新特别奖”，石家庄外国语教育集团荣获“全国脱贫攻坚组织创新奖”。市中医院东院区建成投用，新增国家级“群众满意乡镇卫生院”20个，建成社区首席专家工作室104个，新增医养结合机构44个，成功创建“全国基层中医药工作先进市”。市委党校新校区基本建成，市图书馆被评为“国家一级馆”。建成全民健身路径100条，实施农村体育健身工程100个。社会治理不断创新，深入开展“扫黑除恶”专项斗争，持续推进风险排查化解活动，深化安全隐患整治，社会大局保持和谐稳定。

一年来，我们坚决落实全面从严治党战略部署，大力推进政府自身建设，认真做好中央、省委巡视反馈意见整改，严格执行八项规定及其实施细则。加强法治政府建设，自觉接受人大法律监督、政协民主监督和社会监督，定期向市人大常委会报告工作、向市政协通报情况，354件人大代表建议、512件政协委员提案全部按时办复。服务型政府建设取得新成效，“双创双服”重点帮扶企业和项目反映的问题得到较好解决，“双问计”争取上级政策199项、各类项目7359个。国防动员和“双拥共建”深入开展，民族宗教、人民防空、气象地震、妇女儿童、老龄、残疾人等事业都有了新的发展和进步。

各位代表，回顾过去的一年，我们经历了迎接挑战、抢抓机遇的不平凡历程，也收获了推进高质量发展的丰硕成果，全市稳的态势在持续、进的力度在加大、好的因素在累积、惠的成效在显现。实践中，我们深化了对做好新形势下经济工作的认识。一是讲政治，坚定方向。坚定不移以习近平新时代中国特色社会主义思想统领各项工作，在市委的正确领导下，全力推动党中央、国务院和省委、省政府重大决策部署，第一时间在省会落实落地。二是讲统筹，科学发展。运用马克思主义方法论，抓主要矛盾、抓矛盾的主要方面，既全面推进又重点突破，既注重当前更着眼长远，综合考量、精准施策，牢牢把握经济工作主动权。三是讲规则，厘清边界。遵从经济规律、尊重市场规则，厘清并恪守政府、市场、社会三方边界，充分发挥市场在资源配置中的决定性作用和更好发挥政府作用。四是讲法治，履职尽责。弘扬宪法精神，坚持依法行政，自觉遵法、学法、守法、用法、护法，用法治思维推动工作开展，用法治手段破解矛盾难题，用法治规范保障发展成果。五是讲担当，干事创业。始终保持奋发有为的精神状态，把推进落实作为职责之要，真抓实干，层层传导责任、明确时限要求、加强督导检查，善做善成，久久为功。

各位代表！事非经过不知难，成绩来之不易。这是以习近平同志为核心的党中央引航定向的结果，是省委、省政府关心支持的结果，是市委正确领导的结果，是全市人民团结一心、砥砺奋进的结果。在此，我代表市人民政府，向全市人民，向人大代表、政协委员，向各民主党派、工商联、无党派人士和人民团体，向驻石人民解放军、武警官兵和政法干警，向中直、省直驻石单位，向所有关心支持石家庄改革发展的港澳台同胞、海外侨胞和国际友人，致以崇高的敬意和衷心的感谢！

在肯定成绩的同时我们也清醒看到，当前我市发展中还存在不少困难和问题。一是经济发展质量效益不够高，工业经济低位运行，战略性新兴产业还未形成有效支撑，实体经济发展依然面临不少困难。二是创新能力仍需加强，基础研究投入不够，高新技术企业、研发机构与发达地区差距较大，人才储备还不能满足高质量发展的需要。三是环境治理任务艰巨，环境容量趋于饱和，大气、水、土壤污染治理需要付出更多更大努力。四是城市现代化水平有待提高，基础设施历史欠账较多，城市形象和品位需进一步提升。五是营商环境不优、干部作风不严不实等问题不同程度存在。对此，我们必须增强忧患意识，正视困难差距，下大力气加以解决。

二、2019 年工作总体要求

今年是新中国成立 70 周年，是全面建成小康社会、实现第一个百年奋斗目标的关键之年。当前，世界面临百年未有之大变局，全球产业链加速重组，经济结构加快重塑，经济增长动能转弱，贸易保护主义重新抬头，经济治理体系变革处于重要时期，国际协作共赢局面发生深刻变化。国内经济运行稳中有变、变中有忧，经济面临下行压力，困难和挑战有所增多。但更要善于从长期大势认识当前形势，经济发展长期向好的基本面没有变，我国发展仍处于并将长期处于重要战略机遇期。深刻审视面临的新形势、新任务，新时代的石家庄正处在一个大有可为的战略机遇期、乘势跃升的攻坚突破期和担当使命的接续奋斗期，我们要坚决贯彻中央“巩固、增强、提升、畅通”八字方针，认真落实省委、省政府的决策部署，紧紧围绕市委十届六次全会确定的目标任务，进一步夯实发展基础、释放发展活力、集聚发展势能、提高发展质量，努力开创省会高质量发展的美好未来。

今年政府工作的总体要求是：坚持以习近平新时代中国特色社会主义思想为指导，全面贯彻党的十九大和十九届二中、三中全会精神，认真落实省委九届八次全会和市委十届六次全会精神，坚持稳中求进工作总基调，坚持新发展理念，坚持推动高质量发展，坚持以供给侧结构性改革为主线，坚持深化市场化改革、扩大高水平开放，加快构建“4+4”现代产业发展格局，继续打好三大攻坚战，全面实施城市建设攻坚提质，大力推进乡村振兴战略，加强保障和改善民生，加快建设现代省会、经济强市，为全面建成小康社会收官打下决定性基础，以优异成绩庆祝中华人民共和国成立 70 周年。

2019 年主要预期目标：地区生产总值增长 7% 左右，一般公共预算收入增长 7.5% 左右，规模以上工业增加值增长 4% 以上，服务业增加值增长 10% 以上，固定资产投资增长 6% 左右，社会消费品零售总额增长 9.5%，城乡居民人均可支配收入均增长 7.5% 左右，居民消费价格涨幅控制在 3.5% 左右。上述目标的设定，充分考虑了我市发展的支撑条件和外部环境，统筹了总量增长和结构优化，体现了稳中求进、进中趋优的要求和高质量发展的导向。

落实总体要求，实现工作目标，我们必须坚持党对经济工作的领导，学懂弄通做实习近平新时代中国特色社会主义思想，坚决落实中央和省决策部署，坚决落实市委安排部署，坚决做到政令畅通、执行有力，知行合一、令行禁止。必须始终扭住发展第一要务，坚持以经济建设为中心，把握战略机遇期新内涵，深化经济发展规律性认识，稳就业、稳金融、稳外贸、稳外资、稳投资、稳预期，不断巩固经济持续向好态势。必须坚定不移推动高质量发展，迈改革开放之步、走创新驱动之路，激发微观主体活力，汇聚国内外优质资源，优结构增效益转动能，为高质量发展蓄能增势。必须坚持以人民为中心的发展理念，不忘初心、牢记使命，顺应民心、致力民生，在治理污染、修复生态中加快营造良好人居环境，在脱贫攻坚、推进共享中努力提高人民生活水平。只要我们紧盯发展方向、紧扣发展脉搏、紧抓发展机遇、紧跟发展步伐，就一定能够推动省会发展创造新的优势、实现新的跨越。

三、2019 年重点任务

做好今年工作，必须认真贯彻党中央、国务院决策部署，全面落实省委九届八次全会和市委十届六次全会要求，坚定信心、同向发力，确保圆满完成各项目标任务。重点抓好以下九个方面：

（一）坚定不移夯实经济高质量发展基础，加快优化“4+4”现代产业发展格局。产业兴、经济强。坚持产业立市不动摇，紧紧围绕构建“4+4”现代产业发展格局，认真落实系列三年行动计划和配套措施，不断增强产业竞争力。

大力发展先进制造业。制造业是兴国之器、强国之基。立足我市产业基础和优势，聚焦“4+4”现代产业中的新一代信息技术、生物医药、装备制造、节能环保等先进制造业，找准突破点和爆发点，每个行业打造1-2个在全国乃至世界有影响的企业，推动制造业向价值链高端迈进。按照“延链”的要求，工业设计优化一批、科技创新转化一批、产业延伸集聚一批，加快推动产业链条双向延伸融合，促进制造企业由生产环节向服务环节延伸、服务企业向制造环节延长，强化制造业与现代服务业深度融合，推动工业生产提级增速。充分发挥河北工业设计创新中心作用，支持引导企业在产品研发、外观设计、产品包装等环节植入工业设计元素，促进制造业向创意、研发、售后等产业链两端延伸，不断提升工业产品的品牌效应和附加值。

大力发展战略性新兴产业。着眼产业链的关键核心、缺失环节，以“补链”为引领，培育壮大卫星导航、光电显示、新能源汽车等战略性新兴产业。细化落实省十大主攻方向、六大工程部署安排，打造一批战略性新兴产业示范基地。适应互联网经济从上半场转到下半场的新趋势，推动消费互联网向产业互联网、“互联网+”向“+互联网”转换延伸，促进产业链和价值链重构。加快5G商用步伐，加强人工智能、工业互联网、物联网等新型基础设施建设，提升企业生产要素数据化水平，提升企业运营流程数字化协同水平，实现生产要素精细化、运营流程准配化，推进经济演变和提高全要素生产效率。提前布局数字金融、区块链运用、量子通信、IT和BT的融合、生物技术等未来产业，在新一轮发展竞争中抢占先机、赢得主动。

大力发展现代服务业。支持服务业扩容提质，不断提升现代服务业对经济增长的贡献率。培育壮大金融产业，加快中央商务区、金融创新开发区建设，积极引进金融、科技、结算中心等高端企业，形成产业聚集、资本放大效应，高效服务实体经济发展。做大做强旅游业，突出生产生活生态融合，整合旅游资源，开发特色旅游，办好省、市旅游产业发展大会，打造一批旅游康养示范基地，推进全域旅游发展，全年旅游业总收入增长21%以上。加快发展现代商贸物流和会展经济，建设全国现代商贸物流中心城市；充分利用交通资源和区位优势，调整优化物流产业布局，推进综合性智能化物流基地建设，巩固提升全国物流节点城市地位。谋划筹备金融博览会，继续办好中国国际通用航空博览会、国际数字经济博览会等大型展会，全年举办各类会展活动180场次以上。

大力改造提升传统产业。以“强链”为目标，聚焦化工、食品、纺织等传统优势产业，深入实施“千企转型”活动，全面推动工业企业转向创新驱动、绿色发展、现代管理。实施新一轮技术改造和设备更新，对传统产业进行智能化、绿色化、高端化改造，滚动实施100项以上重点技改项目。加强产业链协同配套，引导中小企业向集群化、协作化转型。制定实施特色产业振兴计划，明确“一县一业”“一业一策”建设路线图，支持平山钢铁、晋州纺织、元氏化工、深泽日化、无极皮革、行唐奶业等加快转型提质，实现从关联企业集聚向个性品牌成长、再向集群品牌提升的梯次迈进，打造高层次、升级版的世界级特色产业集群，培育“专精特新”隐形冠军。

（二）坚定不移增加有效需求，努力保持经济平稳增长。稳是大局，进是趋势。顺应壮大国内市场新要求，用足用好国家积极的财政政策和稳健的货币政策，充分发挥消费的基础性作用、投资的关键性作用，支撑经济稳中求进。

全面提升消费水平。消费需求是最终需求，其规模扩大、质量提升将对产品和服务供给起到引领和倍数作用。适应消费升级趋势，增供给与优环境并举，扩规模与提水平并重，加快发展教育培训、家政服务、健康养老、文化旅游、休闲体育等服务业，积极培育定制消费、信息消费、智能消费、共享消费、体验消费等新兴消费热点，支持传统商贸企业发展线下体验、线上消费新零售模式。继续实施质量强市和标准化战略，深入推进增品种、提品质、创品牌“三品”行动。开拓农村消费市场，实施农产品电子商务等现代商贸物流工程，健全农村流通网络体系和售后体系，让老百姓吃得放心、穿得顺心、用得舒心。

全面提升投资质量。我市现阶段投资需求潜力巨大，关键是选准领域和项目，抓重点、强弱项、补短板，以精准有效投资催生优质供给，以高端高质项目引领转型升级。围绕重大项目落地投产，开展“项目落地年”行动，签约项目抓开工，在建项目抓进度，竣工项目抓投产，前期项目抓推进，加大城乡基础设施、生态环境保护、重大产业项目等领域补短板力度，推进340个省市重点项目建设，完成年度投资830亿元左右。稳步推进石钢搬迁等一批重大转型升级项目，扩大东旭玻璃基板、志诚永华新型液晶材料等一批重大科技成果产业化规模。实施精准招商，转变招商理念，强化市级统筹，解决无序低效竞争、产业同质化等问题；创新招商方式，实施产业链招商、资源补缺式招商、成果转化式招商，由引资为主转向引资、引智并重，加快招引一批投资规模大、科技含量高、税收贡献好、带动能力强的高端高新项目。

全面提升开发区能级水平。实施开发区提档升级行动，加快“新九通一平”建设，鼓励高新区、石家庄经开区朝着主导产业鲜明、产业链条完整、产城深度融合的方向发展，省级园区朝着特色突出、要素集聚、配套完善的方向发展。支持鹿泉经济开发区等条件成熟的开发区向国家级升格，加快循环化工园区转型升级步伐，推动中俄“两国双园”、鹿泉中芬产业园等中外合作产业园区建设。统筹协调、有序推进开发区托管整合，实现优势互补，完善产业布局，全面提升开发区发展水平。全市省级以上开发区主营业务收入继续保持20%以上增长。

为顺利推进“项目落地年”行动，继续实行领导干部包联重点项目制度，持续抓好市直部门与县（市、区）联合招商、捆绑考核，充分发挥考核“指挥棒”的作用，项目考核从注重开工率，向注重竣工投产、亩均效益转变；招商引资考核从注重签约率，向注重资金到位率、项目开工率转变；开发区考核从注重规模和速度，向注重质量、结构和贡献率转变，形成鲜明的政策导向，为高质量发展提供有力保障。

（三）坚定不移全面深化改革扩大开放，不断增强高质量发展的动力活力。改革不停顿，开放不止步。切实推动重大改革任务举措落地，加快形成全方位、多层次、宽领域的全面开放新格局，全力推动新时代改革开放再出发。

更大力度推进重点领域改革。深化“放管服”改革，扩大“最多跑一次”覆盖面，推进“双随机、一公开”监管，加快推动政务服务“一网通办”，年内工程建设项目审批时间压缩至70个工作日以内。深化国资国企改革，加快建立国资监管全覆盖的管理体制，设立市属产权综合交易服务机构。深化财税金融改革，全面实施预算绩效管理，规范政府举债融资机制；强化地方金融监管和服务能力，改进和增强中小微企业金融服务，引导金融业回归服务实体经济本源。深化科技体制改革，创新科技评价制度，推进科研经费使用管理、科技成果转化收益分配、科研人员薪酬制度等改革，形成有效的创新激励机制。深化综合行政执法改革，将执法力量下沉到基层，有效解决“看得见的管不了，管得了的看不见”问题。

更大力度扩大高水平对外开放。开放是机遇，开放是活力，高水平开放是高质量发展的必然选择。统筹利用国际国内两个市场、两种资源，依托正定海关、鹿泉海关、机场海关，加快发展综合保税区、海关特殊监管区，申报建立进境商品指定口岸，推进国家跨境电子商务综合试验区有关政策在省会落地。年内国际邮件互换局竣工运营。深度融入“一带一路”建设，积极开展国际产能合作，扩大先进技术设备、关键零部件和紧缺资源型产品的进口，鼓励钢铁、化工、水泥、纺织等企业“走出去”，建立境外生产加工基地。力争全年进出口总值、实际利用外资均增长5%以上。

更大力度融入京津冀协同发展。坚决落实省委、省政府纵深推进“三件大事”的决策部署，积极推动交通、生态、产业三个重点领域的深度合作，在服务对接京津雄中加快发展自己。提升交通互联互通水平，大力推进雄石城际铁路、津石高速公路等基础设施项目建设。加强产业对接协作，落实好常态化沟通机制，提高承接能力，创优承接环境，加快建设正定新区重点承接平台，吸引京津雄优质项目和科技成果落地转化，形成“京津雄研发、石家庄转化、石家庄制造”的合作模式，打造高水平协同发展示范区。其他县（市、区）发挥比较优势，高水平规划建设，努力成为承接非首都功能疏解和产业转移的“微中心”；将支持雄安新区大规模建设，转化成为加快发展自己的机遇，瞄准需求、占领市场，提供产品、壮大产业。

（四）坚定不移实施创新驱动发展战略，加快打造国家创新型城市。抓创新就是抓发展，谋创新就是谋未来。紧紧抓住石保廊全面创新改革试验区建设的机遇，加强创新要素集聚和科技成果转化，加快形成以创新为主要引领和支撑的高质量发展模式。

更加注重创新体系建设。支持高新区由生产型向研发型升级、由功能单一的产业区向产城融合的城市新区转型，打造国家自主创新示范区。发挥诺贝尔奖获得者工作站等科技平台作用，加快科技成果转化和产业加速器建设，构建开放、协同、高效的共性研发平台，健全需求为导向、企业为主体的产学研用一体化创新机制。加强科技大市场的运营管理，力争年技术合同交易额突破百亿元。全年新增科技企业孵化器4家，众创空间15家，认定市级以上技术创新中心、重点实验室、产业技术研究院35家，构筑创新创业新高地。

更加注重创新主体培育。严格执行高新技术企业所得税优惠、企业研发费用加计扣除、研发投入普惠性奖励等政策措施，支持企业建设高水平研发机构。大力实施高科技企业培育工程，建立科技型中小企业、高新技术企业、“瞪羚”企业、“独角兽”企业培育库，加大服务支持、资源配置和政策倾斜力度，年内新增国家级高新技术企业200家，培育认定科技型中小企业1300家。设立创新基金，加大研发投入，全社会研发经费支出占GDP比重达到2.5%。

更加注重军民融合发展。推动军民融合重大科技攻关，主动对接军队高端科技创新资源和成果，积极构建军民融合协同创新体系。面向航空航天、新材料、量子通信等前沿领域，发挥好河北省军民两用技术交易中心、军民融合知识产权交易中心的平台优势，深化与中电科13所、54所等国家级重点科研单位的合作，支持鹿泉加快鹿北军民融合产业新区建设，打造军民融合产业集群。

更加注重创新人才引领。实施“领头雁工程”，加强各行业高端人才引进力度。深入开展“院士专家行”活动，新增院士工作站5家。与国内一流大学、教育机构等合作建立研究生院、职业教育学院、培训中心，增强高层次人才和实用型技术人才培养能力。对创新人才、创业人才、科技人才，我们就是要给政策、给待遇，提供人尽其才、追梦圆梦的广阔舞台，让石家庄成为创新的蓝海、创业的热土、创客的乐园。

（五）坚定不移优化营商环境，毫不动摇支持民营经济发展。民营经济作用不可或缺，民营企业前途不可限量。认真贯彻习近平总书记在民营企业家座谈会上的重要讲话精神，抓好民营企业“百千万”提升工程，扶持壮大一批主业突出、核心竞争力强的民营骨干企业。

切实减轻企业税费负担。实施降本减负专项行动，进一步清理规范涉企收费，巩固行政性“零收费”成果，重拳治理收过头税和“三乱”行为，实质性降低民营企业负担。对小微企业和科技型初创企业实施普惠性优惠政策，鼓励中小微企业利用股权投资、风险投资等方式融资。抓好纾困基金管理运行，帮助生产经营正常、暂时困难的企业渡过难关。

切实提供优质高效服务。认真落实国家和省、市支持民营经济发展的各项政策措施，坚决清理阻碍政策落地的“中梗阻”问题，打通政策落实“最后一公里”。坚决打破“卷帘门”“玻璃门”“旋转门”，清除各类隐性壁垒，在经营许可、经营运行、招投标等方面一视同仁。严格落实领导干部包联责任制，建立重点企业“市长直通车”制度，为企业发展送上“石家庄版”的“政策服务包”。深入开展“双创双服”“千人帮千企”等活动，主动与民营企业家打交道、交朋友、解难题。

切实维护企业合法权益。依法保护企业家人身财产安全，完善诚信体系建设，加强知识产权保护，严厉打击侵害民营企业权益的违法行为和黑恶势力，激发和保护企业家精神，在全社会营造尊重企业家的良好氛围。各级政府都是企业的“服务员”，凡是民营企业的合理诉求，我们一定有求必应；凡是政府作出的承诺，我们一定坚决兑现。

（六）坚定不移增强辐射带动能力，努力建设现代化区域中心城市。城优旺业，城美聚才。优化城市布局，完善城市功能，提升形象品位，不断提高省会美誉度和吸引力。

实施规划设计提标行动。继续完善城市总规成果，做好滹沱河沿线、解放大街沿线、工业遗址等重点区域的城市设计。超前规划管控轨道交通沿线土地利用和产业布局。加强城市建筑风貌管控，对城市公共空间、建筑群组关系、建筑景观、建筑色彩、建筑体量等要素，进行全过程精细化管理。加快编制城市地下空间利用专项规划，统筹协调地下、地面、地上空间配置、功能衔接。严格“三条红线”划定，建立“城市体检”制度，坚持多规合一，一张蓝图绘到底。

实施城乡发展提档行动。继续实施主城区水、电、暖、气、路“五网同治”，加快推进联石丰道路贯通工程、解放大街东半幅工程等城区路网建设。充分利用人防工程等地下空间闲置资源，配建市政设施和公共服务设施。强力推进公交都市示范城市创建，确保通过国家验收。坚定不移推动北跨发展，用足用好市场机制建设正定新区，加快完善酒店、学校、医院等配套设施，实现人口、商业、产业快速集聚，打造全市发展新的增长极。推动县城建设争先进位，巩固扩大“两违”拆除成果，深入开展“园林城、卫生城、洁净城、文明城”创建活动，大手笔、高标准建设各具特色的美丽县城，年内力争正定、晋州创建成国家园林城市，元氏、平山、赞皇、赵县创建成省级洁净城市，所有县在全省排名中名次前移，更多县进入全省前30名。

实施重点工程提速行动。把建设中央商务区作为全市的“1号工程”，强力推进手续审批、土地征迁等各方面工作，年内取得明显进展。加快推进轨道交通在建工程，确保上半年1号线二期工程载客运营，2号线一期和3号线一期两边段按时间节点加紧建设，积极跑办后续规划报批工作。加快功能性场馆建设，确保城市馆5月1日前开馆，市图书馆、市档案馆按期竣工投用。推进石衡、南绕城高速公路等建设，完善对外大通道路网体系。

实施城市风貌提质行动。着力改善人居环境，深入开展老旧小区整治和棚户区改造三年攻坚行动，积极稳妥实施城中村改造，强力推进停车场建设，加快地下管廊试点和海绵城市建设，配套完善社区服务设施，让老百姓生活更加舒适便捷。大力提升城市景观，加强城市绿化、美化、亮化、净化，高标准实施南二环东西延、和平路西延、中华大街南延等道路绿化，加大开花、彩叶、冬绿植物种植力度，推动城市绿化多彩化、艺术化。力争西环公园5月1日前完工，铁路文化公园年底前开放。大力实施街道两侧建筑外立面整治、夜景亮化完善提升工程，使城市更加靓丽多彩。

实施城市管理提效行动。城市发展三分建七分管。坚持以国家卫生城市创建为抓手，巩固和扩大全国文明城市成果，让城市更加整洁有序。强化精细管理，加强小街小巷综合整治，清理占道经营，推广垃圾分类投放，提高水洗机扫率，提升城市管理水平。强化房地产市场监管，巩固整治成果，构建长效机制，确保房地产市场健康发展。加快城市综合管理信息平台建设，实现感知、分析、服务“三位一体”城市管理，打造新型智慧城市。加强土地管控，坚持政府主导、市场化运作，节约集约用地，提升管理水平。

（七）坚定不移实施乡村振兴战略，扎实推动农业农村工作迈上新台阶。乡村振兴，产业兴旺是重点，生态宜居是关键，生活富裕是根本。坚持农业农村优先发展，高质量做好“三农”工作，奋力打造新时代乡村振兴的石家庄样板。

持续加快农业转型升级。聚焦打造“四个农业”，深入实施农业供给侧结构性改革三年行动计划，提升农业综合生产能力。推动藏粮于地、藏粮于技，粮食总产稳定在430万吨以上，确保粮食安全。加快推进强筋麦、鲜食玉米产业化，中药材、食用菌基地化，果品、蔬菜品牌化，大力推进奶业振兴，支持君乐宝乳业集团、河北三元做大做强。实施现代农业精品园区建设工程，年内建成市级以上精品园区 14 家。推进智慧农业延伸应用，建设现代农业园区物联网示范点。完善农产品质量安全追溯体系，强化农产品质量安全监管。毫不松懈抓好非洲猪瘟等畜禽疫病防控工作。大力培育家庭农场、农民合作社等新型经营主体，发展多种形式适度规模经营，构建现代农业发展大格局。

持续深化农村综合改革。以"三块地"为平台，撬动社会资本，让城市资本下乡，解决乡村振兴资本短缺问题，推进城乡一体化和新型城乡结构再造。加快承包地确权登记颁证成果在土地流转、抵押担保、惠农政策落实等方面有效应用，推进农村宅基地"三权分置"制度改革，扎实稳妥开展农村集体经营性建设用地入市试点。创新农业经营方式，完善农业支持保护制度，推进农村集体产权制度改革，年内完成所有村的改革任务。

持续推进农村人居环境整治。围绕生活垃圾处理、污水治理、厕所革命、容貌提升等重点工作，发动群众搞清洁、搞绿化、搞建设、搞管护，形成持续推进机制。稳步推进"空心村"治理，推动人口向城镇集中、劳动力向园区转移、土地向新型经营主体集聚，实施农村新型社区、产业园区、生态功能区"三区同建"。

持续打好精准脱贫攻坚战。围绕"两不愁三保障"，统筹抓好产业扶贫、科技扶贫、就业扶贫、易地扶贫搬迁。实施贫困"清零"行动，确保剩余贫困村全部出列、贫困人口全部稳定脱贫。建立健全防返贫机制，对收入水平略高于建档立卡贫困户的群体，研究制定支持政策。通过建设农村公共基础设施，让非贫困户共享脱贫攻坚成果红利。严格扶贫资金审计，严肃查处扶贫领域存在的违规问题。坚持扶贫与扶志扶智相结合，培育新型职业农民，稳定增加农民收入。

（八）坚定不移打好污染防治攻坚战，强力推进生态环境建设取得新成效。良好的生态环境是最普惠的民生福祉。认真落实习近平生态文明思想，坚守阵地、巩固成果，精准治标、深入治本，推动生态环境持续好转。

坚决打赢蓝天保卫战。围绕大气质量持续改善，加快调整能源结构、产业结构、交通运输结构。加强污染源管控，强力推进农村地区清洁取暖，力争完成剩余"双代"任务，暂不具备替代条件的地区推广使用洁净型煤；坚决防止已淘汰的燃煤锅炉死灰复燃。持续治理"散乱污"企业，深化涉 VOCS 重点行业整治。加快华荣制药、光华药业等企业退城搬迁，确保 2020 年前完成石钢搬迁。科学实施重污染天气应急管理各项措施，禁止"一刀切"。继续开展建筑施工扬尘治理，实现视频监控和PM10 在线监测"双覆盖"，全面解决黄土裸露问题。统筹"油、路、车"治理，重点整治管控柴油货车、渣土车辆污染，大力推广使用新能源汽车。

坚决打赢碧水、净土保卫战。制定水资源涵养利用规划，抓好地下水超采综合治理。深入实施水污染防治计划，继续开展城市黑臭水体治理、饮用水水源地保护等专项行动。开展重点河流沿线整治，提标改造污水处理厂。加快滹沱河生态修复工程建设，确保 8 月底一期工程全部完成。加强农业面源污染治理，开展土壤污染状况调查，突出抓好重金属、危险废物和土壤三类污染物防控，有序推进土壤污染治理与修复试点示范。全面落实"生态红线"，实施自然保护区整治行动，严禁各类违规开发活动。继续强力推进造林绿化重点工程，全年完成造林 70 万亩，完成 61 处矿山复绿。

坚决保持监管执法高压态势。建立完善县、乡、村网格化环境监管体系，发挥基层环保所（站）作用，充分运用卫星遥感、无人机、物联网等科技手段，建成天、地、空环境立体监管指挥系统。加快建立环境违法企业清单、处罚清单、案件查办清单、追责问责清单，对中央和省环保督察反馈的意见拉条挂账、立行立改。加强对环境监测和运维机构的监管，严厉打击第三方监测数据造假、在线监控数据造假、环境空气质量数据造假等知法犯法、故意损害生态环境问题。

（九）坚定不移保障改善民生，让人民群众共享高质量发展成果。保障改善民生没有终点，只有连续不断的新起点。始终把人民放在心中最高位置，时刻关心老百姓的安危冷暖，完善制度、守住底线，精心做好各项民生工作。

就业是民生之本，牵动着千家万户的生活。落实就业优先政策，聚焦高校毕业生、农民工、下岗转岗职工、退役军人等重点群体，加大就业帮扶和技能培训力度，稳住就业基本盘，全年新增城镇就业 12 万人。

社保是民生之依。深入推进全民

参保计划，推动实现法定人群全面覆盖、待遇水平合理增长。增强救助保障能力，大力发展公益慈善事业。提高城乡居民低保标准和基本医保财政补助标准，扎实做好托底工作。

百年大计，教育为本。继续扩充学前公益普惠资源，促进县域内城乡义务教育一体化发展，着力解决幼儿园“小学化”、义务教育“择校热”等突出问题，巩固提升大班额治理效果。推动普通高中优质、特色发展，继续深化普职融通改革。完成职教园区二期工程，谋划推进高教园区建设。加强京津石教育交流合作，努力培养高素质、专业化、创新型校长教师队伍。

悠悠民生，健康为大。持续深化医药卫生体制改革，推进1～2个城市医疗集团试点工作，支持高邑县创建全省首家紧密型县域医共体，市县公立医院全部实现诊疗信息互通共享。抓好市人民医院赵卜口院区建设。深入推进国家中医药综合改革试验市建设，年内3个县（市、区）创成“河北中医药强县”。完善养老服务体系，推进医养结合，高标准打造全省首家安宁疗护中心，社区养老中心医疗服务覆盖率达到90%。积极承办重大体育赛事，创建全民运动健身模范市。

文化是一座城市的独特印记，是城市最好的底色。加快市、县、乡、村四级公共文化服务体系建设，免费开放公益文化场馆。加大文化惠民卡发放的支持力度，继续开展送戏下基层、全民阅读等品牌文化活动。做好电视剧《白毛女》《故国中山传奇》等文艺创作，擦亮石家庄文化品牌。加强遗址保护利用工作，推动正定古城保护、中山古城考古遗址公园、行唐故郡考古实验室项目建设。

社会安定和谐是人民群众共同的期盼。传承发展新时代“枫桥经验”，提升基层社会治理现代化水平。学习宣传高瑞奎同志先进事迹，弘扬社会正能量。深化“扫黑除恶”专项斗争，围绕创建“无黑”省会城市目标，实施“一案三查”等三大战役，深挖一批大案要案，严惩一批黑恶头目，严查一批背后的“关系网”“保护伞”，还人民群众以安宁。高度重视食品安全工作，强化全链条、全过程监管，全力维护老百姓“舌尖上的安全”。加强应急体系建设，提升防灾减灾救灾能力。落实安全生产责任制，完善安全监管机制，坚决遏制重特大生产安全事故发生。加强市场价格监管，保持物价水平总体稳定。

设身处地解民忧，盈科而进办实事。今年我们将继续办好惠民利民十件实事。①完成200个老旧小区改造。②打通育才街等城区10条“断头路”。③新创建30所普惠性幼儿园。④启动建设市儿童医院（市妇幼保健院）。⑤实行恶性肿瘤、白血病、慢性肾衰竭等7种门诊特殊病零门槛报销，减轻群众就医负担。⑥新建和升级改造25家便民市场。⑦新建15万平方米街旁游园。⑧建设生活垃圾分类样板小区、单位、学校各100个。⑨对1000户贫困重度残疾人家庭进行无障碍改造。⑩完成25万座农村户用厕所改造。

加强全民国防教育、国防动员和后备力量建设，强化退役军人服务保障，维护军人军属合法权益，让军人成为全社会尊崇的职业。充分发挥工会、共青团、妇联等人民团体桥梁纽带作用。继续做好民族宗教、新闻出版广电、外事侨务、人民防空、史志档案、气象地震、妇女儿童、老龄、残疾人等工作，开展经济普查和国土调查，促进各项社会事业全面进步。

各位代表，大道至简，实干为要。我们将以抓铁有痕、踏石留印的干劲，撸起袖子加油干，全力以赴完成各项任务，绝不辜负全市人民的期望和重托。

四、全面加强政府自身建设

新时代、新要求，我们必须始终把发展的重任扛在肩上，把群众的利益放在心上，努力建设科学规范、运转协调、廉洁高效、人民满意的服务型政府。

（一）坚持政治引领，提高政治站位。自觉以习近平新时代中国特色社会主义思想为指引，增强“四个意识”，坚定“四个自信”，做到“两个维护”，始终与党中央保持高度一致，牢记初心使命，忠诚于党，忠诚于人民，确保各项工作始终沿着正确的政治方向前进。

（二）坚持依法行政，规范权力运行。强化法治思维，坚持依法行政，规范执法行为，完善决策机制，努力提高依法决策水平。自觉接受人大法律监督、工作监督和政协民主监督，自觉接受人民群众监督和社会舆论监督，让权力在阳光下运行，确保人民赋予的权力始终为人民服务、为人民谋利益。

（三）坚持务实担当，改进工作作风。功成不必在我、功成必定有我，大力开展“效能革命”，力戒形式主义、官僚主义，坚决惩治庸政懒政怠政行为，始终保持工作激情，促进干部作风实现根本转变。持续深化“双创双服”“双问计”活动，以干事创业的积极成效取信于民、造福于民。

（四）坚持清正廉洁，树立良好形象。以永远在路上的韧劲和执着，深入推进政府系统党风廉政建设和反腐败斗争，持之以恒正风肃纪，严格执行八项规定及实施细则，严格落实廉洁自律准则，坚守底线、远离红线、不碰高压线，真正做到干部清正、政府清廉、政治清明。

各位代表！扬帆新时代，奋斗正当时。让我们更加紧密地团结在以习近平同志为核心的党中央周围，在省委、省政府和市委的正确领导下，锐意进取，扎实工作，为建设现代省会、经济强市作出新的更大贡献，以优异成绩庆祝中华人民共和国成立70周年！

大事记

Chronicles of Events

1月

1日，全市新增设261座乡镇空气质量监测站正式投入使用。

12日，市承德商会成立。

27日，公安部党委书记、部长赵克志签署命令，追授吕建江为全国公安系统二级英雄模范。

29日，正定县监察委员会挂牌成立。这也是石家庄市首家挂牌成立的县级监察委员会。

30日，市退役军人管理服务中心揭牌。

31日，市射箭协会成立。

2月

4日，中国共产党石家庄市第十届纪律检查委员会第二次全体会议举行。全会由中共石家庄市纪律检查委员会常务委员会主持。会议审议通过张明利代表市纪委常委会所作《坚定不移推动全面从严治党向纵深发展，为开创新时代建设现代省会、经济强市新局面提供坚强纪律保证》的工作报告

5～8日，政协石家庄市第十三届委员会第二次会议在市人民会堂举行。审议通过政协石家庄市第十三届委员会第二次会议关于常务委员会工作报告的决议、政协石家庄市第十三届委员会第二次会议关于常务委员会十三届一次会议以来提案工作情况报告的决议、政协石家庄市第十三届委员会第二次会议政治决议、政协石家庄市第十三届委员会提案委员会关于第二次会议提案审查情况的报告。

6～8日，市第十四届人民代表大会第三次会议在市人民会堂举行。表决通过关于石家庄市人民政府工作报告的决议、关于石家庄市2017年国民经济和社会发展计划执行情况与2018年市国民经济和社会发展计划的决议、关于石家庄市2017年预算执行情况和2018年预算的决议、关于石家庄市人大常委会工作报告的决议、关于石家庄市中级人民法院工作报告的决议、关于石家庄市人民检察院工作报告的决议；王丽君当选为石家庄市人大常委会副主任，张明利当选为石家庄市监察委员会主任。

9日，市监察委员会挂牌成立。

22日，春节后上班第一天，省委、省政府在石家庄市召开全省“双创双服”活动动员部署大会，石家庄市在会后立即以电视电话会议形式，组织召开加快“4+4”现代产业发展动员会。

26日至3月4日，第三届燕赵文化节在天山·世界之门城市展厅及天山海世界广场举行。

3月

6日，全市召开2018年造林绿化工作动员大会，部署安排造林绿化任务。会议提出，以“绿水青山就是金山银山”为理念，抢抓时机，迅速掀起造林绿化热潮。

8日，“石家庄电子公交卡”正式上线运行，覆盖主城区全部公交线路，省会市民实现手机刷码乘车。

30日，北京西至石家庄1000千伏特高压线路工程石家庄段开工。

30日，天津市安定医院石家庄心理治疗中心在市第八医院挂牌成立。

4月

1日至7月15日，石家庄市开展创建国家卫生城市百日攻坚行动。

2日，国务院副秘书长、国家信访局局长舒晓琴（女）到石家庄市调研积案大化解“双百日攻坚”清仓行动和石家庄市退役军人管理服务中心建设。

4日，省委常委、市委书记邢国辉率领石家庄市党政代表团到河北雄安新区学习考察。市党政代表团实地考察了安新白洋淀码头、白洋淀新安北堤木栈道、“千年秀林”植树造林、

雄安市民服务中心等，并与雄安新区有关负责人座谈交流。石家庄市教育局与安新县政府签署合作共建协议。

8日，石家庄市住房租赁服务平台正式上线运行，全市首次实现网上签约。

17日，中央宣传部向全社会宣传发布吕建江先进事迹，追授吕建江"时代楷模"称号。

18日，三亚市石家庄商会成立。这是1994年石家庄市总商会成立以来，在外埠成立的第一个石家庄商会。

26日，市总工会、市卫生计生委联合命名市第八医院杜义敏名医工作室、市第一医院乞国艳名医工作室、市中医院于慧卿名医工作室、市第二医院胡永权名医工作室、市第四医院杨玉秀名医工作室为全市首届名医工作室。

26日，石家庄国际会展中心投入试运营。

26～28日，2018第十一届中国·石家庄（正定）国际小商品博览会在石家庄国际会展中心举行，签约项目22个，总投资193.59亿元。

27日，人民商场股份有限公司、百年巧匠文化传播有限公司获批成为桥西区首批退税商店，标志《境外旅客购物离境退税管理办法》在桥西区落地实行。

29日，西部长青旅游度假区德明古镇正式营业。

30日，省委常委、市委书记邢国辉到奇瑞（石家庄）新能源汽车项目和南二环东延工程考察调研，看望慰问"五一国际劳动节"期间坚守岗位一线职工，并向全市各条战线广大劳动者表达亲切问候和美好祝愿。

5月

1日，全市正式启动和实施离境退税政策。

1日，市区南二环东延工程主线通车。

15日，由市大气和水污染防治指挥部办公室联合石家庄日报社开设的"石家庄空气质量发布"微信公众号正式开通运行。

16日，2018石家庄（北京）"4+4"产业国际投资合作洽谈会在北京举行。签约项目89个项目。其中，外资项目6个，总投资20.3亿美元，协议利用外资19.9亿美元；内资项目83个，总投资1056亿元，拟引资949亿元。

17日，石家庄市在2018年中国·廊坊国际经济贸易洽谈会举行的第七届中国印度论坛上，与印度索拉普尔市签署友好交流合作备忘录。

18日，市棒垒球协会成立。

18日至6月10日，由省文化厅主办，河北博物院、省非物质文化遗产保护中心、市文广新局承办的第十一届河北省民俗文化节在石家庄市举行。

22日，石家庄市第一个海外引智工作站正式建立。市国（境）外引智工作站向加拿大河北投资创新中心主席张杰（女）颁发首个认定证书。

23日，市志愿服务指导中心揭牌成立。

24日，鹿泉区铜冶镇入选2018年中国最美特色小城镇50强，排名第36位。

26日，杭州市委副书记、市长徐立毅带领杭州市党政代表团到石家庄市参观考察。杭州市党政代表团考察了东岗怡园城中村改造项目、正定南城门古城保护项目及滹沱河喷泉广场、城市轨迹等生态修复工程，参观了正定新区、塔元庄村建设。

26日，市养老协会成立。

28日，石家庄市等全国6个城市被确定为国家知识产权示范城市。

28日，由B.I.D（国际权威质量评定组织）举办的2018年度IQS质量峰会和颁奖大会在美国纽约市举行，石家庄市君乐宝乳业集团作为唯一一家中国企业获得峰会最高奖项：国际质量管理卓越和创新钻石奖。

6月

1日，市委、市政府召开全市生态环境保护大会。通报2018年以来各县（市、区）环境空气质量排名及全市查处生态环境典型案例。

2～21日，首列"石家庄—明斯克"中欧班列历经9500千米运行，抵达白俄罗斯首都明斯克。

4日，市民交通出行"石家庄一卡通"首次销售。至此，持卡用户可在包括京津冀等全国190个城市刷卡乘坐地铁和公共汽车。

8～11日，由市文广新局主办，石家庄民间工艺博物馆、河北习三内画博物馆承办的石家庄第八届民间艺术节在河北习三艺术大厦举行。

9～11日，第二届石家庄市旅游产业发展大会暨第五届石家庄旅游交易会在鹿泉区举行。主题为"绿水青山、多彩鹿泉"。签约项目36个，意向投资金额1547亿元。

17～26日，省委常委、市委书记邢国辉率领石家庄市友好经济代表团，应邀访问俄罗斯、白俄罗斯和德国。

18日，“书影印记”电影主题书店（IN BOOK TIME）在石家庄市区中华北大街与联盟路交口西南角荣鼎天下商场中都影城开业，这也是石家庄市首家以电影为主题的实体书店。

25日，全市首家智能化社区治理云平台“桥西云社区”上线试运行。

26日，省市禁毒委联合在石家庄市第一强制隔离戒毒所举行以“健康人生，绿色无毒”为主题“6·26国际禁毒日”主题宣传活动，并为河北（石家庄）禁毒教育基地揭牌。

28日，市委、市政府召开全市对外开放工作会议，通报石家庄市友好经济代表团外出考察合作情况，部署安排全市对外开放工作。

29日，石家庄（高邑）至莫斯科中欧班列开通。

7月

1日，《石家庄市公共文明行为条例》实施。

1日，石家庄市移动、联通、电信三大运营商手机用户网络流量“漫游”费正式取消。

4日，北人集团首个文化旅游项目——北国水世界开业。

5日，国家税务总局石家庄市税务局挂牌。

6日，市企业联合会、市企业家协会企业服务中心揭牌成立。

10日，中共石家庄市第十届委员会第五次全体会议举行。会议表决通过《中国共产党石家庄市委员会工作规则》。省委常委、市委书记邢国辉讲话题目为《以新担当新作为推动高质量发展实现新突破》。

20日，全市实现乡镇环保所全覆盖，278个乡镇环保所统一挂牌成立。

23～28日，石家庄市友好经济代表团应邀访问美国得梅因市、旧金山市和奥什科什市。

24～26日，省委常委、市委书记邢国辉率领石家庄市党政代表团到秦皇岛市学习考察。市党政代表团考察了秦皇岛市海誓花园、山海旅游铁路、城小镇、天女小镇、葡萄小镇、金士酒庄、中保绿都心乐园、秦皇岛园博园等旅游项目，并与秦皇岛市共同举行石家庄·秦皇岛旅游工作座谈会。

8月

5日，省委副书记、省长许勤到石家庄市包干联系企业石药控股集团调研，就开展“双创双服”活动、推动企业创新转型、支持民营经济发展召开专题会议，听取企业家意见建议。

13日，石家庄口岸签证处在正定国际机场为台湾同胞签发全省首张“一次台胞证”。

13～14日，省委常委、市委书记邢国辉率领市党政代表团到广东省深圳市考察。市代表团在深圳市走访了宝湾物流控股有限公司、华为技术有限公司、深圳清华大学研究院、恒大集团、华强集团、华侨城集团、华讯方舟科技有限公司等企业和单位，并就项目合作举行洽谈交流，促成一批合作项目签约落地。

23～24日，省委常委、市委书记邢国辉率领石家庄市党政代表团到杭州市学习考察，并举办2018石家庄（杭州）“4+4”现代产业投资合作推介会。市党政代表团考察了杭州市城市规划展览馆、市行政服务中心、市民之家、城市阳台、智慧e谷展厅、玉皇山南基金小镇、馒头山社区、智能化数字城管、阿里巴巴集团、梦想小镇、云栖小镇、城市大脑智慧交通平台等，并与长三角地区行业领军企业、知名民企及有意向在石家庄市投资的合作企业洽谈。

24日，市心理学会成立。

25日，省委书记、省人大常委会主任王东峰到石家庄市赵县基督教主恩堂、柏林禅寺和栾城区南赵村天主堂调研宗教工作，走访教职人员，听取信教群众想法及意见。王东峰在石家庄市主持召开座谈会，并与省市佛教、道教、伊斯兰教、天主教、基督教负责人座谈交流。

25日，省委副书记、省长许勤到石家庄市调研乡村振兴战略和城市建设规划。许勤考察了正定县塔元庄村，察看了滹沱河生态修复工程，听取了石家庄市城市总体规划汇报。

27日，石家庄市在北京举行石家庄中央商务区推介会。省委常委、市委书记邢国辉，市人大常委会主任司存喜，市政协主席刘明轩等市领导出席会议。

29日，市第十四届人大常委会第十三次会议确定：每年11月6日为“石家庄人才日”。

9月

1日起，石家庄市21个受理点开始办理中国港澳台地区居民居住证。

8～16日，河北省第十五届运动会在石家庄市举行。主题为“全民健身，激情圆梦”。24支代表团、近2万名运动员和6.4万名群众参赛。比赛设立群众体育组、青少年组2个组别，青少年组设35个大项、925个小项，群众体育组设42个大项、149个小项，31人创河北省青少年纪录37项。省委书记、省人大常委会主任王东峰，省委副书记、省长许勤，省委常委、市委书记邢国辉等出席开幕式。

10日，省委常委、市委书记邢国辉在正定县与参加第24届全国省级党报总编辑新闻出版工作研讨会代表座谈。

10日，市雄安商会成立。

17日，省委常委、市委书记邢国辉率领市党政代表团到上海市张江高科技园区考察招商，与国科量子通信技术、炫踪网络等高新技术产业企业座谈对接，初步达成合作共识。

20～22日，2018国际数字经济博览会在石家庄国际会展中心举行。这是国内首个以数字经济为主要内容的综合性展会。主题为“数字经济·引领未来”。吸引41个国家和地区150多位国际代表、1.25万余人参加。展会成交额3.42亿元，达成意向成交额18亿元。

21～24日，2018中国国际通用航空博览会在石家庄市栾城区举行。主题为“打造中国通用航空品牌城市，促进航空产业融合发展”。

21～24日，石家庄首届“农民丰收节”举行。主题为“科技农业、绿色农业、品牌农业、质量农业”。

22日，第六届五岳寨国际越野挑战赛在灵寿县举行。来自国内外300名越野赛选手参赛，云南省申加升和安徽省朱丹丹分别获得50千米越野赛男子组、女子组冠军。

28日，市区新建建华城市广场大楼开业。

29日，省政府批准平山县脱贫。

30日至10月4日，2018中国·石家庄第十三届国际动漫博览交易会举行。主题为“动漫链接生活，城市链接国际”。签约项目5个，推介项目4个，项目签约及推介总金额5300万元。

10月

8日，石家庄市藁城区获得2018年度“全国综合实力百强区”“全国绿色发展百强区”称号。

10日，首辆“石家庄产”奇瑞新能源汽车在栾城区石家庄装备制造产业园下线。

10～13日，由省政府主办，省残疾人联合会、省体育局、石家庄市政府承办的河北省第九届残疾人运动会暨第五届特殊奥林匹克运动会在石家庄市举行。主题为“与爱同行 共筑梦想”。14个代表团1028名运动员参赛。石家庄市派出代表团335人，其中运动员248人。

11～12日，第三届石家庄市旅游产业发展大会在平山县举行。主题为“发展全域旅游 助力脱贫攻坚”。宣传口号为“平山别样红”“金山银山，看看平山”，吉祥物为游游、平平、山山。签约项目30个，意向投资金额1427.3亿元。

11～15日，由石家庄市政府、中国机械国际合作股份有限公司主办，市商务局、中国机械国际合作股份有限公司承办的2018中国（石家庄）汽车工业展览会在石家庄国际会展中心举行。现场销售成交4370台，累计成交额6亿元。

17日，2018年华北东北八省（区、市）印刷产业峰会在石家庄市鹿泉区举行。来自北京、天津、黑龙江、辽宁、吉林、内蒙古、山西、河北八省（区、市）印刷企业、器材供应商、出版社及行业专家等300余人参会。主题为“聚力创新 绿色共享 融合发展”。

17日至11月18日，由市金融工作办公室、石家庄日报社、石家庄广播电视台联合主办，桥西区政府、鹿泉区政府、高新区管委会协办的2018中国·石家庄金融博览会举行。这是石家庄日报社金融节与石家庄广播电视台金融理财博览会整合后举办的首次大型专业金融博览会，共有来自银行、保险、证券等金融行业80余家驻石家庄机构参会。评选“金口碑金融机构”“金口碑金融产品”奖项各10个。

18～20日，2018中国·石家庄国际投资合作洽谈会在石家庄国际会展中心举行。签约项目92个，总投资1027.1亿元，拟引资972亿元。

19～21日，由市政府主办，石家庄广播电视台、石家庄日报社承办的2018石家庄敬老节·养老服务产业博览会在市人民会堂举行。

26～28日，第十二届中国石家庄国际医药博览会在石家庄国际会展中心举行。

26～29日，2018第六届中国国际（河北）茶文化博览交易会在石家庄国际博览中心举行。主题为“传承、融合、绿色、共享”。

30日，省委书记、省人大常委会主任王东峰到石家庄市科林电气股份有限公司、河北远东通信系统工程有限公司、河北神玥软件科技股份有限公司调研考察民营经济和科技创新，听取民营企业家代表意见及建议。

30日，首家市级网约送餐员行业工会联合会成立。

11月

1日，《石家庄市人才发展促进条例》正式颁布实施，这是石家庄市首部以立法形式保障和促进人才发展的地方性法规。

1日，市公安交通管理局“石家庄车驾管在线”官方微博和微信公众平台正式上线，开始24小时在线为驾驶人提供一对一咨询投诉服务。

7日，市社会组织联合会成立。

8日，省委书记、省人大常委会主任王东峰到石家庄市良村热电有限公司、高新区和合美家小区调研检查冬季清洁取暖工作。

10日，石家庄市通过国家节水型城市现场考核。

13日，市跳绳运动协会成立。

12月

14日，省委书记、省人大常委会主任王东峰不打招呼、轻车简从，到石家庄市行政服务中心、裕华区尖岭小区社区、裕东街道暗访检查。

14日，首届中国（石家庄）国际生物医药科技发展论坛举行。石家庄市石药集团有限公司、华北制药股份有限公司、石家庄以岭药业股份有限公司3家企业在此次论坛入选中国生物医药产业上市企业创造力十强。

15日，市公共资源交易中心交易系统上线运行。

20日，全市召开深化机构改革工作动员部署会议，宣读公布《石家庄市机构改革方案》。

21日，国家发展改革委、交通运输部联合确定石家庄市为陆港型、生产服务型、商贸服务型国家物流枢纽布局承载城市。

25～26日，市妇女第十五次代表大会召开。宁淑敏当选市妇联第十五届执行委员会主席。

26日，石家庄籍选手巩立姣（女）当选新华社评选2018年中国十佳运动员。

29日，石家庄地铁全线各车站自助购票机开通手机扫码购票功能。

29～31日，2018国际动漫游戏产业博览会暨“动漫河北”活动在石家庄国际会展中心举行。这是河北省首次举办国际级别的动漫游戏产业博览会。主题为“多彩动漫、产业融合、共赢未来”。来自国内外170多家动漫企业参展。集中签约合作项目16个，其中，文化类14项、经贸类2项，总投资76.98亿元。

31日，省委副书记、省长许勤到石家庄市供热企业、警务站、超市及街区，调研和检查元旦节日期间供暖、治安、交通、市场供应情况。

市情概览

City Overview

行政区划

【概况】 石家庄，简称“石”，曾称石门，是河北省省会，全省政治、经济、科技、金融、文化和信息中心，是国务院批准实行沿海开放政策、金融对外开放及批复确定的中国京津冀地区重要中心城市，也是全国重要的商品集散地和北方重要的大商埠、全国性商贸会展中心城市。地处中国华北地区、河北省中南部、环渤海湾经济区，跨华北平原和太行山地两大地貌，是全国粮、菜、肉、蛋、果主产区之一，被国家确定为优质小麦生产基地，素有“北方粮仓”之称。境内京广、石太、石德、石太客运专线、京广高铁、石济高铁6条铁路干线交汇，是中国铁路运输主枢纽城市，被誉为“南北通衢，燕晋咽喉”。石家庄市科技发达，旅游资源丰富，获批国家首批科技创新示范城市、国家半导体照明产业化基地、国家卫星导航产业基地、国家动漫产业发展基地、国家生物医药产业基地，获授全国文明城市、国家森林城市、中国优秀旅游城市，拥有全国重点文物保护单位39处、国家历史文化名城1处（正定）、国家级森林公园3处（仙台山、五岳寨、驼梁）。至2018年底，全市管辖8个区、11个县、2个县级市、2个国家级开发区，总面积13504平方千米，常住人口1031.5万人，户籍人口981.6万人，城镇人口453.1万人，居住民族50个，常住人口城镇化率63.83%。2018年全市完成地区生产总值6082.6亿元，同比增长7.5%；全部财政收入1040.0亿元，同比增长13.5%，其中，公共财政预算收入500.9亿元，同比增长12.8%，财政收入实现“跨五越千”；实际利用外资14.9亿美元，同比增长7.5%；进出口总值864.1亿元，同比增长8.6%，其中，出口总值533.2亿元，同比增长11.5%。

（市档案馆）

【地理位置】 石家庄市地处中国华北地区、河北省中南部、环渤海湾经济区，跨华北平原和太行山地两大地貌，地理坐标为北纬37°27'～38°47'（误差±1'），东经113°30'～115°20'（误差±1'）之间，南北最长处148.02千米，东西最宽处175.38千米。东与衡水市接壤，南与邢台市毗连，西与山西省为邻，北与保定市交界，位于首都北京西南方向，距离北京市主城区283千米。地理位置优越，境内京广、石太、石德、石太客运专线、京广高铁、石济高铁6条铁路干线交汇，市区建有石家庄站、石家庄北站、石家庄东站3个铁路客运站。区域交通发达，拥有高速公路9条、国道9条、省道31条，主城区至正定国际机场40千米。2018年石家庄市行政区域总面积13504平方千米（不包括河北省直管辛集市面积960平方千米），其中，8个建置区面积2220平方千米，13个县（市）面积11284平方千米。

【区划设置】 石家庄市辖8区13县（市），即长安区、桥西区、新华区、裕华区、井陉矿区、藁城区、鹿泉区、栾城区、井陉县、正定县、行唐县、灵寿县、高邑县、深泽县、赞皇县、无极县、平山县、元氏县、赵县、晋州市、新乐市。拥有2个国家级开发区，即石家庄国家高新技术产业开发区（1991年3月国务院批准设立）、石家庄经济技术开发区（1992年7月河北省批准设立，2012年10月国务院批准升级为国家级开发区，由藁城区管辖，曾称良村经济技术开发区、藁城经济开发区）。2013年6月1日，原石家庄辛集市调整区划设置，划归河北省直接管辖。另有3个派出机构（石家庄国家高新技术产业开发区、河北石家庄循环化工园区、石家庄综合保税区）

行使所在地域行政管辖权。2014年9月9日，国务院批复河北省政府关于石家庄市部分行政区划调整的请示（国函〔2014〕122号），同意撤销石家庄市桥东区、藁城市、鹿泉市、栾城县，同时设立石家庄市藁城区、鹿泉区、栾城区。2019年末全市共有镇127个、乡89个，省级以上开发区21个，街道办事处60个，居委会667个、村委会4353个。

（王静）

建置沿革

石家庄市域有着悠久的历史。据《禹贡》记载，夏禹时期为冀州地。春秋时期域内先后建有鲜虞国（都城在今正定新城铺一带）、鼓国（都城在今晋州城西）、肥国（都城在今藁城区城西南城子村一带）。战国时期鲜虞人建立中山国（都城在今平山县城北下三汲一带）。秦始皇统一中国后，全面推行郡县制，属巨鹿郡（郡治今巨鹿县）。西汉高祖三年（前204），始置恒山郡（郡治今元氏县西北）。汉文帝初，因文帝名恒，讳改恒山郡为常山郡。汉高祖十年（前197），改秦时东垣县（县治今石家庄市东古城）为真定县，并于汉武帝元鼎四年（前113）置真定国（都城在今东古城）。三国时期，为魏地，分别属常山郡、安平郡、赵国、巨鹿郡、中山国。西晋统一后，分别属冀州常山郡（西晋郡治由今元氏县西北移至东古城，东晋郡治由东古城移至今正定镇）、中山国、巨鹿郡、赵国、博陵国。隋代，分别属恒山郡（后改恒州，郡治真定，今正定镇）、赵郡（郡治平棘，今赵州镇）、信都郡（郡治今冀州市）、高阳郡（郡治今定州市）。五代时期，属河北成德军节度使，域内有镇州（州治今正定镇）、赵州（州治今赵州镇）、定州（州治今定州市）、祁州（州治今无极镇）。宋代，属河北西路（路治今正定镇）。元代，属中书省真定路（路治今正定镇）、保定路（路治今保定市）、广平路（路治今永年县）等。明代，属京师正定府（府治今正定镇）、保定府（府治今清苑县）。清代，属直隶省真定府（府治今正定镇，清雍正元年改正定府）、保定府（府治今清苑县）、赵州（州治今赵州镇）、定州（州治初属祁州，雍正十二年改今定州市）。1912年，中华民国成立，仍沿清制。1914年，裁府设道。1925年6月24日，中华民国临时执政命令直隶省建立“石家市”，实行市自治制；8月29日中华民国临时执政又以1273号指令批准将石（家）庄、休门合并，取首尾各一字，更名为石门市，组建石门市政公所，筹建市制。1928年，南京国民政府通令全国，取消所有市政公所，废除原来的“市自制”。至此，建市工作遂告搁浅。1938年1月15日，组建伪石门市政公署筹备处。1939年10月7日，伪中华民国临时政府行政委员会以秘字第1027号指令，正式批准设立石门市。1947年11月12日石门市解放，12月26日石门市更名为石家庄市。1948年9月26日，石家庄市改属华北人民政府领导。1949年1月24日阳泉市划归石家庄市，同年8月又划归山西省；8月1日石家庄市归河北省人民政府领导，为省辖市。1949年石家庄专区初设，辖14县1镇。1958年4月28日，石家庄市由省辖市改为专辖市。1960年5月3日，国务院批准撤销石家庄专区，改为石家庄市。1961年5月，国务院批准恢复石家庄专区建制。石家庄专区辖石家庄市和25个县。1962年6月，国务院批准设立衡水专区，石家庄专区所辖衡水等8县划归衡水专区，此后石家庄专区辖石家庄市和17个县。1967年11月21日，石家庄地区革命委员会成立，专区改称地区。1967年12月20日，石家庄市革命委员会成立。1968年1月29日，河北省会迁至石家庄市。1978年3月11日，石家庄市划为河北省直辖市。1978年7月，石家庄地区革命委员会撤销，成立河北省石家庄地区行政公署。1982年8月12日，撤销石家庄市革命委员会，恢复石家庄市人民政府。1993年6月30日，石家庄地区行政公署与石家庄市人民政府合并，成立新的石家庄市人民政府。

（市档案馆）

市 标

【概况】 1997年7月根据市人大代表提出的议案以及市政府领导的批示，由市园林局开始着手准备市花市树评选工作，1997年8月正式启动。通过民意测评和专家评审，1997年9月16日初步确定月季和槐树为市花市树。1997年11月，市政府研究同意。1997年12月，市第九届人大常委会第30次会议审议批准，正式确定月季为石家庄市市花，槐树为石家庄市市树。

【市花】 月季 属蔷薇科、蔷薇属，系木本落叶灌木，原产中国，已有2000多年的栽培历史，被誉为“花中皇后”；花色艳丽，千姿百态，香味馥郁，品种繁多，露地栽培从春到秋处处可见其绰约丰姿，是美好、友谊、和平的象征。月季适应性强，耐寒抗旱，对土壤要求不高，栽培繁殖容易，管理技术易掌握，易于推广普及。石家庄市月季栽培有悠久的历史，通过引种、繁殖、培育，广泛用于街道、公园、庭院、广场的绿化、美化，同时也是插花、切花、盆景制作的理想植物材料，深受广大市民喜爱。月季具有极高的观赏价值和经济价值，月季的花、花蕾、叶、根皆可入药，可制作高级香精、香料。月季还代表着石家庄人顽强不屈、坚韧不拔的品格，展示石家庄人奋发图强、不断进取的精神风貌。

【市树】 国槐 属豆科槐属，系落叶乔木。国槐原产于中国，栽培历史悠久，抗逆性强，寿命长。石家庄市有百年以上古槐多达71株，其中500年以上古槐达到58株，且枝繁叶茂，生机勃勃。国槐树干端直，树冠宽广，展叶早落叶晚，是优良的庭荫树和街道树，其花芳香，又是优良的蜜源植物。国槐性强健，具有很强的萌芽力，耐强修剪，更新能力强，耐寒、耐旱、耐瘠薄，并对二氧化硫、氯气、氯化氢等有毒气体抗性较强，是良好的抗污、滞尘、耐烟毒树种。石家庄市主城区以国槐用作行道树的街道达120多条，是街道的主要骨干树种之一。国槐经济价值高，木材坚硬，耐湿，材质优良，可供建筑、家具、造船、雕刻等用，全株可入药，花蕾可作黄色染料，种子可榨油、制皂。国槐在民间是吉祥、幸福、美好的象征，中国人自古以来把它作为吉祥树、幸福树，它也能代表石家庄人顽强不屈、坚韧不拔的品格，展示石家庄人奋发图强、不断进取的精神风貌。

（市园林局）

自然资源

【矿产资源】 石家庄市东部为华北平原，西部太行山区。西部山区地质结构复杂，成矿条件良好，拥有比较丰富的矿产资源。至2018年底，石家庄市查明资源储量固体矿产54种，产地452处（包括27处共伴生矿产地），其中，大型矿产地32处、中型矿产地51处、小型矿产地369处；开发利用矿种28种，优势矿产有金、银、冶金用白云岩、电石用灰岩、水泥用灰岩、溶剂用灰岩、玻璃用石英砂岩、饰面用石材、碎云母9种已查明资源储量矿产中，保有资源储量总计30.62亿吨。水泥用灰岩等建材非金属矿产、化工灰岩、碎云母在全国占有优势地位，其中碎云母矿资源储量全国第一；列入《河北省矿产储量表》前3位矿产17种，其中，水泥灰岩矿储量全省第一，冶金灰岩矿储量全省第三，金矿储量全省第四。黑色金属矿产：有铁矿、钒矿等黑色金属矿，铁矿主要分布在平山县、赞皇县，钒矿主要分布在赞皇县、元氏县；保有资源储量：铁矿5224.65万吨，钒矿物量3.57万吨。有色金属矿产：有铜矿、铅矿、锌矿、铝土矿等有色金属矿，主要分布在灵寿县、平山县、井陉县、赞皇县等；保有资源储量：铜金属量2259.86吨，铅金属量5604.52吨，锌金属量8466.57吨，铝土矿1509.67万吨。贵重金属矿产：主要为金矿、银矿，主要分布在灵寿县、平山县等，矿体为石英脉型；保有资源储量：金矿金属量23.09吨，银矿金属量124.13吨。建材非金属矿产：主要分布在山区8个县，以鹿泉区、井陉县、行唐县、灵寿县、赞皇县为主；保有资源储量：磷矿249.73万吨，硫铁矿494.71万吨，冶金用白云岩1.11亿吨，水泥灰岩18亿吨，熔剂用灰岩1554.7万吨，耐火黏土6172.6万吨，制灰用灰岩268.43万吨，玻璃用砂岩4880.8万吨，水泥配料用砂岩8152.3万吨，陶粒页岩5286.95万吨，饰面建筑类石材4933.42万吨，碎云母矿物量373.53万吨，砖瓦用页岩4617.9万吨，矽线石矿物量158.08万吨，滑石101.55万吨，石棉矿物量0.6万吨，长石257.7万吨。冶金辅助及化工原料非金属矿产：电石用灰岩主要集中分布在井陉县，保有资源储量2.82亿吨，其中2.19亿吨划入禁采区；制碱用灰岩保有资源储量3.89亿吨，列入《河北省矿产储量表》储量1794.11万吨，全部划入禁采区。

【能源资源】 石家庄市能源资源主要有煤炭、石油、天然气等。煤炭资源主要分布在井陉矿区、赞皇县、元氏县，煤种有肥煤、焦煤、无烟煤、气煤等；石油、天然气资源主要分布在晋州市，已探明油田或构造有：河庄油田、河庄西油田、台家庄油气田、南小陈油田、晋40断块、赵兰庄构造。2018年全市煤炭保有资源储量3.6亿吨，较2017探明资源储量增加0.28亿吨；油气田地质储量5.1亿吨，含油面积3.04万平方米；天然气储量19.2亿立方米。石家庄市地处太阳能资源较为丰富地带，2018年全市年日照时数为1658.8～2521.9小时，年平均日照时数2191.5小时，新乐市年日照时数最多，井陉县年日照时数最少；太阳能利用主要有光伏发电、太阳能热水器等，2018年全市光伏发电总装机容量124万千瓦。推进再生能源利用，全年生物质发电装机容量4.65万千瓦。

（刘清振）

【生物资源】 石家庄市生物资源比较丰富。动物现知陆栖（包括两栖）脊椎动物223种，以鸟类最多，其次是兽类，两栖类及爬行类较少。野生动物种类有金钱豹、野猪、狍子、狐狸、狼、松鼠、獾、黑眉锦蛇、豺、黄羊、刺猬、雀鹰、天鹅、灰鹤、啄木鸟、麻雀、猫头鹰、石鸡、家燕、草兔、黑斑蛙、环颈雉、灰喜鹊、斑鸠。其中，国家珍贵稀有动物有金钱豹、斑羚、褐马鸡、天鹅等；褐马鸡为中国特有珍稀动物，仅见于山西省、河北省。畜禽动物十几个品种，地方畜禽品种有深县猪、大马身猪、大尾寒羊、小尾寒羊、河北奶山羊、太行山羊、冀南黄牛、太行牛、太行驴、柴鸡、河北鹅、虎皮黄兔。引进的畜禽品种有牛类：河北西门塔尔牛、南阳牛、荷兰黑白花奶牛、蒙古牛、短角牛、西门塔尔牛、夏洛来牛、海福特牛、利木赞牛、安格斯牛、爱沙尼亚牛、蒙贝利亚牛；马类：蒙古马、伊犁马、苏高血马；驴类：关中驴、渤海驴、泌阳驴；猪类：迪卡猪、冀合白猪、大约克夏猪、长白猪、杜洛克猪、汉普夏猪、北京黑猪、施格猪、PIC猪、皮特兰猪；羊类：美利奴羊、波尔华斯羊、考力代羊、茨盖羊、新疆细毛羊、萨能奶山羊、边区莱斯特羊、罗莫尼玛须羊、波尔山羊；鸡类：尼克鸡、白洛克鸡、宝万斯鸡、京红鸡、海赛克斯鸡、伊莎鸡、艾维茵鸡、罗曼鸡、爱拨益加鸡、雅康鸡、雅发鸡、海兰系列、京白系列；兔类：青紫兰兔、比利时兔、加利福尼亚兔、黑优兔、安哥拉兔、法国巨型兔、獭兔、丹麦兔、新西兰兔、日本大耳白兔、塞北兔；鸭类：康贝尔鸭、麻鸭、北京鸭；鹅类：石头鹅、朗德鹅。特养品种：梅花鹿、马鹿、蓝狐、银狐、苏乌里貉、白玉蜗牛、散大蜗牛、落地王鸽、白羽鸽、美国牛蛙、七彩山鸡、乌骨鸡、鹌鹑、貂、小香猪、海狸鼠、蝎子、鹧鸪、麝鼠。鱼类资源有50多个品种。主要经济鱼类有：鲤、鲢、鳙、草、鲫、鲂、鳊、鲶、泥鳅、黄颡、乌鳢、黄鳝、鲴等。小杂鱼类主要有：白条、棒花、马口、麦穗、鳑鲏、虾虎鱼、翘嘴鲌等，另外还有中华鳖、青虾、蚌、螺、莲藕等。引进发展的鱼类品种主要有：罗非、牛蛙、中华绒螯蟹、淡水白鲳、池沼公鱼、大银鱼、太湖新银鱼、日本白鲫、高背鲫、彭泽鲫、鳜鱼、革胡子鲶、大口鲶、罗氏沼虾、彩虹鲷、虹鳟鱼、金鳟鱼、香鱼、欧洲丁鱼岁、大口胭脂鱼、中国胭脂鱼、加州鲈、鲟鱼、白斑狗鱼、银大麻哈鱼、斑点叉尾鮰鱼、雅鱼等。

石家庄植被属暖温带针阔混交林，植被类型由自然植被和人工植被组成。植被结构复杂，种类繁多，植物资源合计2500余种，其中草本植物占80%以上。木本植物有44科74属144种，乔木有26科35属75种，灌木有23科34属43种。主要树木分类，阔叶树：杨树、柳树、国槐、刺槐、臭椿、香椿、红椿、合欢、苦楝（井陉县）、漆树、黄连木、白榆、青檀（井陉县）、梧桐、泡桐、杜仲、银杏、椋子木（井陉县）、五角枫、栾树、黄金树、楸树、枫杨、悬铃木。灌木：柽柳、胡枝子、葛藤、紫穗槐、黄栌、锦鸡儿、枸杞、珍珠梅、绣线梅、鼠李、酸枣、沙枣、沙棘、女贞、六道木、丁香、夹竹桃、照山白、荆条、野杜鹃。针叶树：油松、华山松、雪松、云杉、桧柏、圆柏、侧柏、柞树、落叶松、水杉。经济木：苹果、梨、桃、杏、山楂、板栗、李、葡萄、石榴、柿子、核桃、大枣、花椒、桑、猕猴桃。草场分四类：山地草甸类草场，地处深山，处于原始状态，资源很少被利用；山地灌木类草场，草高 40 ～ 70 厘米，盖度 60% ～ 80%；丘陵草丛类草场和低温草甸草场。药用植物资源丰富，有 1039 种，野生药材上百种，人工种植药材 230 多种，另外还有水生芦苇、莲藕等。人工种植牧草：紫花苜蓿、粒粒苋、串叶松香草、冬牧 70 黑麦草、聚合草、沙打旺、苦卖菜、草木栖、鲁梅克斯、克孜连科。天然野生牧草共有 121 个科 1116 种，其中菊科牧草占 135 种，禾本科占 109 种，豆科占 98 种，蔷薇科占 58 种，百合科占 46 种。代表性野生牧草主要有：野豌豆、直立黄芪、达乌里黄芪、野苜蓿、无芒雀麦、隐子草、冰草、披碱草、老芒麦、鹅冠草、早熟禾、胡枝子、山葱、白羊草、青木栖状黄芪、野古草、大油芒、白茅、铁杆蒿、野青茅、狗哇花、棘豆等。

（市林业局）

【水资源】 2018 年石家庄市地表水资源量 7.38 亿立方米，地下水资源量 14.82 亿立方米，扣除地表水和地下水资源的重复计算量，全市水资源总量 16.08 亿立方米，比 2017 年增加 1.39 亿立方米，比多年均值 20.35 亿立方米减少 4.27 亿立方米。

供水量 全市供水量 29.47 亿立方米，其中地表水供水 12.64 亿立方米（含引江水），占 42.9%；地下水供水量 15.53 亿立方米，占 52.7%；其他供水量 1.30 亿立方米，占 4.4%。

用水量 全市用水量 29.47 亿立方米，其中，农田灌溉用水量 15.17 亿立方米，占 51.5%；工业用水量 2.57 亿立方米，占 8.7%；居民生活用水量 3.27 亿立方米，占 11.1%；林牧渔畜用水量 1.50 亿立方米，占 5.1%；城镇公共用水量 1.22 亿立方米，占 4.1%；生态与环境用水量 5.74 亿立方米，占 19.5%。

地下水动态 2018 年底全市平原区地下水平均埋深 39.88 米，较 2017 年同期地下水位下降 0.31 米。监测点最大埋深高邑城关 69.60 米，最小埋深鹿泉区山尹村 3.56 米。

（王潇潇）

【土地资源】 石家庄市土地资源类型多样，适宜性广，土地资源比较丰富。光、热、水、土条件适宜，土地利用率和生产率高，但地域差异明显，土地后备资源不足。根据全国统一规定和石家庄市实际，全市土地源类型按土地利用现状划分，采用二级分类系统，共分 8 个一级地类，36 个二级地类。石家庄市东部、西部自然和社会经济条件差异明显，按地貌类型和土地利用主导方向，分为西部山区林木地、中部山麓、平原建设用地区和东部平原农业用地区 3 个分区。石家庄市土壤类型主要有山地草甸土、棕壤、褐土、潮土、盐土、风沙土、新积土、粗骨土、石质土、沼泽土、水稻土 11 个土类，22 个亚类，81 个土属，270 个土种。至 2018 年底，石家庄市行政区土地总面积 131.10 万公顷。其中，农用地 82.98 万公顷，占土地总面积 63.30%；建设用地 22.57 万公顷，占土地总面积 17.22%；未利用地 25.55 万公顷，占土地总面积 19.49%；现有耕地面积 52.56 万公顷，占农用地 63.34%，占全市土地总面积 40.10%。

（刘清振）

人　口

【概况】 至 2018 年底，全市共有常住人口 1031.49 万人，同比增加 7.16 万人，增长 0.7%；常住人口出生 12.18 万人，出生率为 11.17‰，同比下降 2.23 个千分点；常住人口死亡 6.53 万人，死亡率为 5.98‰，同比上升 0.41 个千分点；常住人口自然增长率为 5.19‰，同比下降 2.64 个千分点；常住人口城镇化率为

63.16%，同比提高1.52个百分点。2018年长安区、桥西区、新华区、裕华区、高新区、循环化工园区合计常住人口328.7万人，长安区、桥西区、新华区、裕华区、井陉矿区、藁城区、鹿泉区、栾城区、高新区、循环化工园区合计常住人口500.31万人；市辖13县（市）合计常住人口531.18万人。至2018年底，全市共有户籍人口2862744户、9816006人。其中，城镇人口4531046人，占户籍总人口46.16%；乡村人口5284960人，占户籍总人口53.84%。市内4区（长安区、桥西区、新华区、裕华区）户籍人口2470520人，其中，长安区、桥西区、新华区全部为城镇人口。市属8区户籍人口4220284人，其中，城镇人口3127877人，乡村人口1092407人。市辖13县（市）户籍人口1648235户、5595722人，其中，城镇人口1403169人，农村人口4192553人。2018年全市户籍人口出生120162人，出生率12.29‰；户籍人口死亡33091人，死亡率3.39‰；户籍人口增加83104人，同比增长0.85%，其中城镇户籍人口增加74928人；户籍人口自然增长率8.91‰；户籍人口城镇化率为46.16%，同比提高0.38个百分点。

【人口性别】 2018年全市户籍总人口中，男性4931089人，占户籍总人口50.24%；女性4884917人，占户籍总人口49.76%。市属8区人口中，男性2078540人，占8区总人口49.25%；女性2141744人，占8区总人口50.75%。13县（市）人口中，男性2852549人，占13县（市）总人口50.98%；女性2743173人，占13县（市）总人口49.02%。

【人口分布】 2018年全市21个县（市、区）中，户籍人口最多的是藁城区，人口总数861593人，占全市户籍总人口8.78%；其次是桥西区、长安区，户籍人口总数分别为674958人、654175人，占全市户籍总人口分别为6.88%和6.66%。人口最少的是井陉矿区，户籍人口88652人，占全市总人口0.9%。

表1

2018年石家庄市户籍人口分布情况一览表

县（市、区）	户数	总人口（人）	城镇人口（人）
长安区	201293	654175	全部为城镇人口
桥西区	194852	674958	全部为城镇人口
新华区	153896	504906	全部为城镇人口
裕华区	183699	636481	632175
井陉矿区	26772	88652	63082
藁城区	235118	861593	295288
鹿泉区	122887	441266	165339
栾城区	95992	358253	137954
井陉县	107487	331333	93846
正定县	127219	513518	220890
行唐县	158224	461762	83543
灵寿县	108015	350397	85029

续表

县（市、区）	户数	总人口（人）	城镇人口（人）
高邑县	57379	203818	66010
深泽县	94719	258065	57000
赞皇县	97571	279590	43791
无极县	156556	537486	92167
平山县	166311	502981	104493
元氏县	105043	444902	110033
赵 县	176237	619500	133064
晋州市	157174	575092	149481
新乐市	136300	517278	163822

【年龄构成】 全市户籍人口中，6周岁以下1103824人，占总人口11.25%；17岁以下2216661人，占总人口22.58%；18岁至34岁2385476人，占总人口24.30%；35岁至59岁3365913人，占总人口34.29%；60岁以上1847956人，占总人口18.83%（常住人口数据由市统计局提供，户籍人口数据由市公安局户政部门提供）。

（赵光）

民族·宗教

【民族】 石家庄市是一个少数民族散居城市。至2018年底，全市共有民族成分50个，其中少数民族成分49个（没有门巴族、塔吉克族、塔塔尔族、德昂族、保安族、乌孜别克族）。汉族人口9699256人，占全市总人口98.81%；少数民族人口116657人，占全市总人口1.19%。少数民族人口超万人县（市、区）有6个，分别是桥西区、无极县、长安区、裕华区、新华区、藁城区。少数民族人口超千人县（市、区）有6个，分别是新乐市、正定县、鹿泉区、栾城区、平山县、行唐县。全市有3个民族乡，分别是藁城区九门回族乡、无极县高头回族乡、新乐市彭家庄回族乡。全市有17个民族村，分布在无极县（6个）、藁城区（3个）、新乐市（3个）、正定县（5个）。少数民族人口中回族最多，为58826人，占全市少数民族人口总数50.43%，占全市人口0.60%；其次是满族，为38411人，占全市少数民族人口总数32.93%，占全市人口0.39%；第三是蒙古族，为7303人，占全市少数民族人口总数6.26%，占全市人口0.07%；其余46个少数民族12210人（维吾尔族152人、藏族148人），占全市少数民族人口总数10.47%，占全市人口0.12%。其他未识别民族93人（包括穿青人）。全市千人以上少数民族还有：土家族2041人，占全市少数民族人口总数1.75%；壮族1957人，占1.68%；苗族1619人，占1.39%；朝鲜族1073人，占0.92%。10个信仰伊斯兰教少数民族中，石家庄市有6个（没有塔吉克族、塔塔尔族、保安族、乌孜别克族），分别为：回族、维吾尔族、哈萨克族、东乡族、撒拉族、柯尔克孜族。（民族数据由市民宗局和市公安局户政部门分别提供）。

【宗教】石家庄市有佛教、道教、伊斯兰教、天主教、基督教5种宗教。至2018年底，全市有宗教活动场所526处、宗教教职人员724人（含基督教传道员）、信教群众43.7万人。

佛教　全市信仰佛教公民15.6万人，主要分布在赵县、正定县、藁城区、井陉县、赞皇县、鹿泉区。教职人员263人，佛教活动场所94处。较著名的寺院有赵县柏林禅寺、正定县临济寺、新华区虚云禅林、鹿泉区龙泉寺等。市级宗教团体1个（石家庄市佛教协会）。

道教　全市信仰道教公民1.9万余人，主要分布在藁城区、新乐市、鹿泉区、平山县、栾城区等14个县（市、区）。教职人员46名，宗教活动场所22处。较著名道观有桥西区的关帝庙、鹿泉区的十方院和抱犊寨金阙宫、平山县天桂山的青龙观等。市级宗教团体1个（石家庄市道教协会）。

伊斯兰教　全市信仰伊斯兰教公民5.7万人。主要分布在市内8区和无极县、新乐市、正定县等县（市、区）。清真寺13座，教职人员21名。市级宗教团体1个（石家庄市伊斯兰教协会）。

天主教　全市信仰天主教公民10.9万人，分布在20个县（市、区），开放活动场所185处。教职人员72名（不含辛集市）。市级宗教团体1个（石家庄市天主教爱国会）。

基督教　全市信仰基督教公民9.6万人，分布在21个县（市、区）和高新区。宗教活动场所212处，教职人员322名。市级宗教团体2个（石家庄市基督教三自爱国运动委员会、石家庄市基督教协会）。

（赵琳）

风景名胜

【概况】石家庄市旅游资源丰富，名胜古迹众多，有文化名城、故国遗址、古寺名桥、革命圣地等珍贵历史遗存，也有丰富多彩的社会旅游资源，包括商贸会展、民俗民艺、都市风情等旅游景观。拥有全国重点文物保护单位39处，省级文物保护单位108处，市县级文物保护单位213处；国家级历史文化名城1座（正定），国家级森林公园3处（仙台山、五岳寨、驼梁），省级森林公园9处（南寺掌、西柏坡、棋盘山、藏龙山、沕沕水、海山岭、封龙山、洞阳坡、高山寨），野生动植物自然保护区4处（平山县驼梁自然保护区、灵寿县漫山自然保护区、赞皇县嶂石岩自然保护区、井陉县南寺掌自然保护区）。至2018年末，石家庄市共有A级景区35处，其中，5A级景区1处，4A级景区25处，3A级景区6处，2A级景区3处。

【纪念馆、陵园】革命圣地西柏坡　位于平山县境内，是国家爱国主义教育基地、国家5A级景区，距离石家庄市主城区80千米。1948年5月至1949年3月中共中央在西柏坡驻扎10个月，召开全国土地会议、中共七届二中全会，指挥三大战役，赢得解放战争决定性胜利。西柏坡依托红色旅游资源优势，开发和培育红色旅游市场，形成中共中央旧址，包括陈列馆、纪念碑、石刻园、五大书记铜像等10多个旅游景点，成为资源丰厚，感染力和震撼力强的独特景区。

华北军区烈士陵园　位于石家庄市主城区，是新中国兴建较早、规模较大、造型艺术水平较高的烈士陵园之一，国家4A级景区。陵园内长眠着抗日战争时期、解放战争时期无数革命先烈，伟大的国际主义战士白求恩、柯棣华也在其中。陵园自建成以来，受到老一辈无产阶级革命家的关怀和重视，毛泽东、刘少奇、朱德等中央领导曾亲临陵园，凭吊先烈。

【风景区】驼梁　位于平山县境内西北部，国家4A级景区，距离石家庄市主城区150千米，距离山西省五台山45千米，景区面积22平方千米，主峰海拔2281米，是河北省五大高峰之一。驼梁集森林风光、草原风光、山岳风光为一体，自然生态呈现原始状态，以凉、静、野、幽、翠而闻名，是太行山中段生物多样性最丰富、最具代表性的典型区域。森林生态系统发育良好，从山谷到峰顶分布着白桦、松柏、枫树等树种及灌木草本植物，涉及102科、686个高等树种，植被覆盖率达98%。驼梁是国家大型水库——岗南水库、黄壁庄水库和滹沱河的主要水源涵养地，也是阻挡来自西部高原风沙、寒流侵袭石家庄的重要生态屏障。2009年11月驼梁自然保护区晋升为国家级自然保护区。

天桂山 位于平山县境内，国家4A级景区。天桂山既有雄秀交融的天然风光，又具有皇家园林的高贵气质和道家仙山的神秘色彩，是一个寻古探幽的绝佳去处。天桂山是北方珍贵的岩溶地貌区，自然形成众多天然溶洞等奇特景观，山内风光绝佳，景色迷人，是一处远近闻名的道教圣地，有“北武当”之称，至今保存有许多道观。1997年为迎接香港回归祖国，在天桂山百丈危崖上镌刻的“归”字，高97米，宽49米，载入吉尼斯世界纪录。名山巨字，珠联璧合，堪称天下奇观。

苍岩山 位于井陉县境内，国家级重点风景名胜区，国家4A级景区，距离石家庄市主城区50千米。最高处1039.6米，总面积63平方千米。以“一奇、三绝、十六景、七十二景观”名扬海内外，素有“五岳奇秀一揽山，太行群峰唯苍岩”的盛名。1988年被评为国家级重点风景名胜区，1994年被国务院审定为中国历史文化名山。大自然的鬼斧神工使苍岩山中心地带形成奇异的断崖绝壁及优越的生态环境，曾获得第73届奥斯卡最佳外语片奖影片《卧虎藏龙》部分外景就在苍岩山拍摄。

仙台山 位于井陉县辛庄乡，距离石家庄市主城区50千米。仙台山主峰海拔1195米。山峰奇秀，俨然一尊大佛巍然屹立。树木繁多，自然景色优美，每至汛期，百泉汇合飞流直下，山光水影，宛如银河倒悬，仙朗凌空，故名仙台山。仙台山景观分上、中、下层，最下一层的仙台山牌坊，用太行山南麓独有的大红袍石料建成，风格别致；步石台阶经通天门，攀栏直上通天峡，过一崭，一步一景点，一石一奇观，有卧鹰岩、雀吸岩、如来讲经、蘑菇石、蝴蝶展翅石、青蛙望日等；东西北三面悬空。2016年仙台山在第二届中国森林氧吧论坛上获评“中国森林氧吧”称号。

清凉山 位于井陉矿区西部，距离石家庄市主城区48.5千米。清凉山主要由下古生界灰岩构成，在大地构造上地处井陉县拗陷的西缘，在内外应力长期共同作用下形成温带喀斯特景观，经亿万年风雨侵蚀，使清凉山既有北方山峰雄伟壮观之势，亦有南方山川秀丽险峻之韵。因山势峻峭，古木苍翠，景色秀丽，山腰间多有天然溶洞，清泉常流，夏日置身于此，清风习习，心旷神怡，实为避暑胜地，故名“清凉山”。

嶂石岩 位于赞皇县西南部，距离赞皇县城52千米、石家庄市主城区110千米，国家级重点风景名胜区，国家4A级景区，总面积120平方千米。以奇特、秀丽、多姿、壮观的自然风光著称。由嶂石岩山势造型命名的“嶂石岩地貌”，是和丹霞地貌、张家界地貌并称的国内三大砂岩旅游地貌之一。嶂石岩景区作为嶂石岩地貌的命名地，地貌类型最齐全，特征最突出，素有“百里赤壁，万丈红绫”之称，2003年被评为国家地质公园。景区内有国内最大的天然回音壁，弧形陡壁，高耸云天，体量之大，回音效果之好，堪称一绝，已载入吉尼斯世界纪录。景区内许多山峰海拔高度都在千米以上，是观日出、赏云海的最佳地点。嶂石岩“佛光”也是不难见到的自然奇观。

棋盘山 位于赞皇县城西段里沟，距离赞皇县城27千米、石家庄市主城区77千米，西南距离嶂石岩景区25千米，国家4A级景区。棋盘山是以生态森林景观为主的山岳景区，总面积20平方千米，因主沟段里沟沟掌有棋盘山突兀拔地成名。最高峰卧驼峰为一组山峰，主峰在四相公寨，海拔1342.3米。棋盘山景区幽神隽秀，主格调为松涛、杏雨、古道、奇峰；八大胜景为锁云碧波、杏葩争艳、八仙列阵、段岭古关、棋盘仙迹、危崖隐岫、神驼云卧、翠谷松涛。早春，十里杏花沟盛开，满沟的彩云，满沟的香气；盛夏，到处绿荫滴翠；7～9月阴雨蒙蒙，沟沟流泉处处飞瀑；金秋，枫叶黄栌将棋盘山装点得万紫千红；寒冬，银山雪岭、雾凇胜景。棋盘山野生动植物品种繁多，山麓、山顶、沟谷皆被乔、灌、藤、草覆盖，植物品种100科601种，野生动物品种39科113种，昆虫类324种。夏季气候宜人，最热月平均气温22.3℃，是一个消夏避暑的胜地。

五岳寨 位于灵寿县西北部深山区，因五座山峰并列耸立，且有五岳之特点而得名。属河北省漫山自然保护区的一部分，总面积88平方千米。五岳寨于2004年被国家旅游局评定为4A级旅游区，2006年被评定为河北省地质公园。景区内山高林密、繁花似锦、群山拱翠、云海波澜且气温湿润凉爽、空气清新，动植物及水资源极为丰富，大小瀑布数百个。海拔2000余米的亚高山草甸可让游人感受到“风吹草低见牛羊”的坝上草原境界。幽险的峰谷景观，浓厚的边塞区域特色，使景区成为集旅游观光、健身疗养、避暑度假、寻奇涉幽、登山探险、科学考察为一体的高品位、多功能自然风景区。

抱犊寨 位于鹿泉区境内，距离石家庄市主城区17千米，国家级4A景区。旧名抱犊山，古名萆山。古代农民抱牛犊上山，养大后让牛耕田，因此得名。抱犊寨不是一个村庄，而是一座集历史人文和自然风光为一体的名山古寨。海拔580米，四周悬崖绝壁，顶部平旷坦夷，有肥沃良田660亩，土层深达66米，异境别开，草木繁茂，恍如世外桃源。曾是汉淮阴侯韩信“背水一战”的古战场，也是著名道人张三丰成道涉足之福地，风光奇异独特，景色宜人，被誉为“天堂之幻觉，人间之福地，兵家之战场，世外之桃花源”的天下奇寨。抱犊寨山体轮廓奇特，远观如一尊巨型卧佛，枕南朝北，眉目毕肖，形象逼真，南北坡各有一条羊肠小道可通。登至山巅，豁然开朗，修建有中国最大山顶门坊——南天门、全国第一座山顶地下石雕五百罗汉堂、全国最大的金漆壁画装饰韩信祠等。景区内“千龙壁”长36米、高13米，体量宏大，雕绘有999条张牙舞爪的金龙，形似喷云吐雾，形态各异。殿堂坐南朝北，分为地上、地下两层。地上是“弥勒殿”，地下是“五百罗汉堂”。地下殿堂，宽敞恢宏，500罗汉井然有序地列于殿中，或坐，或卧，或喜，或怒，或立，或仰，或慈，或厉，体态有别，神情各异；500罗汉为青石所雕，加以彩绘，做工精细，真切动人。

封龙山 又名飞龙山，位于石家庄市主城区西南15千米，鹿泉区城南20千米，元氏县城西北20千米。西倚太行山，东临平原，主峰海拔812米。封龙山自然风光秀丽，以沟深林茂、清泉碧溪、奇峰怪石为胜。封龙山历史文化璀璨，曾有五通汉碑、三大书院、四大禅林、三大石窟、两大道观。早在唐代《十道志》中就被列为河北名山，以封龙山历史文化而论，汉代李躬，唐代郭震、姚敬曾讲学于此山。五代以后，书院文化崛起，真定名士、文学家、史学家、政治家李昉与学者张著在此创办学院。到北宋，见诸记载的河北书院仅有3处，全在封龙山中。元代著名学者、数学家李冶在此著书讲学，金元时著名文学家元好问和教育家张德辉在此讲学授业，人称“龙山三老”。古代名家在此培养出大批杰出人才，使封龙山成为河北古代教育圣地之一。

石家庄植物园 位于主城区西部，占地面积167.1公顷，园内种植各类植物达1100多种，建有科普教育与儿童游乐区，植物系统分类区，观赏植物品种展示区，植物进化展示带，水上游憩区，盆景园区，温室、宿根花卉展示区，园内草木葱翠、鲜花烂漫的美景让人陶醉不已，还有丰富的文化内涵和科普知识。

沕沕水 国家4A级景区，位于平山县西南边缘，距离平山县城45千米，距离石家庄市主城区95千米，景区面积11.5平方千米，海拔800～1100米。沕沕水曾获得国家级风景名胜区、中国最佳生态旅游景区和省级农业旅游示范点称号，景区集自然风光、人文景观和红色旅游于一体，品位高雅、特色鲜明、风情浓郁。早在明清时代，沕沕水即为平山“八大胜景”之一，享有“沕水瀑布天上降”的美誉，拥有典型的喀斯特岩溶泉，半山沕沕涌出，常年湍流，四季不竭，水质洁净甘洌，湖潭星罗棋布，沿绝壁飞落，形成落差93米、45米等多级瀑布，“如白练之经于天，白虹之饮于源”，堪称“燕赵第一瀑”。景区环山叠嶂，怪石嶙峋，灵鹫峰、梦笔峰、神龟望瀑、观音坐莲，鬼斧神工，栩栩如生。装点山谷的数百种野生植物，色彩斑斓，葱郁玲珑；原始森林，夏绿秋红，禽兽争鸣。革命战争年代，沕沕水发电厂出色地完成向革命圣地西柏坡和兵工厂供电使命，为中共中央指挥三大战役、解放全中国立下卓越功勋，被誉为“边区创举”“红色发电厂”。沕沕水盛夏凉爽舒适，严冬人无寒感，季节分明，气候规律变化，形成四时景色。春赏山花，夏看飞瀑，秋观红叶，冬览冰挂，各具魅力，胜似仙境。

天山海世界 国家4A级景区，位于市内国家高新技术产业开发区，1999年9月26日试营业，1999年10月1日正式向社会开放，隶属天山实业集团，是1990年代中国最大的室内恒温水上戏水项目，被誉为华北的碧水明珠。占地面积60余亩，总建筑面积17000平方米，2002年10月被评为国家4A级景区。设有峡谷冲浪、水上秋千、水上浮岸、桃园仙境等新、奇、特项目，戏水大厅高大明亮，绿草如茵，椰林葱葱，众多游乐设施可提供多种娱乐方式，构成一座都市水上“迪士尼”乐园。

石家庄市风景区还有水泉溪、蟠龙湖、温塘度假区、东方巨龟苑等景点。

【古迹】 **古城正定** 距离石家庄市

主城区13千米，是国家级历史文化名城，历史上正定与保定、北京并称“北方三雄镇”，是河北中部的政治、经济和文化中心。正定城内汇集唐、宋、元、明、清等朝代不同风格的古代建筑，被誉为“中国古代建筑博物馆”。境内现存国家级重点文物保护单位10处，省级重点文物保护单位5处，县级重点文物保护单位23处。驰名中外的隆兴寺是正定最著名的景点，位列全国十大名寺，是国家4A级景区。寺院汇集隋唐以来大量的建筑、壁画、雕塑等艺术珍品，有6处文物堪称“全国之最”，其中最著名的是铜铸千手观音，举高21.3米，是世界古代铜铸佛像中最高大的一尊。隆兴寺内还有堪称宋代建筑孤例的摩尼殿、被鲁迅誉为东方美神的倒坐观音、中国年代最早及体量最大的木制转轮藏、被推崇为隋碑第一的龙藏寺碑、设计巧妙的铜铸毗卢佛等珍贵遗存。古城内临济寺是临济宗的发源地，在佛教界享有盛誉，临济宗在国内广为流传，名扬海外，至今在日本、东南亚、美国都有临济宗信徒，每年春夏之际，来自海内外的广大信徒都前来朝拜祖庭，盛况空前。正定文物众多，同时也是名人的故乡和冠军的摇篮，家喻户晓的三国名将赵云赵子龙就是正定人，国家乒乓球训练基地建在正定，被称为“中国乒乓运动福地”“冠军的摇篮”。

赵州桥　位于赵县城南，又称安济桥、大石桥，始建于隋开皇十五年至隋大业元年（595～605），距今1400多年，由隋朝匠师李春建造，是中国现存最早的巨型单孔坦孤敞肩石拱桥，主拱由28道拱券纵向并列砌筑，桥长64.40米、净跨37.02米，宽9.60米，高7.23米，桥身坐落于洨河两侧天然地基上。赵州桥大拱两端各有2个小拱，采用此种形式桥身轻盈，造型精巧，节省石料，减轻桥身重量，更为重要的是可辅助泄洪，减少水流阻力。19世纪中期，欧洲国家才出现敞肩拱桥，晚于中国1200多年。1961年3月4日，赵州桥被国务院确定为第一批全国重点文物保护单位；1991年赵州桥被美国土木工程师学会认定为世界第十二处“国际土木工程历史古迹”。赵州桥开启了“敞肩拱桥”的先河，对中国乃至世界桥梁建筑产生巨大而深远的影响，被公认为世界拱桥鼻祖，被称为“天下第一桥”。

柏林禅寺　位于赵县县城东南角，与赵州桥遥遥相望。始建汉献帝建安年间（196～220），古称观音院，南宋为永安院，金代名柏林禅院，元代起称柏林禅寺。寺内主要建筑有山门韦陀殿、普光明殿、观音殿、无门关（禅堂）、万佛楼等。唐代高僧玄奘法师西行印度取经前，曾在这里学习经文一年多，主研《成实论》；晚唐时，禅宗巨匠从谂禅师在此驻锡40年，大行法化，形成影响深远的“赵州门风”，柏林禅寺因此成为中国禅宗史上一座重要祖庭；金朝末年，临济正宗归云志宣禅师主持法席，柏林禅寺革律为禅；元代，柏林禅寺有圆明月溪禅师、鲁云行兴禅师等，成为燕赵一带佛教中心；明清两朝，中央朝廷管理赵州地区佛教事务机构——僧正司设在柏林寺，柏林禅寺住持兼任僧正司僧正。柏林禅寺屡遭劫难，殿堂和经像荡然无存。1988年柏林禅寺重新进驻僧人时，仅有赵州禅师舍利塔和20余株古柏；1988年5月12日，河北省政府批准柏林禅寺作为宗教场所开放，由河北省佛教协会管理；1992年8月28日，普光明殿落成并举行开光典礼；2001年6月25日，柏林禅寺被国务院确定为第五批全国重点文物保护单位。

毗卢寺　位于石家庄市新华区上京村东，始建公元8世纪唐天宝年间，距今有1200多年历史。毗卢寺是全国重点文物保护单位，毗卢寺水陆画与甘肃敦煌、北京法海寺、山西永乐宫壁画同为中国最负盛名的宗教壁画，其他3家描绘的是某一教派内容，唯有毗卢寺壁画集佛、道、儒三教于一堂，集三教人物于同一画面，两殿壁画200多平方米，气势壮观、富丽堂皇。毗卢寺明代宗教壁画享誉中外，壁画内容包括佛、道、儒三教人物故事经画122组500多身，线条流畅、色彩艳丽、服饰精美，是中国古代壁画艺术的瑰宝。

伏羲台　位于新乐市北郊2千米处吴家庄村北、何家庄村东，距离石家庄市主城区35千米，遗址总面积1600平方米。史料记载：“帝尝巡游此土，见伏羲之圣迹，集四方之民而化导养育之故。而筑台修庙以祀之。”伏羲台是中华民族人文始祖——伏羲氏寓居的地方，距今有六七千年的历史，已形成伏羲台、人祖庙等多处景观为主体的伏羲文化旅游区。伏羲台由三层构成，采用夹沙好土罗叠堆集而成，总高度9.206米。最底层第一层台高2.898米，南北长102.58米，东西宽87.42米；第二层台高2.118米，南北长89.43米，东西宽64.6米；最上边第三层台高4.19米，南北长53.68米，东西最宽处23.8米，最窄处17.9米，呈不等边八角形，名八卦台，又称伏羲画卦台。伏羲台、人祖庙规模宏大，台殿参差，祭祀始祖香烟缭绕，磬盂声祥，每年农历三月十八日为人祖庙会。伏羲台遗址文物遗存丰厚，保存有新石器、商周、汉代、唐代、元代、明代、清代文化遗迹，出土文物170件，其中一、二、三级文物17件。2013年5月伏羲台遗址被国务院公布为全国第七批重点文物保护单位。

古中山国遗址 位于平山县上三汲村和灵寿县故城村一带。中山国故城遗址（中山国都城核心区、中山国王宫所在地）东南距灵寿县城7.5千米，西距平山县城15千米，是河北先秦四大古都之一。公元前507年春秋战国白狄的一支——鲜虞仿照东周各诸侯国建立国家，地址位于今河北省中部太行山东麓一带，地处赵国北部和燕国南部之间，都城位于顾（今河北省定州市）；公元前380年，桓公徙都灵寿（今河北省灵寿县、平山县交界处），因城中有山得“中山国”名；公元前323年，中山成公之子“厝”自称“中山王”，与燕、韩、赵、魏诸国王史称“五国相王”；公元前314年，燕国内乱，中山王“厝”乘机出兵伐燕略地“方数百里，列城数十”，夺得燕国大片土地，跻身诸侯之列，成为中国战国时期仅次于“战国七雄”的“千乘之国”；公元前296年，中山国被赵国灭亡。中山国在灵寿建都84年，先后5位国君定都中山古城。因史料记载甚少，故中山国被称为“神秘王国”。中山国遗址是研究2000多年前战国文化的重要古迹，是石家庄历史文化的重要组成部分，也是中国少数民族和中原汉族文化融合的重要证据。中山国遗址现存宫殿区、居民区、陶器场、冶炼场、遗址10多处，主要遗迹包括：中山王“厝”墓、古城墙、赵王台、八角井、养鱼池、三教殿等。中山王“厝”墓是发掘中山国墓葬中最大的一座，墓室平面呈“中”字形，南北各一墓道，通长97米，分地上、地下两部分，地上部分呈“斗”形，地下部分包括椁室、东库、西库和东北库；主室后半周有陪葬墓6座，前面和旁侧有车马坑2座、杂殉坑1座、葬船坑1座；中山王墓多次被淤和破坏，但仍出土大量珍贵文物，包括铜器、铁器、金银器、陶器、玉石器、玛瑙器、骨角器、木漆器等。中山国遗址出土文物1.9万余件，大多为稀世珍宝，创下多项世界文化之最和中国文化之最，其中最有历史价值为“中山王三器”，即中山王方壶、中山王鼎、中山王圆壶。中山国古城遗址1973年发现，1974年10月河北省组建中山国考古队正式开展调查和发掘，1988年中山国古城遗址被国务院公布为第三批全国重点文物保护单位。2017年12月国家文物局决定，位于河北省平山县的中山国考古遗址公园列入第三批国家考古遗址公园立项名单。

石家庄市古迹还有井陉县境内的秦皇古驿道，是古代通往山西入长安的“国道”，历史上秦始皇东巡病故于沙丘，遗体曾经从这条驿道运回咸阳。井陉县于家石头村是明代著名政治家、民族英雄于谦的后裔居所，已建成中国民族文化村，村内建筑全部采用太行山石头为原材料，颇有地方特色。井陉矿区段家楼，占地总面积16万平方米，由旧中国北洋政府总理兼陆军总长段祺瑞投巨资兴建，是至今石家庄市保存基本完好的最大德式建筑群；2013年5月段家楼正丰矿遗址被国务院公布为第七批全国重点文物保护单位。

（姜小青）

气　候

【概况】 2018年，石家庄市年平均气温14.2℃，较常年显著偏高1.0℃，冬季和秋季偏高，春季和夏季显著偏高。年平均降水量459.2毫米，接近常年（487.0毫米）；降水时空分布不均，中部少、北部和南部多，秋季和冬季异常偏少，春季异常偏多，夏季接近常年。年平均日照时数2191.5小时，比常年偏少171小时，属于偏少年份；冬季和春季接近常年，夏季和秋季较常年偏少。推进气象防灾减灾体系建设，印发《关于加强重要气象信息报告暨分级预警工作的通知》《关于建立健全重要气象灾害防御机制的通知》《石家庄市启动重要气象灾害预警工作流程》。开展气象防灾减灾和公共气象服务，提升预报预警能力。做好重污染天气预报预警，全年市气象局、市生态环境局联合上报天气污染预警建议43次，其中，重污染天气预警启动16

次、降级 14 次、升级 2 次、解除 11 次。实施人工影响天气作业 124 点次，发射火箭弹 514 枚，燃烧碘化银烟条 133 根。冬春防火关键时期，利用卫星遥感技术严密监测异常高温点位，全力为森林防火提供气象服务。重视做好关键期、转折性、灾害性天气农业气象服务和评估，发布麦收期天气趋势预报、冬小麦适宜播种期预报等预警信息和服务建议；成立由气象、农业、林业、科研院所等人员组成的都市现代农业气象服务团队，开发建成“都市现代农业气象服务系统”和栾城苏园农业气象观测站及大田种植区子系统株间气象仪。加强气象台站建设，新一代天气雷达大修完毕，5 月 1 日恢复运行；“风云四号”科研试验卫星省级接收站在赞皇县国家气象观测站建成投入使用；市区长安公园、桥西污水处理厂、桥东污水处理厂、东南地表水厂等地点新建 5 个四要素气象观测站；16 个有人值守国家气象观测站全部安装光电式日照计，实现日照时数观测自动化。2018 年市气象局代表队参加第五届河北省气象行业职业技能竞赛获得团体第二名，张立霞参加第六届全国气象行业天气预报职业技能竞赛获得“理论知识和业务规范”三等奖；市气象局《基于雷达拼图和模糊逻辑的冰雹和雷暴大风识别算法》获得河北省气象科技奖三等奖。

表 2

2018 年石家庄市主要气象要素一览表

要素	月份	1	2	3	4	5	6	7	8	9	10	11	12	年
降水量（毫米）	累积值	0.3	0	3.4	50.9	64.7	19.9	55.7	146.8	4.3	0.3	2.6	2.8	351.7
	距平	−3.8	−6.6	−8.9	30.8	23.4	−38.9	−73.0	0.2	−49.0	−25.1	−12.1	−1.7	−164.7
气温（℃）	平均值	−2.1	1.2	10.0	16.6	22.5	27.9	28.7	27.3	21.7	15.2	7.4	−1.2	14.6
	距平	−0.3	−0.6	2.0	0.9	1.1	1.9	1.4	1.6	0.5	0.5	1.3	−1.5	0.7
雨（雪）日	累积值	1	0	2	6	9	6	12	14	7	1	2	3	63
相对湿度	平均值	47	31	46	55	56	48	72	74	58	45	58	46	53
日照（小时）	累积值	135.4	185.1	184.0	187.8	211.5	238.0	103.8	148.4	173.0	222.2	145.3	145.0	2079.5
气压（百帕）	平均值	1015.0	1012.0	1006.8	1001.9	997.3	991.8	992.3	995.4	1002.5	1008.7	1011.9	1018.4	1004.5
极大风速（米 / 秒）	风向	WNW	NW	NNE	WNW	NNE	W	NE	N	WNW	NW	NE	WNW	WNW
	风速	15.9	15.8	14.5	20.5	17.5	15.2	17.5	10.7	16.9	15.0	11.1	12.0	20.5

备注：全市平均值为石家庄市 16 个站平均值，不包括辛集市。距平值为 2018 年数值与 1981 ～ 2010 年 30 年的平均值之差。

【气温】 2018 年石家庄市年平均气温较常年显著偏高，年平均气温 14.2℃，较常年显著偏高 1.0℃。从地域看，正定县年平均气温 15.1℃，为全市最高；高邑县年平均气温 13.4℃，为全市最低。从季节看，冬季和秋季偏高，春季和夏季显著偏高。冬季，全市平均气温 −0.4℃，较常年偏高 0.6℃；春季，全市平均气温 15.9℃，较常年偏高 1.7℃，显著偏高；夏季平均气温 27.7℃，为历年同期最高值，较常年偏高 1.8℃，显著偏高；秋季，全市平均气温 14.1℃，较常年同期偏高 0.7℃。

【降水】 2018 年石家庄市年平均降水量 459.2 毫米，接近常年（487.0 毫米）。年降水量空间分布不均，中部少、北部和南部多，平山县年降水量554.9毫米，为全市最多，石家庄市区年降水量351.7毫米，为全市最少。秋季平均降水量15.3毫米，冬季平均降水量1.4毫米，均较常年异常偏少；春季降水量133.6毫米，较常年异常偏多；夏季降水量305.7毫米，接近常年。

【日照】 2018年石家庄年平均日照时数2191.5小时，比常年偏少171小时，属于偏少年份。各地日照时数分布不均，新乐市日照时数最多，为2521.9小时；井陉县最少，为1658.8小时。冬季平均日照时数493.0小时，春季平均日照时数622.1小时，均接近常年；夏季平均日照时数547.3小时，秋季平均日照时数569.0小时，均较常年偏少。

【异常天气】 *暴雨* 2018年石家庄市国家站出现暴雨19站次，较常年略少；暴雨主要集中在7月中旬和8月中旬。8月12日下午到夜间、13日夜间，全市出现强降水天气，8月12～14日，全市有8个国家站累积降水量超过100毫米，其中3个国家站超过150毫米，最大降水量175.2毫米，出现在元氏县；44个区域自动站超过100毫米，7个区域自动站超过150毫米。

高温 2018年石家庄市平均高温日数（日最高气温≥37℃）9.6天，较常年偏多。高温主要出现在6月5～6日、26～30日和8月3～4日，6月27日各县（市、区）最高气温40.3℃～43.0℃，元氏县43.0℃，无极县41.8℃，分别突破两地有气象记录以来历史极值42.3℃和41.6℃。

雾和霾 2018年石家庄市平均大雾日数10.3天，较常年明显偏少，大雾过程主要出现在10月16日、11月13～14日、12月6日。2018年全市平均霾日数70.4天，是2014～2018年五年来的次少年；全年大范围连续霾出现在1月13～20日、11月22～28日和12月18～26日。

寒潮降温 2018年石家庄市出现不同等级寒潮49站次，较常年偏多，其中，寒潮31站次，强寒潮15站次（3月16日1站次、4月5日14站次），特强寒潮3站次（3月16日1站次、4月5日2站次）。主要寒潮过程发生在3月15～17日、4月5～6日。4月4～5日，全市范围寒潮天气出现，各县（市、区）日平均气温最大降幅均超过17℃，石家庄市区和赞皇县超过20℃，12个县（市、区）最低气温降至2000年以来4月上旬最低值，西部山区及南部、北部部分地区最低气温降至0℃以下。

强对流 2018年石家庄市出现大风90站次，较常年偏少，大风主要出现在4月6日、5月12日和6月12～13日，其中，4月6日15个县（市、区）出现大风，赞皇县瞬时极大风速达26.9米/秒。全年出现冰雹6站次，较常年偏少。5月12日，平山县、藁城区、正定县和石家庄市区出现冰雹，最大冰雹直径1.2厘米；6月12日，赵县和正定县出现冰雹。

石家庄市气象局

局　长：于占江

副局长：智利辉

刘军

（卢林冬　杨荣珍）

国民经济与社会发展

【概况】 2018年，全市完成生产总值6082.6亿元，同比增长7.5%。其中，第一产业增加值373.2亿元，增长3.5%；第二产业增加值2000.6亿元，增长4.7%；第三产业增加值3212.8亿元，增长10.1%。人均生产总值55723元，增长6.6%。三次产业结构比例由2017年6.4∶40.4∶53.2调整为6.7∶35.8∶57.5。全年民营经济增加值3546.1亿元，同比增长7.2%，占生产总值比重58.3%。2018年石家庄市区居民消费价格指数为102.3%，同比上涨2.3%。全年工业生产者出厂价格同比增长5.2%，工业生产者购进价格同比增长4.0%。2018年末全市城镇登记失业率为3.31%，同比下降0.04个百分点。

地区生产总值（亿元）

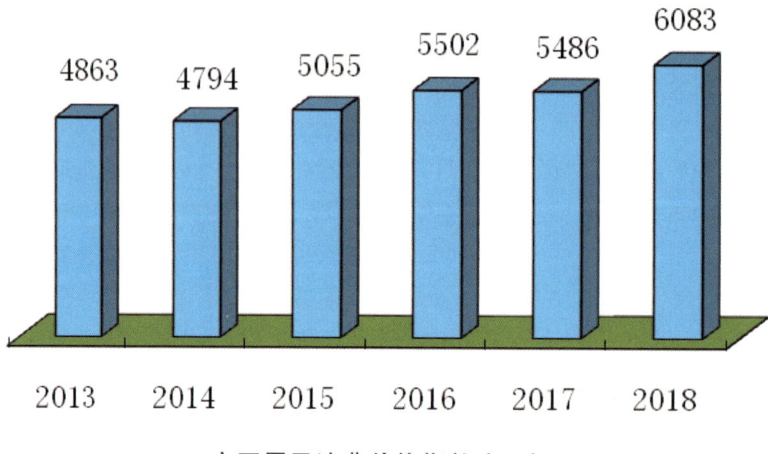

市区居民消费价格指数（%）

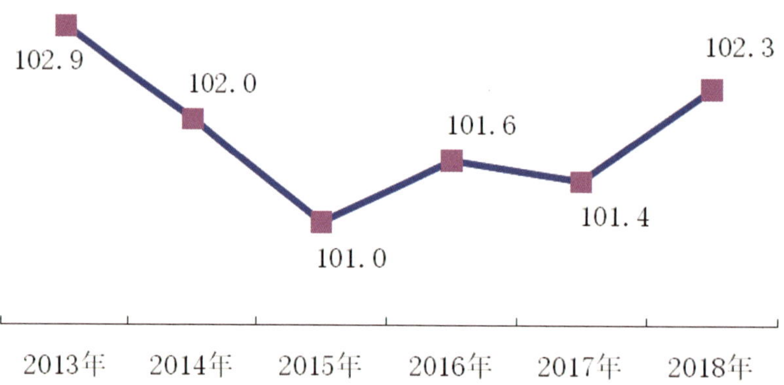

表 3

2018 年石家庄市区居民消费价格指数变化表

指标	比 2017 年指数（±%）
市区居民消费价格总指数	2.3
食品烟酒	1.1
衣着	2.4
居住	1.7
生活用品及服务	2.0
交通和通信	1.7
教育文化和娱乐	2.5
医疗保健	9.4

【农业】2018年全市农林牧渔业总产值593.67亿元，同比增长3.1%。其中，农业产值292.63亿元，占比49.29%；林业产值22.25亿元，占比3.75%；牧业产值227.25亿元，占比38.28%；渔业产值2.94亿元，占比0.50%；农林牧渔服务业产值48.59亿元，占比8.19%。粮食播种面积68.11万公顷，总产量424.79万吨，平均亩产420.0千克。其中，小麦播种面积30.07万公顷，总产量195.86万吨，平均亩产437.4千克；玉米播种面积34.09万公顷，总产量217.01万吨，平均亩产429.4千克。蔬菜及食用菌播种面积6.39万公顷，总产量502.45万吨。果园种植面积9.01万公顷，总产量152.88万吨。至2018年末，牛、马、驴、骡、猪、羊、家禽、兔分别存栏42.08万头、1197匹、1.05万头、466只、219.62万头、65.31万只、6946.74万只、30.33万只。肉类总产量54.75万吨，同比下降3.89%。其中，猪肉产量34.99万吨，下降1.22%；牛肉产量7.66万吨，增长0.35%；羊肉产量1.57万吨，下降11.24%；家禽肉产量10.22万吨，下降14.11%；驴肉产量1150吨，增长21.71%；兔肉产量658吨，增长14.51%。奶类产量65.14万吨，同比下降3.44%，其中，牛奶产量64.94万吨，下降3.45%。蜂蜜产量2844吨，同比下降19.45%。禽蛋产量70.0万吨，同比下降4.50%，其中鸡蛋产量62.63万吨。水产品养殖面积1692.7公顷，同比下降83.10%；总产量1.81万吨，同比下降7.33%。2018年全市拥有农业机械总动力1156.26万千瓦，同比减少125.94万千瓦；主要农作物耕种收机械化水平达到97.3%，同比增长6.32%，其中，小麦综合机械化水平99.90%，玉米综合机械化水平95.08%。累计注册农民专业合作社5231家、家庭农场1648家。农业产业经营率63.2%。土地流转面积270万亩，占家庭承包耕地总面积42%。

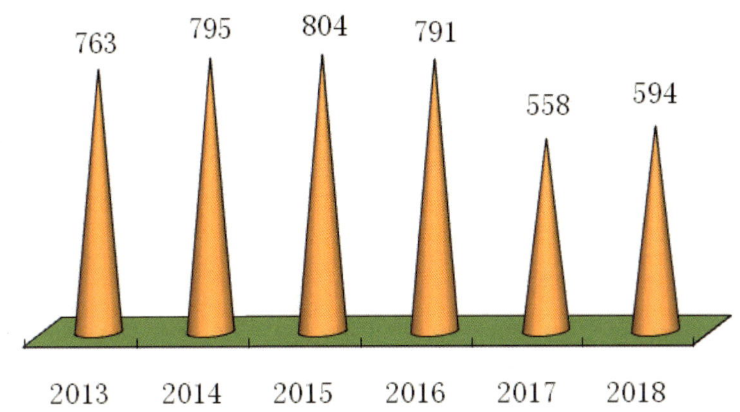

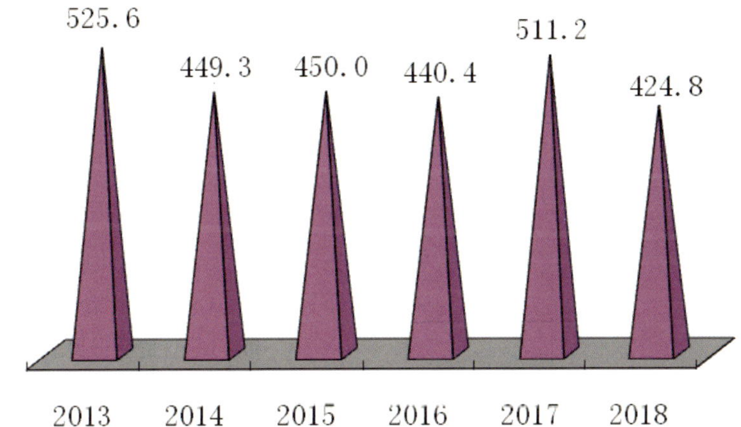

表4

2018年石家庄市主要农产品产量及其增长速度表

产品名称	产量（万吨）	同比增长（%）
粮食	424.79	-16.91

续表

产品名称	产量（万吨）	同比增长（%）
油料	9.95	−11.87
棉花	0.03	−22.33
蔬菜及食用菌	502.45	2.14
园林水果	152.88	3.58
肉类	54.75	−3.89
奶类	65.14	−3.44
禽蛋	70.0	−4.50
水产品	1.81	−7.33

【工业】 2018年全市共有规模以上工业企业2324家，其中，大中型企业476家，国有及国有控股企业101家；规模以上工业主营业务收入4349.9亿元，同比下降17.7%；规模以上工业利润总额280.5亿元，同比下降27.4%。规模以上大中型企业主营业务收入3304.5亿元，同比下降8.4%；利润总额223.8亿元，同比下降14.2%。国有及国有控股企业主营业务收入1442.8亿元，同比增长17.1%；利润总额42.9亿元，同比增长7.3%。医药工业、纺织服装业、石化工业、装备制造业、食品工业、钢铁工业、建材工业七大主要产业实现利润总额254.1亿元，同比下降23.0%。石油煤炭及其他燃料加工业、化学原料及化学制品制造业、非金属矿物制品业、黑色金属冶炼及压延加工业、电力热力的生产和供应业五大高耗能行业（石家庄市无煤炭开采和洗选业）实现利润总额149.1亿元，同比增长26.9%。规模以上工业企业亏损379家，同比增长23.5%；亏损总额54.4亿元，同比增长105.7%。规模以上工业企业年平均从业人员36.4万人，资产负债率59.1%。

规模以上工业利润（亿元）

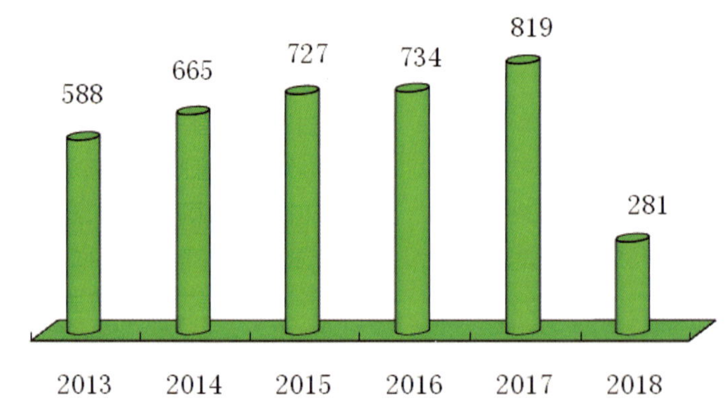

表5

2018年石家庄市主要工业产品产量及其增长速度表

产品名称	总产量	同比增长（%）
化学药品原药	130869.9吨	3.3

续表

产品名称	总产量	同比增长（%）
化学纤维	86774 吨	1.6
水泥	1690.3 万吨	9.9
钢材	1128.7 万吨	−5.1
交流电动机	289.3 万千瓦	−12.4
房间空气调节器	506.6 万台	9.2
乳制品	1010930 吨	8.4
饮料	708897 吨	2.7
布	133204 万米	8.2
服装	3510 万件	−0.7

【商业和旅游】 2018 年全市实现社会消费品零售总额 2934.1 亿元，同比增长 9.1%。其中，城镇 2515.6 亿元，增长 8.9%；乡村 418.5 亿元，增长 9.8%。限额以上企业（单位）消费品零售额 797.4 亿元，同比增长 6.0%。其中，城镇 795.6 亿元，增长 6.2%；乡村 1.8 亿元，下降 45.3%。限额以上批发零售业商品零售额 776.7 亿元，同比增长 6.0%。其中，粮油食品类 74.3 亿元，增长 7.9%；饮料类 13.2 亿元，增长 5.0%；烟酒类 10.6 亿元，增长 11.6%；服装鞋帽针纺织品类 91.5 亿元，增长 11.5%；日用品类 23.5 亿元，增长 11.9%；家用电器和音像器材类 48.3 亿元，增长 3.2%；中西药品类 37.2 亿元，增长 21.4%；通信器材类 14.3 亿元，增长 5.1%；石油及制品类 104.5 亿元，增长 7.2%；汽车类 283.1 亿元，下降 2.2%。2018 全市注册电子商务企业 3600 余家，拥有电子商务平台及网店近 7 万家；电子商务交易额达到 5130.0 亿元，其中，网上零售额 710.0 亿元，占全市社会消费品零售总额 24.2%。实施重点商贸项目 49 个（市重点商贸项目 30 个、县域重点商贸项目 19 个），总投资 890.31 亿元；年计划完成投资 229.65 亿元，实际完成投资 267.93 亿元，超额完成计划 16.7%。2018 年全市对外贸易进出口总值 864.1 亿元，同比增长 8.6%。其中，出口总值 533.2 亿元，增长 11.5%；进口总值 330.9 亿元，增长 4.2%。实际利用外资 14.9 亿美元，同比增长 7.5%。2018 年全市接待海内外游客 1.07 亿人次，同比增长 19.79%；实现旅游业总收入 1211.01 亿元，同比增长 25.81%。

社会消费品零售总额（亿元）

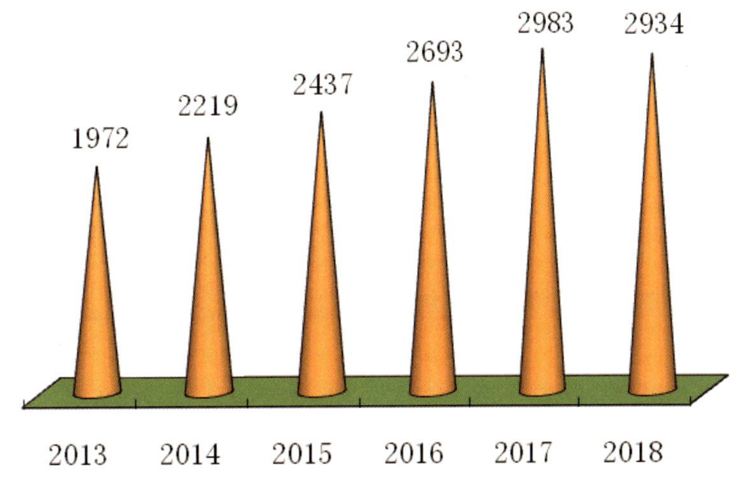

实际利用外资（亿美元）

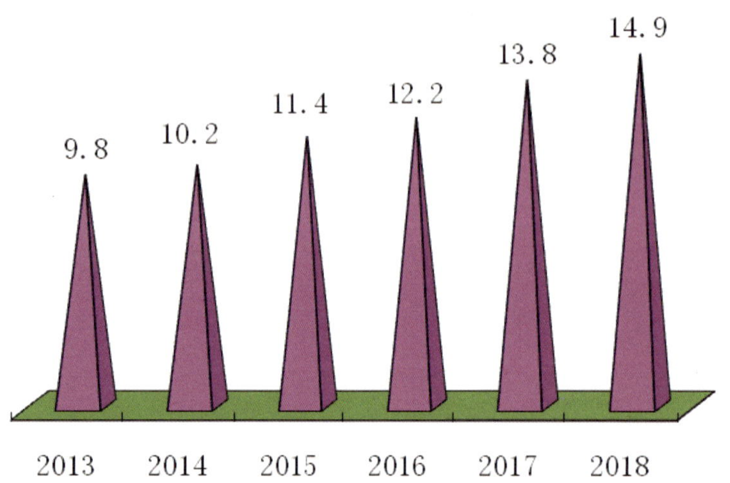

【财政和金融】 2018年全市全部财政收入1040.0亿元，同比增长13.5%，其中，公共财政预算收入500.9亿元，同比增长12.8%。公共财政预算收入中，税收收入359.93亿元。其中，增值税128.75亿元，企业所得税33.44亿元，个人所得税17.87亿元，城市维护建设税31.19亿元，土地增值税39.94亿元，契税40.99亿元。2018年全市财政支出938.2亿元，同比增长22.9%。其中，一般公共服务支出97.2亿元，公共安全支出60.7亿元，教育支出197.1亿元，科学技术支出11.9亿元，文化体育与传媒支出14.4亿元，社会保障和就业支出116.3亿元，医疗卫生与计划生育支出90.2亿元，节能环保支出71.1亿元，城乡社区事务支出74.4亿元。至2018年末，全市金融机构人民币各项存款余额13225.2亿元，同比增长13.0%，比年初增加1522.2亿元；金融机构人民币各项贷款余额10095.1亿元，同比增长13.1%，比年初增加1168.8亿元。2018年全市保险公司原保险保费收入398.4亿元，同比增长0.7%。其中，财产险业务原保险保费收入120.3亿元，寿险业务原保险保费收入201.3亿元，健康险业务原保险保费收入65.1亿元；意外伤害险业务原保险保费收入11.6亿元。

财政收入和公共财政预算收入（亿元）

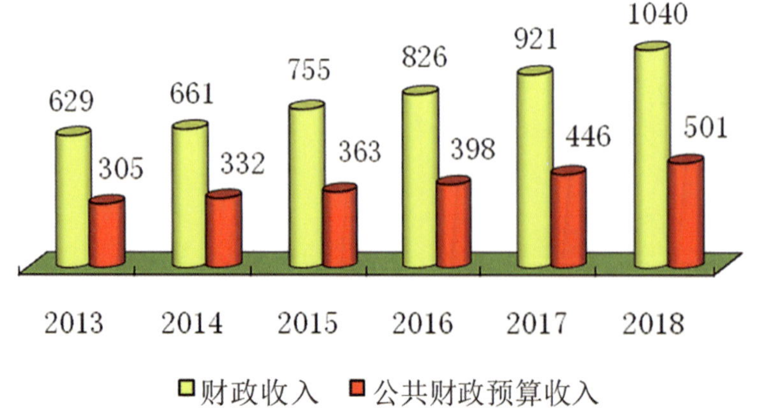

【科学技术和教育】 2018年石家庄市域单位获得国家科学技术奖4项，其中，国家科技进步奖一等奖1项，国家科技进步奖二等奖3项。2018年石家庄市域单位获得河北省科学技术奖102项，其中，河北省自然科学奖8项（一等奖1项、二等奖2项、三等奖5项），河北省技术发明奖4项（二等奖2项、三等奖2项），河北省科学技术进步奖90项（一等奖12项、二等奖36项、三等奖42项）。3人获得河北省科学技术个人奖。2018年全市新增专利申请19421件，其中发明专利申请4696件；专利授权11450件，其中发明专利授权1487件；每万人发明专利拥有量6.39件。2018年全市共有各级各类学校3544所（不含高等教育学校），在校生185.60万人，教职工12.81万人，专任教师10.69万人。其中，幼儿园1641所，在园幼儿31.0万人，教职工2.65万人，专任教师1.53万人；小学1359所，在校生84.42万人，教职工4.39万人，专任教师4.55万人；中学381所（初级中学188所、高级中学59所、九年一贯制学校74所、完全中学50所、十二年一贯制学校10所），在校初中生33.62万人、普通高中生17.0万人，教职工4.62万人，初中专任教师2.38万人，普通高中专任教师1.34万人；特教

学校23所，在校生1535人，教职工500人，专任教师418人；中等职业学校140所，在校生19.40万人，教职工1.15万人，专任教师8478人。2018年全市共有市属高校5所，其中，本科高校1所（石家庄学院），高职高专院校4所（石家庄职业技术学院、石家庄信息工程职业学院、石家庄科技工程职业学院、石家庄幼儿师范高等专科学校）。石家庄学院在校大学生18065人，教职工1139人，其中，专任教师861人，教授114人、博士150人、副教授359人。石家庄职业技术学院在校大学生12463人，教职工925人，其中专任教师600人。石家庄信息工程职业学院在校大学生16506人，专任教师584人，其中，教授43人、副教授179人。石家庄科技工程职业学院在校大学生6505人，教职工317人，其中专任教师279人。石家庄幼儿师范高等专科学校在校大学生5831人，教职工414人，其中专任教师312人。

【文化、卫生和体育】 2018年末全市共有艺术表演团体20个，艺术表演场馆（剧院、剧场）14个，文化馆23个，博物馆9个，公共图书馆23个，乡镇（街道）综合文化站207个，社区文化中心57个，广播电视台18个。市图书馆藏书总量186.25万册。市博物馆馆藏文物总数4535（件/套）。市美术馆收藏作品980件（套）。全市举办送戏下基层演出1040场，彩色周末文艺演出1124场，公益电影放映53220场。广播节目综合人口覆盖率99.4%，电视节目综合人口覆盖率99.4%。2018年底全市共有各级各类医疗卫生机构（含诊所）7563个，其中，医院256个，乡镇卫生院228个，社区卫生服务中心（站）189个，门诊部154个，诊所（医务室）2631个，村卫生室4002个，专业公共卫生机构87个，其他卫生机构16个。开放床位60665张。在岗职工105210名，其中，卫生技术人员82202名，执业（助理）医师37438人，注册护士32523人。平均每千人拥有卫生技术人员7.51人，医生3.42人，注册护士2.97人。2018年全市运动员参加省级以上比赛获得金牌307枚、银牌238枚、铜牌234.5枚。审批注册二级裁判员269人、二级运动员563人。新增二级社会体育指导员7806人，总数达到16351人。拥有体育协会48个，其中新筹备成立体育协会8家，分别为：健身瑜伽协会、网球协会、排球协会、水上运动协会、跳绳运动协会、台球协会、击剑协会、健美操协会。至2018年末，全市共有各类体育场地11996块，总面积1389万平方米，每万平方米拥有体育场地12.1块；标准体育场34个，其中甲级体育场2个（观众席2.5万座以上）；标准体育馆12个，其中甲级体育馆2个（观众席6000座以上）。

【城乡交通和生态环境】 2018年全市公路通车总里程达到18112.49千米，路网密度121.59千米/百平方千米。其中，高速公路9条678.59千米，国道9条895.18千米，省道31条852.41千米，县道43条1542.2千米，乡道4887.5千米，专用公路269.24千米，村道10285.03千米。2018年全市公路客运量4.51亿人次，货运量5.2亿吨；市区拥有公交车辆5730辆，运营线路232条，公交线路长度3919.1千米，公交营运总里程1.87亿千米，客运总量4.18亿人次。2018年石家庄市域共有铁路干线6条、支线2条，普通铁路营业里程328.72千米，高速铁路营业里程468.36千米；铁路客运量4692.7万人次，铁路货运量6162.6万吨。2018年石家庄机场通航城市84个，旅客吞吐量1133.25万人次，同比增长18.3%；货邮吞吐量4.61万吨，同比增长12.5%。2018年石家庄地铁营运里程30.3千米，运行总里程248.12万列千米，客运总量8731.96万人次。2018年石家庄市环境空气质量一级优良天数5天，二级良好天数146天，三级轻度污染天数118天，四级中度污染天数48天，五级重度污染天数34天，六级严重污染天数4天；空气优良率42.5%，重污染天数比例10.7%。2018年石家庄市环境空气质量综合指数为7.53，同比下降1.19%，在全国169个重点城市排名倒数第二，较2017年前进1位；空气污染复合性特征明显，污染贡献率由高至低依次为颗粒物〔包括可吸入颗粒物（PM10）和细颗粒物（PM2.5）〕、臭氧（O_3）、二氧化氮（NO_2），首要污染物颗粒物大数198天，臭氧（O_3）120天，二氧化氮（NO_2）30天。

【人民生活和社会保障】 2018年全市居民人均可支配收入26839元，同比增长8.9%。其中，城镇居民人均可支配收入35563元，增长8.0%；农村居民人均可支配收入14518元，增长8.8%。2018年全市居民人均消

城镇居民人均可支配收入和农村居民人均可支配收入（元）

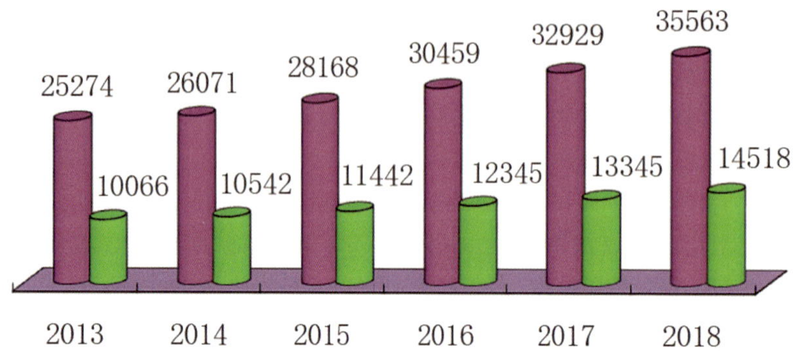

费支出16422元，同比增长7.3%。其中，城镇居民人均消费支出21620元，增长6.3%；农村居民人均消费支出9082元，增长7.9%。2018年全市城镇新增就业19.5万人，城镇登记失业率3.31%，农村劳动力转移就业5.72万人。2018年末全市城乡居民养老保险参保408.1万人，城镇职工养老保险参保253.6万人，失业保险参保95.5万人，工伤保险参保164.1万人，城乡居民医疗保险参保937.5万人。2018年全市居民享受最低生活保障（简称低保）对象10.3万人。其中，城市低保对象1.4万人，农村低保对象8.8万人。

（薛鹏飞　杨君玲）

【4家企业入选中国企业500强】 2018年9月2日，中国企业联合会、中国企业家协会公布“2018中国企业500强”名单，由市企业联合会、市企业家协会推荐的河北敬业集团有限公司、河北省物流产业集团有限公司、东旭集团有限公司、河北建工集团有限责任公司4家企业入选。“2018中国企业500强”评选按照国际通行方式，以2017年企业营业收入为入围标准，经专家委员会审定排出。河北敬业集团有限公司以营业收入6746750万元，名列中国企业500强第251位，较2017年提升7位次。河北省物流产业集团有限公司以营业收入5285940万元，名列中国企业500强第302位。首次入选东旭集团有限公司以营业收入3835433万元，名列中国企业500强第419位。河北建工集团有限责任公司以营业收入3420810万元，名列中国企业500强第464位，较2017年提升18位次，是4家企业位次提升最多的企业。

（市企业联合会）

【《关于支持民营经济高质量发展的政策措施》】 2018年12月，市委、市政府出台《关于支持民营经济高质量发展的政策措施》。主要内容包括7个方面37条。缓解融资难融资贵问题。1. 支持民营企业上市融资。对在境内外主板、中小板、创业板成功上市的企业，给予奖励300万元。对在全国中小企业股份转让系统（新三板）成功挂牌的企业，一次性奖励150万元。对在石家庄股权交易所等境内外区域性股权交易市场成功挂牌的企业，一次性奖励30万元。对转入高层次板块的企业，按照新转入市场奖励标准补奖差额。对在沪、深证券交易所和境外主板上市的石家庄市民营企业，通过增发新股、配股、发行债券等再融资且筹集资金80%以上投资石家庄市的，按照融资额的0.5%给予奖励，每家企业年度奖励金额最高不超过100万元。2. 支持民营企业发债融资。支持符合条件的中小企业发行中小企业集合债、中小企业集合票据、可转换债、中小企业私募债等新型债券，对成功完成债券融资的石家庄市企业，按融资额的2%给予奖励，单个项目奖励金额最高不超过50万元。对协助企业完成债券融资的金融机构、增信机构、中介服务机构，按融资额的1%给予奖励，每家机构单个项目奖励金额最高不超过10万元，单个项目奖励金额最高不超过30万元。重点支持暂时遇到困难的有市场、有前景、技术先进、有竞争力的民营企业，利用信用风险缓释工具进行银行间市场债券融资。3. 支持发展私募股权投资。营造培育天使投资、创业投资等私募股权投资发展的政策环境。各类私募基金管理人管理的投资基金直接投资石家庄市企业的资金规模达到5000万元（扣除政府引导基金）以上，投资期限满2年的，按实际投资额的1%给予奖励，单个基金管理人年度奖励金额不超过100万元。4. 加大民营企业信贷支持。搭建政银企对接平台，开展多层次、多形式银企对接活动，提供便捷有效的金融信贷服务，民营企业和国有企业一视同仁。鼓励和引导银行业金融机构推行小微企业无还本续贷业务，合理确定民营企业贷款期限、还款方式，适当提高中长期贷款比例。推广“银税互动”合作模式，鼓励银行机构给予便捷高效的信用贷款。市政府设立金融创新奖，支持银行业金融机构创新金融产品和服务，拓宽抵质押物范围，开展特许经营权、政府采购合同、收费权、知识产权等新型融资方式。5. 强化小微企业金融支持。支持驻石家庄各银行业金融机构加大对石家庄市小微企业的信贷投放，按各银行年度新增小微贷款总额的 0.2% 给予奖励，每家银行年度奖励金额不超过 100 万元。支持小微企业创业担保贷款，符合条件的小微企业贷款额度最高不超过 300 万元。6. 提高风险补偿标准。扩大市级小微企业贷款风险补偿资金池规模，市财政安排不低于 2 亿元的资金，对合作银行为石家庄市小微企业发放贷款形成的不良贷款实行风险补偿，补偿比例不超过不良贷款（本金）的 50%，对高新技术企业和科技型中小企业，风险补偿标准可再上浮 10%。7. 建立支持融资担保发展机制。市财政安排小微企业融资担保专项资金，对融资担保机构为石家庄市小微企业提供担保贷款进行补助和风险补偿。融资担保机构为小微企业贷款担保，担保费率不超过 3% 且不收取其他费用的，市财政按照担保金额的 0.5% 给予补助，对其承担担保责任所发生的代偿金额给予 50% 补偿。市、县（市、区）政府出资的政策性融资担保机构支持小微企业融资的担保金额占比不低于 80%，其中支持单户授信 500 万元及以下小微企业贷款及个体工商户、小微企业主经营性贷款的担保金额占比不低于 50%。8. 建立转贷过桥服务机制。由市政府指定的转贷服务专门机构，与银行机构签订合作协议，为石家庄市民营企业转贷续贷提供低息有偿“过桥”服务。市财政设立 1 亿元企业转贷补助专项资金池，对转贷服务专门机构按人民银行同期贷款基准利率收取企业费用的，给予贷款金额 0.5% 的贴息补助，单笔不超过 50 万元。9. 设立民营企业纾困基金。联合金融机构设立总规模 80 亿元的石家庄市民营企业纾困发展基金，重点支持石家庄区域内上市公司纾困项目和优质民企重点项目，按照市场化、法制化原则，帮助短期流动性出现风险的民营企业度过阶段性困难，支持民营实体经济健康稳定发展。10. 建立贷款保证保险发展支持机制。鼓励银行和保险公司合作向石家庄市符合条件的民营小微企业发放 500 万元以下、1 年以内的流动资金贷款。参与银行和保险公司按照保本微利原则以市场化方式开展业务，对小微企业贷款保证保险实收保费不超过 3% 的，对参与银行按照实际发放贷款金额的 0.5% 给予奖励，对参与保险机构按照实际承保贷款金额的 0.5% 给予奖励，每家银行、保险机构年度奖励金额不超过 100 万元。减轻企业税费负担。11. 落实增值税政策。严格落实国家关于制造、交通运输、建筑、基础电信服务等行业及农产品等货物的增值税税率下调的有关规定。将工业企业和商业企业小规模纳税人销售额标准统一上调至 500 万元，并在一定限期内，允许已登记一般纳税人的企业转登记为小规模纳税人。对装备制造等先进制造业、研发等现代服务业符合条件的企业和电网企业，在一定时期内，未抵扣完的进项税额予以一次性退还。全面落实国家出口退税政策。12. 落实所得税政策。对年应纳税所得额低于 100 万元（含 100 万元）的小型微利企业，其所得减按 50% 计入应纳税所得额，按 20% 的税率缴纳企业所得税。企业新购进的设备、器具，单位价值不超过 500 万元的，允许一次性计入当期成本费用在计算应纳税所得额时扣除。将高新技术企业和科技型中小企业亏损最长结转年限由 5 年延长至 10 年。将企业研发费用加计扣除比例提高到 75% 的政策由科技型中小企业扩大至所有企业。对民营企业一个纳税年度内技术转让所得不超过 500 万元的部分免征企业所得税，超过 500 万元的部分减半征收企业所得税。对高新技术企业和经认定的技术先进型服务企业（服务贸易类），减按 15% 的税率征收企业所得税。对国家重点扶持公共基础设施项目的投资经营所得和从事符合条件的环境保护、节能节水项目的所得，实行所得税“三免三减半”。13. 落实其他税收政策。对排放大气、水污染物浓度值低于国家和地方标准 30%、50% 以上的企业，按规定分档减征环境保护税。确有特殊困难不能按期缴纳税款的企业，可按照税法有关规定提出申请，经批准后延期缴纳，最长不超过 3 个月。14. 清理规范涉企收费。贯彻国家和省政府性基金和行政事业性收费停征、免征、降低标准等政策，巩固省立涉企行政事业性“零收费”成果。按照省统一政策，放开具备竞争条件的涉企经营服务性收费政府定价，动态、合理调整政府定价经营服务性收费目录和标准，确保收费项目“只减不增”。降低民营企业要素成本。15. 降低用地成本。在符合控制性详细规划和安全要求，不改变工业土地用途的前提下，提高土地利用率和增加容积率的，不再增收土地价款。推进耕地占补平衡工作，完善耕地占补平衡指标调剂机制。工业用地可以采取“弹性出让年限”和“先租赁后出让”供应方式。采取弹性出让年限方式的，在法定最高出让年限内，根据产业发展要求或用地单位经营情况确定工业用地国有建设用地使用权出让年限，出让年限一般不高于20年；采取先租赁后出让方式的，租赁应当采取招标、拍卖、挂牌方式，租赁期限一般不超过5年。租赁期满，经当地政府或园区管委会认定企业经营状况良好、租赁合同履行到位、符合产业导向等条件的，由承租人申请，按原批准土地开发建设与利用条件，可以协议方式办理土地出让手续。16.降低用人成本。继续执行国家和省阶段性降低社会保险和公积金政策，将阶段性降低失业保险费率至1%政策实施期限延长至2019年4月30日；继续执行河北省工伤保险浮动费率调整政策；将降低企业住房公积金缴存比例政策执行期限延长至2020年4月30日，缴存比例可在5%至12%区间内自主确定；将残疾人就业保障金征收标准上限从不超过当地社会平均工资的3倍降至不超过2倍。加强职业技能培训，用足用好现行职业培训政策，支持企业与培训机构开展“订单式”“定向式”合作，为企业培养急需技能人才。执行房屋建筑和市政基础设施工程建设领域农民工工资保证金和专用账户管理制度，对保证金实行差异化管理，在保障工资支付的前提下，降低企业负担。17.降低用能成本。扩大电力市场化交易规模和范围，对煤炭、钢铁、有色、建材等4个行业符合条件的10千伏及以上电压等级用户按照用户自愿原则推行全电量交易。严格落实国家和省一般工商业电价平均降低10%的政策。加强管道燃气配气价格监管，从严核定管道天然气配气价格，抑制层层加价，减轻企业用气负担。18.降低物流成本。延续现有ETC通行费优惠政策，规范公路治超执法，及时公示公路货运处罚事项清单及标准，严禁在省政府批准的超限检测站（点）以外现场处罚超载货车，取消4.5吨及以下普通货运从业资格证和车辆运营证，合并货运车辆年检（安全技术检验）和年审（综合性能检测）。优化营商环境。19.压缩审批时间。各级政务服务大厅设立企业开办综合受理窗口，优化审批流程，将企业开办时间压减至2.5个工作日以内。建立核名目录库，并逐步开放。推进工程建设项目审批制度改革，社会投资项目全流程审批时间压缩至80个工作日以内。将项目立项阶段审批时间压缩一半左右，其中审批、核准、备案项目分别压减至40个、15个、2个工作日以内。将建设项目环境影响报告书、报告表审批时限分别压减至15个、7个工作日以内。符合规定条件的，出口退税平均办理时间压缩至6个工作日以内。20.改革审批制度。精简取消工程建设项目部分审批前置条件，将消防设计审核、人防设计审查等纳入施工图联审。在省级（含省级）以上开发区，探索试行新批工业用地“标准地”制度，土地出让时明确地块的投资、能耗、环境、规划建设、亩均税收等标准和操作指引，经“一窗受理”后，用地企业可直接开工建设，不再需要各类审批，期间由开发区管委会予以跟踪服务，建成投产后按照既定标准与法定条件验收。21.规范执法行为。支持民营企业发展，营造法治化制度环境。全面推行“双随机、一公开”监管和跨部门联合抽查，抽查结果全部公开。坚决依法查处滥用行政权力干涉企业正常经营的行为，除法律、法规规定外，不得随意对企业采取停电、停气等措施，严禁重复、多头督导检查，保障民营企业合法经营不受干扰。严禁环保“一刀切”，在全市开展精准化、差异化错峰生产，最大限度实现大气污染治理与经济发展统筹双赢。22.提供便捷服务。深入开展“双创双服”行动，对企业存在的困难全面摸底、建立清单、合力解决。实行领导包联制度，市县四大班子领导直接联系帮扶民营企业数量不少于3家。推行政务服务“一网通办”，依托河北政务服务网，加快石家庄市“互联网+政务服务”平台建设，推行政务服务事项网上可办，到2019年底，市级政务服务事项90%、县级70%网上可办，实现网上申报、受理、办理、反馈全程在线。推行“最多跑一次”，聚焦民营企业办理量大的高频事项，优化流程、简化材料、精简环节，实现符合法定受理条件、申报材料齐全的情况下一次办结。23.维护公平竞争环境。坚持国有企业、民营企业一视同仁，除法律、法规明确禁止准入的行业和领域外，不得以任何名义、任何形式限制民间资本进入，鼓励民营企业参与国有企业混合所有制改革。落实公平竞争审查制度，全面清理现行规范性文件中有碍于平等保护原则、不利于民营经济发展的相关内容，及时予以废止或调整完善。打破行政垄断，防止市场垄断，配合省反垄断部门进行反垄断调查，从严查处利用垄断协议、滥用市场支配地位等经营者垄断案件。坚决打击侵犯知识产权和制售假冒伪劣商品行为。市县两级分别组建律师服务团队，每年为全市重点民营企业开展一次“一对一”免费全面法治体检。筹建民营企业法律服务中心，坚持“依法成立、实体运行、政府购买、服务民企”原则，精准开展法律服务。24. 清理拖欠民营企业欠款。按照国家和省有关部署和要求，抓紧开展专项清欠行动，全面清理政府和国有企事业单位拖欠民营企业账款，依法依规清零。严重拖欠的要列入失信“黑名单”，严厉惩戒问责。大力清理规范工程建设领域保证金，大幅提高商业债务违约成本。支持民营企业科技创新。25. 培育科技型中小企业。实施科技型中小企业倍增计划，实施苗圃、维鹰、小巨人、上市四项工程。市财政每年设立科技企业孵化专项资金，对入驻石家庄科技中心的初创期科技型中小企业和创新创业团队的优质项目给予重点支持。设立科技型中小企业创新引导资金，重点对成长期的企业给予技术创新项目资金支持。组织科技成果推送系列行活动，推动科技成果向民营企业转化。鼓励民营企业参与军民融合发展，推进民企与军工技术开展产学研用对接合作，推动民用技术在军事领域的应用。重点支持“民参军”项目，加速推动军民科技成果双向转化。26. 支持发展高新技术企业。加强高新技术企业后备培育，做好民营高新技术企业认定工作。对新认定的高新技术企业给予20万元的奖励，通过复审的给予10万元的资金支持。鼓励民营企业参与创建科技企业孵化器，对新认定的国家级和省级、市级科技企业孵化器分别给予500万元、100万元和20万元的一次性奖励。对认定的市级以上众创空间，给予不超过50万元适度补贴。对新认定的国家级、省级、市级创新型企业，分别给予100万元、50万元、30万元一次性奖励。支持重大科技成果转化，对在石家庄市落地的高新技术产业化项目，经专家评审通过后，给予50万元至500万元奖励。27. 支持创新平台建设。鼓励和支持企业创新体系建设，对新认定的国家级、省级企业技术中心、工程研究中心、技术创新中心、重点实验室，分别给予500万元、100万元的一次性财政奖励。对评价为优秀的市级企业技术中心、工程研究中心、技术创新中心，一次性给予20万元奖励。发挥石家庄市工业设计发展专项资金引导效用，加强工业设计供给侧支撑，推进工业设计创新发展能力提升，促进产业迈向中高端，推动制造业转型升级。28. 支持企业开发新产品。围绕“4+4”产业发展，发挥财政科技资金的引导作用，组织并支持民营企业进行新产品、新技术、新工艺的研究与开发。对掌握国际领先技术、生成重大项目并带动新兴产业的领军人物和团队，采取“一事一议”方式，经认定后给予重奖。加快推进首台（套）重大技术装备推广应用，积极帮助符合条件的企业产品争取省级补助。29. 加强人才引进。对全职引进到石家庄市民营企业工作的诺贝尔奖、菲尔茨奖、图灵奖等世界知名奖项获得者、发达国家院士以及同等层次产业顶尖人才，经认定后给予每人1000万元科研经费补贴和200万元安家费补助。对全职引进的国家“千人计划”创新长期项目和创业项目入选者、国家“万人计划”杰出人才，经认定后给予每人500万元科研经费补贴和100万元安家费补助。落实石家庄市《关于加强引进人才住房保障工作的实施意见》，制定人才公寓建设管理办法，明确人才认定标准、条件及人才公寓分配管理要求，强化人才引进住房保障。加快实用型、技能型人才培养，探索开展全市统一组织的赴国内外招才引智活动。支持民营企业转型升级。30. 支持重点项目建设。设立市级工业转型升级资金，对符合条件的民营企业在申报技术改造、战略性新兴产业项目予以支持。对“世界500强”“中国500强”“中国民营企业500强”“中国制造业500强”“中国服务业500强”企业总部入驻石家庄市的，采取“一事一议”资金扶持政策。31. 支持质量品牌建设。支持石家庄市企业主持国际、国家、行业、地方、团体标准制定修订，对主持国际标准制定修订的资助经费30万元，主持国家标准制定修订的资助经费20万元，主持行业标准制定修订的资助经费10万元，主持省地方标准制定修订的资助3万元，主持团体标准制定修订的资助2万元。对首次获得“中国质量奖”“中国质量奖提名奖”的单位，分别给予1000万元、500万元的一次性奖励。对首次获得“河北省政府质量奖（组织奖）”“河北省政府质量奖（个人奖）”的单位或个人，分别给予50万元或3万元一次性奖励。

对首次获得“河北省名牌产品”或“河北省中小企业名牌产品”的单位，给予每个产品10万元奖励。对首次获得“河北省服务名牌”的单位，一次性奖励10万元。对首次获得“石家庄市政府质量奖（组织奖）”的单位，一次性奖励30万元；对首次获得“石家庄市政府质量奖（个人奖）”的个人，一次性奖励2万元。对获得“石家庄市十大工业名牌”产品生产企业给予20万元奖励。对新取得国际商标注册的企业，市政府给予一次性奖励10万元。对新认定为“中华老字号”“中国驰名商标”的企业或新成功注册“地理标志商标”的，给予50万元一次性奖励。支持民营企业开拓国内外市场，参加石家庄市重点支持的境外展，给予50%的摊位费补助，每个展会最高不超过5万元；参加国内重点国际性展会，给予50%的摊位费补助，每个展会最高不超过2万元（广交会除外）。32.支持退城搬迁。支持企业退城搬迁改造和转型发展，享受退城搬迁改造政策支持的企业，按计划完成搬迁投产并如约腾退交付土地，原址土地可出让的退城搬迁企业，可享受原址土地60%的土地出让价款补偿。企业搬迁改造项目优先申报列入省、市重点建设项目计划，年度土地指标向相关企业倾斜，优先安排进入永久性产业用地园区。对退城搬迁企业腾出的土地，在符合土壤环境质量要求基础上，依据城市总体规划，科学合理调整用地性质；土地出让合同或土地划拨决定书明确约定由政府收回的，按原土地出让合同或土地划拨决定书约定的土地用途，经评估作价支付补偿后，纳入政府土地储备，新址用地经批准可依法采取协议出让方式取得。33.鼓励工业用地“二次开发”。经市县政府批准或认定，转型企业利用现有工业用地兴办先进制造业、生产性及高科技服务业、创业创新平台等国家支持的新产业、新业态建设项目的，可继续按原用途使用，过渡期为5年，过渡期满后，依法依规按新用途办理用地手续。34.实施“飞地政策”。根据优化产业布局要求和各地产业功能定位，转型企业异地搬迁达产后，对引进方、落户方缴纳的县以下分享的税收按一定比例分成，具体比例由双方政府协商确定。自愿协商确有困难的，市财政召集利益相关方协商解决。弘扬优秀企业家精神。35.依法保护企业家合法权益。按照罪行法定、疑罪从无的原则，严格区分经济纠纷和刑事犯罪，妥善处理民营企业历史上生产、融资、交易等活动中的不规范行为，甄别纠正一批社会反映强烈的产权纠纷申诉案件，适时发布保护产权和企业家合法权益典型案例。开展扫黑除恶专项斗争，依法打击侵犯民营企业和民营经济人士权益的违法犯罪行为，深挖、严查“保护伞”，净化政治生态，优化发展环境，铲除黑恶势力的经济基础，为民营经济发展保驾护航。依法审慎对企业家采取强制措施，依法使用查封、扣押、冻结等措施，严格区分个人财产和企业法人财产、涉案人员个人财产和家庭成员财产、合法财产和违法所得。建立办理涉企业家案件绿色通道，加快办案节奏。依法审判由经济纠纷引发的暴力讨债、绑架、非法拘禁等“民转刑”案件。深入开展涉党政机关执行清积专项行动，破解执行难，保障民营企业胜诉权益。加强法律援助，为合法产权受侵害企业家提供法律帮助。36.树立正向激励导向。引导企业家树立质量第一、争创一流意识，组织企业参评河北省民营企业百强、民营企业制造业百强、民营企业服务业百强。对亩均税收和人均税收贡献突出的企业，市财政给予适当奖励。在劳动模范、“五一劳动奖章”、“五四青年奖章”、“三八红旗手”评选中向优秀民营企业家倾斜，并给予政治荣誉、政治安排，鼓励支持优秀民营企业家在符合条件的相关群团组织和社会组织兼职。建立涉企政策企业家参与和知情机制，全市有关重要会议安排优秀民营企业家列席。坚持政商平等，建立公职人员涉企行为负面清单制度，构建“亲”“清”新型政商关系。37.营造舆论氛围。利用主流媒体和新媒体推出形式多样的宣传报道，广泛宣传鼓励支持引导民营企业发展的方针政策，设立“企业家日”，坚定企业家信心，稳定企业家预期，让企业家吃下定心丸、安心谋发展。挖掘石家庄市民营企业家典型和优秀企业代表，持续加大宣传力度，做好优质民营企业、知名品牌的集中推介。推动民营企业党组织全覆盖，教育引导企业家拥护党的领导，参与国家和省重大战略部署。

（市档案馆）

开发区·园区·保税区

Development Zone & Bonded Zone

石家庄国家高新技术产业开发区

【概况】石家庄国家高新技术产业开发区（简称高新区）是1991年3月经国务院批准设立的首批国家级高新区。1995年经国务院批准，将位于市区东部原石家庄经济技术开发区并入石家庄高新区。2005年6月，国家发展和改革委员会（简称发改委或发展改革委）审核确定石家庄高新区政策区面积15.53平方千米，其中东区7.33平方千米，西区8.2平方千米。2009年10月15日，石家庄市委、市政府决定石家庄高新区对原裕华区宋营镇、原栾城县郄马镇实行托管。至2018年末，石家庄高新区辖2个街道办事处2个镇（长江街道办事处、太行街道办事处，宋营镇、郄马镇）、7个居委会、28个行政村，实际管辖面积78.75平方千米，常住人口27.3万人，户籍人口16.5万人。石家庄高新区是全市高新技术产业的聚集区、对外开放的主导区和创新试验的先导区，区位条件优越，地处城市中心区域，境内建有石济客专石家庄东站，新元高速公路纵贯南北，长江大道、太行大街等主街主路联通市县、辐射城乡，紧邻京港澳、石太、石黄高速公路，距离石家庄机场40千米、石家庄火车站15千米。2018年石家庄高新区围绕构建“4+4”现代产业格局部署和要求，对标国际、国内一流标准，聚力发展优势产业，重点推进国际生命科学创新园、国际生物医药产业园、京津冀协作创新园3个园区建设，发展形成生物医药、信息通信技术、高端装备制造和现代服务业为主四大产业体系。全年高新区完成地区生产总值270.5亿元，同比增长10.0%，其中，第一产业增加值3236万元，第二产业增加值174.7亿元，第三产业增加值95.5亿元。全部财政收入73.4亿元，同比增长15.2%，其中，公共财政预算收入33.3亿元，增长11.7%；财政支出24.7亿元，同比下降3.7%。固定资产投资同比增长7.4%。农林牧渔业总产值4502元，同比下降31.5%。粮食播种面积1907公顷，总产量1.14万吨，平均亩产398.3千克。其中，小麦播种面积1027公顷，总产量6915吨，平均亩产448.9千克；玉米播种面积880公顷，总产量4478吨，平均亩产339.2千克。规模以上工业增加值同比增长11.4%，规模以上工业高新技术产业增加值同比增长17.1%；规模以上工业利润60.48亿元，同比下降15.9%。社会消费品零售总额104.28亿元，同比增长10.5%。4家企业、3名个人获得2018年度高新区质量奖。其中，河北诺亚人力资源开发有限公司、石药集团河北中诚医药有限公司、石家庄诚志永华显示材料有限公司、先控捷联电气股份有限公司4家企业获得高新区质量奖组织奖；河北汇金机电股份有限公司董事长孙景涛、高新区供水排水公司总经理林自强、河北爱尔海泰制药有限公司总经理郭超3名个人获得高新区质量奖个人奖。

【产业项目】石家庄高新区是河北省唯一一家国家火炬计划软件产业基地、国家创新药物孵化基地、国家知识产权示范园区、国家医药新型工业化产业示范基地和国家产学研合作创新示范基地。三次产业比例为0.1∶64.6∶35.3。工业投资同比下降1.9%，工业技改投资同比增长20.4%，高新技术产业投资同比增长33.8%。全年高新区入驻各类企业1.7万余家，其中，规模以上工业企业142家，外商投资企业91家。实施重点建设项目102项，完成投资116.36亿元；42个项目列入市重点项目建设计划，50个项目列入全市“4+4”现代产业项目库；石药集团抗肿瘤、石药集团大分子、石家庄四药研发平台、天山世界之门等项目开工。制定印发《石家庄高新技术产业开发区加快推进“1+3”现代产业发展工作方案》，明确发展生物医药健康主导产业和先进装备制造产业、新一代信息技术产业、现代服务业即“1+3”现代产业。以生物医药健康产业为主攻方向，突出重点，带动其他产业整体提升。生物医药健康产业：集聚石药集团、以岭药业、石家庄四药等1166家生物医药健康企业，被科技部认定为全国唯一药用辅料与制剂创新型产业集群。以石药集团、以岭药业、石家庄四药等为代表600多家生物医药企业产值占高新区总产值比重达到52%。14家规模以上生物医药企业主营业务收入398.0亿元，同比增长16.7%，占高新区规模以上工业主营业务收入比重57.2%；14家规模以上生物医药企业增加值同比增长17.9%，占高新区规模以上工业增加值比重64.9%。先进装备制造产业：聚集格力电器、国祥运输设备、先河环保、汇金股份、通合电子、博深工具、冀凯股份等20多家国内装备产业细分领域龙头企业，装备制造类企业达到200余家，主要生产轨道交通设备、制冷设备、节能环保、新能源汽车充电装备、智能电源、新材料等产品。以格力电器、博深工具等为代表高端装备制造企业（规模以上企业87家）产值占总产值比重达到40.5%。82家规模以上装备制造业企业主营业务收入253.7亿元，同比增长14.8%，占规模以上工业主营业务收入比重36.5%。82家规模以上装备制造企业增加值同比增长1.5%，占高新区规模以上工业增加值29.4%。新一代信息技术产业：依托诚志永华、美泰电子、中国电子科技集团第五十四研究所（简称中电科第五十四研究所或54所）、中国电子科技集团第十三研究所（简称中电科第十三研究所或13所）等190多家信息技术企业，形成以通信设备、显示设备、电子元器件等信息制造产业为主，特色软件与系统集成、信息服务产业快速发展格局。以中电科54所、中电科13所等为代表信息通信技术企业产值占高新区总产值比重1.3%。现代服务业：2018年高新区第三产业完成增加值95.5亿元，同比增长10.2%。现代服务业及其他产业产值占高新区总产值比重为6.4%。开展研发设计和检验检测服务，获批河北省医药外包服务基地，引进服务外包企业92家，34家设计机构入驻河北工业设计创新中心；建有国家级卫星导航检测中心、中欧联合实验室等国家级、省级检验检测服务机构；入驻知识产权服机构12家、科技金融投资服务机构692家；设立国家级技术转移机构1家、省级技术转移机构3家。新增上市挂牌企业8家，其中，新三板上市企业3家，石家庄股权交易所（简称石交所）上市企业4家，深圳前海股权交易所上市企业1家；累计上市挂牌企业达到69家。

【招商引资】 全年招商引进项目112个、科研院所34个，其中，战略性新兴产业项目95个，生物医药类项目58个；引进亿元以上项目62个，洽谈及储备项目60个；利用省外资金95.0亿元，完成服务外包执行额7.35亿元；实际利用外资3.27亿美元，同比增长27.1%；入驻企业包括费森尤斯、先临三维、中国宏泰集团等国内外行业领军企业。组织外出招商90余次，举办以色列医疗器械对接会、中国军事医学研究院科研成果对接会等专项对接会7次；参加北京市、上海市招商展览各1次；参加“廊洽会”“石洽会”“药博会”等投资招商会议，举办生物医药专题洽谈会3次；参加石家庄（杭州）“4+4”产业投资合作推介会、“廊洽会”、“石洽会”、首届中国（石家庄）国际生物医药发展论坛等投资招商会议签约项目48个。5月28日，高新区与药明康德集团签署合作框架协议。拓展海外招商网络，洽谈对接外资项目，赴美国、加拿大、俄罗斯、德国等国家开展海外招商活动5次，与美国LiteCure医疗器械公司、CMP Scientific公司、托木斯克国立大学、加拿大麦斯皮尔生命科学公司等公司、大学对接洽谈生物医药类项目，与托木斯克国立大学、托木斯克理工大学签订合作备忘录。接待辉瑞制药、日本TNP公司、软通动力、博彦科技、中国军事医学研究院等国内外知名企业、高校及科研院所来访客商200余次。打造开放型经济模式，推进对外贸易和服务外包业发展。组织高新区企业参加广交会、深圳高交会、广州药品交易会等国际性经贸展会，协助企业拓展技术合作、产品出口、人才交流等对外交往活动。帮扶企业减少中美贸易摩擦的不利影响，确定重点帮扶企业名单，建立国祥运输、阿特拉斯设备、博深工具、金环钢构等企业重点跟踪帮扶信息库，全力解决企业在外贸活动中遇到的实际问题。发挥政策引导作用，激发外贸企业活力，组织企业申报2018年度国家支持外贸发展专项资金，为26家企业43个项目发放境外参展补贴资金148.91万元。

【人才引进】 开展人才引进机制改革，实行“人才绿卡”制度，印发《高新区人才绿卡管理办法》，明确服务对象，具体服务项目。举办“2018海内外高层次人才项目洽谈会”、2018中澳创新中心人才及项目洽谈会等高层次人才交流活动。全年绿卡窗口发放A卡53张、B卡158张，人才绿卡办卡量达到1000人。引进学术带头人、创新创业领军人才及博士等高端人才50名。其中，与企业开展研发合作院士4名，国家“千人计划”专家2名，国家“万人计划”专家1名，国内外教授3名，省内外优秀人才4名；具有博士学历人才36名；6名博士后进站工作，3名博士后获得河北省资助资金11万元。中科恒运获批博士后科研工作站，5家单位获批“诺奖专家工作站”“外国院士工作站”。

【科技创新】 完善创新创业孵化体系，打造发展新引擎、增强发展新动力，推进大众创新、万众创业。新备案省级众创空间8家，新认定市级众创空间3家、区级众创空间7家，市级以上众创空间达到25家，其中国家级众创空间7家。新认定市级孵化器1家，市级以上孵化器达到13家，其中国家级孵化器6家。至2018年末，高新区孵化载体共有从业人员482人，孵化面积140万平方米；新增入孵企业100余家，累计达到1200余家。高新区青年创新创业孵化基地开园，吸引190个创业主体入驻。新增国家小型微型企业创新创业示范基地2家，总数达到3家。举办创新创业优秀服务机构路演秀活动，定期召开科技政策解读会、创新创业载体从业人员培训会及企业家培训。高新区企业参加河北省第六届创新创业大赛（河北赛区）获得一等奖8个、二等奖16个、三等奖35个。重视创新平台建设，新增创新平台22家，其中，国家级2家，省级13家，市级企业技术中心7家；至2018年末，高新区各类创新平台达到223家。新增高新技术企业214家，占全省12%，高新技术企业数量累计达到259家；新增省级科技型中小企业755家，占全省10%。引导企业绿色生产，发挥石家庄四药、以岭药业等绿色工厂带动效应，支持格力房间空气调节器申报绿色产品技术设计；强大泵业获批2018年工业和信息化部绿色制造系统集成项目。鼓励企业向智能化、高端化发展，推荐博深工具、爱尔海泰、金环模具3家企业申报2018年数字化车间，推荐石家庄四药申报智能制造标杆企业，石家庄高新区入选国家高新区创新驱动发展示范工程。制定科技型中小企业成长计划，向企业提供创新政策、科技金融、资源共享等服务。成立河北省首个产业知识产权联盟，设立河北省首家医疗器械类诺贝尔奖工作站，引进河北工业设计创新中心、深圳柴火创客空间北方中心、网易等创新载体。科技金融服务平台建成投用，引进注册股权投资机构8家。组建成立河北省首家科技保险机构，办理科技保险19单。组建成立科技支行5家，为50多家科技型中小企业提供科技贷款资金3亿余元。

【京津冀协同发展】 全年引进京津产业化项目30个、京津科研院所项目12个。以参展布展、举办对接会等方式，参加全球智能工业大会（北京）、“京津冀协同发展专题对接会”及承办石家庄（北京）生物医药健康产业专题对接会等京津冀一体化活动10余次。高新区与博彦科技等企业达成合作意向，与北京阜康仁生物制药科技有限公司签订新药研发项目框架协议。打造产业承接平台，推进国际生物医药园、国际生命科学创新园、京石协作创新示范园3个园区建设。落实河北·京南国家科技成果转移转化示范区建设工作部署，构建与京津科技资源对接和科技成果落地转化协同创新机制。与清华大学、北京大学、天津大学、南开大学等40余所高校、科研院所开展对接交流活动，高新区企业对接京津科技成果2万多项。引进首都高校联盟、中关村天合石家庄科技成果转化服务广场等科技成果转移转化服务机构，省级技术转移服务机构达到17家。组织高新区企业参加第三届京津冀专利对接会、生物医药创新暨成果转化高峰论坛、北京科技人才河北行、京津冀创投峰会暨百家创投进河北高峰论坛、天津高校项目及人才洽谈会，转移转化京津重大科技成果32项。

【城区建设】 推进城区建设、土地利用及规划衔接，围绕“大部制+扁平化”构架，整合国土、规划、建设机构，设立国土规划住建局和城市管理局。严格履行生态环境保护和安全生产监督职能，在街道办事处、镇设立环境保护所和安全生产监督管理站。14个城中村改造启动。祁连街等10条道路建成通车，乡村道路硬化70

条。健康公园、火炬广场南侧广场、智能停车场公用场所及设施正在建设。拆除违法用地、违法建设 708 处 70.4 万平方米。重视建筑节能，新建建筑面积 10% 以上采用装配式建造，预制装配率达 30%。支持创建国家卫生城市，严格“路长制”管理，取缔建成区全部占道经营市场。保护生态环境，空气污染物 PM2.5 平均浓度同比下降 20.7%，空气质量综合指数同比下降 18.9%，天气优良天数同比增加 11 天、重度以上污染天数同比减少 20 天。治理扬尘污染，绿化、硬化地面 14 万平方米。搬迁关闭畜禽养殖场 286 家，清理取缔废品收购站 120 家，取缔渣土车停车场 17 家，三环内畜禽养殖场、废品收购站、渣土车停车场实现清零。重视水污染防治，污水处理厂排放达到一级 A 排放标准，汪洋沟出境监测断面水质达到市级考核标准。加强城区绿化，当年零星（四旁）植树 6800 株，林木抚育面积达到 206 公顷。

【社会民生】 深化机构编制管理改革，整合优化部门机构设置和职能配置；探索实行聘用制人员管理机制和薪酬制度改革，修订和完善绩效考核办法。开展行政审批制度改革，建立行政审批“证照库”“数据池”，实行网上审批和民生事项、企业事项“一次办结”政策。行政审批局更名为行政服务局，将工商注册和登记职责划转至行政服务局；开展行政审批流程优化再造，“最多跑一次”审批事项调整为 130 项，“不见面”审批事项调整为 122 项，90% 以上审批服务事项实现“不见面”办理。政务服务实行“全天候”工作模式，全部涉民涉企办事窗口实行工作日不午休、节假日照常办理。建立食品药品安全第三方评估机制，打造区级以上食品药品示范单位 40 家。企业职工养老保险新增 15164 人，累计参保人数 17.48 万人；城乡居民养老保险参保人数 24171 人；城镇职工医疗保险新增开户企业 179 家，新增参保人员 2493 人；城乡居民医疗保险新增参保人员 1654 人；企业工伤保险参保新增 9961 人，累计参保人数 11.88 万人；企事业单位失业保险参保新增 8217 人，累计参保人数 10.57 万人。企业职工养老保险征缴 13.69 亿元，同比增长 39.65%；城乡居民养老保险征缴 242.9 万元；企事业单位失业保险征缴 4680.75 万元，同比增长 22.72%。城镇新增就业 4900 人，城镇登记失业率 3.5%。发放建档立卡贫困人口、低保对象、特困人口等困难群体补助资金 1.5 万元。推进文化中心图书馆和智能书屋建设，首个社区智能书屋建成投用。拥有学校 59 所，其中，幼儿园 20 所，特殊教育学校 0 所，小学 23 所，中学 9 所（初级中学 2 所、高级中学 1 所），中等职业学校 7 所；在校生 4.88 万人，教职工 4184 人，专任教师 3308 人。维修改造小学、幼儿园 5 所，新认定市级普惠性幼儿园 3 所。建成多功能运动场 3 个。

石家庄国家高新技术产业开发区

副市长、中共高新区工委书记：

赵文锋

区工委副书记、管委会主任：

周立新（女）

区工委委员、管委会副主任：

戴宝进

王树欣

尚二飞

区工委委员、纪工委书记：

梁建坤

（郭星）

河北石家庄循环化工园区

【概况】 河北石家庄循环化工园区（简称化工园区）位于石家庄市主城区东南方向 20 千米处，是经河北省政府批准设立的首批省级工业聚集区和循环经济示范园区。2005 年 12 月启动建设，起步区规划面积 5.44 平方千米，2011 年规划面积扩大至 10.26 平方千米。2012 年 7 月组建成立中共石家庄循环化工园区工作委员会（简称工委）和石家庄循环化工园区管理委员会（简称管委会），级别为副厅级，托管原藁城市丘头镇，实际管辖面积 56.52 平方千米，其中核心产业区面积 13.77 平方千米。2013 年化工园区被确定为河北省实施工业强省战略十大新型工业化基地之一，被评为省级中小企业产业示范集群。2014 年化工园区石炼化 800 万吨油品质量升级项目一次性试车成功。2017 年 4 月 1 日，化工园区正式更名为河北石家庄循环化工园区。

辖1个镇（藁城区丘头镇）、13个行政村，常住人口7.0万人。2018年河北石家庄循环化工园区完成地区生产总值178.2亿元，同比增长20.2%。全部财政收入87.1亿元，同比增长5.2%。其中，公共财政预算收入14.1亿元，增长16.2%；财政支出14.7亿元，同比增长7.8%。固定资产投资同比增长2.5%。农林牧渔业总产值1.70亿元，同比下降12.6%。粮食播种面积5052公顷，总产量3.0万吨，平均亩产395.4千克。其中，小麦播种面积2840公顷，总产量2.0万吨，平均亩产468.7千克；玉米播种面积962公顷，总产量6246吨，平均亩产432.8千克。规模以上工业增加值同比增长29.0%，规模以上工业高新技术产业增加值同比增长33.2%；规模以上工业利润13.41亿元，同比增长113.2%。社会消费品零售总额17.95亿元，同比增长7.8%。服务业增加值8.26亿元，同比增长10.0%。2018年化工园区在河北省省级以上经济开发区综合发展水平排名第5名，被中国石化联合会评为“中国化工园区30强”。

【产业项目】 全年化工园区实现主营业务收入1300亿元。工业投资同比下降7.7%，工业技改投资同比下降2.3%，高新技术产业投资同比下降37.5%。企业技改完成项目7项。实施重点项目29个，总投资140.12亿元。其中，千万元以上项目23个，总投资139.97亿元；亿元以上项目10个，总投资134.32亿元。重点城市综合体项目东创恒升科技园总投资50.21亿元。招商引资签约项目6个，总投资180.63亿元。其中，4月18日，化工园区签约卓创环保公司年产20万吨复合无机絮凝剂、年产5万吨土壤修复调理剂建设项目，总投资10.13亿元，占地面积63.6亩；8月23日，签约方跃集团公辅一体化（双创中心）项目，总投资5亿元，占地面积186.3亩；8月24日，签约杭萧钢构集团装配式钢结构产业化基地项目，总投资26亿元，占地面积75.4亩；8月27日，签约南海集团“云创小镇”项目，总投资120亿元，占地1343.31亩；10月19日，签约河北一通公司“石家庄佳华环保产业园”项目，总投资13.2亿元，占地面积263.1亩；12月14日，签约石家庄翰宇绿色环保包装基地项目，总投资6.3亿元，占地面积80亩。实际利用外资308万美元。

【城区建设】《河北石家庄循环化工园区总体规划（2017～2030）》《科创园区控制性详细规划》《丘头生活片区修建性详细规划》及给水、排水、中水、强电、弱电、消防、通信、燃气等11项规划编制完成。建石南路东延、清源大街、塔西大街、化工南路一标段等工程施工完工，新增通车里程8.6千米；化工北路东延、化工南路二标段、北炼路道路二标段等道路正在施工，在建里程1.8千米；修复道路路面2055平方米、破损便道2670平方米，更换路缘石435米。城区道路机械清扫率达到80%。更换石炼路照明设施，原照明用钠灯全部更换为LED灯，夜晚亮灯率达到97%。实施住房改造，丘头村科技产业园范围拆迁补偿住户315户；推进产城融合发展，引进万科、保利等大型房地产企业参与辖区三环内开发建设。新建水岸新生活区东平街两侧便民市场投入使用，石炼生活区便民市场正在升级改造。保护生态环境，投资570余万元，建设“智慧环境管理平台”竣工并通过验收；居民“煤改气”项目、第二次全国污染源普查及《土壤污染防治方案》编制完成；31家VOCs企业及纳污坑塘、医疗危险废物等涉味企业建立清单式管理。重视园林绿化，主要道路两侧绿化带补植完毕，修剪核心区隔离带植被2.6万平方米、法桐2265棵，补植黄杨、女贞1.9万棵，新增绿地3处952平方米；当年人工造林面积406公顷，工业西街土地整理栽种草地3340平方米。

【社会民生】 全年享受低保、特困人员补助495人，为240名低保、特困人员代缴城乡居民养老保险费。发放退役军人优抚资金170万元，帮扶15名退役军人实现就业。开展80周岁以上老人摸底调查，1012名高龄老人享受生活津贴补助。靳庄农村幸福互助院建设完工，总投资4.56万元。受理企业专利申请35项，其中，发明专利16项，实用新型专利19项；取得专利授权24项，其中，发明专利授权11项，实用新型专利授权13项。新认定市级创新型企业2家、市级企业技术中心3家，新增高新技术企业8家、科技小巨人2家、科技型中小企业10家。拥有学校11所，其中，幼儿园2所，小学7所，初级中学2所；在校生5566人，教职工366人，专任教师314人。投资1.3亿元，建设园区新中学校舍交付使用，丘头、丽阳2所中学合并搬入新中学院内；投资400万元，重建

2018年9月，循环化工园区丘头新中学交付使用

周家庄小学完工。投资1.2亿元，建设医院病房楼投入使用，新增医疗床位300余张。加强安全生产监管，开展安全生产隐患大排查大整治、危险化学品企业储存场所消防安全专项整治等专项执法检查行动，发现安全问题隐患166项、消防隐患45项，下达整改通知书33份、责令限期整改指令书41份，行政处罚82万元。建立园区安全专员制度，选派7名专家重点检查石炼化、晋煤金石园区分公司、东华金龙化工等核心区范围内15家重点企业安全生产情况，发现消防、应急、安全管理等隐患问题142项。6家A类风险企业、2家B类企业安全生产量化评估完成，8家涉及一级重大危险源企业实现视频在线监控及关键参数联网。核心区全部危险化工企业投保安全责任险。举办企业安全生产宣传培训5次，培训人员1.3万人次。

河北石家庄循环化工园区

党工委副书记、管委会主任：

宋同原

管委会副主任：

范振鹏

范书青

纪工委书记：

王光 （女）

（任聪达）

石家庄综合保税区

【概况】 石家庄综合保税区于2010年10月批准组建，位于河北省省会石家庄市北部，是河北省重点打造的省级开发区。该区与石家庄正定国际机场毗邻，距离石家庄市区30千米、首都北京200千米、天津新港350千米、黄骅港300千米。京港澳、新元高速在东西两侧穿过并与京昆高速互联互通，京石高铁在正定机场设有停靠站点，京广铁路在北侧设有新乐编组站，机场快速路、太行大街、东三环从综合保税区直达石家庄市区，航空、高速公路、铁路等交通方式高度集聚。2014年9月15日，石家庄综合保税区获得国务院正式批复；批准面积2.86平方千米，其中围网面积2.49平方千米，属海关特殊监管区域。2015年11月6日，河北省撤销石家庄空港工业园管理机构，组建石家庄综合保税区党工委、管委会，分别为石家庄市委、市政府派出机构。2016年4月28日石家庄综合保税区通过国家正式验收，2016年8月31日正式开关运作，成为河北省第二家综合保税区；保税区功能和有关税收、外汇政策按照《国务院关于设立洋山保税港区的批复》(国函〔2005〕54号）的有关规定执行。2017年2月，市委办公厅印发《正定县、正定新区“县区合一”管理体制改革实施方案》明确：石家庄综合保税区现有管理体制不变，委托正定县管理（石家庄综合保税区设置详情参见《石家庄年鉴2018》类目“开发区・园区・保税区”）。2018年石家庄综合保税区以建设京津冀国际商贸物流基地、京津冀产业协作先行区、石家庄产业升级新引擎、京津科技成果转化平台为战略定位，重点推进口岸物流区、保税物流区、保税加工区、保税服务区、贸易功能区五大功能区建设和高端制造、现代物流、国际贸易、创新服务四大产业体系。启动实行“收入全留、支出自负、定额补助”财政管理体制，围绕优化营商发展环境，采取开辟企业注册登记绿色通道、简化审批流程、开展“便民办税春风行动”等措施，主动为国内外企业及客商解读政策300余次，帮助企业与金融机构建立融资渠道46次。综合保税区建设全面提速，土地开发利用面积达到56%以上，建设速度、形象进度达到国家中期验收标准。至2018年末，石家庄综合保税区公共财政预算收入6778万元，财政支出2.23亿元（含专项资金1.79亿元）；固定资产投资8.5亿元，完成年计划任务188.9%；对外贸易进出口总额4亿美元，完成年计划任务167%；新增注册企业30家，累计入区企业达到59家。对外贸易进出口总额位列河北省海关特殊监管区第一名。

【重点项目】 全年实施重点建设项目12个，总投资70.78亿元，其中，招商引资项目9个，投资额58.3亿元。开工项目6个，总投资11亿元航空产业工业园初步规划设计和场地清理完毕，与意大利航空协会、加拿大环球通航科技有限公司签订入园协议；总投资12亿元国际光电机电产业园5栋多层厂房主体基本完工，4个项目达成入园协议；总投资3.5亿元跨境电商产业园一号仓库地基建设完成，与3家企业及唯品会、网易考拉等电子商务平台达成合作意向和入园意向；总投资2.9亿元“一带一路”产业园正在路面硬化施工；总投资11.9亿元标准化保税仓库一期4.5万平方米2栋双层仓库主体封顶；总投资1亿元国际邮件互换局（兼交换站）作业场所主体框架建成。续建项目3个，投资7600万元，建设纺纱与棉花国际贸易项目第二生产车间完工；医药口岸物流中心项目仓库正在施工；保税电子加工项目人脸识别器生产线建成试生产。至2018年底，保税区医药展示交易中心、航空产业园二期、圆通速递华北区域总部3个前期项目用地办理完毕。

【商品贸易】 发挥对外贸易“桥头堡”作用，主动培育贸易新业态新模式。2月1日 至3月15日，2018石家庄综合保税区首届进口商品交易会在正定县南关民俗街举行，参与进口商品44个20尺标准集装箱，实现销售额397.5万元。10月1日，石家庄综合保税区（正定）商品展销中心挂牌运营；全年来自俄罗斯、美国等18个国家和地区进口商品参加展示展销活动。2018年石家庄综合保税区以“5·18”中国廊坊国际贸易洽谈会、青岛中国与意大利高级论坛峰会、“9·8”厦门中国国际投资贸易洽谈会、“9·20”国际数字经济博览会、“9·21”国际通用航空博览会、中国国际进口博览会、中国（深圳）国际物流与交通运输博览会等平台，接洽投资客商100余家，签约项目9个，签订采购合同金额1.2亿美元。圆通速递华北区域管理总部落户综合保税区，规划面积200亩，总投资6.5亿元。

【获批设立国际邮件互换局】 2018年2月，经国家邮政管理部门审批，石家庄综合保税区设立国际邮件互换局；规划建成后，石家庄综合保税区国际邮件互换局与保税区跨境电子商务产业园清关服务平台、正定机场国际快件监管中心一起构成全省跨境电子商务最便捷最快速的贸易通道；国际邮件互换局项目由石家庄空港建设投资有限公司投资建设，占地面积24亩，总投资1亿元，建筑面积6000平方米，重点建设国际邮件互换生产场所及办公设施、配套分拣设备及系统软件等；2018年10月开工，年末作业场所主体框架完工。

【社会事业】 全年参加职工养老保险被征地农民1596人，企业职工参加养老保险151人，征缴养老保险费1685.56万元。享受退休待遇人员1073名，发放退休金1641.84万元；发放死亡一次性待遇167.59万元。6家企业开办工伤保险，参保企业职工559人，征收工伤保险费21.14万元。

石家庄综合保税区

党工委书记、管委会主任：

张业 （兼）

党工委副书记、管委会副主任：

吴飞 （6月免）

管委会副主任：

夏生华

李卫山

纪工委书记：

邵平

（蔡晓敏）

党政机关

Party and Government Organs

中国共产党石家庄市委员会

【概况】 2018年石家庄市委坚持以习近平新时代中国特色社会主义思想统揽经济社会发展全局，坚决贯彻落实党中央一系列重大决策，全面践行新发展理念，紧紧围绕建设现代省会、经济强市奋斗目标，扎实开展“五抓五提升”战略行动，各项工作呈现提速、提质、提效的良好态势。

坚持把深入学习宣传贯彻习近平新时代中国特色社会主义思想和党的十九大精神作为首要政治任务。坚持领导带头学。市委理论学习中心组26次集中学习研讨。坚持结合实际学。把学习与贯彻习近平总书记对河北工作的系列重要指示精神结合起来，努力推动习近平新时代中国特色社会主义思想在石家庄落地见效。坚持把贯彻落实省委决策部署作为推动省会高质量发展的强大动力，认真落实东峰书记调研指导时提出的重要指示要求，逐一研究改进措施，做出安排部署。开展对标学习活动，派出党政代表团赴雄安新区、杭州市对标学习，为全市高质量发展提供有力借鉴。开展重点课题调研，明确市级领导重点调研课题及责任分工，为全市高质量发展提供有力支撑。开展作风纪律整顿，先后4次召开警示教育大会，大力整治不作为、慢作为、乱作为现象，推动全市干部作风持续转变。

加大改革开放力度，增强发展动力和活力。抓好党政机构改革，成立市委深化机构改革领导小组，召开全市深化机构改革动员部署会，加强组织推动，市、县压茬推进，如期完成市级机构改革任务。全年市委先后召开6次全面深化改革领导小组会议，审议改革文件28项，完成重点改革任务200项，以大改革促大发展。扎实推进供给侧结构性改革，继续抓好“三去一降一补”。持续深化“放管服”改革，在全省率先建成统一标准“互联网+政务服务”平台。统筹推进其他领域改革，深入做好石保廊全面创新改革试验区建设，在创新发展方面大胆探索，扎实推进财税金融、农村集体产权制度、国资国企等改革。完善人才引进机制，制定出台《人才发展促进条例》，实施现代产业人才集聚工程，健全完善人才绿卡等优惠政策。

始终牢牢把握意识形态工作领导权，为建设现代省会、经济强市营造良好的舆论氛围。积极做好意识形态领域工作，坚持党管宣传、党管意识形态、党管媒体，召开全市宣传思想工作暨网络安全和信息化工作会议，强化落实意识形态责任制，加强网络社会管理，有效引导社会舆论。开设“滹沱夜话”时评专栏，弘扬主旋律，传播正能量。加强高校思想政治工作，举办市属高校发展座谈会和青年马克思主义者培训班。强化宗教领域意识形态工作，创新性开展“双创”活动，认真抓好宗教工作自查整改，促进宗教与社会主义社会相适应。不断加强社会主义核心价值观教育，广泛开展核心价值观示范单位建设。

贯彻新时代党的建设总要求，严格履行全面从严治党的政治责任，努力营造风清气正的政治生态，为推动省会各项事业发展提供坚强的政治保证。坚持把领导班子和干部队伍建设摆在突出位置。强化思想政治建设，严明党的政治纪律和政治规矩，严格执行新形势下党内政治生活若干准则，着力加强党内政治文化建设。加强干部队伍建设，坚持正确用人导向，完善年轻干部选拔任用机制。推进基层党组织建设，完成村“两委”换届选举工作，全市4050个村“两委”班子全部换届。强化党员日常教育管理，党员先锋模范作用不断增强。完善全面从严治党的领导机制，完成市县两级监察委员会机构组建工作。全力抓好中央、省委巡视反馈意见整改工作落实，组织召开巡视整改专题民主生活会，十九届中央巡视组向石家庄市交办的643件问题线索，已办结573件。九届省委巡视组移交石家庄市的问题线索216件，已查结156件。“一问责八清理”专项行动整改“回头看”发现问题3919件，查处3375件、处理1156人。持续保持惩治腐败的高压态势，坚持有案必查、有腐必惩，全市纪检监察机关共处置问题线索9036件、立案3564件、给予党纪政务处分3402人。发挥巡察作用，市本级开展3轮巡察，发现问题线索213件。通过严肃查处违纪违法行为，全市营造形成风清气正、干事创业的政治生态环境。

【中共石家庄市委及工作部门组成人员】

书　　记：邢国辉
副 书 记：邓沛然
　　　　　税勇　　李德进
市委常委：邢国辉
　　　　　邓沛然
　　　　　税勇　　李德进
　　　　　李雪荣
　　　　　高天　（7月免）
　　　　　郭运兴
　　　　　陈玉祥（9月任）
　　　　　张业　　王韶华
　　　　　张明利（9月免）
　　　　　张效春　韩学军
　　　　　张学勤（挂职）
　　　　　于福文（2月任）
市委秘书长：
　　　　　韩学军
常务副秘书长：
　　　　　宋国宏（12月免）
　　　　　梁立柱（12月任）
副秘书长：梁立柱（12月免）
　　　　　高尘　（兼，12月免）
　　　　　邵孟强（兼）
　　　　　高际永（兼）
　　　　　董志明（12月免）
　　　　　任维维　刘俊起

市纪律检查委员会

书　　记：张明利（9月免）
　　　　　陈玉祥（9月任）
常务副书记：
　　　　　贾巧秀（女）
副 书 记：梁建林　郝建哲
纪委常委：韩秀华（女）
　　　　　张忠祥　雷月
　　　　　冯军立　李正昌

市监察委员会

主　　任：张明利（2月任，11月免）
　　　　　陈玉祥（11月代）
副 主 任：陈玉祥（11月任）
　　　　　贾巧秀（女，2月任）
　　　　　梁建林（2月任）
　　　　　郝建哲（2月任）
监委委员：
　　　　　韩秀华（女，2月任）
　　　　　张忠祥（2月任）
　　　　　冯军立（2月任）
　　　　　任志晓（2月任）

市委办公厅

主　　任：（空缺）

市委组织部（市公务员局）

部　　长：张效春
常务副部长：
　　　　　张忠良
副 部 长：王德庆（12月免）
　　　　　李海峰（12月任）
　　　　　王云辉（12月免）
　　　　　马建彬（12月任）
　　　　　兰国良　刘力
　　　　　丁紫霞（女）

市委宣传部［市精神文明建设委员会办公室、市政府新闻办公室、市新闻出版局（市版权局）］

部　　长：高天　（9月免）
　　　　　王韶华（12月任）
常务副部长：
　　　　　郭纯阳
副 部 长：赵俊芳（12月任，兼市文化广电和旅游局党组书记）
　　　　　李刚　（12月任，兼市文明办主任）
　　　　　张惠　（12月任，兼市委网信办主任）
　　　　　樊振宇（12月任，兼市政府新闻办主任）

市委统战部［市委台湾工作办公室（市政府台湾事务办公室）、市政府侨务办公室］

部　　长：王韶华（12月免）
　　　　　韩学军（12月任）
常务副部长：
　　　　　杨志乾（12月免）
　　　　　张明其（12月任）
副 部 长：李西平（12月任）
　　　　　李占领（兼）
　　　　　王春立（12月任）
　　　　　孙书领
　　　　　龚斌　（12月任）
　　　　　李君苍（12月任）
　　　　　许燕军

市委政法委

书　　记：郭运兴
常务副书记：
　　　　　张聚华
副 书 记：孟建中　李骁
　　　　　张庆民

政治部主任：
刘金龙

市委研究室

主　　任：高尘　（12月免）
高际永（12月任）
副 主 任：张素钊　赵英涛
郑瑞珊（12月任）
李树行（12月任）
刘勇

网络安全和信息化委员会办公室（市互联网信息办公室，2018年12月调整设立为市委工作部门）

主　　任：张惠　（兼）
副 主 任：程立　李建峰

市委农工委（2018年12月撤销）

书　　记：王韶华（12月免）
常务副书记：
吕军英（12月免）
副 书 记：陈玉山（12月免）
陈彦良（12月免）
高地动（12月免）

机构编制委员会办公室

主　　任：李海峰
副 主 任：邓京生　郝延平

台湾工作办公室（2018年12月合并划转市委统战部）

主　　任：王溪波（12月免）
副 主 任：王春立（12月免）

市直机关工委

书　　记：韩学军（12月兼）
郭少旭（12月免）
常务副书记：
郭少旭（12月任）
副 书 记：胡国龙（12月免）
赵占辉（兼纪工委书记）
寇彦辰　廖文武

信访局

局　　长：邵孟强
副 局 长：苏清才（3月免）
李增辰　郭树君
张春　　刘旗

市委老干部局

局　　长：兰国良
副 局 长：李爱虎（12月免）
田斌　　许磊
王树军
李红旗（11月任）

市委保密机要局（市国家保密局、市国家密码管理局，2018年12月设立为市委工作部门）

局　　长：魏俊武（12月任）
副 局 长：董寅生（12月任）

市委市政府督促检查办公室（2018年12月合并设立为市委工作部门）

主　　任：李兵英（12月兼）
副 主 任：李广民（12月任）
董瑾科（12月任）

机关事务管理局

局　　长：窦志刚
副 局 长：李长亭　张宏社
张丙珍
李位忠（12月任）
杨顺　（12月任）

【中共石家庄市委常委会会议】 1月5日，省委常委、市委书记邢国辉主持召开十届市委常委会第40次会议。听取关于落实省委书记王东峰指示精神和做好学习宣传吕建江先进事迹的汇报。研究市纪委《关于长安区市场监督管理局和平市场监督管理所有关问题调查情况的报告》和干部人事问题。

1月12日，邢国辉主持召开十届市委常委会第41次会议。听取关于全省军队退役人员工作会议主要精神及石家庄市贯彻落实意见的汇报。研究《石家庄市纠正“四风”和作风纪律专项整治推进方案（讨论稿）》《2017年度市委常委民主生活会建议方案》《关于进一步加快体育事业发展的实施意见（讨论稿）》。

1月16日，邢国辉主持召开十届市委常委会第42次会议。传达学习省委书记王东峰关于石家庄市委2017年度工作的批示精神，研究全市贯彻落实意见；传达贯彻全省纠正“四风”和作风纪律专项整治推进工作、金融工作、农村工作、精神文明创建工作暨宣传部长会议精神；听取关于学习宣传吕建江先进事迹有关情况的汇报。研究干部人事问题。

1月21日，邢国辉主持召开十届市委常委会第43次会议。听取市人大常委会、市政府、市政协、市法院、市检察院党组2017年工作汇报及全市大气污染防治工作汇报。研究石家庄市“两会”有关文件。审议并原则通过《中共石家庄市委2018年工作要点》。研究干部人事问题。

1月31日，邢国辉主持召开十届市委常委会第44次（扩大）会议。传达学习中央政法工作会议、全国扫黑除恶专项斗争电视电话会议和省委常委会扩大会议精神，研究全市贯彻落实意见；传达学习河北省“两会”精神和省纪委九届三次全会、全省市委书记及省直系统党（工）委书记抓基层党建工作述职评议会议精神，研究全市贯彻落实意见。研究干部人事问题。

2月1日，邢国辉主持召开十届市委常委会第45次会议。研究干部人事问题。

2月12日，邢国辉主持召开十届市委常委会第46次会议。听取关于上一轮中央巡视组反馈意见整改落实情况、省委配合中央巡视组巡视河北服务保障工作会主要精神及贯彻落实意见的汇报和关于全市扫黑除恶专项斗争工作进展情况、关于行政审批制度改革工作情况的汇报。研究《2017年度市委常委民主生活会整改清单及任务分解（讨论稿）》。

2月14日，邢国辉主持召开十届市委常委会第47次（扩大）会议。传达学习《关于对孙政才涉嫌犯罪提起公诉的情况通报》（中办发〔2018〕10号文件）和省委书记王东峰在全省领导干部会议上的讲话精神。听取关于石家庄市开展“双创双服”活动初步意见的汇报。

2月23日，邢国辉主持召开十届市委常委会第48次（扩大）会议。传达学习《中共河北省委关于彻底肃清周本顺、梁滨、景春华、张越、杨崇勇、张杰辉等人恶劣影响持续净化政治生态的通知》主要精神，研究贯彻落实意见。研究干部人事问题。

2月26日，邢国辉主持召开十届市委常委会第49次会议。研究《关于2018年在全市开展“双创双服”活动的实施意见（讨论稿）》。听取贯彻落实河北省推进雄安新区规划建设暨京津冀协同发展工作会议精神实施意见的汇报、关于解决房地产开发历史遗留问题和中央商务区建设工作情况汇报、关于2017年全市开发区改革发展情况汇报、关于全市审计工作汇报、关于干部教育培训工作情况汇报。研究市纪委《关于九三学社石家庄市委原驻会副主委王丽欣违纪问题的处理意见》《关于民建石家庄市委调研员姜博卿等人违纪问题的处理意见》《关于赞皇县政协副处级干部郭吉海违纪问题的处理意见》及干部人事问题。

3月4日，邢国辉主持召开十届市委常委会第50次会议。听取关于环城水系整体提升方案、关于2018年造林绿化工作、关于2018年城建重点项目安排等工作汇报。

3月8日，邢国辉主持召开十届市委常委会第51次（扩大）会议。传达学习《中共中央关于深化党和国家机构改革的决定》、中共中央办公厅《关于严明纪律切实保证党和国家机构改革顺利进行的通知》及全省扶贫脱贫驻村工作动员大会、全省组织部长会议、全省村（社区）“两委”换届准备工作推进会议、全省统战部长会议、省宗教工作领导小组扩大会议、省委对台工作会议精神，研究石家庄市贯彻落实意见。研究全市退役军人管理服务有关工作。听取全市网络安全和信息化工作汇报和市委组织部《关于成立石家庄国控投资集团有限责任公司党委的意见》。

3月21日，邢国辉主持召开十届市委常委会第52次（扩大）会议。传达学习习近平总书记重要讲话和全国“两会”及省委常委会扩大会议精神，研究全市贯彻落实意见。

3月28日，邢国辉主持召开十届市委常委会第53次会议。贯彻落实省委书记王东峰在正定县调研时的讲话精神，传达学习省“两办”《关于认真贯彻执行〈统计违纪违法责任人处分处理建议方法〉的通知》。研究《关于深入贯彻落实习近平总书记三农思想强力推进农业农村优先发展的决定（讨论稿）》《2017党风廉政建设主体责任专项检查反馈意见整改方案（讨论稿）》《贯彻落实冀发〔2018〕8号文件精神进一步加强和改进调查研究工作的通知（讨论稿）》《石家庄扶贫和脱贫工作领导小组工作规则（讨论稿）》《2018年扶贫开发工作要点（讨论稿）》及市领导包联工作的意见、《关于实施“4+4”产业人才聚集工程的若干措施（讨论稿）》、市纪委《关于对原市住房保障和房产管理局副局长白彦德作出政务处理的意见》《关于对原市建设局副局长王增喜作出政务处理的意见》《关于对石家庄日报社原党委书记社长王贵海作出政务处理的意见》。听取关于全市社会治安综合治理工作、全市安全生产工作的汇报。研究干部人事问题。

4月12日，邢国辉主持召开十届市委常委会第54次会议。传达学习省委常委会扩大会议精神。研究脱贫攻坚工作、《石家庄市农村人居环境整治三年行动实施方案（2018～2020年）（讨论稿）》，听取关于石家庄科技工程职业学院迁建有关工作情况的汇报、关于借鉴正定诚峰经验推进全市供热升级的汇报。研究全市省级以上开发区改革发展有关工作，听取关于石家庄市党政代表团赴雄安新区考察情况的汇报、关于2017年度县（市、区）及市直部门领导班子和领导干部综合考核评价结果的汇报、市纪委有关工作汇报（市民政局原党组书记、局长李文昌处理意见，无极县人大常委会原副主任李琼波违纪问题处理意见）。研究干部人事问题。

4月20日，邢国辉主持召开十届市委常委会第55次（扩大）会议。传达学习中共中央办公厅、国务院办公厅《地方党政领导干部安全生产责任制规定》精神，研究全市贯彻落实意见。传达学习省委常委会扩大会议关于扶贫开发工作有关精神，研究全市脱贫攻坚工作。听取关于全市一季度经济运行情况的汇报、关于石家庄市大气污染综合治理工作情况的汇报、关于全省县乡人大工作暨“人大代表之家”建设经验交流会精神及全市贯彻落实意见的汇报、关于市四大机关和部分市直部门搬迁情况的汇报。研究《石家庄市农村人居环境整治三年行动实施方案（2018～2020年）（讨论稿）》《关于深入学习宣传贯彻〈中华人民共和国宪法〉的工作方案（讨论稿）》《市委理论学习中心组2018年度学习安排意见（讨论稿）》及干部人事问题。

5月6日，邢国辉主持召开十届市委常委会第56次会议。传达学习省委九届七次全会精神，研究全市贯彻落实意见。研究《中国共产党石家庄市委员会工作规则（审议稿）》《中国共产党石家庄市委常委会议事决策规则（审议稿）》《关于支持民主党派、工商联和无党派人士切实履行职能的实施意见（审议稿）》《关于建立完善党政领导干部与党外代表人士联谊交友制度的实施意见（审议稿）》及市人大常委会党组关于变更街道人大工作机构名称有关事宜。听取关于2017年度法治政府建设工作有关情况的汇报。

5月21日，邢国辉主持召开十届市委常委会第57次会议。传达学习全国生态环境保护大会精神和省委常委会会议有关精神，研究全市贯彻落实意见。听取大气和水污染综合治理工作情况汇报，研究贯彻落实意见。听取市人大常委会、市政府、市政协、市法院、市检察院党组落实党风廉政建设主体责任情况汇报。传达全省高校党建工作推进会议精神，研究全市贯彻落实意见。听取关于全市国家级贫困县脱贫摘帽工作开展情况汇报、全市外事工作情况汇报及市人大常委会历史陈列展、市政协文史馆筹建情况汇报。研究《关于市发改委副调研员王龙严重违纪违法问题的处理意见》及干部人事问题。

5月29日，邢国辉主持召开十届市委常委会第58次（扩大）会议。传达学习省委办公厅、省政府办公厅《关于贯彻落实全国环境保护大会精神 扎实做好中央环境保护督查整改工作的通知》和全省生态环境保护大会精神，研究贯彻落实意见。

6月8日，邢国辉主持召开十届市委常委会第59次会议。听取关于中央环境保护督察石家庄市协调联络组工作开展情况的汇报、全省扶贫脱贫驻村帮扶工作推进会主要精神及石家庄市贯彻落实意见的汇报、全省网络安全和信息化工作会议精神及石家庄市贯彻落实意见的汇报、全市县城建设工作进展情况的汇报。传达学习国务院扶贫办脱贫攻坚巡查组对行唐县巡查的反馈意见和全省国家扶贫开发成效考核反馈意见问题整改工作推进会暨脱贫攻坚“擂台赛”精神，研究全市贯彻落实意见。研究干部人事问题。

6月15日，邢国辉主持召开十届市委常委会第60次会议。听取河长制工作整改落实情况汇报、关于全省纪检监察工作座谈会主要精神及全市贯彻落实意见的汇报、关于全市扫黑除恶专项斗争开展情况的汇报、2017年度党政领导班子和领导干部综合考核评价结果的通报。传达学习《中共河北省委办公厅关于做好全省深化机构改革工作的通知》《中共河北省委深化机构改革领导小组办公室关于印发〈河北省深化机构改革工作方案〉的通知》和全省深化市县机构改革座谈会主要精神，研究全市贯彻落实意见。研究干部人事问题。

6月22日，受邢国辉委托，市长主持召开十届市委常委会第61次会议。听取关于中央环境保护督察“回头看”石家庄市各项工作开展情况的汇报，研究部署全市生态环境治理工作。会议确认，至6月21日，石家庄市收到中央环保督察组交办群众举报问题20批581个，其中重点督办案件134个。

6月28日，邢国辉主持召开十届市委常委会第62次会议。传达学习《中共中央、国务院关于全面加强生态环境保护 坚决打好污染防治攻坚战的意见》精神。听取关于全省信访稳定工作调度会精神及贯彻落实意见的汇报、关于全省脱贫攻坚基层基础工作规范提升现场会和产业扶贫工作现场会主要精神及贯彻落实意见的汇报、关于全省民营经济发展大会主要精神及贯彻落实意见的汇报。研究生态环境保护有关工作、激励干部新时代新担当新作为5个专项文件（审议稿）、关于学习贯彻省河北省纪念中国共产党成立97周年座谈会精神的汇报、市编委办关于石家庄市深化机构改革工作方案（草案）的汇报。

7月2日，邢国辉主持召开十届市委常委会第63次会议。研究干部人事问题。

7月9日，邢国辉主持召开十届市委常委会第64次会议。听取全国扫黑除恶专项斗争中央第一督导组督导河北省工作动员会精神及石家庄市贯彻落实意见的汇报、全市经济运行情况汇报、全国政协系统党的建设工作座谈会主要精神及贯彻落实意见的汇报、推进京津冀协同发展工作汇报、全市重点工作大督查开展情况的汇报、石家庄市人民政府关于2018年上半年推进法治政府建设情况的汇报、关于十届市委巡察工作情况的汇报。研究市委十届五次全会有关事宜及《关于认真贯彻落实〈党委（党组）国家安全责任制规定〉的实施意见（审议稿）》《中共石家庄市委2018年度上半年意识形态工作情况报告》《关于进一步推动落实党委（党组）意识形态工作责任制的实施方案（审议稿）》。研究干部人事问题。

7月20日，邢国辉主持召开十届市委常委会第65次会议。传达学习《中共河北省委办公厅关于检查规范有关表述问题的通知》。听取关于中央扫黑除恶专项斗争第一督导组下沉石家庄市督导情况及石家庄市贯彻落实意见的汇报，关于全省村（社区）"两委"换届准备工作调度会议精神及贯彻落实意见的汇报，关于河北省人大常委会扶贫脱贫攻坚、大气污染防治、优化营商环境联动监督动员会议精神及贯彻落实意见的汇报。研究《关于严格执行向省委请示报告的实施意见（审议稿）》《关于进一步规范向市委请示报告工作的通知（审议稿）》及市纪委《关于桥西区政府原党组副书记、副区长许建斌严重违纪违法问题的处理意见》《关于对市城建开发总公司原副总经理关哲作出政务处理的意见》。

7月29日，邢国辉主持召开十届市委常委会第66次会议。传达学习河北省全面从严治党暨中央巡视反馈意见整改落实推进会主要精神。听取2018年上半年市纪委对市委常委会及其成员开展监督情况汇报、关于全省经济发展推进会主要精神及贯彻落实意见的汇报、关于全省军队退役人员工作视频会议主要精神及贯彻落实意见的汇报、关于全省组织工作会议主要精神及贯彻落实意见的汇报、关于第四届河北省旅游产业发展大会和第三届石家庄市游产业发展大会筹备情况的汇报、关于全市社会治安综合治理重点工作情况的汇报。研究《市委常委巡视整改专题民主生活会建议方案》《2018年度石家庄市县城建设考核办法（审议稿）》等专项文件和《石家庄市农村集体产权制度改革整市试点实施方案（审议稿）》《关于进一步规范请示报告工作的实施意见（审议稿）》及市纪委《关于裕华区副区长王世利严重违纪违法处理意见》。

8月10日，邢国辉主持召开十届市委常委会第67次会议。讨论并原则同意《关于中央第十五巡视组反馈意见的整改落实方案》《石家庄市生态环境保护"党政同责、一岗双责"责任制考核办法》《市委常委巡视整改专题民主生活会班子对照检查材料》。听取关于石家庄市近期扶贫脱贫重点工作落实情况的汇报、关于2017年度市直机关目标绩效管理考核情况的汇报。研究干部人事问题。

8月19日，邢国辉主持召开十届市委常委会第68次会议。传达省委宣传部《意识形态工作责任制落实不到位问题专项整治工作方案》主要精神，听取全市贯彻落实进展情况及关于部分网站涉政治类信息调查整改情况的汇报、关于全市确保完成空气质量全年目标情况的汇报。

8月31日，邢国辉主持召开十届市委常委会第69次（扩大）会议。听取省委书记王东峰到石家庄市调研检查宗教工作讲话精神及贯彻落实意见的汇报、关于党政代表团赴杭州市学习考察情况的汇报、关于全省挂牌督办涉黑涉恶腐败和"保护伞"重点案件调度会主要精神及贯彻落实意见的汇报、关于全省易地扶贫搬迁现场会议主要精神及贯彻落实意见的汇报、关于9月举办承办重要活动有关情况的汇报、关于全省"双创双服"活动观摩调度会议主要精神及贯彻落实意见的汇报。研究《中共石家庄市委巡察工作规划（2017～2021年）（修订审议稿）》《2018年全市绩效管理考评工作方案（审议稿）》《关于进一步加强网络安全和信息化工作的实施意见（审议稿）》。

9月7日，邢国辉主持召开十届市委常委会第70次（扩大）会议。传达学习省委常委会关于习近平总书记等中央领导重要批示和大气污染防治专题工作会议精神及省委书记王东峰在正定县调研检查时的讲话精神，研究贯彻落实意见。

9月12日，邢国辉主持召开十届市委常委会第71次会议。研究干部人事问题。

9月25日，邢国辉主持召开十届市委常委会第72次会议。听取关于中央和省委省政府扫黑除恶专项斗争会议主要精神及贯彻落实意见的汇报、关于中央全面依法治国委员会第一次会议精神及贯彻落实意见的汇报、关于全省市县巡察工作推进会议主要精神及贯彻落实意见的汇报、关于全省村（社区）“两委”换届工作推进会议精神及贯彻落实意见的汇报、关于国家自然资源部集体约谈会主要精神及石家庄市贯彻落实意见的汇报、关于第四届河北省旅游产业发展大会筹备工作情况的汇报和关于灵寿县、行唐县、赞皇县脱贫攻坚工作开展情况的汇报。研究《关于适应新时代要求建立优秀年轻干部发现培养选拔常态化机制的实施意见（审议稿）》《关于认真贯彻落实习近平总书记重要批示精神，依法加强宗教事务管理和治理违法违规宗教活动的实施意见（审议稿）》。

10月9日，邢国辉主持召开十届市委常委会第73次会议。传达学习省委书记王东峰在石家庄市暗访检查时的重要讲话精神，研究贯彻落实意见。听取关于全国人大常委会及河北省学习贯彻习近平总书记关于坚持和完善人民代表大会制度的重要思想有关会议精神及贯彻落实意见的汇报、关于全省决胜“基本解决执行难”动员大会主要精神及贯彻落实意见的汇报、市直有关单位学习杭州经验的工作情况汇报、关于全市工业经济运行情况的汇报、市级领导包联县城建设情况的汇报、全省宣传思想工作会议主要精神及贯彻落实意见的汇报。研究《关于进一步推动重要决策部署落实的若干规定（试行）（审议稿）》《关于石家庄市打赢脱贫攻坚战三年行动的实施意见（审议稿）》及干部人事问题。

10月22日，邢国辉主持召开十届市委常委会第74次（扩大）会议。传达中央第一环境保护督查组对河北省开展“回头看”情况反馈会、河北省推进中央环境保护督察“回头看”及专项督察反馈意见整改落实工作会议主要精神，研究贯彻落实意见。听取部分市直单位学习杭州经验的工作情况汇报。研究《关于设立市中央商务区建设开发中心的意见》。

11月1日，邢国辉主持召开十届市委常委会第75次会议。传达学习省委书记王东峰在石家庄市调研检查时的讲话精神及全省经济工作推进会、全省检察公益诉讼工作电视电话会议精神，研究关于省委会议议定有关事项的贯彻落实意见。听取中央商务区有关情况的汇报及市工业和信息化局、市商务局、市交通运输局、市国资委学习杭州经验的情况汇报。讨论并同意《关于成立市中央商务区建设指挥部办公室的意见》。研究干部人事问题。

11月7日，邢国辉主持召开十届市委常委会第76次会议。集中观看纪律教育专题片《铁纪强军》。传达学习习近平总书记在首届中国国际进口博览会上的重要讲话及省委常委会会议精神。听取全省深化机构改革动员部署会议主要精神及贯彻落实意见的汇报、全市冬季供暖工作情况汇报和市环保局、市民政局、市卫生计生委、市轨道交通建设办公室学习杭州经验的情况汇报。

11月15日，邢国辉主持召开十届市委常委会第77次会议。传达学习省委常委会精神，研究石家庄市贯彻落实意见。表态拥护党中央关于秦岭北麓西安境内违建别墅问题的处理决定。听取迎接全国文明城市复检、承办第四届河北省旅游产业发展大会筹备、主城区供热达标试运行和市级领导督导包联县（市、区）供热工作情况汇报。

11月30日，邢国辉主持召开十届市委常委会第78次会议。研究省委第六巡视组反馈意见整改落实工作及《关于规范市级领导干部出席公务活动的若干规定（审议稿）》、市纪委《关于给予市发改委原党组副书记副主任张彦春开除党籍开除公职处分的意见》。听取关于全省纪检监察系统视频会议主要精神及贯彻落实意见的汇报、关于全省扶贫成效考核工作动员部署会议主要精神及2018年全市贫困县贫困村退出情况的汇报、关于全省村（社区）“两委”换届工作总结会议主要精神及贯彻落实意见的汇报、关于全省党委秘书长会议精神及贯彻落实意见的汇报和全市重点工作大督查、庆祝改革开放40周年活动安排情况的汇报。研究干部人事问题。

12月3日，邢国辉主持召开十届市委常委会第79次会议。听取关于全市机构改革工作情况汇报。

12月3日，邢国辉主持召开十届市委常委会第80次会议。研究市纪委《关于给予市国资委原党委书记、主任毕拉祥开除党籍、开除公职处分的意见》及干部人事问题。

12月13日，邢国辉主持召开十届市委常委会第81次会议。传达中央、河北省学习推广“枫桥经验”会议精神和全国、全省安全生产会议及滹沱河省级河长会议精神，研究全市贯彻落实意见。听取关于召开石家庄市妇女第十五次代表大会有关情况的汇报、关于全市社会治安综合治理重点情况的汇报、关于全市信访工作情况的汇报及石家庄市“两会”有关事宜的汇报。研究市委常委巡视整改专题民主生活会班子对照检查材料、《关于〈石家庄市巡视整改暨“一问责八清理”专项行动整改“回头看”工作情况通报〉的整改方案（审议稿）》、市政协《关于加强人民政协协商民主建设的实施意见（审议稿）》及干部人事问题。

12 月 19 日，邢国辉主持召开十届市委常委会第 82 次会议。传达学习省委书记王东峰在石家庄市暗访检查时的重要讲话精神，研究全市贯彻落实意见。听取全市食品安全、高校思想政治工作、市纪委有关工作的汇报及关于做好市级机构改革方案组织实施工作和调整规范限额外行政机构的汇报。研究干部人事问题。

12 月 24 日，邢国辉主持召开十届市委常委会第 83 次（扩大）会议。传达学习中央经济工作会议和省委常委会扩大会议精神，研究贯彻落实意见。听取关于省委第六巡视组反馈意见整改落实工作进展情况、市委十届六次全会有关事宜、老干部工作、法治政府建设、全市教师队伍建设情况的汇报。讨论并原则同意《关于支持民营经济高质量发展的政策措施》。研究干部人事问题和《市委常委工作分工（审议稿）》。

12 月 27 日，邢国辉主持召开十届市委常委会第 84 次会议。研究干部人事问题。

【中共石家庄市委全会】 7 月 10 日，中国共产党石家庄市第十届委员会第五次全体会议召开。全会由市委常委会主持。省委常委、市委书记邢国辉作重要讲话。市委副书记、市长邢国辉部署下半年全市经济工作。出席全会市委委员 63 人、候补委员 12 人。会议表决通过《中国共产党石家庄市委员会工作规则》，通报了中央环境保护督察组交办问题整改落实情况、全市信访积案化解“双百日攻坚”清仓行动情况、全市上半年经济指标完成情况、“双创双服”“4+4”现代产业发展情况、招商引资和项目建设情况、石家庄市脱贫攻坚工作和国家、河北省考核反馈问题整改情况及 2018 年以来容错纠错典型案例。

【市委理论学习中心组学习会】 1 月 7 日，省委常委、市委书记邢国辉主持召开市委理论学习中心组学习会。集中学习中共中央政治局民主生活会精神、习近平主席 2018 年新年贺词、《中国共产党党务公开条例（试行）》、《习近平谈治国理政》第二卷有关篇章。司存喜、刘明轩、李德进、李雪荣、高天、郭运兴等作交流发言。

1 月 21 日，邢国辉主持召开市委理论学习中心组学习会。集体学习习近平总书记“1·5”重要讲话精神、在十九届中央纪委二次全会上的讲话精神及十九届二中全会公报。

2 月 4 日，邢国辉主持召开市委理论学习中心组学习会。集中学习《习近平总书记 1 月 5 日在学习贯彻习近平新时代中国特色社会主义思想和党的十九大精神研讨班上的讲话》及习近平总书记在中共中央政治局第三次集体学习时的讲话精神。

3 月 1 日，邢国辉主持召开市委理论学习中心组学习会。传达学习《中国共产党第十九届中央委员会第三次全体会议公报》和省委常委会扩大会议精神。

3 月 4 日，邢国辉主持召开市委理论学习中心组学习会。集中学习《习近平谈治国理政》第二卷有关篇章、《人民日报》关于学习贯彻党的十九届三中全会精神的社论、新华社长篇通讯《谱写新时代改革新篇章——以习近平同志为核心的党中央全面深化改革启示录》、河北省委《关于进一步加强和改进调查研究工作的意见》。

3 月 18 日，邢国辉主持召开市委理论学习中心组学习会。集中学习习近平总书记在打好精准脱贫攻坚战座谈会上的讲话和在十九届中央政治局第四次学习时的讲话及《人民日报》关于深化党和国家机构改革的理论文章，并结合全市实际和推动“4+4”现代产业发展，举行研讨发言。

4 月 1 日，邢国辉主持召开市委理论学习中心组学习会。观看时政微视频《人民领袖》《历史选择了习近平》《奋斗》《窑洞里的读书人》，集中学习中共中央政治局听取 2017 年省级党委和政府脱贫攻坚工作成效考核情况汇报有关精神、习近平总书记在十九届中央政治局第四次学习时的讲话、《习近平谈治国理政》第二卷有关篇章。

4 月 15 日，邢国辉主持召开市委理论学习中心组学习会。集中观看大型纪录影片《厉害了，我的国》。

5 月 4 日，邢国辉主持召开市委理论学习中心组学习会。集体收听收看纪念马克思诞辰 200 周年大会，并举行讨论发言。

5 月 6 日，邢国辉主持召开市委理论学习中心组学习会。邀请中共正定县委党校讲师张书昕作专题报告

《知之深 爱之切——习近平新时代中国特色社会主义思想正定实践探源》。学习习近平总书记在全国网络安全和信息工作会议上的重要讲话精神。

5月20日，邢国辉主持召开市委理论学习中心组学习会。集体学习中共中央办公厅、国务院办公厅文件《网络强国战略实施纲要》。市委常委、宣传部部长高天，市委常委、组织部部长张效春分别围绕《以习近平网络强国战略思想为指导，全力做好网络安全和信息化工作》《认真贯彻落实党的十九大精神，推动全市基层组织建设全面进步全面过硬》主题作专题报告。

6月3日，邢国辉主持召开市委理论学习中心组学习会。集体学习《习近平总书记在中国科学院第十九次院士大会、中国工程院第十四次院士大会上的讲话》及中共中央办公厅《关于进一步激励广大干部新时代新担当新作为的意见》和省委、省政府《关于深入学习贯彻党中央国务院重大决策部署，全力推进雄安新区规划建设的决定》。市委常委、市委秘书长韩学军围绕《以“双问计”活动为抓手，为建设现代省会经济强市提供强大动力和支撑》主题作专题报告。

6月16日，邢国辉主持召开市委理论学习中心组学习会。集体学习习近平总书记在全国生态环境保护大会上的讲话及中共中央办公厅、国务院办公厅《地方党政领导干部安全生产责任制规定》。

7月8日，邢国辉主持召开市委理论学习中心组学习会。集体学习习近平总书记在中共中央政治局第六次集体学习时的讲话精神。市委常委、统战部长王韶华，省纪委常委、市委常委、纪委书记张明利分别围绕《石家庄市宗教工作现状及对策》《深入贯彻落实党的十九大精神，忠实履行全面从严治党政治责任》主题作专题报告。

7月20日，邢国辉主持召开市委理论学习中心组学习会。观看微视频《从黄土地走来的人民领袖》《品格》。市委常委、政法委书记郭运兴围绕《以习近平新时代中国特色社会主义政法思想为指导，全力维护省会政治安全和社会稳定》主题作专题报告。

8月5日，邢国辉主持召开市委理论学习中心组学习会。集体学习习近平总书记在中共中央政治局第六次集体学习时的重要讲话精神、《习近平新时代中国特色社会主义思想三十讲》有关篇章。传达学习省委书记王东峰在省委理论学习中心组学习会上讲话精神及省委办公厅通报。集中观看有关军事题材影片。

8月10日，邢国辉主持召开市委理论学习中心组学习会。市委常委、常务副市长李雪荣传达学习《正确认识妥善应对中美经贸摩擦》。与会人员举行交流发言。

8月19日，邢国辉主持召开市委理论学习中心组学习会。集体学习中共中央办公厅《关于当前意识形态领域情况的通报》。市委常委、副市长张学勤作《石家庄市轨道交通发展报告》。

9月2日，邢国辉主持召开市委理论学习中心组学习会。集体学习习近平总书记在全国宣传思想工作会议和推进“一带一路”建设工作5周年座谈会上的重要讲话精神。市委常委、正定县委书记张业围绕《发展全域旅游，让生活更美好》主题作专题报告。

9月26日，邢国辉主持召开市委理论学习中心组学习会。邀请中央纪委法规室副主任夏晓东作《中国共产党纪律处分条例》专题辅导报告。市领导李德进、张业、张明利、张效春、韩学军等结合思想和工作实际，分别作交流发言。

10月19日，邢国辉主持召开市委理论学习中心组学习会。集体学习《河北省党政领导干部安全生产责任制实施细则》。市委常委、常务副市长李雪荣等围绕《科学研判、精准施策，全面打赢大气污染防治攻坚战》《“4+4”现代产业的现在与未来》主题作专题报告。

10月28日，邢国辉主持召开市委理论学习中心组学习会。集体学习习近平总书记在中央全面依法治国委员会第一次会议上的讲话。市委副书记李德进，市委常委、石家庄警备区司令员于福文分别围绕《高等教育面临的形势和努力方向》《全面贯彻习近平强军思想，奋力开创新时代国防动员事业新局面》主题作专题报告。

11月3日，邢国辉主持召开市委理论学习中心组学习会。市委常委、常务副市长李雪荣传达习近平总书记在民营企业座谈会上的重要讲话精神，市委常委、统战部长、农工委书记王韶华，副市长赵文锋等作交流发言。副市长蒋文红汇报全市民营经济发展有关情况，藁城区、晋州市、正定县、市科技局、市工业和信息化局负责人及民营企业家代表、驻石家庄银行负责人代表作发言；市金融工作办公室负责人就《关于改进和深化中小微企业金融服务十条扶持政策

（讨论稿）》作说明。

11月7日，邢国辉主持召开市委理论学习中心组学习会。传达学习中共中央办公厅、国务院办公厅《防范和惩治统计造假、弄虚作假督查工作规定》，集体观看纪律教育专题片《铁纪强军》。

12月2日，邢国辉主持召开市委理论学习中心组学习会。集体观看警示教育片《增强忧患意识 防范风险挑战》。

12月19日，邢国辉主持召开市委理论学习中心组学习会。学习贯彻习近平总书记在庆祝改革开放40周年大会上的重要讲话精神。市领导李德进、司存喜、刘明轩、李雪荣、陈玉祥、张业等在会上发言，交流学习体会。

【市委全面深化改革领导小组会议】 1月12日，省委常委、市委书记、市委全面深化改革领导小组组长邢国辉主持召开市委全面深化改革领导小组第十七次会议。传达学习十九届中央全面深化改革领导小组第一次会议和省委全面深化改革领导小组第三十四次会议精神。审议并原则通过《市委全面深化改革领导小组2017年工作总结报告》《市委全面深化改革领导小组2018年工作要点》《市委全面深化改革领导小组工作规则（修订稿）》《市委全面深化改革领导小组专项小组工作规则（修订稿）》《市委全面深化改革领导小组办公室工作细则（修订稿）》《关于加强提案办理落实提高办理实效的办法》《关于进一步加强市属国有资产监督管理工作的实施意见》《关于加快推进全市知名品牌培育工程的实施意见》《市文联改革方案》《市侨联改革方案》等改革事项。

4月1日，邢国辉主持召开市委全面深化改革领导小组第十八次会议。传达学习十九届中央全面深化改革领导小组第二次会议、中央全面深化改革委员会第一次会议和省委全面深化改革领导小组第三十五次会议精神。听取市委农工委、行唐县、井陉县、井陉矿区关于农村集体产权制度改革情况，高邑县关于推进村级集体财富积累情况汇报。审议并原则通过《关于贯彻落实党的十九大精神推进全面深化改革的实施意见》《全面深化改革督察落实和考核评价办法》《关于推进城乡社区网格化服务管理工作的意见》《关于“4+4”现代产业发展“1+8”工作方案》《关于推进扩权强县改革工作实施方案》《开发区综合发展水平评价考核办法》等改革事项。

5月20日，邢国辉主持召开市委全面深化改革领导小组第十九次会议。传达学习中央全面深化改革委员会第二次会议和省委全面深化改革领导小组第三十六次会议精神，听取市检察院关于公益诉讼工作情况、桥西区关于社区公共服务体系建设情况汇报。审议《石家庄市文化建设“三年行动计划”（2018～2020年）》《石家庄市全域旅游发展规划》《2017年度全市全面深化改革工作考核评价结果》。

7月4日，邢国辉主持召开市委全面深化改革领导小组第二十次会议。传达学习省委全面深化改革领导小组第三十七次会议精神。审议《关于进一步加快推进农村改革的实施意见》《关于将市医疗保险管理中心部分业务下放市内五区办理的实施方案》《石家庄市市直机关事业单位劳动聘用人员管理暂行办法》《石家庄市区工程围挡设置监督管理规定》《关于进一步深化文化市场综合执法改革的实施方案》等文件。听取市行政审批局关于行政审批制度改革有关情况、灵寿县关于建立农村青年人才服务中心工作机制情况汇报。

9月2日，邢国辉主持召开市委全面深化改革领导小组第二十一次会议。传达学习中央全面深化改革委员会第三次会议和省委全面深化改革领导小组第三十八次会议精神。听取石家庄住房公积金管理中心关于公积金制度改革情况，元氏县关于破解用地瓶颈、加快产业发展情况汇报。审议通过《关于解决房地产开发遗留问题的实施办法》《关于加强和改进人民政协民主监督工作的实施意见》，书面审议《关于承接落实省委深改组第三十七次会议审议通过事项的情况报告》《关于市委深改组第二十次会议议定事项落实情况报告》。

11月2日，邢国辉主持召开全市行政审批和综合执法改革现场观摩会暨市委全面深化改革领导小组第二十二次会议。传达学习中央全面深化改革委员会第四次会议和省委全面深化改革领导小组第三十九次会议精神。观摩红旗街道和苑东街道便民服务中心、桥西区市民服务中心，听取桥西区关于行政审批和综合执法改革经验介绍。部署安排全市下一步改革工作。

【巡视巡察】 3月30日至5月29日，按照市委巡察工作统一部署，11个巡察组分别到全市20个单位开展常规巡察、2个单位开展巡察“回头看”活动，并专门派出1个巡察组专项巡察全市推进脱贫攻坚工作、扶贫领域资金使用和党员干部涉黑涉恶问题。7月19日至10月上旬，省委第六巡视组在石家庄市巡视检查。2018年12月初，根据省委巡视工作领导小组部署和安排，省委第六巡视组向中共石家庄市委反馈巡视情况；省委巡视工作领导小组成员董云鹏主持召开向省委常委、市委书记邢国辉反馈会议，提出巡视整改工作要求，传达省委书记王东峰关于巡视工作讲话精神，省委第六巡视组组长彭芳代表省委巡视组反馈巡视发现问题。8月15日，省委常委、市委书记邢国辉主持召开市委常委班子巡视整改专题民主生活会，围绕市委常委班子建设、巡视反馈意见整改落实及政治自觉、责任担当和工作作风，开展批评和自我批评。

（市委办公厅）

2018年3月23日，市委组织部在市委党校举行2018年春季学期开学典礼暨全市新任副县级干部班、优干班开班仪式

组织工作

【概况】 2018年，全市组织系统贯彻落实新时代党的建设总要求，坚持把党的政治建设摆在首位，突出抓好干部队伍、党组织建设、党员管理和人才引进等工作。制定学习计划，采取学习会、座谈会、研讨会等形式，安排部署基层党组织学习宣传党的十九大和市委十届五次全会精神，发放党的十九大报告辅导读本、党十九大关于党章修正案学习问答等学习资料。支持基层党组织集中开展主题党日活动，全力帮助广大党员和干部增强政治意识。重视基层党组织建设，农村4050个“两委”班子、城市社区564个“两委”班子换届完成。2018年全市新发展中共党员6533名，至2018年底，全市共有中共党员630972名。1月15日，省委组织部追授吕建江“全省优秀共产党员”称号。严格干部管理，围绕解决干部队伍存在“不想为”“不会为”“不敢为”问题，综合运用培养选拔、考核激励、素质提升、关心关爱等举措，建立健全干部宏观管理工作制度，制定出台干部任用、考核、评价实施办法。全年举办各类干部教育培训班、专题讲座303期，培训干部59810人次。开展扶贫脱贫攻击行动，组建市级驻村工作队183个，选派驻村干部550名，其中，副科级以上干部239人，占比46%，驻村干部平均年龄41岁；加强驻村干部管理，检查驻村工作队171个，通报28个、驻村干部36名。重视人才引进，在全国省会城市中第一个出台《人才发展促进条例》；创新提出建设人才公寓、公共租赁住房、共有产权住房、货币化补助4种保障方式，推进县（市、区）人才绿卡互联互通和资源共享。全年发放“人才绿卡”3580张，柔性引进诺贝尔奖获得者6名、两院院士24名，培养引进国家“千人计划”“万人计划”人选者和长江学者17名，引进世界500强大学和国家“双一流”建设高校毕业生3800多名。

【干部管理】 建立干部宏观管理制度，开发干部信息管理系统，做好干部档案数字化管理，全市17.4万干部档案信息全部入库。重视干部考核评价体系建设，将中央、省、市明确要求列入考核的基础性、全局性、长期性工作设置为“基础指标”，将“4+4”现代产业发展等市委、市政府中心工作和重点任务设置为激励指标，加大考核权重。完善干部考核评价机制，全年完成2017年度县（市、区）、市直部门领导班子和领导干部综合考核，科学评价并排出位次，及时提醒排名靠后单位。发挥干部选拔任用机制作用，2018年市委组织部门调研分析6个县（市、区）、8个市直部门干部队伍建设，掌握表现优秀县级干部30名、科级干部51名。常态化选拔和配备年轻干部，全年招录定向选调生230人，占全省招录总数43%。其中，招录清华大学、北京大学定向选调生32人；招录常规选调生184人，占全省招录总数20%。提升干部专业素质，举办市委管理干部轮训班10期，1845名县级干部培训实现全覆盖。增强干部金融经济知识。6月4日，全市财政金融与地方经济发展专题培训班开班，邀请北京大学、清华大学、人民大学、中央财经大学、南开大学等高校知名教授及国家发展改革委、中国财经科学研究院等机构著名经济学者授课。举办乡镇党政领导和驻村第一书记专题培训班，培训人员2040余人。全年举办各类干部教育培训班、专题讲座303期，培训干部59810人次。

【党组织建设】 8月15日，全市召开村（社区）"两委"换届工作动员会。农村"两委"换届选举。至2018年末，全市农村"两委"换届选举完成，4050个村"两委"班子全部换届。其中，村党组织书记"50周岁""高中以上""四类人员""一人兼"比例分别较上届提高18%、20%、54%、51%。农村"两委"换届选举中，开展村干部参选资格联审2.3万人次，调整村党组织书记243人，综合整治后进村434个，化解财务等矛盾问题336个。城市社区"两委"换届选举。确定70个试点社区分两批先行换届，然后总结经验、分析问题、研究办法，开始全面城市社区"两委"换届选举。全年城市社区564个"两委"班子换届完成。其中，城镇社区53个换届后，城市社区"两委"干部平均年龄44.1岁，大学以上学历1054人，班子成员结构得到优化。12月12日，全市召开村（社区）"两委"换届工作总结会议，会上宣读了《关于表扬全市村（社区）"两委"换届工作先进单位和优秀个人的通报》，并为先进单位和优秀个人颁发奖牌及证书。防范黑恶势力渗透农村基层政权，以开展政策宣讲、举办专题党员活动日、签订承诺书、整顿后进班子、规范村级制度、建立防控队伍为内容，在全市农村党组织开展扫黑除恶"六个一"活动，组织宣讲活动4700场次，开展党员活动日3900余次。面向社会公开招聘大学生社区工作人员，利用2018年河北省选拔选调生及招录公务员平台，从全日制本科以上优秀大学毕业生中公开招聘大学生社区工作者238名，分配到62个街道办事处（乡镇）、205个社区。加强城市基层党组织建设，推进街道社区党建、单位党建、行业党建形成互联互动局面。全面推行"1+3"区域化党建工作机制，建立驻区单位党组织和在职党员到社区"双报到双报告双考核"制度。全年石家庄市1825个机关企事业单位党组织和64228名在职党员到社区报到，驻区单位党组织与社区党组织签订共驻共建协议759份，召开党建联席会493次，举办志愿服务活动1117场，直接或间接服务群众23万余人。重视做好高校、国有企业、公立医院等领域党建工作，全市非公企业和社会组织党组织覆盖率均达90%以上。打造红色楼宇商圈党建示范带，主城区建成楼宇商圈党群活动服务中心24个、非公党建示范点23个。至2018年底，全市建成楼宇商圈和产业园区党群活动服务中心76个，非公企业和社会组织党建示范点120个。

【党员队伍】 制定印发《2018年发展党员指导性计划》《石家庄市农村发展党员工作实施办法（试行）》。落实政治审查制度和预审备案制度，注重从一线工人等重点群体发展党员。下大力解决农村党组织多年不发展党员问题，全年排查确定多年不发展党员村707个，采取点对点下达发展计划、探索建立农村优秀人才党支部等措施予以解决。加强党员规范管理，以农村基层党组织为突破口，压实县乡村三级党组织主体责任，实行逐级建立工作台账等可查可看措施；建立党员涉嫌违纪违法信息通报和处理机制，确定党员涉嫌违纪违法信息通报和处理流程。重视党员教育，发挥"石家庄党建微平台"作用，全年发布信息970余条，总阅读量130万余人次；制作党员教育片，拍摄党员教育片、党建宣传片20余部。2018年全市新发展中共党员6533名，至2018年底，全市共有中共党员630972名。

表 6

2014～2018 年底石家庄市中共党员数据统计一览表

单位：名

年度	中共党员总数	新发展中共党员数量
2014	617120	6599
2015	623960	6824
2016	631137	6809
2017	627526	6589
2018	630972	6533

【离退休老干部管理】 2018 年全市离休干部同比减少 350 人，其中，市本级减少 172 人，县（市、区）减少 178 人。至 2018 年底，全市共有离休干部 2689 人，其中，市本级 1072 人，县（市、区）1610 人；退休干部 94779 人，其中，市本级 37894 人，县（市、区）56885 人。离退休老干部活动场所主要有市老年大学、市老干部活动中心。市老年大学于 1989 年创建，1995 年获得市机构编制委员会办公室批复。市老年大学分为青园校区和财贸校区，总面积 1 万平方米，设置 10 个系、45 个专业、199 个教学班，外聘专业老师 126 名，在校学员 6000 余名，累计毕业学员 6 万余人次。市老干部活动中心是全市老干部参加政治学习、交流联谊、娱乐健身和生活服务的综合性活动场所，前身为市老干部活动厅，2005 年更名为市老干部活动中心；设有办公室、活动管理部、活动策划部、设备保障部、后勤服务部 5 个部门，占地面积 7300 平方米，总建筑面积 1.03 万平方米，建有活动场馆 14 个。2018 年市老干部活动中心接待老干部 14.29 万人，同比增长 6%。

（尹路）

宣传工作

【概况】 2018 年，全市宣传思想文化工作贯彻落实习近平新时代中国特色社会主义思想和党的十九大精神，服务大局，创新载体，突出理论学习教育，加大对外宣传力度，加强精神文明建设，为全市经济社会平稳发展提供强有力的思想保证、精神动力和舆论支持。加强理论武装，市直各单位组织学习 1200 余次，县（市、区）党委组织学习 400 余次。坚持理论宣传大众化，市内四区建设“燕赵社区大讲堂”360 多个，举办学习讲座活动 4000 余场，30 多万居民在家门口聆听党的新理论、新思想。严格落实意识形态工作责任制，健全意识形态

2018 年 11 月 22 日，市委宣传部、市总工会在石家庄国际会展中心联合举行“砥砺奋进四十载 盛‘庄’启航新时代”庆祝改革开放四十周年石家庄市企业发展辉煌成就展启动仪式

工作领导小组联席会制度，出台《关于进一步推动落实党委（党组）意识形态工作责任制的实施方案》，专项督查和定期召集相关部门研究部署意识形态工作。规范机关理论中心组学习，全年组织集中学习19次。大力宣传吕建江、吕保民等身边先进人物事迹，教育党员以榜样为目标，做到“不忘初心、牢记使命”，为党和人民的事业奋斗终生。举办改革开放四十周年企业发展成就展。11月22～24日，市委宣传部、市总工会联合在石家庄国际会展中心举行庆祝改革开放四十周年石家庄市企业发展成就展。主题：砥砺奋进四十载·盛“庄”启航新时代。展览采取图片、文字、实物展示等方式，记录职工艰苦创业的足迹和企业发展历程；25家企业参展，展出图片1911幅。

【政治理论学习】 始终坚持把学习宣传贯彻习近平新时代中国特色社会主义思想和党的十九大精神作为首要政治任务，抓住关键少数，认真组织好党委中心组学习。市委理论学习中心组以上率下，坚持每2周学习1次，全年集中学习26次，为全市党员干部学习树立标杆。加强对全市各级党委中心组学习的指导检查，组织专项督查通报，市直各单位组织学习1200余次，县（市、区）党委组织学习400余次。坚持理论宣传大众化，市内四区建设“燕赵社区大讲堂”360多个，举办学习讲座活动4000余场，30多万居民在家门口聆听党的新理论、新思想，电视理论节目《理论之窗》全年播出24期。各县（市、区）在农村建设一大批“新时代农村讲习所”“乡村学习课堂”等学习阵地。

【新闻宣传】 组织传统媒体与新媒体协同发力，紧紧围绕“4+4”现代产业发展、脱贫攻坚、城市建设、污染防治、改革创新等全市中心工作，开辟专题专栏，持续开展重大主题宣传战役。加大对上报道力度，在中央媒体刊播3000余篇，省级媒体发稿6000余篇，《总书记始终惦念咱老区人》《“不下班的好民警”吕建江》《推动生态文明建设迈上新台阶》等一批重点稿件在《人民日报》、《光明日报》、央视新闻联播等重要版面刊播。组织鹿泉、平山旅游产业发展大会等系列重大宣传活动，拍摄大型纪录片《新中国从这里走来》，展示石家庄良好形象。进一步健全新闻发布制度，共举办62场新闻发布活动，举办全市新闻发布与舆论引导专题研修班。利用“4+4”产业北京投洽会、通用航空博览会、石洽会、药博会等重大活动平台打造城市对外宣传舞台，组织石家庄市新闻交流团赴台交流、走进俄罗斯开展主题外宣活动，提升石家庄知名度和影响力。

【社会主义核心价值观教育】 组织和引导广大基层单位开展形式多样的宣传教育实践活动，创建一批社会主义核心价值观建设典型，以点带面，以面带片，推动社会主义核心价值观融入全市经济发展、社会治理和人们日常生活之中。推出吕建江重大典型，被中宣部授予“时代楷模”称号，在中央国家机关、大中专院校、解放军和武警部队以及地方开展巡回报告会22场。推出先进典型吕保民，入选中央电视台“感动中国”候选人，省委决定在全省广泛开展向吕保民学习活动，省委宣传部将其作为“最美退役军人”在“最美河北人发布厅”发布，中央电视台录制播出纪录片《吕保民：永远是个兵》。设立“石家庄时代新人”发布厅，发布石家庄市各行各业先进典型。弘扬西柏坡精神，举办西柏坡精神内涵理论研讨会，做好西柏坡纪念馆改陈提升工作。以“奋斗新时代　我们一起来”为主题，开展365百姓故事汇活动，组织大型演讲、晚会30场，基层比赛、宣讲600余场，网络直播20场，参与选手近4000人。深化爱国主义教育，开展青少年探访爱国主义教育基地活动，国庆期间组织“五星红旗飘起来”活动，10万余面五星红旗飘扬在省会的大街小巷。在元氏县举办全市“三下乡”集中服务活动，帮扶资金、物资、项目总额达1.3亿多元。重视理想信念教育，宣传身边楷模人物。2月28日，市公安局举行吕建江先进事迹展及报告会。展览以图文形式，将吕建江一生概括为“对党忠诚、牢记使命”“信念坚定、服务群众”“公正执法、依法办事”“清正廉洁、敬业奉献”“生命虽逝、风范长存”“使命传承、精神永存”6个主题，生动、形象地展现吕建江从普通一兵成长为全国优秀人民警察人生轨迹。七一前夕，中共石家庄市委在石家庄市早期建立党支部的高新区大西帐村召开“守初心、学先进，纪念中国共产党成立97周年”座谈会，重温党的光辉历程，弘扬党的优良传统。4月12日，省委、省政府召开吕建江先进事迹报告会。5月4日，石家庄市召开吕建江先进事迹报告会，全市掀起学习吕建江先进事迹热潮。宣传身边典型和模范人物。10月9日，中共河北省委作出《关于在全省广泛开展向吕保民同志学习活动的决定》，号召全省各级党组织和党员干部精心组织、广泛开展向吕保民学习活动。

【文化产业】 制定《石家庄市文化建设三年行动计划》，着力打造文化活动品牌，繁荣文艺精品创作，培育文化名家。深入挖掘全市历史文化、革命文化和现代文化资源，加快推进电视剧《白毛女》《故国中山传奇》等重点文艺精品创作。完成现代评剧《美丽乡村》、丝弦戏剧《大唐魏征》、河北梆子《吕建江》、电视剧《警务站的故事》等一批精品力作。组织召开中山国文化发展定位研讨会，29位国家和省市专家深入研讨交流、实地考察，推进中山国文化保护开发工作。推出六集大型历史纪录片《中山国》，在央视播出，并荣获第24届中国纪录片学术盛典十佳作品和最佳撰稿两项大奖。举办2018年全国梆子声腔优秀剧目展演、鼓王争霸赛、大学生戏剧节、“引进高雅艺术演出”等一系列高端文化活动，“彩色周末”规模以上综合演出近120场，丰富群众文化生活。围绕市委“4+4”现代产业发展，深化文化体制改革，大力优化文化产业发展环境，形成梯次培育格局，成功举办第十三届中国石家庄国际动博会，组织文化企业参加深圳文博会、上海进博会，在清华大学举办文化产业发展专题培训班，确定39个重点文化产业项目，加快推进一批大型文化创意产业园区和项目建设。

（谢礼）

【第四届“善美石家庄”微电影大赛】 5月25日至10月31日，由中共河北省委宣传部、省互联网信息办公室、中国电影家协会、省文学艺术界联合会为指导单位，中共石家庄市委宣传部、市互联网信息办公室、省影视家协会、北京电影家协会、天津市电影家协会、省影视精品创作促进会主办，石家庄广播电视台、市网络文化协会协办的2018“美丽中国”微电影盛典暨第四届“善美石家庄”微电影大赛在石家庄市举行。征集收到来自北京、深圳、上海、江苏、湖南、陕西、天津、重庆等全国20多个省市及石家庄本地微电影、微视频、微纪录、微动画作品近2000余部，入围作品近500部。作品以传递社会正能量、讲述小城大爱为主题。评选颁发“美丽中国”微电影类、微纪录类、微视频类、微动漫类最佳奖、优秀奖、好作品奖、最佳男演员、最佳女演员等奖项84个。“美丽中国”微电影类30部。其中，最佳奖：《静听太华》《七星湾》《启功轶事》《一件小事》《闪亮的青春》；优秀奖：《我在涉县等你》《三克的梦想》《中国货车》《一笼包子》《又见皮影戏》《金豌豆/豌豆姑娘》《情书》《错》《红色电话机》《不一样的我们》；好作品奖：《刘金国》《无处可逃》《遇见了彩虹》《守护》《算账》《世界上最美丽的人》《春雷使命》《天堂的婚礼》《开场哨》《留守爷爷》《大光明》《蜜桃情》《团圆》《红色日记本》《董家口夺枪》。微纪录类16部。其中，最佳奖：《老张的最后一网鱼》《磁州窑火》《巴图的一天》；优秀奖：《漆之器》《影痴老黄》《八顷村纪事》《融合》《造像记》；好作品奖：《守艺人》《文心雕龙》《哈家罩火烧》《道真故事》《正定故事——塑之舞》《铁府匠心》《蔚州年》《追球者》。微视频类11部。其中，最佳奖：《美丽河北》《我的镜头——让美国人认识上海》；优秀奖：《70年前家国事》《茶道人生》《张家口年俗——多姿多彩蔚州年》；好作品奖：《献县孟各庄明代古桑林》《情暖周庄子》《听茶》《精准扶贫那些事儿》《太行古川寨王硇村》《葡香酒意浓》。微动漫类6部。其中，最佳奖：《年画中的传奇》；优秀奖：《“文明”历险记》《幻想少年》；好作品奖：《有一天》《您是我的英雄》《母乳喂养之旅》。“善美石家庄”微电影大赛获奖作品13部：《良心债》《父亲的来信》《守护》《留守爷爷》《风雨彩虹》《复活》《刘金国》《70年前家国事》《正定常山军》《哈家罩火烧》《鱼子qi》《公木与军歌》《创业无顶峰人才助我行》。单项奖4项。最佳女演员：张琢《静听太华》；最佳女演员提名：宣依、唐群、伊瑞；最佳男演员：马恩然《启功轶事》；最佳男演员提名：由立平、王贤、张政勇。

（市委宣传部）

统战工作

【概况】 2018年，全市统一战线贯彻落实中央、省、市委统战工作会议精神，紧紧围绕市委中心工作和全市发展大局，主动发挥统一战线重要法宝作用，广泛凝聚共识，积极汇聚力量，全力做好党外人士和各条战线人员思想工作，提升各民主党派人员参政议政能力和水平，推进和加强党对宗教工作的领导。指导召开市归侨侨

2018年2月1日，市委常委、统战部部长王韶华（前排右一）到市内宗教场所调研考察

眷代表大会，完成市侨联换届，接待澳大利亚河北同乡会等10多个团组，促成新西兰河北总商会与赞皇县蕊源蜂业产业合作社等合作项目10余个，为全市经济社会发展做好对接服务。2018年石家庄市被确定为新的社会阶层人士统战工作创新推广城市，市委统战部门被中央统战部评为全国统一战线宣传工作先进单位，市工商联秘书长张端树被全国工商联授予十佳先进个人，以岭药业集团董事长吴以岭、君乐宝乳业集团总裁魏立华入选全国工商联《改革开放40年百名杰出民营企业家名单》。2018年12月，根据石家庄市机构改革方案要求，市委统一战线工作部挂市委台湾工作办公室（市政府台湾事务办公室）、市政府侨务办公室牌子。

【多党合作与政治协商】 巩固多党合作思想政治基础，组织各民主党派学习习近平新时代中国特色社会主义思想，深入开展“不忘合作初心，继续携手前进”主题教育活动，组织党外人士赴上海、南京等革命教育基地接受传统教育，举办“五一口号”发布70周年系列纪念活动。通过教育活动，有效凝聚了各民主党派人士思想共识。支持各民主党派人士和党外人士参政议政，开展民主监督，多次组织召开民主协商会和党外人士座谈会，征求党外人士意见。坚持办好《党外人士建言》专报，全年出刊7期，部分建议被相关部门采用。各民主党派和党外人士围绕构建“4+4”现代产业发展广泛开展调研活动，撰写多篇建言献策报告获得市委市政府主要领导批示和肯定。加强党派自身建设，提高履职尽责能力，支持各党派落实《石家庄市各民主党派加强自身建设若干问题座谈会纪要》精神，利用党派学习日，邀请专家教授作专题讲座。引导各民主党派开展“同心奉献、服务社会”活动，全年以创业就业、教育医疗、文化服务、脱贫攻坚等民生事业为主题组织社会服务活动200多次，捐赠物资价值300余万元。

【维护民族宗教稳定】 贯彻落实中央、省、市委关于宗教工作的决策部署，采取教育引导与依法管理并重方式，着力解决宗教领域存在的突出问题，全力构建积极健康的宗教关系。维护民族宗教领域和谐稳定，突出专项治理和重点工作。8月25日，河北省委书记、省人大常委会主任王东峰到石家庄市调研指导宗教工作，实地察看赵县基督教主恩堂、柏林禅寺、栾城区南赵村天主堂，并与宗教界人士和信教群众深入交谈，听取石家庄市宗教工作情况汇报。加强和改进党对宗教工作的领导，市委常委会议先后3次专题研究宗教工作，并纳入领导班子评价考核体系。夯实宗教工作管理，制定印发《关于切实做好新形势下宗教工作的实施意见》《关于建立健全宗教领域维稳长效机制的实施意见》等10个文件。举办全市信息员、指导员培训班和新《宗教事务条例》培训班，提升全市党政领导干部和宗教干部的政策法规水平。召开全市宗教台账工作培训会，分级建立宗教工作台账管理系统。开展“创建和谐寺观教堂指导员和星级寺观教堂”活动，举办全市“双创”活动现场会暨创建指导员培训会。抵御境外宗教渗透，部署摸排宗教非法出版物及“精神传销”等问题，破获相关宗教案件18起。依法治理佛教商业化，组织开展专项排查，指导市佛教协会妥善处理教职人员教风问题1例；违规建造大型露天宗教造像问题，制定“一像一案”整治方案。开展伊斯兰教“去极端化”工作，及时处置和妥善化解5起事件。依法治理天主教地下势力，制定专项取缔方案；注重天主教界人才培养，确定重点培养对象。做好基督教领域重点工作，排查治理私设聚会点2次。

【支持非公经济发展】 重视思想政治引领，促进非公经济人士健康成长。围绕“双创双服”“4+4”现代产业发展等内容，举办非公经济人士专题培训会，受训企业家300多人次。组织优秀企业家赴井冈山参加“不忘创业初心、接续改革伟业”学习教育。向全国工商联推荐4家企业参选《党旗在非公经济领域高高飘扬——新时代民营企业与商会组织党建工作案例》。服务民营经济发展，整合成立市工商联民营经济发展促进中心。制定《加快推进企业挂牌上市工作活动方案》，与石家庄股权交易所联合举办“走进挂牌企业——方大科技园、科林电气”现场学习活动；组织民营企业家参加“时代变革下的企业产融建设与资本运营战略”培训，推动资本市场为实体经济发展服务。深入民营企业开展“访百企、找症结、激活力”主题调研活动，为市委市政府决策提供参考。引导民营企业家参与“百企帮百村”精准扶贫行动。至2018年底，全市274家民营企业（商会）参与“百企帮百村”精准扶贫行动，投入资金1.9亿元，帮扶464个村，惠及群众2.98万人。

【党外人士队伍】 加强党外干部队伍建设，印发《关于建立完善党政领导干部与党外代表人士联谊交友制度的实施意见》《关于科级及以下党外干部实践锻炼的实施意见》，将党外干部的安排使用情况纳入考核内容。开展教育培训活动，举办全市统战部长和科级党外干部培训班，协调做好县处级党外干部学习考察班和基层统战委员培训班，提高受训人员的综合素质和能力水平。抓好试点任务，全力打造楼宇统战工作石家庄样板。召开全市新的社会阶层人士楼宇统战工作现场会，发挥试点示范带动作用。落实“典型引领全覆盖、一县一品一特色”要求，分别在藁城区、裕华区、桥西区、新华区召开现场会，打造出一批各具特色的实践创新示范点。2018年石家庄市新的社会阶层人士统战工作经验材料在《中国统一战线》杂志刊登。

【对台工作】 围绕促进两岸关系和平发展，积极构建石家庄市“4+4”现代产业发展格局，扩大两岸经济文化交流合作，深化两岸经济社会融合发展。积极推进石台两地经济交流，邀请台湾中华绿能产业协会、台湾中华全方位经贸产业联合会等台商协会会长及部分台商参加“石洽会”，期间组织客商参观冀台联两岸青年创业就业交流基地、省博物馆和市规划馆，从人文历史渊源让台湾同胞充分了解历史，了解石家庄的发展前景，加深对两岸本是同根同族同文化的认知和来石投资置业的信心。3月，冀台医学交流论坛暨台湾医学人才引进启动仪式在石家庄华擎医疗美容医院举行。论坛分台湾人才引进签约、冀台医学交流论坛、尖端手术技术演示三个环节，推动《关于促进两岸经济文化交流合作的若干措施》在石家庄落地。9月6日，台湾新竹县长邱镜淳一行10人于到石家庄市考察交流，省台办主任王立杰、副主任付辉东出席会见，市委常委、统战部长、农工委书记王韶华与考察团一行座谈交流。建立石家庄海峡两岸青年交流服务中心、台胞联谊之家两个交流平台，为来石学习、创业、就业的台湾同胞提供便捷服务。2018年赴台交流考察团组共计4个48人次，接待台湾考察团组6批114人次。举办第二届京津冀台中学校长（代表）高峰论坛。来自台湾8所中学师生，北京平谷中学、天津第一中学、石家庄二中、正定中学师生约140人参加活动，为两岸教育教学理念的融合发展奠定基础。

（徐周博）

【市台湾同胞联谊会】 市台湾同胞联谊会（简称市台联）于1999年11月19日成立，是居住在石家庄市的台湾各族同胞的爱国民众团体，以团结联络广大台湾同胞、促进两岸人民交流为己任，为祖国和平统一大业贡献力量，是党和政府联系台湾同胞的桥梁和纽带。开展对台交流活动，以突出让台湾青年了解大陆发展现状为主题，冬令营期间，全市接待来自中国台湾中原大学、铭传大学、嘉义大学等高校大学生86名；夏令营期间，全市接待来自中国台湾台北大学、中原大学大学生32名。8月2日，以刘玉良主任为团长的台湾大甲高级工业职业学校参访团5人到石家庄市交流考察，并参观河北美术学院。支持石家庄市建设，提交惠台政策和城市精细化管理等领域建议和提案。2018年市台联全国人大代表廖海鹰撰写《关于在雄安新区率先践行党的十九大 面向台湾同胞分享机遇 给予同等待遇的建议》得到有关部门回复，市政协委员游艳红提交《关于促进绿色出行推动城市精细化管理的建议》被列市政协大会发言。

（游艳红）

【市黄埔军校同学会】 2018年市黄埔军校同学会（简称市黄埔同学会）秉承黄埔军校同学会宗旨，发挥黄埔军校同学会优势，广泛联络海内外黄埔同学和亲友，为促进祖国统一和石家庄市经济社会发展发挥独特作用。市黄埔同学会采用理事会方式管理，理事会议闭会期间，由会长、副会长、秘书长组成办公会议，主持会务；设立秘书长1人，处理日常工作。至2018年末，市黄埔同学会共有会员8名，年龄最长95岁，最小88岁。推进中华文化交流，8月28日至9月3日，协助省黄埔同学会与北京、天津两市黄埔同学会联合举办“黄埔情缘 共促交流——京津冀台中华文化行”活动，邀请中国台湾退役将领组成参访团到北京、河北、天津三地开展文化交流活动，增进两岸文化认同和民族认同。密切石家庄市与海外华人华侨联系，宣传推介石家庄市优势资源，扩大石家庄市海外知名度和影响力。2018年12月，市黄埔同学会邀请委内瑞拉参访团8人到河北省交流考察，就共同做好促进祖国统一工作探讨交流，同时展示石家庄市红色文化、历史积淀和现代企业风貌，开辟与中南美洲国家联系渠道。

（市委统战部）

政策研究

【概况】 2018年，市委研究室、市委改革办紧紧围绕市委中心工作，扎实开展调查研究和深化改革工作，效率和质量明显提升，以文辅政的工作职能得到有效发挥。全年共完成调研报告20篇，理论性文稿12篇，综合性文稿12篇，编印《外地动态》17期，调查研究和决策咨询工作被省委研究室评为“优秀”等次。深改组共部署200项改革任务，组织召开6次改革领导小组会议，开展集中和专项督察67次，承担省级以上改革试点43项，其中，国家级23项、省级20项，编发《石家庄改革动态》40期。市委机关刊物《石家庄决策》发行12期，获评“省会双十佳内资出版物”。 落实《石家庄市机构改革方案》设置要求，2018年12月市委研究室由市委办公室管理工作部门调整为市委工作部门；市委全面深化改革领导小组改为市委全面深化改革委员会，为市委议事协调机构，市委全面深化改革委员会办公室设在市委研究室。改革后，市委研究室下设9个处室，分别为综合处、经济研究处、农业农村研究处、党建研究处、社会和法治研究处、改革秘书处、改革规划协调处、改革督察处、机关党总支（人事处）。

【调查研究】 全年完成调研报告20篇，涵盖中美贸易战、现代物流、“煤电围城”、开发区改革发展、融资平台转型、人才引进、干部作风、项目推进、公交地铁衔接、高新区人事薪酬制度改革、火车站环境整治等多个方面课题，全部进入市领导思考和决策视野，较好地发挥参谋助手作用。全力做好理论性研究工作。4月至7月，组织骨干力量，围绕习近平总书记在正定工作期间的思考和实践，开展探源性理论研究，撰写研究理论性文稿12篇。其中，“习近平总书记关于加强和改进信访工作重要思想在正定的思考和实践”经省委、市委领导审阅后上报国家信访局。高质量完成综合性文稿。积极发挥以文辅政作用，共完成《市委2018年工作要点》《关于深度解读“4+4”产业格局的安排意见》等综合性文稿12篇。整理的《石家庄市创建全国文明城市工作综述》在《河北发展》刊发。适时摘编外地动态。为市委领导及时提供重要决策信息，借鉴外地成功经验做法推动工作，编印《外地动态》17期，涉及20多个大中城市，涵盖金融、人才、开发区建设、空港临港实验区等内容，大部分得到市委、市政府领导批示。

【推进和深化改革】 发挥组织协调作用，主动为市委全面深化改革委员会决策提供参考。把全面深化改革委员会会议作为推动改革的有力抓手，谋划组织和召开改革委员会会议6次，提交会议审议改革文件28个，听取改革典型经验汇报18个。推动改革任务落地落实。制定出台落实党的十九大精神推进全面深化改革的实施意见，精心谋划200项重点改革任务，围绕“4+4”现代产业发展、行政审批“最多跑一次”等重点工作，安排开展集中和专项督察67次。抓好改革试点。争取改革试点机会，石家庄市入列全国2018年度农村集体产权制度改革整市推进试点，桥西区、鹿泉区分别入列省级综合执法改革试点、省级农村人居环境整治试点。筛选整理全市改革典型案例56

项，其中8项入选全省改革典型先进案例，桥西区行政审批和综合执法改革工作、新华区退役军人管理服务中心建设有关做法等亮点工作走在全省前列。改革工作交流。围绕供给侧结构性改革、城市建设管理体制改革等11个方面，研究确定18个调研课题，提出符合石家庄市实际、具有可操作性的改革举措和工作建议。全年编发《石家庄改革动态》40期，《省委改革动态》刊载44篇。“石家庄改革”微信公众号阅读量突破14万人次，成为宣传石家庄市改革成果的重要载体。

【《石家庄决策》】 2018年《石家庄决策》在全面改版的基础上，共编印12期，发行4万余册，刊物外观形式与内在质量实现双提升，充分发挥党刊舆论引领作用，并连续13年蝉联“全国城市十佳党刊”和“省会双十佳内资出版物”。重点策划开设“学习贯彻党的十九大精神”专栏，为推动全市深入贯彻落实党的十九大精神，推动各项工作落实发挥重要作用。紧贴中心拓展办刊内容，围绕“全面推进省会高质量发展”“加快4+4现代产业发展”等专题，先后向市发改委、国土局等部门，省、市决策咨询委员会、市委党校专家，以及重点县（市）区主要领导等20多家书面约稿，从不同领域、不同角度给予详细解读和集中展示。紧跟形势和任务的需要，畅通部门之间交流对接机制，及时了解市委工作动态，充分发挥决策沟通的桥梁纽带作用。加强全国城市党刊交流合作，先后与12家城市党刊结为“省际宣传合作联盟”，开设“省际互动”栏目，借助其他城市平台宣传推介石家庄市。

【“改革开放40周年——我为家乡改革献一策”主题征文活动】 2018年12月，市委全面深化改革办公室举办“改革开放40周年——我为家乡改革献一策”主题征文活动，评选出一、二、三等奖和优秀奖文章11篇。其中，一等奖1名:《关于解决群众身边“微腐败”问题的思考》——梁红旗；二等奖2名，分别为:《引进发明专利 推动创新发展》——丁运时、《众人喜说改革开放》——沈立锋；三等奖3名，分别为:《开展民生工程建设 提升人民生活品质》——张雨倩、《打造便企利民的互联网政务处理平台》——倪贤秀、《打造24小时在线政府》——周峰；优秀奖5名，分别为:《优化创新管理机制 改善改革发展环境》——张悦、《民生改革建议三点》——袁斗成、《合理优化医保资源 倡导“健康管理”》——胡瑛、《四十年改革开放 三年家乡巨变》——薛生海、《解决农村土地抛荒问题的对策》——葛冬梅。

（康静）

机构编制

【概况】 2018年，市委机构编制委员会办公室（简称市编委办）紧密围绕市委中心工作，贯彻落实中央、省、市关于机构改革的决策部署，发挥机构编制部门职能作用，统筹推进全市党政机构、事业单位、开发园区机构改革。加强机构编制监督检查，围绕各县（市、区）机构改革期间执行机构编制纪律、控编减编执行、审计巡视问题整改、违规设置机构、编制使用核准、超编单位整改等内容开展检查指导，及时发现并纠正问题，严格落实机构编制纪律要求。按照省市统一部署，完成中央、省、市巡视整改及“三不分”专项清理、“回头看”方案制订和问题整改。主动与市委组织部、市委党校沟通协调，将机构编制政策法规和有关制度规定纳入市委党校主体班教学内容，有效增强各级领导干部机构编制政策法规意识。完成党政机关机构改革任务，至2018年末，市级党政机关机构改革完成。全市设置党政机构55个，其中，党委机构16个，包括纪检监察机关1个、工作机关15个，市政府工作部门39个。市人民代表大会及其常务委员会机构改革。整合相关专门委员会职责，组建市人大常委会社会建设委员会，将市人大常委会内务司法委员会更名为市人大常委会监察和司法委员会。市政协机构改革。将市政协农业委员会更名为市政协农业和农村委员会、市政协学习和文史资料委员会更名为市政协文化文史和学习委员会、市政协教科文卫体委员会更名为市政协教科卫体委员会。优化事业单位机构设置，实行政事分开，行政职能回归行政机关。下达承担行政职能事业单位改革涉及市直部门及各县（市、区）行政编制，完成承担行政职能事业单位改革。全市撤销事业单位124个，1193名事业编制置换行政编制795名。机构编制委员会办公室机构设置。改革前，市机构编制委员会办公室是市委工作机构，也是市政府工作机构，列为市委机构序列，规格正县级。12月19日，市委、市政府印发《关于印发〈石家庄市机构改革方案〉的通知》(石字

〔2018〕36号），原市机构编制委员会办公室更名为中共石家庄市委机构编制委员会办公室，列为市委工作机关，归口市委组织部管理，规格正县级。原市机构编制委员会办公室内设机构行政审批制度改革处职能、人员全部划转至市行政审批局（市政务服务管理办公室）。改革后，市委机构编制委员会办公室内设机构8个，分别为综合处、政策法规处、机关机构编制处、事业机构编制处、县乡机构编制指导处、监督检查处、事业单位登记管理处（市事业单位登记管理局）、机关党总支（人事处）；下属事业单位2个，分别为电子政务中心、市机构编制研究中心。办公地址为市区中山东路216号石家庄市政府1号楼。

【党政机关机构设置】 2018年9月，市委成立深化机构改革领导小组及办公室。开展专题调研，听取市直部门（单位）、县（市、区）党政主要领导意见和建议，摸清全市机构编制底数，梳理在机构改革中需统筹解决的突出问题。12月19日，市委市政府印发《关于印发〈石家庄市机构改革方案〉的通知》（石字〔2018〕36号）。12月20日，全市召开深化机构改革工作动员部署会议，宣读公布《石家庄市机构改革方案》。根据中共河北省委办公厅、河北省人民政府办公厅《关于印发〈石家庄市机构改革方案〉的通知》，石家庄市设置党政机构55个。其中，党委机构16个（纪检监察机关1个、工作机关15个），市政府工作部门39个。

中共石家庄市委机构设置 市委工作部门：纪律检查委员会监察委员会、办公厅、组织部、宣传部、统一战线工作部、政法委员会、研究室、全面深化改革委员会办公室（设在市委研究室）、全面依法治市委员会办公室（设在市司法局）、国家安全委员会办公室（设在市委办公厅）、网络安全和信息化委员会办公室、财经委员会办公室（设在市发展和改革委员会）、外事工作委员会办公室（设在市政府外事办公室）、机构编制委员会办公室、审计委员会办公室（设在市审计局）、教育工作领导小组秘书组（设在市教育局）、农村工作领导小组办公室（设在市农业农村局）、市直机关工作委员会、巡察工作领导小组办公室、市信访局、老干部局、保密机要局、市委市政府督促检查办公室、机关事务管理局。石家庄市委设置纪检监察机关1个，计入机构限额的工作机关15个（设在相关部门的市委议事协调机构的办事机构不计入机构限额）。其中，纪律检查委员会与监察委员会合署办公，实行一套工作机构、两个机关名称；组织部挂市公务员局牌子；宣传部挂市精神文明建设委员会办公室、市政府新闻办公室、市新闻出版局（市版权局）牌子；统一战线工作部挂市委台湾工作办公室（市政府台湾事务办公室）、市政府侨务办公室牌子；网络安全和信息化委员会办公室挂市互联网信息办公室牌子；保密机要局挂市国家保密局、市国家密码管理局牌子。教育工作委员会与市教育局合署办公，不计入机构限额。

石家庄市人民政府机构设置 市政府工作部门：办公厅、发展和改革委员会、教育局、科学技术局、工业和信息化局、民族宗教事务局、公安局、民政局、司法局、财政局、人力资源和社会保障局、自然资源和规划局、生态环境局、住房和城乡建设局、城市管理综合行政执法局、交通运输局、水利局、农业农村局、林业局、商务局、投资促进局、文化广电和旅游局、卫生健康委员会、退役军人事务局、应急管理局、审计局、政府外事办公室、国有资产监督管理委员会、市场监督管理局、体育局、统计局、研究室、人民防空办公室、扶贫开发办公室、地方金融监督管理局、行政审批局、医疗保障局、园林局、数据资源管理局。石家庄市人民政府设置工作部门39个。其中，发展和改革委员会挂粮食和物资储备局、口岸和物流发展办公室牌子；科学技术局挂外国专家局牌子；工业和信息化局挂市委军民融合发展委员会办公室牌子；城市管理综合行政执法局挂城市管理局牌子；文化广电和旅游局挂文物局牌子；卫生健康委员会挂爱国卫生运动委员会办公室牌子；应急管理局挂地震局牌子；市场监督管理局挂知识产权局牌子；政府研究室挂政府参事室牌子；地方金融监督管理局挂金融工作办公室牌子；行政审批局挂政务服务管理办公室牌子。

12月26日，市委教育工作委员会、市自然资源和规划局、市应急管理局、市信访局、市委网络安全和信息化委员会办公室、市文化广电和旅游局、市城市管理综合行政执法局、市水利局、市农业农村局、市退役军人事务局、市卫生健康委员会、市医疗保障局、市生态环境局、市市场监督管理局、市科学技术局等调整和新组建的党政机构集中挂牌。至2018年末，市级党政机关机构改革全部完成。全市设置党政机构55个，其中，党委机构16个（纪检监察机关1个、工作机关15个），市政府工作部门39个。

【**市委机关机构改革**】 建立健全和优化市委对重大工作的领导体制机制。组建市监察委员会。落实中央和省委关于深化监察体制改革的部署，将市监察局的职责，以及市人民检察院查处贪污贿赂、失职渎职及预防职务犯罪等反腐败相关职责整合，组建市监察委员会，同市纪律检查委员会合署办公，履行纪检、监察两项职责，实行一套工作机构、两个机关名称，不再保留市监察局。将市委法治石家庄建设领导小组改为市委全面依法治市委员会，作为市委议事协调机构，市委全面依法治市委员会办公室设在市司法局。组建市委审计委员会，作为市委议事协调机构，市委审计委员会办公室设在市审计局。将市委全面深化改革领导小组改为市委全面深化改革委员会，作为市委议事协调机构，市委全面深化改革委员会办公室设在市委研究室。将市委网络安全和信息化领导小组改为市委网络安全和信息化委员会，作为市委议事协调机构；市委网络安全和信息化委员会办公室为市委网络安全和信息化委员会的办事机构，作为市委工作机关，对外加挂市互联网信息办公室牌子。组建市委财经委员会，作为市委议事协调机构；市委财经委员会办公室设在市发展和改革委员会。将市委外事工作领导小组改为市委外事工作委员会，作为市委议事协调机构，市委外事工作委员会办公室设在市政府外事办公室。组建市委教育工作领导小组，作为市委议事协调机构，市委教育工作领导小组秘书组设在市教育局。组建市委国家安全委员会，作为市委议事协调机构，市委国家安全委员会办公室设在市委办公厅。加强市委职能部门统一归口协调管理职能。市委组织部统一管理市委机构编制委员会办公室。将市机构编制委员会改为市委机构编制委员会，作为市委议事协调机构。调整优化市委机构编制委员会领导体制。市委机构编制委员会办公室为市委机构编制委员会的办事机构，承担市委机构编制委员会日常工作，作为市委工作机关，归口市委组织部管理。市委组织部统一管理公务员工作。将市人力资源和社会保障局（市公务员局）的公务员管理职责划入市委组织部，市委组织部对外加挂市公务员局牌子，市人力资源和社会保障局不再加挂市公务员局牌子。市委宣传部统一管理新闻出版和电影工作。将市文化广电新闻出版局的新闻出版、电影管理职责划入市委宣传部，对外加挂市新闻出版局（市版权局）牌子。市委统战部统一领导民族宗教工作。市民族宗教事务局归口市委统战部领导，仍作为市政府工作部门。市委统战部统一管理侨务工作。将市外事办公室（市侨务办公室）的侨务管理职责划入市委统战部，对外加挂市政府侨务办公室牌子；将市外事办公室（市侨务办公室）的海外华人华侨社团联谊等职责划归市侨联行使。市委机构改革其他事项。市档案局（市档案馆）的行政职能，市政府办公厅的地方志行政管理职责划入市委办公厅；将市档案馆调整为市委直属事业单位，不再保留市档案局。市委市政府信访局更名为市信访局，由市委办公厅、市政府办公厅管理的机构调整为市委工作机关。市委老干部局由市委组织部管理的机关调整为市委工作机关，归口市委组织部管理。市委高校工作委员会改为市委教育工作委员会，与市教育局合署办公。市委台湾工作办公室（市政府台湾事务办公室）并入市委统战部，市委统战部加挂市委台湾工作办公室（市政府台湾事务办公室）牌子。市委研究室由市委办公厅管理的机关调整为市委工作机关。组建市委保密机要局，作为市委工作机关，对外加挂市国家保密局、市国家密码管理局牌子。组建市委市政府督促检查办公室，作为市委工作机关。重新组建市机关事务管理局，将市机关事务管理局的职责，以及市委办公厅的政务接待职责整合，重新组建市机关事务管理局，作为市委工作机关。不再设立的机构：不再设立市社会管理综合治理委员会及其办公室、市维护社会稳定工作领导小组及其办公室，有关职责交由市委政法委员会承担；将市委防范和处理邪教问题领导小组及其办公室（市政府防范和处理邪教问题办公室）职责交由市委政法委员会、市公安局承担。

【**政府机关机构改革**】 新组建和优化职责机构。组建市自然资源和规划局，将市国土资源局（市地理信息局）、市城乡规划局的职责，以及市发展和改革委员会的组织编制并实施主体功能区规划职责，市水务局、市农业畜牧局、市林业局的资源调查和确权登记管理职责等整合，组建市自然资源和规划局，作为市政府工作部门。不再保留市国土资源局（市地理信息局）、市城乡规划局。组建市生态环境局，将市环境保护局的职责，以及市发展和改革委员会的应对气候变化和减排职责，市国土资源局的监督防止地下水污染职责，市水务局的编制水功能区划、排污口设置管理、流域水环境保护、南水北调工程项目区环境保护职责，市农业畜牧局的监督指导农业面源污染治理职责等整合，组建市生态环境局，作为市政府工作部门。市生态环境局实行以省生态环境部门为主的双重管理，县（市、区）生态环境部门为市生态环境局的派出分局，由市生态环境局直接管理。将县（市、区）发展和改革、国土资源、水利、农业等部门的相关职责相应划入市生态环境局县（市、区）分局。不再保留市环境保护局及各县（市、区）分局。组建市农业农村局，将市委农村工作委员会、市农业畜牧局的职责，以及市发展和改革委员会的农业投资项目、市扶贫和农业开发办公室的农业综合开发项目、市国土资源局的农田整治项目、市水务局的农田水利建设项目等管理职责整合，组建市农业农村局，作为市政府工作部门；将市农村工作领导小组改为市委农村工作领导小组，办公室设在市农业农村局；将市农业畜牧局的渔船检验和监督管理职责划入市交通运输局；不再保留市委农村工作委员会、市农业畜牧局。组建市文化广电和旅游局，将市旅游发展委员会的职责，以及市文化广电新闻出版局的文化、广播电视、文物管理职责整合，组建市文化广电和旅游局，作为市政府工作部门，加挂市文物局牌子；不再保留市文化广电新闻出版局、市旅游发展委员会。组建市卫生健康委员会，将市卫生和计划生育委员会职责，以及市民政局的老龄事业管理职责，市安全生产监督管理局的职业安全健康监督管理职责等整合，组建市卫生健康委员会，作为市政府工作部门，加挂市爱国卫生运动委员会办公室牌子；市老龄工作委员会的日常工作由市卫生健康委员会承担；不再保留市卫生和计划生育委员会。组建市退役军人事务局，将市民政局的退役军人优抚安置职责，市人力资源和社会保障局的军官转业安置职责，以及军队有关职责整合，组建市退役军人事务局，作为市政府工作部门，按中央和省有关改革部署实施。组建市应急管理局，将市安全生产监督管理局的职责，以及市政府办公厅的应急管理职责，市公安局的消防管理职责，市民政局的救灾职责，市国土资源局的地质灾害防治、市水务局的水旱灾害防治、市农业畜牧局的草原防火、市林业局的森林防火等相关职责，市科学技术和知识产权局（市地震局）的地震监测、震灾应急救援等相关职责，市防汛抗旱、减灾、抗震救灾、森林防火指挥部（委员会）的职责等整合，组建市应急管理局，作为市政府工作部门，加挂市地震局牌子，按中央和省有关改革部署实施；不再保留市安全生产监督管理局，市科学技术和知识产权局不再加挂市地震局牌子。重新组建市司法局，将市司法局、市法制办公室的职责整合，重新组建市司法局，作为市政府工作部门；不再保留市法制办公室。优化市审计局职责，将市发展和改革委员会的重大项目稽查职责，市财政局的市级预算执行情况和其他财政收支情况的监督检查职责，市政府国有资产监督管理委员会的国有企业领导干部经济责任审计和国有企业监事会的职责等划入市审计局。组建市市场监督管理局，将市工商行政管理局、市食品药品监督管理局、市质量技术监督局的职责，以及市发展和改革委员会（市物价局）的价格监督检查与反价格垄断相关职责，市商务局的反垄断相关职责，市科学技术和知识产权局的知识产权管理职责等整合，组建市市场监督管理局，作为市政府工作部门，加挂市知识产权局牌子；市政府食品安全委员会的具体工作由市市场监督管理局承担；不再保留市工商行政管理局、市食品药品监督管理局、市质量技术监督局，市发展和改革委员会不再加挂市物价局牌子。组建市医疗保障局，将市人力资源和社会保障局的城镇职工及城乡居民基本医疗保险、生育保险职责，市发展和改革委员会（市物价局）的药品和医疗服务价格管理职责，市民政局的医疗救助职责等整合，组建市医疗保障局，作为市政府工作部门。组建市行政审批局，将市相关部门的行政审批职责整合，组建市行政审批局，作为市政府工作部门，加挂市政务服务管理办公室牌子；按照中央和省相关要求，深化设立行政审批局改革，实行“一枚印章管审批”；推动审批服务全方位、深层次变革，健全行政审批局与同级监管部门及上下级部门间工作协调配合机制。配合做好国税、地税征管体制改革。市政府机构改革其他事项。将市商务局承担反垄断相关职责、市打击侵犯知识产权和制售假冒伪劣商品工作领导小组办公室职能划转至市市场监督管理局，食糖收储轮换和日常管理职责划转至市发展改革委，典当、融资租赁监督管理职能划转至市地方金融监督管理局。将市农业畜牧局的草原监督管理职责，以及市国土资源局、市住房和城乡建设局、市水务局等部门的自然保护区、风景名胜区、自然遗产、地质公园等管理职责划入市林业局，市林业局由市自然资源和规划局统一领导和管理。市外事办公室更名为市政府外事办公室。组建市政府研究室，作为市政府工作部门，加挂市政府参事室牌子。市扶贫和农业开发办公室更名为市扶贫开发办公室，作为市政府工作部门。市金融工作办公室改为市地方金融监督管理局，作为市政府工作部门，保留市金融工作办公室牌子。重新组建市政府直属事业机构市园林局，作为市政府工作部门。组建市数据资源管理局，作为市政府工作部门。

【党政机构改革时间表】 1月2日，市编委印发《关于石家庄市深化国家监察体制改革涉及机构调整和人员编制转隶有关问题的通知》（石机编〔2018〕1号），撤销市监察局、市人民检察院反贪污贿赂局、反渎职侵权局、职务犯罪预防处等机构，将相关职责、人员编制和领导职数划转至市监察委员会，与市纪律检查委员会合署办公。撤销高新区检察院反渎职侵权局、反贪污贿赂局、职务犯罪预防处，核减科级职数3正1副。

1月5日，市编委办、市中级人民法院联合印发《关于将石家庄市法院系统机构编制移交省级统一管理的报告》（石机编办〔2018〕3号），将市中级人民法院及22个基层法院机构编制移交省统一管理。1月5日，市编委办、市人民检察院联合印发《关于将石家庄市监察系统机构编制移交省级统一管理的报告》（石机编办〔2018〕2号），将市人民检察院、冀中南地区人民检察院及22个基层检察院机构编制移交省级统一管理。

1月19日，市编委印发《关于中共石家庄市委教育工作委员会更名为中共石家庄市委高校工作委员会的通知》（石机编〔2018〕3号），将中共石家庄市委教育工作委员会更名为中共石家庄市委高校工作委员会，仍与市教育局实行一个机构两块牌子。市委高校工委核定行政编制8名，设书记1名，兼职副书记2名，专职副书记1名，所需编制从市教育局调剂3名，新增5名；核定科级职数2政2副，核减由市教育局副局长兼任的市委教育工委副书记职数1名。将市教育局组织干部处（机关党委、机关纪委）更名为机关党委（机关纪委），设机关党委专职副书记兼机关纪委书记1名。

1月23日，市编委办印发《关于中共石家庄市纪律检查委员会、石家庄市监察委员会机关机构编制事宜的通知》（石机编办〔2018〕6号），明确市纪律检查委员会、市监察委员会合署办公，实行一套工作机构，两个机关名称，履行纪检、监察两项职能，并明确内设机构和人员编制。

1月25日，市编委办印发《关于规范县级党委巡察机构的通知》（石机编办〔2018〕7号），明确各县（市、区）巡察机构设置事宜。

2月5日，市编委印发《关于调整市城管委及所属事业单位职能和机构编制事宜的批复》（石机编〔2018〕7号），同意将市水务局、市园林局、市公安局、市住建局、市环保局、市工商局、市交管局、市食药监局等部门承担的部分行政处罚权划入市城管委（局）。同意市城管委（局）增设安全生产管理处、城区供水管理处、宣传处，增加行政编制16名，增加正科级职数3名，核减市住建局科级职数1名。相应调整水务集团隶属关系、划转民心河河道管理职能及相应机构编制、调整市供热管理中心编制、调整市燃气监督管理站编制、调整城管执法队伍隶属关系。

2月8日，市编委印发《关于在部分县（市、区）民政局加挂扶贫开发领导小组办公室牌子的通知》（石机编〔2018〕9号），批准藁城等12个县（市、区）民政局加挂扶贫开发领导小组办公室牌子；在民政局设立扶贫科，规格股级。

3月1日，市编委办印发《关于市编委办公室调整内设机构的批复》（石机编办〔2018〕9号），同意设立县乡机构编制指导处、事业单位登记管理处，增加科级职数2正2副。

3月1日，市编委办印发《关于调整市公安局新华分局派出所和刑警中队机构设置的批复》（石机编办〔2018〕12号），同意市公安局新华分局撤销五七路派出所及刑警中队，设立赵佗路派出所及刑警中队，所需编制、职数均从原五七路派出所及刑警中队划转。

3月1日，市编委办印发《关于设立市公安局留置保障支队的批复》（石机编办〔2018〕13号），同意市公安局设置留置保障支队，规格正科级，核定政法专项编制10名，领导职数2正1副，并明确具体职责。

3月1日，市编委办印发《关于市体育局设立体育产业处的批复》

（石机编办〔2018〕14号），同意市体育局设立体育产业处，增加正科级职数1名，减少副科级职数1名；将体育经济处更名为计划财务处，不再承担体育产业管理职责。

3月1日，市编委办印发《关于向市委市直机关工委派驻监察组等事宜的批复》（石机编办〔2018〕15号），同意市监察委向市直机关工委派驻监察组，与市纪委派出市直机关纪工委合署办公，增设纪工委副书记职数1名，减少副科级职数1名。

3月1日，市编委办印发《关于市归国华侨联合会内设机构更名的批复》（石机编办〔2018〕16号），同意将市侨联办公室（侨联处）更名为办公室，经济处更名为联络经济部、权益保障处更名为权益保障部（基础工作部）。

3月1日，市编委办印发《关于市公安局长安等九个分局刑警大队设立有组织犯罪侦查中队的批复》（石机编办〔2018〕17号），同意市公安局长安、桥西、新华、裕华、高新区、井陉矿区、公共交通、站前、循环化工园区等9个分局刑警大队增设有组织犯罪侦查中队，各核定领导职数1正2副，正职副科级，相应编制数各中队编制数。明确晋州、新乐等县（市、区）公安局可参照市级做法，按机构编制管理规定程序办理。

3月1日，市编委办印发《关于新华区设立赵陵铺路等五个街道办事处的批复》（石机编办〔2018〕18号），同意撤销赵陵铺镇、大郭镇、西三庄乡、杜北乡和五七路街道办，设立赵陵铺路、赵佗路、大郭、西三庄、杜北街道党工委和街道办事处；同意赵陵铺路、大郭、杜北、西三庄街道党工委、街道办设4个事业单位（股级）；赵佗路党工委、街道办设立1个事业单位（股级）；相应明确各事业单位编制。

3月1日，市编委办印发《关于市环境保护局各县（市、区）分局领导职数及内设机构事宜的批复》（石机编办〔2018〕19号），对21个县（市、区）环保分局科技职数进行明确。

3月1日，市编委办印发《关于市统计局增设统计执法监督处的批复》（石机编办〔2018〕20号），同意增设统计执法监督处，增加正科级职数1名，减少副科级职数1名。

3月20日，市编委办印发《关于市投资促进局增设机关党总支专职副书记职数的批复》（石机编办〔2018〕27号），同意市投促局成立机关党总支，增设机关党总支专职副书记职数1名（正科级），核减副科级职数1名。

3月29日，市编委印发《关于中共石家庄市纪律检查委员会、石家庄市监察委员会派驻纪检监察组有关事宜的批复》（石机编〔2018〕12号），同意市纪委监委向市一级党和国家机关派驻纪检监察组，并对相应机构予以更名。

4月13日，市编委印发《关于调整市扶贫和农业开发办公室机构编制的批复》（石机编〔2018〕27号），同意为市扶贫办增加事业编制12名；同意增设调研处、异地搬迁处，增加科级职数2正1副。

6月5日，市编委办印发《关于市教育局学校安全稳定管理处更名等事宜的批复》（石机编办〔2018〕42号），同意市教育局学校安全稳定管理处更名为学校安全管理处，将教育系统信访稳定职责调整到局办公室。

6月7日，市编委办印发（石机编办〔2018〕50～54号），在市发展改革委、市国资委、市国土局、市民政局、市轨道办、市卫计委、市旅发委、市商务局、市园林局、设立安全生产监督管理处，并相应增减科级职数。

6月8日，市编委印发《关于调整明确市住建局、市城管委部分职责分工的通知》（石机编〔2018〕37号），明确市内四区燃气管理、农村“气代煤电代煤”管理、城镇容貌整治和污水垃圾处理等职责分工。

7月5日，市编委办印发《关于同意桥西区开展综合执法改革试点的批复》（石机编办〔2018〕57号），同意桥西区开展综合执法改革试点。

8月13日，市编委办印发《关于尽快做好交通运输行政审批事项移交工作的通知》（石机编办〔2018〕61号），明确交通运输局于8月17日前将相关行政审批职能移交市行政审批局。

8月21日，市编委印发《关于向市行政审批局划转审批勘验职责等事宜的通知》（石机编〔2018〕9号），将市直有关部门已划转行政许可事项涉及的现场勘验、审图、联合验收等有关职责，统一划转到市行政审批局，为市行政审批局增加行政编制10名，增设勘验一处、二处；将网络技术服务部更名为市行政审批综合服务中心，核定全额拨款事业编制80名，科级职数1正3副；撤销市委老干部局所属市老干部服务中心，收回自收自支事业编制4名、科级职数1正1副，承担职责划入市老干部活动中心。

10月19日，市编委办印发《关于贯彻落实省委组织部、省委统战部、省编委办〈关于在乡镇（街道）配备宗教工作专职干部的通知〉的通知》(石机编办〔2018〕65号)，明确各县（市、区）乡镇（街道）配备宗教工作专职干部事宜。

12月19日，市编委印发《关于规范市公安局高新技术产业开发区分局职位设置的通知》(石机编〔2018〕43号)、《关于规范市卫生和计划生育委员会中医处职位设置的通知》(石机编〔2018〕44号)、《关于规范市大气和水污染防治指挥部办公室机构设置的通知》(石机编〔2018〕45号)，规范设置相关机构、职位。

12月29日，市编委印发《关于规范市交通运输工会、供销工会职位设置的通知》(石机编〔2018〕47号)、《关于规范市委政法委信访处、市森林公安局职位设置的通知》(石机编〔2018〕48号)，规范设置相关机构、职位。

12月29日，市编委印发《关于设立高新区市场监督管理局的通知》(石机编〔2018〕49号)，撤销原市工商局高新区分局、市质监局高新局分局，相关职责与高新区相关职责整合，组建石家庄高新技术产业开发区市场监督管理局。

12月29日，市编委印发（石机编〔2018〕52～67号)，对市委会议办公室、市委反腐败协调领导小组办公室、市民主党派机关事务管理办公室、市直机关工会工作委员会、市直武装部、市政府办公厅、市发改委、市民政局、市军队转业干部安置工作领导小组办公室、市普法办公室等相关机构、职位进行规范设置；撤销市委第七至第十巡察组、原市工商局企业监督管理分局、市委干部考核委员会办公室、原市国土资源局高新区分局、市农业办公室、市审计局园区分局；组建河北石家庄循环化工园区市场监督管理局。

【事业单位机构改革】 2018年4月，根据省编委办《关于下达石家庄市承担行政职能事业单位改革试点置换所需行政编制的通知》(冀机编办〔2018〕39号）文件精神，市编委办分别为承担行政职能事业单位改革涉及的市直部门及各县（市、区）正式下达行政编制，全面完成承担行政职能事业单位改革。优化事业单位机构设置，实行政事分开，行政职能回归行政机关。下达承担行政职能事业单位改革涉及市直部门及各县（市、区）行政编制，完成承担行政职能事业单位改革。全市撤销事业单位124个，1193名事业编制置换行政编制795名。事业单位改革主要时间表：

1月19日，市编委印发《关于整合部分市直部门所属电子政务事业机构的通知》(石机编〔2018〕4号)，整合撤销市委办公厅所属市委信息中心和市政府办公厅所属市信息中心、市发改委信息中心、市工商联网络信息处等4个事业单位，组建市电子政务中心。

1月21日，根据省编委《印发〈关于抓紧设立退役军人管理服务机构的指导意见〉的通知》(冀机编〔2018〕3号）文件精神，市编委印发《关于设立市退役军人管理服务中心的通知》(石机编〔2018〕5号)，同日，市编委向各县（市、区）下发《关于各县（市、区）设立退役军人管理服务机构的通知》(石机编〔2018〕6号)，并加强对此项工作的督导，截至1月31日，市、县、乡、村全部完成退役军人管理服务机构组建工作。

3月1日，为缓解部分区中小学教职工编制不足的问题，结合深化教育改革、消除义务教育学校大班额的有关要求，根据中央编办发〔2014〕72号文件相关标准和在校生数，市编委办印发《关于调整市内部分区中小学教职工编制的批复》(石机编办〔2018〕22号)，为新华区、裕华区、高新区下达中小学教职工编制275名。

6月5日，根据市政府办公厅《关于加快中等职业教育资源整合与职教园区建设的实施方案》(石政办发〔2016〕44号）有关精神，市编委办印发《关于职教园区第一阶段学校整合的批复》(石机编办〔2018〕43号)，整合职教园区第一阶段涉及10所学校，设立石家庄电子信息学校、石家庄交通运输学校、石家庄财经商贸学校、石家庄文化传媒学校、石家庄旅游学校。

12月29日，根据机构改革有关要求，市编委印发《关于规范市医疗保险管理中心机构编制事宜的通知》(石机编〔2018〕69号)、《关于规范市电子政务中心机构编制事宜的通知》(石机编〔2018〕68号）等文件，将市医疗保险管理中心等4个事业单位的规格由正县级调整为副县级。

【开发区（园区）机构改革】 1月19日，市编委办印发《关于调整河北石家庄长安国际服务外包经济开发区管理机构的通知》(石机编办〔2018〕8号),明确中共石家庄长安区委、长安区人民政府是河北石家庄长安国际服务外包经济开发区工作的责任主体。中共河北石家庄长安国际服务外包经济开发区工作委员会、河北石家庄长安国际服务外包经济开发区管理委员会不明确规格,根据长安区委、区政府授权,对辖区行使管理、监督、协调、服务等职能;党工委、管委会设置工管委办公室、财政局、经济发展局、建设管理局、投资服务局5个内设机构。根据发展需要,区编委可在限额内自主设立和调整内设机构,并报市机构编制部门备案,不再核定开发区人员编制。开发区(园区)改革主要时间表:

5月11日,市编委办印发《关于调整石家庄高新技术产业开发区和河北石家庄循环化工园区工商注册登记管理体制的通知》(石机编办〔2018〕35号),将市工商行政管理部门承担的石家庄高新技术产业开发区、河北石家庄循环化工园区范围内的工商注册登记(不含外商投资企业)及广告发布单位登记等职责分别交由石家庄高新技术产业开发区、河北石家庄循环化工园区管委会承担。

12月11日,市编委印发《关于设立循环化工园区安全生产监察大队的批复》(石机编〔2018〕42号),同意设立石家庄循环化工园区安全生产监察大队,为该区安全生产监督管理局(食品药品监督管理局)所属事业单位。

12月27日,市编委办印发《关于石炼小学移交河北石家庄循环化工园区管理的通知》(石机编办〔2018〕72号),同意石家庄高新区将石炼小学整体移交河北石家庄循环化工园区管委会管理,编制人员一并划转。

【行政审批制度改革】 2018年石家庄市分三批衔接国务院和省政府取消下放行政权力事项56项(取消14项、承接42项),自行取消下放调整行政权力事项20项(取消6项、下放1项、调整13项)。根据《河北省人民政府关于衔接落实国务院取消一批行政许可事项的通知》(冀政办发〔2017〕6号)文件精神,1月17日,市政府办公厅印发《关于衔接落实国务院、省政府取消一批行政许可和调整合并下放部分行政权力事项的通知》(石政办函〔2018〕5号),市政府决定对应省政府取消的4项省政府部门行政许可事项,石家庄市衔接取消行政许可2项,对国务院、省政府取消的12项中央指定地方实施的行政许可事项,石家庄市对应落实取消4项。同时,根据近期新修订的国家法律、法规、省部委相关文件,取消6项,合并调整下放14项。

根据《河北省人民政府办公厅关于省政府部门自行取消下放一批行政许可事项的通知》(冀政办发〔2018〕1号)文件精神,2月10日,市政府办公厅印发《关于衔接落实省政府部门自行取消下放一批行政许可事项的通知》(石政办函〔2018〕22号),市政府决定对应省政府部门自行取消下放的70项省政府部门行政许可事项,石家庄市衔接取消和承接43项。其中,衔接取消1项,承接下放42项(直接下放28项,委托下放12项,授权2项)。

根据《河北省人民政府办公厅关于衔接落实国务院取消一批行政许可等事项的通知》(冀政办发〔2018〕7号)文件精神,参照省政府对应国务院取消的11项行政许可等事项,9月10日,市政府办公厅印发《关于衔接落实省政府对应国务院取消一批行政许可等事项的通知》(石政办发〔2018〕37号),石家庄市对应衔接取消行政许可等事项7项。

(市编委办)

机关工委

【概况】 2018年,中共石家庄市委市直机关工作委员会(简称市直机关工委)坚持以党的十九大精神和习近平新时代中国特色社会主义思想为指导,以深化市直机关作风整顿、夯实机关党的基层组织基础为重点,深化“双问计”活动载体,坚持党要管党、全面从严治党,团结带领市直机关各级党组织和广大党员,攻坚克难,狠抓落实,市直机关党的建设及组织、思想、作风明显加强。重视理论武装,以市直部门党组(党委)理论中心组专题学习为切入口,履行督导责任,组织市直单位8万多人参加主题实践活动,实现及时跟进学、深入思考学、联系实际学目标。严格落实中央八项规定和实施细则要求,组织明察暗访14次,发现并依程序处置线索27件。审理市纪委监委移送案件66起,审结62起。给予开除党籍处分5人,留党察看2人,严重警告处分8人,警告处分12人,开除公职处分5人,收缴违纪资金15万余元。至2018年底,市直机关工委管理基层党委174个、党总支107个、党支部2032个、党员43496名。

【思想政治建设】 强化理论武装，着力在学通弄懂做实上见成效。以市直部门党组（党委）理论中心组专题学习为切入口，坚持每月推荐必读书目，认真履行督导责任，推动市直机关广大党员及时跟进学、深入思考学、联系实际学。举办市直机关党组织书记、专职副书记、机关纪检干部、工会干部、妇女干部等5个专项培训班，培训党务干部和理论骨干1000多名。同时，督促各单位通过集中学习、专题辅导、知识问答、演讲比赛等形式，做到学在深处、谋在要处、干在实处、走在前列，切实筑牢信仰之基、把稳思想之舵。强化意识形态阵地，着力提升宣传工作能力。打造丰富的活动载体，组织开展“第二届书香机关、践行梦想暨纪念改革开放40周年”演讲比赛、“不忘初心 牢记使命”知识竞赛等主题实践活动，市直机关8万多人次参加，教育和引导了党员、干部提高政治站位。加强阵地建设，传播好声音。督促市直机关落实思想政治工作定期分析、谈心谈话制度，及时掌握思想动态，做好教育疏导。建好、用好、管好机关党建杂志、机关党建网、党建微信公众号，提高石家庄机关党建影响力。全年审查各类文稿1998篇，刊载交流426篇。开展争创市“青年文明号”和“三八红旗手”推荐表彰活动，激发机关干部职工工作动力和活力。扎实做好扶贫帮困送温暖工作，为4名困难职工申请救助金57040元，为441人申请住院补贴21.48万元。7月13日，市直机关工委举行市直机关“奋斗新时代 我们一起来”365百姓故事汇讲述选拔竞赛。以“奋斗新时代、践行新思想、实现新作为”为主题，主要展现改革开放40年发生的深刻变化，从最基层发动、层层选拔，以真人真事和真情实感开展形式多样的讲述活动；30多家市直单位推荐36名优秀讲述者参赛；经过角逐，最终确定5名优秀讲述者参加全市“奋斗新时代 我们一起来”365百姓故事汇展示活动。

【组织建设】 年初组织召开机关党建工作会议，安排部署党建工作，提出明确要求，强化党建责任。坚持每季度专题研究1次机关党建工作，并将党建工作责任制落实情况纳入机关党建在线考核，实施动态监管，推动党建工作落实落细。通过积极协调，将市直机关党建经费全部纳入2019年度财政预算，解决长年影响基层党建工作发展的难点问题。结合巡视巡察整改，对32个市直单位党组织下发《基层党组织按期换届督办函》，督促18个市直部门党组织、619个基层党组织完成换届。督促56个市直部门设立机关纪委，23个部门设立纪律检查委员，建立健全机关纪委组织。选树培育裕华交警大队、市卫计委宣教中心党支部等10个不同行业党员活动室标准化建设示范点，9月30日组织召开现场观摩交流会，起到示范带动作用。加强党员教育管理。严格标准、程序，高质量做好党员发展工作，全年培训发展对象550名，接收预备党员630名。开展主题党日活动，增强党员干部荣誉感和归属感。完成“双报到、双报告、双考核”工作，实现机关党组织报到率100%，在职党员报到率98%。慰问建国前老党员和困难党员864人次，发放慰问补助金45.67万元．

【作风建设】 针对中央巡视反馈8个方面问题，查找问题19项，制定整改落实方案和整改任务清单，强力推动整改。针对“一些市直部门党建工作虚化、弱化、边缘化”问题，研究制定《关于加强新时代机关党的工作的意见》“1+7”系列文件，督导基层加强党建工作。扎实抓好市委巡察反馈问题整改。针对市委巡察组反馈意见六个方面12项问题，先后组织召开书记会7次、书记扩大会4次、巡察整改专题民主生活会1次、巡察整改推进会1次，研究落实巡察整改任务，严格抓好整改落实。到年末整改完成10项，基本完成2项，新定制度9个、修订完善制度17个，从源头上巩固巡察整改成果。认真抓好作风纪律专项整治。深入开展以“十查十改”为主要内容的纠正“四风”和作风纪律专项整治，共查摆问题448个，建立健全“四个清单”，扎实督导整改，完成整改397个，促进机关作风根本好转。严肃监督执纪问责。认真抓好中央八项规定和实施细则落实，组织明察暗访14次，发现并依程序处置线索27个。审理市纪委监委移送案件66起，审结62起。开除党籍处分5人，留党察看2人，严重警告处分8人，警告处分12人，开除公职处分5人，收缴违纪资金15万余元，发挥惩戒震慑作用。积极推进目标绩效管理。完成80个市直机关单位、428个直属单位目标绩效管理考核工作，对排名倒数10位的单位发出提示函，推动在线考核有效开展。

（刘卫星）

信 访

【概况】 2018年，全市信访系统贯彻落实中央、省、市关于信访工作的决策部署，妥善处理群众反映的热点、难点和困难问题，倾听群众呼声，多方为群众谋事、办事，全力帮助群众解决后顾之忧。以为群众办事和谋幸福为出发点，开展信访问题排查。全年组织开展信访问题集中大排查5次，排查重点信访问题1527件，化解1433件，化解率93.8%。重视发挥网络作用，切实解决群众反映的热点、重点问题，群众反映重大信访问题严格做到“日排查、日报告”制度。制定印发《石家庄市信访系统“网上信访”接待工作暂行规定》，规范网上信访案件办理，打造群众反映诉求和解决问题高效、便捷绿色通道，实现“让数据多跑路、让群众少跑腿”要求。全年网上信访量占市县两级信访总量由年初19%升至71%。全年通过各种渠道征集群众建议380多条，编发《人民建议》24期，向相关地方和部门交办、转办建议200余件。落实市信访局机构改革方案，改革后市信访局下设处室以11个，分别为办公室、综合调研处（人民群众建议征集办公室）、督查室、接访一处、接访二处、案件办理处、网上信访处、政策法规处（信息处）、驻京工作处、人事教育处和机关党总支。办公地址为石家庄市新华区和平西路537号。

【群众信访办理】 落实领导干部接访包联制度。省委常委、市委书记邢国辉到市群众工作中心接访约访6次，接待11个案件全部实现结案、息诉罢访。市委、市政府主要领导和分管领导全年批办群众信访事项700余件，批示信访有关工作100余次。全年省领导分包石家庄市信访案件42件，全部办结、息诉罢访。市领导分三批包联的328件重点信访案件全部办结，息诉300件，息诉率91.5%。坚持每月第一个周三集中开展市县乡三级干部大接访活动，每周二、三、四市级党政领导到市群众工作中心公开接访约访，重要敏感时期每天1名市级领导到市群众工作中心接访约访。全年组织开展市县乡三级领导干部大接访活动12次，接待群众来访781件、3227人次，当场解决信访事项33件，落实领导包案718件。2018年石家庄市群众工作中心接待群众来访2700件、8805人次。其中，集体访261批、5290人次，个体访2439件、3515人次。全年立案交办重点案件190件，办理群众来信10441件，指导各县（市、区）处理群众网上信访30730件，群众对办理信访事项满意率达到95%。

【化解信访积案】 按照市委十届三次全会安排部署，从2017年11月1日到2018年6月30日，在全市开展信访积案大化解“双百日攻坚”清仓行动。根据国家和省“四大攻坚战”部署，组织开展信访矛盾“四重化解”行动（重点领域、重点群体、重点问题、重点人员）。牵头成立“双百日攻坚”清仓行动和“四重化解”行动办公室，从相关部门抽调得力干部，集中办公，统一组织、指导、协调调度、督导检查。“炭素公司”、“河心岛”等一大批疑难复杂信访问题得到妥善解决。“双百日攻坚”行动期间，市委、市政府集中交办的信访积案1589件，结案1561件，结案率98.2%，息诉1512件，息诉率95.2%，超额完成市委市政府确定的任务目标。国家和河北省交办石家庄市“四重化解”信访积案248件，全部化解，化解率100%。2018年9月，石家庄市在国家信访局举办的信访局长培训班上作典型发言。

（刘旗）

机关事务管理

【概况】 2018年，市机关事务管理局以“服务精细化、管理规范化、保障高效化”为目标，全力为市委、市政府机关高效有序运转提供服务保障。公务用车改革完成，全年市直属事业单位953人参改，领取补贴397人。严格机关办公用房和房产管理，全年管理办公用房有市政府东院3.26万平方米、市政府西院2.95万平方米、市委西院1.14万平方米，其他办公用房（由房地产管理处负责）4551.58平方米；管理房产总面积102.34万平方米；负责管理小区37个，总面积23.42万平方米。全年市直机关（主要为市政府东院）用电量900.79万千瓦时，节约用电20.28万千瓦时；用水量12.91万吨，节约用水1.31万吨；使用蒸汽量4.58万吨。重视安全保卫，市委、市政府机关大院实现“无刑事犯罪、无治安事件、无火灾事故、无自然灾害”“四无目标”。推进市直机关垃圾分类，制定《石家庄市市直党政机关事业单位生活垃圾分类处置工作实施方案》《石家庄市市直党政机关事业单位生活垃圾分类处置工作考评办法》《石家庄市市直党政机关事业单位生活垃圾分类技术操作规范》，组织召开全市公共机构生活垃圾分类工作业务培训会。2018年1月，市机关事务管理局获评石家庄市创建全国文明城工作先进集体。

【公车使用管理】 市直属事业单位公车改革完成，参改市直属事业单位人员953人，领取补贴397人，取消一般公务用车61辆，保留60辆。至2018年末，录入信息化管理平台账号单位540个、车辆信息2913台，其中，市本级录入信息化管理平台账号单位231个、车辆信息1267台。规范公务用车，设立公务用车标识，安装北斗定位2913台。严格公车管理，制定印发《石家庄市党政机关公务用车管理实施办法（征求意见稿）》《石家庄市市直事业单位公务用车制度改革实施意见》《石家庄市市属国有企业公务用车制度改革实施意见》。2018年市委机关车队共有公车51辆，行驶里程31.99万千米，节约汽油6438升；市政府机关车队共有公车49辆，行驶里程31.93万千米，节约汽油9857升。

【机关房产管理】 制定印发《石家庄市党政机关办公用房管理实施办法（征求意见稿）》《关于解决县（市、区）异地任职县级领导干部住宿问题的指导意见（试行）》。蟠龙湖廉政教育基地、平山温泉培训基地接收及市退役军人管理服务中心办公用房选址、装修改造任务完成。审核大、中房地产项目7个，审核租用办公用房26处，清理6家协会占用办公用房。2018年市机关事务管理局管理办公用房有市政府东院3.26万平方米、市政府西院2.95万平方米、市委西院1.14万平方米，其他办公用房（由房地产管理处负责）4551.58平方米；管理房产总面积102.34万平方米；负责管理小区37个，总面积23.42万平方米。管理房产分别为房地产管理处办公楼、和平西路506号、永泰街73号、民旺里11号、民旺里12号、中华北大街24号、兴凯路221号、兴凯路109号、兴凯路曙光里、柏林北区、高柱小区、联强小区、柏林南区、红旗大街11号楼、市庄路平房、兴凯路72号、水源街63号、革新中街6～12号、革新中街20号、维明北大街96号、华安街86号、西建街10号、西建街12号、西建街14号、西建街16号、师范街9号、新石中路、虹光街31号、中山西路线务段4号、青园小区（15、16号楼）、青园街33号市委宿舍、育才街57号市委宿舍、光华路109号（5号楼）、健康路康华园（1栋墩子楼）、正东路73号院（3、5号楼）、正东路96号院（4号楼）、正东路59号院（3号楼1、2、3单元，4号楼1、2、4单元）、中山东路119号高层宿舍。全年维修面积7.61万平方米，维修金额182.33万元，主要维修项目：永泰街73号院界墙倒塌维修、兴凯路高层院落整修改造、兴凯路高层暖气管道清洗及维修、维明街宿舍楼顶防水维修及虹光街、西建街、水源街等宿舍零星防水维修，更换健康路康华园市委宿舍（24户）楼内上水主管道及预付费式水表48块，健康路康华园市委宿舍（1栋）清理和烫顶，青园小区市委宿舍16号楼楼顶烫顶和重做保温层，中山路高层院内平房统一烫顶、重新硬化院内路面并铺设丙烯酸地坪，中山路高层宿舍平房外墙粉刷，综合整治中山路高层院内整体环境。

【公共机构节能】 全年市直机关（主要为市政府东院）用电量900.79万千瓦时，高峰期月用电（2018年8月）110.7万千瓦时，低峰期月用电（2018年10月）52.5万千瓦时；节约用电20.28万千瓦时，折合金额13.3万元。用水量12.91万吨，节约用水1.31万吨，折合金额10.2万元。使用蒸汽量4.58万吨。更换节电设施。市委东院会议室、走廊、地下车库等公共区域原日光灯管改造为LED节能灯，更换9800支；市政府东院会议室、走廊等公共区域原日光灯管改造为LED节能灯，更换2400支。更换节水设施。市委东院改造利用办公主楼直饮水尾水，引往院西北角洗车房洗车，引入南侧雨水收集池浇灌花草树木，更换节水龙头177个。市政府东院1号楼中央空调和蒸汽茶炉产生的冷凝水改造利用为浴室洗澡水，5号楼净水机产生尾水回收洗车，更换节水龙头320套。全市第二批节水型单位（10家）检查验收和第三批国家级节约型公共机构示范创建工作完成。开展节约型公共机构示范创建活动，选取市疾病预防控制中心、市第六中学、市公安交通管理局3家单位为全市2017～2018年度国家级节约型公共机构示范创建单位。

（韩冰　马腾）

档　案

【概况】 2018年，市档案馆围绕市委中心工作，贯彻落实“为党管档、为国守史、为民服务”要求，依法履行档案收集和保管职责，较好完成档案开发编研、档案服务利用、档案法制教育、档案信息化建设、档案接收征集等工作。加快新档案馆建设，全年市财政安排项目资金3000万元，至2018年末，新档案馆建设项目设计和勘察招标、地质勘查、初步设计评审完成，项目用地地面设施临建搬迁、电力电线改路、通信电缆改迁达到施工要求。严格档案移交和管理，2018年12月，根据市委深化机构改革领导小组办公室印发《全市机构改革组织实施工作方案》《档案管理移交工作方案》总体要求，市档案馆制定《机构改革档案工作处置实施细则》，主动对接机构改革单位和部门。重视馆藏档案保护，至2018年底，市档案馆馆藏文书档案数量达到477个全宗、28.66万卷、21.62万件，图书2.50万册，照片档案5.05万张，光盘926张。加强档案信息化建设，市档案馆门户网站并入市政府网站群，综合电子档案管理系统完成升级；全年档案数字化录入全宗81个、目录495万条（件）、档案全文识别及数字化数据导入1800万幅（条），600万幅（条）档案数字化加工任务完成。整合现有档案数据9T，实现电脑检索和便利查阅。申报2017年度河北省档案学会开发利用档案优秀服务成果11项，其中，一等奖4项、二等奖3项、三等奖4项。2018年市档案馆接待查阅人员8376人次，提供利用档案3.20万余卷次，开具证明4.13万余张，翻拍照片127张，拷贝光盘10张，较好为群众办理养老保险、解决婚姻问题、落实退役军人安置和干部职工政策待遇提供了翔实佐证和依据。

【档案开发利用】 全年市档案馆接收单位档案4个、1011卷、5298件，图书26册，实物13件；接收18个单位报送政府公开信息文件1731件，全部上架向社会公开，接受群众查询。开展档案资料征集，全年征集档案资料200余件，征集《河北石家庄地区历代古籍府县志》(电子版）297卷、7500余页。举办书画家高永祥书画作品捐赠仪式，征集书画作品5件。推进国家重点档案基础目录体系建设，质检录入档案目录1.76万件，整理馆藏革命历史档案、敌伪档案2190卷。开展档案故事编研活动，挖掘市民喜闻乐见的档案历史文化故事，编写档案故事280余篇。采取查找资料、接受采访等方式，配合省档案局拍摄档案文献专题片《曙光》。收集图片300张，编写文字2.5万字，制作《解放石家庄》有声PPT时长1小时。举办首届市人民代表大会档案资料征集活动，协助市人大常委会编写完成《石家庄市首届人民代表大会档案文献汇编》和《石家庄市人民代表大会历史陈列展》布展。全年市档案馆接待查阅人员8376人次，提供利用档案3.20万余卷次，开具证明4.13万余张，翻拍照片127张，拷贝光盘10张。

【档案信息化建设】 适应大数据时代要求，加快档案信息化建设。增强档案信息资源共享，打造档案微信公众号平台。升级改造档案信息网，将市档案馆门户网站并入市政府网站群，实现市县之间、市直部门与市档案馆之间档案信息资源互联互通。推进数字档案馆建设，综合电子档案管理系统完成升级。全年档案数字化录入全宗81个、目录495万条（件）、档案全文识别及数字化数据导入1800万幅（条），600万幅（条）档案数字化加工任务完成。购置网络服务器，数字档案馆存储容量扩大到36T；整合现有档案数据9T，实现电脑检索和便利查阅。保障档案数据资源安全，做好异地档案双向备份。

石家庄市档案馆

馆　长：陈健敏（12月免）
　　　　祁军英（女，12月任）
副馆长：付明华
　　　　朱银刚（12月免）
　　　　傅丽娟（女）
　　　　曹立波（12月任）
　　　　张建伟　崔亚辉

（王世静）

地方史志

【概况】 2018年，市地方志办公室贯彻落实《地方志工作条例》《河北省地方志工作规定》《全国地方志事业发展规划纲要（2015～2020年）》《河北省地方志事业发展规划（2016～2020年）》要求，组织开展地方史志、综合年鉴编纂和地情资源开发等工作。二轮修志。石家庄市第二轮修志规划编修志书23部，其中，市本级1部、县（市、区）志22部（2013年6月原石家庄辛集市划归河北省直接管辖，志书不计入；2014 年 9 月 9 日石家庄市原桥东区撤销，志书计入）。至 2018 年底，全市累计出版印刷志书 16 部，分别是《正定县志》《栾城县志》《新乐市志》《鹿泉市志》《平山县志》《井陉县志》《井陉矿区志》《赵县志》《赞皇县志》《长安区志》《裕华区志》《晋州市志》《元氏县志》《行唐县志》《桥东区志》《藁城市志》；未印刷出版 7 部，分别是《石家庄市志》《桥西区志》《新华区志》《灵寿县志》《高邑县志》《深泽县志》《无极县志》。综合年鉴。按照国务院和河北省部署要求，石家庄市应出版综合年鉴 22 部，至 2018 年末，石家庄市本级和 21 个县（市、区）综合年鉴编纂全部启动。地情资源开发利用。2018 年全市各级地方志工作机构围绕党委、政府的中心工作，适时编纂和出版了反映当地经济、社会、文化等方面发展的地情文献，为挖掘一方历史、发挥资政存史功能、推动精神文明建设发挥了重要作用，主要地情书有乡镇志、村志、社区志及《正定史源》《耿村民间故事选》等。

【鹿泉区村志编修】 2012 年 4 月，鹿泉区全面启动村志编修。2014 年底和 2015 年初，村志编修分别列入鹿泉区第一届党代会报告和政府工作报告，成为鹿泉区“五星乡村”创建和美丽乡村建设考核项目。8 月 20 日，《石家庄日报》刊载《编写一方志史，留下历史墨迹——鹿泉区全面推进村志工作》，全方位、多角度反映了鹿泉区村志工作的进程和经验做法。2018 年鹿泉区出版村志 16 部，分别为屯头村、城东桥东队、西郭庄、王村、上聂庄、上吕村、黄峪村、小河村、南白沙村、南张庄、荷莲峪村、张家庄村、杜家庄村、郑家庄、寺家庄、南庄。至 2018 年末，鹿泉区 208 个村有 199 个村编修村志，累计出版村志 99 部，完成初稿 48 部。鹿泉区村志编修获得社会各界认可和称赞，成为乡村振兴战略一项重要工作和美丽乡村建设一张亮丽名片。

【藁城区乡镇志村志村史编修】 2018 年 11 月，由中共石家庄市藁城区岗上镇党委、镇政府主持编纂的《岗上镇志》在河北人民出版社出版发行。该书是藁城区首部乡镇志，填补了藁城区无乡镇志的历史文化空白。《岗上镇志》于 2013 年启动编纂，上限溯源自建镇发端，下限至 2015 年。篇目采用章、节、目体设置，全书 21 章 92 节，置图照 400 余幅，文字 115 万字，大 16 开精装彩色印刷。该志从建置沿革、自然环境、镇域经济、党政建设、社会民生等方面客观系统地记载了岗上镇的历史变迁、发展历程与现状，书中关于岗上全国文明村、全国重点文物保护单位台西商代遗址记载成为亮点。志书体例完备，内容丰富，图文并茂，是岗上镇一部百科全书。2018 年藁城区部分村庄自发组织编修村志，以此传承历史文化，记载农村发展变化，展示改革开放成果。至 2018 年末，藁城区编修出版村志村史 9 部。其中，村志 8 部，分别为《北席村志》《贾村志》《贾市庄村志》《九门》《南董古镇志》《梅花古镇志》《大奉化村志》《织锦村志》；村史 1 部，即《永安村史》。

【高邑县村志编修】 全年高邑县组织乡村开展村史村志编修，以内部出版方式印刷村志 8 部。《里村志》由里村村民委员会编修，主编刘新国，副主编董占国；2018 年 1 月印刷，全书文字 20 万字。《大夫庄村志》由大夫庄村村民委员会编修，主编刘连芳；2018 年 2 月印刷，全书文字 18 万字。《营儿村志》由营儿村村民委员会编修，主编李新宪；2018 年 4 月印刷，全书文字 17.5 万字。《李家庄村志》由李家庄村村民委员会编修，主编李钟勤；2018 年 5 月印刷，全书文字 20 万字。《西北营村志》由西北营村村民委员会编修，主编胡素梅；2018 年 7 月印刷，全书文字 16.5 万字。《西张村志》由西张村村民委员会编修，主编杨二黑；2018 年 9 月印刷，全书文字 28 万字。《石良庄村志》由石良庄村民委员会编修，主编石全兴；2018 年 12 月印刷，全书文字 32 万字。《小庄村志》由小庄村村民委员会编修，主编常永占；2018 年 12 月印刷，全书文字 20 万字。

【《正定史源》出版发行】 2018 年 1 月，《正定史源》由石家庄百斯特印刷有限公司印刷发行。《正定史源》由正定史源编委员会编，主编王米贵。2009 年启动编纂，2017 年 10 月由河北人民出版社出版发行（ISBN 978-7-202-06331-6）。16 开本印刷，全书文字 139.9 万字。采用卷、节、目体例和小编结构，部首以概述、大事记统摄，设 26 卷、129 节、470 目。记述上限始于春秋战国时期（前 770 年）白狄人在今新城铺建“鲜虞国”，下限止于 1952 年底。书中涉及出土文物、古建修缮、文化艺术、民情习俗、名城览胜部分内容，下限延至2014年。

【《耿村民间故事选》编辑出版】 10月12日，《耿村民间故事选》首发式暨迎接美国女娲故事代表团欢迎仪式在耿村小学广场举行。中国民俗学会会员，北京大学、清华大学等高校学者，《耿村民间故事选》编者及美国女娲故事代表团等60人参加活动。1987年耿村开始第一次民间故事普查，31年间该村编辑出版《耿村民间故事集》《耿村民间文化大观》《耿村一千零一夜》《耿村民间故事精选》《耿村民间故事选》(上、下册)，其中，《耿村民间故事选》入选故事333篇，收录文字40余万字。

【《鹿泉城志》出版发行】 2018年12月，《鹿泉城志》由河北人民出版社出版发行。主编李春义、李日明。该志2016年9月开始启动编纂，是鹿泉城有史以来第一部城志，上溯不限，下限至2017年12月31日。正16开印刷，文字88.9万字。《鹿泉城志》以历史上的城域和撤乡并镇后扩大的获鹿镇域行政区划为记述范围，力求全面系统、准确翔实地记述鹿泉城区自然与社会的发展历史与现状。全志篇目设立编、章、节、条、目结构，共21编64章，以概述、大事记统摄，按照建置、自然环境、政治经济、社会事业和人物为序排列，采用述、记、志、图、表、录等体例，以志为主，横排竖写，大事记以编年体为主、纪事本末体为辅。

【《南高营社区志》出版发行】 2018年12月，由石家庄市长安区南高营社区主持编修的《南高营社区志》交付印刷，主编刘晓翠。南高营社区位于长安区中北部，隶属高营镇，有2300多年历史，素有“玉石高营”之美称。1979年后，南高营以村域土地和劳动力多等优势资源为依托，大力创办集体和民营企业，率先在全省实现亿元村；1999年南高营被市政府授予“百强村”称号，2005年被中央精神文明建设委员会授予“全国文明村镇”称号。该志上限起自周威烈王十二年（前414年），下限至2017年。全书采用纲目体，以事分类，首设概述，次为大事记，中设专志18章。16开本印刷，77万字。主要从建置沿革、自然环境、人口姓氏普析、农业、工业、商贸金融、基础设施等方面客观记载南高营社区的历史发展与现状。

石家庄市地方志办公室

主　任：曹立波（12月免）

副主任：刘建洲（12月免）

武光宇（12月免）

（薛鹏飞　肖海军）

社会科学

【概况】 市社会科学院成立于1993年7月，由原中共石家庄地委、市委讲师团合并组建。1998年加挂“石家庄市委讲师团”牌子。2009年10月，中共石家庄市委常委会研究决定，市社会科学界联合会（简称市社科联）并入市社会科学院（石家庄市委讲师团），列入市委直属事业单位，为社会科学综合研究、理论宣传和社团机构；内设处室7个，分别为办公室、经济研究所（经济教研室）、政治文化研究所（政治文化教研室）、社会法律研究所（社会法律教研室）、信息资料室、学术成果部和学会科普部。市社科联拥有团体会员35个、县（市、区）社科联组织7个、社会科学创新基地15个。2018年全市组织举办社会科学普及活动2000余场，研究形成理论成果650余项，其中，6项成果获得省优秀社会科学成果奖。

【组织建设】 加强社会团体建设管理，依据《社会科学团体登记条例》规定，完善社会团体组织机构，及时传达党的路线方针政策，保证办会方向。全年年检直属学会10个，指导市经济学会完成换届，组建成立市心理学会。巩固县级社科联组织建设，指导赵县、赞皇县、井陉县、栾城区、元氏县、无极县、灵寿县7家县级社科联开展社会科学研究和社会科学普及等活动。发挥社会科学创新基地作用，按照《社会科学创新基地管理暂行办法》，规范晋州市周家庄社史纪念馆、石家庄市图书馆、石家庄市西清公园、无极县郭允礼勤廉文化中心、正定县图书馆、赵县古桥展览馆、灵寿县陈庄歼灭战旧址、赞皇县文化中心、井陉县文化中心、赵县社会科学大院、元氏县封龙书院、栾城区知青部落、正定县塔元庄、石家庄科技工程职业学院、平山柏枝会村15个社会科学创新基地运作。正定县塔元庄村发展成为集理论和实践创新为一体社会科学普及示范基地，全年接待省内外参观学习人员50万人次。

【理论研究】 引导社会科学工作者聚焦党委、政府重点任务和重大决策部署开展理论研究，全年市社会科学工作者形成研究成果650余项，其中，6项成果获得省优秀社会科学成果奖，分别为《河北石家庄历史文化的精神价值研究》《以“放管服”改革优化河北“双创”环境的路径选择》《河北省市场主体增量发展研究》《宋朝遣辽使臣群体研究》《中日韩剑术（道）文化蕴含研究》《中国文化与中国精神》。发布《2018年度石家庄市社科专家培养资助项目课题指南》，受理课题申报55项，41项被确定为社科专家培养资助项目。2018年8月，市社科专家培养资助项目重点课题《井矿印记之档案辑存（第一卷、第二卷）》正式出版。2018年《河北石家庄的历史文脉及人文精神》《治国理政的启航实践》《地方社科智库建设的实践创新》等20余项成果分别获得省、市领导批示。

【社会科学宣传】 落实《河北省社会科学普及规定》，推进社会科学普及创新，扩大科普规模，首次将第科普周改为科普月。6月22日，石家庄市科普月启动仪式在赵县赵州古桥展览馆举行。围绕“习近平新时代中国特色社会主义思想宣传、践行社会主义核心价值观、石家庄高质量发展、热点重点话题‘面对面’”4个板块，全年举办讲座、作品展、研讨会等活动41项，其中37个项目被省社科联确定为省级重点活动项目。创新科普活动形式，由市级单独举办转向市县联办，2018年市社科联与县（区）、高校、社会科学创新基地共同举办科普月活动。根据不同群体需求，发挥各团体优势，打造科普品牌。栾城区社科联“新时代农民讲习所”挂牌成立，实行区、乡镇、村三级共同管理模式；全年栾城区173个村分三批挂牌“新时代农民讲习所”，做到每月举办2～3场讲习活动。正定图书馆举办“正定大讲堂”25场。赵县社科联举办赵州桥科技展览活动。市图书馆每周举办“石图讲堂”1场，全年累计举办“石图讲堂”活动50余场。至2018年末，全市组织举办科普活动达到2000余场。

石家庄市社会科学院

院　长：闫国文

副院长：肖玉良　李贞年

（刘献国）

党　史

【概况】 2018年，市委党史研究室围绕资政育人理念，大力推进党史研究、资料征编、党史宣传等工作。全年编纂出版《中国共产党石家庄历史大事记》3部，分别为《中国共产党石家庄历史大事记（2014）》《中国共产党石家庄历史大事记（2015）》《中国共产党石家庄历史大事记（2016）》。编纂出版专题研究书籍2部，分别为《石家庄改革开放典型经验实录（1978～1993）》《石家庄改革开放重要文献选编（1978～1993）》。重视新媒体宣传，与石家庄电视台全媒体运营指挥中心合作，完成石家庄党史网站建设。12月26日，石家庄党史网正式上线运行，设置“专题研究”“理论园地”“党史课堂”“红色资源”“党史宣教”等栏目。利用石家庄党史微信公众号，推送党史资讯60篇；报送《河北党史网》并刊发石家庄市信息45篇。开展党史资源研究，引导广大党员和群众传承红色基因，增强爱党、爱国、爱人民的历史情怀。2018年市委党史研究撰写党建类论文在市级以上报刊发表5篇，获得河北省委征文二等奖1个、市级论文一等奖1个。

【党史编纂】 2018年9月，由市委党史研究室组织编纂、高卫燕担任主编的《中国共产党石家庄历史大事记（2014）》《中国共产党石家庄历史大事记（2015）》《中国共产党石家庄历史大事记（2016）》由河北人民出版社出版发行。其中，《中国共产党石家庄历史大事记（2014）》全书文字18.9万字，《中国共产党石家庄历史大事记（2015）》全书文字19.3万字，《中国共产党石家庄历史大事记（2016）》全书文字21.8万字。

【党建研究】 全年撰写党建类论文在市级以上报刊发表5篇，获得河北省委征文二等奖1个、市级论文一等奖1个。其中，由刘顺江撰写《深刻的思想来源，坚实的实践根基——从正定实践看习近平治国理政的鲜明特征》获得河北省委党史研究室“全省党史学界纪念改革开放40周年论文征集”二等奖；由马艳丽撰写《红船精神和西柏坡精神蕴涵的首创精神及实践思考》参加“石家庄市机关党建课题调研暨论文征集活动”获得一等奖。刘顺江、马艳丽撰写党建论文入选刊物和杂志。其中，刘顺江撰写的《伟大斗争：对党的历史使命的认识达到新高度》刊于《秘书战线》2018第2期，刘顺江撰写的《四个伟大：对党的历史使命的认识达到新高度》

刊于《石家庄机关党建》2018第1期，刘顺江撰写的《享誉全国的石家庄“撞击反射式”改革》刊于《党史博采》2018第12期，刘顺江撰写的《从严治党：西柏坡时期的历史经验与当代启示》参加纪念中共中央和解放军总部移驻西柏坡70周年研讨会；刘顺江、马艳丽撰写的《红船精神和西柏坡精神蕴涵的首创精神及实践思考》入选《共产党员》杂志征文。

【党史开发利用】 以纪念改革开放40周年为主题，印发《关于做好改革开放以来全市重要文献和典型经验征集辑印工作的通知》。2018年12月，市委党史研究富强编撰《石家庄改革开放典型经验实录（1978～1993）》由河北人民出版社出版发行。主编刘顺江，全书45.5万字，分设综合篇、正定篇、城市篇和县（市、区）篇，收录1978年12月至1993年7月石家庄地市合并15年间石家庄市、石家庄地区在改革开放实践中涌现出的典型经验、典型人物、典型事迹及经验做法等。2018年12月，市委党史研究室编撰《石家庄改革开放重要文献选编（1978～1993）》由中共石家庄市委党史研究室、石家庄市档案局（馆）联合印发。主编刘顺江。全书文字30万字，收录1978年12月至1993年7月石家庄地市合并前15年间中共石家庄市委、中共石家庄地委在改革开放实践中的重要文件、主要领导讲话。全书分市委市政府重要文件、领导讲话，地委行署重要文件、行署领导讲话。文稿收集部分重要文件以时间为序排列，基本保留原文。

中共石家庄市委党史研究室

主　任：高卫燕（12月免）

副主任：王利利　张亚强

刘顺江

（李江江）

党　校

【概况】 2018年，市委党校按照《中共中央关于加强和改进新形势下党校工作的意见》要求，坚持政治建校、质量立校、特色兴校、品牌强校，切实发挥干部教育培训的主渠道、主阵地作用。推进党校迁建工程。2017年12月3日，党校迁建项目经市委十届第34次常委会上确定后。2018年3月1日新校区建设项目获批立项，4月20日正式开工。到年末基本建成，新校址位于石家庄市鹿泉区山前大道626号。强化党员干部理论学习。全年共举办全市干教系统学习贯彻习近平新时代中国特色社会主义思想和党的十九大精神培训班等主体班次27期，培训学员3138人次，对外交流班次45期，培训学员2300人次。举办全市深化统计改革服务“4+4”产业发展等七期系列专题培训班，培训806人次。

【思想政治】 把政治建设放在首位，认真落实意识形态工作责任制，大力弘扬实事求是的学风，从严治校，从严执教，从严治学，坚决做到课堂讲授有纪律、公开言论守规矩。校委通过理论学习中心组、专题讲座和研讨交流等多种形式，深入学习习近平新时代中国特色社会主义思想和党的十九大精神，在学懂、弄通、做实上下功夫见成效，进一步坚定“四个自信”、强化“四个意识”，做到“四个服从”。坚持学而信、学而用、学而行，认真做好习近平新时代中国特色社会主义思想和党的十九大精神进教材、进课堂、进头脑工作，并在全省党校系统率先完成党校教职工十九大精神轮训全覆盖，进一步深化对党校工作的规律性认识，提高党校工作科学化水平。坚持把党风廉政建设纳入领导班子、领导干部目标管理，与业务工作同部署、同落实、同检查、同考核。制定《党风廉政建设和反腐败工作任务分解》和《校委主体责任纪检监督责任清单》，切实加强党风廉政建设责任制落实。

【教学改革】 突出抓好主业主课。理论教育以学习马列主义、毛泽东思想为基础，学习中国特色社会主义理论为中心，突出以学习习近平新时代中国特色社会主义思想为首要任务，研发形成由高举习近平新时代中国特色社会主义思想伟大旗帜等专题构成的习近平新时代中国特色社会主义思想专题模块，纳入主体教学内容，推动党的创新理论及时进课堂、进教材、进头脑。党性教育聚焦党性、党史、党纪党规教育等，设置“党的历史与革命传统教育”“理想信念与党性修养”“党章党规党纪与警示教育”等教学内容。同时，系统总结党性教育品牌建设经验，继续提升“西柏坡精神”“重走赶考路”“知之深　爱之切”特色品牌，厚植现场教学理论基础，拓展党性教育方式。强化专业化知识和业务能力培训。围绕服务“双创双服”和“4+4”现代产业发展，举办全市深化统计改革服务“4+4”产业发展等七期系列专题培训班，培训806人次。全年共举办全市干教系统学习贯彻习近平新时代中国特色社会主义思想和党的十九大精神培训班等主体班次27期，培训学员3138人次，对外交流班次45期，培训学员2300人次。

【科研咨政】 全年公开发表学术论文138篇，其中核心期刊9篇。立项课题34项，其中省部级课题8项（含省社科基金项目2项）。全市党校系统研究项目立项14项。出版《河北省社会工作发展状况的观察与思考》《数字出版产业发展与对策研究》《大梁江 太行深处的石头村》等3部著作。《领导决策参阅》刊发4篇，其中《关于创造国家卫生城市的几点建议》得到省委常委、市委书记邢国辉等市领导批示。围绕构建“4+4”现代产业发展格局开展市情研究工作，形成《发挥优势建设商贸物流中心城市》《打造石家庄产业升级“发动机”》等高质量调研文章。《光明日报》刊发“推进组织振兴，以基层党建促乡村振兴”。在第十一届全省党校科研工作评比中，石家庄党校获评“全省党校系统科研工作组织奖”，获奖成果19项，列全省党校系统第一名。

中共石家庄市委党校

校（院）长：张敬春

常务副校（院）长：马建彬

副校（院）长：崔志进　尹浩

董杰　唐永志

（市委党校）

石家庄市人民代表大会

【概况】 2018年，市人民代表大会及其常务委员会坚持以习近平新时代中国特色社会主义思想为指导，贯彻落实中共十九大和十九届二中、三中全会精神及中共河北省委、石家庄市委的决策部署，坚持党的领导、人民当家作主、依法治国有机统一，履行宪法和法律赋予的职责，组织开展立法、监督、决定、任免、代表选举等工作，全面推进民主法治建设。全年市人大常委会制定、修订、修正地方性法规5部，启动制定地方性法规1部，完成立法项目前期调研2个、规范性文件备案审查23件。履行监督职责，听取和审议市“一府两院”专项工作报告19项，审议议题56项，开展集体视察4次、专题视察11次、执法检查5次、专题调研11次、专项资金监督2项、专题询问和满意度测评各1次。依法行使重大事项决定权，作出决议决定18项，包括《关于深入学习宣传和贯彻实施〈中华人民共和国宪法〉的决定》《关于加强检察机关公益诉讼工作的决议》等。坚持党管干部与人大依法选举任免相结合，任免市级国家机关工作人员108名，补选省十三届人大代表7名；市科学技术局、市住房和城乡建设局、市发展改革委、市农牧局、市金融工作办公室5个部门主要负责人和5名法官、5名检察官开展履职评议。撰写和报送建言献策报告19篇。确定2018年人大代表重点建议15件。重视民生事项监督，协调办理群众来信来访404件、725人次。发挥“人大代表之家（站）”作用，全年172个人大代表小组、5500多名各级人大代表进“家”入“站”开展监督活动。2018年市人大常委会组成人员联系市人大代表500多人次，市人大代表联系人民群众3600多人次，征集意见建议600余条；市人大代表参加会议、调研视察、执法检查等活动1500多人次；办理市第十四届人民代表大会第三次会议以来人大代表提出建议361件（含闭会期间6件），其中，转交市人大常务委员会专门委员会办理1件、市政府办理354件、市法院办理5件、市检察院办理1件，涉及市“一府两院”57个承办部门和单位。2018年全市人大代表提出361件建议全部办复，代表建议办成率和代表满意率分别达到65.1%和95.8%。加强对外交流联系，接待来石访问、考察国外议会和国内团组80余批次。规范县、乡人大机构设置，县级人大常委会专门委员会设立完毕，乡（镇）人大机构建立主席专职制度。至2018年底，全市共有五级人大代表1.7万余名，建立“人大代表之家”276个、“人大代表联络站”156个。2018年市人大常委会创建“人大代表之家（站）”的做法被市委评为“全面深化改革典型案例”。

【市第十四届人大常委会组成人员及各部门负责人】

主　　任：司存喜

副 主 任：王宝山

楚行宇（满族）
安树国　韩保来
李志宏（女）
王丽君（女，2月任）
秘 书 长：张院生
委　　员：于荣英　马军
王文晔（女）
付黎音（女）
宁淑敏（女）
邢壮
吕军英（12月免）
乔茜　（女）
刘国清
刘海云（女）
闫凤利　孙任虎
严晋峰（女）
杜娟　（女）
李卫英
李美瑄（女）
李晓华（女）
杨传英（女）
杨志乾（12月免）
时洪斌　何景利
汪克宁
宋国宏（12月免）
张忠良　张聚华
张慧巧（女）
邵新中　武志永
尚秀伟
赵洪　（女）
胡永权　段林国
贾巧秀（女，2月免）
倪华　（女）
高翠君（女）
郭少旭　程鹏起
解立芳（女）
谭运江　潘卫东
潘明文
常务副秘书长：孙任虎
副秘书长：潘明文　刘兆英
马兆芹　王建丰
王占峰

研究室
主　　任：谭运江
副 主 任：王万杰　鲁中欣

选举任免代表工作委员会
主　　任：王云辉
副 主 任：马军　李勤

法制委员会
主　　任：时洪斌
副 主 任：宋健

内务司法委员会
主　　任：杨传英
副 主 任：赵文生

财政经济委员会
主　　任：刘国清
副 主 任：董彦国

农业和农村委员会
主　　任：孙任虎
副 主 任：崔书冠

城乡建设和环境资源委员会
主　　任：倪华
副 主 任：韩建敏

教育科学文化卫生委员会
主　　任：严晋峰
副 主 任：李跃辉

民族侨务外事委员会
主　　任：解立芳
副 主 任：王庄丽

信访办公室
主　　任：潘明文
副 主 任：张万明　原立华

【石家庄市全国和河北省人大代表】 2018年石家庄市共有第十三届全国人大代表14名，分别为：张业、乞国艳（女）、冯丽朝（女）、杜彦良、吴相君、陈春芳、武志永、明海、祝淑钗（女）、靳灵展（女）、魏立华、籍涛（蒙古族）、冯敬坤（女）等。2018年石家庄市共有第十三届河北省人大代表95名，分别为：于树中、王丹（女，满族）、王双廷、王东华、王东峰、王永庭、王志臣、王俊华（女）、王振平、王海侠（女，满族）、王海燕（女）、王景峰、戈江娜（女）、甘金梅（女）、左力鸥、申吉明（女）、田鹏美（女）、白会彬（回族）、白冰川（回族）、司存喜、边丽英（女）、邢国辉、戎美书（女）、朱薪志、刘书为、刘江敏、刘丽蓉（女）、刘金国、刘保忠、刘艳红（女）、刘教民、刘瑞领、刘德进、齐明亮、安忠起、李青（女）、李静（女）、李文平、李志辉、李拥军、李素敏、李维民、李景辉、李瑜玲（女）、李德进、杨辉素（女）、吴振山、汪克宁、张静（女）、张霞（女）、张成锁、张明利、张树然、张效春、张惠英（女）、陈士芹（女）、陈日红（蒙古族）、陈莉娜（女）、陈维旭、陈聪敏（女）、武鸿儒、范京生、范振增、林慧芳（女）、周英、郑建（女）、孟祥红（女）、赵辉、赵文海、赵素霞（女）、赵维宗、赵增毅、郝静（女）、荣润（女）、侯凤梅（女）、侯俊宏、秦志义、贾凤来、夏先德、高士涛、高云霄（女）、剧慧存、黄建厅、崔雪琴（女）、董晓航、释果通、曾爱民、雷宗奎、裴红霞（女）、翟志海、薛儒（女）、冀泽海、檀英桃（女）、魏倍倍等。

**【市第十四届人民代表大会第三次会

议】2月6～8日，市第十四届人民代表大会第三次会议在市人民会堂举行。听取和审议石家庄市人民政府工作报告。审议石家庄市2017年国民经济和社会发展计划执行情况与2018年市国民经济和社会发展计划草案的报告，审查和批准石家庄市2017年国民经济和社会发展计划执行情况的报告与2018年市国民经济和社会发展计划。审议石家庄市2017年预算执行情况和2018年预算草案的报告，审查石家庄市2017年总预算执行情况的报告和2018年总预算草案，批准2017年市本级预算执行情况的报告与2018年市本级预算。听取和审议石家庄市人民代表大会常务委员会工作报告、石家庄市中级人民法院工作报告、石家庄市人民检察院工作报告。表决通过关于石家庄市人民政府工作报告的决议、关于石家庄市2017年国民经济和社会发展计划执行情况与2018年市国民经济和社会发展计划的决议、关于石家庄市2017年预算执行情况和2018年预算的决议、关于石家庄市人大常委会工作报告的决议、关于石家庄市中级人民法院工作报告的决议、关于石家庄市人民检察院工作报告的决议。王丽君当选市第十四届人民代表大会常务委员会副主任，张明利当选市监察委员会主任。

【市第十四届人大常委会会议】 1月19日，市第十四届人大常委会第九次会议举行。市人大常委会主任司存喜，副主任王宝山、楚行宇、安树国、韩保来、李志宏，秘书长张院生出席会议。副市长孟祥红，市法院副院长尹新民，市检察院检察长陈晓明、副检察长何军恒列席会议。听取市人大常委会秘书长张院生作关于召开市第十四届人民代表大会第三次会议有关事项的报告、市人大常委会研究室主任谭运江作关于市人大常委会工作报告稿的说明；表决通过关于召开市十四届人大三次会议的决定、市十四届人大三次会议建议议程、市十四届人大三次会议主席团和秘书长建议名单、市十四届人大三次会议列席人员名单、市人大常委会工作报告稿。

2018年2月6～8日，市第十四届人民代表大会第三次会议在市人民会堂举行

2月8日，市第十四届人大常委会第十次会议举行。市人大常委会主任司存喜，副主任安树国、韩保来、李志宏、王丽君，秘书长张院生和委员47人出席会议。审议通过人事任命事项和通过关于接受1名市人大常委会委员辞去委员职务请求的决定。

4月24～25日，市第十四届人大常委会第十一次会议举行。市人大常委会主任司存喜，副主任楚行宇、安树国、韩保来、李志宏、王丽君，秘书长张院生和委员43人出席会议。市委常委、常务副市长李雪荣及副市长赵文铎、市监委副主任郝建哲、市法院院长崔存利、市检察院检察长陈晓明列席会议。传达学习十三届全国人大一次会议精神和《中华人民共和国宪法修正案》。审议通过《石家庄市公共文明行为条例》。听取和审议关于2017年度环境状况和环境保护目标完成情况的报告、关于大气污染防治工作情况的报告并开展专题询问。听取5名被评议法官、5名被评议检察官履职情况报告，以无记名投票方式开展履职测评。审议通过人事任免事项。

6月26～27日，市第十四届人大常委会第十二次会议举行。市人大常委会主任司存喜，副主任楚行宇、安树国、韩保来、李志宏、王丽君，秘书长张院生出席会议。市委常委、常务副市长李雪荣，副市长吕素维（女），市监委副主任郝建哲，市法院院长崔存利、副院长张保江，市检察院检察长陈晓明列席会议。学习习近平总书记关于人民代表大会制度的有关重要论述。听取市人大常委会秘书长张院生作关于《石家庄市第十四届人民代表大会常务委员会组成人员守则（草案）》的说明，市人力资源和社会保障局局长王德庆作关于《石家庄市人才发展促进条例（草案）》的说明，市人大常委会法制工作委员会副主任委员时洪斌作关于《石家庄市国家建设项目审计条例修订（草案）》的说明，市人大常委会执法检查组副组长孙任虎作关于检查《石家庄市肉品管理条例》实施情况的报告，市国有资产监督管理委员会主任张军卫作关于国有资产监督管理工作情况的报告，市扶贫和农业开发办公室主任赵永利作关于脱贫攻坚进展情况的报告，市科学技术和知识产权局（地震局）局长王雁南、市住房和城乡建设局局长刘生彦、市旅游发展委员会主任赵俊芳作履职情况报告，市检察院检察长陈晓明作关于人事免职事项的说明。表决通过《石家庄市第十四届人民代表大会常务委员会组成人员守则》《石家庄市国家建设项目审计条例（修订草案）》及人事免职事项。

8月28～29日，市第十四届人大常委会第十三次会议举行。市人大常委会主任司存喜，副主任楚行宇、安树国、韩保来、李志宏、王丽君，秘书长张院生出席会议。副市长吕素维、张学勤，市监委副主任郝建哲，市法院副院长尹新民、刘生吉，市检察院检察长陈晓明、副检察长何军恒列席会议。听取市人大常委会法制工作委员会副主任委员时洪斌作关于《石家庄市人才发展促进条例（草案）》审议结果的报告、《石家庄市人大常委会关于修改〈石家庄市水土保持条例〉和〈石家庄市河道管理条例〉部分行政处罚条款的决定（草案）》的说明、《石家庄市人大常委会关于深入学习宣传和贯彻实施〈中华人民共和国宪法〉的决定（草案）》的说明，市人大常委会执法检查组副组长孙任虎作关于检查《河北省农村扶贫开发条例》实施情况的报告，市人大常委会执法检查组副组长倪华作关于检查《中华人民共和国大气污染防治法》《河北省大气污染防治条例》实施情况的报告，市人大常委会执法检查组副组长刘国清作关于检查《河北省优化营商环境条例》实施情况的报告，市发展改革委主任左力鸥作关于2018年1～6月国民经济和社会发展计划执行情况的报告，市财政局副局长周国春作关于2018年1～6月预算执行情况的报告、关于2017年市本级决算和市总决算情况的报告，市审计局局长裴晓青作关于2017年度市本级预算执行和其他财政收支情况的审计工作报告，市外事办公室主任栾建英作关于外事工作情况的报告，副市长吕素维作人事任免事项说明。表决通过《石家庄市人才发展促进条例》《石家庄市人大常委会关于修改〈石家庄市水土保持条例〉和〈石家庄市河道管理条例〉部分行政处罚条款的决定》《石家庄市人大常委会关于深入学习宣传和贯彻实施〈中华人民共和国宪法〉的决定》及关于批准2017年市本级决算的决议。

10月24～25日，市第十四届人大常委会第十四次会议举行。市人大常委会主任司存喜，副主任楚行宇、安树国、韩保来、李志宏、王丽君，秘书长张院生出席会议。市委常委、常务副市长李雪荣，副市长刘胜，市监委副主任郝建哲，市法院副院长尹新民、刘生吉，市检察院检察长陈晓明、副检察长何军恒列席。学习全国人大常委会委员长栗战书在学习贯彻习近平总书记关于坚持和完善人民代表大会制度重要思想交流会上的讲话和省委书记王东峰在河北省学习贯彻习近平总书记关于坚持和完善人民代表大会制度重要思想电视电话会议上的讲话精神。听取市城管委主任任建忠作关于《石家庄市城市治理综合执法条例（草案）》的说明，市人大常委会执法检查组副组长刘国清作关于检查《石家庄市低碳发展促进条例》实施情况的报告，副市长刘胜作关于办理市十四届人大三次会议代表建议情况的报告、关于利民惠民十件实事办理情况的报告，市体育局局长赵勇作关于全民健身和体育事业发展情况的报告，市财政局局长王东华作关于2018年市级预算调整方案（草案）的说明，市检察院检察长陈晓明作关于公益诉讼工作情况的报告及人事任免事项说明，市农业畜牧局局长左红江、市金融工作办公室主任赵东作履职报告。表决通过《关于加强检察机关公益诉讼工作的决议》，批准2018年市级预算调整方案及有关人事任命。

11月13日，市第十四届人大常委会第十五次会议举行。市人大常委会主任司存喜，副主任楚行宇、安树国、韩保来、李志宏、王丽君，秘书长张院生出席会议。副市长刘胜、市监委副主任贾巧秀、市法院副院长尹新民、市检察院副检察长何军恒列席会议。听取市委常委、组织部长张效春作关于提请任命陈玉祥为市监察委员会副主任并代理主任的说明。表决通过关于接受吕素维辞去副市长职务的请求决定、关于接受张明利辞去市监察委员会主任职务的请求决定及任命陈玉祥为市监察委员会副主任代理主任的决定。

12 月 27 日，市第十四届人大常委会第十六次会议举行。市人大常委会主任司存喜，副主任楚行宇、安树国、韩保来、李志宏、王丽君，秘书长张院生出席会议。听取市人大常委会秘书长张院生作关于召开石家庄市第十四届人民代表大会第四次会议有关事项的报告、市人大常委会研究室主任谭运江作关于《石家庄市人民代表大会常务委员会工作报告稿》的说明、市审计局局长裴晓青作关于《2017 年度市本级预算执行和其他财政收支的审计工作报告》中有关问题整改情况的报告、市财政局副局长周国春作关于 2018 年市级社会保险基金预算调整方案（草案）的说明、副市长赵文锋作关于人事任免事项的说明、市人大常委会副主任楚行宇作关于接受 1 名省十三届人大代表辞去代表职务的说明和关于补选 7 名省十三届人大代表的说明。表决通过关于召开市第十四届人民代表大会第四次会议的决定、市第十四届人民代表大会第四次会议建议议程、市第十四届人民代表大会第四次会议主席团和秘书长建议名单、市第十四届人民代表大会第四次会议列席人员名单、市人大常委会工作报告稿、关于批准 2018 年市级社会保险基金预算调整方案的决定、关于接受 1 名省十三届人大代表辞去代表职务的决定、关于接受 3 名市人大常委会委员辞去委员职务的请求的决定。

【市人大常委会主任会议】 2018 年市人大常委会召开主任会议 14 次，研究和讨论议题 90 项。研究提交常委会会议各项视察报告、调研报告、执法检查情况报告和人事任免事项及市人民代表大会、市人大常委会会议等重要会议会务筹备。学习传达省“双创双服”活动动员大会和市加快“4+4”产业发展动员会精神。听取关于全省县乡人大工作暨“人大代表之家”建设经验交流会精神及石家庄市贯彻落实意见、市十四届人大三次会议代表议案和建议批评意见情况、重点代表建议督办情况、《石家庄市公共文明行为条例（草案）》修改情况、大气污染防治专题询问工作安排意见、评选 2017 年度优秀市人大代表建议和先进承办单位情况等汇报。研究市人大常委会 2018 年工作要点及工作计划，关于举办地方立法工作培训班的安排意见，关于市政府向市人大常委会报告国有资产管理情况办法（草案），关于市政府工作部门变动情况的备案报告，关于《石家庄市人才发展促进条例（草案）》审议结果的报告，关于省有关部门对《石家庄市国家建设项目审计条例》修改意见的处理建议，关于暂缓修订《石家庄市城乡规划条例》的意见，关于建议常委会暂缓审议《石家庄市城市治理综合执法条例（草案）》的意见，关于人大预算审查监督重点向支出预算和政策拓展的实施方案，关于石家庄市“人大代表之家（站）”建设管理办法（试行）等事项。

【市人大常委会主任与“一府两院”三长联席会议】 2 月 26 日，市人大常委会组织召开市人大常委会主任与市长、市法院院长、市检察院检察长联席会议。市人大常委会主任司存喜主持会议，市长，市人大常委会副主任楚行宇、安树国、韩保来、李志宏、王丽君，市检察院检察长陈晓明，市法院副院长尹新民参加会议。市长建议 2018 年市人大常委会加大关于改善空气质量、推进经济高质量发展、发展商贸物流业等问题监督。会议确定 2018 年市人大常委会听取和审议市政府、市法院、市检察院专项工作报告与计划预算和审计工作报告及履职评议计划、立法计划、执法检查工作计划、专题询问工作计划、监督政府性重点项目资金和专项资金使用情况计划、视察工作计划、委托专门委员会听取和审议专项工作报告计划、专题调研工作计划等。

【立法】 全年制定、修订、修正地方性法规 5 部，启动制定地方性法规 1 部，完成立法项目前期调研 2 个，备案审查规范性文件 23 件。规范市民文明行为，制定《石家庄市公共文明行为条例》。优化人才发展环境，率先在全省制定《石家庄市人才发展促进条例》。配合上位法修改，修订《石家庄市国家建设项目审计条例》，修正《石家庄市河道管理条例》《石家庄市水土保持条例》。《石家庄市城市管理综合执法条例》一审完毕。重视立法调研，开展正定古城保护、滹沱河保护立法前期调研活动。完成《中华人民共和国人民陪审员法（草案）》《中华人民共和国民法典各分编（草案）》《中华人民共和国土壤污染防治法（草案）》《全国人大常委会立法规划项目建议》《河北省水污染防治条例条例（修订草案）》

《河北省老年人权益保护条例》《河北省工会劳动法律监督条例》等11件法规草案及立法规划（草案）意见征集。督办《关于加快对正定古城保护立法的建议》。编纂印刷《石家庄市地方性法规汇编（1985～2018）》及法规单行本等立法资料。

【人大代表重点建议】 全年研究确定市人大代表重点建议15件，分别为：1.关于加快对正定古城保护立法的建议（第252号，领衔代表：张慧巧）；2.关于进一步规范“车让人”路段建设的建议（第44号，领衔代表：赵永梅）；3.关于加强我市电动车规范管理的建议（第202号，领衔代表：王阅春）；4.关于扩大中医药报销范围的建议（第210号，领衔代表：张素英）；5.关于加快农村电商物流产业发展的建议（第211号，领衔代表：王勇）；6.关于发展特色城镇，提高城镇吸纳能力的建议（第248号，领衔代表：裴红彦）；7.关于积极培育新型农业经营主体的建议（第66号，领衔代表：王超）；8.关于推动滹沱河文化、生态、休闲经济发展的建议（第258号，领衔代表：何建立）；9.关于增加公共厕所建设的建议（第114号，领衔代表：武晓峰）；10.关于出台弹性土地出让政策、促进项目更好落地的建议（第285号，领衔代表：左力鸥）；11.关于规划建设高端商务区，助推石家庄市高质量发展的建议（第355号，领衔代表：赵永梅）；12.关于对幼儿园实施全面管理的建议（第236号，领衔代表：强新志）；13.关于落实国家政策，积极推进社区教育的建议（第237号，领衔代表：魏兵然）；14.关于推进智慧旅游平台建设，打造城市旅游名片的建议（第148号，领衔代表：梁云凯）；15.关于加快全域旅游示范区创建的建议（第238号，领衔代表：郝俊丽）。

【视察、调研、执法检查活动】 围绕推动供给侧结构性改革和新旧动能转换，集体视察全市“双创双服”和“4+4”现代产业；助力形成全域旅游发展新格局，集体视察市第二、三届旅游产业发展大会筹备情况。确定议题，开展市十四届人大三次会议代表建议办理、2017年市本级决算和市总决算、2018年1～6月计划和预算执行情况以及2017年市本级预算及其他财政收支审计情况、利民惠民十件实事办理、大气污染防治、滹沱河生态修复工程、国有企业资产监督管理、外事、学前教育、全民健身和体育事业发展、“扫黑除恶”专项斗争、基层法院信息化和基础设施建设、市法院信访工作、检察院公益诉讼、供销社综合改革、生活垃圾分类处置、民族乡现场办公会项目落实、市政府有关部门主要负责人履职评议等专题视察活动。围绕加快发展商贸物流业、培育新型农业经营主体、促进科技服务与文化创意发展、医养结合、归侨侨眷权益保护法实施、园林绿化重点项目建设管理、主城区停车难等事项组织专题调研。监督检查政府投资基金运营、环省会经济林资金使用情况。以《河北省农村扶贫开发条例》《中华人民共和国大气污染防治法》《河北省大气污染防治条例》《河北省优化营商环境条例》《石家庄市低碳发展促进条例》《石家庄市肉品管理条例》为重点，开展执法检查。

（程胜利）

石家庄市人民政府

【概况】 2018年，石家庄市围绕“转型升级、跨越赶超，建设幸福石家庄”奋斗目标，坚持稳中求进工作总基调，践行新发展理念，把握高质量发展要求，深化供给侧结构性改革，统筹做好稳增长、促改革、调结构、治污染、惠民生、防风险各项工作，实现经济社会稳重有进，社会事业全面进步。

经济运行稳中有进，发展质量效益持续提升。全市完成生产总值6082.6亿元，同比增长7.5%。一般公共预算收入、全部财政收入分别完成519.7亿元、1075.5亿元，同比增长12.8%、13.5%，顺利实现“跨五越千”。减税降费117.3亿元。固定资产投资同比增长6.4%，社会消费品零售总额同比增长9.1%。主要经济指标增速均好于全省。规模以上高新技术产业增加值同比增长17.3%，连续8年实现两位数增长。

产业结构稳中调优，“4+4”现代产业格局基本确立。三次产业结构优化为6.9∶37.6∶55.5，服务业对经济增长的贡献率超过70%。落实“4+4”现代产业发展决策部署，出台“1+8”行动方案，1788个“4+4”现代产业项目完成投资占全市固定资产投资的58.3%，对投资的贡献率达到65.6%。“4+4”现代产业税收增长14.6%，成为引领石家庄高质量发展的主要力量。

城市建设稳中提质，省会综合竞争力大幅提高。积极创建国家卫生城市，顺利通过全国文明城市国家复检，省级以上园林县城实现全覆盖。成功举办首届国际数字经济博览会，打造省会又一张靓丽名片，成为数博会永久举办地。成功承办省运会、省残运会，连续举办中国国际通用航空博览会、石家庄国际投资贸易洽谈会、市旅游产业发展大会等高水平会展活动，被评为“中国会展名城”，省会的影响力、吸引力、辐射力明显提升。

生态环境稳中向好，空气质量持续改善。单位生产总值能耗降低率、化学需氧量、二氧化硫、氨氮、氮氧化物排放量完成省下达的目标任务。全市地表水达到或优于省考断面的比例提高10个百分点。森林覆盖率达到40.1%。全市PM2.5平均浓度下降16.3%，综合指数下降率为13.6%，首次实现全年“零爆表”。全长42千米的滹沱河生态修复工程全面开工建设，城区段生态景观长廊正式向市民开放。

民生事业稳步发展，人民群众福祉显著增强。城乡居民人均可支配收入分别增长8%、8.8%。城镇新增就业20万人，农村转移劳动力5.2万人，城镇登记失业率3.3%。纳入省考核的490个“三难”房地产遗留问题全部解决。完成老旧供热管网改造358千米，提前一周带热试运行，供热效果明显提高。高考成绩再创历史新高，勇夺全省文科、理科成绩“双第一”，职教园区一期6所学校全部入驻。在全国主要城市中，交通拥堵率降幅排名第二，社会治安名列第三，食品安全位列第八。10件利民惠民实事顺利完成。

【市政府领导及工作部门组成人员】

市　　长：邓沛然
常务副市长：
李雪荣
副 市 长：张雪勤　刘胜
孟祥红（女）
蒋文红　姜阳
吕素维（女，11月免）
赵文峰
秘 书 长：郎金国
常务副秘书长：
徐拥政
副秘书长：高庆洲（3月免）
李君涛（2月任）
刘建立　李宪英
高庆洲（3月免）
魏战路　聂群英
杨文斌　盖明力

办公厅

主　　任：（空缺）

发展和改革委员会（物价局、粮食局，2018年12月撤销）

主　　任：左力鸥（12月免）
副 主 任：徐龙蛟（12月免）
李辉斌（12月免）
赵春来（12月免）
吴书科（12月免）
刘趁通（12月免）
李云庆（12月免）
傅晓靖（12月免）
曹建宏（12月免）

发展和改革委员会（粮食和物资储备局、口岸和物流发展办公室，2018年12月重新调整设立）

主　　任：左力鸥（12月任）
副 主 任：徐龙蛟（12月任）
李辉斌（12月任）
赵春来（12月任）
贾东旭（12月任）
吴书科（12月任）
刘趁通（12月任）
李云庆（12月任）
傅晓靖（12月任）
曹建宏（12月任）

教育局

局　　长：郎金国（12月免）
张少华（12月任）
副 局 长：马建国　马力
赵立芬　李立水

科学技术和知识产权局（地震局，2018年12月撤销）

局　　长：王雁南（12月免）
副 局 长：赵万里（12月免）
郝金卓（12月免）
杨卫东（12月免）
张志敏（12月免）
陈玉　（12月免）
王德环（12月免）

科学技术局（外国专家局，2018年12月合并设立）

局　　长：王雁南（12月任）
副 局 长：赵万里（12月任）
郝金卓（12月任）
杨卫东（12月任）
张志敏（12月任）
陈玉　（12月任）
王德环（12月任）

工业和信息化局

局　　长：彭勇民（12月免）
　　　　　刘生彦（12月任）
副 局 长：徐东　　单元林
　　　　　邢卫建　刘俊德

民族宗教事务局

局　　长：张明其（12月免）
　　　　　李占领（女，12月任）
副 局 长：林海军　王洪河
　　　　　褚国成　罗瑞燕
　　　　　王凤余　熊国平

监察局（2018年12月撤销）

局　　长：梁建林（12月免）
副 局 长：李小平（12月免）
　　　　　周顺达（12月免）

公安局

局　　长：刘胜
副 局 长：王云才　张建芬
　　　　　武瑞琪
　　　　　李新乐（12月免）
　　　　　王新民（1月任）
　　　　　李从刚　李佳楠
　　　　　耿云鹞（挂职，4月免）
公安交通管理局局长：
　　　　　张建芬（1月免）
　　　　　李从刚（1月任）

民政局

局　　长：陈联记（8月免）
　　　　　苏志超（12月任）
副 局 长：张岩　　（12月免）
　　　　　孟慧贤　常俊华

原司法局（2018年12月，与法制办公室合并）

局　　长：刘志魁（12月免）
副 局 长：张仲　　（12月免）
　　　　　王一兵（12月免）
　　　　　高新展（12月免）

司法局（2018年12月，由原司法局与法制办公室合并重新设立）

党组书记：刘志魁（12月任）
局　　长：郑国良（12月任）
副 局 长：张仲　　（12月任）
　　　　　赵成英（12月任）
　　　　　王一兵（12月任）
　　　　　高新展（12月任）
　　　　　张和起（12月任）
　　　　　赵建勋（12月任）

财政局

局　　长：王东华
副 局 长：高山　　周国春
　　　　　周巧娥（女）

人力资源和社会保障局（2018年12月，市公务局划入市委组织部）

局　　长：王德庆
副 局 长：盛庆功（12月免）
　　　　　袁民杰（9月免）
　　　　　王建敏（女）
　　　　　温富才　韩春生

国土资源局（2018年12月撤销）

局　　长：赵路新（12月免）
副 局 长：杜敏海（12月免）
　　　　　李少恒（12月免）
　　　　　梁伟　　（12月免）
　　　　　张晓普（12月免）

城乡规划局（2018年12月撤销）

局　　长：李惠林（2月任，12月免）
副 局 长：张雅琳（8月免）
　　　　　滕斌　　（12月免）

自然资源和规划局（2018年12月，由国土资源局和城乡规划局合并组建）

党组书记：赵路新（12月任）
局　　长：李惠林（12月任）
副 局 长：杜敏海（12月任）
　　　　　梁伟　　（12月任）
　　　　　张晓普（12月任）
　　　　　腾斌　　（12月任）

环境保护局（2018年12月撤销）

局　　长：马立宁（12月免）
副 局 长：牛新国（8月免）
　　　　　李朝亮（4月任，12月免）
　　　　　邢义科（4月任，12月免）
　　　　　马玉辰（12月免）
　　　　　李哲　　（12月免）
　　　　　冀平　　（4月试任，12月免）

生态环境局（2018年12月设立）

局　　长：马立宁（12月任）
副 局 长：李朝亮（12月任）
　　　　　邢义科（12月任）
　　　　　马玉辰（12月任）
　　　　　李哲　　（12月任）
　　　　　冀平　　（12月任）

住房和城乡建设局

局　　长：刘生彦（12月免）
　　　　　赵建林（12月任）
副 局 长：郭彦军
　　　　　韩东波（2月免）
　　　　　王文章（10月免）
　　　　　王文兴　李智强
　　　　　张顺泽
　　　　　张振兴（挂职）

城市管理委员会（城市管理综合执行局，2018年12月撤销）

主　　任：任建忠（12月免）
副 主 任：高乃善（12月免）
　　　　　李景再（12月免）
　　　　　黄久胜（12月免）

城市管理综合行政执法局（城市管理局，2018年12月设立）

局　　长：任建忠（12月任）

副 局 长：高乃善（12月任）
李景再（12月任）
黄久胜（12月任）

交通运输局

局　　长：米志奇
副 局 长：闫炳华　张书江
朱增奇
张子云（兼邮政管理局局长）
张立欣

水务局（2018年12月撤销）

局　　长：王东刚（12月免）
副 局 长：谷维真（2月任，12月免）
薛运田（3月免）
崔文秀（12月免）
马福恒（12月免）
张振军（12月免）

水利局（2018年12月设立）

局　　长：谷维真（12月任）
副 局 长：崔文秀（12月任）
马福恒（12月任）
张振军（12月任）

农业畜牧局（2018年12月撤销）

局　　长：左红江（12月免）
副 局 长：刘军普（12月免）
贾建平（12月免）
李茂昌（12月免）
刘芬玲（12月免）
徐志峰（12月免）
齐胜平（12月免）

农业农村局（2018年12月设立）

党组书记：左红江（12月任）
局　　长：王溪波（12月任）
副 局 长：刘军普（12月任）
贾建平（12月任）
陈玉山（12月任）
齐胜平（12月任）
李茂昌（12月任）
刘芬玲（12月任）
陈彦良（12月任）
徐志峰（12月任）
高地动（12月任）

林业局（2018年12月，绿化委员会办公室调整为内设机构）

局　　长：杨建秋（12月免）
董志明（12月任）
副 局 长：张振江　贾彬
岳杏娟　刘志刚

商务局

局　　长：常志卷
副 局 长：刘平
杨文波　苗先国
王松林

投资促进局

局　　长：马千里
副 局 长：董民　王黎明
杨会印
苏岩　（9月任，挂职）

文化广电新闻出版局（版权局，2018年12月撤销）

局　　长：李波　（12月免）
副 局 长：张秀芳（11月免）
任保山（12月免）
王谏　（12月免）
刘寒　（12月免）
张跃新（12月免）
樊振宇（12月免）

文化广电和旅游局［文物局，2018年12月由文化广电新闻出版局（版权局）与旅游发展委员会合并组建］

党组书记：赵俊芳（兼，12月任）
局　　长：李波　（12月任）
副 局 长：刘庆卫（12月任）
任保山（12月任）
王谏　（12月任）
孙瑞峰（12月任）
张蕾　（12月任）
刘寒　（12月任）
张跃新（12月任）
谢占凯（12月任）

卫生和计划生育委员会（爱国卫生运动委员会办公室，2018年12月撤销）

主　　任：王华平（女，12月免）
副 主 任：武常贵（12月免）
张红梅（女，12月免）
张国军（12月免）
王金海（12月免）
张东生（12月免）
魏建英（女，12月免）

卫生健康委员会（爱国卫生运动委员会办公室，2018年12月设立）

主　　任：王华平（女，12月任）
副 主 任：张国军（12月任）
张红梅（女，12月任）
王金海（12月任）
张东生（12月任）
魏建英（女，12月任）

退役军人事务局（2018年12月组建）

局　　长：吕军英（12月任）
副 局 长：张岩　（12月任）
杜士海（12月任）
金莹　（12月任）

安全生产监督管理局（2018年12月撤销）

局　　长：暴胜贤（12月免）
副 局 长：刘军　（12月免）
李天征（12月免）
宋建昌（12月免）

扈传淼（12 月免）

应急管理局（地震局，2018 年 12 月合并组建）

书　　记：暴胜贤（12 月任）
局　　长：王云辉（12 月任）
副 局 长：赵万里（12 月任）
刘军　（12 月任）
杨卫东（12 月任）
李天征（12 月任）
宋建昌（12 月任）
扈传淼（12 月任）

审计局

局　　长：裴晓青
副 局 长：张建国
赵英然（女）
钱国伟　尹建明
李国辉（12 月任）

外事（侨务）办公室（2018 年 12 月撤销）

主　　任：栾建英（12 月免）
副 主 任：孟硕　（12 月免）
樊为民（12 月免）
李会文（12 月免）
范玉龙（12 月免）

外事办公室（2018 年 12 月设立）

主　　任：栾建英（12 月任）
副 主 任：孟硕　（12 月任）
樊为民（12 月任）
李会文（12 月任）
范玉龙（12 月任）

国有资产监督管理委员会

主　　任：张军卫
副 主 任：刘春东（12 月任）
孟超英　林树新

工商行政管理局（2018 年 12 月撤销）

局　　长：侯洪彬（12 月免）
副 局 长：谢艳华（女，12 月免）
孙桂莲（女，12 月免）
路拴增（12 月免）
尹兵辉（12 月免）
王大林（12 月免）

质量技术监督局（2018 年 12 月撤销）

局　　长：张新峰（12 月免）
副 局 长：刘占　（12 月免）
韩秀娟（女，12 月免）
柯旭　（12 月免）
王振刚（12 月免）

食品药品监督管理局（食品安全委员会办公室，2018 年 12 月撤销）

局　　长（主任）：
崔芸　（12 月免）
副 局 长（副主任）：
黄岩松（1 月免）
杜瑞行（12 月免）
杜爱朝（12 月免）
李建　（12 月免）
李利佳（12 月免）
牛学建（12 月免）

市场监督管理局［知识产权局，2018 年 12 月由工商行政管理局、质量技术监督局、食品药品监督管理局（食品安全委员会办公室）合并及科学技术和知识产权局部分职能划转组建］

党组书记：宋国宏（12 月任）
局　　长：张新峰（12 月任）
副 局 长：谢艳华（女，12 月任）
孙桂莲（女，12 月任）
刘占　（12 月任）
路拴增（12 月任）
尹兵辉（12 月任）
韩秀娟（女，12 月任）
杜瑞行（12 月任）
杜爱朝（12 月任）
李建　（12 月任）
王大林（12 月任）
王振刚（12 月任）
牛学建（12 月任）

体育局

局　　长：赵勇
副 局 长：黄增国
吴丽艳　宋连军
赵敏生

统计局

局　　长：金福中
副 局 长：杨建波　徐惠珍
王玉洁　温朝中

政府研究室（政府参事室，2018 年 12 月调整为政府工作部门）

主　　任：赵士宗
副 主 任：张福久　梁德忠
刘礼英

旅游发展委员会（2018 年 12 月撤销）

主　　任：赵俊芳（12 月免）
副 主 任：刘庆卫（12 月免）
孙瑞峰（12 月免）
张蕾　（12 月免）
谢占凯（12 月免）

法制办公室（2018 年 12 月，与司法局合并）

主　　任：郑国良（12 月免）
副 主 任：赵成英（12 月免）
张和起（12 月免）
赵建勋（12 月免）

人民防空办公室

主　　任：戚阿东
副 主 任：刘金虎　胡月平
姜辉　　蔡忠义

扶贫开发办公室（2018 年 12 月设立）

党组书记：顾玉平（12 月任）
主　　任：赵永利（12 月任）
副 主 任：戚忠奎（12 月任）

程辉　（12 月任）

金融工作办公室（2018 年 12 月合并）

主　　任：赵东

副 主 任：张春涛

丛九龄（10 月免）

地方金融监督管理局（金融工作办公室，2018 年 12 月合并组建）

局　　长：赵东　（12 月任）

副 局 长：张春涛（12 月任）

行政审批局（2018 年 12 月，设立政务服务管理办公室）

党组书记：李雪荣

局　　长：周树仁

副 局 长：李卫东　高国欣

王文亭　刘然

刘占中

医疗保障局（2018 年 12 月组建）

党组书记：崔芸　（女，12 月任）

局　　长：邓小梅（女，12 月任）

副 局 长：李利佳（12 月任）

园林局（2018 年 12 月，由市政府直属事业机构调整为市政府工作部门）

局　　长：刘金文

副 局 长：王锡江　冉荣珍

赵素校　左晗伟

数据资源管理局（2018 年 12 月组建）

局　　长：陈健敏（12 月任）

副 局 长：廉晓红（12 月任）

王梅林（12 月任）

陈金海（12 月任）

市政府直属事业机构

扶贫和农业开发办公室（2018 年 12 月撤销）

党组书记、副主任：

顾玉平（12 月免）

主　　任：赵永利（12 月免）

副 主 任：戚忠奎（12 月免）

程辉　（12 月免）

王家雄（8 月免）

档案局（2018 年 12 月撤销）

局　　长：陈健敏（12 月免）

副 局 长：付明华（12 月免）

朱银刚（12 月免）

傅丽娟（女，12 月免）

张建伟（12 月免）

崔亚辉（12 月免）

【市政府常务会】 1 月 21 日，市政府第 17 次常务会议举行。研究并原则通过提交市十四届人大三次会议审议《政府工作报告（讨论稿）》《关于石家庄市 2017 年国民经济和社会发展计划执行情况与 2018 年国民经济和社会发展计划（草案）的报告（讨论稿）》。听取 2018 年市级预算安排建议的汇报。

1 月 22 日，市政府第 18 次常务会议举行。研究关于推进扩权强县改革工作实施方案、主城区涉气企业（点位）排查环保问题整改方案、公园管理办法、安全生产“十三五”规划、促进工业设计产业发展的政策措施、加快推进被动式超低能耗建筑（被动房）发展的实施意见、推进石家庄科技工程职业学院迁建相关工作实施方案，听取关于 2018 年利民惠民实事谋划工作的汇报。原则通过《石家庄市公园管理办法》《加快推进被动式超低能耗建筑（被动房）发展的实施意见》等。

3 月 26 日，市政府第 20 次常务会议举行。研究通过《石家庄市“十三五”推进基本公共服务均等化规划》《“4+4”现代产业发展“1+8”工作方案》《石家庄市 2018 年农村地区冬季清洁取暖工作实施方案》《关于深入贯彻落实习近平总书记“三农”思想强力推进农业农村优先发展的决定》《石家庄市开发区综合发展水平评价考核办法》《石家庄市行政规范性文件管理规定》《石家庄市负有安全生产监管职责部门权力清单和责任清单》《调整自谋职业和自主择业退役士兵地方一次性经济补助标准》《关于加快融入“一带一路”战略促进开放发展的实施意见》。

4 月 11 日，市政府第 21 次常务会议举行。研究关于 2017 年度全市省级以上开发区综合发展水平评价考核情况的通报、关于贯彻落实 2018 年扶贫开发工作要点的意见、石家庄市 2018 年大气污染综合治理工作方案、石家庄市战略新兴产业发展三年行动计划（2018 ～ 2020 年）、关于加强土地管理支持全市产业发展的意见和石家庄市市区做地工作流程。听取河北省第十五届运动会、河北省第九届残疾人运动会暨第五届特殊奥林匹克运动会筹备情况的汇报。

4 月 17 日，市政府第 22 次常务会议举行。听取全市安全生产主要工作情况汇报、滹沱河生态修复工程工作情况汇报、第二届、第三届旅发大会筹备工作汇报。研究深化医药卫生体制改革有关工作、关于加快推进主城区城市棚户区改造工作的意见、全域旅游发展规划和智慧旅游发展规划、关于鼓励企业走出去促进外经贸稳定增长若干财政政策、第四医院利用德国促进贷款购置医疗设备项目签署转贷协议事宜。

4 月 19 日，市政府第 23 次常务会议举行。传达《关于全省纠正“四风”和作风纪律专项整治查处反面典型案例的通报》，听取关于大气污染综合治理工作情况的汇报。

5月11日，市政府第24次常务会议举行。研究石家庄市重点造林绿化工程建设工作方案、推进城市安全发展实施方案、石家庄市人才发展促进条例（草案）、关于进一步加快轨道交通建设发展的意见、石家庄市主城区污染工业企业退城搬迁改造的实施意见、关于中电科五十四研究所生活区旧区改造项目二期建设的有关意见。

6月11日，市政府第25次常务会议举行。听取中央环境保护督察石家庄市协调联络组工作开展情况的汇报、关于扫黑除恶专项斗争进展情况的汇报、全市防汛准备工作情况的汇报、河长制重点工作情况的汇报、关于房地产项目整改情况的汇报、市级债务及金融风险排查化解工作情况的汇报。研究石家庄市居民住宅项目配建教育设施移交管理办法、主城区国有土地级别及基准地价更新方案。

6月22日，市政府第26次常务会议举行。传达学习省领导在中办值班室《习近平总书记关于打赢脱贫攻坚三年行动的重要批示》上的批示精神及市领导批示精神。研究石家庄市2018年“散乱污”企业专项整治行动方案。安排部署市政府近期重点工作。

6月22日，市政府第27次常务会议举行。研究关于进一步深化文化市场综合执法改革的实施方案、关于将市医疗保险管理中心部分业务下放市内五区办理实施方案、市直机关事业单位劳动聘用人员管理暂行办法、市区工程围挡设置监督管理规定。

7月4日，市政府第28次常务会议举行。研究滹沱河（南水北调—机场路）南岸高标准行洪区行洪通道划定方案、主城区应急后备水源地调整方案。

7月21日，市政府第29次常务会议举行。听取关于第三届河北省旅发大会精神及第四届旅发大会筹备工作的汇报、全市禁毒工作暨示范城市创建情况和扫黑除恶专项斗争进展情况的汇报、关于近期环境保护工作的汇报、关于全面提升扶贫工作五项措施有关情况的汇报、关于全市金融风险化解工作情况的汇报。研究大力发展民营经济的实施意见和营造企业家健康成长环境弘扬优秀企业家精神更好发挥企业家作用的实施意见、关于解决房地产开发遗留问题的补充办法、关于城中村改造用地的实施意见、主城区污染工业企业退城搬迁改造的实施意见、中央商务区规划方案，并听取工作进展情况汇报。

7月27日，市政府第30次常务会议举行。听取关于全省经济发展推进会主要精神及贯彻落实意见的汇报。研究农村集体产权制度改革整市试点实施方案、2018年度石家庄市县城建设考核办法和石家庄市县城建设奖励暂行办法。

8月6日，市政府第31次常务会议举行。传达学习许勤省长赴石药集团调研座谈讲话精神。听取关于省易地扶贫搬迁现场会议精神及石家庄市工作情况的汇报。研究关于废止知名商标认定和保护办法、“食药安全，诚信省会”行动计划（2018～2020年）、2018中国国际通用航空博览会总体方案、《石家庄市本级中欧班列财政补贴资金管理办法》、关于石焦集团股权重组有关事宜、关于西柏坡高速公路收费权益转让事宜的有关意见、市交通投资开发有限公司重组实施方案、老旧小区整治和管理实施方案、压减焦炭产能工作实施方案（2018～2020年），会议还安排部署市政府近期重点工作。

9月3日，市政府第32次常务会议举行。传达学习中央全面依法治国委员会第一次会议精神、国务院大气污染防治专题工作会议精神，研究贯彻落实意见，并研究石家庄市关于推进大气污染防治重点工作落实的意见。听取赞皇县、灵寿县、行唐县脱贫摘帽工作进展情况的汇报。研究关于市直部门与县（市、区）捆绑招商考核的实施意见、医疗救助补充保险管理办法、关于进一步做好2018～2019年度农村危房改造工作的意见、市直事业单位公务用车制度改革实施意见和石家庄市市属国有企业公务用车制度改革实施意见、门书民拆迁安置补偿方案。

9月25日，市政府第33次常务会议举行，传达省委书记王东峰、省长许勤9月23日在石家庄市走访慰问时的指示精神，研究贯彻落实意见。听取关于第四届河北省旅游产业发展大会筹备工作情况的汇报、关于国家自然资源部集体约谈会主要精神及贯彻落实意见的汇报、关于2018年双代工作进展情况的汇报。研究第四届河北省旅游产业发展大会路网建设规划和石家庄旅游投资（控股）集团有限责任公司组建方案、关于打赢脱贫攻坚战三年行动的实施意见、城市治理综合执法条例（草案）、关于区住宅小区公建配套设施移交的实施意见。

10月21日，市政府第34次常

务会议举行。研究中央环境保护督察“回头看”及大气污染问题专项督察反馈意见整改落实方案。

11月3日，市政府第35次常务会议举行。研究关于改进和深化中小微企业金融服务的十条扶持政策、智慧城市建设工作。

11月5日，市政府第36次常务会议举行。听取关于中央商务区建设工作进展情况的汇报、关于2018年利民惠民实事进展情况的汇报、关于中央环境保护督察“回头看”及大气污染问题专项督察进展情况的汇报、关于2018年气代煤电代煤工作进展情况的汇报、关于滹沱河生态修复一期工程情况的汇报、关于金融风险专项排查化解工作情况的汇报、关于全市2018年贫困退出工作情况的汇报。研究全市前三季度经济运行情况，安排部署下一步经济工作。研究石家庄市2018～2019年秋冬季大气污染治理攻坚行动方案、《关于进一步加强新增建设用地指标、占补平衡指标、粮食产能管理的意见》、《石家庄市城镇低效用地再开发专项规划》和《优质项目“摘牌”安排各类用地指标办法》、关于加强引进人才住房保障工作的实施意见、“空心村”治理工作实施方案、关于撤销行唐县独羊岗乡、深泽县桥头乡分别设立独羊岗镇、大桥头镇事宜、关于给予井陉矿区焦化去产能工作资金支持事宜。会议还就市政府领导分工调整情况进行研究。

11月15日，市政府第37次常务会议举行。传达学习省委常委会、市委常委会有关会议精神。听取生态环境治理工作汇报、关于全市冬季供热和农村“双代”工作情况的汇报、2018年十大工业名牌产品和2018年（第四届）市政府质量奖评选情况的汇报、关于全市政务公开工作情况的汇报。研究房地产开发遗留问题疑难项目解决方案。

12月14日，市政府第38次常务会议举行。听取关于2018年度全市食品安全工作情况的汇报、关于石家庄市2018年贫困退出市级初审有关情况的汇报、关于2019年拟办民生实事谋划工作的汇报、关于桥西区留村等纳入城中村改造范围有关事宜、大气污染防治工作情况的汇报。研究中央商务区建设工作、研究关于落实租购并举住房保障工作的实施意见、关于解决长安区吴家庄城中村改造项目遗留问题有关事宜。

12月23日，市政府第39次常务会议举行。传达学习中央经济工作会议和省委常委扩大会议精神。听取关于法治政府建设情况的汇报。研究市委十届六次全会经济工作讲话、研究2019年重点建设项目计划、2019年市级预算安排建议、全市土地储备工作情况、关于支持民营经济高质量发展的政策措施、2019年城建计划、2018年县（市、区）党政主要领导外出招商及市政府部门和县（市、区）联合招商情况的通报、关于促进石家庄综合保税区招商引资的若干意见、研究关于全面加强生态环境保护坚决打好污染防治攻坚战的实施意见、省委巡视反馈意见大气污染问题整改方案、打赢蓝天保卫战三年行动计划（2018～2020）。

【利民惠民10件实事】 2018年，石家庄市委、市政府贯彻落实“以人民为中心”的执政理念，全力推进为民办实事10件。至2018年底，10件利民惠民实事全部完成或超额完成任务目标。

表7

2018年石家庄市10件利民惠民实事一览表

序号	实事名称	完成情况
1	主城区100个老旧小区道路、绿化、安全、排水等基础设施实施改造	至2018年底，主城区100个老旧小区改造任务全部完成，且建立长效管理机制，引入物业企业管理。
2	建成滹沱河城区段19千米生态景观长廊，免费向市民开放	滹沱河19千米生态景观长廊工程，规划绿地面积3515公顷。至2018年底，建成绿地1.67万亩，铺设景观路40千米，基本完成生态景观长廊建设，并向社会开放。

续表

序号	实事名称	完成情况
3	主城区 49 座公园（广场）实施无障碍设施改造，新增街旁绿地 15 万平方米	公园（广场）无障碍改造，完成市属 26 座、区属 23 座公园（广场）无障碍设施，累计新建和提升无障碍通道 188 条，其中，新建无障碍通道 47 条，提升原有无障碍通道 141 条；新增街旁绿地 15 万平方米，2018 年完成国际商贸城代征绿地、南高营恒大代征绿地、塔坛国际商贸城代征绿地、国瑞城跃进路代征绿地、华普城代征绿地、誉天下代征绿地、道桥管理处代征绿地、星河盛世代征绿地、泰丰观湖代征绿地 9 块街旁绿地绿化，新增绿地 15.6 万平方米，超额完成年度任务目标。
4	打通中华大街南延等 10 条断头路，为市民出行提供方便	至 2018 年底，南二环东延（东二环至东三环）、中华大街南延（南二环至南三环）、建设大街南延（文河小区至南三环）、绵河道（新城大道至金水街）、南茵东街（塔南路至裕凯北路）、延沱路（十小街至新城大道辅道）、西城街（古城北路至东垣东路）、仓裕路（裕翔街至体育大街）、翟营大街（光华路至石德南路）、金水街（荷园路至绵河道）、煤机街、庄阳街、留村西街 13 条断头路完成打通任务。
5	主城区 16 个路段设置可变车道、潮汐车道，槐安路 20 个路口设置二次过街人行横道灯	至 2018 年底，槐安路和体育大街西口、槐安路中华大街西口、中山路体育大街北口等 16 个路段可变车道、潮汐车道设置完成并投入使用。槐安路城角街口、槐安路友谊大街口、槐安路红旗大街口等 20 个路口全部安装二次过街人行横道灯并投入使用。
6	为基层社区设置 100 个首席专家工作室、培养 100 名首席高血压医师和 100 名首席糖尿病医师，选拔 100 名高级医学专家每周到基层出诊不少于 1 天	全市 65 所基层医疗机构建设社区首席专家工作室 104 个，17 所省、市医院安排 138 名副高以上职称医师担任社区首席专家出诊；首席专家工作室 7 月 1 日全部正式开诊，涉及内科、妇科、儿科、中医科、康复科等专业；市卫生计生委依托市第一医院、市第二医院，培训社区首席糖尿病医师 100 名、社区首席高血压医师 100 名。
7	建立新生儿出生缺陷防治机制，落实三级预防措施，新生儿疾病免费筛查病种增加到 5 种	8 月 24 日，新生儿新增两病免费筛查项目在市妇幼保健院试运行。8 月 30 日零点起，全市所有助产机构信息系统新生儿疾病免费筛查病种均在原来 3 种［先天性甲状腺功能减低症（CH）、苯丙酮尿症（PKU）和听力筛查］基础上，增加 2 种［先天性肾上腺皮质增生症（CAH）、葡萄糖 -6- 磷酸脱氢酶缺乏症（G6PD）］，达到 5 种。
8	新创建普惠性幼儿园 30 所	6 月 1 日，印发《关于对 2018 年普惠性民办园认定结果的通报》，至 2018 年底，全市新建普惠性幼儿园 44 所。
9	社区安装全民健身路径 100 条，农村实施农民体育健身工程 100 个	全年安装社区健身路径 104 条、农民体育健身工程 110 个。
10	主城区新建标准化公厕 100 座	至 2018 年底，全市建成标准化公厕 100 座。

【建议与提案办理】 2018 年办理省人大代表建议、政协提案 65 件。其中代表建议 46 件，主办 28 件，会办 18 件；政协提案 19 件，主办 12 件，会办 7 件，均已按时办结。按时办结率 100%。提高建议提案办理质量。在办理省人大代表、政协提案过程中大力推行办理协商制度，承办单位加强与代表委员沟通，办理结果取得代表委员认可后再做正式答复意见。全年共承办市十四届人大三次会议代表建议 354 件（含闭会建议 6 件）。其中，全部解决和基本解决的建议 228 件，占 64.4%；正在解决和列入规划的建议 89 件，占 25.1%；没有解决，已向代表解释说明的建议 37 件，占 10.5%。据代表反馈的意见，满意和基本满意的建议 339 件，占 95.8%；表示理解的建议 15 件，占 4.2%。全年市政府系统共承办市政协十三届二次会议提案 512 件，其中，涉及经济建设方面的 134 件，占总数的 26.2%；政治建设方面的 1 件，占总数的 0.2%；文化建设方面的 65 件，占总数的 12.7%；社会建设方面的 269 件，占总数的 52.5%；生态文明建设方面的 43 件，占总数的 8.4%。从反馈意见看，满意和基本满意的占 96%。另由市政府系统承办的市人大常委会确定 15 个重点建议、市政协

确定22个重点提案。

【政务公开】 制定出台《石家庄市2018年政务公开工作要点》《关于推进重大建设项目批准和实施领域政府信息公开实施方案的通知》，扩大政务公开范围。畅通依申请公开受理渠道，在当面受理、信函、传真、电子邮箱基础上，开通网上依申请公开受理渠道，实现在线申请。健全登记归档程序，信件接收、内容、答复、寄送均实行登记，原始信件、答复、答复依据及挂号寄送单等全部予以归档。规范答复格式，严格按照法定时限进行答复，做到答复语言严谨，引用法条适当。强化服务意识，政务公开部门主动与申请人联系沟通，针对部分申请人将依申请公开作为信访途径的问题，做好接待解释，有效疏导和化解申请人负面情绪。全年共办理依申请信息公开935件。当面申请96件，传真申请2件，网络申请95件，信函申请742件；按时办结924件，延期办结11件；属于已主动公开81件，同意公开238件，同意部分公开80件，不同意公开答复85件，不属于本行政机关公开121件，申请信息不存在243件，告知作出更改补充45件，告知通过其他途径办理42件。全市因政府信息公开申请引起行政复议66件，其中维持具体行政行为49件，被依法纠错9件，其他情形8件；引起行政诉讼56件，其中维持具体行政行为或驳回原告诉讼请求42件，被依法纠错2件，其他情形12件。2018年全市通过各种渠道主动公开各类政府信息24.87万条，其中通过门户网站公开信息12.94万条，政府公报公开信息157条，政务微博公开信息2.06万条，政务微信公开信息4.11万条，通过报刊、电视、电子显示屏等方式公开信息5.74万条。市政府门户网站“政府信箱”共收到有效留言2.36万条，处理答复2.33万条，处理答复率98.74%。

人力资源和劳动就业

【概况】 2018年，全市城镇新增就业19.5万人，完成全年任务173%。农村劳动力转移就业5.72万人，完成计划就业111%。城镇登记失业率3.31%。全年举办5场大型招聘活动，提供就业岗位7万余个。高校毕业生就业5.52万人，就业率达到98.6%。加快引进高层次创新型人才，围绕产业发展和自主创新需求，加大高技能人才培养，建立高层次人才队伍体系。5月22日，石家庄市第一个海外引智工作站正式建立。市国（境）外引智工作站向加拿大河北投资创新中心主席张杰（女）颁发首个认定证书。11月1日，《石家庄市人才发展促进条例》正式颁布实施，这是石家庄市首部以立法形式保障和促进人才发展的地方性法规。全年举办5项大型高层次人才招聘活动，截至2018年石家庄市共引进高层次人才近6000余人。11月28日，第十二届河北省艺术类毕业生供需洽谈会暨河北艺术职业学院2019届毕业生就业洽谈会在河北艺术职业学院举行。省内外240余家专业院团和文化产业用人单位参会，提供艺术类工作岗位4500余个，涵盖音乐类、舞蹈类、美术设计类、艺术教育类等艺术专业。以“促进供需对接，助力企业发展”为主题，由市人力资源和社会保障部门组织举办“石家庄市2018年金秋招聘月”活动，全市举办各类招聘会24场，提供岗位21300个，签订就业意向6200人。落实机构改革方案，改革后市人力资源和社会保障局机关编制85人，内设处室21个；局属事业单位12个。局属单位中，正县级单位3个，分别为市社会保险中心、市就业中心、市人才中心；副县级单位3个，分别为劳动监察局、市机关社保中心、市人事考试中心；正科级单位5个，分别为劳动争议仲裁院、信息中心、社会保障卡服务中心、咨询中心、职业技能教研鉴定中心；高级技工学校1所。12月6日，市劳动保障监察技能比武活动决赛在市劳动监察局举行。来自10个县（市、区）20名人员参赛，井陉矿区获得一等奖，高新区、裕华区获得二等奖，鹿泉区、深泽县、无极县获得三等奖。

【创业就业】 提升创业就业孵化基地培育服务功能。新建成2家“全国一流”的创业孵化基地（沧澜、捷凯），能够容纳创业实体近400户，带动就业3000人以上。全市共建成创业孵化基地57家，实现县（市、区）全覆盖。发放创业担保贷款3.85亿元，直接扶持3554人成功创业。扎实开展援企稳岗和就业援助。为18家单位发放稳岗补贴1.77亿元。完成2家去产能企业职工安置任务。开展“春风行动”和“就业援助月”活动，帮助就业困难人员实现就业1009人，零就业家庭实现动态清零。深入开展职业教育和就业培训。全市“百万燕赵工匠培养计划”完成6.69万人，农村转移劳动者完成1.18万人，城镇登记失业人员完成0.9万人，均超额完成任务。免费职业培训贫困劳动力。积极开展适合岗位需求、符合贫困劳动力特点的技能培训、业培训，全年共培训贫困劳动力4241人，培训后就业3422人。全市城镇新增就业19.5万人，完成全年任务的173%，完成率全国第一。积极开展劳务对接促进农村富余劳动力转移就业，依托人力资源中心、乡镇街道社会保障所为劳动者提供求职服务，帮助企业和劳动者达成就业意向。全市农村劳动力转移就业5.72万人，完成111%，城镇登记失业率3.31%，控制在省人社厅下达的4.5%以内。相继举办5场高校毕业生大型招聘活动，提供就业岗位7万余个。高校毕业生就业5.52万人，就业率98.6%。

【民营企业招聘周】 4月16～22日，由市人力资源和社会保障局、市教育局、市总工会、市工商联主办，市就业服务中心承办，市职工服务中心和各县（市、区）就业局、教育局、总工会、工商联协办的2018年石家庄市民营企业招聘周活动举行。主题为“精准服务促就业，汇聚人才助发展”。民营企业招聘周活动举办专场招聘活动23场，提供招聘岗位4.6万个，接受就业政策和务工维权政策解读、求职登记、职业指导等咨询服务5万人次，达成就业意向1.8万人。

（王静　周保强　田利蓬）

【人才引进】 围绕“4+4”现代产业发展，全力引进高层次人才，加大高技能人才培养，不断壮大人才队伍。健全人才政策体系。出台《人才发展条例》，举办“石家庄人才日”系列活动。实施“名校英才入石计划”，为事业单位引进“双一流”高校人才。制定出台引进外国人才奖励政策。2月11日，市委、市政府印发《关于加强新形势下引进外国人才工作的实施办法》（石发〔2018〕3号），这是石家庄市出台的第一个外国人才引进的规范性文件。确定市财政每年安排引才引智专项资金3000万元，用于“高精尖缺”人才引进、引智平台建设、引智项目资助、国际人才交流、出国培训和引智信息系统的开发与运行、重点引智计划的组织实施、高端专家奖励等。根据科研项目水平和重要性，引进世界知名奖项获得者和发达国家院士，给予每人1000万元科研经费补贴、200万元安家费补助；引进国家“外专千人计划”专家，给予每人200万元至1000万元科研经费补贴、100万元安家费补助；外国顶级高层次人才团队到河北创新创业和转化成果的，给予500万元至2000万元支持资金。采取“一事一议”方式，支持引进特殊人才和团队，其中科研支持经费补贴上不封顶。企业从外国引进高层次人才，给予企业30万元至50万元奖励资助。引进杰出外国专家的机构和个人，依据引进人才贡献情况，给予不超过50万元奖励。在全省率先出台《关于提高技能人才地位的实施意见》，对技能人才培养提供政策支撑。引进高层次人才。先后举办5项大型高层次人才招聘活动，全市共引进高层次人才近6000余人。推进专家选拔和创新平台建设。推荐专家人选32名，建成博士后科研工作站5家、高层次人才创新创业园4个，在全省均名列首位。引进21个外国专家引智项目，建立5个诺贝尔奖专家工作站、6个外国院士工作站、7家市级引智工作站。加大高技能人才培养力度。争取1个省级高技能人才培训基地、4个国家和省级技能大师工作室建设项目，举办18个工种职工职业技能竞赛。全市新培养高级工及以上技能等级人员2.51万人，其中技师、高级技师1133人。举办石家庄市“高层次人才交流洽谈会”，吸引全国137所“双一流”高校5200多人参会，达成引才意向3164人，其中博士研究生202人、硕士研究生1551人。出台《关于提高技能人才地位的实施意见》，着力提升产业工人的职业发展空间、薪酬和地位。

【人事制度改革】 创新机关事业单位人事管理制度。出台市直机关事业单位劳动聘用人员管理暂行办法，成为全省首个劳动聘用人员管理规范性文件。制定《石家庄市市直机关事业单位劳动聘用人员工资待遇指导意见（试行）》，为市直机关事业单位使用劳动聘用人员提供统一工资指导标准。制定事业单位专业技术人员创新创业政策，鼓励事业单位技术人员离岗创业。公平公正录聘公务员和事业单位工作人员。坚持公平公开、科学有序，为乡镇机关招录公务员223人，为全市134家事业单位公开招聘工作人员1249人。全年完成各类人员录用考试11项，参考人员达6万多人。规范机关事业单位人员管理。按规定做好公务员登记、任免、考核、培训、奖惩有关工作。完成150名事业单位超编另册管理人员消化整改任务。军转安置任务高标准完成，469计划分配军转干部全部安置到位，随调家属按照“对口对等”的原则给予妥善安置。印发《石家庄市公立医院薪酬制度改革试点工作的实施意见》，制定《公立医院绩效工资总量核定和公立医院院长目标年薪管理办法》，印发《关于落实以增加知识价值为导向分配政策的实施意见》。根据要求，审核通过2016年度公交公司企业负责人薪酬，2017年度轨道公司、水务集团、公交公司企业负责人薪酬，按规定做好薪酬清算、兑现和信息公开披露工作。牵头组织开展全市自行出台政策发放工资津补贴清理专项行动，共排查出70家单位27类超范围发放津贴补贴问题，涉及金额560万元，全部整改到位。

（姚宏印）

【春季高校毕业生就业洽谈会暨“4+4”产业人才交流会】 4月1日，由市政府主办，市委组织部、市人力资源和社会保障局承办，共青团市委、市人才开发交流中心、石家庄信息职业工程学院协办2018年春季石家庄高校毕业生就业洽谈会暨“4+4”产业人才交流会在石家庄信息工程职业学院举行。900余家高新技术企业和知名企业参会，其中县（市、区）单位140余家、外地企业55家；提供就业岗位1.8万余个，3万人次入场应聘，洽谈人数1.2万人，达成意向6200余人，其中博士50人、硕士126人、本科3150人；现场签约750人，其中本科320人，技能型人才430人。这是石家庄市开展“4+4”产业发展服务活动以来最大一次人才交流活动。洽谈会为大型公益综合性招聘会，费用全部由政府“买单”。依据参会企业信息统计，用人单位覆盖省会各行各业，岗位涵盖领域广，行业包括信息技术、生物医药健康、装备制造、现代物流等新兴产业，也有旅游、金融、科技服务与文化创意、环保、新能源公司。

（王静）

【创业创新大赛】 5月24日至7月10日，由市人力资源和社会保障局、市发展改革委、市科技局、共青团市委、市残联主办，市就业服务中心承办的第三届“中国创翼”创业创新大赛河北选拔赛暨2018年石家庄市创业创新大赛举行。全市861个项目报名参赛，数量位列全省第一，参赛项目大部分涉及石家庄市“4+4”现代产业布局，主要行业包括生物医药健康、互联网、电子信息、新能源及节能环保、文化创意等领域。依据资格审核，850个项目参加初选。6月23～24日，大赛初选完成，206个项目进入初赛。其中，创新项目组100个项目、创业项目组100个项目、专项赛6个项目。6月27日，第三届“中国创翼”创业创新大赛河北选拔赛暨2018年石家庄市创业创新大赛初赛在河北科技大学理工学院举行。初赛采用项目路演方式，每个项目参赛团队不超过3人，分别决出创新项目组和创业项目组30个项目晋级决赛。7月9～10日，第三届“中国创翼”创业创新大赛河北选拔赛暨2018年石家庄市创业创新大赛决赛在石家庄电视台演播大厅举行。决赛采取封闭式基础评分和现场路演评分相结合方式，每个项目不超过3人，创新项目组决赛、创业项目组决赛分别评出一等奖1名、二等奖2名、三等奖3名、优秀奖3名。创新项目组：一等奖，校播教育；二等奖，智衣酷行——引领传统服饰新潮流、生物反应器成套自动化控制技术研究；三等奖，荣航智能电力行业智能技术融合应用、泽瑞生物——引领土壤修复、厚浆型抗开裂一体化浇筑水泥基自流平地坪；优秀奖，DD翻译官、NB-IOT智能烟感、龙扬高科无人机植保。创业项目组：一等奖，高密度相变材料蓄能设备；二等奖，可吸入抗结核药品、非机动车与行人交通违法监控系统；三等奖，通用型CAR-Y8T的研发与制备、芯片设计平台、卓蓝农业；优秀奖，数字听诊及肺音智能诊断项目、“烛光教师”项目、云之目AI视频监控预警系统。10月15日，由人力资源和社会保障部、国家发展改革委、科技部、共青团中央、中国残疾人联合会共同举办的第三届“中国创翼”创业创新大赛全国总决赛在河南省郑州市举行颁奖仪式、优秀创业项目展和闭幕式。石家庄市4个项目参赛，其中“通用型嵌合抗原受体T细胞免疫疗法”项目获得大赛创业组二等奖。该项目由河北森朗生物有限公司研发，采用人体免疫细胞（T细胞）基因编辑方式，形成表面表达靶向特异性肿瘤抗原受体，已用于临床治疗急性白血病和非霍奇金淋巴瘤疾病。

（王静）

【首批7家市级“双创”示范基地】 2018年9月，全市按照建设主体不同特点，分区域、企业、高校及科研院所三类，确定首批市级“双创”示范基地7家。其中，区域示范基地2

家，分别为鹿泉区、栾城区；企业示范基地4家，分别为河北磊创科技有限公司众创梦工厂、河北国际庄企业孵化器有限公司国际庄创业广场、河北乘渡创业孵化器有限公司河北乘渡创业孵化器、新华创客河北科技有限公司新华创客河北中心；高校和科研院所示范基地1家，为石家庄学院。

（吴温）

【河北省首届创业培训讲师大赛】 7月12～16日，河北省首届创业培训讲师大赛石家庄赛区选拔赛举行。全市评选一等奖1名、二等奖3名、三等奖6名，分别颁发获奖证书并授予“2018年石家庄市十佳创业培训讲师”称号。8月30～31日，河北省首届创业培训讲师大赛在秦皇岛市。石家庄市选拔推荐4名选手参赛。其中，高素欣获得一等奖，被认定为“河北省创业培训金牌讲师”；孙佳骏获得二等奖，被认定为“河北省创业培训银牌讲师”；王慧、魏丽获得三等奖，被认定为“河北省创业培训铜牌讲师”。石家庄市获得全省优秀组织奖。

（王静　刘进　田利蓬）

【“石家庄人才日”系列活动】 11月1日，《石家庄市人才发展促进条例》施行，确定每年11月6日为“石家庄人才日”。举办首次“石家庄人才日”系列活动。10月18日，由省科技厅指导，石家庄市政府主办，石家庄高新区管委会、市科学技术和知识产权局、市投资促进局等承办的“协同聚变　创梦未来——2018（第三届）京津冀创新创业高峰论坛”在石家庄国际会展中心举行。来自河北、北京、天津、深圳、杭州近800位专家、创客和高校人员参会。北京师范大学国家软实力评估中心副主任张飚作《从技术革命到空间革命》主题演讲，从技术革命出发，分析新旧经济的特征、新旧动能转换的机制。中国投资协会股权和创业投资专业委员会专职副会长胡芳日作《发展创业投资，助推双创高质量发展》主题演讲，回顾中国创投20年的发展历程，分享中国创投募资难、投资难、退出难具体原因和解决之道。中国科学院自动化研究所副总工程师、博士生导师、中国科学院大学人工智能首席教授张文生作《大数据时代人工智能创新应用的现在与未来》主题演讲，阐述大数据时代，人工智能发展的现状及未来的展望。11月6日，由市人力资源和社会保障局、鹿泉区政府、美国河北硅谷创新中心联合主办的“中国·石家庄外国人才引进洽谈会暨大智移云与生物医药健康高峰论坛”在鹿泉区硅谷科技园举行。论坛围绕石家庄“4+4”现代产业、大数据研究及生物医药健康举办主题演讲14项，项目路演3次。25位国外医药健康、数据通信等行业高层次人才和科技型企业高级管理人员、10位国内知名院校教授参加。石家庄市参加论坛活动企业120家，2家企业与国外专家项目达成引进合作意向。

【高层次人才交流洽谈会】 11月10日，由市委、市政府主办，市委组织部、市人力资源和社会保障局承办的2018年石家庄市高层次人才交流洽谈会举行。这是石家庄市历史上层次最高、规模最大的一次人才盛会。报名参会人才7600多人，其中全国137所“双一流”高校5200多人。320家“名、优、特、高、新”企事业单位参会招聘，提供年薪6万元以上高端招聘岗位6238个。洽谈会进场人数1.1万余人，达成引才意向3164人，其中博士研究生264人、硕士研究生2232人、大学本科668人。“双一流”高校达成引才意向2154人，其中博士研究生202人、硕士研究生1551人、大学本科401人。市委组织部、市人力资源和社会保障局与华东理工大学、同济大学、华东师范大学、上海大学4所高校签订《人才培养与交流合作框架协议》，商定在人才交流与合作、人才培养、人才服务与发展等方面开展合作。

（王静）

【高校毕业生就业洽谈会】 11月17日，由市政府主办，市委组织部、市人力资源和社会保障局承办的2018秋季石家庄高校毕业生就业洽谈会暨第三届京津石区域（石家庄）高校毕业生就业交流会在河北科技大学新校区时间广场举行。参会洽谈单位1100家，其中北京、天津、山东、河南等地单位近200家；提供就业岗位20830个。入场求职学生2万余人次，达成就业意向5020人，其中博士20人、研究生1192人、本科生3516人、专科生292人。现场签约464人，其中研究生64人、本科生384人、专科生16人。

（王静）

【农民工转移就业】 制定出台《关于进一步做好就业创业的实施意见》《关于支持农民工等人员返乡创业的实施意见》等政策文件。开展“春风行动”“就业援助月”“民营企业周”等活动，举办各类招聘会34场，提供就业岗位14.17万个，达成就业意向5.91万人。围绕“一县一特色，一园一品”思路，扶持返乡创业，建成农民工返乡创业园44家，采用“能人创业”方式辐射带动农民工转移就业1万余人。利用县（市、区）特色优势，打造“西柏坡服务员”“赞皇嫁接工”“赵州靓嫂采摘队”“深泽瓦工”等特色劳务品牌，其中“赞皇嫁接工”成为全国百强劳务品牌，向北京、天津、新疆、山东等地输出农村劳动力2万人。至2018年末，全市农村劳动力向非农产业转移就业5.72万人。妥善解决农民工工资拖欠问题，全年为6650名农民工讨回工资5980万元，同比分别下降48%、65%。加强劳动用工管理，全市备案劳动用工企业1.96万户、职工78.3万人，签订劳动合同78.3万份，签订率100%。引导进城务工农民工参加各类社会保险，至2018年末，全市进城务工农民工参加城乡基本医疗保险21.8万人，参加企业职工养老保险19.7万人。深化公共服务供给制度改革，全面放开城镇落户条件，全年农村迁入城镇人口1.2万人，为进城务工家庭办理居住证19万张。落实城乡义务教育“两免一补”政策，2018年全市1万多名进城务工人员随迁子女报名入学。推进做好农民工重大传染病防治，国家免疫规划疫苗接种率保持90%以上。加强权利保障和人文关怀，提升农民工社会融合度，提高工会组织化程度，推动快递员、家政服务员等以农民工为主体“八大员”加入工会组织，至2018年末，全市农民工会员达到83余万人。建立农村留守老人关爱服务制度，实施农村留守儿童信息动态管理，解决外出务工农民工后顾之忧。宣传农民工先进典型，4人获评河北省最美农民工称号。2018年石家庄市获评河北省农民工市民化典型城市。

（王静）

【农民工工资拖欠治理】 落实“早治理、快治理、严治理、长治理”办法和措施，遏制农民工工资欠薪问题发生。建立在建项目工地“档案”，实现网格全覆盖监管。抽取100个在建项目工地开展百分制量化评分，预警通报项目39个，约谈农民工工资专用账户、实名制管理、工资保证金等制度落实不到位企业97家。设立保障农民工工资支付综合服务大厅，实行劳动监察、仲裁、法律援助“一体化”服务。公布重大劳动保障违法行为22起，首家在全国建立拖欠农民工工资“黑名单”制度，并在项目审批、资金支持、土地供应、评级授信、信贷融资、评先评优、乘坐飞机和高铁、高档装修房屋、购买车辆等方面实施联合惩戒，向公安部门移交追究刑事责任恶意欠薪案件33起。2018年全市为6650名农民工追回欠薪5980万元，欠薪人数、欠薪金额同比分别下降48%和65%。

（王静）

【劳动者权益维护】 推荐31家企业和事业单位参评省级劳动关系和谐单位。监督检查全市1136家劳务派遣单位。强化用工备案管理，全市备案企业达到1.96万户，备案职工达到78.3万人，总量列全省第一位。农民工工资“治欠保支”有力有效。坚持“早快严长”主动治理、全面治理，扎实开展农民工工资支付情况专项检查，实施治理欠薪“春季行动”“冬病夏治”和“冬季攻坚”工程，评审劳动保障守法诚信单位企业23家，将10家拖欠农民工工资用人单位列入“黑名单”联合惩戒，推动欠薪案件动态清零，全年为6650人追发工资5980万元，比上年分别下降48%、65%。全市共受理劳动争议案件3022件，结案3003件，按期结案率99.4%。“双百日攻坚”清仓行动信访积案结案率达到98.9%。

（王静）

经济研究

【概况】 石家庄市人民政府研究室紧紧围绕市政府中心工作，认真履行各项职能，不断提高调查研究、起草文稿、参谋服务的能力。通过实行文稿质量负责、差错登记、限时完成等制度，使文稿在思路上紧跟形势、理论上紧贴前沿，不断提高针对性、指导性。精心组织撰写市政府综合材料。配齐人员，与市政府办公室协调配合，完成市十四届人大三次会议工作报告的起草任务。全年研究室共起草领导讲话、工作汇报等各类文稿数十篇，较好地发挥以文辅政作用。紧紧围绕市中心工作开展调研，切实提高服务能力。牵头完成《对石家庄市城市规划发展的思考》《关于加快智慧城市建设的建议报告》《石家庄市县域经济发展的建议》等专题报告，提出石家庄市高质量发展的标准、路径、方式方法等事关全局的系统思路。与雄安新区融合发展的调研报告，为市委市政府决策提供依据。充分发挥发展研究中心理论研究基地的优势和作用，主编的《研究动态》《决策参考》《石家庄经济》为市委市政府决策者提供科学决策信息和借鉴案例。

【调查研究】 围绕市委、市政府中心工作开展调研活动，牵头完成《石家庄市第一季度经济形势分析》《石家庄市关于高质量发展的研究报告》等系列报告，调研起草《关于石家庄市"三步走"战略目标体系及高质量发展路径研究》《关于石家庄市与雄安新区融合发展的调研报告》《对石家庄市城市规划发展的思考》《关于加快智慧城市建设的建议报告》《石家庄市县域经济发展的建议》等专题报告，提出石家庄市高质量发展的标准、路径、方式方法等事关全局的系统思路。围绕石家庄市产业结构转型升级问题，提出建设"一核四城多集群"发展战略和"1321产业结构调整"的目标体系，在转化为市委十届四次全会上通过确定的"4+4"产业格局定位后，研究室又完成《关于构建"一带两翼"产业布局，培育城市经济发展新动能的思考》。围绕"4+4"产业布局，相继调研完成《关于石家庄市装备制造业发展的对策建议》《关于石家庄市高新技术产业的发展研究报告》等系列专题调研报告。为落实市委十届全会所确定的"现代省会、经济强市"建设目标，研究室开展关于通过交通路网建设落地方式、交通路网建设引导城市快速发展、现代商贸物流城市建设、打造消费经济新亮点、加快发展新一代信息技术产业等系列研究。深入研究石家庄市借力一带一路建设问题，提出构建一主三辅铁路物流体系，降低成本增效益，带动石家庄经济快速发展。先后刊发《关于石家庄市在26座城市中维度排位的研究报告》《关于构建石家庄都市圈的策略建议》《新一代智能制造将推动实现第四次工业革命》《经济增长新动能已经浮现》《高质量发展研究》《省会都市圈的推进》等系列研究，重点关注城市发展和未来的趋向性，特别是三个反超，即大城市反超中小城市，消费型城市反超投资型城市，服务业城市反超制造业工业型城市等，为石家庄市发展和产业布局提供较好的借鉴和思路。

【智库建设】 紧紧围绕提升建言献策的能力，探索完善运行机制，以政策研究咨询为主攻方向，聚焦石家庄经济社会发展重点热点难点问题，为全市高质量转型发展提供智力支持。加大智库建设力度，不断健全智库组织，为市长聘请决策咨询顾问。通过顾问制度，为市长和市政府提出有学理支撑和应用价值的政策建议，努力为市政府开展综合研判和战略谋划当好参谋。与国发中心建立长期合作机制。2018年10月，代表市政府与国务院发展研究中心签订《"新工业革命"固定调研点合作备忘录》。加强人才队伍建设，与经贸大学、科技大学等本地的院校、科研机构建立固定合作联系。加强与国家级和省内、外智库机构的密切合作。相继与中国通用、智纲、华夏幸福、浦东学院等智库联盟建立合作关系。与相关部门开展合作研究，联合组建研究团队，共同开展调查研究，互派人员学习研究，加强信息共建共享，提高研究工作的针对性、实效性。

（唐伟）

行政审批

【概况】 2018年，全市行政审批以配合实施相对集中行政许可权改革为抓手，以积极融入河北政务服务网运行为依托，全面推进各项改革创新创优工作任务落地，转变政务服务职能，增强政务服务能力，政务资源配置效率稳步提高，为全市经济社会高质量发展营造高效的政务服务环境。完成市场主体培育目标。2018年石家庄市任务是市场主体总量净增8.78万户，企业净增3.52万户。至2018年底，市场主体净增12.11万户，完成全年计划任务的137.95%；企业净增4.36万户，完成年目标的124.1%。全市市场主体总量达93.37万户，万人拥有市场主体911户，均列全省第一。优化审批流程。2018年累计办结各类审批事项115935件，办结率99.6%，满意率100%。其中，投资项目类241件，商事登记类40987件，市场服务类18954件，社会事务类30741件，环境保护类561件，交通运输类19184件，安全生产类469件，农林水务类97件，城市建设类4701件。全年市公共资源交易中心共完成交易2070宗，交易金额413.87亿元。全年社会团体新增19家，新增注册资金57万元。涉及养老服务、知识产权保护、心理健康、农业标准化、教育后勤装备、二手车行业等领域。其中新增异地商会5家，分别为石家庄市许昌商会、承德商会、周口商会、菏泽商会、雄安商会，丰富与其他省市经济联系平台。新增体育类社会团体5家。2018年市行政审批局获评全市优秀领导班子、人力资源社会保障综合统计工作先进单位和市级预算单位决算二等奖。

【行政审批改革】 推行行政审批新模式。探索确立“综合受理、联合踏勘、并联审批、多证联办、审监互动”模式，按照综合受理、商事登记、交通运输、工程建设四个区域，对188项审批事项实行前台综合受理，后台并联审批，打造高效便捷审批服务。开展行政审批标准化、规范化建设。审批流程标准化，按照国家标准，统一编制政务服务指南，实现同一事项市县两级无差别受理、同标准办理；申报材料标准化，做到凡无法律、法规和规范性文件依据的一律取消，申报材料从3062个减至2782个；踏勘评审标准化，规范踏勘要点，踏勘事项从109项减至82项；审批档案标准化，制发《行政许可案卷标准模板文书和编号规则》，统一格式、统一编号，对档案的收集、整理实行标准化管理。梳理公布“最多跑一次”事项清单。以企业和群众办好“一件事”为标准，编制《“最多跑一次”事项清单》，“最多跑一次”事项达到118大项273小项，占比72.8%；依托电子政务外网开通网上办理事项156大项253小项，占承接事项的82.98%，完成省政府“年底前实现80%事项全部网上提交办理要件”任务。推进商事制度改革。压缩企业开办时间。制发《石家庄市进一步压缩企业开办时间实施方案》，全市企业名称核准、注册登记、印章制作和申领发票全流程平均登记时间压缩至2.5个工作日以内。推进“多证合一”。制发《深入推进“多证合一、一照一码”登记制度改革实施方案》，2018年7月11日全市实现“五十二证合一”，已发放“多证合一”营业执照19.45万套。

【工程项目审批】 围绕构建“4+4”现代产业发展格局，对工程建设项目审批制度进行全流程、全覆盖改革，努力构建科学、便捷、高效的工程建设项目审批和管理体系。压缩项目审批时间。制发《石家庄市深化工程建设项目审批制度改革实施方案》，围绕立项用地规划许可、工程建设许可、施工许可、竣工验收四个阶段，优化审批流程，压缩审批时间。将全市工程建设项目全流程审批时间压缩至80个工作日以内。加快项目落地速度。制发《支持“4+4”产业项目落地12条措施》，采取放宽企业注册限制条件、建立招投标直接发包制度、实施环保及节能“免于审查”等措施，提高项目审批效率，加速项目落地。实行一厅通办审批服务。推进工程建设审批链上单位进驻市政务服务大厅，至2018年末全市16个部门在大厅设置服务窗口，基本实现一厅通办。

【公共资源交易】 2018年市公共资源交易中心共完成交易2070宗，交易金额413.87亿元。其中，工程建设招标935项，成交金额118.13亿元；完成土地招拍挂59宗，总成交金额284.19亿元；完成集中采购241项，总成交金额5.05亿元；完成代理机构组织采购363项，总成交金额5.98亿元；排污权交易完成469笔，排污权出让收入0.51亿元；产权交易完成3笔，总成交金额74.12万元。重新修订石家庄市公共资源交易目录。根据《河北省公共资源交易目录》(冀政办函〔2016〕30号)，完善石家庄市公共资源交易目录，由原来4大类122项增加为7大类133项。规范交易平台体系。以“一问责八清理”专项清理整改“回头看”为契机，规范交易中心运行，国有土地及矿产出让等六大类交易全部进场。省、市信息平台实现互联互通并通过省级考核。初步实现交易全程电子化。研发石家庄市公共资源电子交易系统，项目登记报名、安排交易时间场所、发布招标公告、缴纳保证金、抽取专家评委、开标、评标、中标公示、签订中标通知书、退付保证金等环节实现全程网上操作，构建运行规范、操作公开、全程监督、阳光透明的公共资源交易新秩序。

【政务大厅建设】 市政务大厅位于市区槐安东路77号，建筑面积7500平方米，大厅共三层，一楼设综合受理区、商事登记综合受理区，二楼设工程建设项目综合受理区、交通运输综合受理区，三楼为后台分类审批集中办公区。政务服务大厅共设窗口44个，进驻单位20多个。承担全市220项行政审批服务事项，其中市行政审批局承担188项行政审批事项，日均办件量达到600多件。2018年10月8日，政务服务大厅正式推出综合受理，将108个事项纳入综合受理范围，实现受审分离不见面，探索出一条“综合受理、联合踏勘、并联审批、多证联办、审监互动”改革模式，构建事权分离、人员独立、分段管理、分权制衡的审批机制，从体制上降低廉政风险，提升服务效能。

表 8

2018 年石家庄市行政审批权力目录一览表

序号	项目名称	权力类别	执法依据						备注
			法律	行政法规	地方性法规	部委规章	政府规章	规范性文件	
1	固定资产投资项目节能评估和审查	行政许可	《中华人民共和国节约能源法》第十五条			《固定资产投资项目节能审查办法》第三条	《河北省固定资产投资项目节能审查办法》第五条		
2	企业、事业单位、社会团体等投资建设的固定资产投资项目核准	行政许可		《企业投资项目核准和备案管理条例》(2016 年国务院令第 673 号)第三条		《企业投资项目核准和备案管理办法》(2017 年国家发改委令第 2 号)第四条		《国务院关于投资体制改革的决定》(国发〔2004〕20 号)第二部分(一)、(二)、(三)	
3	粮食收购资格认定	行政许可		《粮食流通管理条例》第八条、第九条			《河北省粮食流通管理规定》第六条、第七条		
4	企业投资总投资 1 亿元以下需进口设备免税的外资项目核准	其他类		《企业投资项目核准和备案管理条例》(2016 年国务院令第 673 号)第三条		1.《企业投资项目核准和备案管理办法》(2017 年国家发改委令第 2 号)第六十二条; 2.《外商投资项目核准和备案管理办法》(2014 年国家发改委令第 12 号)第四条		1.《国务院关于投资体制改革的决定》(国发〔2004〕20 号)第二部分(二); 2.《河北省外商投资项目核准和备案管理办法》(冀发改外资〔2014〕1066 号)第四条	
5	市级政府投资项目及国家规定需市级审批的投资项目建议书审批	内部审批				《中央预算内投资项目管理办法》(国家发展改革委令第 7 号)		1.《国务院关于投资体制改的决定》(国发〔2004〕20 号)第三部分; 2.《国务院关于取消非行政许可审批事项的决定》(国发〔2015〕27 号)附件 2; 3.《河北省人民政府关于取消省政府部门非行政许可审批事项的决定》(冀政发〔2015〕38 号)附件 3; 4.《河北省人民政府办公厅关于公布固定资产投资项目保留合并或并联办理行政许可和行政审批事项的通知》(冀政办〔2009〕25 号	

续表

序号	项目名称	权力类别	执法依据						备注
			法律	行政法规	地方性法规	部委规章	政府规章	规范性文件	
6	市级政府投资项目及国家规定需市级审批的投资项目可研报告的审批	内部审批				《中央预算内投资项目管理办法》		1.《国务院关于投资体制改的决定》（国发〔2004〕20号）第三部分； 2.《国务院关于取消非行政许可审批事项的决定》（国发〔2015〕27号）附件2； 3.《河北省人民政府关于取消省政府部门非行政许可审批事项的决定》（冀政发〔2015〕38号）附件3； 4.《河北省人民政府办公厅关于公布固定资产投资项目保留合并或并联办理行政许可和行政审批事项的通知》（冀政办〔2009〕25号）	
7	市级政府投资项目、中央统借统还和市级政府负责偿还或提供担保的国外贷款项目，及国家规定需市级审批的投资项目初步设计、概算审批	内部审批				《中央预算内投资项目管理办法》（国家发展改革委令第7号）		1.《国务院关于投资体制改的决定》（国发〔2004〕20号）第三部分； 2.《国务院关于取消非行政许可审批事项的决定》（国发〔2015〕27号）附件2； 3.《河北省人民政府关于取消省政府部门非行政许可审批事项的决定》（冀政发〔2015〕38号）附件3； 4.《河北省人民政府办公厅关于公布固定资产投资项目保留合并或并联办理行政许可和行政审批事项的通知》（冀政办〔2009〕25号）	
8	市级政府投资项目投资计划的编制与下达	内部审批				《中央预算内投资项目管理办法》（国家发展改革委令第7号）		1.《国务院关于投资体制改的决定》（国发〔2004〕20号）第三部分； 2.《国务院关于取消非行政许可审批事项的决定》（国发〔2015〕27号）附件2； 3.《河北省人民政府关于取消省政府部门非行政许可审批事项的决定》（冀政发〔2015〕38号）附件3； 4.《河北省人民政府办公厅关于公布固定资产投资项目保留合并或并联办理行政许可和行政审批事项的通知》（冀政办〔2009〕25号）	

续表

序号	项目名称	权力类别	执法依据						备注
			法律	行政法规	地方性法规	部委规章	政府规章	规范性文件	
9	党政机关办公楼建设项目审批	内部审批		《机关团体建设楼堂馆所管理条例》（中华人民共和国国务院令第688号）		《中央预算内投资项目管理办法》（国家发展改革委令第7号）		1.《国务院关于投资体制改革的决定》（国发〔2004〕20号）第三部分；2.《国务院关于取消非行政许可审批事项的决定》（国发〔2015〕27号）附件2；3.《河北省人民政府关于取消省政府部门非行政许可审批事项的决定》（冀政发〔2015〕38号）附件3；4.《河北省人民政府办公厅关于公布固定资产投资项目保留合并或并联办理行政许可和行政审批事项的通知》（冀政办〔2009〕25号）	
10	在电力设施周围或电力设施保护区内进行可能危及电力设施安全作业的审批	行政许可	《中华人民共和国电力法》第五十二条、第五十四条	《电力设施保护条例》第十七条			《河北省电力条例》第三章第二十二条		
11	企业设立、变更、注销登记	行政许可	《中华人民共和国公司法》	《公司登记管理条例》		1.《企业法人登记管理条例》；2.《企业法人登记管理条例施行细则》			根据国务院印发《国务院关于取消一批行政许可等事项的决定》（国发〔2018〕28号），取消设立分公司备案、营业执照作废声明两个小项

续表

序号	项目名称	权力类别	执法依据						备注
			法律	行政法规	地方性法规	部委规章	政府规章	规范性文件	
12	名称预先核准（包括企业、企业集团、个体工商户、农民专业合作社名称预先核准）[委托县（市、区）]	行政许可		《公司登记管理条例》第十七、十八条					
13	广告发布登记［委托县（市、区）］	行政许可	《中华人民共和国广告法》			《广告发布登记管理规定》			
14	药品零售企业许可	行政许可	《中华人民共和国药品管理法》第十五条	《中华人民共和国药品管理法实施条例》第十二条		《药品经营许可证管理办法》		关于印发《石家庄市开办药品零售企业暂行规定》和《石家庄市药品零售企业验收实施细则》的通知	
15	科研和教学用毒性药品购买审批	行政许可		《医疗用毒性药品管理办法》第十条规定				《关于公布特殊药品行政许可审批程序的通知》(冀食药监办函〔2010〕301号）	
16	麻醉药品和第一类精神药品运输证明核发	行政许可		《麻醉药品和精神药品管理条例》		《麻醉药品和精神药品运输管理办法》			
17	麻醉药品和精神药品邮寄证明核发	行政许可		《麻醉药品和精神药品管理条例》		《麻醉药品和精神药品邮寄管理办法》			
18	（省委托）医疗机构配制的制剂调剂（跨市、县）审批	行政许可	《中华人民共和国药品管理法》第二十五条						
19	第二类精神药品的零售业务审批	行政许可		《麻醉药品和精神药品管理条例》第三十一条					
20	药品经营质量管理规范（GSP）认证	行政许可	《中华人民共和国药品管理法》	《药品经营质量管理规范》					

续表

序号	项目名称	权力类别	执法依据						备注
			法律	行政法规	地方性法规	部委规章	政府规章	规范性文件	
21	第三类医疗器械经营许可	行政许可		《医疗器械监督管理条例》第三十一条					
22	成品油零售经营资格审批	行政许可				《成品油市场管理办法》第六条、第二十条		关于印发《河北省成品油零售市场管理规定》的通知（冀商运行字〔2017〕36号）	
23	（省委托）从事拍卖业务许可	行政许可	《中华人民共和国拍卖法》第十一条			《拍卖管理办法》第十三条			
24	对外劳务合作经营资格审批	行政许可	《中华人民共和国对外贸易法》第十条	《对外劳务合作管理条例》第五、七条					
25	食品生产许可	行政许可	《中华人民共和国食品安全法》第三十五条						省级通用目录为：食品（含保健食品）生产许可，但保健食品许可在省食药监局。“食品（含保健食品）生产许可事项中的乳制品、肉制品、酒类（白酒、葡萄酒及果酒）、其他食品等4类产品的生产许可（省级保留：保健食品、婴幼儿配方食品、特殊医学用途配方食品的生产许可）”并入该审批事项

续表

序号	项目名称	权力类别	执法依据						备注
			法律	行政法规	地方性法规	部委规章	政府规章	规范性文件	
26	（省委托）报废汽车回收（拆解）企业资格认定	行政许可		《报废汽车回收管理办法》第六条、第八条					
27	特种设备使用登记	行政许可	《中华人民共和国特种设备安全法》第三十三条	《特种设备安全监察条例》第二十五条					
28	特种设备作业人员资格认定	行政许可	《中华人民共和国特种设备安全法》第十四条	《特种设备安全监察条例》第三十八条					
29	（省委托）气瓶和移动式压力容器充装许可的受理、审查、审批工作	行政许可	《中华人民共和国特种设备安全法》第四十九条	《特种设备安全监察条例》第二十二条					
30	计量标准器具核准	行政许可	《中华人民共和国计量法》第六条						
31	（省委托）省级工业产品生产许可证核发（直接到省局申请换证的情况除外）的受理工作	行政许可		《工业产品生产许可证管理条例》第二条					
32	（省委托）省局负责的五类检验检测机构之外的检验检测机构资质认定的受理、审批工作	行政许可	《中华人民共和国计量法》第二十二条	1.《中华人民共和国计量法实施细则》第二三十条； 2.《中华人民共和国认证认可条例》第十六条					

续表

序号	项目名称	权力类别	执法依据						备注
			法律	行政法规	地方性法规	部委规章	政府规章	规范性文件	
33	（省委托）单独申请特种设备修理（申请单位无相应特种设备安装、改造资质）许可的受理、审查、审批工作	行政许可	《中华人民共和国特种设备安全法》第十八条	《特种设备安全监察条例》第十四条					
34	（省部分委托）拍卖企业名称、股权变更审核许可以及经营范围中涉及市级公物拍卖企业资质审核及撤销	行政许可	《中华人民共和国拍卖法》第十一条			《拍卖管理办法》第十三条、第十四条			2018年5月新增
35	食品添加剂生产许可	行政许可	《中华人民共和国食品安全法》第三十九条						2018年5月新增
36	设立人力资源服务机构及其业务范围审批	行政许可			《河北省人才市场管理条例》第七条、第八条、第十条、第十三条	1.《就业服务与就业管理规定》第四十七条，第四十八条，第四十九条，第五十条，第五十一条第二款，第五十二条； 2.《人才市场管理规定》第六条，第七条第二款，第八条第三款，第九条，第十二条		1.《河北省人才中介机构审批办法》； 2.《河北省推进人才管理服务市场化社会化的指导意见》第二项第（四）款	
37	公共场所卫生许可	行政许可		《公共场所卫生管理条例》第四条		《公共场所卫生管理条例实施细则》第二十二条			

续表

序号	项目名称	权力类别	执法依据						备注
			法律	行政法规	地方性法规	部委规章	政府规章	规范性文件	
38	医疗机构设置审批（含港澳台，外商独资除外）[委托县（市、区）]	行政许可		《医疗机构管理条例》		《医疗机构管理条例实施细则》			
39	医疗机构执业登记（人体器官移植除外）[委托县（市、区）]	行政许可		《医疗机构管理条例》		《医疗机构管理条例实施细则》			
40	麻醉药品和第一类精神药品购用许可［委托县（市、区）］	行政许可		《麻醉药品和精神药品管理条例》					
41	护士注册、延续注册许可	行政许可		《中华人民共和国护士管理条例》		《护士执业注册管理办法》			
42	基层法律服务工作者执业、变更、注销许可	行政许可				《基层法律服务工作者管理办法》			
43	医疗机构放射性职业病危害建设项目竣工验收［委托县（市、区）］	行政许可	《中华人民共和国职业病防治法》	《放射性同位素与射线装置安全和防护条例》		《放射诊疗管理规定》			
44	医疗机构放射性职业病危害建设项目预评价报告审核［委托县（市、区）］	行政许可	《中华人民共和国职业病防治法》	《放射性同位素与射线装置安全和防护条例》		《放射诊疗管理规定》			
45	放射源诊疗技术和医用辐射机构许可［委托县（市、区）］	行政许可		《放射性同位素与射线装置安全和防护条例》		《放射诊疗管理规定》			
46	文物保护单位原址保护措施审批［委托县（市、区）］	行政许可	《中华人民共和国文物保护法》第二十条						

续表

序号	项目名称	权力类别	执法依据						备注
			法律	行政法规	地方性法规	部委规章	政府规章	规范性文件	
47	（省委托）博物馆二级以下（含二级）藏品取样分析许可	行政许可		《博物馆藏品管理办法》第二十三条				《国务院对确需保留的行政审批许可的决定》（国务院令第412号）第464项	
48	从事出版物、包装装潢印刷品和其他印刷品印刷经营活动企业的设立、变更审批［委托县（市、区）］	行政许可		《印刷业管理条例》第八条					
49	对文物保护单位、未核定为文物保护单位的不可移动文物修缮许可［委托县（市、区）］	行政许可	《中华人民共和国文物保护法》第二十一条第二款	《中华人民共和国文物保护法实施条例》第十五条					
50	非国有文物收藏单位和其他单位借用国有文物收藏单位馆藏文物审批［委托县（市、区）］	行政许可	《中华人民共和国文物保护法》第四十条	《中华人民共和国文物保护法实施条例》第三十一条					
51	（省委托）境外机构和团体拍摄考古发掘现场审批	行政许可				1.《文物拍摄管理暂行办法》第十八条； 2.《中华人民共和国考古涉外工作管理办法》第五条		《国务院对确需保留的行政审批许可的决定》（国务院令第412号）第461项	
52	（省委托）外国公民、外国组织和国际组织在中国境内参观尚未公开接待参观者的文物点和正在进行工作的考古发掘现场审批	行政许可				《中华人民共和国考古涉外工作管理办法》第十三条		《国务院关于取消和调整一批行政审批项目等事项的决定》（国发〔2014〕27号）将“外国公民、组织和国际组织参观未开放的文物点和考古发掘现场审批”下放至省级文物行政主管部门	

续表

序号	项目名称	权力类别	执法依据						备注
			法律	行政法规	地方性法规	部委规章	政府规章	规范性文件	
53	文物保护单位的建设控制地带内建设工程设计方案审核［委托县（市、区）］	行政许可	《中华人民共和国文物保护法》第十八条						
54	（省委托）演出经纪机构的审批	行政许可		《营业性演出管理条例》第七条		《营业性演出管理条例实施细则》第八条			
55	劳务派遣经营许可	行政许可	《中华人民共和国劳动合同法》第五十七条						
56	地方企业实行不定时工作制和综合计算工时工作制	行政许可	《中华人民共和国劳动法》第三十七条、第三十九条	《国务院关于职工工作时间的规定》第五条		《关于企业实行不定时工作制和综合计算工时工作制的审批办法》第七条			
57	事业单位设立、变更、注销登记	行政许可		《事业单位登记管理暂行条例》		《事业单位登记管理暂行条例实施细则》			
58	社会团体修改章程核准	行政许可		《社会团体登记管理条例》（2016年2月6日修正版）			《河北省社会团体登记管理办法》（2016年7月4日修正）		
59	民办非企业单位修改章程核准	行政许可		《民办非企业单位登记管理暂行条例》		1.《民办非企业单位登记暂行办法》； 2.《民办非企业单位名称管理暂行规定》			

续表

序号	项目名称	权力类别	执法依据						备注
			法律	行政法规	地方性法规	部委规章	政府规章	规范性文件	
60	养老机构设立许可	行政许可	《老年人权益保障法》第四十三、四十四条			《养老机构设立许可办法》		《河北省养老机构设立许可办法》	
61	社会团体成立、变更、注销登记	行政许可		《社会团体登记管理条例》(2016年2月6日修正版)			《河北省社会团体登记管理办法》(2016年7月4日修正)		
62	民办非企业单位成立、变更、注销登记	行政许可		《民办非企业单位登记管理暂行条例》					
63	实施中等及中等以下学历教育、学前教育、自学考试助学及其他文化教育的学校设立、变更和终止审批	行政许可	《中华人民共和国民办教育促进法》第十条第十一条、第十三条、第十五条、第五十三条、第五十五条、第五十六条	《中华人民共和国民办教育促进法实施条例》第十六条	《河北省民办教育条例》第十条、第十二条				
64	旅行社设立许可	行政许可	《中华人民共和国旅游法》第二十八条、第三十一条、第三十八条	《旅行社条例》第二十二条;《国务院关于取消和调整一批行政审批项目等事项的决定》(国发〔2014〕27号)第39项		《旅行社条例实施细则》第42号,第六条、第七条、第八条、第九条			“外商投资旅行社业务许可”并入该审批事项

续表

序号	项目名称	权力类别	执法依据						备注
			法律	行政法规	地方性法规	部委规章	政府规章	规范性文件	
65	医师执业注册	行政许可	《中华人民共和国执业医师法》			《医师执业注册管理办法》			
66	外国医疗团体来华短期行医审批［委托县（市、区）］	其他类				《外国医师来华短期行医暂行管理办法》			
67	市级计划生育服务机构执业许可及技术服务人员合格证核发	其他类		《计划生育技术服务管理条例》		《计划生育技术服务机构执业管理办法》			
68	教师资格认定	行政许可	《中华人民共和国教师法》第十条、第十一条、			1.《教师资格条例》第十三条第一款；2.《教师资格条例实施办法》第十九条、第二十条		《河北省中小学和幼儿园教师资格认定实施方案》	每年集中认定两批次，每次认定根据省统一安排开展
69	中等学历民办学校举办者变更核准	其他类	《中华人民共和国民办教育促进法》第五十四条						
70	校车使用许可	行政许可		《校车安全管理条例》(国务院令第617号）第十五条规定				1.《河北省校车安全管理条例实施办法》第五条规定，第十四条规定，第十五条规定，第十六条规定；2. 石家庄市人民政府办公厅关于印发石家庄市接送中小学生幼儿上下学用车安全管理规定的通知（石政办发〔2007〕103号）第五条规定	
71	建设殡仪馆、火葬场、殡仪服务站、骨灰堂、经营性公墓、农村公益性墓地审批	行政许可		《殡葬管理条例》（1997年7月21日国务院令225号，2012年11月9日予以修改）第三条、第八条				正在协商划转事宜	正在协商划转事宜

续表

序号	项目名称	权力类别	执法依据						备注
			法律	行政法规	地方性法规	部委规章	政府规章	规范性文件	
72	文艺、体育和特种工艺单位招用未满16周岁的未成年人审批	行政许可	《中华人民共和国劳动法》第十五条						只有《劳动法》十五条提出文艺、体育和特种工艺单位招用未满16周岁的未成年人审批需要审批，国务院、各部委均未出台实施细则，没有可操作性。省、市人社局均未办理过相关业务
73	有线广播电视传输覆盖网工程建设及验收审核	行政许可		《广播电视管理条例》第十七条、第二十二条					
74	（省委托）养老机构的设立许可［省级以上人民政府投资兴办的发挥实训、示范功能的养老机构和外国的组织、个人独资或者与中国的组织、个人合资、合作设立养老机构的，香港、澳门、台湾地区的组织、个人以及华侨独资或者与内地（大陆）的组织、个人合资、合作设立养老机构的设立许可］	行政许可	《中华人民共和国老年人权益保障法》			《养老机构设立许可办法》			

续表

序号	项目名称	权力类别	执法依据						备注
			法律	行政法规	地方性法规	部委规章	政府规章	规范性文件	
75	（省委托）非公募基金会及其分支机构、代表机构成立、变更、注销登记	行政许可		《基金会管理条例》					
76	（省委托）假肢和矫形器（辅助器具）生产装配的企业资格认定	行政许可				《假肢和矫形器（辅助器具）生产装配企业资格认定办法》		《国务院对确需保留的行政审批项目设定行政许可的决定》（中华人民共和国国务院令第412号）第67项	
77	（省委托）中外合作职业培训机构设立审批	行政许可		《中华人民共和国中外合作办学条例》				《关于启用中外合作办学许可证和中外合作职业技能培训机构申请表等有关事项的通知》（劳动部函〔2006〕211号）	
78	（省委托）设立中外合资（合作）职业介绍机构审批	行政许可	1.《劳动法》；2.《中外合资经营企业法》；3.《中外合作经营企业法》			《中外合资中外合作职业介绍机构设立管理暂行规定》			
79	（省部分委托）省直医疗机构以外的医疗广告审查权	行政许可	1.《中华人民共和国广告法》第四十六条；2.《中华人民共和国中医药法》第十九条			《医疗广告管理办法》第八条			2018年5月新增
80	（省委托）高致病性病原微生物菌（毒）种或样本运输审批（非跨省、自治区、直辖市运输或运往国外）	行政许可	《中华人民共和国传染病防治法》第二十六条	《病原微生物实验室生物安全管理条例》第十一条					2018年5月新增

续表

序号	项目名称	权力类别	执法依据						备注
			法律	行政法规	地方性法规	部委规章	政府规章	规范性文件	
81	公路建设项目施工许可	行政许可	《中华人民共和国公路法》第二十五条			《公路建设市场管理办法》第二十四条、第二十五条、第二十六条、第二十七条			
82	更新采伐护路林审批	行政许可	《中华人民共和国公路法》第四十二条	《公路安全保护条例》第二十六条					
83	公路水运工程建设项目设计文件审批	行政许可		1.《建设工程质量管理条例》(2000年1月30日国务院令第279号)第十一条; 2.《建设工程勘察设计管理条例》(2000年9月25日国务院令293号,2015年6月12日予以修改)第三十三条		《公路建设市场管理办法》(交通部令2015年 第11号修订)第十七条、第十八条、第十九条、第二十条		《河北省农村公路建设管理办法》(冀交公〔2010〕317号)第六条	
84	公路超限运输许可	行政许可	《中华人民共和国公路法》第五十条	《公路安全保护条例》(2011年3月7日国务院令第593号)第三十五条		1.《路政管理规定》(交通部令2003年2号)第十三条、第十八条; 2.《超限运输车辆行驶公路管理规定》(中华人民共和国交通运输部令2016年第62号)第六条、第十二条			

续表

序号	项目名称	权力类别	执法依据						备注
			法律	行政法规	地方性法规	部委规章	政府规章	规范性文件	
85	占用、挖掘公路、公路用地或者使公路改线审批	行政许可	《中华人民共和国公路法》五十四条	《公路安全保护条例》(2011年3月7日国务院令第593号)第二十七条第一款、第十九条、第二十一条		《路政管理规定》(交通部令2003年2号)第九条、第十八条			
86	在公路增设或改造平面交叉道口审批	行政许可	《中华人民共和国公路法》(1997年7月3号主席令第86号，2009年8月27日予以修改)第五十五条	《公路安全保护条例》(2011年3月7日国务院令第593号)第二十七条第一款、第十九条、第二十一条		《路政管理规定》(交通部令2003年2号)第十五条			
87	设置非公路标志审批	行政许可	《中华人民共和国公路法》(1997年7月3日主席令第86号，2009年8月27日予以修改)第五十四条	《公路安全保护条例》(2011年3月7日国务院令第593号)第二十七条第一款、第十九条、第二十一条		《路政管理规定》(交通部令2003年2号)第十四、第十八条			

续表

序号	项目名称	权力类别	执法依据						备注
			法律	行政法规	地方性法规	部委规章	政府规章	规范性文件	
88	跨越、穿越公路及在公路用地范围内架设、埋设管线、电缆等设施，或者利用公路桥梁、公路隧道、涵洞铺设电缆等设施许可	行政许可	《中华人民共和国公路法》（1997 年 7 月 3 日主席令第 86 号，2009 年 8 月 27 日予以修改）四十五条	《公路安全保护条例》（2011 年 3 月 7 日国务院令第 593 号）第二十七条第一款、第十九条、第二十一条		《路政管理规定》（交通部令 2003 年 2 号）第十条、第十八条			
89	公路建筑控制区内埋设管线、电缆等设施许可	行政许可	《中华人民共和国公路法》（1997 年 7 月 3 日主席令第 86 号，2009 年 8 月 27 日予以修改）五十六条	《公路安全保护条例》（2011 年 3 月 7 日国务院令第 593 号）第二十七条第一款		《路政管理规定》（交通部令 2003 年 2 号）第十六条、第十八条			
90	（省委托）在公路上增设平面交叉道口的审批	行政许可	《中华人民共和国公路法》（1997 年 7 月 3 号主席令第 86 号，2009 年 8 月 27 日予以修改）第五十五条	《公路安全保护条例》（2011 年 3 月 7 日国务院令第 593 号）第二十七条第一款		《路政管理规定》（交通部令 2003 年 2 号）第十五条			

续表

序号	项目名称	权力类别	执法依据						备注
			法律	行政法规	地方性法规	部委规章	政府规章	规范性文件	
91	（省委托）更新砍伐省管高速以外的公路用地上的树木审批（国省干线以外的公路）	行政许可	《中华人民共和国公路法》第四十二条	《公路安全保护条例》第二十六条					
92	（省委托）更新砍伐省管高速以外国家和省的干线公路护路林的审批	行政许可	《中华人民共和国公路法》第四十二条	《公路安全保护条例》第二十六条					
93	道路旅客运输经营许可	行政许可		《中华人民共和国道路运输条例》第八条、第九条、第十条、第十一条、第十二条、第十四条		1.《道路旅客运输及客运站管理规定》； 2.《道路运输从业人员管理规定》第六—九条、第十五条、第十九条、第二十条、二十六条、二十七条、第二十九条—三十二条、第三十七条			
94	专用航标设置、撤除、位置移动和其他状况改变审批	行政许可	《中华人民共和国航道法》第十九条	1.《中华人民共和国航标条例》第六条； 2.《中华人民共和国航道管理条例》第二十一条		《中华人民共和国海事行政许可条件规定》第三十条			（原185项就有）
95	国内水路运输经营许可	行政许可		《国内水路运输管理条例》第六条至第八条，第十一条、第十三条、第十四条		《国内水路运输管理规定》第六条、第十条、第十一条至十三条、第十七条			

续表

序号	项目名称	权力类别	执法依据						备注
			法律	行政法规	地方性法规	部委规章	政府规章	规范性文件	
96	道路货运经营许可	行政许可		《中华人民共和国道路运输条例》第二十一条、第二十二条、第二十四条		《道路货物运输及站场管理规定》第六条、第八条、第十条、第十一条—第十四条			
97	出租汽车经营许可	行政许可			《石家庄市出租汽车管理条例》第十条至十五条、第二十一条、第二十二条	1.《巡游出租汽车经营服务管理规定》第八条、第十条至十五条；2.《出租汽车驾驶员从业资格管理规定》第三条、六条、七条、第九条至第十五条、第三十条至三十二条		《国务院对确需保留的行政审批项目设定行政许可的决定》第112项	
98	车辆运营证核发	行政许可			《石家庄市出租汽车管理条例》第十条至十二条、第十九条第二款	1.《巡游出租汽车经营服务管理规定》第十三条至十九条；2.《网络预约出租汽车经营服务管理暂行办法》第十二条、十三条		《国务院对确需保留的行政审批项目设定行政许可的决定》第112	
99	放射性物品道路运输经营许可	行政许可		1.《放射性物品运输安全管理条例》第三十一条、第四十条；2.《中华人民共和国道路运输条例》第二十一条、第二十三条、第二十四条、第七十九条		《放射性物品道路运输管理规定》第七条至十三条			

续表

序号	项目名称	权力类别	执法依据						备注
			法律	行政法规	地方性法规	部委规章	政府规章	规范性文件	
100	危险货物运输经营许可	行政许可		《中华人民共和国道路运输条例》第二十一条、第二十三条、第二十四条、第七十九条		《道路危险货物运输管理规定》第八条至十六条、第十八条			
101	船员适任证书核发	行政许可		1.《中华人民共和国内河交通安全管理条例》第九条；2.《中华人民共和国船员条例》第九条至十一条		《中华人民共和国海事行政许可条件规定》第二十四条		1.《国务院关于取消和调整一批行政审批项目等事项的决定》第26项；2.《关于做好国务院和省政府2014年第三批取消和调整行政审批事项衔接落实工作的通知》(石政办函〔2015〕24号)	暂未承接
102	通航水域岸线安全使用和水上水下活动许可	行政许可		《中华人民共和国内河交通安全管理条例》第二十五条		1.《中华人民共和国水上水下活动通航安全管理规定》第二条、第五条至第十二条；2.《中华人民共和国海事行政许可条件规定》第六条、第七条			
103	与航道有关的工程建设项目对航道通航条件影响评价审核	行政许可	《中华人民共和国航道法》第二十八条						
104	船舶安全检验证书核发	行政许可	《中华人民共和国海上交通安全法》第四条	《中华人民共和国内河交通安全管理条例》第六条					

续表

序号	项目名称	权力类别	执法依据						备注
			法律	行政法规	地方性法规	部委规章	政府规章	规范性文件	
105	大型设施、移动式平台、超限物体水上拖带审批	行政许可		《中华人民共和国内河交通安全管理条例》第二十二条、第四十三条		《中华人民共和国海事行政许可条件规定》第十一条			
106	船员服务簿签发	行政许可		《中华人民共和国船员条例》第五条		《中华人民共和国海事行政许可条件规定》第二十三条			（原185项就有）
107	船舶国籍证书核发	行政许可	《中华人民共和国海上交通安全法》第五条	1.《中华人民共和国船舶登记条例》第三条、第四条、第十六条；2.《中华人民共和国内河交通安全管理条例》第六条		《中华人民共和国海事行政许可条件规定》第十六条	《河北省内河交通安全管理规定》第六条至第八条		（原185项就有）
108	船舶油污损害民事责任保险证书或者财务保证证书核发	行政许可		《防治船舶污染海洋环境管理条例》第五十三条		《中华人民共和国海事行政许可条件规定》第十八条		《国务院关于取消和调整一批行政审批项目等事项的决定》第70项	
109	通航建筑物运行方案审批	行政许可	《中华人民共和国航道法》第二十五条第四款						（原185项就包括）

续表

序号	项目名称	权力类别	执法依据						备注
			法律	行政法规	地方性法规	部委规章	政府规章	规范性文件	
110	放射性物品道路运输从业人员资格证核发	行政许可		《中华人民共和国道路运输条例》第二十三条		1.《放射性物品道路运输管理规定》第七条； 2.《道路运输从业人员管理规定》第六条至第八条、第十一条、第十六条、第十九条、第二十条、第二十六条、第二十七条、第二十九条			
111	危险货物道路运输从业人员资格许可	行政许可		《中华人民共和国道路运输条例》第二十三条		《道路运输从业人员管理规定》第六条、第七条、第八条、第十一条、第十六条、第十九条、第二十条、第二十六条、第二十七条、第二十九条			
112	公路建设项目竣工验收	行政许可	《中华人民共和国公路法》第三十三条	《收费公路管理条例》第二十五条		《公路工程竣（交）工验收办法》第十四条			
113	国防交通工程设施建设项目和有关贯彻国防要求的建设项目设计审批及鉴（审）定、竣工验收	行政许可	《中华人民共和国国防交通法》第二十一条	《国防交通条例》第二十条					
114	贯彻国防要求的民用运载工具及相关设备验收登记	行政许可		《民用运力国防动员条例》第十三条					

续表

序号	项目名称	权力类别	执法依据						备注
			法律	行政法规	地方性法规	部委规章	政府规章	规范性文件	
115	改变国防交通工程设施的用途或者将其报废处理审批	行政许可		《国防交通条例》第二十一条					
116	道路运输站场许可	行政许可		《中华人民共和国道路运输条例》第三十六条、第三十九条		1.《道路旅客运输及客运站管理规定》第十一条、第十三条、第十六条、第十八条、第十九条；2.《道路货物运输及站场管理规定》第七条、第九条至第十二条			
117	机动车驾驶员培训许可	行政许可		《中华人民共和国道路运输条例》第三十八条、第三十九条		《机动车驾驶员培训管理规定》第六条至第十七条			
118	危险废物经营许可	行政许可	《中华人民共和国固体废物污染环境防治法》第五十七条	1.《危险废物经营许可证管理办法》第二条、第七条；2.《医疗废物管理条例》第二十二条					“危废经营许可证的颁发、变更、延续和注销”并入该审批事项
119	废弃电器电子产品处理企业资格审批	行政许可	《中华人民共和国固体废物污染环境防治法》	《废弃电器电子产品回收处理管理条例》		《废弃电器电子产品处理资格许可管理办法》			
120	排污许可	行政许可					《河北省达标排污许可管理办法（试行）》第二条	《河北省达标排污许可管理办法实施细则》第八条	

续表

序号	项目名称	权力类别	执法依据						备注
			法律	行政法规	地方性法规	部委规章	政府规章	规范性文件	
121	建设项目环境影响评价文件审批	行政许可	《中华人民共和国环境影响评价法》第二十二条、第二十四条	《建设项目环境保护管理条例》第十二条					“粒子能量小于100兆电子伏的医用加速器、车辆检测用X线装置、术中放射治疗装置辐射类项目环境影响评价文件审批”并入该审批事项
122	非跨行政区域［设区市、省直管县（市）、扩权县］雷达豁免水平以上的电视、广播发射台、差转台电磁辐射类建设项目、330千伏及以下输变电建设项目、X射线探伤机、工业用X射线CT机、Ⅱ类射线装置中的X射线深部治疗机、数字减影血管造影装置（包括小C型臂）核技术利用项目环评审批环境影响评价文件的审批（跨设区市、省直管县、扩权县项目除外）、辐射项目登记表的审批	行政许可	1.《中华人民共和国环境保护法》第十三条；2.《中华人民共和国环境影响评价法》第二十二条、第二十四条，《中华人民共和国放射性污染防治法》第二十九条	《建设项目环境保护管理条例》第九条、第十条、第十二条		1.《放射性同位素与射线装置安全许可管理办法》第七条；2.《电磁辐射环境保护管理办法》第十一条、第十五条、第十六条		1.《河北省环境保护局建设项目环境影响评价文件审批程序规定》；2.《河北省环保局辐射建设项目环境影响评价文件审批程序》	

续表

序号	项目名称	权力类别	执法依据						备注
			法律	行政法规	地方性法规	部委规章	政府规章	规范性文件	
123	设区市、省直管县（市）发放的辐射安全许可证单位的放射源转让审批、备案	行政许可		《放射性同位素与射线装置安全和防护条例》（国务院令第499号）第十九条、第二十条、第二十一条					
124	涉及4、5类放射源和3类射线装置以及X射线探伤机、工业用X射线CT机、类射线装置中的X射线深部治疗机、数字减影血管造影装置（包括小C型臂）核技术利用项目辐射安全许可证发放、变更审批	行政许可	《中华人民共和国放射性污染防治法》第二十八条	《放射性同位素与射线装置安全和防护条例》第五条	《河北省辐射污染防治条例》	《放射性同位素与射线装置安全许可管理办法》第二条、第十八、第十九条			
125	省内跨设区市转移使用放射性同位素的备案	行政许可	《中华人民共和国放射性污染防治法》第二十九条	《放射性同位素与射线装置安全和防护条例》第二十一条、第二十五条	《河北省辐射污染防治条例》第十八条	《放射性同位素与射线装置安全许可管理办法》第三十五条			
126	送交河北省放射性废物库暂存处置的废旧放射源回收（收贮）备案	行政许可	《中华人民共和国放射性污染防治法》第二十八条	《放射性同位素与射线装置安全和防护条例》第五条、第二十三条	《河北省辐射污染防治条例》第二十二条	《放射性同位素与射线装置安全许可管理办法》第二条、第十八条			

续表

序号	项目名称	权力类别	执法依据						备注
			法律	行政法规	地方性法规	部委规章	政府规章	规范性文件	
127	环境保护竣工验收（噪声、固废）	行政许可		《建设项目环境保护管理条例》第十七条、第二十条		《建设项目竣工环境保护验收暂行办法》第三条		《建设项目环境影响评价文件审批及建设单位自主开展环境保护设施验收工作指引（试行）》	环保部文件决定保留，等待修法
128	（省委托）第一类非药品类易制毒化学品生产、经营许可证核发	行政许可	《中华人民共和国安全生产法》第十七条	《易制毒化学品管理条例》第二条		《非药品类易制毒化学品生产、经营许可办法》第三条			
129	生产、储存烟花爆竹建设项目安全设施设计审查［委托县（市、区）］	行政许可	《中华人民共和国安全生产法》第三十条第二款			《建设项目安全设施“三同时”监督管理办法》第十二条			
130	危险化学品安全使用许可证核发［委托县（市、区）］	行政许可	《中华人民共和国安全生产法》第十七条			《危险化学品安全使用许可证实施办法》第五条第三款			
131	危险化学品建设项目安全设施设计审查［市、委托县（市、区）分类实施］	行政许可	《中华人民共和国安全生产法》第三十条第二款			《危险化学品建设项目安全监督管理办法》第四条、第五条			
132	危险化学品建设项目安全条件审查［市、委托县（市、区）］分类实施	行政许可	《中华人民共和国安全生产法》第二十九条			《危险化学品建设项目安全监督管理办法》第四条、第五条			
133	危险化学品（含仓储经营）经营许可［委托县（市、区）］	行政许可	《中华人民共和国安全生产法》第十七条	《危险化学品安全管理条例》第六条第一款		《危险化学品经营许可证管理办法》第五条第三款			
134	职业卫生技术服务机构（除煤矿外）丙级资质审批	行政许可	《中华人民共和国安全生产法》第十七条			《职业卫生技术服务机构监督管理暂行办法》第五条第四款			

续表

序号	项目名称	权力类别	执法依据						备注
			法律	行政法规	地方性法规	部委规章	政府规章	规范性文件	
135	非煤矿矿山建设项目安全设施设计审查［委托县（市、区）］	行政许可	《中华人民共和国安全生产法》第三十条第二款			《建设项目安全设施“三同时”监督管理暂行办法》第十二条第二款		《河北省非煤矿山建设项目安全设施“三同时”监督管理办法》第四条	
136	非煤矿矿山企业安全生产许可证核发（市属及市属以下）	行政许可	《中华人民共和国安全生产法》第十七条			《非煤矿矿山企业安全生产许可证实施办法》第四条第三款		《河北省安全生产监督管理局关于做好下放行政许可事项衔接工作的通知》附件3第一条	
137	金属冶炼建设项目安全设施设计审查	行政许可	《中华人民共和国安全生产法》第三十条第二款		《河北省安全生产条例》第三十一条第二款			《河北省安全生产监督管理局关于开展金属冶炼建设项目安全设施设计审查工作的通知》(冀安监管四函〔2017〕41号)	增加“金属冶炼建设项目安全设施设计审查”一项行政许可事项
138	取水许可	行政许可	《中华人民共和国水法》第七条、第四十八条	《取水许可和水资源费征收管理条例》第二条、第三条、第四条、第十四条		《建设项目水资源论证管理办法》第二条、第九条、第十条第二款	《河北省取水许可制度管理办法》第九条、第十条、第十一条、第十三条	《国务院对确需保留的行政审批项目设定行政许可的决定》	“在地下水限采区内，年取用地下水量在20万立方米以下（含20万立方米）的取水许可”并入该审批事项

续表

序号	项目名称	权力类别	执法依据						备注
			法律	行政法规	地方性法规	部委规章	政府规章	规范性文件	
139	洪水影响评价类审批	行政许可	《中华人民共和国防洪法》第十七条、第二十七条、第三十三条	《河道管理条例》第十一条，第二十五条	1.《河北省水利工程管理条例》第三十八条；2.《石家庄市河道管理条例》第十条	《水工程建设规划同意书制度管理办法》			根据市级有关文件，建议名称修改为“洪水影响评价类审批”
140	生产建设项目水土保持方案审批	行政许可	《中华人民共和国水土保持法》第二十五条			《开发建设项目水土保持方案编报审批管理规定》第八条		《关于下放部分生产建设项目水土保持方案审批和水土保持设施验收审批权限的通知》（冀水保〔2017〕74号）	“省级审批（核准、备案）非跨市生产建设项目（不含水利项目）水土保持方案审批”并入该审批事项
141	河道采砂许可	行政许可		《中华人民共和国河道管理条例》第二十五条			《河北省河道采砂管理规定》		
142	水利基建项目初步设计文件审批	行政许可				《水利基本建设投资计划管理暂行办法》（水规计〔2003〕344号）		1.《国务院对确需保留的行政审批项目设定行政许可的决定》（国务院令第412号），附件第172项；2.《国务院清理规范投资项目报建审批事项实施方案》（国发〔2016〕29号）；3.《水利基本建设投资计划管理暂行办法》（水规计〔2003〕344号）；4.《水利部水利工程建设程序管理暂行办法》（水建〔1998〕16号）第六条	

续表

序号	项目名称	权力类别	执法依据						备注
			法律	行政法规	地方性法规	部委规章	政府规章	规范性文件	
143	建设项目节水设施“三同时”的设计审查、竣工验收	其他类	《中华人民共和国水法》第五十三条				《石家庄市节约用水办法》第三十一条		
144	农作物种子生产经营许可证核发［委托县（市、区）］	行政许可	《中华人民共和国种子法》第五章			《农作物种子生产经营许可管理办法》第十三条			委托县（市、区）
145	种畜禽生产经营许可［委托县（市、区）］	行政许可	《中华人民共和国畜牧法》第三章第二十二条、二十四条					《河北省种畜禽生产经营许可证审核发放管理办法》	委托县（市、区）
146	临时占用林地审批	行政许可		《中华人民共和国森林法实施条例》第十六条、十七条		《建设项目使用林地审核审批管理办法》		1.《国家林业局关于印发〈建设项目使用林地审核审批管理规范〉和〈使用林地申请表〉〈使用林地现场查验表〉的通知》(林资发〔2015〕122号)； 2.《河北省林业厅关于下放和委托建设项目使用林地审批审核权限的通知》(冀林字〔2015〕136号)	
147	（省委托）采集或者采伐国家重点保护种质资源审批	行政许可	《中华人民共和国种子法》第八条		《河北省实施〈中华人民共和国种子法〉办法》第十条				

续表

序号	项目名称	权力类别	执法依据						备注
			法律	行政法规	地方性法规	部委规章	政府规章	规范性文件	
148	（省委托）外国人对省重点保护野生动物进行野外考察、采集标本或在野外拍摄电影录像审批	行政许可			《河北省陆生野生动物保护条例》第三十三条				
149	（省委托）进入除省级林业部门直接管理的国家级自然保护区从事科学研究、教学实习、参观考察、拍摄影片、登山等活动审批	行政许可		《自然保护区条例》（国务院第167号）第二十七条		《森林和野生动物类型自然保护区管理办法》第十三条			
150	从事营利性治沙活动许可	行政许可	《中华人民共和国防沙治沙法》第二十六条			《营利性治沙管理办法》			
151	（省部分委托）林木采伐许可证核发	行政许可	《中华人民共和国森林法》第三十二条	《中华人民共和国森林法实施条例》第三十条					委托下放设区市所属的国有林场林木和其他国有企业事业单位林木，利用外资营造的用材林的采伐许可证核发（原185项就有）

续表

序号	项目名称	权力类别	执法依据						备注
			法律	行政法规	地方性法规	部委规章	政府规章	规范性文件	
152	森林经营单位修筑直接为林业生产服务的工程设施占用林地审批	行政许可		《中华人民共和国森林法实施条例》第十八条		《建设项目使用林地审核审批管理办法》第六条、第八条		《河北省林业厅关于下放和委托建设项目使用林地审批审核权限的通知》	
153	蜂、蚕种生产、经营许可证核发	行政许可	《中华人民共和国畜牧法》第二条、第二十二条、第二十三条、第二十四条	《种畜禽管理条例》第十五条、第十六条		1.《蚕种管理办法》(2006年6月28日农业部令第68号); 2.《养蜂管理办法(试行)》第七条		《河北省种畜禽生产经营许可证审核发放管理办法》	
154	生猪定点屠宰厂(场)设置审查	行政许可		《生猪屠宰管理条例》第六条		《生猪屠宰管理条例实施办法》第二条、第八条	《河北省畜禽屠宰管理办法》第十条		设立审批(政府权力)、验收审批(政府权力)
155	国内异地引进水产苗种检疫	行政许可		《中华人民共和国动物防疫法》第七条		1.《水产苗种管理办法》; 2.《动物检疫管理办法》第二十九条、第三十一条			
156	农药经营许可	行政许可		《农药管理条例》第二十四条		《农药经营许可管理办法》第三条			应当增加许可依据,部委规章无权增设许可
157	渔业捕捞许可(仅限黄壁庄水库)	其他类			《河北省渔业条例》	《渔业捕捞许可管理规定》第十六条			

续表

序号	项目名称	权力类别	执法依据						备注
			法律	行政法规	地方性法规	部委规章	政府规章	规范性文件	
158	（省委托）进入除省级林业部门直接管理的地方级自然保护区（核心区）从事科学研究观测、调查活动审批	行政许可		《自然保护区条例》第二十七条		《林业部森林和野生动物类型自然保护区管理办法》第十三条			
159	海洋与渔业科技成果保密项目审批	行政许可	1.《中华人民共和国科学技术进步法》第二十八条；2.《中华人民共和国促进科技成果转化法》第十六条						2018 年 5 月新增
160	兽药经营许可证核发（兽用生物制品）	行政许可		《中华人民共和国兽药管理条例》第二十二条					2018 年 5 月新增
161	（省委托）收购珍贵树木种子和限制收购林木种子批准	行政许可	《中华人民共和国种子法》第三十九条						2018 年 5 月新增
162	招标方案核准	行政许可	《中华人民共和国招标投标法》第七条、第九条	《中华人民共和国招标投标法实施条例》第七条	《河北省实施〈中华人民共和国招标投标法〉办法》第十一条			《关于国务院有关部门实施招标投标活动行政监督的职责分工的意见》	

续表

序号	项目名称	权力类别	执法依据						备注
			法律	行政法规	地方性法规	部委规章	政府规章	规范性文件	
163	建设工程招标文件备案、建设工程招标投标情况书面报告备案	其他类	1.《中华人民共和国建筑法》第十九条； 2.《中华人民共和国招标投标法》第四十七条		《河北省建筑条例》第十四条、第十八条	1.《房屋建筑和市政基础设施工程施工招标投标管理办法》(建设部令第89号)第十九条(第八条)； 2.《工程建设项目施工招标投标法》(七部委30号令)第八条		《住建部办公厅关于进一步加强建筑工程施工许可管理工作的通知》(建办市〔2014〕34号)第二条(第2款)	
164	建设工程合同(用工)备案和建筑工程最高限价及竣工结算备案	其他类			《河北省建筑条例》第二十一条	《房屋建筑和市政基础设施工程施工招标投标管理办法》(建设部令第89号)第四十七条		1.《河北省住房和城乡建设厅关于加强建设工程监理现场管理的通知》(冀建市〔2011〕552号)； 2.《河北省住房和城乡建设厅关于加强进冀建筑业企业信用管理的通知》(冀建市〔2012〕211号)； 3.《河北省进冀建筑业企业管理办法》第六条； 4.《河北省建设厅关于印发〈河北省建筑工程最高限价和竣工结算备案监督管理办法〉的通知》。	根据住房和城乡建部部《关于推动建筑市场统一开放的若干规定》(建市〔2015〕140号)第八条 地方各级住房城乡建设主管部门在建筑企业跨省承揽业务监督管理工作中，不得违反法律法规的规定，直接或变相实行以下行为：(一)擅自设置任何审批、备案事项，或者告知条件……，取消“外地项目进石备案”，名称建议调整为：“建设工程合同(用工)备案和建筑工程最高限价及竣工结算备案”

续表

序号	项目名称	权力类别	执法依据						备注
			法律	行政法规	地方性法规	部委规章	政府规章	规范性文件	
165	建设工程安全生产监督备案	其他类		《建设工程安全生产管理条例》第十条					
166	建设工程（分建筑和市政）质量监督手续办理和建设工程及燃气设施建设工程竣工验收备案	其他类		1.《建设工程质量管理条例》第四十九条； 2.《城镇燃气管理条例》（国务院令第583号）第十一条第三款； 3.《建设工程质量管理条例》（国务院令第279号2000年）第四条	《河北省建筑条例》第四十四条				
167	民用建筑节能审核、建筑节能产品和新型墙体材料登记	其他类		《民用建筑节能条例》（国务院令第530号）第十三条	《河北省民用建筑节能条例》第八条				
168	建筑工程施工许可证核发	行政许可	《中华人民共和国建筑法》第七条			《建筑工程施工许可管理办法》（住建部令第18号）第二条		《河北省建筑工程施工许可管理办法》第二条、第四条	
169	建设行政相对人守法情况证明	行政确认						《河北省建设行政相对人违法行为记录管理暂行办法》	
170	商品房预售许可	行政许可	《中华人民共和国城市房地产管理法》第四十五条			《城市商品房预售管理办法》第七条			

续表

序号	项目名称	权力类别	执法依据						备注
			法律	行政法规	地方性法规	部委规章	政府规章	规范性文件	
171	商品住房项目中配建保障房方案审批	其他类						1. 石家庄市人民政府办公厅《关于进一步加强保障性安居工程建设和管理的实施意见》的通知（石政办发〔2012〕11号）第三条第四款； 2.《石家庄市人民政府关于促进房地产市场平稳健康发展的意见》石政发〔2016〕9号	
172	建筑施工企业资质认定	行政许可	《中华人民共和国建筑法》第十三条			《建筑业企业资质管理规定》（建设部第22号令）第二章第十一条			
173	建设工程勘察设计企业资质认定（工程勘察劳务企业资质、丁级设计企业资质）	行政许可		《建设工程勘察设计管理条例》（国务院令第293号）第七条		《建设工程勘察设计资质管理规定》（建设部令第160号）第三条		1.《工程勘察资质标准》（建市〔2013〕9号）； 2.《工程勘察资质标准实施办法》（建市〔2013〕86号）； 3.《建筑工程勘察设计资质管理规定实施意见》（建市〔2007〕202号）； 4.《住房城乡建设部办公厅关于工程勘察资质换证工作的通知》（建办市函〔2014〕717号）； 5.《河北省住房和城乡建设厅关于做好工程勘察劳务资质审批事项下放管理工作的通知》冀建质〔2015〕1号	
174	燃气经营许可证核发	行政许可		《城镇燃气管理条例》（国务院令第583号）第十五条、第三十八条	《石家庄市供热用热条例》第十八条	《建设部关于纳入国务院决定的十五项行政许可的条件的规定》（建设部第135号令）第7条、第14条	《河北省燃气管理办法》（河北省人民政府令2012第6号）第十一条	《石家庄市燃气经营许可管理办法》（石建〔2011〕151号）第七条	

续表

序号	项目名称	权力类别	执法依据						备注
			法律	行政法规	地方性法规	部委规章	政府规章	规范性文件	
175	燃气经营者改动市政燃气设施审批	行政许可		《城镇燃气管理条例》(国务院令第583号)第十五条、第三十八条	《石家庄市供热用热条例》第十八条	《建设部关于纳入国务院决定的十五项行政许可的条件的规定》(建设部第135号令)第7条、第14条	《河北省燃气管理办法》(河北省人民政府令2012第6号)第十一条	《石家庄市燃气经营许可管理办法》(石建〔2011〕151号)第七条	
176	(省委托)八大员签注与变更	其他类						《关于贯彻实施住房和城乡建设领域现场专业人员职业标准的意见》(住建部建人〔2012〕19号)	
177	移交建设项目档案	其他类						建设部2001年第90号令《城市建设档案管理规定》	
178	设置大型户外广告及在城市建筑物、设施上悬挂、张贴宣传品审批	行政许可		《城市市容和环境卫生管理条例》	《石家庄市城市市容和环境卫生管理条例》第九条				
179	市政设施建设类审批	行政许可		1.《城市道路管理条例》第三十三条; 2.《城市道路管理条例》第二十九条	《石家庄市城市市政工程设施管理条例》第十八条			1.《国务院关于印发清理规范投资项目报建审批事项实施方案的通知》(国发〔2016〕29号); 2.《国务院对确需保留的行政审批项目设定行政许可的决定》(国务院令第412号)	

续表

序号	项目名称	权力类别	执法依据						备注
			法律	行政法规	地方性法规	部委规章	政府规章	规范性文件	
180	城市建筑垃圾处置核准	行政许可				《城市建筑垃圾管理规定》第七条		《国务院对确需保留的行政审批项目设定行政许可的决定》第101条	由“占用、挖掘城市道路审批”、“城市桥梁上架设各类市政管线审批”、“依附于城市道路建设各种管线、杆线等设施审批”三项合并
181	城镇污水排入排水管网许可	行政许可		《城镇排水与污水处理条例》第二十一条	《石家庄市城市排水管理条例（试行）》第十九条				
182	餐厨废弃物处置、收集、运输从业许可	其他类			《河北省城市市容和环境卫生条例》第四十三条	《城市生活垃圾管理办法》	《河北省餐厨废弃物管理办法》第十四条		“各设市城市、扩权县餐厨废弃物处置、收集、运输从业许可”并入该审批事项

续表

序号	项目名称	权力类别	执法依据						备注
			法律	行政法规	地方性法规	部委规章	政府规章	规范性文件	
183	工程建设项目绿化用地面积审批	其他类		《城市绿化条例》第十一条	1.《河北省城市绿化管理条例》第十五条；2.《石家庄市城市园林绿化管理条例（修订案）》第十五条、第二十条		《河北省城市园林绿化管理办法》第二十二条		
184	拆除人民防空工程审批（含人防工程改造审批、防空地下室建设审批、竣工验收）	行政许可	《中华人民共和国人民防空法》第二十二条、第二十三条、第二十八条		1.《河北省实施〈中华人民共和国人民防空法〉办法》第十二条、第十三条；2.《河北省人民防空工程维护与使用管理条例》(河北省第十届人民代表大会常务委员会第二十一次会议通过)第十四条、第十五条、第十六条、第十七条		《河北省结合民用建筑修建防空地下室管理规定》(河北省人民政府令〔2011〕第22号)第八条、第九条、第十条、第十一条、第十七条、第十八条		

续表

序号	项目名称	权力类别	执法依据						备注
			法律	行政法规	地方性法规	部委规章	政府规章	规范性文件	
185	因工程建设需要拆除、改动、迁移供水、排水与污水处理设施审核	行政许可		1.《城镇排水与污水处理条例》第四十三条； 2.《城市供水管理条例》				《国务院关于印发清理规范投资项目报建审批事项实施方案的通知》(国发〔2016〕29号)	由"拆除、改动城镇排水与污水处理设施方案审核"、"因工程建设确需改装、拆除或者迁移城市公共供水设施的审批"合并
186	特殊车辆在城市道路上行驶(包括经过城市桥梁)审批	行政许可		《城市道路管理条例》第二十八条					
187	关闭、闲置、拆除城市环卫设施许可	行政许可		《城市市容和环境卫生管理条例》第二十二条	1.《河北省城市市容和环境卫生条例》第四十一条； 2.《石家庄市城市市容和环境卫生管理条例》第二十六条		《石家庄市城市市容和环境卫生管理条例实施细则》第四十六条		
188	迁移古树名木审批	行政许可		《城市绿化条例》					

(唐伟)

中国人民政治协商会议石家庄市委员会

【概况】 2018年，中国人民政治协商会议石家庄市委员会（简称市政协）坚持以习近平新时代中国特色社会主义思想为指导，贯彻落实中共十九大和十九届二中、三中全会精神及中共河北省委、石家庄市委的决策部署，团结带领市政协各党派团体和政协委员，围绕全市中心工作和重大任务，履行政治协商、民主监督、参政议政职能，主动发挥协调关系、汇聚力量、建言献策、服务大局的作用，为建设现代省会、经济强市做出贡献。发挥制度优势和作用，加强与少数民族和宗教界人士、港澳台侨人士、非公有制经济人士、新的社会阶层人士联系，把更多有识之士和新生力量团结在党的周围。出台《关于加强人民政协协商民主建设的实施意见》《关于加强和改进人民政协民主监督工作的实施意见》，筹备举行政协石家庄市第十三届委员会第二次会议，审议市政协常委会工作报告、提案工作报告，听取并讨论市政府工作报告及其他相关报告，审议通过有关决议和提案审查报告。全年召开市政协常委会5次，审议通过议题32项；召开主席会7次，研究讨论议题20项；开展各类协商活动74次，报送调研报告45份、社情民意信息18件，提出意见建议1000多条。至2018年底，政协石家庄市第十三届委员会共有政协委员630名，常委会组成人员109名。

【市政协第十三届常委会组成人员及工作机构负责人】

主　　席：刘明轩

副 主 席：武义青（不驻会）

范振增（不驻会）

葛瑞芳（女）

郭斌　（不驻会）

张运凯（不驻会）

孟胜林　闫纯锴

宋学恭

秘 书 长：赵磊

常务委员：（按姓氏笔画排序）：

于民

马千里（女）

马青林

王蔚　（女）

王广策

王书翠（女）

王东刚　王志臣

王志国

王丽娜（女）

王利军（满族）

王灵增　王溪波

王燕华（女）

尹庆珍（女）

孔令刚（蒙古族）

左红江

卢书彦（女）

田庆宝（满族）

田国英　付庆文

付志军

兰云彩（女）

兰国良　冯摩西

邢建辉

仲岩　（女）

刘凡　（女）

刘月欣（女）

刘华光　刘志魁

刘金文　刘荣林

刘俊田

米春蓉（女，回族）

汤炜　许炎周

孙广庆

苏丽　（女）

苏彦英（女）

苏艳霞（女）

杜双庆

杜晓伟（女）

李波

李颖　（女）

李小平　李立华

李进飞

李咏梅（女）

李秋水　李恒伟

李桂玲（女）

肖飞　肖建科

余少伟

宋学　（女）

宋辉　（女）

宋成武　张子峰

张军博

张丽红（女）

张佐英

张灵芝（女）

张明其　张建立

张建芬　张建慧

张美林　张振平

张新峰　陈玉山

陈玉联（女）

陈联记　范玉龙

尚晏芝（女）

周书献
郑建（女）
孟超（女）
孟凡英（女）
孟建中
赵志英（女）
赵俊芳　赵路新
郝彦忠　钟诚
钟振环（女）
娄延果
秦丽君（女）
贾彬　徐拥政
徐金升　栾建英
黄超
黄向华（女）
龚树辉　常志卷
崔芸（女）
阎晓佳　梁建林
梁胜军　董志明
董素平（女）
焦永良　释果通
蒲国良　甄墨
甄继革
潘秀昀（女，满族）
魏书江

副秘书长：徐振声　王镇元
张世民
谷巧芬（女）
贾朝伟
乔茜（女，不驻会）
李立华（不驻会）
张海霞（女，不驻会）
张慧巧（女，不驻会）
程鹏起（不驻会）
侯俊宏（不驻会）
焦立志（不驻会）

研究室

副主任：李振杰

提案委员会

主　　任：赵志英（女）
副主任：任佃武
刘金文（不驻会）
郑国良（不驻会）

人口资源环境委员会

主　　任：蒲国良
副主任：张守庆
王东刚（不驻会）
王鹏飞（不驻会）
刘金文（不驻会）
张志敏（逝世）
赵路新（不驻会）
宿永朝（不驻会）

学习和文史资料委员会

主　　任：张丽红（女）
副主任：刘军社
马建彬（不驻会）
闫国文（不驻会）
李波（不驻会）
范文龙（不驻会）
郭纯阳（不驻会）
黄盛兰（女，不驻会）

财政经济委员会

主　　任：周书献
副主任：孙吉忠
付庆义（不驻会）
肖荣智（不驻会）
宋夕元（不驻会）
陈宝京（不驻会）
赵东（不驻会）
赵俊芳（不驻会）
曹迎春（女，不驻会）
常志卷（不驻会）

农业委员会

主　　任：苏丽（女）
副主任：李福忠
左红江（不驻会）
田国英（不驻会）
杨建秋（不驻会）
张佐英（不驻会）
陈玉山（不驻会）
赵永利（不驻会）

教科文卫体委员会

主　　任：焦永良
副主任：张少华（女）
仲岩（女，不驻会）
许顺利（不驻会）
肖建科（不驻会）
张国军（不驻会）
赵勇（不驻会）
娄延果（不驻会）
崔芸（女，不驻会）
甄继革（不驻会）

社会和法制委员会

主　　任：王灵增
副主任：胡振民
刘志魁（不驻会）
苏彦英（女，不驻会）
宋成武（不驻会）
张建芬（不驻会）
陈联记（不驻会）
孟建中（不驻会）
梁建林（不驻会）

民族和宗教委员会

主　　任：王灵增
副主任：胡振民
丁文仓（不驻会）
邓元富（不驻会）
冯摩西（不驻会）

郭利红（不驻会）
释果通（不驻会）
褚国成（不驻会）

港澳台侨和外事委员会

主　　任：张建慧
副 主 任：杨建刚
王溪波（不驻会）
范玉龙（不驻会）
胡为民（不驻会）

【市政协第十三届委员会第二次会议】 2月5～8日，市政协第十三届委员会第二次会议在市人民会堂举行。省委常委、市委书记邢国辉作重要讲话。市政协主席刘明轩作政协石家庄市第十三届委员会常务委员会工作报告。审议通过政协石家庄市第十三届委员会常务委员会工作报告、政协石家庄市第十三届委员会关于十三届一次会议以来提案工作情况报告、政协石家庄市第十三届委员会第二次会议政治决议、政协石家庄市第十三届委员会提案委员会关于第二次会议提案审查情况的报告。列席市第十四届人民代表大会第三次会议，听取并讨论政府工作报告及其他报告。市政协第十三届委员会第二次会议收到提案571件，经审查立案549件，立案率96.1%。

【市政协第十三届常委会会议】 1月22日，市政协主席刘明轩主持召开市政协第十三届第五次常委会会议。审议通过市政协第十三届委员会第二次会议有关文件和事项，决定2月5～8日召开市政协第十三届委员会第二次会议。

2月7日，市政协主席刘明轩主持召开市政协第十三届第六次常委会会议。审议通过政协石家庄市第十三届委员会第二次会议常委会工作报告的决议（草案）、提案工作报告的决议（草案）、政治决议（草案）及政协石家庄市第十三届委员会提案委员会关于第二次会议提案审查情况的报告（草案），决定将以上事项印发各委员小组讨论。审议通过关于授权主席会议研究常委会未尽事宜的决定。

4月19日，市政协主席刘明轩主持召开市政协第十三届第七次常委会会议。传达学习习近平总书记在全国“两会”期间的重要讲话精神。围绕“生态环境治理”主题开展专题协商议政。副市长蒋文红应邀到会通报全市生态环境治理情况，听取大会发言并与市政协常委互动交流；参会市直相关部门负责人就市政协常委关心的问题现场回应。审议同意郭纯阳辞去政协石家庄市第十三届委员会委员、常务委员职务，于松、刘斌、张智琦3人辞去政协石家庄市第十三届委员会委员。7名市政协常委、政协委员登台发言，分别就农业面源污染防治、水资源循环利用、大气污染治理、加快园林绿化建设等提出意见建议。

7月4日，市政协主席刘明轩主持召开市政协第十三届第七次常委会会议。传达学习全国政协党建工作座谈会精神，围绕“创建国家卫生城市”专题协商议政。副市长孟祥红到会通报全市关于创建国家卫生城市有关情况，听取大会发言并与市政协常委互动交流；与会市直相关部门负责人就政协常委关心的问题现场做出回应。会议收到大会发言材料37篇，6名市政协常委、政协委员登台发言。

9月29日，市政协主席刘明轩主持召开市政协第十三届第八次常委会会议。围绕“加快现代商贸物流业发展”主题专题协商议政。副市长赵文锋到会通报市政协十三届二次会议以来提案办理情况和全市加快现代商贸物流业发展情况，听取大会发言并与市政协常委互动交流。会议收到大

2018年2月5～8日，政协石家庄市第十三届委员会第二次会议在市人民会堂举行

会发言材料18篇，6名市政协常委、政协委员登台发言。

【石家庄市全国和河北省政协委员】 2018年石家庄市共有全国政协委员2人，分别是武义青（中国民主建国会河北省委员会副主委、石家庄市委员会主委，石家庄市政协副主席，河北经贸大学副校长）、刘丽莎（女，文艺界，石家庄市河北梆子剧团副团长）。2018年石家庄市共有河北省政协委员69人，按姓氏笔画排序为：丁文元、于民、习伟（女）、马千里（女）、马红哲（女）、马振清、王一兵（满族）、王升、王旭辉（女，满族）、王志国、王雁南（满族）、王韶华、王德松、付庆文、白利刚、冯摩西、宁淑敏（女）、吉朝龙、吕洪涛、刘冰（女）、刘明轩、刘建华、闫凤利、米晓莉（女）、严臻泉、李幼东（女）、李建军、李炯梅（女）、李辉、李锋、杨冬茹（女）、杨建秋、杨壹名、肖飞、肖荣智、宋征奇、张运凯、张宏繁、张腾飞、张霄云（女）、陆洪兵、陈玉联（女）、陈清泉、尚秀伟、周庆、赵力（女）、赵丽平（女）、赵洪（女）、赵洪涛、娄延果、袁淑梅（女）、夏建平、徐敏俊、高丽芬（女）、高翠君（女）、郭斌、黄超、曹琴英（女）、寇广平、董跃勇、韩颖（女）、程鹏起、释慧憨、蒲月英（女）、甄忠义、甄继革、路江、蔡志强、廖海鹰。

【政协提案】 市政协十三届二次会议召开后，全市政协委员提出提案682件，经审查立案556件。至2018年底，政协提案全部办复。其中，解决或部分解决340件，占办复总数61%；正在解决或列入规划逐步解决150件，占27%；作解释说明66件，占12%。立案556件提案中，经济建设提案141件，政治建设提案7件，文化建设提案71件，社会建设提案294件，生态建设提案43件。市政协第十三届委员会第二次会议遴选重点提案22件，分别为：1.关于推进家庭医生签约服务 提升人民群众获得感的建议（第0013号，提案者：史敏）；2.关于应对“二孩政策”加强我市基础教育的建议（第0016号，提案者：市民建）；3.关于加快推进石家庄智慧城市建设的建议（第0024号，提案者：市民进）；4.关于加快全市金融发展 助力现代省会经济强市建设的建议（第0047号，提案者：靳力华）；5.关于加大招商引资力度 大力开展以商招商产业链招商的建议（第0110号，提案者：潘云龙）；6.关于乡村旅游产业发展的建议（第0129号，提案者：市民盟）；7.关于深化医保支付改革 满足多元需求的建议（第0216号，提案者：甄继革）；8.关于尽快出台老旧小区多层住宅加装电梯管理办法的建议（第0227号，提案者：宋铁鹰）；9.关于加大新能源和可再生能源利用，努力实现清洁取暖，彻底改善大气环境的建议（第0244号，提案者：市民盟）；10.关于抓住田园综合体政策机遇 促进乡镇经济发展的建议（第0271号，提案者：市民建）；11.关于优化石家庄市中小学校资源配置的建议（第369号，提案者：王志臣）；12.关于加快石家庄市养老服务体系建设的建议（第397号，提案者：市农工党）；13.关于加强挥发性有机物的治理，打赢蓝天保卫战的建议（第405号，提案者：市民盟）；14.关于促进文化和旅游产业深度融合发展的建议（第435号，提案者：范林）；15.关于大力发展公共交通、智慧泊车，解决石家庄城市拥堵难题的建议（第458号，提案者：张文君、袁拥军、刘东辉）；16.关于特色农业发展的思路与建议（第475号，提案者：王瑞文）；17.关于做好“煤改气”后续工作的建议（第480号，提案者：张银侠）；18.关于加快农产品电商发展的建议（第488号，提案者：陈玉联）；19.关于加大扬尘治理力度，提高我市大气污染防治效果的建议（第516号，提案者：市九三学社）；20.关于打通国际物流通道，建设现代商贸物流中心城市的建议（第547号，提案者：市民建）；21.关于大力发展石家庄通航产业的建议（第548号，提案者：市民建）；22.关于在村镇推广“太阳能＋多能互补”新型采暖技术的建议（第549号，提案者：市民进）。重视征集界别提案和委员联名提案，建立健全提案办理联席会议制度，办好《提案追踪》《提案回音壁》栏目。

【建言献策】 发挥各党派团体参政议政作用，及时通报工作、征求意见，邀请参加活动，全年各党派团体参与市政协会议发言112人次，开展各项调研48次，提交集体提案120件，反映社情民意信息185条。践行“绿水青山就是金山银山”生态文明理念，组织13位市政协常委、政协委员和3个政协参与单位就大气污染防治、水资源循环利用、西部山区生态林建设等提出意见建议90余条。围绕构建“4+4”现代产业格局战略部署，由8位市政协副主席牵头，组织市政协委员、专家学者成立“4+4”现代产业课题调研组，深入企业开展调研活动，形成推进全市大数据产业发展、金融业发展等8篇调研报告。响应市委、市政府创建国家卫生城市号召，28名市政协常委、市政协委员及8个政协参与单位就城区生活垃圾治理、建筑垃圾资源化利用、提升食品安全质量等问题提出意见建议270余条。聚焦现代商贸物流业发展、旅游业发展等，召开专题议政常委会会议，提出意见建议206条。精心遴选“精准扶贫、人才引进、交通治理、教育公平、垃圾清理、扬尘治理、营商环境改善、智慧城市建设”8个社会关注度高、针对性强协商议题，举办调研、座谈协商活动20多次，提出意见建议100余条。创新问计方法，拓宽问计渠道，注重发挥各级各界别政协委员主体作用。全年开展“问计省直、寻求支持”51次，“问计于民、寻求智慧”72次，其中，专题问计4次，自主问计68次；走访省政协、各兄弟市政协、各县（市、区）政协、全市各民主党派和市政协委员500多人次，征求有价值意见建议800余条，提交意见建议7次，获得市委主要领导指示2次。围绕推动高质量发展、改善生态环境及全市经济发展重点难点问题，汇总、筛选形成各类意见建议52篇223条，编纂10万余字《推动高质量发展、建设经济强市专题问计意见建议汇编》；报送《关于规范统一城市道路交通标识的建议》获得市“双问计”活动办公室典型案例和“金点子”征集评选活动二等奖。反映社情民意，关注社会民生。全年市政协围绕学前教育、医疗制度改革、职业农民培育、“雪亮工程”建设等人民群众关注的热点问题，提出意见建议80余条。围绕老旧小区改造、天然气取暖、智慧泊车等民生问题提出提案269件。挖掘历史文化资源，启动编纂《石家庄文史资料全书》《石家庄城市史》，开展“人民政协起源”研究，筹建石家庄市政协文史馆。

（耿莉云）

纪检监察

【概况】 2018年，全市纪检监察系统忠实履行党章和宪法赋予的职责，扎实推进纪检监察体制改革，持之以恒正风肃纪，坚定不移惩贪治腐，深入整治侵害群众利益不正之风和腐败问题。聚焦监督第一职责，充分发挥“三谈两会两书”作用，督促受到组织函询、诫勉谈话、党纪政务处分202名市管干部在民主生活会上作出说明或检查。开展党纪法规学习教育，组织全市党员学习《党章》《纪律处分条例》《党内监督条例》。重视党风廉政建设，38万余名党员参加纪律处分条例知识竞赛，适时举办警示教育大会，有效增强了党员干部拒腐防变的意识和能力。2018年全市纪检监察机关通报曝光典型案例215起409人，问责党员干部760人，处分580人；查处违反中央八项规定精神和“四风”问题671件，处分227人；立案审查调查各类违纪违法案件3564件，其中，县处级干部96人次、乡科级干部809人次，党纪政务处分3402人，移送司法机关51人。对全市3150名受处分人员集中开展回访教育，对134名党员干部适用容错纠错机制。2018年市纪委监委领导班子获评优秀领导班子。

【重要会议】 2月4日，中国共产党石家庄市第十届纪律检查委员会第二次全体会议在亚太大酒店举行。传达学习省委书记、省人大常委会主任王东峰在省纪委九届三次全会上的重要讲话和省委常委、省纪委书记梁惠玲所作工作报告。学习省委常委、市委书记邢国辉讲话，总结2017年全市纪检监察工作，部署2018年工作任务。审议通过省纪委常委，市委常委、市纪委书记、市监委主任张明利代表市纪委常委会所作《坚定不移推动全面从严治党向纵深发展，为开创新时代建设现代省会、经济强市新局面提供坚强纪律保证》工作报告。

2月9日，市监察委员会挂牌成立。同日，市纪委监察委员会召开机关全体干部大会。省纪委常委，市委常委、市纪委书记、市监委主任张明利出席会议作动员讲话，辅导解读监察体制改革相关政策。

3月30日，市委第四轮巡察工作动员部署会举行。省纪委常委，市委常委、市纪委书记、市监委主任、市委巡察工作领导小组组长张明利出席会议并动员讲话。本轮 20 个单位开展常规巡察，专项巡察扶贫资金；十届市委第一轮巡察选择 2 个单位“回头看”，8 个县（市、区）开展提级交叉巡察。

5 月 4 日，全市纪律审查工作调度会举行。通报 2018 年第一季度全市纪律审查工作进展情况，集中学习关于“走读式”谈话安全相关文件规定。

7 月 30 日，全市全面从严治党暨政治性警示教育大会举行。省委常委、市委书记邢国辉，市委副书记李德进，市人大常委会主任司存喜，市政协主席刘明轩等出席会议。省委第一督查组组长李光列席会议。集体观看警示教育片《警钟》。省纪委常委、市委常委、市纪委书记、市监委主任张明利传达河北省全面从严治党暨中央巡视反馈意见整改落实推进会精神，通报市纪委关于市委常委会及其成员开展党内监督情况和 2017 年全市查处典型案例。

8 月 10 日，市委第五轮巡察工作动员部署会举行。省纪委常委、市委常委、市纪委书记、市监委主任、市委巡察工作领导小组组长张明利出席会议并动员讲话，要求发挥政治巡察作用，从严掌握标准，高质量完成巡察任务。

12 月 4 日，全市巡视巡察整改专项督导和市纪委监委领导班子成员联片监督工作安排部署会举行。会上宣读《关于在全市开展巡视巡察整改专项督导和市纪委监委领导班子成员联片监督工作的实施方案》，省委第六巡视组副组长陈学杰和省纪委监委第四纪检监察室主任孟祥群到会指导，市委常委、市纪委书记、市监委代主任陈玉祥出席会议并讲话。

【党风廉政建设】坚决肃清周本顺、杨崇勇、张杰辉等严重违纪违法案件恶劣影响，召开 4 次警示教育大会，查处违反政治纪律问题 35 件，处分 28 人。加强对中央重大决策和省市部署贯彻执行情况的监督检查，查处有令不行有禁不止、失职失责等问题 438 件，问责党员干部 760 人，处分 580 人。严把政治关、品行关、作风关、廉洁关，市纪委回复党风廉政意见 1618 人次。加强对农村（社区）“两委”换届人选审核把关，坚决排除不符合条件人选。协助市委制定落实全面从严治党主体责任，开展专项检查，查处履责不力问题 13 件。深化同级党委监督工作，先后 2 次在市委全会上通报情况，组织市委委员、市纪委委员等 130 余人现场评议。

【纪检监察体制改革】至 2 月 14 日，市县两级监察委员会全部挂牌，累计划转编制 394 个，转隶人员 288 人。积极稳妥推进监察体制改革向开发区（园区）和乡镇（街道）延伸，赋予派驻机构监察职能，进一步强化派驻机构监督作用。改革调整市纪委监委机关领导机制和内设机构职能，统筹力量探索实行“扎捆滚动”监督模式，弥补监督力量不足短板。持续深化“三转”，建立健全互相协调、互相制约的内部运行机制，实行监督检查和审查调查职能分离、部门分设，监督检查室与审查调查室数量比达到 11∶3。完善制度规定，规范文书应用，全要素运用 12 种调查措施，依法审慎使用留置措施 21 人，建立完善协同办案、指定管辖和案件移送等机制，推动纪法贯通、法法衔接。

【纪律审查和监察调查】加强对腐败工作集中统一领导，坚持有贪必肃、有腐必惩，持续保持惩治腐败高压态势。全市纪检监察机关接受信访举报 9765 件次，立案 3564 件，其中，立案审查调查县处级干部 96 人次、乡科级干部 809 人次，党纪政务处分 3402 人，移送司法机关 51 人。精准运用“四种形态”处理 8643 人次，分别占比 60.2%、33%、3.1%、3.7%，第一、二种形态处理分别增长 64.6%、16.9%，实现由“惩治极少数”向“管住大多数”拓展。发放纪律检查建议书、监察建议书 322 份，推动以案促改。成功追回外逃人员 11 人。

【查处侵害群众利益不正之风和腐败问题】扎实开展纠正“四风”和作风纪律专项整治，深化完善常态化明察暗访、周报告、月通报等工作机制，全市查处相关问题 671 件，处分 227 人，通报曝光典型案件 95 起 137 人。集中开展隐形变异“四风”专项检查，严查违规吃喝转入地下问题，监控重点场所 264 处，督促整改 108 处。坚决整治群众身边的腐败和作风问题，深入开展扶贫领域腐败和作风问题专项治理，处置问题线索 729 件，处分 396 人。深挖彻查涉黑涉恶腐败和“保护伞”，立案审查调查 290 人，处分 206 人，移送司法机关 2 人。处置违建“大棚房”问题线索 12 件，处理 40 人。深入开展“一问责八清理”整改“回头看”，查处问题 3375 件，处理 1156 人；扎实推进人防系统腐败问题专项治理，查处问题17件，处理12人；严厉惩治“三资”管理、征地拆迁、低保养老等领域违纪违法行为，全市共查处发生在群众身边的腐败和作风问题501件，处理959人，问责领导干部243人。

【巡察监督】 深化政治巡察，修订市委巡察工作规划，聚焦“六个围绕、一个加强”。全年市委巡察组开展3轮巡察，巡察党组织53个，发现问题1210个、问题线索213件。探索开展“统筹巡察”，积极破解基层巡察“人情干扰重、巡不深察不透”等问题，县级巡察党组织1185个，发现问题3224个、问题线索381件。加强对巡视巡察整改落实情况日常监督，聚焦2014年以来中央、省委历次巡视和市委巡察整改情况，制定“三纵四横”问题清单，组成22个专项督导和联片监督组，督促解决共性问题3078个、个性问题2371个。深入开展“6+3”专项清理整治，处理违规因私出国（境）49人，围绕“私车公养”问题清理规范加油卡9908张、涉及资金3551.5万元，清理违规借调人员449人，督促37名市管干部对少报未报事项作出说明和补报，清理违规发放领取津贴补贴等问题资金1172.56万元，整改违法用地1835宗、13898亩，清理国有资产闲置浪费问题资金2.79亿元，整改工程建设项目招投标问题62件。查办中央巡视交办问题线索637件、处分509人，查办省委巡视移交问题线索118件、处分105人。

（赵昕）

【扶贫领域腐败和作风问题典型案例通报】 开展扶贫领域腐败和作风问题专项治理，全年发现扶贫领域存在问题线索2616个，其中，违纪违法问题线索732个，作风问题线索1884个；违法违纪问题线索立案693件，查结662件，正在调查核实39件，处理956人，其中给予纪律处分576人；作风问题线索全部处理完毕，追责问责1848人。突出案例：

2018年1月，全市通报4起扶贫领域典型案例。1.灵寿县燕川乡新庄村党支部书记李小国等人违规收取押金等问题。2007年，新庄村时任村主任李小国、村党支部书记李艮刚，用扶贫资金10万元购买25头牛，在无任何法律法规依据情况下，新庄村收取村民25头牛押金15000元（每头600元），用于支付购买扶贫牛的租车费和考察饭费等。两人还涉及其他违纪问题。李小国受到党内严重警告处分，李艮刚受到党内警告处分。2.平山县温塘镇白龙池村党支部书记王晚妮骗取扶贫资金等问题。2015年初，王晚妮不属于危房改造对象，王晚妮以妻子名义申请并提供虚假照片骗取危房改造资金18471.31元；白龙池村申请养殖项目扶贫资金时虚报17人，致使非贫困人口13人享受扶贫资金，虚构4人套取扶贫项目资金6400元，用于村委会日常经费开支。王晚妮还存在其他违纪问题。王晚妮受到留党察看两年处分。3.行唐县城寨乡政府民政所长高立伟擅自改变危房改造资金发放标准问题。2014年城寨乡危房改造项目中修缮加固共18户，每户标准6000元，共计108000元，负责该项工作的乡民政所长高立伟擅自改变修缮加固资金发放标准，仅将79400元发放给18户修缮加固户，18户中也只有4户按标准发放到位，余款分配给30户原址翻建户和1户修缮加固户。高立伟受到党内警告处分。4.无极县民政局在低保工作中不认真履行职责问题。无极县民政局在审核和抽查申请低保待遇人员联审工作中不认真履职，致使不符合申请低保待遇72人在2008～2017年期间违规享受低保金295019元。责令无极县民政局追回违规发放的低保金；县民政局党组成员、主任科员付志海受到党内警告处分，党组成员（分管低保工作）刘伟红受到党内警告处分，低保核查中心主任成月欣受到党内警告处分。

2018年3月，市纪委监委通报3起扶贫领域腐败和作风问题典型案例。1.行唐县许由村原党支部书记张军会骗取扶贫资金等问题。张军会通过编造虚假资料的方式骗取扶贫互助资金15万元并公款私存，贪污扶贫互助资金及利息2192.40元。张军会还存在其他违纪问题。张军会受到留党察看一年处分，违纪资金予以收缴。2.赵县郜家庄村党支部委员贾增民不认真履行职责问题。贾增民在负责村低保工作期间，不认真履行职责识别不精准，致使3名不符合低保条件的人员，长期违规领取农村低保资金17332.2元。贾增民受到党内警告处分，违纪资金退回财政社会保障专户。3.元氏县苏阳乡南白娄村救灾款发放不及时等问题。南白娄村委会将上级拨付的2万元救灾款，不按规定及时发放到村民手中。南白娄村违反危房改造工作规定，未经村民大会或村民代表大会民主评议确定危房改造户。党支部书记耿国方受到党内警告处分。

2018年4月，中央纪委国家监

察委通报24起扶贫领域腐败和作风问题，其中石家庄市1起。河北省灵寿县扶贫和农业开发办公室易地扶贫搬迁失职问题。2017年9月，灵寿县开展易地扶贫搬迁人口识别“回头看”工作，2018年1月完成录入，经核对发现存在严重误差，有51名非搬迁人员录入系统，需搬迁59人未能录入。2018年3月，灵寿县扶贫和农业开发办公室副主任魏海青受到行政记过处分，县扶贫和农业开发办公室主任梁风斌受到诫勉谈话处理。

2018年4月，市纪委监委通报5起扶贫领域腐败和作风问题。1.赵县前大章乡副乡长刘明锋违规收取危房改造项目跑办费问题。2011年6月至2013年4月，刘明锋任前大章乡民政助理期间，负责危房改造工作，指使他人提供虚假材料牟取危房改造资金并收受跑办费8500元。刘明锋受到党内严重警告处分。2.行唐县敬老院挪用五保人员供养资金问题。2015年1月至2017年8月，县中心敬老院院长张学勇指使会计盖世政在五保人员伙食费中支出工作人员节假日值班吃饭及燃料费等共计95826.24元。2015年1月至2017年10月，县第二敬老院院长钱高山指使会计范增辉在五保人员伙食费中支出工作人员节假日值班吃饭及燃料费、厨房设备等共计121821.32元。张学勇、钱高山、盖世政、范增辉分别受到党内警告处分。3.灵寿县南营乡槐树沟村易地扶贫搬迁人口识别不精准问题。全省建档立卡“回头看”中，槐树沟村将6名同步搬迁人员和10名随迁人员共16人列为贫困搬迁人员，造成易地扶贫搬迁人员识别不精准问题。村党支部书记武振良受到党内严重警告处分。4.平山县新柏坡村骗取扶贫项目资金问题。2015年5月，县扶贫办批准新柏坡村獭兔养殖扶贫项目；2016年4月，该村利用村民闫某饲养的獭兔顶替通过验收；为应付后续检查，梁永前、杨连国等村干部与闫某协商，将闫某出售后剩余的100只小兔及饲料、设备等折价卖给村集体，并开具虚假购兔、建棚发票在县扶贫办报账，支取扶贫款17万元，用于支付建棚、饲养獭兔、贫困户分红等支出后结余31782元，结余款和卖兔收入16955元由刘利利保管。村党支部书记、村主任梁永前受到党内严重警告处分，支部委员刘利利受到党内严重警告处分，支部委员杨连国受到党内警告处分。5.灵寿县南营乡黄土梁村易地扶贫搬迁人口识别不精准问题。全省建档立卡“回头看”中，黄土梁村将6名同步搬迁人员和2名随迁人口共8人列为贫困搬迁人员，造成易地扶贫搬迁人员识别不精准问题。村党支部书记李金明受到党内警告处分。

2018年5月，市纪委监委通报8起扶贫领域腐败和作风问题典型案例。1.新乐市邯邰镇苏仙庄村党支部书记刘庆军等人优亲厚友分配救灾物资问题。2015年12月，苏仙庄村在未对村民受灾情况调查统计、未召开村民代表大会情况下，经党支部书记刘庆军、党支部委员张英强、村委会委员张平合等人商议，确定16名村民为受灾救助人员，其中5名不符合受灾救助条件两委成员亲属每人得款300元，共计1500元。刘庆军受到党内严重警告处分，张英强、张平合受到党内警告处分。5名不符合受灾救助条件人员领取受灾补助金全部退缴。2.藁城区刘家庄村村委会主任赵锁中侵占他人救济款问题。2016年1月，村民赵某某按规定申请临时社会救济款2000元，赵锁中代为支取后，付给赵某某500元，余款1500元用于本人请客喝酒。赵锁中受到党内严重警告处分，1500元退还赵某某。3.赞皇县西龙门乡东坛山村骗取退耕还林补助款问题。任树宽（非党员）任村委会副主任期间，于2002年、2004年伙同白某（已故）捏造3人姓名，违规领取8亩土地退耕还林补助款2560元。任树宽不再担任村委会副主任后，2006～2010年与白某继续以3名捏造人员名义违规领取8亩土地退耕还林补助款5840元，以上共计8400元由任树宽个人使用。乡政府对任树宽批评教育。村党支部书记张占魁核对退耕还林台账把关不严，受到党内警告处分。骗取8400元退耕还林补助款予以收缴。4.高邑县东西韩村党支部原书记张忠义贪污扶贫资金问题。2012年、2013年，张忠义任东西韩村党支部书记期间，利用职务便利，通过虚报扶贫补贴申报材料，以52户贫困户名义，骗取扶贫资金22万元，其中5.44万元据为己有。张忠义犯贪污罪被判处拘役4个月，缓刑6个月，处罚金10万元。张忠义受到开除党籍处分。5.平山县孟家庄镇在脱贫攻坚工作中整改不到位、不及时问题。全县脱贫攻坚问题整改工作中，孟家庄镇不重视、措施不力，导致钓鱼台村、刘家湾村问题整改不到位、不及时；贫困户档案资料不规范、不按规定保存、错填漏填；破旧危房未拆除等问题整治不到位；全镇19个贫困村的扶贫资金入股分红未及时发放。镇党委书记韩林忠，镇党委副书记、镇长商志辉，副镇长霍建利被免职。霍建利和包村干部王秃牛受到党内严重警告处分，镇党委副书记封铁成、扶贫工作站站长梁晓东受到党内警告处分。6. 行唐县民政局党组成员、宗教局局长张建良违规使用财政专项扶贫资金问题。张建良任县扶贫办主任期间，将租车费、餐费共计 38800 元在扶贫项目管理费中列支。张建良受到党内严重警告处分。7. 井陉县孙庄乡冶里村党支部原书记贾双考截留挪用危房改造补助款等问题。贾双考安排在本村 5 户危房改造补助款中每户截留 1000 元共计 5000 元，用于村里日常支出。贾双考还存在其他违纪问题。贾双考受到党内严重警告处分。8. 灵寿县燕川乡官庄村套取退耕还林补助款、修路奖补资金问题。村党支部原书记郝老门以个人名义将集体闲散土地申报退耕还林补助款 13.4 万元用于村集体开支。官庄村通过虚假自筹方式，套取一事一议修路奖补资金 3.9 万元。郝老门受到党内严重警告处分。

2018 年 7 月，市纪委监委通报 7 起扶贫领域腐败和作风问题典型案例。1. 赵县前大章乡投头庄村党支部原书记王青安侵吞危房改造款问题。2013 年 2 月，时任赵县前大章乡投头庄村党支部书记王青安在协助乡政府发放 2012 年本村农村危房改造补助款期间，利用职务上的便利，侵吞危房改造款 23900 元。王青安受到开除党籍处分，涉嫌犯罪问题司法机关依法处理，违纪资金被追缴收回。2. 行唐县翟营乡北翟营村干部和乡干部贪污危房改造资金问题。2014 年 5 月至 2015 年 1 月，北翟营村党支部书记张树德在明知支部委员赵国平房子主体已完工的情况下，与乡民政所所长张宽顺、民政所助理员甄喜军商议，以赵国平的名义弄虚作假骗取危房改造资金 16500 元，之后 4 人私分。张宽顺受到开除党籍处分，张树德、赵国平分别受到留党察看一年处分，甄喜军受到党内严重警告处分，违纪资金被追缴收回。3. 井陉县天长镇郝家窑村办理低保收取费用问题。2012 年 1 月，经村委会主任梁义生同意，郝家窑村在为村民办理低保手续过程中，收取费用 4500 元。梁义生受到党内警告处分，收取的费用全部退还低保户。4. 平山县蛟潭庄镇蛟潭庄村违规使用低保款、扶贫资金等问题。蛟潭庄村 2014 年将 15 万元扶贫养羊项目资金，用于村街道硬化及其他杂项开支，2015 年度及 2016 年度将低保款用于支付全村村民的合作医疗款等开支。蛟潭庄镇分管民政工作的副镇长、包村干部刘苏军，镇民政所所长崔建文受到党内警告处分；村党支部原书记梁志敏、村主任李秀林受到党内严重警告处分，村党支部书记刘俊伟、副书记梁拴平、委员梁何计、村会计韩贵云受到党内警告处分。5. 栾城区西营乡郭家庄村党支部书记郭兰书贪污村民临时救助金问题。村民白某某、郭某某、韩某某按规定申请临时救助金 2200 元，郭兰书代为支取后，分别给予以上三人各 500 元，将剩余 700 元据为己有。郭兰书受到党内警告处分，违纪所得退还、退缴。6. 深泽县西河村村委会主任孟红涛在危房改造项目过程中优亲厚友问题。孟红涛利用职务上的便利，在明知亲属孙某某不符合危房改造项目条件的情况下为其申报危房改造项目，致使孙某某享受危房新建补助资金 16000 元。孟红涛受到党内警告处分，孙某某违规所得予以收缴。7. 平山县岗南镇马峪村党支部书记刘海法等人违规申报低保户，并将部分低保款用于村集体开支问题。马峪村党支部书记刘海法、村支部委员刘院生、村会计刘建明违反国家低保政策有关规定，未经村低保评议小组评议程序，仅通过村支委会议（村支部由以上 3 人组成）决定，将走失人员刘云某上报低保户并套取低保款 2976 元用于村集体开支；未经村低保评议小组评议程序，仅通过村支委会议决定，将刘会某夫妇（刘建明岳父母）上报低保户。刘海法受到党内严重警告处分、刘院生受到党内警告处分、刘建明受到党内严重警告处分。

2018 年 8 月，全市通报扶贫领域腐败和作风问题典型案例 3 起。1. 赵县范庄镇三中村原党支部书记段增华截留危房改造补助资金问题。段增华利用协助政府帮助困难群众办理危房改造的职务便利，采取私留危房改造户银行卡、私自支取农户危房改造补助款等手段，截留 4 名危房改造户资金 2.6 万元。段增华受到开除党籍处分，并被司法机关判处有期徒刑 10 个月。2. 无极县北丰村原党支部书记耿义民不正确履行职责，致使村民违规享受低保等问题。耿义民在明知北丰村 3 户村民不符合《无极县农村居民最低生活保障实施办法》规定的情况下，在低保入户调查表中签字，并加盖村委会公章后上报，致使 3 户村民违规享受低保待遇。耿义民受到党内严重警告处分。3. 晋州市营里镇张十字庄村党支部副书记王永广虚报冒领危房改造资金问题。王永广在母亲李某某不符合危房改造申请条件的情况下，编造虚假材料，以贫困户名义为母亲申请危房改造，骗取国家补助资金6146元，用于李某某房屋修缮。王永广受到党内警告处分，违纪资金予以收缴。

2018年10月，市纪委监委通报3起扶贫领域腐败和作风问题典型案例。1.正定县南牛乡南永固村党支部委员、村委委员田小五违规为村民办理危房改造项目问题。田小五作为南永固村危房改造工作主要负责人，明知村民王某某不符合申请条件，仍违规为王某某办理危房改造项目申请并享受补助资金1.54万元。田小五受到党内严重警告处分，违纪资金被收缴。2.行唐县玉亭乡顾阳关村挪用扶贫款问题。经村“两委”研究顾阳关村将上级拨付养牛、养羊项目扶贫资金80.65万元用于村道路硬化和村内基础建设等，村党支部原书记顾立强受到撤销党内职务处分。3.井陉县南陉乡后峪村违规发放救灾资金等问题。后峪村违规将省级自然灾害生活补助资金1.06万元，按该村在册人口平均发放；长期不解决危房重建中存在问题，致使村民不能按时搬迁。时任村党支部书记兼村委会主任安现中受到党内严重警告处分。

2018年11月，市纪委监委通报3起扶贫领域腐败和作风问题典型案例。1.赞皇县院头镇小石门村原村委会主任贾雁如套取危房改造款问题。2013年，小石门村时任村委会主任贾雁如以村民范某某的名义，通过编造虚假材料套取危房改造资金1000元。贾雁如受到党内警告处分，违纪资金1000元被收缴。2.灵寿县燕川乡营里村挪用危房改造款等问题。2011年，营里村挪用贫困户薛某某部分危房改造款10452元用于支付村修渠项目；伪造虚假集资名单套取一事一议修渠补助款17400元用于偿还村两委干部集资款。时任营里村党支部书记李六十、村委会主任罗明国、村党支部委员范秋海，时任燕川乡负责危房改造工作党委委员、组织委员吕玉峰分别受到党内严重警告处分。3.平山县古月镇刘家沟村挪用低保资金问题。2018年3月，按村民代表会研究意见，刘家沟村将11户低保户低保资金34690元用于缴纳村民的农村合作医疗保险。时任村党支部书记刘跃进，村党支部委员杜志远分别受到党内警告处分。

2018年12月，市纪委监委通报3起扶贫领域腐败和作风问题典型案例。1.行唐县城寨乡凹子里村违规分配扶贫资金等问题。2016年凹子里村申请扶贫养猪项目资金38.8万元，扶持范围为村内48户建档立卡户。项目验收资金到村后，经村“两委”研究平均分配给本村66户村民。时任村党支部书记刘凤敏、村委会主任易合山分别受到党内严重警告处分，时任村党支部委员侯素贞受到党内警告处分。2.深泽县铁杆镇东北马村村干部在危房改造工作中优亲厚友问题。2013年，东北马村时任村党支部书记陈建峰、村委会主任高俊山，在明知高俊山母亲李某某不符合条件的情况下，仍将李某某申报为危房改造对象，使李某某违规享受危房改造补助资金2572元。陈建峰、高俊山分别受到党内警告处分，违规享受危房改造补助资金收缴。3.无极县特殊教育学校虚报冒领贫困寄宿生生活补助等问题。2016年3月以来，无极县特殊教育学校违规以学校学籍人数申请贫困寄宿生生活补助，未按规定将生活补助发放给贫困寄宿生，而是用于学生食堂开支。无极县特殊教育学校校长魏专平受到党内严重警告处分，县教育局资助管理科科长韩月棉受到政务警告处分。

【违反中央“八项规定”和“四风”问题查处】 2018年1月，市纪委通报4起违反中央八项规定精神典型问题。1.藁城区人民法院会计赵国卿工作日饮酒问题。2017年10月10日星期二，赵国卿工作日中午饮酒，与办事群众发生口角，在社会上造成不良影响。赵国卿受到党内警告处分。2.晋州市水务局赵位联村水厂经理吴文斌私车公养问题。2014年吴文斌将私家车4次加油费用共计700元在单位入账报销。吴文斌受到党内警告处分。3.正定县市场管理服务中心违规租用车辆问题。正定县市场管理服务中心长期租用个人“现代索纳塔”轿车长达7年，支付租金、油费、通行费、修理费共计540101.99元；原商务局党组成员、市场管理服务中心主任褚相国还涉及贪污等问题受到开除党籍、开除公职处分。4.无极县郭庄环保所所长赵永杰失职问题。2017年11月28日，环保部强化督查组巡查发现无极县志鸿新型建材厂在未开启大气污染治理设施情况下违规生产。因监管失职，赵永杰受到行政记过处分。

2018年1月，市纪委通报5起违反“四风”和作风纪律典型案件。1.长安区市场监督管理局和平市场监督管理所副所长杨大山违反群众纪律和国家法律法规，不作为、慢作为、乱作为，严重侵害群众利益问题。2017 年 12 月，长安区市场监督管理局和平市场监督管理所副所长杨大山对该所负责办理有关证照的工作人员未举行教育培训就安排上岗；为减少年检工作量，授意该所办证人员对外谎称系统不能使用，擅自决定自 12 月 25 日起停办个体户营业执照，严重损害群众利益，造成不良社会影响；利用职务便利，在为管辖商户办理证照和工作检查过程中，收受有关人员钱款；违反对企业解除经营异常状态不收费的规定，违规罚款，并擅自将该所 2017 年正常收缴商户 20 万元罚没款项存入个人名字开设的银行账户。2018 年 1 月，杨大山受到留党察看两年处分，被撤销和平市场监督管理所副所长职务。2. 藁城区市场监督管理局开发区市场监督管理所违反群众纪律和国家法律法规，粗暴执法，随意罚款，利用职权索取、收受财物问题。2017 年 9 月，藁城区市场监督管理局开发区市场监督管理所在日常检查中发现辖区某商户涉嫌无证经营，副所长吴建军违反执法程序，在未了解该商户实际经营面积的情况下，随意设定罚款金额，态度粗暴；开发区市场监督管理所所长程立在收受该商户 3000 元现金后，违规免除该商户罚款。程立还存在违规收受有关单位 5000 元现金、香烟和娱乐卡问题。该所办理小餐饮登记证的工作人员请假后，未安排人员替岗，导致该项业务停办 20 余天。2018 年 1 月，程立受到党内严重警告处分；吴建军受到行政记过处分，被调离执法岗位；分管该所工作的藁城区市场监督管理局党组成员、副局长蔡新峰受到党内警告处分。3. 石家庄水务集团党委书记、董事长李景萌违反中央八项规定精神，超标准使用办公用房，利用职权收受礼品问题。2018 年 1 月 1 日，在上级检查中发现，石家庄水务集团党委书记、董事长李景萌为应付专项检查，将原使用 47 平方米办公室分割为 17 平方米和 30 平方米两个房间，名义上一间为办公室，一间为会议室，实际一直占有使用两间办公用房，实际使用面积超过规定标准 17 平方米。还发现李景萌收受影响公正执行公务的礼品、购物卡。2018 年 1 月，李景萌受到党内严重警告处分。4. 正定县国税局原党组成员、副局长王靳（挂职），新安税务分局原副局长张斌违反中央八项规定精神和国家法律法规，违规接受被检查对象宴请，故意刁难辖区企业，借机索取、收受财物问题。2017 年 5 月至 6 月，正定县国税局原党组成员、副局长王靳，新安税务分局原副局长张斌多次违规接受辖区被检查对象宴请。王靳、张斌利用职权和职务影响，以检查为名，故意刁难辖区企业，借机索取、收受财物。2016 年 7 月至 2017 年 7 月，王靳挂职时利用职权索贿受贿高达 100 余万元；组织核查期间，王靳与他人订立攻守同盟，对抗组织审查。2017 年 12 月，王靳受到开除党籍处分（按照程序办理开除公职处分），涉嫌犯罪问题移送司法机关依法处理；张斌受到开除党籍、行政撤职处分。5. 市公安局交通管理局车辆管理所第一分所有关人员违反工作纪律，节假日期间值班脱岗问题。2017 年 12 月 31 日，上级检查发现市公安局交通管理局车辆管理所第一分所当日带班领导督察室主任侯贵平请假休年休假，未及时安排其他领导带班，导致当日无带班领导；当日值班民警陈丽平未向车管所领导报告，也未向其他值班民警通报情况，擅离岗位；值班民警任勇、刘朝建、杨晓武在岗，未向所领导报告也未到值班室值守。2018 年 1 月，市公安局交通管理局车辆管理所第一分所所长仵金竹受到党内警告处分；值班民警陈丽平受到诫勉谈话处理；侯贵平、任勇、刘朝建、杨晓武分别受到批评教育处理。

2018 年 3 月，市纪委监委联合通报 3 起违反中央八项规定典型问题。1. 高邑县政协原主席何兴旺超标使用办公用房问题。2017 年 2 月，何兴旺不再担任高邑县政协主席后，私自搬至高邑县政府其他房间办公；2017 年 6 月，何兴旺退休后继续占用办公房间，面积 38.72 平方米，超出规定标准 8.72 平方米。何兴旺还存在变通报销招待费用 3800 元问题。2018 年 2 月 14 日，何兴旺受到党内严重警告处分。2. 晋州市交通运输局运输管理站副站长郭辉超标准使用办公用房问题。郭辉办公用房面积 14.6 平方米，超出标准 5.6 平方米。2018 年 2 月 24 日，郭辉受到党内警告处分。3. 藁城区第二殡仪馆馆长胡辰辉虚开发票报销费用问题。2017 年 9 月 12 日，胡辰辉以购买空调名义虚开 7200 元发票在单位报账，扣除实际支出 1950 元后，将剩余 5250 元用于招待费等不合理开支。2018 年 2 月 26 日，胡辰辉受到党内警告处分。

2018 年 4 月，市纪委监委通报 9 起违反中央八项规定典型问题。1. 市工业和信息化局原副局长张庆绪公车私用问题。2014 年底至 2016 年 6 月，张庆绪为方便个人使用，长期私自驾驶本单位公务用车且多次公车私用。张庆绪受到党内警告处分。2. 石家庄日报社《燕赵晚报》编辑部违规发放津补贴等问题。2013 年、2014 年，经时任石家庄日报社党委委员、副总编兼《燕赵晚报》总编刘云道同意，《燕赵晚报》编辑部从“小金库”中违规为单位职工发放奖金、补贴、福利等；刘云道还存在其他违纪问题。刘云道受到党内严重警告处分，违纪所得予以收缴。3. 市军供站站长段洪权借公务之机旅游并由企业支付费用等问题。2014 年 6 月，段洪权借公务考察之机，擅自决定改变行程外出旅游，并由某企业支付住宿、景区门票、租车费。段洪权受到党内警告处分，违纪费用予以追缴。4. 井陉县滴水岸村违规发放福利等问题。2017 年春节前，经滴水岸村党支部书记张文庭同意，该村给全村 11 名党员及村会计发放食用油、啤酒等物品，并变通票据入账；张文庭还存在其他违纪问题。张文庭受到党内严重警告处分。5. 长安区城管执法大队执法人员收受管理对象财物问题。2017 年 11 月、2018 年 1 月，长安区城管直属一中队中队长张建秋、协管员郧世鹏、二中队协管员马超 3 人，利用职务便利，收受管理对象财物。张建秋受到党内严重警告处分，收缴违纪所得；郧世鹏和马超予以辞退；负有领导责任的长安区城管执法大队队长曹益军受到党内警告处分，长安区城管局分管执法大队工作的副局长赵峰给予全区通报批评。6. 无极县教师进修学校校长王莨申超标准使用办公用房等问题。王莨申办公用房面积超出规定标准，还存在利用职务之便公款报销应由个人支付的烟酒饭费等问题。王莨申受到党内严重警告处分。7. 正定县住房和城乡建设局党组成员于汝洋违规收受礼品等问题。2017 年、2018 年春节前，于汝洋两次收受承揽正定县 × 工程的公司老板徐 × 所送礼品。因存在其他违纪问题，于汝洋受到开除党籍处分。8. 栾城区柳林屯中心卫生院院长马晓彬借学习之机旅游问题。2017 年 5 月 14 日，马晓彬借到安徽省滁州市天长市汊涧镇中心卫生院参加交流学习之机旅游。马晓彬受到党内警告处分。9. 裕华区市场监督管理局反不正当竞争分局局长刘军伟公车私用问题。2016 年 11 月 20 日，刘军伟使用单位公务用车办理私事。因存在其他违纪问题，刘军伟受到留党察看一年、行政降级处分。

2018 年 5 月，市纪委监委通报 4 起违反中央八项规定典型问题。1. 经市委批准，市纪委监委公布立案审查高邑县人大常委会党组副书记、县总工会主席张建刚违纪问题。张建刚违反中央八项规定精神，超范围发放公务交通补贴和精神文明奖，且本人重复领取奖金、补贴；张建刚还存在违反组织纪律、廉洁纪律、工作纪律等问题；依据《中国共产党纪律处分条例》等有关规定，经市纪委监委会议研究，决定给予张建刚党内严重警告处分。2. 晋州市营里镇卫生院院长刘海涛超标准使用办公用房等问题。2012 年 3 月至 2017 年 12 月，刘海涛任营里镇卫生院院长（股级）期间，独自使用一间办公室，面积为 15.26 平方米。刘海涛受到党内警告处分。3. 高邑县开发区正科级干部郝振献报销烟酒招待费等问题。2015 年郝振献任高邑经济开发区管委会常务副主任兼城投公司董事长期间，未履行任何招待审批手续，公款购买烟酒招待。郝振献还存在其他违纪问题，郝振献受到党内警告处分。4. 石家庄市公安局交通管理局长安交警大队督察室主任张彦军违规使用公务用车问题。2017 年 8 ～ 9 月期间，张彦军多次驾驶制式警车出入小区，并将警车停放在小区内停车场过夜。张彦军受到行政记过处分。

2018 年 6 月，市纪委监委通报 4 起违反中央八项规定及“四风”典型问题。1. 石家庄市林业局副调研员李占宏挪用公款吃喝问题。2013 年 1 月，李占宏收取服务对象苗木补植补造保证金 9 万元，并擅自将该款用于餐饮接待、红白事上礼、午餐补助等。李占宏还存在其他问题。2017 年 12 月 25 日，李占宏受到留党察看处分。2. 赞皇县政协副主席李路勤公款购买土特产送礼问题。2010 ～ 2013 年，李路勤任赞皇县卫生局局长期间，支出 487422 元购买土特产品用于单位送礼。李路勤还存在其他违纪问题。2018 年 3 月 16 日，李路勤受到党内严重警告处分。3. 正定县农林畜牧局党组成员康凯违规使用公务用车问题。2016 年 4 月起，康凯经常长时间借用下属单位执法专用车辆，供个人及分管科室使用。2018 年 4 月 4 日，康凯受到党内警告处分。4. 高邑县高邑镇侯家庄村党支部委员李建军违规发放村干部值班费问题。2011 年 3 月至 2017 年 3 月，该村实行办公室值班制度，期间违规发放村干部值班费 21860 元。李建军还存在其他问题。2018 年 3 月 17 日，李建军受到撤销党内职务处分。

7月30日，市纪委监委通报5起违反中央八项规定及“四风”典型问题。1.石家庄市桥西区城管局长兴城管中队队长温广违规收受下属礼金问题。温广借第二胎孩子满月之际，在长兴城管中队办公室收取下属队员礼金合计1800元，并于当日中午组织宴请，共计消费1400元。温广受到党内警告处分，收受礼金全部退还。2.井陉矿区冯家沟社区原党支部书记冯志亭大操大办儿子婚礼问题。冯志亭为操办儿子婚礼安排57桌酒席，违规收受管理服务对象及与其行使职权有关单位和个人礼金共计2100元。冯志亭受到党内严重警告处分，收受礼金全部退还。3.石家庄市环境综合执法支队五大队十二中队中队长张有力私车公养问题。张有力先后4次使用公务油卡为个人车辆加油，涉及金额1488元。张有力受到行政警告处分，加油费用收缴。4.民建市委调研员姜博卿借考察之机公款旅游问题。姜博卿带队到民建哈尔滨市委等地考察学习期间，借机到长白山、满洲里等地旅游7天，旅游费用共计7030元使用公款报销。姜博卿受到行政记大过处分，公款报销旅游费用收缴。5.石家庄市发展改革委原副调研员王龙违规出入私人会所问题。王龙分别与私营企业主刘某、马某等人，多次到石家庄市禅茶书院、私人农业庄园、私营企业食堂等私人会所吃饭，费用均由私营企业主支付。王龙还因存在其他问题，受到开除党籍、开除公职处分。

9月6日，市纪委监委通报5起违反中央八项规定及“四风”典型问题。1.石家庄市桥西区原副区长许建斌违规出入私人会所问题。许建斌多次接受石家庄某房地产开发有限公司法定代表人杜某邀请，出入其私人会所吃饭、喝茶，费用均由企业支付。许建斌还存在其他问题。许建斌受到开除党籍、开除公职处分。2.石家庄市民政局社区工作办公室副主任郭彦恒违规接受宴请和礼品问题。郭彦恒受他人委托办事期间，接受请托人宴请，并收受礼品。郭彦恒受到党内警告处分。收受礼品已收缴。3.赞皇县政协副主席胡辰贵违规发放津补贴问题。胡辰贵担任赞皇县工商联主席期间，安排县工商联会计违规向单位职工发放“节假日补助”6600元，其中胡辰贵领取1500元。胡辰贵受到行政记过处分，违规所得全部收缴。4.晋州市烟花爆竹专营公司经理刘大社违规使用公务用车问题。刘大社使用单位公务用车到石家庄某小区探亲，并将车停放该小区过夜。刘大社受到党内警告处分。5.灵寿县慈峪镇郝家河村原党支部书记杜墙头违规操办婚庆问题。杜墙头为长子操办婚事，未按照规定向慈峪镇纪委报告、备案；杜墙头在慈峪镇郝家河村家中摆宴席22桌，并收受乡亲礼金1520元。杜墙头受到留党察看一年处分，收受礼金全部退还。

9月26日，市纪委监委通报5起违反中央八项规定及“四风”典型问题。1.长安区北五女小学党支部书记张静、校长李军玲、副校长左艳锋等人违规接受宴请问题。2017年9月，张静组织教职工20余人，接受石家庄市某图书有限公司法定代表人师某安排宴请；2017年12月，李军玲、左艳锋及部分教职工同样再次接受师某安排宴请。张静、李军玲、左艳锋分别受到党内严重警告处分。2.栾城区人民法院法官刘吉林违规收受礼金问题。刘吉林在承办民事诉讼案期间，通过微信红包、转账等形式，两次收受案件当事人礼金1200元。刘吉林受到政务记过处分，收受礼金退还当事人。3.无极县北苏镇史村党支部原书记赵军海虚开发票抵顶公款吃喝费用问题。2015年9月，史村村委会购买办公桌椅等用品时，虚开票据7000元，全部用于抵顶村内饭费等；2016年12月，史村以2016年庙会费用为由虚开票据3万元，用于支付史村饭费、烟酒礼品等。赵军海因负主要责任受到党内严重警告处分。4.正定县房地产管理所原副所长兼稽查办公室主任刘会宾违规收受消费卡问题。河北某房地产开发有限公司为防止违规售房行为遭受查处，分4次送给刘会宾4张共计2000元超市消费卡。刘会宾受到留党察看两年、政务撤职处分，违纪所得收缴。5.桥西区城管监察大队队长方立军、维明中队负责人张毅鹏履职不到位问题。2018年3～6月，桥西区城管大队维明中队协管员孙晓伟分4次向管理服务对象违规收取摊位费2400元，用于个人日常消费，造成不良影响。方立军、张毅鹏存在职责范围内廉政风险点监管不到位，未能及时发现和纠正下属协管队员违规问题。孙晓伟被辞退，方立军受到党内警告处分，张毅鹏受到党内严重警告处分，违规收取摊位费退还当事人。

2018年10月，市纪委监委通报4起违反中央八项规定精神及“四风”典型问题。1. 井陉县发展改革局原局长刘俊杉、副局长赵志生、干部崔孟起套取项目资金购买高档烟酒等问题。2017 年底，刘俊杉、赵志生、崔孟起商议处理该局近年日常招待费用，崔孟起通过签订虚假施工合同，虚假列支工程款等方式，套取工程建设协调管理费 16.38 万元，除扣税款、银行收取费用 1.08 万元外，其余 15.3 万元用于支付单位日常招待、加油费，购买高档烟酒欠账。刘俊杉、崔孟起受到党内严重警告处分，赵志生受到党内警告处分，违纪资金收缴。2. 石家庄市裕华区人民法院原党组书记、院长袁伟违规组织干部职工旅游观光问题。2012 年 12 月，袁伟带队去海南旅游，由管理服务对象支付 6.2 万元，公款报销 6.38 万元。袁伟受到党内严重警告处分，违纪资金收缴。3. 石家庄市鹿泉区气象局党支部书记、局长霍顺英违规私车公养问题。2014 年 6 月至 2017 年 8 月，鹿泉区气象局在正常公务加油卡外，办理两张副卡用于霍顺英私车加油，共计加油 3.09 万元。霍顺英受到党内严重警告处分，违纪资金收缴。4. 无极县北苏镇东庄村党支部书记赵振强违规发放福利问题。2015 年起，经东庄村“两委”班子研究，每年年底向该村全体党员发放慰问品，2015 ～ 2017 年该村发放物品共计支付 1.62 万元。赵振强受到党内警告处分。

2018 年 12 月，市纪委监委第一次通报 7 起违反中央八项规定精神及“四风”典型问题。1. 石家庄市国土资源局新华分局原副局长马振成公款送礼和违规发放福利问题。马振成任赞皇县国土资源局党组书记、局长期间，经局班子会研究，使用公款 58.70 万元购买土特产、米面油等用于送礼和发放福利。2018 年 7 月，马振成受到党内严重警告处分并被免职。2. 灵寿县西寺岭村党支部书记陈和平套取集体补偿款报销吃喝费用问题。2017 年陈和平多次违规组织村干部在南营村农家乐用餐，并套取村集体征地补偿款支付餐费 3000 元。2018 年 10 月，陈和平受到党内严重警告处分。3. 石家庄北翟营实业有限公司党支部原书记解建华利用公款组织党员外出旅游问题。2013 年 6 月，解建华组织公司 50 名党员到井冈山、南昌参观学习，并到庐山等地旅游 6 天。2018 年 8 月，解建华受到党内严重警告处分。4. 井陉县发展改革局违规借用使用公务用车问题。2017 年井陉县发展改革局违规借用下属单位车辆 2 辆供局机关使用。2017 年 7 月至 2018 年 3 月，井陉县发展改革局公务用车使用管理未严格登记车辆使用记录，且超范围使用公务用车。2018 年 8 月，井陉县发展改革局办公室主任蔡林虎受到党内警告处分。

2018 年 12 月，市纪委监委第二次通报违反中央八项规定精神及“四风”典型问题 3 起。1. 赵县高村乡北庄村原党支部书记董建立公款吃喝问题。2017 年 8 月，董建立通过虚报占地面积方式套取占地补偿款 5402 元，并将此款项用于支付村干部吃喝所欠饭费。2018 年 10 月，董建立受到党内警告处分。2. 鹿泉区文化馆代理馆长姜晓军超标准使用办公用房问题。2015 年 1 月，鹿泉区办公用房清理整改工作发现，姜晓军占用办公室用房 52 平方米，此后姜晓军虚假整改，隐瞒实情，直至 2018 年 3 月完成整改。2018 年 10 月，姜晓军受到党内严重警告处分。3. 河北石家庄循环化工园区党政综合办公室主任范长锋违规发放补贴问题。2013 年 3 月至 2018 年 1 月，经范长锋同意，河北石家庄循环化工园区建设投资有限公司违规为借调工勤人员王丛发放各项补贴 90170 元，期间王丛同时在原单位正常领取工资、补贴。2018 年 9 月，范长锋受到党内警告处分；王丛重复领取补贴退回。

【1 人严重违纪违法开除党籍和公职】 2018 年 7 月，经市委批准，市纪委监委公布桥西区政府原党组副书记、副区长许建斌严重违纪违法问题开展纪律审查和监察调查结果。经查，许建斌违反政治纪律，对抗组织审查；违反中央八项规定精神，违规出入私人会所；违反组织纪律，为谋取职务晋升给予党和国家工作人员以财物，不如实报告个人有关事项；违反廉洁纪律，由他人支付个人费用，侵占他人财物，收受礼品，违规领取加班费，向管理服务对象推销、出售物品获取巨额利益，违规在企业投资入股。利用职务上的便利为他人谋取利益并索取、收受巨额财物涉嫌受贿犯罪；为谋取职务晋升给予党和国家工作人员以财物涉嫌行贿犯罪。依据《中国共产党纪律处分条例》等有关规定，经市纪委监委会议研究并报市委批准，决定给予许建斌开除党籍、开除公职处分；收缴违纪所得；涉嫌犯罪问题及所涉款物，移送市人民检察院依法审查、提起公诉。

（市纪委监委）

民主党派和工商联

【概况】 2018年，全市各民主党派和工商联以习近平新时代中国特色社会主义思想为指导，坚持中国共产党领导的多党合作和政治协商制度，执行“长期共存、互相监督、肝胆相照、荣辱与共”的基本方针，加强自身建设，履行参政议政职能。至2018年底，民革市委拥有基层支部33个，累计党员896名；民盟市委发展盟员70名，拥有基层委员会9个、基层支部44个，累计盟员1259名；民建市委发展会员55人，拥有基层委员会4个、支部45个，累计会员1144人；民进市委发展会员43名，拥有基层支部42个，累计会员1078名；农工党市委发展党员54名，拥有基层支部26个，累计党员1051名；九三学社发展社员40名，拥有基层组织39个，累计社员781名；市工商联新增直属会员单位4家，新建异地石家庄商会5家，新批异地驻石商会6家，累计达到75家，其中，地域性商会60家、行业性商会15家。

【民主党派和工商联领导成员】

民革石家庄市委员会

主　　委：范振增

副 主 委：胡永权
乔茜（女）
米晓莉（女）
邢建辉

民盟石家庄市委员会

主　　委：郭斌

副 主 委：祝淑钗（女）
武志永
吴国英（女）
蒲月英（女）
李立华（驻会）

民建石家庄市委员会

主　　委：武义青

副 主 委：黄超
宋磊珍（女）
赵力（女）
付黎音（女）
张海霞（女）

民进石家庄市委员会

主　　委：张运凯

副 主 委：李立水
寇学臣（满族）
王志臣
陈玉联（女）
张慧巧（女）

农工党石家庄市委员会

主　　委：王宝山

副 主 委：程鹏起　陈志强
李拥军　郭毅
宋学（女）

九三学社石家庄市委员会

主　　委：王志国

副 主 委：闫凤利　王德松
李文平　杨晓飞
侯俊宏

工商业联合会

党组书记：李西平

主　　席：吴相君

常务副主席：
门立新

副 主 席：焦立志　贾建勇
闫志勇　张端树

【中国国民党革命委员会石家庄市委员会】 中国国民党革命委员会石家庄市委员会（简称民革市委或市民革）成立于1958年9月20日。至2018年底，民革市委共有省人大代表5人，分别为范振增、翟志海、葛杨、董志平（女）、王娟（女，满族）；省政协委员9人，分别为刘秋祺、米晓莉（女）、陈清泉、刘志超、程彦培、路江、习伟（女）、马胜祥、李幼东（女）；市人大代表6人；市政协委员34人。组织建设。全年新组建成立鹿泉区支部、河北中医学院支部。至2018年底，全市共有33个支部，896名党员。全年民革市委发展党员37人，其中，博士4人，硕士10人，高级职称10人，中级职称3人；机关事业单位6人、医院3人、高校5人、企业23人，区级以上政协委员2人。2018年末民革市委拥有基层支部33个，累计党员896名。参政议政。全年市民革在政协石家庄第十三届第二次会议上提交集体提案23份、大会发言7份。主委范振增的提案《关于推进石家庄市美丽乡村建设的建议》和长安六支部王书波的提案《关于打造中国红色地标 彰显西柏坡精神的建议》得到省委常委、市委书记邢国辉的批示。范振增撰写调研报告《关于缓解医院停车难的几点建议》得到市政协主席刘明轩的批示。围绕民营企业如何发展成立调研小组，选取10家具有代表性的民营企业作为调研重点，采取实地走访与座谈会相结合方式，形成

《关于发展石家庄市民营经济的建议》调研报告。2018年民革市委获评民革河北省委2017～2018年度参政议政工作先进集体。

（曲宁）

【**中国民主同盟石家庄市委员会**】中国民主同盟石家庄市委员会（简称民盟市委或市民盟）于1958年9月13日成立，主要由石家庄市教育、文化、医疗卫生及科技领域的高中级知识分子组成。以推进“不忘合作初心，继续携手前进”主题教育活动为主线，加强自身建设，提升履行政治协商、民主监督、参政议政职能。2018年民盟市委成立新支部3个，分别为民盟裕华区委员会第五支部，民盟裕华区委员会第六支部，民盟河北师范大学委员会第三支部；发展新盟员70名，平均年龄36.7岁，其中，博士6人、硕士24人，占发展总数42.9%，高级职称11人。至2018年底，拥有基层委员会9个、基层支部44个，累计盟员1259名；建设“盟员之家”6个。盟员界别比例：高教界36.5%，普教界18.8%，科技界7.6%，医卫界8.2%，文化艺术界2.1%，出版传媒界1.1%，公有经济界5.2%，新社会阶层11.2%。全年民盟市委提交市政协十三届二次会议大会发言3件、集体提案24件，其中《关于乡村旅游产业发展的建议》《关于加大新能源和可再生能源利用，努力实现清洁取暖，彻底改善大气环境的建议》《关于加强挥发性有机物的治理，打赢蓝天保卫战的建议》3件提案列为重点提案。提交社情民意50余件。其中，《大力发展生物质能，科学治理大气污染》被全国政协第十三届第三次常委会、河北省政协选为大会发言；《多措并举推动“无废”雄安新区建设》《关于进一步加快河北省老年产业发展的建议》《加强研发公共服务平台建设，促进区域科技进步与高质量发展》等建议论文被全国政协、民盟中央、河北省政府采用。2018年市民盟桥西区委员会获评民盟中央宣传工作先进集体，陈百成获得河北省科学技术进步奖一等奖，民盟科技大学委员会、民盟裕华区委员会、民盟河北师范大学委员会获评省级先进基层组织，12名盟员获评民盟河北省委成立60周年先进个人。

（龚蕊）

【**中国民主建国会石家庄市委员会**】中国民主建国会石家庄市委员会（简称民建市委或市民建）于1955年11月27日成立，主要由经济界人士组成。2018年民建市委发展会员55人，其中，公有制经济人士6人、非公有制人士30人、新的社会阶层人士11人、教育行业4人、医药卫生2人、政府机关1人、党派机关1人；中专及以下6人，大学专科15人，大学本科30人，硕士研究生3人，博士研究生1人；初级职称3人，中级职称7人，正高职称1人。新成立支部3个，分别为桥西十支部、桥西十一支部、长安十二支部。至2018年末，民建市委拥有基层委员会4个、支部45个；专门委员会6个，京津冀（石）协同发展研究小组1个；累计会员1144人，其中经济界会员占比95.54%；建设民建会员之家7个。2018年民建市委推荐主委武义青为中国人民政治协商会议第十三届全国委员会委员，民建会员黄超、赵力（女）、康君元、臧海萍（女）为政协河北省第十二届委员会委员；民建会员马仁会当选省人大代表。民建市委会员中，各级人大代表32人、政协委员159人，其中，全国政协委员1人（武义青），省人大代表1人（马仁会），省政协委员4人（黄超、赵力、康君元、臧海萍），市人大代表7人、市政协委员36人。参政议政。围绕优化营商环境，开展“访百企找症结激活力”调研活动，撰写《优化石家庄市营商环境调研报告》；围绕加快石家庄市先进装备制造产业发展，撰写《关于加快石家庄市先进装备制造业发展的调研报告》；围绕“4+4”现代产业发展，撰写《实施普惠人才政策助力石家庄“4+4”产业发展的建议》《关于做大做强石家庄通航产业的建议》《科技服务与孵化器载体建设》《以中医药为重点打造以传统文化为基础的大健康产业》4篇调研报告。母爱英撰写的《实施普惠人才政策助力石家庄“4+4”产业发展的建议》得到省委常委、市委书记邢国辉的批示。《关于打通国际物流通道建设现代商贸物流中心城市的建议》在市政协十三届二次全会上由市政协副主席、民建市委主委武义青作口头发言。步淑段撰写的《充分发挥金融在精准扶贫中的作用》、母爱英撰写的《关于提升石家庄市城市功能的建议》、王峻撰写的《将“厕所革命”与精准扶贫结合起来积极推进农村旱厕改造助力乡村振兴战略》、曹迎春撰写的《深入推进以“放管服”为核心的行政审批制度改革进一步优化营商环境》、胡山峰撰写的《抓住田园综合体政策机遇促进乡镇经济全面发展》在市政协十三届二次全会上作书面发言。王峻撰写的《关于在公共场所全面禁烟提升群众健康素养的建议》在市政协第十三届第八次常委会作口头发言。全年向民建中央、民建省委、市委统战部、市政协报送社情民意200余篇次，在市政协十三届二次全会上提交提案23件。2018年市政协副主席、民建河北省委副主委、石家庄市委主委、河北经贸大学副校长武义青获得中国技术经济学会成立40周年特别贡献奖，民建会员、北京德和衡（石家庄）律师事务所律师陈怀印获得河北省五一劳动奖章。

（武义青　张海霞　李建光）

【中国民主促进会石家庄市委员会】 2018年中国民主促进会石家庄市委员会（简称民进市委或市民进）发展会员43名，其中，硕士研究生15名，占34.9%；中高级职称24名，占55.8%；拥有基层支部42个，累计会员1078名。民进会员中，全国人大代表1人，河北省人大代表4人，河北省政协委员10人，市人大代表8人，市政协委员43名。新成立桥西、新华2个会员之家。推荐李青（女）、王一兵、王智森、王久升、刘铸成、阮大春、张京波、周丽艳（女，满族）8名会员为河北省民进企业家联谊会理事。参政议政。《关于加快对正定古城保护立法的建议》列为市人大重点建议。《发展乡村旅游 推动旅游扶贫》《关于实施乡村振兴战略的建议》在省政协常委会作书面发言。向市政协十三届二次大会提交发言11篇、集体提案16篇，《关于加快推进石家庄智慧城市建设的建议》等5篇提案列为市政协重点提案，《关于加快推进石家庄市学前教育发展的建议》等3篇提案被市政协评为优秀提案。向民进省委报送全国“两会”建言6篇、省“两会”建言6篇，其中4篇被采用为省政协集体提案，2篇获得省领导批示。全年报送民进省委、市政协、市委统战部等部门社情民意20余篇。2018年民进市委获评民进全国宣传思想工作先进集体，裕华区总支、长安区总支、省二院支部、新华一支部、桥西二支部5个基层组织获为民进河北省委宣传思想工作先进集体，21名会员获评先进个人，民进会员李青获得国家科技进步奖一等奖。

（张伟）

【中国农工民主党石家庄市委员会】 2018年中国农工民主党石家庄市委员会（简称农工党市委或市农工党）发展党员54名，平均年龄39.8岁。其中，高中级职称29人，占53.7%；硕士以上学历22人，占40.7%。2018年末农工党市委拥有基层支部26个，累计党员1051名。市农工党党员中，全国人大代表1人：乞国艳（女）；全国政协委员3人，分别为王宝山、徐英、韩爱丽（女）；河北省人大代表4人，分别为李拥军、孟祥红（女）、宋水山、孙日华；河北省政协委员17人；市人大代表6人、市政协委员30人。参政议政。石家庄市“两会”期间，农工党市委提交市政协十三届二次大会口头发言1篇、集体提案27篇。其中，《关于加快石家庄市养老服务体系建设的建议》列为市政协重点提案；《支持社会资本举办食品安全检验检测机构，提升石家庄市食品安全检验检测能力的建议》，被市政协第十三届第八次常委会作为书面发言采用；《大力推进智慧景区建设，促进石家庄市旅游产业均衡健康发展》《关于加强石家庄市人才引进力度的建议》得到石家庄电视台“提案追踪”栏目采访。提交社情民意信息42条，向市委统战部报送党外人士建言35条。其中，《关于在雄安新区建设中，大力弘扬优秀传统文化，延续历史文脉的建议》在农工党中央刊物《前进论坛》发表；《关于全力打造正定非遗文化创意产业园的建议》被党外人士建言采用。2018年农工党市委被农工党河北省委评为理论研究、参政议政、社情民意信息工作先进集体。

（史君）

【九三学社石家庄市委员会】 九三学社石家庄市委员会（简称九三学社市委或市九三学社）主要由从事科学技术工作及高等教育、医药卫生等方面高、中级知识分子组成。1956年9月，九三学社石家庄直属小组建立；1958年10月，九三学社石家庄分社成立；1985年7月，九三学社石家庄分社改为九三学社石家庄市委员会。2018年九三学社市委发展社员40名，其中，教育行业14人，医药卫生8人，科研院所1人，公有制经济7人，新社会阶层6人，政府部门4人；博士学历13人，硕士16人，本科11人；高级职称19人，中级职称16人。拥有基层组织39个，其中，基层委员会7个，支社（小组）32个。累计社员781名。主界别社员669人，占社员总数85.7%，其中，高等教育界303人，医药卫

2018年10月30日，九三学社石家庄市委青年工作委员会成立

生界197人，科研院所169人；高级职称565人，占社员总数72.3%，中级职称165人，占21.1%。社员王丹（女，满族）、李文平、侯俊宏当选省人大代表，马春玲（女）、王志国、王德松、闫凤利、张丹参（女）、陈安国当选省政协委员。2018年末九三学社市委共有河北省人大代表3人、河北省政协委员6人，市人大代表5人、市政协委员27人。组建成立九三学社市委青年工作委员会。河北师范大学、裕华区、桥西区、新华区、铁道大学5个基层组织成立社员之家。提交提案建议、社情民意176件。围绕九三学社中央首届九三教育论坛专题调研、京津冀文化协同发展专题调研、“4+4”产业发展专题调研、“访百企 找症结 激活力”专题调研，提出意见143篇。王志国撰写的《聚集高端要素 发展高新技术 加快河北省高新区高质量发展》列为省政协优化营商环境专题协商会发言稿，载入省政协《提升企业技术创新能力专题协商会情况报告》，获得省委书记王东峰、省长许勤批示。王志国撰写的《加快石家庄市开发区高质量发展，积极承接京津创新资源》、九三学社市委课题组撰写的《集聚发展要素营造发展环境》、贾辰华撰写的《关于加强石家庄市招才引智积极承接京津创新资源转移的建议》、范林撰写的《关于促进石家庄市文化和旅游产业深度融合发展的建议》、陈安国撰写的《充分利用地热资源 降低大气污染的建议》获得省委常委、市委书记邢国辉批示。段艳丽撰写的《传承与传播 新时代大学英语教学中的传统文化》列入九三学社中央首届九三教育论坛　中华优秀传统文化教育分论坛发言。江合友撰写的《全面建设“儿童友好型”公厕》被《人民日报》刊登。史敏撰写的《关于推进家庭医生签约服务 提升人民群众获得感的建议》、范林撰写的《关于促进文化和旅游产业深度融合发展的建议》、张灵芝撰写的《关于加大扬尘治理力度 提高石家庄市大气污染防治效果的建议》被确定为市政协十三届二次会议重点提案。报送宣传稿件50篇，25篇被九三学社中央采用。推荐王利军、陈安国、张香利、田丹4名社员担任九三学社省委思想建设与理论研究中心研究员。2018年姚建强被九三学社中央评为“九三学社先进个人”，九三学社市委获评全市统战信息工作三等奖和全市统战宣传工作二等奖。

（侯俊宏　党大志）

【市工商业联合会】 石家庄市工商业联合会（简称市工商联）新增直属会员单位4家，新建异地石家庄商会5家，新批异地驻石商会6家。以筹建石家庄异地商会、推动商会党建和成立新生代企业家联谊会为突破口，吸收新联合投资控股有限公司、河北林宏科技有限公司、河北坤安药业有限公司、河北诚润环保科技有限公司4家单位为市工商联直属会员单位。成立北京、上海、三亚、烟台、清河5家异地石家庄商会。审批成立承德、周口、菏泽、雄安、张北、商丘6家驻石商会。至2018年末，全市累计达到75家，其中，地域性商会60家、行业性商会15家。参政议政。以增强服务意识为出发点，围绕“想民营经济发展之所想，急民营经济发展之所急，解民营经济发展之所困”理念，组织建言献策，推动全市改善营商环境。向市政协提交《关于加大引进高层次科技人才服务石家庄市经济社会发展的建议》《关于搭建政企沟通平台，促进民营经济健康快速发展的建议》提案及大会发言，其中《关于加大引进高层次科技人才服务石家庄市经济社会发展的建议》被市政协列为重点提案。以推动生物医药健康产业发展、生态环境建设和优化营商环境为课题，撰写《关于加快石家庄市生物医药产业发展的建议》专题报告。采取召开专题座谈会、调查问卷、实地考察等形式，开展民营经济高质量发展专题调研，撰写形成《关于民营经济高质量发展情况的调查报告》。重视商会和协会党的建设，全年培养考察入党积极分子10人，发展预备党员1人；批准成立商会和协会党支部39个，接收党员组织关系138人，党委直属党支部总数达到44个，拥有党员153人。加强与异地政府及企业交流合作，接待宜宾市、吉林市、新疆五家渠市等地政府考察团来石考察交流，与外地6市工商联签订友好商会协议。2018年市工商联副主席张端树获评全国工商联系统“十佳个人”。

（林岚）

群众团体

Mass Organizations

【群众团体领导成员】

总工会

主　　席：李锡海（1月免）
　　　　　安树国（1月任）

党组书记、常务副主席：
　　　　　高翠君

副 主 席：宋成武　梁国发
　　　　　左建停

共青团石家庄市委员会

书　　记：尚秀伟

副 书 记：谢姣蕊（女）
　　　　　殷实
　　　　　曹晶　（女）
　　　　　宋建卫（挂职）
　　　　　王立强（兼职）

妇女联合会

主　　席：宁淑敏

副 主 席：房景新　范鸿雁
　　　　　郑建　　王晓娣

文学艺术界联合会

主　　席：周喜俊（12月免）

党组书记：林春山

副 主 席：肖建科（兼秘书长）
　　　　　张桂珍　韩梅玉

科学技术协会

主　　席：杨澜波

副 主 席：冯卫和　刘保军

归国华侨联合会

主　　席：王强

副 主 席：许立　　胡为民

台湾同胞联谊会

会　　长：廖海鹰

副 会 长：陈瑛　　史晓英

秘 书 长：游艳红（7月免）

残疾人联合会

理 事 长：朱献军（12月免）
　　　　　盛庆功（12月任）

副理事长：张爱艳　安永卫

红十字会

常务副会长：王鹏飞

副　会　长：崔胜明　张玉安

秘　书　长：郝瑞起

黄埔军校同学会

会　　　长：张连枝

秘　书　长：王连重

社会科学界联合会

主　　　席：孙万勇

第一副主席：郭纯阳

常务副主席：闫国文

驻会副主席：李贞年

秘　书　长：张文舒

消费者协会

名誉会长：张承禄　张殿奎
　　　　　赵长栓

会　　　长：路国庆

副　会　长：李景祯　汤化敏
　　　　　　卢金保　贾利民
　　　　　　夏玉颖　栗绪楼
　　　　　　王占云

秘　书　长：许毅敏

石家庄市总工会

【概况】 2018年，全市工会组织围绕经济社会发展大局，以服务职工和维护职工权益为职责，突出宣扬劳动光荣理念，全力支持职工在本职岗位创新创业。维护会员职工及农民工权益，开展职工互助活动和送温暖工程，加强基层工会组织建设、职工队伍建设及职代会规范化建设，构建和谐劳动关系。至2018年底，全市共有17000多个工会组织、165万名会员。全市4人获授“全国五一劳动奖章”，3个集体获授“全国工人先锋号”，1人获授“大国工匠年度人物”，9个单位获授“河北省五一劳动奖状”，16人获授“河北省劳动奖章”，21个单位获授“河北省工人先锋号”（参见《石家庄年鉴2019》类目“人物”“附录”）。

【劳动竞赛】 围绕市委、市政府中心工作，印发《石家庄市2018～2020年劳动和技能竞赛指导意见》，明确石家庄市三年劳动和技能竞赛的目标任务和措施，做到有章可循。河北工人报头版头条以《在四个围绕中抓特点和亮点》为题重点报道石家庄市劳动竞赛。根据构建“4+4”现代产业格局总体部署，联合市发改委、科技局、工信局开展石家庄市先进装备制造业劳动竞赛，首批选择30家装备企业示范带动。联合市旅游委开展旅游产业发展劳动竞赛，在第一、二、三届旅发大会举办地正定县、鹿泉区和平山县开展对标竞赛和“六比一创”劳动竞赛，在2号线嘉华车辆段举行“中铁投资杯”劳动竞赛，大大提高工作效率和员工素质。联合人社局在全市举办18个工种职工职业技能竞赛，表彰取得优异成绩的174名选手，其中，授予18名选手技术状元称号、36名选手技术标兵称号、120名选手技术能手称号。组织职工参加河北省总工会、人社厅、科技厅、工信厅、住建厅等联合举办的河北省职工职业技能大赛，石家庄市参加全部10个工种比赛，取得数控加工中心操作工、汽车修理工、机械制图和快递员等四个工种比赛状元，其中数控加工中心操作工和汽车修理工两个工种囊括个人前三并取得团体第一。

【技术创新】 创新驱动推动各项工作进程。选拔118项职工创新成果参加河北省职工优秀技术创新成果展演活动，申报数量列全省各参展单位之首。石家庄市获创新一等奖1项、二等奖1项、三等奖3项，展会金奖3项、银奖1项、铜奖6项，被评定为省级职工创新工作室17家，其中位列前十名2家，命名省级金牌工人2人，省级能工巧匠13人。省总工会授予石家庄市组委会突出贡献奖。市总工会经济部以《跨省合作优势互补强强联手共赢发展》为题参加河北省工会工作优秀创新成果专家答辩会，获河北省工会工作优秀创新成果三等奖。市总工会联合市科技局命名中车石家庄车辆有限公司、河冶科技股份有限公司2家省会万众创新示范基地及李彬创新工作室等44家市级职工创新工作室。截至年末，石家庄市共命名6家省会万众创新示范基地和160家市级职工创新工作室，其中省级54家、全国总工会命名3家。年内，《河北工人报》连续报道了石家庄市万众创新示范基地建设和劳模创新工作室发挥作用的典型做法。

【工会组织】 突出抓好新社会组织建会工作，在全市范围开展“建会入会专项行动”，新建新农合组织工会69个、联合工会23个，新发展农民工会员7797人。新建物流货运企业工会29个，组建联合工会13个，发展货运司机工会会员5523人。新社会组织独立建会17家，组建联合工会3个，新纳入会员1157人。组建全市首家保龙仓家乐福促销员工会联合会和全国首家网约送餐员行业工会联合会，首家市级网约送餐员行业工会联合会10月30日成立。至年底，石家庄共有“美团”“饿了么”两大送餐品牌，涉及送餐企业4家，加入送餐员行业工会联合会会员2580名，其中农民工2260人，占89%。创建和谐劳动关系，深入推进《河北省企业民主管理条例》贯彻落实，规范职代会建设活动，石家庄市达标单位达到1394家，培育全国示范单位2家、省级示范单位23家、市级示范单位45家。4月初至6月底，联合市人社局、市企业家协会和市工商业联合会开展工资集体协商“百日行动”，促进建会企业普遍开展集体协商工作，维护职工会员的合法权益。关爱劳动模范，为460名省部级以上劳模进行体检，完成市级、省部级、全国困难劳模摸底调查，110名省部级困难劳模享受救助金177.38万元。

【帮扶困难职工】 深入开展困难职工认证建档工作。举办石家庄市工会困难职工解困脱困建档立卡工作培训会，全市建档困难职工554人。加强与人社、民政等14个部门的沟通协调，出台《关于进一步做好困难职工解困脱困工作的实施意见》，给新认定的困难职工签发《困难职工优待证》。积极推进县级职工服务中心建设，指导新华区、桥西区、鹿泉、赵县4家县级职工服务中心升级为省示范型县级职工服务中心。持续开展职工互助活动，全年救助6610人，发放救助款1987万元。开展元旦、春节送温暖活动，市总工会集中中央财政、省财政、市财政拨付的困难职工帮扶专项资金855万元，围绕保障困难职工家庭基本生活、维护农民工合法权益等主题，开展生活救助、走访慰问、法律援助、关爱农民工等四个方面的送温暖系列活动。联合人社、法院、公安等部门，设立24个“农民工维权服务联系点”，办理农民工法律援助71件，为农民工挽回经济损失960.6万元。联合人社、安监、卫计委、信建局、法院等五部门监督检查全市100家企业落实国务院《防暑降温措施管理办法》情况，督促企业按规定为职工发放高温作业津贴。关注女职工权益维护，新建“爱心妈妈小屋”55个。市总工会专门安排工会经费67.8万元，走访慰问困难企业、市地铁2号线、太行山高速西阜段工程项目、一线环卫工人、值勤交警和农民工工地。市职工服务中心为1358户特困职工提供冬季采暖补贴优惠。开展全市工会会员普惠化服务，第一期石惠卡住院补贴累计补贴8190人次，人均赔付450.46元，赔付总金额368.92万元。第二期住院补贴全市投入资金501.11万元，为住院职工提供补贴保障。关心一线户外职工生活，联系城管委等相关单位在全市建设32个环卫职工休息室，改善环卫职工的工作环境。

（黄岩弟）

中国共产主义青年团石家庄市委员会

【概况】 2018年，中国共产主义青年团石家庄市委员会（简称共青团市委）以改革创新为动力，以从严治团为保障，以网上共青团建设为突破口，重视培养中国特色社会主义的建设者和接班人，巩固和扩大中国共产党执政的青年群众基础。全年新发展团员2.9万人，至2018年末，全市共青团员总数达到46.7万人。保护青少年权益，出台《关于建立石家庄市青年工作联席会议制度的通知》，举办青年公益集体婚礼，召开维护青年群体发展主题座谈会，组织保护青少年权益宣讲活动80余场次，发放宣传单及手册2千余份，覆盖在校生3万余人。保护青少年生命健康，联合市卫生健康委举行大学生艾滋病防控宣传教育活动。联合网络安全监管部门，推进网络庸俗内容清理，净化网络环境。4月27日，共青团市委、中铁十七局集团三公司联合举行“传承五四精神·建功现代省会”暨石家庄市重点工程青年突击队授旗仪式，中铁十七局集团三公司、五公司、六公司及中铁十八局、十九局等单位100多名青年突击队代表在东庄地铁站参加活动，共青团市委向中铁十七局集团三公司正定地铁站项目、五公司、六公司及中铁十八局、十九局5家单位10支青年突击队代表授旗。5月3日，石家庄市常山纺织恒盛分公司布机挡车工刘冬、石家庄铁道大学信息科学与技术学院教师郭阳、省贸易促进会河北省国际展览中心郭朋勃、西柏坡发电有限责任公司焊工班高压焊工陈立飞4名青年获得河北省五四青年奖章。全年共青团市委授予17人石家庄市五四青年奖章。2018年共青团市委获得全国青少年科技创新竞赛奖、京津冀政务新媒体影响力奖、河北省少先队辅导员技能大赛优秀组织奖、河北省大中专学生暑假文化科技卫生“三下乡”社会实践活动优秀组织奖。

表9

2014～2018年底石家庄市共青团员数据统计一览表

单位：万名

年度	共青团员总数	新发展共青团员数量
2014	59.3	9.8
2015	59.2	9.5
2016	59.2	4.2
2017	47.1	2.9
2018	46.7	2.9

【共青团组织建设】 加强共青团组织建设，实施青联、学联、少先队和学校共青团改革，高校改革方案全部制定印发，全市中学80%以党委名义出台改革方案，少先队10项改革任务顺利推进，市、县两级团委均建立青年工作联席会议制度。推进“智慧团建”，规范和改进“三会两制一课”、入团仪式、团费收缴、共青团统计等工作，严把入团关口。至2018年底，全市共有基层团委612个、基层团工委55个、团总支446个、团支部17387个，其中新成立直属团组织3个；共青团员46.7万人，其中新发展团员2.9万人。共青团县（市、区）委书记、班子成员和团干部配备率达到100%，青年中心实现市、县、乡三级全覆盖。

【青少年思想教育】 加强青少年思想教育，举办市级青年理论培训工程、青年马克思主义者培养工程大学生骨干培训班共计7期。各级基层团组织开展宣讲培训活动350余场，直接影响3万余名团员青年受益。全市各级团组织通过理论学习中心组、座谈会、报告会等方式，开展习近平总书记7·2重要讲话、共青团十八大和团省委十五大精神专题学习研讨150余场。全市团员青年累计超过30万人次参与团中央网上主题团课学习，石家庄共青团微信平台累计超过50万人参与学习知识竞赛。开展“青春拥抱新时代”成人节宣传教育、“传承五四精神 建功现代省会”暨石家庄市重点工程突击队授旗仪式主题教育、“不忘初心跟党走 青春拥抱新时代”五四集体入团宣誓仪式等。至年底，石家庄共青团微博粉丝超过252万人、微信粉丝数超过60万人。由全市各级团组织创作的《光荣啊，中国共青团》《声临其境》等作品，在线累计播放量超过20万次。

【青年志愿活动】 开展“创赢青春”服务青年创新创业系列活动，石家庄市全年共计举办7期青年创业训练营。开展“青联委员县区行”活动，组织青联委员走进高新区、藁城、栾城区等地，助力县域经济发展。在大中型企业和重点工程项目中，成立青年突击队10支，申报省级青年安全生产示范岗8个。市希望工程事业发展中心、市青基会全年筹集资金600余万元，资助贫困地区学生700余人，援建希望小学8所，捐建希望工程体育园地、爱心厨房、多媒体教室、图书室等26个。开展第五届“寻找最美的你 圆你最美的梦”活动，组织爱心人士帮助300余名留守儿童。组织青年志愿者开展生活垃圾整治、卫生宣传、文明劝导等青年志愿服务工作，发放宣传单、环保袋2千余份。招募并选拔千余名优秀青年志愿者服务数博会、石洽会、航空博览会等大型展会。12月1～3日，第四届中国青年志愿服务项目大赛暨志愿服务交流会在四川省德阳市举行，由共青团市委推荐的石家庄外国语教育集团山区帮扶励志“阳光小讲台”青年志愿服务项目、市第八医院绿丝带青年志愿服务项目获得银奖。至2018年底，全市“志愿中国”信息系统注册人数达150万人，青年志愿服务组织1222个，共青团石家庄市委认定全市100家单位为2017～2018年度石家庄市青年文明号集体，共青团石家庄市委推荐的市外国语教育集团山区帮扶励志“阳光小讲台”青年志愿服务项目和市第八医院绿丝带青年志愿服务项目喜获第四届全国项目大赛银奖。

（陈菲）

石家庄市妇女联合会

【概况】 2018年，市妇女联合会（简称市妇联）以“创业奋斗新时代，建设满意新妇联”为目标，支持和维护妇女儿童合法权益，引领广大妇女自觉助力乡村振兴和脱贫攻坚行动。加强妇联组织建设，乡镇（街道）妇联组织区域化建设实现全覆盖，4535个农村（社区）完妇代会调整为妇联，完成率比例100%。建立以石家庄妇女网和石家庄妇联微信公众号为主体，21个县（市、区）妇联微信矩阵为依托的网上妇联新模式，实现活动网上开展、工作网上宣传。举办法治宣传活动，增强妇女依法维权本领，发挥市婚姻调解委员会作用，调解婚姻家庭问题500余起。促进妇联事业全面发展，3月6日，全市召开纪念三八国际劳动妇女节座谈会。3名来自不同岗位妇女代表作交流发言。落实《石家庄市妇女发展规划（2011～2020年）》要求，聚焦健康、教育、经济、社会保障、参政议政、法律、环境等7个领域，实现妇女平等依法行使民主权利、平等参与经济社会发展、平等享有改革发展成果。提高妇女健康水平，全市产筛率88.37%，孕产妇住院分娩率达到99.99%，孕产妇和儿童健康管理率达85%以上，新生儿出生缺陷防治工作被列入2018年市政府十件民生实事之一。妇女受教育水平持续提升，义务教育阶段基本消除性别差距，本专科生和研究生中女生比例均超过一半。扩大妇女就业规模，全市城镇单位妇女就业人数达到36.9万人，就业人员中女性比重保持在42%以上。妇女参政议政水平和政治地位明显提升，全市人大代表中女性代表占27.5%，政协委员中女性委员占32.0%。立足城乡社区，广泛开展寻找最美家庭活动，10万多个家庭参与其中，涌现出各级各类最美家庭2000多户。2018年5月，高凤瑞、尹沫、赵红、王月洋等四个家庭荣获第十一届全国五好家庭，韩兰英、张莉、姜晶晶、权景翠等四个家庭荣获2018年全国最美家庭，栾瑞花家庭荣获2018年河北省最美家庭。5月11日，市妇联举办“中国梦从家起航——石家庄市最美家庭故事巡讲活动”，“相亲相爱”张贵平、郭俊伏家庭，“自立自强”王兰乔、刘聚群家庭，“科学教子”王丽、高会青家庭在现场分享家庭故事。2018年7月，最美家庭故事巡讲活动走进灵寿、元氏、藁城，千余名妇女群众聆听最美家庭故事。石家庄市最美家庭中，有14个省级最美家庭、7个全国最美家庭、6个全国五好文明家庭，11人获得“感动省城十大人物”称号。年内全市共创建美丽庭院80万户，8月30日，召开全市美丽庭院创建工作观摩推进会，各县（市、区）妇联组织集中观摩美丽庭院创建工作。开展“美丽庭院 景美心美”摄影大赛，石家庄市有2个美丽庭院入选全省十佳美丽庭院。9月11日，召开2018年全国五好文明家庭和全国最美家庭座谈会。12月15日，市妇联推荐的8名母亲被省妇联评选为“燕赵榜样母亲”。12月25～26日，市妇女第十五次代表大会召开，来自全市502名妇女代表参会。会议落实中国妇女十二大、河北省妇女十四大部署，听取并审议市妇联第十四届执行委员会工作报告，选举产生市妇联第十五届执行委员会新领导班子，宁淑敏当选市妇联第十五届执行委员会主席，7人当选副主席，9人当选常务委员。

【创业创新巾帼行动】 举办6期“助力‘4+4’现代产业发展 争做省会女能手——手工技能培训班”，共培训妇女1000余人。4月26日，召开助力“双创双服”和“4+4”现代产业发展巾帼在行动工作会，命名40个基地，发布项目40个。开展巾帼脱贫攻坚行动，在全市创建巾帼脱贫示范基地，命名巾帼现代农业科技示范基地21个，巧手脱贫示范基地23个，其中，全国巾帼脱贫示范基地1个，省级巾帼现代农业科技师示范基地12个，省级巧手脱贫示范基地23个，重点培育基地7个。8月15日，行唐县召开“问计妇女脱贫——十佳巾帼脱贫工作现场观摩会”，现场对接项目10个，在10月10日省巾帼巧手脱贫推进会上作经验介绍。10月11日，举办河北省巾帼巧手脱贫现场观摩交流活动暨石家庄市“现代省会、百名巧姐”特色手工大赛，260余人参加，命名省会巧姐100名。

【维护妇女儿童合法权益】 全年组织“木兰有约”讲师团走进高邑县西大二村，为全村妇女讲解反家庭暴力等维权知识，接受咨询20余人。关爱妇女儿童。市妇联开展关爱儿童、救助贫困妇女、脱贫示范基地建设等活动10多次。新建市级儿童友好家园示范园21所，开展活动1150场，受益儿童3万余人。“爱暖童心——儿童友好家园暖冬行动”为100名儿童送去慰问金、棉服等用品。慰问新乐市振华春雷学校留守儿童，送去慰问金和学习用品，教育专家为留守儿童监护人做家庭教育讲座。举办贫困妇女“两癌”救助金发放仪式，为30名受助妇女发放救助金30万元。

【家庭教育】 依托社会资源，建立家庭教育指导服务志愿讲师团队，宣传、讲解、传授家庭教育理念和技巧，解答家庭教育疑惑，矫正家庭教育误区。建立专家智库团队，提供开展家庭教育方案。利用市妇联微信公众号搭建家庭教育网络平台，建立专家、志愿讲师、示范基地3个微信群。12月7日，由市妇联、市教育局共同主办的市家庭教育指导中心揭牌启用，在全省首创教育、妇联共同开展家庭教育工作新模式，全市社区、家长、学校覆盖率达到100%，同时，命名16个学校、幼儿园为市家庭教育工作示范基地。以市家庭教育指导中心为平台，市妇联、市教育局联合举办家庭教育讲座培训600

场，研究家庭教育新问题、探索家庭教育新思路、推广家庭教育成功经验和科研成果，让良好家风浸润社会。

（戴丽丽　杨志国）

石家庄市文学艺术界联合会

【概况】 2018年，市文学艺术界联合会（简称市文联）坚持“二为”方向、“双百”方针和“三贴近”原则，以“树旗帜、带队伍、育人才、出精品”为目标，组织开展理论学习、品牌活动、人才培养、精品创作等工作。至2018年末，市文联内设3个部室，分别为办公室、宣传创作部、通联部；全额事业单位1个（市文艺创作中心）；下辖10个协会，分别为作家协会、书法家协会、美术家协会、摄影家协会、民间文艺家协会、音乐家协会、舞蹈家协会、影视家协会、戏剧家协会、曲艺家协会。2018年各协会新发展会员285人，累计市级会员达到1万人。3月22日，市文联召开2018年工作会议；市文联主席周喜俊作《讴歌新时代 奋进新征程 推动石家庄文艺事业繁荣兴盛》工作报告；表彰2017年度先进文联和先进协会，向全市文艺界发出“讲品位、讲格调、讲责任，抵制低俗、庸俗、媚俗”倡议。5月21～22日，市文联文艺创作中心在藁城区设立创作基地，组织召开“新时代、新征程、新作为”——石家庄市基层文联工作经验交流会，各县（市）区文联主席、作协主席以及藁城区文联各文艺家协会负责同志80余人参会，明确“树旗帜、带队伍、育人才，出精品”的工作目标，巩固“专业创作人才＋文艺管理人才”的双效培养机制；邀请河北师范大学教授赵忠祥作《文化自信——中华民族伟大复兴的精神力量》讲座。12月4～6日，市文联举办市青年文学创作会议，回顾改革开放四十年来石家庄市青年作家坚守的创作理想，总结首次青创会成立以来的主要成就，明确新时代青年文学工作者应肩负的新使命；来自省会各条战线150名青年作家、基层作者代表参加会议。

【文艺创作】 全年创作文学、戏剧、歌曲、影视剧、书法、美术、摄影、舞蹈、民间文艺、曲艺、文艺理论评论作品2000余件。出版长篇小说《我的幸福谁当家》(周喜俊著）、诗歌集《微甜》(白庆国著）、报告文学集《筑梦者之歌》《不忘初心跟党走——石家庄市歌曲作品合集》等文艺类图书50余部，在《人民日报》《光明日报》《中国作家》等全国大报大刊发表文艺作品43件，一大批作品在各类文艺评奖中获奖。其中，王文静的文学评论《从此师徒是路人——读刘建东中篇小说集〈黑眼睛〉》获第十三届河北省文艺振兴奖，影视家协会创作的纪录片《70年前家国事》《石家庄印记》获第23届河北省影视艺术“奔马奖”，康志刚的短篇小说《归去来兮》获第三届《朔方》文学奖；梅驿、程雪莉、孟醒石三位作家获评第三届河北省“十佳”青年作家。周喜俊的长篇小说《我的幸福谁当家》于2018年12月由河北教育出版社公开出版发行，反映了从家庭联产承包责任制，到推进乡村振兴战略中遇到的尖锐复杂问题，该作品与《当家的女人》《当家的男人》一起被称为“当家系列”三部曲。长篇纪实文学《沃野寻芳》等6件作品获得“第十五届文艺繁荣奖特别奖”，小说集《手上的花园》等29件作品获得“第十五届文艺繁荣奖”。11月23日，由市政协办公厅、市文联在市美术馆举办庆祝改革开放40周年“走进新时代”书法美术摄影展，全市共有300余件作品入展，50件作品获得优秀奖。

表 10

第十五届石家庄市文艺繁荣奖特别奖

序号	类别	作 品	作者	推荐单位
1	长篇纪实文学	《沃野寻芳》	周喜俊	市作协
2	长篇纪实文学	《寻找平山团》	程雪莉	市作协
3	儿童文学	《没梯子上天的君君·动物篇》	王军锋	市作协
4	歌曲	《美丽河北》	刘阳	市音协
5	评剧小戏	《月缺月圆》	樊红霞	市剧协
6	河北梆子	《子弟兵的母亲》	平山县西柏坡河北梆子演艺有限公司	市剧协

表 11

第十五届石家庄市文艺繁荣奖

序号	类别	作品名称	作者	推荐单位
1	小说集	《手上的花园》	李亚	市作协
2	散文集	《一个人的工地》	蒲素平	市作协
3	中篇小说	《结算》	梅驿	市作协
4	中篇小说	《城墙土》	唐慧琴	市作协
5	报告文学	《绿色的摇滚》	刘世芬	市作协
6	诗歌	《老家》(组诗)	孟醒石	市作协
7	散文	《潴龙河绝唱》	刘亚荣	市作协
8	散文	《格尔木——熠熠生辉》	张风奇	市作协
9	国画	《山水家园系列二》	李淑敏	市美协
10	油画	《雕琢时光》	裴立强	市美协
11	国画	《壁立千仞秋太行》	刘丽	市美协
12	国画	《风骨千秋》	贾彦林	市美协
13	国画	《鼎》	冯建法	市美协
14	国画	《布阵》	周娜	市美协
15	国画	《圣地摇篮》	何国进	市美协

续表

序号	类别	作品名称	作者	推荐单位
16	摄影	《苗族砖窑工和她们的孩子》	石超峰	市摄协
17	歌曲	《接海渔鼓》	王习梅（曲）	市音协
18	歌曲	《老槐树》	王凯（曲）	市音协
19	歌曲	《鹿泉的故事说不完》	张少华（曲）	市音协
20	民间文艺类图书	《河北传统村落图典》（井陉卷）	马佶	市民协
21	民间文艺类图书	《阳和楼》	樊志勇	市民协
22	剪纸	《中国梦——冬奥情》	张瑞玲	市民协
23	群口快板	《地铁时代 梦想花开》	姚建新	市曲协
24	深泽坠子	《盲人四兄弟的“眼睛”》	郭亚利	市曲协
25	舞蹈	《鼓韵情怀》	张娜（编导）	市舞协
26	现代京剧	《奚啸伯》	石家庄市京剧团	市剧协
27	电视纪录片	《石家庄印记》	石家庄电视台	市影视协
28	电视纪录片	《70 年前家国事》	石家庄电视台	市影视协
29	电视节目	《奋进——纪念石家庄解放 70 周年主题诗歌音乐会》	石家庄电视台	市影视协

（张勇丰）

【摄影展览与比赛】 3 月 31 日至 6 月 23 日，“摄影是非”展览在省会万营艺术空间举行。展览由独立策展人冯博一、张凡策划，展出蔡东东、陈维、陈晓云、王宁德、王轶庶等 8 位摄影艺术家摄影、影像类作品 60 余件（组）。5 月 31 日至 9 月 20 日，由市体育局、石家庄报业传媒集团主办、《石家庄日报》承办、市摄影家协会协办的“激情迸发 华彩省运”河北省第十五届运动会摄影大赛举行，全省各地摄影爱好者近 100 人投稿，收到主题摄影作品 1000 余幅，评出一等奖 1 名（马克志的《竞跑》）；二等奖 2 名（惠建秋的《无题》，马淑华的《开幕式》）；三等奖 5 名（范昱的《艺术体操》，高思跃的《胜利的呐喊》，张克洪的《激情迸发》，马佩苑的《呐喊的力量》，胡祥的《知难而进》）；优秀奖 4 名（国文成的《庆祝胜利》，赵亮的《一击制胜》，郝群英的《破纪录的力量》，李娜娜的《棋思》）。

【第九届规范汉字书写艺术节】 10 月底至 12 月中旬，由市文联、民进石家庄市委、市书法家协会、省硬笔书法协会等单位共同主办的石家庄市规范汉字书写百千万工程暨第九届规范汉字书写艺术节举行，共征集有效作品 8155 幅，初评入围作品 3012 幅，复选入围优秀作品 900 幅，最终按照毛笔书法、硬笔书法两类，分儿童、少年、成人 3 组，每组评选一等奖 10 名、二等奖 20 名、三等奖 30 名。石家庄市规范汉字书写百千万工程于 2010 年启动，至 2018 年底，全市共建立规范汉字书写实验学校 235 所，培训书法教师 6000 余名，直接受益师生 40 万余人次。

（张晓娟）

石家庄市科学技术协会

【概况】 2018年，市科学技术协会（简称市科协）是由市级学会（协会、研究会、联合会）、各县（市、区）科协和各企（事）业科协组成的全市科学技术工作者的群众组织。2018年市科协贯彻落实《全民科学素质行动计划纲要（2016～2020年）》，联合市委党校共同开展全市领导干部和公务员科学素质教育培训。实施以“学会理事会规范化、秘书处实体化、秘书长职业化”为核心“三化改革”，完成试点学会3个（市营养师协会、石家庄南开校友会、市心理咨询师协会）。建立市级学会学术会议制度，在市级学会之间创建横向学会联合体1个，省市学会纵向学会联合体1个。7个学会申报7个项目纳入提升计划支持范围，包括推进科技成果转化和技术咨询、技术服务1项，系列科普作品创作1项，有效承接政府转移职能1项，资助出版自然科学专著1项，综合性重大学术交流3项。加强科普宣传，在“河北省科协会员管理系统”创建市科协普及部、学会部、企事业科协、青少年科普等账号。争取省级科协改革试点3个，分别为市科协改革试点、长安区科技工作者之家试点、栾城区创新驱动试点。

2018年市科协系统6人获评“河北省优秀科技工作者”，分别为河北师范大学教授刘劲松、河北医科大学第一医院副院长刘刚、河北医科大学第二医院大内科副主任郝咏梅、河北锐驰交通工程咨询有限公司正高级工程师王子鹏、石家庄奥翔医药工程有限公司高级工程师宋建立、石家庄市第九中学教研处副主任许晖；5家单位被省科协授予“河北省科协科技工作者之家建设示范单位”，分别为市科协、长安区科协、鹿泉区科协、新乐市科协、石家庄市谈固小学。至2018年底，全市科协发展市级个人会员1100余名，县级个人会员1612名。

【科普活动】 依托“三下乡”、科技周、世界气象日、全国科技工作者日等节点开展大型科普活动，指导县（市）区科协开展科普日活动，被中国科协、省科协授予“全国科普日活动优秀组织单位”。第二轮中国流动科技馆巡展，完成栾城、高邑、井陉、深泽四站点展出，累计参观人数达12万人。确定省级科普e站示范站7个（石家庄市翟营大街小学、石家庄市西雅小学、河北昊阳农业科技有限公司、高邑县天润农业科技有限公司、栾城区天亮种植专业合作社、河北惜康农业科技有限公司、裕华区槐底街道世纪花园社区），各站配备价值5万元设备。市科协出资提升重点站6个（石家庄市新华区党家庄学校、鹿泉区北薛庄田仙红石榴基地、石家庄海方机械有限公司、井陉县汇能农牧有限公司、富邦农业高科技有限公司、石家庄市桥西区五十四所社区），配套建设7个（井陉县苇子沟皂角种植专业合作社、河北金诚种业有限责任公司、石家庄市长安区保利花园第一社区、石家庄市裕华区藏龙福地社区、石家庄市第44中学、石家庄市现代城小学、石家庄市藁城区工业路小学）。年内与河北点点传媒有限公司合作制作科普动漫《社长嘚啵嘚》50集，《黑科普》30集，每集时长3～4分钟，主要内容为采用手绘漫画与动画相结合的表现形式，通过风趣幽默的语言普及自然科学、健康养生等知识。《社长嘚啵嘚第四季——病从口入，这些食物吃不得》被河北省科技厅评为2018年河北省优秀科普微视频作品，并入选科技部、中国科学院联合主办的2018年全国优秀科普微视频作品。争取基层科普行动计划项目资金150万元，其中国家级项目资金140万元，奖补行唐县、灵寿县、平山县、赞皇县各30万元，正定县、鹿泉区、栾城区、矿区各5万元；省级项目资金10万元，奖补桥西区、藁城区各5万元。

【科普服务】 开展青少年科普活动。全年组织开展青少年科技普及和科技大赛4次，参加省科协举办的竞赛1次。选拔优秀高中学生分4批赴北京市、新疆维吾尔自治区、哈尔滨市和兰州市参加2018年青少年高校科学营活动。邀请市天文爱好者协会专家到凌透小学、北高营小学等校区做天文科普知识讲授30余次。以“共建共享，融合发展”为主题，承办2018年京津冀科普资源推介会，来自京津冀三地科协、科普专业机构、科普企业等代表参加活动，石家庄市科协协调组织8家科普企业参加推介会。聘请专家学者到鹿泉、栾城等工业园区及企业举办科技知识讲座30余场。指导和帮助河北和佳医药科技集团股份有限公司"石家庄市绿色表面活性剂工程技术研究中心"列入石家庄科技计划，公司技术中心被列入河北省企业技术中心；河北华旭化工有限公司"左旋苯甘氨酸绿色脱色工艺"研究被列入石家庄重点研发计划项目。辅导石家庄海川工具有限公司、石家庄给源环保科技有限公司、河北华旭化工有限公司、石家庄金博惠工具有限公司等企业顺利通过高新技术企业认定。协助河北三楷深发科技股份有限公司、河北古栾春酒业有限责任公司和河北征宇制药有限公司成立科技专家企业工作站。认定44家院士专家工作站，分别是河北大地农业科学研究院院士专家工作站、河北东森电子科技有限公司院士专家工作站、河北耐诺科技有限公司院士专家工作站、石家庄市中医院院士专家工作站、石家庄市第三医院院士专家工作站、石家庄飞机工业有限责任公司院士专家工作站、河北石报信息技术有限公司院士专家工作站、石家庄亿生堂医用品有限公司院士专家工作站、石家庄奥祥医药工程有限公司院士专家工作站、河北中岗通信工程有限公司院士专家工作站、石家庄市疾病预防控制中心院士专家工作站、冀凯装备制造股份有限公司院士专家工作站、河北小蜜蜂工具集团有限公司院士专家工作站、石家庄市长安育才建材有限公司院士专家工作站、石家庄市第四医院院士专家工作站、河北博海生物工程开发有限公司院士专家工作站、石家庄市妇幼保健院院士专家工作站、河北华清环境科技集团股份有限公司院士专家工作站、中国人民解放军第五七二一工厂院士专家工作站、中国电子科技集团公司第五十四研究所院士专家工作站、河北远征药业有限公司院士专家工作站、河冶科技股份有限公司院士专家工作站、河北富格药业有限公司院士专家工作站、河北广联信息技术有限公司院士专家工作站、石家庄藏诺生物股份有限公司院士专家工作站、石家庄数英仪器有限公司院士专家工作站、河北恒华信息技术有限公司院士专家工作站、石家庄科林电气股份有限公司院士专家工作站、河北兴柏药业有限公司院士专家工作站、河北莫兰斯环境科技股份有限公司院士专家工作站、河北华通科技股份有限公司院士专家工作站、石家庄天泉良种奶牛有限公司院士专家工作站、河北地打宝谷孵化器有限公司院士专家工作站、中科恒运股份有限公司院士专家工作站、嘉诚环保工程有限公司院士专家工作站、中国电建集团河北省电力勘测设计研究院有限公司院士专家工作站、天俱时工程科技集团有限公司院士专家工作站、河北一然生物科技有限公司院士专家工作站、河北鹏润安防科技有限公司院士专家工作站、河北美邦工程科技股份有限公司院士专家工作站、同辉电子科技股份有限公司院士专家工作站、河北智同医药控股集团有限公司院士专家工作站、石家庄禾柏生物技术股份有限公司院士专家工作站、石家庄垚淼农林科技发展有限公司院士专家工作站。

（雷杨）

石家庄市归国华侨联合会

【概况】 2018年，市归国华侨联合会（简称市侨联）贯彻落实全国第十次侨代会精神，紧密团结归侨侨眷、广泛联系海外侨胞，凝侨心、汇侨智、聚侨力，为石家庄经济社会建设发挥侨联组织的独特作用。以"大局所向、民生所需、侨界所能"为理念，引导侨界人大代表、政协委员为石家庄市发展建言献策。2018年市侨联侨界人大代表、政协委员撰写提案议案、建议意见、社情民意30余件。倾心扶贫帮困，全年走访慰问贫困归侨及突发大病、家中发生重大变故侨界人士56户，发放慰问品慰问金3.6万余元。2018年市侨联在第十次全国归侨侨眷代表大会上被人力资源和社会保障部、中国侨联评为"全国侨联系统先进集体"。

【组织建设】 1月20日，市第十一次归侨侨眷代表大会召开。审议通过市侨联第十届委员会工作报告决议及市侨界开展学习贯彻中共十九大精神的决议；选举产生市侨联第十一届委员会新领导班子，王强当选市侨联主席，许立、胡为民当选专职副主席，田庆宝、杜秀珍、芦海英（女）、李青（女）、吴剑平、余良拱、武志永、郑建（女）当选兼职副主席。推进基层组织建设，围绕桥西区、裕华区等

10余个县（区）如何建立“侨胞之家”“新侨工作站”和健全侨界帮扶机制举办座谈交流会；鹿泉区、平山县侨联换届完毕；桥西区、裕华区、新华区、正定县、深泽县侨联组织正在筹备；桥西区、栾城区、高邑县分别在大学、社区、企业建立“侨胞之家”。2018年市侨联兼职副主席武志永当选全国人大代表，兼职副主席李青、郑建当选省人大代表。至2018年末，市侨联共有市级人大代表10名、政协委员12名。

【联络联谊】 广泛宣传市人才绿卡等相关政策，营造省会引才引智的浓厚氛围。东旭集团总裁李青和河北双星种业公司董事长党继革成为石家庄市第二批“高层次人才支持计划”人选，以此吸引更多的侨界人才创业发展。抓住“石洽会”“廊洽会”以及召开省市“两会”等时机，强化与海外同乡会、商会、青年会的联系，拓展“一带一路”沿线8个国家海外侨社团及侨领侨商的联络渠道。借助“石洽会”平台，邀请来自美国、德国等13个国家和地区的60名侨商，牵线搭桥促成海内外侨资侨属企业10多个合作意向，推荐澳大利亚冀商联合会、美国河北工商总会等7家海外侨社团成为石家庄“4+4”现代产业产学研联盟成员单位。走访调研近百家侨资侨属企业，帮助企业找准定位和切入点，加快融入省会发展大局。促成广骏新材料科技有限公司与华北理工大学签署战略合作协议挂牌运营，帮助解决石家庄市百博贸易有限公司项目落地等10余项侨企项目对接。通过“创业中华 牵手京津冀——海外侨界高层次人才为国服务河北行”活动，收集整理美国、澳大利亚、巴西、丹麦、俄罗斯等10多个国家、66位海外高层次人才资料和行业项目情况等。全年市侨联与50多家海外侨社团、160位侨领侨商联系交流，不断丰富拓展联络空间。7月8日，承办“2018亲情中华·河北夏令营”石家庄行活动，组织营员参观正定古城、乒乓球训练基地、西柏坡纪念馆等，让来自海外的华裔、华侨、华人孩子亲身感受中华文化的独特魅力。7月12日，邀请中国侨联、省侨联和市委领导等出席在中央统战部旧址李家庄举办“中国华侨国际文化交流基地”揭牌活动，唱响新中国从这里走来，把“文化交流基地”建设成为燕赵文化走向世界的窗口，建设成增进情谊的纽带。

（夏龙飞）

石家庄市残疾人联合会

【概况】 2018年，市残疾人联合会（简称市残联）以加快推进残疾人全面小康进程为主线，以筹办河北省第九届残运会暨第五届特奥会为重点，精心筹划、统筹推进残疾人就业培训、爱心助残等残疾人事业。打造爱心助残社会氛围，举办“爱耳日”“世界自闭症日”“爱眼日”“全国助残日”等宣传活动。实施“阳光家园”计划，为896名残疾人提供托养服务，补助资金134.4万元。争取国家和省残联残疾人事业专项彩票公益金助学项目，为全市2个学前教育机构、103名残疾学前儿童提供教育助学补助，补助资金30.9万元。依据高等院校残疾人学生资助政策，申请补助资金27.5万元，资助84人。开展志愿助残活动，至2018年末，石家庄志愿服务网注册助残志愿者33548人。维护残疾人合法权益，做好残疾人法律救助，全年接待残疾人信访366人次，办理法律援助案件47件，处理“12345”热线转办函26件、“12385”热线转办函38件。严格残疾证管理、审批，全年发放残疾人证1.74万个。落实残疾人机动车驾驶技能培训补贴政策，全市符合补贴条件残疾人申报210人，每人补贴1500元。开展农村贫困残疾人危房改造工程，为180户家庭实施无障碍改造。落实困难残疾人生活补贴、重度残疾人护理补贴政策，2018年全市4.04万人享受困难残疾人生活补贴，6.78万人享受重度残疾人护理补贴。2018年市残联被市委、市政府授予集体“二等功”荣誉称号。

【残疾人康复服务】 重视残疾人康复服务，印发《石家庄市残疾预防行动计划（2018～2020年）》。利用第十九次全国“爱耳日”、第二次全国残疾预防日等残疾人节日活动，组织举行残疾预防、康复知识和康复政策宣传。推进残疾人精准康复服务，全面摸底残疾人辅具需求状况，逐项建立台账，2018全市残疾人精准康复服务率达到86.17%。免费为肢体残疾人安装假肢150例，发放各类辅助器具5000余件，救助听力残疾、智力残疾等残疾儿童1300余人，培训并推荐67名符合救助条件的幼儿接受人工耳蜗植入手术。做好残疾人家庭医生签约服务，举办两期残疾人家庭医生签约培训班。至2018年底，全市残疾人家庭医生协议签署人数12.2万人。筛查、组织全市肢体残疾人参加省“让千名贫困残疾人站起来”项目，为全市建档立卡和贫困下肢缺肢者安装大腿21例、小腿29例。加强农疗中心建设，出台农疗教案10套，建立学员档案500个，接待学员2000余人次。

【残疾人就业援助】 开展残疾人培训，结合国家和河北省计划，制定《农村贫困残疾人实用技术培训项目实施方案》，培训农村贫困残疾人2853名。规范残疾人职业技能培训，专门委托第三方评估机构，检查评估2016年、2017年9家承担残疾人培训机构。助力残疾人脱贫，围绕“两不愁、三保障和扩大残疾人康复服务、家庭无障碍改造覆盖面”，将资金重点向贫困残疾人、重度残疾人、重点贫困县和深度贫困村倾斜，汇聚各方力量促进残疾人就业增收。2018年末全市建档立卡贫困残疾人17673人，脱贫12730人。组织200名残疾人参加两期河北广播电视大学特殊教育学院培训、200名残疾人参加省残联盲人按摩培训项目。开展残疾人就业援助月活动，围绕“就业帮扶，真情相助，不让一个困难群众掉队”理念，全市登记走访残疾人失业家庭住户5347户，登记失业人员1330人；举办残疾人招聘会21次，实名制纳入培训计划残疾人数1414人，帮助残疾人实现就业221人，其中国有企业吸纳就业人数23人。全年帮助残疾人享受就业专项扶持政策310人。组织残疾人参加职业技能竞赛。5月20日是全国助残日，河北省第六届残疾人职业技能竞赛在石家庄市举行，比赛设置5个大类23项目，涵盖信息通信技术、美术专业、手工业、工业和服务；石家庄市选派42名选手参加23个项目中20个项目比赛，7个项目获得第一名、9个项目获得第二名、5个项目获得第三名。

【残疾人体育运动】 全年市残联选拔和推荐33名残疾人运动员参加国际、国内赛事，获得40枚金牌、11枚银牌、8枚铜牌，其中，参加亚洲残疾人运动会5人，获得6枚金牌、2枚银牌、1枚铜牌。10月8～14日，由省政府主办，省残疾人联合会、省体育局和石家庄市政府联合承办的河北省第九届残疾人运动会暨第五届特殊奥林匹克运动会在石家庄市举行。石家庄市派出代表团335人，其中运动员248人，主要参加河北省第九届残疾人运动会田径、游泳、射击、射箭、羽毛球、乒乓球、飞镖、盲人柔道、聋人篮球、轮椅篮球、坐式排球、聋人足球、盲人足球、盲人门球14个大项124个小项比赛；16名残疾人运动员参加河北省第五届特殊奥林匹克运动会田径、羽毛球、乒乓球3个大项8个小项比赛；石家庄市运动员夺得126枚金牌、71枚银牌、16枚铜牌，金牌、奖牌总数和总分均居全省第一，并获得“人才输送奖”“突出贡献奖”“体育道德风尚奖”奖项。实施残疾人“康复体育关爱工程”“自强健身工程”，举办残疾人自强健身周、残疾人冰雪运动季活动。培育残疾人乐观向上、勇于拼搏、自立自强精神风貌，组织举办市残疾人群体运动会，设立轮椅健身操、轮椅太极拳、游泳、羽毛球等16个比赛项目，6000多名残疾人体育爱好者参与比赛活动。

（董凯凯）

石家庄市红十字会

【概况】 2018年，市红十字会新建红十字基层组织16个，其中，市级红十字社区5个、红十字会员单位2个、红十字志愿服务基地2个、服务站7个。全年募集和争取上级支持款物价值1396.51万元，发放救助款物价值1336.71万元，救助困难群众19267人。重视应急救护宣传，以造血干细胞和器官捐献、“红十字救助贫困大病患者”、应急救护培训、“博爱老区行”等为重点，利用世界红十字日、献血者日、急救日、宪法日等时机，组织集中开展应急救护宣传活动，全年在各级各类媒体刊发宣传报道128篇（次），其中《中国红十字报》刊登10篇次。推进红十字宣传遍布城市大街小巷、走近群众身边为目标，争取财政资金40余万元，集中开展“5·8”世界红十字日博爱月宣传纪念活动，在石家庄地铁2352块液晶电视、6700辆出租车LED屏同步播出市红十字会公益宣传广告。重视做好“三献”捐献，2018年全市无偿献血人数19.38万人次，献血量64.36吨，基本满足驻石医院临床用血需求；造血干细胞采集入库志愿者1200人，成功实施捐献12人；器官捐献33例，大器官捐献95个。2018年石家庄市连续八年获评全国“无偿献血先进城市”，市红十字会被省人力资源和社会保障厅、省红十字会授予“河北省红十字系统先进集体”，市红十字会生命安全教育基地被中国红十字会总会命名为全国第一批红十字应急救护培训示范基地。

【募集捐赠】 全年“博爱一日捐”活动募集善款670.15万元，爱心企业、爱心人士捐赠款物价值93.8万元，募捐箱接受爱心善款1.74万元，捐赠资金利息收入12.78万元。争取中国红十字会总会“博爱送万家”物资家庭箱200个、价值6万元，中国红十字会总会转赠维康药业定向捐赠3.21万元，河北省红十字会人体器官捐献救助基金231万元、人道救助金7.9万元。组织市红十字无偿献血志愿服务大队、县区分队、乡镇小队开展无偿献血、造血干细胞捐献、器官捐献活动，建立无偿献血、捐献造血干细胞协同机制。2018年全市无偿献血人数19.38万人次，献血量64.36吨，基本满足驻石医院临床用血需求；造血干细胞采集入库志愿者1200人，成功实施捐献12人，占全省捐献40%，累计入库志愿者4.4万人，累计成功实施捐献98人；器官捐献33例，大器官捐献95个，占全省器官捐献64.3%，累计器官捐献80例，大器官捐献226个，挽救生命222条。8月9日，中国中央电视台以“父捐遗体子捐髓，传递人间大爱”为题报道灵寿县捐献者李双全、李斌父子的感人事迹。2018年石家庄市被国家卫生健康委、中国红十字会总会、中央军委后勤保障部卫生局授予无偿献血先进市。

【社会救助】 发挥红十字独特优势，1月2日，启动全市“红十字博爱送万家”活动，发放款物价值297万元，受益群众1.6万余名。实施红十字人道救助项目，联合市直医疗单位，开展红十字救助贫困大病患者项目，发放救助金206.75万元，救助1070人。助力独生女儿圆梦校园，发放“天使圆梦”项目助学金1.9万元，救助19人。点燃艾滋病患者生命希望，设立“艾滋病救助资金”，发放2.2万元，救助16人。申请中国红十字基金会“天使基金”救助贫困家庭先心病、白血病患儿，全年救助74人，发放“小天使基金”“天使阳光基金”213万元。开展应急救护培训“五进”活动，全年培训人员26222人，举办师资培训班7期（含高校师资班5期）。举办第三期中学生生命健康安全技能拓展训练营活动，参与中学生3500名。举行红十字应急救援演练，提升应急救援水平。2018年市红十字会生命安全教育基地被中国红十字会总会命名为全国第一批红十字应急救护培训示范基地。

（郝瑞起　戎怡）

石家庄市消费者协会

【概况】 2018年，市消费者协会（简称市消协）贯彻落实《消费者权益保护法》，围绕中国消费者协会（简称中消协）提出“品质消费 美好生活”主题，组织开展消费维权、消费宣传教育和咨询服务活动，受理消费者投诉，保护消费者权益，营造安全、放心的消费环境。“3·15”国际消费者权益日活动期间，全市举办消费宣传咨询活动258场，接待消费者咨询58962件，接受消费者投诉685件。至2018年底，全市消协组织受理消费者投诉1394起，解决1201件，解决率为86.15%，为消费者挽回损失121.85万元。2018年市消费者协会被省消费者协会评为“全省投诉信息工作先进单位”“2017～2018年度全省消协组织先进集体”。

【消费者权益日活动】 制定《石家庄市2018年纪念“3·15”国际消费者权益日活动方案》《2018年放心消费创建活动的实施方案》，举办“3·15”国际消费者权益日活动新闻发布会。3月8日，市消协组织25家大型商业企业代表在市工商局召开纪念“3·15”国际消费者权益日座谈会。3月10日，市消协与石家庄爱尔眼科医院联合开展“您的眼睛是否合格”消费服务周启动仪式。3月14日晚，石家庄市举行2018年“3·15”消费者权益日电视直播晚会，市委、市政府领导及执法部门工作人员、消费者代表、有关行业协会工作人员、新闻媒体记者200余人参加晚会活动，发布2017年度查处侵害消费者合法权益典型案例，启动2018年石家庄市放心消费创建活动。3月15日，市消协参加石家庄广播电台“新闻882”频道行风热线栏目，现场接受消费者咨询和受理消费者投诉，并结合消费维权典型案例引导消费者理性、文明消费。“3·15”国际消费者权益日活动期间，全市举办消费宣传咨询活动258场，接待消费者咨询58962件，接受消费者投诉685件。

【**消费教育**】 广泛普及消费维权知识，举办“消费教育进社区全覆盖”活动，提升消费者维权意识和消费素质，营造安全放心的消费环境。开展“品质消费教育乡村行”活动，7月4日，省、市消协联合在鹿泉区奥特莱斯商城广场举办“2018年全省品质消费教育乡村行”启动仪式。开展“品质消费教育乡村行”暨“送法律、送知识、送服务三下乡”农村消费教育系列活动，2018年5～12月，市消协编印《消费者权益保护法》2万册、《农村消费教育指导手册》5万册，制作主题购物袋5万个、消费维权宣传扇2万把，免费发放农村消费者；书写消费维权宣传标语1万幅，悬挂宣传条幅2000个，制作消费维权展牌、展板2000个；举办农村消费教育活动150场，现场接受农民消费者投诉280起，咨询38954次。开展消费教育进校园活动，向大学生普及消费常识，引导树立正确消费观念。2018年市消协工作人员深入河北师范大学、河北传媒大学现场接受大学生咨询，发放《消费者权益保护法》1000册、《网络消费教育指导手册》1000本。建立消费教育基地，引导消费者合理文明消费。至2018年末，全市建立省级消费教育基地24家、市级消费教育基地120家。

【**消费者咨询投诉**】 全年采取接受来电、来函及直接受理消费者投诉等方式，倾听消费者的意见、呼声和要求，依法维护消费者合法权益。2018年市消协受理消费者投诉1394起，解决1201件，解决率为86.15%，为消费者挽回损失121.85万元。消费者投诉主要问题：医药及保健用品行业虚假宣传突出，销售手段五花八门，中老年消费者易上当，部分药品、医疗器械、保健食品广告夸大宣传功能和疗效，部分非药品当作药品宣传，严重欺骗和误导消费者。网购投诉多发，微商交易维权困难；主要表现在产品展示与实物不符，商家在宣传中使用虚假、夸大的商品描述，虚构交易记录及评价推销商品；利用消费者希望以优惠价格购买商品的心理，推销以次充好商品；利用派送赠品、优惠活动倒计时等促销手段刺激消费者购买欲望，造成消费者盲目消费；售后服务难保障。预付款消费投诉案件凸显，发案集中，涉及人员众多，投诉解决较为困难，投诉情况主要集中在美容、保健、健身、餐饮、装修行业。虚假广告误导消费者，随着电子信息技术发展，消费者在家中就可以阅读、收听、收看各种商品广告，一些夸大其词、虚假宣传的广告充斥到处可见。售后服务质量有待提高，售后服务是商品制造的延伸和完善，高质量的售后服务能为生产者赢得良好的市场信誉，现实中部分生产厂家仅重视产品销售，漠视售后服务质量，致使售后服务意识不强，损害消费者合法权益。

（李哲）

法　治

Governed by Law

政　法　委

【概况】2018年，全市政法系统以防范管控重大风险为主线，以深化改革、科技应用为动力，深入推进平安建设、法治建设、过硬队伍和政法智能化建设，政法综治领域16项重点工作走在全省前列。全市平安建设和社会治安综合治理工作在全省考评中获得“双第一”。“扫黑除恶”专项斗争向纵深推进，各项战果成效持续位居全省第一。司法体制改革和社会治理改革以及见义勇为“四抓四建”工作机制等多项创新成果、做法在全省推广。12月11日，中央电视台发布《中国城市营商环境评价报告（2018）》显示，在全国36个评价城市中，石家庄市的法制环境排第四位；12月15日，中国社科院发布《公共安全感蓝皮书——中国城市公共安全感调查报告（2018）》显示，在全国31个重点城市中，石家庄市的社会治安安全指数排第三位。重视政法队伍管理，组织召开全市政法系统政治性警示教育大会，加强纪律作风巡查督查，组织明察暗访26批次，推动政法干警理想信念、精神状态和纪律作风持续好转。坚持从严治警和从优待警并重，全年对337名特困政法干警发放资助金302.3万元。政法队伍和基层退役军人中涌现出一批以吕建江、高瑞奎、吕保民为代表的先进个人，受到中央和省、市表彰。2018年市委政法委机关党委获评全市先进基层党组织，机关7名干警获评专项工作先进个人。

2018年5月25日，市委政法委举行吕建江先进事迹报告会

【维护社会稳定】深入开展反渗透、反间谍、反分裂、反恐怖、反邪教斗争，成功挫败一批敌对势力渗透破坏和暴恐分子、“法轮功”等邪教分子捣乱破坏活动。着力强化对涉军、涉房、涉众型非法集资以及传统利益诉求群体的动态管控、预警预判和依法处置，先后预警督办涉稳信息1600余件、问题隐患553件。成功化解重大矛盾纠纷995件次、群体性苗头隐患235件，圆满完成全国“两会”和博鳌亚洲论坛、上合组织青岛峰会、上海国际进口博览会等重大活动期间的安保任务。把做好军队退役人员管理服务作为维护社会稳定工作的重中之重，先后制定出台《关于进一步做好退役军人管理服务工作的十三条措施》等6个指导性文件，实行“日报告、周通报、半月调度、月总结”工作机制，督办化解矛盾问题12717人次，解决合理诉求3516件，精准包联和现场处置等经验做法在全省推

广。退役军人管理服务工作受到省、市领导高度评价，全国军队退役人员管理服务工作经验交流会与会人员参观、考察石家庄市示范点，全国20多个城市先后到石家庄市学习观摩。

【“扫黑除恶”专项斗争】 贯彻落实中央、省市委一系列决策部署，坚持高起点站位、高规格部署、高强度推进，不断把扫黑除恶专项斗争引向深入。年内围绕宣传发动、线索核查、案件侦办、“一案三查”、行业治理，先后组织召开不同类型、不同层面调度会、座谈会、推进会30次，印发各类制度、方案、意见规范性文件20余份，召开新闻发布会2次，落实基层单位负责人谈话承诺11769人次，发放办案补贴1086.74万元。以中央和省委巡视、市委巡察为契机，集中整改共性问题21条、个性问题14条，促进专项斗争扎实开展。截至年底，全市共摸排梳理涉黑涉恶线索2112条，做出核查结论2069条，核查办结率达到97.96%，超出市整改办提出目标的13个百分点。全市共打掉涉黑涉恶犯罪团伙118个，其中黑社会性质犯罪组织9个、恶势力犯罪团伙109个。抓获犯罪嫌疑人1024人，破获违法犯罪案件931起，提起公诉101案872人，一审判决78案634人，“一案三查”立案48件248人，多项战果成效位居全省第一。

【社会治安综合治理】 以纪念“枫桥经验”55周年为契机，组织召开全市社会治安综合治理工作会议，推动以科技信息为引领、以基础建设为重点，不断把资源、服务、管理向基层延伸，提高社会治理的社会化、法治化、智能化和专业化水平。制定出台《关于推进城乡社区网格化服务管理工作的意见》，明确网格员11464名，对全市城乡社区10573个网格实行全覆盖、精细化管理。完善矛盾纠纷多元化解机制，石家庄市行业性专业性纠纷多元化解中心挂牌成立，并被司法部授予“全国人民调解工作先进集体”。深入开展矛盾纠纷排查化解和“六无”基层平安、刑事命案“三零”创建等活动，全年共化解各类矛盾纠纷14997件，化解率达96.7%。刑事命案发案比2017年下降18.4%。深入推进严重精神障碍患者服务管理，制定《全市严重精神障碍患者服务管理办法》，全年未发生精神障碍者肇事案件。扎实推进综治信息系统基础数据采集，综治视联网增点扩面和“雪亮工程”视频联网应用，立体化治安防控能力增强，不断强化市、县、乡、村四级综治中心功能作用，深化政法系统智能化建设和智慧社区建设，刑事案件网上业务协同和案件流转量位居全省前列。

【执法司法规范化】 组织全市各级法院、检察院深入推进司法责任制改革，在员额制改革基础上，按照“让审理者裁判，让裁判者负责”的原则，不断深化司法配套改革，先后健全完善新型审判管理监督、防止司法干预、案件质量终身负责等一系列制度，全市组建新型办案团队136个，法官、检察官的办案主体地位进一步凸显。以裕华区、藁城区为试点，扎实推进“证据标准指引”应用改革，完成涉案财物跨部门集中管理信息平台建设，完善远程审讯、庭审直播等业务系统管理。强化执法监督，组织30名政法机关业务骨干及资深律师，组成10个案件抽查小组，对全市基层政法单位开展2次执法司法大检查，评查396个案件，纠正9类执法司法瑕疵问题，并召开执法司法规范化建设大会，通报点评发现的问题，有效规范执法办案行为，提高执法司法质量、效率和公信力。深入开展依法治访专项行动，全年刑事追究违法上访行为为35案79人。加大案件督办和司法救助力度，共立项督办案件33件、转办23件、协调30件，执结涉党政机关案件16件，落实司法救助金893万元。出台《全市政法机关服务“4+4”现代产业格局保障省会高质量发展的指导意见》，相继推出20项服务“调转治”的重要举措，直接参与打非治违、脱贫攻坚、污染防治等多个专项工作。全年先后破获扰乱社会治安、影响企业发展的刑事案件8533起，查获犯罪团伙213个。积极推进“放管服”改革，指导政法部门在多个领域出台便民利民措施，营造良好营商环境和服务环境。

【信息化建设】 按照高起点规划、高水平建设、共享发展的模式，扩容升级改造政法四级网，升级改造节点共1088个，充分满足当前和未来政法信息化应用的需求，实现“天网”工程、“雪亮工程”、综治视联网、综治9+X业务系统的全面贯通，流畅运行。为智慧法院、智慧检务、智慧公安、智慧法律服务等一系列信息化项目以及电子政务外网提供有力的网络支撑。将全市交管系统的基础网络整合并入政法网，从根本上解决交管系统带宽不足问题，实现视频和数据联通，节约大量财政资金。服务政法工作需求创新应用，汇聚整合公安机关人脸识别系统、天网视频监控、交警部门的卡口系统、综治“9+X”系统以及其他部门业务数据，研发政法信息化三维实战平台，使多部门数据通过平台及时互通，增强社会治理整体性和协同性，提升政法维稳、综治工作效率和智能化水平。平台建设方案通过专家评审，并申请立项。创新开展证据标准指引系统试点工作和政法机关远程提讯业务系统建设，加快实施涉案财物跨部门集中管理平台建设，积极推进量子保密通讯试点工作，政法信息化建设跨上了新台阶。

（王晓煜　刘志强）

法治政府建设

【概况】 2018 年，全市围绕法治政府建设目标，贯彻落实国家和河北省关于全面推进依法行政工作的决策部署，把法治政府建设贯穿政府工作全过程，有力推动依法治市和法治政府建设向纵深发展。加强重点领域立法，全年向市人大常委会提交地方性法规议案 2 件；制定出台政府规章 4 件，依法废止《石家庄市知名商标认定和保护办法》《石家庄市公产住房售后维修管理暂行办法》等 23 件市政府规章；市政府本级规范性文件依法保留 140 件、宣布失效 41 件、修改 4 件、废止 9 件，市政府各部门规范性文件依法保留 85 件、宣布失效 22 件、修改 7 件、废止 21 件，各县（市、区）政府规范性文件依法保留 276 件、宣布失效 43 件、修改 38 件、废止 37 件。全年市本级收到行政复议申请 274 件，依法办结 162 件，其中，维持原具体行政行为 80 件，责令履行 8 件，驳回 4 件，撤销或确认违法 3 件，终止及其他处理 67 件。2018 年全市办理行政诉讼和行政复议答复案件 115 件，收到法院一审判决和省政府复议决定 25 件，其中，撤诉 9 件、驳回起诉 6 件、驳回诉求 7 件、责令履行 1 件、驳回申请 1 件、确认违法 1 件。

【依法行政】 贯彻落实国家《法治政府建设实施纲要（2015 ～ 2020）年》（中发〔2015〕36 号），结合实际，印发《石家庄市 2018 年法治政府建设工作要点》（石政办函〔2018〕67 号），对依法全面履行政府职能，完善依法行政制度体系，坚持严格、规范、公正、文明执法等 7 个方面 30 项工作任务进行安排部署。深化行政执法“三项制度”落实，将行政执法“三项制度”建设纳入市委全面深化改革任务。依托行政执法监督信息平台，全面推行事前、事中、事后公开，规范行政处罚、行政许可、行政强制、行政检查等执法行为的文书格式，配备完善音像记录设备，建立健全资料储存、归档和查阅等制度规范，基本做到执法全过程留痕和可回溯管理。加强评议考核，由市依法行政领导小组办公室牵头，组织各县（市、区）人民政府和市直各部门依法行政工作评议考核，通报表彰 32 个先进单位。加强法律知识学习。市政府制定领导干部年度学法计划，利用市政府常务会、市政府党组会，专门学习《宪法》《监察法》等法律法规，传达学习中央全面依法治国委员会第一次会议精神和习近平总书记重要讲话。充分利用网络平台，组织市直部门 3700 余名行政执法人员开展公共法律知识学习培训和考试。组织市直 85 个部门、单位和人民团体的领导干部约 200 人旁听行政诉讼案件庭审。坚持报告工作。市政府书面向省政府和市委、市人大常委会报告 2017 年度推进法治政府建设情况，全年市政府 3 次向市委常委会专题报告法治政府建设推进情况。

【立法及废止】 加强重点领域立法。全年向市人大常委会提交地方性法规议案 2 件，分别是《石家庄市人才发展促进条例》和《石家庄市城市治理综合执法条例》；制定出台政府规章 4 件，分别是《石家庄市人民政府关于废止 22 件政府规章的决定》（市政府令第 193 号）、《石家庄市公园管理办法》（市政府令第 194 号）、《石家庄市行政规范性文件管理规定》（市政府令第 195 号）、《石家庄市人民政府关于废止〈石家庄市知名商标认定和保护办法〉的决定》（市政府令第 196 号）。为优化人才发展环境，激发人才创新创业活力，构建人才友好型城市，向市人大常委会提交《石家庄市人才发展促进条例》议案，经市人大常委会审议，并报请省人大常委会批准后，于 2018 年 11 月 1 日实施。为提高城市治理水平，规范城市治理综合执法行为，保护公民、法人和其他组织合法权益，向人大常委会提交《石家庄市城市治理综合执法条例》议案。为加强公园的规划、建设、管理和保护、改善生态环境，增进人民群众身心健康，制定《石家庄市公园管理办法》(市政府令第194号)。为加强对行政规范性文件的管理，促进依法行政，维护法制统一，制定《石家庄市行政规范性文件管理规定》(市政府令195号)。加强规章和规范性文件清理。组织对现行有效的政府规章和规范性文件进行集中清理，依法废止《石家庄市知名商标认定和保护办法》《石家庄市公产住房售后维修管理暂行办法》等23件市政府规章；市政府本级规范性文件依法保留140件、宣布失效41件、修改4件、废止9件，市政府各部门规范性文件依法保留85件、宣布失效22件、修改7件、废止21件，各县（市、区）政府规范性文件依法保留276件、宣布失效43件、修改38件、废止37件。推进依法科学民主决策。市政府出台的治理露天烧烤管理办法、推进城市安全发展实施方案等170余项各类决策事项，以及20余件市政府与有关单位签订的合同、协议，全部经过法制机构的合法性审查，确保政府行政决策的合法有效。

【行政复议与应诉】 全年市本级共收到行政复议申请274件，主要涉及工伤认定、土地登记确权、政府信息公开、治安处罚、行政不作为和房屋征收等。依法办结162件，其中，维持原具体行政行为80件，责令履行8件，驳回4件，撤销或确认违法3件，终止及其他处理67件。在办理行政复议案件过程中，对一些案情简单、争议不大的案件，充分运用调解、和解方式，加强与复议双方当事人沟通协调，促进行政争议有效化解；对一些案情复杂、争议较大的案件，在书面审查的基础上，加强实地调查，运用听证方式当面审查案情，进一步提高案件办理质量。积极开展行政应诉工作，主动配合、支持人民法院的行政审判活动，认真组织、协调政府及其部门出庭应诉、答辩，全年共办理行政诉讼和行政复议答复案件115件，收到法院一审判决和省政府复议决定25件，其中，撤诉9件、驳回起诉6件、驳回诉求7件、责令履行1件、驳回申请1件、确认违法1件。

（关强）

公 安

【概况】 2018年，全市公安系统围绕“对党忠诚、服务人民、执法公正、纪律严明”“四句话、十六字”总要求，主动融入全省、全市改革发展大局，以“扫黑除恶”专项斗争为龙头，坚持创新发展，提升工作成效，从严从实从细抓好各项安保措施落实落地，全面提升公安机关法治化水平，大力营造公平正义的法治环境，有效维护了政治稳定和社会安定。全年破获各类刑事案件7151起，同比上升13.4%；抓获犯罪嫌疑人7625名，逮捕犯罪嫌疑人5720名，同比上升23.5%；起诉犯罪嫌疑人10003名，同比上升30.3%；累计起诉五类侵财犯罪嫌疑人1861名。成功侦破“10·24”特大网络贩枪案，摧毁1个涉及全国30个省区市的特大非法贩卖改制射钉枪犯罪网络，抓获犯罪嫌疑人221名，缴获改制射钉枪303支、子弹3万余发。公安部2018年度刑侦工作绩效考核，石家庄市刑侦工作（不含扫黑除恶）考核成绩在全国32个省会市、自治区首府、计划单列市中排名第十位。2018年全市拥有机动车总数为282.92万辆，同比增长7.5%；机动车驾驶人总数为341.84万人，同比增长7.0%。全年发生一般程序道路交通事故368起，死亡190人，直接经济损失106.53万元。严厉打击酒驾、醉驾等严重交通违法犯罪行为，启用酒驾数据管理系统，所有县（市、区）大队全部启用即时移动上传测酒仪。全年查处酒驾11011起，醉驾3619起；处罚整治机动车不礼让斑马线交通违法行为11.85万次，查处乱停车交通违法89万起。落实机构改革方案，改革后市公安局机关内设处室机构13个、执法勤务机构28个。其中，处级机构3个、副处级机构8个、科级机构17个。13个内设处室分别为：指挥部指挥中心、指挥部综合处、指挥部情报中心、政治部人事处、政治部教育训练处、政治部宣传处、政治部队伍管理处、警务保障处、科技信息通信处、信访处（控告申诉处）、审计处、机关党委、老干部处。3个处级机构为市公安特警支队、交通管理局（挂市公安局交通警察支队牌子）、市人民警察训练学校（挂市人民警察培训中心、市公安局人民警察训练支队牌子）。2018年3月，市公安局留置保障支队成立。2018年市公安局原安建桥综合警务服务站主任吕建江被中宣部追授为“时代楷模”，被公安部追授为“二级英模”，被省委组织部追授为“全省优秀共产党员”，被省委宣传部追授为“燕赵楷模”称号。4月19日，吕建江先进事迹报告会在北京人民大会堂举行。

【治安管理】 开展“智慧安保”建设，全市“五类”案件同比下降7.5%，被评为河北省社会治安综合治理先进集体。3月28日、7月10日，《人民公安报》分别刊发《石家庄抓获涉黄赌嫌疑人1460名》《13个小时细致工作，检查无误又杀回马枪》的专题稿件。年内完成192万余起各类警情指挥调度，全市各级治安管理部门应用“智慧安保”模式，组织出动安保警力10万余人次，完成218项528场次各类大型活动安保任务，其中万人以上大型活动35场次，累计查处涉黄涉赌案件435起，抓获涉案人员1870名，网上网下检查各类娱乐服务场所6.23万家（次），治安处罚185家，停业整顿178家，取缔89家，并成功侦破全国“扫黄打非”办公室交办的“如梦直播”网上淫秽色情表演案，石家庄市涉黄涉赌问题有效举报（223起）比2017年同期（524起）下降57.44%。立案查处涉爆涉枪案件65起，抓获涉枪涉爆违法犯罪嫌疑人90人，收缴枪支649支、子弹19091发、爆炸物品1.2千克、雷管1329枚、易制爆危险化学品45.08千克、管制刀具599把、烟花7165箱、爆竹9245.09万头、双响16.39万个，礼花弹4.45万枚。排查矛盾纠纷8632起，化解7660起，稳控972起，化解率达到88.7%。治安检查邮政企业616家（次），快递企业269家（次），物流企业1232家（次），在微信群发布各类安全信息1200余条，查获涉寄递物流刑事案件196起，破获公安部部督案件2起。旅业系统累计录入旅客信息1128.12万余条，现场采集人像照片1116.16万余张，采集率98.99%。通过旅业系统抓获网上逃犯412人，安装监控摄像头23.1万个，报警探头5.33万个，全市公安机关利用技防手段预防或控制各类案件52起，提供案件线索107条。

【“扫黑除恶”专项行动】 健全完善涉黑涉恶犯罪线索收集、研判、评估、核查、审核、结案、报告等闭环工作流程，受理涉黑涉恶违法犯罪线索2914条，梳理合并重复件后2150条，做出核查结论2079条，核查办结率96.7%。7月13日，全市扫黑除恶专项斗争举行第二次新闻发布会，公布所辖21个县（市、区）及高新区、河北石家庄循环化工园区举报中心联系方式，公开举报奖励办法，明确群众举报最高获得奖励5万元。7月14日，中央扫黑除恶专项斗争督导组第一下沉组在石家庄市召开下沉督导汇报会。中央督导组第一下沉组组长、中央政法委综治一室主任陈小军及督导组成员参加会议，市委副书记李德进汇报石家庄市扫黑除恶专项斗争工作。至2018年底，全市打掉涉黑涉恶犯罪团伙118个。其中，黑社会性质犯罪组织9个，恶势力犯罪团伙109个，抓获犯罪嫌疑人1024人，破获违法犯罪案件931起，扣押冻结查封涉案资金1.6亿元，提起公诉101案872人，一审判决78案634人。

【刑事侦查】 全年破获各类刑事案件7151起，抓获犯罪嫌疑人7625名，其中包括成功侦破“10·24”特大网络贩枪案，摧毁一个涉及全国30个省、区（市）的特大非法贩卖改制射钉枪犯罪网络，抓获犯罪嫌疑人221名，缴获改制射钉枪303支、子弹3万余发；逮捕犯罪嫌疑人5720名，同比上升23.5%，起诉犯罪嫌疑人10003名，同比上升30.3%；累计起诉五类侵财犯罪嫌疑人1861名，判处5年以上侵财犯罪嫌疑人251名，抓获网上逃犯4383名。盗窃、抢劫、抢夺刑事立案同比分别下降12.2%、40.1%和46.7%。破获现行命案62起，与2017年同期相比，命案发案减少14起，同比下降18.4%；破获命案积案18起，其中10年命案积案2起，15年命案积案9起，20年命案积案5起，25年以上命案积案2起。破获涉枪案件25起，抓获涉枪犯罪嫌疑人85名，缴获火药动力枪支66支，气枪195支，协外抓获涉枪犯罪嫌疑人24名。打掉电信网络诈骗团伙31个，破案件5090起，其中公安部督办案件4起，抓获犯罪嫌疑人733名，同比上升5.3%。预警阻止案件7.09万起，紧急止付、冻结涉案账户1.8万余个，累计金额4.1亿元，缴获涉案银行卡1183张，破获窃取公民信息盗刷银行卡案30余起，涉案金额10万余元；缴获黑广播设备30台，伪基站设备28台，抓获犯罪嫌疑人13名。侦破涉拐案件5起，其中部督案件1起，打掉拐卖犯罪团伙3个，抓获涉拐犯罪嫌疑人73名，起诉涉拐犯罪嫌疑人58名，解救被拐儿童9名，解救被拐外籍妇女14人。全市现场勘查率76.4%，提取率99.3%，利用刑事技术串并案件1933起，串并率为6.4%。"盗抢骗"案件现场信息合格录入23524起，合格录入率为99.9%。视频侦查案件录入4414起，审核通过4398起，串并案365串共1364起，侦破案件398起。公安部2018年度刑侦工作绩效考核，石家庄市刑侦工作（不含扫黑除恶）考核成绩在全国32个省会市、自治区首府、计划单列市排名第十。

【交通管理】 持续深化交通秩序整治工程，加强队伍建设和服务窗口建设，提升省会交管工作水平。根据《中国城市交通研究报告》数据显示，2018年石家庄市交通拥堵缓解程度连续3个季度稳居全国200个较大城市中的前2名。车驾管业务服务网点增至146个，网络平台、手机"交管12123"APP客户端注册量接近400万，应用量达1000多万宗；建立"车驾托"综合治理机制，行政拘留"车托"120多人。主城区推出"十五条治堵长效措施"，治理堵点13处，增设单行道3处，推出示范路口20个、严管街6条，优化"车让人"斑马线86处，利用人脸识别抓拍系统加大行人、非机动车管理力度，处罚行人、非机动车违法13.71万人次，行人卡口人脸识别系统共分19次曝光行人、非机动车违法185起，处罚74人。与城管部门组成联合执法队，开展"三车"联合治理，查扣"三车"3164辆，处罚整治机动车不礼让斑马线交通违法行为11.85万次。整治机动车乱停乱放，严厉打击酒驾、醉驾等严重交通违法犯罪行为，启用酒驾数据管理系统，所有县（市、区）大队全部启用即时移动上传测酒仪，规范民警执法培训，确保执法程序合法。全年查处乱停车交通违法89万起，其中机动车违停58.49万起，查处违法黄牌大货车9.82万辆，酒驾1.10万起，醉驾3619起。推动智慧泊车"六统一"改革，2.3万个泊位顺利导入智慧泊车模式，600余个停车场引入高位视频技术，市区施画蓝线免费停车位3.3万个，施划潮汐免费停车泊位3300个。查处非法停车场案件361起，处理违法乱收费人员361人次，行政拘留185人次，教育训诫176人次。主城区电警增至3520套，智能卡口172处，整合公安"天网"监控设备1.5万处，鹰眼系统（守望者）30套，道路监控设备1160套。至年底，全市发生一般程序道路交通事故368起，死亡190人，受伤251人，直接经济损失106.53万元。与去年同期相比，事故起数减少37起，下降9.14%；死亡人数减少47人，下降19.83%；受伤人数减少22人，下降8.06%；经济损失下降53.06万元，下降33.25%。全市拥有机动车282.92万辆，同比增长19.63万辆，增长7.5%；机动车驾驶人员总数为341.84万人，同比增长22.46万人，增长7.0%。全年淘汰老旧机动车1.33万辆，同比增长2364辆，增长21.5%。

表12

2018年石家庄市公安交通管理数据一览表

类别	数量	同比增长（%）
机动车	282.92万辆	7.5
老旧车辆淘汰	1.33万辆	21.5%
驾驶人	341.84万人	7.0
一般程序交通事故	368起	−9.14

续表

类别	数量	同比增长（%）
死亡	190 人	−19.83
受伤	251 人	−8.06
直接经济损失	106.53 万元	−33.25

【执法规范化】 坚持推进公安执法改革和执法规范化建设，开展执法质量考评，做好审核管理工作，确保举措落地见效。编写《石家庄市公安局扫黑除恶专项斗争相关法律法规汇编》，供公安干警学习参考。执法监督大队共评查 7 个涉黑涉恶团伙组织，涉及 42 起案件 230 本卷宗，出具评查报告 42 份，为“扫黑除恶”专项斗争提供保障。研究处理疑难案件、重大事项 125 起，特别是全程参与中央督导组、公安部等上级部门交办的“6・27”专案、“8・27”专案、“12・1”专案、“杨某某等人涉嫌非法吸收公众存款案”等大案要案。审核指定管辖案件 18 起，接受其他行政执法机关移送涉嫌犯罪案件 37 起，受理行政复议案件 933 起，2017 年结余 158 起，至年底共审结复议案件 930 起，结案率为 85.24%。从审理结果看，维持 681 起，占审结总数的 73.22%。撤销 167 起、占审结总数的 18%，终止 64 起、占审结总数的 6.88%，变更 7 起，驳回 8 起，责令履行职责 2 起，确认违法 1 起。全年行政诉讼案件一审应诉数为 56 起，法院共计审结 44 起，其中，驳回原告诉讼请求 32 起，占审结总数的 72.7%；原告撤诉 7 起，占审结总数的 15.9%，撤销 3 起，确认违法 2 起，另有 12 起诉讼案件在审理过程中。全年共收到国家赔偿复议申请 5 起，受理国家赔偿复议申请 3 起，其中驳回 2 起，正在审理 1 起。全年共受理刑事不予立案复议复核案件 42 起，其中不予受理的 3 起，作出维持原决定的 23 起，撤销原决定的 11 起，终止复核程序的 1 起，下发执法监督建设书 11 份，4 起案件正在办理。

（王金山）

检 察

【概况】 2018 年，全市检察系统在各级人民代表大会及其常委会监督下，依法履行法律监督职责，持续深化司法体制改革，从严加强检察队伍建设。打造线上线下一体化智能检察为民综合服务平台，市、县两级检察院率先在全省建成集“实体、网上、掌上、热线”四位一体的“12309”检察服务中心。全年批准逮捕各类刑事犯罪嫌疑人 6092 人，提起公诉 10528 人，同比分别上升 23.4% 和 25.2%；监督应当立案而不立案 140 件、不应当立案而立案 131 件；纠正漏捕 295 人、漏诉 451 人；依法不批准逮捕 1316 人，不起诉 376 人，同比分别上升 15.2% 和 50.4%。加强检察监督，维护法律尊严。全年纠正减刑、假释、暂予监外执行不当 593 件，同比增长 78.1%；纠正刑事执行活动违法 572 件，同比增长 102.8%；办理羁押必要性审查案件 451 件，同比增长 32.6%；监督纠正判处实刑未执行 104 人，同比增长 33.3%。

【“扫黑除恶”专项斗争】 全年检察机关批捕涉黑涉恶案件 295 件 837 人，分别占全省总数 21.69% 和 19.96%；起诉 169 件 950 人，分别占全省总数 17.96% 和 20.42%；案件办结率 100%，批捕、起诉数量位居全省第一。严格执行“两高”“两部”指导意见，严把案件质量关、程序关、法律适用关，不降低标准，不盲目拔高，依法追捕遗漏犯罪嫌疑人 77 人，追诉 21 人。主动提前介入 71 起有重大社会影响的黑恶势力犯罪案件，引导侦查取证，确保案件办理质量。在提升办案效率上，打破传统按部就班的办案模式，依法快捕快诉，实行“捕诉合一”，做到第一时间审查、第一时间批捕、第一时间起诉，绝不在检察环节贻误战机，始终保持扫黑除恶高压态势。坚决打击人民群众反映强烈的涉黑涉恶犯罪行为。严格落实“一案三查”制度，全年审查发现并向纪委监委移送涉嫌职务犯罪案件线索50件，有力捍卫法律尊严、维护社会稳定。

【公益诉讼】 组织召开全市检察公益诉讼工作推进会，市检察院与市监察委建立案件线索双向移送机制，与市法院建立审判协作机制，与市环保局、市食药监局等18个行政部门签订协作配合文件，形成党委坚强领导、人大有力监督，检察机关与纪委监委、法院、行政部门相互配合、齐抓共管、制度机制完善的公益诉讼工作大格局。市、县两级检察机关均成立由检察长任组长的领导小组，整合民行、公诉等多部门骨干力量，组成跨部门办案团队，实行“一体化”办案。在全省首创“1+1”办案模式，实现“1+1>2”的良好办案效果。开展公益诉讼“百日攻坚”活动，新增立案384件，是活动开展前立案总量44件的8.7倍，办案效率、办案质量得到有效提升。全市检察机关公益诉讼案件累计立案1649件，提起诉讼29件。其中，大气污染、水污染、土壤污染等破坏生态环境案件立案614件，破坏土地资源、矿产资源、林业资源案件立案204件，违规经营网络餐饮、违规销售假冒伪劣食品、药品案件立案775件。积极与纪委监委协作配合，提前介入重大职务犯罪案件14件，批准逮捕15件19人，提起公诉50件81人，推动反腐败工作向纵深发展。依法保护各类民营企业市场主体地位，全年共办理集资诈骗、非法吸收公众存款、“套路贷”“校园贷”等破坏市场经济秩序犯罪案件491件681人，积极维护公平有序的市场环境。督促行政机关恢复各类损毁林地、耕地1828亩，追偿环境损害赔偿金1584万元，清理处理违法堆放垃圾、废物28万吨，为国家挽回经济损失1.08亿元。其中晋州市检察院办理的全省首例刑事附带民事公益诉讼案件，结束了石家庄市个人污染环境政府买单的历史，石家庄市在全省检察公益诉讼工作推进会上作典型发言，并在全省推广经验做法。

【检察监督】 严格落实“两高”《关于人民检察院检察长列席人民法院审判委员会会议的实施意见》，市、县两级检察长共列席同级审判委员会52次，增强审判活动的监督力度。派出四个处级干部带队的巡察组，对正定、高邑、平山、赞皇4个基层院开展为期一个月的政治巡察，进一步夯实从严治检责任。加强刑事执行监督，深入贯彻“四个维护”理念，全年共纠正减刑、假释、暂予监外执行不当593件，同比增长78.1%；纠正刑事执行活动违法572件，同比增长102.8%；办理羁押必要性审查案件451件，同比增长32.6%；监督纠正判处实刑未执行104人，同比增长33.3%，刑事执行检察工作走在全省前列。加强民事行政检察监督，全年共办理民事行政诉讼监督案件457件，同比上升6.8%，提出抗诉19件，同比上升26.7%。在全市检察机关开展“协助解决农民工讨薪问题”专项活动，帮助农民工追回拖欠工资1065万元，有力维护人民群众合法权益和社会和谐稳定。未成年人检察工作坚持“两个最大限度”原则，深化“捕诉监防一体化”机制，全年共办理未成年人刑事犯罪案件324件505人，办理性侵、拐卖、虐待、伤害等侵犯未成年人权益犯罪案件280件429人。市、县两级院100名检察长（副检察长）全部兼任中小学法治副校长，并为学生讲授法治课。在全市检察机关挑选16名优秀宣讲员组成“春晖”法治进校园宣讲团，全年开展法治宣讲38场，受教育学生3万人次。建成青少年普法教育基地，采用声光电一体、场景模拟、互动体验等高科技手段展示宣讲，努力构建学校、家庭、社会三位一体的法治教育环境，预防青少年违法犯罪。

【智慧检务】 自觉接受人大、政协和社会各界监督。定期向人大代表、政协委员汇报检察工作、征求意见建议，全年邀请各级人大代表、政协委员、人民监督员、媒体记者和群众代表参加接访、听证、评查等活动660人次，办理代表委员建议提案4件。建立检察长分包联络全国、省人大代表制度，创新开展“检察官走进人大代表之家活动”，全年联络服务人大代表508人次，为人大代表多渠道、多形式、全方位了解参与监督检察工作提供平台。深入推进检务公开，按照“能公开的全部公开”原则，全年公开程序性案件信息13368条，发布重要案件信息1970条，公开法律文书5380份，举办“检察开放日”活动30场，召开新闻发布会23次，通过“两微一端”发布各类检察信息2382条。加强大数据、云计算在检察工作中的应用，创新搭建“四大平台、三大系统”，实现对22个基层院全方位远程视频调度、全国四级检察机关远程视频接访和全市所有监管场所无盲点监控，拓宽公益诉讼案件线索渠道，有效提高工作效率、节约司法资源。依托“服务园区”检察平台，开展送法进企业活动135次，向企业提出整改建议113条，为促进企业发展提供司法保障。扎实开展“清理信访积案”活动，全年共接待来信来访4691人次，实施司法救助8人。完善员额检察官管理制度和司法绩效考核制度，员额检察官办案主体责任更加明确。完成市院和22个基层院机构编制上划，全面清查市检察系统固定资产，为人、财、物省级统管做好充分准备。

石家庄市人民检察院

检 察 长：陈晓明

副检察长：何军恒

苏风雷（1月任）

李彦平（女）

臧玉平　崔少波

冀中南地区检察院检察长：李芳栋

纪 检 组 长：刘文平

政治部主任：王 峥

（董成武）

法　院

【概况】 2018年，全市法院系统在各级人民代表大会及其常委会监督下，依法履行审判职责，重点围绕司法为民、公正司法理念，以队伍建设为基础、以制度建设为抓手，以信息化建设为支撑，以司法改革为动力，全面发挥审判职能作用，为建设现代省会、经济强市提供司法保障和服务。至2018年末，全市法院受理各类案件185088件，审执结166570件，同比分别上升15079件和7455件，其中，市中级人民法院受理28937件，审执结27359件，分别上升4199件和4257件。2018年桥西区人民法院获评全国优秀法院，市中级人民法院司法警察支队、桥西区人民法院司法警察支队获评全国法院司法警察先进集体，晋州市人民法院、正定县人民法院获评全省优秀法院。

【刑事审判】 依法惩治犯罪，落实刑事政策，全年审结刑事案件11295件，判处罪犯14283人，全力维护社会安全稳定。严厉打击严重暴力犯罪和多发性侵财犯罪2654件，判处五年以上有期徒刑369人，增强人民群众安全感。开展“扫黑除恶”专项斗争，理涉黑涉恶案件140件859人，审结126件728人，集中公开宣判5次26件308人。严厉打击经济犯罪，审结非法集资、金融诈骗、电信网络诈骗等犯罪案件825件。依法保护妇女儿童合法权益，严惩侵害妇女儿童权益犯罪，审结拐卖、性侵妇女儿童和校园欺凌等犯罪案件518件。坚决惩处职务犯罪，审结贪污贿赂、渎职等犯罪案件255件。全年审结行政案件3392件，办理行政非诉审查执行案件1427件，妥善处理征地拆迁、城市管理、社会保障等案件614件，一审行政案件调撤率17.69%。参与社会治安综合治理，办理减刑、假释案件3707件，协助对缓刑、暂予监外执行等罪犯开展社区矫正，促进改过自新，回归社会。

【民商事审判】 全年审结民生案件40949件。密切关注家庭、教育、就业、医疗、住房等基本民生诉求，审结婚姻家庭、继承纠纷、宅基地纠纷、劳动争议、医疗纠纷等案件18763件。加强人身财产权益司法保护，审结交通事故、人身损害赔偿、消费者权益保护等案件9119件。加大涉军维权工作力度，依法稳妥审结军队全面“停偿”、军民融合等涉军案件115件。开展公益诉讼，与检察院建立公益诉讼沟通协调工作机制，审结销售假药、环境污染等公益诉讼案件9件。健全司法救助机制，发放涉民生案件司法救助款213万元。出台《关于为加快“4+4”产业发展提供司法服务和保障的实施意见》，稳妥审结各类商事案件52741件，助力打造良好的营商法治环境。依法加大对民营企业司法保护力度，出台《关于为促进民营经济高质量发展提供司法服务和保障的实施意见》，推行裕华法院《助力民营企业健康发展防范风险法律提示66条》，依法审结企业间投资、买卖等合同纠纷案件33959件、知识产权案件1324件。出台房地产专项整治、“两个专项行动”等司法保障和服务实施意见，审结房地产纠纷案件6614件。服务保障供给侧结构性改革，与北京、天津法院签署《京津冀三地中院推进区域清算与破产案件审理工作协作机制》，审结企业破产、清算重组、股权转让案件787件，妥善做好联邦伟业、融投担保等重大案件审理协调工作。维护金融安全，审结金融借款、民间借贷、证券、期货等案件24883件，有效防范和化解金融风险。

【审判执行】 围绕“基本解决执行难”目标，制定出台《关于进一步加强完善执行联动机制构建石家庄市综合治理“执行难”大格局工作意见》。运用网络执行查控系统，帮助执行办案人员快速查找、控制被执行人及其财产；推进相关部门联合惩戒失信人，让失信被执行人寸步难行、无处逃遁。以被执行人隐匿财产案件为重点，全面推行“被执行人财产申报制度”“申请人提供被执行人财产状况及线索调查制度”和法院依职权“四查一告知”制度，全方位追查被执行财产。助推社会诚信体系建设，市中级法院与市行政审批局建立失信被执行人联合惩戒机制，将189项主要行政审批事项纳入联合惩戒限制范围。8月24日，市中级法院与市行政审批局签署《关于建立对失信被执行人联合惩戒机制的实施意见》；失信被执行人纳入联合惩戒限制范围包括失信被执行人实施任职资格限制、从事特定行业或项目限制、政府支持或补贴限制、准入资格、荣誉受限限制、特殊交易限制等。失信被执行人联合惩戒程序为：失信被执行人确定、失信名单推送、信息公开、异议处理、惩戒实施、惩戒措施解除。全年法院纳入失信被执行人名单20077人次，限制高消费65248人次。推进“燕赵利剑”执行专项行动，开展集中执行728次，全媒体网络直播116场次，实施司法拘留948人次、拘传1347人次、罚款496人次，办理拒执罪案件191件，形成强大的执行威慑力。全年执结案件51805件，标的额314.89亿元。

【审判管理】 全年95名法官参加第三批入额遴选，员额法官达到729人。结合案件数量、类型、难易程度等因素，组建新型审判团队136个。深化立案登记制改革，对依法应受理案件，做到有案必立，全年当场登记立案率达到98%。持续深化繁简分流、小额速裁、商事审判“庭审瘦身”等民事审判机制应用，推进以审判为中心刑事诉讼制度改革，加快轻刑快判、量刑规范化、“三方”网上远程视频开庭、刑事和解等刑事审判机制改革。全市法官人均收案254件、办结229件。提升审判质效，在原有144个制度基础上，出台《院庭长审判监督管理工作实施办法》等42个制度规范，建立起以审判流程管理系统为支撑、全国法院案件质量评价体系为标尺的执法办案工作考评体系，全年法院法定期限结案率达到98.39%。开展案件集中评查和长期未结案件清理“百日攻坚”专项行动，评查案件3931件，清理长期未结案件1097件。细化法官权力和责任清单，完善案件质量评查、办案质效考评和办案责任倒查等制度，构建全方位、立体化的办案监管、评价体系。推进电子诉讼服务平台建设，实施“五六八”工程，即五大网系、八大平台、六大创新系统“智慧法院”建设，实现全业务覆盖、全天候诉讼、全流程公开和网上立案、电子送达、网上缴费、证据交换与质证、网上阅卷、网上开庭目标。12月13日，全市法院电子诉讼服务平台开始试运行。规范院庭长审判监督管理职责，院庭长监管行为在办公办案平台上全程留痕。发挥审判流程、裁判文书、执行信息、庭审公开“四大平台”功能，整合包括网站、微博、微信、传统媒体等在内全方位、多维度司法公开平台，全年网上公开审判执行流程信息168725条、裁判文书177922份、政务信息5125条、直播庭审25340场次，在媒体刊载稿件3981篇，召开家事审判、知识产权审判等新闻发布会10场。助力法治政府建设，推动落实行政机关负责人出庭应诉制度、行政复议联席会议制度。开展信访积案大化解“双百日攻坚”清仓行动，全年办理信访案件7535件、群众来信1289件，推动涉诉信访问题在法治轨道内解决。

石家庄市中级人民法院

院　长：崔存利

副院长：尹新民

苏凤雷（4月免）

刘生吉（4月任）

张保江

张瑞明（女）

李增益　李惊涛

（市中级人民法院）

司法行政

【概况】2018年，全市司法行政系统以构建"3615"公共法律服务体系为抓手，全面发挥法律服务、法制宣传、法律保障职能作用，助力推动人民调解、律师服务、公证办理、社区矫正及普法工作。重视法制教育，落实普法工作责任制，组织开展领导干部旁听庭审活动，推动领导干部法治教育常态化；加强普法阵地建设，实施法治宣传教育基地整合提升工程，西柏坡纪念馆入选全国首批法治宣传教育基地。加快社区矫正中心建设，16个县（市、区）完成建设任务。全年接收社区服刑人员3634人，解除社区服刑人员3511人，至2018年末，全市社区服刑人员在册5756人，再犯罪3人。规范司法鉴定，完成省司法厅试点改革任务，组建成立河北中旭环境损害司法鉴定中心。全年司法鉴定机构新增鉴定人15人，注销27人，变更机构负责人1家，行政许可延期2家。2018年全市办理司法鉴定案件20795件，同比增长21%。其中，刑诉案件6383件，下降12%；民诉案件4730件，增长20%；非诉讼案件9682件，增长63%。落实机构改革方案，原市司法局和市政府法制办公室合并，重新成立新的市司法局；改革后，市司法局内设处室21个，分别是市委依法治市办秘书处、办公室、法治调研与督查处、合法性审查一处、合法性审查二处、立法处、社区矫正管理处、戒毒管理处、行政复议处、行政应诉处、行政执法协调监督处、普法办公室、人民参与和促进法治处、律师工作管理处、公证工作管理处、司法鉴定与仲裁工作管理处、法律职业资格管理处、财务装备保障处、人事警务处、组织培训与警务督察处、直属单位党委（机关纪委）；局属单位8个，其中，行政单位1个（市第二强制隔离戒毒所），参公事业单位2个（市法律援助中心、市法学教育中心），经费自理事业单位5个（市燕赵公证处、市太行公证处、市国信公证处、市平安公证处、市安置帮教管理中心）。2018年正定县"帮大哥、帮大姐"人民调解员协会会长高瑞奎获授河北省2018年度"特别致敬法治人物"，国浩律师（石家庄）事务所主任谷景生获评河北省2018年度"十大法治人物"，裕华区裕东街道司法所所长张焱芳、市商务局行业监督管理处处长任国峰入选河北省2018年度"十大法治人物"提名。

链接：

"3615"公共法律服务体系格局，即提升"三大服务平台"水平（市县乡村四级公共法律服务实体平台、"12348"热线平台、网络平台），织密"六张服务网"（普法宣传、人民调解、法律服务、特殊人群服务管理、特定人群法律援助、法律服务机构建设），完善司法行政110指挥系统，落实"五项保障"（组织保障、制度保障、经费保障、队伍保障、考核保障）。

【人民调解】2108年末，全市共有人民调解员31672人，人民调解工作实现县乡村三级人民调委会、县级疑难纠纷调委会和市县两级诉调对接中心全覆盖。2017年11月23日至2018年1月9日，由市司法局等单位主办的"和事佬群英会"石家庄市第三届金牌调解员大赛举行，全市21个县（市、区）600多名基层人民调解员参赛，12名选手晋级总决赛，来自新乐市人民调解员刘智勇获得总冠军。5月4日，全省首家集实战、指导、协调为一体的行业性、专业性纠纷多元化解平台——石家庄市行业性、专业性纠纷多元化解中心正式运行，地址位于市区中华北大街559号，办公区域面积800平方米，设有受理分流室、调解室、仲裁工作室、诉调对接室、心理咨询室、专家工作室、巡回法庭、仲裁庭等功能部门。主要承担全市行业性、专业性纠纷人民调解的工作指导、业务培训和组织协调，研究调处行业性、专业性疑难纠纷。完善市行业性专业性多元化解中心建设，健全仲裁、审判、人民调解多元化解衔接机制，设立专家库和律师值班席，一站式解决群众纠纷。全年调解房地产、劳动争议、物业等社会热点、难点领域纠纷221件，引导诉讼24件、引导仲裁5件。2018年市纠纷多元化解中心被司法部评为人民调解工作先进集体，4人（石家庄市桥西区诉调对接人民调解委员会王俊龙、井陉县小作镇小作村人民调解委员会杜太生、灵寿县狗台乡人民调解委员会兰福祥、元氏县赵同乡人民调解委员会张喜林）获评全国人民调解工作先进个人。

【律师服务】 发挥政府法律顾问作用，全年为各级党委政府提供法律服务800余次，出具法律意见书400余份。挑选295名律师夯实435个重点村的法律顾问工作。围绕重点村两委换届，开展法律宣传400余场次，发放宣传资料7000余份，解答法律咨询3900余件。在市工商联成立商事调解中心，组建律师团队解决企业纠纷。下发工作意见，组建律师服务团队，为重点民营企业集中开展全面法治体检，防范法律风险。指导市律师协会成立扫黑除恶专项斗争工作业务指导委员会，举办扫黑除恶业务培训班，印发《律师办理涉黑涉恶案件工作手册》，落实律师代理涉黑涉恶案件制度规定，助力省会平安建设。按照市级中心提档升级，县级中心规范功能，乡村两级中心全面覆盖的标准，打造群众身边的司法行政一站式综合服务平台。建设完成21个县级公共法律服务中心、260个乡镇（街道）公共法律服务中心以及4540个村（居）公共法律服务工作站。法律援助热线率先在全省实行7×24小时人工值守服务，全年接受群众咨询9.7万人次。

【公证办理】 围绕打造"四个公证"（放心公证、民生公证、规范公证、智慧公证），全面提升公证工作公信力。建成全省首家公证家事法律服务中心，群众办理家庭法律事务更加方便、快捷、贴心。成立公证知识宣讲

2018年10月21日，首届石家庄法律服务与经济发展论坛举行

团，开展公证知识进企业活动。服务"4+4"产业和民营企业发展，举办首届法律服务与经济发展论坛，在法律服务人员和企业之间搭建精准对接平台。全年办理公证案件95709件，同比下降0.06%，民事类案件55046件、经济类40663件。全年燕赵公证处办证23755件，同比下降0.24%；平安公证处办证19750件，同比下降11%；太行公证处办证16538件，同比下降16%；国信公证处办证13524件，同比增长132%。

【法律服务】 全力构建"3615"公共法律服务体系格局，即提升"三大服务平台"水平（市县乡村四级公共法律服务实体平台、"12348"热线平台、网络平台），织密"六张服务网"（普法宣传、人民调解、法律服务、特殊人群服务管理、特定人群法律援助、法律服务机构建设），完善司法行政110指挥系统，落实"五项保障"（组织保障、制度保障、经费保障、队伍保障、考核保障）。10月21日，由市司法局主办的首届法律服务与经济发展论坛举行，设置"律师顾问、知识产权、公司法律服务、公证"4个分论坛，邀请政府部门负责人、法官、检察官、企业界人士及律师、公证员等700余人参会；会议以企业需求为导向，以服务企业发展为目标，组织企业家代表、律师、法官围绕企业发展的热点问题开展研讨和交流，并解读"4+4"现代产业发展格局及律师服务"4+4"现代产业情况，推进法律服务与经济发展对接。11月19日，全市首家"家事法律服务中心"在市燕赵公证处揭牌成立，主要采取集公证处、社区办证点及网络"三位一体"服务方式，为市民提供便捷、智能化法律服务。2018年全市法律援助机构办理法律援助案件13618件，同比增长11.3%，其中，办理农民工法律援助案件5360件，受援7559人，追回工资5630万元。

（关涛）

仲 裁

【概况】 2018年，石家庄仲裁委员会（简称仲裁委，1996年3月3日成立）围绕打造专业化、智能化、国际化一流仲裁机构和提高仲裁公信力、拓宽仲裁服务领域、提升办案质量及效率目标，全力推动仲裁业务创新发展。全年受理各类民商事仲裁案件1199件，受案标的额54.3亿元，同比增长15.7%，标的额创下历史新高，撤销和不予执行率0.5%，案件类型涵盖建筑、施工、租赁、金融、保险、买卖等40余类。加强仲裁员管理，聘用仲裁员707人，其中港澳台及外籍仲裁员32名；建立仲裁人才培养激励机制，向全国招聘本科以上学历派遣人员18人。开展国际仲裁，受理涉外仲裁案件，完成英文版《仲裁规则》及相关配套资料翻译，并向社会各界发布；主动对接国际国内优秀仲裁机构，与美国仲裁协会建立联系，与新加坡国际仲裁中心、中国仲裁法学研究会举行座谈会，赴海南参加国际仲裁高端论坛。配合河北省商务厅编写《企业“走出去”法律风险防范指南》，为涉外企业处理民事纠纷、提高维权意识、规范合同条款提供服务。

2018年7月14日，石家庄仲裁委在市区西美五洲酒店举行仲裁员培训大会

【建筑地产争议仲裁】 走访河北省建筑业协会、河北省房地产协会，开展交流洽谈，规范合同文本和仲裁条款，为会员单位提供优质的仲裁法律服务。全年受理施工、劳务分包、装饰装修案件107件，标的额8.66亿元。其中，施工案件96件，标的额8.39亿元；劳务分包案件6件，标的额1950万元；装饰装修案件5件，标的额714万元。受理房产、物业、土地纠纷案件260件，标的额2.8亿元。其中，房地产买卖案件209件，标的额1.27亿元；房地产租赁案件30件，标的额5266万元；物业案件18件，标的额210万元；土地纠纷案件3件，标的额9801万元。

【金融争议仲裁】 加强与河北省银行业协会沟通联系，多次举办座谈会，围绕金融仲裁与金融纠纷调解中心建设及仲调对接模式事宜探讨协商。联合河北省银行业协会共同举办河北省金融仲裁员培训大会，提升金融仲裁员业务素质和办案能力，推进仲裁在金融行业影响力。提高仲裁服务质量和仲裁办案效率，依据金融行业批量化纠纷特点，探索成立互联网仲裁（金融）平台。2018年11月，互联网仲裁（金融）平台上线运行。全年受理金融纠纷案件506件，涉及争议标的额25.5亿元。其中，借款合同争议案件363件，涉及争议标的25.36亿；保险合同争议案件139件，涉及争议标的1675万；其他案件4件，涉及争议标的158万元。

【仲裁调解】 开展仲裁调解宣传，走访全市大中型律师事务所及企业25家。探索建立仲裁与公证衔接机制，走访国信、平安、太行、燕赵4家市直公证处。全年受理仲裁调解案件1282件，涉及争议标的额9.12亿元；调解成功355件，涉及争议标的额5.2亿元，其中，出具仲裁调解书63件，出具法院调解书19件，和解未出具法律文书273件，调解率32%。开展知识产权纠纷仲裁调解试点，2018年石家庄仲裁委加入京津冀专业市场知识产权保护联盟，参加河北省知识产权局举办“2018 年河北省知识产权维权援助与举报投诉培训班”，申请成为河北省知识产权维权援助合作单位。建立专利保护联系机制，与市知识产权局签署《专利保护重点联系机制建设委托合同书》。根据国家知识产权局发布《关于确定首批能力建设知识产权仲裁调解机构并启动相关工作的通知》，入选全国首批（29 家）能力建设知识产权仲裁调解机构，成为河北省唯一一家入选仲裁机构。

石家庄仲裁委员会

秘 书 长：孝磊　（12 月免）

副秘书长：常宏磊　于涛

（石家庄仲裁委）

军事·外事·台港澳侨事务

Military Affairs & Foreign Affairs and Taiwan and Hong Kong and Macao and Overseas Chinese Affairs

石家庄警备区

【概况】2018年，石家庄警备区贯彻落实中央军委强军思想，围绕政治建军、改革强军、依法治军和有效履行职责使命目标要求，牢固树立全民国防理念，深入推进民兵调整改革，扎实做好国防动员和国防教育工作。开展新时代群众性练兵比武活动，全年组织32批次民兵参加集中轮训备勤，严格按照军事训练大纲要求，较好完成年度训练任务。协调市政府投入2000万元，升级改造市民兵训练基地，指导正定县、高邑县人武部抓好县级民兵训练基地标准化试点建设。支持和参与地方建设，主动承担急难险重任务，做到把驻地当故乡、视人民为亲人的宗旨意识和优良作风。

【国防动员】调整完善市国动委成员单位和各专业办公室机构设置，落实集中办公例会制度，修订8类24种国防动员预案，组织成员单位积极参加指挥演练，执行动员任务能力明显提升。编制印发《石家庄市国防动员建设“十三五”规划》。积极探索县级国动委阵地化、规范化建设的新路子，指导新华区、鹿泉区、正定县、灵寿县抓好试点先行。紧贴基层武装工作特点规律，组织专武部长集训，研究制定专武干部履职考评细则，有效提高履职尽责能力。着眼提升兵员征集质量，全方位、多渠道进行宣传发动，动态监控“五率”数据，认真组织业务培训、体检政考和役前训练，严格落实“两优先、两慎重、两不定”定兵原则，完成年度兵员征集和直招士官任务，大学生征集比例达到75.77%，超出省赋予指导比例7.67个百分点。石家庄市“五率”全省排名第二，桥西区全市排名第一。

【双拥共建】发挥党管武装的制度优势，协调召开市委议军会议，组织人武部党委第一书记现场述职。联合市委、市政府出台《关于传承红色基因助力强军备战的意见》，积极推动解决驻石部队反映的29个矛盾问题，协调地方落实现役官兵免费乘坐地铁、公交的拥军措施。贯彻军民融合发展战略，开展国防动员领域军民融合发展法规文件清理，制定《支持驻石部队推进保障社会化行动计划》。落实驻冀部队参与打赢脱贫攻坚战三年行动工作会议精神，持续推进平山县杨家庄村定点帮扶，投入帮扶资金30万元，开展走访慰问、义务巡诊等活动；行唐县人武部在省军区介绍扶贫工作经验，平山县、赞皇县人武部完成军地扶贫对接任务。主动服务全市经济社会发展大局，发动驻石部队开展维稳安保、结对助学、绿化植树等活动，军政军民关系更加密切。协调成立石家庄市“军人军属法律援助律师团”，积极开展涉军维权活动，该做法被《中国国防报》采访报道。

【国防教育】完善机制，夯实工作基础。深入井陉等9县（市、区）调查研究，理清工作思路、举措，编制《石家庄市全民国防教育“十三五”规划》，制定《石家庄市2018年国防教育工作要点》。以相关工作为纽带，形成了市直工委、市法治办、市教育局等职能部门齐抓共管，社会力量助力国防教育的工作机制。狠抓培训，提升素质能力。完成河北省第五期县处级以上党政领导干部国防专题研究班10名学员的选派工作；配合完成专武干部集训组织工作，举办全市乡科级领导干部国防教育专题培训班，培训乡科级领导干部84人；协调市、县两级22所党校开设国防教育课程。营造氛围，加强社会宣传。10块大屏幕在市内主要街道滚动播放国防教育宣传标语、征兵宣传视频等公益广告。编印《石家庄市国防教育字帖》，寓国防教育于市民日常工作、生活中。组织开展20多万市民参加的国防知识答题活动。抓好重点人员教育，推进“进校园”“进机关”工作，开展国防教育集中宣讲活动，举办11场5000余人参加的报告会。组织中学开展“国防教育教员进校园”活动，聘任教员开展“国防教育宣讲优秀教案评选”活动，15个教案被评为优胜奖。举办石家庄市“爱我中华·强我国防”大学生主题演讲比赛，激发大学生的国防意识。制定《石家庄市国防教育场所管理和使用办法》，命名石家庄解放纪念碑等33个单位为“石家庄市国防教育场所”，扶持9所高校和中、小学校建设完善国防教育展室，配合新华区委建设长500多米的国防教育一条街，为12个县（市）区国教办配发国防教育系列展板，打造一批全民国防教育活动阵地，不断推动国防教育工作上台阶、上水平。

（唐国和）

人民防空

【概况】 2018年，市人民防空办公室（简称市人防办）贯彻落实《人民放空法》《人防工程建设管理规定》等法律法规，坚持“长期准备、重点建设、平战结合”建设方针，突出围绕“战时防空、平时服务、应急支援”目标要求，以服务经济建设为主线，以提升应战应急能力为抓手，主动作为，积极创新，全面落实人民防空发展规划和人防工程管理、监督职责。修订完善《城市人民防空方案》，明确指挥机构、任务编成、行动方案和保障支撑等内容。开展战时人防指挥部实名制管理，健全战时人防指挥机构。编制《石家庄市2018～2020年人口疏散地域建设计划》。做好人防专业队编组，组织人防专业队和人防工程技术保障单位训练、演练，参加省国防动员委员会举办的应急拉动演练。推进第二代机动指挥通信平台、人防战备数据库和指挥通信网安全保密升级建设，采集、整理和更新人防数据。2018年市人防预警报知系统加入国家突发事件预警信息发布系统。

【人防工程】 规范行政审批，围绕人防工程事前审批、过程监督、事后竣工验收三个关键环节，积极与市行政审批局沟通协调，落实“结建”审批推送制度，从严把控行政审批许可关。工程管理规范有序，结合城市总体规划修编和全市地铁建设实际，编制《石家庄市人防工程建设规划》和《地铁沿线人防工程连通规划》，完善《石家庄地铁沿线人防工程连通方案》，完善人防工程质量监督管理制度，编印《石家庄市人防工程质量监督手册》，认真做好人防工程竣工验收和质量监督工作。至2018年末，全市轨道交通连通人防工程5处，开通地震应急避难场所15处。制定人防工程综合治理方案，在完成地下空间资源调查的基础上，开展早期人防工程综合治理攻坚行动，全市不具备战备效益的近4万平方米早期公共人防工程和无产权单位人防工程全部报废回填。

【宣传教育】 依据全省民防建设重点工作和人防知识、法制宣传教育任务，结合实际，开展人防知识和法制宣传教育进学校、进社区、进机关、进网络活动。在学校开展人防专题教育，把人防教育与国防教育相结合，做到有组织、有计划、有教案、有宣传室。通过开设人防专题教育课程、开展防空袭演练、组织参观国防展馆等形式，把学校人防教育引向深处。社区人防教育与法制教育相结合，明确专人负责，通过培养骨干、示范带动，通过展览挂图、张贴画册、派发宣传资料和设置固定的人防宣传栏等方式稳步推进。把人防教育纳入干部培训学习内容，由党校老师负责给参训干部授课，加强领导机关、领导干部人防教育。发挥网络媒介宣传作用，利用人防网站、微信等网络媒体，结合防灾减灾日、警报试鸣暨人民防空训练日、人民防空创立日等重要时节，编印发放宣传资料，制作公益宣传短片，广泛宣传防空防灾知识，持续扩大人防宣传教育覆盖面，其中“7·7”警报试鸣日活动被中央电视台等10余家国内主流媒体和网站宣传报道，石家庄市运用新媒体开展人防宣传教育的经验做法被《中国人民防空杂志》推广。人防网站点击量在全省人防系统位居第一。以人防系统腐败问题专项治理为重点，坚持严字当头、标本兼治，推动党风廉政建设向纵深发展，干部作风持续好转，履职尽责明显提升，纪律意识不断增强，为人民防空事业发展提供坚强保证。

（戚阿东　于刚）

外　事

【概况】 2018年，全市外事工作贯彻落实国家对外政策和方针要求，重点围绕扩大对外开放和经济、人文合作交流，全力推进石家庄市与“一带一路”沿线国家开展贸易交往。坚持“请进来、走出去”原则，整合优势资源，发挥窗口作用，主动服务石家庄市经济发展，大力推动官方和民间多层面、多领域对外合作，全面提升石家庄市在国际上的影响力。加强外事管理，6月14日，省委常委、市委书记、市委外事工作领导小组组长邢国辉主持召开十届市委第一次外事工作领导小组会议。传达学习省委外事工作领导小组第五次会议主要精神和省委办公厅、省政府办公厅《关于贯彻落实中央加强党对地方外事工作领导体制改革的实施意见》，听取石家庄市贯彻落实中央、省委有关文件精神的工作建议，审议并原则通过《市委外事工作领导小组组成人员名单》《关于进一步规范国家工作人员因公临时出国（境）工作的意见》。利用外事资源和平台，保障经济社会发展，积极邀请外宾、外商参加石家庄“4+4”产业北京推介会、旅游发展产业大会、“石洽会”、中国数字经济峰会等重要经贸活动。支持石家庄市扩大对外交流需要，翻译制作英、俄、日、韩4种版本石家庄市“4+4”现代产业对外宣传片，并印制英汉对照城市宣传册。2018年全市接待国境外30个团组306人次来石访问，审批审核因公出国（境）、赴港澳团组97批223人，其中派出团组49批156人。

【市级领导出访】 6月16～23日，省委常委、市委书记邢国辉率团访问俄罗斯、白俄罗斯和德国，加强与俄罗斯、白俄罗斯两国地方政府在经贸、科技、教育等领域联系和合作，签约多项协议。9月12～19日，副市长孟祥红率团访问韩国、日本，与友城天安市和长野市相关部门举行工作会谈，就两市之间在文化、教育、城市管理等领域开展深度交流合作达成共识。

【对外交往】 规范邀请外国人来华审批管理，启用外国人来华审批系统，明确审批权限和职责。全年邀请外国人来石49批130人，主要涉及企业之间正常贸易往来以及文化、体育、卫生交流合作等。2018年石家庄市接待新加坡驻华大使、挪威驻华大使、印度索拉普尔市代表团等30个团组306人次来访，通过精心谋划和有效对接，为服务石家庄市扩大国际经济交流发挥重要作用。组织石家庄市企业家代表团参加第三届中非地方政府合作论坛，扩大和发展与非洲国家经贸往来及项目合作。出台《石家庄市与美国得梅因市交流合作意见》，确定与得梅因市交流合作重点和责任分工。3月21～23日，韩国天安市代表团考察市图书馆、河北经贸大学、外国语学院，举办座谈会，建立校际联系，洽谈互派学生等交流项目，推动石家庄市与天安市在教育方面交流合作。5月17日，石家庄市在2018年中国·廊坊国际经济贸易洽谈会举办的第七届中国印度论坛上，与印度索拉普尔市签署加强友好交流合作备忘录。推广APEC商务旅行卡，全年为企业申办APEC商务旅行卡21批43人，为企业更便捷地“走出去”提供服务保障。

链接：

索拉普尔市位于印度马哈拉施特拉邦南部，主要产业为纺织、制糖、烟草，出口主导产品有床单和毛巾制品。索拉普尔市是中国人民的好朋友、印度援华医疗队队长柯棣华的家乡。

（范彬）

台港澳侨事务

【概况】 2018年，全市台港澳侨工作贯彻落实“守底线、稳大局、促融合、争民心、防风险”总体要求，围绕促进两岸关系和平发展和服务石家庄市经济社会发展两个大局，扎实推动石台两地多层次、宽领域交流合作。全年石家庄市在各类媒体发布涉台交流信息18篇。以突出让台湾青年了解大陆发展现状为主题，石家庄市接待来自台湾大学生参加冬令营、夏令营活动高校大学生118名。8月2日，以刘玉良主任为团长的台湾大甲高级工业职业学校参访团5人到石家庄市交流考察，并参观河北美术学院。密切石家庄市与海外华人华侨联系，宣传推介石家庄市优势资源，扩大石家庄市海外知名度和影响力。2018年12月，邀请委内瑞拉参访团8人到河北省交流考察，就共同做好促进祖国统一工作探讨交流，同时展示石家庄市红色文化、历史积淀和现代企业风貌，开辟与中南美洲国家联系渠道。

【第二届海峡两岸武术交流会】 8月18日，由河北省武术协会、台湾中华洪门武术联盟主办，河北省台办、河北省体育局、北京市台办、天津市台办为指导单位的“第二届海峡两岸武术交流会”在石家庄市举行。来自京津冀台500名武林高手同台竞技，共同弘扬中华武术文化。国务院台办副主任龙明彪、河北省副省长徐建培、台湾中华全球洪门联盟总会长刘会进等领导和嘉宾出席开幕式。海峡两岸武术交流会是京津冀三省市顺应协同发展大势，精心打造的海峡两岸品牌武术交流平台，由国务院台办统筹指导，按照“连年办、轮流办”原则举行，第一届武术交流会由北京市承办。

【对台交流】 围绕促进两岸关系和平发展和积极构建石家庄市“4+4”现代产业发展格局，扩大两岸经济文化交流合作，深化两岸经济社会融合发展，积极推进石台两地经济交流，邀请台湾中华绿能产业协会、台湾中华全方位经贸产业联合会等台商协会会长及部分台商参加“石洽会”，期间组织客商参观冀台联两岸青年创业就业交流基地、省博物馆和市规划馆，从人文历史渊源让台湾同胞充分了解历史，了解石家庄的发展前景，加深对两岸本是同根同族同文化的认知和来石投资置业的信心。2018年3月，冀台医学交流论坛暨台湾医学人才引进启动仪式在石家庄华擎医疗美容医院举行。论坛分台湾人才引进签约、冀台医学交流论坛、尖端手术技术演示3个环节，推动《关于促进两岸经济文化交流合作的若干措施》在石家庄落地。9月6日，中国台湾新竹县长邱镜淳一行10人到石家庄市考察交流，省台办主任王立杰、副主任付辉东出席会见，市委常委、统战部长、农工委书记王韶华与考察团一行座谈交流。建立石家庄海峡两岸青年交流服务中心、台胞联谊之家两个交流平台，为来石学习、创业、就业的台湾同胞提供便捷服务。全年石家庄市赴台交流考察团组4个48人次，接待台湾考察团组6批114人次。举办第二届京津冀台中学校长（代表）高峰论坛，来自台湾8所中学师生及北京平谷中学、天津第一中学、石家庄二中、正定中学师生140人参加活动，为两岸教育教学理念融合发展提供交流平台。

（季顺智）

农业农村

Agriculture & Rural Areas

综　述

2018年，全市农林牧渔业总产值593.67亿元，同比增长3.1%。其中，农业产值292.63亿元，占比49.29%；林业产值22.25亿元，占比3.75%；牧业产值227.25亿元，占比38.28%；渔业产值2.94亿元，占比0.5%；农林牧渔服务业产值48.59亿元，占比8.19%。农业产值中，中药材产值4.77亿元。2018年全市粮食播种面积68.11万公顷，同比减少9.56万公顷；粮食总产量424.79万吨，同比下降16.91%，平均亩产420.0千克。其中，小麦播种面积30.07万公顷，同比增加1.07万公顷，总产量195.86万吨，同比下降1.33%，平均亩产437.4千克；玉米播种面积34.09万公顷，同比减少2.44万公顷，总产量217.01万吨，同比下降8.92%，平均亩产429.4千克；谷子播种面积5764公顷，同比增加44公顷，总产量1.30万吨，同比增长3.66%，平均亩产138.5千克。2018年赵县粮食总产量、平均亩产位列全市第一，藁城区粮食总产量、平均亩产排名全市第二。蔬菜及食用菌种植面积6.39万公顷，同比增加0.73万公顷；总产量502.45万吨，同比增长2.14%。果园面积9.01万公顷，同比增加0.16万公顷。其中，苹果园7771公顷，梨园2.79万公顷，桃园2246公顷，葡萄园3232公顷。园林水果（不含果用瓜）总产量152.88万吨，同比增长3.58%。其中，苹果14.71万吨（红富士11.75万吨），同比减少0.91万吨；梨产量106.21万吨（雪花梨29.79万吨，鸭梨25.40万吨），同比增加5.55万吨；桃3.06万吨，同比增加0.33万吨；葡萄8.58万吨，同比减少0.05万吨；红枣17.39万吨，同比增加0.19万吨。食用坚果总产量4.56万吨，同比增加0.47万吨，其中，核桃总产量4.06万吨，同比增加0.21万吨。

至2018年末，全市牛存栏42.08万头，同比减少7.26万头；马存栏1197匹，同比减少912匹；驴存栏1.05万头，同比减少3500头；骡存栏466只，同比减少335只；猪存栏219.62万头，同比减少12.19万头；羊存栏65.31万只，同比减少6.51万只；家禽存栏6946.74万只，同比减少765.71万只；兔存栏30.33万只，同比增加0.5万只。肉类总产量54.75万吨，同比下降3.89%。其中，猪肉产量34.99万吨，下降1.22%；牛肉产量7.66万吨，增长0.35%；羊肉产量1.57万吨，下降11.24%；家禽肉产量10.22万吨，下降14.11%；驴肉产量1150吨，增长21.71%；兔肉产量658吨，增长14.51%。奶类总产量65.14万吨，同比下降3.44%，其中，牛奶产量64.94万吨，下降3.45%。蜂蜜总产量2844吨，同比下降19.45%。禽蛋总产量70万吨，同比下降4.5%，其中，鸡蛋产量62.63万吨。水产品养殖面积1692.7公顷，同比下降83.1%；总产量1.81万吨，同比下降7.33%。

2018年全市造林绿化面积73.09万亩，其中，人工造林46.27万亩，封山育林26.82万亩；全民义务植树1500万株，零星（四旁）植树2330万株；森林抚育面积达到13.16万公顷，森林覆盖率由2017年39.9%提高到40.6%。生态公益林管护138.31万亩，森林保险投保109.12万亩。花卉种植面积7.96万亩，年产切花切叶490.75万枝、盆栽植物504.47万盆、观赏苗木839.5万株；育苗面积8.36万亩，当年苗木产量1.4亿株。商品材产量2.08万立方米，其中，原木1.94万立方米、薪材6841立方米。人造板产量179.15万立方米。全年森林旅游与休闲产业接待旅游人数827.55万人次，实现旅游收入22.5亿元。

5条中小河流实施治理工程，45座小Ⅱ型水库除险加固完工。更新改造中型灌区河道6条，新增恢复改善灌溉面积74万亩，发展节水灌溉面积20万亩。78个村、7.31万人农村饮水条件得到改善。治理水土流失面积60平方千米，地下水压采能力达到1458.41万立方米。实施滹沱河生态修复工程，10月1日藁城段14.3千米河槽防洪治理、滹沱河机场路上下游2.5千米示范段建成通水。至2018年末，全市12座大中型水库蓄水总量达到12.81亿立方米。

饲料总产量265.3万吨，其中，配合饲料生产254.9万吨，浓缩饲料生产7.2万吨，添加剂预混合饲料生产2.2万吨。新创建市级现代农业园区23家，市级以上现代农业园区达到100家、省级现代农业园区达到19家。备案农民专业合作社5231家、家庭农场1648家。农业产业经营率63.2%。土地流转面积270万亩，占家庭承包地总面积42%；规模经营流转面积217.91万亩，占家庭承包地总面积33.55%。2018年全市拥有农业机械总动力1156.26万千瓦，同比减少125.94万千瓦；主要农作物耕种收机械化水平达到97.3%，同比增长6.32%，其中，小麦综合机械化水平99.90%，玉米综合机械化水平95.08%。

农产品质量监管。重点节日、重点时段开展“瘦肉精”、农产品质量、农资打假等专项整治行动。采取风险监测和监督抽检方式，全年抽检农产品6357批次，检测合格率99.9%。开展市场水产品风险监测3次，抽检水产品批发市场、农贸市场、超市样品54个，检测项目1134批次，全部合格；省农业农村部门下达监督抽查产地水产品样品32个，全部合格。17个农业县（市、区）农产品二维码质量追溯平台开通，11个县45个区域站大田物联网监测系统建成，208个奶站、40余个定点屠宰场实现实时监控。9个县（市、区）开展农产品质量安全县创建活动。至2018年末，全市“三品一标”认证产品达到353个，其中，无公害农产品192个，绿色农产品150个，农产品地理标志商标11个。

农业综合执法。开展“春雷”、“绿剑”、兽药经营、屠宰操作、种子市场等10个专项执法行动，全市参加执法人员4100人次，出动执法车辆1240车次，检查农资生产经营单位3400家，发现问题226起，其中，责令改正146起，行政处罚一般程序案件立案62起；罚没款17.3万余元，查处涉案农资货值金额11.3万余元；受理投诉举报14起，调解农资纠纷7起。2018年石家庄市2卷农业综合执法案卷获评全国农业行政处罚优秀案卷，3卷农业综合执法案卷获评全省优秀案卷。

（孙桂银）

种 植 业

【概况】 2018年，全市粮食播种面积68.11万公顷，同比减少9.56万公顷；粮食总产量424.79万吨，同比下降16.91%，平均亩产420.0千克。其中，小麦播种面积30.07万公顷，同比增加1.07万公顷，总产量195.86万吨，同比下降1.33%，平均亩产437.4千克；玉米播种面积34.09万公顷，同比减少2.44万公顷，总产量217.01万吨，同比下降8.92%，平均亩产429.4千克；谷子播种面积5764公顷，同比增加44公顷，总产量1.30万吨，同比增长3.66%，平均亩产138.5千克。2018年赵县粮食总产量、平均亩产位列全市第一，藁城区粮食总产量、平均亩产排名全市第二［石家庄市所辖县（市、区）粮食产量参见《石家庄年鉴2019》类目“区县（市）”］。豆类播种面积2.36万公顷，总产量4.96万吨，平均亩产136.3千克，其中，大豆播种面积2.31万公顷，总产量4.88万吨，平均亩产137.2千克。薯类播种面积2.31万公顷，总产量4.88万吨，平均亩产137.2千克。油料播种面积3.35万公顷，总产量9.95万吨，平均亩产213.5千克，其中，花生播种面积2.99万公顷，总产量9.13万吨，平均亩产219.4千克。棉花播种面积418公顷，总产量329.3吨，平均亩产60.6千克。蔬菜及食用菌种植面积6.39万公顷，同比增加0.73万公顷；总产量502.45万吨，同比增长2.14%；平均亩产5313.3千克。瓜果种植面积4302公顷，总产量21.57万吨，其中，西瓜种植面积2699公顷，总产量15.20万吨。果园面积9.01万公顷，同比增加0.16万公顷。其中，苹果园7771公顷，梨园2.79万公顷，桃园2246公顷，葡萄园3232公顷。园林水果（不含果用瓜）总产量152.88万吨，同比增长3.58%。其中，苹果14.71万吨（红富士11.75万吨），同比减少0.91万吨；梨产量106.21万吨（雪花梨29.79万吨，鸭梨25.40万吨），同比增加5.55万吨；桃3.06万吨，同比增加0.33万吨；葡萄8.58万吨，同比减少0.05万吨；红枣17.39万吨，同比增加0.19万吨。食用坚果总产量4.56万吨，同比增加0.47万吨，其中，核桃总产量4.06万吨，同比增加0.21万吨。山杏仁产量600吨。花椒产量4306吨。至2018年末，全市农作物种植发展形成鲜明的地域特色，赵县、藁城区为全国优质小麦生产基地，也是石家庄市小麦、玉米的主产区；特色农产品有：晋州市的鸭梨、赵县的雪花梨，新乐市的西瓜、花生，行唐县、赞皇县的红枣，平山县、赞皇县的核桃等。晋州鸭梨入选第二批中国特色农产品优势区（第二批全国认定86个，河北省拥有8个），晋州鸭梨特色农产品优势区、平山食用菌特色农产品优势区、赵县雪花梨特色农产品优势区、藁城强筋小麦特色农产品优势区、行唐大枣特色农产品优势区、赞皇大枣特色农产品优势区获评省级首批特色农产品优势区（河北省首批认定55个）。

【粮食作物】 粮食生产实现“十五连丰”。全年夏粮播种面积30.12万公顷，同比增加0.92万公顷，总产量196.0万吨，同比减少3.34万吨，平均亩产437.1千克；秋粮播种面积38.0万公顷，同比减少1.23万公顷，总产量228.79万吨，同比减少17.18万吨，平均亩产406.0千克。按照县域划分，粮食主产区为赵县、藁城区、无极县、元氏县、新乐市、晋州市、行唐县，小麦主产区为赵县、藁城区、无极县、元氏县、晋州市，玉米主产区为赵县、藁城区、无极县、新乐市、元氏县；粮食、小麦、玉米平均亩产均为赵县第一、藁城区第二。谷子主产区为晋州市、元氏县、井陉县、藁城区。豆类主产区为藁城区、栾城区、晋州市。薯类主产区为元氏县、行唐县、灵寿县、藁城区。油料（花生）主产区为行唐县、新乐市、正定县。棉花主产区为元氏县、平山县、井陉县、高邑县。优化种植业结构，提升优质粮、大豆等杂粮播种面积；藁城区、赵县、栾城区、元氏县、正定县等东部平原县（区）种植优质强筋麦面积达到60万亩；5万亩籽粒玉米调减任务完成。推进张杂谷、大豆、薯类等杂粮生产，至2018年末，全市杂粮播种面积达到70万亩，张杂谷播种面积达到16万亩。

【蔬菜生产】 全年蔬菜及食用菌种植面积6.39万公顷，同比增加0.73万公顷；总产量502.45万吨，同比增长2.14%；平均亩产5313.3千克。蔬菜主产区为藁城区、正定县、无极县、鹿泉区、高邑县、新乐市。食用菌生产主要分布在灵寿县、平山县、正定县。规范蔬菜种植管理，蔬菜良种覆盖率达到95%，蔬菜产前、产中、产后标准化技术普及率达到100%，蔬菜生产无公害标准化技术推广面积达到73万亩。高端蔬菜种植面积62万亩。30个市级高端蔬菜示范园旧棚室改造面积4500亩，引进新品种24个、新产品23项。6月11日，京石蔬菜产业对接大会在石家庄市举行。设置蔬菜食用菌、特色优势农产品、智慧农业、休闲农业4个板块蔬菜产品展区，展示石家庄市蔬菜、食用菌等特色农产品30余种，包括藁城区的番茄、高邑县的黄瓜、鹿泉区的香椿、灵寿县的栗蘑、平山县的黑木耳、元氏县的芽球玉兰等；京津冀蔬菜产业联盟在对接大会现场发布需求订单，石家庄市现场发布蔬菜生产供应信息；北京万丰大地蔬菜公司、北京首农集团裕农公司、北京车客家园公司、北京家乐福超市、北京美农东方农业公司、北京家兴连锁超市商贸公司6个大型蔬菜公司及超市与石家庄市蔬菜种植基地签订合作协议或采购协议，涉及番茄、黄瓜、韭菜、西瓜、食用菌等10个大类20余个蔬菜品种。至2018年末，全市食用菌种植面积3.6万亩，总产量26.5万吨，实现产值17亿元；发展形成食用菌合作社48家、加工企业13家，食用菌种植户达到3.85万户；主要食用菌品种有金针菇、平菇、白灵菇、香菇、鸡腿菇、双孢菇、杏鲍菇、黑木耳等；食用菌种植面积最大为金针菇，种植面积1.56万亩，其次为平菇，种植面积1.15万亩。

【果品产业】 全市主要水果品种有梨、苹果、红枣、葡萄、桃、杏、红果、猕猴桃、李、樱桃等，主要水果产品种植面积由大到小、产量由高到低依次为梨、红枣、苹果、葡萄、桃。水果主产区为晋州市、赵县、藁城区、行唐县。梨主产区为晋州市、赵县、藁城区，主要品种为雪花梨、鸭梨；晋州市梨、鸭梨产量位列石家庄市第一，雪花梨产量排名石家庄市第二；赵县雪花梨产量位列石家庄市第一，梨、鸭梨产量排名石家庄市第二。红枣主产区为行唐县、赞皇县，两县红枣产量占比石家庄市98%。苹果主产区为深泽县、井陉县、行唐县、晋州市，主要品种为红富士，深泽县苹果产量位列全市第一。葡萄主产区为晋州市、深泽县、鹿泉区、藁城区，晋州市葡萄产量位列石家庄市第一。桃主产区为晋州市、高邑县、深泽县，晋州市桃产量位列石家庄市第一。瓜果主产区为新乐市、无极县、正定县、高邑县、行唐县，新乐市西瓜产量位列石家庄市第一，占石家庄市比重达到51.6%。核桃主产区为赞皇县、平山县、元氏县，赞皇县核桃产量占全市比重达到42.6%。山杏仁主产区为灵寿县、平山县，灵寿县山杏仁产量占全市比重达到83.3%。花椒主产区为平山县、井陉县，平山县花椒产量占全市比重达到91.7%。种植特色果品，主要有赞皇县和栾城区的红樱桃、平山县的中华寿桃、深泽县和鹿泉区的鲜食葡萄、元氏县的石榴、鹿泉区的红心火龙果、赞皇县的蓝莓、高新区的木瓜等。新华区五七路苹果和大马村樱桃种植明显增多。其中，五七路苹果种植面积达500亩，品形光滑，味道甘甜，脆而不硬，富含多种维生素和氨基酸；大马村樱桃种植面积达300亩，果实个大、鲜艳、饱满、甘甜，维生素丰富。加强果品质量检测，建成果品安全追溯系统平台，设置果品质量安全追溯点84个，覆盖果树基地面积5.2万亩。第三届京津冀果王争霸赛。9月26日，由北京、天津、河北省三地林业部门联合主办的第三届京津冀果王争霸赛在廊坊市举行。参赛产品数量780个，分为苹果、梨、葡萄、桃、枣、核桃、板栗、其他杂果（含仁用杏）8个专业组，评选果王10个、金奖46个、银奖68个、铜奖90个。石家庄市选送136个果品品种参加评选，获得奖项35项，其中果王1项、金奖6项、银奖13项、铜奖15项，参赛果品获奖数量居全省第一。元氏县富凯石榴专业合作社太行红石榴获得十大果王中"杂果类果王"称号，井陉矿区昊源林果场"昊源"牌红星苹果、石家庄市兆丰荒山果木开发中心"杏花沟"牌红富士苹果、元氏县西岭核桃专业合作社辽1核桃、赵县大安精园梨果专业合作社黄冠梨、石家庄佐美庄园阳光玫瑰葡萄、赞皇县大河道大枣专业合作社赞皇大枣6个果品获得金奖。至2018年末，全市果品种植发展形成晋州市的鸭梨、赵县的雪花梨、新乐市的西瓜、行唐县和赞皇县的红枣、平山县和赞皇县的核桃等特色产业；注册果品产业合作社385家，拥有社员4.8万人。

【中药材】 全年种植中药材面积31.02万亩，总产量6.96万吨，总产值4.77亿元，实现销售额67.85亿元。中药材种植主要集中在西部山区，其中，行唐县6.5万亩，平山县6.2万亩，井陉县5.7万亩，灵寿县5.3万亩，深泽县3.2万亩，新乐市1.15万亩，正定县1.09万亩。中药材品种主要有连翘、丹参、知母、油用牡丹、山药、防风、黄芩、金银花、远志、黄芪、白术、半夏、菊花等30余个，其中，连翘5.53万亩，丹参4.12万亩，知母2.5万亩，防风2.03万亩，黄芩1.18万亩，山药1.4万亩，白术0.83万亩，柴胡0.79万亩。

（孙桂银）

畜牧水产业

【概况】 2018年，全市牧业产值227.25亿元，占农林牧渔业总产值38.28%；渔业产值2.94亿元，占农林牧渔业总产值0.5%。牧业产值中，牛饲养产值37.87亿元，羊饲养产值10.30亿元，奶产品产值20.53亿元，猪饲养产值72.39亿元，家禽饲养产值74.67亿元。至2018年末，全市牛存栏42.08万头，同比减少7.26万头；马存栏1197匹，同比减少912匹；驴存栏1.05万头，同比减少3500头；骡存栏466只，同比减少335只；猪存栏219.62万头，同比减少12.19万头；羊存栏65.31万只，同比减少6.51万只；家禽存栏6946.74万只，同比减少765.71万只；兔存栏30.33万只，同比增加0.5万只。肉类总产量54.75万吨，同比下降 3.89%。其中，猪肉产量 34.99 万吨，下降 1.22%；牛肉产量 7.66 万吨，增长 0.35%；羊肉产量 1.57 万吨，下降 11.24%；家禽肉产量 10.22 万吨，下降 14.11%；驴肉产量 1150 吨，增长 21.71%；兔肉产量 658 吨，增长 14.51%。奶类总产量 65.14 万吨，同比下降 3.44%，其中，牛奶产量 64.94 万吨，下降 3.45%。蜂蜜总产量 2844 吨，同比下降 19.45%。禽蛋总产量 70 万吨，同比下降 4.5%，其中，鸡蛋产量 62.63 万吨。水产品养殖面积 1692.7 公顷，同比下降 83.1%；总产量 1.81 万吨，同比下降 7.33%。加强牧渔产品质量安全监管，全年抽检牧渔样品 10.88 万批次，其中，畜产品 31899 批次、兽药 136 批次、饲料 1351 批次，检测合格率分别达到 99.9%、100%、98.2%；完善“市—县—场”三级水产品质量快速检测机制，全年检测水产品样品 763 个，检测项目 6786 项次。2018 年蔺惠良、干伟杰代表河北省参加农业农村部、人力资源和社会保障部联合举办的“2018 年中国技能大赛——全国农业行业职业技能大赛（家畜繁殖员）”分别获得第二、第三名，被人力资源和社会保障部授予“全国技术能手”。

【畜牧水产养殖】 石家庄市共有畜牧大县 6 个，其中，生猪调出大县 4 个，分别是正定县、藁城区、新乐市、晋州市；奶牛养殖大县 2 个，分别是行唐县、栾城区。按照县域划分，2018 年石家庄市牛主养区为无极县、正定县、行唐县、藁城区，马主养区为无极县、藁城区、新乐市；驴主养区为行唐县、新乐市；骡主养区为行唐县；猪主养区为晋州市、新乐市、正定县；羊主养区为元氏县、无极县、藁城区、井陉县；家禽主养区为藁城区、栾城区、新乐市、无极县、晋州市；兔主养区为新乐市、行唐县、赵县、井陉县。肉类主产区为藁城区、正定县、新乐市、晋州市。其中，猪肉主产区为藁城区、正定县、新乐市、晋州市；牛肉主产区为行唐县、赞皇县、无极县、元氏县、正定县；羊肉主产区为元氏县、藁城区、无极县；驴肉主产区为行唐县、新乐市、赵县、元氏县；家禽肉主产区为藁城区、正定县、栾城区、新乐市、无极县；兔肉主产区为新乐市、井陉县、行唐县、赵县。奶类（牛奶）主产区为行唐县、新乐市、正定县、栾城区。禽蛋（鸡蛋）主产区为藁城区、正定县、栾城区、无极县、新乐市、晋州市。蜂蜜主产区为赞皇县、平山县、灵寿县。实施畜禽遗传改良计划，列支财政资金 150 万元，开展畜禽良种引进和太行鸡保种项目，引进种猪和太行鸡保种选育技术。2018 年石家庄市水产品主养区为赞皇县、鹿泉区、灵寿县，主产区为平山县、灵寿县、鹿泉区。全年渔业池塘养殖面积 518 公顷，水库养殖面积 1175 公顷；淡水养殖产量 8744 吨，占水产品总产量 48.3%。春季投放鱼种 1646 吨，稚鳖 206.2 万只，孵化鱼苗 6465 万尾，其中，台湾鳗鳅 4500 万尾、锦鲤 1500 万尾。引进胭脂鱼、中华草龟、小龙虾、细鳞鱼等名特优品种及红草、锦鲤、冷水鹦鹉等观赏鱼，探索打造“鱼—鳖”“鱼—菜”“鱼—草莓”“鱼—藕”等绿色健康养殖新模式。平山县西柏坡五丰蛋鸡养殖专业合作社被农业农村部确定为首批畜禽养殖标准化示范场。石家庄市天泉良种奶牛有限公司入选首批国家奶牛核心育种场，全市国家奶牛核心育种场达到 3 家；新创建美丽生态牧场 19 家，全市美丽生态牧场达到 34 家。全年创建部级健康养殖示范场 18 家、省级渔业标准化示范区 6 个，认证无公害产地 19 家，认证无公害水产品 29 个。

【动物疫病防控】 全年免疫家禽高致病性禽流感和新城疫 8744.4 万只，猪口蹄疫 425.28 万头、高致病性猪蓝耳病 425.28 万万头、猪瘟 425.28 万头，牛口蹄疫 62.56 万头，羊口蹄疫 224.3 万只、羊小反刍兽疫 223.28 万只，肉牛布病 19.26 万头、羊布病 223.28 万只。牲畜耳标佩戴率、免疫证发放率、动物防疫档案建档率全部达到 100%。2018 年全市建设病死畜禽集中无害化处理厂 15 座，购置收集车辆 50 余台，设立收集点 50 余个，在养殖场设立暂存点 3000 余个，购置冰箱 3100 余台，收集范围覆盖全市所有县（市、区）。率先在全省开展动物疫病净化场创建工作，集中开展疫情排查、监测预警、强制免疫、检疫监督、综合防治等行动；全年派出执法人员 3573 人，检查养猪场 3354 个、牛羊养殖场 2542 个、养禽厂 2681 个、养殖户 51443 户，未发现重大动物疫情。全力做好非洲猪瘟疫情防控，紧急设置临时动物卫生监督检查站（点）82 个，农牧、交警、交通及有关乡（镇）人员做到 24 小时值守。至 2018 年底，全市检查生猪运输车 5620 辆、生猪 233471 头；检查生猪产品运输车 2231 辆、生猪产品 11432.31 吨。

【畜牧饲料管理】 推行备案登记制度，全市饲料企业和经销商全部完成登记备案，同时，依据管理要求，建立饲料企业年检年审制度。至2018年末，全市共有饲料和饲料添加剂生产企业270家，发放生产许可证312个。其中，配合饲料、浓缩饲料和精料补充料生产许可证127个，单一饲料生产许可证42个，饲料添加剂许可证22个，添加剂预混合饲料许可证90个，混合型添加剂许可证31个。全年饲料总产量265.3万吨，其中，配合饲料生产254.9万吨，浓缩饲料生产7.2万吨，添加剂预混合饲料生产2.2万吨；畜牧饲料企业实现产值68.5亿元。严格畜牧饲料质量安全管理，建立和完善饲料生产、经营、使用大数据系统；全年监测饲料1351批次，合格率达到98.2%。

（孙桂银）

林 业

【概况】 2018年，全市林业产值22.25亿元，占农林牧渔业总产值3.75%，其中，林木培育和种植产值19.51亿元，林产品采集及其他产值2.48亿元。2018年全市造林绿化面积73.09万亩，其中，人工造林46.27万亩，封山育林26.82万亩；全民义务植树1500万株，零星（四旁）植树2330万株；森林抚育面积达到13.16万公顷，森林覆盖率由2017年39.9%提高到40.6%。生态公益林管护138.31万亩，森林保险投保109.12万亩。花卉种植面积7.96万亩，年产切花切叶490.75万枝、盆栽植物504.47万盆、观赏苗木839.5万株。育苗面积8.36万亩，当年苗木产量1.4亿株。商品材产量2.08万立方米，其中，原木1.94万立方米、薪材6841立方米。人造板产量179.15万立方米。全年森林旅游与休闲产业接待旅游人数827.55万人次，实现旅游收入22.5亿元。2018年全市林业建设完成投资9.6亿元，其中，财政投资9.08亿元（中央财政0.96亿元、省级财政0.69亿元、市级财政4.75亿元、县级财政2.68亿元），自筹资金0.52亿元。获得省以上林业支持资金1.76亿元，同比增长22.25%，主要实施河北井陉藏龙山国家连翘公园项目、河北驼梁国家级自然保护区基础设施建设等21个项目和滹沱河景观建设工程、新元高速两侧绿化林带改造等8个项目。林业系统从业人员1532人，其中在岗职工1442人。编制生态护林员选聘实施方案，4个贫困县从建档立卡贫困户选聘生态护林员940名，其中，平山县300人、赞皇县324人、行唐县116人、灵寿县200人，每人每年补助1万元。加强森林资源监督管理，严密保障林木、林地和林区安全；市、县9支专业森林消防队伍常年保持1180人备勤；严格火源管控，建立县、乡、村三级防控体系，明确监管责任和包保措施；全年未发生1起森林火灾。保护森林资源，严格审核建设项目使用林地许可事项，全年审核上报建设项目使用林地许可事项25件。加强天然林保护，全市共有集体天然林8459亩、国有天然林停伐625.92立方米。重视野生动物保护，审核上报野生动物人工繁育事项22项。

【林业机构改革】 根据石家庄市党政机构改革方案，市林业局撤销市林业管理站、市果树站、市森林病虫害防治检疫站，3个事业单位承担行政管理职能划归市林业局机关；增设造林管理处和果品花卉管理处，承担公益服务职能整合组建市林果技术研究推广服务中心和市林业行政综合执法大队。根据《石家庄市机构改革方案》通知（石字〔2018〕36号），市林业局资源调查和确权登记管理职责整合划归市自然资源和规划局，森林防火职责、森林防火指挥部职责整合划归市应急管理局。市农业畜牧局草原监督管理职责，市国土资源局、市住房和城乡建设局、市水务局等部门自然保护区、风景名胜区、自然遗产、地质公园等管理职责划入市林业局。保留市林业局机构名称，设为市政府工作部门，由市自然资源和规划局统一领导和管理，机构规格正县级；内设机构有办公室、生态保护修复处（市绿化委员会办公室）、森林资源保护处（森林防火处）、自然保护地管理处、政策法规与改革发展处、规划财务处、机关党委（人事处、机关纪委）；市森林公安局为市林业局直属行政机构，纳入地方公安序列，名称为市公安局森林警察支队，规格正科级，核定政法专项编制16名，其中，市森林公安局正定派出所4名、栾城派出所3名、小壁派出所1名，设局长、政委各1名，副局长2名。

【造林绿化】开展“一环、一山、一河”造林绿化，实施太行山绿化、三北防护林、环城绿化林带、滹沱河绿化林带、平原环村林及美丽乡村、绿色通道提升和万亩苗圃基地等工程。至2018年末，全市完成造林绿化面积73.09万亩，其中，人工造林46.27万亩，封山育林26.82万亩。人工造林按行政区域划分，井陉矿区1100亩、藁城区32500亩、鹿泉区43320亩、栾城区9590亩、循环化工园区6080亩、井陉县68600亩、正定县12700亩、行唐县43000亩、灵寿县41000亩、高邑县4650亩、深泽县9600亩、赞皇县52000亩、无极县11000亩、平山县65000亩、元氏县28900亩、赵县10400亩、晋州市9900亩、新乐市13380亩。全民义务植树1500万株，零星（四旁）植树2330万株。3月12日是第40个植树节，2018年植树节主题为“履行植树义务 共建美丽中国”；全年省、市领导和驻军官兵及石家庄市干部、职工2000多人参加义务植树活动，栽植油松、白蜡、杨树、核桃树等1.6万余株。3月12日，省委常委、市委书记邢国辉，中部战区陆军副参谋长汤小川，市委副书记李德进，市人大常委会主任司存喜，市政协主席刘明轩等军地领导及机关干部、驻石家庄部队官兵1000多人到小壁林区（位于黄壁庄水库下游3.5千米处，地处滹沱河南岸，距离石家庄市主城区25千米，1997年确定为省会市民义务植树基地）参加义务植树活动。3月21日，省委书记王东峰、省长许勤等省委常委、省四大班子领导和省直单位干部职工及驻石中部战区陆军、武警部队官兵等1000余人到石家庄市环城林建设现场参加义务植树活动，栽植白蜡、杨树、核桃树1万余株。2018年全市森林抚育面积达到13.16万公顷，森林覆盖率由2017年39.9%提高到40.6%。市级双百万亩封山育林示范工程封山禁牧、护林防火管护任务完成，生态公益林管护138.31万亩，森林保险投保109.12万亩（公益林106.59万亩、商品林2.53万亩）。建设赞皇县苗圃场省级重点核桃良种基地1处，总面积240亩。7月4日，国家林业和草原局局长张建龙到元氏县视察指导环城林带绿化建设。7月20日，市政府办公厅印发《石家庄市国土绿化三年行动实施方案（2018～2020年）》（石办字〔2018〕52号），确定2018～2020年全市营造林木面积150万亩，森林覆盖率达到42%。

【花卉种植】全年花卉种植面积7.96万亩，其中，控温温室面积12.45万平方米，日光温室面积234.13万平方米。年产切花切叶490.75万枝、盆栽植物504.47万盆、观赏苗木839.5万株。花卉市场35个，花卉企业170个，花农2269户，花卉从业人员8411人。主要生产花卉品种有月季、仙客来、红掌、凤梨、蝴蝶兰、一品红、君子兰等，地方名优特色花卉品种有月季、仙客来、红掌。

【古树名木】重视古树保护，开展古树名木资源普查，编印《石家庄古树名木》图书。经调查统计，石家庄市共有古树名木35773株，其中，古树35769株，名木4株。全市古树中，一级古树592株（1000年以上古树221株），二级古树1436株，三级古树33741株，拥有古树群235处（古树34017株）。古树按种类划分，隶属25科、41属、56种（变种），全市21个县（市、区）均有分布，重点分布在赵县、晋州市、新乐市、鹿泉区、赞皇县、行唐县、平山县、灵寿县8个县（市、区）。古树主要树种有国槐、侧柏、梨树等乡土树种，银杏、青檀、少脉雀梅藤、蜡梅、楸树、鹅耳枥、紫藤等均有存活。

链接：

古树名木是指在人类历史发展过程中保存下来年代久远或具有重要科研、历史、文化价值的树木。古树是指树龄在100年以上，其中，100～299年属三级古树，300～499年属二级古树，500年以上属一级古树。名木是指在历史上或社会上有重大影响的中外名人、领袖人物所植或者是具有重要历史、文化、景观与科学价值和具有重要纪念意义的树木。

【有害生物防治】全年发生林业有害生物面积70.05万亩，其中林木害虫发生面积66.6万亩。全年林业有害生物防治面积69.95万亩，无公害防治面积66.75万亩，病虫害防治率100%，无公害防治率95.4%，其中，林木害虫防治66.6万亩，林木害虫无公害防治面积63.3万亩。2018年全市林业有害生物防治主要对象为美国白蛾、杨扇舟蛾、杨小舟蛾、松毛虫、松阿扁叶蜂等，其中，美国白蛾、春尺蠖、红脂大小蠹、油松毛虫、杨扇舟蛾等主要病虫害测报覆盖率达到100%。加强测报站（点）建设，投入中央财政资金100万元，改造赵县、正定县2个国家级中心测报点（石家庄市共有3个国家级中心测报点，另1个为平山县），达到自动观测实时监控水平。正定县、新乐市、藁城区、井陉县、赞皇县、平山县、鹿泉区、无极县、栾城区、赵县10个县（市、区）设立市级测报点，新购置自动监测设备7台，总数达到13台（套）。依托国家级中心测报点和市、县级测报点组成监测网络，及时、准确掌握主要林业害虫发生及发展动态，有效增强林业有害生物监测预警能力。依据虫情监测系统分析数据，制定林业有害生物防治方案。5月27日至6月15日、9月3～13日全市两次组织飞机喷药防治作业，飞防区域包括高速公路、滹沱河两岸防护林带和平山县、鹿泉区、新乐市、无极县、深泽县、藁城区、高邑县等县（市、区）内绿色通道、成片林和部分村庄；主要防治美国白蛾、杨扇舟蛾、杨小舟蛾、槐尺蛾等林木食叶害虫，飞行636架次，飞防面积39万亩次，地面喷药防治面积23.8万亩次。加强森林植物检疫，重点开展松材线虫病防控；春季、秋季举行松材线虫病普查，全市共有松树面积（含苗圃、散生树）76万亩，普查面积76万亩，未发现松材线虫病疫情。落实检疫检查和监管制度，严控控制从外地调入松类苗木，严禁到松材线虫病疫区调运松类苗木，对外地调运的松类苗木建立档案实行长期监管。全年完成林木种苗产地检疫20多万亩。

【林业科技研究与服务】 开展林业科研活动，确定林业科技项目10个，其中，研究类5项，推广示范类5项；每个项目由1名高级职称技术人员承担，4～7名中级（含）以下职称技术人员共同参与课题研究与示范推广。选派林果科技专家作为支援“三区”科技人才，赴灵寿县、赞皇县、平山县等地现场讲授桃、核桃、樱桃等果树整形修剪、施肥浇水、拉枝开角、授粉、疏花疏果、病虫害防治等管理技术。推广葡萄“厂”字形整形和简化修剪、苹果矮化密植栽培、桃主干型及细纺锤型整形技术。编印《果品无公害标准化生产技术规程汇编》，推广和普及梨、苹果、枣、核桃、杏等林果技术规程、标准42项。设立林果科技大讲堂，提供林果远程技术指导服务，推进林果科技推广普及水平。2018年2月，市林业局开工建设石家庄市林果科技大讲堂，各县（市、区）林业部门设立县级分课堂。6月8日，市林果技术研究推广服务中心主办的“石家庄市林果科技大讲堂”微信公众号开通，采取文字、图片、视频等形式，传播林果实用技术，推广林业科技创新成果，实现市林果技术研究推广服务中心与全市林场、苗圃、果园、龙头企业、果品市场、林果农实时连接。设立专家库和专家会诊室，邀请全省林业科研院所、林业大中专院校及林业部门的专家教授举办远程技术指导服务；录制果树管理技术讲座课程，利用微信、点播、直播等形式促成林果科技人员与林果农面对面沟通。指导果农减少自然灾害影响。4月4～7日，全市连续遭受雨雪、大风及低温霜冻灾害，致使处于发芽、开花期果树遭受不同程度的冻害，市林业局组织30余名科技人员赴平山县、赞皇县等受灾一线查看核桃、苹果等果树受灾情况，指导果农开展生产自救。加强林果技术培训。9月14日，市果树站与市农机推广站联合举办果园新技术新机具装备培训会，推广果园专业化、机械化管理及应用。11月29～30日，举办全市果树实用技术培训班，邀请河北科技师范学院、河北省林科院、石家庄果树研究所专家教授讲解设施樱桃、葡萄及苹果的高效栽培实用技术，并在果园现场示范讲解苹果及核桃树冬季修剪。

【森林公安执法】 全年森林公安办理林业行政案件146起，办理刑事案件43起，抓获犯罪嫌疑人30名，救助1级、2级国家重点保护野生动物68只，收缴制品800余件。开展以打击野外违法用火、非法采挖、运输苗木、盗伐滥伐林木、毁林开垦、网扑毒杀鸟类、非法买卖珍贵濒危野生动物制品为主要内容的“金钺”“金剑”“金网”“春雷2018”等专项行动。“金钺行动”查处野外违规用火案件46起，行政拘留24人；“金剑行动”清查木材交易市场9处、木材经营加工场所7处、征占用林地场点6处，查处林业行政案件39起，行政处罚39人，收缴木材127.16立方米；“金网行动”清理野生动物驯养繁殖场所11处、野生动物加工经营场所11处，检查野生动物活动区域7处，刑事立案7起，破案1起（6起正在侦办），抓获犯罪嫌疑人12人，逮捕1人，收缴国家一级野生动物4只、二级野生动物20只、其他野生动物65只，收缴捕网等猎具

8张、野生动物制品128件。“春雷2018行动”立案森林和野生动物刑事案件7起（市级5起），其中重特大刑事案件2起，办理行政案件99起，打击非法占用林地16.39亩，处理违法人员125人。破获“4·21”特大野生动物专案，抓获涉案犯罪嫌疑人6名，收缴活体蟒蛇33条。

【河北井陉藏龙山国家连翘公园获批建设】 2018年2月，国家林业局批复同意建设河北井陉藏龙山国家连翘公园。藏龙山国家连翘公园位于井陉县苍岩山镇西南部，地处太行山中南段西麓地带，距离石家庄主城区60千米，总面积1000公顷。公园以奇、幽、旷、野为特色，园内连翘生长达1万亩，发现国家级保护动物21种、省重点保护动物19种。井陉藏龙山国家连翘公园具有独特的野生植物资源及凉爽宜人的气候条件，生态环境和区位优势突出，规划以京津冀经济圈游客群体为依托，以生态和文化旅游为主题，结合奇峰怪石、翠谷松涛、十里黄花、粮马古道、石窑民居、古道红叶等园区景观，打造集“花卉观光、民俗体验、生态保护、生态教育、健康休闲、户外运动”于一体的特色生态旅游公园。

（张爱明）

水 利

【概况】 2018年，全市地表水资源量7.38亿立方米，地下水资源量14.82亿立方米，扣除地表水和地下水资源重复计算量，全市水资源总量16.08亿立方米，同比增加1.39亿立方米，比多年均值20.35亿立方米少4.27亿立方米。2018年全市用水量29.47亿立方米，其中，农田灌溉用水量15.17亿立方米，占51.5%；工业用水量2.57亿立方米，占8.7%；居民生活用水量3.27亿立方米，占11.1%；林牧渔畜用水量1.50亿立方米，占5.1%；城镇公共用水量1.22亿立方米，占4.1%；生态与环境用水量5.74亿立方米，占19.5%（参见《石家庄年鉴2019》类目“市情概览”下“水资源”）。全年争取省级以上水利建设资金14.83亿元，占全省水利项目资金总量30%。5条中小河流实施治理工程，45座小Ⅱ型水库除险加固完工。更新改造中型灌区河道6条，新增恢复改善灌溉面积74万亩，发展节水灌溉面积20万亩。78个村、7.31万人农村饮水条件得到改善。治理水土流失面积60平方千米，地下水压采能力达到1458.41万立方米。实施滹沱河生态修复工程，10月1日藁城段14.3千米河槽防洪治理、滹沱河机场路上下游2.5千米示范段建成通水。至2018年末，全市12座大中型水库蓄水总量达到12.81亿立方米。制定出台《石家庄市农业水价综合改革实施方案》，元氏县探索实施农业水价“四大模式”，全省现场观摩会在该县召开。全年11.8万个农业水资源税纳税人认定、水量核定及2700个非农纳税人水量核定工作完成。成功应对10次强降雨过程和3次台风影响，实现安全度汛。做好江水消纳，全年利用引江水6.89亿立方米，其中，用于城镇居民和工业用水3.69亿立方米，其他用水3.2亿立方米。开展打击河道非法采砂飓风行动和“扫黑除恶”专项行动，查处水事违法案件179起，收缴罚没违法所得165万余元，其中，查处河道非法采砂案件163起，收缴罚没违法所得127万元。12月14日，石家庄水文水资源勘测局所属井陉、平山、正定、石南水文水资源勘测局揭牌成立。2018年井陉县乏驴岭水电站达到31年运行零事故，获评全国绿色小水电站和全省农村水电站安全生产标准化二级单位。

【水利机构改革】 12月19日，根据《石家庄市机构改革方案》（石字〔2018〕36号）文件，市水务局更名为市水利局，列为市政府工作部门，规格正县级，办公地址为市区新华路178号。内设处室13个，分别是办公室、人事处、财务处、规划计划处、水政水资源处、水利工程建设与安全生产管理处、农村水利水电处、水土保持与水库移民处、水旱灾害防御处、河湖管理与调水处、河长综合协调处、河长督查处、直属单位党委。职能变动：将水资源调查和确权登记管理职责移交至市自然资源和规划局，将水功能区划编制、排污口设置管理、流域水环境保护、南水北调工程项目区环境保护职责移交至市生态环境局，将农田水利建设项目管理职责移交至市农业农村局，将水旱灾害防治和防汛抗旱职责移交至市应急管理局。12月26日，市水利局揭牌。

【河长制】全面推行“河长制”管理，组织召开全市“河长制”管理工作会议，督促各级河长履职尽责，自觉开展巡河检查，问题河段做到快速整改。2018年全市各级河长累计巡河14817人次，其中，市级河长巡河44人次，县级河长巡河1142人次，乡级河长巡河13631人次；市级总河长、河长主持召开各类办公会、协调会、推进会43次；市河长办公室向市直有关部门、县（市、区）下发市级河长交办单33份（市级河长批示），督办函77份。开展全域河流水库巡查行动，组成19个督导组，拉网式巡查全市重点河道12条，详细摸清河道现状和底数。实施河道整治专项行动，以河（库）清洁行动为重点，严厉打击河（库）乱倒乱排、乱采乱拉、乱围乱堵、乱占乱建问题。印发《石家庄市河（库）清洁行动方案》《白洋淀上游河道清理专项行动方案》，细化任务分工，明确完成时限，做到主体责任落实。集中力量清理整治河（库）内“垃圾山”“尾矿山”和违法建筑物，全市清理河（库）内垃圾165万立方米，回填平整沙坑574万立方米，拆除涉河违法障碍物716处，封堵非法入河排污口57处。建立“一河一策”管理制度，采取地毯式巡河踏查、逐县逐河摸排方式，查找存在问题，修改完善“一河一策”工作方案。探索建立“河长制”入河排污口联合工作机制，落实常态化检查巡查措施，封堵非法入河排污口4个。全面摸清36个排污口基本情况，录入全国污染源普查清查系统，并将36个排污口纳入水质监测和监管范围。

【水利工程】地下水综合治理工程。2018年石家庄市地下水超采综合治理水利项目涉及新乐市、赵县、正定县、鹿泉区、灵寿县、深泽县、平山县7个县（市）区，总投资1.99亿元，改善节水灌溉面积13.86万亩，地下水压采能力达到1458.41万立方米。水土保持治理工程。统筹推进水土流失综合治理，发挥规划引领作用，落实政府领导、水利部门牵头、相关部门协作、社会参与的水土保持工作机制；督促发展改革、财政、自然资源、农业农村、生态环境等部门履行水土保持治理职责，主动吸引和撬动民间资本参与水土流失治理；执行《石家庄市水土保持规划（2018～2030年）》，全年治理水土流失面积60平方千米。重视农村饮水安全。至2018年底，全市投入资金3750万元，78个村、7.31万人农村饮水条件得到改善。根据《石家庄市南水北调受水区非农用自备井关停实施方案》要求，开展自备井关停行动，累计关停南水北调受水区公共供水管网覆盖范围内1218眼自备井，完成关停任务计划103%。实施河流补水工程，利用南水北调水和上游水库水，向滹沱河补水5.43亿立方米，河道周围1平方千米范围内地下水位上升0.5米。编制《石家庄市主城区应急后备水源地调整方案》《滹沱河南岸高标准行洪区行洪通道划定方案》，启动滹沱河与周汉河连通工程。2018年冶河、绵河大型灌区量测水设施项目完成投资456万元，建立监测站（点）40个及灌区水量远程监测管理系统1套；八一、口西、滹北三个中型灌区节水改造项目批复总投资4200万元，完成投资1912万元。落实水库移民后期扶持政策。2018年上级拨付石家庄市水库移民后期扶持基金29775万元。其中，中央直补资金9564万元，中央项目资金19899万元，省级项目资金312万元，全部按照有关政策规定与市财政局联合分配完成。组织专家评审水库移民后期扶持项目实施方案，项目批复419个，涉及资金10403万元，完工项目249个，完成投资3699万元。

【滹沱河生态修复】滹沱河是石家庄的母亲河，发源于山西省繁峙县，西从平山县入境，流经平山县、鹿泉区、灵寿县、正定县、石家庄市主城区、藁城区、晋州市、无极县、深泽县等一城8县市区，横贯石家庄中部区域，向东经衡水、沧州流入渤海湾。2017年9月，石家庄市委、市政府启动实施滹沱河生态修复工程。2018年7月31日，滹沱河生态修复工程开工动员大会在藁城区举行，标志滹沱河生态修复工程建设全面启动。滹沱河生态修复工程规划范围为黄壁庄水库至深泽东界，全长109千米，总投资209亿元；分三期建设，一期工程范围为石家庄主城区中华大街至藁城东42千米，二期工程范围为藁城东至深泽东界，长度43千米，三期工程为黄壁庄水库至中华大街，长度24千米。滹沱河生态修复工程是石家庄市第一个采用PPP融资形式实施的河流治理项目，一期工程建设内容包括太平河至西塔口新建右堤、朱河至东三环段河槽防洪治理、东三环至藁城城区东河槽防洪治理及生态修复4个部分，总投资151.35亿元。滹沱河生态修复工程示范段，位于机场路上下游，全长2.5千米，规划总投资4.5亿元，由中国铁建负责施工建设；示范段蓄水面积88万平方米，生态绿化200万平方米，建成左右岸主河槽外滨河交通路长3千米各1条，主河槽内滨水慢行路2.7千米及长285米、宽135米三号溢流堰1座和“新时代新思想新征程、祖国69周年庆、绿水青山、最美滹沱、时代风帆”5个花坛节点；为方便市民出行，进出口附近设置停车场8处，总面积6.7万平方米，可停放车辆2600辆，其中，南岸停车场3处，北岸停车场5处。10月1日，滹沱河生态修复工程藁城段14.3千米河槽防洪治理、滹沱河机场路上下游2.5千米示范段建成通水，十一国庆假日期间接待游客及市民7.8万人次。

（王潇潇）

农业机械

【概况】 2018年，全市拥有农业机械总动力1156.26万千瓦，同比减少125.94万千瓦；主要农作物耕种收机械化水平达到97.3%，同比增长6.32%，其中，小麦综合机械化水平99.90%，玉米综合机械化水平95.08%。农作物综合机械化水平达到77.0%，同比增长2.01%。全年争取国家农机购置补贴资金1.93亿元，推广先进适用农机具8797台（套），享受补贴农户6054个、新型农业经营服务组织372个，拉动社会资金6.5亿元。重视提高山区和丘陵地区农业机械化水平，全年山区8个县投入购置农业机械化装备资金9475万元，机具装备水平同比提升3.2%。实施秸秆综合利用，全年收集秸秆量664万吨，综合利用秸秆量644万吨。其中，采用机械直接还田等肥料化利用秸秆399万吨，占秸秆总量60.1%；饲料化利用秸秆226万吨，占秸秆总量34.0%；能源化利用秸秆11万吨，占秸秆总量1.7%，基料化利用秸秆8万吨，占秸秆总量1.2%。农作物秸秆综合利用率达97%。

【农机推广】 重视新农机、新技术推广应用，全年举办各种农机推广演示会12次。4月18日，由市农机推广站主办、栾城区农机管理站承办的石家庄市蔬菜生产和设施农业机械化现场演示会在栾城区柳林蔬菜种植专业合作社举行。省市农牧部门领导、农机专家到场指导，各县（市、区）主管农机推广人员、农机合作社及蔬菜种植大户等300余人现场观摩和学习；参与演示农业机械主要有山东华庆、宏业、华龙及宝鸡鼎峰等农业机械厂家生产的大蒜播种机、整地机、蔬菜移栽机、喷杆式喷雾机、手推式播种机、微耕机、牧院植物杀虫灯等8个生产厂家10余类机型；现场签订购机意向协议6台。9月21～24日，石家庄市首届农民丰收节在市人民会堂举行，现场展示河北中农博远农业装备有限公司生产的3GP-160自走式果园作业平台、3WFQ-1600风送式喷雾机、方捆打捆机、4YZ-4F玉米收获机、4YL-5联合收获机、4YZ-4CH穗茎兼收型玉米收获机等高端智能农业机械10余台（套）。

【农机补贴与作业】 落实农机购置补贴政策。主动适应和推进农业供给侧结构性改革，行敞开补贴深松整地、免耕播种、高校保植、节水灌溉等绿色发展农业机具。全年争取国家农机购置补贴资金1.93亿元，推广先进适用农机具8797台（套），享受补贴农户6054个、新型农业经营服务组织372个，拉动社会资金6.5亿元。农机深松作业。2018年石家庄市完成农机深松作业任务158.53万亩，发放作业补助资金4930万元；示范带动深松作业57万亩。主要农作物全程机械化示范县创建及试验示范项目完成，正定县获得2018年全国基本实现主要农作物生产全程机械化示范县。建成智慧农场8个，全部实施小麦玉米机械收获、秸秆机械还田、土地深松、免耕播种等技术。

（孙桂银）

农业科技

【概况】 2018年，全市承担各级各类农业科技项目97项，其中，国家级13项、省级50项；承担省级标准项目3项、市级标准项目42项；获得科技经费和科技专项经费3346万元。支持农业科技创新，加大科技资源要素整合，完善培育体系、创新培育模式，推进农业科技创新、农业科技服务共同发展。开展农业科研活动，承担国家重大转基因专项、国家重点研发计划、国家产业技术体系、河北省“巨人”计划创新团队等研究任务；小麦、棉花、薯类、油料、肉羊等研究入选河北省现代产业技术体系；省级研发平台——河北省都市农业技术创新中心获得立项，承担河北省自然科学基金项目3项。完成市级应用技术研究与开发项目2个，分别为新型生物农药阿维菌素B2对番茄根结线虫病的防治应用研究、绿色高效品质因子——小分子诱导制剂在蔬菜上的应用与推广。10个农作物新品种通过国家、省品种审定或品种登记。其中，小麦新品种“石麦26”“石麦28”通过国家审定，“石麦28”通过河北省审定；大豆新品种“石885”通过国家审定，“石黑豆1号”“石豆14号”“邯黑豆1号”通过河北省审定；棉花品种“石抗929”、玉米新品种“石玉348”“石玉13”通过河北省审定；马铃薯品种“石薯1号”通过国家品种登记。开展京津石农业科技合作，打造京石合作创新平台3个；与北京市农科院农业信息技术研究中心共同打造“赵县园区科研协同创新平台”上线运行；2018年4月，市农科院“北京市农林科学院创新基地”挂牌，与北京市农科院蔬菜研究中心共同合作建设“石家庄蔬菜科技创新示范基地”。2018年石家庄市河北大地种业有限公司、河北冀农种业有限责任公司获评中国种子行业信用评价AA级认证。

【农业科技创新】 推进种业创新，开展小麦、大豆、蔬菜等新品种选育和协作攻关，全年通过国家审定和登记农作物品种4个，通过省级农作物品种审定7个；玉米新品种“冀农858”成为全省唯一被农业农村部指定的全国种子质量认证示范品种（全国3个）。建设农业科技试验示范基地48个，设立“设施蔬菜、鲜食玉米、优质小麦、特色水果、油料作物”省级农业科技创新示范基地5个。11月29日，由市农林科学院（简称市农科院）发起组织的石家庄新型农业经营主体科技服务联盟成立。至2018年底，市农科院成立专家组12个，全市共有46个新型经营主体加入新型农业经营主体科技服务联盟。推进农业科技园区提档升级，石家庄市国家级农业科技园区通过科技部验收，至2018年末，全市拥有国家级农业科技园区1家、省级12家、市级36家。重视农业创新载体建设，开展“星创天地”创建活动，新增国家级“星创天地”5家、省级18家，全市国家级“星创天地”达到14家，省级达到43家。全年举办农业创新活动70场次、培训班392场次，培训人员12686人次，研发投入396.6万元，获得农业科技成果76项。大力培育农业科技小巨人企业，全年新增省级农业科技小巨人企业61家，全市省级农业科技小巨人企业达到140家，数量位列全省首位。

【石麦26、石麦28通过国家小麦新品种审定】 5月1日，市农科院与河北省小麦工程技术研究中心合作育成的石麦26、石麦28通过第四届国家农作物品种审定。石麦26为抗病高产冬小麦新品种，审定编号为国审麦20180052，全生育期241天，抗倒、抗病、抗寒性好，分蘖力较强，成穗率高，群体自我调节能力强，能适应不同生产条件种植。2014～2015年度参加黄淮冬麦区北片水地组品种区域试验，平均亩产579.2千克，比对照良星99增产4.3%；2015～2016年度续试，平均亩产599.7千克，比良星99增产3.2%；2016～2017年度生产试验，平均亩产632.1千克，比对照增产6.0%。播种期为10月上中旬，每亩适宜基本苗20万株左右。适宜黄淮冬麦区北片的山东省全部、河北省保定市和沧州市的南部及以南地区、山西省运城市和临汾市的盆地灌区种植。石麦28为水旱兼用型冬小麦新品种，审定编号为国审麦20180063，全生育期238天，抗旱、抗寒、抗倒、抗病，群体自我调节能力强，能适应水旱地不同土质和灌溉条件种植。2015～2016年度参加黄淮冬麦区旱肥组品种区域试验，平均亩产447.2千克，比对照洛旱7号增产6.7%；2016～2017年度续试，平均亩产431.9千克，比洛旱7号增产6.1%；2016～2017年度生产试验，平均亩产408.0千克，比对照增产4.7%。播种期为10月上中旬，每亩适宜基本苗15万株至18万株。适宜山西省南部、陕西省咸阳市和渭南市、河南省旱肥地及河北省中南部、山东省旱地种植。

【石豆3号、石豆6号获得金桥奖项目突出贡献奖】 10月31日，市农科院“优质抗逆高产大豆品种石豆3号和石豆6号的选育及应用”在第九届中国技术市场协会金桥奖颁奖盛典上，获得金桥奖项目突出贡献奖。这也是河北省获得的唯一一项突出贡献奖。石豆3号、石豆6号是通过化学诱变与常规育种相结合选育的大豆新品种。石豆3号具有高产、高蛋白、抗逆的特点；石豆6号集高产、抗病、适应机械化为一体。2个大豆品种打破高产与高蛋白、高产与抗病、高产与抗逆负相关影响，实现高产、高蛋白、多抗、适应机械化性状的同步改良和协调统一。

【农业技术推广】 全年在普及农业常规技术基础上，重点推广十项技术。围绕节肥、节药、节水、节种、省工，推广节水稳产高产小麦品种，种植面积354.9万亩，实现小麦亩生产用水量减少20%左右。推广玉米精量播种面积180.9万亩，种肥同播面积275.3万亩，专用缓释肥面积79.5万亩。推广《优质强筋小麦生产技术规程》，种植优质强筋小麦面积54.3万亩。制定《夏播青贮饲用型玉米生产技术规程》，青贮栽培技术推广46万亩。蔬菜种植推行改种耐低温弱光性品种，采用“改一大茬为二茬”模式及多层覆盖、扣小拱棚、补光灯技术、增施秸秆和使用电热线等措施，增强蔬菜抗逆性。引进蔬菜示范新品种239个，其中蔬菜类229个、瓜果类10个，筛选综合性状好、表现优异品种16个，其中番茄5个、黄瓜4个、青（辣）椒2个、茄子2个、西甜瓜3个。2018年全市推广蔬菜绿色发展技术面积230.5万亩次。其中，病虫害绿色防控减药增效技术、设施蔬菜防灾减灾技术、设施土壤活化技术、轻简栽培技术、水肥一体节水减肥增效技术、有机肥替代化肥安全提质技术6项技术推广面积大、成效显著；病虫害绿色防控减药增效技术推广面积最大，达到110万亩。推广统一测土配方施肥、统一肥水管理、统一技术培训、统一病虫防治、统一机械收获“五统一”生产模式，其中，推广测土配方施肥1150万亩次以上，化肥使用量降低8000吨，化肥用量减少13%，亩节本增效30元以上，主要农作物化肥利用率达到38%以上。2018年石家庄市在藁城区建立蔬菜有机肥替代化肥示范试点县，项目资金1000万元，示范区面积1.2万亩，实现有机肥用量增加6382.6吨，提高29.2%，化肥用量减少939.8吨，下降18%；抽检蔬菜产品3600个，合格率100%，产前产后采集土样300个监测，土壤有机质稳定在2.3以上；总结形成“有机肥+配方肥”技术模式，亩增收益3000元，节本增效4280万元。建设农药减量增效示范基地9个，采用精准监测、药剂拌种、添加助剂、大型植保机械施药等措施开展试验示范。推进专业化统防统治服务组织建设，全市建成统防统治服务组织266个，拥有大型植保机械数量878台，其中，植保无人机259架，统防统治面积达到636.59万亩次，覆盖率达到40%，农药利用率达到38.9%。2018年全市主要农作物病虫草害防治用药3593.21吨，较2017年减少80.36吨，使用量下降2.19%。创新农业技术推广模式，选择有代表性的种植大户、养殖大户、家庭农场及市县两级农技人员、农业科研单位、涉农农资企业，组建农技推广联盟，总结吸收新农村“大喇叭”工程、4C农资连锁推广服务、“田保姆”、智农联4种农业技术推广模式经验，成立绿色植保联盟。设立蔬菜、小麦、薯类综合试验推广站，全年蔬菜试验站引进试验番茄、青尖椒、茄子等蔬菜新品种179个，示范小麦套种辣椒高效栽培模式等6项新技术，筛选蔬菜优质高效新模式75个，举办技术培训和对接交流活动6次，参与人员600余人次；薯类试验站在行唐县、元氏县建立甘薯试验示范田4个，产量比对分别提高53%、21.2%、13%、15%，其中，2个示范田平均亩增产265千克，增产13.6%。建立“石门农技”微信公众号，改版“石家庄农技推广网站”，印发《农技推广》简讯16期，发布农技推广信息32期197条。2018年全市引进各类农作物新优品种77个，其中，蔬菜新品种50个，优质甘薯、谷子、豆类等杂粮作物新品种20个，大豆新品种7个。

【农业科技园区与农业基地】 2018年11月，石家庄藁城国家农业科技园区通过国家农业科技园区验收。至2018年末，藁城国家农业科技园区入驻企业79家，总投资54.3亿元，主营业务收入64.5亿元，园区农民人均纯收入达到23795元，园区规划建设4项考核指标全部或超额完成。3个农业基地建设。“赵县实验基地”作为“国家级星创天地”“省级现代农业园区”“省级农业科技园区”，根据功能拓展和试验任务，完成基地门区、小麦抗旱棚、蔬菜、果树设施及露地试验地建设；增加承担科学试验和展示示范功能，其中农业信息化智能装备规划布局安装完毕。“国家级创新基地——农业部国家高油大豆育种创新基地项目”正在施工，该项目主要建设综合性农业科技实验中心。1月1日，“石家庄青少年现代农业体验中心”开业，该中心重点打造省会农业科普教育平台、休闲农业样板，二期工程正在建设。

【农业科技服务】 依据全市农业主导产业发展需要和农民科技需求，创新完善以“包村联户”为主要形式工作机制。建立健全县、乡、村农业科技试验示范网络，全市14个农业科技项目县全部建立以“专家定点联系到县、农技人员包村联户”为主要形式科技服务长效机制及“专家＋农技人员＋科技示范户＋辐射带动户”技术服务示范带动模式。全市遴选确定59个主导品种和39项主推技术，重点推广十大关键技术，主导品种和主推技术入户率达到98%。建设农业科技试验示范基地48个，遴选培育责任心强、积极性高的科技示范主体1342户，辐射带动周边农户致富6710户。开展新型职业农民培育工程，认定新型职业农民培育工程项目县17个，遴选教学培育基地42个，培育专业大户、家庭农场、农民合作社、农业企业、返乡涉农创业者等新型农业经营主体带头人5053人。中央财政补助农民培训资金1786万元。举办科技讲座培训会26期、观摩会28场，参与培训10482人次；利用科技下乡等形式举办农业科技服务活动328次，接受咨询18275人次；利用“新农村大喇叭”、媒体网站等发布农业科技信息4374条、专家技术建议600项。石家庄市石门制造酒店管理集团有限责任公司被确定为第二批“全国新型职业农民培育示范基地”，藁城区新型职业农民李国奇、晋州市新型职业农民李苍英被农业部评为“全国百名杰出新型职业农民”资助人，7家单位和个人获授河北省农业技术推广奖。至2018年末，石家庄市共有“全国新型职业农民培育示范基地”2家（另1家为市农科院）。

（孙桂银）

农村工作

【概况】 2018年，全市大力实施乡村振兴战略，制定出台《关于深入贯彻落实乡村振兴战略的实施意见》（石发〔2018〕6号），编制完成《石家庄市乡村振兴战略规划（2018～2022年）》。以栾城区和槐阳镇为重点，启动乡村振兴示范县、示范乡镇建设，创办“新时代农民讲习所”，推行“农村二级党支部”等经验做法。推进农村集体产权制度改革，以国家农村集体产权制度改革整市推进试点建设为重点，制定出台《石家庄市农村集体产权制度改革整市试点实施方案》《石家庄市农村集体产权制度改革项目管理办法（试行）》等文件。全年完成农村集体产权制度改革试点村1720个，超额完成年度任务72%；通过改革，井陉矿区70%以上村集体收入达到50万元，行唐县206个村集体收入实现零的突破。2018年全市共有国家级农业产业化重点龙头企业4家、省级农业产业化重点龙头企业69家、市级农业产业化重点龙头企业306家；创建市级以上农业产业化联合体55家，其中省级农业产业化示范联合体9家。全年55家市级以上农业产业化联合体连接龙头企业、农民合作社、家庭农场等经营主体334家，年销售总产值200亿余元，辐射基地47.6万亩，带动农户30万户；41家农业产业化企业获得增信基金授信额度1.95亿元，发放贷款27笔、资金1.3亿元。行唐县、灵寿县成功申报2018年省农产品产地初加工项目试点县，获得中央奖补资金550万元。提升农业产业化水平，2018年市政府认定306家龙头企业为2018～2020年度石家庄市农业产业化重点龙头企业（有效期至2020年10月）。正定县塔元庄村、新乐市邯邰镇获评第八批全国“一村一品”专业村镇，石家庄市全国“一村一品”示范村镇达到10家。至2018年末，全市农业产业经营率达到63.2%。创建市级现代农业园区23家，市级以上现代农业园区达到100家，其中省级现代农业园区19家。休闲农业与乡村旅游业发展提速，全市新增国家级休闲农业星级企业17家、省级休闲农业星级企业24家。培育扶持新型农业经营主体，全年备案农民专业合作社5231家，其中，国家级示范社22家、省级示范社131家、市级示范社302家；备案家庭农场1648家，其中，省级示范场79家、市级示范场417家。“三品一标”认证产品达到353个，其中，无公害农产品192个、绿色农产品150个、农产品地理标志商标11个。全年土地流转面积270万亩，占家庭承包地总面积42%；土地规模经营流转面积217.91万亩，占家庭承包地总面积33.55%。推进山区经济技术开发，重视31个科技示范基地、7个技术创新联盟标准化、规范化建设；开展新技术研究开发，全年引进新品种32个、新技术26项，研发新产品27个、新技术23项，取得科技成果6项，制定相关技术标准2个，山区经济技术开发产生直接经济效益6390万元。开展村务公开民主管理示范乡镇创建活动，全年创建村务公开民主管理示范乡镇30个，村务公开“一盒两本”普及率达到100%，村务公开民主管理群众满意率达到95%以上。2018年石家庄市被确定为全国农村集体产权制度改革及畜禽粪污资源化利用整市推进市。

【美丽乡村建设】 按照“一年出经验、两年见成效、三年全覆盖”思路，以开展农村生活垃圾治理、厕所改造、生活污水治理和村容村貌提升为重点，组织开展农村人居环境整治三年行动。制定出台《石家庄市农村人居环境整治三年行动实施方案（2018～2020年）》，明确任务目标和责任要求，推行领导包村、台账管理、督导检查等工作机制。全年清理农村垃圾601.5万立方米，改造农村厕所23万座，建设污水处理管网137万米，硬化街道482.8万平方米，绿化村庄11.7万亩，新增路灯7.5万盏，整治私涂乱画105.2万平方米，农村环境得到明显改善。推进美丽乡村旅游度假区建设，新规划建设平山红崖谷、灵寿南营等10个市级美丽乡村旅游度假区，累计投入资金11.7亿元，温塘河道治理、“十里花海”、茶树广场等项目建设完工。鹿泉白鹿泉、井陉古村落、平山李家庄、井陉矿区贾庄古镇等6个美丽乡村旅游度假区具备营业条件，全年接待游客387万人次，实现收入5.9亿元，带动农民增收1.2亿元。

【农业园区】 以国家现代农业示范区建设为引领，以促进农民增收为目标，以现代农业园区为载体，围绕“服务城市、繁荣农村、提升农业、富裕农民、优化生态、拓展功能”理念，倾力打造一批生产要素集聚、科技装备先进、产业链条完整的现代农业园区，示范和带动都市现代农业发展。4月15～20日，石家庄市“加快现代农业园区建设助力乡村振兴”培训研讨班在农业部管理干部学院举行，来自全市农牧部门农业园区建设管理人员和市级以上园区负责人120余人参加培训。2018年全市新创建市级现代农业园区23家，分别为鹿泉区中以农科现代农业园区、元氏县无极山现代农业园区、新乐市冠丰现代农业园区、平山县文都河现代农业园区、行唐县多利庄园现代农业园区、晋州市冯氏庄园现代农业园区、正定县石门制造现代农业园区、新乐市中元牧业现代农业园区、河北旅投石家庄（藁城）现代农业园区、井陉矿区盘景山现代农业园区、栾城区垚淼农林现代农业园区、鹿泉区水韵阳光现代农业园区、晋州市丰业现代农业园区、平山县云水涧现代农业园区、井陉县呈龙现代农业园区、赵县兴柏现代农业园区、正定县润泽现代农业园区、赞皇县莲华农庄现代农业园区、灵寿县太行天宝现代农业园区、藁城区泽农现代农业园区、行唐县卧龙山现代农业园区、灵寿县虎吟潭现代农业园区、井陉矿区金庙岭现代农业园区。6月26日，鹿泉区现代农业产业园入选2018年国家现代农业产业园创建名单（全国21个农业产业园入选），成为河北省唯一入选的现代农业产业园。至2018年末，全市共有市级以上现代农业园区100家，其中省级现代农业园区19家。

链接：

鹿泉区现代农业产业园始建于2014年，2016年被认定为“省级现代农业产业园”。

【山区经济技术开发】 全年山区经济技术开发争取国家、河北省项目5

项，经费48万元；市级设立项目9项，拨付经费190万元；产生直接经济效益6390万元。申报和推荐2018年河北省山区创业奖，报奖项目10项，获得三等奖6项。开展山区农民技术培训，围绕山区八大特色产业，采取举办培训班、技术讲座、科技下乡、现场咨询等方式，利用基地、联盟、技术推广站等平台，在赞皇县、灵寿县、平山县、鹿泉区举行省、市、县联合技术培训培训活动420余场（次），培训农民20余万人（次）。总结推广平山泓润为代表科技引领型、赞皇花果山为代表产业发展型、元氏无极山为代表休闲旅游型、行唐团山红为代表三产融合型、平山润众为代表扶贫带动型5种山区开发模式。2018年全市26个山区综合开发现代农业示范区土地流转面积32.7万亩，完成投资34.6亿元，注册农产品商标32个，获得“三品一标”认证33个，推广新技术、新品种200余个，辐射带动35个乡镇、500个村庄，受益农户5.2万户，提供就业岗位8614个，人均增收达2309元。发挥山区产业技术创新联盟作用，针对甘薯、食用菌、家禽精细化管理等产业发展举行调研活动；11月18日，石家庄市山区家禽精细化管理技术创新产业联盟成立；至2018年末，全市山区技术创新联盟达到7家。

【13类农村产权允许交易】 11月8日，市政府出台《石家庄市农村产权交易管理暂行办法》（石政规〔2018〕22号），明确农户13类产权可进入农村产权市场交易。分别为：农户承包土地经营，林权，“四荒”使用权，农村集体经营性资产、农村集体资源性资产使用权，农村集体资产股权，农业生产性设施设备、小型水利设施使用权，农业类知识产权，农村宅基地使用权和住房财产权，农村生物资产、水权，农村建设项目招标招商、产业项目招商和转让等其他农村产权。其中，100万元以上农村集体资金采购项目、150万元以上农村集体资产流转交易项目、300万元以上农村集体投资项目、100万元以上或200亩以上农村承包土地经营权、林权等流转交易，需进入市级产权交易平台公开交易。

【“空心村”治理】 深入高邑县、鹿泉区、灵寿县3个县（区）7个行政村开展“空心村”专题调研，举行大规模摸底调查3次。经调查显示，全市“空心村”治理涉及村3962个，宅基地户数186.4万户。其中，空置率20%以下村3489个，空置率20%～50%村456个，空置率50%以上村17个；空置宅基地14.9万户。制定《石家庄市“空心村”治理工作方案》，明确目标任务、治理方式和工作步骤，确定利用3年时间采取易地搬迁、原村新建、就地治理等方式完成“空心村”治理任务，普遍达到新社区、新产业、新生活、新机制、新农民“五新”标准。

【革命老区重点村】 按照“群众缺什么补什么，急需什么先干什么”思路，以项目建设为载体，以解决革命老区重点村群众急需、急盼问题为重点，以改善环境面貌和提升群众幸福指数为目标，统筹协调，因村施策，倾斜投入，精准帮扶，重点实施基础设施提升、公共服务改善、优势产业发展、智力扶贫攻坚、“两委”班子带动“五大工程”建设，全力破解革命老区群众行路难、饮水难、上学难、就医难、增收难“五难”问题。全年革命老区重点村实施道路修建、小型农田水利、环境改善、光伏发电、革命遗址修复等基础性、公益性建设项目129个，其中，新建改建水泥（沥青）路面积5.9万平方米，建设村级综合性文化活动中心（广场）7300平方米，修缮革命遗址、纪念场馆1600平方米。

（孙桂银）

工　业

Industry

综　述

2018年，全市工业以建设现代省会、经济强市为目标，贯彻落实新发展理念，统筹做好稳增长、促改革、调结构等工作，突出围绕构建“4+4”现代产业格局，集中力量打造七大主导产业和县域特色产业集群，全力推动工业经济由速度规模型向质量效益型转变。至2018年末，全市共有规模以上工业企业2324个，同比减少80个；按规模划分，大型企业51家，中型企业425家，小型企业1727家，微型企业121家；按经济类型划分，国有企业14家，集体企业13家，股份合作企业1家，有限责任公司223家，股份有限公司53家，私营企业1943家，港澳台资投资企业32家，外商投资企业43家，其他企业2家；年平均从业人员36.4万人；总资产6283.9亿元，资产负债率59.1%。2018年全市规模以上工业增加值同比增长5.3%，高于全省平均增速0.1个百分点，排名全省设区市第6位，其中，轻工业增加值增长3.8%，重工业增加值增长6.3%；规模以上工业高新技术产业增加值同比增长17.3%，高于全市规模以上工业增速12.0个百分点，高于全省规模以上工业高新技术产业增加值增速2.0个百分点。规模以上工业企业主营业务收入4349.9亿元，同比下降17.7%；规模以上工业企业利润总额280.5亿元，同比下降27.4%，利润总额排名全省设区市第三位；亏损企业379个，同比增长23.5%，亏损企业亏损总额54.4亿元，同比增长105.7%。大中型企业主营业务收入3304.5亿元，同比下降8.4%；实现利润总额223.8亿元，同比下降14.2%。大中型企业亏损104个，同比增长31.6%；亏损额45.3亿元，同比增长134.5%。国有及国有控股企业101个，主营业务收入1442.8亿元，同比增长17.1%；实现利润总额42.9亿元，同比增长7.3%。国有及国有控股企业亏损27个，同比增长8.0%；亏损额16.9亿元，同比增长44.4%。2018年全市工业投资同比增长4.9%，工业技改投资同比增长4.7%，高新技术产业投资同比增长27.5%。

主要工业产品和主导行业。工业产品主要有3600余种，按照统计行业目录分类，全市共有工业产品大品种122个；划分国民经济工业行业37个（全国国民经济工业行业共有41个，石家庄市营业收入2000万元以下不列入统计），没有石油及天

10月18～20日，2018石家庄工业名品博览展在石家庄国际会展中心举行

然气开采业、煤炭开采和洗选业、开采专业及辅助性活动、其他采矿业5个行业，其中，医药工业、纺织服装业、石化工业、装备制造（含电子信息）业、食品工业、钢铁工业、建材工业为石家庄市七大工业主导行业。

七大主导行业。全年七大工业主导产业主营业务收入3773.3亿元，占全市规模以上工业主营业务收入86.7%；实现利润总额254.1亿元，同比下降23.0%，占全市规模以上工业利润90.6%。医药工业拥有规模以上企业87家，主营业务收入633.9亿元，同比增长12.2%；利润81.6亿元，同比增长14.4%。纺织服装业拥有规模以上企业377家，主营业务收入393.1亿元，同比下降37.2%；利润16.6亿元，同比下降57.6%。石化工业拥有规模以上企业421家，主营业务收入915.3亿元，同比下降0.8%；利润44.8亿元，同比下降11.5%。装备制造业拥有规模以上企业666家，主营业务收入673.1亿元，同比下降30.5%；利润16.3亿元，同比下降78.4%。食品工业拥有规模以上企业237家，主营业务收入392.4亿元；利润总额4.4亿元，同比下降87.4%。钢铁工业拥有规模以上企业13家，主营业务收入566.9亿元，同比增长1.5%；利润总额76.5亿元，同比增长93.3%。建材行业拥有规模以上企业247家，主营业务收入198.7亿元，同比下降25.6%；利润总额13.8亿元，同比下降25.7%。七大主导行业增加值同比增长5.5%，高于全市规模以上工业增加值增速0.2个百分点。

六大高耗能行业。全年六大高耗能行业（石家庄市无煤炭开采和洗选业）实现利润总额149.1亿元，同比增长26.9%。其中，石油、煤炭及其他燃料加工业16.3亿元，增长66.7%；化学原料及化学制品制造业27.5亿元，下降22.0%；非金属矿物制品业13.8亿元，下降25.6%；黑色金属冶炼及压延加工业76.5亿元，增长95.4%；电力、热力的生产和供应业15.1亿元，增长2.8%。六大高耗能行业增加值同比增长6.0%，高于全市规模以上工业增加值增速0.7个百分点，其中，石油、煤炭及其他燃料加工业增加值同比增长24.5%，化学原料及化学制品制造业增加值同比增长2.1%，非金属矿物制品业增加值同比下降0.2%，黑色金属冶炼及压延加工业增加值同比下降4.4%，电力、热力的生产和供应业增加值同比增长6.2%。

表13

2018年石家庄市主要工业产品产量及其增长速度一览表

序号	产品名称	产量	同比增速（%）
1	化学药品原药	130869.9吨	3.3
2	中成药	14008吨	−11.1
3	杀菌剂原药	2656吨	0.9
4	纱	301880吨	−18.1
5	布	133204万米	8.2
6	服装	3510万件	−0.7
7	针织服装	1124万件	−5.5
8	皮革服装	50万件	−6.9
9	鞋	528.4万双	−1.8

续表

序号	产品名称	产量	同比增速（%）
10	皮革鞋靴	431 万双	-6.7
11	化学纤维	86774 吨	1.6
12	人造板	470243 立方米	20.7
13	硫酸（折 100%）	495694 吨	-9.5
14	烧碱（折 100%）	10.8 万吨	5.0
15	纯苯	12.1 万吨	-8.7
16	精甲醇	23.7 万吨	-15.1
17	合成氨（无水氨）	63.8 万吨	-25.1
18	农用氮、磷、钾化学肥料（折纯）	25.2 万吨	-49.3
19	涂料	4.8 万吨	9.0
20	合成洗涤剂	39572 吨	-9.2
21	塑料制品	118481 吨	-16.4
22	铁路货车	1597 辆	185.7
23	新能源汽车	1689 辆	-7.1
24	改装汽车	16483 辆	8.2
25	电动机	578.9 万千瓦	-10.8
26	交流电动机	289.3 万千瓦	-12.4
27	程控交换机	25 万线	10.9
28	集成电路	1238 万块	0.7
29	发光二极管（LED 管）	457 万只	66.2
30	传感器	139 万只	101.7
31	工业自动调节仪表与控制系统	73533 台（套）	53.2
32	房间空气调节器	5066398 台	9.2
33	家用电风扇	2440623 台	2.3
34	气体压缩机	24789 台	19.5

续表

序号	产品名称	产量	同比增速（%）
35	金属切削工具	9461 万件	49.6
36	医疗仪器设备及器械制造	2315 台	34.6
37	乳制品	1010930 吨	8.4
38	液体乳	962210 吨	7.2
39	乳粉	23176 吨	2.0
40	婴幼儿配方乳粉	14012 吨	16.5
41	饮料	708897 吨	2.7
42	饮料酒	36178 万升	13.7
43	饲料	1211329 吨	39.3
44	卷烟	2235000 万支	1.4
45	生铁	1072.6 万吨	−10.0
46	粗钢	1144.5 万吨	−4.9
47	钢材	1128.7 万吨	−5.1
48	焦炭	298.3 万吨	−1.5
49	硅酸盐水泥熟料	12917765 吨	11.9
50	水泥	16903112 吨	9.9
51	瓷质砖	232339564 平方米	40.0
52	天然大理石建筑板材	2044771 平方米	3.6
53	沥青和改性沥青防水卷材	58632901 平方米	11.4
54	平板玻璃	12622442 重量箱	14.8
55	石墨及碳素制品	309982 吨	−4.0
56	发电量	456.0 亿千瓦时	−0.6

表 14

2018 年全市工业七大主导工业行业主要指标一览表

七大工业产业	主营业务收入			利润		
	金额（亿元）	同比增长（%）	占全市比重（%）	金额（亿元）	同比增长（%）	占全市比重（%）
医药工业	633.9	12.2	14.6	81.6	14.4	29.1
纺织服装业	393.1	−37.2	9.0	16.6	−57.6	5.9
石化工业	915.3	−0.8	21.0	44.8	−11.5	16.0
装备制造业	673.1	−30.5	15.5	16.3	−78.4	5.8
食品工业	392.4	—	9.0	4.4	−87.4	1.6
钢铁工业	566.9	1.5	13.0	76.5	93.3	27.3
建材工业	198.7	−25.6	4.6	13.8	−25.7	4.9

县域工业经济。全年石家庄市21个县（市、区）及高新区、循环化工园区中，规模以上工业利润总额达到50亿元以上2个，分别是平山县82.83亿元、高新区60.48亿元；10亿元至20亿元5个，分别是晋州市17.72亿元、鹿泉区16.93亿元、元氏县16.28亿元、栾城区14.71亿元、循环化工园区13.41亿元；其他县（市、区）规模以上工业利润总额均在10亿元以下。工业投资同比增长位列石家庄市前5名县（市、区）分别为长安区265.3%、井陉矿区27.1%、桥西区137.6%、赞皇县42.4%、无极县38.1%。工业技改投资同比增长位列石家庄市前5名县（市、区）分别为裕华区237.8%、长安区232.1%、桥西区137.7%、平山县51.5%、无极县51.5%。2区1镇1产业集群获评河北省特色产业名区名镇和中小企业示范产业集群。其中，鹿泉区为河北省电子信息产业名区，河北石家庄循环化工园区为河北省循环化工名区；正定县新城铺镇为河北省裤业名镇；鹿泉区电子信息产业集群为河北省中小企业示范产业集群。至2018年末，石家庄县域工业发展形成具有竞争优势的区域产业集群，主要工业特色产业有无极皮革、晋州纺织、深泽洗涤、高邑建陶、赵县淀粉、高新区生物医药、栾城装备制造、正定板材家具、藁城宫灯和鹿泉电子信息等。

工业转型升级。制定出台工业经济高质量发展方案、大力发展民营经济意见、弘扬优秀企业家精神意见、“千企转型”实施方案、促进工业设计政策措施、加快智能制造发展方案、加快集成电路发展意见、民营经济高质量发展等政策措施。3月27日，石药控股集团有限公司建设的河北省抗肿瘤药物制造业创新中心入选河北省制造业创新中心试点单位；10月10日，奇瑞（石家庄）新能源汽车首车下线，填补石家庄市新能源乘用车制造领域的空白。实施工业重点技改项目113项，134项工业技改项目列入河北省“千项技改项目”。发展特色优势产业，8家企业申报省“十大特色食品品牌”，3家企业品牌获评省“十大服装品牌”。推动智能制造，华药集团入选工业和信息化部智能制造试点示范项目，20个车间认定为省级数字化车间。认定市级小型微型企业创业创新基地15家、市级小型微型企业创业创新示范基地4家，方亿科技园入选国家级小型微型企业创业创新示范基地。新增“专精特新”中小企业35家。河北工业设计创新中心入驻国际企业5家、国内企业15家、服务平台8家。197项新产品新技术列入省工业新产品新技术开发指导计划，新认定研发机构185家。推进绿色制造，获得工业和信息化部认定绿色制造系统集成项目1个、绿色产品1个、绿色工厂3家。推广新能源车12948辆标车。压减水泥产能357.5万吨、焦化产能130万吨。正定县、藁城区被确定为第二批河北省工业转型升级试点示范县（市、区），全市工业转型升级试点示范县（市、区）达到4家。正定高新技术产业开发区、藁城经济开发区、元氏经济开发区被确定为第八批河北省新型工业化产业示范基地，全市省级新型工业化产业示范基地达到10家（另外7家为：石家庄高新技术产业开发区、河北石家庄循环化工园区、河北石家庄装备制造产业园区、石家庄经济技术开发区、河北鹿泉经济开发区、河北平山西柏坡经济开发区、河北赞皇经济开发区），国家级新型工业化产业示范基地1家（石家庄高新技术产业开发区）。1家企业（石家庄四药有限公司）获评国家技术创新示范企业。河北新四达电机股份有限公司示范模式（全生命周期管理）、河北冠卓检测科技有限公司示范平台（区域综合服务平台）2家企业入选工业和信息化部第二批服务型制造示范企业（项目、平台）。际华三五零二职业装有限公司职业装研究院、际华三五一四制革制鞋有限公司、河北汇金机电股份有限公司、石家庄科林电气股份有限公司4家工业设计中心入选河北省工业设计中心。河北冠卓检测科技有限公司、中国电子科技集团公司第十三研究所2个平台获授国家中小企业公共服务示范平台。工业企业参加“创客中国”河北省创新创业大赛获得一等奖1项、三等奖2项，其中，石家庄金士顿轴承科技有限公司“空气悬浮离心鼓风机”项目获得一等奖，河北恒聚制冷科技有限公司“冷库安全环保解决方案”项目、河北西捷自动化技术有限公司“经济型四工位圆刀模切机”项目获得三等奖。

石家庄市十大优秀工业设计产品。参评工业产品包括机械装备、军工制造、节能环保、食品饮品、电器电子、纺织服装、皮革制品医疗保健、儿童用品、家居家饰、户外旅行、轻便交通、工艺美术、人工智能、信息技术等产业，收到参评工业设计产品130件。10月23～24日，第一届河北国际工业设计周石家庄分会场活动举行，会议评选表彰石家庄市十大优秀工业设计产品10个，其中金奖1个、银奖3个、优秀奖6个。

表 15

2018 年石家庄市十大优秀工业设计产品一览表

奖项	产品名称	产品厂商
金奖	0.75 米便携式静中通天线	中华通信系统有限责任公司河北分公司
银奖	多功能自助服务终端	河北汇金机电股份有限公司
	秋实	河北易水石砚台有限公司
	4YZ-4C 自走式玉米联合收获机	河北中农博远农业装备有限公司
优秀奖	祥云映日	河北艺朵文化产业投资有限公司
	米兔积木机器人——铁甲暴龙	河北水木寰虹机器人科技有限公司
	阅兵专用作战靴	际华三五一四制革制鞋有限公司
	频谱分析仪	石家庄数英仪器有限公司工业设计中心
	专利床品	赞皇县雪芹棉产品开发有限公司
	龙门二元块式制动器	石家庄纽伦制动技术有限公司

石家庄市十大工业名牌产品。11月21日，市政府授予10项产品为2018年度石家庄市十大工业名牌产品。分别为：神威药业集团有限公司的神威牌清开灵注射液、华北制药金坦生物技术股份有限公司的华北牌重组乙型肝炎疫苗、河北旭辉电气股份有限公司的旭辉牌自动跟踪消弧补偿及接地选线成套装置、河北晓进机械制造股份有限公司的晓进机械牌灌装封口设备、河北翼辰实业集团股份有限公司的翼辰牌药芯焊丝、石家庄诚志永华显示材料有限公司的Slichem牌显示用液晶材料、石家庄通合电子科技股份有限公司的通合牌电动汽车非车载式充电机系统、石家庄市米莎贝尔饮食食品有限公司的米莎贝尔牌烘烤食品、河北博纳德能源科技有限公的BNDNY牌地（水）源热泵机组、河北益康功能材料有限公司的益康牌超细纤维清洁巾。

庆祝改革开放40周年“工业铸魂”颁奖盛典。12月21日，由市委宣传部、市工业和信息化局、市企业家协会联合举办的石家庄市庆祝改革开放40周年“工业铸魂”大型颁奖盛典举行。表彰改革开放40年来为全市工业发展作出突出贡献的企业和企业家，授予金龙奖、金虎奖、金雁奖、金鹰奖企业及优秀企业奖项100家、优秀企业家称号100名。其中，9家企业获授“金龙奖”，8家企业获授“金虎奖”14家企业获授“金雁奖”，15家企业获授“金鹰奖”，54家企业获授“优秀企业”称号；100名企业家获授“优秀企业家”称号。颁奖盛典活动现场发布石家庄工业40年重点数据、“4+4”现代产业发展数据、2018石家庄百强企业名单。

（阎志勇 常学岐 李勇）

医药工业

【概况】 2018年，全市医药工业共有规模以上企业87家，同比减少3家；主营业务收入633.9亿元，同比增长12.2%，占全市比重14.6%；实现利润81.6亿元，同比增长14.4%，占全市比重29.1%。规模以上医药工业增加值同比增长14.7%，高于规模以上工业增加值增速9.4个百分点。医药工业投资同比增长3.3%，低于工业投资增速1.6个百分点。全年化学药品原药产量13.09万吨，同比增长3.3%；中成药产量1.4万吨，同比下降11.1%；化学农药原药（折有效成分100%）产量6846吨，同比下降17.5%；杀菌剂原药产量2656吨，同比增长0.9%；杀虫剂（杀螨剂）原药产量1925吨，同比下降21.6%。生物医药企业主要集中在高新区。药明生物研发生产中心开工。10月31日，药明生物（香港上市公司）4.8万升生物药一体化研发生产中心在高新区开工；地址位于昆仑大街东、郄马南路南、南郄马村西、仓宁东路北地块，规划总用地面积120.22亩、总建筑面积80389平方米；主要建设一次性反应器生物制药生产基地所需生产车间、综合仓库、公用工程楼、污水处理站及配套设施，设计及建设标准符合中国、美国、欧盟标准。3家医药企业入选中国生物医药产业上市企业创造力十强，分别为石药控股集团有限公司、华北制药集团股份有限责任公司、以岭药业股份有限公司。

（刘翀）

【石药集团】 石药控股集团有限公司（简称石药集团）是一家在香港上市的中国医药龙头企业，拥有创新药、普药、原料药三大业务板块，主要从事医药及相关产品的开发、生产和销售，成药产品主要包括抗生素、心脑血管用药、解热镇痛用药、消化系统用药、抗肿瘤用药和中成药等产品，总资产410亿元，拥有员工2.5万人。企业地址：石家庄市黄河大道226号。石药集团在石家庄设有石药集团中央药物研究院，在北京、上海、苏州等地设有临床中心，在美国加利福尼亚、普利斯顿、德克萨斯、新泽西设有研发中心和临床中心。拥有研发人员1700余人，其中硕士、博士和海归专家近1000名；开展创新药产品项目300个，其中，新靶点大分子生物药30个、小分子新药40个、化学原药3类新药70余个；可生产玄宁、欧来宁、津优力、多美素、诺利宁、克艾力等多个新药产品。至2018年末，石药集团取得16张CEP证书和33个DMF登记号，25个产品通过美国FDA现场检查。2018年石药集团在冀、晋、鲁、苏、赣、津等省市设有11个药品生产基地，产品销售遍及全球100

石药集团

多个国家和地区，其中33个药品单品种销售超过亿元。2018年石药集团销售收入300.68亿元，同比增长13.82%；实现利润45.46亿元，同比增长18.09%；实现利税64.22亿元，同比增长24.94%；企业产值216.30亿元，同比增长23.01%；企业上缴税金27.6亿元。2018年石药集团位列石家庄百强企业第5位。

（吴会宾　宋洪超）

【华药集团】 华北制药集团有限责任公司（简称华药集团）位于石家庄市和平东路388号。华药集团前身为华北制药厂，1953年6月筹建，1958年6月建成投产，1992年重组设立华北制药股份有限公司，1994年在上海证券交易所挂牌上市（股票名称：华北制药，股票代码：600812）。1996年1月华北制药厂改制为国有独资公司——华北制药集团有限责任公司。2009年6月经河北省政府批准，冀中能源集团重组华药集团。2018年华药集团实现营业收入132亿元，实现利税9.1亿元；资产总额206亿元；拥有职工14616人、子（分）公司40余家；获评“驰名商标”2件、“著名商标”23件、“知名商标”15件；企业建有3个国家级创新平台，分别为微生物药物国家工程研究中心、抗体药物研制国家重点实验室、抗生素酶催化与结晶技术国家地方联合工程实验室；主要产品涉及化学制药、现代生物技术药物、维生素及营养保健品、现代中药、生物农兽药等领域近1000个品种和规格，涵盖抗感染类、心脑血管类、肾病、抗肿瘤及免疫调节类等治疗领域。2018年华药集团单品种制剂产品收入超亿元达到12个，其中超7亿元制剂产品3个；药品取得国际注册证书55个，实现对外出口贸易额15.3亿元，同比增长15%。重视药品研究，抗狂犬抗体三期临床试验启动，加米霉素原料及注射液获得国家二类新兽药注册证书，申报阿莫西林胶囊、头孢呋辛酯片、环孢素软胶囊等口服制剂品种6个，启动注射剂一致性评价品种16个；获得药品生产批件11个、临床批件2个；申请专利31项，授权专利39项，其中发明专利22项。华药集团位列石家庄百强企业第15位。2018年华药集团“华北制药”品牌价值196.62亿元，在世界品牌实验室《中国500最具价值品牌》排行榜位列医药行业第7名。

（华北制药集团有限责任公司）

【以岭药业】 以岭药业股份有限公司（简称以岭药业）是中国工程院院士吴以岭采用“理论、临床、科研、产业、教学”五位一体运营模式，以中医络病理论为指导创建设立的新药研发企业。2001年8月28日，公司注册成立，地址为石家庄市高新区天山大街238号。2011年7月28日，以岭药业在深圳证券交易所挂牌上市，股票代码002603，首次发行6500万股，募集资金净额21.6亿元。以岭药业主要生产医药产品有通心络胶囊、参松养心胶囊、芪苈强心胶囊、连花清瘟胶囊、连花清咳片等。重视药品研发，建立复方中药、组分中药、单体中药高水平研发平台，形成中药创新药、化学一类新药、国际制剂的研发格局；设有石家庄生物医药院士工作站，入站生物医药领域院士30位；承担和完成国家973计划项目2项、863计划项目1项及国家重大新药创制、国家重点研发计划等国家级重大项目20余项，研发专利新药10余个，其中，6个药品列入国家重点新产品，7个药品列入国家医保目录，5个药品列入国家基本药物目录，5个药品列入中华医学会、中国中西医结合学会等颁布的疾病诊疗指南和专家共识，取得发明专利300余项。国际制药业务快速发展，2018年以岭药业具有较大市场份额的阿昔洛韦片、环丙沙星、非洛地平缓释片、阿那曲唑片、来曲唑片仿制药申请通过美国FDA批准，具备在美国市场销售资格。开展“治未病”产业链规划，建立首家石家庄市医药健养综合体——以岭健康城，建筑面积10余万平方米，包括健康管理中心、以岭健康商城、以岭药堂旗舰店。2018年以岭药业营业收入48.15亿元，同比增长17.98%；实现利润7.39亿元，同比增长13.88%；实现净利润5.99亿元，同比增长10.82%；实缴税金7.6亿元。

（张林）

【神威药业】 神威药业集团有限公司（简称神威药业）是一家以现代中药为主业的大型综合性企业集团，主营业务涵盖中药种植、研发、生产、销售、零售、电子商务、配方颗粒等上中下游产业链，是现代中药注射液、软胶囊、颗粒剂专业制造商。2003年12月30日，公司注册成立，地址为石家庄市栾城区石栾大道168号。2004年12月2日，神威药业股票在香港上市，发行总股本50亿股。2014年底，神威药业与清华大学共同完成的"中药注射剂全面质量控制及在清开灵、舒血宁、参麦注射液中的应用"项目获得国家科技进步奖二等奖。神威药业以中老年用药、儿童用药、抗病毒用药等为市场，发展形成现代中药注射液、现代中药软胶囊、现代中药颗粒剂、中药配方颗粒四大特色剂型；公司生产的五福心脑清软胶囊是心脑血管疾病的首选良药；国家中药保护品种主要有神威藿香正气软胶囊、神威参麦注射液、神威清开灵软胶囊、神威舒血宁注射液、神苗小儿清肺化痰颗粒等；列入2018版国家基本药物有神威滑膜炎颗粒、神威清开灵软胶囊；中药四类新药有五福血塞通滴丸。神威药业综合运用指纹图谱、超临界萃取、超微粉碎等新技术，建立中药动态逆流提取、注射液洗灌封联动生产线、软胶囊全自动包装线等领先工艺设备，实现中药生产标准化、中药剂型现代化、质量控制规范化、生产装备自动化，中药产品质量达到"安全、有效、稳定、可控"标准。2018年神威药业抓住国家加快大健康产业发展的战略机遇，推进实施"一体两翼"发展战略，以医药工业为主体，以医疗服务终端与医药零售终端为"两翼"，加大科研投入，完善产业布局，实现核心业务稳健增长。全年研发投入占销售收入5%以上，建成并完善三级研发体系，拥有国家认定企业技术中心、院士工作站、博士后科研工作站及通过CNAS认可的国家实验室、中药注射剂技术领域国家地方联合工程实验室、新版GMP认证中试车间，承担（参与）并完成国家中小企业创新基金项目、国家863计划项目、国家高技术产业化示范工程项目等。2018年神威药业业务收入39.3亿元，同比增长22.1%；实现经营利润5.2亿元，同比增长32.4%。其中，核心业务收入21.5亿元，同比增长5.3%；经营净利润3.5亿元，同比增长68%。核心业务中药配方颗粒销售收入3.6亿元，同比增长135%；实现利润0.6亿元，同比增长150%。2018神威药业所属神威大药房销售收入13.8亿元，同比增长38%；实现经营利润0.5亿元，与2017年持平。

（崔秀娈）

神威药业

【石家庄四药】 石家庄四药有限公司（简称石家庄四药）始建于1948年，是一家以生产大输液为主导，兼顾片剂、颗粒剂、口服液、胶囊、水针等多种剂型及原料药、生物制剂、医用包材等新型产业为一体的大型综合制药企业。地址位于石家庄高新区珠江大道288号。2007年3月27日，石家庄四药有限公司与香港主板上市企业利君国际医药控股公司签署协议借壳上市，股票代码为02005.HK。

1983年正式启用石家庄第四制药厂厂名，2003年被认定为河北省高新技术企业，2006年跻身中国医药工业百强企业，2015年建立药物研究院和博士后工作站，2016年经国家发展改革委批准设立化学药品注射剂质量控制国家地方联合工程实验室，2017年设立院士工作站。主导大输液产品主要有：10%葡萄糖注射液、甲硝唑葡萄糖注射液、己酮可可碱注射液、甲硝唑注射液、乳酸环丙沙星注射液、替硝唑注射液、诺氟沙星葡萄糖注射液、5%葡萄糖注射液、0.9%氯化钠注射液、葡萄糖氯化钠注射液、复方氯化钠注射液、木糖醇注射液（PP）、乳酸钠林格注射液（PP ）、复方乳酸钠葡萄糖注射液、甘露醇注射液等。医用药品药材涵盖大小容量注射剂、胶囊剂、口服液、颗粒剂、片剂、分散片、干混悬剂、原料药、消毒巾和湿巾等。立足国内外两大市场，重点开发直立袋双阀及双层灭菌产品市场，实现主导产品销售收入稳定增长。2018年石家庄四药销售收入超过亿元省份市场由2017年的10个增加到14个，盐酸莫西沙星氯化钠注射液、醋酸钠林格注射液等医药新产品投产并实现产业化；开发国际客户37家，通过国际质量审计和认证5项，累计实现产品注册83个国家，注册药品规格品种131个，对外出口量同比增长20%。至2018年末，石家庄四药注册资本金额4亿元，总资产42亿元；在职员工4200余人，其中专业技术人员达40%以上；生产产品包括大容量注射剂、小容量注射剂、原料药、片剂、胶囊、颗粒剂、口服液、冲洗剂等规格品种200余个；主导产品“石门”牌大容量注射剂（大输液）年生产能力达到20亿瓶（袋），其中软袋大输液产品占到全国总量50%。2018年石家庄四药销售收入49亿元（含税），同比增长31%；实现利润9.6亿元，同比增长22.6%，经济效益位列全国大输液行业领先地位。2018年石家庄四药获评国家技术创新示范企业，“软包装大输液质量控制技术体系建立与应用”项目获得河北省科学技术进步奖一等奖。

（刘翀　史建会）

纺织服装业

【概况】 2018年，石家庄市纺织服装皮革行业共有规模以上企业377家，同比减少30家。其中，纺织业212家，减少28家；纺织服装服饰业65家，增加4家；皮革、毛皮、羽毛及制品和制鞋业79家，减少3家；化纤制造业21家，减少3家。主营业务收入393.1亿元，同比下降37.2%，占全市规模以上工业主营业务收入比重9.0%；实现利润16.6亿元，同比下降57.6%，占全市规模以上工业利润比重5.9%。规模以上纺织服装业增加值同比下降4.1%，低于规模以上工业增加值增速9.4个百分点。纺织服装业投资同比下降23.9%，低于工业投资增速28.8个百分点。全年纱产量30.19万吨，同比下降18.1%；布产量13.32亿米，同比增长8.2%；服装产量3510万件，同比下降0.7%；针织服装产量1124万件，同比下降5.5%；皮革服装产量50万件，同比下降6.9%；鞋产量528.4万双，同比下降1.8%；皮革鞋靴产量431万双，同比下降6.7%；化学纤维产量8.68万吨，同比增长1.6%。皮革业是无极县支柱产业，年从业人员10万人，年加工能力占全国总量10%，主导产品有沙发革、汽车座套革、箱包革、皮鞋革等。深泽县小堡村为石家庄市布艺产业主要聚集地，布艺产量在国内市场占有率达到70%。

（李勇）

【常山集团】 石家庄常山纺织集团有限责任公司（简称常山集团）是一家成立于1991年的国有独资公司，1996年经河北省政府批准授权经营石家庄市属纺织企业国有资产。2000年7月24日，常山集团在深圳证券交易所上市。2004年常山集团在石家庄高新区投资建设占地380亩河北省高新技术企业——石家庄常山恒新纺织有限公司，2008年在正定县建设占地1300亩常山纺织工业园，2012年正式启动主城区老厂停产搬迁。2015年7月，常山集团以定向增资扩股方式，收购民营高科技企业北明软件100%股权，形成国有企业常山集团为第一大股东、民营企业北明软件为第二大股东的混合所有制架构。2018年常山集团纺织业以色纺产品、新型纤维产品为主攻方向，以服装、家纺等高档面料为重点，整合

常山纺织工业园

市场资源，优化客户结构和市场布局，延伸产业链条；全年纺织业申报技术发明、新型技术专利6项，累计拥有有效纺织专利84项，其中，发明专利13项，实用新型技术专利71项。软件业新增客户100余家，在线矛盾纠纷多元化解平台（ODR平台）在北京、浙江、云南等地上线运行。全年完成项目建设投资8.05亿元，智能物流中心10栋库房工程建设完工，纺织智能制造项目一期工程企业资源计划系统、制造执行系统试运行，家纺品牌项目“爱意生活”电子商务平台开通运营，常山云数据中心项目一期工程具备招商运行条件，常山北明科技馆设计施工比选完成。2018年常山集团营业收入103亿元，实现利润2.14亿元，位列中国制造业企业500强第418位、全国纺织服装企业竞争力第61位、全国棉纺织行业经济效益百强企业第13位、石家庄市百强企业第14位，获得石家庄市改革开放40年“工业铸魂”最高奖——“金龙奖”。

（王国正）

【际华三五零二职业装有限公司】 际华三五零二职业装有限公司始建于1928年，1955年由天津市迁至河北省井陉县，公司前身为中国人民解放军第三五零二工厂，2006年11月改制为际华三五零二职业装有限公司，隶属国务院国资委直属世界500强企业新兴际华集团。参与制订国家标准2项、行业产品标准60多项，取得授权专利324项，其中发明专利41项。2011年公司被国家发展改革委、科技部、财政部、海关总署、国家税务局总局认定为国家级企业技术中心，2013年被认定为国家级工业设计中心，2014年被认定为高新技术企业，建有全国省级职业装设计工艺工程技术研究中心和全国职业装专业研究院，公司“3502”商标被认定为中国驰名商标。2018年际华三五零二职业装有限公司实现营业收入9.72亿元，排名石家庄市百强企业第74位。

【际华三五一四制革制鞋有限公司】 际华三五一四制革制鞋有限公司（原石家庄三五一四皮革皮鞋总厂、中国人民解放军第三五一四工厂）于1958年4月建成投产，先后隶属中国人民解放军总后勤部军需生产部、中国新兴（集团）总公司、新兴铸管集团有限公司。1987年4月24日，注册成立公司。2006年11月，企业完成改制，变更注册为有限责任公司，注册资本4.1亿元，地址位于石家庄市鹿泉区上庄镇，总占地面积40.48万平方米。公司主要从事各种天然皮革、毛皮和皮鞋、皮衣、皮件等皮革制品的制造与销售，生产双密度、胶粘、模压、线缝、固特异等各种结构皮鞋，包括双密度作战靴、05军官常服皮鞋、舰艇毛皮鞋、02女皮鞋、高腰作训鞋等，公司生产的“神行太保”牌皮鞋获评“河北省用户满意产品”，“神行太保”商标获评“河北省著名商标”。拥有制革制鞋设备2600余台（套），具备年生产皮革10万张、毛皮15万张、各类皮鞋130万双、各种皮服皮件等装具100万套（件）生产能力，是中国华北地区最大的制革、制鞋企业。2018年际华三五一四制革制鞋有限公司实现营业收入8.03亿元，排名石家庄市百强企业第73位。

【皮革行业废物治理】 4月12日，市政府办公厅印发《石家庄市皮革行业固体废物污染专项治理实施方案》（石政办函〔2018〕54号）。主要内容：按照“源头管控、末端治理、产业化发展、兴利除害、变废为宝”思路，开展遗存无主皮革废碎料清理、暂存、利用和处置，打击遗弃、倾倒和露天焚烧皮革废物违法行为，提高皮革行业清洁化、规模化、高值化发展水平。启动制革及皮毛加工企业拉网式摸排，彻底摸清底数，确定治理企业范围，建立问题清单和责任清单，划定时间表和路线图，建立长效监管机制。实行政府统一领导、部门分工负责，采取以块为主、条块结合方式，依据“谁审批、谁负责，谁主管、谁监管”原则，落实地方政府和行业主管部门监管责任。建立信息沟通和共享机制，定期收集汇总、分析研判、互通治理工作，定期向政府报送信息和进度；建立联席会制度，召开联席会议，通报情况，研究重点难点问题，协调统一行动，确保治理工作落实到位；建立联合执法机制，针对群众举报、媒体曝光的问题，组织相关职能部门联合执法、严厉打击。清理遗弃无主皮革废碎料，全部送到有资质单位合法利用、处置；无主皮革废碎料收集、贮存和利用、处置所需费用由财政承担。制革及毛皮加工企业制定完善《危险废物管理计划》《突发环境事件应急预案》并备案，如实记录用电量、用水量、用气量、皮革产量、排水量、危废和固废产量等，建立健全与生产记录相衔接的危险废物台账。支持采用先进技术，开展利用含铬皮革废碎料生产再生革、植绒粉、皮革复鞣剂、含铬鞣剂及含铬污泥生产铬鞣剂（生产过程均不会产生剧毒物）。无极县作为石家庄市皮革及毛皮加工产业重点区域，编制印发《无极县皮革行业固体废物资源化利用试点工作实施方案》，开展先进适用技术资源化利用含铬皮革废碎料和含铬污泥试点。5 月 31 日前，全市实行集中治理；6 月 30 日前，全市年产 10 吨以上含铬废物单位均安装完成危险废物智能监控设施并实现联网管理。至 2018 年底，全市皮革行业通过先进适用技术试点项目建设，基本达到含铬废物全部资源化利用目标。

（市档案馆）

石化工业

【概况】 2018 年，石家庄市石化行业共有规模以上工业企业 421 家，同比减少 5 家，其中，石油加工、炼焦和核燃料加工业 11 家，化学原料和化学制品制造业 297 家，橡胶和塑料制品业企业 113 家；主营业务收入 915.3 亿，同比下降 0.8%，占全市规模以上工业主营业务收入比重 21.0%；实现利润 44.8 亿元，同比下降 11.5%，占全市规模以上工业利润比重 16.0%。规模以上石化工业增加值同比增长 10.9%，高于规模以上工业增加值增速 5.6 个百分点。石化工业投资同比增长 32.8%，高于工业投资增速 27.9 个百分点。主要产品大类有原油加工、纯碱、精甲醇、合成氨、农用化学肥料、农药、涂料、化学试剂等。主要工业产品产量：硫酸（折 100%）49.6 万吨，同比下降 9.5%；烧碱（折 100%）10.8 万吨，同比增长 5%；纯苯 12.1 万吨，同比下降 8.7%；精甲醇 23.7 万吨，同比下降 15.1%；合成氨（无水氨）63.8 万吨，同比下降 25.1%；化肥（折纯）25.2 万吨，同比下降 49.3%；合成洗涤剂 4.0 万吨，同比下降 9.2%；涂料 4.8 万吨，同比增长 9%；塑料制品 11.8 万吨，同比下降 16.4%。石油加工、炼焦加工业代表企业有中国石化石家庄炼化分公司，化学原料和化学制品制造业代表企业有晋煤金石化工公司、石家庄威远生物化工股份有限公司、石家庄白龙化工股份有限公司、河北诚信集团有限公司，橡胶和塑料制品业代表企业有河北橡一医药科技股份有限公司。

【石家庄炼化分公司】 中国石油化工股份有限公司石家庄炼化分公司（简称石家庄炼化分公司）位于河北石家庄循环化工园区，公司前身为石家庄炼油厂，始建于 1978 年；1997 年采用局部改制方式，募集发起设立石家庄炼油化工股份有限公司，并筹集资金成立石家庄化纤有限责任公司（简称石化纤），建设 5 万吨 / 年己内酰胺工程；2006 年注销石家庄炼油厂，注册成立中国石化集团资产经营管理有限公司石家庄分公司，2007 年 12 月 26 日转换体制注册成立中国石油化工股份有限公司石家庄炼化分公司；2009 年 5 月，公司实施“一企一制”整合，将石化纤整体、石家庄资产分公司部分资产和人员并入石家庄炼化分公司。2018 年石家庄炼化分公司原油一次加工能力达到 800 万吨 / 年（2014 年 8 月试车生产），拥有 260 万吨 / 年柴油加氢装置、220 万吨 / 年催化裂化装置、180 万吨 / 年蜡油加氢装置、150 万吨 / 年渣油加氢装置、120 万吨 / 年连续重整装置等26 套生产装置；化工部分经过己内酰胺“5 改 6.5”扩能改造、“6.5 改16”和己内酰胺质量升级，己内酰胺生产规模达到 20 万吨 / 年，聚合装置达到 2.5 万吨 / 年。公司主要产品有车用无铅汽油、京标汽油、灯煤、分子筛料、3 号喷气燃料、特 -30 号柴油、轻柴油、工业燃料油、液化石油气、丙烯、聚丙烯、丙烷、车用液化气、二异丁烯、辛基酚、石脑油、苯、甲苯、溶剂油、石油焦、己内酰胺、硫铵、聚酰胺切片等 30 多个品种、牌号。2018 年石家庄炼化分公司完成工业总产值 361 亿元，同比增长 52.9%；主营业务收入 351.6 亿元，同比增长 49.6%；实现利润总额13 亿元，同比增长 58.6%；上缴税收 76.4 亿元，同比下降 0.6%。2018年石家庄炼化分公司排名石家庄市百强企业第 8 位，上缴税收位列全市第一。

【河北诚信集团有限公司】 河北诚信集团有限公司始建于 1990 年，1994年改制为有限责任公司，是一家集技术研发、生产加工、销售服务、物流运输于一体的大型精细化学品制造企业，也是全国规模最大的氢氰酸及其衍生物生产企业，是中国民营 500强、中国石油和化工 500 强、中国精细化工百强企业及河北省百强企业、石家庄市百强企业；总资产 149 亿元，净资产 116 亿元，下辖全资子公司 8 家（石家庄 4 家，沧州 1 家，邢台 1 家，四川广安 1 家，内蒙古阿拉善 1 家）。地址位于元氏县火车站东元赵公路南，占地面积 2700 余亩。主要产品有氰化钠、黄血盐钠、三聚氯氰、苯乙氰、苯乙酸（钠、钾）、丙二酸酯系列产品、EDTA 螯合剂系列产品等 100 多种，产品销售国内 30 多个省市、自治区及欧美 60 多个国家和地区，被评为中国黄金行业最佳服务商、中国农药行业优秀原药与中间体供应商。氰化钠年生产能力25 万吨，丙酯系列产品年生产能力4.5 万吨。重视企业技术创新，公司技术中心被认定为国家级企业技术中心，检测中心 21 项检测能力获得国家实验室认可；参与制定“工业氰化钠”“氰化钠安全规程”等国家标准5 项、“工业六氰合铁酸四钠”“工业用羟基乙腈”等行业标准 9 项。2018年河北诚信集团有限公司营业收入279.10 亿元，实现利润 31 亿余元，位列石家庄市百强企业第 6 位；上缴税收 4.0 亿元，同比增长 98%。

【晋煤金石化工公司】 石家庄晋煤金石化工公司前身为河北省石家庄化肥厂（原址为石家庄市丰收路 65 号），始建于 1957 年，1964 年投产，是中国第一家自行设计、制造、安装的水溶液全循环法尿素生产样板厂，也是中国首家研制成功并工业化生产多孔粒状硝酸铵企业。2004 年 9 月，河北省石家庄化肥厂与山西晋城无烟煤矿业集团有限责任公司（简称晋煤集团）合资合作成立石家庄金石化肥有限责任公司；2009 年 9 月，公司更名为晋煤金石化工投资集团有限公司（简称晋煤金石化工公司）。晋煤金石化工公司是晋煤集团的控股子公司，也是中国化工企业 500 强，获得河北省“最具影响力和最具成长性企业”和石家庄市百强企业等荣誉。企业并购重组后，石家庄晋煤金石化工公司搬迁到河北石家庄循环化工园区，总占地面积 849 亩，被列为河北省第二批重点项目；总投资 39.65 亿元，总氨年生产能力 60 万吨。该项目与河北省重点项目——石炼化 800 万吨炼油改造工程配套实施，为炼油综合改造、己内酰胺、环己酮、氨基乙酸等项目提供氢气、氮气、液氨、甲醇等产品，同时生产副产品硫磺、焦油、中油、石脑油。晋煤金石化工公司生产化肥化工产品 20 多种，主要产品有尿素、硝酸铵、甲醇、碳酸氢铵、稀硝酸、硝酸钠、亚硝酸钠、甲醛、二甲醚、双氧水、复合肥、液体二氧化碳、编织袋等，“太行山”牌硝酸铵、尿素被认定为河北省著名商标。2018 年晋煤金石化工公司营业收入16.12 亿元，排名石家庄市百强企业第 30 位。

【河北威远生物化工股份公司】 河北威远生物化工股份有限公司（简称威远生化）是河北省首家上市公司，是集农药原料药及制剂研发、生产和销售于一体的现代化企业，也是国家农药定点生产企业。地址位于河北石家庄循环化工园区化工中路 6 号。公司原名河北威远建材股份有限公司，由石家庄地区建筑材料一厂、二厂和石家庄地区高压开关厂发起组建成立，1992 年 6 月 25 日，依据冀体改委股字〔1992〕40 号文件更名为河北威远实物股份有限公司，1992 年 7月 14 日注册成立；1994 年 1 月 3 日在上海证券交易所上市，股票名称河北威化，后改为威远生化，股票代码600803；1999 年 3 月公司改名为河北威远生物化工股份有限公司。2004年 5 月新奥集团股份有限公司（简称新奥集团，股票名称新奥股份，股票代码 600803）收购威远生化 80% 股权，成为河北威远生物化工股份有限公司控股股东。公司参与制定国家及行业农药产品标准 15 项，生产产品有杀虫剂、杀菌剂、除草剂三大系列 300 多个农药产品，主导产品有阿维菌素、甲氨基阿维菌素、草铵膦、嘧菌酯、吡蚜酮、噻唑膦、呋虫胺、除虫脲等，培育形成蓝锐、福蝶、禾媄等多个制剂知名品牌，产品销售国内 1200 多个县级行政区域及亚洲、欧洲、澳洲、非洲和美洲等 70 多个国家和地区。2018 年威远生化完成工业总产值 14.4 亿元，营业收入 16.07 亿元，实现利润 0.5 亿元，排名石家庄市百强企业第 31 位。

【白龙化工股份有限公司】 石家庄白龙化工股份有限公司是一家以苯酐、顺酐、增塑剂为主要产品的基础化工原料生产厂家，前身为石家庄市化工二厂，始建于 1959 年。1997 年 12 月，由石家庄市化工二厂改制设立为股份制企业。地址位于河北石家庄循环化工园区石炼中街 8 号。占地面积 200 亩，注册资本 4835.54 万元，其中国有股份 2110 万元，占比 43.64%；总资产 4.5 亿元，净资产 3.3 亿元；职工 560 人。主要产品、产能为邻苯二甲酸酐（苯酐）8 万吨 / 年，顺丁烯二酸酐（顺酐）4 万吨 / 年，邻苯二甲酸酯类增塑剂 8 万吨 / 年。公司“白龙”注册商标为河北省著名商标，“白龙”牌苯酐为河北省名牌产品、顺酐为河北省优质产品。2018 年石家庄白龙化工股份有限公司营业收入 9.25 亿元，实现利润 529 万元、利税 2273 万元，排名石家庄市百强企业第 79 位。

（张秋来）

装备制造业

【概况】 2018 年，石家庄市装备制造业共有规模以上工业企业 666 家，同比增加 45 家；主营业务收入 673.1 亿元，同比下降 30.5%，占全市规模以上工业主营业务收入比重 15.5%，较 2017 年下降 4.0 个百分点；实现利润 16.3 亿元，同比下降 78.4%，占全市规模以上工业利润比重 5.8%，较 2017 年下降 16.8 个百分点。规模以上装备制造业增加值同比增长 7.8%，高于规模以上工业增加值增速 2.5 个百分点。其中，通用设备制造业增加值同比增长 11.6%，汽车制造业增加值同比增长 18.1%，铁路、船舶、航空航天和其他运输设备制造业增加值同比增长 19.1%，电气机械和器材制造业增加值同比增长 11.6%。装备制造业投资同比下降 5.4%，高于工业投资增速 10.3 个百分点。装备制造业出口交货值同比增长 14.5%，高于全省同行业 11.7 个百分点。生产主要产品 39 种，其中 20 种产品产量保持增长，占比 51.3%。装备制造业主要产品产量：铁路货车 1597 辆，同比增长 185.7%；新能源汽车 1689，同比下降 7.1%；改装汽车 16483 辆，同比增长 8.2%；交流电动机 289.3 万千瓦，同比下降 12.4%；气体压缩机 2.48 万台，同比增长 19.5%；金属切削工具 9461 万件，同比增长 49.6%。10 月 10 日，首辆“石家庄产”奇瑞新能源汽车在栾城区石家庄装备制造产业园下线。2018 年 11 月，河北新四达电机股份有限公司示范模式（全生命周期管理）、河北冠卓检测科技有限公司示范平台（区域综合服务平台）2 家企业入选工业和信息化部第二批服务型制造示范企业（项目、平台）。河北新四达电机股份有限公司是一家集设计研发、生产、销售、服务为一体的现代化专业电机制造商，专门向矿山专业市场提供重型特种电机及控制系统成套解决方案，主要面向华北地区大型厂矿企业提供以电机为核心的产品全生命周期管理服务；河北冠卓检测科技有限公司于 2013 年 9 月注册成立，是一家集检测、科研、咨询、培训为一体的综合性第三方食品检测机构。重视提升装备制造业产品质量、品牌意识和企业综合竞争力，制定出台《加快推进先进装备制造业发展工作方案》《石家庄市加快智能制造发展行动方案》。2018 年华北制药股份有限公司获批国家智能制造试点示范企业，河北敬业增材制造科技有限公司获批国家智能制造标准与应用新模式项目企业，石家庄安瑞科气体机械有限公司、河北瑞欧消失模科技有限公司 2 个产品列入《河北省重点领域首台（套）重大技术装备产品公告目录（2018 年第二版）》，博深工具股份有限公司、石家庄工业泵厂有限公司、格力电器（石家庄）有限公司3家企业获得市政府质量奖组织奖，河北旭辉电气的旭辉牌自动跟踪消弧补偿及接地选线成套装置、河北晓进机械的晓进机械牌灌装封口设备、河北翼辰实业的翼辰牌药芯焊丝、石家庄诚志永华显示材料的Slichem牌显示用液晶材料、石家庄通合电子科技的通合牌电动汽车非车载式充电机系统、河北博纳德能源科技的BNDNY牌地（水）源热泵机组6个装备制造业品牌获得石家庄市十大工业名牌产品。

【格力电器（石家庄）有限公司】 格力电器（石家庄）有限公司成立于2011年5月23日，是中国知名家电企业——珠海格力电器股份有限公司独资子公司。地址位于石家庄高新区珠江大道252号，即珠江大道和环城水系交叉口石家庄家电产业园，总占地面积3000余亩，建筑面积65.7万平方米，总投资200亿元。主营家用、商用空调器、压缩机、模具及配套产品的生产、销售，是中国北方最大的专业化空调生产基地。2018年格力电器（石家庄）有限公司营业收入94.08亿元，位列石家庄市百强企业第14位；上缴税收3.44亿元，同比增长40.1%。

【博深股份有限公司】 博深股份有限公司于1994年9月创建成立，是一家以五金工具类（金刚石工具、电动工具、合金工具）、涂附磨具类和轨道交通装备类为主营业务的集团化跨国公司，总部位于石家庄高新区长江大道289号，注册资本4.38亿元，总资产25亿元；建有石家庄、常州、上海、泰国、加拿大5个生产基地；下辖8家全资子公司，分别位于美国、加拿大、泰国、韩国及中国常州、上海；2个事业部，分别是金刚石工具事业部和轨道交通装备事业部；2家国内参股公司，分别位于北京和山东。2009年8月21日，公司股票在深圳证券交易所挂牌上市，股票名称博深工具，后改为博深股份，股票代码002282，首次发行量4340万股，募集资金净额46972.67万元。博深股份有限公司被评为国家火炬计划重点高新技术企业和河北省高新技术企业，设有河北省金刚石工具工程研究中心，企业主导产品均通过德国MPA质量安全认证和欧盟EN安全认证，电动工具通过欧盟CE认证，300～350千米/小时及以上动车组粉末冶金闸片（非燕尾型）通过CRCC认证及IRIS认证；拥有国家专利137项，其中发明专利26项；20多个产品项目列入“国家重点新产品计划”“国家火炬计划”“国家科技兴贸计划”和“河北省重大科技成果转化项目”、省市研究开发计划及进出口资助项目；产品销售32个省（市、自治区）200多个城市，并在美国、加拿大设有销售子公司，海外客户覆盖美洲、欧洲、东南亚、中东、北非等海外市场；公司“博深”品牌是中国金刚石工具行业知名品牌。2018年博深股份有限公司营业收入10.54亿元，排名石家庄市百强企业第50位。

【石家庄煤矿机械有限公司】 石家庄煤矿机械有限公司（简称石煤机公司）是专业从事煤矿采掘运及支护设备、工程钻探设备、随车起重设备研发、生产和销售的大型机电装备制造企业。公司始建于1939年，1957年从吉林省通化市迁到石家庄市，1959年更名为石家庄煤矿机械厂，1998年开始改制，1999年4月29日公司注册成立。2007年经河北省政府国资委批准，石煤机公司成为冀中能源、中煤能源集团各持股50%的国有合资公司，注册资本2.4亿元。公司主要产品有煤机装备、专用车装备、勘探装备三大板块。其中，煤机装备主要包括采掘设备、井下辅助运输设备、支护设备、坑道钻机等；专用车装备主要包括随车起重机和环卫车辆，随车起重机产品主要有直臂、折臂系列随车起重机、船载、非开挖、抓木、特种作业液压起重机等，环卫车辆主要包括道路清扫类、垃圾收集及转运类、清洗抑尘类三大系列40多个品种；勘探装备主要包括工程钻机、石油钻机、水源钻机及配套泥浆泵等。公司产品广泛应用于煤炭、地质、石油、交通运输、建筑、国防、林业、环境卫生等行业和领域。“石煤”牌图形商标、“石煤”汉字商标获得河北省著名商标。2018年石煤机公司营业收入8.01亿元，位列石家庄市百强企业第62位。

【中航通飞华北飞机工业有限公司】 中航通飞华北飞机工业有限公司（简称中航通飞华北公司）是2012年9月由河北省政府与中国航空工业集团在石家庄飞机工业有限责任公司基础上共同出资组建的航空制造业公司，是中国航空工业集团有限公司下属成员单位和核心骨干企业，注册资本15亿元。地址位于石家庄市栾城区衡井路99号。占地面积1091亩，建筑面积14万平方米，拥有1200米跑道2B级通航机场（A1类机场）1座，职工1500余人。中航通飞华北公司是国内以研制生产通用飞机为主的专业化主机厂，具备机械加工、钣金、钳焊、铆接、复合材料加工及飞机部装、总装、试飞等综合能力和通用飞机研发、制造管理、适航取证、持续适航等航空制造管理经验，是河北省高新技术企业，建有省级企业技术中心，旗下有河北中航通航公司、内蒙古通航公司、河北中航机场管理公司、石家庄爱飞客航空俱乐部等通航运营与服务公司。主要产品有运五/运五B系列飞机、小鹰500飞机、海鸥300水陆两栖飞机、赛斯纳“凯旋”208B飞机等。其中，运五B系列飞机是国内生产量最大、销售量最大、市场保有量最大和年飞行作业量最大的通用飞机机型；小鹰500飞机拥有完全的自主知识产权，填补国内四座轻型多用途飞机生产领域空白；海鸥300水陆两栖飞机填补国内5吨级以下水陆两栖飞机研制空白。2018年中航通飞华北公司主营业务收入2.7亿元，实现工业增加值0.5亿元。

（张洁）

食品工业

【概况】 2018年，石家庄市食品工业共有规模以上工业企业237家，同比减少17家，其中，农副食品加工业141家，食品制造业67家，酒、饮料和精制茶制造业28家，烟草制品业1家；主营业务收入392.4亿元，占全市规模以上工业主营业务收入比重9.0%；实现利润4.4亿元，同比下降87.4%，占全市规模以上工业利润比重1.6%。规模以上食品工业增加值同比增长1.8%，低于规模以上工业增加值增速3.5个百分点。食品工业投资同比增长13.1%，高于工业投资增速8.2个百分点。食品工业主要产品产量：乳制品101.09万吨，同比增长8.4%；液体乳96.22万吨，同比增长7.2%；婴幼儿配方乳粉1.4万吨，同比增长16.5%；饮料70.89万吨，同比增长2.7%；饮料酒3.62万吨，同比增长13.7%；卷烟223.5万支，同比增长1.4%。高端白奶、低温酸奶、品质乳粉等乳制品消费增长强劲，富含益生菌、低糖、纯天然饮料受到市场青睐。

【君乐宝乳业】 石家庄君乐宝乳业有限公司（简称君乐宝乳业）成立于1995年，地址位于鹿泉区铜冶镇石铜路36号。主营业务包括婴幼儿奶粉、低温液态奶、常温液态奶、牧业四大主业，在河北、河南、江苏等地建有生产工厂17个、现代化大型牧场10个，拥有员工1万余人，是河北省最大的乳制品加工企业，也是国家高新技术企业和国家乳品研发技术分中心。公司君乐宝商标为中国驰名商标。2013年君乐宝工业旅游景区开工建设，2015年7月对外开放，景区建有放牧区、饲喂体验区、奶牛文化馆、挤奶参观厅、游客中心等，采用声、光、电等现代科技手段，向游客展现饲草种植、奶牛饲养、挤奶等全过程，获评国家4A级旅游景区和河北省工业旅游示范点。公司业务涵盖低温酸奶、婴幼儿奶粉、常温液态奶、牧业四大板块，销售市场覆盖全国。君乐宝婴幼儿奶粉是全球奶粉行业第一家通过食品安全全球标准

君乐宝乳业集团

BRC A+认证产品，也是首个在香港、澳门销售的国产奶粉品牌。5月28日，由B.I.D（国际权威质量评定组织）举办的2018年度IQS质量峰会和颁奖大会在美国纽约市举行，君乐宝乳业作为唯一一家中国企业获得峰会最高奖项：国际质量管理卓越和创新钻石奖。11月2日，君乐宝乳业在第三届中国质量奖颁奖大会上获得中国质量奖提名奖。2018年12月，市政府奖励君乐宝乳业500万元。2018年君乐宝乳业销售总额130亿元，同比增长28.98%；总产值99.6亿元，同比增长29.85%；营业收入94.78亿元，位列石家庄市百强企业第13位；实现利润3.8亿元，同比增长76.8%；上缴税金5.5亿元，同比增长12.87%。

【河北三元食品有限公司】 河北三元食品有限公司于2008年12月10日注册成立，是一家集畜牧科技研究、新产品开发、乳与乳制品加工及销售于一体的大型乳业企业，是北京三元食品股份有限公司的全资子公司，隶属北京首都农业集团。地址位于新乐市三元路6号。注册资本21.58亿元。2016年5月16日，北京三元食品公司在新乐市投资建设三元河北工业园，占地面积600余亩，总投资18亿元，设计年产婴幼儿配方乳粉4万吨、各类液奶25万吨。至2018年末，河北三元食品有限公司年产4万吨乳粉、25万吨液态奶搬迁改造项目基本建成，完成投资13亿元。2018年河北三元食品有限公司营业收入12.33亿元，同比增长2.0%；实现净利润0.32亿元；位列石家庄市百强企业第43位。

【河北双鸽食品股份有限公司】 河北双鸽食品股份有限公司是一家集生猪良种繁育、屠宰分割、肉制品深加工、冷冻冷藏、连锁销售为一体的现代化食品加工企业。年出栏无公害生猪18万头，年屠宰加工能力150万头，生产肉制品5万吨，冷冻冷藏容量8万吨，形成遍布石家庄周边县（市）连锁销售网络。公司管理通过ISO9001、ISO22000管理体系认证。以发展名牌为战略，围绕农副产品深加工产业，建成河北省最大的生猪良种繁育基地、世界一流现代化生猪屠宰线和国内一流鲜猪肉预冷分割线，肉产品获评河北省首家“无公害农产品”“绿色产品”和河北省自主品牌建设重点培育品牌、河北省著名商标、河北省名牌产品，拥有“奥开”冷鲜肉及以鲜做鲜“双鸽”熟肉食品三大系列100多个品种，在石家庄市设立“双鸽·奥开”连锁销售网络店300余家。重视产品质量，建成全国首家肉品监测信息网，实现从土地到餐桌可追溯体系。公司旗下双鸽冰鲜食品交易中心具有3万吨冷库存储设施和铁路专用线，是河北省最大的肉类食品集散地。2018年河北双鸽食品股份有限公司在新三板上市，实现销售收入6.2亿元。

【市惠康食品有限公司】 石家庄市惠康食品有限公司成立于1993年，是一家集种植、中央厨房、贸易、集体用餐配送为一体的大型食品加工企业；占地面积4.5万平方米，是中国优质农产品开发服务协会副会长单位、河北省绿色食品协会副会长单位，建有石家庄市果蔬及肉类深加工工程技术研究中心。1997年公司取得自营进出口权，2001年取得日本农林水产省关于偶蹄类动物制品热加工处理许可，是中国对日出口的主要熟食加工企业之一；出口产品以速冻肉类、果蔬类为主，年出口量达5000吨，其中牛筋类产品在日本同类产品中占到市场份额40%。公司严格执行质量和卫生管理体系，产品通过日本食品检验检测项目734项，

河北双鸽食品股份有限公司加工基地

2002年取得ISO−9001质量管理体系认证，2003年取得HACCP食品安全体系认证，产品形成从原料到成品可追溯体系。2012年公司打造中央厨房理念，主营国内市场；2015年创建“谷言”品牌，以冷冻预制菜食品加工产业为核心，引进和研发食品加工技术，重点发展家庭冷冻预制菜、速冻料理包、冷藏速食、高档牛肉等系列加工产品，生产包括冷冻预制菜、速食、牛肉套皮等八大系列116个品种；2017年惠康食品投资5.9亿元，设立谷言食品（石家庄）股份有限公司，建设集冷冻预制菜、速食产品、进口高档冰鲜牛肉分割等加工、销售、仓储、配送于一体的现代化食品加工基地；2017年11月公司被农业部评为“全国主食加工示范企业”。2018年市惠康食品有限公司营业收入2.66亿元，实现净利润1189万元，上缴税金817万元。

【市制酒厂】 石家庄市制酒厂有限公司（简称市制酒厂）位于石家庄市长安区北二环西路19号，总占地面积6万平方米，主营冀窖系列、天庄系列、石家庄大曲白酒和黄酒，白酒年产能力1.2万吨，黄酒年产能力100吨。在职职工174人，离退休职工465人。市制酒厂是河北省组建最早的国营老酒厂，是开国大典国宴用酒提供厂和北京“红星二锅头”的发源地，隶属市政府国资委管理企业——石家庄市国有资本经营集团有限公司。1948年1月，市制酒厂由第一届石家庄市人民政府收购5家老烧坊组建，也是第一批公营企业中唯一的酿酒厂，称为“公营石家庄酿酒厂”，首张营业证上有第一任市长柯庆施签名和“石家庄市人民政府”大方印章，颁证时间落款为“中华民国三十八年三月九日”。主要酒产品：“天下第一荘”牌石家庄大曲，即石家庄大曲（红坛）、石家庄大曲（黑坛）、石家庄大曲（红色国酿）、石家庄大曲（开国大典）和“赵州桥”牌石家庄大曲等大众白酒及第一庄、天庄、红粮大曲、定河山等中高端白酒。石家庄大曲酿造技艺被评为市级非物质文化遗产。石家庄大曲采用传统纯粮固态混蒸混烧老五甑蒸馏蒸粮工艺，地下泥池老窖发酵，陶坛贮存原酒老熟，馥雅香气浑然天成；装甑操作见潮撒料，轻、松、匀、薄、平；流酒时看花分段量质摘酒，分级并缸；勾调时利用基酒与基酒之间“相融平衡、相辅相成”的特点，采取“酒勾酒”“香生香”“味配味”“度调度”的诀窍制作。白酒行业专家对石家庄大曲评价：酒体无色透明，香气幽雅，陈香舒适，绵柔绵甜，醇厚细腻，尾净和爽，适口性强。2018年8月，市制酒厂启动鹿泉新厂区搬迁升级改造项目。2018年12月，市制酒厂新产酒品“红粮大曲”“石家庄大曲”上市，并在“2018中国酒业京津冀一体化品牌发展高峰论坛”获得“2018中国酒业京津冀创新产品奖”。12月24日，市制酒厂有限公司在庆祝改革开放40周年“工业铸魂”颁奖盛典活动上获得石家庄市优秀企业称号。

（魏俊杰）

冶金工业

【概况】 2018年，石家庄市冶金行业共有规模以上工业企业29家，同比减少60家；其中，黑色金属矿采选业企业4家，黑色金属冶炼和压延加工业企业9家，有色金属冶炼和压延加工业企业16家；主营业收入590.9亿元，同比增长0.9%；实现利润77.6亿元，同比增长87.6%。2018年石家庄市钢铁工业共有规模以上工业企业13家，主营业收入566.9亿元，同比增长1.5%，占全市规模以上工业主营业务收入比重13.0%；实现利润76.5亿元，同比增长93.3%，占全市规模以上工业利润比重27.3%。规模以上钢铁工业增加值同比下降6.6%，低于规模以上工业增加值增速11.9个百分点。钢铁工业投资同比下降59.0%，低于工业投资增速63.9个百分点。冶金行业主要产品有生铁、粗钢、钢材、黄金等。主要产品产量：生铁1072.6万吨，同比下降10.0%；粗钢1144，5万吨，同比下降4.9%；钢材1128.7万吨，同比下降5.1%；阀门5.24万吨，同比增长50.2%。黑色金属冶炼和压延加工代表企业有河北敬业集团、河钢集团石家庄钢铁有限责任公司。

【河北敬业集团】 河北敬业集团是一

家以钢铁为主业，兼营钢材深加工、国际贸易、粉末冶金3D打印、旅游、酒店的大型集团公司。地址位于平山县南甸镇。拥有员工2.25万人，总资产313亿元。河北敬业集团在中国500强企业排名第251位、中国制造业企业500强排名第110位，连续十年位列石家庄市百强企业第一名。公司下辖总部钢铁、乌兰浩特钢铁和兼营钢材深加工、增材制造3D打印、国际贸易、旅游、酒店等企业集团，主要产品有螺纹钢、中厚板、热卷板、冷轧板、镀锌板、彩涂板、圆钢、异型钢、型钢、线材、钢轨等，是全球大型螺纹钢生产基地，获评国家高强钢筋生产示范企业、国家高新技术企业和中国第一批绿色工厂。钢铁产品通过ISO9001、ISO14001认证和4国船级社认证、欧盟CE认证、锅炉压力容器板系列认证，螺纹钢产品、中厚板产品获得中国钢铁工业协会冶金产品实物质量认定（金杯奖），螺纹钢拥有精轧、韩标、美标、英标、澳标、马标等10多个国家标准生产资质，产品覆盖400、500、600强度级别，规格覆盖直径6～40毫米。“敬业”商标获评中国驰名商标。实施国际化战略，致力打造全球钢材和金属制品供应服务商，在全球22个国家设立分公司和办事机构，产品出口80多个国家和地区，广泛应用于北京大兴国际机场、世博会中国馆、三峡工程、南水北调、石家庄地铁、呼和浩特市地铁、雄安市民服务中心、文莱跨海大桥等国内外重点项目工程。2018年11月，河北敬业集团电子商务平台上线运行。2018年河北敬业集团完成工业总产值370.2亿元，同比增长12.2%，占平山县规模以上工业总产值84%；营业收入901.1亿元，同比增长33.5%；主营业务收入486.0亿元，同比增长1.5%；实现利润74.0亿元，同比增长105.6%；实现利税98.6亿元，同比增长73.6%。2018年河北敬业集团获评2017～2018年度中冶MC认证“最具影响力企业”奖及“2018年度十大卓越建筑用钢生产企业品牌”“2018年‘百年匠星’中国建筑业特色品牌”称号，敬业钢铁有限公司获授首批钢材绿色产品认证企业证书。

【河钢集团石钢公司】 河钢集团石家庄钢铁有限责任公司（简称石钢公司）是一家具备年产260万吨钢生产能力的特钢企业，是中国重点大中型钢铁联合企业。石钢公司成立于1957年12月13日，前身为石家庄钢铁厂。1994年石家庄钢铁厂改制为石家庄钢铁股份有限公司，1996年改制为石家庄钢铁有限责任公司。2000年，石钢公司钢产量102万吨，钢材产量83万吨，钢产量突破100万吨；2004年，石钢公司钢产量207万吨，钢材产量178万吨，钢产量突破200万吨。2006年6月，中信泰富集团收购石钢公司80%股权，石钢公司改制为中外合资企业；2010年3月，河北钢铁集团（简称河钢集团）回购石钢公司股权，石钢公司成为河北钢铁集团全资子公司。主要产品有：优质碳钢、合金结构钢、轴承钢。主导产品齿轮钢、轴承钢、弹簧钢、易切削非调质钢、合金结构钢等广泛用于汽车、工程机械、轨道交通、能源工程、军工等领域，部分高端产品市场占有率排名全国特殊钢棒材细分市场应用领域单项冠军。2008年12月，“石钢”牌圆钢获评河北省名牌产品。石钢公司生产的高端弹条钢60Si2Mn、汽车齿轮用渗碳钢8620RH、非调质机械结构圆钢HL610/HL740、轿车用轮毂轴承钢SAE1055达到国际同类产品实物质量水平，获评“金杯优质产品”；高铁轨道弹条钢60Si2Mn达到国际先进实物质量水平，被认定为冶金产品实物质量标杆并授予“特优质量产品”，国内市场份额占比达到60%。2018年石钢公司生铁产量117.4万吨、钢产量135.7万吨、钢材产量123.5万吨；完成工业总产值89.13亿元；营业收入184.88亿元，位列石家庄市百强企业第11位；上缴税收3.20亿元，同比增长37.6%。

（王迎春）

建材工业

【概况】 2018年，石家庄市建材行业共有规模以上工业企业247家，同比增加12家，其中，非金属矿物采选业企业8家，非金属矿物制品业企业239家；主营业务收入198.7亿元，同比下降25.6%，占全市规模以上工业主营业务收入比重 4.6%；实现利润 13.8 亿元，同比下降 25.7%，占全市规模以上工业利润 4.9%。规模以上建材工业增加值同比增长 0.2%，低于规模以上工业增加值增速 5.1 个百分点。建材工业投资同比下降 1.0%，低于工业投资增速 5.9 个百分点。主要产品大类有水泥熟料、水泥、建筑陶瓷、建筑板材、平板玻璃等。主要产品产量：硅酸盐水泥熟料 1291.8 万吨，同比增长 11.9%；水泥 1690.3 万吨，同比增长 9.9%；瓷质砖 2.32 亿平方米，同比增长 40.0%；天然大理石建筑板材 204.5 万平方米，同比增长 3.6%；防水卷材 5863.3 万平方米，同比增长 11.4%；平板玻璃 1262.2 万重量箱，同比增长 14.8%。非金属矿物制品业代表企业有河北曲寨集团有限公司、河北金隅鼎鑫水泥有限公司、赞皇金隅水泥有限公司、高邑力马建陶有限公司、石家庄玉晶玻璃有限公司等。

【河北曲寨集团有限公司】 河北曲寨集团有限公司（简称河北曲寨集团）于 1996 年组建成立，是一家以水泥、建材为龙头产业，精密铸钢、造纸为主业，兼营建筑、服务、商贸、资本经营等产业和集工、农、商、贸、建筑、服务为一体的全民股份制企业集团。地址位于石家庄市鹿泉区大河镇曲寨工业区。注册资本金 4.1 亿元。集团企业分布在石家庄、天津、保定、廊坊等地，下辖石家庄市曲寨水泥有限公司、河北曲寨矿峰水泥股份有限公司、石家庄曲寨建材有限公司、河北鼎星水泥有限公司、顺平县曲寨水泥有限公司、天津市金晟华水泥股份有限公司、廊坊曲寨水泥有限公司、河北曲寨装配式建筑材料有限公司、曲寨服务公司、石家庄市鹿泉区曲寨房地产开发有限公司等企业，发展形成鹿泉区北部曲寨工业区和井陉矿区工业区两大工业园区。主导产品“曲寨”“抱犊寨”水泥通过多项管理体系认证，销往北京、天津、山西和保定、廊坊、沧州及石家庄周边地区，被“北京奥运会”“青银高速”“石家庄地铁”等国家重点工程选用，获得“国家免检产品”“全国建材行业质量可信产品”“环渤海地区知名品牌”“河北省名牌产品”“河北省优质产品”及“河北省百强民营企业”等荣誉称号。2018 年河北曲寨集团排名石家庄市百强企业第 25 位，旗下石家庄市曲寨水泥有限公司营业收入 12.85 亿元。

【河北金隅鼎鑫水泥有限公司】 河北金隅鼎鑫水泥有限公司（简称河北金隅鼎鑫公司）于 2000 年建厂，主营水泥、熟料生产和销售业务。2007 年 3 月，河北金隅鼎鑫有限公司由北京金隅集团股份有限公司控股。河北金隅鼎鑫公司是水泥行业率先通过六位一体管理体系认证企业，也是河北省唯一一家入选“国家重点支持 60 家水泥工业结构调整大型企业”。2017 年 8 月，河北金隅鼎鑫公司被工业和信息化部授予“国家绿色工厂”，综合评分排名全国 12 家首批“国家绿色工厂”第一名；公司生产产品“鼎鑫”牌水泥获得“中国驰名商标”“河北省名牌产品”等荣誉。2018 年公司拥有 2 条日产 2000 吨、3 条日产 4000 吨新型干法熟料水泥生产线，年熟料生产能力 484 万吨，优质高强度等级水泥和特种水泥产能 600 万吨，企业总资产 35 亿元；“鼎鑫”牌优质高标号普通水泥及五大类 18 个品种特种水泥产品在河北省重点工程市场占有率达到 90% 以上。12 月 21 日，公司获得石家庄市庆祝改革开放 40 周年“工业铸魂”金虎奖。2018 年河北金隅鼎鑫公司营业收入 19.52 亿元，同比增长 2.86%；实现利润 4.78 亿元；上缴税收入 1.64 亿元，同比增长 47.2%；企业排名石家庄市百强企业第 48 位。

【赞皇金隅水泥有限公司】 赞皇金隅水泥有限公司成立于 2008 年 2 月，是北京金隅集团股份有限公司全资子公司；拥有石灰石储量 1.4 亿吨、砂岩储量 3000 多万吨；建有日产 2000 吨水泥熟料生产线 2 条，日产 4000 吨熟料生产线 1 条，15 兆瓦、6 兆瓦纯低温余热发电系统各 1 条，年产 100 万吨水泥粉磨系统 3 条；年生产优质水泥 330 万吨。2017 年 5 月 14 日，赞皇金隅水泥有限公司“利用水泥窑协同处置生活垃圾和污泥项目”开工，这也是石家庄市第一家利用水泥窑无害化处置生活垃圾和生活污泥项目，总投资 1.25 亿元，设计日处理生活垃圾能力 300 吨、日处理生活污泥 200 吨。2018 年赞皇金隅水泥有限公司营业收入 10.04 亿元，排名石家庄百强企业第 53 位。

【高邑力马建陶有限公司】 高邑力马建陶有限公司成立于 2000 年 6 月 20 日，是一家集科研、开发、制造、销售为一体的河北省重点建陶生产企业。地址位于高邑县凤凰山工业区，总占地面积 27 万平方米，拥有 2 个陶瓷生产园区和河北力马燃气有限公司，建有石家庄市唯一一家省级建陶工程技术研究中心。2013年公司建设年产5000万平方米8条高档抛光砖生产线，总投资8亿元，主要产品为600米×600米普拉提、1000米×1000米普拉提、800米×800米凤凰石和欧罗莎等高档抛光砖及内墙砖，填补了河北省抛光砖产品市场的空白。公司地板砖年生产能力2600万平方米，产品包含五大系列、两个规格、多个花色品种，拥有多项知识产权和专利证书；主要产品有全瓷耐磨地板砖、微粉抛光地板砖、聚晶微粉抛光地板砖、高档普拉提抛光地板砖、高档郁金香抛光地板砖等。公司通过ISO9001：2000国际质量管理体系认证、国家3C认证、ISO14001环境管理体系认证、职业健康安全管理体系认证，取得采用国际标准证书、河北省计量保证能力合格证书，获得河北省产业集群龙头企业等荣誉。2018年11月，获评国家高新技术企业。2018年高邑县力马建陶有限公司营业收入5.14亿元，排名石家庄市百强企业第81名。

【石家庄玉晶玻璃有限公司】 石家庄玉晶玻璃有限公司于2009年4月28日组建成立，是河北迎新玻璃集团有限公司全资子公司。地址位于行唐县工业园区，注册资本2.4亿元。拥有4条浮法玻璃生产线、1条离线low-E玻璃生产线，总投资18亿元；员工1000余人。2014年3月，离线low-E玻璃生产线投产。经营范围包括玻璃生产、销售和太阳能玻璃、在线Low-E玻璃、离线Low-E玻璃、钢化玻璃、制镜玻璃、中空玻璃及玻璃系列深加工、余热发电、碎玻璃收购等，可生产3.5～12毫米优质白玻及高中低离线low-E玻璃产品，主要销往北京、山东、河北、山西等地。2018年石家庄玉晶玻璃有限公司营业收入6.83亿元，排名石家庄市百强企业第67位。

（李菲菲）

电力工业

【概况】 2018年，石家庄市全社会用电量497.5亿千瓦时，同比增长6.28%。其中，第一产业用电量3.4亿千瓦时，增长5.51%；第二产业用电量302.4亿千瓦时，增长3.49%；第三产业用电量118.36亿千瓦时，增长11.73%；城乡居民生活用电量73.34亿千瓦时，增长9.84%。2018年全市发电量456.0亿千瓦时，同比下降0.6%。2018年全市新建成220千伏变电站1座，新投入运行主变设备2台，新增容量360兆伏安；新建成110千伏变电站6座，扩建1座，增容1座，退运2座，新投入运行主变设备12台，新增容量406兆伏安；35千伏变电站没有新投入运行变电站，退运1座，扩建1座，增减容改造8座，新投入运行主变设备11台，新增容量1.2兆伏安。2018年全市输电设备新建成220千伏线路8条，长度134千米；新建成110千伏线路32条（包括T接线），长度302.2千米；新建成35千伏线路11条（包括T接线），长度56.4千米。至2018年底，全市电网规模包括220千伏变电站49座，变压器119台，总容量17029兆伏安，同比增长2.16%；110千伏变电站195座，变压器412台，总容量18042兆伏安，同比增长1.83%；35千伏变电站306座，变压器626台，总容量5428.2兆伏安；220千伏输电线路130条，总长度2283.42千米，同比增加1.67%；110千米输电线路315条，总长度3808.59千米，同比增长3.24%；35千米输电线路440条，总长度3527.45千米，同比增长1.63%。2018年国网石家庄供电公司主要担负石家庄市8区13县（市、区）和河北省直管辛集市供电任务，公司地址位于石家庄市桥西区红旗大街66号，内设机构20个，其中，职能管理部室12个，业务支撑与实施机构8个；职工总数5295人，其中，市公司2001人，石家庄市主城区外13个县（市、区）及辛集市公司3294人。

【电网建设】 2018年全市新建成220千伏变电站1座（伏羲站），新投入运行主变设备2台，新增容量360兆伏安。新建成110千伏变电站6座〔临济、国贸城、城角（玉村二）、台西（岗上）、杨庄、用户天元湖地铁站〕，扩建1座（秀林新站），增容1座（南郊站），退运2座（秀林旧站、用户金盾站），新投入运行主变设备12台，新增容量406兆伏安。35千伏变电站没有新投入运行变电站，退运1座（栾城洨西站），扩建1座（赵县圪塔头站），增减容改造8座（平山南甸、宋家峪、西焦、三汲、行唐玉亭、辛集中里厢、无极工业、郝庄站），新投入运行主变设备11台，新增容量1.2兆伏安。2018年全市输电设备新建成220千伏线路8条，长度134千米；新建成110千伏线路32条（包括T接线），长度302.2千米；新建成35千伏线路11条（包括T接线），长度56.4千米。至2018年底，石家庄电网规模包括500千伏变电站5座，总容量12000兆伏安（包括辛集市500千伏变电站）。220千伏变电站49座，变压器119台，总容量17029兆伏安，同比增长2.16%。其中，220千米公用变电站42座，变压器93台，总容量16020兆伏安，同比增长2.30%；220千伏客户变电站7座，变压器26台，总容量1009兆伏安，与2017年持平。110千伏变电站195座，变压器412台，总容量18042兆伏安，同比增长1.83%。其中，公用变电站161座，变压器329台，总容量15007兆伏安，同比增长2.87%（中心城区变电站40座，变压器89台，总容量4032兆伏安，同比增长5.73%；县域变电站121座，变压器240台，总容量10975兆伏安，同比增长1.86%）；客户变电站34座（电铁牵引站10座，轨道交通用户站3座），变压器83台，总容量3035兆伏安。35千伏变电站306座，变压器626台，总容量5428.2兆伏安。其中，公用变电站207座，变压器417台，总容量3873.2兆伏安，同比增长0.03%；客户变电站99座，变压器209台，总容量1555.0兆伏安，同比增长1.07%。220千伏输电线路130条，总长度2283.42千米，同比增加1.67%；110千米输电线路315条，总长度3808.59千米，同比增长3.24%；35千米输电线路440条，总长度3527.45千米，同比增长1.63%。3月30日，北京西至石家庄1000千伏特高压线路工程石家庄段开工。

【电厂装机容量】 至2018年底，全市电厂装机总容量891.88万千瓦。其中，火电装机容量773.3万千瓦，单机30万千瓦及以上装机容量700万千瓦；水电装机容量110.33万千瓦；其他装机容量8.25万千瓦。火电装机容量较大的电厂有：华能上安电厂装机容量256万千瓦、西柏坡电厂装机容量252万千瓦、鹿华热电厂装机容量66万千瓦、华电石热电厂装机容量47.5万千瓦、裕华热电厂装机容量60万千瓦、良村热电厂装机容量66万千瓦。

【农村电网改造】 开展农村电网升级改造、电力扶贫攻坚行动等重点项目，完成美丽乡村、线路过载治理、过载配变治理、秋冬季过载治理等工程建设任务。全年农村电网新建、改造10千伏及以下线路2576.2千米，新增变压器735台、配变容量159.46兆伏安。开展电力扶贫攻坚行动，投入1.37亿元，完成195个贫困村电网建设改造和370个美丽乡村、异地搬迁等农村配套电网建设；46个光伏扶贫项目按期竣工，惠及3个县46个扶贫村，每个贫困户享受连续20年、平均每年不低于3000元的光伏发电收益。

【供电服务】 开展用电办理提速专项行动，10千伏用电业务项目平均接电时间57个工作日，同比下降28%。依托供电服务指挥中心，建立抢修服务智能化、自动化、集约化管理模式。组建成立桥东、桥西2个供电服务中心，推行“网格化”管控及服务，全年配网故障平均修复时长较2017年下降52.66%，城市用户平均停电时间较2017年每户下降0.37小时。开展降价清费攻坚行动，落实国家降价清费政策，全年一般工商业电价每千瓦时同比下降6.79分，降幅超过10%，帮助企业减轻负担1.12亿元。严格清理转供加价和清退临时接电费管理，降低用户成本2.39亿元。

国网石家庄供电公司
总 经 理：周爱国（6月任）
党委书记、副总经理：
赵宁 （3月任）
副总经理：李承辉 王向东
刘玉璞 齐全定
赵洋 （9月任）

（国网石家庄供电公司）

城乡建设

Urban and Rural Construction

综 述

2018年，全市城乡规划建设管理部门围绕建设生态宜居和现代省会、经济强市目标，以创建"园林城、卫生城、文明城、洁净城"为突破口，抓住京津冀协同发展重大机遇，对标国内先进城市，完善城市功能、提升城市品质、优化城市环境，加快补齐基础设施短板，全面提升城市综合承载能力。开展县城和村镇建设，综合整治农村卫生环境；实施民生工程，落实保障性住房政策和措施；加强城市精细化管理，加快新型城镇化建设进程，统筹推进城乡一体化发展。

空间规划管控。坚持重大规划事项交由城乡规划委员会审议制度，全年召开城乡规划委员会会议3次、研究审议议题14个，城乡规划委员会专题会议10次，研究审议议题39个。城乡规划部门受理报建项目1442项次，其中受理用地类报建项目576项次；发放建设用地规划许可证100项，批准用地面积713.2万平方米；发放建设项目选址意见书1项。编修《滹沱河（黄壁庄至深泽界）生态修复工程规划暨沿线地区综合提升规划》完成。实施"一城八县，拥河发展"总体战略，全面提升中心城区段河湖景观和设施标准。全年跟踪监管批后管理建设项目406个，批后建设项目实现零违法。

城乡基础设施建设。2018年石家庄城区新建、改建道路33.9千米，完成投资33亿元；常住人口城镇化率达到63.83%，基本完成国家新型城镇化综合试点任务。县城建设。13个县（市）和井陉矿区谋划实施重大工程项目538个，完成县城建设投资159.6亿元；拆除违法建筑设施214万平方米，涉及违法占地1254宗、10061亩，除国家、省重点项目和基础设施、民生公益等违法占地情况外，整改违法用地1157宗、9625.6亩，整改到位率达到95.7%；建成污水处理厂15座，日处理能力59万吨，污水处理率均达94%以上；建成生活垃圾无害化处理厂12座，日处理能力1690吨，生活垃圾无害化处理率达96.6%以上；各县城集中供热和清洁能源供热率达到90%以上，燃气普及率达到96%以上，公共供水普及率达到94%以上，雨污分流管网改造完成85%以上；建成迎宾景观大道14条、标志性街道28条、城市景观道52条；依托当地历史和文化特色，打造精品地标建筑56个、特色风貌街区18条。正定县、晋州市通过国家园林县城初审，正定县、新乐市获评省级洁净城市，灵寿县、赵县获评省级园林县城，至2018年末，石家庄市21个县（市、区）全部成为省级园林县城。厕所建设。至2018年底，城区（含县城）厕所新建及竣工154座，竣工率100%；改造提升及竣工101座，竣工率100%。农村完成改厕23.4万座，为河北省分配石家庄市任务4.68倍，占全省2018年改厕总数25%。旅游厕所新建及改扩建竣工170座，竣工率100%。交通厕所普通干线公路厕所新建及竣工7座，竣工率100%。农村生活垃圾治理。石家庄主城区外17个县（市、区）3939个村中90%以上村庄建立日常保洁制度，配备保洁人员19398人，农村生活垃圾做到"日产日清"；3937个村庄垃圾实现城乡一体化处理模式，3657个村庄实现生活垃圾无害化处理。农村危房改造完成2462户。

住房保障和房地产业。2018年河北省政府下达石家庄市公租房目标任务为：公租房基本建成5000套，列入国家计划的政府投资公租房分配率达到90%以上，发放城镇住房保障家庭租赁补贴1800户。2018年石家庄市超额完成河北省下达公租房建设目标任务，基本建成保障房

7473套，完成年度任务149.5%；纳入国家计划的政府产权公租房累计分配64837套，分配比例97.2%；发放城镇住房保障家庭租赁补贴1817户，完成目标任务100.9%。至2018年底，石家庄市区累计分配保障房小区58个、49684套。2018年石家庄市商品房上市面积751.0万平方米，同比下降22.5%，其中，商品住房上市面积543.8万平方米，同比下降27.8%。2018年石家庄市商品房成交均价10065元/平方米，同比下降4.6%，其中，商品住房成交均价9584元/平方米，同比下降6.5%。2018年石家庄市存量房成交面积189.5万平方米，同比下降21.1%，其中，存量住房成交面积171.2万平方米，同比下降22.1%；存量房成交均价14190元/平方米，同比上涨25.4%，其中，存量住房成交均价15144元/平方米，同比上涨28.4%。2018年石家庄市商品房库存面积1263.0万平方米，同比增长5.7%，其中，商品住房库存面积539.0万平方米。2018年石家庄市居民购买商品房比例为85.11%，其中，石家庄城区占比60.50%，郊县占比24.61%。

城市管理。2018年主城区实施供水管网改造15.6千米，供热管网改造358.4千米，燃气管网改造10.79千米，排水管网改造7千米。“八区一县”(一县为正定县)拆除门店牌匾4914处、楼顶广告及标识字号158处、拆除违章户外广告1772处。主城区道路机械化清扫率达到90%，市区生活垃圾无害化处理率达到100%。2018年石家庄城区新改建厕所683座，其中，高标准改造主城区老旧公厕244座。供水和污水处理。2018年市水务集团产水2.239亿立方米，售水1.822亿立方米，江水消纳1.718亿立方米，提前超额完成全年江水消纳任务136.16%。2018年全市污水处理3.22亿吨，中水回用1.027亿吨，中水回用率达30%以上，出水达标合格率100%。2018年石家庄市主城区污水集中处理率达100%，各县(市、区)污水集中处理率达93%以上，污水处理厂出水水质均符合一级A排放标准。供热。全年供热设施平稳运行率保持99%。主城区新增供热面积600万平方米，供热总面积达到1.8亿平方米。西柏坡废热入市输配线工程全线贯通，供热能力达到3800万平方米，成为主城区最大热源。上安电厂废热入市工程获得省市批复。主城区清洁供热率达到100%。供气。2018年全市天然气总用量16.38亿立方米，其中，管道天然气用量14.20亿立方米，压缩天然气用量2.18亿立方米；液化石油气用量5.1万吨。2018年主城区及高新区天然气总用量7.36亿立方米，其中，管道天然气用量5.99亿立方米，压缩天然气用量1.37亿立方米；液化石油气用量2.65万吨。2018年主城区和高新区共有燃气管网长度5783.7千米，燃气普及率100%。

园林绿化。2018年石家庄市新建绿地938万平方米，新增城市植树241万株；全市公园总数达到70个。至2018年底，石家庄市建成区(不含藁城区、鹿泉区、栾城区)绿地率为41.1%，绿化覆盖率为45.1%、人均绿地面积15.6平方米。命名省级园林式单位13个、省级园林式小区12个、省级园林式街道6条、省级星级公园16个、省级星级广场1个、省级星级游园7个。推进重点园林工程建设，龙泉湖主体基本形成，西环公园、西兆通公园、铁路文化公园取得阶段性成果。实施49座公园广场无障碍化改造，建成7块、15万平方米街旁游园。滹沱河城区段生态修复新建绿地1470亩，累计建成绿地1.67万亩，栽植乔灌木35.1万株、地被77.36万平方米，建造景观路5500平方米、园路广场3.42万平方米；城市轨迹、生态湿地、子龙码头、滹沱印迹等8处景观节点对外开放。推进园林县城建设，正定县、晋州市通过国家园林县城初审，灵寿县、赵县获评省级园林县城，至2018年末，全市13个县(市)全部创建为省级以上园林县城。其中，国家园林县城1个：高邑县(2015年)；省级园林县城11个：分别为井陉县(2010年)、元氏县(2013年)、平山县(2013年)、井陉矿区(2013年)、新乐市(2014年)、行唐县(2016年)、无极县(2017年)、深泽县(2017年)、赞皇县(2017年)、灵寿县(2018年)、赵县(2018年)。

城乡规划

【概况】 2018年，市自然资源和规划系统坚持重大规划事项交由城乡规划委员会审议制度，全年召开城乡规划委员会会议3次、研究审议议题14个；城乡规划委员会专题会议10次，研究审议议题39个。城乡规划部门受理报建项目1442项次，其中受理用地类报建项目576项次；发放建设用地规划许可证100项，批准用地面积713.2万平方米；发放建设项目选址意见书1项。编修《滹沱河（黄壁庄至深泽界）生态修复工程规划暨沿线地区综合提升规划》完成。实施“一城八县，拥河发展”总体战略，全面提升中心城区段河湖景观和设施标准。加强规划批后管理，全年跟踪监管批后管理建设项目406个，楼栋2647个，建设面积5283.1万平方米，批后建设项目实现零违法。正定新区规划建设。学习借鉴雄安新区先进经验，将绿色建筑、装配式建筑、海绵城市等概念指标化；围绕高起点高标准规划理念，精心谋划建设绿色宜居美好新城，全年正定新区核发选址意见书及函39个，核发规划条件27个，核发用地证16个，用地面积100.63公顷，其中综合管廊长度4280米。开展历史文化名城保护，完成历史文化街区、历史建筑确定和挂牌；至2018年末，石家庄市共有历史文化名城2个：正定（国家级）和赵县（省级），历史文化街区4条，列入中国传统村落名录村庄38个、历史文化名镇名村9个。

【城乡规划会议】 城乡规划委员会全体会议。4月10日，市城乡规划委员会第五次全体会议举行。审议并原则同意控制性详细规划动态维护方案、正定新区城市设计深化及风貌专项研究、石家庄市管线综合规划（2015～2030）、石家庄市管廊工程规划城市地下综合（2015～2030）、石家庄市海绵城市专项规划方案、正定新区148及155地块办公楼项目6个议题。

9月5日，市城乡规划委员会第六次全体会议举行。审议并原则通过中央商务区（CBD）规划、省行政中心控制性详细规划、控制性详细规划动态维护方案、石家庄市泰华街—红旗大街快速路改造工程方案4个议题。副市长姜阳、市政府秘书长郎金国及市城乡规划委员会成员单位负责人参加会议。中央商务区规划区域总面积2.6平方千米，南至裕华路、永安街，北至和平路、新华路，东至平安大街、解放大街，西至南小街、中华大街、车辆厂前街。规划结构：“一轴双心四片区”。“一轴”即贯穿南北的开放空间轴线；“双心四片区”即南北两栋超高层地标建筑，并自南向北划分商务金融北区、历史文化区、精品会展区、商务金融南区四大板块。规划建设10个市级特色小镇。其中，创建类特色小镇7个，分别为：鹿泉区土门驿道小镇、鹿泉区华北汽车小镇、井陉矿区贾庄古镇、藁城区九门古镇、井陉县南横口陶瓷水镇、藁城区宫灯小镇、井陉县“玉水庭院·燕归来”康养小镇；培育类特色小镇3个，分别为：鹿泉区花田原乡艺术小镇，井陉矿区荆蒲兰水磨风情小镇、元氏县殷村农业休闲小镇。

10月26日，市城乡规划委员会第七次全体会议举行。审议并原则同意石家庄中心城区城市棚户区改造项目控制性详细规划动态维护方案、石家庄中心城区商业服务业用房去库存项目控制性详细规划动态维护方案、石家庄部分街坊控制性详细规划动态维护方案、正定新区周汉河项目规划设计（城市设计深化与导则）4个议题。

城乡规划委员专题会议。1月26日，副市长、市城乡规划委员会副主任姜阳主持召开市城乡规划委员专题会第18次会议。审议并原则同意石家庄经济技术开发区海南路—开发大街西北侧街坊控规动态维护方案、正定新区金辉优步大道项目规划设计方案、中鑫时代广场3个议题，会议要求优化鸿晟商务广场二期项目沿街商业方案，考虑与一期建筑的关系，修改完善后报市城乡规划委员会审议。

3月7日，姜阳主持召开市城乡规划委员专题会第19次会议。审议并原则同意中共石家庄市委党校迁建暨高等级公共人防工程项目规划设计方案、恒山·天成颂园住宅项目规划设计方案、鸿昇商务广场二期商业办公规划设计方案3个议题。审议石家庄名门华都项目规划设计方案，并提出相关要求。

5月11日，姜阳主持召开市城乡规划委员专题会第20次会议。审议并原则同意保晋南街房屋征收项目地块控制性详细规划动态维护方案、正定新区园博园北部区域相关地块控规动态维护方案、石家庄市城市通信基础设施专项规划（2016～2020年）、正定城杨庄村自主发展项目规划设计方案、天山观澜项目规划设计方案、天山国府壹号项目规划设计方案、正定天山010、011号地块房地产项目规划设计方案、石家庄新利广场项目规划设计方案8个议题。

5月22日，姜阳主持召开市城乡规划委员会第21次专题会议。审议并原则同意石家庄中心城区部分街坊控制性详细规划动态维护方案、正定新区金辉云著项目规划设计方案、环城水系整体提升工程概念方案3个议题。原则同意市商务局纳入市城乡规划委员会成员单位，按照程序审批。

6月7日，姜阳主持召开市城乡规划委员专题会第22次会议。审议并原则同意石家庄中心城区部分街坊控制性详细规划动态维护方案。

6月21日，姜阳主持召开市城乡规划委员专题会第23次会议。审议并原则同意省行政中心控制性详细规划方案。

8月10日，姜阳主持召开市城乡规划委员专题会第24次会议。审议并原则同意石家庄中心城区部分街坊控制性详细规划动态维护方案、石家庄市中央商务区（CBD）规划、河北医科大学第四医院医疗综合楼（河北省癌症中心主楼）项目、正定新区225#、226#地块项目4个议题。

9月21日，姜阳主持召开市城乡规划委员专题会第25次会议。审议并原则同意肖家营北方鞋城地块控制性详细规划动态维护方案、东胜新世界广场3#地项目、天铂锦都商业广场项目、正定新区周汉河项目规划设计（城市设计深化与导则）、正定新区203号地块项目、正定新区荣鼎嘉之汇商务中心项目、正定新区146#、147#地块项目、河北省国控石家庄总部基地项目、正定新区恒山天成丰园项目9个议题。

10月13日，姜阳主持召开市城乡规划委员专题会第26次会议。审议并原则同意安联新青年广场项目、天山世界之门27#地块项目、正定县（正定新区）常新家苑项目3个议题。未予通过天山世界之门15#地块项目，要求深化完善后报审。

10月26日，姜阳主持召开市城乡规划委员专题会第27次会议。审议并原则同意石家庄市中心城区城市棚户区改造项目控制性详细规划动态维护方案及总平面规划设计方案、石家庄中心城区商业服务业用房去库存项目控制性详细规划动态维护方案、石家庄中心城区部分街坊控制性详细规划动态维护方案、正定新区远洋安联万和学府项目规划设计方案4个议题。

【规划审批】 坚持重大规划事项交由城乡规划委员会审议制度。2018年市城乡规划部门受理报建项目1442项次，其中受理用地类报建项目576项次；发放建设用地规划许可证100项，批准用地面积713.2万平方米；发放规划条件159项；受理建筑类报建项目403项次，发证130项，批准建筑面积1107.3万平方米（含地下建筑269万平方米），其中，居住面积879万平方米（含地下建筑面积222万平方米），商业面积117万平方米（含地下建筑面积26万平方米），其他建筑面积111.3万平方米（含地下建筑面积21万平方米）；受理市政类报建项目345项次，发证271项；受理竣工核实类报建项目118项次，发放竣工验收合格函118项。发放建设项目选址意见书1项。编修《滹沱河（黄壁庄至深泽界）生态修复工程规划暨沿线地区综合提升规划》完成。

【重点区域规划】 中央商务区规划编制。按照市委提出“打造省会1号地标”要求，结合城市产业转型升级发展需求、城市空间发展脉络和功能布局特点，借鉴国内外先进城市中央商务区规划建设经验，编制中央商务区规划方案。9月5日，石家庄市中央商务区规划通过第六次城乡规划委员全体会审议。中央商务区规划采取地上、地下一体化规划设计，突出打造沿解放大街高低起伏、变化丰富的天际线，建议层次分明的城市公共开放空间、系统完善的交通体系，通过产业升级、用地功能优化，将中央商务区建设成为现代化产业经济的活力核心区。省行政中心控制性详细规划编制。按照保障安全、优化区域、相对集聚、改善交通、提升风貌五大策略，打造安全、集约、绿色、高效的省级优良政务办公区，包括改善交通、提升环境、棚户区改造等内容，逐步提升省级行政办公区周边环境品质。解放大街（新胜利大街）沿线区域城市设计及控制性详细规划编制。

优化沿线用地布局，完善区域交通路网，塑造沿街建筑界面，重点打造标志性、示范性中央景观大道。总体城市设计、建筑风貌导则编制通过专家评审，主要结论纳入总体规划和建筑风貌管理。城市生态修复和功能修补规划编制。打造15分钟生活圈，发挥城市生态修复和功能修补作用，补足公共服务设施短板，提升城市宜居水平，2018年石家庄城市生态修复和功能修补规划通过专家评审。

【规划维护与景观管控】 开展城市总体规划修编，采取“政府主导、部门合作、专家领衔、公众参与”方式，邀请国内及河北省城建规划专家研商，举办规划专题研究会议30余场次，重点邀请京津冀协同发展专家咨询委员会李晓江、郭继孚、朱森第3位专家就石家庄市长远发展的重大问题举行沟通和咨询，初步确定城市发展方向为：京津冀国际化综合交通枢纽、京津冀国际贸易流通基地、国家级先进制造业及技术创新基地、京津冀南部优质公共服务中心、河北魅力和谐宜居示范城市五大核心功能。根据各县（市、区）政府申请，全年受理控制性规划动态维护方案76项，其中，49项履行完整程序，获得市政府批复，完成控制性规划动态维护面积14平方千米，占中心城区总面积4.9%。加快推进棚户区改造，制定出台《关于加快推进城市棚户区改造工作意见的细化方案》，启动完成中山东路468号院、省测绘局宿舍等20个棚户区改造项目控制性规划动态维护程序，项目改造2万户，新建住宅建筑面积200万平方米，新增托儿所和幼儿园13所，扩建初中1所，落实居住区级公共服务设施30620平方米。制定《石家庄市城乡规划局建筑风貌控制管理规定（试行）》，从城市界面、建筑单体、楼前环境3个方面提出建筑风貌管控具体要求。将项目与周边环境关系作为重点审查内容，重点从区域角度分析和评价城市景观、建筑形体、交通影响等。建立责任设计师制度，从建设项目规划设计、建设、验收等环节，邀请规划、建筑大师参加评审，现场把关，提升项目规划设计方案质量。全年召开规划设计专家评审会21次，《石家庄市自然资源和规划局专家评审办法》修订完成。

（张跃斌）

城乡基础设施建设

【概况】 2018年，全市围绕拉开城市框架、推进组团县区一体化发展目标，组织实施大型市政基础设施建设，加密市区主干路网和二环路、三环路及支路网络，全面优化中心城区对外中长距离出行。结合城中村改造、旧城改造，打通南二环东延、中华大街南延、建设大街南延等13条断头路，建成火车东站地下停车场、和平路高架桥下停车场等11个公共停车场。全年石家庄城区新建、改建道路33.9千米，完成投资33亿元；常住人口城镇化率达到63.83%，基本完成国家新型城镇化综合试点任务。推进废热入市等热源工程建设，优化调整城市供热能源结构，全面实施“煤改气”“煤改电”工程，石家庄市被国家确定为“北方地区冬季清洁取暖试点城市”。县城建设。13个县（市）和井陉矿区谋划实施重大工程项目538个，完成县城建设投资159.6亿元；拆除违法建筑设施214万平方米，涉及违法占地1254宗、10061亩，除国家、省重点项目和基础设施、民生公益等违法占地情况外，整改违法用地1157宗、9625.6亩，整改到位率达到95.7%；建成污水处理厂15座，日处理能力59万吨，污水处理率均达94%以上；建成生活垃圾无害化处理厂12座，日处理能力1690吨，生活垃圾无害化处理率达96.6%以上；各县城集中供热和清洁能源供热率达到90%以上，燃气普及率达到96%以上，公共供水普及率达到94%以上，雨污分流管网改造完成85%以上；建成迎宾景观大道14条、标志性街道28条、城市景观道52条；依托当地历史和文化特色，打造精品地标建筑56个、特色风貌街区18条。正定县、晋州市通过国家园林县城初审，正定县、新乐市获评省级洁净城市，灵寿县、赵县获评省级园林县城，至2018年末，石家庄市21个县（市、区）全部成为省级以上园林县城。厕所建设。至2018年底，城区（含县城）厕所新建及竣工154座，竣工率100%；改造提升及竣工101

座，竣工率100%。农村完成改厕23.4万座，为河北省分配石家庄市任务4.68倍，占全省2018年改厕总数25%。旅游厕所新建及改扩建竣工170座，竣工率100%。交通厕所普通干线公路厕所新建及竣工7座，竣工率100%。农村生活垃圾治理。石家庄主城区外17个县（市、区）3939个村中90%以上村庄建立日常保洁制度，配备保洁人员19398人，农村生活垃圾做到“日产日清”；3937个村庄垃圾实现城乡一体化处理模式，3657个村庄实现生活垃圾无害化处理。农村危房改造完成2462户。

（赵俊武）

【城市设施建设】 编制《石家庄市城市（县城）市政基础设施建设“十三五”规划》，完善三年滚动项目库。围绕拉开城市框架、推进组团县区一体化发展目标，组织实施大型市政基础设施建设，加密市区主干路网和二环路、三环路及支路网络，全面优化中心城区对外中长距离出行。结合城中村改造、旧城改造，打通南二环东延、中华大街南延、建设大街南延等13条断头路，建成火车东站地下停车场、和平路高架桥下停车场等11个公共停车场。2018年石家庄城区新建、改建道路33.9千米，完成投资33亿元；常住人口城镇化率达到63.83%，基本完成国家新型城镇化综合试点任务。市区重点道路工程。南二环东延。南二环东延工程西起东南二环节点，东至东三环，全长8606米，红线宽60米。5月1日，南二环东延工程主线通车。通车路段为天山大街到太行大街路段、谈固东街到雅清街路段、宋村口到振华加油站路段；至此，南二环东延工程主线全部贯通。南二环东延工程全长10千米，包括东南二环立交桥（1.5千米）、跨新元高速立交桥（1.3千米）及仙台街至东三环道路工程（7.2千米）；道路建设标准为城市快速路（互通区）、城市主干路，全路段设计为双向8车道，设计时速80千米、60千米。2017年12月31日，南二环东延工程东南二环立交桥主线桥到天山大街及太行大街到东三环道路部分路段通车。南二环东延工程沿线经过裕华区、高新区、循环化工园区、藁城区4个区，连通天山大街、太行大街、燕山大街、黄山大街、兴安大街及东三环，形成沿线主干线平面交通网。南二环东延工程全线贯通后，加速形成“以中心城区为核心，以藁城区、鹿泉区、栾城区、正定县4个区县为组团”城市发展格局，实现从中心城区至组团县城不超过30分钟快速通达，缓解了市区和平路、中山路、裕华路、槐安东路等城市主干道交通压力。中华大街南延。中华大街南延工程北起南二环，南至南三环，全长4.12千米，设有4座桥梁（南二环南向东匝道桥、跨污水处理厂主线桥和2座地面辅路桥梁）。道路建设标准为城市主干路，标准路段宽50米，行车道为双向6车道，两侧设非机动车道和人行道。2017年9月18日工程主线桥首桩开钻，2018年11月4日工程

联石丰拓宽打通工程

拆迁腾地完成，12月10日所有桥梁主体结构完工，12月31日道路具备通车条件（2019年1月1日正式开通）。中华大街南延道路工程较好完善了中华大街南延与周边道路连接，实现南部区域与主城区之间车辆快速直达，有效发挥中心城市辐射带动作用，了解决城市空间狭小、交通拥挤等大城市问题。和平路西延中华大街跨线桥及匝道、道路工程。和平路方向西起西向北匝道、东至老中华大街以东，长497米；中华大街方向北起市庄路、南至宁安路，长1070米，桥面宽16.5米，匝道宽8米；设计时速40千米。施工内容主要包括中华大街主线桥、北向南匝道、南向北匝道、和平路西转北至中华大街匝道、中华大街北转东至和平路匝道及道路工程。2018年4月13日正式动工，2018年12月30日建成通车。和平路西延中华大街跨线桥及匝道、道路工程建成后缓解了和平路西段区域路网交通压力。中山路（民心河西线—青园街）提升改造。4月9日至8月28日，市区中山路（建设大街—中华大街）提升改造完成，全长3023米，设置道路红线标准段宽度50米，渠化段宽度55米，断面形式为三幅路；5月18日至9月底，市区中山路（民心河西线—中华大街）提升改造完成，全长1736米，主要实施道路、排水、路灯、园林绿化、交通信号设施改造。5月11日至9月20日，市区中山路（建设大街—青园街）提升改造完成。联石丰拓宽打通工程开工。8月10日，市区和平路与北二环之间的联盟路—石纺路—丰收路拓宽打通工程（简称联石丰拓宽打通工程）开工。全长16.34千米，道路宽25～40米，是一条市区北部东西向主干路。建设内容包括道路工程、桥梁工程、排水工程、管网综合、交通工程、照明工程、绿化工程及市政配套设施等。联盟路、石纺路、柏林南路、义堂路、丰收路和北新街道路工程采用城市主干路建设标准，道路断面为三幅路形式，设计车速40千米/小时，双向4车道；复兴街和义西街建设标准为城市次干路，设计车速30千米/小时，双向2车道。联盟路—石纺路为改建道路，全长6.4千米，联盟路起点为西二环，终点为京广铁路；石纺路起点为京广铁路，终点为胜利北街。柏林南路—义堂路—丰收路为改建道路，全长7.74千米，柏林南路起点为中华大街，终点为京广铁路；义堂路起点为京广铁路，终点为胜利北街；丰收路起点为建设大街，终点为谈固东街。复兴街为新建道路，长度0.79千米，起点为联盟路，终点为柏林南路。北新街为新建道路，长度0.76千米，起点为联盟路，终点为柏林南路。义西街为新建道路，长度0.65千米，起点为石纺路，终点为义堂路。至2018年底，联石丰拓宽打通工程正在建设。国家地下综合管廊试点建设。2016年石家庄市入选国家地下综合管廊试点城市。自2016年起，石家庄市每年获得中央城市管网专项资金4亿元，2016～2018年共计获得中央支持资金12亿元用于地下综合管廊建设。2018年市住房和城乡建设局加强管廊谋划和督导，制定出台《石家庄市地下综合管廊运营管理办法》，确定管廊运营管理单位和管线单位的职责、义务；制定《管线入廊合同》《综合管廊日常维护管理服务合同》标准模板，确定缴费方式、使用权限、管廊管理、管线管理等内容，为管线入廊谈判、管廊试运营打好基础。至2018年底，全市18个试点项目形成地下廊体35.2千米，完成总任务量77%。

表16

2018年石家庄市区重点道路建设工程情况一览表

序号	道路工程项目	长度（米）	开工时间	投用时间
1	南二环东延（东二环—东三环）	8606	2016年6月	2018年5月1日
2	绵河道（新城大道—金水街）	400	2017年4月	2018年5月
3	建设大街南延（文河小区至南三环）	1854	2017年5月	2018年7月
4	中山路（民心河西线—青园街）	—	2018年4月9日	2018年9月20日

续表

序号	道路工程项目	长度（米）	开工时间	投用时间
5	翟营大街（光华路—石德铁路）	652	2018 年 4 月	2018 年 9 月
6	金水街（荷园路—绵河道）	490	2017 年 4 月	2018 年 9 月
7	西城街（古城北路—东垣东路）	494	2017 年 4 月	2018 年 10 月
8	南茵东街（塔南路—裕凯北路）	475	2017 年 5 月	2018 年 10 月
9	和平路中华大街立交桥	—	2018 年 4 月 18 日	2018 年 12 年 30 日
10	中华大街南延（南二环—南三环）	4120	2017 年 9 月	2018 年 12 月 31 日
11	仓裕路（裕翔街—体育大街）	377	2017 年 10 月	2018 年 12 月
12	延沱路（十小街—新城大道辅道）	476	2017 年 9 月	2018 年 12 月
13	玉中街	740	2018 年 8 月 23 日	2018 年 12 月

（杨阳　孙博文　郝莹）

【县城建设】 组建成立县城建设指挥部，主城区外 14 个县（市、区）将推进县城建设作为重点工程，制定任务书、时间表、路线图，签订责任状。2018 年 14 个县（市、区）谋划实施县城建设重大工程项目 538 个，完成投资 159.6 亿元。实施县城主次干道改扩建工程 132 条，县城环城路初步建成，道路互联互通能力提升，县城发展框架拉开。污水、垃圾处理。2018 年 14 个县（市、区）建成污水处理厂 15 座，日处理能力达到 59 万吨，污水处理率均达到 94% 以上，全部实现一级 A 排放标准；90% 以上村庄生活垃圾纳入城乡一体化处理体系，建成生活垃圾无害化处理厂 12 座，日处理能力 1690 吨，生活垃圾无害化处理率均达到 96.6% 以上。县城容貌整治。2018 年 14 个县（市、区）城区机械化清扫率全部达到 80% 以上。每季度集中开展一次“大洗城、大洗脸”活动，重点整治城区主要街道、公园广场、城乡接合部、车站及出入口，城区保洁由“扫”变“洗”，洗路、洗楼、洗树、洗庭院成为常态化新模式。以园林城创建为抓手，全年主城区外 14 个县（市、区）累计种植各类乔灌木 88 万株；新增城市绿地 401.9 公顷；实施完成绿道绿廊 24 千米以上。正定县、晋州市通过国家园林县城初审，正定县、新乐市成功创建“省级洁净城市”，赵县、灵寿县成功创建省级园林城市，至 2018 年末，14 个县（市、区）全部实现省级园林城市全覆盖。景观街道、特色街区和精品建筑。2018 年 14 个县（市、区）推广共享厕所和停车场做法，新建或改造公厕 224 座；拆除违法设施 214 万平方米，基本实现“清零”目标。14 个县（市、区）高标准建成迎宾景观大道 14 条、标志性街道 28 条、城市景观道 52 条，主街主路全部提升为省级样板示范路；依托地域历史和文化特色，建成地标性精品建筑 56 个、特色风貌街区 18 条。住房改造。全年 14 个县（市、区）以拆除重建、修补改善、设施配套等方式为手段，启动改造城中村 29 个，启动率 74.4%；省下达棚户区开工任务 6246 套，实际建成 15757 套，超额完成省下达目标任务；建成公租房 565 套，分配比例达到 98%。

（吴朝建　贾运良）

【村镇建设】 以“厕所革命”为重点，全面整治农村卫生环境。印发《关于成立石家庄市推进城乡“厕所革命”工作领导小组的通知》，明确各责任部门职责。与市城管局、市农业农村局、市卫生健康委、市文化广电和旅游局、市交通局等部门沟通协调，建立周统计、月报告、季排名制度。4个相关部门制定出台《石家庄市推进农村厕所革命三年行动方案》《石家庄市城市厕所建设专项实施方案（2018～2020年）》《石家庄市旅游“厕所革命”新三年行动计划（2018～2020年）》《石家庄市交通厕所革命专项工作方案（2018～2020年）》。至2018年底，城区（含县城）厕所新建竣工154座，竣工率100%；改造提升竣工101座，竣工率100%。农村厕所完成改厕23.4万座，占全省2018年改厕总数25%。旅游厕所新建、改扩建竣工170座，竣工率100%。交通厕所普通干线公路厕所新建开竣工7座，竣工率100%。改善农村人居环境，开展农村生活垃圾集中治理，制定《石家庄市农村生活垃圾治理三年行动实施方案》《石家庄市农村生活垃圾治理2018年工作计划》。2018年主城区外17个县（市、区）3939个村90%建立日常保洁制度，配备保洁人员19398人，实现农村生活垃圾“日产日清”，3937个村庄实现城乡一体化处理模式，3657个村庄实现生活垃圾无害化处理，初步建立村庄垃圾治理长效机制。开展农村危房改造脱贫攻坚行动，全年农村危房改造完成2462户。

【19个小镇入选省市特色小镇名单】 2018年全市19个小镇入选河北省及石家庄市特色小镇创建类和培育类名单。9个入选《河北省特色小镇创建类和培育类名单（2018）》。其中，创建类6个：栾城区航空小镇、灵寿县漫山花溪小镇、高邑县物流小镇、鹿泉区君乐宝乳业小镇、平山县红崖谷小镇、鹿泉区西部长青体育小镇；培育类3个：鹿泉区中以农科康养小镇、新乐市东方艺术小镇、平山县汉唐古镇。10个小镇入选《石家庄特色小镇创建类和培育类名单（2018）》。其中，创建类7个：鹿泉区土门驿道小镇、鹿泉区华北汽车小镇、井陉矿区贾庄古镇、藁城区九门古镇、井陉县南横口陶瓷小镇、藁城区宫灯小镇、井陉县“玉水庭院·燕归来”康养小镇；培育类3个：鹿泉区花田园乡艺术小镇、井陉矿区荆蒲兰水磨风情小镇、元氏县殷村农业休闲小镇。5月24日，鹿泉区铜冶镇入选2018年中国最美特色小城镇50强，排名第36位。

【15个村庄入选第五批中国传统村落名录】 12月10日，石家庄市15个村庄入选住房和城乡建设部、文化和旅游部、国家文物局、财政部、自然资源部、农业农村部评选的第五批中国传统村落名录。15个村庄中，井陉矿区2个，分别为凤山镇南凤山村、贾庄镇贾庄村；井陉县13个，分别为于家乡当泉村、水窑洼村、高家坡村，北正乡赵村铺村，南峪镇南峪村、台头村，南障城镇大王帮村、小梁江村，天长镇河东村，威州镇北平望村，孙庄乡孙庄村，苍岩山镇固兰村，辛庄乡桃王庄村。

（耿朋涛）

政府投资代建项目

【概况】 市政府投资项目代建中心（简称市代建中心）于2017年1月组建成立，为市政府直属事业单位，规格正县级；办公地址：中山东路216号市政府院内；主要职能：负责政府投资建设项目可行性研究报告（概算）等审核和政府投资建设项目代理、代建等工作。石家庄市确定，全市社会事业和行政事业单位业务用房等政府确定的项目工程，全部交由市政府投资代建中心实行代建；市政府投资项目代建中心代表市政府行使建设实施期的业主职能和项目管理职能，推行建设单位与使用单位分离、决策权与执行权分离。2018年12月，根据市领导批示和机构编制管理有关规定，市委编办调整石家庄市行政事业单位项目建设管理中心（市投资服务中心）隶属关系，由市发展改革委管理调整为市政府投资项目代建中心下属单位，名称变更为项目建设服务中心，同时增加社会项目代建职能。2018年市代建中心围绕市委、市政府中心工作，全力以赴抓好政府重点项目代建管理，狠抓工程进度和质量，确保项目工程如期完工。至2018年底，全市共有24项工程纳入市代建中心建设范围，总投资43亿元，涉及教育、医疗、文体等。全年市委党校迁建、市人民医院迁建、裕彤体育中心升级、市公安局地铁分局、市二中整体改造、人民会堂修缮项目、61中学教学楼项目、辛集中学南实验楼等8项工程开工建设，其中，市射击馆重建、市委党校迁建、裕彤体育中心改造升级、石家庄职业技术学院装修改造4项工程竣工投用。

【竣工项目】 全年竣工项目4个。1. 市射击馆重建项目，总投资7050万元。2017年11月9日开工建设，2018年7月30日项目竣工，位于石家庄市合作路295号（石家庄市射击运动业余学校院内），总建筑面积6427平方米。建设地下10米靶场、地上一层25米靶场、地上二层50米靶场。2. 中共石家庄市委党校迁建项目，总投资78537.8万元。4月20日开工建设，12月10日项目竣工。地址位于石家庄市鹿泉区上寨乡北寨村，总建筑面积79990平方米，建设内容包括新建教学楼、教研楼、初心楼、报告厅、体育馆等工程。3. 裕彤体育中心提升改造项目，总投资554万元。7月15日开工建设，8月20日项目竣工。地址位于市区裕彤国际体育中心（中山路与体育大街交叉口东南）。建设内容为提升改造原有设施。4. 石家庄职业技术学院1号教学楼周边景观及墙面装饰装修项目，总投资500万元。2017年11月28日开工建设，2018年3月18日项目竣工。地址位于石家庄市桥西区长兴街12号学校院内，总建筑面积27815平方米，建设内容包括外立面、楼内大厅及教学楼周围环境改造等。

【在建项目】 全年竣工项目6个。1. 市第二中学整体改造三期工程项目，总投资11693.48万元。10月8日开工建设，地址位于石家庄市新华区兴凯路187号，总建筑面积17371平方米，建设内容主要有科技楼、体育馆、图书馆等。2. 石家庄人民会堂修缮项目，总投资7000万元。10月19日开工建设，地址位于市区中山东路211号，建设内容为石家庄人民会堂现有场馆修缮，总修缮建筑面积9900平方米。3. 市第六十一中学教学楼工程项目，总投资1062.4万元。8月16日开工建设，地址位于井陉县微水镇南，市六十一中院内，总建筑面积3500平方米，建设教学楼一栋。4. 市公安局轨道交通分局业务技术用房项目，总投资1.297亿元。11月12日开工建设，地址位于石家庄市新华区北二环西路35号，建筑面积21900.4平方米。建设内容包括新建指挥中心、指挥大厅、网络机房、通信机房、信访接待大厅等业务用房。5. 河北辛集中学南实验楼（重建）项目，总投资1282万元。3月27日开工建设，地址位于辛集市教育路南段河北辛集中学院内，总建筑面积4881.08平方米，建设南实验楼1栋。6. 市第一医院项目，总投资98232.92万元。2017年6月1日开工建设，地址位于石家庄市区东南部赵卜口村，总建筑面积21.6万平方米，建设内容包括门诊医技楼、病房楼、科研及综合服务楼等。

升级改造后的裕彤国际体育中心

石家庄市政府投资项目代建中心

主　任：赵建林（12月免）

　　　　贾建文（12月任）

副主任：牛振华（1月免）

　　　　樊风波

　　　　鲍国林（1月任）

　　　　李彦辉（11月任）

（市代建中心）

建筑业

【概况】 2018年，全市共有建筑施工企业2212家，同比增加59家。其中，总承包企业886家，专业承包企业1262家，劳务分包企业64家；完成建筑业总产值1297.16亿元，同比增长5.95%；实现利润28.01亿元，同比下降1.09%，产值利润率2.28%，同比下降0.12%；从业人员16.77万人，同比下降4.51%。房屋建筑施工面积7813万平方米，同比下降1.69%。其中，新开房屋施工面积2998万平方米，增长35.66%；房屋建筑竣工面积1057万平方米，下降11.33%。138家建筑施工企业在省外施工，总产值531.16亿元，占建筑业总产值40.95%，同比增长15.92%。12家企业开拓海外市场，完成国外总产值29.31亿元，同比增长42.84%。抓住“一带一路”、京津冀协同发展、雄安新区建设等历史机遇，推动建筑业改革和转型升级。制定出台《关于促进建筑业持续健康发展的实施意见》，提升“石家庄建造”品牌竞争力。2018年河北省第二建筑工程有限公司、河北省安装工程有限公司、天俱时科技集团有限公司施工的石家庄市南水北调配套工程——良村开发区地表水厂（一期工程）、河北建工集团有限公司施工的沧州管业大厦获得2018年度鲁班奖工程，河北科工建筑工程集团有限公司施工的中国电子科技集团公司第五十四研究所电子装备研发中心（A3科研楼）、河北建工集团有限公司施工的安国数字中药都项目一期工程（中国北方中药材交易中心一期工程）获得2018年度国家优质工程奖，河北省安装工程有限公司参建的包钢稀土钢板材有限责任公司2030毫米冷轧工程获得2018年度鲁班奖参建工程；25家企业58项工程获得“安济杯”（省优）工程；43家企业127项工程获得“兴石杯”（市优）工程。

（董成檩）

【工程质量监管】 坚持源头治理，严格“五方主体责任”监管，建立网格化三级监管机制，层层传导压力。建立诚信体系，全面实行建筑工程质量终身责任承诺制和安全责任承诺制。开展建筑工程质量安全专项整治和“安全生产月”活动，监督落实施工安全措施，严格机械设备监管，规范质量安全检测，提高安全生产意识，全年未发生重大质量安全事故。严格资金监管，落实预储金管理制度。严厉打击违法发包、转包及违法分包、挂靠等违法行为，全年巡查建筑业项目1100余个。落实大气污染环境治理举措，建立扬尘治理远程视频监控平台和PM10在线监测平台，开展“绿色施工示范工程”创建活动，落实网格化管理制度，严格管控围挡设置、道路硬化等8个重点环节。2018年市住房和城乡建设系统管理建筑工地669个，扬尘治理达标率全部达到100%。

（任春歌）

【建筑科技与节能】 按照国家和河北省关于发展装配式建筑统一部署和要求，石家庄市以“国家首批装配式建筑示范城市建设”为契机，采取政策激励和资金扶持方式，推动建筑节能、绿色建筑与装配式建筑向纵深发展。3月19日，《中国建设报》以“石家庄激励被动房建设快速发展”为题，报道石家庄市被动房建设中统筹规划、组织协调、政策激励、整体推进等工作。2018年石家庄市16个装配式混凝土结构建筑项目、48个单体工程通过专家评审会，总建筑面积61.1万平方米。至2018年末，全市累计23个装配式混凝土结构建筑项目、76个单体工程通过专家评审会，总建筑面积117.7万平方米。培育国家级装配式产业化基地3个、省级基地2个，形成产品研发、设备制造、构件生产一条龙建筑产业化链条。竣工被动式超低能耗建筑3个，面积2.85万平方米；在建项目17个，面积128.37万平方米。落实新建居住建筑75%、新建公共建筑65%新节能标准，2018年全市78个项目获得绿色建筑标识，总面积772.79万平方米，数量、面积均居全省首位，其中长安区锐拓长安颐园综合楼项目获得河北省三星级绿色建筑设计标识。

（安琨）

【建筑工程招投标管理】 利用互联网网络，规范房屋建筑和市政基础设施招投标管理。规范使用国有资金投资、国家融资房屋建筑和市政基础设施项目工程招标投标管理，建立治理虚假招标、围标串标行为长效机制。深化招投标改革，简化非国有投资项目招投标程序，优化勘察、设计、监理等工程服务招标评审办法。全年建筑市场完成招标工程143项，中标价23.12亿元。全年建筑业完成招标工程监督459项，中标价57.31亿元。其中，土建、施工招标203项，中标价49.66亿元；市政工程70项，中标价6.52亿元；设备采购招标16项，中标价0.86亿元；装饰装修招标7项，中标价0.27亿元；勘察设计招标68项，监理招标95项。

（周分清）

【勘察设计造价行业监管】 至2018年12月31日，石家庄市在册勘察设计企业266个。其中，甲级资质104个、乙级资质142个、丙级资质20个，从业人员2.3万余人；造价咨询企业119家（甲级70家、乙级49家），从业人员5600余人。2018年全市动态核查42家工程勘察设计企业和8家施工图审查机构，审查施工图1980个，建筑面积1334.7万平方米，审查纠正各类强制性条文问题714条。全年工程勘察设计企业获得河北省优秀工程勘察设计行业奖一等奖75项、二等奖43项、三等奖8项。随机抽查38家工程造价咨询企业，将检查结果及时上网公式并抄送相关部门。促进工程造价咨询企业健康有序发展，建立工程造价咨询企业和执业从业人员守信联合激励、失信联合惩戒机制。

（张华辉）

住房保障和房地产业

【概况】 2018年，石家庄市围绕“房子是用来住的、不是用来炒的”基本定位，调整工作思路，加大住房制度改革，探索建立多主体供给、多渠道保障、租购并举的住房制度。落实去库存、控房价策略，坚持调控政策不放松，推行“外地限购、本地限售、贷款限制”调控“组合拳”政策。严厉打击投机性购房，扼制投资性需求，将商品住房价格控制在住房和城乡建设部要求范围之内。2018年河北省政府下达石家庄市公租房目标任务为：公租房基本建成5000套，列入国家计划的政府投资公租房分配率达到90%以上，发放城镇住房保障家庭租赁补贴1800户。2018年石家庄市超额完成河北省下达公租房建设目标任务，基本建成保障房7473套，完成年度任务149.5%；纳入国家计划的政府产权公租房累计分配64837套，分配比例97.2%；发放城镇住房保障家庭租赁补贴1817户，完成目标任务100.9%。调整2018年申请住房保障低收入和中等偏下收入家庭收入界定标准，将城镇低收入家庭界定标准由2031元/月提高到2195元/月、城镇中等偏下收入家庭的收入界定标准由2538元/月提高到2744元/月。全年石家庄市区分配公共保障房7827套，至2018年年底，石家庄市区累计分配入住保障房小区58个、49684套、260万平方米。2018年石家庄市商品房上市面积751.0万平方米，同比下降22.5%，其中，商品住房上市面积543.8万平方米，同比下降27.8%。2018年石家庄市商品房成交均价10065元/平方米，同比下降4.6%，其中，商品住房成交均价9584元/平方米，同比下降6.5%。2018年石家庄市存量房成交面积189.5万平方米，同比下降21.1%。其中，存量住房成交面积171.2万平方米，同比下降22.1%；存量房成交均价14190元/平方米，同比上涨25.4%，其中，存量住房成交均价15144元/平方米，同比上涨28.4%。2018年石家庄市商品房库存面积1263.0万平方米，同比增长5.7%，其中，商品住房库存面积539.0万平方米。2018年石家庄市居民购买商品房比例为85.11%，其中，石家庄城区占比60.50%，郊县占比24.61%。

（赵俊武）

【保障性安居工程】 2018年河北省政府下达石家庄市公租房目标任务为：基本建成5000套，列入国家计划的政府投资公租房分配率达到90%以上，发放城镇住房保障家庭租赁补贴1800户。至2018年年底，石家庄市基本建成保障房7473套，完成年度任务149.5%；纳入国家计划的政府产权公租房累计分配64837套，分配比例为97.2%；发放城镇住房保障家庭租赁补贴1817户，完成目标任务100.9%，全部完成河北省下达目标任务。保障房分配全部采取电脑系统摇号分配，接受社会监督，杜绝人为干预；根据保障家庭情况确定“优先批”“轮后批”“普通批”3个批次；配租的残疾人、65周岁以上老人和人口较多家庭等，优先照顾楼层和户型；分配现场邀请纪检监察部门、保障家庭代表、新闻媒体、公证处、人大代表和政协委员全程监督分配过程，把保障房分配置于阳光之下。保障房租赁补贴政策。保障房租赁补贴范围扩大，市内4区租赁补贴发放范围由低保、低收入家庭扩大至已纳入住房保障范围、家庭人均年收入低于市区上年度人均可支配收入且未实物配租的城镇中等偏下收入家庭、新就业职工和外来务工人员中无房家庭。发放租赁补贴家庭须在市区实际租赁住房居住，人才绿卡（B卡）持有人不享受租赁补贴。补贴款每半年发放1次，标准为1～2人家庭每月补贴90元，3人及以上家庭每月补贴150元。实物配租租金补贴标准提升，原补贴标准3个档次中B类家庭，即低收入家庭由原来“保障面积之内90%补贴，保障面积之外不予补贴”调整为“保障面积之内90%补贴，保障面积之外30%补贴”。与财政部门沟通，联合调整2018年申请住房保障低收入和中等偏下收入家庭收入界定标准，将城镇低收入家庭界定标准由2031元/月提高到2195元/月、城镇中等偏下收入家庭的收入界定标准由2538元/月提高到2744元/月。公共保障房分配。首批公共保障房分配。6月28日，2018年石家庄市区首批公共保障房公开摇号分配在市人民会堂举行。分配房源28个小区3872套，分配对象为市内四区（长安区、桥西区、新华区、裕华区）享受租赁补贴的城镇低收入（含最低保障）家庭、取得住房保障资格的城镇中等偏下收入家庭、新就业职工及外来务工人员。5638户家庭经街道办事处初审、区级复审，进入配租环节，其中，城镇低收入含低保住房困难家庭362户，城镇中等偏下收入住房困难家庭、外来务工人员、新就业职工5276户。3781户住房困难家庭中签。分配房源首次引入90平方米大户型，且大户型占比增加，60平方米以上大户型房源占比超过35%。其中，60平方米以下户型2523套，60平方米（含）至80平方米户型898套，80平方米（含）以上户型451套。分配房源户型分为三类，60平方米以下为A类户型，面向全体保障家庭配租；60平方米（含）至80平方米为B类户型，面向保障家庭人口3个及以上家庭配租；80平方米（含）以上为C类户型，面向保障家庭人口4人及以上家庭配租。第二批公共保障房分配。10月23～29日，2018年石家庄市区第二批公共保障房办理公开摇号分配申请。11月8日，公开摇号配租。分配房源48个小区4215套。其中，新配建小区4个，分别为博雅盛世、尚杰御庭、翰玉门庭、众美雅翠居，共605套；清退腾空房源44个小区3610套。保障房源分为三类户型，其中，60平方米以下户型3645套，60（含）～80平方米户型341套，80平方米（含）以上户型229套。分配对象为市内4区正在享受租赁补贴的城镇低收入（含低保）家庭、取得住房保障资格的城镇中等偏下收入家庭、新就业职工及外来务工人员。4411户家庭入围配租环节。其中，城镇低收入（含低保）住房困难家庭90户；城镇中等偏下收入住房困难家庭、外来务工人员、新就业职工4321户。3506户家庭成功配租。全年石家庄市区分配公共保障房7827套，至2018年底，石家庄市区累计分配入住保障房小区58个、49684套、260万平方米，有效改善15万名困难群众住房条件。

（冯建磊）

【棚户区改造】 以改善群众住房条件为出发点和落脚点，将棚户区改造作为稳增长、调结构、惠民生的重要举措。制定《2018年石家庄市城镇保障性安居工程工作要点》，分解河北省下达石家庄市棚户区改造任务，与各县（市、区）签订目标责任状，明确时间节点和完成任务目标要求。出台《关于加快推进主城区城市棚户区改造工作的意见》，提出通过提高容积率、匹配土地、财政补贴和原址翻建等相结合方式，推进棚户区改造。印发《石家庄市棚户区改造三年行动方案（2018～2020年）》，开展三年攻坚行动，确定三年时间棚户区改造开工5.5万套。争取棚户区改造专项贷款支持，全年取得国家开发银行、农业发展银行棚户区改造专项贷款34.37亿元，发放16.05亿元；开工25700套，完成省下达目标任务123.69 %；基本建成28052套，完成省定目标任务136.10%，年度任务全部完成。

（李红强）

【老旧小区改造】 根据老旧小区整治

存在资金投入不足、标准不高、效果不明显等问题，调查摸底全市老旧小区情况，建立老旧小区整治台账，出台《石家庄市老旧小区整治和管理实施方案》，编制《老旧小区整治项目导则》。对标北京、天津等先进城市，加大资金投入，提升整治标准，加强考评和调度力度。至2018年底，全市完成老旧小区改造任务275个，其中主城区210个，超额完成石家庄市利民惠民实事（改造整治100个老旧小区）任务目标。提升老旧小区服务质量，加大物业行业监管。参加全省物业管理项目争创省优秀住宅小区活动，石家庄市住宅小区省优数量位列全省第一，其中2家物业企业获评全国物业行业百强企业；承办“河北省首届物业服务行业职业技能竞赛”，石家庄市代表队获得团体一等奖。开展住宅小区消防安全检查、住宅小区小广告清理、违规养犬治理等活动，净化居住环境。举办“物业管理大讲堂”公益培训，增强从业人员素质，提高物业服务水平。

（郭静溢）

【房地产市场交易】 商品房上市面积和成交面积下降。2018年石家庄市商品房上市面积751.0万平方米，同比下降22.5%。其中，商品住房上市面积543.8万平方米，同比下降27.8%；商业营业用房上市面积45.7万平方米，同比下降39.4%；办公楼上市面积98万平方米，同比增长90%。2018年石家庄市商品房成交面积646.5平方米，同比下降7.9%。其中，商品住房成交面积485.1万平方米，同比下降10.8%；商业营业用房成交面积42.8万平方米，同比下降24.8%；办公楼成交面积87.2万平方米，同比上涨8.9%。商品住房成交均价略下降。2018年石家庄市商品房成交均价10065元/平方米，同比下降4.6%。其中，商品住房成交均价9584元/平方米，同比下降6.5%；商业营业用房成交均价16053元/平方米，同比上涨4.5%；办公楼成交均价11380元/平方米，同比上涨11.6%。存量房成交面积下滑，成交均价增长明显。2018年石家庄市存量房成交面积189.5万平方米，同比下降21.1%。其中，存量住房成交面积171.2万平方米，同比下降22.1%；存量房成交均价14190元/平方米，同比上涨25.4%，其中，存量住房成交均价15144元/平方米，同比上涨28.4%。2018年石家庄市商品房库存面积1263.0万平方米，同比增长5.7%。其中，商品住房库存面积539.0万平方米；商业办公用房430万平方米（商业营业用房275万平方米，办公楼155万平方米）；其他294万平方米。2018年石家庄市居民购买商品房比例为85.11%，其中，石家庄城区占比60.50%，郊县占比24.61%。全年办理商品房合同备案5.6万件、房产交易6.9万件、抵押合同备案11万件、商品房资金监管754.6亿元、存量房资金监管198.9亿元、档案查询82.4万件、司法查封18.2万件。

（杜琼）

【房地产市场监管】 围绕“房子是用来住的、不是用来炒的”基本定位，落实去库存、控房价策略，推行“外地限购、本地限售、贷款限制”调控“组合拳”政策。严厉打击投机性购房，扼制投资性需求，将商品住房价格控制在住房和城乡建设部要求范围之内。建立房地产监管领导小组联席会议制度，形成常态化长效机制，有效遏制违规销售、中介、开发等乱象，实现房地产市场健康平稳发展。规范房地产开发企业市场行为，制定出台《关于落实房地产开发销售和中介代理销售监管责任制的通知》，从企业资质管理、项目监管、资本金制度等基础环节做起。完善诚信体系建设，建立健全房地产市场准入与清出制度。开展房地产项目拉网式、全覆盖违法违规行为大排查大整治活动，打击房地产开发、销售和中介机构违法违规行为。全年分3轮排查全市1540余家开发企业、761个在建项目，查封154个未取得商品房预售许可证售楼部，处罚63家存在违规开发和销售房地产开发企业，约谈开发企业19次，对25个手续不全项目风险提示，对114个取得预售许可项目在《燕赵晚报》公示。全面排查全市1581个中介机构，关闭201家，约谈中介机构负责人30家，并责令限期整改。探索住房制度改革举措，制定商业用房去库存政策。结合石家庄市商业办公用房库存较多，消化周期较长现状，6月29日，石家庄市发布《关于进一步推进商业服务业用房去库存的意见》，允许商业服务业用地改变土地性质，申请调整为居住或其他用地性质；结合控制性规划动态维护方案合理确定调整比例，调整为居住用地的比例最高不应超过原规划商业服务业设施用地面积70%。调整后，国土部门相应调整土地出让金。已供地商业办公项目、已开发商业办公设施减缓预售许可办理速度，已办理预售许可、不动产登记的商业办公项目鼓励自持物业开展经营租赁或发展其他功能。实施范围为长安区、新华区、裕华区、桥西区、高新区。出台《关于培育和发展住房租赁市场的实施意见》，率先在全省搭建住房租赁综合服务平台。3月29日，河北省住房和城乡建设厅确定石家庄市为“省级培育发展住房租赁市场试点”城市。2018年市住房和城乡建设局与中国建设银行河北省分行营业部合作建设市住房租赁监管服务平台，主要包含5个子平台，即政府监管服务平台、企业租赁服务平台、共享服务平台、住房租赁监测分析平台、政府公共住房服务平台。4月8日，市住房租赁监管服务平台正式上线运行。该平台具备“房源信息发布、网上看房、网上签约、网上支付、网上备案及信用评价”等住房租赁流程管理功能，为租赁双方提供网上找房、签约、备案、拎包入住等一站式服务，达到“信息多跑路、群众不跑路”目的，并为租赁市场数据监测提供有效支持。2018年全市上线房源5.9万套，成交、备案3200余笔，备案率100%。加强中介管理。1月3日，河北省首个中介管理服务平台——石家庄市中介管理服务平台上线运行。该平台是一个房地产经纪活动全面评价的行业服务管理平台，实现全市房地产经纪机构、分支机构及房地产经纪从业人员基本信息全面覆盖，行政主管部门、行业组织和房地产经纪服务对象全面参与。平台设有10个版块，分别为机构人员公示、行业管理公示、行政监管公示、服务评价公示、星级评定公示、红黑名单公示、政策法规、签约评价排行、经纪机构备案、快速对服务评价。至2018年底，全市备案房地产经纪机构达到787家（总部）。规范房地产经纪服务行为，依据《石家庄市存量房买卖合同网上签约和交易资金监管办法》，制定统一的《石家庄市房地产经纪服务合同》，消除经纪机构不规范条款，增加中介机构的服务项目、内容、要求及完成标准。2月1日，石家庄市内四区及高新区各中介机构启用统一制式的房地产经纪服务合同。完善存量房交易资金监管模式，创立存量房资金监管“五位一体”新模式，解决中介机构挪用购房款、阴阳合同和税收流失等难题，有效保护房屋买卖者双方利益。

（苑志杰　范志中　张继宏）

住房公积金管理

【概况】 2018年，石家庄住房公积金管理中心归集住房公积金100.94亿元，完成计划112.16%，同比增长12.23%；提取住房公积金66.8亿元，同比增长58.75%；发放住房公积金个人贷款35.05亿元，同比增长109.12%。至2018年12月底，全市累计归集住房公积金664.01亿元；累计提取住房公积金310.53亿元，住房公积金归集余额353.48亿元；累计发放公积金个人贷款137351户、366.87亿元，公积金个人贷款余额231.28亿元。2018年度全市住房公积金增值收益4.58亿元，同比增长6.49%。拓宽公积金归集渠道，扩大住房公积金归集覆盖面，将农村转移人口、港澳台同胞、自主择业的军队转业干部纳入住房公积金制度覆盖范围，全年净增缴存单位635家、缴存职工2.74万人。改进住房公积金缴存机制，扩展住房公积金缴存比例浮动区间，降低企业成本。坚持“房子是用来住的，不是用来炒的”定位，支持缴存职工刚性住房需求。规范改进提取政策，增加冲抵还贷提取，提高租房提取额度，缩短离职提取时间，缓解职工购房压力。开展住房公积金组合贷款、贴息贷款业务，集中整治房地产开发企业拒绝住房公积金贷款行为，维护缴存职工贷款权益。全年200余个具有合法销售手续房地产项目均可使用住房公积金贷款。再造流程，优化服务，全面推行个人提取住房公积金模式，减少中间审批环节。推进信息共享，精简办事项目，取消住房公积金提取申请表、单位证明和个人身份证复印件等13项证明材料，做到原件无须复印、材料不用重复、共享代替证明。加强住房公积金运行管理，提高资金使用效益，做到每月分析资金运行情况，每季召开业务承办银行协调会，实现了公积金保值增值。

【住房公积金政策】 1月8日，石家庄住房公积金管理中心出台《关于进一步明确和规范有关个人住房贷款业务的通知》，明确住房公积金贷款额度、首付比例、贷款期限、贷款利率等政策。3月22日，出台《在石家庄就业的港澳台同胞缴存使用住房公积金实施办法》和《自主择业的军队转业干部缴存使用住房公积金实施办法》等文件，规定在石家庄就业的港澳台同胞和自主择业的军队转业干部如何缴存使用住房公积金。6月19日，石家庄住房公积金管理中心出台《关于调整2018年度住房公积金缴存基数、比例的通知》，12月7日，石家庄住房公积金管理中心出台《关于进一步规范2018年度住房公积金缴存基数、比例的通知》，明确规定缴存基数计算口径及标准、缴存基数上下限和住房公积金月缴存额的计算等事项。6月29日，石家庄住房公积金管理委员会出台《关于调整归集、提取相关政策的规定》，调整缴存职工申请办理住房公积金异地购房和提取等业务。

【住房公积金风险防范】 把防范资金风险作为住房公积金管理首要任务，时刻绷紧资金安全之弦。严格执行国家、省、市相关规定，紧紧抓住重点岗位、关键环节，每季度听取资金管理委员会、审贷委员会工作报告。与市中级人民法院沟通协调，细化规范，协助法院执行住房公积金账户查询、冻结、扣划等流程，补齐工作短板。开展自查自纠和“风险防范年”活动，梳理住房公积金运行关键环节和主要风险点，逐一制定防范措施，筑牢安全防线。2018年石家庄住房公积金管理中心在全省资金安全检查中，排名首位。及时化解风险隐患。加大内部稽核审计力度，异地购房提取、异地贷款开展专项审计；利用住房和城乡建设部电子化检查工具，及时发现问题，抓好整改。加大逾期催收力度。扎实开展逾期贷款催收集中攻坚行动，抽调业务骨干成立工作组，建立工作台账，逐一分析逾期原因，积极发挥业务承办银行作用，科学制定催收措施，有序开展诉讼工作。截至2018年12月底，中心个贷逾期率0.014%，逾期催收工作取得显著成效。坚决治理违规提取。严格按照住房和城乡建设部、财政部、人民银行、公安部要求，治理违规提取住房公积金，对涉嫌伪造医院病历、虚构住房消费等行为，认真调查核实，及时向公安部门移交问题线索，严肃依法惩治，有效维护住房公积金管理秩序。

【住房公积金信息化】 加快推进住房公积金“双贯标”（住房公积金基础数据贯标和住房公积金结算应用系统贯标）建设，1月8日，石家庄住房公积金中心新业务系统上线运行。6月27日，石家庄住房公积金中心以全省最高分通过住房和城乡建设部“双贯标”验收。全面推行住房公积金缴存、提取、贷款业务网上办理、手机办理，开通网上业务大厅和手机App，缴存单位可在网上办理单位信息变更、缴存基数调整、汇缴核定等缴存业务，办事群众可7×24小时，随时随地办理物业费提取、离退休提取、离职半年提取、住房公积金还贷提取等业务。至2018年底，全市4073家缴存单位开通网上缴存业务，22万职工下载注册手机App，17万职工关注石家庄住房公积金中心微信公众号，网上提取业务量占到全部提取业务量70%。

石家庄住房公积金管理中心

主　任：穆增科

副主任：王书刚　曹元华

　　　　耿占合

　　　　杜琳琳（12月免）

　　　　董海林

（宋陈）

城市管理

【概况】 2018年，市城市管理综合行政执法局（简称市城管局）以创建国家卫生城市为目标，围绕市委、市政府确定的“推进城市建设管理攻坚提质，向管理要品质、要活力、要魅力，提升城市品位和影响力”总要求，贯彻落实城市管理精细化、规范化、智慧化理念，全力推进城市环境卫生保洁、市政设施维护、城市综合管治及供水、排污、供热、供气等工作。2018年主城区实施供水管网改造15.6千米，供热管网改造358.4千米，燃气管网改造10.79千米，排水管网改造7千米。“八区一县”（一县为正定县）拆除门店牌匾4914处、楼顶广告及标识字号158处、拆除违章户外广告1772处。主城区道路机械化清扫率达到90%，市区生活垃圾无害化处理率达到100%。2018年石家庄城区新改建厕所683座，其中，高标准改造主城区老旧公厕244座，采用特许经营等模式新建标准化公厕100座，沿街对外开放单位卫生间500多座。

市区石铜路公厕外景

市区石铜路公厕内部设施

供水和污水处理。2018年市水务集团产水2.239亿立方米，售水1.822亿立方米，江水消纳1.718亿立方米，提前超额完成全年江水消纳任务136.16%。2018年全市污水处理3.22亿吨，中水回用1.027亿吨，中水回用率达30%以上，出水达标合格率100%。2018年石家庄市主城区污水集中处理率达100%，各县（市、区）污水集中处理率达93%以上，污水处理厂出水水质均符合一级A排放标准。2018年石家庄市通过国家节水型城市现场考核验收。

供热。全年供热设施平稳运行率保持99%。主城区新增供热面积600万平方米，供热总面积达到1.8亿平方米。西柏坡废热入市输配线工程全线贯通，供热能力达到3800万平方米，成为主城区最大热源。上安电厂废热入市工程获得省市批复。主城区清洁供热率达到100%。

供气。2018年全市天然气总用量16.38亿立方米，其中，管道天然气用量14.20亿立方米，压缩天然气用量2.18亿立方米；液化石油气用量5.1万吨。2018年主城区及高新区天然气总用量7.36亿立方米，其中，管道天然气用量5.99亿立方米，压缩天然气用量1.37亿立方米；液化石油气用量2.65万吨。2018年“八区一县”共有燃气经营企业103家（管道燃气17家）、各类燃气站123个，管网总长度2万千米；天然气用户220万户，液化石油气用户14.8万户。2018年主城区共有燃气经营企业49家（管道燃气6家）、各类燃气站70个，天然气居民用户166.6万户，液化石油气居民用户11.2万户。2018年主城区和高新区共有燃气管网长度5783.7千米，燃气普及率100%。

落实机构改革方案，12月26日市城市管理委员会（市城市管理综合执法局）更名为市城市管理综合行政执法局（市城市管理局），主要承担市区市政设施维护管理、市容环境卫生管理、供水污水管理、供热燃气管理、城区防汛及指导县（市、区）城管执法、城镇容貌整治、污水垃圾处理等职能，新增职能为城市供水、节水、污水处理、供热、燃气、民心河河道管理；改革后，市城管局机关内设处室18个，分别为：综合处、人事处、计划财务处、市政工程处、市容监督处、环卫监督处、供热燃气处、城区供水处、数字信息处、执法管理处、执法监督处、政策法规处、督查投诉处、安全生产处、直属单位党委、宣传处、老干部处、机关纪委；局直属单位15个，分别为市道桥管理处、市排水管理处、市环境卫生管理处、市容管理考评中心、市二环路管理处、市城管执法支队、市政建设总公司、市液化气总公司、石家庄水务集团、市城市照明管理处、市政建设管理处、火车站站前地区管理委员会、市供热管理中心、市燃气中心、市城管便民服务中心。

【城市环卫保洁】 加大环卫事业投入，主城区新建环卫作息用房16座，新购置环卫作业车239辆，道路机械化清扫率达到90%。开展春秋两季"洁城行动"冲洗道路长度200多万千米，城乡环卫集中行动清理垃圾24万吨，有效消除城乡接合部、背街小巷、桥涵旮旯"脏乱差"现象。推进生活垃圾分类，建立示范片区4个，参与市民13万余人。改进垃圾转运方式，生活垃圾运输实现密闭无污染和日产日清。加强垃圾处置监管，实施城乡生活垃圾处理设施建设三年行动，统筹推动全市域协同处置生活垃圾，市区生活垃圾无害化处理率达到100%。市医疗废物处置中心达标运行，餐厨垃圾收运处实行统一管理。2018年全省城乡垃圾处理工作现场观摩会在石家庄市召开。严格渣土运输管理，印发《关于进一步规范全市建筑垃圾运输秩序的通告》《石家庄市严管建筑垃圾运输十条》；落实渣土运输车辆"两牌两证"措施，检查核准全市建筑渣土运输企业64家、运输车辆资质1372台，均建立车辆电子档案。推进粪便垃圾无害处置试点，2018年石家庄城区新改建厕所683座，其中，高标准改造主城区老旧公厕244座，采用特许经营等模式新建标准化公厕100座；沿街对外开放单位卫生间500多座。3月1日起，石家庄市"8区一县"（一县为正定县）根据《河北省城市市容和环境卫生条例》，执行处罚乱扔烟头、随地吐痰、车窗抛物等行为，每个（次）罚款10～50元。10月20日，石家庄市13名环卫工人在省总工会、省住房和城乡建设厅组织召开的第三届河北省环卫行业最佳城市美容师推选总结大会上获得"最佳美容师"称号，1名环卫工人获得河北省五一劳动奖章。改善环卫工人待遇，设立100万元环卫工人救助资金及"以克论净"绩效考核奖金，向环卫工人提供免费早餐，连续7年举办环卫工人节活动。10月25日，石家庄市举行环卫工人节庆祝活动，表彰获得第三届河北省环卫行业"最佳城市美容师"称号环卫工13人、河北省五一劳动奖章获得者1人、石家庄市"最佳城市美容师"60人；命名石家庄市优秀班组15个。

【市政设施维护】 优化城市管网布局，提升城市管网承载能力。2018年主城区实施供水管网改造15.6千米，供热管网改造358.4千米，燃气管网改造10.79千米，排水管网改造7千米。打造特色标志性繁华大道和市政工程样板，高标准完成中山路道路提升改造工程。制定中山路改造提升方案，创新施工模式，加强精细化管理，5个月完成中山路改造任务。应用"雷达探测技术"探测路下安全隐患，检测中山路、建设大街等街路12条，测线长度1174千米。全年维修道路45万平方米，封补裂缝10万米，补修井圈154座，主城区三环以内道路两侧107万平方米黄土裸露地面全部实施绿化、硬化。城市照明。全年处理连线故障2038处，更换灯泡17982盏、线缆86473米、电器元件5990个，保洁灯杆12.17万次；全年亮灯率达到99%，照明设施完好率达到98%。实施照明设施综合整治，支持创建国家卫生城市，全年排查治理设备隐患286处，整修架空线2.98千米，架空线入地9635米，补装整修杆门1.33万个，加装铁链1.2万余条，检修保养箱变210座，灯杆刷漆835基，更换灯臂350套、照明器1042套，修剪树枝街道48条。增强夜景景观观览效果，实施"一环二线三桥四区"夜景亮化工程，204栋楼设置照片灯52万盏，打造形成"勒泰周边繁华时尚之光、裕彤周边活力体育之光、万象城周边现代国际之光、和平路斜拉桥跨越发展之光"等夜景群。营造节日氛围，2018年春节期间主城区57条路段3700棵行道树设置树体彩灯9万串，车站、广场、公园9地设置夜景小品15座，23条道路3184基灯杆悬挂大红灯笼2.5万个。

【城市综合整治】 落实《石家庄市

城市管理办法》《石家庄市治理露天烧烤管理办法》，主城区整治占道经营突出街道60余条，查处违规摊点8000余处。启动二环内全天候占道市场撤除工作，取缔占道市场43个，主城区基本清除三元奶亭、馒头亭、三和早餐亭、邮政报亭等长年违规占道棚亭，累计拆除512处，占道经营现象得到有效遏制。建立和落实路街长制，重点治理流动摊点和店外经营行为，主干道实现20分钟内及时清理率100%，清理店外摆放、游商摊贩等占道经营8.6万次。规范广告牌匾设置，开展城市广告牌匾整治提升行动，坚持“引导自拆为主、助拆为辅”原则，全年八区一县（正定县）拆除门店牌匾4914处、楼顶广告及标识字号158处、违章户外广告1772处；至2018年末，全市各县（市、区）整治广告牌匾1.22万处，超额完成年度整治任务。加强市区停车场科学设置和管理。12月7日，石家庄市公示启用第六批停车场69个、泊位3238个。其中，长安区停车场10个、泊位642个，裕华区停车场22个、泊位1177个，新华区停车场4个、泊位204个，桥西区停车场33个、泊位1215个。惩戒不文明行为，开展“讲文明、改陋习、除顽疾、净城区”专项活动，采取3～5名队员一组“徒步式”执法巡查，全年处罚乱丢乱扔乱贴乱画等不文明行为人1600多名，教育和引导6.6万余人次。城市管理综合执法。规范城管综合执法行为，制定《石家庄市城市管理行政执法基层中队建设规范》及15项工作制度、业务规范和岗位标准。打造城管执法队伍新形象，出台协管员、执法执勤车辆、执法人员着装管理规定，开展“强基础、转作风、树形象”活动，市城管执法支队及长安区、鹿泉区城管局获评省住房和城乡建设厅“强基础、转作风、树形象”专项行动表现突出单位。加大市政设施、户外广告、渣土运输、毁绿毁林、违法建设等行为执法力度，会同供热、燃气管理部门开展供热燃气执法督查；严格新火车站、石家庄东站站前地区执法管理，周边管辖区域综合执法达到24小时全覆盖。组织实施拆违攻坚行动，全年各县（市、区）拆除违法建筑512万平方米。数字城管。建设城市管理“智能大脑”，将数字城管纳入智慧城市建设整体布局。按照“对标雄安、国内领先、国际一流”建设要求，制定《市城管局智慧城管资源整合提升项目建设工作方案》，推进网络链接、数据整合、功能拓展、设备更新等项目建设。数字城管与市大数据中心连通和历史数据远程备份完成。石家庄市数字城管被住房和城乡建设部作为实践案例在全国推广。加快数字城管新技术应用，市区中山路工程实现市政工程网络实时监控、空气质量实时监测，市民使用“石家庄一点通”App、住房和城乡建设部微信“城市公厕云平台”可查找就近公厕，居民取暖、用水、用气实现网上缴费。全年立案数字城管案卷140万卷，结案率99.76%。

【城镇垃圾处理费征收】 印发《石家庄市城镇垃圾处理费征收管理办法》，有效期2018年1月1日至2022年12月31日。主要内容：城镇垃圾处理费实行政府、社会、企业共同负担原则。征收范围：长安区、新华区、桥西区、裕华区、高新区、鹿泉区、藁城区、栾城区、正定县产生城镇垃圾的国家机关、企事业单位（包括交通运输工具）、个体经营者、社会团体、城市居民和城市暂住人口。收取方式：使用煤气、天然气用户的居民及暂住人口由征收管理部门委托新奥燃气集团代收代缴；非煤气、天然气居民户由征收管理部门委托相关物业服务单位代收代缴。个人交纳：城市居民每户每月3元，办理暂住户口的外地进城人员每人每月2元。单位交纳：国家机关、社会团体、企事业单位，按上年末在岗职工人数（含临时聘用人员）计收，计收标准1.5元/人/月；普通高校、中等专业技工学校，按在籍学生人数计收，计收标准0.5元/人/月。单位自运垃圾到指定垃圾场，按每吨50元计收。单位和个人产生的建筑垃圾和渣土，按实际产生量计收，收费标准：处理费5元/立方米，运输费15～20元/立方米。

【供水、排水与污水处理】 2018年市水务集团产水2.239亿立方米，售水1.822亿立方米，江水消纳1.718亿立方米，提前超额完成全年江水消纳任务136.16%。2018年全市污水处理3.22亿吨，中水回用1.027亿吨，中水回用率达30%以上，出水达标合格率100%。2018年石家庄市主城区污水集中处理率达100%，各县（市、区）污水集中处理率达93%以上，污水处理厂出水水质均符合一级A排放标准。西北地表水厂二期40万吨深度处理项目建设完工，东北、东南、西南地表水厂工程建设工程收尾；市区胜利大街、东二环等5条供水管网改造完成。裕华热电公司污泥无害化处置项目获得国家能源局、国家发展改革委批复。北二环红星街、南二环滨河街等 4 处积水区域实施排水改造，振岗路、草场街等 10 条道路排水管网实现雨污分流。全年维护排水管道 1337 千米，掏挖收检井 17.5 万座，更换“六防”井盖 1500 余块。海绵城市建设。采取路面铺设透水沥青，地道桥泵站建设调蓄池，公园配建渗水塘等措施，实施 30 平方千米重点区域海绵城市建设。龙泉湖、东环公园、滨水生态公园等 9 个大型公园建设植物草沟、生物树池、湿地、下沉式绿地等海绵设施，公园内雨水做到就地消纳下渗；维明大街、仓盛路、中山路、华西街等道路采用透水沥青、透水砖、导流井、蓄水模块等海绵体，加速雨水下渗，减少道路积水；谈固北大街、建设北大街等泵站建立调蓄池，减轻雨季桥下雨水压力。至 2018 年末，主城区 600 万平方米区域融入海绵设施，辐射面积 10 平方千米。保障城区安全度汛，2018 年 3 月开始，组织城区防汛成员单位开展防汛隐患排查，检修防汛监控设备和泵站设施；完善防汛预案，组建防汛快速反应机动小组，制作防汛工作手册；进入汛期后，落实 24 小时值班制度，及时发布预警信息，抢险队伍遇有降雨迅速出动，全员在岗在位；全年应对城区降雨 30 余次，较好完成城区防汛保障任务。节水型城市建设。依据《国家节水型城市申报与考核办法》《国家节水型城市考核标准》规定程序和要求，11 月 8 ～ 10 日，住房与城乡建设部、国家发展改革委专家考核组到石家庄市现场考核国家节水型城市创建工作。考核组查阅申报材料及基础台账，现场检查供水厂、污水处理厂、黑臭水体治理点、居民小区、学校、医院和洗车行等地方。11 月 10 日，石家庄市创建国家节水型城市工作总结汇报会举行，宣布石家庄市通过国家节水型城市现场考核。

【供热】 全年供热设施平稳运行率保持 99%。主城区新增供热面积 600 万平方米，供热总面积达到 1.8 亿平方米。西柏坡废热入市输配线工程全线贯通，供热能力达到 3800 万平方米，成为主城区最大热源。上安电厂废热入市工程获得省市批复。主城区清洁供热率达到 100%。上安电厂余热利用。2018 年 4 月，上安电厂余热入市工程开工，总投资 18 亿元。上安电厂至鹿泉区供热管网全长 46 千米，长输供热管网以井陉县上安镇华能上安电厂供热首站为起点，经上安、下安、头泉、白鹿泉等村镇到达鹿泉区，工程建设穿越石太铁路、南水北调工程，最大落差 197 米。11 月 14 日，上安电厂余热利用工程管道开始带热试运行。上安电厂余热利用工程采用吸收式换热热电联产集中供暖技术，替代鹿泉区集中供暖燃煤小锅炉供热方式。2018 年采暖期，上安电厂余热向鹿泉区 1200 万平方米住宅及办公场所供应热源，减少采暖用标准煤 12 万吨。主城区 2018 ～ 2019 年采暖季提前 5 天供热达标试运行，首日供热投诉量为 2017 ～ 2018 年采暖季同期的八分之一。11 月 1 日，市区供热设施注水和冷态试运行；11 月 7 ～ 8 日，市区一次网、二次网升温运行；11 月 9 日，主城区 2101 个换热站中 1970 个换热站运行；11 月 10 日，全市全部供热设施达标试运行。改造老旧小区供热管网，实施供热设施检测改造项目 3198 项 2.6 万余处。推进智慧供热建设，建成全国首家城市级供热智能管理平台，主城区所有小区居民楼安装室温信息采集装置 3 万套，居民室温实现实时监控。加强供热宣传，开展供热开放日活动，开播供热面对面、直通车系列节目，突出解决群众反映的供热难点问题。探索实施供热企业进入和退出办法，华诚供热公司负责的丽晶园小区因供热效果差、居民投诉率高，小区供热由政府接管。至 2018 年末，主城区供热形成以集中供热为主、与工业余热、污水源、空气源等多元能源为补充的供热保障系统。集中供热采暖补贴。1 月 22 日至 3 月 15 日，石家庄市发放 2017 ～ 2018 年采暖期集中供热采暖补贴。发放范围：参加集中供热市内四区及高新区的城市低保户、特困职工家庭和享受民政部门发放抚恤补助的重点优抚对象（烈士遗属、因公牺牲军人遗属、病故军人遗属、残疾军人、老复员军人、带病回乡退伍军人、因公因战致残民兵民工）及“两参”退役人员（参加 1954 年以来对敌 14 次战役、参加核试验在农村和城镇无工作单位且家庭困难的退役人员）。补贴面积：按照住宅楼建筑面积扣减 10% 公摊面积计算，有电梯和消防通道的住宅按照扣减 15% 计算。补贴金额：补贴面积 ×22 元 / 平方米。其中，参加集中供热的城市低保户、特困职工家庭每户以房屋所有权证标注的建筑面积为准，超出 70 平方米（不含 70 平方米）部分由个人负担；重点优抚对象和“两参”

退役人员每户以房屋所有权证标注的建筑面积为准，超出100平方米（不含100平方米）部分由个人负担。

【供气】 2018年全市天然气总用量16.38亿立方米，其中，管道天然气用量14.20亿立方米，压缩天然气用量2.18亿立方米；液化石油气用量5.1万吨。2018年主城区及高新区天然气总用量7.36亿立方米，其中，管道天然气用量5.99亿立方米，压缩天然气用量1.37亿立方米；液化石油气用量2.65万吨。2018年“八区一县”共有燃气经营企业103家（管道燃气17家）、各类燃气站123个，管网总长度2万千米；天然气用户220万户，液化石油气用户14.8万户。2018年主城区共有燃气经营企业49家（管道燃气6家）、各类燃气站70个，天然气居民用户166.6万户，液化石油气居民用户11.2万户。2018年主城区和高新区共有燃气管网长度5783.7千米，其中，街区管网1960.7千米，庭院管网3823千米；燃气普及率100%。加快燃气老旧管网改造速度，2018～2020年确定改造任务11.1千米，2018年计划改造8.2千米，实际改造完成10.79千米。至2018年末，街区老旧燃气管网改造完成112.8千米，未完成17.7千米（主要为铸铁管）；庭院老旧燃气管网未完成617.2千米（主要为铸铁管），涉及948个小区。督导燃气经营企业建立《城镇燃气管网分级管理制度》，设置1000千米范围安全警示标识。3个点式供气站、4个小区燃气供应并网。组织燃气经营企业举办大型应急预案演练4次。全年燃气行业从业人员1930人参加省住房和城乡建设厅专业培训考核。开展燃气安全隐患排查行动，整改排查安全隐患162处，2018年全市燃气行业未发生重大安全生产事故。

（高金）

园林绿化

【概况】 2018年，石家庄市新建绿地938万平方米，新增城市植树241万株；全市公园总数达到70个。至2018年底，石家庄市建成区（不含藁城区、鹿泉区、栾城区）绿地率为41.1%，绿化覆盖率为45.1%、人均绿地面积15.6平方米。命名省级园林式单位13个、省级园林式小区12个、省级园林式街道6条、省级星级公园16个、省级星级广场1个、省级星级游园7个。推进重点园林工程建设，龙泉湖主体基本形成，西环公园、西兆通公园、铁路文化公园取得阶段性成果。实施49座公园广场无障碍化改造，建成7块、15万平方米街旁游园。围绕打造水绿交融、净河绕城的滨水城市理念，全面启动环城水系整体提升工程。滹沱河城区段生态修复新建绿地1470亩，累计建成绿地1.67万亩，栽植乔灌木35.1万株、地被77.36万平方米，建造景观路5500平方米、园路广场3.42万平方米；城市轨迹、生态湿地、子龙码头、滹沱印迹等8处景观节点对外开放，中华大街至朱河坝长度16千米“滹沱花海”成为石家庄市生态建设新名片。建成槐安路等高标准“空中花廊”6条，推进南二环东西延、和平路西延绿化工程，主城区栽植时令花卉1000万余株。加强园林行业管理，制定出台《石家庄市公园管理办法》；加大城区绿地树木保护力度，印发《石家庄市占用绿地和伐移树木管理办法》，明确建成区伐移树木管理流程及职责，完善占用绿地、伐移树木、修剪管理和档案管理。举办园林行业专题科普活动69场，获批省级科研课题立项3项，鉴定课题10项，组织申报河北省科技术进步奖5项，获得河北省建设行业科学技术进步奖一等奖1项、二等奖2项、三等奖2项。推进园林县城建设，正定县、晋州市通过国家园林县城初审，灵寿县、赵县获评省级园林县城，至2018年末，全市13个县（市）全部创建为省级以上园林县城。其中，国家园林县城1个：高邑县（2015年）；省级园林县城11个：分别为井陉县（2010年）、元氏县（2013年）、平山县（2013年）、井陉矿区（2013年）、新乐市（2014年）、行唐县（2016年）、无极县（2017年）、深泽县（2017年）、赞皇县（2017年）、灵寿县（2018年）、赵县（2018年）。

【环城水系】 石家庄环城水系由滹沱河市区段、太平河、西部水系、东南水系4个部分组成，总长83千米，其中，滹沱河市区段16千米、太平河段18千米、西部水系18千米、东南水系31千米。2010年4月27日，市委、市政府决定启动东南水系工程，范围为五支渠经太行大街韩通段至滹沱河，全长31千米。2010年5月，市政府组建成立环城水系工程建设指挥部，指挥部办公室设在市园林局；2010年7月3日，东南水系工程建设全面启动；2011年4月27日，东南水系工程完工，实现水通、路通、船通、景通、林带通“五通”目标。2011年4月底，石家庄环城水系工程竣工并全线通水，基本形成集防汛、行洪、市民休闲娱乐于一体的生态景观带。伴随市区面积扩大和城市化进程加快，石家庄环城水系与城市发展不衔接不紧密问题愈发显现，水环境恶化、交通不便捷、景观亮点少、设施不完善等问题日益突出。为进一步提升环城水系整体面貌、改善区域生态格局、拉开城市发展框架，2017年12月，市委、市政府决定启动环城水系整体提升工程，主要是全长49千米西部水系和东南水系整治提升，重点绿化和建设8个沿线公园，打造12个道路景观节点（翠屏山路交口、中山路交口、裕华路西延交、槐安路西延交、南二环西延交、石铜路交口、红旗大街南延、建设大街南延、裕翔街交口、天山大街交口、太行大街交口、珠江大道交口）。石家庄环城水系西部水系范围为北新城至五支渠，东南水系范围为五支渠经太行大街韩通段至滹沱河。西部水系、东南水系主要情况：绿化总面积541公顷，其中，西线绿化面积170公顷，东南线绿化面积371公顷；形成水面总计340公顷，其中，西线水面面积70公顷，东南线水面面积270公顷；河道两岸硬化面积总计77公顷，包括10米宽景观路、园路和铺装，其中，西线7公顷，东南线70公顷；河道水体总容量700万立方米，其中，西线170万立方米，东南线530万立方米；建设沿线公园8座，其中，6座公园建成，分别为胜利公园、高迁公园、楼底公园、泊水公园、天山公园、翠屏湿地公园，2座公园正在建设，分别为民俗公园、南村公园。2018年全市将环城水系整体提升工程作为提升石家庄市整体形象的重大民生工程，市委、市政府多次听取方案设计和建设汇报，至2018年末，环城水系整体提升工程全部建设项目招标完毕，金河末端接入环城水系等工程竣工，清淤、桥梁等工程进场施工。

【道路绿化】 以“增绿、提质、添彩”为主线，提升道路绿化艺术品位，打造各具特色的园林景观路。重视城市出入口绿化，实施南二环东延、南二环西延等项目绿化工程；南二环东延绿化面积3万平方米，种植乔灌木2134株、绿篱2.86万平方米；南二环西延绿化面积19万平方米，种植乔灌木1.58万株、绿篱1.02万平方米、草坪地被16.98万平方米。打造精品街道，因地制宜推进特色精品街道绿化，重点实施和平路西延、仓丰路等园林景观精品街道绿化，高标准恢复中山路因地铁施工破坏的绿化带，全年精品街道绿化面积2万平方米，栽植乔木655株、灌木901株、绿篱1.43万平方米、地被4000平方米。建设城市花城，全年在裕华路、槐安路、中山路、二环路等主要街道及重要节点设立和种植草本花卉1000万盆，裕华路、维明大街、建华大街等重要道路摆放花箱花架550余组，槐安路高架桥全线及其他道路部分桥体悬挂花箱4万余个，裕华路沿线及城市重要节点摆放立体花坛8组。

【公园游园】 以“新建塑精品，提升重功能”为理念，启动实施公园景观建设提升工程。龙泉湖项目中西区景观基本形成，栽植乔灌木6万株，片

市区裕华路高速公路口园林景观

植灌木及野花组合 100 万平方米，园内道路、温室、梅坞、停靠站等多处景观节点及南门、西门、综合管理建筑、中心服务区、厕所、花卉博览厅等设施基本建成。铁路文化公园、西环公园、西兆通公园景观建设取得阶段性成果，景观效果初步形成。开展公园广场景观提升、环境整治、厕所革命、设施维护、公益宣传五大专项行动，实施 49 座公园广场无障碍化改造，建成 7 块、15 万平方米街旁游园；裕西公园、平安公园、槐北公园景观及设施提升工程完工，主城区公园游园服务功能提升，景观建设呈现“多点开花”的好局面。槐北公园提升改造工程。11 月 15 日，市区槐北公园提升改造工程完工并正式开园。槐北公园位于主城区东部，北临槐北路，南临槐中路，占地 7 公顷，公园周边有国际城、裕东小区、金马小区等大型居民社区。槐北公园建于 2002 年，未开展过大规模提升改造。此次施工用时 61 天，提升改造绿地 5.3 万平方米；新植元宝枫、红叶石楠、紫玉兰等 18 个品种彩叶及观花乔灌木 252 株，更新鸢尾、玉簪、麦冬等地被植物 2.95 万平方米；新增休闲广场 12 处，修复广场 3 处。整修原有溪流景观，新建亲水平台、景桥各 1 座，将原有水泥景观环路更新为鹅卵石拼花铺装路面；更新座椅 40 套、垃圾箱 30 个、栏杆 216 米，更换夜间照明灯具 94 套，新增石雕小品 16 处，新增无障碍通道 8 条。

【园林管护】 以打造“精、细、雅、洁”城市园林环境为目标，组建成立园林绿化精细化管理工作领导小组，建立网格化管理模式、养护管理月历、职工技能培训和技能比武、监督考核等措施，推进形成持续、稳定、完善、高效的城市园林管理养护体系。制定《年度精细化管护方案》，优化和完善《城市园林绿化管护考核办法》，确定考核范围、考核主体、考核方式、奖惩办法。实行打分制考核，采取明检、暗检方式，每月 1 次明检、每月 3 次暗检，将主城区四区考核结果纳入城市管理考核总分。市属绿地考评结果与养护单位养护费用挂钩。做好园林日常管护，全年出动水车 1.1 万车次，浇水量 14.6 万吨；修剪绿篱、色块等造型植物 360 万平方米，修剪乔木 10 万株、灌木 40 万株、春花植物 30 万株；降土、整理绿地 8 万平方米。

【创建园林县城】 以创建园林县城为载体，推进县城容貌和园林绿化建设。全年各县（市）新增绿地 560 万平方米，新建提升公园游园 52 座。开展各县（市）园林县城创建督导检查，选派专家现场督导 15 次，各级领导督导 17 次，举办修改创建资料、技术报告片和绿化规划讨论会 19 次。正定县、晋州市通过国家园林县城初审，新乐市、井陉县通过省级园林城市复查，灵寿县、赵县获评省级园林县城，至 2018 年末，全市 13 个县（市）全部创建为省级以上园林县城。其中，国家园林县城 1 个：高邑县（2015 年）；省级园林县城 11 个：分别为井陉县（2010 年）、元氏县（2013 年）、平山县（2013 年）、井陉矿区（2013 年）、新乐市（2014 年）、行唐县（2016 年）、无极县（2017 年）、深泽县（2017 年）、赞皇县（2017 年）、灵寿县（2018 年）、赵县（2018 年）。

【省级园林式单位、小区、街道及星级公园广场、游园】 全年命名省级园林式单位 13 个，分别为：河北金源粮油食品有限公司、石家庄四药有限公司开发分公司（藁城区）、河北金隅鼎鑫水泥有限公司（鹿泉区）、河北传媒学院（栾城区）、井陉县第一中学、灵寿县职业技术教育中心、灵寿县县直幼儿园、赵县公安局交警大队、高邑县广骏新材料科技有限公司、赞皇县交通运输局、赞皇县进修学校，井陉矿区国家税务局、河北白鹿温泉旅游度假股份有限公司（平山县）。命名省级园林式小区 12 个，分别为：长安区保利紫薇园居住小区、桥西区紫御府嘉苑居住小区、桥西区泰丰观湖居住小区、裕华区盛邦花园（二区）居住小区、新华区星河御城居住小区、高新区同祥城居住小区、藁城区金域华府居住小区、晋州市向阳绿洲居住小区、晋州市欧景华庭居住小区、晋州市欧景城居住小区、行唐县阳光水岸（南区）居住小区、灵寿县雅园居住小区。命名省级园林式街道 6 条，分别为：石家庄市裕华路（红旗大街—建设大街）、石家庄市槐安路（东二环—京港澳高速）、无极县光明南街（十山路以南）、赵县自强路（东环路—安济大道）、高邑县刘秀路西延（107 国道—站前街环岛）、赞皇县太行路东段（龙门大街—石臼山南街）。命名省级星级公园 16 个、广场 1 个。其中，五星级公园 1 个：高邑县刘秀公园；四星级公园 7 个，分别为：石家庄市石门公园、无极县民俗公园、深泽县秀水公园、行唐县龙州公园、赵县永通桥公园、元氏县元氏公园、赞皇县石臼山公园；三星级公园8个，分别为：石家庄市石津灌渠文化公园、晋州市时代公园、无极县平安公园、深泽县四季公园、灵寿县中山公园、灵寿县松阳河湿地公园、赵县澄波公园、赵县自强公园；四星级广场1个：元氏县常山广场。命名省级三星级游园7个，分别为：石家庄市东方花园、石家庄市悦华园、石家庄市都市丛林游园、石家庄市西盛园、石家庄市红星园、裕华区高速景观绿地游园、灵寿县地标公园。

【园博会展览】 全年石家庄市参加河北省第二届（秦皇岛）园博会和第十二届中国（南宁）园博会。7月16日，河北省第二届园林博览会在秦皇岛市开幕。石家庄展园命名为“和辑园”，占地面积7926平方米，以“民族团结 和谐统一”为主题，以石家庄市历史著名人物赵佗生平功绩“和辑百越”政策精神为线索，主要展现石家庄地域的历史文化，于古典园林中寓教于乐；展园由主入口区、丰德林区、和辑楼区、和辑百越区、朝汉台区5个部分景观组成。省第二届（秦皇岛）园博会石家庄展园获得“造园艺术综合奖银奖”“优秀设计奖”，石家庄演出舞蹈拉花《扭春》获得“文化展演优秀节目奖”。12月6日，第十二届中国（南宁）国际园林博览会开幕。石家庄市展园命名为“石家庄书院文化园”，占地2200平方米，以“河北书苑文化”为载体，主要展现华北地区深厚的教育文化底蕴，弘扬读书精神，启发智慧和滋养浩然之气；展园由入口广场、状元坊、功名旗杆、墨池、讲堂、读书洞、藏书阁、健身广场、朗读轩、书法广场10部分景观组成，植物配置以华北地区特色树种国槐、柿子树、油松为主，辅以南宁当地树木为绿化背景。

【市动物园】 石家庄市动物园始建于1947年，最初地址为石家庄市人民公园（今河北省会儿童少年活动中心）。1983年，市动物园实施第一次搬迁，由人民公园搬迁至西郊动物园（今石家庄市裕西公园）。2005年，市动物园第二次搬迁至鹿泉区杜家庄西北侧向阳南大街，距离石家庄主城区17.5千米，总占地面积3500余亩（除国有土地180余亩外，均为租赁地），动物展区2000亩。2006年5月，市动物园建成并正式对外开放。2017年9月至2018年5月，市动物园实施整体提升改造，主要建设羊驼观赏区、猴山北区和污水处理系统；2018年3月起，开始整修占地面积2400多平方米大熊猫馆。至2018年底，市动物园饲养和展出大熊猫、火烈鸟、金丝猴、东北虎、亚洲象、黑猩猩、白虎、长颈鹿等动物248种4607只（头）。市动物园景观布局采用非对称式，以山势奔腾起伏的隐风山为背景，处处展现野生动物原生态的栖息情境，是石家庄市民旅游和观赏动物的好去处，2007年市动物园获评省会城市名片，并被命名为石家庄市百年十大精品园林建筑；2009年获评五星级公园；2015年获授“全国科普教育基地”称号。

【市植物园】 石家庄市植物园位于市区西北部（新华区植物园街60号），距离石家庄主城区14千米，是一个以植物观赏为主，集科研科普、游览观光、休闲娱乐、社会生产等多功能为一体的大型综合性公园。市植物园始建于1998年4月25日，一期工程建设时间为1998年4月25日至当年9月26，二期工程建设时间为2002年6月16至2003年9月30日，经过两期工程建造，市植物园总占地面积达到167.1公顷，其中，水体面积38.7公顷，湖岸线长1.5万米，蓄水量64万立方米。市植物园功能区分为出入口，科普教育与儿童游乐区，植物系统分类区，观赏植物品种展示区，水上游憩区，盆景、温室、宿根花卉展示区，综合服务区；拥有波澄湖景区、盆景艺术馆、热带植物观赏厅、科普馆、玫瑰艺术剧场、廊桥水榭、湖心岛、荷花荜等38个景点；湖上建有风格各异的景桥32座，其中，拱桥4座，平桥21座，木桥5座，石桥2座；形成松柏园、木兰园、芍药园、竹园、蔷薇月季园、樱花园、碧桃园、海棠园、丁香园等15个植物专类园，汇集各种植物千余种、数十万株，种植草坪60多万平方米。至2018年底，市植物园拥有乔木138种4.78万株、灌木272种29.3万株及荷花、睡莲、红赤鸢尾等水生植物50余种；乔木主要品种为银杏、白蜡、法桐、油松、海棠栾树等；灌木主要品种为月季、百日红、木槿、榆叶梅、连翘等。市植物园是石家庄市民旅游和休憩的好去处，被确定为“全国青少年科学教育基地”“全国中小学环境教育社会实践基地”“河北省科普教育基地”，获评河北省“五星级公园”、石家庄市“十佳景观”等荣誉。

（李晓玲）

生态环境

Ecological Environment

综 述

2018年，石家庄市空气质量大幅改善，空气质量综合指数和五项污染物指数（臭氧除外）均实现显著下降。全年空气质量综合指数为7.53，较2017年下降1.19，同比下降13.6%。2018年石家庄市在全国169个重点城市中空气质量排名倒数第二，较2017年前进1位，下降率在全国169个重点城市中排名第14位。2018年石家庄市空气质量一级优良天数5天，同比减少1天，占总天数1.4%；二级优良天数146天，同比增加1天，占总天数41.1%；三级轻度污染天数118天，同比增加9天，占总天数33.2%；四级中度污染天数48天，同比增加2天，占总天数13.5%；五级重度污染天数34天，同比增加1天，占总天数9.6%；六级严重污染天数4天，同比减少13天，占总天数1.1%。空气优良率42.5%，同比提高1.1个百分点；重污染天数38天，同比减少12天，占总天数比例10.7%，同比下降3.0个百分点。

六项污染物中，二氧化硫、一氧化碳达到国家环境空气质量二级标准。其中，可吸入颗粒物浓度为131微克/立方米；细颗粒物浓度为72微克/立方米；二氧化硫浓度为23微克/立方米；二氧化氮浓度为50微克/立方米；一氧化碳浓度为2.6毫克/立方米；臭氧浓度为211微克/立方米。与2017年相比，可吸入颗粒物浓度下降14.9%，细颗粒物下降16.3%，二氧化硫下降30.3%，二氧化氮下降7.4%，一氧化碳下降27.8%，臭氧上升5.0%。颗粒物（包括可吸入颗粒物和细颗粒物）在石家庄市空气污染中占比最大，其次为臭氧。2018年石家庄市74天首要污染物为可吸入颗粒物，占总污染天数21.1%；121天首要污染物为细颗粒物，占总污染天数34.6%；30天首要污染物为二氧化氮，占总污染天数8.6%；120天首要污染物为臭氧，占总污染天数34.3%；3天首要污染物为可吸入颗粒物和细颗粒物，占总污染天数0.9%；1天首要污染物为可吸入颗粒物和二氧化氮，占总污染天数0.3%；1天首要污染物为可吸入颗粒物、细颗粒物和臭氧，占总污染天数0.3%。

县（市、区）空气质量。2018年石家庄市主城区和主城区外17个县（市、区）中，赞皇县、栾城区空气质量综合指数好于主城区；可吸入颗粒物、细颗粒物污染最重的为无极县；二氧化硫污染最重的为高邑县；二氧化氮污染最重的为石家庄市主城区；一氧化碳污染最重的为深泽县；臭氧污染最重的为正定县。依据空气质量综合指数监测数据，无极县污染最重。2018年全市空气污染程度由轻至重顺序依次为：赞皇县、栾城区、主城区、井陉县、鹿泉区、正定县、井陉矿区、平山县、深泽县、新乐市、藁城区、赵县、行唐县、高邑县、灵寿县、元氏县、晋州市、无极县。赞皇县空气质量综合指数为7.29，无极县空气质量综合指数为8.16。

水环境质量。2018年全市重点流域水污染治理稳步推进，各县（市）区基本实现污水集中处理，各河流水质总体保持稳定或有所好转。与2017年相比，冶河、洨河、滹沱河、汪洋沟、石津总干渠水质状况稳定无变化，冶河、滹沱河水质状况均为良好，洨河、汪洋沟水质状况均为重度污染，石津总干渠水质状况为优。岗南水库进水区、中心区、出水区均为Ⅰ类水质，黄壁庄水库进水区、出水区为Ⅱ类水质，中心区为Ⅰ类水质；2018年岗南水库各点位水质、黄壁庄水库中心区点位水质均好于2017年，其他点位水质无明显变化。地下水水质监测，土贤庄、西三教村、塔家村、81054 休干、市医药、西五里村地下水水质状况有所好转，其他点位水质状况稳定无变化。饮用水源水质监测，城市饮用水源地水质未出现超标项目，城市饮用水源地水质稳定达标。

声环境质量。2018 年石家庄城市噪声功能区按照区域功能不同划分为 1 ～ 4 类区域，总面积 405.88 平方千米。其中，1 类区面积 315.2 平方千米，占功能区总面积 77.7%；2 类区面积 59.4 平方千米，占功能区总面积 14.6%；3 类区面积 24.3 平方千米，占功能区总面积 6.0%；4 类区面积 6.98 平方千米，占功能区总面积 1.7%。4 类功能区设置：1 类区为居民、文教、医疗、科研、行政区，2 类区为居民、商业、工业混合区，3 类区为工业区，4 类区为交通干线两侧区域。2018 年石家庄城市 1 类区年平均等效声级昼间 51.4 分贝，达标率 100%，夜间 46.0 分贝，达标率 33.3%；2 类区年平均等效声级昼间 54.4 分贝，达标率 91.7%，夜间 49.9 分贝，达标率 50.0%；3 类区年平均等效声级昼间 61.2 分贝，达标率 100%，夜间 56.6 分贝，达标率 12.5%；4 类区年平均等效声级昼间 65.6 分贝，达标率 87.5%，夜间 60.9 分贝，达标率 12.5%，与上年基本持平。

固体废物处置。2018 年石家庄市一般工业固体废物产生量为 1639.3 万吨，与 2017 年基本持平，综合利用率为 95.2%，同比提高 3.6%；一般工业固体废物贮存量为 93.94 万吨，同比增加 17.45 万吨，处置量 173.16 万吨，同比增加 120.68 万吨。2018 年石家庄市危险废物产生量为 15.65 万吨，同比增加 4.20 万吨，综合利用率为 44.12%，同比提高 13.1%；危险废物贮存量为 0.42 万吨，同比减少 0.24 万吨，处置量 8.72 万吨，同比增加 0.53 万吨，安全处置率 100%。2018 年石家庄市主城区生活垃圾产生量为 89.3 万吨，同增加 3.6 万吨，全部实现无害化处理。其中，卫生填埋量 24.5 万吨，同比增加 6.1 万吨；焚烧量 64.8 万吨，同比减少 2.5 万吨。2018 年全市医疗垃圾产生量为 0.84 万吨，同比增加 0.10 万吨，全部实现无害化处理。

2018 年石家庄市启动 I 级红色预警 2 次，II 级橙色预警 13 次，III 级黄色预警 1 次，采取污染减排措施 1 次，共计 2527 个小时。

（裴琨）

空气环境质量

【概况】 2018 年，石家庄市环境空气质量得到改善，综合指数及五项污染物指数（臭氧除外）均实现显著下降。综合指数为 7.53，与 2017 年相比下降 13.6%，在全国 169 个重点城市中排名倒数第二，与 2017 年相比前进 1 位，下降率在 169 城市中排名第 14 位。全年细颗粒物平均浓度为 72 微克 / 立方米，完成 2018 年省考工作目标值（74 微克 / 立方米）。优良天数 151 天，与 2017 年持平，重度污染及以上天数为 38 天，与 2017 年相比减少 12 天，自 2013 年执行环境空气质量新标准以来首次实现零爆表。全年石家庄市环境空气质量一级 5 天，占总天数的 1.4%；二级 146 天，占总天数的 41.1%；三级 118 天，占总天数的 33.2%；四级 48 天，占总天数的 13.5%；五级 34 天，占总天数的 9.6%；六级 4 天，占总

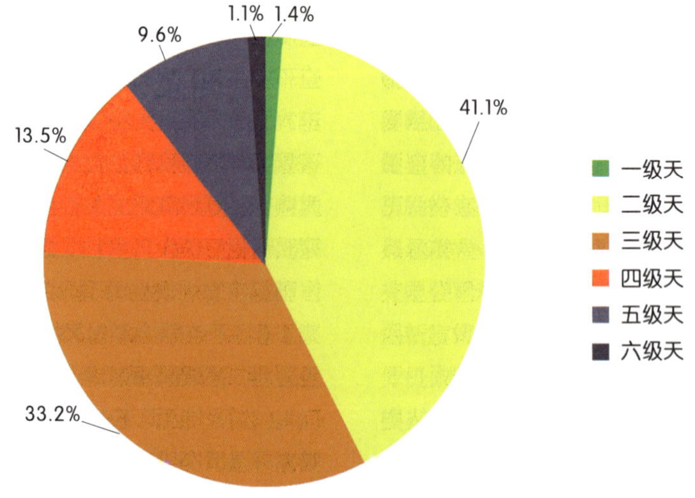

2018 年石家庄市各级天数占比示意图

天数的 1.1%。优良率 42.5%，重污染天数比例为 10.7%。与 2017 年相比，一级减少 1 天，二级增加 1 天，三级增加 9 天，四级增加 2 天，五级增加 1 天，六级减少 13 天，重污染天数比例减少 3.3 个百分点。

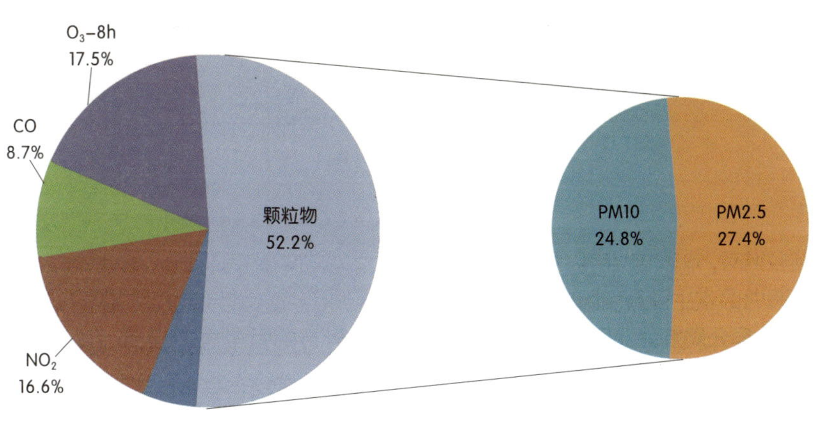

2018 年石家庄市六项污染物分担率

【空气污染状况】 废气主要污染物排放。2018 年石家庄市排放废气中二氧化硫排放量 4.23 万吨、氮氧化物排放量 5.03 万吨，与 2017 年相比二氧化硫下降 1.76 万吨、下降率为 29.4%；氮氧化物下降 1.24 万吨、下降率为 19.8%；烟（粉）尘排放量为 3.75 万吨，与 2017 年相比基本持平。由此可见，二氧化硫治理水平提升较快，氮氧化物治理水平相对较慢，尚有提升空间。空气环境中六项污染物可吸入颗粒物浓度为 131 微克 / 立方米，同比下降 14.9%；细颗粒物浓度为 72 微克 / 立方米，同比下降 16.3%；二氧化硫浓度为 23 微克 / 立方米，同比下降 30.3%；二氧化氮浓度为 50 微克 / 立方米，同比下降 7.4%；一氧化碳浓度为 2.6 毫克 / 立方米，同比下降 27.8%；臭氧浓度为 211 微克 / 立方米，同比上升 5.0%。

污染物。颗粒物（包括可吸入颗粒物和细颗粒物）对石家庄市大气污染贡献最大，其次为臭氧。2018 年石家庄市有 74 天首要污染物为可吸入颗粒物，占总污染天数的 21.1%；121 天首要污染物为细颗粒物，占总污染天数的 34.6%；30 天首要污染物为二氧化氮，占总污染天数的 8.6%；120 天首要污染物为臭氧，占总污染天数的 34.3%；3 天首要污染物为可吸入颗粒物和细颗粒物，占总污染天数的 0.9%；1 天首要污染物为可吸入颗粒物和二氧化氮，占总污染天数的 0.3%；1 天首要污染物为可吸入颗粒物、细颗粒物和臭氧，占总污染天数的 0.3%。

污染特征。全市复合型污染特征更为明显。颗粒物污染物分担率为 52.2%（其中，可吸入颗粒物为 24.8%，细颗粒物为 27.4%），臭氧污染物分担率为 17.5%，二氧化氮污染物分担率为 16.6%。4 月以可吸入颗粒物污染特征为主，5 月至 8 月臭氧污染特征突出，9 月至 10 月二氧化氮污染特征凸显。在不利气象条件影响下，采暖期以细颗粒物为首要污染物的重污染过程频繁出现。

污染物分担率。颗粒物的污染物分担率为 52.2%（其中，可吸入颗粒物的污染物分担率为 24.8%，细颗粒物的污染物分担率为 27.4%），二氧化硫的污染物分担率为 5.0%，二氧化氮的污染物分担率为 16.6%，一氧化碳的污染物分担率为 8.7%，臭氧的污染物分担率为 17.5%。对大气污染贡献最大的为颗粒物（包括可吸入颗粒物和细颗粒物），其次为臭氧，与 2017 年相比，臭氧和二氧化氮的污染物分担率增加，其余四项污染物的污染物分担率减少。

【县（市、区）空气质量】 2018 年石家庄市主城区外 17 个县（市、区）均开展环境空气质量自动监测。根据监测结果，仅赞皇县、栾城区空气质量综合指数好于主城区；可吸入颗粒物和细颗粒物污染最重的均为无极县；二氧化硫污染最重的为高邑县；二氧化氮污染最重的为石家庄市主城区；一氧化碳污染最重的为深泽县；臭氧污染最重的为正定县。从综合指数看，无极县污染最重；环境空气污染程度由轻至重依次为赞皇县、栾城区、主城区、井陉县、鹿泉区、正定县、井陉矿区、平山县、深泽县、新乐市、藁城区、赵县、行唐县、高邑县、灵寿县、元氏县、晋州市、无极县。

表 17

2018 年石家庄市各行政区域环境空气质量监测数值一览表

序号	行政区域	PM10（微克／立方米）	PM2.5（微克／立方米）	SO_2（微克／立方米）	NO_2（微克／立方米）	CO 95 per（毫克／立方米）	O_3-8h 90per（微克／立方米）	综合指数
1	赞皇县	128	68	36	37	2.7	211	7.29
2	栾城区	129	71	28	49	2.6	199	7.45
3	石家庄市主城区	131	72	23	50	2.6	211	7.53
4	井陉县	136	71	25	46	2.8	212	7.56
5	鹿泉区	142	70	24	49	2.4	213	7.58
6	正定县	137	73	22	47	2.7	214	7.62
7	井陉矿区	145	69	30	45	2.8	201	7.62
8	平山县	145	77	24	43	2.7	201	7.69
9	深泽县	131	83	27	38	3.4	196	7.71
10	新乐市	141	79	25	45	2.6	201	7.72
11	藁城区	140	80	25	43	2.9	200	7.76
12	赵　县	137	77	35	43	3.0	199	7.81
13	行唐县	145	80	25	44	2.7	202	7.82
14	高邑县	134	77	39	44	3.2	192	7.86
15	灵寿县	144	81	23	43	3.0	210	7.89
16	元氏县	144	78	33	44	2.6	213	7.92
17	晋州市	139	84	31	43	3.2	187	7.96
18	无极县	146	86	29	43	3.2	200	8.16

县（市、区）环境空气表现为典型尘污染特征。各县（市、区）首要污染物均为颗粒物（可吸入颗粒物或细颗粒物）。尘污染仍然是大气污染的主要原因，其来源除受工业生产与居民生活采暖等固定污染源排放影响外，还受到城市建设、施工工地及交通运输等过程中产生的二次扬尘影响。此外，各县（市、区）政府所在地的建成区及城区周边存在大量裸露土地，以及每年的夏收夏种、秋收秋种过程均容易造成扬尘污染。

县（市、区）环境空气污染程度差异。各县（市、区）环境空气污染程度与主城区相比仍存在差异，从可吸入颗粒物年均浓度比较，除赞皇县、栾城区、深泽县外，其他县（市、区）可吸入颗粒物污染均高于主城区；从细颗粒物年均浓度比较，除赞皇县、矿区、鹿泉区、栾城区、井陉县外，其他县（市、区）的细颗粒物污染均高于主城区。从综合污染指数看，主城区环境空气质量处于17个县（市、区）上游水平。

【秋冬季平均浓度降幅排名第二】 5月3日，国家生态环境部通报京津冀及周边“2+26”城市秋冬季空气质量目标完成情况。根据考核结果，石家庄市获评“优秀”等级，其中PM2.5平均浓度降幅排名第二。秋冬季考核期2017年10月至2018年3月，“2+26”城市PM2.5平均浓度为78微克/立方米，同比下降25.0%，重污染天数同比下降55.4%，均大幅超额完成“下降15%”改善目标。从改善幅度看，“2+26”城市PM2.5平均浓度均同比下降，降幅最大3个城市分别是北京、石家庄和保定，同比分别下降44.2%、42.1%和39.7%。从目标完成率看，PM2.5降幅目标完成率排名前6位城市为廊坊、德州、保定、北京、新乡和石家庄。考核结果以PM2.5改善目标为基础，重污染天数下降目标作为修正项，综合PM2.5降幅排名和完成率排名：廊坊、保定、北京、德州、石家庄、鹤壁、新乡、衡水、安阳、唐山、天津11个城市获评“优秀”等级。

（裴琨　靳晓磊）

水环境质量

【概况】 2018年，石家庄市排放废水中化学需氧量排放量为6.28万吨、氨氮排放量为0.60万吨，与2017年相比下降7.78%、38.1%。全市重点流域水污染治理工作稳步推进，辖区内各县（市、区）基本实现污水集中处理，各河流水质总体上保持稳定或有所好转。与2017年相比，冶河、洨河、滹沱河、汪洋沟、石津总干渠水质状况稳定无变化。冶河、滹沱河水质状况均为良好，洨河、汪洋沟水质状况均为重度污染，石津总干渠水质状况为优。岗南水库进水区、中心区、出水区均为Ⅰ类水质，黄壁庄水库进水区、出水区为Ⅱ类水质，中心区为Ⅰ类水质。岗南水库2018年各点位水质均好于2017年，黄壁庄水库2018年中心区点位水质好于上年，其他两个点位水质无明显变化。地下水水质与2017年相比，土贤庄、西三教村、塔冢村、81054休干、市医药公司、西五里村地下水水质状况有所好转，其他点位水质状况稳定无变化。饮用水源水质方面，城市饮用水源地水质未出现超标项目，城市饮用水源地水质稳定达标。

【地表水环境质量】 水库环境质量。岗南水库各监测项目均未出现超标现象，岗南水库3个监测断面中，Ⅰ类水质断面4个，占100%，水库进水区、中心区、出水区均为Ⅰ类水质。黄壁庄水库各监测项目均未出现超标现象。黄壁庄水库3个监测断面中，Ⅰ类水质断面2个，占66.7%；Ⅱ类水质断面一个，占33.3%。水库进水区、出水区为Ⅱ类水质，中心区为Ⅰ类水质。河流（渠）环境质量。2018年石家庄市域内共五个水系16个监测断面，由于张村桥断面全年无水断流，在15个水质断面中，无Ⅰ类水质断面；Ⅱ类水质断面9个，占60%；Ⅲ类和Ⅳ类各1个；劣Ⅴ类4个，占26.7%。绵河—冶河3个监测断面中，地都、岩峰、平山桥断面均为Ⅱ类水质；滹沱河4个监测断面中，张村桥全年无水断流，下槐镇及枣营断面为Ⅱ类水质，固营桥断面Ⅳ类；石津总干渠5个监测断面中，黄壁庄桥、杜北、兆通、南白滩桥断面为Ⅱ类水质，运河桥断面为Ⅲ类水质。洨河3个监测断面中，大石桥、总退水口、石板桥均为劣Ⅴ类水质。汪洋沟1个监测断面，高庄断面为劣Ⅴ类水质。

【河流水环境质量】 2018年绵河—冶河水体水质属Ⅱ类，水体综合污染指数为3.21。滹沱河水体水质属Ⅲ类，水体综合污染指数为2.50。洨河水体水质为劣Ⅴ类，水体综合污染指数为4.97。石津总干渠水体水质属Ⅱ类，水体综合污染指数为1.59。汪洋沟水体水质为劣Ⅴ类，水体综合污染指数为6.47。与2017年相比，绵河—冶河、滹沱河、洨河、石津总干渠、汪洋沟水质状况稳定无变化。冶河、滹沱河水质状况均为良好，洨河、汪洋沟水质状况均为重度污染，石津总干渠水质状况为优。

表 18

2017～2018 年石家庄市河流水质监测断面评价一览表

河流	监测断面	水质类别		水质状况	
		2017 年	2018 年	2017 年	2018 年
绵河—冶河	地都	Ⅱ	Ⅱ	良好	良好
	岩峰	Ⅱ	Ⅱ		
	平山桥	Ⅱ	Ⅱ		
滹沱河	下槐镇	Ⅲ	Ⅱ	良好	良好
	枣营	/	Ⅱ		
	固营桥	Ⅴ	Ⅳ		
洨河	总退水口	劣Ⅴ	劣Ⅴ	重度污染	重度污染
	石板桥	劣Ⅴ	劣Ⅴ		
	大石桥	劣Ⅴ	劣Ⅴ		
石津总干渠	黄壁庄桥	Ⅲ	Ⅱ	优	优
	杜北	Ⅲ	Ⅱ		
	兆通	Ⅲ	Ⅱ		
	南白滩桥	Ⅲ	Ⅱ		
	运河桥	Ⅲ	Ⅲ		
汪洋沟	高庄	劣Ⅴ	劣Ⅴ	重度污染	重度污染

河流水质时间变化规律。绵河—冶河污染分担率排前三位的污染物为氟化物、生化需氧量和化学需氧量，氟化物在 8 月达到最大值，生化需氧量在 4 月达到最大值，化学需氧量在 9 月达到最大值。滹沱河污染分担率排前三位的污染物为氟化物、化学需氧量、生化需氧量。氟化物在 12 月达到最大值，化学需氧量、生化需氧量在 6 月达到最大值。石津总干渠污染分担率排前三位的污染物为化学需氧量、高锰酸盐指数、氟化物。化学需氧量在 2 月达到最大值，高锰酸盐指数在 9 月达到最大值，氟化物在 4 月、5 月、6 月持续维持最大值。洨河污染分担率排前三位的污染物为氨氮、化学需氧量、总磷。氨氮在 4 月达到最大值；化学需氧量在 10 月达到最大值，4 月为次大值；总磷在 9 月达到最大值。汪洋沟污染分担率排前三位的污染物为氟化物、氨氮、化学需氧量。氟化物、氨氮、化学需氧量均在 2 月达到最大值。

（裴珉）

声环境质量

【概况】 2018年，石家庄市声环境以交通噪声和生活噪声为主要噪声源，城市环境噪声整体水平与2017年相比变化不大，道路交通噪声状况较好。石家庄市噪声功能区总面积为405.88平方千米，按照区域功能不同划分为1～4类区域。其中，1类区面积315.2平方千米，占功能区总面积77.7%；2类区面积59.4平方千米，占功能区总面积14.6%；3类区面积为24.3平方千米，占功能区总面积6.0%；4类区面积6.98平方千米，占功能区总面积1.7%。

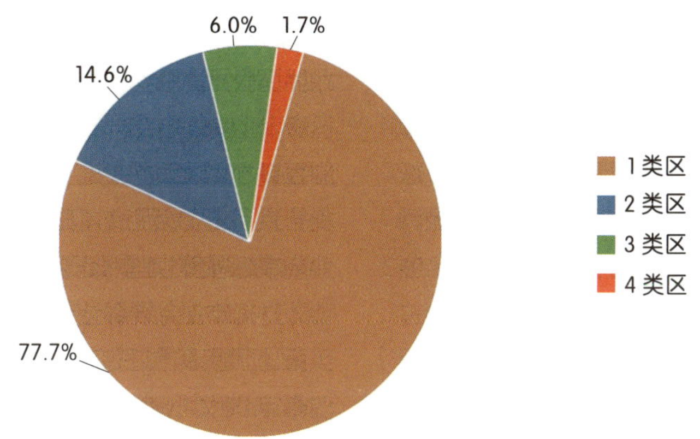

2018年石家庄市各功能区面积比例分布图

【功能区噪声】 功能区噪声1类区年平均等效声级昼间51.4分贝，达标率100%，夜间46.0分贝，达标率33.3%；2类区年平均等效声级昼间54.4分贝，达标率91.7%，夜间49.9分贝，达标率50.0%；3类区年平均等效声级昼间61.2分贝，达标率100%，夜间56.6分贝，达标率12.5%；4类区年平均等效声级昼间65.6分贝，达标率87.5%，夜间60.9分贝，达标率12.5%，与上年基本持平。2016年至2018年功能区噪声昼、夜间平均等效声级基本持平。

表19

2016～2018年石家庄市各功能区噪声平均等效声级数值一览表

年度 \ 功能区	1类区（分贝）		2类区（分贝）		3类区（分贝）		4类区（分贝）	
	Ld	Ln	Ld	Ln	Ld	Ln	Ld	Ln
2016年	50.5	44.3	54.6	48.7	62.6	57.8	66.9	64.5
2017年	50.2	45.0	54.4	50.5	62.5	57.3	66.0	61.8
2018年	51.4	46.0	54.4	49.9	61.2	56.6	65.6	60.9

备注：Ld为昼间等效声级，Ln为夜间等效声级。

【道路交通噪声】 道路交通噪声昼间噪声值为55.8～75.6分贝，平均等效声级为67.3分贝，强度等级一级；夜间噪声值为45.2～69.9分贝，平均等效声级为58.9分贝，强度等级二级。随车流量逐年增加，交通噪声呈上升趋势。区域环境噪声昼间为34.1～63.1分贝，平均等效声级值为56.0分贝；夜间为34.1～63.1分贝，平均等效声级值为47.0分贝，城市区域环境噪声总体水平等级均为三级，较上年呈上升趋势。

表 20

城市交通噪声平均值统计表

年度	2016 年	2017 年	2018 年	
			昼间	夜间
年平均值［dB（A）］	65.8	67.0	67.3	58.9
平均车流量（辆 / 小时）	764	893	963	358

（裴琨）

生态治理与保护

【概况】 2018 年，石家庄市以生态环境防治为重点，聚力打好污染防治攻坚战，全面开展“散乱污”工业企业、工业炉窑、汽车尾气和重点行业挥发性有机物综合整治。加快燃煤污染治理，积极稳妥推进清洁取暖，因地制宜做好“煤改气”“煤改电”双替代工作，淘汰不符合环保要求燃煤锅炉。全年完成燃煤锅炉淘汰及升级改造工程，淘汰燃煤锅炉 89 台 1853.8 蒸吨，提标改造 33 台 2637 蒸吨，提标改造完成率为 126%。环境空气质量得到改善，综合指数及五项污染物指数（臭氧除外）均实现下降。综合指数为 7.53，与 2017 年相比下降 13.6%。全年石家庄市确定重点排污单位 427 个，其中，气重点排污单位 201 个、水重点排污单位 217 个、土壤重点监管单位 57 个、危险废物重点排污单位 3 个。从区域分布看，主要分布在晋州、藁城、栾城等地区。从行业分布看，以化学原料及化工、医药、电力以及非金属矿物制品业（含水泥、陶瓷、玻璃）等为主。全面开展水源地和流域整治。组织滹沱河沿线排污排查，全年共清理私设排污口 2 处、倾倒工业废物和垃圾 13 处、非法养殖点 5 处、非法建筑 11 处，以及非法采砂场 2 处。各河流水质总体上保持稳定或有所好转。与 2017 年相比，冶河、洨河、滹沱河、汪洋沟、石津总干渠水质状况稳定无变化，冶河、滹沱河水质状况均为良好，洨河、汪洋沟水质状况均为重度污染，石津总干渠水质状况为优。开展土壤污染治理。加强重点污染行业企业监管，建设应用污染地块信息系统，将污染地块管理全部纳入信息系统，全市共有 110 个地块列入污染地块信息系统。开展土壤污染综合治理，栾城区土壤污染治理项目一期工程完成主体修复配套工程，通过专家组验收，共采集全区农田土壤样品 413 个，二期完成项目农田流转。赵县土壤修复项目已完成工程招投标。尾气排放监管。加强过境重型柴油车监管，共抽检重型柴油车 85506 辆，劝返尾气不达标车辆 3232 辆，OBD 诊断系统故障车 885 辆，处罚 2633 辆。加强非道路移动机械排污监管。建立全市在用非道路移动机械备案、监管机制，全年非道路移动机械日常监管检查出动 2948 人次，检查 1113 家企业，发现问题机械 326 台，整改安装机械 238 台，处罚企业 19 家，处罚金 19 万元。排污监管。开展防渗防漏排查整治，完成 83 个纳污坑塘防漏整治，655 家加油站完成防渗设施改造，停业（拆除）13 家。污水处理厂实行月审核制度，根据污水处理水质拨付相应污水处理费。加强生态环境监管，开展双随机和移动执法，2018 年全市上传移动执法数据 16821 条；抽取企业 6101 家次，其中，重点企业 256 家次，一般企业 5767 家次，特殊监管企业 78 家次。2018 年全市重点排污单位监测率 100%，废气重点排污单位达标率 88.5%，废水重点排污单位达标率 82.1%。全年立案查处生态环境违法 4403 件，罚款 1.91 亿元，个案均值 4.36 万元。2018 年全市排查“散乱污”企业 1464 家，其中，关停取缔 1051 家，提升改造 413 家。强化重污染天气应急管理，修订重污染天气应急减排清单，钢铁、建材、焦化、铸造、医药（农药）制造和有色金属等重点行业采暖季实行差别化管理。

落实机构改革方案，将市环境保护局职责、市发展改革委应对气候变化和减排职责、市国土资源局监督防止地下水污染职责和市水务局编制水动能区划、排污口设置管理、流域水环境保护、南水北调工程项目区环境保护职责，市农业畜牧局监督指导农业面源污染治理职责等整合，组建市生态环境局。实行以省生态环境部门为主双重管理，县（市、区）生态环境部门列为市生态环境局派出分局，由市生态环境局直接管理。12月26日，市生态环境局揭牌。改革后，市生态环境局内设机构18个、局属事业单位9个、派出分局21个。18个内设机构分别为办公室、财务审计处、政策法规处、环评监督和科技处、土壤管理处、自然生态保护处、污染物排放管理处、核与辐射安全监督管理处、生态环境监测处、固体废物和化学品处、大气污染防治处、水生态环境处、信访处、综合规划处、协调督导处、环境应急处、人事处（老干部处）和直属单位党委（机关纪委）。9个局属事业单位分别为环境综合执法支队、环境监控中心、预测预报中心、岗黄水库监督监测站、信息中心、宣传教育中心、机动车排污管理中心、危险废物和辐射环境监督管理中心、环境科学研究院。21个县（市、区）分别成立市环境生态局派出分局。

【大气环境治理】 2018年石家庄市完成大气减排工程1433项，与2017年相比，二氧化硫下降43109.44吨、减排比例37.53%；氮氧化物下降36624.47吨、减排比例22.57%。炉窑排放源综合整治。完成燃煤锅炉淘汰及升级改造工程，淘汰燃煤锅炉89台1853.8蒸吨；提标改造33台2637蒸吨，提标改造完成率为126%。按照河北省《关于开展工业炉窑、煤气发生炉和化肥煤气化炉等设施排查的紧急通知》要求，排查工业炉窑使用情况，涉及钢铁、铸造、铁合金等18行业8类工业炉窑，经统计汇总涉及各类炉窑约1509个。完成VOC_S企业深度治理。依托河北科技大学挥发性有机物与恶臭污染防治技术国家地方联合工程中心、河北省环境科学研究院等科研单位，对37家医药企业和72家涉及挥发性有机物排放的化工、农药企业开展VOCs深度治理技术体检式评估，根据企业不同特点和专家组评估结果，分类制定整改方案并实施深度治理。完成重点行业治理。敬业钢铁有限公司作为全省钢铁行业示范引领项目，完成超低排放改造工程，两家焦化企业超低排放治理项目完成自主验收，3家燃煤电厂完成深度治理。按照省厅有关要求，67家工业企业完成恶臭气体污染源治理。179家石化、有色（不含氧化铝）行业企业执行特别排放，171家企业执行特别排放限值，7家停产。开展重污染天气应急响应。2018年全市共启动I级红色预警2次，II级橙色预警13次，III级黄色预警1次，污染减排措施1次，共计2527个小时。组织县（市、区）更新修订2018年重污染天气应急减排清单，杜绝“一刀切”现象。制定《石家庄市2018～2019年采暖季差异化错峰生产专项实施方案》，重污染天气期间科学管控，完善应急减排措施，推行“一厂一策”“一业一策”清单化管理，按照排放绩效实行差异化错峰生产，严禁“一刀切”式停限产。按时实施相关重污染天气预警响应措施，加强对企业大气污染物排放监管，对偷排偷放行为加大处罚力度，确保措施落实到位。1月1日，全市新增设261座乡镇空气质量监测站正式投入使用。4月25日，市委、市政府会同省环保厅第一专员办召开大气污染综合治理工作约谈会，公开约谈石家庄市2017年度空气质量改善目标未完成的无极县、正定县、藁城区和赵县4个县（区）政府主要领导。5月15日，由市大气和水污染防治指挥部办公室联合石家庄日报社开设的“石家庄空气质量发布”微信公众号开通运行。12月28日，市大气复合污染及灰霾监测超级站投入试运行。

【土壤污染治理】 建设应用污染地块信息系统，将污染地块管理全部纳入信息系统，共有110个地块列入污染地块信息系统。建立污染地块名录，共有13个地块列入污染地块名录，其中4个地块经风险评估不需开展修复、5个正在修复中、4个完成修复。开展土壤污染治理。印发《栾城区土壤污染综合防治先行区建设方案》并全面启动开展全区农田土壤基础调查工作，共采集全区农田土壤样品413个，初步摸清栾城区农田土壤污染状况；采集重点监管企业周边农田样品69个，地表水样品17个，地下水样品26个，针对污灌区、窦妪工业区和医药工业园等区域开展土壤、水、大气现状调查和环境影响评价，并在3～9月，开展全区农产品质量、农田土壤协同检测，共同步采集小麦样品94个、玉米样品112个，大气沉降样品13个。至2018年底，栾城区土壤污染治理项目一期已完成主体修复和配套工程，并通过专家组技术验收。栾城区土壤污染治理项目（二期）完成项目区内农田流转，并签订相关合同。赵县土壤修复项目完成工程招投标，800亩农田流转已完成钝化剂及土壤植物种植修复收获。

【水源地保护】 开展水源地保护区划分工作。12个需划分的县级水源地保护区，全部通过省厅组织的专家论证会，专家组评审、编制单位修改完善，补充相关资料，形成县级集中式饮用水水源地保护区划分技术报告。市主城区应急后备水源地保护区划分工作正在积极推进，完成滹沱河水源地保护区、滹沱河南堤外水源地保护区的技术报告。组织开展岗南、黄壁庄水库饮用水水源地保护区矢量图划定和制作工作，并上报生态环境部。全面开展流域整治。组织滹沱河沿线排查整治，全年共清理私设排污口2处、倾倒工业废物和垃圾13处、非法养殖点5处、非法建筑11处，以及非法采砂场2处。实施出境河流应急预警设施建设，针对2条有水出境河，建设16座应急检测预警点，将4小时一次自动监测水质缩短至3分钟一次，实现对河流水质智能实时监控。制定《洨河、汪洋沟水环境污染问题应急处置方案》，建立信息报警平台，联合公安部门，建立快速反应机制，及时处理发生的水污染问题。开展白洋淀流域综合治理，按照“一县一档、一个问题一个清单”，对黑臭水体、河道垃圾等8个方面问题全部登记造册，实行清单管理，共建立监管档案151册，完成整改147册。

【自然生态保护】 重视农村环境质量，全年除鹿泉区农村环境质量状况一般外，行唐县、井陉县、灵寿县、平山县、赞皇县、正定县农村环境质量状况均为良。农村环境状况指数为73.10～87.35。与2017年相比，灵寿县农村环境质量显著变好，鹿泉区明显变好，行唐县、平山县、赞皇县、正定县无明显变化，井陉县略微变差。2018年全市生态保护红线划定完成，划定总面积3369.39平方千米，占全市行政区域总面积24.95%。生态保护红线主要包括水源涵养、土壤保持和生物多样性保护等重点生态功能区，自然保护区、饮用水源保护区、风景名胜区、湿地公园、地质公园、森林公园、水产种质资源保护区、国家公益林等禁止开发区。红线区主要分布在平山县、井陉县、赞皇县、灵寿县、元氏县、行唐县、鹿泉区、井陉矿区8个山区县和11个平原县（市）区河湖滨岸带重要生态功能区与生态敏感脆弱区。开展“绿盾2018”自然保护区监督检查专项行动。联合市林业局、市国土资源局、市农牧局印发《石家庄市“绿盾2018”自然保护区监督检查专项行动实施方案》(石环发〔2018〕39号)，开展卫星遥感监测问题清单点位核查、处理、整改。集中开展违法违规问题督导检查，全年23次现场督导23次，发送督办函11次。违法违规建筑按要求给予拆除，涉及采石场、工矿用地等场地，正在实施生态恢复。建成并投运石家庄市露天焚烧红外视频监控系统，市、县两级24个监控平台（1个市级、23个县级）安装529个视频监控点位，实现市域露天焚烧全天候、全方位、全覆盖监控。建立健全以乡镇为单位的环保网络化监管体系，21个县（市、区）及高新区、循环化工园区成立环境保护所278个，实现环境保护所全覆盖；全市环境保护所核定编制1506名，配备专职环保工作人员1536名，行政村配备专兼职网格员6704名，初步建成“全面覆盖、层层履职、网格到底、责任到人”的环境监管机制。

【固体废物与化学品管理】 2018年家庄市一般工业固体废物产生量为1639.3万吨，较2017年基本持平，综合利用率为95.2%，同比增加3.6%。一般工业固废贮存量为93.94万吨，同比增加17.45万吨；处置量为173.16万吨，同比增加120.68万吨。全市危险废物产生量为15.65万吨，较上年增加4.20万吨，综合利用率为44.12%，同比增加13.1%。危险废物贮存量为0.42万吨，同比减少0.24万吨；处置量为8.72万吨，安全处置率达到100%。全市主城区生活垃圾产生量为89.3万吨，同比增加3.6万吨，全部实现无害化处理。其中卫生填埋量24.5万吨，同比增加6.1万吨；焚烧量64.8万吨，同比减少2.5万吨。全年医疗垃圾产生量为0.84万吨，较上年增加0.10万吨，全部实现无害化处理。规范危险废物管理。开展危险废物规范化管理督查考核工作，全年共抽查危险废物产生、经营单位71家，发现问题127个，对涉嫌违法行为依法查处并由县（市、区）环保分局督促整改。开展固体废物环境风险排查整治和非法处置专项行动，排查城镇污水处理厂32家，污水处理污泥利用、处置单位18家，固体废物堆存、倾倒场所81处，一般工业固体废物产生单位1414家。查处固体废物（含危险废物）非法处置违法企业248家，罚款489.33万元。至2018年底，全市共有1364家危废产生企业单位。加强辐射安全监管。开展射线装置辐射安全隐患排查专项行动，共检查109家单位，对发现的59个重点问题下达限期整改通知。全年市行政审批局颁发辐射安全许可证30家。

【生态环境监测】 生态环境质量监测。每周完成16个、每月完成34个生态补偿考核断面采样、分析及周月报编制工作，全年共报出52期周报、12期月报，共计3千余个有效数据；每月完成地表水市控监测断面，每季度完成岗南水库上游11条河的地表水水质监测，全年共获取1819个有效数据。7月20日，全市实现乡镇环保所全覆盖，278个乡镇环保所统一挂牌成立。全市乡镇站大气环境质量监测系统总体运行正常，全年采集并审核数据900万余条，上报数据分析报告13份，未审核数据汇总报告9份，上报临时性、阶段性排名及数据汇总分析报告10份。为确保乡镇站设备稳定运行，组织人员对站点实施巡检，加强运维人员的监管，并对易出问题站点实施“驻点式”监管。2018年日常巡查中共发现22起人为干扰监测数据问题，全部按照管理办法严肃处理。水质自动监测。对全市38个水质自动监测站实施数据采集和上报，编制水质监控日报290期、周报23期。为加强对三方运维单位管理，提高监测数据质量，制定《石家庄市水质自动监测站数据上报要求》和《石家庄市水质自动监测站监督性标液核查工作方案》，创新二维码监管模式，对第三方运维单位进行规范化、动态化管理，每月进行监督性标液核查，以飞行检查、盲样考核和远程质控等多种形式开展巡检。重点排污单位监测。按年度计划，完成206家重点排污单位污染物排放监测、在线比对监测及237家工业企业挥发性有机物抽测。全年共获得14562个有效数据，编发监测报告437份，其中，54份超标排放报告、68份在线比对不合格报告。石家庄市城市空气质量状况形势依然严峻：7月22日，生态环境部通报2018年上半年全国169个地级及以上城市空气质量状况，石家庄市排名倒数第二，临汾市排名倒数第一。

（裴琨）

交通运输·邮政

Transportation & Postal Service

铁　路

【概况】 2018年，石家庄市域共有京广、石太、石德、石太客运专线、京广高铁（安阳—涿州段）、石济高铁6条铁路干线和新井、凤山2条支线，起止分别为：京广铁路207.9千米（寨西店承安铺间）至321.3千米（高邑鸭鸽营间），石太铁路石家庄至70.1千米（南峪娘子关间），石德铁路石家庄至85.25千米（束新王家井间），石太客运专线石家庄北站至59.97千米（井陉北阳泉北间）；两条支线总长18.1千米；普通铁路合计营业里程328.72千米，设立车站27个。京广高铁57.04千米至452.40千米，北与杜家坎线路所衔接，南与安阳东站衔接；石济高铁石家庄站至辛集南站73千米；石家庄站管辖京广高铁涿州东、高碑店东、保定东、定州东、正定机场、高邑西、邢台东、邯郸东沿线8个中间站及石济高铁石家庄东站；高速铁路营业里程468.36千米。2018年中国铁路北京局集团有限公司在石家庄市派出机构有：石家庄铁路办事处，主要运输单位有石家庄站、石家庄南站、石家庄客运段、石家庄电力机务段、石家庄工务段、石家庄供电段、石家庄电务段、石家庄车辆段、石家庄货运中心；非生产单位有石家庄铁路专业技术服务中心、石家庄铁路建设工程项目管理部、石家庄建筑段、石家庄铁路疾病预防控制所。石家庄车辆段主要担负京广、京九、石德、石太、邯长、邯济等铁路干线及合资铁路朔黄线货物列车的定期检修及日常维修任务。石家庄工务段主要担负京广线、石太线、石太客运专线、石德线桥梁、隧道等设备的大、中、维修及保养任务。石家庄客运段担当旅客列车客运乘务任务。石家庄电力机务段担当石太线石家庄至太原北，石德线石家庄至德州（长庄），京广线石家庄至北京，京九线衡水至阜阳、衡水至南仓，京沪线德州至徐州，石太客专线石家庄至太原等区段客货列车机车值乘任务及石家庄、阳泉、衡水、保定4个区域调车机、调度机、小运转机车值乘任务。石家庄供电段担负京广线、京广高铁、石太客专、邯长线牵引供电和生产生活供水电任务，沙午线、马磁线的供水、供电及设备更新、改造、维修养护任务。石家庄电务段担负京广线、京九线、石德线、石太线、邯长线、石太客运专线、京广高速线、石家庄西环线、沙午、马磁等20条支（矿）线1708.82千米信号设备维修维护任务。石家庄站位于京广高铁、石济高铁、京广、石德、石太、石太客运专线交汇点，车站等级为特等站，业务性质为客运站。石家庄南站位于京广、石德、石太3条干线交汇点，主要担负南北京广、石德、石太4个方向货物列车到发和运输组织工作。石家庄建筑段承担京广线、京九线、石太线、石德线、邯长线5条干线，保满线、满神线、沙午线、马磁线、新井、凤山、白荫7条支线房建设备，京广高铁、石太客专2条高速铁路区间四电房屋维修与管理，管内150个车站冬季供暖和设备运行及区域内铁路住宅小区管理。石家庄货运中心管辖西起石太线赛鱼站，东至石德线八里庄站，京九线北自霸州站，南至清河城站货运业务，辐射晋、冀、鲁3省，担负晋煤外运、电煤输送和军运、粮食、油料等重点物资和其他零散货物运输任务。2018年石家庄站发送旅客4692.7万人，实现运输收入51.47亿元。其中，春运期间（2月2日至3月12日）发送旅客433.79万人；十一国庆黄金周（9月28日至10月7日）发送旅客158.87万人，同比增长19.4%，10月1日为客流高峰日，全站发送旅客20.36万人，较2017年同期增长16.7%，创下车站单日旅客发送量历史新高。2018年石家庄南站货物发送量354.3万吨，日均装车166.7车，日办理22912辆。2018年石家庄货运中心装车88.9万车、5808.3万吨。至2018年底，石济客专引入石家庄枢纽工程累计完成投资32.69亿元，占工程总量91.33%。

【石家庄站】 石家庄站位于京广高铁、京广、石德、石太、石济和石太客运专线交汇点，站中心里程（客站）为京广高铁277.08千米、京广线269.68千米、石济客专1.35千米，车站等级为特等站，业务性质为客运站。石家庄站所辖石家庄北站为二等站，同时管辖石济客专石家庄东站、京广高铁沿线涿州东站、高碑店东站、徐水东站（非营业站）、保定东站、定州东站、正定机场站、高邑西站、邢台东站、邯郸东站9个客运站及北降壁、和平2个线路所。2018年石家庄站旅客发送量4692.7万人，运输收入51.47亿元。其中，春运（2.2～3.12）共发送旅客433.79万人、十一黄金周（9.28～10.7）共发送旅客158.87万人。至2018年12月31日，实现连续安全生产2402天。

【石家庄南站】 石家庄南站位于京广、石德、石太3条干线交汇点，主要担负南北京广、石德、石太四个方向货物列车到发和运输组织工作。行政管辖一等站1个（石家庄南编组站，站场设置为纵列式二级四场）、二等站4个（石工站、石家庄西站、石南站、正定站）、三等站2个（获鹿站、新乐站）、四等站5个（平南站、柳辛庄站、新安村站、承安铺站、寨西店站）、线路所1个（孔寨线路所）。主要行车设施：驼峰两座，其中石家庄南编组站上、下行共用一个自动化驼峰，峰高3.4米。石工站设简易驼峰一座，峰高1.66米。全站设专用调车机12台，调度车间设调度综合大厅1个，行车室17个，全站共设列车信号机304架，道岔930副。至2018年12月31日，石家庄南站实现连续安全生产2389天。

【铁路运行图调整】 4月10日，石家庄火车站调整启用新版列车运行图。调整后，石家庄站办理客运业务列车447列，石家庄北站办理客运业务旅客列车74列，石家庄东站办理客运业务旅客列车11列；开通石家庄—荣成直达高铁D1621/D1622次，石家庄—威海D1623/D1624次，石家庄—烟台D1625/D1626次，石家庄—济南西D4151次；石家庄—济南西D1605/D1602次停运，青岛北—运城北D1636/7、D1638/5次改青岛始发终到，北京西—宝鸡南G4015/G4016次高峰线变更运行区段为北京西—兰州西。7月1日，铁路新版运行图启用。调整后，石家庄站办理客运业务列车480列，其中，高铁列车332列，普速列车148列；石家庄北站办理客运业务旅客列车74列。石家庄至杭州首次开通高铁列车。杭州东—郑州东G1862/3、G1864/1次运行区段调整为杭州东—太原南，在石家庄站停车办理客运业务。G1864/1次列车14:26石家庄站发车，21：10到达杭州东站，用时6小时44分，较普速列车节省12小时；G1862/3次列车7:14杭州东站发车，13:53到达石家庄站。石家庄至上海虹桥高铁列车运行时间缩短近1小时。天津西—杭州东G53/G54次运行区段调整为石家庄—上海虹桥，石家庄至济南西间经由石济高铁运行，南京南至上海虹桥间经由京沪高速线运行。G53次列车15:49石家庄站发车，22:05到达上海虹桥站，用时6小时16分，较原来高铁列车节省近1小时。首次实现石家庄至哈尔滨高铁直达。哈尔滨西—天津西G376/G375次运行区段调整为哈尔滨西—石家庄，车次改为G1239/G1240次。G1240次列车8:52石家庄站发车，17:28到达哈尔滨西站，用时8小时36分。石家庄火车站新增旅客列车7对。其中，北京西—兰州西高速动车组列车1对，车次为G427/G428次；太原南—长沙南高速动车组列车1对，车次为G698/5、G696/7次；沈阳—长沙南高速动车组列车1对，车次为G1215/G1216次；石家庄—济南西动车组列车2对，车次为D1605/D1602次（周末线）、D1607/D1608次（周末线）；天津西—石家庄高速动车组列车1对，车次为G6757/G6758次；天津西—邯郸东高速动车组列车0.5对，车次为G9085次（周末线）；邯郸东—秦皇岛高速动车组列车0.5对，车次为G9086次（周末线）。

（宋利红）

公　路

【概况】 2018年，全市公路通车总里程达到18112.49千米，路网密度达到121.59千米/百平方千米，其中，高速公路完成投资99亿元，新增通车里程91千米。至2018年末，全市共有高速公路9条，分别为绕城高速、黄石高速、青银高速、京港澳高速、京昆高速、张石高速公路北出口支线、西柏坡高速、新元高速、阜林高速，长度678.59千米。2018年全市干线公路完成投资11.58亿元，建成113.65千米；国道9条，分别为107国道、207国道、307国道、308国道、230国道、234国道、338国道、339国道、515国道，长度895.18千米；省道31条852.41千米，县道43条1407.08千米，乡道4491.89千米，专用公路269.82千米，村道9517.52千米；城市桥梁4085座。全年公路建设完成投资134.26亿元。2018年全市共有经营性道路运输车辆22.7万辆，其中，班线客车2102辆，旅游客车、包车客车876辆，城市公交车5730辆，出租汽车1.03万辆，货运车辆20.8万辆。2018年石家庄市道路运输完成货运总量5.2亿吨，同比增长14.17%；货运周转量2345.69亿吨千米，同比增长10.48%；公路客运总量4.51亿人次，客运周转量22.61亿人千米。

【高速公路】 全年高速公路在建里程326千米，完成投资99亿元，太行山高速实现主体通车，新增高速公路通车里程91千米。津石、石衡高速开工，南绕城高速完成工程总量90%以上。南绕城高速太行特长隧道贯通。南绕城高速太行特长隧道是石家庄市最长公路隧道，2015年9月17日进洞施工，2018年9月26日右洞贯通，10月29日左洞贯通。隧道入口位于井陉县吴家窑村西南侧，经长峪村北、石佛村北至鹿泉区山前大道西侧山体出口，为左右分离式隧道，左幅长4950米，右幅长4935米。隧道按高速公路双向4车道标准设计，设计速度为100千米/小时，荷载为公路Ⅰ级。主洞建筑限界净宽14.5米，中间车道净高5.5米，两侧车道净高5米。石衡高速项目施工图设计获得批复。11月2日，石家庄至衡水高速公路（简称石衡高速）项目施工图设计获得省交通运输厅批复。石衡高速公路项目主线起自南绕城高速与新京港澳高速枢纽互通，向东穿越石家庄、辛集、衡水3个地市，途经河北石家庄循环化工园区和6个县市区（藁城区、赵县、晋州市、辛集市、深州市、衡水市桃城区），终点位于衡水市北沼村西与中湖大道相交，全长83.04千米。平赞高速石太互通至邢台界段交工验收。2016年6月，平山至赞皇高速公路（简称平赞高速）开工。2018年12月23日，平赞高速石太互通至邢台界段交工验收。平赞高速是太行山高速公路的重要组成部分，也是太行山高速公路投资最大，里程最长的高速公路，向北与京昆高速石太北线、西柏坡高速、西阜高速相衔接，向南与太行山高速邢台段相接。工程建设总里程147.5千米，其中主线81.9千米、支线24.1千米、连接线41.5千米；全线设立桥梁70座、隧道11座、互通11座、服务区2处、停车区1处、养护工区4处、收费站8座。平赞高速石太互通至邢台界段全长59.8千米。西阜高速石家庄段、平赞高速南

平赞高速湝龙河大桥

西阜高速石家庄段

段通车。12月28日，太行山高速公路西阜石家庄段、平赞高速南段（石太互通至邢台界段）通车仪式在西阜高速寨北收费站举行。西阜高速石家庄段主线起自平山县苏家庄村南侧与西柏坡高速交叉处，途经平山县苏家庄乡、宅北乡，灵寿县寨头乡、陈庄镇，终点位于灵寿县陈庄镇长杏沟村北石家庄保定市界，与西阜高速公路保定段顺接，主线长34.3千米，采用双向4车道高速公路标准，设计速度80千米/小时，路基宽24.5米，全线设互通式立交2处、桥梁22座、隧道5座，连接线长22.8千米，出口连接G207国道，地址为平山县寨北镇会口村。西阜高速石家庄段项目连接西柏坡、驼梁、五岳寨、城南庄等旅游景点，是石家庄通往山西省五台山的快速通道。平赞高速是太行山高速公路的重要组成部分，也是太行山高速公路投资最大，里程最长的高速公路，向北与京昆高速石太北线、西柏坡高速、西阜高速相衔接，向南与太行山高速邢台段相接。工程建设总里程147.5千米，其中，主线81.9千米、支线24.1千米、连接线41.5千米；全线设立桥梁70座、隧道11座、互通11座、服务区2处、停车区1处、养护工区4处、收费站8座。主线起自井陉小作镇南石门村东与京昆石太高速相接，途经井陉矿区、井陉县、元氏县，终点位于赞皇县南峪村南石家庄邢台界；石家庄支线起于石家庄西南环枢纽互通，经鹿泉区在元氏县北正乡与主线相接；设置井陉、苍岩山、赞皇、元氏4条连接线。平赞高速石太互通至邢台界段全长59.8千米。

链接：

太行山高速公路：纵贯河北省太行山区，途经张家口、保定、石家庄、邢台、邯郸5市19县，西连山西省、东接北京市、南接河南省，与11条高速公路和10余条国省干线连接，辐射2.6万平方千米，覆盖山区人口740万人。太行山高速公路新建段自北向南依次为京蔚段、涞曲段、西阜段、平赞段、邢台段、邯郸段，路段限速80千米/小时和100千米/小时。太行山高速千米通车后，石家庄到张家口减少高速公路里程130千米，到阜平减少60千米。

南绕城高速公路：起于石太高速公路南良都互通西侧，终于曹家庄东南与新京港澳高速相接，主线全长52.89千米，支线长18.5千米，辅道长40.77千米，城区连接线长16.3千米，井陉连接线长10.57千米。

【干线公路及城市出口路】 2018年石家庄市干线公路及城市出口路开工建设10项239.1千米，完成投资11.58亿元，建成113.65千米。推进国道107石保界至正定段及南二环至南位段、省道西柏坡至驼梁、省道S247藁城至赵县段、石环公路辅道SL91良村至西古城段、和平西路西二环至鹿泉段、南二环东延项目，分别累计完成工程量的92.2%、84.89%、83.11%、3.18%、89.46%、43.1%，建成省道S337城郎至窦妪段、省道S331行唐县城至灵寿慈峪段、省道S234龙泉固至丁家庄段、省道S334南防口至井陉平山段。特别是南二环东延项目，石家庄市积极协调解决建设资金和征地拆迁等问题，全力加快项目建设，基本建成辅道及匝道工程。

【农村公路】 2018年全市农村公路完成投资7.54亿元，完成里程436.2千米，超额完成320千米原订计划。将补助资金重点向平山、赞皇、行唐和灵寿4个贫困县倾斜，共完成投资3.04亿元，建成259.6千米，其中，平山县完成57项103.3千米，完成投资6818万元；赞皇县完成19项42.7千米，完成投资6619万元；灵寿县完成26项49.9千米，完成投资8331万元；行唐县完成35项63.71

千米，完成投资8636万元，极大改善全市贫困地区交通路网状况，保障人民群众出行便捷。特别是平山县与河北敬业集团共同投资1800余万元，改造提升县道新井线钢城路至南七汲段，方便沿途群众出行，为运输原材料提供交通服务，树立政企合作共赢的典范。平山县积极筹措债券资金3600万元，投资建设温塘至天桂山旅游公路韩台至甘秋段新建工程，助力平山全域旅游发展。

【公路养护】 2018年全市公路养护完成投资6.41亿元。其中，京昆高速京石段、西柏坡高速、京昆高速石太段三条段高速公路完成3913万元。干线公路完成投资5.65亿元，完成大中修7项178.33千米、安防工程4项94.3千米、桥梁加固11座2.31万延米，完成服务区建设4项1068万元、爱心驿站8项160万元、日常养护9113万元、三环养护1.06亿元、水毁抢险及护坡加固工程378万元。农村公路完成投资3680万元，完成桥梁16座266延米、安保工程4项192.13千米。干线公路技术状况指标达到90.2，创历史新高，综合测评成绩首次进入全省前三位。

【公路运输管理】 2018年全市共有经营性道路运输车辆22.7万辆，其中，班线客车2102辆，旅游客车、包车客车876辆，城市公交车5730辆，出租汽车1.03万辆，货运车辆20.8万辆。2018年石家庄市道路运输完成货运总量5.2亿吨，同比增长14.17%；货运周转量2345.69亿吨千米，同比增长10.48%；公路客运总量4.51亿人次，客运周转量22.61亿人千米。2018年3月，首汽旗下共享汽车GoFun在市区出现，首批投放电动汽车200辆，续航里程250千米，主要投放在市区二环内热门商圈、CBD、交通枢纽、住宅区及大型写字楼附近。2018年全市客运枢纽场站开工建设14项，完成投资9.73亿元。其中，深泽汽车客运站完工，正定公交停保场、中仰陵公交停保场、海山公交停保场、老火车站公交枢纽搬迁、无极客运站累计分别完成工程量的44.06%、69.65%、55.29%、13.3%、7.71%。开工建设物流园项目7个，完成投资9.01亿元，河北瑞川、亿博基业集中南公铁联运智能港、河北环城国际、河北汇联、河北润成国际分别完成投资4668万元、5.03亿元、2.05亿元、1.24亿元、2205万元。率先在全省发布和实施《石家庄市网络预约出租汽车经营服务管理暂行办法》，全年投放网约车辆2800辆，清理不符合要求车辆9万余辆。严格共享单车管理，印发《关于鼓励和规范互联网租赁自行车健康发展的实施意见》《关于规范互联网租赁自行车健康发展的工作方案》《关于规范互联网租赁自行车的应急预案》，约谈企业4家，推动租赁押金由高峰时2.73亿元降至0.1亿元，降幅达到96%。至2018年末，全市拥有共享单车23.26万辆。

（张龙）

民用航空

【概况】 2018年，石家庄机场旅客吞吐量到达1133.25万人次，同比增长18.3%，完成货邮吞吐量4.61万吨，同比增长12.5%；运营航空公司增至34家，驻场运力43架，同比增长26.47%，运营航线155条，同比增长13.14%，通航城市84个，支线通航点达到32个，正式跨入大型机场行列。空铁联运旅客突破100万人次，旅客占比10%达到国际先进水平，全年达到113万人次、同比增长53.3%。中转联程旅客同比增长107.5%，空陆联运旅客同比增长18.3%。7月28日，石家庄机场空铁联运旅客4676人次，创下日运量历史新高。8月19日，2018年石家庄机场空铁联运客流量累计达到74.05万人次，同比增长76.9%，提前4个月超过2017年全年旅客吞吐量。春节假日期间（2月15～21日），石家庄机场运送旅客20.8万人次，同比增长36.5%；正定机场高铁站运送空铁联运旅客17524人次，同比增长117%，其中，空转铁6591人、铁转空9670人。国庆假日期间（10月1～7日），石家庄机场保障航班起降1632架次，运送旅客23.02万人次，较2017年同期增长7%。其中，10月1日运送旅客3.37万人次，10月6日运送旅客3.4万人次；石家庄机场飞往成都、重庆、广州、丽江、杭州、上海、昆明、深圳、南昌、贵阳、哈尔滨、长春、宁波、兰州、沈阳等航线航班客座率均在90%以上。7月24日，石家庄国际机场外国人口岸签证和中国台湾同胞口岸办证业务开通。2018年石家庄机场拥有2个航站楼、1个综合保税区、2个国际快件监管中心、4个基地航空公司。11月20日8时07分，石家庄机场旅客吞吐量突破1000万人次。

链接：

河北机场管理集团有限公司（简称河北机场集团）前身为民航河北省管理局，2004年1月8日注册成立，是河北省政府授权的行业性国有资产经营和航空运输服务保障大型企业。2015年5月20日，河北省国资委与首都机场集团公司签订《河北机场管理集团有限公司委托首都机场集团公司管理协议书》，河北机场集团正式纳入首都机场集团公司管理。

口岸签证：是指经国务院批准和公安部委托，地方政府在对外开放的口岸设立签证机构，为出于人道原因应邀入境从事紧急商务、工程抢修或具有其他紧急入境需要的外国人以及符合规定的外国旅游团体办理签证的特殊签证方式，是使（领）馆签证的重要补充和国际社会的通行做法。

【安全生产】 成立石家庄机场安管委，重点研究解决现场作业流程等35项问题。针对张家口机场“2·26”严重事故征候暴露出的支线机场运行风险，坚持问题导向，开展“百日安全生产”专项行动、中小机场安全整治和安全大检查等专项活动，狠抓整改落实。全年投入安全资金3.4亿元，整改完成420项安全隐患，整改率达到83.33%。成立航务管理部，补齐空管人员不足短板，完善军民航沟通协调机制，制发《支线机场安全管理指导意见》，确立专项安全归口管理和业务单位对口指导管理模式。落实民航局9个方面26条措施要求，对标局方监管事项库和飞行标准监督管理系统（FSOP）检查单，梳理监察内容1662条，做到“制度建设”“隐患风险”“责任落实”三融合和安全管理体系（SMS）建设、安全文化落地双促进。开展反劫机实战演练，提升应急处置能力。

【经营管理】 重视战略规划。成立河北机场集团全面深化改革领导小组，研究制定《河北机场集团全面深化改革工作方案》。推动省市两级政府制定《石家庄正定国际机场航空枢纽发展计划（2018～2020年）》，启动石家庄机场总体规划修编和机场集团高质量发展三年行动方案（2019～2021年）编制工作。提升管控效能。开展清产核资和三类资产清理，规范、调整支线机场和职能部门组织机构，全面开展制度执行审计，系统对标集团公司推动制度修编工作。加强财务管理。制定《石家庄正定国际机场发展专项资金使用实施办法》。全年落实各项财政资金9.44亿元。营业收入增收1.17亿元，达到7.44亿元，同比增长18.61%，其中航空性收入3.89亿元、同比增长23.52%，非航性收入3.55亿元、同比增长13.66%。推进绿色降耗。完成石家庄机场碳排放管理体系建设，推动石家庄机场“油改电”工作。通过推动中水和绿化用水回用、使用双蓄系统，年节约费用400万元。加强项目建设管理。完成石家庄机场T1航站楼流程调整项目初步设计编制工作及电梯改造、空调改造、消防改造招投标工作，完成航食配餐楼改扩建工程。提升服务品质，采取优化登录流程、调整网络拓扑、增加AP设备等方式提高候机楼WiFi覆盖范围、上网速度及信号稳定性；按照国标要求，实施候机楼母婴室改造，建立健全母婴设施管理制度。完善服务设施，在石家庄机场隔离区开设中转旅客休息区，为中转联程旅客提供服务，实现旅客不出隔离区可办理乘机手续，中转至下一航程。建立“服务全流程制度资料库”，汇编涉及旅客全流程十大类120项规章制度。对照千万级机场运行服务管理标准，加大服务保障设备投入力度，提升机场服务保障能力。开展“民航服务质量体系建设”专项行动，实现机场普惠性商品和餐饮同城同质同价。2018年石家庄机场ACI旅客满意度成绩4.75，全球排名第47位。

【机场至鹿泉旅客直通车开通】 12月18日，石家庄机场开通至鹿泉区旅客直通车。每天往返运行6班，在鹿泉区设立2个站点。首发站为上庄镇国源朗怡酒店，发车时间：6:30、11:30、15:30；第二站为鹿泉宾馆，发车时间：6:50、11:50、15:50。石家庄机场至鹿泉区发车时间：9:30、13:30、18:00，乘车地点在石家庄机场2号航站楼一楼进港大厅2号门外。直通车单程运行时间70分钟，票价30元。至2018年底，石家庄机场旅客直通车覆盖石家庄、保定、邢台、邯郸、衡水、沧州、阳泉、德州、雄安、白沟、安国、定州、高阳、安平、深州、辛集、正定、鹿泉

18个市（县、区）。

（石家庄机场）

城市轨道交通

【概况】 2018年，市轨道交通建设完成投资77.5亿元，同比增长32.7%；累计完成投资330亿元。地铁营运里程30.3千米，在建线路50千米。2018年石家庄地铁运送乘客8760万人次，日均客流24万人次，单日最高客运人数34.26万次；新百广场站作为1、3号线换乘站，也是客流最大站点，最大日客运量达到16万人次。至2018年末，石家庄地铁累计安全运送乘客1.28亿人次，日均客流23.1万人次；运行里程247.4万列千米，实现票务收入1.56亿元。学生卡做到现场办理，微信、支付宝、银联卡等实现支付购票。以轨道交通应用技术转化为主导，以解决产业升级和企业发展实际问题为导向，开展轨道交通应用技术创新。2018年市轨道交通建设公司研发的新型槽型轨、小型道岔专用道尺获得国家专利，转向架检测装置及转向架检测套件获得自主知识产权。攻克技术难点，实施地铁2号线建和桥桩基托换成功，成为河北省首例完成桩基托换工程。加强安全生产监管，全年地铁工程建设未发生安全质量事故。2018年石家庄地铁开行列车16.43万列次，安全运行248.12万列千米；列车正点率99.97%，运行图兑现率99.99%，服务设备设施可靠度均达99.6%以上。石家庄地铁自开通至2018年12月31日，安全运营554天。2018年市轨道公司获得河北省“五一劳动奖状”，李杰彬获得省五一劳动奖章，樊凯男获评石家庄市“十大最美职工”。

2018年6月26日，省委常委、市委书记邢国辉（前排左一）到市轨道交通建设工地调研指导

【地铁1号线二期工程】 12月17日，地铁1号线二期工程洞通。地铁1号线二期工程线路起自1号线一期终点

2018年12月，石家庄地铁1号线二期工程洨河大道站—西庄站区间右线盾构贯通

站滹河大道站，止于东洋站，沿秦岭大街、新城大道敷设，全长13千米，全部为地下线，设车站8座，分别为西庄站、东庄站、会展中心站、行政中心站、园博园站、天元湖站、东上泽站、东洋站，其中换乘站2座，为行政中心站和天元湖站。地铁1号线二期工程设南牛停车场1座、天元湖主变电所1座，与其他轨道交通线路共用控制中心。至2018年底，地铁1号线二期工程设备安装、装饰装修完成工程总量60%以上。

【地铁2号线一期工程】 地铁2号线一期工程南起嘉华站，北至西古城站，途经胜利南街、建设大街、胜利北街等路段，串联石家庄火车站、新世隆、北国商城、长安公园、西古城长途客运站等集散点。线路全长16.2千米，设车站15座，站点为嘉华、南位、塔谈南、塔谈、石家庄、东三教、东岗头、新世隆、大戏院、北国商城、长安公园、蓝天圣木、运河桥、铁道大学、西古城，全部为地下线，其中石家庄站、北国商城站、塔谈南站、新世隆站、蓝天圣木站为换乘站点；设嘉华车辆段1处，石家庄站开闭所1座、主变电所1座，与其他轨道交通线路共用控制中心。11月26日，地铁2号线一期工程塔谈站至石家庄站区间双线贯通。至2018年末，地铁2号线9座车站主体结构封顶，整个车站、土建工程和盾构区间完成工程总量90%以上，全线进入二次砌筑及铺轨阶段。

【地铁3号线二期工程】 地铁3号线一期两边段工程全长12.8千米，设车站11座，站点为西三庄、水上公园、柏林庄、市庄、东广场、孙村、塔冢、东王、南王、位同、三教堂。至2018年底，3号线一期北段车站全部封顶，区间工程实现洞通。地铁3号线一期东段车站主体结构完成89%，区间完成85%。地铁3号线二期工程与一期工程衔接，呈东西走向，起于三教堂站（不含），止于北乐乡站，全长8.1千米，设5站5区间，均为地下站（中仰陵站、天山大街站、南豆站、韩通站、北乐乡站），终点设北乐乡车辆段一处。5月10日，石家庄地铁3号线二期工程开工，至此，石家庄市获批建设80千米轨道交通工程全部开工。

【地铁沿线资源开发】 召开轨道交通沿线土地综合开发研讨会。10月19日，“石家庄市轨道交通沿线土地综合开发研讨会”在石家庄市召开，本次研讨会由市轨道办、市轨道公司主办，西南交通大学（上海）TOD研究中心承办。石家庄市委常委、副市长，市轨道办党委书记、主任张学勤等出席会议，省、市相关部门以及各区、县政府（管委会）相关负责人参加研讨会。邀请来自中国城市轨道交通协会、上海、杭州、南宁等城市的11位轨道交通综合开发业内专家做主旨演讲，旨在借助轨交沿线一体化开发之机，谋划以TOD发展模式构建石家庄地铁可持续发展之路。积极探索研究土地开发政策文件。创新开展“问计同行”活动，问计南京、杭州等全国地铁城市，起草《关于优化配置土地资源支撑轨道交通建设的实施意见》。深入调研梳理沿线可开发地块，推进西兆通车辆段上盖等项目，初步确定“一级半”合作开发模式。完成嘉华车辆段上盖开发项目规划设计方案，拟上报石家庄市政府，促成规划在新版城市总规中落地。

（卢扬逸）

城市公共交通

【概况】 2018年，石家庄市区共有公交车辆5730辆，运营线路232条，运营线路长度3919千米；公交营运总里程达到1.87亿千米，公交客运总量达到4.18亿人次，日均运客114.52万人次；实现运营总收入5.46亿元。至2018年末，市公共交通总公司下辖运营公司9个，分别为一公司、二公司、三公司、四公司、五公司、六公司、鹿泉公司、正定公司、藁城公司，其中六公司为旅游出租包车公司；直属单位6个，分别为保修公司、物资供销公司、行政基建处、教育培训中心、票务结算中心、监察大队；拥有公交停保场101个，其中，国有16个、租借85个；在职员工12406人。重视公交设施建设，争取河北省首批优先发展公共交通示范城市，获得支持资金5000万元。施划公交专用道90千米，完成中山路71处、裕华路59处电子站牌安装及裕华路公交站亭、公交站牌升级改造。公共交通智能化应用示范工程建设完工。2018年石家庄市区建有公交站亭660座，维修站牌2672次，迁移站架124座。

【公交信息化建设】 打造综合、高效、准确、可靠的城市公共交通信息服务体系，推进互联网、物联网、大数据、云计算等新一代信息技术在城市公共交通系统应用。研发推出“石家庄电子公交卡”“石家庄智慧公交”App。3月8日“石家庄电子公交卡”正式上线运行，覆盖主城区全部公交线路，市民首次实现手机刷码乘车。6月4日，交通出行“石家庄一卡通”首次销售，持卡用户可在包括京津冀190个城市刷卡出行。市区运营公交车辆车载设备升级改造完成，全部开通微信支付功能，并率先融入全国交通互联互通体系，全年发行京津冀交通一卡通88万张。2018年石家庄电子公交卡注册用户突破310万户，日均用量45万余人次，手机刷码支付实现全覆盖，手机移动支付使用率超过35%以上。发布“石家庄公交网充”App，实现交通一卡通网上充值功能。泊车管理平台升级36次，增加停车热力图、欠费追缴、综合统计、运营分析等管理功能；提高泊车管理效率和水平，组建成立石家庄智慧泊车客服中心；将石家庄智慧泊车模块嵌入“石家庄公安交警微信公众号”，实现与石家庄交管信息互联互通。

【公交车辆及线路优化】 至2018年底，石家庄市区共有运营公交车辆5730辆，其中，天然气公交车3611辆，占总车数63%；纯电动车1920辆，占总车数33.5%；柴油车199辆，占总车数3.5%。运营空调公交车3409辆，占总车数59.49%。其中，天然气空调车1469辆，占总车数25.64%；纯电动空调车1920辆，占总车数33.5%；柴油空调车20辆，占总车数0.35%。全年开辟公交线路7条，分别为141路、528路、游8路、游9路、付329、338路、556路；优化调整21条，分别为游16路、139路、572路、143路、观光1路、51路、518路、39路、177路、112路、118路、106路、328路、368路、29路、368路、观光2路、87路、21路、41路、45路。延时运营6条，开通高峰区间车5条。至2018年底，全市共有公交线路长度3919.1千米，运营线路232条。其中，主城区112条；4组团区县120条，分别为鹿泉区51条、藁城区33条、栾城区13条、正定县23条。

（张龙）

邮　政

【概况】 2018年，全市邮政行业实现业务收入（不包括邮政储蓄银行营业收入）69.39亿元，同比增长36.28%。全年函件业务量1501.3万件，同比下降24.2%；包裹业务量44.81万件，同比增长4.23%；报刊业务量12448.33万份，同比增长1.92%；杂志业务量523.76万份，同比增长8.17%；汇兑业务量11.6万笔，同比增长25.11%。2018年全市快递服务企业完成业务量52268.28万件，同比增长45.35%；实现快递业务收入54.76亿元，同比增长38.48%。2018全市邮政行业拥有营业网点1273处，同比减少227处；拥有各类快递汽车2738辆，同比增加150辆；每个营业网点平均服务面积11.36平方千米，同比增加0.79平方千米；每个营业网点平均服务人口0.86万人，同比增加0.13万人。城区邮政每日平均投递2次，农村邮政每周平均投递6次，与2017年投递频次基本一致。2018年全市年人均使用函件量1.37件，年人均订有报刊量11.36份，年人均使用快递量47.72件，年人均用邮消费633.06元，年人均快递消费500.01元。

【快递业务】 快递业务增速提升。2018年全市快递服务企业完成业务量52268.28万件，同比增长45.35%；快递业务收入54.76亿元，同比增长38.48%。快递服务企业业务量、快递业务收入均位列全省第一名。快递业务收入在行业占比趋于稳定。2018年全市快递业务收入占行业总收入比重为78.9%，较2017年上升1.23个百分点。同城快递业务增速放缓。全年同城业务量完成8652.73万件，同比增长42.77%；实现业务收入6.76亿元，同比增长36.92%。异地快递业务增势放缓。

全年异地业务量完成43443.97万件，同比增长46.24%；实现业务收入37.5亿元，同比增长48.11%。国际及港澳台快递业务增速下降。全年国际及港澳台业务量完成171.6万件，同比下降11.09%；实现业务收入1.63亿元，同比下降4.53%。快递业务结构基本稳定。同城、异地、国际及港澳台业务量分别占全部快递业务量16.55%、83.12%和0.33%，快递业务收入分别占全部快递收入12.34%、68.47%和2.98%。民营快递企业保持稳步提升。全年国有快递企业完成业务量1886.67万件，较2017年减少130.81万件，实现业务收入1.92亿元，同比减少0.67亿元；民营快递企业完成业务量49899.79万件，同比增加16287.85万件，实现业务收入51.31亿元，同比增加15.66亿元；外资快递企业完成业务量481.82万件，同比增加151.76万件，实现业务收入1.53亿元，同比增加0.22亿元。国有、民营、外资快递企业业务量市场份额分别为3.61%、95.47%和0.92%，业务收入市场份额分别为3.51%、93.69%和2.8%，与2017年相比，民营快递企业市场份额继续提升。

【邮政行业监管】 严格邮政行业寄递安全，联合全市公安、国家安全、交通、工商、海关、火车站等部门参加2018年寄递渠道安全管理工作领导小组会议，并与辖区从事邮政、快递企业签订《2018年石家庄市快递企业服务与安全保障责任书》。2018年全市快递企业分支机构变更375起，其中，分支机构增设205起，分支机构撤销45起，分支机构名称变更16起，分支机构地址变更109起。快递末端网点设立795个。加大邮政行业监管力度，全年出动执法人员765人次，检查单位286家次，出检天数112天，查处违法违规行为9次，约谈告诫4次，下达整改通知24件，办理行政处罚案件29起。

石家庄市邮政管理局

局　长：张子云

副局长：向红兵（11月免）

张惠荣（11月任，兼纪检组长）

（马春英）

信息产业

Information Industry

综 述

2018年，全市电子信息产业围绕市委、市政府提出构建“4＋4”现代产业发展决策部署，推进智慧城市、电子商务、宽带中国、工业和信息化融合等建设，加快产业结构优化升级，做大做强光电显示、通信设备和卫星导航、集成电路、大数据等产业和新的增长点，增强电子信息技术在全社会各个领域广泛应用。石家庄市电子信息产业主要分布在高新区和鹿泉区（石家庄信息产业基地）两大产业聚集区。高新区电子信息产业以液晶显示材料、液晶玻璃基板等为主，优势特色产品在国内占有重要地位。鹿泉经济开发区产业规模继续扩大、结构日趋优化，带动辐射力、产业聚集度持续提升，形成以光电和导航通信为核心产业体系。电子信息产业增加值、软件和信息技术服务上缴税金增加，全年规模以上电子信息产业完成增加值同比增长14.0%；信息传输、软件和信息技术服务业营业收入284.7亿元，同比增长4.3%；软件和信息技术服务上缴税金69.7亿元，同比增长7.5%。2018年诚志永华的黑白显示用液晶材料国内市场占有率位居前列，LED产业形成从芯片制造到封装较为完整的照明产业链；中电科第54所、中电科第13所、科林电气、通合电子等企业在卫星导航、电子信息制造领域快速发展。

推进依法治网，提高网络综合治理能力和水平，构建党委领导、政府管理、企业履责、社会监督、网民自律等多主体参与，经济、法律、技术等多种手段相结合综合治网格局。开展网络安全检查，建立网络安全台账，发现处理网络安全风险事件150余起，建立网络安全快速反应机制，形成属地管理、分级负责网络安全体制。重视网络安全宣传，举办“全民国家安全教育日”“国家网络安全宣传周”等系列活动，发放各类宣传材料35000余套。推进信息化建设，编制完成“智慧城市”建设规划性文件，规划建设石家庄智慧城市大数据云中心。

工业和信息化融合。印发《石家庄市2018年两化融合推动方案》(石信工融〔2018〕1号)、《关于推动互联网与先进制造业深度融合加快发展工业互联网的实施方案》(石政办发〔2018〕27号)、《贯彻落实〈石家庄市关于推动互联网与先进制造业深度融合加快发展工业互联网的实施方案〉操作方案》(石信工融办〔2018〕1号)、《石家庄市企业上云三年推进方案（2018～2020年）》(石信工融办〔2018〕2号）等政策文件，全面布局和推动“两化”融合建设。新增工业和信息化部贯标试点企业5家，2个项目被工业和信息化部列入试点示范项目，8个项目列入河北省“互联网＋先进制造业”试点项目。2018年冀凯河北机电科技有限公司智能管理能力项目被工业和信息化部列入制造业与互联网融合发展试点示范项目。

支持三大电信企业，加快5G建设和应用。全年电信业务总量达到492.2亿元，同比增长144.4%；电信业务收入87.35亿元，同比增长0.4%。至2018年末，全市移动电话用户1375.6万户，同比增长8.7%；固定电话用户119.7万户，同比下降9.0%；互联网宽带接入用户373.8万户，同比增长17.5%，其中，城市互联网宽带接入用户增长6.1%，农村互联网宽带接入用户增长26.1%。2018年中国移动石家庄分公司主动适应新形势，通过推广流量经营和家庭产品，抓市场营销，全年累计放号157.7万户。优化新增结构，发展高价值客户59.8万户，新增客户拉动收入2.1亿元，同比提升10.3%。打造存量客户运营体系，以迁促保，全年累计升档180.1万户，升档占比为69.9%。2018年中国联通石家庄市分公司贯彻落实集团公司混改政策，梳理部门职责，激发员工内生动力，推进体制机制改革。至2018年底，公司移动网络在网用户达到376.6万户，其中，4G网络在网用户281.6万户，宽带网络用户145.67万户，IPTV用户数72.6万户。2018年中国电信石家庄分公司全业务收入份额达到26.14%，过网用户份额达26.1%，排名石家庄同行业提升值第一；宽带用户份额39.59%，天翼高清用户份额49.91%，位列石家庄同行业第一。全力打造高质量智慧网络，全年光纤宽带覆盖新增用户19.9万户，累计达到394.52万户。

（任晓冬　董立峰）

电子信息技术产业

【概况】2018年，全市电子信息高新技术产业投资同比下降10.6%，信息传输、软件和信息技术服务业投资同比增长89.1%；规模以上电子信息产业增加值同比增长14.0%。信息传输、软件和信息技术服务业共有规模以上企业133家，营业收入284.7亿元，同比增长4.3%；利润同比下降14.0亿元。2018年石家庄市确定的“4+4”现代产业中，新一代信息技术产业投资同比下降13.7%；规模以上新一代信息技术产业营业收入同比增长17.4%；规模以上软件及信息技术技术服务企业营业收入60.8亿元，同比增长11.5%；新一代信息技术产业完成增加值171.0亿元，同比增长30.2%。2018年全市互联网和相关服务上缴税金2.7亿元，同比下降2.6%；软件和信息技术服务上缴税金69.7亿元，同比增长7.5%。全年电子信息产品产量为：程控交换机25万线，同比增长10.9%；集成电路1238万块，同比下降0.7%；发光二极管（LED管）457万只，同比增长66.2%；传感器139万只，同比增长101.7%。围绕做大做强光电显示、通信设备产业，培育壮大卫星导航、集成电路、大数据等新增长点，发展形成高新区和鹿泉区（石家庄信息产业基地）两大产业集聚区。高新区诚志永华生产的黑白显示用液晶材料在国际、国内市场占有率位居第一，TFT显示用液晶材料市场占有率位居全国第一、世界第三，LED产业形成从芯片制造到封装较为完整的照明产业链，全年主营业务收入达到4.5亿元。推进“两化”融合建设，冀凯河北机电科技有限公司智能管理能力项目被工业和信息化部列入制造业与互联网融合发展试点示范项目。出台产业支持政策，印发《加快推进新一代信息技术产业发展工作方案》《关于加快集成电路产业发展的实施意见》等政策文件。帮助企业争取上级部门资金支持。全年7家企业报送CMMI认证企业相关资料，6个项目申报新一代信息技术研发及产业化项目，其中5个项目获得河北省工业和信息化厅2018年新一代信息技术应用示范专项资金支持700万元。搭建企业交流平台，组织电子信息企业参加第六届中国电子信息博览会暨新型显示产业对接洽谈活动、2018国际数字经济博览会、第二十一届中国国际工业博览会、2018世界VR产业大会、“新一代信息技术产业对接会”、2018石洽会新一代信息技术专题对接会等活动。11月21日，市政府与中国电子科技集团第13研究所、第54研究所签署战略合作框架协议，商定在微电子、光电子、应急通信、先进复合材料等10余个领域开展战略合作，促进科技资源优化配置、开放共享、高效利用和新一代信息技术产业融合发展。2018年鹿泉区获评河北省电子信息产业名区，鹿泉区电子信息产业集群获评河北省中小企业示范产业集群。

【中电科第五十四研究所】中国电子科技集团公司第五十四研究所（简称中电科第五十四研究所或54所）始建于1952年，是新中国成立的第一个电子信息技术研究所。2017年9月，中国电子科技集团有限公司以中电科54所为核心，组织5家研究所组建成立中国电子网络通信集团有限公司。2018年54所发展成为国内电子信息领域专业覆盖面最宽、综合性最强的骨干研究所，是国家授权的电子工程专业承包壹级资质单位、电子工程甲级咨询单位和设计单位。地址位于河石家庄市中山西路589号，工作区占地面积960亩。从业人员9700余人，其中，院士1人，研究员和高级工程师近1400人，国家级突出贡献专家6人，享受政府特殊津贴人员88人。54所主要从事军事通信、卫星导航定位、航天航空测控、情报侦察与指控、通信与信息对抗、航天电子信息系统与综合应用等前沿领域技术研发、生产制造和系统集成。下设9个事业部、3个国家级研究开发和检验认证中心，建有通信网信息传输与分发技术重点实验室、卫星导航系统与装备技术国家重点实验室及集团级航天信息应用技术重点实验室。建所以来，54所参与完成“载人航天”“嫦娥探月”“北斗卫星导航系统”“上海天文台65米射电望远镜天线项目”等数百项国家和国防重大工程建设，取得包括国家科技进步特等奖在内的千余项重大科研成果。公司产品覆盖国防安全、能源、交通、信息、金融、应急抢险等国民经济领域，销售全球十多个国家和地区。2018年中国电科第54所实现营业收入132.96亿元，同比增长7.71%，其中民品实现收入43.57亿元；申请专利447项，其中发明专利378项；获得专利授权271项，其中发明专利182项。

【中电科第十三研究所】 中国电子科技集团公司第十三研究所（简称中电科第十三研究所或13所）于1956在北京成立，1963年迁至石家庄市，主营微电子、光电子、微机械电子系统、半导体高端传感器、光机电集成微系统五大领域和电子封装、材料及计量检测等基础支撑领域，是中国成立最早、规模最大、专业结构配套的综合性半导体研究所。现有员工5500人，其中工程技术人员2100余人，包括研究员83人，高级工程师339人，工程师620人。2018年13所主动融入地方经济、支持石家庄市创新发展，瞄准电子信息产业市场，重点发展国家战略新兴产业中高端芯片并以此形成产业链。至2018年末，13所直接或间接控股14家公司，核心骨干企业技术和创新能力均排名行业前列。

【科林电气股份有限公司】 石家庄科林电气股份有限公司（简称科林电气）成立于2000年，2017年4月14日在A股主板上市（股票代码：603050），是一家集研发、生产、销售、服务为一体的国家火炬计划重点高新技术企业、国家互联网与工业融合创新试点企业、国家“互联网+”服务型制造示范企业、河北省百强民营企业，也是国内电气行业一流设备供应商和服务商。公司业务主要为电力行业、公共事业及大型行业客户提供电力系统完整解决方案、优质产品和超值服务。2018年公司注册资本1.6亿元，资产总额19.60亿元；拥有全资子公司3家、员工1800余人，其中技术人员占公司员工总数74%。至2018年末，科林电气实现年度销售收入19.5亿元。

（任晓冬）

城市信息化建设

【概况】 2018年，石家庄市以智能制造为核心，以“数字化、网络化、智能化”为发展方向，以“互联网+先进制造业”项目谋划为重要抓手，全力推进制造业与互联网深度融合发展，助推传统产业改造提升。印发《石家庄市2018年两化融合推动方案》《关于推动互联网与先进制造业深度融合加快发展工业互联网的实施方案》《贯彻落实〈石家庄市关于推动互联网与先进制造业深度融合加快发展工业互联网的实施方案〉操作方案》《石家庄市企业上云三年推进方案（2018～2020年）》等文件，全面布局全市两化融合工作。8月20日，全国通行210个城市“石家庄一卡通”实现线上充值。11月1日，市公安局交通管理局“石家庄车驾管在线”官方微博和微信公众平台举行启动上线仪式，开始24小时在线为驾驶人提供一对一咨询投诉服务。全年新增敬业钢铁等5家工信部贯标试点企业，总数增至27家，其中通过国家贯标认证企业达到13家，组织近300家规模以上企业参加两化融合评估诊断活动，开展自评估、自诊断和自对标。组织41家企业填报工控系统信息安全自查表，参检工控系统131套，12家企业填报工业云信息安全自查表，参检工业云12个。落实产业政策。帮助企业争取上级部门资金支持。组织申报京津冀大数据综合试验区大数据协同应用示范项目，石家庄市5个项目获河北省工信厅2018年新一代信息技术应用示范专项资金700万元支持。12月20

日，位于正定县北斗导航信息产业园开工奠基仪式举行；该园区由河北省北斗导航位置服务有限公司与星球地图出版社等单位共同建设。制定产业支持政策。制定《加快推进新一代信息技术产业发展工作方案》《关于加快集成电路产业发展的实施意见》等文件，邀请河北省软件协会以及省软件评测中心专家为160余家企业现场讲解2018年软件产品税收优惠政策，通过了解政策促进企业发展。

【诚志永华显示材料有限公司】 石家庄诚志永华显示材料有限公司是全球五大液晶材料供应商之一，国内液晶材料行业的龙头企业，是清华大学控股上市公司诚志股份有限公司全资子公司。公司成立于1987年，是国内首家自主研发液晶材料生产厂家。产品广泛应用于各种终端显示产品，如手机、Monitor、Laptop、电视、汽车仪表、电话等平板显示类工具、仪器，主要销往中国台湾地区、香港、日韩及欧美等地，年销售量居全国首位，世界第三位。2017年公司启动制定河北省地方标准《显示用向列相热致液晶通用技术要求》，2018年8月16日正式实施，填补河北省在显示用向列相热致液晶技术标准方面空白。2018年公司实现主营业务收入4.5亿元。公司企业技术中心在2018年被国家发改委认定为“国家企业技术中心”。

【互联网融合发展试点示范项目】 2018年工信部公布制造业与互联网融合发展试点示范项目名单，石家庄市冀凯河北机电科技有限公司“基于计划体系和账户体系优化的智能管理能力”项目入选，符合“两化融合管理体系贯标示范”试点方向。该项目通过推行贯标，针对离散型制造企业多品种、小批量、生产组织复杂特点，构建全信息化智能管理系统（WIMS），帮助企业实现从研发设计、采购外协到计划下达、生产制造，再到产品销售、财务管理等生产经营各环节的全贯通和一体化智能管理，最大限度地提升企业在信息化条件下的核心竞争力。冀凯河北机电科技有限公司是石家庄市列入工信部第一批两化融合管理体系贯标试点企业之一，是集研发、制造、销售及服务于一体的国家重点高新技术企业，通过工信部两化融合管理体系贯标评定和ISO9001质量认证，其自主研发的全信息化智能管理软件（WIMS）曾荣获国家企业管理现代化创新成果一等奖。

（董立峰　李少波）

网络安全和信息化

【概况】 2018年12月，市委网络安全和信息化委员会办公室（简称市委网信办）挂牌成立，为市委工作机关。2018年市委网络安全和信息化部门始终坚持把学习宣传贯彻习近平新时代中国特色社会主义思想和党的十九大精神作为首要政治任务来抓，运用不同形式做好系列宣传，加大舆论引导力度，提升网络综合治理能力。提升网络安全保障能力和信息化基础建设。完善网络安全体系建设，全面摸底排查，筑牢全市网络安全基础。开展网络安全检查。建立网络安全台账，发现处理网络安全风险事件150余起，建立网络安全快速反应机制，初步逐步形成属地管理、分级负责的网络安全体制，有效提升基础防护水平。创新形式开展网络安全宣传活动。组织开展“全民国家安全教育日”“国家网络安全宣传周”等系列活动，发放各类宣传材料35000余套。推进全市信息化建设。编制完成“智慧城市”建设规划性文件，规划建设石家庄智慧城市大数据云中心。推进行政管理信息化建设，推进网络覆盖、农村电商、网络扶智、网络公益等网络扶贫重点工作。网络宣传阵地建设夯实拓展。做好互联网企业党建工作，指导河北天行健网络科技有限公司成立党支部。到2018年末，全市网络文化协会共有会员125家。

【机构设置】 市委网信办前身为市互联网信息办公室，主要负责全市互联网信息内容管理，统筹建设和管理互联网信息内容监测指挥系统；负责市属新闻网站规划建设管理，牵头处置互联网信息内容突发事件，依法查处违法网站；会同有关部门做好互联网相关工作等。2018年12月19日，依据中共石家庄市委和石家庄市人民政府《关于印发〈石家庄市机构改革方案〉的通知》要求，成立中共石家庄市委网络安全和信息化委员会办公室，作为市委工作机关，机构规格正县级，对外加挂石家庄市互联网信息办公室牌子。

【防范化解网络风险】 完善工作机制，加强网络舆情监测、研判、处置，切实防范化解重大网络风险，为维护全市社会和谐稳定大局贡献力量。提升监测能力。市委网信办全面做好涉石舆情工作，市委网信办全年监测上报热点敏感舆情500余条，向有关单位发送预警通知书673次，累计上报网络舆情日报、专报281期，市委市政府主要领导批示90余次。提高研判分析能力。在全省率先建设互联网专家智库，舆情发现力、研判力、处置力显著提高。完成《石家庄市互联网舆情报告》，为领导决策施政提供舆情参考。增强应对处置能力。市委网信办发挥牵头抓总作用，严格落实网络舆情信息工作联席会制度，各县（市、区）、市直部门舆情应对处置能力不断增强，稳妥地处置“河北医大家属楼天然气爆炸”“望公府一房多卖”等重大突发负面舆情20余起，确保全年涉石舆情总体平稳。

【弘扬网络正能量】 提高网上正面宣传的质量和水平，为石家庄率先突破发展营造积极舆论氛围。首页首屏率持续保持全省领先。加强与人民网、新华网等重点新闻网站和凤凰网、新浪网等主要商业网站沟通对接，将习近平新时代中国特色社会主义思想相关新闻宣传和网络活动稿件与全市典型人物和实践相结合，首页首屏完成1800余篇，讲出石家庄故事，传播石家庄好声音，正能量不断弘扬，主旋律更加高昂。宣传主题丰富多彩。先后举办“改革新城·筑梦热土”凤凰网全媒体石家庄行、“最美中国年·最浓家乡味”、“新时代新起点 新征程”精准扶贫媒体行等系列活动；与中央和省网信办联合开展“水到渠成共发展”网络主题活动；与新华社客户端联合开展“奋进的40年——镜头记录石家庄”系列采访活动。在全媒体平台形成宣传石家庄的强大声势。做好网评引导。在凤凰网、国际在线等网站开设“纪念改革开放40周年”专栏，发表原创网评文章2500余篇；在石家庄新闻网开设“石评”专栏，在微博开设#热评石家庄#话题，话题阅读量达410万。突出网络文化亮点。举办2018“美丽中国”微电影盛典暨第四届“善美石家庄”微电影大赛，征集来自全国20多个省市作品近2000部；组织策划“V影响力·现代省会行”“美丽河北·石家庄e起过年”等网络文化活动30余次，组织引导创作H5、VR、短视频等多媒体作品200余部，通过全媒体推送，累计受众用户上千万。5月25日，由省委宣传部、省委网信办、中国电影家协会等作为指导单位，市委宣传部、市委网信办等联合主办2018年“美丽中国”微电影盛典暨第四届“善美石家庄”微电影大赛在石家庄市启动。大赛分为启动、征集、评选、颁奖、展映5个阶段，征集时间为2018年5月至7月，设置“社会板块”“高校板块”“石家庄板块”，作品类型分为“剧情类”“纪实类”“动画类”等。

【营造清朗网络空间】 推进依法治网，提高网络综合治理能力和水平，构建党委领导、政府管理、企业履责、社会监督、网民自律等多主体参与，经济、法律、技术等多种手段相结合的综合治网格局。健全体制机制。发挥市网络舆情信息工作联席会议作用，形成定期通报研判机制。印发系列文件，完善舆情监测巡查、应急处置、管理执法等一系列规章制度。加快推进网络空间法治建设。加大自媒体管理力度，深入开展“属地范围内网站（论坛）、公众账号、移动客户端登记”工作，将辖区内机关、企事业单位、社会团体和个人主办网站、公众账号、移动客户端全部纳入日常监管范围，实现全覆盖。开展专项整治行动。组织开展“燕赵净网2018”“网上扫黄打非”等多次专项行动，全面开展全市政府网站涉政治类有害信息清理工作；查处关停中国社会调查中心、中国社会聚焦杂志社等一批违规网站，保持网络空间持续清朗。强化社会力量协同治理。构建全市互联网违法和不良信息举报一体化受理处置体系，吸纳社会公众组建“志愿军”，团结和组织属地内网络群体和大学生等成为网络举报中坚力量，拓展网络、电话等举报渠道，广泛受理网络举报线索，累计举报各类网上违法违规不良信息30余万条。

【发展政务新媒体】 市委网信办结合社会发展趋势，做好新媒体平台综合建设工作，拓展政务媒体影响力。全市政务新媒体矩阵成规模化发展。微博、微信和今日头条政务新媒体发布厅上线，全市已认证政务新媒体账号1260余个，年度推送稿件50余万篇，受众上亿人次。市委网信办被评为“全省政务微信矩阵建设先进集体”，赵县、桥西区、新华区先后荣获“全省政务新媒体建设十强县”称号。“石家庄发布”“老吕叨叨”“石家庄共青团”“石家庄交警”等政务新媒体账号影响力持续位列全省前列。推进媒体融合发展。在全媒体运营指挥中心统筹指挥下，市属新闻媒体融合工作有序推进。石家庄广播电视台融媒体平台已建成投用，运营燕赵名城网、无线石家庄App客户端以及70余个微信公众号和百余个媒体认证微博。县级融媒体中心建设取得新突破。栾城、正定实现体制、机制深度融合，全市打造出“正定发布”“掌上栾城”“精彩鹿泉”“石家庄新华发布”等一批在全省有影响力新媒体账号。

（市委网信办）

数据资源管理

【概况】 2018年，市数据资源管理部门以服务领导决策为宗旨，适应形势发展需要，创新工作思路，提高信息工作质量和服务水平，全市政务工作呈现良好发展态势。门户网站改版。调整栏目结构，结合市委、市政府决策部署，组织制作“双创双服”暨4+4产业发展、“双问计”活动等30个专题栏目。开展多种形式政民互动交流，全年共更新维护信息24800多条，附件1100多个。政府办公平台正式上线运行。非涉密文件交换流转、通知收发、信息采编及刊物下发、资料交流传递、提案建议交办等均实现网络传输与办理。促进全市政府机关之间协同办公，达到转变全市政府机关传统办文方式，政府信息化应用水平得到提升。领导决策数据系统上线运行。应用大数据技术，汇总整合政府各部门数据资源，为市政府领导提供决策数据支撑。推进电子政务外网向下延伸。完成全市22个县（市、区）268个乡镇（街道）政务外网覆盖和市内8区566个社区（村）的网络联通。落实机构改革方案要求，12月19日，市数据资源管理局组建成立。内设处室5个，分别为办公室、规划发展处、数据资源管理处、应用推广处、网络建设与安全处；局机关核定行政编制23名；局属事业单位1个（市电子政务中心），级别副县级。办公地址为市区中山东路216号。2018年市数据资源局被人民网评为“全国网民留言办理工作先进单位”，市政府门户网站获得“2018年度中国政务网站优秀奖”（全国计划单列市及省会城市网站第7名）。

【门户网站改版】 优化网站布局。调整栏目结构，组织制作“双创双服”暨4+4产业发展、“双问计”活动等30个专题栏目，集中反映市委、市政府中心工作。拓宽服务范围，新增教育、社保、就业住房等10个方面涉及民生服务的信息栏目，与河北政务服务网对接，初步实现个人办事、企业办事能够按主题和部门，提供办事指南、在线办理、表格下载等服务。开发手机版App，实现公积金、机动车违章等十余项便民服务查询功能。开展以“政府信箱”为重点、多种形式并进的政民互动交流。全年共更新维护信息24800多条，附件1100多个。网站报道在人民网、新华网等各大媒体网站都有不同程度转载。全年收到“政府信箱”有效留言24458条，处理答复24017条，处理答复率98.2%。有关部门利用门户网站开展“双问计”和网上听政66期，征集意见建议1500多条，收到市长留言447条，承办省长留言涉及石家庄市内容共308件，全部公开答复处理。

【政务办公系统】 优化升级政务办公系统，形成以市政府办公厅为龙头，纵向连接各县（市、区）政府，横向连接市直各部门的应用网络，系统稳定运行，功能满足要求。全年共通过政务办公系统下发常务会议纪要21期、公文605件、通知12372件，接收县（市、区）和部门上报请求报告483件、上报信息3526条、合成期刊131期，完成网上交办、接收承办事项483件，发送短信提醒近55万条，为提高政府工作效率，降低行政成本发挥重要作用。加快推进领导决策数据支持系统研发应用。设计信息查询、重点工作、数据分析、监测预警等4个板块12个子系统，涵盖经济、民生、教育、文化等方面2500多个指标；提供PC端、移动端等多种服务渠道，开发数据报送功能，使41个部门具备直报能力，提高数据报送准确性。改版市委机关内网。全年共发布各类信息2500余条、学习视频12部，网站访问量17万人次。完成“党政领导决策信息库”维护更新，全年共发布公文、期刊690份，更新各类党政信息资源文献150余万篇。

【电子政务中心】 1月19日，根据《石家庄市机构编制委员会关于整合部分市直部门所属电子政务事业机构的通知》（石机编〔2018〕4号），组建成立市电子政务中心，为市委直属事业单位，接受市委、市政府双重领导，规格正县级，核定事业编制40名。12月29日，根据《中共石家庄市委机构编制委员会关于规范市电子政务中心机构编制事宜的通知》（石机编〔2018〕68号），将原市委直属事业单位市电子政务中心规格由正县级调整为副县级，隶属关系调整为市数据资源管理局管理。

（市数据资源管理局）

无线电管理

【概况】 2018年，河北省石家庄无线电管理局（简称石家庄无线电管理局）承办行政许可事项13件，审批设置使用电台1383部，其中，4G基站738座、微波256座、超短波电台389部，指配无线电频率32个。组织业余电台操作证考试1次，指配业余电台呼号206个，审批业余电台326部。完成2018年频占费收缴工作，共收取频占费64.67万元，涉及用户121家。结合重大活动保障任务及无线电管理宣传月活动，全年在中央电视台、河北电视台、石家庄电视台等媒体共发布各类报道19期，发送宣传短信100余万条，发放宣传单600余份。2018年石家庄无线电管理局被省工业和信息化厅评为先进集体。

【无线电监测】 2018年石家庄市启用18个无线电固定监测站，实现辖区全覆盖。全年完成累计巡检站点45座，维修监测站点18次，累计监测时长14904小时，比对广播信号123个，定位分析可疑信号33个，定位排查发射源16个，为后续执法查处提供技术保障，共检测各类发射设备315部。与公安、民航、广电等部门建立联动机制，在全市范围内多次开展无线电专项行动，全年共计开展执法检查39次，查获非法设台案件30起，查处非法设备40台，罚款4万元，其中行政处罚4起，“黑广播”5起，伪基站1起，手机信号干扰器18起。完成全国高考、公务员考试等国家、省、市考试无线电安全保障22次，派出监测执法人员174人次，监测、执法车58辆次，查处无线电设备作弊案2起。

【无线电保障】 全年累计出动执法和技术人员200人次，监测车辆64台次，行程1000多千米，完成为中非合作论坛北京峰会、第十五届河北省运会、中国国际通用航空博览会、石家庄公路自行车赛、全国“两会”及省市党代会等重大活动、重要会议、重大节日期间的无线电保障工作。开展无线电频率使用评价工作。开展路测14次，区域覆盖率110%，行驶总行程1800千米，采集数据文件912个，基站数据60多万条，数据总量178G，按时完成数据采集并上报。按照“双随机、一公开”工作要求。结合春运、两会等重要时间节点，开展走访调研，全年共监管设台单位28家，固定台站102座，其中广播电视台40座、超短波固定台29座、公众移动通信网台站25座、民航导航电台8座，查处5起严重违规频率台站使用情况。

河北省石家庄无线电管理局
局　长：李卫东
副局长：姚彬　（女）
　　　　李二根

（石家庄无线电管理局）

电　信

中国移动通信集团河北有限公司石家庄分公司

【概况】 2018年，中国移动通信集团河北有限公司石家庄分公司（简称中国移动石家庄分公司）坚持新发展理念，重视提升份额意识、效益意识、服务意识、对标意识，主动适应新形势，推动公司取得较好经营业绩。细分市场精准营销，挖掘异网、拓展聚类、深耕校园，全年累计放号157.7万户。优化新增结构，发展高价值客户59.8万户，新增客户拉动收入2.1亿元，同比提升10.3%。打造存量客户运营体系，以迁促保，全年累计升档180.1万户，升档占比为69.9%；利用语音、短信等叠加包营销提升客户价值，高价值客户占比提升1.9%。持续推进客户保有，完善触点融合营销流程，借助副卡、亲情网，提升客户在网黏性，高价值客户规模保有率、价值保有率分别达到91.6%、86.9%。至2018年末，中国移动石家庄分公司共有在职员工2200余人，内设管理部室10个，分别为综合部、市场经营部、网络部、工程建设部、政企客户部、财务部、人力资源部、党委办公室、纪检监察室、基础建设办公室。2018年中国移动石家庄分公司获评“2017～2018年度保护消费者合法权益工作”先进单位，长安营销中心获评“全国模范职工小家”，青园街营业厅被省总工会授予“河北省工人先锋号”。

【市场营销】 开展“流量风暴”活动，大力推进客户不限量化，不限量渗透率提升31.1%。持续开展通用流量赠送、定向流量体验、会员产品推广、热点事件营销等活动，促进客户流量提升，累计手机上网同比增长232%，累计流量份额32.4%。依托流量经营，促进4G客户发展，4G客户净增20万户，4G客户DOU提升至5.8G，同比提升214.8%。家庭市场稳步发展。通过固移融合、以移带固，有效扩大家庭客户规模，宽带客户达到79.9万户，累计净增20.9万户，市场份额达到23.3%，较2017年提升3.9%，净增份额56.22%。宽带电视客户规模达到47.2万户，电视渗透率达到59.2%，较2017年提升5.3%。家庭产品生态经营开始起步，固话累计净增1.6万户，智能组网新增0.6万户。加强高带宽高品质引导，100兆及以上宽带用户占比60%，打造57个精品示范小区，实现1000兆宽带承载。开拓政企市场。全年集团客户净增3169家，集团成员净增5.7万户；协同大市场开展存量运营，拍照成员保有率、收入保有率分别达到92.0%、88.2%；政企拍照成员日均活跃客户到达80.6万户；集团成员占收比22.5%，同比提升1.3%。集团成员整体不限量渗透率由流量风暴前的6.8%提至49.1%。主动应对竞争，拓展客户16443户。重点产品增收显著。物联网、IDC增收超3000万元，专线增收超2000万元，短彩信、工作手机增收近1000万元。完成秸秆焚烧、节能减排、天网、深泽智慧城市等全业务项目110个，累计拉动收入1932万元，带动新增专线3201条。

【网络建设】 开展两个精品网建设，推进以客户为中心、以市场为导向、以价值为牵引“三个转变”，网络指标与感知明显提升，增强市场响应能力。无线精品网建设。大幅提升网络能力，扩容2455个小区，日均流量增幅126%，城区MR覆盖率从93.1%提升至97.1%，LTE告警率从9.9%降至3.5%。高品质家宽建设。提升承载网能力，完成18个县区BRAS下沉和321台OLT上行10G链路改造。支撑全量用户100兆起步、200兆推广、1000兆试点。完成57个具备千兆业务发放能力的“四高四全”示范小区建设，推广标准化装维服务动作和口径，优化服务流程问题节点，标准满意度从全省第11提升至第7，装机回访满意度由97.2%提升至99.2%。改善基础网络。传输承载能力大幅提升，初步实现市、县双100G平面组网，郊县PTN100G成环率95%，市区PTN100G成环率92.6%，具备接入层大带宽、高流量业务汇聚收敛能力。全面开展PTN接入层拆组环工作，PTN网络健康度由年初95.5%提升至99.3%，接入层成环率及双归比分别提升 6.9%、0.9%，大环比由 3.2% 降低至 1.7%。动环保障能力进一步加强，动环监控告警率由 18.5% 降至 6.7%，汇聚机房动环监控覆盖率由 89% 提升至 100%，更新 164 组电池，解决 82 个重要机房的电池续航能力。

【企业管理】 重点开展专线账单核查、零预存赠终端、集团转账、集团欠费、SA 酬金结算、集团客户信用度清理六大专项核查，有效降低政企市场经营风险。系统化推进降本增效工作。完善效益评估机制，加强成本核算和管控。强化自有渠道效能评估，陆续关停 12 个负效益的营业厅、22 个自办厅转为委托加盟店，节约租赁成本约 201.4 万元。盘活闲置设备，搬迁站址 104 个。严格网络三费管控，压降冗余费用，创新与供电局合作开展直供电改造，时控开关实现基站闲时分场景节电，网络三费成本累计压降 6294 万元。优化管理，大力推动节能降耗，综合类费用压降 1668 万元。加强库存管控力度，存货及物资总额较 2017 年同期下降 56%，实现库存高效周转。加快渠道转型。全年拓展战略网点 175 家，累计建设宽服站 533 个，码店达到 4.5 万家，累计拓展专营渠道 1325 家，核心渠道专营率同比提升 17.3%。新零售引入破冰，打造 6 个新型营业厅。推行全业态管理模式，形成 107 个网格（含乡镇营销部）、472 个片区，释放人员下沉网格 475 名。落实服务质量管理体系，常态化推进服务例会、流程穿越，挖掘并解决 267 个焦点问题，改善宽带网络质量与装维服务品质，月均故障总数下降 40PP，宽带客户满意度较 2017 年提升 3.9%，投诉回访满意率提升 12%。

中国移动通信集团
河北有限公司石家庄分公司
总 经 理：高广
副总经理：何青伟　赵亚锋
　　　　　程亮　　刘磊
　　　　　贾东启

（韩容）

中国联合网络通信有限公司石家庄市分公司

【概况】 2018 年，中国联合网络通信有限公司石家庄市分公司（简称中国联通石家庄市分公司）坚持以“推进互联网化运营转型，增强创新发展动能，打造核心竞争力”为主线，推进企业转型发展，经营业绩持续改善，主营收入连续三年实现正增长，经营利润连续两年实现正增长。至 2018 年底，中国联通石家庄市分公司移动网络在网用户达到 376.6 万户，其中 4G 网络在网用户为 281.6 万户；宽带网络用户数达到 145.67 万户，IPTV 用户数达到 72.6 万户。落实集团公司混改政策，梳理部门职责，激发员工内生动力，推进体制机制改革。启动全场景划小承包工作，完成市场前端基层单元团队双选组建工作，完成网络线现场接入类网格划小承包。市分公司由原 42 个优化为 25 个机构和若干基层责任单元，19 个县（市）区分公司按照一部三中心和若干营业部 / 网格标准进行调整。机构改革完成后，合同制用工人数 2613 人，办公地址位于石家庄市中山东路 117 号。2018 年中国联通石家庄市分公司李铁峰创新工作室被全国总工会授予“全国工人先锋号”，公司被河北省反电信网络诈骗中心评为“2018 年全省打击治理电信网络诈骗专项行动成绩突出单位”，云数据中心获评“河北省工人先锋号”，网络维护中心移动核心设备维护室获评“全国质量信得过班组”。

【网络建设】 以市场需求驱动网络建设，打造固移两张精品网。提前布局 5G，为 5G 时代竞争做好网络基础，加速完善 4G 深度和广度覆盖，网络能力持续提升，4G 基站达到 8021 个，同比增长 7%。网络人口覆盖率达到 99%，网络面积覆盖率达到 97%。精准投资，由投资管理向投资运营转型，根据需求来源对应的客户群、专业及事项特点，制定投资配置原则，做好动态迭代建设。城域网中继总带宽达到 3764G。具备省内 SD-IPRAN 自动开通（华为区）、物联网跨域业务开通条件，已开放 73 条电子政务网电路、150 余条环保局、物联网、会议电视电路。加强和改善网络质量。围绕端到端客户感知提升一条主线，以重点场景、重点业务为切入点，根据对各单位画像，聚焦主要短板以及客户关心的热点，提升客户感知。紧抓故障率和故障历时，宽带网障碍平均历时从年初的 4.67 小时缩减至 3.29 小时，移动网故障数从年初 30010 单降至 8447 单。持续推进降本增效。推进网络瘦身，机房专项整治，盘活现有网络资源。

【业务经营】 落实国家“提速降费”相关要求。7 月 1 日全面取消漫游费，使用量及流量收入计算，流量单价由2.89元/G降至0.63元/G，降幅78.2%。家庭单宽带资费由720元100兆提升至720元200兆，并且所有100兆以下宽带资费在不提价基础上统一提升至200兆。完善高速率宽带产品体系，推进宽带电商化体系建设，实现高带宽引领，打造联通宽带好口碑。互联网专线接入所有速率档位资费实现下降至少10%。持续深化互联网运营成效明显。通过冰激凌产品体系，推进异业商户合作，与石家庄盛世和商贸有限公司达成合作，与36524达成合作意向。创新业务转型发展。以云为入口，形成云物一体、云数一体、云网一体、云产一体，重塑“云＋网+X”产品线，全力推动行业上云和中小企业上云，实现云网一体化规模突破。大数据业务正式起航，聚焦金融、旅游、政府、公安四大行业，打造出河北尚铂投资有限公司精准营销、鹿泉旅发委智慧短信等“数智引航”标杆项目。完成辛集科技创新成果展览推介会、正定商贸会、鹿泉旅发大会、正定数字经济博览会等布展和现场讲解演示，有力推动解决方案的推广，促进创新业务发展。邀请政府单位一把手走进业务体验厅，助力市委市政府开展智慧城市建设，形成众多超百万以上重点跟踪项目，主要有公安IDC项目、省二院医疗云项目、平山县智慧旅游项目、鹿泉北外附属石家庄高级中学项目、晋州雪亮工程、河北省新合作控股项目等。

中国联合网络通信有限公司
石家庄市分公司
总 经 理：姜南冰
副总经理：周讲　郭广根
张锋　吴天益

（韩园园）

中国电信集团有限公司石家庄分公司

【概况】 2018年，中国电信集团有限公司石家庄分公司（简称中国电信石家庄分公司）全业务收入份额达到26.14%，过网用户份额达到26.1%，排名石家庄同行业提升值第一；宽带用户份额达到39.59%，天翼高清用户份额达到49.91%，位列石家庄同行业第一。打造高质量智慧网络，全年光宽覆盖新增19.9万户，累计达到394.52万户。提升网络通信能力，城域网出口从1600G扩容至3200G，IDC出口从1200G扩容至2000G，IPTV平台容量从133万户扩容到142万户。新建核心、汇聚层光缆84.6千米，缓解核心汇聚层纤芯压力。全力做好网络提质，新建管道158千米，实施移动及光网质量双提升专项行动。OLT双10G上行部署638套，10GPON设备部署59套，助力1000兆发展。公司曾连续四年荣获中国电信集团公司“双领先奖”，并于2017年至2018年连续2年入选集团公司战略业务单元。

【提速降费】 继续深入落实“提速降费”要求，通过推出大流量套餐、取消流量漫游、下调套餐资费、取消语音通话长途和漫游费等多项措施，提升通信服务质量。2018年3月1日上线全国流量不限量（后更名为畅享）套餐，套餐分多个档位，最低49元可享受10G达量降速流量。根据国家要求，2018年7月1日全面取消流量漫游费，手机用户省内流量升级为国内流量。在满足用户日益增长流量需求同时，下调各流量档位套餐资费。截至2018年底石家庄电信移动流量资费同比下降85%以上。融合用户带宽由100兆普遍提升至200兆，开放500兆/1000兆极速宽带。通过光纤改造，将原网速在20兆以下ADSL用户全部提速至100兆，推出智能组网业务，分别提升有线网速和WiFi网速。通过推出360包年随选宽带产品、单C加宽、单宽转融业务，将宽带费用与手机费用有机结合，降低家庭整体通信费用。

【客户服务】 石家庄分公司持续关注用户口碑，努力为客户提供更加便捷、主动、智慧的服务，通过“一个中心、二类客户、三个抓手”等举措，建立公司服务体系，将高质量服务渗透到企业运营全过程。石家庄公司注重用户体验，通过体验及时发现可能影响用户在网络、产品、服务等方面感知问题，及时解决，从而保证用户感知良好率。2018年石家庄公司组建“84+N”规模的体验团队，全年开展13个体验课题中宽带侧网络感知体验、4G地铁网络体验、服务触点暗访体验以及啄木鸟等网络扫盲体验取得良好效果，体验发现问题清单化管理，对本地网络和服务优化起到推动作用。在内部机构设置上，组建服务前置小组，提前解读营销政策、业务流程、新增产品，有效制定服务预案，减少企业风险。持续扩大星级权益，全年不间断向星级用户普及权益内容，让用户真正感受到尊享差异化服务。

中国电信集团有限公司
石家庄分公司

总 经 理：孙玉胜
党委书记：马巨福
副总经理：魏雅丽　张国栋
岐剑　秦士良

（石丁伊）

商业·旅游

Business & Tourism

商贸流通

【概况】 2018年，全市实现社会消费品零售总额2934.1亿元，同比增长9.1%。其中，城镇完成2515.6亿元，增长8.9%；乡村完成418.5亿元，增长9.8%。限额以上企业（单位）消费品零售额完成797.4亿元，同比增长6.0%。其中，城镇完成795.6亿元，增长6.2%；乡村完成1.8亿元，下降45.3%。限额以上批发零售业商品分类零售额完成776.7亿元，同比增长6.0%。其中，中西药品类、日用品类、烟酒类、服装鞋帽针纺织品类增长最快，分别实现销售额37.2亿元、23.5亿元、10.6亿元、91.5亿元，同比分别增长21.4%、11.9%、11.6%、11.5%；粮油食品类、石油及制品类、通信器材类、饮料类、家用电器和音像器材类、汽车类分别实现销售额74.3亿元、104.5亿元、14.3亿元、13.2亿元、48.3亿元，同比分别增长7.9%、7.2%、5.1%、5.0%、3.2%；汽车类实现销售额283.1亿元，同比下降2.2%。全年安排重点商贸项目49个，总投资890.31亿元，年计划完成投资229.65亿元，实际完成投资267.93亿元，超额完成计划16.7%。其中，市级重点商贸项目30项，总投资850.1亿元，年计划投资214.2亿元；县域重点商贸项目19个，总投资40.21亿元，年计划投资15.5亿元。夜经济向常态化、大众化发展，夜经济、夜文化、夜生活城市休闲消费格局初步成熟，生态休闲、娱乐健身等新兴消费成为亮点。4月15日至10月31日，全市119家不同业态延时（夜间营业时间延至22时30分）服务企业举办打折促销、文化娱乐活动2700多场次，夜间客流量达3500余万人次，其中，105家商贸服务企业夜间销售额33.69亿元，占全天销售额21.8%，同比增长14.3%。9月28日至11月2日，由市商务局主办，河北省美发美容协会承办的美发美容"美在石家庄"夜经济目的地评选活动举行，市区100家美发美容门店参与，其中丽人美发美容机构建华店、美怡生缔景城店、梦梵尼北焦店、郝梅形象设计沙龙、美生堂世纪分院5家美发美容门店获授"美在石家庄"夜经济目的地称号。节日消费旺盛。春节假日期间（2月15～21日），北人集团、勒泰中心、银座商城东购店、建华商场销售收入4.96亿元，同比增长12%；北国超市、保龙仓家

勒泰中心"庄里街"夜间文化娱乐活动

乐福、永辉超市、天客隆超市等大型综合超市及国大连锁便利店销售收入2.4亿元，同比增长15%；市饮食服务集团、辣婆婆、海星餐饮、国大酒店、世纪大饭店、勒泰中心餐饮营业收入2376万元，同比增长8%。国庆假日期间（10月1～7日），全市传统商业和餐饮娱乐业整体保持平稳增长势头，百货、超市、餐饮、娱乐业实现销售收入7.09亿元，同比增长0.7%。其中，北人集团、勒泰中心、银座商城东购店、建华商场4家大型商贸零售企业实现销售收入3.72亿元，同比增长3.05%；市饮食服务集团、国大酒店、保定会馆、世纪大饭店、勒泰中心5家餐饮企业实现营业收入0.19亿元，同比增长6.42%。2018年石家庄裕华万达广场销售收入29.5亿元，实现利税4910万元；石家庄勒泰中心经营面积62万平方米，实现销售收入25亿元，客流量5600多万人次；河北怀特集团股份有限公司经营范围包括怀特大厦、怀特装饰城、怀特家居城、石家庄外国语教育集团、怀特国际商城、怀特商业广场、怀特珠宝城、怀特陶瓷城、怀特古文化茶城、怀特综合市场、怀特海南彩云飞大酒店、海南度假养老公寓、怀特聚星城等商业项目，实现租赁收入6亿多元，上缴税金1亿余元；石家庄饮食有限责任公司下辖燕风楼烤鸭店、中和轩饭庄、釜洋斋、石家庄饭店、燕风楼中华店、红星饭庄、石家庄照相馆、河北彩色摄影服务中心、技工学校等10余家企业，实现营业收入1.23亿元。推进新华集贸市场、太和文化礼品城转型和融合发展，组织新华集贸市场、北方农产品批发市场、乐城国际贸易城、雨润农产品市场申报商务部百家百亿重点联系市场和河北省转型升级示范市场。新建改建便民市场40家。以“管理模式规范化、购物环境超市化”为标准，新建改建40家菜市场、生鲜超市、农贸市场等便民市场任务全部完工，累计建设面积10万多平方米，投资金额2亿元。其中，长安区、桥西区、新华区、裕华区4个区每区4家；藁城区、鹿泉区、栾城区、高新区、井陉矿区每区2家；其他13个县（市）及循环化工园区各1家。万象城开业。11月10日，由世界500强企业华润集团旗下华润置业建设的城市综合体——石家庄万象城开业；总面积31.7万平方米，入驻潮流品牌店铺400余家，业态涵盖时尚、餐饮、娱乐、教育、科技、家居等领域。鼓励打造特色美食品牌，“百岁烧鸡”“麻老太烧鸡”“康庄熏肉”“苏顺成纯绿豆饼”等特色小吃品牌深受石家庄人喜爱；“百岁烧鸡”“麻老太烧鸡”软而味香、质松肉嫩；“康庄熏肉”朱红、脱骨、软嫩不腻，木香淳朴；“苏顺成绿豆饼”绵软薄小、味道香美，常有顾客排队。7月21～25日，石家庄市餐饮服务业企业参加2018京津冀（承德）美食文化节活动，无极鼎新全羊馆获得金奖，国际大厦、金圆大厦获评冀字号菜品研发基地，平山柏坡汇源获授冀字号大师工作室。

【重点商贸项目】 2018年全市安排重点商贸项目49个，总投资890.31亿元，年计划完成投资229.65亿元，实际完成投资267.93亿元，超额完成计划16.7%。其中，市级重点商贸项目30项，总投资850.1亿元，年计划投资214.2亿元；县域重点商贸项目19个，总投资40.21亿元，年计划投资15.5亿元。49项重点商贸项目中，计划新开工项目17项，计划竣工项目13项，续建项目19项。其中，17项计划开工项目，众美定制广场、中房元泰广场、御景半岛商业广场二期等15项开工；13项计划竣工项目瑞城商业广场东区、石家庄国际展览中心、河北广汇汽车金融产业园、北国奥特莱斯（北国水世界）、天河商业广场、华润中心等全部竣工，竣工项目中包括2项计划开工项目和4项续建项目，实际竣工项目19项；续建项目除4个项目竣工外，其他项目均顺利推进。30项市重点商贸项目中，拟开工项目10项，包括中房元泰广场、御景半岛商业广场二期、鑫界帝王国际、众美定制广场、天海誉天下D区、富力广场、金融街中央商务区（一期）、中科环能旧城改造、北焦旧村改造（橡树园）、石家庄新城·吾悦广场；拟竣工项目6项，包括瑞城商业广场东区、石家庄国际展览中心、华润中心项目、天河商业广场、河北广汇汽车金融产业园、北国奥特莱斯（北国水世界）；续建项目14项，包括星光智汇广场（东南智汇城）、中冶城市商业广场、半岛国际、浙江大厦（蜂巢）、恒润时代广场B地块、启锐园二期、石家庄卓越奥莱国际中心（一期）、国御温泉度假小镇二期生态康养园区（一期）、土门驿道小镇项目、龙泉古镇、西部长青商贸城、石家庄（藁城）乐华城·国际欢乐度假区项目（一期）、藁城旺洋国际商业广场、天山中央商务区等。

【特色商业街区】 谋划推进城市商业形象街区建设，重点打造商业街区2条，分别为：中山路繁华商业大道、民族路现代智慧体验步行街。中山路沿线大型商业企业全部实现场内WiFi全覆盖，新增和调整商业业态近千种。民族路获批全国高品位步行街，成为河北省唯一一家全国高品位步行街；优化民族路商业步行街区域环境，完善服务功能，街道沿途增设景观小品、休憩休闲等设施，街区面貌焕然一新。重点打造区域性特色商业街区4个，分别为：勒泰庄里街、绿地·中山里步行街、万达步行街、正定旺泉古街。位于民生路绿地·中山里文化步行街，复建具有百年历史建筑16栋，经重新规划和调整业态布局后，形成集餐饮、文化、观光为一体的历史文化风情商街。石家庄市所辖正定县、新乐市、赞皇县注重建设现有商业街，各自打造出具有品牌和知名度的特色商业街区。2018年石家庄市高品位特色商业街区规划被河北省政府列入支持省会市政设施和公共服务设施重点建设项目规划。

【肉菜储备及投放】 2018年市级冬春蔬菜储备7500吨，储备期为2018年11月15日至2019年3月14日；市级冻猪肉储备1500吨，储备期1年。根据省商务厅《关于做好2018年春节省级肉菜惠民补贴销售保障市场供应工作的通知》(冀商运行字〔2018〕1号）要求，为平抑节日期间物价，防止肉菜价格大幅波动现象发生，2月5～14日，石家庄市在主城区及藁城区、鹿泉区、栾城区和正定县组织开展省级肉菜惠民补贴销售活动，北国超市、家乐福保龙仓、永辉超市、信誉楼4家企业41个门店为惠民销售点，蔬菜销售价格低于市场平均零售价20%以上，猪肉销售价格低于市场平均零售价1元以上，牛（羊）肉销售价格低于市场平均零售价2元以上。2018年全市销售惠民肉类650吨、蔬菜978吨。6家超市获授2018年度省级放心肉菜示范超市称号，分别为：北国商城股份有限公司超市裕华店、北国商城股份有限公司益友百货分公司、赵县信誉楼百货有限公司、北国商城股份有限公司超市光华店、北国商城股份有限公司超市长江店、正定北国商城有限责任公司。至2018年底，全市拥有省级放心肉菜示范超市8家，市级放心肉菜示范超市24家。

（惠永梅）

【首届葡萄酒节、啤酒节】 9月7～9日，由德国河北商会、雷司令葡萄酒公司、河北品高商贸有限公司、河北德澳科技有限公司共同主办，河北品高商贸有限公司承办的2018年德国普鲁士中国（石家庄）首届葡萄酒节在栾城区欧洲产业园举行。来自德国、法国、西班牙、意大利、南非等国家10余家酒庄展示原装原瓶进口葡萄酒100多种。葡萄酒节期间，围绕德国民俗、中国传统、浪漫情怀三大主题，组织举办品酒师讲授葡萄酒礼仪、观众现场品鉴及歌舞表演等活动；河北品高商贸有限公司与德国普鲁士王室酒庄达成战略合作关系，双方商定在中国、德国分别举办葡萄酒节，推动葡萄酒产业和文化发展。9月14～23日，由石家庄市委、市政府主办，鹿泉区委、区政府及市园林局承办，哈尔滨马迭尔集团股份有限公司、石家庄星华旅游发展有限公司协办的首届石家庄国际啤酒节在鹿泉区龙泉湖湿地公园举行。啤酒节活动场地面积1.5万平方米，设置有啤酒大篷、名品展示区、商铺区、全国各地知名特色小吃；围绕异域风情、经典时尚、地方特色等特点，邀请德国巴伐利亚艺术团和国内知名乐队举办摇滚乐队、校园乐队、街舞秀等演出活动。啤酒节期间，鹿泉区区属景区（含北国水世界）门票全部半价。

【传统特色美食评选】 2018年7月中旬至10月初，市商务局、市食品药品监督管理局、市旅游发展委员会、市文广新局、市工商局、市委对外宣传局等部门联合主办“石家庄市传统特色美食评选活动”。评选石家庄传统特色美食10个、石家庄传统特色美食品牌店10个。10个石家庄传统特色美食分别为：金凤扒鸡、“石饮红星”包子、平山油鬼、正定八大碗、无极饸饹、燕风红肠、赵县石塔烧饼、深泽西河肉糕、正定马家卤鸡、井陉抿须。10个石家庄传统特色美食品牌店分别为：中和轩饭庄、燕风楼烤鸭店、李家老院子美食村、正定聚丰饭店、正定回真楼、振头古镇、哈老太太清真餐厅、红楼饭店、石门一味、赵县驴百味饭店。

（市档案馆）

【北国人百集团有限责任公司】 北国人百集团有限责任公司（简称北人集团）是经石家庄市政府批准，于2000年3月21日由石家庄北国商城和石家庄人百集团有限责任公司合并注册成立的国有独资商贸企业。2008年3月，北人集团完成国有企业股份

先天下广场

改制，成为一家集百货连锁、超市连锁、家电连锁、珠宝连锁、餐饮娱乐、租赁会展、仓储配送等为一体的跨区域、多业态大型连锁商业企业集团。北人集团曾获评“全国商业服务业年度十佳企业”“全国和谐商业企业”“全国商业服务业顾客满意企业”“全国五一劳动奖状”等荣誉。2018年北人集团已发展成为河北省规模最大、销售最好、业态最全、信誉度最高、满意度最优的大型商业企业集团，从集团成立之初的单一百货店发展为以经营生活方式为主体，包括购物中心、文旅娱乐、社区商业综合体、物流服务、电商经济、超市百货、电器珠宝餐饮服务、会展服务八大经营版块；拥有控股子公司2家，分别为北国商城股份有限公司、石家庄饮食有限公司；独资子公司2家，分别为石家庄国际科技博览活动中心有限公司、石家庄市华都大厦；分公司2家，分别为针纺织品分公司、华远商贸分公司。至2018年底，北人集团所属企业经营面积达到210万平方米，经营网点260余个，遍布河北、河南、山东、山西4省25座城市；拥有大型门店69家（省会城区大型综合购物中心4家，省会社区购物中心6家，县域购物中心7家，外埠购物中心4家，大型超市23家，大型电器23家，奥特莱斯1家，水乐园1家），大型配送中心1家，珠宝分行135家，便利店22家，大型仓储2家，会展中心1个，电子商务公司1家，冀通支付公司1家，饮食公司门店26家。集团在册员工15817人，从业人员5万人。2018年北人集团销售收入355.4亿元，实现利税14.4亿元，在中国零售百强企业排名第22位，在中国服务业企业500强排名第158位，在石家庄市百强企业排名第9位。

（北人集团）

【东方城市广场有限公司】 石家庄东方城市广场有限公司于1992年7月7日成立，是一家集购物、餐饮、娱乐、休闲、物业管理为一体的大型综合性商业企业，注册资本14500万元。1996年9月29日，东方城市广场有限公司建设的东方城市广场购物中心（简称东购）开业，地址为石家庄市中山西路83号商业黄金地段，总占地面积32.22亩，建筑面积13.43万平方米，分为主楼和裙楼2个部分，主楼经营写字楼业态，可出租面积2.8万平方米，裙楼经营零售百货，营业面积4.6万平方米。2009年11月，东购原大股东中国东方资产管理公司将自己持有92.73%的东购股权以9.25亿元转让给山东鲁商集团及所属上市公司银座股份，东购正式加入山东鲁商银座集团，简称银座东购。鲁商集团隶属于山东省国资委，横跨零售、房地产、生化制药、酒店旅游、传媒教育等多个领域，旗下拥有银座股份、鲁商置业2家上市公司。银座股份是一家跨区域、多业态的大型连锁零售商业企业，经营网络分布于山东、河北、河南等地。2018年银座东购探索向百货购物中心模式转变，重点引进时尚体验性项目，包括电影院、书城、篮球馆、儿童游乐等，打造集吃、喝、玩、购于一体的综合性卖场。其中，金熊国际影城建有专业数字化放映厅12个，可容纳观众800多名；银座东购秋林书城总营业面积2000平方米，总投资1500万元，经营畅销图书5万余种，定期推出作者签售、专家讲座、亲子共读、创作沙龙、朗读空间等阅读推广活动；4月29日，银座东购MAX篮球馆开业，占地面积1200平方米，投资额300万元，采用A级专业篮球地板、专业篮球灯光设施，设置有专业更衣室、比赛直播间、球鞋队服展示区和专业放松理疗室，可承办三人制篮球比赛及青少年篮球培训；6月22日，投资800万元运动时尚馆开业，采用时尚动感装修设计，新引进霹雳道、斐乐等国际国内名品加盟；引进宝贝计划儿童娱乐项目，购置日韩先进的电子设备，建设15岁以下孩子游戏乐园，占地面积1300平方米，投资额110万元，包括电子玩具和淘气堡两大游玩区域，以先进电子和智能设备向儿童提供文化学习及生活益智游戏。

（东方城市广场有限公司）

电子商务

【概况】 2018年，石家庄市电子商务注册企业3600余家，拥有电子商务平台及网店近7万家；电子商务交易额达到5130.0亿元，其中，网上零售额710.0亿元，占全市社会消费品零售总额24.2%。2018年石家庄市农村电子商务交易额24.15亿元，其中农产品交易额3.42亿元。灵寿县获批国家级电子商务进农村综合示范县，至2018年底，全市国家级电子商务进农村综合示范县达到5个，其余4个为正定县、行唐县、赞皇县、平山县。支持电子商务线上、线下融合发展，制定《2018年开展电子商务应用上线行动实施方案》，推进君乐宝乳业、以岭药业、常山纺织等龙头制造业企业电子商务平台与第三方平台对接。加快推进电子商务进入社区，市内长安区、桥西区、新华区、裕华区4区及高新区80%以上社区实现电子商务服务站点覆盖。2018年全市培育跨境电子商务示范企业20家、平台7个、园区1个、公共海外仓8个。加强电子商务监管，依托网络监管平台，重点实施第三方网络交易平台、大型知名经营性网站监管。至2018年底，全市新入库电子商务主体7000余家、辖区第三方交易平台38家，比对发现虚假主体3000余个。开展电子链接标识核发与网上亮照检查，电子链接标识核发数量408个，电子商务平台行政指导10次，网上检查网站、网店42752个次，实地检查网站、网店4093个次，删除各类违法信息324条，责令整改网站196个次。全年查办各类互联网违法案件83起，罚没款3280.13万元，有效规范电子商务网络环境和网络市场秩序。

【电子商务平台】 推进国家电子商务示范城市和基地建设，全市24个电子商务等级示范园区进驻各类电子商务企业800家，服务商户20余万户。河北慧聪网塔元庄基地发展产业带电子商务项目，重点服务河北省县域特色产业，搭建B2B特色产业平台100个（100个县签约），服务企业1500余家；河北商品交易中心在全国布设河北商品代营中心2600家，在线交易河北商品工业品12类、农产品36类；物联网大厦基地依托大型云数据中心资源，入驻企业40余家，入住率100%，其中包括美团网石家庄分公司、新开普电子股份有限公司、阿里健康河北信息技术有限公司等大型电子商务服务公司，入驻企业年交易总额超过100亿元，纳税额超过1亿元。10家知名电子商务交易平台初步形成，主要为河钢云商、中废通、御芝林、君乐宝、以岭健康城、慧聪河北交易中心、北国如意购物网等。2018年北国如意购物网探索传统零售业创新转型，线上线下销售达到25亿元，其中线上交易5.22亿元；河北中废通公司中国废旧物资网、优盛二手设备网、聚拍网等五大平台全年线上线下交易额280亿元，其中聚拍网线上交易突破100亿元，成为全国网络拍卖领军平台；回收商网、文史征信、掌云网络等电务商务平台创新传统模式，探索推进多样化发展。2018年末，微信、支付宝、淘宝、京东、苏宁易购、铁路12306、交管12123、美团、饿了么、携程、滴滴出行、慧聪网等国内知名电子商务网络及平台在石家庄市快速发展，市域银行、保险、证券等机构电子商务平台广泛应用。

【农村电子商务】 2018年石家庄市农村电子商务交易额24.15亿元，其中农产品交易额3.42亿元。灵寿县获批国家级电子商务进农村综合示范县，中央财政给予专项支持资金1500万元。至2018年底，全市国家级电子商务进农村综合示范县达到5个，另4个为正定县、行唐县、赞皇县、平山县。2018年石家庄市藁城区、鹿泉区、栾城区及13个县（市）依托国家级电子商务综合示范县或农村电子商务全覆盖承办企业平台，挖掘整理当地产品242个（农产品174个、工业品68个），累计达到1297个（农产品962个、工业品335个）；新增上线销售品种205个（农产品153个、工业品52个），累计达到709个（农产品504个、工业品205个）；网络销售金额7909万元，其中农产品销售2431.7万元。行唐县、赞皇县农村电子商务综合示范绩效评估成绩优良，分别获得中央财政支持资金150万元和500万元。平山县建设县级电子商务公共服务中心、县级仓储物流配送中心和23个乡镇配送中心投入使用，升级改造村级服务站516个。经省、市、县三级筛选和推荐，灵寿县、行唐县、正定县、赵县4个县的雪花梨、乳鸽、鸽蛋、红枣、蚕蛹等6个农产品品种与阿里巴巴集团农村淘宝网实现对接。2018年藁城区、鹿泉区、栾城区及13个县（市）依托农村电子商务全覆盖政策，帮助建档立卡贫困户实现销售收入84.1万元，培训建档立卡贫困人口3367人次，带动建档立卡贫困户就业241人。至2018年底，市、县两级商务部门及电子商务综合示范企业举办农村电子商务培训4.24万人次，带动劳动就业860人。

（惠永梅）

会 展 业

【概况】 2018年，石家庄市各类市场主体举办展会活动156个，同比增长13.9%，其中，1万平方米以上展会42个，增长40%；展览总面积93万平方米，同比增长13.4%；达成投资合作、贸易合同成交额89亿元；参展国内外客商88余万人次。4月26日，石家庄国际会展中心建成并投入试运行；建筑面积35.9万平方米，是一个集展览、会议、活动、餐饮、观光于一体的国际化综合性场馆，其中，室内展区面积7.1万平方米、室外展区面积5万平方米。石家庄国际会展中心投入使用后，国际性大型展会和国内高端品牌展会在石家庄市举办数量增多，石家庄市区域性会展中心城市功能增强。重要会展活动。4月26～28日，2018中国·石家庄（正定）国际博览会在石家庄国际会展中心举行。设置展位516个，其中特装展位63个，涉及类别46个、商品11750种；参展境内外客商485家，到会客流量43.53万人次，商品销售额5.44亿元；签订家具、家居类产品购销合同金额2.12亿元；签约合作项目22个，总投资额193.59亿元，实现综合经济效益201.15亿元。9月20～22日，2018国际数字经济博览会在石家庄国际会展中心举行。设置展览面积3.8万平方米，设立国际标准展位1700个，主要包括数字生活、数字金融、数字商务、数字教育、数字石家庄等10多个展区，参展企业200多个，参观人数81179人次。博览会期间，举办福布斯全球数字经济100强榜单发布会、世界大学生电子竞技锦标赛、世界电子论坛等活动，41个国家和地区的150多位国际代表、1.25万余名企业代表参加。展会成交额3.42亿元，达成意向成交额18亿元。10月11～15日，中国（石家庄）国际汽车工业展览会在石家庄国际会展中心举行。设置展览面积5万平方米，分设装备制造展区、新能源展区、合资品牌展区、豪华品牌展区等六大展区，共有来自国内外80余个主流汽车品牌、200余家企业、近500余款车型参展，吸引参观人数10.21万人次。这也是石家庄市汽车行业规模最大的展会。现场销售成交4370台，累计成交额6亿余元。引进重大会展活动1个。2018年2月，市政府与中国机械国际合作股份有限公司签订战略合作协议，双方商定从2018年起，中国（石家庄）国际汽车工业展览会在石家庄市举办，至此，13个京津冀区域性展会在石家庄举行。8月16～19日，石家庄市在杭州市举行的第十四届中国国际会展文化节上获得“2017～2018年度中国会展名城”，石家庄国际会展中心获得“2017～2018年度中国会展标志性场馆”。

【石家庄国际会展中心投用】 4月26日，石家庄国际会展中心伴随2018中国·石家庄（正定）国际小商品博览会举办同时投用。石家庄国际会展中心位于石家庄市正定新区，是省、市重点项目，是集展览、会议、活动、宴会于一体的大型综合性场馆。总投资45亿元，总建筑面积35.9万平方米，包括中央大厅、观光塔、会议中心、7个标准展览厅和1个大型多功能展厅，可同时容纳1万余名客商和观众。7个标准展厅全部采用双向悬索结构，做到“全无柱设计”和展厅面积最大化利用。石家庄国际会展中心采用绿色三星标准建设，属国内绿色建筑最高等级，同时运用自然通风、智能遮阳、墙体自保温、地源热泵、中水回收利用、光导光纤照明等30余项绿色建筑技术；主体工程采用钢结构装配式建造体系，实现建筑设计标准化、构件制造工厂化、现场安装装配化；建筑设施使用塑料金属复合管、生物乳胶漆、纤维强化石膏板、复合型地板等60余种绿色材料，蕴含低碳和生态理念。石家庄国际会展中心项目建设方为中建钢构有限公司，从设计到投入运营总工期为14个月。

（惠永梅）

【河北（石家庄）第十四届印刷机械器材展览会】 3月13～15日，由市文广新局主办，市印刷协会、河北天龙创鑫科技有限公司承办“河北（石家庄）第十四届印刷机械器材展览会”在河北汇春肖家营花卉展示交易中心举行。设置展厅5000余平方米，德国和北京、浙江等国内外印刷行业企业、厂商200余家参展，集中展示印刷行业尖端设备、环保科技、绿色印刷耗材及最新工艺，包括书刊、数码印刷设备，环保设备，油墨器材等新技术、新工艺、新设备、新材料。

【第十五届石家庄观赏石博览会】 3月18～24日，由中国观赏石协会、中国收藏家协会、河北省收藏家协会主办，石家庄市长安区观赏石协会、世界湾文化产业基地、河北日报报业集团《书刊报》社承办的石家庄第十五届观赏石博览会在世界湾文化产业基地广场举行。设置精品展厅面积3000平方米。20多个省市赏石协会组团参会，全国各地200多名收藏名家携近400组（块）精品石参加精品展。与会观赏石收藏家、鉴赏家和理论家共同研讨中华赏石文化和赏石理论传承与发扬，探索观赏石收藏、鉴赏发展方向；邀请赏石名家、专家现场鉴评精品展中获奖奇石及组合，以理论联系实际形式，举行一石一点评活动。

【2018中国·石家庄（正定）国际小商品博览会】 4月26～28日，由河北省政府和中国商业联合会主办，中国优质农产品开发服务协会协办，石家庄市政府和河北省商务厅承办，正定县政府为执行单位的2018中国·石家庄（正定）国际小商品博览会（简称正博会）在石家庄国际会展中心举行。主题为“融合商机、彰显魅力、协作发展、互动共赢”。河北省副省长夏延军，中国商业联合会会长姜明，中国优质农产品开发服务协会会长朱保成，石家庄市委常委、正定县委书记张业，副市长赵文锋和京津冀各地市商业联合会、德国劳恩市、北京邮电大学、中国路桥工程公司、中巴经济走廊理事会等嘉宾及海内外国际友人、华侨华商、全国各地客商1.5万人受邀出席开幕会并参加巡展活动。本届正博会为第十一届，重点围绕京津冀协同发展战略和“一带一路”倡议新时代背景，突出“4+4”现代产业发展主线，发挥“宣传推介、展示形象、构建平台、和谐共赢、打造商城”聚合效应，全力构筑形成“立足省会、辐射全国、放眼世界，有机整合商贸流通、文化旅游资源，以游带商、以商兴市、以市促产”的省会市场聚集带和商贸隆起带。设置展位516个，其中特装展位63个，涉及46个类别、11750种商品。主展馆设在石家庄国际会展中心，展览面积1.5万平方米，主要以特装展位和精装形式布展，分为文化旅游、新一代信息技术、一带一路、金融服务、境外商品、商贸物流、生物医药、糖酒食品、现代农业、茶文化10个板块。分展馆4个，分别为正定国际小商品市场、金河家居基地、高远红木家具城和三才家具市场，其中，正定国际小商品市场主要展示展销各类小商品，金河家居基地、高远红木家具城、三才家具市场主要展示展销各类家居、家具类商品。参展境内外客商485家。主展馆、分展馆总客流量43.53万人次，总销售额5.44亿元；现场签订家具、家居类产品购销合同金额2.12亿元。博览会期间，举办“正定4+4产业精准招商发布会”、石家庄综保区招商推介会、茶文化与健康论坛、中国路桥境外产业园招商说明会等活动，签约项目协议22个，签约金额193.59亿元，实现综合经济效益201.15亿元。

【2018国际数字经济博览会】 9月20～22日，由中国网络社会组织联合会、中国电子商会、中国国际电子商务中心、中国网络视听节目服务协会、石家庄市政府共同主办的2018国际数字经济博览会在石家庄国际会展中心举行。这是国内首个以数字经

济为主要内容的综合性展会。主题为“数字经济·引领未来”。来自美国、德国、法国、日本、韩国等41个国家和地区150余位国际代表参会，参展国内外企业200余家。设置展览面积3.8万平方米，设立国际标准展位1700个，主要包括数字生活、数字金融、数字商务、数字教育、数字石家庄等10多个展区，展出项目涵盖网络信息、工业和信息化、商务、广电等领域，参观人数8.11万人次。省委书记、省人大常委会主任王东峰，省长许勤，省委常委、市委书记邢国辉，全国人大社会建设委员会副主任委员、中国网络社会组织联合会会长任贤良等领导参观展览并出席开幕式。博览会以打造国际高端数字经济对话交流平台为目标，采用区块链技术办会理念，集中展示国内外数字经济领域最新科技成果和服务商业模式。博览会期间，举办福布斯“全球数字经济百强榜”发布会、数字产品展览、世界大学生电子竞技锦标赛、第二十三届世界电子论坛（WEF）等30余场大型活动。福布斯数字经济100强发布盛典暨数字音乐之夜活动是福布斯首次发布全球数字经济100强榜单，范围遍及全球，入选企业来自17个国家和地区，其中，美国企业49家、中国大陆企业16家；IT软件与服务企业35家，技术硬件与设备企业26家，半导体企业23家；第一名企业为亚马逊公司，2017年云计算业务收入175亿美元，占销售额16%；腾讯控股是中国大陆排名最高的企业，名次为第18位。五十国企业数字经济峰会（D50）揭牌成立，这是一个由代表数字经济国家和地区的企业、政府、学界代表及非政府组织发起成立的民间非政府间国际组织，主要联合全球数字经济参与者，搭建全球数字经济体之间的对话、沟通、合作和发展共识平台，加速数字经济建设、促进数字经济交流、共享数字经济成果、加强数字经济治理、维护数字经济安全。展会成交额3.42亿元，意向成交额近18亿元。16个项目签署合作协议，分别为：市政府与华为技术有限公司签约合作建设智慧城市、政务大数据等项目，与浪潮集团有限公司签约合作建设云计算、大数据等项目，与360企业安全公司签约合作网信安全等项目，与清华大学河北清华发展研究院签约合作建设城市运行管理平台、城市智慧消防合作等项目，与科大讯飞股份有限公司签约合作建设教育大数据平台、智医助理辅助诊疗系统等项目，与中国电子系统技术有限公司签约园区运营、应急安全等项目，与中国数字经济百人会、中国智慧城市产业与技术创新战略联盟签约成立京津冀数字经济研究院项目；市轨道交通公司与深圳市腾讯计算机系统有限公司签约地铁二维码支付乘车项目；市国土资源局、河北恒华信息技术有限公司、北京航天世景信息技术有限公司联合签约建设石家庄市地理信息和卫星遥感实验室项目；河北师范大学、市智慧产业公司、亿程智慧建设发展有限公司联合签约建设河北省无线传感网络数据应用工程技术研究中心项目；藁城区政府与杭州颐高产城科技发展有限公司互联网科技公司签约产业园区建设项目；市公共交通总公司与深圳市腾讯计算机系统有限公司金融公共事业产品部签约公交二维码支付乘车项目；市环保局与软通智慧科技有限公司签约智慧环保项目；市轨道交通公司与中国银联、支付宝（中国）网络技术有限公司签约轨道交通支付项目；市城管委与泰华智慧产业集团签约智慧城管项目，与清华大学公共安全研究院签约城市生命线安全运行监控项目。

（惠永梅）

【2018中国国际通用航空博览会】 9月21～24日，由石家庄市政府、中国国际贸易促进委员会河北省委员会、通用国际展览有限公司、中航通用飞机有限责任公司、中航文化有限责任公司、中国宏泰产业市镇发展有限公司联合主办的2018中国国际通用航空博览会（简称航空博览会）在石家庄市栾城区举行。主题为“打造中国通用航空品牌城市，促进航空产业融合发展”。省委常委、市委书记邢国辉，中国国际贸易促进委员会河北省委员会会长魏存计，中国航空工业集团公司党组成员、总会计师李耀，通用国际展览有限公司董事长李仁贵及72个国家大使、参赞、商务代表126人和全国首批通用航空产业综合示范区领导等近1000人出席开幕式。设置展览展示面积15万平方米，其中，室外展区11万平方米、室内展区4万平方米。展示航空产品范围包括商务机、公务机、通勤飞机、直升机、固定翼机、旋翼机、超轻型喷气机、无人机，应急救援、医疗救护、城市消防、短途快捷运输、电力巡线、航拍测绘、体育运动、水陆旅游、工农林牧等专业飞行飞机及自用飞机等近1000架。设立特色展区6个，分别为：改革开放40周年航空工业发展成就展、“一带

一路"通航文化与国际展团、无人机展区、通航应用展区、科技成果与通用航空展区、培训系统体验展区。邀请澳大利亚、立陶宛、新西兰等国家12架特技飞行表演飞机现场举行特技飞行表演和飞行演示，邀请国内专业的动力伞、高空跳伞等团队举行拉烟表演及空中造型秀。参观展览游客达到50万人次。中航通用飞机有限责任公司生产的3架"升级版"小鹰500飞机交付辽宁锐翔通用航空有限公司、湖南圆方通用航空有限责任公司使用。航空博览会期间，还组织举办首届中国国际通用航空产业发展高峰论坛、"志在蓝天"国际航空人才推介大会、栾城首届"三苏祖籍"文化节、中秋音乐节、项目签约暨成果发布会等活动。

（市档案馆）

【2018中国（石家庄）国际汽车工业展览会】 10月11～15日，由石家庄市政府、中国机械国际合作股份有限公司主办，市商务局、中国机械国际合作股份有限公司承办的2018中国（石家庄）汽车工业展览会在石家庄国际会展中心举行。展会总面积5万平方米，分设装备制造展区、新能源展区、合资品牌展区、豪华品牌展区等六大展区，来自国内外80余个主流汽车品牌、200余家企业、400余款车型参展，吸引参观人数10.21万人次；现场销售成交4370台，累计成交额6亿余元。东风雪铁龙"云逸"、东风启辰T60、起亚"奕跑"、WEY VV6、广汽讴歌新RDX、哈弗F5等近20个品牌在现场举行新车型发布会活动。展会期间，举办首届"中国·石家庄新能源汽车高峰论坛"及汽车工业文明溯源——经典老爷车品鉴、马达轰鸣/烧胎浓烟的刺激——汽车漂移特技秀、超模天团畅游车展风情秀——超模天团T台秀、VR让你爱上造车——汽车VR黑科技场景式体验、"我梦想中的汽车"——少儿汽车绘画大赛、用光影记录车展的美——汽车文化摄影大赛等汽车文化活动。

（惠永梅）

【2018中国·石家庄金融博览会】 10月17日至11月18日，由市金融工作办公室、石家庄日报社、石家庄广播电视台联合主办，桥西区政府、鹿泉区政府、高新区管委会协办的2018中国·石家庄金融博览会举行。这是石家庄日报社金融节与石家庄广播电视台金融理财博览会整合后举办的首次大型专业金融博览会，主要展示全市金融发展成果，促进政银企合作，普及金融知识，推动石家庄市金融业发展。来自银行、保险、证券等金融行业80余家驻石家庄机构参会。金融博览会期间，组织举办高峰论坛（11月15日，在石家庄广播电视台1号演播大厅举行）、《权威发布》、"4+4"现代产业发展银企对接沙龙、大型展会（11月16～18日，在石家庄国际博览中心举行）、金口碑评选、金融进社区、金融理财大讲堂、防范非法集资专题讲座等活动。邀请知名经济学者——清华大学金融系主任、中国与世界经济研究中心主任李稻葵教授作"石家庄金融产业格局及金融生态圈解读"报告。评选"金口碑金融机构""金口碑金融产品"奖项各10个。10个"金口碑金融机构"分别为：中国工商银行股份有限公司石家庄分行、中国建设银行股份有限公司石家庄分行、中国农业银行股份有限公司石家庄分行、交通银行股份有限公司河北省分行、中国人民财产保险股份有限公司石家庄市分公司、兴业银行股份有限公司石家庄分行、中国邮政储蓄银行股份有限公司石家庄分行、河北幸福消费金融股份有限公司、河北正定农村商业银行股份有限公司、天山科技小额贷款有限公司；10个"金口碑金融产品"分别为：中国银行手机银行、建设银行"惠懂你"App、工商银行"e分期"、华夏银行"龙盈理财"、邮储银行"小微易贷"、民生银行"缴费通"、天津银行"汇富计划"、河北银行手机银行、燕赵财险"驾乘人员意外险"、阳光财险"燃气险"。《石家庄日报》《燕赵晚报》权威发布官方"金融普惠手册""省会2018年度理财单位及产品发布榜单"；召开电子信息技术、生物医药健康、先进装备制造、现代商贸物流四大产业政银企对接交流会。石家庄报业传媒集团与中国工商银行股份有限公司石家庄分行签署战略合作协议，商定在重大项目融资、公司信贷业务、金融资产管理、现金管理等方面开展合作。

（靳晓磊）

【第十二届中国石家庄国际医药博览会】 10月26～28日，由市政府主办，省医药行业协会协办，市商务局、市卫生计生委、市食品药品监督管理局、市医药行业协会等承办的第十二届中国石家庄国际医药博览会（简称药博会）在石家庄国际会展中心举行。展区面积3万平方米，设置有石家庄生物医药展区、京津冀协同发展展区、“一带一路”医药产品展区、医药产品专题展区、制药机械展区、医疗器械展区、“互联网＋医疗”展区、大健康产品展区、健康管理与医养结合九大展区。来自日本、泰国、韩国、德国、俄罗斯、乌克兰等20个国家和地区500家企业参展，包括石药集团、华药集团、以岭药业、神威药业、石家庄四药、常山生化等石家庄市知名企业及天士力控股集团、天津红日药业、中电科技集团、北京同仁堂、北大医药、北京海步医药、乐普医疗、华大基因、云南三七药业、九芝堂、鹤年堂、马应龙药业、金域医学检验实验室等知名药企、医疗器械生产和流通企业；参会专业采购商5000余人次，现场参观人数6万余人次，网络直播观看人数24.6万人次。国家中医药管理局络病重点研究室、天津天士力医药商业有限公司、中国军事科学院军事医学研究院、香港奥星集团等专家学者参加药博会相关活动。中科锐智糖尿病研究院、云南三七药业、山东东阿康美阿胶、东阿恒裕、吉林浩丫、禾盛医疗器械等20余家参展企业与专业采购商达成签约意向。药博会期间，围绕“加速做优做强生物医药产业”主题和为石家庄市生物医药发展提供高质量高规格交流展示及推广平台、加快构建“4+4”现代产业格局目标，组织举办中国石家庄生物医药产业发展大会、石家庄高新技术产业开发区（生物医药）投资环境推介暨项目洽谈会、采购商对接洽谈会等主题活动。为突出药博会国际化、专业化、品牌化目标，本届药博会引进国内知名会展机构——振威集团为执行单位。

（惠永梅）

【2018国际动漫游戏产业博览会】 12月29～31日，由省委宣传部指导，省文化和旅游厅、省贸易促进会、商务部通用国际展览有限公司、正定县委县政府联合主办的2018国际动漫游戏产业博览会暨“动漫河北”在石家庄国际会展中心举行。主题为“多彩动漫 、产业融合 、共赢未来”。展览设置知名动漫游戏IP展区、京津冀动漫游戏展区、游戏VR设备互动体验区、电子竞技专区等七大展区。来自国内外170多家动漫企业参展。古剑奇谭、完美世界、360游戏等15家国内大型知名动漫IP和游民星空、河北精英动漫等省内知名动漫游戏企业设立特装展示区。2018国际动漫游戏产业博览会期间，举办主题报告会、京津冀动漫游戏产业项目推介会及现场互动体验活动30多项。集中签约合作项目16个，其中，文化类14项、经贸类2项，总投资76.98亿元。

（祁鹏娜）

对外贸易

【概况】 2018年，全市实现对外贸易进出口总值864.1亿元，同比增长8.6%。其中，出口总值533.2亿元，增长11.5%；进口总值330.9亿元，增长4.2%。进出口总值、出口总值均居河北省设区市第一名。钢材出口8.7亿美元，拉动全市出口增速6.6个百分点；航空器进口同比增长16.3倍，拉动全市进口增速1.3个百分点。6月2～21日，首列“石家庄—明斯克”中欧班列历经9500千米运行，抵达白俄罗斯首都明斯克；2018年6～12月，石家庄至明斯克中欧班列共计开行16列，石家庄市至欧洲、中亚国际贸易大通道打通。重视外贸进出口通关通道建设，正定海关挂牌运行进入收尾阶段。境外投资规模扩大，中方投资额占比上升。2018年全市新增备案境外投资企业35家，同比增长20.69%；总投资额9.73亿美元，占全省中方投资额22.29%。35家境外投资企业中，中方投资在500万美元以上企业7家，占比20%；1000万美元以上企业4家，占比11.43%；1亿美元以上企业3家，占比8.57%；石家庄市对外投资领域主要为建筑业、商务服务业、制造业、批发和零售业、房地产业、农林牧渔业、科学研究和技术服务业等。对外承包工程。2018年全市对外承包工程新签合同金额61223万美元，同比增长130.7%；完成营业额36065万美元，同比增长143.1%；派出人员2760人，同比增长93.1%。至2018年末，全市对外承包工程累计在外人员3537人，同比增长79%。对外劳务。2018年全市具有对外劳务经营资质企业7家，数量与2017年相同；新备案外派劳务项目24个，同比增加3个；外派人员189人，同比减少127人；对外劳务项目主要分布于日本、新西兰、新加坡等国家。

【服务外包业】 2018年全市入统服务外包企业260家，同比增长118.0%；接包合同总金额19.2亿元，同比增长151.3%；合同执行总金额13.3亿元，同比增长183.7%。全年服务外包合同个数同比增长49%，企业个数同比增长118%；离岸合同额同比增长261%，离岸合同执行额同比增长215%；在岸合同额同比增长89%，在岸合同执行额同比增长165%。入统服务外包合同个数、企业个数、离岸合同额、离岸合同执行额指标增速均在4个省级示范城市排名第一，合同总额、合同执行总额、在岸合同额、在岸合同执行额指标增速均在4个省级示范城市排名第二。至2018年底，全市共有国家级软件产业基地1个、国家级动漫产业基地1个，省级服务外包示范园区1个、省级服务外包产业基地7个、省级服务外包培训基地12个、省级服务外包人才培训机构22家；年培训各类服务外包适用人才3万人。2018年石家庄市服务外包业以中国电子科技集团公司第13研究所、中国电子科技集团公司第54研究所、东旭集团、先河环保等研发机构和高科技企业为支撑，发展形成呼叫中心、医药研发、软件研发、人力资源、影视制作、建筑设计等门类齐全的服务外包产业及通信、半导体照明、硅外延材料、卫星导航、环保监测等尖端领域科研和发展优势。

【服务贸易】 打造“石家庄服务”国际品牌和全国现代商贸物流中心城市，推进服务贸易快速发展。以物流运输、建筑工程、软件信息、中西医药、服务外包等产业为依托，培育和形成服务业与服务贸易、货物贸易与服务贸易协调融合发展新格局。12月6日，由市政府主办的“2018石家庄服务贸易发展论坛”举行；主题为“承接 融合 发展”。在此次论坛上，石家庄市签约“大数据协同安全技术国家工程实验室河北省示范中心”“河北省养老服务平台”“燕赵记忆博物馆暨文化贸易基地”“跨境电商人才服务外包”等5个服务外包产业项目。至2018年末，全市培育服务外包发展集群主要有：以药明康德为代表的医药研发服务基地、以络病学为特色的中医药服务重要基地、以乒乓球为代表的国际体育服务基地、以禅宗文化为代表的国际文化旅游服务基地。

（惠永梅）

招商引资

【概况】 2018年，石家庄市实际利用外资14.9亿美元，同比增长7.5%，其中，外商直接投资14.4亿美元，增长12.3%。实际利用外资额位列全省第二名。新批“三资”企业合同项目46个，同比增长84.0%。其中，合资企业18个、合作企业1个、独资企业26个；合同总金额10.95亿美元，同比增长137.2%；合同外资额2.97亿美元，同比增长70.2%。2018年全市实际引进省外资金1157.51亿元，同比增长16.7%，实际引进省外资金额排名全省第二。2018年全市签约项目969个，拟引资额5258.62亿元，其中，拟引资额1亿元以上项目423个，拟引资额5083.33亿元。从产业划分，第一产业项目19个，占比1.96%，拟引资额49.22亿元，占比0.94%；第二产业项目231个，占比23.84%，拟引资额1084.74亿元，占比20.63%；第三产业项目719个，占比74.20%，拟引资额4124.66亿元，占比78.44%。从区域划分，主城区（长安区、桥西区、裕华区、新华区）和高新区签约项目609个，占比62.85%，拟引资额1467.42亿元，占比27.91%；组团县区（正定县、藁城区、鹿泉区、栾城区）签约项目100个，占比10.32%，拟引资额1922.22亿元，占比36.55%；其他县（市、区）签约项目260个，占比26.83%，拟引资额1868.98亿元，占比35.54%。2018年全市签约“4+4”产业项目548个，拟引资3099.71亿元。其中，新一代信息技术项目102个，拟引资264.42亿元；生物医药健康项目94个，拟引资594.78亿元；先进装备制造项目74个，拟引资283.66亿元；现代商贸物流项目70个，拟引资559.25亿元；旅游业项目31个，拟引资763.0亿元；金融业项目21个，拟引资26.49亿元；科技服务与文化创意项目67个，拟引资195.22亿元；节能环保项目89个，拟引资412.89亿元。2018年石家庄市抓住京津冀协同发展和雄安新区规划建设重大机遇，与京津合作建设科技企业孵化器2家、众创空间6家；吸引京津院士60名，开展科技成果转化项目48项，投入经费3475万元；引进与京津合作项目306项，引进京津资金700.14亿元。4月13至5月13日，市投资促进局开展石家庄市“4+4”产业招商项目谋划月活动。5月16日，2018石家庄（北京）“4+4”产业国际投资合作洽谈会在北京举行。签约项目89个项目。其中，外资项目6个，总投资20.3亿美元，协议利用外资19.9亿美元；内资项目83个，总投资1056亿元，拟引资949亿元。89个签约项目中，京津项目49个，投资金额523.1亿元。5月18日，石家庄市在2018年中国·廊坊国际经济贸易洽谈会举行的河北省重点合作项目签约仪式上，签约项目4个，涉及大数据、生物医药、节能环保等产业领域，其中，鹿泉区政府、河北365集团与杭州企加云计算技术有限公司签约大数据项目合作意向，三方商定共同建设国内首家零售大数据实验室和智慧供应链综合服务平台，推进10000家供应链终端数字化改造。8月24日，石家庄市党政代表团在杭州市举办2018石家庄（杭州）“4+4”现代产业投资合作推介会，签约项目8个，拟引进资金196.6亿元。8月27日，石家庄市“4+4”现代产业招商洽谈在北京举行，中国科学院创业投资管理有限公司、中国振华进出口总公司、国科戎安生物科技（北京）有限公司分别与石家庄市藁城区、栾城区签署3个项目合作协议，拟引资33.87亿元，主要涉及生态环境保护、生物医药健康、科技服务等产业。

【机构调整】 3月20日，根据市委市直机关工委组织部《关于对市投资促进局成立机关党总支的批复》（石直组〔2018〕23号），市委机构编制委员会办公室同意市投资促进局成立机关总支部委员会。至2018年底，市投资促进局内设机构增至10个，分别是：办公室（人事处）、协同发展处、开发区管理处、外国投资管理处、经济技术协作处、项目信息处、投资促进一处、投资促进二处、投资促进三处、机关党总支。机关核定行政编制50名，其中，局长（主任）1名、副局长（副主任）3名，兼职副局长（副主任）1名（由市政府驻北京联络处主任兼任，不占职数）；科级领导职数17名，其中，正科级9名（含机关党总支专职副书记1名）、副科级8名。

【外商投资平稳增长】 2018年全市实际利用外资总量、增速均实现稳定增长，外商直接投资增速高于全省平均增速5.3个百分点。全年新批备案外商投资项目合同外资额1000万美元以上项目7个，同比增长40%；项目总投资额8.26亿美元，占全市新批合同总投资额75.5%，同比增长1.8倍。全年合同外资额1000万美元以上项目实现直接投资13亿美元，占全市外商直接投资90%，同比增长14.3%。合资企业、独资企业投资出现快速增长。2018年全市新批备案外商投资合资企业合同总金额和合同外资额分别为7.5亿美元、1.2亿美元，同比增长1.05倍、32.5%；独资企业合同总金额和合同外资额分别为2.6亿美元、1.5亿美元，同比增长1.8倍、86.7%。第三产业占合同外资额一半以上。2018年全市新批外商投资项目中，第一产业、第二产业、第三产业分别为2个、15个、29个，第三产业占比63%；新批项目中第一产业、第二产业、第三产业合同外资额分别为2047万美元、7675万美元、2.0亿美元，第三产业占比67.3%。2018年全市新批外商投资第三产业中，批发和零售业、交通运输、仓储和邮政业引进合同外资额1.78亿美元，占全市合同外资额比重达到59.7%。

【投资招商改革】 全年完成重点投资招商改革任务10项。1.落实《京津冀协同发展规划纲要》《河北省推进京津冀协同发展规划》要求，研究制定《进一步推进京津冀协同发展若干政策意见（征求意见稿）》，从税收、奖励、要素支持等方面加大京津企业、项目、人才、科技成果、创新平台、合作园区与飞地园区等引进与合作力度。2.打造国家级、国际化、示范性协同发展平台，7个平台建设进展顺利。国际智能制造协同创新中心，栾城区与工业和信息化部工业文化发展中心签署共建智能制造协同创新中心合作协议。军民融合中心，交易资源库初具规模，与6家省内高等院校签署合作协议，汇集军民两用交易技术成果7800多项，汇集专家500人，签约核心专家34人；与中科招商集团合作成立军民融合产业发展基金，总规模50亿元，首期5亿元。北人科技园，在园企业70家，其中，新引进入驻园区企业7家，毕业企业7家。河北工业设计中心建成投入使用。国际生物医药创新中心开工。高新技术推广应用中心开发的“火炬网”正式上线。国家“千人计划”15人在石家庄市开展工作。3.按照全市“4+4”产业规划和布局，确定正定新区、石家庄高新技术产业开发区、石家庄经济技术开发区等重点协同发展平台建设发展方向与承接非首都功能重点，加快推进各承接平台基础设施建设和投资环境建设，提高石家庄市承接非首都功能转移能力和水平。正定新区打造成为京津冀协同省级战略合作平台。其中，正定新区第一中学、三里屯学校和河北奥林匹克体育中心体育场及体育馆综合体工程竣工投用；石家庄国际展览中心完成总工程量97%；市规划馆、市图书馆、市青少年宫、职教园区正在施工。石家庄高新技术产业开发区、石家庄经济技术开发区打造成为现代制造业承接平台。其中，石家庄高新技术产业开发区建设京冀协同示范产业园一期、京石协作创新示范园、北京中科赛旷智慧云谷——物联网及智能硬件创新产业基地等专业园区，承接京津高端装备制造产业项目；石家庄经济技术开发区利用河冶科技与中钢研、安泰集团，东方热电与中电投，中农博远与中国农机装备有限公司，太行机械工业有限公司与中国兵器装备集团，翼辰集团与北京铁路轨道研究院等大型央企合作经验，扩大投资规模和产品开发力度。乐城·国际贸易城打造成为服务业重点承接平台，至2018年末，完成投资82亿元，一期建成220万平方米。4.围绕“4+4”现代产业发展要求，印发《石家庄市2018年“4+4”产业精准招商实施意见》，制定产业招商指导目录，细化12个领域64项具体产业，确定全市产业招商路线图。印发《“4+4”产业精准招商实施方案》，下发各县（市、区）招商引资考核目标；印发《关于加强签约项目风险防控做好签约项目督导服务的通知》，指导各县（市、区）综合衡量项目效益。将各县（市、区）投资招商情况纳入市投资促进管理平台，实行月度通报督导制度。5.推进投资项目在线审批监管平台应用，全面实现投资项目网上办理。根据“放管服”改革要求，市投资促进局外资项目审批权限全部下放至县（市、区），市级不现承担外资项目审批事项。6.加快各县（市、区）投资促进队伍建设，完善招商督导机制。与市委组织部合作举办全市投资促进系统“4+4”产业专题培训暨开发区管理与招商引资工作培训班，聘请清华大学专家、赛迪集团、三和时代律师事务所等专家，结合石家庄实际，围绕构建“4+4”现代产业格局，重点培训各县（市、区）和省级以上开发区招商主管领导“项目谋划、园区转型发展、服务业园区创建、飞地经济创新、招商引资、投融资平台运作、人才政策、招商工作实际操作”等业务能力。市投资促进局与市发展改革委组成联合督察组，专项督察各县（市、区）“推动精准化、专业化、竞争性招商机制落实情况”。7.鼓励省级以上开发区探索推行“产业引领、基金操盘”现代开发区（园区）发展模式，激发活力和潜力。指导各开发区建立融资平台，支持重点产业项目发展。全年各开发区均建立投融资平台，部分开发区与专业机构联合构建基金。规范21家开发区投融资平台运营，发挥投融资平台在开发区土地整理、基础设施建设、城镇管理、项目建设等主融资渠道作用。加快有条件的开发区产业基金建设，推动石家庄高新技术产业开发区、石家庄经济技术开发区、鹿泉开发区、循环化工园区等超千亿园区建立产业基金。至2018年底，石家庄高新技术产业开发区总规模10亿元的高新区盛世新药基金、3500万元的天使投资基金、石家庄高新区科华股权投资基金中心等基金成立；鹿泉开发区与中科招商集团成立军民融合产业发展基金，总规模50亿元，首期5亿元，并与省科技厅、市科技局共同建立“双创发展天使基金”，一期总规模5000万元；石家庄经济技术开发区筹划建立基金2支；行唐开发区与深圳市投控物业管理有限公司（深圳维创空间科技有限公司）合作设立产业引导基金；晋州开发区设立石家庄汇晋创业投资基金、启迪之星科技平台基金2支产业引导基金；井陉矿区工业园区谋划建立康复辅助器具产业创投基金；平山西柏坡开发区与筑城河北建设投资咨询有限公司谋划设立产业引导基金；新乐开发区谋划设立建筑节能产业发展基金和黄河三角洲产业基金2支基金。8.健全“有进有出、有升有降”开发区动态管理机制，建立和完善各级各类开发区考核指标体系。《石家庄市开发区综合发展水平评价考核办法》经第54次市委常委会研究通过，以市委办公厅、市政府办公厅名义印发，明确了考核内容、奖惩办法等。9. 完善提升开发区产业发展规划（2018～2020三年行动计划），实施科学规划、创新引领、聚集发展。围绕推动全市省级以上开发区快速、高质量发展，根据省、市关于开发区创新发展的战略规划和工作部署，起草完成《石家庄市促进开发区发展实施方案（2018～2020年）》；8月31日，《石家庄市促进开发区发展实施方案（2018～2020年）》（石政办函〔2018〕163号）正式印发。10. 制定出台加快形成新时代石家庄对外开放新格局的实施意见。根据省委、省政府统一安排，市投资促进局起草完成《关于加强省会开放引领的实施意见》，经市政府同意后报省政府办公厅；10月12日，省政府办公厅以文件形式印发实施。至2018年末，全市投资招商形成以构建“4+4”现代产业发展格局为引领，包括招商引资、京津冀协同发展、开发区管理等投资促进工作服务体系。

【投资招商活动】 开展投资“招商月”活动，采取“走出去”“引进来”的形式举办各种招商活动。全年开展“走出去招商”活动272批次、“引进来洽谈”活动263批次，地域涉及北京、上海、天津、重庆、广东、江苏、浙江等15个省市。其中，“石洽会”举办京津冀明星项目路演峰会、生物医药健康产业专题对接会、新一代信息技术专题对接会、智能制造与人工智能产业专题对接会、“4+4”现代产业创新发展对接会5场；参加2018中国·廊坊国际经济贸易洽谈会，与印度索拉普尔市签署建立友好关系意向书；组织各县（市、区）和开发区参加深圳高新技术成果交易会，围绕“4+4”现代产业对接重要企业100余家，石家庄市与华讯方舟、中广核等企业达成合作意向，吸引长三角地区重点客商参会200余位，签约项目8个，拟引资196.6亿元。2018年石家庄所辖各县（市、区）开展“走出去”招商活动71批次，签约项目93个。市商务局、市工业和信息化局、市旅游发展委员会等市直部门利用参加“2018年中国电子商务大会”“2018中国国际大数据产业博览会”“第十届中国国际旅游商品博览会”等会展活动，主动洽谈和对接投资招商项目。2018年5月，全市开展投资“招商月”活动签约项目227个，拟引资额1674.25亿元，其中，“4+4”现代产业项目174个，拟引资额1223亿元。

【京津冀协同发展】 制定实施《石家庄市2018年京津冀协同发展重点工作任务安排》，围绕“六个协同”，促进京津冀协同发展向纵深拓展；制定《石家庄市推进京津冀协同发展工作绩效考核方案》，细化考核指标，明确评价标准和要点，突出协同发展目标考核；制定《石家庄市京津冀协同发展三个重点领域三年（2018～2020年）滚动计划方案》，确定交通、生态环保、产业三大领域重要工作措施、重大建设项目、重点园区建设等内容，促进协同发展重点领域率先突破。推进产业协同发展，2018年石家庄市引进京津合作项目306项，引进京津资金700.14亿元。推进服务协同发展，首都师范大学附属石家庄学校、北京师范大学石家庄附属学校北校区等教育合作项目稳步推进，探索形成合作建院、协作医院等9种合作模式；建设京津冀区域绿色农副产品供应基地，续建高端设施蔬菜示范园34个，高端蔬菜种植面积达到70万亩。促进交通协同发展，加强铁路、高速、航空等建设合作，津石高速石家庄段开工，正定机场旅客吞吐量跨入千万级机场行列，成功发行“京津冀互通卡”。促进生态协同发展，与京津开展大气污染联防联控和水资源保护等合作，35蒸吨及以下燃煤锅炉实现“清零”，65蒸吨以上燃煤锅炉基本完成超低排放提升改造；12个县级水源地保护区通过专家论证，全市668家加油站完成防渗改造任务，永久基本农田红线、生态红线划定，开展“智慧环保”大气环境超级观测站建设。促进政策协同互补，探索实施碳排放权交易、垃圾分类等试点。至2018年底，石家庄市与京津合作建设科技企业孵化器2家、众创空间6家，吸引京津院士60名；重点支持与京津科技合作成果转化项目48项，投入经费3475万元。

【开发区建设】 2月26日，石家庄市19家开发区入选国家发展改革委、科技部、国土资源部、住房城乡建设部、商务部、海关总署公布2018年版《中国开发区审核公告目录》。19家开发区中，国家级开发区3个，分别为：高新技术开发区1家（石家庄高新技术产业开发区），经济技术开发区1家（石家庄经济技术开发区），海关特殊监管区1家（石家庄综合保税区）；省级开发区16家，分别为：河北石家庄长安国际服务外包经济开发区、河北石家庄矿区工业园、河北鹿泉经济开发区、河北井陉经济开发区、河北正定高新技术产业开发区、河北行唐经济开发区、河北灵寿经济开发区、河北高邑经济开发区、河北深泽经济开发区、河北赞皇经济开发区、河北无极经济开发区、河北平山西柏坡经济开发区、河北元氏经济开发区、河北赵县经济开发区、河北晋州经济开发区和河北新乐经济开发区。2018年全市共有国家级高新技术产业开发区1个（石家庄高新技术产业开发区）、国家级经济开发区1个（石家庄经济技术开发区）、国家级特殊监管区1个（石家庄综合保税区）、省级高新技术产业开发区1个（河北正定高新技术产业开发区）、省级经济开发区18个。至2018年底，全市共有省级以上开发区22个。其中，国家级开发区2个，分别是石家庄高新技术产业开发区、石家庄经济技术开发区；19个省级开发区，分别是河北石家庄循环化工园区、河北石家庄装备制造产业园、河北石家庄长安国际服务外包经济开发区、河北石家庄矿区工业园区、河北藁城经济开发区、河北鹿泉经济开发区、河北井陉经济开发区、河北正定高新技术产业开发区、河北行唐经济开发区、河北灵寿经济开发区、河北高邑经济开发区、河北深泽经济开发区河北赞皇经济开发区、河北无极经济开发区、河北平山西柏坡经济开发区、河北元氏经济开发区、河北赵县经济开发区、河北晋州经济开发区、河北新乐经济开发区；1个国家级海关特殊监管区——石家庄综合保税区。加强经济开发区管理，制定《关于省级以上开发区托管工作的实施意见》，明确开发区托管总体要求、实施条件、申请程序等。制定《石家庄市开发区（园区）发展与管理工作导则》，针对开发区发展定位、发展战略、发展规划等提出指导意见；制定《石家庄市开发区综合发展水平评价考核办法》《促进开发区发展实施方案（2018～2020年）》，确定2018～2020年开发区功能定位、发展目标和具体措施。优化营商环境，开展“四畅”专项行动（道路畅达、路灯畅亮、办事畅快、公交畅通）。2018年全市开发区基础设施建设累计投资137.91亿元，同比增长19%；新修道路130.5千米，总投资13.49亿元，新建路灯3973盏，总投资4770.82万元，新通公交25条，解决市场主体反映问题2487件。石家庄高新技术产业开发区、石家庄经济技术开发区、鹿泉开发区等基本实现“新九通一平”。推进产业聚集和产业升级，引导向新型工业化产业示范基地发展。2018年全市新增省级以上新型工业化产业示范基地3家，累计达到10家，发展形成生物医药健康、新一代信息技术产业、先进装备制造产业集群；签约项目325个，总投资1909.29亿元，拟引资1792.73亿元；新增规模以上工业企业124家、高新技术企业352家、科技型中小企业1090家，主营业务收入达到14312.4亿元。

（李蕴涵）

【第二十二届中国（廊坊）农产品交易会】 9月26～29日，由农业农村部、中华全国供销合作总社和河北省政府共同主办的第二十二届中国（廊坊）农产品交易会在廊坊市国际会展中心举行。石家庄市各县（市、区）政府、市直部门及110多家农业产业化龙头企业、农民专业合作社、现代农业园区负责人300余人参会。设置综合展区1个、品牌企业展台12个，重点展出石家庄市奶业、肉类、面业、果品、蔬菜、主食加工、民间工艺等特色产业产品220余种。印制发放《石家庄市农业产业化龙头企业产品画册》《石家庄市农业招商重点项目》2000余册，集中推介宣传市级以上重点龙头企业110家、农业招商重点项目32个。现场签约项目3个，总投资41.3亿元。3个签约项目分别为：栾城区政府与同福集团股份有限公司投资28.3亿元合作开发同福大健康食品产业基地项目、新乐市政府与中元牧业合资8亿元车固牧场建设项目、石家庄市惠康食品有限公司与丸红（中国）有限公司北京分公司合作投资5亿元谷言好饭搭档系列产品项目。

（潘双清）

【2018中国·石家庄国际投资合作洽谈会】 10月18～20日，由市政府主办2018中国·石家庄国际投资合作洽谈会（简称石洽会）在石家庄国际会展中心举行。主题为“聚焦‘4+4’，培育新动能”。省委常委、市委书记邢国辉，市人大常委会主任司存喜等领导及海内外1000余名客商参加会议。石洽会期间，举办“4+4”现代产业投资合作展、工业名品博览展、京津冀创新创业高峰论坛、“一带一路”国际物流新机遇论坛等20项活动。邀请北京师范大学国家软实力评估中心副主任张飚作《从技术革命到空间革命》主题演讲，蜂巢孵化器负责人袁星分享“大众创

业、万众创新”的探索和心得。签约项目92个，总投资1027.1亿元，拟引资972亿元。其中，外资项目7个，总投资15.8亿美元，拟引资8.9亿美元；内资项目85个，总投资917.7亿元，拟引资878.8亿元。签约项目涉及生物医药健康、先进装备制造、新一代信息技术、节能环保等领域。其中，拟引资5亿元以上项目56个，拟引资898.2亿元，占签约项目总数65.2%；签约“4+4”现代产业项目60个，拟引资518.3亿元，占签约项目总数53.3%。石家庄市与武汉理工大学、中国纺织科学研究院、国家康复辅具研究中心、河北工业大学、河北科技大学、石家庄铁道大学等科研院校和大专院校签署科技研发及成果转化合作协议。石家庄市与北京市、天津市、中国电子商会等国内商会、行业协会及行业领军企业发起共同建立“石家庄‘4+4’现代产业投资合作联盟”。工业名品博览展由市工业和信息化局承办，围绕“展示实力、推广交流、促销招商”为目标，集中展示“石家庄造”工业新产品、新技术，展区面积6000平方米，参展企业300家，展品涵盖全市七大行业18个门类5000种（件）工业产品。

（市档案馆）

供销合作商业

【概况】 2018年，石家庄市供销合作社（简称市供销社）系统坚持将服务乡村振兴战略贯穿供销社综合改革全过程，按照为农、务农、姓农总要求，以发展生产、供销、信用“三位一体”综合合作为重点，推动供销合作社由流通服务向全程农业社会化服务延伸、向全方位城乡社区服务拓展，发展形成综合性、规模化、可持续为农服务体系。推进重点项目建设，全年新能源充电服务项目上线充电站2座，配置高压箱变电器6台，安装充电终端近100个；清洁能源供暖项目总供热面积达到18.5万平方米。2018年市供销社所属市盐业专营公司商品购进总额1408万元，商品销售总额2105万元；食盐总购进19012吨，食盐总销售19382吨；承担国家、省、市食盐储备3000吨。至2018年末，市供销社系统完成商品总购进360.6亿元，同比增长22.6%；商品总销售388.9亿元，同比增长23.5%；农副产品购进108.5亿元，同比增长18.7%；消费品零售额153.8亿元，同比增长21.7%；农资销售额54.4亿元，同比增长18.7%；实现利润3.7亿元，同比增长38.2%。2018年市供销社获评全国供销合作社系统先进集体和河北省供销合作社系统综合改革优秀单位，正定县供销社获评全国百强县级社。

2018年3月30日，中华全国供销合作总社党组书记、理事会主任王侠（前排右一）到石家庄市调研供销合作社综合改革

【供销社改革】 开展生产、供销、信用“三位一体”综合服务改革，以农业现代化、服务规模化、经营市场化为目标，按照“供销社＋小农户”模式，加快以土地托管为中心农业社会化服务体系建设，全年市供销社系统土地托管及流转面积61.6万亩。栾城区南高供销社探索“供销社＋合作社＋专业服务队”农业社会化服务模式，服务周边20多个村庄、4800多户社员，种植耕地6万

多亩，年助农增收1400万元。坚持开放办社，扩大服务对象，瞄准各类新型农业经营主体多样化需要，打造供销服务新模式，搭建为农服务大平台。2018年石家庄市包括双鸽食品有限责任公司等6家龙头企业列入省供销社系统首批开放办社企业。建立“供销社+城乡居民”服务模式。适应城乡融合发展和居民对“优质、绿色、安全”高质量农产品新需求，推进“一网多用，一站多能”综合服务网络建设。规范和提升传统流通网络，打造安全放心、高效便捷、运行规范的农村现代流通服务体系。至2018年底，市供销社系统建成各类配送中心22家、超市1200多家，服务范围覆盖全部乡镇和75%以上行政村。河北中山日化股份公司新网工程“惠农合作商”总数达到3000多家。正定县供销社以瑞天大厦为龙头，在较大乡镇建立直营超市5家，在174个行政村发展连锁加盟超市266家，形成以城区店为龙头、乡镇店为骨干、村级加盟店为基础的日用品连锁经营网络。简化农产品流通环节，推进产地到终端农产品直采直销体系建设，畅通农产品进市、进超、进社区渠道。推进公益性农产品批发市场建设，2018年高邑县蔬菜批发市场商户达到5893户，商铺出租率100%，交易额达到25亿元。发展电子商务，整合电子商务平台，推动资源共享和线上线下融合发展；石门特产汇筛选全市特色农产品上线销售180余种；无极县、正定县、晋州市、藁城区等县（市、区）供销社整合资源，建立统一的电子商务平台。开展信用服务，采用“供销社+合作金融”模式，开展农村合作金融服务。全年规范建设供销金融超市75家，发展村级供销金融超市服务站1590个，为农民提供银行理财、ETC信用卡、车险、寿险、车贷、公共缴费等服务。高邑县率先在全市实现供销金融超市乡镇全覆盖和金融超市服务站村级全覆盖。推进农村产权交易体系建设，2018年全市17个县（市、区）开办交易鉴证业务，流转农村土地面积3.68万亩，累计成交额3.4亿元。栾城区开展“规范产权交易、助力乡村振兴”活动，形成“区有交易中心、乡（镇）有服务站、村有交易员”三级农村产权交易体系，全年办理土地流转交易31宗、面积4231亩，涉及农户793户，交易总额5595万元。

【为农供销服务】 开展旗帜供销社和基层社示范点建设，全年建设旗帜供销社示范点10个、综合服务型基层社示范点10个，正定县城关供销社连续多年入选全国百强基层社。推进供销社与农民专业合作社“两社融合”，增强服务优势叠加、产业交叉渗透、功能互补延伸功能，密切与农民利益联结；灵寿县供销社“两社融合”经验在全省推广。构建诚信体系，建立农产品追溯公共服务平台，从源头抑制和杜绝有害农产品及假冒伪劣农资产品销售，2018年全市15家农资企业、农民合作社注册纳入追溯系统。发挥供销社系统优势，带动农民脱贫致富，重点实施产业扶贫、农村电商、龙头带动、培训助农四大工程，培育灵寿县和井陉县中药材、元氏县和高邑县蔬菜、平山县特色养殖等新型农业产业项目20余个及赞皇县原村土布、灵寿县红薯粉条加工等特色家庭手工业10多个。打造形成红满楼李村店、行唐大山兄弟、正定北孙等“实体店+电子商务+金融服务”模式基层示范点20个。

【河北中山日化股份有限公司】 河北中山日化股份有限公司（简称中山日化）于2005年由市供销社所属市工业品总公司改制成立，注册资金1018万元，其中，市供销社所属石家庄新合作供销集团有限公司出资216万元，占股份21.22%。2018年中山日化总购进9.04亿元，总销售9.68亿元，实现利税705.3万元、利润222.3万元；企业总资产2.3亿元。围绕“服务三农”发展宗旨，按照“线上+线下”融合发展模式，构建现代城乡流通网络体系。发挥“智店天下”“智慧领客”现代流通电子网络信息平台作用，打造网上“中山日化”新品牌。全年电子商务销售额4亿余元，有效客户、专业店渠道使用率达80%，县、乡镇全渠道使用率达70%。中山日化专属App——“中山优购”正式上线。开展渠道扁平化与精准营销，与阿里巴巴新零售通、京东到家、惠下单等电子商务平台建立战略合作关系。引进进口贸易商2家、进口品牌3个，引进日、韩、澳美装品牌，保加利亚玫瑰、法国瑞拉香水等时尚高质量品牌30多个，获得八国有机健康茶品—ZEALONG杰境石家庄代理权。2018年中山日化商品吞吐量15亿元，配送业务涉及石家庄市、邯郸市1.4万余家客户，24小时重点客户配送率达到98%。

【市第一棉麻总公司】 2018年市第一棉麻总公司商品购进总额17380万元，商品销售总额19365万元。5月15日，市第一棉麻总公司所属新合纤维科技股份有限公司取得石家庄股权交易所挂牌证书（股权代码660387，公司简称：新合纤维）；8月23日，新合纤维在石家庄股权交易所正式挂牌。2018年市第一棉麻总公司销售棉纱1.3万余吨，销售收入2.2亿元，实现利税4900余万元，产品质量客户满意率达到99%。11月5～10日，市第一棉麻总公司参加首届中国进口博览会，与美国嘉吉公司签订棉花采购协议6.6万吨，价值1.2亿美元。重视与国际接轨，依托石家庄综合保税区，谋划建设跨境电子商务和保税物流仓储项目。

石家庄市供销合作总社

理事会主任：张佐英

理事会副主任：任素江　史国士　敦建伟　丁根起　王彦生　康璞

监事会副主任：丁根起　王彦生　康璞

（王彦生　贡丽凯）

烟草专卖管理

【概况】 2018年，全市烟草专卖系统共有市本级和县级烟草专卖局（营销部、分公司）21个，直属业务机构24个，分别为营销中心1个、卷烟配送中心1个、烟叶管理经营机构3个（烟叶管理科1个、烟叶公司2个）、专卖稽查机构19个（稽查支队1个、稽查大队18个）。至2018年末，全市烟草专卖系统总资产28.19亿元，资产负债率20.93%，从业人员1038人。全年烟叶种植面积5000亩，烟叶收购1.53万担。2018年全市卷烟销售180.45亿支，同比下降0.42%；销售收入91.79亿元（含税），同比增长3.75%；实现税利23.59亿元，同比增长7.28%；实现利润8.75亿元，同比增长6.74%。全年查获各类涉烟案件3101起，同比增长49.37%；查获卷烟实物2600.72万支，案值1940.81万元。

【卷烟营销】 全年共有烟农103户，烟叶种植面积5000亩，烟叶收购1.53万担；烟农总收入1555万元，同比下降7.72%。2018年全市卷烟销售180.45亿支，同比下降0.42%；累计销售36.09万箱，完成年度任务100.17%；单箱销售额25440元，同比增长4.16%；销售重点品牌32.23万箱，同比增长0.8%；销售省产烟20.06万箱，同比下降2.12%；省产烟单箱销售额18993元，同比增长0.06%。2018年石家庄市人均卷烟销量8.37条，高于全省平均水平0.4条。全年卷烟销售收入91.79亿元（含税），同比增长3.75%；实现税利23.59亿元，同比增长7.28%；实现利润8.75亿元，同比增长6.74%。零售户33927户，同比增加386户；零售户销售毛利率13.0%，与2017年持平。落实总量控制、稍紧平衡调控方针，采取“扩高端、稳中端、调低端，提升一、二类卷烟规模，稳定满足三类烟需求，控制四、五类烟销售策略，实现卷烟销售总体平衡。

【专卖管理】 全年查获各类涉烟案件3101起，同比增长49.37%；查获卷烟实物2600.72万支，案值1940.81万元。破获国标网络案件12起，刑事拘留51人，批捕35人，判刑21人。严格卷烟日常监管，清理无证经营772户；依法查处违法违规大户223户，取消经营资格120户；查获串码真烟2229.85万支，拦截拟外流真烟数量161.48万支。对标学习全国36个重点城市卷烟管理好的做法，14项对标指标中12项同比提升，8项优于平均水平。提升库存周转次数，节约资金占用1.2亿元；优化减少送货线路1条，节约费用12万余元。增强卷烟管理科技能力建设，2个创新项目获得国家发明专利和软件著作权专利；参加河北省物流技能竞赛，获得二等奖1个、三等奖2个。推进烟草管理法治建设，妥善解决法律纠纷26起。

石家庄市烟草专卖局（公司）

局长（经理）：贾立业

副局长：陈冉

副经理：安志发　李鲁平

（王瑜红）

成品油供应

【概况】2018年，全市共有储油库11座，分别为中国石化销售有限公司华北分公司中石化国家储备库、中国石化销售股份有限公司河北石家庄高庄分公司、中国石化销售股份有限公司河北石家庄高邑石油分公司、中国石油天然气股份有限公司河北石家庄高庄分公司、中石油井陉油库、正定金河油库、河北亿丰石油化工有限公司、河北振东石化有限公司、石家庄中信石化有限公司、河北石油集团石化销售有限公司、河北常青成品油销售有限公司；加油站（点）1351座，其中，加油站913座，农村柴油网点438座。2017年10月1日起，石家庄市储油库、加油站（点）全部供应"国六"标准车用汽、柴油。至2018年底，全市汽油销售87万吨，柴油销售94万吨。2018年中国石化销售有限公司河北石家庄石油分公司实现成品油销售收入60.45亿元，同比增长4.8%。成品油销售价格按照国家发展改革委调价政策执行，全年石家庄市成品油价格随国内价格变化经历25次调整，其中"13涨12跌"，累计汽油每吨下调490元、柴油每吨下调465元。

【中国石化石家庄分公司】2018年中国石化销售有限公司河北石家庄石油分公司（简称中国石化石家庄分公司）面对市场激烈竞争和生态环境管制形势，围绕年初制定工作目标，实施改革创新和精准营销，拓展加油网络，实现业务总体平稳发展。全年中国石化石家庄分公司轻油销售总量85.78万吨，完成省公司下达计划90.69%；直销批发17.65万吨，完成计划113.07%；销售天然气（含LNG）460万立方米，完成计划80.18%；非油品全口径营业额3.6亿元，完成计划76.44%。2018年中国石化石家庄分公司实现成品油销售收入60.45亿元，同比增长4.8%。全年未发生1起等级事故。开展"油滴+线上推广"营销，汽油油滴活动站拓展到20座，柴油油滴活动站拓展到40座。拓展联合营销，新增中国邮政储蓄银行、中国光大银行、中国移动集团、平安银行等合作伙伴。落实客户负责制，全年新开发和找回流失大客户53个，新开发社会加油站客户30座。打造综合服务站，改造易捷便利店，利用闲置场地开展整车销售，投资运营洗车项目、加油站广告租赁和汽车养护类业务。拓展加油站网络，提升市场占有率。全年在营加油站224座，其中，"他有我管"站10座，"短租短付"站4座。实施加油站防渗改造，优化高标号汽油网络布局；95号汽油销售站点增至194座，网点覆盖率达84%；98号汽油销售站点增至69座，网点覆盖率达30%。

【成品油价格调整】2018年石家庄市成品油价格随国内价格变化经历25次调整，其中"13涨12跌"，累计汽油每吨下调490元、柴油每吨下调465元，汽、柴油价格较年初出现大幅下降。1月12日24时起，全市汽、柴油价格上调，每吨分别提高180元和175元。调整后，92号汽油每升6.97元，95号汽油每升7.37元，98号汽油每升8.19元，每升分别上涨0.14元、0.16元和0.16元；负10号车用柴油每升7.0元，上涨0.16元。1月26日24时起，全市汽、柴油价格上调，每吨分别提高65元和60元。调整后，89号汽油每升6.51元，92号汽油每升7.02元，95号汽油每升7.42元，98号汽油每升8.24元；负10号车用柴油每升7.05元。2月9日24时起，全市汽、柴油价格下调，每吨分别降低170元和160元。调整后，89号汽油价格每升6.39元，92号汽油每升6.89元，95号汽油每升7.28元，98号汽油每升8.10元；负10号车用柴油每升6.90元。2月28日24时起，全市汽、柴油价格下调，每吨分别降低190元和185元。调整后，92号汽油每升6.73元，95号汽油每升7.12元，98号汽油每升7.94元；0号车用柴油价格每升下降0.16元。3月28日24时起，全市汽、柴油价格上调，每吨分别提高170元和165元。调整后，89号汽油每升6.37元，92号汽油每升6.87元，95号汽油每升7.26元，98号汽油每升8.08元；0号车用柴油每升6.50元。4月12日24时起，全市汽、柴油价格上调，每吨分别提高55元和50元。4月26日24时起，全市汽、柴油价格上调，每吨分别提高255元和245元。调整后，89号汽油每升6.60元，92号汽油每升7.12元，95号汽油每升7.52元，98号汽油每升8.34元；0号车用柴油每升6.75元，负10号车用柴油每升7.16元。4月30日24时起，全市汽、柴油价格下调，每吨分别降低75元和65元。5月11日24时起，全市汽、柴油价格上调，每吨分别提高170元和165元。调整后，89号汽油每升6.67元，92号汽油每升7.20元，95号汽油每升7.60元，98号汽油每升8.42元；0号车用柴油每升6.84元。5月25日24时起，全市市汽、柴油价格上调，每吨分别提高260元和250元。调整后，89号汽油每升6.87元，92号汽油每升7.41元，95号汽油每升7.83元，98号汽油每升8.65元；0号车用柴油每升7.05元。6月8日24时起，全市汽、柴油价格下调，每吨分别降低130元和125元。调整后，89号汽油每升6.77元，92号汽油每升7.30元，95号汽油每升7.72元，98号汽油每升8.54元；0号车用柴油每升6.94元。6月25日24时起，全市汽、柴油价格下调，每吨均降低55元。7月9日24时起，全市汽、柴油价格上调，每吨分别提高270元和260元。调整后，89号汽油每升6.93元，92号汽油每升7.48元，95号汽油每升7.90元，98号汽油每升8.72元；0号车用柴油每升7.12元，负10号车用柴油每升7.55元。7月23日24时起，全市汽、柴油价格下调，每吨分别降低125元和120元。调整后，89号汽油每升6.84元，92号汽油每升7.37，95号汽油每升7.79元，98号汽油每升8.61元；0号车用柴油每升7.02元。8月6日24时起，全市汽、柴油价格上调，每吨均提高70元。8月20日24时起，全市成品油价格下调，每吨均降低50元。调整后，92号汽油每升7.39元，95号汽油每升7.81元，98号汽油每升8.63元；0号车用柴油每升7.04元，负10号车用柴油每升7.46元。9月3日24时起，全市汽、柴油价格上调，每吨分别提高180元和170元。调整后，92号汽油每升7.54元，95号汽油每升7.96元，98号汽油每升8.78元；负10号车用柴油每升7.61元。9月17日24时起，全市汽、柴油价格上调，每吨均提高145元。调整后，89号汽油每升7.10元，92号汽油7.65元，95号汽油8.09元，98号汽油每升8.91元；0号车用柴油每升7.31元，负10号车用柴油每升7.75元。9月30日24时起，全市汽、柴油价格上调，每吨分别提高240元和230元。调整后，89号汽油每升7.27元，92号汽油每升7.85元，95号汽油每升8.29元，98号汽油每升9.11元；0号车用柴油每升7.51元。10月19日24时起，全市汽、柴油价格上调，每吨分别提高165元和160元。调整后，92号汽油每升7.98元，95号汽油每升8.43元，98号汽油最新限价为每升9.25元；负10号车用柴油每升8.10元。11月2日24时起，全市汽、柴油价格下调，每吨分别降低375元和365元。调整后，89号汽油每升7.12元，92号汽油每升7.68元、95号汽油每升8.11元、98号汽油每升8.93元；0号车用柴油每升7.33元，负10号车用柴油每升7.77元。11月16日24时起，全市汽、柴油价格下调，每吨分别降低510元和490元。调整后，92号汽油每升7.27元，95号汽油每升7.68元，98号汽油每升8.50元；负10号车用柴油每升7.32元。11月30日24时起，全市汽、柴油价格下调，每吨分别降低540元和520元。调整后，89号汽油每升6.33元，92号汽油每升6.83元，95号汽油每升7.22元，98号汽油每升8.04元；0号车用柴油每升6.46元，负10号车用柴油每升6.84元。12月14日24时起，全市汽、柴油价格下调，每吨分别降低125元和120元。12月28日24时起，全市汽、柴油价格下调，每吨分别降低370元和355元。调整后，92号汽油每升6.43元，95号汽油每升6.80元，98号汽油每升7.62元；负10号车用柴油每升6.41元，负20号车用柴油每升6.71元。

【成品油市场整治】 2018年4月，全市召开成品油市场整治调度会，印发《石家庄市成品油市场专项整治实施方案》，开展“三黑”加油站（黑加油站、黑加油点、黑加油车）查处取缔行动。围绕加油站（点、车）问题，市政府办公厅印发《关于对全市黑加油站（点、车）实施全面排查彻底整改坚决做好成品油市场整治工作的通知》，市成品油市场整治工作领导小组印发《关于强力开展全面排查彻底取缔黑加油站（点、车）专项行动的通告》《关于对黑加油站等成品油非法经营行为举报奖励的公告》《关于对黑加油站等成品油非法经营行为举报奖励的实施细则》《关于彻底取缔黑加油站（点、车）“百日攻坚”行动方案》等文件。组织全市各县（市、区）重拳打击黑加油站（点、车）不法行为。2018年全市出动执法人员9730余人次，执法车辆2340余车次，开展检查行动1380余次，查处取缔黑加油站点354个，查处黑油罐车67辆、安全隐患216起、环保不达标行为16个、依法拘留82人；抽检油样油品1029批次，罚款175万元。

中国石化销售股份有限公司
河北石家庄石油分公司
经　　理：王振祥
党委书记：李现华
副 经 理：肖立金　于海涛
　　　　　陈军鹏

（剧柏含）

旅　游

【概况】2018年，全市旅游业接待海内外游客1.07亿人次，同比增长19.79%；实现旅游业总收入1211.01亿元，同比增长25.81%。以创建省级全域旅游示范区为契机，编制旅游发展规划，加快旅游项目建设，推进旅游业转型升级。组建成立创建全域旅游示范区工作领导小组，印发《石家庄市全域旅游发展规划》，平山县、正定县、新乐市、晋州市全域旅游规划通过评审。围绕“红色西柏坡 多彩石家庄”“西柏坡精神、正定城古韵、新中国摇篮”等主题宣传品牌，开展精准营销。假日旅游旺盛。元旦假日期间（2017年12月30日至2018年1月1日），全市接待游客41.62万人次，同比增长26.3%；实现旅游业总收入3.06亿元，同比增长32.5%。春节假日期间（2月15～21日），全市接待游客410万人次，同比增长225%；实现旅游业总收入25.2亿元，同比增长232%。其中，古城正定旅游特色突出，举办有庙会、灯会、游园会、电子烟花燃放、冰雪嘉年华、《长坂坡》实景演出等活动，7天假期接待旅游人数133.84万人次，同比增长410.8%。国庆假日期间（10月1～7日），全市接待海内外游客628.98万人次，同比增长18.9%；实现旅游业收入35.43亿元，同比增长22.86%。举办两届石家庄市旅游产业发展大会。6月9～11日，第二届石家庄市旅游产业发展大会暨第五届石家庄旅游交易会在鹿泉区举行；发布重点旅游招商项目46个，投资规模超过737.5亿元；签约旅游项目36个，意向投资金额1547亿元。10月11～12日，第三届石家庄市旅游产业发展大会在平山县举行；签约旅游投资项目30个，意向投资金额1427.3亿元。开展旅游重点项目建设，全年完成旅游重点项目投资113.9亿元；实施“全市厕所建设新三年行动计划”，新建旅游厕所171座。至2018年末，石家庄市共有A级旅游景区35家，其中，5A级景区1家，4A级景区25家，3A级景区6家，2A级景区3家；星级饭店63家；星级农家乐203家；旅行社293家，其中，出境旅行社42家、一般旅行社251家。2018年石家庄市获评2018河北市级旅游产业发展大会优秀奖，西柏坡纪念馆宣教部主任李月红获评2018河北最美旅游人。

【第二届石家庄市旅游产业发展大会】6月9～11日，第二届石家庄市旅游产业发展大会在鹿泉区举行。主题为“绿水青山、多彩鹿泉”。省委常委、市委书记邢国辉，省人大常委会副主任王晓东、王刚，副省长夏延军，省政协副主席卢晓光，省政协党组成员姜德果，市委副书记李德进，市人大常委会主任司存喜，市政协主席刘明轩等省市领导，亚太旅游联合会会长何光晔等境内外重要嘉宾及俄罗斯、智利、赞比亚、埃及、美国、英国、意大利、以色列、印度、汤加等国家驻华使节和企业代表，天津、义乌、新乡、阳泉、承德等国内友好城市领导，国内外知名企业代表及鹿泉区四大班子领导等参加开幕会并观看水上实景演出《遇见·鹿泉》。第二届旅游产业发展大会期间，举办开幕式、2018中国·石家庄“互联网+旅游”特色小镇峰会、第二届石家庄“庄里外休闲好去处”评选活动颁奖典礼、第五届石家庄旅游交易会等活动；引进和建设包括西部长青、中以农科小镇、杰明房车露营地、大年初一风情小镇、智慧城市广场等13个品质高端、四季皆宜的精品项目，培育出山水游、工业游、美丽乡村游、购物游等十大旅游品牌；推出“四季皆可游，昼夜都精彩”全时旅游产品体系；首次公布并推介红色记忆、青翠太行、千年古韵、新都市风光、新业态融合发展五大主题旅游线路，接待游客40.11万人次；新建山前大道沿线19个大节点、20余个驿站、30个景点，形成串珠成链、“一路（鹿）走来、全（泉）是风景”的旅游景观长廊。第五届石家庄旅游交易会。6月9～11日，由市委、市政府主办，市旅游发展委员会、市发展改革委、市农业畜牧局及鹿泉区委、区政府承办的第五届石家庄旅游交易会在鹿泉区举行。第五届石家庄旅游交易会是第二届石家庄市旅游产业发展大会的重要组成部分，与第二届石家庄市旅游产业发展大会同期举行。来自28个国家和地区的旅游业界代表和客商参会。设置特色旅游商品、房车木屋、智慧旅游、石家庄市“4+4”现代产业、华北特色农产品等主题展览。市旅游发展委员会在第五届石家庄旅游交易会上面向全球发布重点旅游招商项目46个，投资规模超过737.5亿元，其中，50亿元以上项目3个，10亿元以上项目20个，涵盖旅游小镇、旅游区综合开发、乡村旅游、旅游公共服务设施、景区提升、新景区（点）开发、特色旅游商品开发等类型。第二届石家庄市旅游产业发展大会签约旅游项目36个，意向投资金额1547亿元，涉及休闲度假、特色小镇等业态。其中，鹿泉区政府与河北365网络科技集团等单位共同投资20亿元，建设河北省第一家具有国际知名品牌的“西山游客服务中心”；鹿泉区政府与润石投资集团签署框架协议，投资35亿元建设润石珠宝艺术文旅综合体项目；井陉县政府与北京东方园林环境股份有限公司签署天长镇宋古城文化旅游综合开发项目框架协议；灵寿县五岳寨景区与天山实业集团签署中太行国家旅游度假区项目框架协议；高邑县政府与浙江森禾集团签署森禾十月花海项目框架协议；元氏县政府与北京和骏投资有限公司签署水果侠星球项目框架协议；平山县政府与中青城投控股集团签署西柏坡红色花园项目框架协议；井陉矿区横涧乡与石家庄绵蔓醋文化实业有限公司签署醋文化主题休闲旅游接待服务示范基地项目框架协议；赵县经济开发区与河北航道汽车制造有限公司签署新能源多功能房车项目框架协议；藁城区政府与天山融顺（北京）投资基金管理有限公司签署藁城宫灯小镇框架协议等。

【第三届旅游产业发展大会】 10月11～12日，第三届石家庄市旅游产业发展大会在平山县举行。主题为“发展全域旅游 助力脱贫攻坚”；宣传口号为“平山别样红”“金山银山，看看平山”；吉祥物为游游、平平、山山。全国政协原副主席齐续春，全国人大常务委员会内务司法委员会委员王金亮，省委常委、市委书记邢国辉，中国老区建设促进会负责人曾广超，副省长夏延军，省政协副主席沈小平、卢晓光，省政协原副主席、省老区建设促进会会长王玉梅，省旅游发展委主任那书晨，平山县委书记李旭阳，全国39个友好城市领导人及沙特阿拉伯、卡塔尔等17个国家驻华使节和旅游机构代表参会。第三届旅游产业发展大会期间，举办有开幕式、“新中国从这里走来”大型实景剧演出、石家庄首届旅游产业投融资大会、红色旅游助力老区发展研讨会、“一带一路”国际青年交流研讨会、石家庄市“全域旅游助力乡村振兴”工作推进会、旅游商品展销会等活动。举办“一带一路”国际青年友好使者交流研讨会，邀请俄罗斯、韩国等15个国家44位外籍嘉宾、专家学者和优秀青年代表到会交流；举办红色旅游助力老区发展研讨会，井冈山、瑞金、遵义、延安、西柏坡5个重要革命纪念地联合发起成立全国红色旅游发展合作论坛；举办石家庄旅游商品展销会，涉及工艺品、食品、土特产品等十几个大类，参展人数3万余人次。平山县立足资源优势和旅游产业定位，谋划建设17个重点项目，筛选西柏坡游客中心、中共中央旧址、泓润生态园、李家庄美丽乡村和荣盛乡村客栈、富力健康养生城、恒大十里温塘、温塘镇区改造和温塘河景观提升、红崖谷景区8个项目为观摩项目，涵盖红色教育、乡村休闲、温泉康养、农旅融合、民俗体验等旅游业态。平山县的驼梁、天桂山、沕沕水、佛光山、白鹿温泉、红崖谷、西苑温泉、黑山大峡谷、东方巨龟苑、拦道石、藤龙山、王母山、黄金寨、紫云山景区门票在第三届旅游产业发展大会期间5折优惠，西柏坡景区全年免费开放。发布《石家庄市旅游投资白皮书》、石家庄十大旅游投资项目、37个重点旅游招商项目及平山县十佳旅游商品、十大文旅投资项目。其中，平山县十佳旅游商品分别为：西柏坡电报手稿、西柏坡红色影像制品、中山国青铜器艺术品、李家庄酸枣叶茶、百年巧匠木版画、红地根戎妈妈老粗布、华莹玻璃工艺品、平山绵核桃、平山高海拔糖心苹果、南策城中华寿桃。签约旅游投资项目30个，意向投资金额1427.3亿元。

【旅游项目建设】 提升旅游服务质量，完善旅游集散中心、自驾车营地、驿站、旅游厕所、标识标牌等建设，推进全域旅游创建活动。实施A级景区整改，制定《石家庄市2018年A级景区整改提升实施方案》。开展旅游重点项目建设，全年完成旅游重点项目投资113.9亿元；实施“全市厕所建设新三年行动计划”，新建旅游厕所171座。依托举办旅游产业发展大会平台，鹿泉区开展抱犊寨、君乐宝奶业小镇、西部长青、封龙山、食草堂艺术小镇、北国奥特莱斯、土门关驿道小镇、岸下石窑小镇等15个景区（点）改造提升，新增停车位3574个，新建改建游客服务中心14个、旅游厕所44座，完善旅游标识标牌近1000块；平山县实施西柏坡、天桂山、驼梁等重点景区对标提升行动，提高景区档次品位和吸引力。2018年栾城区神威中医药文化博物馆建成投入使用，栾城区河北天康三苏土布旅游购物中心、食草堂艺术小镇获评旅游商品购物基地；赵县赵州桥科技馆对外开放；井陉矿区段家楼改造提升工程启动。北国水世界营业。7月4日，位于鹿泉区青龙山大道的北人集团首个文化旅游项目——北国水世界营业。北国水世界是“北国奥莱小镇”项目重要组成部分，也是河北省首家地中海风情主题水乐园。总占地面积13万平方米，拥有室内水上乐园、室外水上乐园两个部分；室外水上乐园拥有超级深渊大喇叭、最高可达3米巨型冲浪海啸池、室外模拟冲浪场景、急速激流河、奇幻滑道组合、尖叫刺激组合及适合全家游乐的懒人漂流河、叮当小水寨、儿童MINI欢乐世界、狂欢塞壬水寨等游乐设施；室内游乐部分主要有韩式汗蒸、SPA水疗、中西餐厅、VIP中心、服务中心等配套设施。创建全域旅游示范景区，2018年8月，河北省旅游发展委员会印发《河北省国家全域旅游示范省创建规划》，全市16家景区入选河北省百家精品旅游景区，3家度假区入选省级旅游度假区，10个旅游小镇入选河北省百个知名旅游小镇。16家景区包括地标式龙头景区4家，分别为：驼梁—五岳寨生态旅游区、嶂石岩地质研学休闲度假区、西柏坡景区、正定古城（荣国府、隆兴寺）；新业态景区2家，分别为：君乐宝乳业工业旅游区、晋州周家庄农业特色观光园；区域性精品景区10家，分别为：沕沕水景区、苍岩山景区、赵州桥景区、天桂山景区、白鹿温泉景区、抱犊寨景区、漫山花溪谷景区、以岭健康城景区、西柏坡红色胜典景区、石家庄（藁城）现代农业观光园。3家省级旅游度假区分别为：平山温塘旅游度假区、驼梁—五岳寨旅游度假区、嶂石岩旅游度假区。10个知名旅游小镇分别为：平山县西柏坡红色旅游小镇、灵寿县漫山花溪谷旅游风情小镇、藁城区屯头宫灯文化小镇、石家庄航空小镇、藁城（滹沱河）康怡乐生态小镇、赵县笨花村旅游小镇、鹿泉区土门关驿道小镇、新乐市伏羲文化旅游小镇、元氏县殷村农业特色小镇、赵县石桥文化小镇。

【旅游行业管理】 开展创建放心消费示范景区、示范旅行社、示范酒店活动，采取举办旅游安全宣传主题日活动、旅游管理安全生产培训会、旅游安全法律专题讲座等方式，培训旅游从业人员1000余人次。联合安全生产主管部门督导检查旅游景区、景点客运索道、大型游乐设备设施、玻璃吊桥（栈道）及新兴旅游项目等安全设施，查找存在问题和隐患，未发生等级以上旅游安全事故。严格旅游行业管理，全年检查涉旅企业近100家、旅游团队30个；新审批旅行社21家，全市旅行社责任险投保率达100%；注册导游及旅游从业人员1.1万余人（具有导游资格证），其中发放电子导游证标识卡导游6900余名。履行星级饭店行业监管职责，按照《旅游饭店星级的划分与评定》要求，将星级饭店纳入住宿业信用监管。全年新评定三星级酒店1家（平山县温塘心岛怡岸假日酒店），复核四星级酒店6家，其中，石家庄云瑞国宾大酒店、万象天成假日酒店、石家庄河北正华饮食有限公司国豪大酒店通过复核，石家庄凯旋金悦酒店管理有限公司、开滦大饭店限期整改，平山县旅游服务中心四星级酒店资格取消。评定命名石家庄市星级“农家乐”46家。新增市级工业旅游示范点3家，分别是河北三元食品有限公司（新乐市）、神威药业集团有限公司（栾城区）、稻香村河北食品总部基地有限公司（鹿泉区）。至2018年末，全市共的省级工业旅游示范点8个、市级工业旅游示范点14个，种类涵盖装备制造、名优食品、手工艺品、啤酒饮料等。2018年2西柏坡景区被国家旅游局、教育部确定为首批“全国研学旅游示范基地”，河北省中国国际旅行社、河北省康辉国际旅行社、河北汇文大酒店、河北白鹿温泉旅游度假有限公司、河北世纪大饭店获评河北省旅游知名品牌。

【旅游主题活动】 元旦期间，举办平山冰雪温泉旅游文化节、沕沕水冰瀑旅游文化节、勒泰中心“摇滚来勒”2018跨年狂欢夜、以岭健康城新年狂欢嘉年华等活动。春节期间，举办正定新春文化活动、平山喜乐年、鹿泉2018春节文体活动暨“2018京畿燕赵民俗大庙会”、井陉矿区首届民俗文化旅游节等活动。春季，举办花开正定踏春行直播、迎正博2018正定之春古城赏花、赵县梨花节、栾城草莓采摘节、藁城第十届梨花节暨宫面文化旅游推介会、第四届中华健康节等活动。5月2日，新乐市在伏羲台举办“九州同宗 华夏始祖”新乐市第一届伏羲文化经济论坛。梨花节观赏活动。4月1～15日，赵县第十八届“梨花节”举行；赵县是“中国雪花梨之乡”，梨园面积25万亩，梨花景观被农业部认定为中国美丽田园；梨花节期间，赵县在东部梨区设置有梨乡花海、姚家庄壹州梨园、花亭生态园等15处精品观花区，观花点安排民俗表演、摄影大赛、梨花诗会等13项活动。4月1日至5月10日，2018中国·晋州第十三届梨花旅游文化节在晋州市周家庄乡农业特色观光园举行。晋州市是大唐名相魏征故里，是国家命名“中国鸭梨之乡”；与梨花节同时举办有“花香春浓”田园踏青、文化民俗展演、特色农副产品展销、梨乡春色——美丽田园风光 点赞晋州随手拍、生态采摘等文化活动；游客除观赏3000亩雪白梨花与树下金黄油菜花外，还专门设置油菜花、玉兰花、榆叶梅等赏花区，新开辟百余亩牡丹园，种植60余个牡丹品种；采摘果蔬大棚152个。4月3日，藁城区第十四届梨花节暨宫面文化旅游推介会在中国宫面产业园开幕。以“梨花为媒会宾朋，休闲度假到藁城”为主题，推出“游梨园花海，摘绿色果蔬，吃晖御宫面，泡国御温泉”精品旅游线路，举办宫面制作技艺（上轴环节、抓面环节、包装环节）大赛，展示宫灯、宫面、手撕画、黄家庄奥运缶及战鼓系列、马庄小杂粮等特色旅游商品，推介宫面产业园、梨乡小镇、宫酒文化园、肥晶国庄园、国御温泉度假小镇等景区，打造“省会东花园，温泉养生地，都市田园风情，生态休闲藁城”旅游形象品牌。

（姜小青）

金 融

Finance

综 述

2018年，全市金融业围绕建设京津冀区域性金融中心总要求，重点抓好服务实体经济、防控金融风险、深化金融改革三项任务，积极推动金融业融入“4+4”现代产业格局。制定出台中小微企业金融服务十条扶持政策。11月3日，《石家庄市改进和深化中小微企业金融服务的十条扶持政策》实施，有效期3年。主要内容：1. 建立扩大小微信贷投放激励机制。支持驻石家庄各银行业金融机构加大全市小微企业信贷投放，按各银行年度新增小微贷款总额0.2%给予奖励，每家银行年度奖励金额不超过100万元。2. 健全小微企业贷款风险补偿机制。扩大市级小微企业贷款风险补偿资金池规模，市财政安排不低于2亿元资金，作为合作银行为全市小微企业发放贷款形成不良贷款的风险补偿，补偿比例不超过不良贷款（本金）50%，高新技术企业和科技型中小企业风险补偿标准可上浮10%。3. 建立支持融资担保发展机制。市财政安排小微企业融资担保专项资金，作为融资担保机构为全市小微企业提供担保贷款的补助和风险补偿。融资担保机构为小微企业贷款担保，担保费率不超过3%且不收取其他费用的，市财政按照担保金额0.5%给予补助，承担担保责任所发生的代偿金额给予50%补偿。市、县（市、区）政府出资的政策性融资担保机构支持小微企业融资的担保金额占比不低于80%，其中支持单户授信500万元及以下小微企业贷款及个体工商户、小微企业主经营性贷款的担保金额占比不低于50%。4. 建立转贷过桥服务机制。由市政府指定转贷服务专门机构与银行机构签订合作协议，为全市企业转贷续贷提供低息有偿“过桥”服务。市财政设立1亿元企业转贷补助专项资金池，用于转贷服务专门机构按人民银行同期贷款基准利率收取企业费用，给予贷款金额0.5%贴息补助，单笔不超过50万元。5. 建立贷款保证保险发展支持机制。鼓励银行和保险公司合作向全市符合条件的小微企业发放500万元以下、1年以内的流动资金贷款。参与银行和保险公司按照保本微利原则以市场化方式开展业务，小微企业贷款保证保险实收保费不超过3%的，参与银行按照实际发放贷款金额0.5%给予奖励，参与保险机构按照实际承保贷款金额的0.5%给予奖励，每家银行、保险机构年度奖励金额不超过100万元。6. 支持上市企业再融资。全市在沪、深证券交易所和境外主板上市企业，通过增发新股、配股、发行债券等再融资且募集资金80%以上投资石家庄市的，按照融资额0.5%给予奖励，每家企业年度奖励金额最高不超过100万元。7. 支持企业发债融资。支持符合条件的中小企业发行中小企业集合债、中小企业集合票据、中小企业私募债等新型债券，成功完成债券融资的石家庄市中小企业，按融资额2%给予奖励，单个项目奖励金额最高不超过50万元。协助企业完成债券融资的金融机构、增信机构、中介服务机构，按融资额1%给予奖励，每家机构单个项目奖励金额最高不超过10万元，单个项目奖励金额最高不超过30万元。8. 支持发展私募股权投资。营造培育天使投资、创业投资等私募股权投资发展的政策环境。各类私募基金管理人管理的投资基金直接投资石家庄市企业的资金规模达到5000万元（扣除政府引导基金）以上，投资期限满2年的，按实际投资额1%给予奖励，单个基金管理人年度奖励金额不超过100万元。9. 支持企业开展出口信保及保单融资。投保出口企业给予保费补贴，年度出口额在300万美元（含）以下的中小微企业，给予保费全额补助（含省补助）；年度出口额在300万美元以上的，在省给予补助基础上再给予最高不超过10%的保费补助（已享受省级全额补助的除外）。中小外贸企业、外贸综合服务体出口信保项下保单融资产生的融资利息支出，给予最高不超过30%的补助，单个企业最高补助20万元。10. 支持金融产品与服务创新。搭建政银企对接平台，加强诚信体系建设，鼓励驻石家庄金融机构创新金融产品与服务。市政府设立金融创新奖，每年表彰奖励在创新金融产品与服务方面取得显著成果的金融机构、金融企业及人员。

银行 存款增速回升。至2018年末，全市金融机构本外币各项存款余额13315.8亿元，比年初增加1506.9亿元，同比增长12.8%。至2018年末，石家庄市金融机构人民币各项存款余额13225.2亿元，比年初增加1522.2亿元，同比增长13.0%。其中，人民币住户存款余额6473.3亿元，比年初增加829.2亿元，增长14.7%；非金融企业存款余额3899.2亿元，比年初增加318.5亿元，增长8.8%；政府存款余额2588.4亿元，比年初增加420.4亿元，增长19.4%；非银行业金融机构存款余额262.8亿元，比年初减少45.7亿元，下降14.8%；境外存款1.6亿元，比年初减少0.2亿元，同比下降8.7%。住户存款中，活期存款余额2041.1亿元，比年初增加184.3亿元，增长10.1%；定期及其他余额4432.2亿元，比年初增加644.9亿元，增长17.0%。贷款增速回落。至2018年末，全市金融机构本外币各项贷款余额10171.8亿元，比年初增加1148.9亿元，同比增长12.8%。至2018年末，石家庄市金融机构人民币各项贷款余额10095.1亿元，比年初增加1168.8亿元，同比增长13.1%。其中，人民币境内贷款10088.8亿元，同比增长13.1%，比年初增加1168.9亿元；境外贷款6.3亿元，同比下降1.6%，比年初减少0.1亿元。人民币住户贷款3285.8亿元，同比增长12.5%，比年初增加365.9亿元。其中，短期贷款559.5亿元，同比增长7.0%，比年初增加36.8亿元；中长期贷款2726.3亿元，同比增长13.7%，比年初增加329.1亿元。人民币住户贷款中，消费贷款余额2591.5亿元，比年初增加310.4亿元；经营贷款余额694.3亿元，比年初增加55.5亿元。人民币非金融企业及机关团体贷款余额6803.0亿元，同比增长13.4%，比年初增加803.0亿元。其中，短期贷款余额2139.3亿元，同比增长7.2%，比年初增加140.4亿元；中长期贷款余额3699.0亿元，同比增长19.0%，比年初增加592.6亿元；票据融资余额396.7亿元，同比下降15.9%，比年初减少74.8亿元；融资租赁余额552.8亿元，同比增长35.1%，比年初增加143.6亿元；各项垫款15.3亿元，同比增长9.0%，比年初增加1.3亿元。

证券 2018年全市实现企业挂牌上市25家，其中，香港交易所主板上市1家，新三板上市6家，石家庄股权交易所主板挂牌18家。至2018年底，全市挂牌上市企业总数达到192家（不包含省外区域股权市场和石家庄股权交易所成长板挂牌企业），其中，境内A股市场上市企业16家（主板8家，中小板3家，创业板5家），境外市场上市挂牌企业19家（香港14家、美国4家、英国1家），新三板挂牌企业75家，石家庄股权交易所挂牌企业82家。

保险 2018年全市保险公司原保险保费收入398.4亿元，同比增长0.7%。其中，财产险业务原保险保费收入120.3亿元，寿险业务原保险保费收入201.3亿元，健康险业务原保险保费收入65.1亿元；意外伤害险业务原保险保费收入11.6亿元。

金融机构改革。12月19日，根据中共石家庄市委、石家庄市人民政府《关于印发〈石家庄市机构改革方案〉的通知》（石字〔2018〕36号）文件，市金融工作办公室更名为市地方金融监督管理局，为市政府工作部门，保留市金融工作办公室牌子，机构规格正县级，地址为市区中山东路216号。2018年市商务局典当、内外资融资租赁机构监管职责及市工业和信息化局中小企业融资性担保机构监管职责划入市地方金融监督管理局。

（刘建龙　朱硕　唐艳青）

银　行

【概况】 2018年，全市银行业贯彻执行稳健的货币政策，积极支持供给侧结构性改革和实体经济，重视发挥货币政策执行委员会分析例会平台作用，加强经济金融形势分析研判，综合运用各种货币政策工具、窗口指导、政策解读等手段，多形式、多渠道向金融机构传递稳健货币政策预期，有效保持了全市金融稳定。存款增速回升。至2018年12月末，全市金融机构本外币各项存款余额13315.8亿元，同比增长12.8%，较2017年底提高7.6个百分点，比年初增加1506.9亿元，是2017年同期2.6倍。各项存款余额和年增量居全省首位。政府存款多增明显，非金融企业存款增速较2017年底有所回落。从存款结构看，全市住户存款、政府存款多增明显，非金融企业存款增速较2017年底回落。至2018年12月末，全市住户存款余额6516.3亿元，同比增长14.6%，较2017年底提高9.3个百分点，比年初增加828.9亿元，同比多增541.3亿元；政府存款余额2591.2亿元，同比增长19.3%，较2017年底提高17.8个百分点，比年初增加419.9亿元，同比多增385.5亿元，其中，财政性存款余额比年初增加66.9亿元，同比多增135.9亿元；非金融企业存款余额3943.2亿元，同比增长8.4%，较2017年底回落3.4个百分点，比年初增加306.5亿元，同比少增72.6亿元；非银行业金融机构存款余额263.1亿元，同比减少14.8%，比年初减少45.9亿元，同比少减77.4亿元。贷款增速回落。至2018年12月末，全市金融机构本外币各项贷款余额10171.8亿元，同比增长12.8%，较2017年底回落11.9个百分点，比年初增加1148.9亿元，同比少增634.4亿元，占全省贷款年增量24.0%，同比回落8.1个百分点。贷款余额、年增量居全省首位。非金融企业及机关团体贷款平稳增长，短期贷款少增明显。至2018年12月末，全市非金融企业及机关团体本外币贷款余额6873.6亿元，同比增长12.9%，较2017年底回落8.1个百分点，比年初增加780.4亿元，占全部贷款增量67.9%，较2017年底提高8.7个百分点，新增信贷对实体经济支持力度加大。住户中长期消费贷款增速持续回落。至2018年12月末，全市住户本外币贷款余额3285.9亿元，同比增长12.5%，较2017年底回落20.1个百分点，比年初增加365.9亿元，同比少增352.3亿元。分期限看，至2018年12月末，住户短期贷款余额559.6亿元，同比增长7.0%，较2017年底回落10.6个百分点，比年初增加36.8亿元，同比少增41.4亿元；住户中长期贷款余额为2726.3亿元，同比增长13.7%，较2017年底回落22.7个百分点，比年初增加329.1亿元，同比少增310.9亿元。分县域看，环城区县是县域信贷投放重点。至2018年12月末，贷款余额排名前两位县（区）为正定县、鹿泉区，分别为281.9亿元，238.6亿元；全年新增贷款量排名前两位是鹿泉区、藁城区，分别增加36.9亿元、28.3亿元；同比增速排名前3位是灵寿县、藁城区、鹿泉区，同比分别增长43.4%、20.2%和18.3%。

【中国人民银行石家庄中心支行】 货币政策。发挥利率定价自律机制作用，开展年度合格审慎评估和定价行为评估，引导金融机构理性定价。落实《金融统计监测制度》要求，收集银行业、保险业机构及市场融资相关数据，编制2018年社会融资规模增量数据。支持实体经济，推进市场化法治化“债转股”，加大小微企业支持力度。6月24日，中国人民银行公告，决定自7月5日起，下调国有大型商业银行、股份制商业银行、邮政储蓄银行、城市商业银行、非县域农村商业银行、外资银行人民币存款准备金率0.5个百分点。执行财政部、国家税务总局金融政策，自2018年9月1日至2020年12月31日，全市金融机构向小型企业、微型企业和个体工商户发放小额贷款取得利息收入，免征增值税［小额贷款是指单户授信小于1000万元（含）的贷款］。支持小微企业发展，摸底小微企业再贷款需求，下放中国人民银行总行新增限额。10月10日，中国人民银行石家庄中心支行灵活运用支持小微企业再贷款新模式，以信贷资产质押方式向河北银行发放首笔先贷后借模式再贷款5亿元，支持单户授信500万元以下小微企业、个体工商户和小微企业主383家，贷款加权利率6.54%。创新先贷后借模式，建立再贷款投放和小微企业贷款发放正向激励机制，引导地方法人金融机构以优惠利率加大单户授信500万元以下小微企业、个体工商户和小微企业主经营性贷款支持力度。做好风险防控，组建成立领导小组，建立工作专班，组织开展辖内3家法人支付机构、32家非法人支付机构、1.7万家涉汇单位和171.9万名涉汇个人风险排查。摸排房地产、地方债、企业经营向金融领域风险传导，分析研究系统性金融风险特征。加强风险监测评估，约谈17家高风险机构主要负责人实行问题投保机构动态管理，率先在全国出台《问题投保机构管理办法》。

表 21

2018年石家庄辖区金融机构人民币信贷收支一览表

来源项目名称	金额（亿元）	运用项目名称	金额（亿元）
一、各项存款	13225.16	一、各项贷款	10095.06
（一）境内存款	13223.57	（一）境内贷款	10088.80
1. 住户存款	6473.25	1. 住户贷款	3285.79
（1）活期存款	2041.05	（1）短期贷款	559.48
（2）定期及其他存款	4432.20	消费贷款	210.80
2. 非金融企业存款	3899.15	经营贷款	348.67
（1）活期存款	1271.72	（2）中长期贷款	2726.31
（2）定期及其他存款	2627.44	消费贷款	2380.74
3. 广义政府存款	2588.36	经营贷款	345.57
（1）财政性存款	201.53	2. 非金融企业及机关团体贷款	6803.01
（2）机关团体存款	2386.83	（1）短期贷款	2139.30
4. 非银行业金融机构存款	262.81	（2）中长期贷款	3698.98
（二）境外存款	1.59	（3）票据融资	396.67
二、金融债券	67.09	（4）融资租赁	552.79
三、卖出回购资产	34.14	（5）各项垫款	15.28
四、借款及非银行业金融机构拆入	0	（二）境外贷款	6.25
五、联行往来（净）	0	二、债券投资	271.38
六、应付及暂收款	264.99	三、股权及其他投资	242.51
七、各项准备	255.35	四、买入返售资产	78.37
八、所有者权益	551.87	五、存放非银行业金融机构款项	0.34
实收资本	259.31	六、联行往来（净）	3734.56
九、其他	180.01	境内存放二级准备金	307.15

续表

来源项目名称	金额（亿元）	运用项目名称	金额（亿元）
		七、应收及预付款	68.97
		八、投资性房地产	0.50
		九、固定资产	86.92
资金来源总计	14578.62	资金运用总计	14578.62

备注：本表机构包括中国人民银行、银行业存款类金融机构、银行业非存款类金融机构。

表 22

2018 年石家庄辖区全部金融机构外汇信贷收支一览表

来源项目名称	金额（亿元）	运用项目名称	金额（亿元）
一、各项存款	13.21	一、各项贷款	11.17
（一）境内存款	13.15	（一）境内贷款	10.31
1. 住户存款	6.28	1. 住户贷款	0.02
（1）活期存款	3.38	（1）短期贷款	0.02
（2）定期及其他存款	2.90	消费贷款	0.02
2. 非金融企业存款	6.41	经营贷款	0
（1）活期存款	5.24	（2）中长期贷款	0
（2）定期及其他存款	1.17	消费贷款	0
3. 广义政府存款	0.41	经营贷款	0
机关团体存款	0.41	2. 非金融企业及机关团体贷款	10.29
4. 非银行业金融机构存款	0.05	（1）短期贷款	1.97
（二）境外存款	0.05	（2）中长期贷款	8.32
四、借款及非银行业金融机构拆入	0.01	（3）票据融资	0.00
六、应付及暂收款	0.09	（二）境外贷款	0.87
七、各项准备	0.22	六、联行往来（净）	2.63
八、所有者权益	0.50	境内存放二级准备金	0.08
实收资本	0.07	七、应收及预付款	0.07

续表

来源项目名称	金额（亿元）	运用项目名称	金额（亿元）
九、其他	−0.15		
资金来源总计	13.88	资金运用总计	13.88

备注：本表机构包括中国人民银行、银行业存款类金融机构、银行业非存款类金融机构。

中国人民银行石家庄中心支行
行　长：陈建华（兼国家外汇管理局河北省分局局长）
副行长：李小秋
王彦青（兼国家外汇管理局河北省分局副局长，11月免）
卢钦　文洪武
尹清伟（10月任）
（李红英）

【中国农业发展银行河北省分行营业部】 2018年中国农业发展银行（简称农发行）河北省分行营业部累计发放贷款87亿元，创下历史最高，位列全省系统第一；收回贷款80.56亿元。至2018年末，农发行河北省分行营业部存款余额109.62亿元，比年初增加2055.59万元；存款日均余额140.66亿元，比年初增加23.45亿元；贷款余额191.25亿元，比年初增加6.44亿元；实现账面利润4.34亿元，较2017年增盈1736万元。以存款和中间业务为重点，多方吸收财政性存款；完善咨询顾问业务服务，实现中间业务收入101.92万元。办理国际结算业务7434万美元，完成年度任务137.67%，较2017年增加2347万美元。成功办理全国系统首笔欧元远期结汇业务。防控各类金融风险，全年没有出现不良贷款。聚焦粮食安全，落实国家粮食宏观调控政策，做好粮油信贷资金供应与管理。至2018年末，全市粮油储备及调控贷款余额达到37.47亿元，发放粮棉油储备及调控贷款8.03亿元；支持20户企业开展轮换任务，调增17户企业授信额度，轮换粮油37.7万吨；发放化肥储备贷款9.65亿元，支持企业入储17万吨。聚焦脱贫攻坚，建立扶贫项目清单，全力构建多层次、全方位金融扶贫格局。至2018年末，全市发放扶贫贷款余额46.57亿元。其中，产业扶贫贷款余额1.76亿元，受惠贫困人口2079人；项目扶贫贷款余额44.81亿元，受惠贫困人口21.50万人。聚焦乡村宜居，支持农业农村基础设施建设和生态环境治理，促进农村人居和生态环境改善。全年发放水利、交通、人居环境、城乡一体化等农业农村基础设施贷款37.75亿元，至2018年末，基础设施中长期贷款余额达到93.18亿元；发放棚改项目贷款11.04亿元。主动对接省广电集团，发放网络基础设施建设贷款7.28亿元。支持林业等绿化项目，发放全省系统首笔PPP模式林业贷款4.60亿元，重点支持鹿泉区山前大道绿化建设。瞄准石家庄市重大水利建设项目，审批水利贷款31.82亿元，至2018年末，发放贷款6.75亿元，以PSL低利率贷款政策支持滹沱河生态修复工程建设。2018年农发行银行河北省分行营业部获得全省系统绩效考评优秀奖。

中国农业发展银行河北省分行营业部
总经理：张健民
副总经理：谷运生（3月任）
张锁（3月免）
李志勇（3月免）
聂磊（1月任）
李艳（5月任，挂职）
（贾浩）

【中国工商银行石家庄分行】 至2018年末，中国工商银行股份有限公司石家庄分行（简称中国工商银行石家庄分行）人民币存款余额达到1571亿元，较年初增加261.76亿元；发放贷款400.21亿元，人民币各项贷款余额达到1053亿元，较2017年增加65.22亿元，贷款余额在石家庄市同行业率先突破1000亿元。全年分行向地方缴纳各项税款3.04亿元。开展政银企合作，主动向省行报告石家庄市经济发展和信贷需求，最大限度争取信贷资源。支持重点领域和重点项目建设，发放京津冀项目贷款8个，贷款资金81.37亿元；扶持城镇化升级改造项目，审批同意待发资金100亿元，贷款发放完成10亿元；发放“4+4”现代产业项目贷款125亿元。12月26日，中国工商银行石家庄分行与石家庄国控投资集团有限责任公司签署合作框架协议，共同设立80亿元纾困发展基金，用于支持民营企业发展。2018年中国工商银行石家庄分行投放大中型民营企业贷款18.77亿元。开展商业投资业务，投放债转股项目资金8.5亿元。

发展普惠金融，深入重点县（市、区）及科技园区，对接小微企业金融服务，投放小微贷款17.6亿元。加强与政府部门合作，发放“银政通”贷款1760万元。依托大数据平台，精准拓展白名单客户和经营快贷客户173户，发放贷款5369万元。开拓农村市场，扶持养殖、园林绿化等涉农企业，至2018年末，分行涉农贷款余额达到44.87亿元。支持金融消费，满足居民购房置业需求，全年发放个人购房按揭贷款87.37亿元，办理消费分期贷款31.15亿元、个人信用消费贷款5.32亿元。开办资金增值、资金清算等综合金融服务，推进社保卡发卡网点项目建设，全年新发社保卡4万张，代发养老金6926万元。扩大“融e联”公众号服务范围，增设社保查询、公积金查询、e缴费、e购超市、机票预订等移动便捷服务功能。注册E缴费上线客户224户。优化渠道布局，实施网点硬件升级改造，按照总行新VI标准装修改造网点22家，3家网点轻型化优化和6家旗舰网点提升改造完毕。打造星级服务网点，辖区胜利支行、长安支行分别通过中国银行业协会“百佳”复检和“千佳”验收。

中国工商银行股份有限公司
石家庄分行

行　长：张志勇（兼省行副行长）
副行长：田峰　（9月任）
隋辰雨（9月免）
马军　（5月免）
王国强（5月免）
韩明杰（5月免）
刘剑英（9月任）

（冯龙）

【中国农业银行石家庄分行】 2018年中国农业银行股份有限公司石家庄分行（简称中国农业银行石家庄分行）对公保证金存款占比由年初0.88%升至0.90%，零售核心存款占比由年初46%提高到48%。法人贷款主要集中在交通运输、制造业和电力行业，贷款余额占法人贷款总量70.87%。法人贷款中，长期贷款较年初增加23.06亿元，占比上升2.13个百分点。表外业务占比减少，较年初下降9.19%。投行中间收入、信用卡中间收入等成为新增利润主要来源，全年投行业务收入3417.81万元，同比增加41.1万元。至2018年末，分行存款时点余额1499.71亿元，较年初增加162.22亿元，增长12.13%；存款日均余额1499.71亿元，较年初增加86.71亿元，增长6.13%。贷款时点余额889.57亿元，较年初增加86.59亿元，增长10.78%；贷款日均余额850.30亿元，较年初增加93.97亿元，增长13.80%。日均核心存款余额1425.69亿元，较年初增加73.88亿元，增长5.47%；日均核心贷款余额886.50亿元，较年初增加90.1亿元，同比增长11.31%。大资产业务余额1076.69亿元，较年初增加96.72亿元。全年营业收入42.7亿元，较2017年增加4.57亿元，同比增长11.99%；实现风险调整后利润28.81亿元。账面存贷利差3.29%。推进网点建设，新开业二级支行3家，筹建二级支行1家（赞皇槐河路支行）。2018年1月，行唐口头支行、赵县范庄支行、新乐邯部支行开业。至2018年末，分行共有营业网点157家。

中国农业银行股份有限公司
石家庄分行

行　长：崔全涛
副行长：刘炳午　吕海慧
王增辉　苏阳
付建明　赵宗显

（韩金）

【中国银行石家庄管理部】 2018年末，中国银行河北省分行石家庄管理部（简称中国银行石家庄管理部）本外币各项存款余额816亿元，较年初增加49亿元，人民币各项存款余额781亿元，较年初增加53亿元；人民币各项贷款余额496亿元，较年初增加44亿元，贷款余额占全省系统41.9%，位列全省系统第一。新增个人有效客户16万户，核心中高端客户、理财及财富级客户、核心私行客户同比增长10%。新增企业代发业务客户3万人，代发薪资150亿元。银行卡业务消费额150亿元，分期交易额29亿元。支持民营企业发展，全年对公授信客户207户，其中民营企业186户，占比89%。开展助农服务，建立助农服务点360余家，发行借记卡25万张。筹建赞皇、行唐、高邑、正定新区4家支行，2018年

10月正定新区支行开业。

中国银行河北省分行
石家庄管理部

总 经 理：靳会轻
副总经理：边向利（5月免）
王电生（5月免）
张立平（6月任）
袁新义（4月任）
石云青（6月任）
王力波

（刘志辉　焦慧杰）

【中国建设银行石家庄分行】 5月16日，中国建设银行股份有限公司河北省分行营业部正式更名为中国建设银行股份有限公司石家庄分行（简称中国建设银行石家庄分行）。至2018年末，分行各项存款时点余额达到1540亿元；各项贷款余额达到1064亿元，首次超过千亿元；实现账面利润32.46亿元；中间业务收入9.19亿元。公司业务。2018年末，分行对公存款日均余额705.77亿元，日均新增23.87亿元；对公存款时点余额708.08亿元，时点新增39亿元。全年办理结构性存款5笔，占全省系统16%；对公非贴贷款余额新增35.58亿元；新拓展大中型授信客户39户，新增批复授信额度95.35亿元；投行业务实现投融资总量163.35亿元，其中债券承销9期133.4亿元。个人业务。2018年分行个人客户金融资产余额新增101.17亿元，同业占比40.7%。个人存款余额时点新增86.08亿元、日均新增46.47亿元，其中，日均新增同业占比32.18%，较2017年末提高8.2%。大零售中间业务同比增加6473万元，同比增长14.27%。个人客户新增31万户，同业占比40.6%。个人贷款余额新增40.2亿元，同业占比23.16%。二手房贷款新增余额21.45亿元，同业占比39.71%。代发工资日均存款新增贡献度达到57%。个人商户时点存款余额新增4亿元。分期交易额较2017年增加2.9亿元，同比增长22.2%，主要产品有汽车分期、账单分期、现金分期等。个人手机银行活跃数量同比增长23.94%。推进网点建设，新开业支行12个（不含辛集市位伯镇支行），其中普惠金融支行10个。4月28日，高邑县凤中路支行、元氏县嘉惠街支行、灵寿县东城支行、行唐县香港路支行、赵县润书院支行、平山县红旗南大街支行、新乐市邯邰镇支行、正定县新城铺支行、无极县北苏支行、晋州市东曹支行10个普惠金融支行开业。6月26日，元氏县支行获得河北省银监局开业批复；7月20日，高邑县支行、行唐县支行获得河北省银监局开业批复；8月15日，市区丰收路支行获得河北省银监局开业批复。9月10日，赞皇县支行开业；9月12日，灵寿县支行开业。至2018年底，分行全辖共有机构133个，其中，石家庄城区90个，县域43个。2018年中国建设银行石家庄分行在2018中国·石家庄金融博览会上获得“金口碑”最佳金融机构和最佳金融产品奖。

2018年5月16日，中国建设银行石家庄分行更名成立并举行揭牌仪式

中国建设银行股份有限公司
石家庄分行

行　长：张连钢
副行长：赵昱辉　张洁
尹晓健　王赟祥
刘郡萌

（杜绍华　默迪）

【交通银行河北省分行】 至2018年末，交通银行河北省分行资产总额达到1443.83亿元；人民币各项存款余额1329.62亿元，较年初增加66.43亿元，增长5.26%；人民币各项贷款余额877.93亿元，较年初增加54.44亿元，增长6.61%。支持经济结构调

整和生态环境保护，“两高一剩”行业减退贷款资金3亿元。推进普惠金融业务，发放小微企业无还本续贷业务2300万元，民营企业授信余额278亿元。发放扶贫贷款余额6744万元、涉农贷款125亿元。推进风险资产清收，采取诉讼、重组、谈判等方式，全年清收存量欠息3767万元。营业网点实现智能机具全覆盖。电子银行业务替代率达到89%。压缩营业网点经营成本，网点面积同比减少3439平方米。新建二级分行1家、支行1家，至2018年末，分行下辖分支机构11家、营业网点132家。

交通银行河北省分行

行　长：郑家渡

副行长：王国成　马骁

　　　　曹栓利　胡献丰

　　　　李肇宁

（苏媛媛）

【中信银行石家庄分行】 2018年中信银行股份有限公司石家庄分行（简称中信银行石家庄分行）营业净收入22.67亿元，同比增加0.64亿元，增长2.91%；轻资本业务收入4.10亿元，同比增加0.15亿元，增长3.84%；净利润6.77亿元，实现扭亏为盈。全年本外币一般性存款时点余额641亿元，较年初增加87亿元；本外币一般性贷款余额603亿元，较年初增加104亿元。问题贷款控制计划完成率122%，不良贷款控制计划完成率142.5%，现金清收计划完成率156%，其中，核销资产现金清收计划完成率390%，拨备覆盖率142%，比年初提升16个百分点。机构存款日均余额增加21.12亿元，计划完成率106%，金融市场交易量97亿元，计划完成率159%。零售中间业务收入排名全行第8位，同业业务覆盖率同比提升6个百分点，托管业务收入同比增长46%。

中信银行股份有限公司

石家庄分行

行　长：常戈

副行长：张建明　张元明

　　　　杨桂玲　高珊

　　　　常辉锋

（韩旭）

【华夏银行石家庄分行】 至2018年末，华夏银行股份有限公司石家庄分行（简称华夏银行石家庄分行）一般性存款余额608.6亿元，较年初增加85亿元；一般性存款日均547.3亿元，较年初增加85亿元；实现拨备前利润9.7亿元；中间业务净收入4.11亿元，同比增加0.7亿元。贯彻落实“存款立行”战略，个人业务采取抓好旺季营销、重点产品、重点平台项目方式，做大存款规模。建立大零售金融业务发展体制，将个人、厅堂、信用卡、小微、电子银行、信息技术6个条线纳入大零售发展板块。坚持依法合规经营，构建“不敢违规、不能违规、不愿违规”管理长效机制。至2018年末，华夏银行石家庄分行在石家庄、保定、唐山、沧州、邯郸、廊坊、张家口及雄安新区8地域设有分支机构60家。2018年华夏银行石家庄分行获评河北省银行业服务礼仪风采展示大赛“最佳风采奖”，分行营业部获评“2018年银行业文明规范服务千佳单位”。

华夏银行股份有限公司

石家庄分行

行　长：王广志

副行长：张景辉

　　　　赵秀玲（12月任）

　　　　甄为书　王茜

　　　　王志勇（11月任）

（刘子烨）

2018年8月14日，华夏银行股份有限公司石家庄分行与中国移动通信集团河北有限公司签署战略合作协议

【中国民生银行石家庄分行】2018年中国民生银行石家庄分行以综合金融服务目标，采取资产证券化、发债、定向募集等资本业务方式和“商行＋投行＋交易银行”业务模式及“融资＋融智＋融商”服务模式，为企业提供一揽子金融服务。民营企业和小微企业信贷。全年向民营企业提供贷款资金230亿元，民营企业贷款余额达到167亿元；发放小微企业贷款116亿元，其中发放无还本续贷58亿元，小微企业贷款余额达到109亿元，小微企业客户达到8.87万户；服务社区客户30万户，管理客户金融资产96亿元。至2018年末，分行各项存款706.49亿元，各项贷款余额475.79亿元，资产总额767.11亿元。2018年分行李娜（女）被全国总工会授予“全国五一劳动奖章”。

中国民生银行石家庄分行

行　长：刘国忠

副行长：宋立新　张振国

余建业　陈风云

（白亮）

2018年12月21日，中国民生银行石家庄分行私人银行启动运营

【中国光大银行石家庄分行】2018年中国光大银行股份有限公司石家庄分行（简称中国光大银行石家庄分行）业务规模、盈利能力、营业收入稳定发展，全年一般存款时点余额798.22亿元，较年初增加106.85亿元，增长15.45%；一般存款日均余额707.83亿元，较年初增加50.55亿元，增长7.69%；核心存款时点余额589.25亿元，较年初增加49.59亿元，增长9.19%；核心存款日均余额528.26亿元，较年初增加6.12亿元，增长1.17%。至2018年末，分行贷款时点余额736.45亿元，较年初增加75.82亿元，增长11.48%；贷款日均余额695.85亿元，较年初增加65.85亿元，增长10.45%。全年实现净营业收入29.79亿元，同比增加3.87亿元，增长14.94%。对公业务中标石家庄市公共资源交易中心保证金收退业务，开立石家庄公积金管理中心、河北省公积金管理中心对公账户，成功对接河北省、石家庄市、邯郸市三地“全国公积金统一结算平台”系统；新增养老金薪酬福利项目——天合汽车、“太平—光大”薪酬福利计划及“国寿永祥”集合计划，现金管理中标北控清洁热力“云服务”业务。探索交易银行营销模式，金沙河面业、石家庄市一卡通公司“云缴费”项目落地；在线保理业务平台与“河钢供应链平台”完成对接，开办河钢阳光融e链——“e共赢”项目，成功为冀中能源集团办理分行首笔内保外债业务。加强风险管控，采取重组、打包出售、现金清收、压缩退出、法律诉讼、专户额度审批制等方式，清收化解风险资产166户、金额97.17亿元，

中国光大银行股份有限公司

石家庄分行

党委书记：蔡雪峰（5月任）

行　　长：蔡雪峰（9月任）

副 行 长：魏昭

（贾晶）

【中国邮政储蓄银行石家庄市分行】2018年末，中国邮政储蓄银行股份有限公司石家庄市分行（简称中国邮政储蓄银行石家庄市分行）各项存款余额679亿元，较年初增加94亿元，增长16%，高于同业平均增速3.68个百分点，其中，自营存款余额300亿元，较年初增长20%，高于同业平均水平8.13个百分点，市场占有率2.24%，较年初提升0.15个百分点；个人储蓄时点余额新增12.68亿元，位列全省系统第1位，储蓄余额规模达到129亿元，同比增长11%；公司存款日均余额净增15.67亿元，结余153亿元，排名全国系统第3位，同比增长11.41%。各项贷款余额510亿元，较年初增加72亿

元，增长16%，高于同业平均水平5.31个百分点；市场占有率5%，较年初提升0.23个百分点。信用卡累计发卡6万张，同比增长41.95%。手机银行新增激活客户16万户，排名全国系统省会银行第3位。营销中国雄安集团永续债0.2亿元。“河北省小额票据贴现管理中心石家庄市分中心”在分行挂牌成立。推进“三农”金融事业部改革，小额贷款业务授信审查审批、会计放还款审核、放款职责划转完毕。重视网点建设，至2018年，分行共有支行34家，包括18家县（市、区）一级支行、6家市区一级支行、10家城区支行，拥有网点222个。其中，自营网点67个、代理营业机构155个。新增ITM智能柜员机119台，电子银行交易替代率达到94.34%，较年初提升4.02个百分点。加强个人经营贷款团队、小企业金融团队、消费贷款团队、公司业务团队、理财经理团队5支专业队伍人员配置，实现营业主管机构派驻全覆盖。2018年分行获评“全国文明单位”，所辖中华南大街支行、鹿泉支行营业部被中国银行业协会评为“2018年银行业文明规范服务千佳单位”。

中国邮政储蓄银行股份有限公司
石家庄市分行

行　长：师旭　（6月免）
　　　　耿学军（6月任）
副行长：于会龙（6月免）
　　　　薛彦军　段坤
　　　　石滨逢
　　　　陈慧芝（8月任）

（张圆圆）

【河北银行石家庄分行】 3月15日，根据《河北银监局关于河北银行石家庄营业管理部更名的批复》（银监冀复〔2018〕45号），河北银行股份有限公司石家庄营业管理部更名为河北银行股份有限公司石家庄分行（简称河北银行石家庄分行）。至2018年末，河北银行石家庄分行资产总额达到1259.73亿元，较年初增加111.27亿元。围绕石家庄市产业政策导向，对接京津冀协同发展重大项目、省市重点项目和优质企业，全年累计发放公司类贷款165笔、金额118.11亿元，办理供应链、票据池、保函等贸易融资业务30.51亿元。采用结构化融资、理财直融工具等投资银行业务产品为重点合作客户提供授信22.04亿元。个人业务代收养老保险、医保、取暖费缴费234万笔、19.2亿元。2018年末管理个人客户总资产765.73亿元，较年初增加83.06亿元，中高端客户数量较年初增加3.47万户。以客户需求为中心，满足市民消费融资需求，全年累计为2.06万户家庭发放个人类消费贷款20658笔、金额89.5亿元，2018年末个贷余额达到165.28亿元，较年初增加33.2亿元。支持民营企业、小微企业发展，新推出无还本续贷业务。2018年末小微贷款余额达到113.61亿元，户数9498户，户均贷款余额119.61万元；10家小微特色支行小微贷款合计增加6.3亿元，占小微贷款全部增量44.12%。支持创新创业，全年向279户科技型企业发放科技贷款7.3亿元，累计发放创业担保贷款177笔、4400万元。重视网点建设，2家支行智能网点装修和13家支行智能微改造完成，至2018年末，分行下辖营业网点89家，离行式ATM机具99台，发展形成遍布石家庄市区、覆盖城乡全区域营业网络。

河北银行股份有限公司
石家庄分行

行　长：王子彬
副行长：狄艳军（5月免）
　　　　曹文博　吕媛媛

（赵凯）

【河北农村信用社石家庄审计中心】 至2018年末，河北省农村信用社联合社石家庄审计中心（简称河北农村信用社石家庄审计中心）各项存款余额1617.3亿元，较年初增加98.77亿元；各项贷款余额1067.04亿元，较年初增加95.94亿元；涉农贷款443.94亿元，较年初增加57.06亿元；小微企业贷款634.84亿元，较年初增加46.13亿元；实现考核利润35.34亿元，同比增加0.76亿元。开展建档评级、授信、用信业务，新增建档6.86万户，建档占比92.55%；新增评级6.86万户，评级占比100%；授信88.71万户、资金额度670.43亿元，用信72.3亿元；落实风险分散保障机制基金4.69亿元；办理农业龙头企业贷款8.14亿元，较年初增加4.79亿元。创新线上线下金融电子产品，新开信通信用卡、随E盾、存量房资金监管系统、移动展业、代收取暖费和燃气费等业务，ETC业务、社保卡发卡和社保资金代发代扣全辖开通。推进信用村镇、信用示范区建设，全年创建信用村1275个、信用乡镇28个，分别占辖区行政村镇30.32%和13.53%；信用示范区创建对接龙头企业、学校、超市、市场等机构50家，授信 6.98 亿元，用信 4 亿元，创建信用示范区 34 家。至 2018 年末，河北农村信用社石家庄审计中心资产总额达到 1898.9 亿元，较年初增加 105.8 亿元；所有者权益 140 亿元，较年初增加 17.3 亿元；下辖农村商业银行 5 家、农村合作银行 1 家、信用联社股份有限公司 9 家、农村信用合作联社 4 家，拥有网点 596 个，其中，营业部 19 家、信用社（支行）437 家、分社（分理处）126 家、储蓄所 14 家；员工 6708 名。平山农商银行挂牌开业，元氏、灵寿获得河北银保监局筹建批复。11 家信用社联合社改制申请获河北省农村信用社联合社批准。开展星级网点创建活动，2 家旗舰店、9 家五星级网点通过省级验收，评定四星级网点 73 家、三星级网点 206 家。

河北省农村信用社联合社

石家庄审计中心

主　任：郭满平

副主任：刘宏峰　王树良

　　　　刘俊荣（女）

（梁宁）

【浦发银行石家庄分行】 至 2018 年末，上海浦东发展银行股份有限公司石家庄分行（简称浦发银行石家庄分行）本外币一般性存款（不含协议存款）余额 326.82 亿元，较年初增加 14.73 亿元，增长 4.72%；各项贷款余额 418.17 亿元，较年初增加 21.26 亿元，增长 5.36%。新发放京津冀交通一体化领域贷款 4.84 亿元，京津冀交通一体化领域贷款余额达到 111.63 亿元。采取代理承销、超短期融资券等方式，为河钢集团、冀中能源集团等省属重点企业发放贷款资金 130 亿元。提升普惠金融服务质量，运用互联网、大数据等技术手段，创新小微金融产品，专门为小微企业打造信息流、物流、资金流“三合一”综合服务体系；采取“场景化获客、系统化支撑、数字化识别、智能化风控”经营模式，提升小企业业务集约化经营能力和投放效率。全年小微企业贷款 21.43 亿元，较年初增加 12.65 亿元，有贷款余额户数 2264 户，较年初增加 1363 户。2018 年末分行下辖营业机构 36 家，其中，石家庄 12 家、邯郸 5 家、唐山 7 家、保定 4 家、沧州 4 家、廊坊 2 家、衡水 2 家。

上海浦东发展银行股份有限公司

石家庄分行

行　长：王起

副行长：李伟　　崔振声

　　　　赵英辉

（宋金玉）

【北京银行石家庄分行】 至 2018 年末，北京银行股份有限公司石家庄分行（简称北京银行石家庄分行）本外币资产总额 250.53 亿元，较年初增加 68.77 亿元，增长 37.84%；FTP 考核利润（扣减减值拨备后）4.58 亿元；总存款日均余额较年初增加 19.23 亿元，总存款在河北省份额较年初提升 0.01%。支持京津冀协同发展和雄安新区建设，办理雄安新区基础设施建设类项目贷款 1.1 亿元，参与并成功发行中国雄安集团有限公司首单私募永续债券；向河北新发地农副产品有限公司提供融资额度 50 亿元；投资河北省政府雄安新区建设专项债券 5.7 亿元。参加 2018 年首届政银企对接会，与石家庄市工业和信息化局签署 50 亿元战略合作协议。2018 年末分行下辖营业机构 12 家，其中，分行营业部 2 家，分别为石家庄分行营业部、保定分行营业部；综合性支行 7 家，分别为石家庄鹿泉支行、石家庄高新区科技支行、石家庄谈固大街支行、保定莲池支行、涿州支行、定州支行、白沟支行；社区支行 3 家，分别为石家庄西美五洲社区支行、石家庄中基礼域社区支行、石家庄紫晶悦城社区支行。

北京银行股份有限公司

石家庄分行

行　长：林京良

副行长：许连夕

（辛英慧）

【天津银行石家庄分行】 2018 年天津银行股份有限公司石家庄分行（简称天津银行石家庄分行）一般性存款时点余额 109.42 亿元，较年初下降 35.27 亿元，在河北省市场占比下降 0.07 个百分点；一般性存款日均余额 105.33 亿元，较年初下降 6.91 亿元，完成总行年度计划 73.23%。贷款日均余额 286.03 亿元，较年初增加 6.93 亿元；表内贷款时点余额 279.59 亿元，较年初减少 11.05 亿元。大资产业务余额 489.25 亿元，较年初减少 14.19 亿元。全年分行营业收入 6.93 亿元，较 2017 年减少 2.78 亿元，同比减少 28.66%。账面存贷利差 3.62%。投行业务净收入 0.2 亿元，同比下降 0.02 亿元，较 2017 年下降 13.75 个百分点。对公保证金存款占比由年初 11.98% 降至年末 10.64%；钢铁、煤炭等产能过剩行业授信占比由年初 4.08% 升至年末 4.16%；表外授信业务占比 8.04%，利率下降，短期授信占比减少，三年期以上中长期贷款占比较年初下降 1.5%。同业利润、投行中间收入、信用卡中间收入等项目成为新增利润主要来源。2018 年“汇富计划”理财产品获得石家庄市“百姓信赖金融产品”“最具人气”奖。

天津银行股份有限公司

石家庄分行

行　长：韩文金

副行长：佟旭东　尹学军

（朱硕）

【邯郸银行石家庄分行】 邯郸银行股份有限公司石家庄分行（简称邯郸银行石家庄分行）于 2010 年 12 月 28 日在石家庄市落户。2013 年 6 月，正定支行、裕华路支行开业；2013 年 7 月，夜间银行开业，由白天营业转变为 24 小时全天候人工营业，夜间银行成为石家庄市唯一 24 小时人工营业网点。全年新开支行 1 家，网点达到 32 家，其中，夜间银行 1 家、县域网点 4 家，分布在石家庄市 8 个区、4 个县。至 2018 年末，分行各项存款余额 200 亿元，各项贷款余额 70 亿元。围绕“机关为基层服务、后台为前台服务、二线为一线服务、全行为客户服务”服务理念，组建成立优质服务工作小组。以“三种人”（忙人、急人、夜经济经营者）为需求对象，提升夜间银行服务质量，打造夜间银行、不排队银行品牌。坚持“中小企业银行”市场定位，利用有限信贷规模满足中、小、微企业资金需求。开发“税联贷”产品，将企业授信额度与纳税额度相关联，以简便、快捷方式，实现“以税定贷、以贷促税”良性循环。采取更新设备、优化系统、多设并开满窗口、增加柜员、延时服务、增加柜员授权、慎重开办复杂产品业务等 12 项措施，提升业务办理速度，全年客户平均排队时间 3 分钟。2018 年分行营业部获评“中国银行业文明规范服务五星级营业网点”，分行夜间银行获评“最具创新力银行”。

邯郸银行股份有限公司

石家庄分行

行　长：郭建新

副行长：王海燕

（冯春雨）

【廊坊银行石家庄分行】 至 2018 年末，廊坊银行股份有限公司石家庄分行（简称廊坊银行石家庄分行）各项存款余额 223.92 亿元，较年初增加 59.61 亿，增长 36.27%；一般性存款日均余额 183.47 亿元，较年初增加 35.28 亿元，增长 23.81%。对公、零售存款双双突破百亿元。存款余额、日均增量排名系统第一。表内贷款时点余额 27.11 亿元，较年初减少 0.24 亿元，同比下降 0.89%；贷款日均余额 28.09 亿元，较年初增加 7.74 亿元，同比增长 38.03%。全年分行营业收入 3.14 亿元，较 2017 年增加 0.82 亿元，同比增长 35.34%；实现 EVA 利润 1.46 亿元。新开业支行 2 家。10 月 26 日，石家庄四明街支行开业；12 月 18 日，石家庄西大街支行开业。至 2018 年末，分行下辖营业网点 19 家，其中，综合支行 12 家、小微支行 1 家、县域支行 6 家。

廊坊银行股份有限公司

石家庄分行

行　长：何新

副行长：李一兵

盛春龙

（赵粉娥）

【张家口银行石家庄分行】 至 2018 年末，张家口银行股份有限公司石家庄分行（简称张家口银行石家庄分行）各项存款时点余额 178.63 亿元，与 2017 年持平。对公存款 82.57 亿元，储蓄存款 96.07 亿元，对公存款占比 46%，储蓄存款占比 54%，存款结构持续优化。各项存款年日均余额 159.83 亿元，较 2017 年增加 3.72 亿元，其中，对公存款日均余额 73.36 亿元，储蓄存款日均余额 86.47 亿元。各项贷款余额 40.07 亿元，其中，公司贷款 37.36 亿元，个人贷款 1.06 亿元，贴现资产 1.06 亿元。实现营业收入 8.55 亿元，账面利润 6202.60 万元，纳税 6562.12 万元。推进网点建设，8 月 16 日，维多利亚支行开业。至 2018 年末，分行下辖网点 42 家，其中，一级支行 30 家（市区 14 家、县域 16 家），小微及社区支行 12 家，基本实现石家庄地域全覆盖。

张家口银行股份有限公司

石家庄分行

行　长：白春

副行长：武燕荣　李东海

任勇　李强

李乾　贾军

（唐艳青）

【沧州银行石家庄分行】 沧州银行股份有限公司石家庄分行（简称沧州银行石家庄分行）于2016年11月经河北银监局批准筹建。2017年9月，河北银监局批准开业并颁发金融许可证。2017年11月，中国人民银行石家庄中心支行颁发金融机构代码证；2017年12月，沧州银行石家庄分行试营业，2018年10月18日正式营业。地址位于石家庄市体育南大街19号，营业面积6000平方米。至2018年末，沧州银行石家庄分行存款余额达到21.48亿元，贷款余额达到16.22亿元，公司客户、个人客户累计超过2000户。

2018年10月18日，沧州银行石家庄分行开业

沧州银行股份有限公司

石家庄分行

行　长：胡长春

副行长：蒋海英　解瑾

杨学刚

（许庆文）

证　券

【概况】 2018年，全市实现企业挂牌上市25家，其中，香港交易所主板上市1家，新三板上市6家，石家庄股权交易所主板挂牌18家。至2018年底，全市挂牌上市企业总数达到192家（不包含省外区域股权市场和石家庄股权交易所成长板挂牌企业），其中，境内A股市场上市企业16家（主板8家、中小板3家、创业板5家），境外市场上市挂牌企业19家（香港14家、美国4家、英国1家），新三板挂牌企业75家，石家庄股权交易所挂牌企业82家。2018年5月，中国二十一教育集团有限公司在香港交易所主板上市，融资3.21亿元，成为京津冀地区首家在港股上市民办教育集团。

表23

1994～2018年石家庄市沪深证券交易所上市企业情况一览表

序号	企业名称	注册地址	股票简称	股票代码	上市地点	上市时间
1	新奥生态控股股份有限公司	长安区	新奥股份	600803	上海主板	1994年1月
2	华北制药股份有限公司	长安区	华北制药	600812	上海主板	1994年1月
3	河北建投能源投资股份有限公司	裕华区	建投能源	000600	深圳主板	1996年6月
4	东旭光电科技股份有限公司	高新区	东旭光电	000413	深圳主板	1996年9月

续表

序号	企业名称	注册地址	股票简称	股票代码	上市地点	上市时间
5	石家庄东方热电股份有限公司	裕华区	东方能源	000958	深圳主板	1999 年 12 月
6	石家庄常山纺织股份有限公司	长安区	常山股份	000158	深圳主板	2000 年 7 月
7	博深工具股份有限公司	高新区	博深工具	002282	深圳中小板	2009 年 8 月
8	河北钢铁股份有限公司	裕华区	河北钢铁	000709	深圳主板	2010 年 1 月
9	河北恒信移动商务股份有限公司	高新区	恒信移动	300081	深圳创业板	2010 年 5 月
10	河北先河环保科技股份有限公司	高新区	先河环保	300137	深圳创业板	2010 年 11 月
11	河北以岭药业股份有限公司	高新区	以岭药业	002603	深圳中小板	2011 年 7 月
12	河北常山生化药业股份有限公司	正定县	常山药业	300255	深圳创业板	2011 年 8 月
13	冀凯装备制造股份有限公司	高新区	冀凯股份	002691	深圳中小板	2012 年 7 月
14	河北汇金机电股份有限公司	高新区	汇金股份	300368	深圳创业板	2014 年 1 月
15	石家庄市通合电子科技股份有限公司	高新区	通合科技	300491	深圳创业板	2015 年 12 月
16	石家庄科林电气股份有限公司	鹿泉区	科林电气	603050	上海主板	2017 年 4 月

表 24

1994～2018 年石家庄市境外上市企业情况一览表

序号	企业名称	注册地址	股票简称	股票代码	上市地点	上市时间
1	石药集团有限公司	桥西区	石药集团	01093.HK	香港主板	1994 年 6 月
2	神威药业有限公司	栾城区	神威药业	02877.HK	香港主板	2004 年 12 月
3	石家庄安瑞科气体机械有限公司	高新区	中集安瑞科	03899.HK	香港主板	2005 年 10 月
4	石家庄四药有限公司	高新区	石四药集团	02005.HK	香港主板	2005 年 12 月
5	河北奥星集团药业有限公司	新乐市	奥星药业	AXN.A	美交所	2006 年 4 月
6	河北华美玻璃制品公司	高邑县	华美玻璃	—	英国 AIM	2007 年 8 月
7	河北好日子商业股份有限公司	桥西区	好日子	GLCC	OTCBB	2008 年 4 月（借壳）
8	河北省环渤海湾旅游开发股份有限公司	高新区	中国旅游	CRHI	OTCBB	2008 年 12 月
9	河北诺特通信技术有限公司	长安区	中国全通	00633.HK	香港主板	2009 年 9 月

续表

序号	企业名称	注册地址	股票简称	股票代码	上市地点	上市时间
10	河北世捷开元汽车贸易有限公司	高新区	中国汽车	AUTC.O	纳斯达克	2010 年 3 月
11	天山发展（控股）有限公司	高新区	天山发展	02118.HK	香港主板	2010 年 7 月
12	新天绿色能源股份有限公司	桥西区	新天绿色能源	00956.HK	香港主板	2010 年 10 月
13	国农控股有限公司	桥西区	国农控股	01236.HK	香港主板	2011 年 8 月
14	河北四方通信设备有限公司	藁城区	中国光纤	03777.HK	香港主板	2011 年 7 月
15	中国优通控股有限公司	裕华区	中国优通	06168.HK	香港主板	2012 年 6 月
16	勒泰商业地产有限公司	长安区	勒泰商业地产	00122.HK	香港主板	2013 年 6 月
17	东胜中国控股有限公司	裕华区	东胜中国	00265.HK	香港主板	2015 年 6 月
18	河北翼辰实业股份有限公司	藁城区	翼辰实业	01596.HK	香港主板	2016 年 12 月
19	中国二十一教育集团有限公司	鹿泉区	21 世纪教育	01598.HK	香港主板	2018 年 5 月

【6 家企业新三板挂牌上市】 全年石家庄市 6 家企业在全国中小企业股份转让系统（简称新三板）挂牌上市，分别为：河北智德检验检测股份有限公司、尚禹河北电子科技股份有限公司、河北萌帮水溶肥料股份有限公司、河北安信联行物业股份有限公司、河北国源电气股份有限公司、河北双鸽食品股份有限公司。至 2018 年底，石家庄市在新三板挂牌上市企业 75 家。

表 25

2014 ～ 2018 年石家庄市新三板挂牌上市企业情况一览表

序号	企业名称	注册地址	股票简称	股票代码	上市时间
1	石家庄五龙制动器股份有限公司	高新区	五龙制动	430540	2014 年 1 月
2	石家庄新华能源环保科技股份有限公司	栾城区	新华环保	831358	2014 年 11 月
3	河北百年巧匠手工艺品股份有限公司	桥西区	百年巧匠	831461	2014 年 12 月
4	博广热能股份有限公司	高新区	博广热能	831507	2014 年 12
5	河北搜才人力资源股份有限公司	裕华区	搜才人力	831662	2015 年 1 月
6	石家庄中扬网络科技股份有限公司	高新区	中扬科技	831841	2015 年 2 月
7	河北亚诺化工股份有限公司	藁城区	河北亚诺	831730	2015 年 2 月
8	石家庄中兴机械制造股份有限公司	赵　县	中兴机械	832017	2015 年 3 月

续表

序号	企业名称	注册地址	股票简称	股票代码	上市时间
9	河北科瑞达仪器科技股份有限公司	高新区	科瑞达	832189	2015 年 3 月
10	河北鑫乐医疗器械科技股份有限公司	新乐市	鑫乐医疗	832294	2015 年 4 月
11	河北凯翔电气科技股份有限公司	高新区	凯翔电气	832309	2015 年 4 月
12	河北智达光电科技股份有限公司	高新区	智达光电	832360	2015 年 5 月
13	河北美邦科技工程股份有限公司	高新区	美邦科技	832471	2015 年 5 月
14	河北海鹰环境安全科技股份有限公司	高新区	海鹰股份	832963	2015 年 7 月
15	河北汉尧环保科技股份有限公司	桥西区	汉尧环保	832915	2015 年 7 月
16	河北瑞诺医疗器械股份有限公司	高新区	瑞诺医疗	832986	2015 年 7 月
17	河北华通科技股份有限公司	高新区	华通科技	833105	2015 年 8 月
18	先控捷联电气股份有限公司	裕华区	先控电气	833426	2015 年 8 月
19	河北神钥软件科技股份有限公司	鹿泉区	神玥软件	833534	2015 年 9 月
20	河北三楷深发科技股份有限公司	栾城区	三楷深发	833855	2015 年 10 月
21	河北一森园林绿化工程股份有限公司	元氏县	一森园林	833881	2015 年 10 月
22	河北丰源智控科技股份有限公司	鹿泉区	丰源智控	833922	2015 年 10 月
23	元道通信股份有限公司	新华区	元道通信	834034	2015 年 10 月
24	河北海川能源科技股份有限公司	裕华区	海川能源	834052	2015 年 11 月
25	博信通信股份有限公司	鹿泉区	博信通信	833875	2015 年 11 月
26	河北智恒医药科技股份有限公司	高新区	智恒医药	834516	2015 年 11 月
27	石家庄福润新技术股份有限公司	高新区	福润股份	834113	2015 年 11 月
28	恩迪生物科技河北股份有限公司	裕华区	恩迪生物	834655	2015 年 12 月
29	石家庄博宇科技股份有限公司	高新区	博宇科技	834849	2016 年 1 月
30	河北晓进机械制造股份有限公司	高新区	晓进机械	835094	2016 年 1 月
31	河北橡一医药科技股份有限公司	正定县	橡一医药	835358	2016 年 2 月
32	河北白鹿温泉旅游度假股份有限公司	平山县	白鹿温泉	835976	2016 年 2 月
33	河北海力香料股份有限公司	藁城区	海力香料	835789	2016 年 2 月

续表

序号	企业名称	注册地址	股票简称	股票代码	上市时间
34	斯特龙装饰股份有限公司	新华区	斯特龙	835860	2016 年 2 月
35	河北九易庄宸科技股份有限公司	高新区	九易庄宸	835960	2016 年 3 月
36	河北潜能燃气股份有限公司	正定县	潜能燃气	836116	2016 年 3 月
37	河北炫坤节能科技股份有限公司	高新区	炫坤节能	836055	2016 年 3 月
38	河北中科恒运软件股份有限公司	高新区	中科恒运	836277	2016 年 3 月
39	河北博岳通信技术股份有限公司	长安区	博岳股份	836431	2016 年 3 月
40	河北精英动漫文化传播股份有限公司	高新区	精英动漫	837012	2016 年 4 月
41	河北工大科雅能源科技股份有限公司	高新区	工大科雅	836391	2016 年 4 月
42	石家庄世纪森诺通讯股份有限公司	高新区	世纪森诺	836740	2016 年 5 月
43	河北旭辉电气股份有限公司	高新区	旭辉电气	836496	2016 年 5 月
44	益生环保科技股份有限公司	灵寿县	益生环保	837324	2016 年 5 月
45	河北为信电子科技股份有限公司	高新区	为信股份	838626	2016 年 8 月
46	河北昊天诚泰科技股份有限公司	高新区	昊天诚泰	838744	2016 年 8 月
47	河北诚业智能科技股份有限公司	藁城区	诚业股份	838358	2016 年 8 月
48	河北双星种业股份有限公司	新华区	双星种业	838998	2016 年 8 月
49	河北吉美达工具股份有限公司	藁城区	吉美达	839029	2016 年 8 月
50	河北合佳医药集团股份有限公司	藁城区	合佳医药	838641	2016 年 8 月
51	河北方大包装股份有限公司	元氏县	方大股份	838163	2016 年 9 月
52	河北协同环保科技股份有限公司	循环化工园区	协同环保	838632	2016 年 9 月
53	河北泽华伟业科技股份有限公司	高新区	泽华伟业	839501	2016 年 12 月
54	河北华糖云商营销传播股份有限公司	长安区	华糖云商	839629	2016 年 12 月
55	河北众美传媒股份有限公司	长安区	众美传媒	870313	2016 年 12 月
56	河北敬业钢构股份有限公司	平山县	敬业钢构	870181	2016 年 12 月
57	河北地平线通用航空股份有限公司	高新区	地平通航	870273	2016 年 12 月
58	河北泽宏科技股份有限公司	平山县	泽宏科技	870443	2017 年 1 月

续表

序号	企业名称	注册地址	股票简称	股票代码	上市时间
59	石家庄鹏海制药股份有限公司	行唐县	鹏海制药	870773	2017 年 2 月
60	河北东方视野文化传播股份有限公司	裕华区	东方视野	871435	2017 年 5 月
61	河北圣佳科技股份有限公司	无极县	圣佳科技	871335	2017 年 5 月
62	石家庄圣宏达热能工程技术股份有限公司	高新区	圣宏达	871550	2017 年 5 月
63	河北创源通信技术有限公司	高新区	创源通信	871806	2017 年 8 月
64	河北华友古建筑工程股份有限公司	裕华区	华友股份	872221	2017 年 10 月
65	河北昆时网络科技股份有限公司	高新区	昆时股份	872246	2017 年 10 月
66	河北上元智能科技股份有限公司	高新区	上元智能	872286	2017 年 10 月
67	石家庄育才医药包装材料股份有限公司	藁城区	育才药包	872411	2017 年 12 月
68	河北华清环境科技股份有限公司	桥西区	华清环境	872430	2017 年 12 月
69	河北兄弟伊兰食品科技股份有限公司	正定县	兄弟伊兰	872508	2017 年 12 月
70	河北智德检验检测股份有限公司	高新区	智德检测	872525	2018 年 1 月
71	尚禹河北电子科技股份有限公司	高新区	尚禹科技	872585	2018 年 1 月
72	河北萌帮水溶肥料股份有限公司	赵　县	萌帮股份	872623	2018 年 2 月
73	河北安信联行物业股份有限公司	长安区	安信联行	872718	2018 年 2 月
74	河北国源电气股份有限公司	高新区	国源电气	872921	2018 年 8 月
75	河北双鸽食品股份有限公司	裕华区	双鸽股份	872948	2018 年 8 月

【18 家企业石交所挂牌上市】 全年石家庄市 18 家企业在石家庄股权交易所挂牌上市，分别为：石家庄市超达家饰股份有限公司、河北高盛药业股份有限公司、石家庄新合纤维科技股份有限公司、河北盛滨农业发展股份有限公司、石家庄三立谷物机械股份有限公司、河北万古人力资源股份有限公司、河北珍氏美生物科技股份有限公司、河北光之翼信息技术股份有限公司、河北洛普工业设计股份有限公司、石家庄元氏县讯驰汽车运输股份有限公司、河北曲寨矿峰水泥股份有限公司、石家庄清凉湾热力股份有限公司、河北合劲机械制造股份有限公司、河北龙权电器股份有限公司、石家庄市矿区新世纪煤炭销售股份有限公司、河北长铄科技股份有限公司、河北通涛管业集团股份有限公司、河北中凯智境新能源股份有限公司。新合纤维在石交所挂牌上市。5 月 15 日，石家庄新合纤维科技股份有限公司获得石家庄股权交易所挂牌证书；8 月 23 日，新合纤维正式挂牌上市。股权代码 660387，简称：新合纤维。这是石家庄综合保税区第一家投产企业和河北省供销系统第一家挂牌企业。2015 年 2 月 2 日，新合纤维公司成立，2017 年 6 月投产运营，是市供销合作总社所属市第一棉

麻总公司控股的混合所有制企业，注册资本 5000 万元，主要经营范围为纺纱、保税物流仓储等。公司拥有 2 个纺纱车间、4 个现代化保税物流仓储库，车间采用立达 R66 和赐来福 BD7 转杯纺生产设备，以质优价廉国外原棉作为生产原料，年生产高品质纯棉纱线 3 万吨，被立达纺织食品有限公司命名为“立达全流程转杯纺生产线中国样板工厂”，被美国国际棉花协会授予“COTTON USATM 商标”使用许可。公司还利用近 4 万平方米保税仓储库，开展保税物流业务和棉花国际贸易，物流仓储库已发展成为中国跨境电子商务专业委员会华北保税（加工）智选仓。

至 2018 年底，全市在石家庄股权交易所挂牌上市企业 82 家。

表 26

2018 年石家庄股权交易所挂牌上市企业情况一览表

序号	公司简称	注册地点	股票简称	股票代码	上市时间	总股本（万股）	总资产（万元）	总收入（万元）
1	石家庄市超达家饰股份有限公司	无极县郭庄镇杨家庄村	超达家饰	660477	2018 年 1 月 9 日	1200	1366.75	629.1
2	河北高盛药业股份有限公司	新乐市城东工业区 16 号	高盛药业	660489	2018 年 1 月 9 日	300	686.46	987.16
3	石家庄新合纤维科技股份有限公司	石家庄综合保税区	新合纤维	660387	2018 年 5 月 15 日	5000	32099.36	22781.23
4	河北盛滨农业发展股份有限公司	平山县三汲乡田营村	盛滨农业	660403	2018 年 5 月 30 日	1000	3728	928
5	石家庄三立谷物机械股份有限公司	长安区红星北街 21 号	三立谷物	660490	2018 年 8 月 20 日	501	2220.87	1708.59
6	河北万古人力资源股份有限公司	高新区天山大街 286 号	万古人资	660499	2018 年 12 月 12 日	300	510	7157
7	河北珍氏美生物科技股份有限公司	高新区黄河大道 128 号	珍氏美	660503	2018 年 12 月 13 日	300	277.31	321.42
8	河北光之翼信息技术股份有限公司	新华区合作路 68 号	光之翼	660505	2018 年 12 月 17 日	1034	3250.71	6673.26
9	河北洛普工业设计股份有限公司	高新区湘江道 39 号石家庄信息工程职业技术学院国家动漫产业发展基地	洛普工业	660506	2018 年 12 月 17 日	300	549.85	345.65
10	石家庄元氏县讯驰汽车运输股份有限公司	元氏县槐阳镇东原庄村	讯驰运输	660507	2018 年 12 月 17 日	300	301	705
11	河北曲寨矿峰水泥股份有限公司	井陉矿区贾庄镇南寨村	曲寨矿峰	660508	2018 年 12 月 17 日	33165.9	121453.62	55972.1
12	石家庄清凉湾热力股份有限公司	井陉矿区新王舍村	清凉湾	660509	2018 年 12 月 17 日	5000	8277	3582.4
13	河北合劲机械制造股份有限公司	元氏县马村乡段村南 107 国道东侧	合劲机械	660510	2018 年 12 月 17 日	1649.34	1803	341
14	河北龙权电器股份有限公司	新华区公里街 10 号新华科技电子广场	龙权电器	660511	2018 年 12 月 17 日	10000	—	—

续表

序号	公司简称	注册地点	股票简称	股票代码	上市时间	总股本（万股）	总资产（万元）	总收入（万元）
15	石家庄市矿区新世纪煤炭销售股份有限公司	井陉矿区北纬西路	新世纪A	660512	2018年12月17日	8000	25305	40376
16	河北长铄科技股份有限公司	桥西区新石北路368号	长铄股份	660527	2018年12月27日	310	445	595
17	河北通涛管业集团股份有限公司	裕华区槐安东路138-2恒泰国际17楼	通涛管业	660522	2018年12月26日	8000	12089.83	6652.64
18	河北中凯智境新能源股份有限公司	藁城区育英西路与廉华街交叉口南行100米	中凯智境	660548	2018年12月30日	400	720.18	927.49

保 险

【**概况**】2018年，全市保险机构以建设现代省会、经济强市为己任，突出围绕京津冀协同发展和“4+4”现代产业格局，主动发挥社会民生“保障网”作用。制定印发《关于加快发展商业养老保险的实施方案》，支持保险机构推进商业养老保险发展。鼓励保险机构创设“保险＋期货”农产品收入保险及特色农业、温室蔬菜寡照指数保险等新兴险种，扩大科技保险、小额贷款保证保险、环境污染责任保险等保险范围和投保领域。至2018年末，全市保险公司原保险保费收入398.4亿元，同比增长0.7%。其中，财产险业务原保险保费收入120.3亿元，寿险业务原保险保费收入201.3亿元，健康险业务原保险保费收入65.1亿元；意外伤害险业务原保险保费收入11.6亿元。

【**中国人寿保险石家庄分公司**】2018年中国人寿保险股份有限公司石家庄分公司（简称中国人寿保险石家庄分公司）实现总保费收入55.54亿元，同比增长6.77%，市场份额占比22.47%。其中，长险首年保费收入13.53亿元，同比下降27.6%；个险保费收入34.95亿元，同比增长13.01%。销售人员总数1.86万人。网络保费销售4000万元。长险首年标保折标率32.64%，同比增长0.12个百分点；10年期以上保障型保费收入2.10亿元；新单创费率16.62%，同比提高3.37个百分点。总保费、首年期交、银保首年期交、续期、短险保费市场份额及个险、团险2个渠道市场份额占比均居全市行业之首，总保费、长险首年标保、首年期交3项保费贡献度跻身全国100个大中城市前20名。客户服务与赔付。“国寿e宝”新增用户26.4万人。客户临柜时长缩短31.6%。全年赔给付支出总额18.06亿元，其中，赔款支出5.20亿元，死伤医疗给付1.44亿元，年金给付2.45亿元，满期给付8.97亿元。城区居民和职工意外险理赔实现直付。承办石家庄市城乡居民大病医疗保险、城镇职工大病保险及城镇职工、居民意外伤害保险等民生项目，管理参保人数1000万余人次，赔付21.99万人次，支付赔款5.28亿元。2018年中国人寿保险石家庄分公司获评石家庄市2017～2018年度保护消费者合法权益工作先进单位。

表 27

2018 年中国人寿保险石家庄分公司（含集团）保费收入情况一览表

项目			保费收入（万元）	同比增长（%）
险种	长险	首年保费	135255.81	-27.60
		续期保费	338570.11	19.49
	短险		81565.57	63.00
渠道	个险		349546.84	11.03
	团险		70726.49	69.89
	银邮		93159.87	-29.71
	电销及其他兼业代理		41958.29	34.30
总保费			555391.48	6.76

备注：数据来自中国人寿保险股份有限公司统计信息系统，河北省银保监局口径。

中国人寿保险股份有限公司
石家庄分公司
总 经 理：刘林
副总经理：张国杰　任少川
甄金波（10 月免）
田晓农
晋英伟（8 月任）

（阎媛敏）

【中国人民财产保险石家庄市分公司】
2018 年中国人民财产保险股份有限公司石家庄市分公司（简称中国人民财产保险石家庄市分公司）实现保费收入 32.64 亿元，同比增长 4.69%。其中，车险保费收入 26.52 亿元，增长 0.17%；商业险非车险保费收入 3.8 亿元，增长 48%；工程险保费收入 2102 万元，增长 129.26%，工程险增长最快；责任险保费收入 1.25 亿元，增长 45.76%；健康险保费收入 4492 万元，增长 57.5%；农险保费收入 2.3 亿元，增长 26%。科技保险。以促进初创期科技型中小企业和高新技术企业快速成长为目标，分散化解科技创新风险，设立全省首家科技保险专营机构。3 月 8 日，中国人民财产保险股份有限公司石家庄市高新区科技支公司成立，这也是河北省成立的第一家科技保险专营机构。主要办理 14 种科技保险险种，分别为：高新技术企业首台套重大技术装备保险、生命科学产品完工责任保险、高新技术企业关键研发设备保险、高新技术企业履约保证保险、高新技术企业专利保险、高新技术企业产品责任保险、高新技术企业产品质量保证保险、高新技术企业项目投资损失保险、高新技术企业知识产权质押贷款保证保险、出口信用保险、知识产权海外侵权责任保险、专利执行保险、侵犯专利权责任保险、执业责任保险。制定政策，向科技型中小企业和高新技术企业提供保费补贴。具体标准为：参保金额在 5000 万元以内，按实际缴纳保费 60% 给予支持，单个企业最高每年支持 10 万元；参保金额在 5000 万元以上的，引入第三方评估公司给予系统性风险评估后，可按实际缴纳保费 50% 予以支持，单个企业最高每年支持 15 万元。客户服务与赔付。以“优”“易”“快”为目标，依托营销管理系统、电子保单、微信、自主柜员机等新工具平台，全面提升服务效率。利用“人保之友”平台配送服务包，涉及洗车、保养、漆面修复等服务项目，受益客户 3 万余名。建立警保联动机制，全年处理交通事故 2145 笔，提供更换轮胎、拖车等增值服务 129 笔；“警保联动车驾管服务站”办理免检车辆申领合格标志业务 213 笔，指引 300 余名客户通过交管“12123”App 处理违章业务。开办理赔夜市，举办理赔服务不打烊活动。全年公司赔付保险资金16.64亿元，同比增长17.27%。2018年中国人民财产保险石家庄市分公司被总公司评为“地市级分公司经营业绩50强”，被河北省分公司授予“跨越双百亿突出贡献奖”。

表28

2018年中国人民财产保险石家庄市分公司保费收入情况一览表

险种	保费收入（万元）	同比增长（%）
车险	265244	0.17
商业性非车险	38229	32.78
企财险	6842	−17.71
家财险	1958	6.97
工程险	2102	129.25
特险	110	−11.13
责任险	12494	45.76
信用险	877	15.08
保证险	57	25.82
货运险	1160	4.10
意外险	2622	17.08
健康险	4492	57.50
普惠金融	5516	172.82
农险	22964	25.98
合计	326438	4.69

中国人民财产保险股份有限公司
石家庄市分公司
总 经 理：王翔
副总经理：王大为　李文钢
周永喜

（郝晓猛）

【太平洋人寿保险石家庄中心支公司】 至2018年末，中国太平洋人寿保险股份有限公司石家庄中心支公司（简称太平洋人寿保险石家庄中心支公司）实现规模保费收入15.49亿元，同比增长21.27%，排名石家庄市场第三位。其中，个险渠道保费收入14.93亿元，同比增长22.76%；银保渠道保费收入5253万元，同比下降10.07%；团险渠道保费收入324万元，同比增长28.06%。赔款与给付。借助自助化、智能化、无纸化理赔服务体系，启动“太e赔”自助理赔项目（简称太e赔）。2018年2月，“太e赔”在石家庄市正式上线，优化了理赔流程，提高了客户服务效率。全年公司累计处理理赔案件39246件，同比增长257%；赔款金额9506万元，同比增长48%；满期给付1.08亿元。

表 29

2018 年中国太平洋人寿保险股份有限公司石家庄中心支公司保费收入情况一览表

类别	金额（万元）	增加额（万元）	同比增长（%）
个险渠道	149318	27684	22.76
新单	43069	2151	5.26
银保渠道	5253	-588	-10.07
新单	3560	-115	-3.13
团险（直销）	324	71	28.06
新单	183	21	12.96
总保费	154895	27167	21.27

中国太平洋人寿保险股份有限公司
石家庄中心支公司
总 经 理：张进武
副总经理：常洪峰　赵显峰
何小兵　柳伟
（薛艳凤）

【太平洋财产保险石家庄中心支公司】 2018 年中国太平洋财产保险股份有限公司石家庄中心支公司（简称太平洋财产保险石家庄中心支公司）以总公司、分公司“双优双对标”发展方向为指引，贯彻落实“发挥省会优势，整合区域资源，强化经营意识，做强做大省会中支”发展思路，编制完成太平洋财产保险石家庄中心支公司三年发展规划。至 2018 年末，公司实现保费收入 7.32 亿元，同比增长 14.89%，在石家庄市场占比 6.27%。其中，车险实现保费收入 4.65 亿元，增长 11.36%；非车险保费收入 1.85 亿元，增长 11.34%；农险保费收入 0.83 亿元，增长 52.93%。

表 30

2018 年中国太平洋财产保险石家庄中心支公司保费收入情况一览表

类别	保费收入（亿元）	同比增长（%）
车险	4.65	11.36
非车险	1.85	11.34
农险	0.83	52.93
总保费	7.32	14.89

中国太平洋财产保险股份有限公司
石家庄中心支公司
总 经 理：孔秀敏
副总经理：赵红艳
（郭新山）

【平安人寿保险河北分公司】 至 2018 年末，中国平安人寿保险股份有限公司河北分公司（简称平安人寿保险河北分公司）在石家庄市域实现保费收入 36.31 亿元，同比增加 8.52 万元，增长 30.67%。按险种分类，传统寿险保费收入 25.97 亿元，同比增长 28.77%；意外伤害险保费收入 1.38 亿元，同比增长 25.65%；健康险保费收入 8.95 亿元，同比增长 37.42%。按渠道分类，个人代理业务保费收入 31.78 亿元，同比增长 29.47%，占总保费收入 87.52%；公司直销渠道保费收入 3.28 亿元，同比增长 56.53%；银邮渠道业务保费收入 1.25 亿元，同比增长 9.04%。按保费期限分类，长险总保费收入 34.31 亿元，同比增长 29.68%；短险保费收入 1.99 亿元，同比增长 50.53%。赔款与给付。至 2018 年底，公司赔款支出 1842.96 万元，同比增长 34.30%；给付合计 5.02 亿元，同比增长 30.92%。

表 31

2018 年中国平安人寿保险石家庄市域保费收入情况一览表

类别			金额（万元）	增加额（万元）	同比增长（%）
险种	人寿保险		259683.71	58011.82	28.77
	意外保险		13820.50	2821.19	25.65
	健康保险		89549.10	24384.58	37.42
渠道	个人代理		317751.98	72331.95	29.47
	公司直销		32815.43	11850.93	56.53
	银邮代理		12485.90	1034.72	9.04
保费期限	长险	总额	343131.74	78529.93	29.68
		首年保费	124466.19	8227.42	7.08
		续期保费	218665.55	70302.51	47.39
	短险		19921.57	6687.67	50.53
总保费			363053.31	85217.60	30.67

表 32

2018 年中国平安人寿保险石家庄市域赔退付情况一览表

类别		金额（万元）	增加额（万元）	同比增长（%）
赔款		1842.96	470.72	34.30
给付	满期	14736.09	−4162.94	−22.03
	年金	16943.55	11342.31	202.50
	死伤医疗	18484.95	4666.90	33.77
	合计	50164.60	11846.27	30.92

中国平安人寿保险股份有限公司
河北分公司
总 经 理：赵津
副总经理：张树新 何伟杰
耿剑 王泽根
苏海超 郭军升
尹斌

（刘雨萌）

【平安财产保险石家庄中心支公司】至2018年末，中国平安财产保险股份有限公司石家庄中心支公司（简称平安财产保险石家庄中心支公司）实现保费收入20.40亿元，同比增长11.6%。其中，车险保费收入19亿元，同比增长13.8%；财产险保费收入0.82亿元，同比下降24.3%；意健险保费收入0.58亿元，同比增长15.9%。保费市场占有率排名石家庄产险市场第二位。支持石家庄市现代化综合交通体系建设和乡村道路发展，提供市政公路、管廊、住房建设等基建项目保险保额50亿元、乡村道路工程建设保险保额5亿余元。支持工业制造，为石家庄新材料保险项目提供保险保额1亿余元，为装备制造业提供保险保障400亿元。办理专利保险保障1.3亿元。提供环境污染责任险、食品安全责任险保险保障45亿余元。全年上缴税款2.88亿元，其中，增值税及附加缴纳7147万元，代扣代缴车船税缴纳2.1亿元，代扣代缴个人所得税缴纳413万元，印花税缴纳295万元。客户服务与赔付。车险理赔首次推出"视频报案理赔""警保联动"等特色服务。利用电子新技术，建立平安好车主App、微信小程序等理赔模式，帮助客户快速完成事故现场处理，全年公司接受车险报案10.2万件，车险赔款7.23亿元，"电话理赔＋视频理赔"处理车险报案达到30%。

表33

2018年平安财产保险股份有限公司石家庄中心支公司保费收入情况一览表

类别	保费收入（亿元）	同比增长（%）
车险	19.0	13.8
财产险	0.82	−24.3
意健险	0.58	15.9
总保费	20.40	11.6

中国平安财产保险股份有限公司
石家庄中心支公司
总 经 理：张保龙（6月免）
廖俊 （6月任）
副总经理：李峥 贾音

聂光辉 刘岩松

（张亚然）

【新华人寿保险石家庄中心支公司】2018年新华人寿保险股份有限公司石家庄中心支公司（简称新华人寿保险石家庄中心支公司）实现保费收入11.71亿元，同比增长20.14%，石家庄市场份额占比4.77%。其中，长险保费收入11.14亿元，同比增长18.45%；短险保费收入5696.36万元，同比增长66.54%。健康险保费收入1.81亿元，同比增长56.0%。保险销售人员6000余人。客户服务与赔付。升级主险防癌产品康爱无忧，开发创新性保障型产品附加特定心脑血管疾病保险，填补石家庄市场空白。提升服务效率，保险承保时效达到0.56天，同比缩短12.7%；理赔时效达到2.07天，同比缩短11.9%；保全时效1.04天。应用科技新技术，微信投保、人工智能问答机器人、智能微信回访、人脸识别、语音识别等新业务上线。2018年公司办理赔付11237件，赔付金额5403.29万元，给付率98.3%。

表 34

2018 年新华人寿保险股份有限公司石家庄中心支公司保费收入情况一览表

<table>
<tr><th colspan="3">类别</th><th>保费收入（万元）</th><th>同比增长（%）</th></tr>
<tr><td rowspan="4">险种</td><td rowspan="3">长险</td><td>总额</td><td>111389.54</td><td>18.45</td></tr>
<tr><td>首年保费</td><td>27026.82</td><td>−11.61</td></tr>
<tr><td>续期保费</td><td>84362.73</td><td>32.93</td></tr>
<tr><td colspan="2">短险</td><td>5696.36</td><td>66.54</td></tr>
<tr><td rowspan="5">渠道</td><td colspan="2">个险渠道</td><td>94870.61</td><td>26.32</td></tr>
<tr><td colspan="2">团险渠道</td><td>17372.18</td><td>10.57</td></tr>
<tr><td rowspan="3">代理</td><td>总额</td><td>4843.11</td><td>−27.14</td></tr>
<tr><td>银邮</td><td>4131.78</td><td>−20.68</td></tr>
<tr><td>电销及其他</td><td>711.33</td><td>−50.55</td></tr>
<tr><td colspan="3">总保费</td><td>117085.90</td><td>20.14</td></tr>
</table>

新华人寿保险股份有限公司
石家庄中心支公司
总 经 理：王小峰
副总经理：于贵海

（郝丽静）

【富德生命人寿保险石家庄中心支公司】 2018 年富德生命人寿保险股份有限公司石家庄中心支公司（简称富德生命人寿保险石家庄中心支公司）实现保费收入 6.69 亿元，同比下降 20.7%。其中，长险保费收入 6.08 亿元，下降 24.2%；短险保费收入 6058 万元，增长 48.6%。职工总数 9497 人。围绕“富及民众，德行天下”核心价值观和“以人为本、以客为尊”服务理念，全面推行综合柜员制管理。利用电子科技新技术，研发推出业务处理系统“E 动生命”App，方便客户自助办理保险业务。开设富德生命人寿“1234”关爱理赔特色服务，即“500 元以下 1 天给付、住院客户 2 天探视、理赔客户 3 天内给付、预付理赔客户 4 天内赔款到家”。履行保险保障责任，全年赔给付保险金额 3066.17 万元。

表 35

2018 年富德生命人寿保险股份有限公司石家庄中心支公司保费收入情况一览表

<table>
<tr><th colspan="3">类别</th><th>保费收入（万元）</th><th>同比增长（%）</th></tr>
<tr><td rowspan="4">险种</td><td rowspan="3">长险</td><td>总额</td><td>60823</td><td>−24.2</td></tr>
<tr><td>首年</td><td>13916</td><td>−62.7</td></tr>
<tr><td>续期</td><td>46907</td><td>9.3</td></tr>
<tr><td colspan="2">短险</td><td>6058</td><td>48.6</td></tr>
</table>

续表

<table>
<tr><th colspan="3">类别</th><th>保费收入（万元）</th><th>同比增长（%）</th></tr>
<tr><td rowspan="5">渠道</td><td colspan="2">个险渠道</td><td>24571</td><td>14.3</td></tr>
<tr><td colspan="2">团险渠道</td><td>374</td><td>−25.3</td></tr>
<tr><td rowspan="3">代理</td><td>总额</td><td>41036</td><td>−33.3</td></tr>
<tr><td>银邮</td><td>25123</td><td>−51.3</td></tr>
<tr><td>电销及其他</td><td>15913</td><td>−59.7</td></tr>
<tr><td colspan="3">总保费</td><td>66881</td><td>−20.7</td></tr>
</table>

富德生命人寿保险股份有限公司
石家庄中心支公司
总 经 理：赵颖毅
副总经理：王洪斌
霍明江

（郭辉）

综合经济管理

Comprehensive Economic Management

发展和改革

【**概况**】2018年，全市围绕高质量发展要求，以供给侧结构性改革为主线，以推动“双创双服”活动、加快构建“4+4”现代产业格局为抓手，较好实现经济社会平稳健康发展。全年国民经济计划执行情况总体较好，33项指标中30项指标符合计划预期，3项指标与计划存在差距，分别为固定资产投资、社会消费品零售总额、进出口总值。2018年全市完成地区生产总值6082.6亿元，同比增长7.5%。其中，第一产业增加值373.2亿元，增长3.5%；第二产业增加值2000.6亿元，增长4.7%；第三产业增加值3212.8亿元，增长10.1%。三次产业结构比例由2017年7.4∶45.1∶47.5调整为6.7∶35.8∶57.5。单位GDP能耗同比下降3.8%。2018年石家庄市地区生产总值较唐山市低872.4亿元，位列河北省第二名。贯彻落实市委的决策部署，突出抓好“4+4”现代产业发展。2018年全市“4+4”现代产业完成增加值2150.7亿元，同比增长11.0%。“4+4”现代产业增加值占地区生产总值35.4%，增速高于地区生产总值3.5个百分点。财政收入实现“跨五越千”，2018年石家庄市全部财政收入1040.0亿元，同比增长13.5%。其中，公共财政预算收入500.9亿元，同比增长12.8%；财政支出938.2亿元，同比增长22.9%。固定资产投资同比增长6.4%。市区居民消费价格指数为102.3%，同比上涨2.3%；工业生产者出厂价格同比上涨5.2%，工业生产者购进价格同比上涨4.0%。2018年全市农林牧渔业总产值593.67亿元，同比增长3.1%；粮食播种面积68.11万公顷，同比减少9.56万公顷，粮食总产量424.79万吨，同比下降16.91%，平均亩产420.0千克；小麦播种面积30.07万公顷，同比增加1.07万公顷，总产量195.86万吨，同比下降1.33%，平均亩产437.4千克；玉米播种面积34.09万公顷，同比减少2.44万公顷，总产量217.01万吨，同比下降8.92%，平均亩产429.4千克。农业产业经营率63.2%。拥有规模以上工业企业2324个，同比减少80个；规模以上工业企业主营业务收入4349.9亿元，同比下降17.7%；规模以上工业企业利润总额280.5亿元，同比下降27.4%，利润总额排名全省设区市第三位；工业投资同比增长4.9%，工业技改投资同比增长4.7%，高新技术产业投资同比增长27.5%。社会消费品零售总额2934.1亿元，同比增长9.1%。其中，城镇完成2515.6亿元，增长8.9%；乡村完成418.5亿元，增长9.8%。对外贸易进出口总值864.1亿元，同比增长8.6%。其中，出口总值533.2亿元，增长11.5%；进口总值330.9亿元，增长4.2%。进出口总值、出口总值均居河北省设区市第一名。实际利用外资14.9亿美元，同比增长7.5%，其中，外商直接投资14.4亿美元，增长12.3%。2018年全市旅游业接待海内外游客1.07亿人次，同比增长19.79%；实现旅游业总收入1211.01亿元，同比增长25.81%。2018年全市居民人均可支配收入26839元，同比增长8.9%。其中，城镇居民人均可支配收入35563元，增长8.0%；农村居民人均可支配收入14518元，增长8.8%。2018年全市居民人均消费支出16422元，同比增长7.3%。其中，城镇居民人均消费支出21620元，增长6.3%；农村居民人均消费支出9082元，增长7.9%。2018年全市城镇新增就业19.5万人，城镇登记失业率为3.31%，同比回落0.04个百分点。农村劳动力转移就业5.72万人。高校毕业生就业5.52万人，就业率达到98.6%。激活市场活力，净增市场主体12.11万户，总量达到

93.37万户。保护生态环境，空气质量综合指数为7.53，较2017年下降1.19，同比下降13.6%；淘汰35蒸吨以下燃煤锅炉89台，农村清洁取暖改造完成31.9万户，单位规模以上工业增加值能耗同比下降8.8%。实施精准脱贫行动，全市稳定脱贫5.7万人，226个村脱贫出列。推进居家养老服务，新建综合居家养老服务中心74家、标准化社区居家养老服务中心242家。改善困难群众住房条件，新开工棚户区安置住房2.57万套，建成公租房7473套，超额完成河北省下达任务目标。至2018年底，市发展改革委共有下属单位8个，分别为市粮油质量监测中心、市散装水泥服务中心、市军粮供应保障中心、市价格成本调查监审局、市粮食稽查大队、市价格认证中心、市节能监察中心、市价格监督检查局。

【重点项目】 2018年全市实施重点项目340项，总投资6147.7亿元，年度计划投资722.9亿元。其中，计划开工项目100项，总投资1214.0亿元，年度计划投资291.0亿元；续建项目120项（计划竣工或部分竣工项目69项），总投资1796.7亿元，年度计划投资431.9亿元；前期项目120项，总投资3137.0亿元。战略新兴产业和现代服务业项目占比71%，其中，战略新兴产业项目占比38%，现代服务业项目占比33%。战略新兴产业项目130项，总投资1706.9亿元，年度计划投资252.8亿元；现代服务业项目112项，总投资2968.3亿元，年度计划投资271.7亿元；传统产业升级项目75项，总投资822.2亿元，年度计划投资129.8亿元；农业产业化项目11项，总投资106.9亿元，年度计划投资21.8亿元；基础设施项目12项，总投资543.5亿元，年度计划投资46.8亿元。至2018年底，340个市重点项目完成投资1175.4亿元，占年度计划162.6%。其中，100个计划开工项目中99个项目开工建设，完成投资430亿元，占年度投资计划147.77%；120个续建项目完成投资695.4亿元，占年度投资计划161%，竣工或部分竣工项目72个；120个前期项目中15个项目提前开工，完成投资50亿元。40个重点项目入选《2018年河北省重点项目计划》，其中，列入计划开工项目8项、续建项目8项、保投产（含部分投产）项目10项、前期项目14项；总投资1641.8亿元。51个项目争取中央预算内资金5.4亿元。其中，“三农”和重大水利设施项目16个，争取资金1.5亿元；社会事业和社会管理项目17个，争取资金1.6亿元；节能减排、环境保护类项目14个，争取资金2亿元；城区老工业区搬迁项目3个，争取资金0.3亿元。2月27日，全市春季项目集中开工活动启动仪式在鹿泉区举行，开工项目125个，总投资1141.5亿元。8月29日，全市秋季项目集中开工活动在栾城区同福大健康食品产业基地举行，开工项目52个，总投资464.7亿元，年度计划投资108.7亿元。2018年全市实施重点物流项目21个，总投资295.36亿元，计划完成投资38.38亿元。其中，新开工项目7项，总投资71.76亿元，年度计划投资19.9亿元；续建项目7项，总投资159.1亿元，年度计划投资18.48亿元；前期项目7项，总投资64.5亿元。至2018年底，全市340个市重点项目完成投资1175.4亿元，占年度计划162.6%。其中，100个计划开工项目中有99个项目开工建设，完成投资430亿元，占年度投资计划145.2%；120个续建项目完成投资695.4亿元，占年度投资计划161%，已竣工或部分竣工项目72个；120个前期项目中有15个项目提前开工，完成投资50亿元。

【“4+4”现代产业】 2017年12月27日，中共石家庄市第十届委员会第四次全体会议召开，全会首次提出石家庄市产业发展方向为：做强做优新一代信息技术、生物医药健康、先进装备制造、现代商贸物流四大产业，培育壮大旅游业、金融业、科技服务与文化创意、节能环保四大产业，构建“4+4”产业发展格局。2018年市发展改革委启动研究编制《“4+4”现代产业发展总体规划（2018～2022）》。4月9日，印发《石家庄市加快推进“4+4”现代产业发展工作方案》（石发〔2018〕12号），确定以开发区、园区作为“4+4”现代产业发展的重要平台，加快推进全市产业转型升级。开展“4+4”现代产业精准招商，制定《2018年“4+4”产业精准招商实施意见》，指导市县两级制定产业招商指导目录和重点企业目录。2018年全市实施“4+4”现代产业项目548个，拟引资3099.71亿元。其中，新一代信息技术项目102个，拟引资264.42亿元；生物医药健康项目94个，拟引资594.78亿元；先进装备制造项目74个，拟引资283.66亿元；现代商贸物流项目70个，拟引资559.25亿元；旅游业项目31个，拟引资763.0亿元；金融业项目21个，拟引资26.49亿元；科技服务与文化创意项目67个，拟引资195.22亿元；节能环保项目89个，拟引资412.89亿元。2018年全市“4+4”现代产业营业收入普遍增长，营业收入达到千亿以上的有现代商贸物流业和旅游业。其中，新一代信息技术产业中，规模以上新一代信息技术产业营业收入同比增长17.4%，信息传输、软件和信息技术服务业营业收入284.7亿元，同比增长4.3%；生物医药健康产业营业收入同比增长19.8%；现代商贸物流业中，重点物流企业营业收入226.5亿元，同比增长10.7%，社会消费品零售额营业收入2934.1亿元，同比增长9.1%，规模以上会展业企业营业收入1.7亿元，同比增长4.3%；旅游业实现总收入1211.01亿元，同比增长25.81%，规模以上旅游企业营业收入214.3亿元，同比增长7.0%；金融业营业收入533.4亿元，同比增长8.1%；科技服务与文化创意产业中，规模以上科技信息服务企业营业收入83.4亿元，同比增长7.9%；节能环保产业中，规模以上工业节能环保产业营业收入同比增长10.4%，规模以上服务业节能环保企业营业收入3.7亿元，同比增长13.7%。2018年全市“4+4”现代产业完成增加值2150.7亿元，同比增长11.0%。其中，新一代信息技术产业增加值171.0亿元，增长30.2%；生物医药健康产业增加值349.2亿元，增长12.6%；先进装备制造业增加值217.6亿元，增长7.8%；现代商贸物流业增加值386.3亿元，增长10.0%；旅游业增加值172.5亿元，增长8.9%；金融业增加值533.4亿元，增长8.1%；科技服务与文化创意产业增加值348.9亿元，增长10.5%；节能环保产业增加值33.4亿元，增长2.9%。“4+4”现代产业增加值占地区生产总值35.4%，增速高于地区生产总值3.5个百分点。2018年全市谋划实施亿元以上“4+4”现代产业项目540个，“4+4”现代产业固定资产投资增速达到17.2%，高于全市固定资产投资增速10.8个百分点，对全市投资增长贡献率达到72%。其中，旅游业、生物医药健康产业、科技服务与文化创意产业固定资产投资增速超过20%，增速分别达到50.3%、38.5%和21.3%；现代商贸物流业增速同比增长12.3%，先进装备制造业增速同比下降0.6%，节能环保产业增速同比下降1.1%，新一代信息技术产业增速同比下降13.7%，金融业增速同比下降44.1%。2018年“4+4”现代产业项目完成投资占固定资产投资58.3%，对投资贡献率达到65.6%，实现税收同比增长14.6%，成为引领石家庄市经济高质量发展的主要力量。

【经济体制改革】 产业转型升级。编制“4+4”现代产业发展总体规划，将开发区作为“4+4”现代产业发展的重要平台；率先在全省探索实行省级以上开发区托管政策，建立开发区干部综合考核使用办法。供给侧结构性改革。出台《石家庄市水泥行业去产能工作实施方案（2018～2020年）》《石家庄市压减焦炭产能工作实施方案（2018～2020年）》，推进水泥、焦化等行业去产能行动，全年压减炼铁产能52万吨、火电产能19.9万千瓦，拆除、封停水泥产能523万吨。出台《关于进一步推进商业服务业用房去库存的意见》，允许商业服务业设施用地申请调整为居住或其他用地。国有企业改革。印发《关于进一步完善国有企业法人治理结构的实施意见》《关于进一步加

6月10日，河北省暨省会2018年节能宣传周和低碳日宣传活动在市区西清公园举行

强市属国有资产监督管理工作的实施意见》等文件，市级党政机关、事业单位所属企业国有资本全部纳入经营性国有资产集中统一监管体系，防止国有资本流失。“放管服”改革。率先在全省建成统一的“互联网+政务服务”平台，实施“多证合一、一照一码”登记制度，形成“52证合一”；提升办事窗口服务效率，公布市级第一批“一次办好”审批服务事项315项，其中，“马上办”事项270项、“网上办”事项145项；23个县（市、区）政务服务网上审批平台上线运行。推进开展“双创双服”活动，全年净增市场主体12.11万户，市场总数达到93.37万户。扩大不动产登记信息共享范围，办理全省首例“个贷不见面”业务。投融资和金融财税体制改革。完善“政银保”合作模式，小微企业贷款补偿机制在全国推广；推进县级联社改制为农村商业银行，高邑县、赵县、新乐市等9家县级联社改制启动。实施国税地税征管体制改革，市县乡三级新税务机构全部挂牌运行。科技体制改革。落实高新技术企业和科技型中小企业“双倍增”计划，全市高新技术企业、科技型中小企业数量分别达到1326家和11132家。东旭集团科技项目获得国家科技技术进步奖一等奖，实现河北省该奖项零的突破。招商制度改革，印发《市政府部门与县（市、区）联合招商考核办法》，建立共同谋划、客户共同拓展、工作共同推动、履约共同监督、问题共同处理、考核联动的联合招商工作机制。支持民营经济发展，出台《关于大力发展民营经济的实施意见》《改进和深化中小微企业金融服务的十条扶持政策》《关于支持民营经济高质量发展的政策措施》等文件，设立总规模80亿元石家庄纾困发展基金。拓宽中小微企业融资渠道，石家庄高新区建成河北省首家一站式综合金融服务平台——高新区金融服务中心，并在全国首创“政银保评”质押融资新模式。

【固定资产投资】 2018年全市固定资产投资同比增长6.4%，其中，建设项目投资同比增长18.0%，房地产开发投资同比下降16.6%。三次产业固定资产投资：第一产业同比增长28.9%，第二产业同比增长5.0%，第三产业同比增长5.9%。工业固定资产投产同比增长4.9%，工业技术改革投产同比增长4.7%。七大主导产业投资固定资产投资：医药工业同比增长3.3%，纺织服装业同比下降23.9%，石化工业同比增长32.8%，装备制造业同比下降5.4%，食品工业同比增长13.1%，钢铁工业同比下降59%，建材工业同比下降1.0%。六大高耗能行业固定资产投资同比增长17.9%，其中，石油、煤炭及其他燃料加工业同比增长160.8%，化学原料及化学制品制造业同比增长27.0%，非金属矿物制品业同比增长1.8%，黑色金属冶炼及压延加工业同比下降66.0%，有色金属冶炼和压延加工业同比增长405.1%，电力、热力的生产和供应业同比增长28.0%。亿元以上项目投资额同比增长9.7%。新建项目固定资产投资同比增长31.7%，扩建项目固定资产投资同比增长6.0%，改建和技术改造固定资产投资同比下降0.7%。民间投资同比增长3.8%。城市基础设施投资同比增长46.8%。城镇投资同比增长5.1%，农村投资同比增长15.6%。高新技术产业投资同比增长27.5%，其中，新材料增长64.4%，环保产业增长40.5%，新能源增长31.4%，高端技术装备制造增长31.0%，生物技术增长27.8%。房地产开发中，房屋施工面积同比下降12.5%，住宅面积同比下降15.6%。51个项目争取中央预算资金5.4亿元。其中，“三农”和重大水利设施项目16个，争取资金1.5亿元；社会事业和社会管理项目17个，争取资金1.6亿元；节能减排、环境保护类项目14个，争取资金2亿元；城区老工业区搬迁项目3个，争取资金0.3亿元。开展全市传统基础设施领域PPP项目库梳理、规范，保留合格项目11个，总投资514.9亿元。

链接：

纾困发展基金：2018年12月26日，石家庄国控投资集团有限责任公司与中国工商银行石家庄分行签署合作框架协议，共同设立总规模80亿元石家庄纾困发展基金。纾困基金采用集合信托计划、资产管理计划、私募股权基金等方式，总规模80亿元，首期金额10亿元，主要通过“增资入股还债”“收债转股”“认购新增股权”“上市公司股票回购”等投资方式，向石家庄市域上市公司或控制人、优质民营企业提供资金支持，帮助短期流动性出现困难民营企业度过阶段性困难。

PPP模式：PPP（Public–Private Partnership），即政府和社会资本合作，指在公共服务领域，政府采取竞争性方式选择具有投资、运营管理能力的社会资本，双方按照平等协商原则订立合同，由社会资本提供公共服务，政府依据公共服务绩效评价结果向社会资本支付对价。

【民营经济和服务业】 2018年全市民营经济完成增加值3546.1亿元，同比增长7.2%；上缴税金639.3亿元，同比增长23.3%；民营经济出口总值69.9亿美元，同比增长2.4%。2018年全市共有规模以上服务业单位1111个，同比增长24.1%；营业收入1588.3亿元，同比增长17.0%。其中，交通运输、仓储和邮政业260.6亿元，增长11.4%；信息传输、软件和信息技术服务业284.7亿元，增长4.3%；房地产业（物业管理和房地产中介服务）30.8亿元，与2017年持平；租赁和商务服务业835.3亿元，增长28.9%；科学研究和技术服务业116.5亿元，增长2.3%；水利、环境和公共设施管理业4.9亿元，下降2.6%；居民服务、修理和其他服务业11.2亿元，下降4.1%；教育服务业2.0亿元，下降21.3%；卫生和社会工作服务业9.7亿元，增长9.9%；文化、体育和娱乐业32.7亿元，增长6.8%。2018年石家庄市5个营利性服务业（租赁和商务服务业、软件和信息技术服务、文化体育和娱乐业、居民服务修理和其他服务业、互联网和相关服务业）营业收入951.5亿元，同比增长25.6%。其中，软件和信息技术服务营业收入69.7亿元，增长7.5%；互联网和相关服务业收入2.7亿元，下降2.6%。2018年全市规模以上服务业利润总额25.6亿元，同比下降48.7%；上缴税金24.0亿元，同比增长3.5%。

【气代煤、电代煤】 2018年河北省下达石家庄市气代煤、电代煤“双代”任务31.1万户，其中，气代煤537个村（居）、23.7万户，电代煤187个村（居）、7.4万户。2017～2018年采暖期结束后，石家庄市率先在全省启动2018年气代煤、电代煤“双代”工作，成立以市委常委、常务副市长和主管副市长为双组长的石家庄市气代煤电代煤工作领导小组及市城管、发展改革、住建、安监、质监5个部门和5名燃气行业专家组成的5个双代工作督查组。落实2018年气代煤、电代煤“双代”工作补贴政策。电代煤补贴政策：设备购置补助，由市政府统一组织实施的电代煤分散燃煤采暖居民用户，按照户内设备购置安装（含户内线路改造）投资额85%给予补贴，最高补贴金额不超过7400元/户，其中省负担50%，剩余50%由市、县按3∶1分担；运行补贴，由市政府统一组织实施的电代煤分散燃煤采暖居民用户给予电价运行补贴，2018年采暖季内给予居民用电0.2元/千瓦时补贴，采暖居民先交费用电，后根据用电量据实补助，每户最高补助2000元（省级补助400元，其他由市、县各分50%）。气代煤补贴政策：设备购置补贴，由市政府统一组织实施的气代煤分散燃煤采暖居民用户购置燃气采暖设备，最高补贴金额不超过1000元/户，省、市、县按4∶3∶1分担；运行补贴，由市政府统一组织实施的气代煤居民用户给予气价运行补贴，2018年采暖季内用气补贴1.4元/立方米，采暖居民先交费用气，后根据用气量据实补助，每户最高补助1680元（省级320元、市级900元、县级460元）；村内入户管线补助，由市政府统一组织实施的气代煤居民用户，省补助1000元/户、市补助1500元/户，县级补助标准由各县（市、区）结合当地实际情况自行确定，不足部分由燃气企业承担。

【粮油购销】 全年石家庄市粮食企业收购商品粮239万吨，其中，小麦130.3万吨，玉米108.7万吨。修订完善《石家庄市粮食应急预案》，市级储备粮轮换小麦6.12万吨、食用植物油8450吨，累计储备粮油70余万吨。加强粮油产销合作，石粮集团与山西省、内蒙古包头市及黑龙江省、内蒙古境内企业签署战略合作协议。全年轮换监管石家庄市行政区域省级储备粮油84417吨、市级储备粮油69652吨。加强粮食储存企业和粮食加工企业监管，检查储备粮油承储企业100个（次）、库点108个，完成政策性粮食出库监管任务13961吨。开展粮食收购政策执行情况专项检查活动，全年组织检查328次，出动检查人员978人次，检查收购主体618个（次）。举办粮食行政执法培训，培训基层执法人员60人。推进粮库智能化升级改造，涉及粮库27个，其中，省属粮库8个、市属粮库4个、县属粮库15个，经费概算2108万元。

【口岸与物流管理】 进出口企业通关提速。6月1日起，按照国家海关总署要求，石家庄海关全面取消“出入境货物通关单”制度，改由海关统一向口岸场站发送放行指令，此举优化全市营商环境、促进贸易便利化。进出口货物报关单、报检单合并。8月1日起，石家庄海关进出口货物报关单、报检单合并为一张报关单。整合后，原报关、报检229个申报项目合并精简为105个，8个原报关、报检共有项代码实现统一，进口申报随附单证由原报关、报检74项合并整合为10项，102项监管证件合并简化为64项。涉及进口货物报关单、出口货物报关单、进境货物备案清单和出境货物备案清单4种单证。新版报关单结构优化，版式由竖版改为横版，纸质单证全部采用普通打印方式，取消套打，不再印制空白格式单证。11月19日起，企业可自行打印《海关专用缴款书》，无须到通关业务现场领取，实现通关全程无纸化和全流程在线办理。石家庄（高邑）至莫斯科中欧班列开通。6月29日，石家庄（高邑）至莫斯科中欧班列首发仪式在高邑县冀中南公铁联运智能港举行。首列满载货物的班列从高邑县冀中南公铁联运智能港始发，经由满洲里口岸驶往俄罗斯首都莫斯科市，全程8800千米，运行时间13天。冀中南公铁联运智能港项目总投资52亿元，规划占地200公顷，其中一期投资完成15亿元，实现与京广铁路并轨。规划项目全部建成后，年货物吞吐量1000万吨，创造利税15亿元，建成集公铁联运枢纽、供应链金融、大数据中心、跨境电商、保税物流、智能仓储“六位一体”的综合智能物流港。走私案件查处。全年石家庄海关立案侦办走私犯罪案件28起，立案案值4.26亿元，涉税9501.7万元；立案查处走私行为、违反海关监管规定等行政违法案件172起，案值2.1亿元，涉税2469.2万元。“洋垃圾”走私：开展废物走私“蓝天2018”专项行动，侦办走私废物案件5起，查证涉案废塑料、废五金等1.2万余吨，退运“洋垃圾”1.41万吨。农产品、冻品走私：侦办2起走私猪肠衣、猪肚案，查证涉案冻品6480吨，案值1.02亿元，涉税2168万元；侦办1起走私冻虾案，查证涉案冻品1.55万吨，案值8.9亿元，涉税1.1亿元；破获6起海上偷运、绕关走私白糖案，查获白糖5100余吨，案值4643.6万元，涉税2535.3万元。重点涉税商品走私：开展“1·19”打击走私出口废钢专项行动，破获3起涉嫌低报价格走私出口钢铁废碎料案，查证涉案钢铁废碎料3.3万余吨，案值8300余万元，涉税1200余万元。武器弹药走私：刑事立案7起，行政立案13起，查扣气动力枪支38支，钢珠弹等子弹1万余发。12月21日，国家发展改革委、交通运输部联合印发《国家物流枢纽布局和建设规划》（发改经贸〔2018〕1886号），确定石家庄市为陆港型、生产服务型、商贸服务型国家物流枢纽布局承载城市。

（赵慧强）

财　政

【概况】 2018年，全市全部财政收入1040.0亿元，同比增长13.5%，其中，公共财政预算收入500.9亿元，同比增长12.8%。公共财政预算收入中，税收收入359.93亿元，其中，增值税128.75亿元，企业所得税33.44亿元，个人所得税17.87亿元，城市维护建设税31.19亿元，土地增值税39.94亿元，契税40.99亿元。2018年全市财政支出938.2亿元，同比增长22.9%，其中，一般公共服务支出97.2亿元，公共安全支出60.7亿元，教育支出197.1亿元，科学技术支出11.9亿元，文化体育与传媒支出14.4亿元，社会保障和就业支出116.3亿元，医疗卫生与计划生育支出90.2亿元，节能环保支出71.1亿元，城乡社区事务支出74.4亿元。市级公共预算与城区分享收入191.6亿元，同比增长4%。当年收入、上级转移支付、一般债券、上年结余结转和调入预算稳定调节基金等实际支出243.1亿元，同比增长15%。收支相抵，市级结转1.1亿元。河北省代发石家庄市地方政府债券107.2亿元，其中，市级70亿元、县级37.2亿元。市级地方政府债券中，一般债券6.6亿元，主要用于大气污染防治、职教园区一期建设等；专项债券63.4亿元，主要用于土地收储、滹沱河生态修复及收费公路、市人民医院赵卜口院区等项目建设。防范化解债务风险，稳妥处理存量债务，将100亿元中期票据置换为政府债券，消除潜在风险影响。筹集资金38亿元，到期债务做到还本付息。推进脱贫攻坚，落实扶贫专项资金 4.8 亿元，整合涉农资金 8.6 亿元，支持生态环境改善，贯彻绿色发展理念，采取整合专项资金、争取上级政策扶持等途径，多渠道筹集资金 77.3 亿元，实施“气代煤、电代煤”工程及矿山复绿、植树造林和滹沱河生态修复等工程。2018 年桥西区财政收入位列全市第一，达到 182.7 亿元，同比增长 12.1%；长安区财政收入位列全市第二名，达到 142.1 亿元，同比增长 17.6%；深泽县财政收入最少，为 6.6 亿元，同比增长 14.0%（2018 年财政收入、公共财政预算收入、财政支出总数不包含辛集市，2018 年石家庄市包含辛集市财政收入 1075.5 亿元，公共财政预算收入 519.7 亿元，财政支出 991.6 亿元）。

【财政收入】 2018 年全市全部财政收入 1040.0 亿元，同比增长 13.5%，其中，公共财政预算收入 500.9 亿元，同比增长 12.8%。公共财政预算收入中，税收收入 359.93 亿元，其中，增值税 128.75 亿元，企业所得税 33.44 亿元，个人所得税 17.87 亿元，城市维护建设税 31.19 亿元，土地增值税 39.94 亿元，契税 40.99 亿元，城镇土地使用税 20.15 亿元，房产税 15.64 亿元，耕地占用税 11.31 亿元，车船税 10.20 亿元；非税收入 159.75 亿元，其中，专项收入 35.91 亿元，行政性事业性收费收入 27.20 亿元，罚没收入 25.13 亿元，国有资源（资本）有偿使用收入 37.79 亿元，其他收入 33.46 亿元。

【财政支出】 2018 年全市财政支出 938.2 亿元，同比增长 22.9%，其中，一般公共服务支出 97.2 亿元，公共安全支出 60.7 亿元，教育支出 197.1 亿元，科学技术支出 11.9 亿元，文化体育与传媒支出 14.4 亿元，社会保障和就业支出 116.3 亿元，医疗卫生与计划生育支出 90.2 亿元，节能环保支出 71.1 亿元，城乡社区事务支出 74.4 亿元，农村水支出 81.2 亿元，交通运输支出 55.6 亿元，资源勘探信息等支出 21.3 亿元，商业服务业等支出 5.4 亿元，国土海洋气象等支出 12.7 亿元，住房保障支出 25.7 亿元，粮油物资储备支出 1.4 亿元，其他支出 38.7 亿元，债务付息支出 15.0 亿元。2018 年正定县财政支出位列全市第一，达到 89.1 亿元，同比增长 156.1%；鹿泉区财政支出位列全市第二名，达到 48.6 亿元，同比增长 20.0%；井陉矿区财政支出最少，为 7.9 亿元，同比下降 0.8%。

【上级补助、调入及结余收入】 2018 年石家庄市获得上级补助收入 373.56 亿元，其中，返回性收入 65.08 亿元，一般性转移支付收入 180.83 亿元，专项转移支付收入 127.65 亿元；待偿债置换一般债券 2017 年结余 4.93 亿元；2017 年结余 30.29 亿元；调入资金 52.99 亿元，其中，从政府性基金预算调入 48.39 亿元，从其他资金调入 4.20 亿元；债务（转贷）收入 159.43 亿元；调入预算稳定调节基金 92.37 亿元。

【民生事业支出】 2018 年全市用于民生支出 758.96 亿元，占一般公共预算支出比重 76.5%，主要支持老旧小区改造、普惠幼儿园建设、打通断头路等利民惠民十件实事。落实义务教育经费保障政策，改善薄弱学校办学条件，职教园区一期 5 所学校全部入驻，惠及 10 万多名家庭经济困难学生。城乡低保、企业退休人员养老金等提高标准政策全部兑现，为 26.9 万名建档立卡贫困户推出医疗救助补充保险。城乡居民医保人均补助标准提高到 490 元，基本公共卫生服务人均标准提高到 55 元。多渠道筹集资金 80 亿元，支持轨道交通、地下综合管廊、中山路道路提升改造等重点项目建设。

【产业发展支出】 落实国家减税降费政策，全年落实优惠政策 229 项，为企业、个人和社会机构减税降费 117.3 亿元。支持工业企业结构调整，落实奖补资金 1.2 亿元，用于化解水泥、焦炭等行业过剩产能。帮助企业减轻负担，拨付资金 1.6 亿元，用于国有企业“三供一业”分离移交。下达科技专项资金 2 亿元，重点支持战略新兴产业、传统优势产业，科技型中小企业自主创新能力。落实专项资金，支持吸引国内外高层次人才。助推企业上市融资和发展，奖补挂牌上市企业 34 家，奖励新增规模以上企业 557 家，奖励获得省级名牌产品中小企业 18 家。

【财政资金管理】 推进绩效管理改革，规范和完善评价指标体系，市级项目预算全部纳入评价范围，做到财政资金使用到哪里，绩效管理跟进到哪里，实现财政资金花的明白、花的放心。清理闲置资金，建立盘活存量资金与预算编制、执行等挂钩机制，全年市级财政盘活存量资金 10 亿元，统筹用于重点项目建设。提高资金评审质量，全年市级评审资金138.7亿元，审减率18.6%。加强政府采购监管力度，规范采购行为，市级政府采购完成51.6亿元，资金节约率3.5%。落实中央八项规定精神，压减行政支出，全年“三公”经费支出2.6亿元，同比下降10.3%。财政体制改革。拓宽预决算信息公开内容和范围，市县两级公开率达到100%。深化国有资产管理改革，首次编制全口径国有资产管理情况报告，提请市人大常委会审议。推进税制改革，全面启动环境保护税征管，全市1674户纳税人全部完成申报，上缴税款1.9亿元。改进投入方式，推行PPP模式，新增入库项目19个；滹沱河生态修复工程一期项目入选财政部PPP项目库，用2.5亿元财政资金撬动社会资本投入151亿元。落实离境退税政策，石家庄市入选全省首批离境退税政策试点城市，以岭健康城等8家离境退税商店获得备案。

（刘铭严）

税 务

【概况】 2018年，国家税务总局石家庄市税务局（简称市税务局）各项税费收入1103亿元，同比增加142亿元，增长14.8%，首次突破千亿元大关。其中，总口径税收收入920亿元，同比增长14%；一般公共预算税收348.3亿元，同比增长15%；非税收入183亿元，同比增加29.2亿元，增长19%。全年审核办理出口退税平均时间由13个工作日缩短至6个工作日。五大类65个办税事项“全程网上办”。受理、审结重大税务案件130件。立案检查纳税人1685户，审结1274户。提升税收征管能力和效率，优化征管资源配置，规范统一税收执法标准，建立涉税信息共用共享机制。1月1日起，购置1.6升及以下排量乘用车车辆购置税恢复10%法定税率。5月1日，全市实施离境退税政策。支持交通运输和物流业发展，落实5月31日财政部、国家税务总局、工业和信息化部联合发布公告通知，自2018年7月1日至2021年6月30日，石家庄市对购置挂车用户减半征收车辆购置税。落实机构改革方案，将石家庄市国家税务局与石家庄市地方税务局合并，成立国家税务总局石家庄市税务局。7月5日，国家税务总局石家庄市税务局正式挂牌。改革后，市税务局共有内设机构17个、另设机构4个、派出机构6个、事业单位3个，级别均为正科级。17个内设机构分别为办公室、法制科、货物和劳务税科、进出口税收管理科、所得税科、财产和行为税科、社会保险费和非税收入科、收入核算科、纳税服务科、征收管理科、国际税收管理科、税收经济分析科、税收风险管理局、财务管理科、人事科、考核考评科、教育科。4个另设机构分别为机关党委、老干部科、系统党建工作科、纪检组。6个派出机构分别为第一税务分局（重点税源企业税收服务和管理局）、稽查局、第一稽查局、第二稽查局、第三稽查局、第四稽查局；3个事业单位分别为纳税服务中心（税收宣传中心）、信息中心、机关服务中心。2018年

2018年7月5日，国家税务总局石家庄市税务局挂牌成立

市税务局在全国纳税人满意度调查中获得全国省会城市第 3 名，环保税征收获得“全国环保税征收先进集体”；市税务稽查局获评打击骗税和虚开专项工作先进单位。

表 36

2018 年石家庄市税务局分税种收入情况一览表

单位：万元

税收项目名称	收入（万元）	同比增加额（万元）	同比增长（%）
一. 税收收入	9201559	1127124	14.0
中央级	4639678	532422	13.0
省级	1078882	141456	15.1
市、县级	3482998	453254	15.0
1. 国内增值税	3669935	327486	9.8
营改增	1612518	118872	8.0
2. 国内消费税	997350	133660	15.5
3. 营业税	13344	6922	107.8
4. 企业所得税	1786551	249502	16.2
中央固定收入	7781	−8485	−52.2
5. 个人所得税	590028	109717	22.8
6. 资源税	31871	51	0.2
水资源税	28181	−1306	−4.4
7. 城镇土地使用税	188296	11111	6.3
8. 城市维护建设税	326281	47414	17.0
9. 印花税	73267	152	0.2
10. 土地增值税	389702	133255	52.0
11. 房产税	153418	21219	16.1
12. 车船税	99707	19917	25.0
13. 车辆购置税	367252	27602	8.1
14. 烟叶税	640	569	801.4
15. 耕地占用税	108105	−5954	−5.2

续表

税收项目名称	收入（万元）	同比增加额（万元）	同比增长（%）
16. 契税	389535	28226	7.8
17. 环境保护税	16273	16273	
附一：出口退税	−495568	−65409	−15.2
1. 退增值税	−401711	−56717	−16.4
2. 退消费税	−2	4	66.7
免抵调库	−93856	−8697	−10.2
附二：海关代征	293675	28027	10.6
1. 增值税	293625	27988	10.5
2. 消费税	50	39	354.5
二 . 社保费收入	1520067	240019	18.8
1. 基本养老保险费	1462837	230020	18.7
2. 失业保险费	57230	9997	21.2
三 . 其他收入	309682	52163	20.3
1. 教育费附加	146484	21326	17.0
2. 地方教育附加	97639	14250	17.1
3. 文化事业建设费	6428	3830	147.4
4. 残疾人就业保障金	16520	478	3.0
5. 工会经费	23815	−500	−2.1
6. 税务部门罚没收入	2090	−138	−6.2
收入合计	11031308	1419306	14.8

链接：

离境退税政策是指在中国境内连续居住不超过 183 天的外国人和港澳台同胞，在退税商店购买符合退税条件物品金额达到 500 元，从口岸离境时，退还增值税，退税率 11%。石家庄市在正定国际机场口岸实行离境退税政策，由市国税部门负责办理。

【依法治税】 创新“团队建设 + 项目化管理”工作模式，推进税收征管机制和制度创新。成立税务依法行政工作领导小组、税收执法责任制工作领导小组和税务行政复议委员会等组织机构，建立领导干部学法机制和重大税务案件审理工作机制。规范岗位职责，统一业务流程，制定业务标准，加速业务融合，形成科学征管质量监控评价体系。以“制度＋科技”为支撑，完善征管监控指标，实施数据化、动态化、全过程监控，建立健全税收风险防控体系。全年受理、审结重大税务案件130件，税收执法风险专项核查核实风险纳税人1526户、风险可疑点2043个。税务人员参加全国税务系统执法资格考试通过率达到100%。发挥公职律师作用，抽调公职律师参与6件行政复议案件、41件重大执法决定法制审核，审理重大税务案件130件。

【纳税服务】 加快审批制度改革，审核办理出口退税平均时间由13个工作日缩短至6个工作日；落实《“最多跑一次”清单》范围五大类125个事项，全市综合办税服务厅全部实现主要涉税业务“一厅通办”。完善电子税务局办税功能，实现五大类65个办税事项“全程网上办”，全年新办纳税人网上办税“套餐式”服务业务事项由10个增至17个，符合条件新办纳税人首次申领发票时限由过去5个工作日压缩为1个工作日。开展“新税务、新服务”专项活动，将纳税人学堂延伸到基层分局，全市纳税人参加学堂培训5.4万人次。开展民营企业大调研大走访活动，举办民营企业座谈会，了解企业诉求，主动为企业解决实际困难；开办“一带一路”专场宣讲会和座谈会7场；助力外向型企业发展，举办“走进非洲”税收沙龙活动。

【税务稽查】 全年立案检查纳税人1685户，审结1274户，组织企业自查396户，查补税款总额7.08亿元。开展“双打”专项行动，全年接收国家税务总局部署检查任务152户，定性虚开增值税137户，虚开增值税专用发票3.8万份，涉及金额43亿元，税额7.31亿元，全部移送公安部门，被国家税务总局、公安部、海关总署、中国人民银行授予打击骗税和虚开增值税专用发票专项工作先进单位。加强区域间警税协作，与国家税务局驻北京特派员办事处、公安经侦部门通力合作，开展“1·19”专案特大虚开增值税发票案联合打击，抓获犯罪嫌疑人33名，打掉职业虚开增值税团伙2个，捣毁虚开增值税窝点3处。

石家庄市国家税务局

局　长：李军　（6月免）
副局长：刘国进（6月免）
　　　　赵建平（6月免）
　　　　高国利（6月免）
　　　　张旭　（挂职，6月免）
纪检组长：李剑峰（6月免）
总经济师：郭绪明（6月免）
总会计师：孙玉英（6月免）
稽查局局长：郜彦霞（6月免）

石家庄市地税局

局　长：李渊　（6月免）
副局长：陈震　（6月免）
　　　　张铁真（6月免）
　　　　李亚　（6月免）
　　　　葛旭鸿（6月免）
总经济师：陈素杰（6月免）
纪检组长：钱建伦（6月免）
稽查局长：段瑞亮（6月免）

国家税务总局石家庄市税务局

局　长：李渊　（6月任）
副局长：李军　（6月任）
　　　　陈震　（6月任）
　　　　张铁真（6月任）
　　　　李亚　（6月任）
　　　　刘国进（6月任）
　　　　葛旭鸿（6月任）
　　　　赵建平（6月任）
　　　　高国利（6月任）
　　　　张旭　（挂职，6月任）
纪检组长：李剑峰（6月任）
总经济师：陈素杰（6月任）
　　　　　郭绪明（6月任）
总会计师：钱建伦（6月任）
　　　　　孙玉英（6月任）
稽查局局长：郜彦霞（6月任）

（刘同亮）

统　计

【概况】 2018年，全市统计系统以“生产高质量统计数据、拓展高质量发展统计监测、提供高质量统计服务”为中心，组织研判宏观经济走势和微观经济波动，分时间段撰写经济运行情况专报，提出针对性对策建议，全力为市委、市政府决策提供服务。以石家庄市开展全国第四次经济普查数据为基础，完成投入产出调查任务，及时、摸清全市各类经济主体运行情况和特点，为核算地区生产总值打下基础。深化统计改革，印发《关于深化统计管理体制改革提高统计数据真实性的实施方案》，组建成立执法监督处。全年统计执法检查单位 1278 家，结案 26 起，给予警告 18 起，通报批评 2 起。借鉴浙江省“八大产业”统计监测制度等先进经验，多次“问计”上级部门，寻求帮助和支持；查阅搜集资料，制定《“4+4”现代产业统计监测工作方案（试行）》，落实“统得全、分得开、算得准、说得清”要求；研究确定《“4+4”现代产业增加值核算办法》，为评判、衡量“4+4”现代产业发展状况提供“可比较、可监测、可督导”综合性评价指标。推进统计“数库”“智库”建设，发挥市统计局统计信息中心作用，利用 3 个月时间整理完成 2014 ～ 2018 年统计数据、分析报告、影音等历史资料 3 万多件，做到“资料不丢、数据不散”；依托天津财经大学、河北大学、河北师范大学、河北经贸大学建立“统计专家咨询库”。2018 年市统计局被河北省第三次全国农业普查领导小组办公室评为河北省第三次全国农业普查先进集体，被河北省统计局、河北省人力资源和社会保障厅评为“全省统计系统先进集体”。

【第四次全国经济普查】 根据《全国经济普查条例》规定，经济普查每 5 年举行一次，分别在年数尾数为 3、8 的年份实施。2018 年为全国第四次经济普查。3 月 20 日，市政府印发《关于做好第四次全国经济普查的通知》(石政函〔2018〕9 号)。石家庄市第四次全国经济普查主要调查全市第二产业和第三产业的发展规模、结构、形态、布局和效益，了解产业组织、产业结构、产业技术、产业形态的现状及各生产要素的构成等。石家庄市第四次全国经济普查对象及内容：调查辖区从事第二产业和第三产业的全部法人单位、产业活动单位和个体经营户的基本情况、组织结构、人员工资、生产能力、财务状况、生产经营和服务活动、能源消费、研发活动、信息化建设及电子商务交易等。普查标准时点为 2018 年 12 月 31 日。普查时期资料为 2018 年年度资料。石家庄市第四次全国经济普查分为三个阶段。普查准备阶段（2018 年 12 月底前）：组建普查机构、落实人员和经费，制定普查方案，加强普查宣传，做好普查综合试点，选聘、培训普查指导员和普查员，划分普查小区编制单位清查底册、绘制电子地图，开展清查摸底等；普查调查阶段（2019 年 1 ～ 12 月）：普查登记，数据的审核、评估，事后质量抽查和主要数据的发布；普查数据开发阶段（2019 年 10 月至 2020 年底前）：普查工作总结和数据资料开发应用。落实领导“包联督导”、每日通报（进度通报到乡镇）制度，将经济普查纳入全市重点工作督查范围。石家庄市第四次全国经济普查设置普查员 11640 名，分布普查小区 5300 个，普查对象 30 多万人，正式入户登记日期为 2019 年 1 月 1 日，入户登记时长 4 个月。

【统计能力建设】 夯实统计基层基础，印发《统计基层基础建设实施方案》，研究制定“十个一”具体操作规定，率先在工业统计专业推行“金样板”工程，检查、督导和提升街道、乡镇统计站原始统计台账、统计资料管理业务，打造高质量统计。推进统计实现四个转变，从单纯抓数字数据到抓宏观经济运行统筹调度转变，会同相关职能部门共同对全市经济社会发展现状、发展趋势和特色亮点等开展统计分析，及时预测预警预报，为市委市政府准确研判和推动工作提供重要依据；从单纯抓统计汇总到强化重点监测转变，建立“4+4”现代产业、小康社会建设、乡村振兴战略等统计监测体系和评估制度，开展“4+4”现代产业增加值核算，提升重点领域统计业务建设；从单纯按国家制度统计到加强地方和部门统计转变，为培育新增长点服务；从惯例性普查向专业化社会调查转变。坚持和完善 3 项监测机制。月末部门联席会制度，实时汇总部门数据，抓住支撑指标、关注先行指标、紧盯重点指标，加强共研共商；“日监测”制度，每月 1 ～ 7 日取消休假，“全天候”跟踪数据，发现问题，及时汇报；月（季）度分析会制度，每月中旬召开经济形势分析会，聘请专家指导，实施跨专业联动。举办“全市深化统计改革、服务‘4+4’产业发展培训班”，参加人员包括各县（市、区）、市直部门、统计系统、重点统计单位的主管领导、统计骨干 883 人次。开展统计专业培训 51 次，培训人员 3225 人次，其中县级统计部门负责人 635 人次。组织专业人员参加国家统计执法资格考试，通过 41 人。贯彻落实“专业处室有产品、综合处室有品牌”理念，做优传统统计产品，研究和编纂《领导咨询手册》《统计信息手册》《改革开放 40 年成就汇编》《大调研成果汇编》等特色统计产品。完善统计服务窗口，打造

"数据石家庄"发布平台，利用新闻发布会、广电报纸等媒体，适时举办石家庄市发展宣传解读，回应社会关切；十一国庆期间，市统计局在"石家庄新闻"连续播发特别报道"数字40年"，引起社会各界反响。组建统计分析、新闻宣传和统计执法人才库，评树敬业爱岗、默默无闻、无私奉献先进典型。2018年全市统计系统2人获评全国统计系统先进个人，5人获评省统计系统先进工作者。

（杨君玲）

审　计

【概况】 2018年，全市审计系统完成审计单位271个，查出主要问题金额677.58亿元，其中，违规金额7.39亿元，损失浪费金额1114万元，管理不规范金额670.08亿元，查出非金额计量问题700个。做出审计处理34.35亿元，其中，应上缴财政5.76亿元，应归还原渠道9249万元，应调账处理26.27亿元，应缴纳其他资金1.4亿元。审计整改落实金额25.57亿元，其中，上缴财政4.02亿元，归还原渠道5160万元，调账21.03亿元。移送纪检、司法机关或其他部门处理事件57件，移送违法违纪案件线索110个，涉及金额7.1亿元。审计提出建议562条，提交审计信息314篇。利用移动办公应用系统，部署建设市县两级政府债务监控平台，2018年石家庄市"全省扶贫审计监督平台"审计专网改造完毕，"审计项目进度监督管理系统""审计工作督办平台"上线运行。重视审计制度建设，11月1日，新修订《石家庄市建设项目审计条例》经市人大常委会批准正式实施。2018年市审计局获评审计署审计信息宣传先进单位、河北省"7·19"灾后重建先进集体，承担衡水市桃城区原区委书记刘永军任职期间经济责任审计、石家庄市新华区教育局原局长李彬任职经济责任审计被评为河北省优秀审计项目，承担承德市围场满族蒙古族自治县扶贫政策落实和扶贫资金分配管理使用审计被评为河北省优秀扶贫审计项目。

【跟踪审计】 关注深化"放管服"改革、重点建设项目、保障和改善民生等情况，全年抽审单位623个、项目215个，抽审资金总量462亿元，项目涉及总投资额520多亿元，发现问题91个。汇总减税降费政策和非户籍人口城市落户政策执行情况，重点跟踪审计"六个稳"工作推进情况。采取审计措施，及时纠正精准扶贫、重大项目建设、污染防治等问题，整改率超过95%，推动完善和出台政策16项，促进重大项目建设8个。开展优化营商环境审计调查，同步审计市本级和8个县（市、区），突出优惠政策落实、企业环境治理等三大类9项内容，被《中国审计报》头版头条报道。实施2017年保障性安居工程跟踪审计，全市抽审159个单位、54个项目，提出审计建议42条，审计中发现68个问题全部整改到位。加大轨道交通、滹沱河整治等重点投资项目审计力度，全年审计投资额83.75亿元，核减工程款3.82亿元。

【经济责任审计】 全年实施经济责任审计46人，审计查出主要问题金额69.59亿元，其中，负领导责任问题金额66.34亿元，主管责任问题金额2.61亿元，直接责任问题金额67万元。组织开展中共赞皇县委书记、县长两位领导干部自然资源资产离任审计和"占地补偿""失地农民"两项政策落实情况审计调查，撰写领导干部自然资源资产离任审计调研成果被《中国审计》《河北发展》等杂志刊发。组织平山县、赵县开展乡镇自然资源资产审计试点，积累经验。提高经济责任审计效率，开展藁城区、行唐县及市水利局等地方和部门领导干部自然资源资产审计与经济责任审计项目联合审计。2018年全市审计系统完成市北人集团、市广电传媒集团、市报业传媒集团、市水务集团、市地产集团、市演艺集团、高新区建投公司、循环化工园区建投公司8个单位企业金融类审计，延伸审计石家庄供水有限责任公司、石家庄污水处理有限公司、石家庄经济技术开发区供水公司、石家庄地源投资有限责任公司、石家庄绿景工业地产有限责任公司、石家庄新诚土地开发有限责任公司、正定开元城市建设投资有限公司7个单位，审计查出主要问题金额11.93亿元。推进市属国有企业改革和融资平台公司转型发展，实施17家市国资委监管企业和12家融资平台公司审计，监督企业建立健全经济管理制度。

【专项审计】 全年市审计系统完成财政类审计单位238个，延伸审计单位365个，审计查出主要问题金额649.03亿元；预算执行和决算审计采用“1+N”审计模式，利用大数据分析覆盖市级一级预算单位114家；平山县“1+N”审计工作被《中国审计报》报道。推动税收政策落实，提高税收征管质量，组织并引入第三方开展石家庄市税务征管质量审计调查，并向市人大常委会作预算执行审计工作报告。开展退役士兵政策落实专项审计调查，促进完善和健全60多项制度及规定。裕华区财政决算审计尝试运用大数据分析，审计质量和效率大幅提升。专项审计石家庄市4个贫困县和12个非贫困县扶贫资金使用。2018年全市抽审扶贫资金11亿元、单位304个、乡镇129个、行政村791个，入户调查5519户，审计发现涉及问题资金7440多万元，资金安全问题512项，落实政策绩效管理问题156项。开展政府债务清理统计及化解专项审计，发现问题涉及市本级5个单位和11个县（市、区），专门制作“债务清理统计审核确认表”，被省统计部门采用并在全省推广。开展市应急管理局信息化系统建设和运行维护专项审计调查，以网络安全建设和资金绩效为重点，审计发现安全漏洞风险239个，全部督促整改。

（刘曼曼）

市场监督管理

2018年，全市市场监管系统贯彻落实质量强市战略，巩固国家食品安全示范城市创建成果，突出抓好质量技术监督、食品药品监管、专利和知识产权保护、物价监督管理、外商登记和市场管理，推进商事“放管服”改革，开展行政执法“三项制度”改革试点，全力服务经济社会发展。至2018年末，全市拥有有效期中国质量奖提名奖2家、省政府质量奖组织奖9家、个人奖11名，省名牌产品235项、省优质产品121项、省服务名牌54家、省质量效益型企业50家，市政府质量奖组织奖13家、个人奖7名，十大工业名牌产品30项，省名牌拥有量位居全省第一名。全年企事业单位参与制定国家、行业标准56项，发布28项。加强质量监督抽查，完成工业产品国家、省、市三级监督抽查486批次、食品产品三级监督抽查148批次，检查计量器具6875台（件），强制检查计量器具周检率达到95%。加强食品药品安全监管，修订完善食品药品监管和执法规范等制度，开展食品药品专项整治40余项，出动执法人员51475人次，检查食品药品生产经营使用单位67904家次，结案1693起，收缴罚没款1734.01万元，移送司法机关12起，取缔违法生产经营户458家，收缴不合格食品6954千克，全年未发生重大食品药品安全事故。建立食用农产品二维码追溯机制，全市75个食品集中交易市场、25个超市、1家综合性冷库、4819个经营户纳入食用农产品二维码溯源平台管理。2018年市食品药品检验中心顺利通过检验检测机构资质认定复查及扩项现场评审，检验能力达到1795个参数。开展价格监督检查，专项检查供水、供气、供暖、电信等民生领域单位121个，未发现严重价格违法行为。专利申请量大幅提升，2018年全市新增专利申请19421件，同比增长49.8%，其中，专利授权11450件，同比增长52.6%；新增发明专利申请4696件，同比增长35.4%，其中，发明专利授权1487件，同比增长10.1%；每万人发明专利拥有量6.39件。5月28日，石家庄市被国家知识产权局确定为“国家知识产权示范城市”（时限为2018年5月至2021年5月）。推进实施商标战略，获批中国驰名商标6件，累计达到54件。至2018年底，全市拥有注册商标111674件，同比增长20%，商标总量占到全省24.6%。实施商事制度改革，建立“多证合一”登记制度，6月30日，石家庄市商事登记实现“五证合一”。至2018年末，全市注册登记外资企业总数1751户，其中，法人企业402户，分公司1343户，国外企业常驻代表机构6户，注册资本58.3亿美元，投资总额1211.1亿美元。落实机构改革方案，将市工商行政管理局、市食品药品监督管理局、市质量技术监督局的职责，以及市发展和改革委员会（市物价局）的价格监督检查与反价格垄断相关职责，市商务局的反垄断相关职责，市科学技术和知识产权局的知识产权管理职责等整合，组建市市场监督管理局；原市工商行政管理局内资市场主体注册登记职能划归市行政审批局，保留外资市场主体注册登记职能。

质量技术监督

【概况】2018年，全市贯彻落实质量强市战略，以维护质量安全和提升质量水平为主线，以“放管服”改革为动力，持续推进质量强市建设、质量安全管理、标准化建设、认证认可管理与服务、计量管理与服务五项重点工作。注重从法规层面加强产品质量监督，制定和完善质量管理、计量监督、特种设备监管、地理标志商标认证等文件7个。至2018年末，全市拥有有效期中国质量奖提名奖2家、省政府质量奖组织奖9家、个人奖11名，省名牌产品235项、省优质产品121项、省服务名牌54家、省质量效益型企业50家，市政府质量奖组织奖13家、个人奖7名，十大工业名牌产品30项，省名牌拥有量位居全省第一名。全年企事业单位参与制定国家、行业标准56项，发布28项。征集申报市级农业地方标准127项，发布实施50项。14家企业、16项产品通过采用国际标准及国外先进标准审核，获得产品标志证书。申报国家级服务业标准化试点2个，省级旅游标准化试点4个。高新区“全国心脑血管医药产业知名品牌创建示范区”“国家高新技术产业标准化试点”“国家级科技成果转化技术标准试点”3个国家级建设项目和无极县河北皮革加工及制品产业示范区获批筹建。96365电梯应急处置热线服务规范通过河北省地方标准审核。加强质量监督抽查，实施“抽检分离”制度，完成工业产品国家、省、市三级监督抽查486批次、食品产品三级监督抽查148批次。开展计量监督检查，全年检查计量器具6875台（件），强制检查计量器具周检率达到95%，省、市两级定量包装商品净含量“双随机”监督抽查工作任务完成。115家单位入网国家城市能源计量中心，实现能源计量数据实时采集。石家庄君乐宝乳业有限公司获得第三届“中国质量奖”提名奖。5人获评2018年“河北省质量标兵”，分别为华药集团金坦生物技术股份有限公司首席技师齐名、石药集团恩必普药业有限公司技术员魏玉娟、河钢集团石钢公司产线技术质量负责人高鹏、石家庄华燕交通科技有限公司工艺室主任吕彦卿、河北小蜜蜂工具集团有限公司工人李志明。4人获评河北省第二届企业首席质量官。2018年3月，河北省第二届杰出（优秀）企业首席质量官评选结果公布，石家庄市4名企业首席质量官入选，其中，科林电气股份有限公司邱士勇获评河北省第二届十大杰出首席质量官，格力电器（石家庄）有限公司冯晓堤、石家庄中石鑫达润滑油有限公司何建立、河北百年巧匠文化传播股份有限公司肖健获评河北省第二届优秀首席质量官。2018年全市未发生重大质量安全责任事故。

【13项省级地方标准获批立项】2018年10月，石家庄市13项省级地方标准获得省质监局批准立项，涵盖工业类、农业类、生态类、服务类四大类。13项省级地方标准分别为：《真空气雾化粉末通用技术要求》《钛金属棒材圆度及直度检测方法》《液晶单体3-氟-4-氰基苯酚酯的气相色谱、气相色谱—质谱检验方法》《单色显示用向列相热致液晶清亮点测试方法》《早春地膜双覆盖豇豆生产技术规程》《枣树根蘖育苗技术规程》《温室桃树春提早栽培技术规程》《居家养老长期照护服务规范》《96365电梯应急救援热线服务规范》《生产流程外包服务规范》《大气环境无人机立体监测技术规范》《固定污染源废气氨的测定紫外吸收法》《固定污染源废气湿度的测定重量法》。

【政府质量奖】11月21日，市政府发布《关于2018年（第四届）石家庄市政府质量奖授奖的通知》（石政函〔2018〕88号）。授予博深工具股份有限公司、石家庄工业泵厂有限公司、河北双鸽食品股份有限公司、石药集团新诺威制药股份有限公司、格力电器（石家庄）有限公司5家企业为2018年（第四届）石家庄市政府质量奖组织奖；授予河北诚信集团有限公司董事长褚现英、赞皇金隅水泥有限公司党委书记（执行董事）孙建勋、河北汇金机电股份有限公司总经理孙景涛3人为2018年（第四届）石家庄市政府质量奖个人奖。

【特种设备监管】加强特种行业监管，全年培训特种设备基础安全员、县级质监局安全监察人员600余人次，督导检查特种设备企业56次、派出执法组343个，处置一般隐患280项、严重隐患3项，未发生重大质量安全责任事故。开展大气污染防治和农村“双代”工程特种设备安全监察。全市拆除燃煤锅炉511

台（1790.2蒸吨），新建和注册燃气锅炉439台、燃油锅炉8台、生物质锅炉10台、醇基燃料锅炉14台、兰炭和余热锅炉各1台，现场监督检查13个县（区）24个天然气门站，法定检验检测门站内全部特种设备。开展危化品安全综合治理。2018年共出动执法人员2254人次，对涉及特种设备133家危化品生产单位、3家储存单位、178家使用单位、47家经营单位、4家运输单位、219家气瓶充装单位中254台锅炉、8268台压力容器、420.2千米压力管道、227台起重机械、190台专用机动车辆实施全面检查和定期检验，排查并治理事故隐患138条。全面推广“工业管道安全标准化监管”试点工作经验，对255家工业管道使用单位开展综合整治，完成整治148家，重新办理使用登记证156家，完成669.46千米工业管道定期检验、占总长度96.4%。配合市旅游委分成四个督查组对全市旅游景区17条客运索道和175台大型游乐设施展开现场督导检查。开展气瓶充装“打非治违”专项整治，全市共取缔、治理非法充装站9家，收缴报废气瓶5790只。强化电梯安全监管。组织省特检院、省特检中心专家组成9个考核组，对全市197家电梯日常维护保养单位开展年度考核，指导市电梯应急处置技术中心处置5408起，实施救援3222起、解救被困人员7283人；处置电梯故障2186起，处置率100%。救援人员到达现场平均用时13.01分钟，现场实施救援平均用时3.33分钟。开展起重机械专项治理工作。全年共检查企业883家、设备3210台，其中冶金行业2家、设备168台，集中使用起重机械重点场所62家、设备301台，发出《特种设备安全监察指令书》81份，整改问题隐患123条。

【认证管理】 制定《提升检验检测认证能力工作方案》《加强质量认证体系建设实施意见》，对全市强制性认证产品生产企业、自愿性认证企业、有机产品认证及其他认证企业开展普查，调查企业3467家。全年按照“双随机、一公开”原则，检查95家强制性认证产品生产企业、5家有机产品生产企业、6家管理体系认证企业，见证检查6家有机产品生产企业。指导辖区企业落实质检总局、国家认监委电热毯、摩托车乘员头盔生产许可证转强制性产品认证工作。围绕社会关注的热点问题，开展煤炭、机动车排放污染物、环境监测领域检测机构专项监督检查，监督检查全市14家机动车排气污染物检验机构、7家环境检测机构、6家煤炭机构，暂停3家，整改24家。检查（巡查）机动车检验检测62家，全年共检查安检机构18家。推进地理标志产品保护工作，行唐大枣、栾城羊羔酒、赞皇原村土布通过国家质检总局（国家知识产权局）审查，并向社会公告。新乐甜瓜完成上报。加大地理标志产品专用标志使用推广，藁城宫面、新乐西瓜、赵县（赵州）雪花梨等7家企业申请国家地理标志产品专用标志使用，并上报国家知识产权局。6项地方标准获批河北省地方标准并发布实施，分别为：《地理标志产品 赵县雪花梨（赵州雪花梨）》《日光温室黄瓜深冬一大茬生产技术规程》《快递收派员岗位要求》《机关办公楼物业管理服务规范》《电子商务产业园区服务规范》《连锁超市物流配送服务规范》。新华区培育地理标志证明商标5个、重点培育2个。其中，“五七路西瓜”主产地位于新华区北部滹沱河沿岸，采用“公司+商标+农户”经营模式，组建成立石家庄市新华区西瓜协会，发展西瓜种植会员55个。

【计量管理】 制定《石家庄市计量能力建设工作方案》，16家县级计量机构开展自查，指导督促井陉、鹿泉等4家县级计量机构完成机构授权考核申报工作，无极、深泽等8家县级实验室完成电能表检定装置量值比对。推进能源计量数据在线采集，格力电器（石家庄）、君乐宝乳业等5家重点用能单位实现能源数据在线采集，至2018年底，全市在线采集单位达115家。加强计量监督检查。元旦、春节期间检查集贸市场116家、商场超市84家、餐饮企业51家、加油站366家，共检查计量器具6875台件，强检计量器具周检率达95%以上。夏粮收购用计量器具专项监督检查共出动执法人员200余人次，检查粮库、粮食收购点131个，计量器具236台件。开展加油站、加气站计量监督检查整治活动，共检查法定计量技术机构16个，加油站851家、加气站107家，加油机3213台、加气机297台，检查合格率98.8%，查办各类加油、加气机计量违法案件32起（其中，超检定周期违法案件15起），罚款15.02万元。开展环境监测用计量器具专项监督检查，共出动执法人员120余人次，环保监测站20个、强检计量器具922台件、非强检计量器具483台件。2018年

"5·20"世界计量日期间，为400余名市民提供免费眼镜检测、修理、清洗服务，免费检测人体秤、厨房秤、血压计380台，受理各类民生计量咨询投诉90起，发放计量知识宣传资料9000余份。

（市市场监督管理局）

食品药品监督管理

【概况】 2018年，全市修订完善食品药品监管和执法规范等一系列制度，组织开展肉及肉制品、"五毛食品"、"铁拳2018"等专项整治工作40余项，共出动执法人员51475人次，检查食品药品生产经营使用单位67904家次，结案1693起，收缴罚没款1734.01万元，移送司法机关12起，取缔违法生产经营户458家，收缴不合格食品6954公斤，全年未发生重大食品药品安全事故。实施食用农产品二维码追溯，全市共有75个食品集中交易市场、25个超市和1家综合性冷库，4819个经营户纳入食用农产品二维码溯源平台管理，其中食用农产品二维码溯源系统对75家集中交易市场达到全覆盖。桥西区永辉超市等3家超市创新从"一户一码"拓展为食用农产品"一品一码"。投入200余万元，在全市选定16个检测点与食用农产品检验平台联网，实时监控检验结果，保障全市80%以上在售食用农产品质量安全。创新实施景区餐饮业源头管理模式。以旅发大会为契机，以土门关驿道小镇为试点，指导景区成立食材集中配送中心和快检中心，从源头保障景区食品安全。并在西柏坡、灵寿花溪谷、赞皇嶂石岩等景区推广。市食品药品检验中心顺利通过检验检测机构资质认定复查及扩项现场评审，检验能力达到1795个参数，其中食品参数1519个，覆盖米面油肉蛋奶食用农产品等29大类食品检验能力；药品参数276个，覆盖除生物制品以外所有药品。通过"双问计"，争取国家、省专项资金1302万余元。开展药品零售企业规范化建设暨示范店创建活动，1月17日，全市100家药品零售企业获得药品零售示范单位授牌。

【食用农产品抽检】 2018年11月，市食品药品监督管理部门在超市、市场等场所抽检食用农产品样品319批次，合格品样品314批次，不合格品样品5批次，合格率98.4%。不合格产品为：高邑县美源购物广场，超市，韭菜，散装，不合格项目为"氧乐果"；石家庄市栾城区天阳超市有限公司，超市，橙子，散装，不合格项目为"杀扑磷"；井陉县万瑞福商贸有限公司，超市，韭菜，散装，不合格项目为"苯醚甲环唑"；井陉矿区建华购物中心有限公司，超市，韭菜，散装，不合格项目为"腐霉利"。

【食品安全责任保险】 按照食安办、金融办《关于积极推进食品安全责任保险事前事中事后服务保障体系建设指导意见》（石食安办〔2016〕41号），发挥政府引导作用，加强食品安全风险评估，强化食品安全风险管控服务，优化食责险理赔服务，探索"事前风险预防、事中风险控制、事后理赔服务"风险管理机制。结合河北省食安办2018年实现中小学、幼儿园、初高中学校食堂落实100%食责险全覆盖要求，市政府食安办联合市教育局印发《关于深入推进全市幼儿园、中小学食品安全责任保险工作的通知》，确定食责险与校方责任险结合、互补方案，各县（市、区）积极行动，召开食品安全责任保险会议，推进学校食堂食责险保障体系建立。按照食品企业规模和类别，分别确定参保方式和费率。一是大中型餐饮企业。人数100人以上，营业收入2000万元以上，在当地具有一定规模，知名度较高。二是小型餐饮企业。人数在10～100人，年营业收入在100万元至2000万元之间及人数不足10人，年营业收入不足100万元微型餐饮企业。三是学校食堂。国办幼儿园、中小学、大中专院校食堂及私立幼儿园、中小学、大中专院校食堂。四是食品生产企业。食品生产加工环节中肉制品、食用油、酒类、保健食品、婴幼儿配方乳粉、液态奶、软饮料、糕点等企业。2018年新参保企业（单位）733家，保费100.12万元，提供保障金额16.95亿元，全市食品安全责任保险、保费、保障金额连续四年稳步提高。

【食品药品安全工程】 开展"放心肉菜示范超市"创建活动，确定北国超市益东店等32家超市参与创建，已创建完成19家，其中6家被评定为省级"放心肉菜示范超市"。大力推进食品生产企业HACCP认证工作，完成35家企业HACCP认证。开展一致性评价，石药集团欧意药业有限公司5个品种，7个规格通过一致性评价。打造鹿泉区土门关驿道小镇等14个（家）省级餐饮食品安全示范街区，43个（家）市级餐饮食品安全示范街区，200家餐饮食品安全示范店和2247家餐饮食品安全示范学校食堂。全面推进药品零售企业规范化建设工作。制定印发规范化建设工作实施方案，召开工作推进会，对各县（市、区）进行全面督导，全市2862家药品零售企业已全部达标。完成国家领导人来石视察、省市“两会”和鹿泉、平山旅发大会、河北省第十五届运动会及残运会、爱飞客、国际数字经济博览会等重大活动餐饮食品安全保障200余次，未发生食品安全事故。

【食品药品安全专项整治】 全年开展专项整治40项，重点开展五项专项整治。针对灵寿、正定亚硝酸盐误食，以及北部县（市、区）亚硝酸盐使用，开展食品销售环节亚硝酸盐经营使用专项检查。在正定启动食药安全科普知识集中宣传活动启动仪式，投入170余万元印发食品安全日常安全手册、亚硝酸盐安全知识及中毒危害明白纸、警示标语等40余万份。逐村逐户逐单位进行拉网式地毯式排查，检查各类单位2874家，责令整改单位16家。联合工商、公安等8部门开展保健食品虚假宣传专项治理和“清剿行动”。以主城区为重点，五区联动，集中打击，在街道、楼宇和小区开展拉网式排查。市食药监局成立2个督查暗访组，对市内五区72家写字楼、酒店、宾馆、体验店开展重点督查。联合市纠风办召开2次协调会议，督导抓好工作落实，并会同市广播电台、电视台开展实地检查及跟踪回访。全年共计排查单位9316家，责令停业93家，自行停业146家，驱散会销1767人次，立案18起，取缔18家，处罚6起，查扣货值3096.8元，食品、保健食品、医疗器械欺诈和虚假宣传现象得到有效遏制。规范全市学校食堂（含托幼机构）食品安全管理，开展学校食堂食品安全整治提升行动，重点围绕依法经营、人员管理、场所布局、设施设备、加工制作和清洗消毒6方面，检查学校食堂（含托幼机构）1870家（次），责令整改提升856家，对800余家无证幼儿园食堂责令停业整顿，全市改造学校食堂（含托幼机构）118家，投入费用约4841.5万元。针对网络订餐中经营者资质不全、卫生条件无法保障等问题，会同市检察院、公安局对网络订餐第三方平台集体约谈，与网络订餐第三方平台签订食品安全责任书。开展网络订餐食品安全“净网”专项整治行动，出动执法人员21000人余次，实地检查网络订餐单位18082家，责令改正1597家，下线1262家，取缔125家，约谈第三方平台51次，立案20件。针对长春长生疫苗事件，集中开展疫苗等生物制品专项整治行动。深入开展风险隐患排查治理，检查企业17家次，督促企业抓好问题整改，检查疫苗委托储存配送企业8家次，各级疾控中心33家次，预防接种点550家次，配合卫计部门做好疫苗召回和补种工作。

（市市场监督管理局）

专利和知识产权保护

【概况】 2018年，全市新增专利申请19421件，同比增长49.8%，其中，专利授权11450件，同比增长52.6%；新增发明专利申请4696件，同比增长35.4%，其中，发明专利授权1487件，同比增长10.1%；每万人发明专利拥有量6.39件。5月28日，石家庄市被国家知识产权局确定为“国家知识产权示范城市”，示范时限自2018年5月至2021年5月。石家庄众智华清知识产权事务所、河北国维知识产权咨询有限公司2家服务机构被评为第四批“全国知识产权服务品牌培育机构”，培育期两年。河北师范大学、石家庄铁道大学被河北省知识产权局认定为第三批知识产权培训基地。石家庄人民商场股份有限公司、石家庄食草堂文化饰品有限公司等四家市场被确定为第五批国家级知识产权保护规范化培育市场。至2018年底，石家庄市国家级知识产权保护规范化培育市场共计7家，全省共14家。全市26家企业获得企业知识产权管理规范认证证书，全年共发放省申请资助资金590万元、市专利申请资助资金140.7万元，惠及企业938家。全市共有22家企业为77项专利投保，专利保险金额达2684万元。9家企业完成10笔专利权质押贷款，贷款金额共1.67亿元。5月28日，根据《国家知识产权局关于确定马鞍山等城市为国家知识产权示范城市的通知》（国知发管函字〔2018〕78号），石家庄市被确定为国家知识产权示范城市，示范时限为2018年5月至2021年5月。

【专利获奖】 2018年12月26日，石家庄市君乐宝乳业有限公司项目“干酪乳杆菌N1115其免疫调节作用及应用”、格力电器（石家庄）有限公司项目“热回收系统及具有其的热回收机组”、诚志永华显示材料有限公司“含有2，3-二氟苯基的负性液晶化合物及其制备方法与应用”、国网河北能源技术服务有限公司项目“一种基于厂站接线信息的预想故障集生成方法”4个项目获第二十届中国专利优秀奖。石家庄市获河北省专利奖15项，其中，一等奖1项、二等奖5项、三等奖2项、优秀奖7项。石药集团中诺药业（石家庄）有限公司项目“一种格列美脲分散片及其制备方法”获河北省专利奖一等奖；河北省电力建设调整试验所“一种火电厂反渗透浓水与城市污水交互处理的利用方法”、石家庄诚志永华显示材料有限公司“含有环丙基的液晶化合物以及液晶混合物”、神威药业集团有限公司“一种心脑清缓释软胶囊及其制备方法”、国网河北能源技术服务有限公司“建立锅炉燃烧过程模型的方法和装置”、河北省电力建设调整试验所“一种基于混合模型的变压器维修决策方法”、石家庄四药有限公司“一种一体式双硬管双阀输液软袋”、河北源点光学仪器有限公司“视远学习护眼装置”获河北省专利奖其他奖项。

【专利侵权执法】 制定《石家庄关于开展2018年电子商务领域专利执法维权“雷霆”行动工作方案》《2018年知识产权执法维权“护航”专项行动工作方案》，实施2018年度专利执法行动计划。全年共处理专利行政执法案件833件，涉及专利侵权案件280件，调解专利纠纷44件，查处假冒专利263件，判定电商专利侵权案件246件，被评为全国专利行政执法工作绩效考核先进单位。4月，石家庄市创建京津冀专业市场知识产权保护联盟，开创专业市场保护新模式。石家庄人民商场股份有限公司、石家庄食草堂文化饰品有限公司、河北永辉超市有限公司桥西分公司、石家庄市米莎贝尔饮食食品有限公司平安南大街店4家企业被确定为第五批国家级知识产权保护规范化培育市场。

（市市场监督管理局）

物价监督管理

【概况】 2018年，全市价格总水平保持基本稳定，全年居民消费价格指数（CPI）比2017年同期上涨2.3%，顺利完成3%左右年度调控目标。严格落实国家和省各项价格监测报告制度，全年共向国家和省、市上报各类报表2100余份，上报率、准确率100%。加强节假日市场价格应急监测，全面掌握节假日期间重要生活消费品价格动态。完成夏粮收购期间应急监测工作，形成调查巡视报告4篇，定期开展重要商品价格动态反馈和分析预警，全年共完成重要商品价格动态分析100篇、撰写分析报告88篇。开展重要民生商品“晒价”和价格行情、价格动态信息发布，全年向社会发布价格动态50期、价格行情100期，发布超市食品类、日用品类和药店药品类、农贸市场食品类“晒价”122期，4.7万余条价格信息。利用“石家庄微物价”微信公众平台共推送信息94期，发布信息363条，阅读、查询量6万余人次。根据国家发改委价格监测中心统一部署，分2批完成价格监测预警系统改革任务。加强全市价格监管，优化监控统筹，做好食品、药品、住房等重要商品价格监测，完成天然气价格核定、供水销售价格调整与工商业用电降价，有效监督公开收费项目和行政事业性收费，完成重点国有景区门票价格降价工作。

【调整价费标准】 合理调整价费标准。完成2018年度供水价格调整，4次降低工商业电价政策，累计降低6.79分/千瓦时，为企业降低用电成本约1亿元/月。会同市财政部门修订《石家庄市执行的全国性行政事业性收费目录清单》《石家庄市执行的全国涉企行政事业性收费目录清单》《石家庄市执行的省级行政事业性收费目录清单》《石家庄市执行的考试考务费目录清单》，编制《石家庄市行政事业性收费单位目录清单》并予以公布，共涉及市本级执收单位61家；会同市编委办修订《市政府部门行政许可中介服务收费目录清单》，涉及收费目录事项共71项，要求中介服务机构严格落实明码标价和收费公示制度；会同市交管局、市住建局、市交通局出台机动车停放服务收费新标准。调整医疗废物处置收费标准，由2.5元/公斤调整为3.8元/公斤；制定电动汽车充电服务费上限标准，城市电动公交汽车每千瓦时0.6元，其他电动汽车每千瓦时1元；做好重点国有景区门票调价工作，对正定县隆兴寺、鹿泉区抱犊寨、平山县驼梁三家景区门票价格开展成本监审，调整制定井陉仙台山景区门票及内部交通价格；完成3条新开公交线路和空调公交车票价季节性调整核准；关注车用天然气价格上调对出租车行业影响，延长出租车运费价格有效期。

【价费改革】 激发民办教育活力，扩大民办学校收费自主权，加强事中事后监管。按照省级《关于进一步扩大民办学校收费自主权加强事中事后监管的通知》要求，放开专科及以下非营利性民办学校收费标准，扩大民办学校收费自主权。全年共受理收费标准制定调整报告学校19所，引导民办学校建立健全收费管理制度，自觉执行国家及省教育收费政策。组织市第二中学、市一中西山学校等各级各类学校参加教育收费政策提醒告诫会，对加强服务性收费和代收费管理、加强收费公示等方面进行提醒告诫。加强对医联体模式价格服务工作，推进医疗服务价格动态调整等体制机制改革。将省物价局、省卫计委、省人社厅《关于明确医联体医疗服务价格政策的通知》下发至市县公立医疗机构；联合市卫计委、人社局对部分县级公立医院医疗服务项目价格进行测算核定，发布《关于核定部分医疗服务项目价格及有关问题的通知》；放开会诊、美容整形手术等130项医疗服务项目价格，实行市场调节价；出台《关于继续执行第二类疫苗储存运输费收费标准的通知》（石发改行费〔2018〕1024号）文件，明确二类疫苗储运费收费政策。

【价格监管】 在供水、供气、供暖、电信领域开展价格专项检查，全市共检查121个单位，未发现严重价格违法行为；涉企收费检查任务重点对交通、环保相关收费行为进行检查，进一步为企业减负。对我市6个县（市、区）殡葬服务和经营性公墓价格收费进行督导检查。推进市场价格明码标价。坚持每月定期和重大节假日巡查。重点关注粮、油、肉、蛋、菜等商品价格异常波动情况。2018年，对20家商贸企业商品价格标签进行审核监制，查处、调解价格违法举报件28件。利用微信网络平台，对全市160多家企业进行点对点政策解读。重点解读《河北省商业零售业价格行为管理规定》《禁止价格欺诈行为规定》《商品房销售明码标价规定》《价格违法行为行政处罚规定》。加强房地产市场监管，规范房地产市场价格行为。价格投诉举报事项办理。2018年底，共受理价格举报咨询7260件，立案82件，咨询电话7178件，回复7178件，回复率100%。接待来访群众130余人次，接受网上举报173件，答复173件，答复率100%；接收12345市长公开电话转办件314件，办结314件。

（王宁）

【供热价格】 根据市发展改革委、市城管委、市财政局联合发布《关于重新公布主城区居民供热价格的通知》，2018年石家庄市主城区居民供热价格为每采暖期每平方米22元。采暖费用按照住宅建筑面积扣减10%公摊面积计费，有电梯和消防通道的住宅扣减15%计费；地下室及住宅楼外的公摊面积不计入收费面积。供热企业与居民小区蒸汽网热交换站结算价格为每吉焦42元；供热企业与居民小区水网热交换站结算价格在保证热交换站正常运行前提下，由双方协商确定。冬季采暖期暂不用热的空置房收费，由用户在有效期提出申请，经供热企业、热交换站或居民委员会核实，采取有效措施后，按应交纳热费总额20%收取。城市特困群众和重点优抚对象采暖费补贴，集中供热家庭由财政全额给予补贴，未参加集中供热家庭每年每户采暖费补贴标准700元。

【居民燃气价格】 石家庄市主城区居民用管道天然气销售价格于2010年10月施行，8年市区居民消费价格指数累计上涨22.3%。2018年6月10日，按照国家和河北省关于天然气价格改革要求，天然气上游购进价上涨0.35元／立方米。11月20日，石家庄市参考省内同气源设区市出台的价格水平，经过规范程序论证和研究，由市发展改革委发布《关于石家庄市主城区居民用燃气配气价格暨销售价格联动机制听证会的公告》。12月5日，石家庄市举行主城区居民用燃气配气价格暨销售价格联动机制听证会。听证讨论市发展改革委、市城管委提出两种居民用燃气配气价格调整方案。方案一：按照河北省规范公式计算，居民用管道天然气配气价格由0.67元／立方米下调为0.65元／立方米；方案二：参照与石家庄市同气源邯郸市、邢台市、保定市出台配气价格水平，居民用管道天然气配气价格由0.67元／立方米下调为0.63元／立方米。两种配气价格方案相对应居民到户销售价格分别为：方案一销售价格为2.70元／立方米，比原价格上调0.30元／立方米，较国家基准门站价格少调整0.05元／立方米；方案二销售价格为2.68元／立方米，比原价格上调0.28元／立方米，较国家基准门站价格少调整0.07元／立方米。两种配气销售价格方案分别较原价格上涨12.5%和11.67%。特殊群体生活用气价格实行优惠政策：

低保户、特困职工户用气在第一阶梯气量内优惠0.2元/立方米。2018年石家庄主城区居民用管道天然气用户共有148.19万户，户均用气10.5立方米/月。两种配气价格方案户均月增支分别为3.15元和2.94元；配气和销售价格略低于全省设区市平均值。

（市市场监督管理局）

外资登记和市场管理

【概况】 2018年，全市围绕政府关注、群众关心的热点问题，查处重大典型案件，努力营造宽松平等的准入环境、公平竞争的市场环境和群众放心的消费环境。至2018年底，全市外资企业总数1751户。其中，法人企业402户，分公司1343户，国外企业常驻代表机构6户，注册资本58.3亿美元，投资总额1211.1亿美元。推进商标战略，全市拥有注册商标111674件，年增长速度超过20%，商标总量占全省24.6%。中国驰名商标全年获批6件，累计有中国驰名商标54件，位居全省之首。驰名商标涵盖生物医药、先进装备制造、服装纺织、食品、钢铁、现代服务业等多个支柱行业。全年获批中国地理标志商标3件，新公告3件，新申报地理标志商标30件，注册总量达到11件。抽样检测部分大型商场、超市、批发市场13大类商品共计1070批次，其中儿童用品225批次、家用电器114批次、消防器材57批次、电线电缆63批次、油漆涂料71批次、服装鞋76批次、中老年用品40批次、牙刷27批次、塑料、陶瓷用品81批次、床品及毛巾71批次、灯具35批次、家具23批次、网络商品（含儿童用品、服装、小家电）222批次，不合格率约为17%，通过抽检查处违法案件304件，罚没148.63万元。市工商行政管理局获评全国打击侵权假冒工作先进集体、河北省消协组织先进集体。“天山”“君乐宝”“神威”“沃尔旺”“益生”“神行太保”“动感公鸡”“晋州鸭梨”“科达”“CSPC”10枚商标获得2018中国国际商标品牌节暨中华品牌博览会金奖。

【市场主体登记】 至2018年底，全市外资企业总数1751户。其中，法人企业402户，分公司1343户，国外企业常驻代表机构6户，注册资本58.3亿美元，投资总额1211.1亿美元。外资企业中以制造业和批发零售业最多，其中，制造业1098家、批发零售业170家、住宿餐饮业56家、农林牧渔业51家、建筑业46家、交通运输和仓储业11家、采矿业8家，其他行业6家。投资总额制造业最多，资金总额达到37.84亿美元，其次为交通运输和仓储业，资金总额为31.72亿美元。其中，2018年新增投资额最大行业为批发和零售业，新增资金6.05亿美元，其次为交通运输和仓储业，新增资金6.05亿美元。

【商品市场监管】 开展专项整治行动，查处各类案件5880件，查办河北某医药药材公司不正当竞争案件，为全省运用新《反不正当竞争法》查办第一案。开展2017年度市场主体年报公示，企业年报公示率达93.58%。开展“红顶中介”专项整治，组织明察和暗访70余次，明察暗访代办中介组织和部门124户次，听取部门汇报28次，召开联席会议6次，部门梳理问题145件，整改2件，提出合理化建议43条。深入推进“双随机、一公开”监管，全市组织“双随机”联合抽查939次，检查市场主体58516户。参与检查部门483个、执法人员5118人，涉及检查项目4669项，子项9994项。全部公示抽查结果，实现部门间违法线索互联、监管标准互通、处理结果互认，有力促进公开、公平、公正执法。推行“双随机、一公开”联合抽查成果和经验得到广泛关注，《中国工商报》（头版头条）、《光明日报》、《河北日报》等20余家新闻媒体对此项工作宣传报道。开展合同格式条款专项整治，收集检查合同201份，约谈企业452户次，立案67件。加强广告市场整治，检查广告14.6万条次，查处案件201件，罚没1118.45万元。加强煤炭和成品油市场监管，抽检散煤271个批次，主体抽检覆盖率达到100%；取缔无照散煤经营户42户，联合查办运销散煤案件43起，查扣散煤2918吨。大力开展放心消费创建活动，对北国商城等84个市级和268个县（市、区）级放心消费创建示范单位予以公示。推进县域创建工作，按照一县（市）一特色，一县（市）一亮点创建原则，重点打造放心消费“示范乡镇”“示范农贸市场”“示范电商村镇”。

（市场监督管理局）

国有资产监督管理

【概况】 2018年，石家庄市人民政府国有资产监督管理委员会（以下简称市国资委）系统推进结构性调整和创新驱动，提高发展质量和效益，生产经营保持稳中向好发展态势。市国资委监管企业14户，其中，国有独资企业11户，分别是常山集团、市建投集团、宝德投资集团、国资经营集团、保安集团、物产集团、能源投资集团、国大集团、绿炬种子机械厂、星泽服务公司和地产集团；国有控股2户，分别是北人集团、饮食集团；国有参股1户为白龙化工股份有限公司。截至2018年底，市国资委监管企业资产总额达到683.64亿元，同比增长5.90%；排名前三位企业为地产集团、常山集团、北人集团；实现营业收入327亿元，同比下降4.86%；排名前3位企业分别是北人集团、常山集团、白龙化工股份有效公司；实现利润总额14.94亿元，同比增长4.91%，排名前3位企业分别是北人集团、地产集团、常山集团；实现利税21.68亿元，国有资产保值增值率达101.87%。加强企业党组织建设，组织企业党委书记抓党建述职评议，全年组织发展党员320人。做好信访积案大化解工作，对双百攻坚活动中11件信访事项，办结10件，息诉罢访8件，息诉罢访率80%；落实企业军转干部救助工作，为79家企业1800余名军转干部申报救助金2600余万元。加强对退役军人安置和管理服务工作，办理市退役军人政策落实专班，安置2017年复退军人2名。做好安全生产工作，与13家监管企业签订《安全生产责任书》、《消防责任状》，开展安全生产大排查大整治攻坚行动。广泛开展国资信息宣传工作，全年发布各类新闻稿件86篇。国资委系统获评市级以上各类人才13人，其中省管优秀专家2人，省突出贡献中青年专家1人，市管拔尖人才10人。完成机构设置调整工作，12月，市国资委监事会职责划入市审计局，市国资委不再设立监事会，监管企业领导干部经济责任审计职责划入市审计局。机构改革后，市国资委内设机构14个，机关行政编制84名，科级领导职数29名。

【国资国企改革】 加强国资国企改革顶层设计，加快推进以管资本为主职能转变，完善授权经营体制改革试点任务，稳妥推进混合所有制改革，激发企业活力。市国资委建立深化国企改革“1+22”文件体系，修改完善原有规范性文件，形成《石家庄市国有企业全面深化改革文件资料汇编》。出台《石家庄市国资委以管资本为主推进职能转变方案》，调整优化监管职能，精简下放28项监管事项，推动企业依法行使自主经营权。石家庄市国有资本经营集团有限公司通过增加注册资本、资产整合及落实七项授权、组建合资企业、股权投资、与省招标集团成立国经招标公司，进行股权多元化尝试推动国有资本经营集团做大做强。城投集团通过与民营企业合资，在混合所有制改革上先行先试。初步组建完成石家庄文化旅游投资集团，重组整合取得阶段性成果。企业改制重组进展顺利，1户“僵尸企业”以改制方式彻底退出，4家企业进入改制退出程序，2家企业破产工作正在依法有序推进。加快推进剥离国有企业办社会职能和解决遗留问题，央属、省属、市属国有企业家属区“三供一业”分离移交正式协议签订率完成100%。

【国资监管】 加强经济运行监测分析和调度。首次实现全市国有资产统计分析全覆盖，建立市级国有企业财务预决算制度，经营性国有资产财务快报每月直报市委市政府，为领导决策提供参考。实行企业包联制度和帮扶机制，力促企业稳增长。强化国有资产基础管理，完善产权管理制度，规范资产处置行为，严格监管产权交易、资产评估、专家评审制度等环节，完成资产评估项目10个，涉及净资产评估值4.21亿元，完成9个资产处置项目，处置收入133.41万元。加强企业内部管理，督导监管企业建立健全涉及财务、采购、营销、投资等全方位内部监督制度和内控机制；强化业绩考核和薪酬分配激励约束，对标杭州、省国资委等地经验做法，修订完善经营业绩考核和薪酬分配办法，制定出台《石家庄市国资委监管企业职业经理人业绩考核与薪酬管理办法（试行）》，初步建立起激励与约束相匹配市场化考核机制和激励体系。严格实施审计监督，对市建投金源化工股权转让、市制酒厂无偿划转和人民服装厂等企业进行财务专项审计；对焦化集团、星泽公司、星球集团等进行定向审计。市审计部门对北人集团、建投集团、物产集团等企业实施经济责任审计，提出审计整改建议，进一步规范企业经营管理行为。全年市国资委追踪2家企业重大法律纠纷案件，4起涉及法律纠纷案件参与应诉。原国资委监事会对监管企业公司章程发现并提出整改建议6项；对8家派驻监事会企业实施年度集中检查，发现问题31项，提出整改建议31条。

【重点项目建设】 印发《深化“双创双服”活动推进“4+4”现代产业发展工作方案》；改善监管企业改革发展环境，提高机关工作人员工作效率和服务企业质量，制定印发市国资委《2018年优化营商环境工作方案》。坚持引进高端高新项目，精准招商，市国资委系统共对接客户45家，涉及新一代信息技术、装备制造、商贸、健康养老、金融、旅游、环保等“4+4”现代产业，达成合作意向7项。市国资委直接监管企业续建、新建重点项目15个，北人集团水世界等4个项目已经竣工开业；中央商务区建设项目、常山股份云数据中心一期项目、北国高科技物流产业园等项目正全力推进，项目投入累计达18亿元。积极配合长安区政府和发改局做好招商工作，结合市国资委特点，重点谋划推动石焦集团土地收储、苏宁集团开发棉一、棉二厂区地块、棉五生活区招商等项目。

（钱戈）

自然资源管理

【概况】 2018年，全市实施土地储备新政、出让项目64个，实用地面积3761.91亩，成交价款325.7亿元，较2017年增长121.6%。2018年造地4万余亩，较2017年增加2.53万亩。预留4000亩占补指标和3000亩计划指标，募集15亿土地专项债券用于收储工作。提升不动产登记水平。市区四个不动产交易登记大厅二手房买卖转移登记，商品住房买卖等12项业务实现一站式服务。全年发放不动产登记证书、出具不动产登记证明30余万份。优化用地指标管理，实行“项目备案跟踪问效+对冲机制”“指标逾期收回”等制度，提高用地指标使用效率。启动20个中心城区城市棚户区改造项目的控规动态维护工作，涉及征收住宅房屋面积142万平方米，改造2万户，新建住宅建筑面积216万平方米。完成2018年河北省地质勘查项目的初审和申报工作。完成2018年度中心城区转用征收方案国务院报卷工作，上报1个批次，批复总面积6442亩。其中农用地6092亩（其中耕地5600亩）、建设用地300亩、未利用地50亩。市内四区共完成征地组卷35个批次4511亩，其中实施批次完成征地组卷18个批次，总面积1760亩；城市建设用地完成征地组卷17个批次总面积2781亩；供地和安置补偿共34宗，总面积4462亩，其中划拨地供地5宗557亩，补偿后移交储备中心3宗286亩、移交地产交易市场26宗3619亩。全年共办理河北省国土资源厅转办举报线索475件，立案查处170件，查处到位140件，罚款金额3105.8万元、没收建筑物55.06万平方米、拆除建筑物6.69万平方米、申请人民法院强制执行60件、移交纪检监察机关5件、移送公安机关13件。至2018年末，市自然资源和规划局承担政务事项清单45项，其中，行政许可类6项、行政确认类11项、行政征收类10项、其他类18项。落实机构改革方案，组建市自然资源和规划局，不再保留市国土资源局（市地理信息局）、市城乡规划局。12月26日，市自然资源和规划局挂牌，地址位于市区平安南大街建胜西路18号。改革后，市自然资源和规划局内设处室22个，分别为办公室、政策法规处、改革调研处、自然资源调查监测处、自然资源确权登记局、自然资源所有者权益处、自然资源开发利用处、国土空间规划处、国土空间用途管制处、国土空间生态修复处、耕地保护监督处、地质矿产管理处、详细规划处、城市景观风貌规划处、市政基础设施规划处、执法协调处（信访办公室）、地理信息处、技术管理处、县市规划指导处、财务审计处、人事处、直属单位党委（机关纪委）。

【不动产登记】 市不动产登记中心在

编人员74名，聘用人员210名，内设科室14个。推行一站式服务。通过对业务流程再造，收件资料梳理整合，设置交易税务、登记、综合受理窗口，8月20日起，对石家庄市内四个不动产交易，登记大厅12项业务实行“一窗受理、并行办理”，受理时间从过去的2、3个小时压缩至30分钟左右，实现“只取一次号、提交一次材料”、“一窗受理”，“最多跑一次”一站式服务。从5月份起，通过与邮政速递合作，推出EMS邮寄证书（证明）业务、私产抵押权登记、存量房转移登记等17项登记业务实现“最多跑一次”简化办事程序，对于自然人变更登记、注销登记等五类登记业务实现受理后即时办结。从10月8日起，对16项登记业务再次压缩办结时限，其中“一窗受理”业务由5个工作日压缩至3个工作日、单位产权抵押登记由10个工作日压缩至5个工作日、个人抵押权登记由3个工作日压缩至2个工作日、个人房产补（换）证业务、预告登记注销、单套房屋注销登记等业务即时办结。至2018年末，石家庄市共完成各类不动产登记233524件，发放不动产权证书110722本，发放不动产登记证明64712本。

【执法监察】 开展违法用地专项整治。理清各级政府管地用地主体责任和国土部门监管职责，在全市开展为期2个月违法用地“利剑清仓”专项整治行动，强力推进违法用地整改。制定《石家庄市2018年清理违法用地专项行动奖惩暂行办法》，组织县（市、区）、乡镇政府对违法用地进行拆除或补办用地手续。至2018年年底，经第三方技术作业单位实地检查验收，已整改到位924宗，面积10528.54亩，其中，拆除425宗，面积4122.85亩；补办用地手续499宗，面积6405.99亩。按计划剩余整改任务1074宗，面积9804.83亩。全面清理整治“大棚房”专项行动，经摸排全市共涉及大棚房12宗，平山县、桥西区、正定新区、鹿泉区、长安区、元氏县各1宗，裕华区3宗、正定县3宗，到2018年末均按要求完成整治。严厉打击非法采矿行为。落实河北省政府《关于严厉打击盗采国家矿产资源的通知》要求，以查处无证采矿、越界采矿、以采代探、非法转让矿业权等违法行为为重点，明确责任分工，加强督导检查。全年石家庄市涉矿县（市、区）国土资源部门共摸排非法采矿、采砂、地热点267处，处罚108起，扣压非法采矿大型机械170台，罚没款94.05万元，出动执法人员10001人次、车辆2997台/次。

【地图审核】 1月1日起。新修订《地图审核管理规定》正式施行。新修订《地图审核管理规定》要求各类出版、展示、登载、生产、进口、出口的地图或者附着地图图形的产品，需经审核通过后才能公开使用。包括：各类地图集（册）、含有地图的各类期刊、杂志、电子出版物等，影视、广告、展览、展厅等展示和使用的地图，互联网中登载的静态和动态地图，各类产品包装、工艺品、纪念品、玩具等登载的地图或者附着地图图形的产品；拟在境外出版、展示、登载的地图或者附着地图图形的产品也应送审。

【地籍管理】 搞好基础数据分析。通过核查近18.9万个图斑、面积达1352万亩的基础数据，专题分析土地利用总体规划、永久基本农田划定、土地整治规划等，并将1000多幅图件和数据分析成果下发到县（市、区）。挖掘耕地后备资源潜力，组织开展耕地后备资源调查，实地核实认定耕地后备资源约10.39万亩。启动卫星遥感监测与土地利用变更调查数据，完成土地利用变更调查。推进房地一体农村宅基地和集体建设用地权籍调查，至年底，全市农村宅基地和集体建设用地使用权地籍调查完成率98.94%，房屋所有权调查完成率98.79%，房地一体村镇地籍调查内业资料完成率98.56%，数据入库完成率95.9%，房地一体村镇地籍调查成果县级预检率95.9%，省市抽查完成率95.9 %。推行土地储备新政。出台《石家庄市区做地工作流程》《城中村改造用地实施意见》，制定新的土地储备工作制度。大力推进净地收储。市国土资源局预留4000亩占补平衡指标和3000亩计划，各区选定净地收储的具体地块，并安排专人深入各个地块跟踪指导征收工作。拓展收储空间，将土地收储的重点向区域更广阔的“新三区”和正定县延伸。科学划定土地收储管控范围，将轨道交通项目、滹沱河等重点区域和地段周边可开发土地全部统一纳入收储开发范围，提高建设用地保证能力。

【土地利用】 加强建设用地开发利用监管，建立土地利用巡查工作制度，巡查管理负责任务分配、督查和结果反馈；巡查人员负责地块现场的定期巡查，并提供相应的现场照片和跟踪管理卡系统上报。至2018年底已巡查12775项。全年供应土地915宗，面积37679亩。其中，划拨土地343宗，面积15851亩；出让土地571宗，面积21766亩，出让价款550.32亿元；租赁1宗，62亩。推进耕地占补平衡。2018年河北省下达石家庄市补充耕地任务2万亩。结合耕地后备资源情况分解下达任务，根据县（市、区）耕地后备资源和立项未验收项目库存情况，分解下达补充耕地任务共计33800亩。多渠道落实补充耕地，将低效农村建设用地、工矿废弃用地等全部纳入土地整治范围，用于耕地占补平衡。改进耕地占补平衡管理制度，出台《关于加强土地管理支持全市产业发展的意见》（石政规〔2018〕6号），《关于加强和改进耕地占补平衡管理的实施意见》（石字〔2018〕26号），为改进耕地占补平衡提供政策支持。建立“造地资金借用”制度，同时将指标价款年底结算返还改为按季返还，提高资金返还效率。为行唐、平山、赞皇、灵寿四个造地大县累计提供资金5.9亿元。至2018年底，全市完成耕地占补平衡38247亩。加强耕地保护。贯彻落实各项耕地保护制度，严格落实土地用途管理制度，控制新增建设占用耕地，指导平山、行唐等县再造耕地。2018年石家庄市共计完成新增耕地40063亩，完成高标准农田建设36.86万亩，共增加粮食产能指标19563个。节约集约用地。做好露天矿山整治工作，完成全市61个主体责任灭失矿山复绿工作。西柏坡高速、县城区周边、石太客运专线两侧敏感地带12个责任主体灭失矿山修复绿化工作全部完工通过专家验收。其中，鹿泉区2处、井陉县3处、灵寿县5处、元氏县1处、井陉矿区1处，共投入资金3012.77万元，治理面积1652.19亩。提高节约集约用地能力，加大闲置地处置力度，整改到位闲置地2518亩。

（张跃斌）

科学技术

Science & Technology

综 述

2018年，石家庄市域单位获得国家科学技术奖励4项。其中，国家科技进步奖一等奖1项，项目名称为“光电显示用高均匀超净面玻璃基板关键技术与设备开发及产业化”；国家科学技术进步奖二等奖3项，分别为：“梨优质早、中熟新品种选育与高效育种技术创新”“高强超薄浮法铝硅酸盐屏幕保护玻璃规模化生产成套技术与应用开发”“毫米波与太赫兹（50GHz～500GHz）测量系统”。2018年石家庄市域单位获得河北省科学技术奖励102项。其中，河北省自然科学奖8项；河北省技术发明奖4项；河北省科学技术进步奖91项（一等奖12项、二等奖37项、三等奖42项）。3人获得河北省科学技术个人奖。2018年全市新增科技型中小企业2027家，科技型中小企业数量累计达到11132家；科技小巨人企业数量累计达到593家；高新技术企业数量累计达到1326家。

科技创新平台。新认定市级科技企业孵化器4家、省级科技企业孵化器3家，科技企业孵化器数量累计达到22家，其中，省级科技企业孵化器19家，国家级科技企业孵化器8家。新认定市级众创空间24家，众创空间数量累计达到103家，其中，省级众创空间59家，国家级众创空间29家。新增省级以上创新平台55家，其中，省级技术创新中心38家、重点实验室15家、产业技术研究院2家，省级以上创新平台总数累计达到204家。新认定市级工程技术研究中心20家，市级工程技术研究中心累计达到181家。石家庄科技中心“云创空间”入选“2018中国百家特色空间”。市科技创新服务中心连续五年以优秀（A类）成绩通过科技部国家级科技企业孵化器考评。

科技成果转化。开展双向转化促进服务，搭建科技成果转化大数据云服务中心、促进品牌活动中心等平台，开展专业化科技成果转化服务。举办“首都科技条件平台石家庄合作站供需对接会”等多场技术对接会，达成14项合作意向。重点支持地域内与京津开展科技合作的科技成果转化项目48项，支持经费3475万元。优化技术合同登记站布局，全年新增5个技术合同登记站，全市技术合同登记站达到9个。2018年全市共登记技术合同4567份，实现技术合同总成交额120.29亿元。

科技人才。按照《关于大力引进高层次科技创新创业人才的意见》及其《实施细则》规定，确定石家庄市第三批引进高层次科技创新创业人才11名，并支持科研经费1960万元。加强领军人才和团队培养，认定第五届科技领军人物15名、科技创新团队15个。以院士工作站为载体，引进院士团队高端智力，13家院士工作站通过省科技厅等部门认定，总数达64家。

高新技术企业。石家庄四药有限公司技术中心、石家庄科林电气股份有限公司技术中心被新认定为（第24批）国家企业技术中心。石家庄诚志永华显示材料有限公司、河北威远生物化工股份有限公司2家企业技术中心入选2018年第25批国家企业技术中心。新认定20家市级企业技术中心均为战略新兴产业领域，其中，“4+4”现代产业领域企业16家，占比80%。至2018年末，全市累计建设企业技术中心239家。其中，国家企业技术中心12家、省级企业技术中心111家。至2018年底，全市国家认定企业技术中心达到14家，占全省28%，位居全省首位。培育国家知识产权企业13家，其中国家知识产权示范企业3家、国家知识产权优势企业10家。新增10家省级企业技术中心，分别为：格力电器（石家庄）有限公司、河北万方中天科技有限公司、河北新华北集成电路有限公司、石家庄市京华电子实业有限公司、河北合佳医药有限公司、先控捷联电气股份有限公司、河北华清环境科技股份有限公司、中核第四研究设计工程有限公司、河北冠卓检测科技有限公司、斯特龙装饰有限责任公司。石药控股集团有限公司、石家庄以岭药业股份有限公司2家企业通过工业和信息化部、财政部联合组织的国家技术创新示范企业复核评价。石家庄四药有限公司入选2018年国家技术创新示范企业名单（全国68家），这也是全市唯一入选企业。针对科技型中小企业的发展和技术需求，全年共选派22名科技特派员到企业开展技术服务。

科技扶贫。加大赞皇县、灵寿县、行唐县、平山县4个国家级贫困县人才扶助力度，选派科技人员作为"三区人才"60名，服务带动农户4498户，服务企业、合作社、农民协会等机构121个，创办领办企业、合作社8个，建立示范基地95个。印发《石家庄市农业科技精准扶贫三年行动方案（2018～2020年）》，为贫困地区稳定脱贫和可持续发展提供政策保障。1月16日，2019年全市文化科技卫生"三下乡"集中服务活动在灵寿县启动，主题为"助力乡村振兴 筑梦美好家园"；市直43家成员单位结合灵寿县经济社会发展实际，谋划支持资金、物资、项目总额2.62亿元，筹划支援信贷额度6亿元。

（周林林　李彦水　王静）

科学技术研究与发展计划

【概况】 2018年，石家庄市按照"十三五"科技创新规划确定的目标与任务，实施"重大科技专项"、"重点研发计划"、"创新能力提升计划"和"技术创新引导计划"四类科技计划。重大科技专项聚焦全市产业发展的重大技术需求和重大战略产品、重大产业化目标，集中力量在设定时限内进行集成式协同攻关，解决石家庄市产业结构调整和转型升级关键问题。重点研发计划以提升产业竞争力、企业自主创新能力为核心，加强跨部门、跨行业、跨区域研发布局和协同创新，促进全市产业结构调整和经济发展方式转变。提升全市整体创新能力，培育创新人才和优秀团队，促进科技资源开放共享，支持各类创新人才团队、科技园区、高新技术产业基地、研发平台建设，提高科技创新的整体保障能力。促进科技成果资本化、产业化，充分发挥财政资金杠杆作用，通过政策引导，建立转化基金、引导基金、风险补偿基金等，引导和聚集社会资本，重点培育壮大科技型中小企业和行业领军企业。规范全市科技计划项目管理，印发《石家庄市科学技术研究与发展计划项目管理办法》（石科规〔2018〕3号），明确基本程序和要求。全年市本级财政安排科研资金12510万元，共安排各类科技项目课题256项经费6405万元。下达2018年石家庄市科学技术研究与发展自筹资金计划项目2批共计127项。

【科研经费】 2017年石家庄市本级财政安排应用技术研究与开发专项资金（简称"研发资金"）12510万元。其中，高层次人才引进2000万元、大学生创新创业资金620万元、科技大市场运行经费320万元、孵化资金专项500万元、市科技型中小企业创新资金800万元、众创空间补助1000万元、星创天地150万元、专利专项经费700万元、安排计划资金6405万元。市科技局编制下发科学技术研究与发展计划（指令计划）1批，共安排各类科技项目课题256项（由于2018年无极、赵县共两项工程技术研究中心项目未能拨款，未在计划本显示，因此实际下达项目比计划本多两项，为256项），经费6405万元；下达2018年石家庄市科学技术研究与发展自筹资金计划项目2批共计127项。全部科技计划项目中，重大科技专项项目13项，经费1300万元；重点研发计划项目186项，经费4400万元；创新能力提升计划项目57项，经费705万元。科技支撑203项，经费5660万元；成果推广11项，经费245万元；软科学10项，经费65万元；国际科技合作5项，经费105万元；科技创新平台建设20项，经费180万元；其他计划7项，经费150万元。七大科技专项236项，经费4955万元。企业承担课题221项，经费5792万元；科研院所13项，经费224万元；高等院校5项，经费32万元。产学研课题79项，经费1748万元。根据国家产业政策、河北省经济发展方向，围绕生物医药、现代农业等石家庄市优势产业领域，依托骨干企业，积极争取国家、省科技计划项目和资金的支持。全年共争取国家、省各类科技项目243项，资金25859.262万元，其中，国家级计划项目17项，资金5508.194万元；省级计划项目226项，资金17638万元。

【科技成果】 通过实施科技计划，石家庄市引进和吸纳一批高层次人才参与课题研究和技术开发。2018年共引进院士3人，其中非洲院士1人，享受政府津贴专家8人，省、市管专家26人；市外人才97人，其中省外人才58人，省外人才中京津人才23人，培养研究生111人。获得一批创新性成果，取得新产品、新材料142个，新工艺、新装置95个，计算机软件62个，新技术87项，发表论文220篇，出版著作6部，形成标准114项。获得一批自主知识产权成果：专利申请386件，其中发明专利申请161件，专利授权199件，其中发明专利授权60件。在关键技术上取得重要突破，开发和形成一批具有应用价值的技术成果：新增销售收入10.07亿元，新增利税1.74亿元，出口创汇519.85万美元，培育农作物新品种16个，新品种推广面积46.26万亩，畜禽推广数量55.54万头（只），年总收入8644.9万元。节能减排成效显著，节煤128.97万吨，节电1417.17万度，节水1499.99万吨，减排废气125.65亿立方米，减排废水1351.09万吨。

（周林林）

工业科技与高新技术

【概况】 2018年，全市科技系统围绕市委、市政府加快构建“4+4”现代产业发展的决策部署，以提升产业竞争力、企业自主创新能力为核心，开展跨部门、跨行业、跨区域研发布局和协同创新。以“双创双服”活动为契机，制定《高新技术企业培育活动实施方案》，分解全市高新技术企业发展任务目标，明确责任部门和责任人，加快促进石家庄市高新技术企业培育和发展。重点安排电子信息、先进装备制造、新材料等产业发展市级项目64项，经费1570万元；推荐并落实省级项目18项，经费910万元。安排工业企业科技特派员项目3项，经费50万元。通过宣传培训、后备培育、专业化服务、孵化体系建设、专利实施、科技创新人才培养、发展科技型中小企业、落实优惠政策、科技计划项目支持等综合性措施，全方位多元化扶持高新技术企业持续健康发展。石药集团入选普华永道评选2018财年（2017年7月1日至2018年6月30日）“全球创新1000强公司”。市石药集团有限公司、华北制药股份有限公司、石家庄以岭药业股份有限公司3家企业入选中国生物医药产业上市企业创造力十强。2018年新认定高新技术企业515家，全市高新技术企业总数达到1326家，提前完成“十三五”高新技术企业发展任务目标，争取省科技厅高新技术企业奖励性后补资金2380万元。建成省级以上工程实验室5家，其中国家地方联合工程实验室4家、河北省工程实验室1家。4家国家地方联合工程实验室分别为：河北常山生化药业股份有限公司多糖类药物生产技术工程实验室、石家庄君乐宝乳业有限公司功能性乳酸菌资源及应用技术工程实验室、神威药业集团有限公司中药注射剂新药开发技术工程实验室、河北先河环保科技股份有限公司环境监测仪器系统技术工程实验室；1家河北省工程实验室为：石家庄藏诺生物股份有限公司藏药新型制剂工程实验室。至2018年末，全市建成并授牌省级以上工程实验室33家、正在建设24家，主要为生物医药、新一代信息技术、先进装备制造等领域。编制完成《石家庄市科技创新平台发展报告（2015～2017）》。主要内容包括：2015～2017年，全市152家市级工程技术研究中心共有固定工作人员6121人，吸引市外人才216人，省外人才151人，其中京津人才66人。拥有科研仪器设备15524台。对外开放实验室3279次，收益6714万元；开放设备3115台，收益2.37亿元；开放生产线375次，收益779.4万元。争取国家级科研项目108项，资金1.95亿元；争取省部级项目221项，资金1.37亿元；申请发明专利1261件，授权发明专利848件；获得国家级奖励2项，省部级奖励87项。

【科技企业孵化器】全年3家科技企业孵化器通过省级认定，4家企业被新认定为市级科技企业孵化器。至2018年底，全市孵化器达到22家，其中，省级孵化器19家，国家级孵化器8家。科技企业孵化。2018年全市孵化载体使用总面积74.15万平方米，其中，孵化器使用总面积58.02万平方米、众创空间使用总面积16.13万平方米。全市各类孵化载体共有管理从业人员1139人、创业导师2104人。全年孵化机构举办在孵企业和团队参加培训19469人次，开展创新创业活动2446场次。2018年全市各类孵化载体实现总收入2.24亿元，同比增长2.97%；孵化器和众创空间总纳税额1460.99万元，同比增长13%；孵化器孵化基金总额2.28亿元，同比增长60.47%；孵化器和众创空间享受税收优惠政策免税金额358.55万元，当年获得投融资企业和团队139个，在孵企业获得财政资助1077.35万元。孵化器内在孵企业总收入68.37亿元。至2018年底，孵化器累计毕业企业786个，其中毕业企业累计上市（挂牌）企业38个；当年毕业企业162个，其中高新技术企业31个；毕业企业中当年营业收入超过5千万元企业20个。

【科技创新平台】全年新认定市级众创空间24家，全市认定众创空间总数为103家，其中省级众创空间59家，国家级众创空间29家。组织2018年度大学生科技创新创业专项资金资助项目申报214项，资助项目113项，经费640万元。科技创新平台建设。全市新增省级以上创新平台55家，总数达到204家。其中，新增省级技术创新中心38家，重点实验室15家、产业技术研究院2家。新增数量占全省总数三分之一。在石家庄市优势产业和战略性新兴产业中研发实力较强、影响力较高的企业中新认定20家市级工程技术研究中心，全市市级工程技术研究中心达到181家。现有的2家国家级企业重点实验室石药和华药，在科技部绩效评估中取得1家优秀1家良好的成绩。院士工作站。2018年9月，石家庄市新增院士工作站13家，分别为河冶科技股份有限公司、河北东森电子科技有限公司、石家庄数英仪器有限公司、同辉电子科技股份有限公司、市妇幼保健院、市长安育才建材有限公司、河北中科恒运软件科技股份有限公司、河北耐诺科技有限公司、河北石报信息技术有限公司、河北地大宝谷孵化器有限公司、河北一然生物科技有限公司、石家庄垚淼农林科技发展有限公司、中国人民解放军第五七二一工厂。至2018年末，全市建立院士工作站达到64家，数量居全省各设区市之首。其中，生物医药健康领域27家、新一代信息技术领域14家、先进装备制造领域7家、节能环保领域9家，其他领域7家；联络院士130多名。公共服务平台。围绕产业发展需求，整合各类科技资源，构建科技公共服务平台，帮助科技型企业提高研发能力。全年大型仪器设备共享平台入网仪器整合高校、科研院所、企业大型仪器设备5300多台（套），价值58亿元，累计为企业、单位技术创新提供检验检测服务10万余次。其中，国际生物医药技术服务平台完成检测项目1595项，出具检测报告489份；中药现代化技术公共服务平台为河北柏奇药业、石家庄苓秀科技等企业提供50次技术服务及合作开发。加强与北京市科技情报所交流合作，开展京津冀科技资源创新平台石家庄地区版块建设，整合全市各类科技研发机构、科技服务机构、科技企业、专家人才、项目成果等数据资源，成立河北省首家京津冀科技资源创新服务平台石家庄分中心，搭建“地方分中心＋服务机构＋区域大平台”新型创新创业服务载体，助力石家庄产业转型升级。

【科技创新服务】推进科技与金融融合，发挥“石家庄市科技成果转化风险补偿专项资金管理服务中心”作用，2018年全市4家企业获得科技贷款1000万元。建设科技金融服务实体平台，4月19日，由市科技中心、石家庄科技创业投资有限公司共建的石家庄首个科技金融服务平台启动，建筑面积2000多平方米，全年引进金融机构12家。举办金融大讲堂培训会、企业高层管理人才交流会、项目路演、资本对接、政策宣讲及专题培训等科技创新服务活动。突出科技创新服务重点，围绕京津冀协同发展、全市产业升级和企业创新及全市发展的热点难点问题开展18项专项调研，形成一批有深度智库研究成果。围绕雄安新区、科技冬奥会等国家战略部署，发布民生领域系统技术集成专项技术榜单。2018年中国电子科技集团公司第五十四研究所中标“智慧崇礼建设”项目，争取资金200万元；河北中科威德环境工程有限公司中标“城镇餐厨垃圾无害化处理与资源化利用”项目，争取资金150万元。发挥石家庄科技中心服务功能。2018年石家庄科技中心在孵企业241家（含孵化器+众创空间），其中，省级科技型中小企业172家，国家级科技型中小企业29家，高新技术企业39家；企业人员总数6325人，企业吸纳新就业大学毕业生390人；企业拥有有效知识产权数251件，发明专利20件，实用新型64件，软件著作权222件。至2018年末，石家庄科技中心累计孵化企业480余家，其中90%以上企业为“4+4”现代产业。

（周林林）

社会发展领域科技进步

【概况】 2018年，全市科技系统围绕“双创双服”、“4+4”现代产业发展目标，顺利完成社会发展领域科技计划项目筛选和评审。全年争取国家和河北省项目25个、资金2952万元；安排市级项目37个、资金1020万元。开展医疗卫生科研攻关，针对发病率高、严重危害人民健康的常见、多发及重大疾病的预防、诊断和治疗，鼓励和支持医疗卫生行业技术创新，开展疾病防治技术研究。提升医药科技创新能力，发挥石药集团、神威药业、以岭药业等技术创新平台作用和产业技术优势，争取国家和河北省新药创制重大科技专项。全年争取国家生物医药技术创新项目12个，安排市级项目15个。开展大气环境治理和化工、建材、冶金等重点行业节能减排技术研究，全年安排节能减排科技项目22项。

【生物医药技术创新】 提升医药科技创新能力，发挥石药集团、神威药业、以岭药业等技术创新平台作用和产业技术优势，争取国家和河北省新药创制重大科技专项研发。全年争取“高端注射剂国际化及共性关键技术的开发”“口服固体高端制剂共性关键技术国际化研究”“太行山高品质道地药材连翘、酸枣、黄芩规模化种植”“脉络学说营卫理论指导系统干预心血管事件链研究”等12个国家项目，资金2552万元。争取“组分中药新药塞络通胶囊的国际化研究”等省级项目7个，资金121万元。安排市级项目15项，包括“新型抗感染药物达托霉素的研制与开发”“苯佐那酯软胶囊的研究开发”“子宫防粘连球囊装置研究与开发”“多发性骨髓瘤治疗药物来那度胺的研究与开发”“阿莫西林克拉维酸钾制剂大品种改造及临床再评价研究”等项目。

【节能减排技术创新】 围绕市委、市政府环境污染治理的决策部署，开展大气环境治理和医药、化工、建材、冶金等重点行业节能减排研究。全年安排节能减排科技项目22项，主要包括“污灌区土壤修复技术及示范性工程研究”“气候容量中风环境容量研究及在大气污染治理中应用”“市政污水处理节能降耗智慧运营系统的研究”“无人机在消防救援中的集成应用技术及装备研发”“大气污染防治动态评估与决策支持系统开发及应用示范”“公路隧道施工扬尘控制技术研究”等项目。全年争取省科技厅节能减排项目6项280万元，包括“脱硫废水蒸发塔处理技术”“头孢类原料药生产中高浓度有机废水的深度处理技术集成与示范”“胶结充填采矿协同资源化利用垃圾焚烧飞灰”“超声波除藻技术在饮用水安全保障领域的应用研究”等项目。通过项目实施，为石家庄市相关产业节能减排，改善大气质量，实现可持续发展提供了有力支撑。

【森朗生物CAR-T研究中心建成投用】 2018年9月，森朗生物CAR-T研究中心在高新区建成投用。森朗生物是河北省唯一以CAR-T技术为核心的细胞免疫治疗创新型公司，首席科学家李建强博士是世界CAR-T技术发源地——美国Fred-Hutchinson癌症研究中心核心技术专家。2018年森朗生物与全国12家临床研究机构合作开展恶性肿瘤患者免疫治疗，与河北医科大学第二医院联合成立“肿瘤生物样本库”，专门收集和保存肿瘤组织、血液等手术废弃物，与河北医科大学第四医院共同建设“淋巴瘤诊治中心实验室”。

（郭星）

【首届中国（石家庄）国际生物医药论坛】 2018年12月，由市政府主办、高新区管委会承办的首届中国（石家庄）国际生物医药科技发展论坛在石家庄举行。主题：“为生命、一起赢”。论坛期间，举办包括高峰论坛和5个不同主题平行论坛，邀请美国伯克利加州大学教授乔治·斯穆特，中国科学院外籍院士哈特穆特·米歇尔，挪威皇家科学院院士爱德华·莫索尔，美国加州大学教授中村修二等诺贝尔奖获得者及国内外专家、院士、领军企业代表参会和对话，围绕生物医药领域国际前沿话题作主旨演讲；发布2018年中国生物医药产业生态报告、2018年度中国生物医药产业上市企业创造力十强等5个专业榜单。签约落地石家庄高新区生物医药项目27个。

（周林林）

科技合作与交流

【概况】 2018年，全市科技合作与交流以提升自主创新能力为核心，以服务主导产业、骨干企业、知名品牌发展为主线，通过引进高端专家团队、推介国际行业先进技术、对接科研成果和市场需求，为全市企业实现转型升级、培育打造新的产业优势提供智力支撑。推进国际科技合作基地建设，至2018年末，全市共有国家级国际科技合作基地9家、省级国际科技合作基地29家、市级国际科技合作基地35家。全年组织企业参加各类科技展览洽谈会10余次。

【国际科技合作】 推进国际科技合作基地建设，推荐申报省级国际科技合作基地4家，至2018年末，全市共有国家级国际科技合作基地9家、省级国际科技合作基地29家、市级国际科技合作基地35家。加强科技招商，组织石家庄市企业参加首届进口博览会、北京科博会、深圳高交会等科技展洽活动，承办石洽会“现代服务业专题座谈会”，10个招商项目入选《2018年中国·河北企业信息及合作项目推介册》。6月20日，加拿大驻华使馆投资与科技负责人邓慕凯、商务专员任菁等到君乐宝乳业、健海生物、博海生物考察交流，探讨科技合作项目。7月24日，石家庄市政府、河北硅谷创新中心、中关村四方现代服务产业技术创新战略联盟共同签署共建“河北—硅谷生命健康智能大数据研究院”战略合作协议；石家庄市栾城区通用航空产业综合示范区、微创手术医疗器械产业园、石家庄市藁城区生物技术项目签署合作协议。12月12日，美国博睿有限公司董事长陈力超到石家庄市科技创新服务中心考察，与市科技中心签署合作框架性协议；根据协议内容，双方依托优质资源，搭建美国博睿国际技术转移河北工作站，整合国内外技术交易供需与服务资源，逐步建立健全跨行业、跨部门、跨地域的国际技术服务体系，为双方企业机构供需提供信息扩散和服务共享平台。

【科技资源共享】 加强与北京市科技情报所的交流合作，开展京津冀科技资源创新平台石家庄地区版块建设，整合全市各类科技资源数据，包括各类科技研发机构、科技服务机构、科技企业、专家人才、项目成果等数据资源，并成立河北省首家京津冀科技资源创新服务平台石家庄分中心，搭建“地方分中心+服务机构+区域大平台”的新型创新创业服务载体，助力石家庄地区的产业转型升级。2017年9月28日签署《京津冀科技资源信息共享与协同发展合作框架协议》，石家庄科技部门积极融入京津冀科技资源共建共享之中，通过与北京科技情报部门的深度接触开展合作交流活动，重点开展资源共享、平台应用、决策咨询服务等方面的合作，构建科技信息服务新模式，助推京津冀区域经济社会协同发展。

（周林林）

科学技术奖励

【概况】 2018年，石家庄市域单位获得国家科学技术奖励4项。其中，国家科技进步奖一等奖1项，项目名称为“光电显示用高均匀超净面玻璃基板关键技术与设备开发及产业化”；国家科学技术进步奖二等奖3项，分别为：“梨优质早、中熟新品种选育与高效育种技术创新”“高强超薄浮法铝硅酸盐屏幕保护玻璃规模化生产成套技术与应用开发”“毫米波与太赫兹（50GHz ~ 500GHz）测量系统”。2018 年石家庄市域单位获得河北省科学技术奖励 102 项。其中，河北省自然科学奖 8 项，河北省技术发明奖 4 项，河北省科学技术进步奖 91 项（一等奖 12 项、二等奖 37 项、三等奖 42 项）。3 人获得河北省科学技术个人奖。

【国家科学技术奖】 2018 年石家庄市域单位获得国家科学技术奖励 4 项，其中，国家科技进步奖一等奖 1 项（主持完成），国家科学技术进步奖二等奖 3 项（参与完成）。

表 37

石家庄市单位（人员）主持完成的国家科技进步奖

项目名称	完成单位	主要完成人
光电显示用高均匀超净面玻璃基板关键技术与设备开发及产业化	东旭集团有限公司 北京工业大学 芜湖东旭光电装备技术有限公司 武汉理工大学 芜湖东旭光电科技有限公司 郑州旭飞光电科技有限公司 石家庄旭新光电科技有限公司	李青 斯沿阳 孙诗兵 李震 刘文泰 王丽红 周波 胡恒广 王俊明 郑权 严永海 袁凤玲 穆美强 张广涛 汪伟军

表 38

我市单位（人员）参与完成的国家科技进步奖

序号	项目名称	完成单位	主要完成人
1	梨优质早、中熟新品种选育与高效育种技术创新	南京农业大学 浙江省农业科学院 中国农业科学院郑州果树研究所 河北省农林科学院石家庄果树研究所	张绍铃 施泽彬 王迎涛 李秀根 吴俊 李勇 胡征龄 杨健 陶书田 戴美松
2	高强超薄浮法铝硅酸盐屏幕保护玻璃规模化生产成套技术与应用开发	四川旭虹光电科技有限公司 东旭集团有限公司 北京工业大学	任书明 刘再进 田英良 陈发伟 宫汝华 王卓卿 李俊锋 王耀君 张克俭 李利升
3	毫米波与太赫兹（50GHz～500GHz）测量系统	中国电子科技集团公司第四十一研究所 中国电子科技集团公司第十三研究所	年夫顺 姜万顺 邓建钦 王亚海 范国清 常庆功 陈卓 赵锐 邢东 姜信诚

【河北省科学技术奖】 2018 年石家庄市域单位获得河北省科学技术奖励 102 项。其中，河北省自然科学奖 8 项（一等奖 1 项、二等奖 2 项、三等奖 5 项），河北省技术发明奖 4 项（二等奖 2 项、三等奖 2 项），河北省科学技术进步奖 91 项（一等奖 12 项、二等奖 37 项、三等奖 42 项）。3 人获得河北省科学技术个人奖，其中，石家庄铁道大学杨绍普获得突出贡献奖，香港中文大学于君、天津大学王静康获得科学技术合作奖。

表 39

2018 年度石家庄市域单位获得河北省自然科学奖一等奖

项目名称	完成单位	主要完成人
变化环境下干旱区水循环演变过程及植被动态响应机理研究	中国科学院遗传与发育生物学研究所农业资源研究中心 中国科学院新疆生态与地理研究所 河北省社会科学院 中国科学院遗传与发育生物学研究所农业资源研究中心	沈彦俊 陈亚宁 王彦芳 李稚 张玉翠

表 40

2018 年度石家庄市域单位获得河北省自然科学奖二等奖

序号	项目名称	完成单位	主要完成人
1	低维纳米结构中的量子自旋霍尔效应和相干输运性质	河北科技大学 石家庄学院 河北师范大学	安兴涛 刘建军 白志明 李玉现
2	超声和触变响应的荧光分子凝胶及传感性能研究	河北科技大学 复旦大学 河北师范大学	余旭东 李亚娟 耿丽君 易涛 马子川

表 41

2018 年度石家庄市域单位获得河北省自然科学奖三等奖

序号	项目名称	完成单位	主要完成人
1	复杂机械振动、磨损故障诊断原理与方法	陆军工程大学石家庄校区	任国全 李兵 吴定海 张培林 范红波
2	Terwilliger 代数的表示及其应用	河北师范大学 河北地质大学 河北经贸大学	高锁刚 侯波 康娜 王燕
3	锁模光纤激光器动力学特性研究	河北师范大学	张书敏 杨振军 李星亮 孟义昌 韩孟孟
4	有机功能染料的分子设计与能级精准调控	河北师范大学 河北科技大学 华东理工大学	刘博 王然 朱为宏 刘庆彬 朱海波
5	河北省鸟类多样性研究与保护	河北师范大学 河北农业大学	吴跃峰 李东明 孙砚峰 付玉明 武丽娜

表 42

2018 年度石家庄市域单位获得河北省技术发明奖二等奖

序号	项目名称	完成单位	主要完成人
1	稳态置换流技术	石家庄奥祥医药工程有限公司 北京大学	宋建立 宋曼琳 王力改 林官明

续表

序号	项目名称	完成单位	主要完成人
2	面向太赫兹应用的大功率氮化镓基芯片与模块关键技术	中国电子科技集团公司第十三研究所 电子科技大学	梁士雄 张志荣 张雅鑫 张立森 王波 郭艳敏

表 43

2018 年度石家庄市域单位获得河北省技术发明奖三等奖

序号	项目名称	完成单位	主要完成人
1	CRTS Ⅲ型无砟轨道底座施工技术及配套工装研究与应用	中铁十七局集团第三工程有限公司	周永明 唐波涛 曹会芹 王新民 贺雷宁 李浩宇
2	主变负载能力在线评估及智能调控关键技术和应用	国网河北省电力有限公司电力科学研究院 华北电力大学 国网河北能源技术服务有限公司 保定天威新域科技发展有限公司	刘宏亮 王永强 潘瑾 何平 律方成 杜大全

表 44

2018 年度石家庄市域单位获得河北省科学技术进步奖一等奖

序号	项目名称	完成单位	主要完成人
1	中国陆区干热岩资源勘查开发靶区优选与勘查示范	中国地质科学院水文地质环境地质研究所 河北省煤田地质局水文地质队 吉林大学 河北省煤田地质局	王贵玲 蔺文静 张薇 马峰 甘浩男 刘彦广 王东明 张延军 李学文 冯波
2	高速低损失遥感卫星数据接收系统研制与应用	中国电子科技集团公司第五十四研究所 北京邮电大学 中国电子科技集团公司电子科学研究院 国家卫星气象中心	郝志松 李斌 秦智超 朱爱军 李超 赵成林 赵贤明 侯永彬 许方敏 滑莎
3	循环冷却水处理用绿色药剂开发与节水关键技术集成及应用	河北省科学院能源研究所 河北桑沃特水处理有限责任公司	刘振法 闫美芳 郭茹辉 赵军平 何蕊 李晓辉 王莎莎 许跃龙 田彩利 张彦河
4	深季节冻土区高速铁路抗冻胀路基结构优化与病害防控	石家庄铁道大学 中国铁路设计集团有限公司 中铁十二局集团第四工程有限公司 中铁建大桥工程局集团第四工程有限公司	岳祖润 王天亮 孙铁成 乔明 公宝兴 陈则连 穆永江 孟丽军 卜建清 韩建文
5	动物性食品中重要危害因子快速检测技术与应用	河北省兽药监察所 河北农业大学 北京维德维康生物技术有限公司 河北英茂生物科技有限公司 石家庄市农林科学研究院	王萍 王建平 赵国先 刘怡菲 张会彩 武英利 马立才 王继英 陈公武 金世清

续表

序号	项目名称	完成单位	主要完成人
6	防控脑梗死急性期病情加重的关键技术及应用	河北医科大学第二医院 泰山医学院 河北省人民医院	张祥建 秦树存 祝春华 苗江永 付宝生 赵景茹 温雅 杨燚 乔会敏 张兰
7	基于整体策略的中成药质量创新关键技术研究与应用	河北省药品检验研究院	刘永利 冯丽 赵振霞 苏建 王璐 段吉平 刘晓明 周亚楠 袁浩 王敏
8	脊柱内镜及通道技术微创治疗椎间盘退变性疾病的系列研究	河北医科大学第三医院	张为 申勇 孙亚澎 张迪 李宝丽 马雷 王亚朋 白佳悦
9	食管鳞状细胞癌进展的临床与病理机制研究	河北医科大学第四医院 郑州大学第一附属医院 中国医学科学院肿瘤医院 南京大学医学院附属鼓楼医院	田子强 刘月平 陈奎生 温士旺 丁妍 薛丽燕 樊祥山 徐延昭 张玲玲 吕宁
10	血管性认知障碍分子生物学机制及临床诊治研究	河北省人民医院	吕佩源 胡明 靳玮 范鸣玥 王天俊 董艳红 王贺波 段瑞生 徐国栋 许静
11	桥接整合因子1（BIN1）在逆转肿瘤免疫抑制中的作用及相关机制研究	河北医科大学第四医院 河北省胸科医院	刘丽华 刘欣燕 王洪琰 贾云泷 段玉青 王佳丽 王雪晓 王郁 吕微

石家庄君乐宝乳业有限公司获2018年度企业技术创新奖（等同于科技进步一等奖）

表45

2018年度石家庄地域获得河北省科学技术进步二等奖

序号	项目名称	完成单位	主要完成人
1	天麦消渴片的研制、临床应用及产业化	河北富格药业有限公司 中国医学科学院北京 协和医院 山东大学齐鲁医院	岳振路 王树松 张向彬 肖新华 陈丽 杨朝菊 苑晓烨 张茜 郭永斌
2	南水北调下穿既有铁路干线安全施工控制成套技术	中铁六局集团石家庄铁路建设有限公司 中铁六局集团有限公司 中铁六局集团北京铁路建设有限公司	杨会军 王建军 付书锋 伍晓兵 董会川 蔡忠泽 孙喜航
3	200毫米硅抛光片验证	河北普兴电子科技股份有限公司	陈秉克 赵丽霞 薛宏伟 袁肇耿 张志勤 高淑红 魏毓峰 任丽翠
4	大型超宽频带射电频谱天线阵	中国电子科技集团公司第五十四研究所 中国科学院国家天文台	耿京朝 颜毅华 牛传峰 李东升 李建军 王威 赵东贺 陈志军 王铮 何翠瑜

续表

序号	项目名称	完成单位	主要完成人
5	微波单片电路裸芯片自动测试系统现场整体校准技术研究	中国电子科技集团公司第十三研究所	吴爱华 刘晨 孙静 王一帮 栾鹏 孙晓颖 张立飞
6	自主可控路由交换设备	中国电子科技集团公司第五十四研究所	李吉良 孙士勇 周三友 张学敏 李珩 郝立刚 刘素桃 石玮 康宾 曹潇男
7	陆地观测卫星站网运行管理系统关键技术及应用	中国电子科技集团公司第五十四研究所	陈金勇 冯阳 孔庆玲 尚希杰 张超 林晓勇 贾世达 崔庆丰 韩丽 巨小微
8	无人机航空物探（磁/放）测量系统研制及其应用	核工业航测遥感中心	刘士凯 李怀渊 李名松 李素岐 李江坤 高国林 沈正新 江民忠 梁春利 全旭东
9	抗生素菌渣无害化、资源化关键技术开发与应用	河北科技大学 河北华药环境保护研究所有限公司 河北省环境科学研究院	李再兴 王勇军 陈平 邢书彬 钟为章 周崇晖 李贵霞 倪爽英 杨永会 王洪华
10	肝病的基因组学和蛋白质组学研究	河北医科大学	刘殿武 李曼 于风雪 张晓琳 马宁 刘英 李涛 高霞 高娉 刘文宣
11	高烈度艰险山区交通隧道抗震减灾关键技术研究	河北交通职业技术学院 北方工业大学 中铁十六局集团第四工程有限公司	王道远 崔光耀 李庚许 许海亮 宋志飞 杨彦岭 孙晓鲲 郝士华 孙宪武
12	补阳还五汤防治中枢神经损伤及cAMP-PKA-MAPK-CREB信号通路机制研究	河北中医学院 承德医学院河北省人民医院 河北化工医药职业技术学院	高维娟 董贤慧 钱涛 李君 唐敬龙 张泓波 贺小平 郝云涛 赵静怡
13	超常价态过渡金属化学发光体系的卫生检测新方法系列研究	河北医科大学	康维钧 石红梅 徐向东 丛斌 马莉 牛凌梅 连靠奇 王玮 代婷婷 段婕
14	药物临床前评价研究体系的建设与应用	河北医科大学	许彦芳 贾庆忠 陈雪彦 祁金龙 江平 朱忠宁 刘砚星 张连珊 苏素文
15	乙肝自然史和母婴阻断研究与应用	石家庄市第五医院	戴二黑 王瑜玲 李敏然 朱宝申 卢建华 李素文 郑欢伟 叶立红 赵召霞 杨莉
16	食管癌贲门癌发生发展过程中分子标志物的筛选鉴定及分子机制研究	河北医科大学第四医院，沧州市中心医院	郭炜 董稚明 郭艳丽 刘义冰 沈素朋 韩立杰 刘磊 梁佳 刘伟 邝钢
17	E-钙粘蛋白的遗传变异与Wnt/β-catenin信号通路在子宫内膜异位症发生中	河北医科大学第四医院	康山 赵喜娃 赵健 周荣秒 王娜

续表

序号	项目名称	完成单位	主要完成人
18	精准放疗物理学多中心联合系统研究	河北医科大学第四医院 中国人民解放军总医院 唐山市人民医院	迟子锋　张若辉　徐寿平 白文文　刘丹　苗明昌 刘建平　戴相昆　解传滨 杨海芳
19	新肿瘤标志分子在胃癌综合诊治中的应用及相关机制的研究	河北医科大学第四医院 河北省人民医院	檀碧波　刘羽　张明明 刘庆伟　李勇　赵群 范立侨　郝英杰　贾楠 安昭杰
20	疼痛应激影响大脑认知及排尿功能的机制研究及临床防治策略	河北医科大学第三医院	王秀丽　蒋玉清　郭跃先 赵爽　杨淑红　刘朋 王秋筠　吴川　刘飞飞
21	miRNAs 在人脑胶质瘤基因诊断与调控中的作用和机制研究	河北医科大学第二医院	焦保华　杨建凯　杨吉鹏 梁朝辉　胡红超　景世元 郝进敏　樊博　王帅 王峰
22	蛋白泛素化调控在骨相关良恶性疾病的临床转化研究	河北医科大学第四医院	汪治宇　张恒炜　李幸 郭晓全　刘雅　曹静
23	阿托伐他汀对高血压心血管损害的干预研究	河北医科大学第二医院	鲁静朝　刘德敏　王倩 尹洪宇　崔炜　刘凡
24	急性心肌缺血损伤的机制及防治研究	河北省疾病预防控制中心 河北大学附属医院 河北医科大学第四医院	张建新　解丽君　王红杰 刘芳　谢英花　郝娜 李立萍　张勤增　李国凤 王颖
25	干细胞在治疗常见缺血性疾病中的应用和临床评估	河北医科大学第一医院	闫宝勇　周慧敏　刘刚 顾平　李全海　刘璠 杨爱格　郑明奇
26	基于天人相应观探讨肺卫理论的生理基础及病变干预机制的系列研究	河北医科大学 河北省中医院 河北中医学院 河北医科大学第二医院	王亚利　张明泉　杨倩 王鑫国　李博林　师旭亮 林燕　贾琳　闫翠环 孙玉凤
27	国医大师李士懋教授学术思想研究、临床应用及互联网＋推广	河北中医学院	杨阳　王金榜　王四平 谭东宇　王静宇　耿静 韩晓清　白仲艳　贾林霞 曹璐畅
28	中医药防治食管癌体系构建	河北医科大学第四医院	李晶　张玉双　史会娟 高静　王玉祥　石冬璇 刘亚娴
29	反循环钻探勘查钻具系统	河北石探机械制造有限责任公司 河北省地矿局国土资源勘查中心	王振志　李晓晖　李艳丽 满国祥　程林　孔令沪 王克虎　杨宏伟　朱立强
30	木霉厚垣孢子形成机制及产品开发与应用	河北省科学院生物研究所 中国农业科学院植物保护研究所 秦皇岛禾苗生物技术有限公司 河北百奥生物制品有限公司	黄亚丽　蒋细良　黄媛媛 贾振华　马宏　李梅 吴蓓蕾　赵芊　张宝海 韩丽丽

续表

序号	项目名称	完成单位	主要完成人
31	动物源性食品中新型瘦肉精免疫检测技术创建与应用	河北省科学院生物研究所 济南大学 石家庄科品生物技术有限公司 北京康源泰博生物科技有限公司	李春生 张勇 刘静静 吴萌 曹秀梅 张波 李亚璞 郝少彦 闫玉杰 程华
32	黄淮北部小麦—玉米控水减氮高效生产技术与应用	河北省农林科学院粮油作物研究所	贾秀领 张经廷 吕丽华 梁双波 董志强 籍俊杰 姚艳荣 张丽华 李谦 索艳青
33	变电站直流电源高可靠性运行关键技术与设备研制	国网河北省电力有限公司电力科学研究院 国网冀北电力有限公司张家口供电公司 国网河北省电力有限公司邯郸供电分公司 河北创科电子科技有限公司 国网河北能源技术服务有限公司	李秉宇 王洪 苗俊杰 杨鹏 沈海泓 马建辉 杜旭浩 陈二松 梁博渊 陈晓东
34	基于不停电检测的电网设备状态检修关键技术及应用	国网河北省电力有限公司电力科学研究院 华北电力大学（保定） 保定天威新域科技发展有限公司 国网河北能源技术服务有限公司	高树国 谢庆 夏彦卫 贾伯岩 张继刚 张保瑞 孙路 金春雷 赵军 邢超
35	适应特高压多落点的受端电网安全稳定和无功优化关键技术及应用	国网河北省电力有限公司经济技术研究院 国网河北省电力有限公司 中国电力科学研究院有限公司 华北电力大学（保定） 国网宁夏电力有限公司经济技术研究院	王颖 程伦 袁博 赵自刚 袁建普 罗红梅 徐光福 高泽明 刘雪飞 赵洪山
36	超低温环境压力容器钢板成套技术开发应用	河钢集团有限公司 河钢集团舞钢公司	庞辉勇 王九清 车金锋 罗应明 刘生 张晨光 陈振业 吴涛 李惠勇
37	植入式静脉输液港的临床应用规范研究及推广	河北医科大学第四医院	耿翠芝 李海平 周涛 王建新 唐甜甜 马力 焦俊琴 谢艳丽 苏金娜 孙玉巧

表 46

2018 年度石家庄地域获河北省科学技术进步三等奖

序号	项目名称	完成单位	主要完成人
1	360 度全周发光的 LED 灯丝开发	同辉电子科技股份有限公司	王静辉 白欣娇 张效玮 李晓波 袁凤坡 李珅 甄珍珍 任继民 朱晓东 康卫
2	LTE-M 宽带列车接入单元	河北远东通信系统工程有限公司	李飞 司雷 蒋国华 蒋彤 张文虎 冀峰 李永艳 王嘉 潘景剑 赵志强
3	专网应急指挥系统及应用示范	河北远东通信系统工程有限公司	祝胜强 焦立彬 周冰 李军军 马彦波 臧艳军 詹克通 丁宅伟 苏会杰 吴戈

续表

序号	项目名称	完成单位	主要完成人
4	北斗二号多模多频用户机主板及应用产业化	中国电子科技集团公司第五十四研究所	张望池 付海军 张丹 段召亮 刘盟超 陈锡春 王奉帅
5	盐酸溴己新葡萄糖注射液关键技术开发及产业化	石家庄四药有限公司	殷殿书 苏学军 程彦超 李彪 李为民 崔永斌 蒋德光 刘新 闫记灵 夏国龙
6	注射用复方维生素（3）的研制及产业化开发	河北爱尔海泰制药有限公司	夏彤 白巧红 寻冰玉 韩盼盼 梁擘 杨远
7	聚苯（EPS）模块保温与结构一体化关键技术研究	北方工程设计研究院有限公司 哈尔滨鸿盛房屋节能体系研发中心	曹胜昔 林国海 黄丽红 宫海军 翟洪远 薛荣刚 李庞 张司本 魏永 侯文景
8	BF8M1015CP-1 柴油机	河北华北柴油机有限责任公司	商海昆 李杰 任淑荣 董长龙 王砚滨 李全帅 刘云霞 姜俊
9	光固化 3D 打印个性化医疗技术及应用	河北科技大学 石家庄市第一医院 河北医科大学第三医院 石家庄市第三医院	岳彦芳 杨光 张永弟 李博 朱晓光 侯振伟 穆卫庐
10	新能源发电储能系统用 DC-DC 变换器关键技术研发及产业化	河北科技大学 河北凯翔电气科技股份有限公司	汪殿龙 梁志敏 李彦钢 李付强 张志洋 陈国民
11	基于步态和人脸特征的多模态身份识别技术	河北工业职业技术学院 石家庄职业技术学院	王振杰 王国贞 王丽佳 张华 张惠荣 张淑艳 袁维义 李俊婷
12	心力衰竭的分子机制及中医药干预研究	河北中医学院 河北省中医院	楚立 关胜江 马志红 王娜 张建平 赵志国 吉恩生 马娟娟
13	基于数据挖掘的刺灸法效应特异性基本规律及特点研究	河北中医学院	贾春生 王建岭 徐晶 孙彦辉 李晓峰 覃亮 许晓康 张莘 张选平 檀占娜
14	面向物联网应用的光纤光栅传感及智能位置服务云平台	河北地质大学 石家庄拓方科技有限公司 河北科技大学	郑一博 张磊 文继华 安胜彪 张艳州 王广祥 朱月红 王保柱
15	山岭隧道结构全寿命期耐久性及其技术保障措施	石家庄铁路职业技术学院 中铁十八局集团有限公司	王海彦 李君君 隋修志 周敏娟 石文广 万涛 战启芳 刘晓庆 刘训臣 宓荣三
16	跨季节蓄热太阳能—土壤复合热泵系统应用研究	河北省建筑科学研究院 天普新能源科技有限公司	李永 吴艳元 任东晨 刘士龙 刘伟斌 郭朝辉 彭秀国 李朋义 任瑞杰 何世人
17	溶解性胶粉改性沥青的机理研究、性能评价与工程应用	河北冀通路桥建设有限公司同济大学 重庆路面科技有限公司	鄯增平 黄卫东 姚立明 董瑞琨 赵坤 李德彬 王彦忠 崔冬艳 于丽韬 张静

续表

序号	项目名称	完成单位	主要完成人
18	高速公路改扩建旧路交通设施再利用技术研究	河北省高速公路管理局 河北省高速公路石安改扩建筹建处 河北工业大学	葛金城 李霞 李占锋 朱敏清 周迎新 贾存兴 李颖 屈哲 崔洪军 杨连红
19	疑难肺部感染性疾病诊治技术及应用	河北医科大学第二医院 晋州市人民医院	齐天杰 李帅 李海涛 许斐 阎锡新 晁灵善 曲芳芳
20	蛋白多糖与唾液腺多形性腺瘤和腺样囊性癌生物学行为的关系研究	河北医科大学口腔医院	王洁 张艳宁 石宏 刘慧娟 任贵云 侯亚丽
21	Leptin 与 SIRT1 在骨肉瘤及骨转移瘤中的作用机制研究	河北医科大学第四医院	冯和林 张宁 吴宏增 许建发 张进明
22	肝癌侵袭转移机制的研究及其应用	河北医科大学第四医院	王顺祥 吴晓慧 杨宝明 李建坤 张越山 冯宁宁
23	胶质瘤血管生成相关配对因子表达研究	河北医科大学第二医院	刘力强 杨亮 方艳伟 赵宗茂 耿少梅
24	百草枯中毒的毒理机制和干预措施及临床应用研究	河北医科大学第二医院	田英平 苏小云 高恒波 佟飞 苏建玲 姚冬奇 宫玉 石汉文 孟兆华 王鑫
25	丁苯酞神经保护作用机制及其分子靶点的研究	河北医科大学第二医院 石药集团恩必普药业有限公司	张立红 齐威 王东 薛芳 李震中 牛锋
26	河北省尘肺病流行特征与预测技术研究	河北省疾病预防控制中心 廊坊市疾病预防控制中心	李建国 赵春香 赵俊琴 李莎 郝世宾 张杰 刘惠田 郝海燕 张健 徐萍
27	新生儿重症感染性疾病特征与病原菌分布、耐药性以及防治对策	河北省儿童医院	刘翠青 刘淑华 白晓萌 马莉 杨娟
28	TACC2 介导初级纤毛影响细胞周期的研究	河北省人民医院 河北医科大学第四医院 石家庄市第一医院	范晓燕 何东伟 李岩 张宇龙 周晔 刘淑贞 蔡建辉
29	燕赵高氏针灸学术思想研究及其调督系列针法的传承创新与临床应用	河北省中医院 河北省人民医院 河北医科大学	王艳君 崔林华 邢潇 张丽华 梁燕 李艳红
30	基于化浊解毒活血通络法治疗血管源性轻度认知功能障碍疗效评价及机制研究	河北省中医院	田军彪 刘学飞 赵见文 杨丽静 徐丽娟 李希 臧春柳 赵层闪 万溪 崔媛
31	背部特定腧穴拔罐治疗咳嗽技术的创新与临床应用推广	河北省中医院	袁军 赵莉 张素钊 薛维华 耿少怡 张振伟 陈畅 高国胜 康国辉 孙翔
32	智能热量表温差检定装置的研制	河北省计量监督检测研究院	郭增军 华云松 许广文 卜建林
33	饲料中苯巴比妥、艾司唑仑、地西泮以及盐酸氯丙嗪的检测 毛细管电泳法	河北省产品质量监督检验研究院 河北科技大学	罗强 王涛 韩光 吕国强 张红玲 田宝勇 白新芳 刘英华 冯丽兵

续表

序号	项目名称	完成单位	主要完成人
34	中华人民共和国 国家计量技术规范 JJF1379-2012 《热敏电阻测温仪校准规范》	河北省计量监督检测研究院，河北省计量检测技术中心	康志茹　耿荣勤　靳辰 陈素　郭强
35	化学感冒药的质量研究	河北省药品检验研究院	张轶华　张西如　张菁 孙婷　庞文哲　韩彬 姜建国
36	直接接触药品的包装材料质量控制技术研究及标准化	河北省医疗器械与药品包装材料检验研究院	秦青　李宝林　王丽 史国华　马宁　冯毅 李岱岳
37	优质高产抗病丹参系列新品种选育及产业化应用	河北省农林科学院经济作物研究所，神威药业集团有限公司，石家庄以岭药业股份有限公司	温春秀　谢晓亮　周明霞 刘灵娣　高秀强　高晗 崔旭盛　田伟　张纲 姜国志
38	华北日光温室小气候资源高效利用技术研究	河北省气象科学研究所	魏瑞江　王鑫　乐章燕 高建华　范凤翠　康西言 马凤莲　权畅　董航宇
39	高影响天气风险预报预警技术及其在高速公路气象服务中的应用	河北省气象服务中心	曲晓黎　张娣　郭蕊 张金满　齐宇超　李飞 赵增保　武辉芹　张成伟 张彦恒
40	提高大电网稳定性的机组协调控制技术与应用	国网河北能源技术服务有限公司 国网河北省电力有限公司电力科学研究院	马瑞　彭钢　徐欣航 张洪涛　强东盛　刘永红 袁晓磊　任素龙　殷喆 李剑锋
41	低成本塑料模具用非调质钢的研制	石家庄钢铁有限责任公司	郝彦英　白素宏　刘勇 孙晓明　刘献达　戴观文 郑朝辉　刘运娜　高晗 陈良勇
42	浊毒论在慢性肝病及肝癌临床诊疗中的基础及应用研究	河北省中医院	苏春芝　李佃贵　孟宪鑫 郭敏　李玉芳　赵惠 苏飞　杨泽江　周顺 王瑞超

（周林林）

科技成果转化推广与管理

【概况】 2018年，石家庄市与京津开展科技成果转化项目48项，获得支持经费3475万元。组织全市技术市场管理人员、从事或拟从事技术合同认定登记工作人员参加由科技部火炬中心、北京市科委、天津市科委、河北省科技厅指导，京津冀技术转移协同创新联盟主办的“2018年京津冀技术合同认定登记培训班”，培养复合型技术市场管理人才34人。优化技术合同登记站布局，全年新增技术合同登记站5个，全市技术合同登记站累计达到9个。2018年全市登记技术合同4567份，实现技术合同总成交额120.29亿元。其中，技术输出合同1608份，成交额25.56亿元；技术吸纳合同2959份，成交额94.73亿元。2018年市科技局被省科技厅评为“2017 年度技术合同登记工作先进单位”。

【**科技成果转化**】 印发《石家庄市技术转移体系建设实施意见》，优化技术合同登记站布局，新增 5 个技术合同登记站，全市技术合同登记站达到 9 个，技术合同交易规模不断加大，至 2018 年末，2018 年全市登记技术合同 4567 份，实现技术合同总成交额 120.29 亿元。加速京津科技成果转化，依托中关村天合石家庄科技成果转化服务广场，搭建科技成果转化大数据云服务中心、促进品牌活动中心等六大服务中心，开展专业化科技成果转化服务。提高石家庄高新区承接京津科技成果转化孵化配套能力，印发《河北・京南国家科技成果转移转化示范区石家庄高新区建设任务落实方案》。挖掘企业技术需求 100 余项，举办“首都科技条件平台石家庄合作站供需对接会”等多场技术对接会，达成 14 项合作意向。全年与京津开展科技成果转化项目 48 项，获得支持经费 3475 万元。推进军民融合发展，举办军民融合政策宣讲、河北省军民融合型企业认定管理办法暨政策解读培训会等活动；设立军民融合科技创新专项，支持军、民创新主体开展协同创新；加强与省军民融合知识产权交易中心、省军民两用技术交易中心合作，建设线上服务和交易平台，推动重点军民科技成果双向转移转化。

【**技术市场管理**】 贯彻落实《河北省技术转移体系建设实施方案》《关于调整技术合同认定登记机构设置的通知》要求，以统筹规划、方便群众为原则，优化技术合同登记站布局。加大合同登记力度和覆盖面，印发《关于调整和设立技术合同认定登记机构的通知》(石科〔2018〕83 号)。全年新增技术合同认定登记机构 5 个，全市累计设立技术合同认定登记机构 9 个，均得到省科技厅批准。加强技术市场管理，12 月 10 日举办技术合同认定培训会，全市参会 300 余人。构建技术转移体系，研究制定《石家庄市技术转移体系建设实施意见》(石政办发〔2018〕23 号)，提出到 2020 年，全市基本建成适应新形势技术转移体系。加强技术转移机构建设，依托高校、科研机构和有关单位，建立专业化、市场化科技成果转移转化机构，2018 年全市建有各类技术转移机构 42 家。至 2018 年底，全市技术市场交易总额达到 115 亿元。

【**科技成果转化服务平台**】 注重解决承接北京科技成果转化过程中存在的“行政化、形式化、碎片化、盲目化”问题，由市政府投资 998 万元，建设中关村天合石家庄科技成果转化服务广场。11 月 16 日，由石家庄市与中关村天合科技成果转化促进中心共建的中关村天合石家庄科技成果转化服务广场在石家庄科技中心投入使用。该广场是一个集聚生态型科技创新资源平台，主要搭建科技成果转化大数据云服务中心、促进品牌活动中心、资源展示交流中心、项目落地服务中心、科技创新发展智库咨询策划中心、国际合作军民融合开放服务中心六大中心；开展科技创新政策研究、创新创业人才培养、科技成果展示推介、成果转化促进活动。

(周林林)

教　育

Education

综　述

2018年，全市共有各级各类学校3544所（不含高等教育学校），同比增加97所。其中，幼儿园1641所，增加80所；特教学校23所，数量与2017年相同；小学1359所，增加13所；中学381所（含初级中学188所、高级中学59所、九年一贯制学校74所、完全中学50所、十二年一贯制学校10所），增加3所；中等职业学校140所，增加1所。不含高等教育学校，在校生185.60万人，同比增加9.67万人。其中，幼儿园31.0万人，增加1.10万人；特殊教育学校1535人，增加143人；小学84.42万人，增加4.40万人；初中33.62万人，增加2.25万人；普通高中17.0万人，增加8060人；中等职业教育学校19.40万人，增加2.0万人。普通小学招生16.02万人，同比增加1.08万人；普通初中招生11.59万人，同比增加1600人；普通高中招生5.43万人，同比减少4918人；中等职业教育招生7.36万人，同比增加7479人。普通小学毕业生11.62万人，同比增加1677人；普通初中毕业生9.30万人，同比减少5866人；普通高中毕业生5.35万人，同比增加2871人；中等职业教育毕业生5.07万人，同比增加6174人。不含高等教育学校，教职工12.81万人，同比增加6307人。其中，幼儿园2.65万人，增加3339人；特殊教育学校500人，增加19人；普通小学4.39万人，增加1694人；普通中学4.62万人，增加1738人；中等职业教育1.15万人，增加17人。不含高等教育学校，专任教师10.69万人，同比增加4904人。其中，幼儿园1.53万人，增加1313人；特殊教育学校418人，增加10人；普通小学4.55万人，增加2090人；普通中学3.72万人，增加1361人；中等职业教育8478人，增加130人。小学、初中、高中平均班额分别为37.9人、49.54人、50.49人。2018年全市共有市属高校5所，其中，本科高校1所（石家庄学院），高职高专院校4所（石家庄职业技术学院、石家庄信息工程职业学院、石家庄科技工程职业学院、石家庄幼儿师范高等专科学校）。石家庄学院在校大学生18065人，教职工1139人，其中，专任教师861人，教授114人、博士150人、副教授359人。石家庄职业技术学院在校大学生12463人，教职工925人，其中专任教师600人。石家庄信息工程职业学院在校大学生16506人，专任教师584人，其中，教授43人、副教授179人。石家庄科技工程职业学院在校大学生6505人，教职工317人，其中专任教师279人。石家庄幼儿师范高等专科学校在校大学生5831人，教职工414人，其中专任教师312人。

教育设施。完善教育设施规划，建立配建教育设施移交管理刚性约束机制，制定出台《石家庄市教育设施专项规划（2017～2035年）》《石家庄市居民住宅项目配建教育设施移交管理办法》。2018年主城区配建教育设施移交学校、幼儿园7所，增加学位7890个。创建普惠性幼儿园，2018年石家庄市将创建30所普惠性幼儿园列入利民惠民十件实事，至2018年末，全市新创建普惠性幼儿园44所，惠及幼儿1.3万名。推进学校“全面改薄”工程，累计投入资金26.2亿元，覆盖农村义务教育学校1879所，占农村义务教育学校73.95%。40个义务教育学校项目、15所幼儿园项目建设任务完成。市第二中学整体改造二期工程、市第五中学整体改造工程、市第十五中学整体迁建工程等重点建设项目完工。2018年10月，职教园区一期5所学校全部建成投用，占地面积833亩，建筑面积42.1万平方米，总投资24.3亿元；职教园区二期5所学校及公共实训基地等园区共享设施由正定新区代建开工。提升教育科技水平，17个县（市、区）城域网分中心万兆扩容升级完毕。加强学校图书馆建设，河北正定中学、谈固小学图书馆被教育部中小学图书馆学会评为“2018全国最美校园书屋”，天苑小学图书馆被文化部授予“最佳服务之星”。

教育改革。完善小学生免费托管服务，主城区218所公办小学全部开展小学生免费托管服务，实现主城区公办小学全覆盖。推进学区管理制和集团化办学改革，2018年全市新增学区管理制试点学区11个、学校33所，实行学区管理制学区总数达到44个，参与学校127所，占主城区义务教育公办学校总数58.8%；主城区组建各种类型教育集团27个，参与学校81所，占主城区义务教育学校37.5%。学区管理制改革和集团化办学在主城区基本实现全覆盖。规范义务教育招生方式，治理“择校热”问题，将民办学校招生纳入教育行政部门统一管理，与公办学校同期同步举行。健全随迁子女入学机制，完善“石家庄市义务教育招生入学服务平台”，增设手机报名端。全年1.1万余名随迁子女登录平台报名，其中手机端报名人数占比37%。完善中考招生政策，规范“特殊班”招生范围，增加3所特色普通高中开展自主招生改革试点。深化普职融通育人模式改革，全年组织普职融通互转互通10次，普通高中转职业高中552人，职业高中转普通高中181人。开展普职融通特色高中学校认定，5所学校被认定为普职融通优秀特色高中学校。石家庄市“普职融通改革搭建学生成才立交桥”案例获得第五届全国教育改革创新特别奖。

素质教育。围绕“建设教育强市”目标，全力打造具有石家庄特色的优质教育、均衡教育、多元教育、活力教育、惠民教育。重视青少年社会主义核心价值观教育，出台《关于深入推进大中小幼德育一体化建设指导意见》，将社会主义核心价值观教育融入教学全过程，全市建立涵盖大学、中学、小学、幼儿园“省级共建校”德育共同体26所。组织举办中华经典诵读、规范汉字书写教育特色学校创建等活动，5个县（市、区）通过省语言文字督导评估。22所学校命名为全国校园足球特色学校，总数达到180所；举办小学、初中、高中、大学四级校园足球联赛，参赛队伍224支。9所学校获批全国青少年校园篮球特色校。2018年石家庄市选手参加全国软式棒垒球锦标赛获得第二名，参加中国中学生足球锦标赛获得第8名；参加河北省中学生校园足球联赛获得初中、高中男子组冠军，女子组亚军；参加河北省第十九届中学生运动会获得团体第一名。开展“戏曲进校园”活动，创建首批戏曲特色试点学校10所；7所学校入选第二批全国中小学中华优秀文化艺术传承校，总数达到10所。市青少年社会综合实践学校被命名为首批“全国中小学生研学实践教育营地”，2018年全市2万多名中小学生参加研学实践教育活动。

教师队伍。选树优秀教师典型，表彰1075名最美教师、优秀教育工作者、优秀教师、优秀班主任、师德先进个人。35名教师获得省级表彰，其中，河北省“最美教师”1名、河北省优秀乡村教师30名、河北省优秀乡村教育工作者4名。1040名教师获得市级表彰，其中，石家庄市教育杰出贡献奖1名、“最美教师”10名、首届十大名班主任10名、十大名师工作室导师10名、第三届中小学校十大知名校长10名、优秀教师280名、优秀教育工作者121名、师德先进个人60名、优秀班主任60名、优秀乡村教师270名、优秀乡村教育工作者30名、首届中小学骨干校长100名、双十佳幼儿园园长20名、高等学校专业带头人48名、高校思想政治理论课优秀教师10名。评选市级骨干教师800名、市级学科名师206名。评选授牌首届石家庄市“名师工作室”5个。5月23日，市教育局、市总工会联合在市第一中学举行首届石家庄市“名师工作室”授牌仪式，首批5家名师工作室分别为：河北正定中学侯喜君、市第一中学裴柳、市教育科学研究所谢晓玉、市职教中心陈士芹、市第二中学刘小杰。12月29日，74名教师获授省级中小学和幼儿园骨干教师称号。建立教师补充机制，全年教育系统公开招聘1040个岗位2003人，接收免费师范生70名，招聘特岗教师630名，累计补充教师3912人。开展在职教师有偿补课专项治理，处理有偿补课问题8起。提升教师素质，发挥学科特级教师、名师和骨干教师示范引领作用，举办培训160场（次），培训教师4.28万人次。

表 47

2018 年石家庄市获授河北省中小学和幼儿园骨干教师名单

序号	姓名	学校	序号	姓名	学校
1	杨朋聚	市第一中学	29	周凤敏	市第二十八中学
2	张星梅		30	马剑	市第四十中学
3	张帆		31	徐小琴	桥西区第四十一中学
4	刘小杰	市第二中学	32	田素伟	市第三中学
5	刘凤果		33	曹玉红	无极县实验初级中学
6	赵智峰	石家庄二中实验学校	34	龚文彦	藁城区实验学校
7	陈惠琴	石家庄二中西校区	35	张丽芬	元氏县槐阳实验学校
8	王润萍		36	檀俊涛	平山县外国语中学
9	王丽	市第十五中学	37	程淑杰	灵寿县狗台乡中
10	李法勇		38	贺嘉	市谈固小学
11	高伟敬	市第二十四中学	39	王剑	市裕东小学
12	孙晖		40	王强	市中山路小学
13	李树华	市正定中学	41	范芳	藁城区通安小学
14	张文素		42	韩永洁	藁城区廉州镇北尚庄小学
15	王秀英	市正中实验中学	43	王红革	藁城区廉州镇东城小学
16	耿朝宁		44	张霞	鹿泉区铜冶镇永壁小学
17	鲁红刚	石家庄实验中学	45	曹云	鹿泉区特殊教育学校
18	李开强	石家庄第二实验中学	46	贾云芳	正定县北早现乡东叩村小学
19	何建英	市第二十二中学	47	靳晓娜	无极县东中铺学校
20	张方	市第九中学	48	白雪	无极县实验小学
21	刘丽欣	藁城区第一中学	49	赵云娟	赵县王西章乡中学
22	狄俊华	鹿泉区第一中学	50	刘丽彩	赵县南柏舍镇中心学校
23	吕雪梅	井陉县第一中学	51	秦翠珍	新乐市实验小学
24	刘金辉	新乐市第一中学	52	朱慧娟	赞皇县南关小学
25	朱彦红	高邑县第一中学	53	麻会彦	行唐县上碑镇中心小学
26	鲁聪颖	赞皇中学	54	冯小丽	市第一幼儿园
27	范慧芳	栾城中学	55	刘明丽	市职业技术教育中心
28	赵淑娜	市第十八中学	56	刘鸣	石家庄财经商贸学校

续表

序号	姓名	学校	序号	姓名	学校
57	李焱	市教育科学研究所	66	钱承红	市第四十二中学
58	张丽霞	市教育科学研究所	67	李晓冰	市北苑小学
59	李润平	井陉县教师进修学校	68	黄培	裕华区第二幼儿园
60	吴华英	桥西区教育局小学教研室	69	阎保华	市学前教育中等专业学校
61	张洁	鹿泉区教育局教研室	70	陈雪涛	深泽县中学
62	宋伟	市第二中学	71	席卿芬	赵县中学
63	孙福山	石家庄二中实验学校	72	苗二朝	市国际城小学
64	王文利	市职教中心	73	史俊丽	市第二十四中学
65	刘军祥	无极县实验初级中学	74	王辉	市第十九中学

教育交流与合作。首都师范大学附属石家庄学校、北京外国语大学附属石家庄外国语学校建设开工，金柳林外国语学校与北京外国语大学国际教育集团合作办学。支持雄安新区教育事业发展，石家庄二中雄安新区分校挂牌成立，石家庄外国语教育集团、市第四十二中学、桥西实验小学、石家庄行知小学与安新县相关学校建立合作共建关系。加强教育对外交流，石家庄市桥西区政府与芬兰帕尔卡诺市政府、伊卡利宁市政府签署《教育合作项目框架协议》，开展教师和学生代表互访活动。

特殊教育。2018年，全市共有特殊教育学校23所，数量与2017年相同；在校生1535人，同比增加143人；教职工500人，同比增加19人；专任教师418人，同比增加10人。巩固国家特殊教育改革实验区建设成果，实施第二期特殊教育提升计划，构建“普幼+特幼、普惠+特惠”特殊教育支持保障体系，遴选93所学校（幼儿园）开展融合教育活动。保障适龄残疾儿童、少年平等接受义务教育权利，落实残疾儿童、少年入学政策，建立残疾儿童、少年入学随班就读机制，将残疾儿童、少年入学统一纳入义务教育招生入学计划。妥善安置残联部门在册未入学残疾儿童、少年，做到义务教育阶段残疾儿童、少年“全覆盖 零拒绝”。关心关爱残疾儿童、少年教育，实施分类教学、家校联合，建立成长档案和“一人一案”机制。提升特殊教育质量，主动为特殊教育工作者搭平台、拓思路、促交流、谋发展，举办全市特殊教育工作现场会，交流特殊教育典型经验。2018年全市特殊教育师生获得国家级奖项18项、省级奖项51项。石家庄市教师参加河北省特殊教育学校教师教学技能大赛获得优质集体课特等奖、一等奖、二等奖和优质微课一等奖、二等奖。6名特教学生参加全国特殊奥林匹克运动会获得5枚金牌、5枚银牌，45名学生参加河北省第九届残疾人运动会暨第五届特殊奥林匹克运动会获得5枚金牌、9枚银牌、2枚铜牌，6名乒乓运动员包揽乒乓球项目全部奖牌。编排5个舞蹈节目入选河北省第七届特教学校学生艺术会演。

民办教育。2018年全市共有民办学校1084所，其中，幼儿园890所，特教学校2所，小学69所，中学71所（含初级中学10所、高级中学14所、九年一贯制学校25所、完全中学15所、十二年一贯制学校7所），中等职业学校62所。在校生43.48万人，其中，幼儿园14.99万人，特殊教育学校185人，小学8.66万人，初中6.71万人，普通高中4.21万人，中等职业教育学校8.89万人。教职工3.68万人，其中，幼儿园1.89万人，特殊教育学校55人，小学4053人，中学1.05万人，中等职业教育3455人。专任教师2.41万人，其中，幼儿园1.03万人，特殊教育学校26人，小学4670人，中学4135人，普通高中2888人，中等职业教育2127人。规范民办学校管理，印发《关于试行石家庄市民办普通中小学信用考核工作的通知》等文件，统筹协调推进全市民办教育发展。建立石家庄市民办教育信息服务平台，向社会公布民办学校和培训机构办学概况、办学范围、师资情况、收费情况等信息。

（王素军 冯炜）

学前教育

【概况】 2018年，全市共有幼儿园1641所，同比增加80所；在园幼儿31.0万人，同比增加1.10万人；教职工2.65万人，同比增加3339人；专任教师1.53万人，同比增加1313人。转变幼儿教育教学方式，研究幼小（幼儿园、小学）衔接工作，防治和纠正幼儿园“小学化”倾向。制定印发《做好幼小衔接工作开展幼儿园“小学化”专项治理工作实施方案》《科学开展幼小衔接工作指导意见（试行）》等文件，组织自查摸排和全面整改。开展幼儿教育科学研究，举办幼小衔接专题研讨会，采取专家引领、幼儿教师研修等方式，推进幼儿游戏化课程。重视提升幼儿园教师职业道德教育和专业能力，举办普惠优质幼儿园园长能力与提升、3～6岁运动与健康创新教育、幼儿园优秀传统文化等专题培训，全年培训幼儿园园长、幼儿教师4.66万余人。实施第三期学前教育行动计划，采用学前行动计划、学前普及工程、新创建普惠园3项策略，促进形成公办、普惠同行的多元化学前教育机制。创建普惠性幼儿园，2018年石家庄市将创建30所普惠性幼儿园列入利民惠民十件实事，至2018年末，全市新创建普惠性幼儿园44所，惠及幼儿1.3万名。2018年石家庄市学前三年毛入园率达到93%。

【普惠性幼儿园建设】 自2016年起，全市采用“政府买服务、幼儿享补助、园所得扶持”等举措，开展普惠性幼儿园建设，至2018年末，累计创建普惠性幼儿园124所，其中，2018年新创建44所，惠及幼儿1.3万名。提升普惠性幼儿园教师素质和能力，9月16日，石家庄市在重庆师范大学举行普惠优质园长成长与能力提升培训班，主要学习学前教育基本理论与实践、幼儿园管理与实践、优质幼儿园办园理念及具体方法，并举行幼儿教师教育经验分享。增强普惠性幼儿园办园水平，建立普惠园与优质示范园手拉手结对帮扶机制。抑制幼儿园收费涨价过快行为，普惠幼儿园一经认定，要求3年内保教费价格保持稳定。2018年石家庄市新建44所普惠性民办幼儿园为：长安区2所，分别为未来英浩幼儿园、乐丁堡幼儿园；桥西区4所，分别为启明星幼儿园、小太阳幼儿园、世纪星西兴幼儿园、华宝幼儿园；新华区4所，分别为阳光幼儿园、鑫诚快乐成长幼儿园、大地幼儿园、大风车幼儿园；裕华区5所，分别为银通幼儿园、东方花园幼儿园、小燕子幼儿园、金色童年幼儿园、骏景大地幼儿园；井陉矿区1所：七色光幼儿园；高新区3所，分别为高新区郄马陆通幼儿园、高新区锦艺盛景八方幼儿园、高新区天滋宝贝幼儿园；藁城区9所，分别为卡瑞幼儿园、启迪幼儿园、旭日幼儿园、金苗苗幼儿园、启明星幼儿园、小叮当幼儿园、福娃幼儿园、未来之星幼儿园、宝宝树幼儿园；栾城区2所，分别为春蕾幼儿园、金太阳幼儿园；正定县3所，分别为育彤幼儿园、艾贝尔幼儿园、小太阳幼儿园；赞皇县7所，分别为小太阳幼儿园、好孩子幼教一园、南清河乡育才幼儿园、丰蕾幼儿园、优优宝贝幼儿园、伊贝幼儿园、千跟未来星幼儿园；赵县2所，分别为宝宝秀幼儿园、博凯幼儿园；晋州市2所，分别为朝阳南区好乐民办幼儿园、总十庄镇蓝天幼儿园。

【幼儿园扶持政策】 科学确定财政扶持补贴普惠幼儿园范围，测算主城区所有在册民办园保教费区间占比，确立财政补贴民办幼儿园范围为：园所数量占比最高、幼儿分布数量最多、收费价格相对适中的保教费价格区间，即500～1200元。补贴标准：主城区每生每年2500～3000元，其他地区每生每年500～1000元。落实“幼儿家庭分段补、优质办园有奖补”措施。按照缴费标准，分段补贴保教费，主城区普惠园每个幼儿家庭每月保教费补贴250～300元，其他县（市、区）幼儿家庭每月保教费补贴 50～100 元。激励和吸引优质民办幼儿园加入普惠性幼儿园行列，经审核认定，普惠幼儿园每升级一次由市级财政一次性给予扶持补贴 10 万元；达到城市一类及以上等级普惠性幼儿园由市级财政每年扶持补贴 6 万元。关爱弱势群体，创新增设家庭经济困难幼儿、孤儿、残疾幼儿普惠园资助经费制度，每生每年资助 2000 元，减免保教费和、餐费。

【幼小衔接】 重视幼小衔接，纠正幼儿园“小学化”教育方式，下大力去除儿童教育过早背负沉重负担，倡导儿童学习内容符合认知水平，做到适时教育，让儿童享受快乐童年。制定印发《关于做好幼小衔接工作开展幼儿园“小学化”专项治理工作实施方案》(石教〔2018〕105 号)，依据《幼儿园工作规程》《幼儿园教育指导纲要》《3～6 岁儿童学习与发展指南》等文件要求，严格规范幼儿园保育教育。开展幼儿园、小学和校外培训机构 3 个主体协同治理，遏制提前教授学龄前儿童小学课程内容突出问题。科学建立幼小衔接机制，坚持幼儿为本，纠正幼儿园“小学化”违规办园行为。禁止提前教授汉语拼音、计算等小学课程内容。纠正幼儿园布置幼儿小学内容家庭作业、组织小学内容有关考试测验。监督幼儿园不得以举办兴趣班、特长班、实验班等为名开展各种提前学习和强化训练活动，不得以任何名义开展有损幼儿身心健康的比赛、表演或训练及参加民间组织的竞赛、评奖或者其他社会活动。整治“小学化”教育环境，解决幼儿教师资质能力不合格问题。纠正小学一年级“非零起点”违规教学行为，缓解家长“输在起跑线上”的焦虑，从源头去除学前教育“小学化”的“内在动因”。监督小学落实“零起点”教学内容规定，做到开齐课程、上足课时，拒绝超前教学。小学语文汉语拼音教学尽可能增加趣味性，多采用活动和游戏的形式，与学说普通话、识字教学相结合，起始年级相对集中教学时间不少于 38 个课时；小学数学从 10 以内认数开始。小学一年级在学年末举行一次语文、数学学科监测，由市教科所统一命题，不公布考试成绩，除此之外不组织其他任何类型测试。加强教育科研指导，规范学科教学评价。治理校外培训机构违法违规培训活动，净化幼儿教育外部环境，去除学前教育“小学化”“外在推手”。治理校外培训机构以“学前班”“幼小衔接班”等名义招生，纠正校外培训机构开展学科类培训“超纲教学”“提前教学”“强化应试”等行为，严查校外培训机构关于幼儿教育虚假宣传。

（王素军　冯炜）

基础教育

【概况】 2018 年，全市共有小学 1359 所，同比增加 13 所；中学 381 所（含初级中学 188 所、高级中学 59 所、九年一贯制学校 74 所、完全中学 50 所、十二年一贯制学校 10 所），同比增加 3 所。小学在校生 84.42 万人，同比增加 4.40 万人；初中在校生 33.62 万人，同比增加 2.25 万人；普通高中在校生 17.0 万人，同比增加 8060 人。普通小学招生 16.02 万人，同比增加 1.08 万人；普通初中招生 11.59 万人，同比增加 1600 人；普通高中招生 5.43 万人，同比减少 4918 人。普通小学毕业生 11.62 万人，同比增加 1677 人；普通初中毕业生 9.30 万人，同比减少 5866 人；普通高中毕业生 5.35 万人，同比增加 2871 人。普通小学教职工 4.39 万人，同比增加 1694 人；普通中学教职工 4.62 万人，同比增加 1738 人。普通小学专任教师 4.55 万人，同比增加 2090 人；普通中学专任教师 3.72 万人，同比增加 1361 人。小学、初中、高中平均班额分别为 37.9 人、49.54 人、50.49 人。 推进义务教育学校标准化管理，印发《石家庄市义务教育学校管理标准实施细则（修订）》，开展（第二批）市级义务教育管理标准化学校创建活动。提升教育质量，召开全市“一师一优课、一课一名师”工作推进会，57266 名教师报名参加“晒课”活动，472 节课获得省级优课，占全省“优课”数量 27%，268 节课推荐参评部级优课，占全省推荐总数 33%。激发学生学习科学、热爱科学兴趣，举办第十八届中小学探索者科技创新大赛、科技节、科技活动周、科普日等活动及“十佳科技教育创新学校”评选。开展中学生模拟联合国大会活动，来自全市 15 所高中学生代表扮演各个国家外交官，畅谈世界和人类发展“大问题”。参加2018年全国体育项目传统学校田径联赛（北部赛区），平山中学田径队获得男子乙组第一名。举办全市中小学生田径运动会，参赛队伍37支，参加运动员、教练员、裁判员及工作人员1400余名。完善小学生免费托管服务，主城区218所公办小学全部开展小学生免费托管服务，实现主城区公办小学全覆盖。全年托管学生9.15万名，占主城区公办小学在校生数量40.69%，参与学校教职工8820名、家长志愿者3179名，大学生志愿者469名，基本形成以学校为主、社会多方参与的小学生托管服务体系。推进城乡义务教育一体化发展，防止适龄义务教育儿童（少年）辍学形象发生；印发《关于落实做好城乡义务教育一体化改革发展专项督察准备工作的通知》《关于开展适龄义务教育儿童、少年辍学情况调查登记工作的通知》，全面排查适龄义务教育儿童（少年）辍学情况及建档立卡贫困家庭适龄儿童入学情况，建立“石家庄市义务教育控辍保学监测平台”，实行动态监测和管理。推进素质教育，开展初中学生综合素质评价，建立初中学生综合素质评价电子平台。市级特色高中学校达到29所。认定第三批特色高中学校4所，分别为石家庄二中实验学校（学术素养培育）、石家庄二中西校区（人文特色）、市第二十七中学（科技特色）、正定县第一中学（外语特色）。认定普职融通优秀特色高中学校5所，分别为石家庄二中西校区、市第十九中学、市第十中学、市第十一中学、市第二十一中学。开展高中生涯规划教育，出版《高中生涯规划教育教师教学指导用书》1.2万册。

【学区管理制试点】 3月1日，市教育局印发《关于进一步扩大主城区学区管理制改革试点范围的通知》。主要内容：2018年继续扩大主城区“学区管理制”改革试点范围，新增11个学区33所学校为“学区管理制”改革试点。2016年起，石家庄市主城区实施“学区管理制”改革试点，主要采取学区内校长联谊沟通、教师交流互派、集体教研备课、活动资源共享、第三方评价考核等方式，促成薄弱学校快速成长，区域优质教育资源覆盖面扩大。2018年石家庄市“学区管理制”改革试点新增学校为长安区（1个学区3所学校）：柳林铺学区，牵头学校柳林铺小学，成员学校柳董庄小学、东兆通小学。桥西区（7个学区21所学校）：留营学区，牵头学校留营小学，成员学校简良小学、东简良小学；雷锋学区，牵头学校雷锋小学，成员学校建胜路小学、四中路小学；桥西区外国语学区，牵头学校桥西外国语小学，成员学校南马路小学、新石小学；桥西区实验学区，牵头学校桥西实验小学，成员学校五里庄小学、玉村小学；育英学区，牵头学校育英小学，成员学校曙光小学、西岗头小学；中南学区，牵头学校中华南大街小学，成员学校东三教小学、塔谈小学；八一学区，牵头学校八一小学，成员学校城角街小学、西里小学。新华区（1个学区5所学校）：金地小学学区，牵头学校金地小学，成员学校赵佗学校小学部、南高基小学、赵三街学校。裕华区（1个学区2所学校）：阳光小学学区，牵头学校阳光小学，成员学校南位小学。高新区（1个学区2所学校）：韩通小学学区，牵头学校韩通小学，成员学校八方小学。长安区盛世长安学区成员学校育才小学具备脱离学区条件，2018年起，育才小学脱离盛世长安学区，栗胜路小学加入该学区。至2018年末，石家庄主城区共有“学区管理制”改革试点学区44个，参与学校127所，占主城区义务教育阶段公办学校总数59%。

【大班额消除行动】 开展消除义务教育阶段大班额专项行动，印发《石家庄市开展消除义务教育阶段大班额专项行动方案》。成立消除中小学大班额工作领导小组，向消除超大班额进展缓慢的桥西区、栾城区、正定县下发督导函。2018年全市消除66人以上超大班额班级757个，66人以上超大班额学校56个；消除56人以上大班额班级1861个，56人以上大班额学校数116个。至2018年底，全市义务教育阶段共有大班额班级1765个，占班级总数6.32%；超大班额班级175个，占班级总数0.63%。

表 48

2018 年石家庄市小学、初中、高中平均班额人数情况一览表

行政区域	小学平均班额（人）	初中平均班额（人）	高中平均班额（人）
石家庄市	37.90	49.54	50.49
长安区	46.25	47.18	42.75
桥西区	51.37	51.32	45.62
新华区	52.13	50.94	43.06
裕华区	48.84	51.48	42.79
井陉矿区	31.83	44.05	43.67
藁城区	38.79	49.47	55.41
鹿泉区	31.06	43.52	50.86
栾城区	37.80	47.06	51.89
井陉县	27.80	47.33	51.85
正定县	42.29	54.01	50.19
行唐县	30.23	48.53	51.39
灵寿县	25.57	50.11	53.22
高邑县	33.88	49.57	51.02
深泽县	34.12	47.57	55.53
赞皇县	38.11	53.98	59.75
无极县	36.31	50.21	57.09
平山县	34.35	46.83	52.06
元氏县	32.89	49.62	51.11
赵　县	36.29	46.47	52.14
晋州市	32.24	50.93	53.52
新乐市	39.47	52.32	50.29

【中考招生】 2018 年石家庄市中考报名人数 83007 人，同比减少 4687 人。其中，主城区 23486 人，减少 2507 人；其他县（市、区）59521 人，减少 2180 人。2018 年石家庄市主城区设置招收分配生公办省级示范性普通高中学校 19 所，分别为市第一中学、市第二中学、市第四中学、市第二中学西校区、市第六中学、市

第九中学、市第十中学、市第十五中学、市第十七中学、市第十八中学、市第二十二中学、市第二十三中学、市第二十四中学、市第二十七中学、市第四十一中学、市第四十二中学、石家庄外国语学校、市第一中学东校区、河北师大附中。普通高中自主招生改革试点范围扩大，在2017年16所公办普通高中学校自主招生改革试点基础上，2018年全市普通高中自主招生改革试点范围增加5所，分别为市第九中学、市第十七中学、市第二十七中学、市第二十三中学、市第二十一中学；各普通高中自主招生试点学校自主招生人数由2017年不超过年度招生计划总数10%调整为5%。中考体育测试。5月8～15日，市内四区、高新区、井陉矿区和直属学校考生举行中考体育测试。体育中考测试满分为30分。考试项目包括：男生立定跳远、1000米、充气软实心球（2千克，直径15厘米左右）三项。女生立定跳远、800米、充气软实心球（2千克，直径15厘米左右）三项。体育中考测试全部使用电子测试设备。病、残免考生政策延续往年不变。因残疾、疾病（心脏病、哮喘、癫痫等）丧失运动能力或不能、不宜参加剧烈运动的考生，持残疾证、县（市）级以上医院诊断证明及相关病例和检查资料，可免予体育考试，按满分70%计入升学考试总分；因临时伤、病申请免考体育的考生，经县（市）级以上医院诊断证明，按体育考试满分60%计入升学考试总分（不能申请免试其中某一单项）；因临时伤病、女生月经及各种原因不能按计划参加考试的考生，经学校同意，可以缓考。中考招生录取最低控制分数线。7月1日，2018年中考招生工作会公布全市各类学校招生录取最低控制分数线。普通高中录取最低控制分数线：市区普通高中440分。市区普通高中音乐、美术、书法特长生最低文化控制分数线352分；最低专业控制分数线：音乐专业成绩48分，美术专业成绩127分，书法专业成绩146分。普通高中体育特长生文化成绩最低控制分数线220分，录取时文化成绩不得低于招生学校统招生实际录取线的50%。各县（市）、井陉矿区、鹿泉区、栾城区、藁城区报考驻县市属省级示范性普通高中（辛集中学、正定中学、石家庄实验中学、石家庄第二实验中学以及42中招各县部分的考生）的最低控制分数线548分；音乐、美术、书法特长生文化最低控制分数线438分，专业控制分数线与市区相同；体育特长生文化成绩最低控制线274分，录取办法与市区相同。拟定"3+4"本科最低控制线452分；拟定五年制和"3+2"高职最低控制分数线200分（均不含理化实验和信息技术成绩）。

【高考招生】 2018年石家庄市参加高考考生76625名，设置考点55个、考场1958个，聘用考试工作人员1万余名。石家庄二中孙浩宁以734分夺得省理科状元，精英中学郭家萌以707分夺得省文科状元。市第一中学文科、市第二中学文科、河北正定中学理科本科一批上线率均达到100%。直属高中140人获得数学单科满分，创下历史纪录。保送生133人，占全省总数91.7%，其中，保送清华大学、北京大学12人，占全省50%。清华大学、北京大学通过自主招生在石家庄市预录取54人。市第六中学、市第十二中学、市第三十五中学、市第三十八中学、市第四十五中学等美术类、书法类和艺术类提前批双上线率均超过90%。270名学生考取国外著名高等院校。

（王素军　冯炜）

【市第一中学】 市第一中学是石家庄市建立的第一所城市中学，1953年被省政府评定为河北省重点中学。校园面积51959.06平方米，建筑面积55258平方米，地址位于长安区平安北大街1号。校训："上善若水，厚德载物"。2018年学校在校生9500人，其中，初中生3500人，高中生6000人；设置班级170多个，其中高中教学班68个；在册教职工303人（学校集团实际教师800人），其中，专任教师279人，特级教师11人、正高级教师3人、高级教师99人，全国先进工作者1人，享受国务院政府特殊津贴专家1人。加快集团办学步伐，以本部为核心，在市区东西部分别打造一中东校区和西山学校。重视师资力量培训，发挥学校"省级名师工作室""市级名班主任工作室"引领示范作用，鼓励和支持教师参加业务大赛，为教师成长搭建多种平台。加强骨干教师培养，全年18人次参加"国培计划""省市骨干教师培训""北大名师高级研修班"等专业培训，316人次参加省、市教科所培训；推荐文章41篇，组织校级研讨课813节。2018年学校3人获得省级骨干教师称号，3人获得市级学科名师，9人获得市级骨干教师，1人市级骨干校长，1人市级优秀教育工作者，2人市级优秀教师，

1人市级师德先进个人。组织教师参加全国、省、市各类评优课活动，1人获得全国一等奖，2人获得省级一等奖，10人获得市级一等奖。2018年市第一中学高考文科本一上线率100%，理科本一上线率99.6%。高分段人数及单科满分人数创下历史新高，650分以上学生率达31%，630分以上学生率达49%，600分以上学生率达72%；英才班平均654分，超出本一线143分，小班平均635.8分，超出本一线124.8分，文科重点班平均646分，超出本一线87分。2名学生获得“北大培文杯”创新作文大赛特等奖，10名获得第十六届“叶圣陶杯”全国中学生新作文大赛奖。数学竞赛获得国家（省级赛区）一等奖1人、二等奖18人，物理竞赛获得国家（省级赛区）二等奖23人，化学竞赛获得国家（省级赛区）二等奖6人，生物竞赛获得国家（省级赛区）二等奖1人，信息学竞赛获得国家（省级赛区）一等奖3人、二等奖5人。参加第33届科技创新大赛，20个作品获得省级一等奖。1人参加中小学电脑制作获得全国二等奖。机器人战队参加在武汉举行“世界机器人大赛总决赛RoboCom全球锦标赛”获得高中组三等奖。苏涵入选中国科学技术协会“樱花计划”全国12人名单，作为全国中学生代表赴日本开展科技交流并参加科学实验活动。重视对外交流，选派6名教师到美国、澳大利亚培训学习，100余名学生利用寒暑假到美国、丹麦、荷兰、澳大利亚、新加坡等国交流学习，5名学生获得新加坡留学全额奖学金；3名美国学生到市第一中学学习。

（刘春英　郑国栋　娄延果）

【市第二中学】 市第二中学始建于1948年9月，是河北省实验中学。至2018年末，市第二中学发展形成一校6区（本校、石门校区、润德校区、西校区、第一实验小学、雄安校区）、12年基础教育全覆盖办学模式。学校占地面积38.14万平方米（含二中本校和二中实验学校），建筑面积17.45万平方米。2018年市第二中学44名学生被保送或预录取至北京大学、清华大学。孙浩宁以734分获得河北省理科第一名，师梦迪、聂涵雅、赵佳雯分别获得河北省理科第二名、第六名和省文科第四名。空军青少年航空学校王俊鑫以656分获得全国16所航空学校高考第一名。高考理科700分以上17人，文科680分以上14人，650分以上学生占比45.5%，630分以上学生占比65.6%，文科本一上线率100%，理科本一上线率99.8%。参加奥林匹克学科竞赛多名学生获奖。其中，物理：7人获得全国金牌，5人进入国家集训队；数学：2人获得全国金牌，1人进入国家集训队；化学：2人获得全国金牌，2人进入国家集训队；生物：20人获得河北省一等奖；地理：参加第十二届国际天文与天体物理奥林匹克竞赛1人获得金牌；信息学：2人获得全国奖牌、3人获得河北省一等奖。7月6日，市第二中学与雄安新区安新中学签订合作建校协议，安新中学石家庄二中雄安校区挂牌。9月7日，市第二中学校长邵喜珍获授“石家庄市教育杰出贡献奖”。

（李彤宇　赵洪）

【河北正定中学】 河北正定中学是石家庄市教育局直属管理的省级示范性高中，坐落在国家级历史文化名城——正定。学校创建于1902年（清光绪二十八年），由当时的正定府学和恒阳书院（均源于五代时期）改设而成，始名正定府中学堂，后曾更名为直隶省立第七中学、河北省第七中学、河北省立正定中学、晋察冀边区正定联合中学、晋察冀边区第四中学、河北正定第一中学，1979年定名为河北正定中学。占地面积160亩。校训：“明德、笃学、强身、报国”。2018年学校共有专任教师263人，其中，特级教师7人，高级教师54人，博士研究生4人，硕士研究生89人；立项国家级课题5项、省级课题8项、市级课题12项。高考2个校区本一上线人数超过3000人，创下历史新高。学校交响管乐团作为河北省唯一一支中学队参加“中华杯”中国第十二届优秀管乐团队展演获得“优秀乐团”。教师张宇婵的原创舞蹈《滹沱水，丰收情》获得第八届河北省舞蹈大赛暨第九届华北五省舞蹈大赛选拔赛一等奖。

（王永坤　周庆）

【石家庄外国语学校】 石家庄外国语学校原名市第四十三中学，始建于1994年，是市政府投资兴建的一所公办完全中学，1995年率先在河北省开展办学模式改革，走外语特色办学之路；1996年经河北省教育厅批准首届高中试办高校外语预科班；1997年经市机构编制委员会办公室批准，学校更名为石家庄外国语学校，成为河北省第一所外国语学校；1999年学校被河北省委、省政府命名为省级重点中学；2000年率先在河北省探索办学体制改革，与河北怀特集团公司合作办学，发展形成幼、小、初、高一条龙外语特色集团化办学格局；2004年被教育部批准为全国普通高校招生保送资格学校；2010年学校与石家庄第二外国语学校、石家庄外国语小学、石家庄外国语幼儿园3所民办学校合并，组建成立石家庄外国语教育集团；2014年赞皇县、平山县、灵寿县、行唐县、井陉县、元氏县6个山区县12所中小学纳入集团统一管理，探索城乡教育均衡发展山区教育扶贫之路；2014年学校倡议组建全球基础教育研究联盟，吸引16个国家119所会员学校加盟，每年组织举行一次国际教育论坛。至2018年末，石家庄外国语教育集团共有教学班44个、学生1886名，教职工253名。重视提升教学质量，选派教师外出学习培训152人次，其中40名教师参加2018年"国培计划"培训。参加全国"一师一优课"评选活动，22名教师获得部级优课，12名教师获得省级优课，21名教师获得市级优课，32名教师获得区级优课。2018年中考成绩2名学生并列全市第一名，5名进入全市前十名，34名进入全市前100名，600分以上学生229人，占全市29.06%。2018年高考本科一批上线率98.1%，清华大学、北京大学录取率5.5%，127名学生保送全国重点大学，占全省保送人数88%，占全市保送人数96%；82名学生被美国哥伦比亚大学、约翰霍普斯金大学、芝加哥大学、威力康辛大学、纽约大学，加拿大多伦多大学，英国帝国理工大学、伦敦大学和澳大利亚新南威尔士大学等世界名校录取。38名学生获得数学、物理、化学奥林匹克竞赛国家级二等奖、三等奖。杨子墨获得"希望之星"英语风采全国总决赛高中组特等奖。集团组织参加全国多语种技能大赛，其中，德语获得专业组、兴趣组亚军，西班牙语获得专业组季军、兴趣组亚军，法语获得专业组、兴趣组季军，俄语获得专业组季军；参加石家庄市日语演讲大赛，李笑寒、李莹荣获得最优秀奖，杨帆获得大赛特别奖；参加石家庄市青少年经典诵读比赛，获得中学组第一名。2018年石家庄外国语学校被国务院扶贫办授予"全国脱贫攻坚组织创新奖"，被省扶贫办授予河北省脱贫攻坚奖先进集体，25人次获得省、市、区级名师、骨干、优秀班主任、优秀教师、教学标兵等荣誉。

（段军）

【**石家庄精英中学**】 石家庄精英中学是教育实业家翟志海于1993年创办的一所全寄宿制完全中学。2003年被省教育厅评定为河北省示范性高级中学，2017年12月获得"中国高中教育50强"，2017～2018年获评"清华大学生源中学"。精英中学在石家庄市拥有2个校区，师生1万余人。校本部坐落于石家庄高新区学苑路25号，占地面积150亩；北校区位于石家庄市学府路196号，占地面积150亩。2018年精英中学应届生本科一批文科理科上线1940人，上线率91.6%；应届生文科理科两大类考生600分以上1131人；郭家萌以707分夺得河北省文科第一名。参加全国和河北省作文、英语、物理、科技竞赛活动，16人获得一等奖，其中，3人获得第十六届"叶圣陶杯"全国中学生新作文大赛决赛一等奖，2人获得第十七届全国创新英语大赛华北赛区一等奖，1人获得河北省第35届全国中学生物理竞赛一等奖，3人获得第33届河北省青少年科技创新大赛一等奖。实施"激情教育、高效课堂、精细管理"措施，推进课堂改革，将激情文化体现在学校教育、校园生活等各个方面。2018年1月，石家庄精英中学"高效6+1课堂"被《中国教育报》、中国教育新闻网评选为"第五届全国教育改革创新典型案例"。

（王玉媚　高军）

中等职业教育

【**概况**】 2018年，全市共有中等职业学校（简称中职学校）140所，同比增加1所；在校生19.40万人，同比增加2.0万人；招生7.36万人，同比增加7479人；毕业生5.07万人，同比增加6174人；教职工1.15万人，同比增加17人；专任教师8478人，同比增加130人。中职招生占全省招生总量20%，超额完成5万人招生目标；全年中等职业教育招生与普通高中招生比例为53.5∶46.5，基本达到国家提出职普招生"大体相当"要求。实施中等职业教育改革，按照专业并类原则，重组主城区中职教育资源，将市第一职业中专学校、市第二职业中专学校、市第三职业中专学校、市财会学校、市经贸学校、市交通技工学校、市第八中学、市第十一中学、市第二十中学、市旅游学校10所学校整合为5所学校搬迁入驻职教园区。推进普职融通教育，全年普通高中转职业高中160人，职业高中转普通高中24人。结合“4+4”现代产业布局和中等职业教育资源整合，全市10所中职学校34个专业与10所本科、高等职业院校（简称高职院校）实现中高职衔接。重视职业人才培养，建立校内外学生实习实训基地1500余个，校企合作单位达到600家。11所开展中等职业教育质量提升工程项目学校通过省级部门验收。提升教学质量，选派中职教师参加国家、河北省培训195人次；市级培训中职教育民办学校校长、学籍管理人员600余人次。参加省政府第九届教学成果奖评审，中等职业教育获得一等奖2项、二等奖2项，三等奖6项。严格民办中职学校管理，审核认定优秀民办中职学校13所，合格学校25所，不合格9所。支持继续教育和成人教育，市社区学院建立书法、美术、武术、乒乓球、税务、中小企业6个二级学院，各县（市、区）建立社区教育分院29个，乡镇建立社区教育中心129个，村居建立社区教育教学点146个。全年参加新型职业农民教育、农村实用技术培训等10万余人次。

【职教园区】 市职业教育园区（简称市职教园区）位于石家庄正定新区太行北大街以东、天泽大街以西、华阳路以北、崇因路以南，占地面积2376亩，总建筑面积90万平方米，总投资56.8亿元。市职教园区是市委、市政府围绕经济结构和产业布局调整，结合战略性新兴产业发展规划，实施的一项教育和重大民生工程，重点打造装备制造学校、电子信息学校、财经商贸学校、旅游服务学校、交通运输学校、文化传媒学校、城市建设学校、现代农业学校、学前教育学校、特殊教育学校（简称特教学校）10所现代中等职业学校及公共实训基地和技能鉴定中心、双创科技园、图书信息中心、体育馆、艺术馆等共享设施。园区建设于2016年6月正式启动。职教园区一期工程包括特殊教育学校、电子信息学校、文化传媒学校、交通运输学校、财经商贸学校和共享区域，占地面积833亩，建筑面积42.1万平方米，总投资24.3亿元。特殊教育学校、电子信息学校一期工程由市教育局负责建设，2017年10月市特殊教育学校搬迁入驻。电子信息学校二期、文化传媒学校、交通运输学校、财经商贸学校由市城投集团代建，2018年10月8日搬迁入驻并投用。职教园区二期工程包括装备制造学校、旅游服务学校、学前教育学校、城市建设学校、现代农业学校5所学校及共享区域，由石家庄正定新区负责代建，占地面积1378亩，建筑面积47.9万平方米，总投资32.5亿元，2018年9月建设工程开工，至2018年末，58栋建筑开工56栋，其中35栋建筑主体封顶。2018年底，市职教园区在校学生8000余名、教职员工1000余名。

【职业技能比赛】 全年中职院校参加全国技能大赛再创佳绩，获得一等奖7个、二等奖4个、三等奖3个，其中，学生获得一等奖1个、二等奖2个、三等奖3个。3个参赛作品获得教育部主办的2018年全国职业院校技能大赛奖项。其中，石家庄经济学校袁东洁、王文英、梁贝的参赛作品《苯酚》获得中职组教学设计赛项一等奖；市职业技术教育中心吕丽芝、冯保莉、郑德利的参赛作品《双曲线的定义与标准方程》，王婷婷、许小舟的参赛作品《“型”随乐动——幼儿歌曲伴奏编配》获得中职组教学设计赛项二等奖。5名教师参加全国中等职业学校教学说课大赛获奖。其中，石家庄文化传媒学校赵常利参加全国中等职业学校学前教育专业信息化教学设计和说课交流活动获得一等奖；石家庄经济学校董金霞全国中等职业学校物理、化学课程教师信息化教学设计和说课交流活动获得一等奖；市第三职业中专学校3名教师参加全国中等职业学校“创新杯”教师信息化教学说课大赛，分别获得汽车类、素质教育、数学3个课程比赛一等奖。5名石家庄旅游学校学生参加全国中等职业学校技能大赛获奖。其中，麻麒慧、张亚微参加全国职业院校技能大赛中职组酒店服务比赛获得三等奖；陈星宇、范鑫鑫、张晨麒参加全国旅游院校服务技能（导游服务）大赛分别获得一等奖、二等奖、三等奖。6月13日，市职业财会学校会计专业学生组队参加“衡信杯”2018年全国中职院校财税技能大赛总决赛，市职业财会学校会计专业队夺得团体二等奖，1名学生夺得出纳岗位全国第一名。举办市级中职学校技能大赛，设立信息技术类、电子电工类等10个专业类别、23个项目，参赛队伍 267 支、选手 1060 名。

【市第四十五中学】 市第四十五中学（市美术职业实验学校）创建于 1953 年，原名正定县第二中学，1989 年起学校由普通高中教育引入职业教育并开办美术教学，1995 年转为职业高中，2001 年 4 月划归长安区，隶属长安区教育局。2007 年 6 月最后一届文化班毕业后，学校发展成为专门培养美术人才的特色学校。校址位于石家庄市长安区西兆通镇西兆通二中路 1 号，占地面积 7.05 万平方米，建筑面积 2.64 万平方米。现有在校学生 1926 人，教职工 160 人，设置教学班 42 个。重视教学改革，最初开设素描、色彩、工艺、速写等基础课程，后来根据市场需求和学生发展需要，增加"雕塑""油画""国画""艺术设计""泥塑""色彩构成""色彩头像写生""风景写生"等纯美术和实用美术课程。编有整套新版教材丛书：《石膏几何体》《素描静物》《素描头像》《素描石膏像》《色彩静物》《色彩风景》《人物速写》《风景速写》等。拓宽学生视野，增强学生对色彩、创意的理解，增设实践类课程，每年组织学生到河南石板岩、郭亮影视村及邢台杨庄等地方写生。2018 年学校美术生 5 人文化课高考成绩超过文史类本科一批线，最高分 592 分，39 人文化课高考成绩达到 500 分以上，美术类提前批本科上线人数 666 人，本科提前批上线率达 96.5%，100 余名学生被重点大学录取。1992～2018 年学校在李震霄、孙中西校长领导下，共向中央美术学院、清华大学、中国美术学院等全国重点大学输送美术人才 11078 名。市第四十五中学以美术特色教育为办学模式，被中央教育科学研究所（院）认定为"素质教育实验学校""全国百所特色学校""走向新世纪特色学校"，被中国教育学会命名为"全国名优学校"，获评"河北省重点中等职业学校""河北省文明单位""河北省教育系统先进集体""河北省中等职业学校德育工作先进集体""石家庄市艺术教育示范学校""石家庄市德育教育示范学校""石家庄市文明校园"；2001 年起学校连续 16 次获得"石家庄市高中教学工作先进单位"称号。

（薛鹏飞　王素军　冯炜）

高等教育

【概况】 2018 年，全市共有市属高校 5 所，其中，本科高校 1 所（石家庄学院），高等职业和专科院校 4 所（石家庄职业技术学院、石家庄信息工程职业学院、石家庄科技工程职业学院、石家庄幼儿师范高等专科学校）。教职工 3887 人，开设 220 个专业。石家庄学院在校大学生 18065 人，教职工 1139 人，其中，专任教师 861 人，教授 114 人、博士 150 人、副教授 359 人。石家庄职业技术学院在校大学生 12463 人，教职工 925 人，其中专任教师 600 人。石家庄信息工程职业学院在校大学生 16506 人，专任教师 584 人，其中，教授 43 人、副教授 179 人。石家庄科技工程职业学院在校大学生 6505 人，教职工 317 人，其中专任教师 279 人。石家庄幼儿师范高等专科学校在校大学生 5831 人，教职工 414 人，其中专任教师 312 人。全年高等教育围绕地域经济社会发展，调整优化专业结构，新设置本科专业 2 个、专科专业 11 个，停招本科专业 7 个、专科专业 17 个。重视实践教学，新建校内外实习实训基地 406 个，新增校企合作单位 22 家。石家庄学院成功入选教育部学校规划建设发展中心"互联网 + 中国制造 2025"产教融合促进计划试点院校。5 个参赛作品获得 2018 年全国职业院校技能大赛奖项。其中，石家庄职业技术学院樊莉莉、陈楠、莫春雷的参赛作品《重走革命路 再温柏坡情——西柏坡讲解》获得高职组教学设计比赛一等奖；石家庄职业技术学院韩月霞、李彦景、张丽霞的参赛作品《物联网应用》获得高职组实训教学比赛二等奖。石家庄职业技术学院程俊红、杨晓波、董彦宗的参赛作品《蓝天守护神 空气检察官——PM2.5 检测仪的设计与制作》，石家庄信息工程职业学院侯阳、韩玉的参赛作品《无声的销售员——货架陈列》，石家庄邮电职业技术学院任伟峰、胡成群、谷文辉的参赛作品《"公于征、诚于纳、律于申"——增值税征收管理与纳税申报》获得高职组教学设计比赛三等奖。全年市属高校获得省级以上科研成果奖 15 项，参加全国职业院校技能大赛等比赛获得国家级奖项 70 余项，参加省政府第九届教学成果奖评审，高等职业教育获得一等奖1项、二等奖1项、三等奖2项。

（王素军　冯炜）

【石家庄学院】 石家庄学院是经教育部批准建立的国有全日制普通本科院校。地处石家庄高新技术产业开发区，由南北两个校区组成。学校始建于1958年，原名石家庄专区师范学院，1959年更名为石家庄师范专科学校。1996年3月经河北省人民政府批准，石家庄师范专科学校、石家庄地区教育学院与石家庄市教育学院合并，更名为“石家庄师范专科学校”。2004年5月经教育部批准，石家庄师范专科学校升格为石家庄学院。占地面积1221亩，建筑面积40.5万平方米。建有13个实验实训中心、304个实验实训室，教学科研仪器设备价值1.96亿元。图书馆藏书118万余册，中外文数据库19个，电子图书38万余册，各类期刊428种。设有17个学院、77个本专科专业（本科专业60个），涵盖法学、教育学、文学、史学、理学、工学、医学、管理学、艺术学9个学科门类。新增信息安全、机器人工程2个本科专业，暂停6个本科专业和10个专科专业招生。学院有国家级特色专业建设点2个、省级技术创新中心1个、省级重点发展学科4个、省级品牌特色专业4个、省级本科教育创新高地2个、省级专业综合改革试点2个、河北省高等学校教学团队1个，省级精品（资源共享）课程6门。2018年石家庄学院在校大学生18065人，教职工1139人，其中，专任教师861人，教授114人、博士150人、副教授359人，硕士学位以上人员938人，“双师双能型”教师214人。引进博士30名、硕士21名。4人被确定为“河北省三三三工程人才”第三层次人选，6人被确定为石家庄市政府特殊津贴专家，1人获得市优秀教育工作者称号，2人获得市优秀教师称号，16人被确定为石家庄市高等学校专业带头人。教师出国交流培训15人次，学生出国交流33人。获得科研立项61个，其中，省部级项目14项，承担横向协作与委托项目35项。1项成果获得河北省自然科学奖二等奖，1项成果获得第十届河北省社科基金项目优秀成果三等奖，5项成果获得河北省第十六届社会科学优秀成果三等奖。学生获得省级以上重大奖项88项，其中，国家级特等奖1项、一等奖21项、二等奖15项、三等奖11项。2018年学院普通高考招生4300人，其中，本科4055人，专科245人；本专科报到4187人，报到率97.37%。河北省普通本科文史类最低528分，超控制线87分；理工类最低477分，超控制线119分。河北省专科文史类最低474分，超控制线274分；理工类最低417分，超控制线217分。专接本招生录取574人，实际报到564人，报到率98.26%；23个专接本招生专业全部超出控制线录取。“3+2”转段考试录取学前教育专业学生172人，实际报到169人，报到率98.26%。毕业生5029人，初次就业率94.36%。

（李艺潇　庞俊丽）

【石家庄职业技术学院】 石家庄职业技术学院始建于1984年9月，原名“石家庄大学”，是经教育部批准、石家庄市政府主办的一所全日制普通高等院校，是河北省首批设立的11所高等职业院校之一，也是石家庄市第一所全日制职业大学。学院办学格局为以全日制高等职业教育为主体，广播电视教育（开放教育）、社区教育为“两翼”，多种办学形式并存。设有管理系、经济贸易系、信息工程系、建筑工程系、食品与药品工程系、机电工程系、电气与电子工程系、艺术设计系、体育系、公共外语部、公共体育部、动画学院、马克思主义学院、继续教育学院、软件学院9个系2个部4个学院及5个校企共建混合所有制二级学院。开设电子信息类、土木建筑类、装备制造类、财经商贸类、媒体传播类、旅游类等50多个专业，其中河北省高职高专教育示范专业6个，面向河北、河南、湖北、湖南等17省招生。2018年学院在校大学生12463人，教职工925人，其中专任教师600人；录取新生4162名，报到4035名，报到率96.95%；成人教育本专科在籍生1万余人；毕业生就业率达99%以上。有国家级精品资源共享课程2门、省级精品资源共享课程1门、省级精品课程11门。影视动画实训基地、机电一体化实训基地为中央财政支持职业教育实训基地，建筑技术实训基地为河北省职业教育实训基地。拥有中高职衔接专业教师协同研修名师工作室（信息技术类）、紧缺领域教师技术技能传承创新平台（动画）2个国家培训基地。牵头河北省文化创意、河北省软件与服务外包2个职业教育集团。与石家庄奥祥医药工程有限公司、石家庄数英电子有限公司共建院士工作站2个。建有多功能教学楼2个、技能实训楼2个、校内实训基地88个、校外实习基地180个。设有国家职业技能鉴定所，校企共建研发中心（工作室）30多个。引进博士3人，公开选聘教师27人，柔性引进专业带头人或客座教授6人。获授国家级、省级教学名师各1人，省突出贡献中青年专家2人，省“三三三人才工程”第二层次人选2人，省“三三三人才工程”第三层次人选1名，省优秀教师2人，省优秀教育工作者1人，省级教学团队2个；评选优秀“双师型”教学团队4个、师德标兵8名，石家庄市高校专业带头人15名、石家庄市高校“双师型”骨干教师11名，市级优秀教师4名、优秀教育工作者2名，享受石家庄市政府特殊津贴专家2名。科研完成课题115项，其中，横向课题5项、纵向课题110项；全国教育科学规划项目结项1项；发表核心期刊论文56篇；新增专利及软件著作权12项，申报国家发明专利6项。《“七维度”产教深度融合的软件人才培养体系探索与实践》获得职业教育国家级教学成果二等奖，实现学校国家级教学成果奖零的突破；获得省级教学成果奖一等奖1项、二等奖1项。参加全国职业院校技能大赛，教师获得一等奖1项、二等奖1项、三等奖2项；学生获奖3项。参加河北省高职院校技能大赛，学生获奖12项。

（高霞　庞荣申　王升）

【石家庄信息工程职业学院】 石家庄信息工程职业学院是经河北省人民政府批准、教育部备案、面向全国招生的公办全日制高等职业院校。始建于1963年，原校名为“石家庄专员公署商业职业学校”，隶属石家庄专员公署商业局。1993年7月，石家庄地市合并后更名为“石家庄市财经学校”，隶属石家庄市财政局。2002年5月24日，根据《河北省人民政府关于同意建立河北交通职业技术学院等7所高等学校的批复》，石家庄市财经学校改建为“石家庄信息工程职业学院”。地址位于石家庄高新技术产业开发区，分南、北两个校区，总占地面积1120亩，建筑面积30余万平方米。设有软件与传媒艺术、电子信息、商贸、管理、印刷五大类专业群和1个直属学院（酒店管理学院）、47个招生专业，面向全国招生。中央财政支持重点专业2个，中央财政支持建设实训基地1个。建有各级示范专业10个、重点专业7个、特色专业5个，各级精品课程、精品资源共享课程111门。教学用计算机4473台，校内实训基地67个，校外实践基地116个。实施教学改革，主动服务河北省“双创双服”、产业结构调整和石家庄市“4+4”现代产业发展需求，调整专业设置，新增招生专业2个，撤销专业7个。依托省级骨干专业、院级示范专业和省级高技能人才培养基地，推进无人机、云计算、工业机器人等实训室及移动应用开发协同创新中心建设；“省级创新创业教育专门课程（群）建设项目”通过河北省高职教育创新发展行动计划绩效考核，其中《创业项目策划》课程获评“河北省普通高校就业创业指导优质课程”；《职业生涯规划与就业指导》课程通过“河北省职业院校在线开放课程征集评选活动”初审，具备参加河北省职业院校在线开放课程立项评审资格。开展校企合作，设立校企订单班专业15个。2家合作企业为学院投资287万元，建设“无人机应用专业实训中心”“航空港综合实训基地”，清退不符合要求动漫孵化园驻园企业8家。院外课题申报79项，结项88项，课题备案9项，院级课题立项11项，发表论文193篇。教师参与或指导学生参加专业比赛获得国家级一等奖12项、二等奖16项、三等奖14项，省级一等奖4项、二等奖9项、三等奖22项；学生参加比赛获得国家级特等奖1项、一等奖5项、二等奖10项、三等奖5项，省级一等奖11项、二等奖31项、三等奖18项。2名教师获评市级优秀教师，10名教师获得“石家庄市高等学校专业带头人”称号；选派16名教师参加12个国家培训项目。2018年学院在校大学生16506人，专任教师584人，其中，教授43人、副教授179人；招生录取6040人，其中，高职专科生4766人，转段生1274人，报到率分别为96.83%和77.87%；毕业生就业率97.07%，对口率72.84%。

（石家庄信息工程职业学院）

【石家庄科技工程职业学院】 石家庄科技工程职业学院是经教育部批准，石家庄市政府主办的一所全日制国办普通高等职业院校，面向全国招生。坐落于国家级历史文化名城——正定。学院创建于1924年，始称“直隶第八师范学校”，1933年以地名命名改称“河北省立正定师范学校”，1953年更名为“河北正定师范学校”，1999年开始培养大专生，2004年更名为“石家庄学院正定分院”，2007年改建为“石家庄科技工程职业学院”。占地面积277亩，建筑面积106636平方米。主要建筑有多功能图书馆、教学楼群、实训楼、体育馆、艺术楼、实验楼、礼堂、学生宿舍楼群、餐厅、塑胶田径场、标准化篮球排球场等。建有“教、学、做”一体化实训场地27455平方米，校内实训基地53个，校外实习基地44个。设有经济贸易系、管理工程系、艺术与建筑工程系、机电工程系、信息工程系，设有软件技术、应用电子技术、计算机应用技术、护理等24个专业，其中，物流管理、材料成型与控制技术是中央财政支持项目专业，旅游管理是中央财政实训基地建设项目专业；酒店管理为教育部现代学徒制试点项目专业；小学教育、工程造价是省级重点建设专业；计算机应用技术、数控技术是市级重点专业，会计、市场营销、建筑室内设计、学前教育、移动通信技术、汽车检测与维修技术、计算机网络技术、空中乘务是院级重点专业。突出师范教育方向，申报美术教育、体育教育、英语教育、工业机器人、大数据技术与应用、助产6个专业。专业共建合作企业8家。与海尔集团、格力电器有限公司、东方领航教育集团、天津滨海迅腾科技集团有限公司、北京京东方显示技术有限公司、长城汽车股份有限公司、上海中锐集团、博深工具有限公司等50多家大中型企业建立实习就业合作关系。全年参加各级各类职业技能竞赛168人次，获得国家级奖项19人次、省级奖项118人次。2018年学院在校大学生6505人，教职工317人，其中专任教师279人，毕业生初次就业率达到99.74%。

（石家庄科技工程职业学院）

【石家庄幼儿师范高等专科学校】 石家庄幼儿师范高等专科学校是教育部批准设置的国办普通高等学校，是河北省第一所幼儿师范高等专科学校。学校位于石家庄市西部高教区，占地面积500.73亩，建筑面积175583平方米。校训：“崇德、善学、博爱”。校风：“为人为学，为师为范”。教风：“修身治学，乐业善教”。学风：“诚朴砺学，精修师艺”。河北省学前儿童心理教育学会、河北省学前教育研究所、河北省幼儿教师培训中心、石家庄市教师进修学校、石家庄市幼儿教师培训基地设在该校。学校是中央财政支持重点专业建设单位，设有学前教育系、音乐系、美术系、语言文学系、应用技术系、基础教学部、体育教学部5个系2个部，获得“全国艺术教育特色单位”“全国巾帼文明示范单位”“全国教科研先进学校”“河北省教育系统先进单位”“河北省国际教育合作与交流先进集体”等称号。教学仪器设备价值4558万元，图书馆藏书51万册，报纸杂志1400种。国家级精品资源共享课《幼儿游戏与指导》、省级精品资源共享课《儿童歌曲伴奏与弹唱》建成投用。承接省级项目3个，其中，“井陉拉花”传承大师工作室项目完成校本教材1部，编排拉花韵律操1套；“初禾众创空间”建成艺术特色区1500平方米、工作室5个，包括3D玩教具设计与开发工作室、儿童心理调试工作室等。与天津汇英公司合作，开展早期教育、电子商务专业联合办学；与清华启迪教育、北京师范大学科德学院洽谈，探索专升本跨省培养对接新模式。参加河北省学前教育专业学生技能大赛，获得团体一等奖和个人一等奖2个、二等奖3个、三等奖1个。2018年学校在校大学生5831人，教职工414人，其中，专任教师312人，副高级以上职称109人，硕士173人，博士1人，特级教师2人；师范类专业录取分数线位居全省第一，其中，文科410分、理科357分；毕业生签约率达到99%以上。

（常凡　郑郁　杨凤勇）

文　化

Culture

文化艺术

【概况】2018年，全市共有艺术表演团体20个，艺术表演场馆14个，文化馆23个，博物馆9个，公共图书馆23个，乡镇（街道）综合文化站207个，社区文化中心57个，广播电视台18个。公共图书馆图书总藏量3986.6千册。市图书馆藏书总量186.25万册，其中新增10.41万册。市博物馆馆藏文物总数4535（件/套），其中，一级文物20（件/套），二级文物219（件/套），三级文物1435（件/套）。市美术馆收藏作品980件（套），其中新增收藏作品23件（套）。组织送戏下基层演出1040场，彩色周末文艺演出1124场，公益电影放映53220场。引进高雅艺术，举办2018年全国梆子声腔艺术展演活动，14个省（区、市）、23个剧种、35家院团演出剧目32台，其中，大戏29台、折子戏组台2台。庆祝改革开放40周年，举办文艺晚会史诗情景剧《腾飞吧，祖国！》。广播节目综合人口覆盖率99.4%，电视节目综合人口覆盖率99.4%。新创排河北梆子《吕建江》、评剧《磨盘谣》、丝弦《大唐魏徵》《包公铡赵王》等，分别入选2018年全国梆子声腔优秀剧目展演、全国优秀现实题材舞台艺术作品展演、第十一届中国评剧艺术节展演、第十一届河北省戏剧节。整理复排《穆桂英挂帅》《包公三勘蝴蝶梦》等传统经典剧目。丝弦小戏《村官三把手》、深泽坠子《初心》入选2018年全国基层院团戏曲会演。评剧《安娥》作为河北省唯一入选剧目，参加全国舞台艺术优秀剧目展演并入选中国戏剧梅花奖数字电影工程。平山县河北梆子《没有共产党就没有新中国》入选2018京津冀精品剧目展演。结合中山古城考古遗址公园建设，挖掘古中山国历史和文化，创作电视连续剧《故国中山传奇》18集，制作完成纪录片《中山古国》。全年创作各类群众文艺作品1000余件。市群艺馆编排舞蹈《水扇落韵》参加河北省庆祝改革开放四十周年广场舞遴选活动获得第一名。市丝弦剧团折子戏《小二姐做梦》《赶女婿》参加首届全国戏曲稀有剧种贺新春互联网公益晚会和文化部主办的2018年戏曲百戏盛典。市歌舞团应邀参加中央电视台端午特别节目《又逢艾香时》录制。入选第五批国家级非物质文化遗产代表性传承人6名，评选公布石家庄市第七批市级非物质文化遗产名录53项。拥有全国重点文物保护单位39处、省级文物保护单位108处、市县级文物保护单位213处，行唐故郡遗址考古挖掘1.1万平方米。市档案馆馆藏文书档案数量477个全宗、28.66万卷、21.62万件，图书2.50万册，照片档案5.05万张，光盘926张。至2018年底，全市共有规模以上文化企业338家，占全省21%；法人单位8511家；国家级文化产业示范基地1家、省级文化产业示范基地18家；省级文化产业示范园区4家，取得省级文化产业示范园区创建资格园区1家；新增国家认定动漫企业3家，总数达到14家。落实机构改革方案，将市文化广电新闻出版局与市旅游发展委员会合并，组建成立市文化广电和旅游局，加挂市文物局牌子。12月26日，市文化广电和旅游局揭牌。改革后，市文化广电和旅游局内设处室17个，分别为办公室、政策法规处、人事处（老干部处）、规划财务处、艺术处、公共服务处、传媒管理处、科技信息处、非物质文化遗产处、产业发展处、资源开发处、市场管理处、文物保护处、博物馆处、安全生产监督管理处、宣传推广处、直属单位党委（机关纪委）；局属事业单位21个，分别为市文化市场行政执法大队、市旅游执法大队（市旅游质量监督管理所）、市博物馆、市图书馆、市群众艺术馆、市美术馆（市画院）、市毗卢寺博物院、市文物保护研究所、市艺术中心、石家庄民间工艺博物馆、石家庄国际旅行社、市评剧院一团、市评剧院青年评剧团、市演出服务中心、市新世界剧场、市霞光大戏院、市大众剧院、市歌舞团、市丝弦剧团、市河北梆子剧团、市京剧团。

【文艺创作及演出】 以现实题材为重点，新创排河北梆子《吕建江》、评剧《磨盘谣》、丝弦《大唐魏徵》《包公铡赵王》等，分别入选2018年全国梆子声腔优秀剧目展演、全国优秀现实题材舞台艺术作品展演、第十一届中国评剧艺术节展演、第十一届河北省戏剧节，在国家和省级舞台发出石家庄好声音。整理复排《穆桂英挂帅》《包公三勘蝴蝶梦》等一大批传统经典剧目，各院团演出剧目得到丰富与充实。平山县河北梆子《没有共产党就没有新中国》入选2018京津冀精品剧目展演。组织全市群文干部、文艺骨干开展文艺创作，激发创作活力，全年共创作各类群众文艺作品1000余件。市群艺馆编排的舞蹈《水扇落韵》在河北省庆祝改革开放四十周年广场舞集中遴选活动中获得第一名。丝弦小戏《村官三把手》、深泽坠子《初心》入选2018年全国基层院团戏曲会演。为评剧传承基地青年演员量身打造新排评剧《包公开铡》，青年评剧团《磨盘谣》和市群艺馆推送的评剧小戏《陌路真情》，精彩亮相第十一届中国评剧艺术节。评剧安娥入选“2018年全国舞台艺术优秀剧目展演”，于3月9日、10日晚在北京全国地方戏演出中心展演，这是此次展演14台剧目唯一一部评剧，也是河北省入选唯一剧目。京剧《桃花村》完成文化部赋予的像音像录制工程，并在央视播出。市丝弦剧团携折子戏《小二姐做梦》《赶女婿》亮相首届全国戏曲稀有剧种贺新春互联网公益晚会和文化部主办的2018年戏曲百戏盛典。组织举办2018年全国梆子声腔艺术展演活动，来自全国各省（区、市）的23个剧种32台剧目汇聚省会，除剧场演出外，广场演出、戏曲进校园、戏曲知识艺术展等系列延伸性活动，吸引广大群众热情参与，实现“艺术的盛会、人民的节日”目标，有力促进了梆子声腔艺术传承与创新发展，中宣部、文化和旅游部和省市领导给予高度评价。组织举办“东西南北中”五路丝弦优秀剧目展演活动，来自石家庄、保定、山西等地12个院团和班社的16台优秀剧目亮相丝弦剧院，不仅提振稀有地方戏曲剧种的精气神，也为打造北方戏曲重镇集聚力量。2月3日，“新时代 新气象·国韵天骄——2018新春京剧名家演唱会”在石家庄市举行。30余位全国知名京剧名家包括天津青年京剧团团长、“二度梅”获得者孟广禄，北京京剧院一团团长、著名张派青衣王蓉蓉，著名余派、杨派老生杜镇杰，程派青衣迟小秋及京剧程派、梅派等流派领军人参演，演出剧目有《四郎探母》《淮河营》《武家坡》《红灯记》《沙家浜》《智取威虎山》等。3月18日（农历二月初二），“中国北方鼓乐文化邀请赛暨石家庄第八届鼓王争霸赛”在古城正定成功举办，参赛鼓队8支、演职人员1500余人，邀请陕西安塞腰鼓、山西太原锣鼓和绛州鼓乐参加演艺表演；经比赛角逐，正定弘文中学的《常山战鼓》、高新区韩通战鼓队的《韩通战鼓》获得“金鼓王”称号。赛事吸引观众两万多人（次），《新闻联播》等中央和省市各级新闻媒体纷纷予以报道，被誉为中国北方最大规模、最有影响、最具权威的品牌赛事之一。在新华、桥西、长安区广场公园同步举办“庆新

2018年3月18日，“中国北方鼓乐文化邀请展演暨石家庄第八届鼓王争霸赛”在正定古城瓮城举行

春·欢乐大广场”“盛世欢歌”大型文化游园活动，40余万市民参与互动和体验。4月8～10日，河北省舞台艺术精品工程资助项目、省河北梆子剧院原创现代戏《当家哥哥当家嫂》在市人民会堂演出。4月21日，由知名艺术家张继钢执导，柳州市艺术剧院编排的大型民族舞剧《白莲》在石家庄大剧院演出。9月3～14日，第十一届中国评剧艺术节在唐山市举行，市评剧院一团《包公开铡》、市评剧院青年评剧团新编现代戏《磨盘谣》两个剧目参加演出。9月28日至10月19日，由中央宣传部文艺局、文化和旅游部艺术司主办，省委宣传部、省文化厅和石家庄市委、市政府共同承办的2018年全国梆子声腔优秀剧目展演在石家庄市举行，来自全国14个省（区、市）23个剧种35家院团演出戏曲优秀剧目51场，收看观众20余万人。10月21日至2018年12月底，第十一届河北省戏剧节举行。石家庄市河北梆子《吕建江》《没有共产党就没有新中国》、丝弦《大唐魏徵》、评剧《磨盘谣》《包公铡赵王》、京剧《奚啸伯》6台剧目参加演出。

【文化惠民工程】 全年市直艺术院团组织开展送戏下基层演出、“彩色周末”文艺演出、公益电影放映活动均超额完成为民办实事各项任务目标，其中，戏曲进校园活动演出40场，文艺小分队深入全市43个贫困乡村演出43场。4月26日至10月底，第二十五届“彩色周末”文化活动举行。全年举办送戏下基层演出1040场，“彩色周末”文艺演出1124场，公益电影放映53220场，组织文艺小分队等开展“六进”演出3060场。加强京津冀演艺界交流与合作，联合举办“一月一名剧”系列惠民演出。邀请到叶少兰、于魁智、李胜素等戏曲名家携京剧《红灯记》《智取威虎山》等来石演出，组织市艺术院团举办纪念改革开放40周年精品剧目展演60余场。对接群众文化需求，发行第二批文化惠民卡。省会文化惠民卡是河北演艺集团智卡文化传媒有限公司和市演艺集团票务中心联合7家省直艺术院团（省河北梆子剧院、省歌舞剧院、省杂技团、省话剧院、省心连心艺术团、省京剧艺术研究院、河北交响乐团）、6家市直艺术院团（市京剧团、市评剧院一团、市青年评剧团、市河北梆子剧团、市丝弦剧团、市歌舞剧团）共同发行的实名制会员卡，文化惠民卡面值金额500元，市民自费充值100元，享受政府补贴400元，同时免费向城镇低保家庭发放300元“文化惠民公益卡”；文化惠民卡在2017年发行2万张基础上2018年增发1万张，持卡人员可观看省市13家艺术院团及省市演艺集团组织安排的各项文化演出项目。举办京津冀京剧名家名段演唱会、河北梆子名家名段演唱会、评剧名家名段演唱会，满足市民多层次、多样化文化需求，增强文化惠民卡消费吸引力。全年举办文化惠民卡消费演出282场，上座率85%，有效激活省会演艺市场。文化惠民卡发行成为家喻户晓的文化惠民品牌。

（姜小青）

【第八届民间艺术节】 6月8～11日，由市文广新局主办，石家庄民间工艺博物馆、河北习三内画博物馆承办的石家庄第八届民间艺术节在河北习三艺术大厦举行。主旨：弘扬非遗文化，传承民间艺术。展出工艺品包括内画、瓷器、剪纸、布艺、贴画、编织、刺绣等50余项，邀请20多位民间艺人现场创作和展示绝活，民间手工艺表演有吹糖人、糖画、捏面人、艺术钩编、艺术扎染等。举办传统文化《非遗日的内涵以及对中国文化的塑造价值》专题公益讲座，同期举办“无极剪纸精品展”。

【历史文献展览】 8月7日至10月7日，由市文广新局、河北省收藏家协会联合主办，石家庄民间工艺博物馆等承办的“纪念华北人民政府成立70周年——历史文献精品展”在习三艺术大厦四层举行。共展出文献资料200多件，包括重要文件、文献史料、信函、徽章，一大批珍贵历史文献首次参展，如《华北临时人民代表大会汇刊》等。此次展览集中展示了华北人民政府成立的辉煌历史和石家庄解放时的历史形势、战役、战绩、重大意义及中华人民共和国成立后的新面貌、历史贡献。

（张晓娟）

【全民阅读活动】 2018年4～12月，由市委宣传部、市文广新局主办的2018年石家庄市全民阅读活动举行。4月23日，全民阅读活动在省博物院广场举行启动仪式。以建设“书香石家庄”为目标，以提高全民阅读率和阅读质量为重点，采取丰富阅读活动内容与提升思想文化内涵相结合方式，推动全民阅读活动深入开展。突出“从娃娃抓起”全民阅读理念，举办第十二届青少年读书节系列读书活动，鼓励和培养青少年建立正确的阅读方向，全力提高中小学生阅读总量，促进形成亲子阅读、家庭阅读、校园阅读、城市阅读氛围。以4月23日世界读书日和9月28日孔子诞辰纪念日为起始点，分别举办为期一个月“全民阅读月”“经典诵读月”活动。围绕进农村、进社区、进企业、进军营、进机关、进学校、进家庭“七进”活动，实施全民阅读“七进工程”；打造市图书馆数字阅读平台，推进总分馆制建设和免费开放；选择部分公共场所增设一批全民阅读书房。推进全社会阅读兴趣，举办大型中华经典诵读会、第二届寻找省会“阅读达人”活动。河北省第六届惠民阅读周。10月26～30日，由省委宣传部、省新闻出版广电局、石家庄市委市政府等联合主办，省新华书店、市新华书店等联合承办的河北省第六届惠民阅读周暨2018惠民书市在石家庄市解放广场举行。主题为“美丽河北 书香燕赵”。河北省其他各设区市及定州市、辛集市和144个县（市、区）设立分会场。河北出版传媒集团旗下14家出版、报刊、发行单位及省外8家出版集团在石家庄主会场参展，参展图书10万余种、200万册。惠民阅读周期间，石家庄主会场畅销书及新书七五折以下让利销售，5000种图书特价优惠销售，向市民发放购书代金券50万元；举办文化讲座、作家见面会、新书发布会及公益文艺演出等文化活动93场，邀请文化名家34人；销售各类出版物50多万册、1050万元；客流量达到35万人次。

【非物质文化遗产】 3月14日，市政府公布确定石家庄市第七批市级非物质文化遗产名录项目53项。全年6个县域和乡镇成功申报河北省艺术之乡，6名省级非物质文化遗产代表性传承人入选第五批国家级非物质文化遗产代表性传承人。促进文化遗产保护传承与利用，完成《石家庄市域历史文化遗存调查和保护规划》。

石家庄社火文化展演

表49

2018年石家庄市第七批市级非物质文化遗产名录

类别	序号	项目名称	申报地区或单位
民间文学（3项）	1	赵南星的传说	高邑县
	2	赵州梨的传说	赵县
	3	药王邳彤的传说	灵寿县
传统音乐（3项）	4	行唐迎驾鼓	行唐县
	5	赞皇旗鼓	赞皇县
	6	宋北战鼓	高新区

续表

类别	序号	项目名称	申报地区或单位
传统舞蹈（1项）	7	南峪太平车	井陉县
传统戏剧（5项）	8	晋剧（井陉矿区晋剧）	井陉矿区
	9	评剧（新派艺术）	市直
	10	石家庄丝弦（晋州赵兰庄丝弦）	晋州市
	11	秧歌戏（灵寿上邵村秧歌戏、赞皇龙门秧歌戏）	灵寿县、赞皇县
	12	坠子戏（无极北方坠剧、行唐西正坠子戏）	无极县、行唐县
传统体育、游艺与杂技（8项）	13	龙门武学	市直
	14	元村九莲洞擒法	井陉县
	15	白皮关王家枪	井陉县
	16	店上大青拳	长安区
	17	戳脚（井陉矿区戳脚）	井陉矿区
	18	自然派紫云剑	鹿泉区
	19	行唐苏氏二郎拳	行唐县
	20	赞皇少林拳捋手门	赞皇县
传统美术（2项）	21	传统木雕（井陉木雕、郭氏木雕）	井陉县、市直
	22	传统烙画（井陉矿区烙画、火针刺绣）	井陉矿区、桥西区
传统技艺（19项）	23	髹漆技艺	市直
	24	传统工艺剑锻制技艺	行唐县
	25	传统刺绣（徐氏刺绣、邢氏刺绣）	市直
	26	古籍修复技艺	市直
	27 28	毛绣布艺（布贴画、拼布技艺）	桥西区、桥西区、栾城区
	29	土布织造技艺	栾城区
	30	古建筑营造技艺	井陉矿区
	31	传统酿酒技艺（石家庄酒酿造技艺、藁城宫酒酿造技艺、赞皇枣酒酿制技艺）	市直、藁城区、赞皇县
	32	恒通香醋酿造技艺	晋州市

续表

类别	序号	项目名称	申报地区或单位
传统技艺（19项）	33	传统酥糖制作技艺	晋州市
	34	八宝酱牛肉制作技艺	井陉县
	35	传统蒸碗技艺（无极蒸碗制作技艺、赞皇十二碗烹调技艺）	无极县、赞皇县
	36	平山古月豆腐制作技艺	平山县
	37	传统糖瓜制作技艺（无极东阳糖瓜制作技艺）	无极县
	38	无极回民鸡制作技艺	无极县
	39	灵寿羊杂汤制作技艺	灵寿县
	40	行唐枣茶制作技艺	行唐县
	41	行唐老山沟腊肉制作技艺	行唐县
传统医药（6项）	42	殷氏妇科医术	赵县
	43	白氏内病外治疗法	赵县
	44	秘传脉理诊疗法	市直
	45	王氏针灸疗法	灵寿县
	46	积德堂正骨	新乐市
	47	中风推拿疗法	市直
民俗（6项）	48	将军令	鹿泉区
	49	火神祭祀（新乐火神祭祀、藁城火神庙祭典）	新乐市、藁城区
	50	小苍山传统庙会	井陉县
	51	核桃园扇令官	井陉县
	52	佛光山庙会	平山县
	53	栾城郭氏祭祖仪式	栾城区

【文化产业】 引导和扶持文化创意产业发展，制定出台《关于促进文化创意产业发展的意见》《加快推进科技服务与文化创意产业发展工作方案》《石家庄市文化创意产业园区认定管理办法（试行）》《石家庄市文化创意产业基地认定管理办法（试行）》。13件作品参加“2018河北省文化创意设计大赛”获奖，其中，《山字行器》《安居乐业》2件作品获得金奖（金奖共设2名），《叶罗丽影视作品》获得银奖，4件作品获得铜奖，6件作品获得优秀奖。“百年巧匠可视匠人工坊”“智行创意公社”等4个平台入选河北十大文化产业优秀创业平台，“元宵牌工艺纸雕宫灯”“艺朵茶器”入选河北十大文化产业优质产品品牌。组织文化产业重点企业

和优质项目参加第十四届深圳文博会、首届东北亚文化艺术博览会、中国·石家庄第十三届国际投资洽谈会，中国·石家庄国际动漫博览交易会等大型展会，促进文化贸易发展。

【2018 中国·石家庄第十三届国际动漫博览交易会】 9 月 30 日至 10 月 4 日，由省委宣传部指导，市动漫产业发展领导小组主办，河北天明传媒有限公司承办的 2018 中国·石家庄第十三届国际动漫博览交易会在石家庄解放广场举行。主题为“动漫链接生活，城市链接国际”。主展馆设在解放广场，分会场设在新华区、海悦天地、小鲸鱼海悦儿童剧场。来自美国、日本、芬兰、英国等国家和国内 70 余家企业参展，现场零售交易额近 1000 万元。参观总人数 23 万人次。动漫博览会期间，组织举办有开幕启动秀、展览、动漫竞技比赛及颁奖、原创 IP 推介会及项目签约仪式、动漫产业融合发展高峰论坛等活动，包括《变形金刚》《海底小纵队》《小马宝莉》等世界级动漫 IP 联展、动漫儿童剧展演、全国肖像动漫大师作品展、《战马》艺术展、《王者荣耀》《炉石传说》《非人学园》《荒野行动》等城市挑战赛。签约项目 5 个，推介项目 4 个，项目签约及推介总金额 5300 万元。其中，北京文脉互动科技有限公司与河北向日葵网络科技有限公司签约《魔域》页游、美术外包项目，签约金额 1200 万元；苏州灵趣信息科技有限公司与河北索拓网络科技有限公司签约网络游戏《小姬无双（暂定名）》独家代理项目，签约金额 500 万元；河北精英动漫文化传播股份有限公司与河北北舟文化传媒有限公司签约《叶罗丽》第 5、6 季动画图书改编项目；北京育学园教育科技有限公司与石家庄梦幻堂文化传媒有限公司签约《育学园》婴幼儿游戏动画、美术动画外包项目；君乐宝乳业与河北小福文化有限公司签约国漫 + 国饮“君小萌”新品上市发布项目。

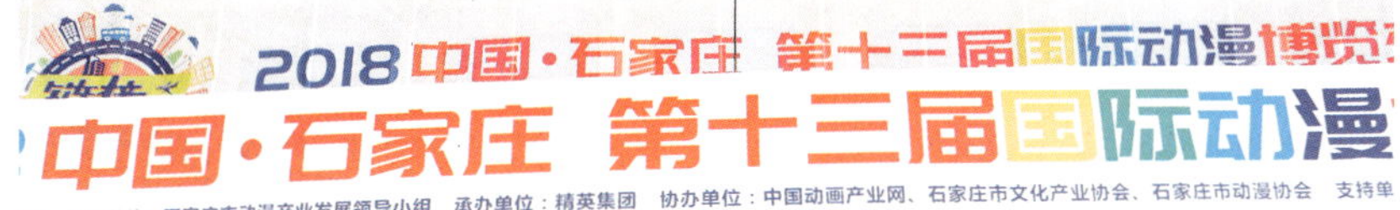

9 月 30 日至 10 月 4 日，2018 中国石家庄第十三届动漫博览会在市区解放广场举行

【文化市场管理】 加强文化市场管理，制定出台《文化市场综合执法改单实施方案》。健全文化市场管理体系，完善文化市场监管机制体制，出台《关于创新农村文化市场监管网络机制的实施意见》，打通“农村文化市场监管最后一公里”，实现文化市场监管全覆盖。查处文化市场违法违规行为，促进文化市场健康有序发展。全年组织开展较大型专项行动 12 次，出动执法人员 1 万余人次，检查各类文化经营场所 5000 余家次，办理各类案件 40 余件。开展虚假违法广告专项整治和违规频率频道治理，落实安全播出督导检查制度，确保万无一失。加强文化场馆、娱乐场所、文物保护单位等安全管理，全年未发生重大等级事故。

【市图书馆】 市图书馆成立于 1958 年，建筑面积 16170 平方米，拥有各种座席 1008 个。2016 年馆舍实施整体改造提升，办馆条件和阅览环境得到改善。至 2018 年末，市图书馆共有 12 个部门、15 个对外服务窗口，在编职工 62 人。馆藏普通图书 135 万册，古籍 161800 册，馆藏期刊 1500 种，报纸 200 余种，电子文献 3500 余种。线装古籍藏量大、价值高，其中，34 种 640 册列入《中国古籍善本目录》，600 种近万册列入《河北省古籍善本书目》，孤本《周易传羲大全》《湟中牍》为全国独家收藏。2010 年市图书馆被国务院公布为“全国古籍重点保护单位”，2014 年被文化部授予“全国古籍保护工作先进单位”，2017 年被文化部评为“国家一级图书馆”。市图书馆坚持公益性、基本性、均等性、便利性办馆方针，秉承“平等、无偿、开放、普惠”办馆理念，两次被中国图书馆学会授予“全国全民阅读优秀组织奖”，2017年被中国图书馆学会授予“全国全民阅读示范基地”称号。推进数字化、智能化建设，建立数字图书馆、手机移动图书馆、微信公众服务平台，大数据服务平台率先在全省引进集朗读练习、录制、演讲训练、阅读为一体的物联网设备——朗读亭，构建起比较完善的数字化硬件平台、资源平台和服务平台。2014年市图书馆建立24小时自助图书馆服务大厅，实现全年365天“全天候”为读者提供借书、还书、阅览、无线上网等服务。推进总分馆制建设，建成18个县（市、区）分馆，实现通借通还和资源共享，基本形成以市图书馆为总馆，以县（市、区）图书馆为分馆覆盖全市的网络化服务体系。建立信用智能借阅平台，开辟信用借阅新模式，试点建成8个地铁图书馆。4月23日，石家庄地铁留村站、谈固站、北宋站、北国商城站、新百广场站、西王站、石家庄火车站、二中站8个地铁图书馆向读者开放。地铁图书馆采用数字图书馆方式建设，总投资50万元。其中，电子图书期刊借阅机内设有电子图书12类3000种、期刊100种，电子图书每月更新300种，期刊自动更新；报纸期刊阅读机涵盖国家级、省级和市级常用报纸60种。市民可通过扫描二维码、绑定读者证方式借阅，也可将图书和期刊下载至手机或平板电脑上阅读，信用借阅规则为3本30天。加快正定新区市图书馆新馆建设，至2018年底，正定新区市图书馆新馆工程主体封顶；总投资5亿元，总建筑面积5.5万平方米，位于正定新区起步区核心区，隆兴路以南，大临济街以西区域，总占地面积2.4公顷。

【市博物馆】 市博物馆位于石家庄市区建设北大街11号，占地5860平方米，总建筑面积6292平方米，总投资408万元，1991年11月12日石家庄解放44周年纪念日开馆。市博物馆整体建筑分为三层，内设7个展厅。一层为办公区、文物保管区和《农耕与民俗展》展馆，二、三层共有6个展厅，展厅面积2890平方米。其中，二层设有《文物数字展》、《毗卢寺壁画摹本展》、少儿陪伴成长大讲堂和201临展展厅；三层为常设展览《石家庄历史文化陈列》《石家庄历史发展成就展》。位于一层《农耕与民俗展》于2018年5月正式投入使用，展馆面积700平方米，以农耕器用及文化生活为主轴，通过民居及屋内各种实景造型建筑以及农耕场景等各种实景设置，为大众还原曾经的石家庄乡村民俗风貌，展品数量300多件。位于二层《文物数字展》依托馆藏文物精品，通过三维立体方式和全息投影，使观众在数字博物馆中随意游览、观赏和了解馆藏文物。《毗卢寺壁画摹本展》展出作品面积122平方米，属儒、释、道三教合流水陆画，包含500多身大小不同的神像人物。2018年10月，市博物馆将202展厅升级改造为“陪伴成长大课堂”，坚持内容性、互动性、开放性、公益性设计理念，举办亲子教育活动数十场。位于三层常设展览《石家庄历史文化陈列》，通过大量的文物、标本、图片配以准确的文字介绍，详细展示石家庄自有人类活动至清末民初30万年的悠久历史和灿烂文化以及重要历史名人和重大历史事件。2月27日至3月25日，《丝中之圣——缂丝作品艺术展》在市博物馆举行。至2018年底，市博物馆馆藏文物4353件。

【市群众艺术馆】 市群众艺术馆（简称市群艺馆）建于1947年12月，最初命名为市民众教育馆，后更名为市文化馆，1973年更名为市群众艺术

市群艺馆举办新年音乐会

馆。1993年8月与石家庄地区群艺馆合并。主要负责全市群众文化活动、群众文化培训、群众业余文艺创作、群众文艺理论研究和民间艺术挖掘整理等。市群艺馆总建筑面积9030平方米，分为地下一层，地上八层，设有多功能展厅、舞蹈排练厅、少儿活动厅、老年活动厅、音乐教室、演艺厅等13个业务活动厅（室）。市群艺馆内设办公室、财务部、宣教部、后勤管理部、演艺服务中心、文艺活动中心、群文培训中心、非遗保护中心、文艺创作中心、美术书法影像辅导中心和物业管理中心，在岗职工64人，其中，大专以上学历39人，中高级专业技术人员32人（正高级4人、副高级13人）；业务辐射石家庄市各县（市、区）文化馆、246个乡镇（街道）文化站、4400多个社区和村（居委会）文化活动场所。构建现代公共文化服务体系，搭建“群众文化活动引领示范、文化惠民免费开放服务、群众文化辅导培训、群众文艺精品创作、群众文化理论研究、非遗传承保护、文化产品宣传展示”7个平台。2018年市群艺馆举办各类群众文化活动演出、展览活动超过100余场（次），拓展免费开放服务项目12项，全馆专业技术人员平均授课3000余课时，直接培训受益群众超过5万人次。

【市美术馆】 市美术馆位于市区裕西公园内，2010年12月18日建成并向市民免费开放；占地面积14亩，总建筑面积1.2万平方米，主展区为上、下两层建筑，拥有10个200～600平方米现代化专业展厅，是石家庄市标志性文化设施。石家庄美术馆自建馆以业举办大型美术展览活动40余个，主要有“国家重大历史题材美术创作工程作品石家庄巡回展”“第四、五届全国青年美展石家庄巡展”“千里之行——全国九大美院毕业生作品联展”“青春万岁——新中国美术的青年时代中央美院美术馆馆藏专题展”“在时代的‘现场’——全国写生美术作品展巡展”“齐白石艺术大展”“历史的温度——中央美术学院与中国具象油画作品展”等。至2018年末，石家庄美术馆馆藏数量达到980件（套），包含黄胄、王雪涛、张文新、苏高礼等艺术名家作品。

（姜小青）

报业传媒

【概况】《石家庄日报》是中国共产党创刊最早的城市报纸之一，也是中共石家庄市委机关报。1947年11月12日，中国人民解放军攻克石门市后，中共晋察冀中央局决定，从晋察冀日报社和冀晋日报社抽调一批新闻干部、管理人员、电务人员、印刷工人到新解放的石门市创办城市报纸。1947年11月18日，《新石门日报》创刊出版，报头由从《晋察冀日报》抽调的洪群书写。1947年12月26日，石门市更名为石家庄市。1948年1月1日，《新石门日报》更名为《石家庄日报》，邓拓题写报名。1966年5月19日起，报头使用毛泽东主席字体拼凑而成，“石家庄”三字选自毛泽东给陈郁的信，“日报”二字从某省报报头复制而来。1984年10月1日，《石家庄日报》恢复邓拓题写报头。至2018年底，《石家庄日报》逐步形成自己的特色，成为集政策性、权威性、指导性、群众性、服务性于一体的综合性地方党报。2018年石家庄日报社（传媒集团）贯彻落实市委关于办好党报、加快报社（集团）事业产业改革发展的要求，深化机构改革，加强人才培养，实现新闻宣传、媒体融合、产业发展、项目建设等稳步发展。旗下《石家庄日报》《燕赵晚报》《燕赵老年报》《精品导报》4报发行总量达到20万份。3月20～23日，《石家庄日报》以党中央离开西柏坡前往北京筹建新中国“赶考”足迹为主线，推出“重走进京赶考路 续写时代新篇章”全媒体系列报道。1月1日至6月30日，《精品导报》休刊，7月1日起复刊。新闻通讯《“根”植北京 “花”开燕赵》《探索老工业基地转型发展新路》及新闻摄影《情依精准 爱洒山乡（系列报道）》等30件新闻作品获得省级以上奖项。报社（集团）“融媒体中心”建成，融媒体力量逐渐扩大。优化产业发展结构，深化体制机制改革，重设报社和集团内部机构。10月17日，《燕赵晚报》“扫马go”微信商城上线。2018年石家庄日报社（传媒集团）取得市级及以上奖励10余项，被市委、市政府评为创建全国文明城市工作先进单位；《石家庄日报》被中国报业协会印刷工作委员会评为精品级报纸；石家庄新闻网制作的《滹沱夜话》专题被省委网信办评为“河北省互联网传播精品项目”。

【宣传报道】 推出学习习近平新时代中国特色社会主义、十九大精神在石家庄、十九大精神在基层3个专栏，刊发相关稿件100余篇。全方位多角度展示市委、市政府带领全市人民推动各项工作的新思路、新举措、新进展和新成效，推出“大力推进双创双服 全力加快4+4产业发展”“纠正‘四风’进行时”“双问计 促发展”等31个专栏，刊发社论和评论员文章240余篇，采编重点报道1000余篇。精心策划“庆祝改革开放40周年”大型报道，全面展示改革开放40年来石家庄市在经济、社会、文化、生态各方面取得的辉煌成就，讴歌党的改革开放政策，增强加大改革开放的决心和信心。学习宣传优秀党员干部，推出“两学一做”专题教育相关报道40余篇。按月制定创城报道计划，推出“全国文明城市创建提质运动”“建设文明石家庄 做文明石家庄人”“新时代 好少年”等10个专栏，刊发各类报道、公益广告1000余篇；开展文明餐桌活动，宣传推广“光盘行动”等经验做法。关注民生热点话题，推出孝心歌曲、井陉垃圾山、供暖热线等系列报道，受到读者好评。发挥城市文明水平监督和促进作用，环境热点监督类报道引发社会广泛关注。加强对外宣传，全年在《人民日报》等中央媒体发稿583篇，其中，新华社发稿346篇，《人民日报》《光明日报》《经济日报》发稿237篇。《找准定位 接续奋斗》《河北正定旅游火 千年古郡人气旺》《喜见“老树”发“新枝”》等稿件分别在《人民日报》《光明日报》《经济日报》头版头条刊发。人民网、新华网、新浪网、光明网等全国10家重点新闻网站转载石家庄日报社新闻7800余条。开展道德模范、身边好人等先进典型宣传活动，采用系列报道形式深入宣传张兰锁、郄志江、高惠英等道德模范人物先进事迹，传播社会正能量。主动投身公益事业，搭建公益和慈善平台，成功举办“春联大派送”“亲邻行动”“2+X”送暖快车、小记者培训班、石家庄敬老节、“鲜花送雷锋 善美在省城”等活动。

【媒体融合】 建成报社（集团）“融媒体中心”，初步具备运营条件。2018年报社（集团）共有官方微博4个、微信公众号26个、手机客户端3个，拥有各类粉丝760多万人，石家庄新闻网日点击量达到10余万人次。创新宣传方式，有效发挥石家庄新闻网、官方微博、微信、掌中石家庄、ZAKER石家庄等新媒体作用，采用H5、电子报、电子号外、直播等形式，围绕网民关注的热点内容，有针对性地推送实时消息，至2018年底，石家庄新闻网“头条号”粉丝突破6万人。4月26日，“石家庄热线96399”微信公众号上线，可一键拨打热线电话，查询《石家庄日报》《燕赵晚报》《燕赵老年报》电子版，包括热线原声、热线回音、交通、水电、城管、教育等石家庄市及全省各种信息。10月16日，《燕赵晚报》微商城上线。“ZAKER石家庄”运行良好，影响力与日俱增，全年直播64场（次），参加人数414.47万人，场均人次64762人，其中5万人以上场次11场。2018年9月，报社（集团）引进和建立中国工程院院士倪光南院士工作站，专门从事大数据、媒体融合、信息技术研发，到2018年末，与倪光南院士签订合作协议5年，获得省委组织部、省科技厅、省科协批准并颁发院士工作站牌匾。

【经营管理】 面对严峻的经营形势，报社（集团）实施和推进经营改革，多措并举优化产业结构。改革广告经营机制，争抢市场广告份额，巩固传统创收。发展文化创意产业。按照市委“4+4”现代产业发展部署和要求，谋划实施正定新区文创大厦、开发区文产大厦、河北文化创意产业园（元氏印刷产业园）等文化产业项目，正定新区文创大厦、高新区文化产业大厦、印刷产业园3个项目均列入《石家庄市文化建设“三年行动计划”（2018～2020年）》。开展多元经营。拓展文化活动、文旅娱乐、节庆会展等服务市场，加快提升政务服务、政府购买服务、项目创收等版外创收能力，探索为职能部门提供新闻顾问、会议承办等业务。“ZAKER石家庄”与各行业部室合作开展直播活动，形成新的创收增长点。梳理整合控（参）股公司。加强旗下控（参）股公司监管，整合业务相同、经营范围相近公司业务，注销多年经营不善、无力扭亏公司设置。按照市委深化改革领导小组会议要求，推动内部机制改革。开展“双问计”活动，组织管理层集体到杭报集团、河北诚信集团、北人集团等单位调研，学习现代企业制度和法人治理结构及现代企业管理思想和考核设置规则。出台《石家庄报业传媒集团子公司管理制度（试行）》《石家庄日报社采编经营“两分开”制度》《石家庄日报社（传媒集团）干部选拔任用工作实施管理办法》《石家庄日报社（传媒集团）机构编制管理暂行办法》等管理制度，初步拟定报业传媒集团组织架构、法人治理结构，报送市委宣传部审批。贯彻落实河北省新制定的国有文化企业考核评价办法，全面完善报社（集团）评价体系和内部管理。

石家庄日报社（传媒集团）

社长、总编辑：范文龙

副总编辑：王海刚　李永林

　　魏宪亮

副 社 长：张振江

石家庄报业传媒集团董事长：

　　范文龙（兼）

石家庄报业传媒集团副总经理：

　　常剑波　谷志伟

（陈南南）

广播影视

【概况】 2018年，石家庄广播电视台共有新闻综合、娱乐、生活、都市4个电视频道及新闻、经济、音乐、农村、交通5个广播频率，旗下建有新媒体中心、《声屏之友》报、地铁电视等12家子媒体。电视频道、广播频率、新媒体中心广告经营占全台总收入90%以上。2018年石家庄广播电视台实现收入10123.62万元，较2017年大幅减少。石家庄广电传媒集团有限公司是石家庄广播电视台出资成立的台属、台控、台管的独资企业集团公司，下辖10个全资子公司和11个控参股公司，从事节目制作、广告经营、活动营销、产业拓展等业务。2018年石家庄广播电视台共有在职员工1075人，其中，正式员工243人，聘用员工179人，劳务派遣员工565人；正高职称23人，副高职称67人，中级职称161人，初级职称425人。加大设施投入，实施融媒体高清互动电视演播室改造，《石家庄新闻》《民生关注》等新闻栏目实现多媒体互动、多景区空间共享、多平台传输分发。新闻频率《行风热线》开办的县（市、区）局长访谈特别节目、新闻综合频道开办的《民生热点面对面——新年问政》引发社会各界广泛关注。全年在中国中央电视台、中央人民广播电台刊发稿件580条，在《新闻联播》《中国新闻》等重点栏目举办大型直播11场。6月18日，石家庄市首家以电影为主题的实体书店“书影印记”电影主题书店（IN BOOK TIME）在石家庄市区中华北大街与联盟路交口西南角荣鼎天下商场中都影城开业。2018年石家庄广播电视台广播收听位居全国省会台第6名，电视收视位居全国省会台第9名；纪录片《血铸河山》《石家庄印记》《公木与军歌》等82篇（次）广播电视作品获得国家级、省级大奖，《“地铁来了”大型全媒体直播》《共享单车不能野蛮生长》等新闻作品获得河北省新闻奖。

【经营管理】 全年石家庄广播电视台受整体经济下行和媒体传播格局变化影响，广告创收难度增大，市场竞争变得更加激烈。至2018年末，石家庄广播电视台实现广告收入10123.62万元。广播广告大盘稳定。创新广播经营创收新方式新方法，在房地产政策集中出台、广告严管的特殊环境下，创收总额近8000万元，特别是交通、音乐频率业务任务完成良好。借鉴频道制积累经验，探索电视分频经营。新闻综合频道举办“工业铸魂”盛典和年度十大经济人物评选活动，新闻频率举行“4+4产业高峰论坛”、“金博会”，娱乐频道举办少儿春晚和才艺大赛、农村频率举办中老年健康养生类活动，播出层次和规模提升，实现了较好的社会效益和经济效益。制定出台《广播广告经营管理办法》《广告招标管理细则》等经营管理制度，规范经营创收。物业公司房屋租赁团队解决多年遗留问题，年不动产收入达到900万元。梳理规范台集团所属33家公司，挖掘新的经济增长点；控股母婴派项目持续成长，年营业收入880万元。压减物业运行成本，年节省成本44万元，技术、综合管理服务等成本均有不同程度下降。

【新媒体融合】 投入1000余万元，率先在全省成立新媒体中心。2016年融媒体中心加入由市委宣传部组建成立的“石家庄市全媒体运营指挥中心”，成为该中心运营主体，初步建成功能较为全面的“中央厨房”。新媒体中心定位为新闻宣传序列单位，承担市委宣传部、市委网信办交办新闻报道任务。按照新闻频道（率）级别管理新媒体中心，采取新闻宣传和产业经营相对分开，实行“事企并行”管理模式。新媒体中心负责采编业务和技术业务，承担台属网络媒体运维、全媒体报道协调、党政新媒体项目内容运维等职能；河北掌易公司负责市场运营业务，承担党政商企新媒体项目洽谈、商企新媒体项目运维及活动策划实施，接受广播电台和集团公司领导和监管，财务工作由台财务管理部代管。提升电视和新媒体节目质量和传播效果，启动“融媒体新闻高清互动演播室”建设项目，从技术和硬件上推动传统媒体与新媒体高质量融合，实现多媒体互动、多景区空间共享、多平台传输分发。依托新媒体平台和全媒体指挥协调机制，实现广播、电视、新媒体资源共享，体现融合创新特点，形成强大的宣传报道声势，凸显报道中央、省、市重要会议及重大活动主流舆论引导作用，确保主流信息传播及时、准确、广泛。2018年石家庄市全媒体直播超过100场，无人机、多信道直播平台、VR等先进技术成为全方位多角度报道和全媒体直播亮点。

【历史纪录片《中山国》】 11月23日，历史纪录片《中山国》在深圳市举行的第24届中国纪录片学术盛典大会上获得系列片十佳作品、最佳撰稿2个奖项。历史纪录片《中山国》是经河北省委宣传部批准立项并确定为省重点文艺项目，由省委宣传部、省中山国文化研究会、河北广播电视台、省文物局，市委宣传部、石家庄广播电视台，平山县委、县政府联合摄制。该纪录片以《鲜虞中山国史》《中山王厝墓》《战国灵寿城》为基础，历经3年时间创作完成。共6集，分别为《发现》《崛起》《繁盛》《拐点》《悲歌》《流韵》，每集时长50分钟。总编导张军锋。2018年9月、11月，纪录片《中山国》两次在中央电视台纪录频道播出。

石家庄广播电视台

台　长：王勋涛

副台长：商业南（兼总编辑）

（石家庄广播电视台）

文　物

【概况】 2018年，全市围绕文物发掘和保护，组织开展正定古城保护、行唐故郡遗址考古、西三庄唐墓考古等文物保护工作。重视地域历史文化、文物遗迹和传承，编制《石家庄市域历史文化遗存调查和保护规划》。组建成立中山国文化保护开发工作领导小组，召开中山国文化发展定位研讨会，从历史研究、古代建筑、文化艺术、考古发掘、文物保护和开发利用等角度研究探讨中山国文化，彰献石家庄地域历史和文化遗存。编制申报封崇寺天王殿保护修缮工程、井陉煤矿老井井架保护修缮工程、土门关修缮工程、中央人民广播电台旧址保护及展示工程、大观圣作之碑安防工程、幽居寺塔安防工程、福庆寺安防工程等文物保护工程设计方案、立项完毕。正定县8处国家级保护文物安防系统联网工程、无极县甄氏墓群（东南流村）安防工程建设完工。古籍保护取得突破性进展，清代以前和民国时期文献普查任务完成，《石家庄市图书馆古籍普查登记目录》由国家图书馆出版社出版发行。12处文物古迹入选河北省第六批省级文物保护单位。其中，古遗址5处，分别为东苏阳遗址、故郡遗址、畦家营遗址、西韩台遗址、王母阁遗址与王母墓地；古建筑3处，分别为元氏县北正乡南正村的风铃阁、深泽县赵八村的永济桥、正定县崇因寺藏经楼；近现代重要史迹及代表性建筑4处，分别为井陉县乏驴岭铁桥、井陉县日伪驻军旧址、平山县侵华日军堡垒群、华北大学旧址（正定县城）。

【正定古城保护】 正定古城文物保护累计获得国家文物局拨付专项资金3.1亿元、省级财政拨付资金250万元、市级财政拨付资金108万元。正定古城保护取得较大进展，历史风貌得以展现。至2018年底，正定古城9项文物本体保护项目获得国家文物局批准立项，13项文物三防工程获得国家文物局、省文物局批准。隆兴寺方丈院保护维修展示、隆兴寺天王殿修缮、隆兴寺毗卢殿现状整修、隆兴寺壁画保护、正定文庙大成殿保护维修、正定城墙修缮6项文物本体保护工程和隆兴寺防雷工程、府文庙防雷工程、县文庙防雷工程、广惠寺防雷工程、临济寺防雷工程5项防雷工程项目及隆兴寺文物保护、隆兴寺摩尼殿修缮、隆兴寺石质文物保护、隆兴寺三通御碑本体保护与碑亭建设、凌霄塔修缮等文物保护工程完工。正定博物馆项目、正定东城门（4号山）遗址项目、正定城隍庙复建项目和正定府文庙环境整治项目正在建设。

【行唐故郡遗址考古】 行唐故郡遗址位于行唐县南桥镇故郡村北，地处太行山东麓山前地带，东依大沙河，南距行唐县城10千米，探明遗址中心区域面积超50万平方米，年代为新石器至隋唐时期。行唐故郡遗址入围全国十大考古新发现。1月24日，由国家文物局主办的2017年度全国十大考古新发现评选初评活动启动，石家庄市行唐故郡遗址、正定开元寺南广场遗址2个考古项目入围初评。2月26日，根据投票结果，石家庄市行唐故郡遗址入围2017年度全国十大考古新发现评选终评项目。2015～2018年，省文物研究所、中国社会科学院考古研究所、市文物研究所和行唐县文物保护所联合开展故郡遗址考古调查、勘探和发掘。探明遗址中心区域面积超50万平方米，方圆2千米内有6处新石器及战国至隋唐时代的城址、墓葬、遗址；累计发掘1.1万平方米，清理东周墓葬37座、车马坑7座、水井49眼、灰坑520座、窑2座、灶2座、灰沟2条，出土铜、金、玉、陶、蚌、骨角器上千件（组）。2017年行唐故郡遗址大型殉葬坑2号车马坑发现5辆首尾相接、自东向西排列的马车。2018年发掘清理对象为最东端的5号车，即头车。经测量，初步确认5号车2个车轮直径140厘米，每个车轮拥有辐条38根，车厢横宽142.5厘米，纵长106厘米，车厢残高50余厘米，车厢底部一根横向车轴残长280厘米。2018年12月底，河北行唐故郡遗址2015～2018年考古工作验收暨2号车马坑保护专家咨询会在行唐县举行。来自北京大学、中国社会科学院考古研究所、中国人民大学、复旦大学、山西大学、山西省考古研究所、中国文化遗产研究院、河南省文物考古研究院、陕西省考古研究院等单位20多位专家参加由省文物局组织的专家验收和咨询会。与会专家一致肯定2015～2018年行唐故郡遗址的考古发掘工作，通过田野考古工作验收。专家认为，故郡遗址与中山国密切相关，属中山国前期历史时期；故郡遗址考古发现与研究，弥补了春秋战国史的缺项，为研究戎狄等北方族群的华夏化进程与中华民族多元一体格局的形成，提供了珍贵的实物资料。

【西三庄唐墓考古】 5月14日至9月21日，市文物保护研究所组织专业力量对西三庄唐墓实施抢救性考古发掘。西三庄唐墓位于石家庄市新华区蓝翼路与西北二环交叉口。墓葬由墓道、前庭、甬道、主墓室、后室、东耳室、西耳室构成，仿木砖雕彩绘结构。墓葬因盗扰严重，出土随葬品较少且大多出土于扰土之内。出土遗物有：陶器，瓷器，铜器，铁器，石质文物，其中包括陶罐、瓷碗、铜镜、铜扣、铜泡钉、钱币、铜刀、铁锁、铁门钉及墓志，石质构件等100余件。由墓志志文可知，该墓为夫妻合葬墓，墓主人为唐德州刺史兼御史大夫王士良及其夫人。该墓早年破坏严重，但规模庞大，装饰精美，纪年明确，是石家庄市域内发现规模最大的唐代墓葬，为石家庄市唐墓断代研究提供了考古资料。

【文物虚拟数字展厅】 至2018年底，市博物馆建设文物虚拟数字展厅基本完成。文物虚拟数字展厅从馆藏一级、二级、三级文物中精选50件（套），采用全息设备以数字形式展示。全部展出设备42台，包括2块超大型LED展示屏、2台超大型全息展览设备、12台中型全息展览设备、26台小型全息展览设备及其他设备。超大型LED展示屏用于展示大尺寸书画类文物，超大型、中型、小型全息展览设备依据文物尺寸不同，主要展示陶瓷、铜器、玉器等。

【井陉煤矿工业遗产建筑群入选《第二批国家工业遗产拟认定名单》】 11月15日，工业和信息化部公布《第二批国家工业遗产拟认定名单》，石家庄市井陉煤矿工业遗产建筑群入选。井陉煤矿位于井陉矿区，历史上曾是全国十大煤矿之一。1908年，中德合办井陉煤矿合同获得清政府批准，定名为“井陉矿务局”，名称一直沿用到2008年。2013年，国务院批准井陉煤矿建筑群及段家楼为第七批全国重点文物保护单位，其中矿业遗迹列为二级保护文物。井陉煤矿工业遗产建筑群包括井陉煤矿总办大楼、老井井架、皇冠塔、正丰矿1号井、汽绞车房、电绞车房、正丰矿仓库、电厂机组车间、正丰矿大烟囱、凤山车站、小姐楼及附属建筑、总经理办公大楼及附属建筑、地道及北斜井巷道。

（姜小青）

西柏坡纪念馆

【概况】西柏坡位于石家庄市平山县中部，距离石家庄市主城区 80 千米，总面积 16440 平方米，是中国解放战争时期中央工委、中共中央和解放军总部所在地。1947 年 5 月，刘少奇、朱德率中央工委进驻西柏坡。1948 年 5 月，毛泽东、周恩来、任弼时率中央前委和解放军总部到达西柏坡与中央工委汇合。在西柏坡，毛泽东等中国老一辈领导人组织召开了全国土地会议，通过《中国土地法大纲》，以实现耕者有其田；指挥辽沈、淮海、平津三大战役，决定了中国命运；召开中国共产党七届二中全会，描绘出新中国宏伟蓝图。1949 年 3 月 23 日，中共中央和解放军总部离开西柏坡，前往北京建国。后人称“新中国从这里走来”，即由此而起。

1955 年，河北省博物馆联合建屏县政府（1958 年建屏县并入平山县）建立西柏坡纪念馆筹备处。1982 年 3 月 11 日，国务院公布西柏坡中共中央旧址为全国重点文物保护单位。1987 年 5 月 1 日，建立文物保护区碑 1 座，划定文物保护区 39.18 万平方米、自然保护区 133.32 万平方米。1976 年 10 月，西柏坡陈列展览馆开工。1978 年 5 月 26 日，在纪念中共中央和解放军总部移驻西柏坡 30 周年时，西柏坡陈列展览馆与中共中央旧址同时对外开放。主题陈列“新中国从这里走来”于 1993 年、1996 年、1998 年、2003 年、2009 年修改完善，获评“1998 年度全国十大精品陈列”“第六届全国十大陈列展览特别奖”（2003 ～ 2004 年）。

2018 年 10 月 15 日，西柏坡纪念馆新游客中心启用

1992 年起，西柏坡纪念馆先后修建西柏坡石刻园（2011 年扩建改名西柏坡丰碑林）、西柏坡雕塑园、五大书记铜铸像、西柏坡纪念碑、周恩来评语碑、西柏坡国家安全教育馆、西柏坡文物保护碑、西柏坡青少年文明园、西柏坡廉政教育馆等革命传统教育系列工程，丰富了西柏坡纪念馆教育内容。

西柏坡纪念馆建馆以来，党和国家领导人江泽民、胡锦涛、习近平等先后到西柏坡参观学习。江泽民题词：“牢记两个务必，建设有中国特色的社会主义”。胡锦涛发表重要讲话：要求全党同志继承和发扬西柏坡时期毛泽东提出的“两个务必”精神。习近平指出：毛泽东同志当年提出的“两个务必”，包含着对我国几千年历史治乱规律的深刻借鉴，包含着对我们党艰苦卓绝奋斗历程的深刻总结，包含着对胜利了的政党永葆先进性和纯洁性、对即将诞生的人民政权实现长治久安的深刻忧思，思想意义和历史意义十分深远。4 月 19 日，中央统战部组织各民主党派中央负责人和无党派人士代表赴西柏坡、李家庄参观学习并举行座谈会，纪念中共中央发布“五一口号”70 周年。

1995 年，西柏坡纪念馆被国家文物局评为“全国优秀社会教育基地”；1996 年，被国家教委、民政部、文化部、文物局、共青团中央和解放军总政治部联合公布为“百个全国中小学爱国主义教育基地”；1997年，被中共中央宣传部命名为“全国百个爱国主义教育示范基地”；2002年10月，被全国精神文明建设指导委员会评为“全国精神文明建设工作先进单位”；2002年11月，被国家旅游局评为4A级旅游景区；2008年5月，被国家文物局命名为首批“国家一级博物馆”；2009年12月，被解放军总部命名为“国防教育示范基地”；2010年5月，被中央纪委监察部命名为首批“全国廉政教育基地”；2011年，被国家旅游局评为5A级旅游景区；2012年9月，被中共中央宣传部、国家文化部、国家广电总局、国家新闻出版总署评为“全国文化体制改革先进单位”。

2018年，西柏坡纪念馆（简称西柏坡）接待社会各界游客570多万人次，接待省部级以上领导200余人次。利用红色教育资源，开办集讲课、拓展、实践为一体自主干部党性教育课堂，全年培训来自全国各地党员干部400余批、3万余人次。打造中小学生研学旅行目的地，被国家旅游局和教育部确定为全国首批20家旅游研学基地。与河北师范大学、省委党校联合承办国家社科基金重大招标项目——《西柏坡时期中国共产党历史文献整理与研究》取得阶段性成果，出版《七届二中全会实录》《西柏坡口述历史》《西柏坡文物故事》等专著6部，共计150余万字。组织召开“5·26”从红船精神到西柏坡精神高层论坛，拍摄《新中国从这里走来》大型文献纪录片在中央电视台国际频道“国家记忆”栏目播出。开展西柏坡文物征集抢救，征集有关西柏坡历史图片500余张、革命文物资料300余件、书画作品400多幅。净化馆区参观环境，将停车、流动商贩、纪念品销售点整体搬迁至馆区外综合停车场。以西柏坡纪念馆为主导，组建成立社会导游公司，实行公司化管理，有效解决黑导游、野导游扰乱旅游市场问题。2018年西柏坡纪念馆获得河北省“寻找最美”导游大赛总冠军和石家庄市“感动省城十大人物”集体，选派讲解员参加中央宣传部主办的全国讲解员红色故事大赛获得“十大金牌讲解员”荣誉。

【学习考察活动】 全年接待省部级以上学习考察领导200余人次。国家级领导学习考察。3月28日，全国关工委系统“传承红色基因争做时代新人”主题教育活动启动仪式在西柏坡举行。十届全国人大常委会副委员长、中国关工委主任顾秀莲出席启动仪式并讲话。4月24日，全国政协副主席、民革中央常务副主席郑建邦，全国政协常委兼副秘书长、民革中央副主席兼秘书长李惠东，民革中央原副主席何丕洁率领民革中央机关工作人员到河北省平山县参加义务植树活动，并到西柏坡参观学习。5月7日，中央政治局委员、全国人大常委会副委员长王晨到西柏坡学习考察。河北省委书记、省人大常委会主任王东峰，省人大常委会党组书记、常务副主任范照兵等陪同参观和学习。7月18日，全国政协副主席王正伟到西柏坡参观学习。河北省政协副主席曹素华、石家庄市政协主席、党组书记刘明轩陪同参观和学习。10月16日，全国政协副主席杨传堂率领香港地区全国政协委员考察团到西柏坡参观学习，河北省委副书记、省长许勤，省委常委、市委书记邢国辉陪同参观和学习。省级领导学习考察。3月25日，河北省委宣传部理论学习中心组到西柏坡中央宣传部旧址集体学习。3月25日，河北省政协主席、党组书记叶冬松，河北省政协秘书长陈书增等到西柏坡学习考察。4月29日，河北省委书记王东峰，省委副书记、省长许勤，省政协主席叶冬松，省委副书记赵一德等领导及省各民主党派负责人和无党派人士代表赴西柏坡开展纪念中共中央发布“五一口号”70周年主题活动。军队领导学习考察。7月23日，中部战区空军副政委郭相杰中将到西柏坡参观学习，回顾党带领人民进行伟大革命斗争的光辉历史。外地党政领导学习考察。11月16日，天津市委书记李鸿忠，市委副书记、市长张国清，市人大常委会主任段春华，市政协主席盛茂林，市委副书记阴和俊率领天津市党政代表团到西柏坡纪念馆学习考察。省委书记、省人大常委会主任王东峰，省委副书记、省长许勤，省政协主席叶冬松，省委副书记赵一德等出席活动。天津市党政代表团在西柏坡五位书记广场举行敬献花篮仪式，参观西柏坡纪念馆、西柏坡中共中央旧址，回顾老一辈革命家在西柏坡创下的丰功伟绩。

【展馆设施建设】 10月15日，西柏坡新游客中心落成并正式启用。新游客中心位于西柏坡景区入口处，总建筑面积3499.12平方米，是第三届石家庄市旅游产业发展大会的重点建设项目。拓展教育与服务功能，第二次大型改造和完善国家安全教育馆，更完整地为游客展现地下党情报战线的卓越贡献。完善中央部委旧址群，整体维修中央宣传部旧址，展览整体提升方案和报批手续完毕，提升印刷、密码发电、播音等观众体验项目实际效果，增强观众参与性。新建教育基地3个。其中，5月7日，西柏坡纪念馆入选第一批“全国关心下一代党史国史教育基地”；5月14日，入选北京中小学生社会大课堂河北资源单位；8月30日，中国人民公安大学学校西柏坡培训基地在西柏坡纪念馆挂牌。探索馆企合作新模式，以市场化运作方式引入河北幻科科技发展有限公司，投资建设新游客中心信息化系统、综合数据控制中心、户外信息发布系统、自动化办公系统及文物资料数据库系统等投用。搭建互联网平台，以“互联网+”为导向，开办纪念馆网站、微信公众号等传播平台，讲解中引入VR、App、二维码等新形式，满足游客体验需求。

【西柏坡精神研究】 与河北师范大学、省委党校联合承办国家社科基金重大招标项目——《西柏坡时期中国共产党历史文献整理与研究》取得阶段性成果，出版《七届二中全会实录》《西柏坡口述历史》《西柏坡文物故事》等专著6部，共计150余万字。与井冈山、瑞金、遵义、延安等革命圣地合作，成立全国红色旅游发展合作论坛，建立红色旅游跨区域联动机制，共同推进红色旅游发展。加强西柏坡文物管理和保护，征集有并西柏坡历史图片500余张、革命文物资料300余件、书画作品400多幅。11月8日，西柏坡纪念馆副馆长段彦峰应邀参加中国博物馆协会纪念馆专业委员会学术研讨会，并作“纪念馆是中国革命精神家园”主旨发言。

西柏坡历史研究

西柏坡纪念馆

党委书记：陈宗良（12月免）
　　　　　王红　（女，12月任）
馆　　长：王红　（女，12月免）
副 馆 长：段彦峰　张振国
　　　　　李春林（12月任）

（史进平　刘亚杰）

卫生·体育

Public Health & Sports

卫 生

【概况】2018年，全市共有各级各类医疗卫生机构（含诊所）7563个，其中，医院256个，疾病预防控制中心（防疫站）24个，妇幼保健院（所、站）25个，社区卫生服务中心（站）189个，门诊部154个，诊所（医务室）2631个，乡镇卫生院228个，村卫生室4002个，专业公共卫生机构87个，其他卫生机构16个；开放床位60665张，其中，医院48927张，乡镇卫生院8324张；在岗职工105210名，其中卫生技术人员82202人（执业医师37438人、注册护士32523人）。平均每千人口拥有卫生技术人员7.51人、医生3.42人、注册护士数2.97人。加强基本公共卫生服务，居民纸质健康档案建档率达到89%，电子健康档案建档率达到71.7%；村卫生室基本公共卫生补助经费全部落实到位。严格控制公立医院医疗费用增长，全年公立医院医疗费用同比下降1.43%，药品占比下降3.37%，栾城区、鹿泉区、新乐市、井陉县4个县（市、区）纳入全省县级公立医院综合改革示范创建县（市、区）；2018年县级公立医院门急诊人次同比增加33.67万人，出院患者增加9652人次。推进医联体建设，采取城市医疗集团、专科联盟、县域医共体、城乡1+1医联体4种模式，建成多种形式医联体84个。实施中医诊所备案制管理，全市备案中医诊所90家；组建家庭医生中医药签约服务团队201支，签约覆盖人口111.5万人；新乐市、藁城区、井陉县被省政府命名为河北省中医药强县。开展健康扶贫项目，聚焦大病集中救治、家庭医生签约服务、贫困人口县域住院“先诊疗后付费”“一站式”服务等重点任务。2018年全市大病集中救治4224人，救治率100%；慢病签约服务救治39259人，救治率100%；重病兜底保障救治395人，救治率100%。创建国家卫生城市，完成农村改厕23.42万座。新增医养结合机构44个，创建省级医养结合示范机构6个，2018年石家庄市被确定为首批国家医养结合试点市。建成母婴室335个，配置率86.34%。新生儿疾病免费筛查病种由3种增至5种，全年新生儿免费5病筛查3.81万例。免费婚检64599人，孕前优生健康检查目标人群覆盖率95.08%。按报告地统计，2018年全市报告艾滋病病毒感染者/病人592例，网络直报率100%，首次随访合格率100%；按照住址统计，2018年全市报告病例503例，死亡54例。结核病总体病原学阳性率为40.17%，首次突破40%目标要求。2018年石家庄市报告法定乙、丙类传染病27种，48720例，死亡42例，报告发病率450.17/10万，死亡率0.39/10万。手足口发病率实现报病以来下降83.0%，达到最低。流感报告发病人数5574例，同比增长46.72%。2018年全市报告新发布病病人136例，发病率1.25/10万，同比下降23.31%。2018年全市报告、审核死亡病例67875例，报告死亡率623.86/10万，同比增长24.39%。2018年石家庄21个县（市、区）全部开展碘缺乏病情监测，共监测居民户盐样6355份，碘盐覆盖率87.10%，合格碘盐食用率78.10%，均低于90%国家规定标准。2018年全市设置饮用水水质卫生监测点702个，采取饮用水水质监测样品1412份；卫生监测城区供水166处，水样332份，水质达标率84.4%，同比提升0.4个百分点。创建国家卫生城市，4月1日至7月15日，石家庄市开展创建国家卫生城市百日攻坚行动。全年完成农村厕所改造23.42万座，超额完成年度考核指标。推进医疗卫生项目建设，市中医院东院区、市第一医院中心院区门诊综合楼、市第四医院谈固新院区工程、河北中西医结合儿童医院等医疗卫生项目建设完工并投入使用。4 月 20 日，市职业病防治院新体检大厅建成启用。命名名医工作室 5 个。4 月 26 日，市总工会、市卫生计生委联合命名全市首届名医工作室 5 家。分别为：市第八医院杜义敏名医工作室、市第一医院乞国艳名医工作室、市中医院于慧卿名医工作室、市第二医院胡永权名医工作室、市第四医院杨玉秀名医工作室。落实卫生机构改革方案，将市卫生和计划生育委员会职责及市民政局的老龄事业管理职责，市安全生产监督管理局的职业安全健康监督管理职责等整合，组建市卫生健康委员会，加挂市爱国卫生运动委员会办公室牌子。12 月 26 日，市卫生健康委员会正式挂牌成立。

【医药卫生体制改革】 推进公立医院综合改革，探索现代医院管理制度，制定出台《石家庄市建立现代医院管理制度实施方案》，明确 20 项建设任务和责任目标，并选取市第二医院、栾城区医院试点。深化县级公立医院改革，栾城区、鹿泉区、新乐市、井陉县 4 个县（市、区）纳入全省县级公立医院综合改革示范创建单位。全年县级公立医院门急诊就诊较 2017 年增加 33.67 万人，出院患者增加 9652 人次。推进医联体建设，围绕城市医疗集团、专科联盟、县域医共体、城乡 1+1 医联体 4 种模式完成试点工作，全年建立多种形式医联体 84 个。11 月 13 日，河北医科大学附属第一医院与裕华区政府探索成立紧密型医联体；以河北医科大学附属第一医院为中心，连接裕华区基层医疗卫生机构，引导患者分层级就医，打造“小病在基层、大病到医院、康复回基层”医疗服务模式；2018 年河北医科大学附属第一医院与裕华区 9 家社区卫生服务中心、1 家卫生院组成理事会，开展分级诊疗、优质医疗资源共享运行机制。开展家庭医生签约服务，贯彻落实《关于推进家庭医生签约服务的指导意见》，转变医疗卫生服务模式，增强基层医疗卫生服务网络功能；以 65 岁以上特困、孤老、失能、空巢及老党员、老红军、老劳模 7 类老年人群为切入点，实行一对一签约、专人台账管理。巩固基本药物制度，公立医院药品采购全部实行“两票制”；联合市直九部门出台《石家庄市关于改革完善短缺药品供应保障机制的实施方案》等文件，有效保障短缺药品供应和临床使用。严控公立医院医疗费增长，2018 年全市医疗费用增长幅度同比下降 1.43%，药费占比下降 3.37%。

【公共卫生服务】 重视基本公共卫生服务，2018 年全市居民纸质健康档案建档率达到 89%，电子健康档案建档率达到 71.7%，村卫生室基本公共卫生补助经费全部落实到位。社区卫生服务。开展第二轮社区卫生服务机构星级评定完毕，全市 4 星级机构达到 60% 以上。创新实施社区卫生服务“三个 100 工程”：全市 65 所社区卫生服务机构建立“首席专家工作室”104 个，安排 17 所省、市级医院 138 名副高级以上医师担任社区首席专家；落实政府为民办实事，依托市第一医院、市第二医院，分期分批培养 100 名社区首席高血压医师、100 名社区首席糖尿病医师，让群众在家门口享受到大医院专家的优质服务。2018 年石家庄市培养社区首席医师做法被《中国健康报》《河北日报》等多家媒体宣传报道。至 2018 年底，全市社区卫生服务机构累计建立电子健康档案 138.31 万人，管理 65 岁以上老年人 10.53 万人，体检人数 12.10 万人。乡村卫生服务。以“群众满意的乡镇卫生院”“优质服务示范村卫生室”创建为抓手，新创建国家级“群众满意乡镇卫生院”20 个，打造“优质服务村卫生室”100 所。开展城乡医院对口帮扶活动，二级医院对口支援乡镇卫生院实现全覆盖。重视基层人才队伍建设，选派 60 名社区卫生骨干人员赴京津医院进修学习；全年完成全科医生转岗培训 365 人，培训基层医务人员 6500 余人次。加强慢性病防治，以长安区、桥西区为试点，开展高血压、糖尿病等慢性病药品免费发放试点；举办防治知识普及和健康生活方式促进活动，建立和完善慢性病防控体系；组建成立专业人员、健康指导员、教师 3 支队伍，完善慢性病监测、健康支持性环境、慢性病健康管理、慢性病知识宣传和健康教育 4 个平台，将慢性病防控工作网络延伸到全市城乡。2018 年长安区、桥西区、井陉矿区、鹿泉区获评国家级慢病综合防控示范区。推进精神卫生综合管理，石家庄市通过精神卫生综合管理试点工作国家级评估。严格职业健康监管，全年执法检查企业 440 家，查出隐患 1034 项，经济处罚 221.2 万元。加强医疗质量安全管理，启动急救站星级评定，评定五星急救站 4 个、四星急救站 8 个。探索实施医院检查检验结果互认，确定 8 家市属医疗机构、6 家县属医疗机构为第一批市级互认试点单位。改善群众就医服务，推行分时段预约诊疗，引导患者错峰就诊。深化京津冀医疗卫生协同发展，开展医疗合作项目50个，引进先进技术15项，京津专家服务石家庄市患者2.6万余人次。开展医疗航空救援演练，9月4日，市第一医院举行航空医疗救援演练，利用直升机将1例“主动脉夹层危重患者”转往北京救治。推进卫生健康信息化建设，印发《石家庄市“互联网＋医疗健康”便民惠民服务行动方案》，8家市级和10个县级公立医院率先在全省实现诊疗信息互通共享。搭建“智慧健康石家庄”平台，开通“智慧健康石家庄”微信公众号，整合市办8所医院就医号源，把“信息多跑路，病人少跑腿，看病少花钱，诊断省时间”落到实处。推进医养结合，新增医养结合机构44个，创建省级医养结合示范机构6个，石家庄市被确定为“首批国家医养结合试点市”。重视流动人口卫生健康服务，市卫生健康委获评全国流动人口动态监测工作国家级优秀集体，长安区被确定为全国第一批国家级流动人口基本公共卫生计生均等化服务示范区。改善农村卫生环境。农村改厕。2018年3月开始，全市统筹推进农村厕所改造工作。采取调查摸底、落实市级配套资金、开发农村厕所革命管理平台、确定改厕模式等顶层设计方式，完成改厕23.4万座，是河北省分配石家庄市任务的4.68倍，占全省2018年改厕总数1/4。农村改厕市财政补助标准为：平原县（市、区）每座户厕补助1100元，山区县（市、区）每座户厕补助1200元；采取先建后补、以奖代补方式，验收合格一个，奖补一个。至2018年底，正定县、井陉矿区、鹿泉区全域改厕任务完成。厕所改造后，基本实现“厕房密闭保温好，卫生不臭无蝇虫，粪池不渗无害化，粪渣定期有人清”目标。2018年栾城区南高乡、新乐市邯邰镇、正定县新安镇、高邑县万城镇4个乡镇获评“河北省卫生镇”。33个村获评“河北省卫生村”。其中，正定县21个村，分别为正定镇东门里村、正定镇太平庄村、正定镇生民街村、正定镇四合街村、正定镇西门里村、正定镇民主街村、正定镇大众街村、正定镇西南街村、正定镇西北街村、正定镇胜利街村、正定镇车站街村、南楼乡厢同村、南楼乡西宿村、曲阳桥乡西里寨村、曲阳桥乡西河村、北早现乡丰隆疃村、北早现乡上水屯村、西平乐乡西安丰村、西平乐乡大寨村、新安镇于家庄村、新安镇西慈亭村；高邑县3个村，分别为万城镇榆林村、万城镇谷兴庄村、富村镇南塔影村；平山县6个村，分别为西柏坡镇梁家沟村、西柏坡镇北庄村、平山镇西水碾村、温塘镇大米峪村、岗南镇李家庄村、大吾乡南荣村；元氏县1个村，即赵同乡方里村；深泽县2个村，分别为白庄乡枣营村、桥头乡北卓头村。

【中医药管理】 2012年国家中医药管理局确定石家庄市为“国家中医药综合改革试验区”。全面推进“国家中医药综合改革试验区”建设，2018年全市52个社区卫生服务中心、195个乡镇卫生院建成“国医堂”，113个社区卫生服务站设立“国医馆”，104所社区卫生服务中心和乡镇卫生院开展“国医堂”升级；建成中医药特色优势乡镇卫生院53所，创建中医药特色示范村卫生室1020个。至2018年末，全市96%乡镇卫生院、93%社区卫生服务站、85%村卫生室能够提供中医药服务，发展形成功能完善“一堂一馆”基层中医药综合服务模式。推进中医药服务体系建设，市第一医院、市第二医院开展“中西医结合临床协作试点”，中医药人员参与查房和疑难病症会诊；4所市级医院设置中医门诊、中药房、中医适宜技术治疗室；市中医院东院区投入使用，新增床位700张；6所市级医院获评“全国综合（专科）医院中医药工作示范单位”。元氏县、晋州市中医院迁建完毕并正式开诊，新乐市、藁城区、井陉县被省政府命名为“河北省中医药强县”。实施中医诊所备案制管理。简化中医诊所开设手续，全年备案中医诊所90家。出台扶持政策，全市中医医院住院起付标准比同级综合医院降低100元，报销比例提高3%。拓展中医药健康服务内涵，组建家庭医生中医药签约服务团队201支，签约覆盖人口111.5万人。重视中医药文化建设，开展为群众提供针灸、推拿、代茶饮、中医食疗、养生保健指导等个性化服务，普及中医养生方法。以岭健康城被确定为国家第一批健康旅游示范基地创建单位，神威药业率先在全省建成中医药文化馆。第三届中华医药国际文化节。4月20～21日，第三届中华医药国际文化节暨第三届中华名医·名药·名方·名科·名店·名院·名厂国际成果博览会在石家庄国源朗怡酒店举行；国医大师、中医学者等400余人参加大会；举行首届“中华国医名师”、第二届“白求恩式的好医生、巾帼式的好医生、最美乡村医生”颁奖典礼，授予8位京津冀三地中医药名家首届“中华国医名师”称号，116人第二届“白求恩式的好医生”称号，82人第二届“巾帼式的好医生”称号，61人第二届“最美乡村医生”称号。2018年12月，国家中医药管理局授予石家庄市2016～2018创建周期市级全国基层中医药工作先进单位。

【妇幼保健】 重视母婴设施建设，印发《关于加快推进母婴设施建设实施意见》《石家庄市母婴设施建设标准与规范》，建成母婴室335个，配置率达到86.34%。提升妇幼保健水平，市儿童医院（市妇幼保健院）项目完成项目选址、立项、审批等建设。9月12日，市妇幼保健院院士工作站揭牌成立。全年新生儿疾病免费筛查病种由3种增加到5种，新生儿免费5病筛查3.81万例。全市免费婚检64599人，孕前优生健康检查目标人群覆盖率95.08%，排名全省第三名。儿童口腔病防治。2018年全市儿童口腔病防治检查适龄儿童2351名，窝沟封闭2315名，封闭牙齿8508颗，复查498人，合格率达85%以上，超额完成河北省下达儿童口腔疾病综合干预项目规定8000颗窝沟封闭指标。开展“窗口单位群众满意度评价”活动，市妇幼保健院以总分成绩92.3分位列全市医疗服务类单位第一名。

（市卫生健康委）

【第一批肿瘤多学科诊疗试点医院及专家委员会成员】 2018年12月，省卫生健康委公布第一批肿瘤多学科诊疗试点医院及专家委员会成员名单。其中，第一批肿瘤（消化系统）多学科诊疗试点医院32家（国家级12家，省级20家）、第一批肿瘤（呼吸系统）多学科诊疗试点医院30家（均为省级）。位于石家庄市河北医科大学第二医院、河北医科大学第四医院、河北省人民医院入选第一批肿瘤（消化系统）多学科诊疗国家级试点医院名单，位于石家庄市河北医科大学第一医院、河北医科大学第三医院及市第一医院入选第一批肿瘤（消化系统）多学科诊疗省级试点医院名单；位于石家庄市河北省人民医院、河北医科大学第一医院、河北医科大学第二医院、河北医科大学第三医院、河北医科大学第四医院、河北省胸科医院及市第一医院入选第一批肿瘤（呼吸系统）多学科诊疗省级试点医院名单。51人入选河北省肿瘤多学科诊疗专家委员会，其中位于石家庄市医院34人，分别为：安永辉（河北医科大学第一医院、放疗专业、主任医师）、蔡志刚（河北医科大学第二医院、呼吸专业、主任医师）、范焕芳（河北省中医院、肿瘤专业、主任医师）、冯平勇（河北医科大学第二医院、影像专业、主任医师）、冯志杰（河北医科大学第二医院、消化专业、主任医师）、高淑清（河北医科大学第四医院、营养专业、主任医师）、韩春（河北医科大学第四医院、放疗专业、主任医师）、贾漪涛（河北省人民医院、肿瘤专业、主任医师）、姜达（河北医科大学第四医院、肿瘤专业、主任医师）、李娜（河北医科大学第一医院、肿瘤专业、主任医师）、李勇（河北医科大学第四医院、胃肠专业、主任医师）、李晶（河北医科大学第四医院、中医专业、主任医师）、李增宁（河北医科大学第一医院、营养专业、主任医师）、李智岗（河北医科大学第四医院、肿瘤介专业、主任医师）、梁巍（河北省人民医院、普外专业、主任医师）、刘明（河北医科大学第三医院、放疗专业、主任医师）、刘建华（河北医科大学第二医院、肝胆专业、主任医师）、刘俊峰（河北医科大学第四医院、胸外专业、主任医师）、刘欣燕（河北省胸科医院、肿瘤专业、主任医师）、刘月平（河北医科大学第四医院、病理专业、主任医师）、柳立军（河北省人民医院、胸外专业、主任医师）、平芬（河北省人民医院、呼吸专业、主任医师）、时高峰（河北医科大学第四医院、影像专业、主任医师）、王娟（河北省人民医院、肿瘤专业、主任医师）、王贵英（河北医科大学第四医院、胃肠专业、主任医师）、王桂琦（河北医科大学第一医院、胃肠专业、主任医师）、王顺祥（河北医科大学第四医院、肝胆专业、主任医师）、谢绍建（河北医科大学第二医院、肿瘤专业、主任医师）、薛晓英（河北医科大学第二医院、放疗专业、主任医师）、张燕（市第一医院、肿瘤专业、主任医师）、张国川（河北医科大学第三医院、肿瘤专业、主任医师）、张献波（河北省人民医院、放疗专业、主任医师）、赵焕芬（河北省人民医院、病理专业、主任医师）、周保军（河北医科大学第二医院、胃肠专业、主任医师）。2018年12月，石家庄市河北医科大学第二医院、河北医科大学第四医院、河北省人民医院入选国家卫生健康委第一批肿瘤

（消化系统）多学科诊疗试点医院。

（市档案馆）

【市疾病预防控制中心】 市疾病预防控制中心于2006年10月13日组建成立，前身为1952年始建的原石家庄市卫生防疫站，是全市实施疾病预防控制与公共卫生技术管理和服务的公益事业单位，也是疾病预防控制技术指导中心，直属市卫生健康委员会，地址位于长安区栗康街3号，办公面积15955平方米；设置科室26个，编制198人。2018年市疾病预防控制中心核算收入5165.13万元，同比下降27%；核算支出5567.02万元，同比下降24%；非税收入预算160万元，实际非税收入527万元，增收367万元；固定资产15875.62万元，同比减少234.53万元。免疫规划管理。完成“百白破”疫苗补种，率先在全省实施免疫规划工作质量等级评定，免疫规划“6S”管理在全省会议做经验介绍。规范预防接种，妥善处置问题疫苗事件，开展“基础工作百日整顿”“疫苗及冷链管理集中整顿月”“预防接种顽疾整改”等活动。桥西区、鹿泉区通过国家级慢性病防治示范区复审，裕华区、栾城区新晋省级示范区。传染病监测。全年报告法定乙、丙类传染病27种、48720例，死亡42例，报告发病率45/10000，死亡率0.39/100000。流感报告发病数5574例，同比增长46.72%。艾滋病病毒感染病例592例，死亡54例。加强结核病防治，全市结核病总体病原学阳性率40.17%。地方病防治。准确摸排地方病现症病人，为地方病专项防治三年攻坚行动提供可靠数据。碘缺乏病防治效果稳定，2018年全市21个县（市、区）全部开展碘缺乏病情监测，监测居民户盐样6355份，碘盐覆盖率87.1%，合格碘盐食用率78.10%，均低于90%（国家规定标准）。全年报告新发布病病人136例，发病率1.25/100000，较2017年同期下降23.31%，布病疫情总体下降。开展儿童口腔疾病综合干预，检查适龄儿童2351名，窝沟封闭人数2315名，封闭牙齿8508颗，复查498人，合格率超过85%；儿童口腔疾病综合干预项目完成，医疗服务实现零投诉。检验检测。全年收集菌株279株，同比增长194%；腹泻病人中首次检出弓形杆菌，发现副溶血弧菌引起暴发流行病。人死因监测数据核查补漏。1月20日至2月26日，市疾病预防控制中心在全市19个县（市、区）开展2017年人死因监测数据核查、补漏；调查对象包括各级医疗机构儿科、急诊科、ICU病房等重点科室及漏报严重乡镇（街道）、村（居委会）等；与当地公安、民政、妇幼、计生、社保、新农合等部门协调沟通，搜集销户、火化、非正常死亡及孕龄妇女、5岁以下儿童死亡等不同来源死亡名单，将查出死亡病例与网报系统数据比对，核对、调查出未报告死亡病例1384例，均填与死亡医学证明书并落实网络报告，其中，栾城区补报523例，井陉县补报141例，长安区补报136例，桥西区补报107例。科研与合作。2018年市疾病预防控制中心申报课题5项，全部获得河北医学科技一等奖，其中1项课题被省卫生健康委推荐申报河北省科技进步奖；与河北医科大学合作申报国家自然基金项目获批，实现合作申报国家自然基金项目零的突破。提升卫生应急能力，及时有效处置突发公共卫生事件10起。

（薛小军）

【市第一医院】 市第一医院（也称市人民医院）拥有本部院区、中心院区、眼院院区3个院区，总建筑面积15.4万平方米，编制床位2127张，临床科室76个，医技（药）科室6个，行政职能科室27个；在职职工3775名，其中卫生技术人员3261名（正高级247名，副高级408名，博士研究生33名，硕士研究生730名）；设有河北省重症肌无力诊疗中心、石家庄市健康管理（体检）中心、市急性心肌梗死救治中心等，省重症肌无力医院、省博士后创新实践基地、市肿瘤医院、市第一眼科医院、市脑血管病医院均在市第一医院挂牌。2018年市第一医院总收入17.36亿元，其中业务收入16.22亿元。业务收入中，门诊收入4.14亿元，住院收入12.08亿元。总支出17.63亿元，其中，医疗业务支出15.38亿元，管理费用支出2.10亿元，资产负债率57.67%。门急诊量114万人次，出院7.1万人次，住院手术1.57万例，门诊手术8629例，平均住院日9.8天。全年签订医疗设备采购合同91份，维修、保修合同8份，完成安装验收和投入使用设备713台、7771万元。市第一医院通过全国首批中国房颤中心认证。11月10日，市第一医院在中国房颤中心第九届扬子江心脏论坛暨2018心房颤动高峰论坛上获颁中国房颤中心认证单位，这是市第一医院继中国胸痛中心、高级卒中中心后获得第3个国家认证中心。12月22日，市第一医院承办的石家庄市心血管病医院、中国房颤中心认证单位挂牌。协助县级医院提升医疗技术水平，开展查房带教247次，派出医疗专家1002人次，受益群众10714人次，协助手术14例，眼科坐诊100余次。治疗优惠17845人次、487.47万元，其中，门诊优惠9943人次、金额20.3万元；住院优惠7902人次、金额467.16万元。重视医疗科研活动，全年获得河北医学科技奖26项，其中，一等奖2项、二等奖24项；获得河北省中医药学会科学技术奖4项，其中，一等奖1项、三等奖3项；发表学术论文72篇，其中，SCI论文15篇、中文核心期刊论文11篇（包括中华系列论文3篇）、科技核心期刊论文46篇；出版著作1部。妇产科学等15个学科被确定为市级第四轮医学重点学科，胸外科学等6个学科被确定为市级医学重点发展学科。获批省科技计划项目3项、省医学适用技术跟踪项目2项、省医学科学研究重点课题指导计划37项、省中医药科研计划9项、省科技计划自筹经费项目10项、市级科技指导计划42项；完成各级科研课题验收结题项目42项，成果登记28项。

（宋书娟）

【市第二医院】 市第二医院（市糖尿病医院）是科技部和省科技厅项目申请依托单位、国家自然科学基金项目单位、全国综合医院中医药工作示范单位、国家全科医生临床培养基地、国家糖尿病健康教育管理认证单位，设有临床科室45个、医技科室10个，开设专业57个，开放床位950张。拥有职工970余名，其中，专业技术人员863人；专业技术人员中，高级技术职称172名，硕士研究生以上学历225名，市管专业技术拔尖人才、石家庄市有突出贡献的中青年专家13名。2018年市第二医院门诊量44.31万人次，出院病人2.18万人次，手术3607例；床位使用率130.54%，床位周转次数34.1次/床/年；出院患者平均住院日13.46天。至2018年末，实现总收入5.04亿元，其中业务收入4.64亿元；医院总资产4.99亿元，净资产3.49亿元。提升临床诊疗水平，投入2386万元，更新彩色超声诊断仪、眼底血管造影系统、生化分析仪等常用设备，引进基因测序仪等先进设备。严格医疗质量管理，处理新发医疗纠纷15起。组建糖尿病中医科，开设特殊类型糖尿病专业，糖尿病相关科室及专业增至17个，床位设置增至450张，获评省级中医重点专科建设单位。科研创新。全年获批省市科研课题立项10项，获得省医学科技奖7项，其中一等奖2项；核心期刊发表论文50余篇，其中SCI论文3篇。人才建设。引进各类专业人才35名，其中硕士及以上学历20名；选派11名业务骨干赴北京、天津等医院进修学习；邀请京津知名专家来院讲座、查房、手术，全年开展院内讲座培训、教育活动260余场，加入各专业委员会委员135人。医联体建设。指导成员单位开展家庭医生签约服务、慢病干预、健康管理等医疗业务，采用分级诊疗、双向转诊方式，全年上转患者1553人次，回转患者1397人次；建立首席专家工作室31个，每周安排30余名专家进入社区，举办义诊167次。落实惠民政策，实施白内障复明工程手术164例，救助贫困糖尿病足患者61人，惠民金额80余万元。

（娄薇）

【市第三医院】 2018年市第三医院门诊量59.34万人次，出院26754人次；病床周转次数27.41次/床/年，床位使用率99.87%；出院者平均住院日11.9天，同比下降0.5天；手术例数18612人次。至2018年末，医院总资产达到60084万元，净资产26108万元；实现总收入73859万元，业务收入68391万元，其中，医疗收入43332万元、药品收入25059万元，药占比36.44%；业务支出68567万元。加入国家骨科手术机器人应用中心（津冀），并在骨科手术机器人辅助下，开展全省首例腕舟状骨骨折手术及腰椎MISS-TLIF手术、粉碎性髋臼骨折、骶髂关节炎治疗等项目。医疗科研。全年向医疗技术管理委员会申报新技术19项，通过16项；省市科研立项27项，其中指令性1项，获批科研经费10万元；课题结题15项，获得省级奖项1项；发表论文66篇，其中，SCI论文8篇、中文核心期刊1篇、科技核心期刊57篇。人才培养。引进硕士研究生17名、博士3名，公开招录医护人员15名。推进京津冀医疗卫生协同发展，与北京汉喜普泰医院投资管理公司、天津环湖医院、北京朝阳医院、北京阜外医院、北京友谊医院、北京海军总医院、北京同仁医院开展医疗合作；研究新技术9项，实施疑难复杂手术35例。更新医疗设备，投资2926万元购置设备5台

（套）；采购小型设备202台（套），总价值1213.7万元；购进医用耗材16880万元。2018年市第三医院获授“国家卫健委脑卒中筛查与防治基地（2018～2021）”，院长李锋当选“国家卫健委脑卒中筛查与防治工程模范院长”，李锋、徐玉萍当选“德艺双馨”好医生，王立君、张三兵、田利军、付强、史丽娟、刘肖莉、杨继文、张翠当选“百名省城好医生”，急诊科主任田勇获得河北省“美丽医生”称号。

（郭宁）

【市中医院】 市中医院于1955年1月开始筹建，起初名称为河北省中医院，地址为石家庄市原长安路2号；1956年10月9日，医院正式建成开诊；1958年3月，与河北省中医学校合并，改称河北省中医学校附属医院；1958年划归石家庄地区领导，改称河北省石家庄地区中医学校附属医院；1961年迁入中山西路233号，更名为石家庄市中医院，隶属石家庄市卫生行政部门管理。1993年市中医院通过国家评审，成为一所集医疗、教学、科研、保健、产业、文化等为一体的现代化三级甲等中医院。2018年市中医医院实现总收入7.14亿元，其中业务收入6.35亿元；业务收入中，医疗收入3.01亿元，药品收入3.26亿元；业务支出6.98亿元，其中奖励性绩效发放0.74亿元；门急诊量72.21万人次，出院人数2.86万人次；中药收入0.82亿元；住院患者中药使用率65.16%、适宜技术使用率82.79%；患者平均住院日13.43天，同比下降1.49%；中成药使用占比37.63%，同比下降3.68%；医疗收入占比47.86%，同比增长31.18%；百元医疗收入消耗材料26.13元，同比增长2.71%。筹建市中医院东院区，地址位于长安区建华大街138号，占地面积5万平方米，设置科室16个，编制床位500张。市中医医院加入京津冀眼科医联体。5月19日，包括石家庄市中医医院眼科在内、京津冀三地100余家医院的院长、科主任和眼科权威专家聚集北京，联合签约成立京津冀首家中医眼科医联体。京津冀中医眼科医联体由中国中医科学院眼科医院牵头发起，以加强京津冀地区医疗服务协同能力、强化区域卫生资源优化对接、促进医疗资源共享、推动医疗信息互通为目标，以双向转诊、检查预约、适宜技术推广、业务指导、人才培养、特色病种大数据平台、互联网医院、生命全周期健康档案等为主要工作内容，运用“互联网＋医疗健康”模式，开展医联体内各医院互联互通，实现资源共享、优势共享和成果共享。全年市中医院争取国家级项目10项、省级项目7项，获得支持资金1728.92万；新增雷火灸、督灸、平衡罐等新技术16项，形成中医病种护理方案34项；在研国家重大科技专项项目2个、国家卫生计生委和环保部课题1项、北京身心康国际中医研究院课题1项、省级课题28项，与中国中医科学院结成技术协作关系。2018年市中医院获评“河北省护理工作先进集体”。

（市中医院）

【市第四医院】 市第四医院（市妇产医院）始建于1956年，是一所以妇科、产科、产前诊断、生殖医学、新生儿科等为主体，集医疗、预防、保健、教学、科研为一体的三级甲等妇产医院，是河北医科大学附属医院、河北中医学院附属医院。建有河北省院士工作站、博士后创新实践基地，拥有9个医学中心、12个省市医学重点（发展）学科，4个省市临床重点（培育）专科、4个专业省级培训基地。2018年市第四医院共有院本部、东院区（高新区）、西院区（河北生殖妇产医院）3个院区运营，在建院区1个（谈固新院区）；编制床位1496张，其中，院本部416张，东院区280张，谈固院区800张；开放床位915张。市第四医院谈固院区地址位于长安区谈固北大街16号，占地面积4.17万平方米，总建筑面积12.28万平方米，设置床位800张；2011年市第四医院谈固院区建设项目经市发展改革委审批立项，2013年10月正式奠基。2018年市第四医院门急诊量133.69万人次，出院55224人次，分娩量32361例，手术例数16061。9个医学中心分别为河北省产前诊断分中心、市生殖医学中心、重症孕产妇救治中心、妇科内镜诊疗中心、围产医学中心、妇女健康体检中心、危重新生儿救治中心、眼病防治中心、母胎医学中心。全年引进妇产科、儿科、外科、医学影像、护理学五大类专业人员100名，选派30名重点骨干人员赴北京、上海、郑州等医疗机构培训学习。发展新生儿医联体116家。2018年市第四医院科研立项21项，取得成果5项，获奖11项；发表论文120篇，其中，SCI论文7篇，中文核心期刊17篇。与北京妇产医院合作国家重大专项“建立出生人口队列开展重大出生缺陷风险研究”启动。举办各类大型学术活动41项。5月30日，河北省卫生计生委印发关于石家庄市妇产医院评审评价结论的通知，确认经过全面综合考评，市妇产医院通过新三甲复审评级。控制目录外药品和耗材使用，取消药品加成收入1606.56万元，医疗服务性收入同比增长25.45%，卫生材料收入占医疗收入比例由4.5%降至3.97%。开展“两癌”筛查51次，筛查总数9381人次，其中高危人员77人。河北生殖妇产医院与北京乐仁堂合作实现业务稳步增长，全年门急诊量17.68万人次，同比增长17.15%；出院6736人次，同比增长22.34%；手术量2088例，同比增长15.74%；分娩量5091例，同比增长26.77%。2018年市第四医院在全国医院满意度调查中满意度达到92.1%，获得全国群众满意医疗机构。

（李超）

【市第五医院】 市第五医院于1949年成立，地址位于裕华区塔南路42号，是河北省首家集传染病诊断、治疗、急救、科研、教学、预防、保健及重大公共卫生事件救治于一体的三级传染病专科医院。占地面积56.63亩，建筑面积6.9万平方米，医疗用房面积6.1万平方米。编制床位850张，开放床位777张。现有职工760人，其中，专业技术人员679人，高级、中级专业技术职称330人，省“三三三人才”、市“高层次人才支持计划”享受“政府特殊津贴专家”30人。2018年市第五医院总收入3.71亿元，其中，业务收入3.07亿元，医疗收入1.63亿元；门急诊量23万人次，出院人次13397人次，床位使用率91.38%；剔除中药饮片，药占比46.1%，同比下降13.23个百分点。学科建设。肝病科成为省非中医类别医疗机构省级中医重点专科建设单位，肝病专业成为省级医学重点学科；结核病专业、传染病学、医学影像学、实验诊断学获评市级医学重点学科。聘任戴二黑、刘春堂、王瑜玲、闫会敏、郑浩杰为学科带头人。1月22日，经河北省卫生计生委批准，市第五医院成为河北省首家具备“艾滋病检测确证实验室”资质医疗机构。医疗科研。全年获批省卫生健康委课题7项、省中医药管理局课题3项，获得河北省科技进步奖二等奖1项；发表学术论文21篇，其中，SCI论文6篇、中文核心期刊7篇，出版著作2部。中医药研究室、感染一科出版发行《中医热毒理论与临证研究》专著。2018年市第五医院副院长戴二黑获评石家庄市第二批“高层次人才支持计划”人选，肿瘤科主任苗同国、感染五科主任陈勇良分别获评“省三三三人才”“市政府特殊津贴专家”，感控科纪思静参加“全省三级医院医务人员岗位基本技能竞赛活动”获得“院感专业”个人三等奖。

（董玲）

【市第六医院】 市妇幼保健院（市儿童医院、市第六医院）为独立法人差额拨款事业单位，隶属市卫生健康委管理。医院共有4个院区，总占地面积28719.8平方米，总建筑面积48445.02平方米。其中，新华路院区为租赁用房，位于桥西区新华路358号，占地面积13320平方米，建筑面积37000平方米；建国路儿童医院位于桥西区建国路9号，占地面积5994平方米，建筑面积7589平方米；石铜路院区位于桥西区石铜路39号，占地面积6527平方米，建筑面积1997平方米；西王庄院区位于桥西区西王南街8号，占地面积2878.8平方米，建筑面积1859.02平方米。现有职工1103人，其中，卫生技术人员911人，高中级职称351人，硕士、博士研究生106人。编制床位350张。设有科室101个，其中，行政后勤保障科室34个，临床医技科室67个。2018年市第六医院总收入41507万元，其中，医疗收入38205万元（门诊收入18530万元，住院收入19675万元），财政基本补助收入1766万元；总支出41312万元，结余195万元；资产总额29347万元，固定资产总值24434万元；门急诊量73.8万人次，出院25511人次，手术7823例，分娩量11429例，平均住院日6.71天，床位使用率104.08%，药占比17%，剖宫产率48.78%，抢救成功率97.32%。全年医疗设备采购142台，合计1726.74万元。孕前优生计划怀孕夫妇人数95862人，其中，农村83436人，城镇12426人；检查人数91145人，其中，男性45518人，女性45627人；具有风险因素人数7889人，其中，男性1981人，女性5909人；早孕随访30709人次，妊娠结局随访7944人次，检查覆盖率95.08%，高风险率8.66%。2018年市第六医院申报河北省科学技术奖2项，在核心期刊发表学术论文58篇。

（张世勇）

【市第八医院】 市第八医院是全市唯

一一所市属公立精神疾病专科医院，医院前身为中国人民解放军总后勤部四零二工厂职工医院，始建1957年10月，2002年7月整体移交市政府后隶属原市卫生局管理。2011年6月，石家庄市整合市属医院精神卫生资源，将市第八医院转型为市精神疾病专科医院，加挂市精神卫生中心牌子，主要承担全市精神卫生的预防、治疗、康复、科研、教学等任务，是市基本公共卫生服务项目重性精神疾病管理机构、市精神残疾鉴定专业机构、市儿童孤独症康复中心、市心理危机干预中心。医院占地面积19.03亩，建筑面积18439.43平方米；现有职工445人；编制床位395张，开放床位503张。2018年市第八医院总收入13813万元，其中业务收入10552万元，药占比26.13%；总支出11980万元，同比增长19.54%；总资产1.6亿元，净资产1.3亿元；门急诊量64967人次，住院5914人次，出院5864人次；床位使用率116.3%，床位周转11.66人次/床/年；患者人均住院36.6天。全年在册患者39800人，报告患病率3.92‰，规范管理率83.41%，面访率79.96%，患者服药率83.90%，规律服药率42.92%；精神分裂症患者服药率86.89%，规律服药率46.18%。医疗科研。全年立项省级课题2项、市级课题5项，获得河北医学科技奖二等奖2项、三等奖1项，河北省中医药学会科学技术三等奖1项；拥有国家级继续教育项目2项、省级继续教育项目3项、市级继续教育项目24项；中文核心期刊发表论文11篇。3月30日，天津市安定医院石家庄心理治疗中心在市第八医院挂牌成立。支持紧密型医联体栾城院区发展，2018年栾城院区向市第八医院上转患者70人次，第八医院下转患者54人次；全年栾城院区住院650人次，出院632人次，门诊量7223人次，床位使用率104%，总收入576.4万元，同比增长73%。救助贫困精神障碍患者，2018年市第八医院一站式救助患者1519人，垫付资金696.4万元。

（王慕劲）

体　育

【概况】 2018年，全市运动员参加省级以上比赛获得金牌307枚，银牌238枚，铜牌234.5枚。审批注册二级裁判员269人、二级运动员563人。新增二级社会体育指导员7806人，累计总人数达到16351人。新筹备成立体育协会8家，分别为：健身瑜伽协会、网球协会、排球协会、水上运动协会、跳绳运动协会、台球协会、击剑协会、健美操协会，至2018年末，全市共有体育协会48家。2018年全市举办各类体育活动700余项，其中品牌赛事有石家庄（正定）国际马拉松、国际自行车环城赛、城市定向赛、中式八球国际公开赛、石野100千米超级马拉松赛、正定—西柏坡圣地100千米超级马拉松赛、津京冀蟠龙湖铁人三项赛、行走太行·石家庄全民健身登山节等。各体育协会举办市级比赛22项195次，协助基层举办比赛274次，举办培训35次；参与体育活动人数210万人次。全年体育监测3383人，达标3180人，达标率94.0%。2018年女子铅球运动员巩立姣蝉联国际田联钻石联赛总冠军、国际田联洲际杯比赛冠军、雅加达亚运会冠军、全国田径锦标赛总决赛冠军；女子划艇运动员张璐琦与国家队队友配合，获得匈牙利、德国两站皮划艇世界杯女子双人划艇冠军；女子乒乓球运动员孙颖莎参加阿根廷布宜诺斯艾利斯举行的第三届夏季青年奥林匹克运动会，夺得女子单打、混合团体2枚金牌；巩立姣、曹硕、郭梦娇、常园、孙颖莎5人参加印度尼西亚雅加达举行的第十八届亚洲运动会4个大项6个小项比赛，获得奖牌5金1铜。至2018年底，全市共有县级全民健身中心18个，覆盖率82.0%；公共体育场17个，覆盖率77.0%。社区、公园、广场安装健身路径2327条，城市社区健身路径实现全覆盖，其中，安装社区健身路径104条、农民体育健身工程110个。拥有笼式足球、笼式篮球等多功能运动场56个，建成各类健身健康融合中心26个。结合城市生态保护，谋划建设体育专项赛道，建成健身步道、骑行道580千米。至2018年末，全市共有各类体育场地11996块，总面积1389万平方米，每万平方米拥有体育场地12.1块；标准体育场34个，其中甲级体育场2个（观众席2.5万座以上）；标准体育馆12个，其中甲级体育馆2个（观众席6000座以上）。2018年全市共有电脑体育彩票投注站1421个，销售额24亿余元，同比增长50.9%。落实机构改革方案，改革后市体育局机关内设处室6个，分别为办公室、群众体育处、竞技体育处、计划财务处、法规产业处、机关党委（机关纪委、人事处）；局直属事业单位有石家庄市体育运动学校、市少年儿童业余体校、市水上体育运动中心（市水上体育运动业余体校）、市长安体育场（市长安业余体育学校）、市中山体育场（市中山少年体育学校）、市射击场（市射击运动业余学校）、市游泳体校、市体育总会秘书处、市体育经济开发公司。至2018年底，市体育局及直属事业单位在职职工228人。

【竞技体育】 女子铅球运动员巩立姣蝉联国际田联钻石联赛总冠军、国际田联洲际杯比赛冠军、雅加达亚运会冠军、全国田径锦标赛总决赛冠军。女子划艇运动员张璐琦与国家队队友配合，获得匈牙利、德国两站皮划艇世界杯女子双人划艇冠军，创中国女子划艇参加世界大赛最好成绩。参加阿根廷布宜诺斯艾利斯举行的第三届夏季青年奥林匹克运动会，石家庄市女子乒乓球运动员孙颖莎1人独得女子单打、混合团体2枚金牌。3月3日，2018年世界室内田径锦标赛女子铅球决赛在英国伯明翰举行。石家庄女子铅球名将巩立姣以19米08的成绩获得铜牌，这是巩立姣第二次获得世界室内田径锦标赛女子铅球铜牌和职业生涯第11枚世界大赛奖牌。河北省第十五届运动会比赛。5月5日到9月16日，河北省第十五届运动会举行。这是河北省规格最高的体育综合赛事。比赛设立青少年组和群众体育组两个组别，其中，青少年组设35个大项、925个小项，决出1015枚金牌、3030枚奖牌（含政策性金牌88枚）；群众体育组设42个大项、149个小项，决出322枚金牌、956枚奖牌。石家庄市青少年组取得325枚金牌、797.5枚奖牌，得分14317分，囊括金牌、奖牌、团体总分三项第一名，群众体育组获得88枚金牌、213枚奖牌。石家庄市获得青少年组人才输送奖、突出贡献奖、体育道德风尚奖及群众体育组最佳组织奖、体育道德风尚奖，石家庄市被省政府授予特别贡献奖。第十八届亚运会。8月18日至9月2日，第十八届亚洲运动会（简称第十八届亚运会）在印度尼西亚雅加达市举行。石家庄籍运动员巩立姣（女子铅球）、曹硕（男子三级跳）、常园（女子拳击）、孙颖莎（女子乒乓球）、郭梦娇（女子武术）5名选手代表中国队参加4个大项6个小项比赛，获得5枚金牌、1枚铜牌。8月21日，首次参加国际大赛的石家庄籍运动员郭梦娇以19.49分获得武术项目女子器械全能比赛冠军，成为第十八届亚运会首位夺得金牌的石家庄运动员。武术女子器械全能分为剑术、枪术2个项目，郭梦娇剑术比赛获得9.75分、枪术比赛获得9.74分，两项成绩均位列所有参赛选手第一名。郭梦娇，女，石家庄市栾城区人，河北省武术队运动员。1996年1月12日出生，2011年入选河北省武术队，2013年获得亚洲青少年武术锦标赛长拳金牌，2014年获得全国武术套路冠军赛剑术冠军，2017年第一次参加全国运动会获得女子拳、剑、枪全能比赛第三名。8月26日，石家庄籍运动员巩立姣以19米66的成绩获得亚运会女子铅球决赛冠军，这也是石家庄籍运动员在雅加达亚运会夺得的第二枚金牌。巩立姣，女，河北省石家庄市鹿泉区人，中国田径队运动员。1989年1月24日出生，2010年参加广州亚运会获得女子铅球银牌，2014年参加韩国仁川亚运会获得女子铅球金牌，2017年参加英国伦敦举行的第16届世界田径锦标赛以19米94的成绩首次夺得世界大赛冠军。8月28日、30日，首次参赛石家庄籍运动员孙颖莎获得乒乓球女子团体和混合双打2枚金牌。孙颖莎，女，中国女子乒乓球运动员。2000年11月4日出生，河北省石家庄市人。2005年开始练习乒乓球，2010年进入河北省运动队，2015年获得全国少年锦标赛女单冠军，2017年获得世界青少年乒乓球锦标赛女子团体、女双、女单冠军。9月1日，石家庄籍运动员常园以3∶2的成绩获得亚运会拳击比赛女子51公斤级决赛金牌，这是石家庄籍运动员获得第5枚金牌。常园，女，河北省石家庄市行唐县人。1997年6月24日出生，2009年开始接触拳击运动，2014年获得南京青年奥林匹克运动会拳击比赛女子48～51公斤级金牌，2017年获得全国运动会女子51公斤级金牌。

【群众体育】 推广普及冰雪运动，出台《关于创新冰雪运动发展体制机制的实施意见》《石家庄市冰雪产业发展规划（2018～2025年）》，围绕“全城热练、四季冰雪、健康石家庄”主题，全年举办群众冰雪赛事、区域性冰雪、大众体验、青少年普及、社区冰雪嘉年华、冰雪普及人才队伍培育活动六大系列12项冰雪活动。1月1日，石家庄市第45届元旦长跑活动在市区火炬广场举行，全市1000名跑步爱好者参加长跑活动。3月5日，由市体育局、市妇联联合主办的全城热“练”迎三八石家庄首届女子迷你马拉松活动在市区裕西公园举行，共有800余名女性参加全长5千米长跑比赛。3月31日，2018环龙泉湖徒步活动在石家庄市鹿泉区龙泉湖公园举行。徒步活动全程5千米，2000余名徒步爱好者参加徒步活动。5月20日，2018世界行走日（中国）河北省第三届全民健步走城市之眼石家庄徒步大会在正定县城和滹沱河沿线举行，徒步活动分设5千米、10千米和20千米3个组别。12月8～23日，市第十一届社区运动会“庄里球王”比赛活动举行。首次增加“谁是球王”系列比赛，设置足球、篮球、羽毛球、乒乓球4个比赛项目，足球项目为五人制足球，篮球为3V3篮球，乒乓球和羽毛球分设男、女单打等小项；首次“走出社区”，将比赛场地设在商场、体育馆等专业场地。足球、篮球2个项目分别有100支业余足球队和200余支业余篮球队参赛，乒乓球、羽毛球2个项目参赛人数分别超过1000人和2000人，FREE MIX队夺得3V3篮球赛球王冠军。

【社会体育】 全年举办社会体育活动主要有：全城热练系列活动2018第二届京津冀暨石家庄国际滑雪公开赛、2018天速龙凤杯城市羽毛球混合团体赛（石家庄站）、河北省桥牌公开团体赛暨友好城市联谊赛（石家庄站）、2018“居然之家·瑞创实木杯”石家庄市象棋公开赛、2018石家庄100千米野人挑战赛，全城热练2018石家庄市足球超级联赛、第四届京津冀—蟠龙湖铁人三项赛、第二届西柏坡圣地100千米超级马拉松赛、2018石家庄（正定）国际马拉松比赛、冀游之旅景区定向巡回赛、第四届“中孚杯”全国、国际国际象棋公开赛、石家庄市篮球（乙、甲、超）级联赛、石家庄市第二十八届武术套路和推手比赛、2018年中国·石家庄第十五届国际自行车环城赛等赛事活动。2018河北·正定女子半程马拉松。4月1日，2018河北·正定女子半程马拉松在正定县城南门举行。赛事设置半程马拉松（21.0975千米）和迷你马拉松（4.5千米）2个项目，吸引来自国内外4000多名女性参赛。这是河北首届举办以女性跑步爱好者为主体马拉松赛事。比赛以正定古城南城门为始终点，途经滹沱河花海，保留石家庄（正定）国际马拉松经典赛段。石家庄野人100千米挑战赛。4月30日，石家庄野人100千米挑战赛举行。来自国内312名越野跑爱好者参加石家庄封龙山比赛活动，经过28个小时自我挑战，最终245人参加比赛，183人顺利完成。此次挑战赛7时从封龙山景区开跑，赛程穿越太行山，赛道累计爬升4858米，5月1日11时结束。比赛过程中，参赛选手穿过山地、砂石、陡坡等赛道，并在山里以奔跑状态度过一个夜晚。2018年石家庄野人100千米挑战赛首次增设52千米组，吸引了很多不具备100千米参赛条件爱好者体验到野人比赛的魅力。石家庄野人100千米挑战赛自2013年发起，每年举办一届，是河北省首个获得国际越野协会ITRA和环勃朗峰UTMB双重认证的赛事活动。2018中国·赞皇大美嶂石岩第四届国际自行车骑行大赛。5月27日，2018中国·赞皇大美嶂石岩第四届国际自行车骑行大赛举行。来自河北、河南、山西等省及俄罗斯、澳大利亚、阿富汗等国内外300名骑行爱好者参赛。“魔域杯”2018WCA石家庄魔方公开赛。6月10日，由河北省体育文化协会、石家庄市魔方运动协会主办的“魔域杯”2018WCA石家庄魔方公开赛在市青少年社会综合实践学校举行。来自全国各地160名“魔友”汇聚石家庄市，选手年龄从4岁到30余岁不等，经过激烈角逐，最终产生包括新人组、少儿组、斜转、金字塔、单手、二阶、四阶、三阶8个项目冠、亚、季军。其中，北京选手李宗阳以单次1.11秒、平均3.10秒的成绩获得斜转冠军，并刷新斜转魔方亚洲纪录；魔域战队杜宇生以平均8.84秒的成绩获得三阶冠军；省体育文化协会魔方战队的6岁选手王浩，以平均19.60秒的成绩获得少儿组冠军。第六届五岳寨国际越野挑战赛。9月22日，“第六届五岳寨国际越野挑战赛”暨“全城热练——行走太行”登山节活动在灵寿县国家森林公园五岳寨举行。来自国内外300名越野赛选手、1500名登山爱好者分别参加50千米、15千米两项比赛，这也是灵寿县首次合办五岳寨50千米国际越野赛和全民健身旅游登山节活动。云南省申加升和安徽省朱丹丹分别获得

50千米越野赛男子组、女子组冠军。2018石家庄（正定）国际马拉松比赛。10月14日，君乐宝2018石家庄（正定）国际马拉松比赛在正定古城南城门举行。来自12个国家和地区2万名长跑爱好者参加比赛活动。设置有全程马拉松、半程马拉松、迷你马拉松3个项目。全程马拉松赛路线全长42.195千米，路线为：正定南门西侧广场—河北大道—成德南街—中山路—旺泉南街—兴荣路—城东街—河北大道—奥体街—恒阳路—恒阳路与太行大街交口（折返）—恒阳路—恒阳路东段折返点—恒阳路—奥体街—河北大道—御河上院西侧路—滹沱河北岸景观路—滹沱河北岸景观路太行大桥折返点—滹沱河北岸景观路—滹沱河北岸景观路近G107国道折返点—滹沱河北岸景观路—河堤路—河北大道—正定南门西侧广场。半程马拉松赛路线全长21.0975千米，路线为：正定南门西侧广场—河北大道—成德南街—中山路—旺泉南街—兴荣路—城东街—河北大道—河北奥林匹克体育中心（折返）—河北大道—正定南门西侧广场。迷你马拉松赛路线全长4.5千米，路线为：正定南门西侧广场—河北大道—成德南街—中山西路—燕赵南大街—正定南门。肯尼亚长跑爱好者卡斯特以2小时23分38秒的成绩获得男子全程马拉松金牌，这也是卡斯特连续两年在石家庄（正定）国际马拉松比赛夺冠；秦皇岛长跑爱好者曹凤英以2小时55分31秒夺得女子全程马拉松冠军。

【体育设施建设】 以体育惠民为主旨，全面改革创新，推进体育事业向民生、服务、产业转型。建立健身健康深度融合模式，印发《关于全民健身和全民健康深度融合实施意见》；建成各类健身健康融合中心26个，以岭健康城健身健康融合中心投入使用。推进全民健身公共服务体系建设，四级公共体育场地设施建设逐步完善。市级场馆完成全民健身中心、射击场、水上中心艇库、轮滑场、中山体育馆、少年体校、运动体校7个项目建设。各县（市、区）建成县级全民健身中心18个，覆盖率82%；建成县级公共体育场17个，覆盖率77%。普及利民惠民工程，全年乡镇（街道）建设体育健身工程210个，社区、公园、广场安装健身路径2327条，城市社区健身路径达到全覆盖，实现10分钟行走看到健身圈；农村建设农民体育健身工程4379个，建成体育公园19个、健身广场22个。加大学校设施开放力度，长安区、正定县、元氏县、高邑县、行唐县等县区试点学校体育场馆向社会开放。更新城乡公园广场和大型社区健身设施，全年建设笼式足球、笼式篮球等多功能运动场56个，二代室外健身器材27套。结合生态建设谋划体育专项赛道，建成健身步道、骑行道580多千米。

（吕岩）

社会生活

Social Life

城乡居民收入与消费

【概况】 2018年，全市居民人均可支配收入26839元，同比增长8.9%。其中，城镇居民人均可支配收入35563元，增长8.0%；农村居民人均可支配收入14518元，增长8.8%。2018年全市居民人均消费支出16422元，同比增长7.3%。其中，城镇居民人均消费支出21620元，增长6.3%；农村居民人均消费支出9082元，增长7.9%。2018年全市居民消费价格总指数同比上涨2.3%。居民吃、住、医疗保健呈上涨趋势。城镇居民食品烟酒、居住和医疗保健支出同比分别增长6.8%、48.3%和9.7%，农村居民食品烟酒、居住和医疗保健类支出同比分别增长7.5%、6.5%和80.3%。居民生活消费观念改变，百户家庭耐用消费品从单一到全面、从温饱型向享受型消费转变。

表50

2015～2018年石家庄市城镇居民与农村居民人均可支配收入增速对比一览表

年度	城镇居民人均可支配收入增速（%）	农村居民人均可支配收入增速（%）
2015	8.0	8.5
2016	8.1	7.9
2017	8.1	8.1
2018	8.0	8.8

【居民收入】 2018年全市居民人均可支配收入26839元，同比增长8.9%。其中，城镇居民人均可支配收入35563元，增长8.0%；农村居民人均可支配收入14518元，增长8.8%。居民人均可支配收入排名全省第三名，较第一名唐山市低3470元，较第二名廊坊市低2942元，高于全省平均水平2943元；增速低于全省水平0.2个百分点。城镇居民人均可支配收入排名全省第三名，较第一名廊坊市低4872元，较第二名唐山市低3802元，高于全省平均水平2566元；增速与全省水平持平。农村居民人均可支配收入排名全省第三名，较第一名唐山市低3138元，较第二名廊坊市低2347元，高于全省平均水平487元；增速低于全省水平0.1百分点。石家庄市各县（市、区）城镇居民人均可支配收入排名第一位为裕华区41012元、第二位为桥西区40706元，农村居民人均可支配收入排名第一位为鹿泉区19171元、第二位为藁城区19159元；城镇居民人均可支配收入排名最末位为赞皇县27130元，农村居民人均可支配收入排名最末位也为赞皇县8054元。城镇居民人均可支配收入增速平稳，农村居民人均可支配收入增速同比明显增长。2015～2018年全市城镇居民人均可支配收入增速分别为8.0%、8.1%、8.1%和8.0%；农村居民人均可支配收入增速分别为8.5%、7.9%、

8.1%和8.8%。工资性收入在居民可支配收入中占比最高，2018年石家庄市城镇工资性收入占比56.6%，农村工资性收入占比73.4%；城乡居民人均可支配收入倍差由2017年度2.47∶1下降到2.45∶1（以农村为1）。

【居民消费】 2018年全市居民人均消费支出16422元，同比增长7.3%。其中，城镇居民人均消费支出21620元，增长6.3%；农村居民人均消费支出9082元，增长7.9%。食品烟酒类消费占比持平。全年城镇食品烟酒消费支出5141元，同比增加327元，占总消费支出比重23.8%，较2017年上涨0.1个百分点；农村食品烟酒消费支出2430元，同比增加169元，占总消费支出比重26.8%，较2017年下降0.1个百分点。居民吃、住、医疗保健呈上涨趋势。城镇居民食品烟酒、居住和医疗保健支出同比分别增长6.8%、48.3%和9.7%，农村居民食品烟酒、居住和医疗保健类支出同比分别增长7.5%、6.5%和80.3%。居民生活消费观念改变，百户家庭耐用消费品从单一到全面、从温饱型向享受型消费转变。2018年石家庄城镇居民百户汽车拥有量分别为57.90辆、空调188.06台、热水器100.96台、移动电话228.10部，较2017年分别增加15.34辆、30.77台、6.57台、7.30部。2018年石家庄农村居民百户汽车拥有量分别为43.92辆、空调115.68台、热水器81.10台、移动电话255.15部，较2017年分别增加16.89辆、36.61台、7.02台、22.38部。城镇居民百户家庭中高档乐器和健身器材拥有量同比分别增长139.0%和97.8%，农村居民百户家庭中高档乐器和健身器材拥有量同比分别增长35.6%和2.7%。

国家统计局石家庄调查队

队　长：王志强

副队长：聂保军　刘广和

冯铁炮（兼纪检组长）

（国家统计局石家庄调查队）

扶　贫

【概况】 2018年，市委、市政府专门召开扶贫会议33次，包村市领导下乡到村207人次。组建脱贫攻坚指挥中心，坚持每周调度一次扶贫工作，全年召开全市范围专题调度会议11次。采取各种帮扶措施，确定43个贫困程度较深村，从产业项目、基础设施建设、教育、卫生和金融等多方面入手，推动深度贫困村脱贫攻坚。全市共投入财政扶贫专项资金6.64亿元，其中上级2.93亿元、市级1.33亿元、县级2.38亿元。此外，支持教育扶贫7.23亿元、健康扶贫4.17亿元。按照《关于支持贫困县开展统筹整合使用财政涉农资金试点的实施意见》要求，4个重点贫困县整合涉农资金共计8.73亿元，其中平山县1.7亿元、行唐县2.67亿元、灵寿县2.38亿元、赞皇县1.98亿元。加强基础设施建设。全市共安排项目768个，投资8834万元提升改造200个贫困村配电网，完成66个贫困村光伏扶贫配套电网改造并网发电，易地扶贫搬迁人口安置完成905人，完成贫困户危房改造任务1431户，243个贫困村共建成水泥混凝土路约79.3万米、169.03万立方米，安装路灯18007盏，改造户厕30993座，清理积存垃圾14097.7立方米，设置便民垃圾桶6415个，配备保洁员617人。全年共有5.7万人脱贫，226个贫困村出列，3个县经过市级初审均达到摘帽标准。9月29日，省政府批准平山县脱贫。平山县脱贫摘帽，灵寿县、赞皇县、行唐县3个贫困县达到脱贫摘帽初审标准并通过省级验收，鹿泉区、藁城区、栾城区、正定县4组团区县实现贫困人口清零。至2018年底，全市脱贫5.7万人，共有226个贫困村脱贫出列。2018年全市扶贫脱贫工作投入财政专项资金7.24亿元，较2017年增长124%。实施产业扶贫项目245个，产业扶贫项目贫困村覆盖率、贫困户覆盖率均达100%。推广“旅游＋扶贫”“合作社＋农户”等扶贫脱贫新模式，拓宽贫困群众增收渠道。2018年全市有就业愿望和劳动能力的贫困劳动力16185人，实现就业16092人，就业率99.4%；易地扶贫搬迁建档立卡贫困人口1783人，同步搬迁人口943人，全部安置完成。落实学生资助帮扶政策，发放救助资金5.85亿元，受助学生177.97万人次，有效减轻家庭经济困难学生负担。城乡低保、特困保障标准提高，农村低保标准由每人每年4000元提高到4400元，特困人员救助供养标准调整为农村每人每年不低于5720元。建档立卡贫困人口医疗保险参保率100%，建档立卡贫困人口在省、市、县、乡四级定点医疗机构住院治疗，均实现先诊疗后付费、一站式报销结算。至2018年底，全市享受医疗保障救助提高待遇报销158.89万人次，报销资金1.79亿元。改善农村条件，实施硬件设施建设。新建和加宽农村公路284.5千米，总投资2.58亿元，涉及道路149条；改造危桥13座。筹措整合市县资金3231万元，解决64个贫困村、5.2万人饮水安全问题。投资8834万元提升改造贫困村配电网200个；新建改造贫困村光伏扶贫配套电网66个，惠及3个县72个扶贫村，每户获得连续20年、每年不低于3000元光伏发电收益。建档立卡贫困户实施危房改造2190户。采取“电商＋扶贫”模式，引导农村电商帮助建档立卡贫困户销售60.15万元，增收18.15万元，带动建档立卡贫困户就业240人。围绕医保目录外费用和个人自付费用较高导致贫困问题，制定出台《石家庄市医疗救助补充保险管理办法》，市县两级列支3000万元，建立“基本医疗保险＋大病保险＋民政救助＋医疗商业补充险”四重保障体系，并同步纳入“一站式”结算；2018年全市医疗救助收集补偿资料3606笔，补偿金额1589.42万元。落实机构改革方案，市扶贫和农业开发办公室更名为市扶贫开发办公室，将农业开发职能转入市农业农村局；改革后，市扶贫开发办公室内设处室8个，分别为综合处、督查处、政策法规处、统计信息处、考核评估处、开发指导处、社会扶贫处、机关党总支（人事处）。

（任学光　董昌）

【**帮扶措施**】产业扶贫。2018年全市共安排项目768个，县（市、区）贫困村和贫困户产业扶贫项目覆盖率达到100%。推广农村电子商务。组织贫困县特色农产品进超市活动，积极参与省商务厅与阿里巴巴集团兴农扶贫合作项目，推动电子商务在扶贫工作中发挥作用。农村电商帮助建档立卡贫困户销售60.15万元，帮助建档立卡贫困户增收18.15万元。培训建档立卡贫困户2141人次，服务建档立卡贫困户2237人次，带动建档立卡贫困户就业240人。就业扶贫。积极开展劳动力就业转移和培训，到2018年末全市共有就业愿望和劳动能力贫困人口16899人，就业人数达16008人，就业率95%。其中，累计就业6个月以上的贫困劳动力8804人。行唐县充分利用公益专岗开辟就业扶贫渠道，保障“三无（即无法离乡、无业可扶、无力脱贫）”劳动力就近就地就业、增收脱贫。行唐县设定护林员、治安联防员、护路员等岗位，累计开发扶贫公益岗位3300人。建立残疾人创业就业平台。行唐县打造集贫困户、残疾人就业创业和残疾人康复服务于一体的综合型园区，实现安置贫困残疾人和家属、农村留守妇女就业161人，辐射全县330个村，带动2199名贫困残疾人和贫困户就业增收。双创园负责人贾茹获省级脱贫攻坚奉献奖、国家脱贫攻坚奉献奖提名奖，并在国务院新闻办中外记者见面会上发言。科技扶贫。制定《石家庄市农业科技精准扶贫三年行动方案（2018～2020年）》，明确科技扶贫的总体要求、工作目标和保障措施，开展结对帮扶“走亲”活动。深入对口帮扶村深度贫困户慰问调研，共开展7次结对帮扶“走亲”活动。实施科技精准扶贫。加强赞皇、灵寿、行唐、平山等4个国家级贫困县的人才扶助工作，选派科技人才60名，服务带动农户4498户，服务企业、合作社、农民协会等机构121个，创办领办企业、合作社8个，建立示范基地95个。金融扶贫。强化资金支持，鼓励银行加大金融扶贫工作力度，推动贫困户贷款、产业扶贫贷款、项目扶贫贷款等信贷投放，建立完善扶贫小额信贷风险补偿、财政贴息机制，设立16个县金融服务中心、200个乡镇金融服务部、3752个村金融服务站，实现县、乡、村金融服务网络全覆盖。加大基础设施建设。2018年新建和改扩建农村公路里程达284.5千米，总投资2.58亿元，涉及道路149条，改造危桥13座。筹措整合市、县资金共3231万元，用于解决平山、行唐、灵寿等三个县64个贫困村、5.2万人口饮水安全问题。同时，争取省级资金2137万元，优先用于赞皇、行唐、灵寿、平山4个贫困县58个贫困村饮水安全工程。在完成贫困户村村通电基础上，2018年投资8834万元提升改造200个贫困村配电网，完成66个贫困村光伏扶贫配套电网改造并网发电，为3个县、72个村每户每年不低于3000元的光伏发电收益。全市易地扶贫搬迁人口安置完成905人，完成贫困户危房改造任务1431户。开展村容村貌整治。全面推进农村生活垃圾治理、农村厕所革命、农村生活污水治理和村容村貌整治，

2018年全市243个贫困村共建成水泥混凝土路约79.3万米、169.03万立方米，安装路灯18007盏，改造户厕30993座，清理积存垃圾14097.7立方米，设置便民垃圾桶6415个，配备保洁员617人。

【驻村帮扶】 石家庄市依托驻村帮扶工作专班，全面加强帮扶工作管理和督导，选派有担当的干部任驻村第一书记。开展企业驻村帮扶。引导企业以多种方式参与扶贫攻坚，下发“千企帮千村”精准扶贫工作方案和精准扶贫行动工作明白卡，通过与95家贫困程度较重的建档立卡贫困村结对帮扶，帮助贫困村拓宽致富门路。开展扶贫工作队培训。举办3期乡镇党政领导班子成员和1期驻村第一书记精准扶贫培训班，183名派出工作队第一书记全部培训一遍。2018年全国脱贫攻坚评比中，石家庄市灵寿县南营乡车谷砣村党支部书记陈春芳获“全国脱贫攻坚奋进奖”，石家庄外国语教育集团获“全国脱贫攻坚组织创新奖”。2018年河北省脱贫攻坚评比中，石家庄市5个集体和16名个人获评先进。先进集体分别是平山县扶贫和农业开发办公室、石家庄市卫生和计划生育委员会、石家庄市财政局、石家庄市税务局驻行唐县上方乡西城仔村工作队、石家庄市园林局驻平山县小觉镇黄连沟村工作队；奋进奖4人，分别是平山县苏家庄乡上东峪村党支部书记徐新中、赞皇县许亭乡幸福庄村村民李国瑞、高邑县万城镇武城村党支部书记周占海、灵寿县北洼乡南洼村党支部书记杨三妮；贡献奖5人，分别是市工商联秘书长张端树（驻平山县下槐镇南文都村第一书记）、国务院港澳办机关事务服务中心物业处处长王振强（赞皇人民政府挂职副县长）、中联部研究室三处处长李双伍（驻行唐县上方乡东井底村第一书记）、国家发改委重大项目稽查特派员办公室十四处主任科员夏凤阳（驻灵寿县南寨乡马家庄村第一书记）、西柏坡纪念馆办公室主任于海龙（驻平山县岗南镇武家庄村第一书记）；奉献奖5人，分别是行唐县残疾人双创园园长贾茹、君乐宝乳业有限公司总裁魏立华、河北益康功能材料有限公司总经理苏亿位、市山区蜜蜂产业技术创新联盟理事长陈秀英、石家庄仓澜创业孵化基地负责人李霞；创新奖2人，分别是石家庄市人力资源和社会保障局局长王德庆、灵寿县农村信用联社董事长司秦岭。

【扶贫举措】 开创产业扶贫新模式。平山县坚持把培育发展产业作为解决贫困问题的根本途径，以贫困群众为主体，以内生动力为驱动，以参与式、开发式扶贫为主线，探索建立“大产业覆盖、小产业带动、点对点帮扶”产业扶贫新机制。“大产业覆盖”，就是按照“合作社＋企业＋农户”模式，将4593.7万元财政扶贫资金注入47家重点景区和龙头企业，作为贫困群众的参股资金，折股量化、保底分红；“小产业带动”，就是按照“合作社＋特色产业＋农户”模式，引导所有贫困户入社，推动土地全面流转，发展乡村旅游、林果、药材等小而活的特色产业，使贫困群众靠薪金、股金和土地流转金持续稳定增收；“点对点帮扶”，就是按照“1+1”结对帮扶模式，引导帮扶责任人对农户开展产业精准帮扶，通过签订长期订购协议或帮助推销农副产品、办理小额贷款、推荐稳定就业等，重点带动边缘人群增加收入。2018年6月17日，《人民日报》刊发平山县“产业扶贫促发展”典型做法。引导社会资金投入。构建政府＋行业＋社会的扶贫投入模式，印发《关于企业定向捐赠贫困村资金有关事宜的通知》，构建专项扶贫、行业扶贫、社会扶贫互为补充的大扶贫格局，调动各方面积极性、引领市场、社会协同发力，形成全社会广泛参与脱贫攻坚格局，共70多家企业定向捐赠资金达180万元。建设精准大数据平台。利用数字化、信息化手段，建立覆盖面更广、数据更全、功能更强的脱贫攻坚数字化信息管理平台，实现多部门、多渠道数据汇聚，扶贫专班有效联动，市、县、乡、村、户、人扶贫信息纵向贯通，教育、卫生、医疗、住房、交通等多部门数据横向互联，全方位打造脱贫攻坚电子档案、工作管理、决策支持、绩效管理、问题预警、调度指挥信息系统，让扶贫成效一目了然，存在问题无所遁形，督导调度随时跟进，为稳固提升脱贫质量提供数据支撑。

【平山县脱贫“摘帽”】 平山县采取多种帮扶措施，实现脱贫出列。主要做法：20490名有劳动能力贫困人口实行产业脱贫，723名贫困学生落实“三免一助”扶持政策，19636名农村低保、五保人员实行政策兜底脱贫，2182名大病贫困人口实行医疗救助脱贫。1986年平山县列入国家级贫困县。2013年末全县建档立卡贫困人口37000户111619人，贫困发生率25.9%。2016年末平山县剩余贫困人口4084户6246人，贫困发生率降至1.39%。2017年平山县剩余贫困人口1849户3606人，贫困发生率降至0.84%。2018年平山县经过市级初审、省级验收检查评估，贫困县退出7项指标均达到标准要求。9月29日，省政府批准平山县脱贫。

【全国脱贫攻坚奖】 9月4日，国务院扶贫开发领导小组办公室公布2018年全国脱贫攻坚奖评选结果。灵寿县车谷砣村党支部书记陈春芳、石家庄外国语教育集团分别获得全国脱贫攻坚奋进奖和全国脱贫攻坚组织创新奖。灵寿县车谷砣村党支部书记陈春芳被当地群众称为“太行新愚公”。2011年底，陈春芳放弃自己小有成就的煤炭生意，回到贫穷闭塞的车谷砣村，带领村民劈山修路，发展生态旅游和生态种植、养殖，带领村民脱贫致富。2014～2018年，石家庄外国语教育集团主动担当教育扶贫社会责任，与赞皇县、行唐县、灵寿县、平山县、井陉县、元氏县6个山区县12所中小学开展校际结对精准帮扶，制定十年教育扶贫计划，实施九大帮扶工程，摸索出山区教育扶贫“三三四模式”，激发了山区师生教育脱贫的内生动力，创建出学校全员参与、社会广泛支持、科研课题引领、代表委员助力的教育扶贫新机制。2014～2018年石家庄外国语教育集团累计培训山区校长882人次、山区教师14.33万节次，为山区学校送课1537人次，邀请国外友好学校师生到山区交流575人次。

【教育扶贫】 2018年全市发放家庭经济困难学生生活补贴504万元，惠及学生17767人；发放交通补贴247万元，惠及学生12794人；87名教育扶贫项目初中建档立卡毕业生考入市直高中阶段学校，享受市级专项生活补贴和交通补贴。落实各级各类学生资助政策，确保困难学生应助尽助。2018年全市资助各学段困难学生177.98万人次，落实资助资金5.85亿元。山区教育扶贫工程。印发《关于进一步规范山区教育扶贫工程家庭经济困难学生生活补助发放工作的通知》。2018年石家庄市山区6县发放学生秋季生活补贴175.07万元，惠及学生7729人；发放秋季交通补贴127.93万元，惠及学生6432人。2018年山区教育扶贫工程项目共有4465名深山区初中毕业生参加中考，其中，2796名学生考入普通高中，其余1669名学生全部入读职业高中；837名高中毕业生参加高考，其中，本科上线480人，其余357人全部超过专科录取控制分数线。至2018年底，石家庄市实施山区教育扶贫工程6年，累计投入资金8.18亿元，新改扩建学校82所，转移安置深山区学生6.78万名；发放学生生活补助和交通补助资金1.1亿元，惠及学生11.7万人；全市1万余名山区初中毕业生接受高中阶段教育。

【健康扶贫】 印发《建立委领导健康扶贫包联制度》《成立健康扶贫政策帮扶工作组》《健康扶贫十大攻坚任务》等多个重要文件，聚焦大病集中救治、家庭医生签约服务、贫困人口县域内住院“先诊疗后付费”和“一站式”服务等重点任务，坚持领导包联、压实责任、集中攻坚，政策普及实现“四个明白”，即干部明白、医生明白、群众明白、贫困户明白；全市大病集中救治4224人，救治率100%；全市慢病签约服务救治39259人，救治率100%；全市重病兜底保障救治395人，救治率100%。贫困人口医疗负担明显下降。2018年全市建档立卡贫困患者医疗费用个人实际自付比例平均为6.09%，低于国家3.91个百分点，全省最低。基层救治能力明显提升。贫困人口县域内就诊率达到95%，高于全国政策5个百分点。被河北省扶贫开发和脱贫工作领导小组授予“2018年河北省脱贫攻坚先进集体”称号。

（商华）

社会保障

【概况】 2018年，全市城乡居民参加养老保险人数408.1万人，同比增加1.8万人。城镇职工参加养老保险人数253.6万人，同比增加15.1万人，其中，在岗职工参保人数189.9万人，离退休人员参保人数63.7万人。参加失业保险人数95.5万人，同比增加1.6万人。参加工伤保险人数164.1万人，同比增加8.8万人，其中，参加工伤保险农民工47.8万人，增加2.6万人。至2018年末，全市享受居民最低生活保障10.3万人，其中，城镇居民 1.4 万人，农村居民 8.8 万人。

【养老金调整】 全年企业退休职工人均增加养老金 133.3 元，月人均养老金达到 2552.7 元；机关事业单位退休（退职）人员人均增加养老金 161.64 元，月人均养老金达到 4049.95 元；城乡居民最低养老金人均增加 18 元，达到 108 元。开展“社保基金风险防控年”活动，制定 6 项措施，建立 4 本台账，实行周报月报制度，收回社保基金 546.09 万元。社会保险服务标准化国家级试点通过验收。机关事业单位养老保险基金清算全面完成。2018 年全市为参加城乡居民养老保险贫困人口代缴保险费 713.59 万元，代缴率达到 100%。

【工资及薪酬管理】 全面落实和调整机关企事业单位离退休人员退休费政策，提高事业单位绩效工资总量，调整艰苦边远地区津贴及部分岗位津贴。印发《关于落实以增加知识价值为导向分配政策的实施意见》，鼓励人才智力密集事业单位采取多种灵活收入分配办法。开展公立医院薪酬制度改革试点，制定出台《石家庄市公立医院薪酬制度改革试点工作的实施意见》，率先在全省实行《公立医院绩效工资总量核定和公立医院院长目标年薪管理办法》。深化市属国有企业负责人薪酬制度改革，依法做好薪酬清算、兑现和信息公开披露。2018 年审核通过 2017 年度市轨道交通公司、市水务集团、市公交总公司企业负责人薪酬发放额度。

（姚宏印）

医疗保障

【概况】 2018 年，全市参加基本医疗保险人数 937.5 万人，同比增加 10.6 万人。其中，参加城镇职工基本医疗保险人数 155.5 万人，增加 6.3 万人；参加城乡居民基本医疗保险人数 782.0 万人，增加 4.3 万人。参加生育保险人数 151.5 万人，同比增加 6.2 万人。2018 年职工基本医保基金收入 70.78 亿元，支出 56.99 亿元，累计结余 88.53 亿元；城乡居民基本医保基金收入 52.76 亿元，支出 53.39 亿元，累计结余 17.96 亿元；职工生育保险基金收入 8.31 亿元，支出 7.21 亿元，累计结余 1.35 亿元。2018 年全市申报慢性病 9.2 万人次，办理职工及居民医保备案 22.53 万人次、医疗费报销结算 16.28 万人次。至 2018 年底，全市职工医疗保险参保单位 18973 家。落实机构改革方案，组建成立市医疗保障局，为市政府工作部门，机构规格正县级；内设处室 7 个，分别为办公室、规划财务和法规处、待遇保障处、医药服务管理处、医药价格和招标采购处、基金监管处和机关党委（机关纪委、人事处）；地址位于市区槐安西路 9 号。下属事业单位 1 个（市医疗保险管理中心），机构规格副县级，设主任 1 名、副主任 4 名，内设科室 26 个。

【医保政策调整】 出台《石家庄市市区城镇职工生育保险实施办法》，2018 年职工医保缴费基数由原来 5.6 万元提高到 6 万元。城乡居民大病保险筹资额度调整，由原来每人每年 40 元提高到每人每年 60 元，城乡居民意外伤害险筹资额度由原来每人每年 30 元提高到每人每年 35 元。完善医疗保障政策，印发《关于调整城乡居民大病保险筹资标准的通知》《石家庄市医疗救助补充保险管理办法》《石家庄市长期护理保险试点实施办法（试行）》等政策文件。11 月 30 日起，17 种抗癌药纳入全市医保费用报销范围。实施医保扶贫政策，全年建档立卡贫困人员合规医疗费用报销比例市级达到 90% 以上，比一般居民提高 30 个百分点；县级达到 95% 以上，比一般居民提高 15 个百分点。修改完善“一站式”报销结算软件，全市建档立卡贫困人口在省、市、县、乡四级定点医疗机构住院治疗，均实现“一站式”报销结算。至 2018 年底，全市享受医疗保障救助提高待遇报销 158.89 万人次，金额 1.79 亿元。针对医保目录外费用和个人自付费用较高可能导致贫困问题，出台《石家庄市医疗救助补充保险管理办法》，由市、县财政每年出资 3000 万元，为建档立卡贫困人口建立“第四重保障”制度，将目录外医疗费用纳入报销范围。2018 年全市收集医保补偿资料 3606 笔，补偿金额 1589.42 万元，贫困人口医疗费用总体报销比例达到 95% 以上。

【医保基金监管】 开展打击欺诈骗取医保基金专项行动，专门抽调药学人员、信息大数据分析人员、财务人员组成综合检查组，通过网络系统分析、现场检查、调查核查、暗访夜查、走村入户调查走访等方式，拉网式检查医保定点医药机构。加大医保基金监管力度，出台《石家庄市城乡居民基本医疗保险风险调剂金管理办法》，从城乡居民基本医疗保险基金中按照上年基本医疗保险收入总额3%提取风险调剂金，用于当年城乡居民医保基本统筹基金发生超支时调剂使用。建立主要调控基金风险，确保城乡居民医保待遇落到实处。全面推行按病种付费为主、多元复合式医保支付方式，将按单病种付费病种扩大到106个。控制医疗费用不合理增长，规范“两定点”协议管理，根据日常监督检查发现的问题，及时调整和规范“两定点”协议内容，确保医药机构为参保人员提供必要和合理的医疗服务。升级改造医保信息系统，构建“事中实时监控、事后智能审核”智能监管体系。严密监控医疗机构临床诊疗行为，保证医保基金合理使用。

【异地就医结算】 扩大异地就医直接结算覆盖人群，由原来三类人群增加到异地安置退休人员、常驻外地在职职工、异地长期居住人员、转诊转院人员、农民工和外来创业就业人员六类人群。简化备案流程，由一年两次备案调整为随时备案。取消异地住院只限两家医疗机构限制，可直接备案到就医地市或省份，当地联网异地就医平台直接结算医院均可在备案后持卡住院，直接结算。将农民工和外来就业创业人员办理异地就医备案事前审查制修改为承诺补充制，取消备案时提供异地证明和盖章要求。扩大跨省异地就医结算医疗机构覆盖范围，全市21个县（市、区）和高新区开通跨省异地就医定点医疗机构144家，每个县级行政区至少开通1家，实现县级行政区异地就医直接结算全覆盖。至2018年底，全市办理跨省异地就医备案1.99万人，结算医疗费1亿余元。

（宋绍龙　智姣）

民族宗教事务

【概况】 2018年，石家庄民族宗教事务部门贯彻落实国务院《民族宗教事务条例》，落实扶持少数民族经济社会发展计划，积极创建民族和谐建设，开展宗教领域突出问题整治，确保少数民族和宗教场所安全稳定。全省民族宗教系统信息排名第　，受到省民族宗教事务厅通报表彰。市民族宗教事务局为市政府工作部门，归市委统战部领导，机构规格正县级。全市共有少数民族成分49个（没有门巴族、塔吉克族、塔塔尔族、德昂族、保安族、乌孜别克族），人口116657人，占全市人口总数的1.19%。全市有3个民族乡，少数民族人口主要分布在桥西区、新华区、裕华区、长安区、藁城区、无极县。10个信仰伊斯兰教的少数民族中石家庄市有6个分别为回族、维吾尔族、哈萨克族、东乡族、撒拉族、柯尔克孜族，人口共计59007人，占少数民族人口总数的50.58%。全市拥有宗教活动场所514处，其中寺观教堂216处、固定处所298处，宗教教职人员646名（含基督教传道员），信教群众39.99万人。

【少数民族地方建设】 加大宣传工作力度，让党的民族政策入耳入脑入心。开展民族团结教育“三个一”、首届民族文化节、“民族一家亲”文艺演出下基层、民族团结进步“宣传月”等宣传教育活动，营造各民族“像石榴籽那样紧紧抱在一起”的浓厚氛围。创建民族团结和谐社区。在少数民族流动人口集中的车站、批发市场等设立2个少数民族流动人口服务站，寓管理于服务之中，形成各族群众在全市共居、共学、共事、共乐的和谐氛围。发展少数民族地区经济。组织召开无极县高头回族乡现场办公会，确定市直有关部门帮扶高头回族乡3大类、21个项目，涉及资金3.06亿元，解决影响民族乡经济发展的基础设施差、民生项目资金短缺等难题。提前下达2018年少数民族资金共计325万元，中央和省级资金260万元。

【宗教事务管理】 落实各级党委抓宗教工作的主体责任、“三学三纳入”制度和宗教工作“三项制度”，在全市各乡镇（街道）配备宗教工作专职干部271名，人员、编制、职责全部落实到位，不断夯实基层宗教工作力量。制定出台《关于对全市性宗教团体及其负责人年度述职考评方案（试行）》《石家庄市基督教传道员认定办法》，有力推动全市教职人员教风建设。开展宗教领域突出问题攻坚专项行动。坚持问题导向，突出攻坚重点，制定行动方案，召开动员部署会，细化责任分解等措施，全力推进专项行动深入开展。共整理出宗教领域突出问题台账5类95条。其中，全市宗教领域突出问题台账5类11条；县（市、区）问题台账合计共5类84条。并组织召开"宗教领域突出问题攻坚专项行动"研讨会，帮助抓好突出问题整改。解决宗教团体人员、经费、办公用房等困难和问题，将宗教团体划拨办公经费列入2019年市财政预算。按照省委提出的新的"四进"要求，将宪法、社会主义核心价值观、中国传统文化等内容制成展牌在宗教活动场所悬挂、张贴，投入近7万元购置《习近平谈治国理政》《宗教事务条例释义》等图书3000余册发放到宗教活动场所。紧密结合和谐寺观创建活动，通过举办各种形式培训班，围绕宗教政策法规解读、推进宗教工作法治化、做好宗教领域和谐稳定等内容授课讲座，深入推动宗教工作规范化建设。向宗教活动场所派驻创建指导员，着力解决宗教工作"没人抓"和"没抓手"。

（王剑华）

退役军人事务

【概况】2018年12月20日，市退役军人事务局组建成立，为市政府工作部门，级别正县级，内设机构处室10个，分别是办公室、综合法规处、思想政治和权益维护处、规划财务处、移交安置处、就业创业处、军休服务管理处、拥军优抚和褒扬纪念处、直属单位党委、人事处；下属单位12个，分别为市军休一所至八所（市民政局划转）、市退役军人服务中心、市荣复军人疗养院、市军供站、市自主择业中心（市人力资源和社会保障局划转）；办公地址为石家庄市中山东路216号。6月30日至7月1日，全国退役军人工作经验交流会在石家庄市举行。中共中央政治局委员、国务院副总理孙春兰，中共中央政治局委员、中央政法委书记郭声琨，国务委员、公安部部长赵克志出席会议并讲话。会议总结交流石家庄市等地经验和做法，与会代表考察了石家庄市退役军人管理服务中心及裕强街道退役军人管理服务站、金域蓝湾退役军人服务站。做好军休干部服务和

2018年8月21日，市政协主席刘明轩（右五）专程慰问海军石家庄舰官兵并代表石家庄市赠送55万元慰问品

管理，开展军休所标准化建设试点，确定服务管理机构建设标准和规范化建设内容。围绕军休干部“两个待遇”“六个老有”要求，组织军休干部开展春游踏青、健步行走、夏季疗养等活动，满足军休干部精神文化需求。开展双拥共建活动，两次慰问海军石家庄舰官兵。8月21日，市政协主席刘明轩专程慰问海军石家庄舰官兵并代表石家庄市赠送55万元慰问品。向全社会宣传参军光荣，举办悬挂光荣牌活动，2018年全市悬挂光荣牌359886个，向26名现役军人家属报送立功喜报，发放一次性奖励金7.05万元。启动退役军人和其他优抚对象《优待证》发放，12月29日，市委、市政府、石家庄警备区联合举行退役军人优待证颁发仪式。重视退役军人移交和安置，全年安置军队转业干部计划分配人员397人（转业干部安置数量不是退役军转干部人员数量），全部按照计划安置完毕；安置符合条件退役士兵到事业单位493人、国有企业142人（安置数量不是当年退役人员数量），事业单位安置率达到77%。2018年全市为926名自主就业退役士兵和134名自谋职业退役士兵办理一次性经济补助领款手续，审批和发放一次性经济补助金5265.63万元。2018年石家庄市4个单位获评河北省退役军人管理服务工作先进单位，分别为高邑县民政局、裕华区退役军人管理服务中心、鹿泉区退役军人管理服务中心、市公安局新华分局治安大队；60人获评石家庄市优秀退役军人荣誉（参见“人物”下“石家庄市优秀退役军人”）。

【退役军人优抚】 2018年全市享受抚恤补助的优抚对象共78192人，其中伤残人员6087人，“三属”（烈士遗属、因公牺牲军人遗属、病故军人遗属）1287人，在乡复员军人1621人，带病回乡退伍军人2177人，参战参试退役人员7576人，60周岁以上农村籍退役士兵54967人，部分烈士（含中华人民共和国成立前错杀后被平反人员）子女4476人，铀矿开采退役人员1人。提高优抚对象抚恤补助标准。根据省民政厅、省委组织部、省财政厅通知，从2018年8月1日起，提高残疾军人、伤残人民警察、伤残国家机关工作人员、伤残民兵民工残疾抚恤金，烈士遗属、因公牺牲军人遗属、病故军人遗属定期抚恤金和在乡复员军人、带病回乡退伍军人、部分参战参试退役人员生活补助标准以及符合条件的农村籍退役士兵、老烈士子女（含中华人民共和国成立前错杀后被平反人员子女）老年生活补助。在2017年基础上，残疾抚恤金每人每年提高690～7290元不等，“三属”定期抚恤金每人每年提高2310～18700元不等，在乡复员军人生活补助每人每月提高100元，带病回乡退伍军人和部分参战参试退役人员生活补助每人每月提高50元，老烈士子女（含中华人民共和国成立前错杀后被平反人员子女）定期生活补助每人每月提高50元，60周岁以上农村籍退役士兵每服一年义务兵役每人每月提高5元。优抚政策落实。春节、八一前夕分别组织市领导对驻石部队、光荣院、部分重点优抚对象及军队离退休干部休养所进行走访慰问。9月中下旬，组织全市原8023部队和其他参加核试验军队退役人员约1300人，在市人民医院体检中心进行健康体检。11月底，按照相关文件规定，对市内各区部分重点优抚对象实行冬季采暖补贴。至2018年底，全市16个光荣院、15个烈士陵园、2个优抚医院（正定光荣院除外）均转隶划入市退役军人事务部门管理。

【慰问驻军官兵及现役军人家属】 7月27日至8月1日，市委、市人大常委会、市政府、市政协、石家庄警备区领导走访慰问驻石部队官兵、优抚对象和退役军人。8月1日，省委常委、市委书记、石家庄警备区党委第一书记邢国辉等到中部战区陆军机关走访慰问官兵。7月27日，市委副书记李德进到国防大学联合作战学院、中国人民解放军93558部队及优抚对象家中走访慰问；市人大常委会主任司存喜，市委常委、副市长张学勤，市政协副主席闫纯锴到武警河北省总队、中国人民解放军93498部队走访慰问；市政协主席刘明轩、市人大常委会副主任韩保来、石家庄警备区政治工作处主任曹强到陆军工程大学石家庄校区、武警某部走访慰问。开展悬挂光荣牌活动，全年悬挂光荣牌359886。向26名现役军人家属报送立功喜报，发放一次性奖励金7.05万元。

（王雅南　穆红凯）

民 政

【概况】 2018年，石家庄市共有城市低保人数1.43万人，农村低保人数8.83万人。全市共接收军队退休干部（士官）144人，其中市本级接收136人。全市累计接收军休干部（士官）6624人，接收无军籍退休退职职工2303人。全市享受抚恤补助的优抚对象共78192人，其中伤残人员6087人，“三属”（烈士遗属、因公牺牲军人遗属、病故军人遗属）1287人，在乡复员军人1621人，带病回乡退伍军人2177人，参战参试退役人员7576人，60周岁以上农村籍退役士兵54967人，部分烈士（含中华人民共和国成立前错杀后被平反人员）子女4476人，铀矿开采退役人员1人。根据市委深化改革小组要求，市民政局退役军人优抚安置职责与市人力资源和社会保障局军官转业安置职责等进行整合，于2018年11月27日成立筹备组，2018年12月20日组建市退役军人事务局，2018年12月26日正式挂牌。民政局12个下属事业单位（分别是军运供应站、自主择业军转干部管理中心、退役军人服务中心、荣军医院和第一到第八军休所）、16个光荣院、15个烈士陵园、2个优抚医院（正定光荣院除外）均已转隶为退役军人事务部门。印发《石家庄市节地生态安葬奖补办法》，启用新版“殡葬信息管理系统”及新版火化证、骨灰安放证，向市行政审批局划转“建设殡仪馆、火葬场、殡仪服务站、骨灰堂、经营性公墓、农村公益性墓地审核权限”。2018年全市火化遗体43271具，18个殡仪馆改造火化炉61台、遗物焚烧炉18台、祭品焚烧炉18台。婚姻登记。全市共办理国内结婚登记67481对，离婚登记24767对，补发婚姻登记证书2.03万对。共办理涉外结婚登记186对，离婚登记33对，补发婚姻登记证书13对。6月1日起，全市婚姻登记机关提供免费为当事人复印身份证、户口簿等存档材料服务。慈善捐赠。市慈善总会累计开展慈善募捐、项目救助和慈善宣传等各项活动18次，共接收社会捐赠款物总价值662.96万元，其中接收善款548.5万元（包括社会捐款383.79万元）；接收物资价值114.46万元。全年累计救助款物达418.24万元，其中发放救助金约336.84万元、发放救助物资价值约81.4万元，惠及困难群体7万余人次。落实机构改革方案，将退役士兵安置、军队离休退休干部安置管理和双拥优抚等职责由市民政局划转至市退役军人事务局，将救灾职责由市民政局划转至市应急管理局，将医疗救助职责由市民政局划转至市医疗保障局，将老龄工作职责由市民政局划转至市卫生健康委员会。

【抚恤优抚】 8月1日起，伤残人员（残疾军人、伤残人民警察、伤残国家机关工作人员、伤残民兵民工）残疾抚恤金标准、“三属”（烈士遗属、因公牺牲军人遗属、病故军人遗属）定期抚恤金标准、“三红”（在乡退伍红军老战士、在乡西路军红军老战士、红军失散人员）生活补助标准，在原基础上提高10%，在乡老复员军人生活补助标准在原基础上每人每年提高1200元，烈士老年子女生活补助标准由原每人每月390元提高至440元，提高标准经费由中央财政承担。带病回乡退伍军人生活补助标准由原每人每月500元提高至550元、参战参试退役军人生活补助标准由原每人每月550元提高至600元，农村籍老义务兵每服一年义务兵役每月增加补助5元，达到每月35元，提高标准经费由中央财政和地方财政按比例承担。抚恤金标准、生活补助标准提高后，一级因战、因公、因病残疾军人抚恤金标准分别为每人每年80140元、77610元、75060元，分别比2017年提高7290元、7060元、6820元；“三属”定期抚恤金标准分别提高到每人每年25440元、21850元和20550元；“三红”生活补助标准分别提高到每人每年55570元、55570元和25070元。

（梅世雄）

【“慈善光明行”白内障贫困患者救助】 2017年1月，市民政局、市慈善总会联合石家庄爱尔眼科医院启动“慈善光明行”白内障贫困患者救助项目。设置期限3年，主要面向石家庄贫困白内障患者开展公益慈善行活动，项目救助资金1000万元。2018年初，“慈善光明行”项目获得河北省最具影响力慈善项目大奖。2018年12月，市民政局、市慈善总会联合石家庄爱尔眼科医院在市亚太大酒店举行2018年“慈善光明行”石家庄白内障贫困患者救助项目总结座谈会，湖南省爱眼公益基金会现场向市慈善总会捐赠项目救助资金320万元。2017～2018年，“慈善光明行”项目执行单位石家庄爱尔眼科医院举办白内障筛查、科普讲座1万多场次，全市46万人接受眼部义诊，手术救助贫困白内障患者3万多人次。

（王静）

【《节地生态安葬奖补办法》】 1月24日，市政府办公厅印发《石家庄市节地生态安葬奖补办法》(石政办函〔2018〕10号)，自1月1日起执行。主要内容：节地生态安葬包括骨灰立体安葬、骨灰自然安葬和骨灰撒散等。骨灰立体安葬是指将骨灰安放在骨灰堂、墙、廊等立体安葬设施格位中安葬方式；骨灰自然安葬是指将骨灰装入可降解容器或直接埋入土中，并在安葬区域种花、种草、植树等生态绿化、美化，不建墓基、墓碑和墓穴，不保留骨灰安葬方式；骨灰撒散是指将骨灰全部撒入大海等，不保留骨灰安葬方式。节地生态安葬奖补对象：具有石家庄市户籍逝者，亲属自愿在民政部门批准建立的公墓、骨灰堂等殡葬服务机构（不包括农村公益性公墓和骨灰堂）选择节地生态安葬方式。节地生态安葬减免、奖补项目和标准：骨灰立体安葬：在民政部门所属殡仪馆、骨灰堂安葬，免费提供骨灰格位，并免除寄存管理费。在经营性公墓安葬，重点优抚对象、低保对象每个格位一次性补贴1000元，其他逝者每个格位一次性补贴500元。骨灰自然安葬：一次性补助每具2000元。重点优抚对象、低保对象可免费提供可降解骨灰容器、骨灰告别及安葬仪式。骨灰撒散：免费提供4名以内逝者亲属陪同撒散服务。土葬改革区自愿火化逝者，除享受减免、补助政策外，一次性每具奖励2000元。骨灰二次安葬不再享受奖补政策。

（市档案馆）

【社会救助】 2018年1月1日，石家庄市城乡最低生活保障标准调整。城市低保标准调整为最低每人每月610元（7320元/年），补差标准为每月不低于350元；农村低保标准调整为最低每人每年4400元，补差标准为每月不低于200元。建立石家庄市流浪乞讨人员救助管理工作领导小组，通过条块结合、街面巡查、督导检查、分类施救、信息录入等措施，全年共救助生活无着流浪乞讨人员2.5万人次。协调公安部门建立DNA采集、人像识别等寻亲服务机制，开展寻亲服务1152人，成功送返534人。开展特困人员救助工程。按照《关于调整特困人员救助供养指导标准的意见》，调整石家庄市特困人员救助供养标准，调整后城市特困人员救助标准不低于9516元/年，农村特困人员救助标准不低于5720元/年。6月，印发《关于全市公办敬老院市场化改革与创新运营管理模式的指导意见》，在全市开展敬老院市场化改革。8月，全市开展特困人员生活自理能力评估工作。全市所有乡镇（街道）全部建立健全“一门受理、协同办理”工作机制，保障城乡困难群众求助有门、受助及时。小额救助审批权限下放至乡镇（街道）。至2018年底临时救助2.79万人次，共计支出资金2422万元。印发《石家庄市困难老年人社区居家养老服务补贴制度实施方案》，全面落实困难老年人社区居家养老服务补贴制度，全年共为15228名困难老年人发放社区居家养老服务补贴2109.32万元。加强未成年人保护。2018年全市建成未成年人保护中心服务网点44个，共办理收养登记55件，解除收养登记2件。建立收养前收养能力评估制度。全市3900余名农村留守儿童和12000余名困境儿童信息动态管理，为全市283名乡镇督导员和4720名儿童主任建立信息台账，实现实名制管理，基本建立县、乡镇、村三级儿童福利服务队伍。开展孤弃儿童养育情况大排查，取缔2家非法民办养育机构，为全市2400余名孤弃儿童发放基本生活补贴2723.59万元，申请“残疾孤儿手术康复明天计划”51人次，为孤残儿童提供免费手术治疗。

【社会组织】 2018年石家庄市共有社会组织3489个，其中社团1059个，社会服务机构2430个。开展打击整治非法社会组织专项行动和违法违规社会组织清理整顿，共取缔非法社会组织3家、劝散22家、引导登记27家，对34家1年没有参加年检的社会组织给予警告，对20家连续2年没有参加年检的社会组织给予撤销登记处罚。全年安排资金600余万元在市内区建立24个街道级综合社工站和13个专项社工服务站点，在赞皇、平山、灵寿、行唐和井陉县设立困境、留守儿童社工服务站，服务人数超过6.1万人次。组织3期社会工作者开展教育培训，培训人数400

余人次。石家庄市社会福利院工作人员孙文花（女）被评为“社会工作领域市管拔尖人才”、市社会工作协会工作人员杜娜被评为“河北省第二批社会工作领军人才”。

【养老服务】 发展养老康复产业。印发《石家庄市养老及康复辅助器具产业发展规划（2018～2020年）》《关于加快养老及康复辅助器具产业发展的若干政策措施》，将养老及康复辅助器具产业列为构建“4+4”现代产业重点工作之一；按照“一区一品、特色发展”思路，市发展改革委、市工业和信息化局、市民政局等部门联合相关科研院所、行业协会研究制定支持政策及措施30条，全力打造高新区高端医疗器械集聚区、鹿泉智慧健康养老科技产业园、井陉矿区康复辅助器具产业示范区和西部太行山康养产业带。2018年全市新增养老机构13家、机构养老床位1236张；累计养老机构达到209家，机构养老床位总量3.1万张，托养老人1.6万人，平均入住率53%。全年发放养老机构一次性建设补贴122.8万元，运营补贴1451.16万元。开展养老院星级质量评定工作，市老年养护院获评五星级养老机构，45家获评二、三、四星。其中，四星级4家、三星级21家、二星级20家。持续推进国家级社区和居家养老试点，全市74家综合居家养老服务中心、市内五区10家小微型嵌入式社区照护中心全部实现运营。开展居家养老服务中心等级评定，认定金牌服务单位16家，银牌服务单位17家，铜牌服务单位12家。建立高龄老年人统计台账，全年向10799名高龄老人发放市级资金高龄津贴356.31万元。

【福利彩票】 2018年石家庄市福利彩票总销量（含平山县、辛集市）共计100214万元。其中电脑票销量共计63281万元、即开票销量共计4965万元、中福在线共计31968万元。举办“福彩助困过好年”活动，共用74.2万元福彩公益金资助市区低保家庭、因重大疾病或遭遇车祸、火灾等意外事故造成巨大经济损失的困难群体742人。7月，石家庄市开展第十八届“福彩献真情，爱心助学子”活动，共投入196.62万元资助339名符合条件的考生，其中低保家庭、建档立卡贫困家庭考生316人，孤儿23人，每人5800元。联合第42中学创办的高中“福彩助学班”，投入公益金120万元，资助学生共计200名，其中高二年级100名学生、高三年级100名学生，每人每年资助6000元。联合石家庄市第38中学，投入福彩公益金120万元资助该校书法专业贫困学生，共资助学生200名，每名学生每年学费及生活费6000元。

【区划地名】 全年共审批命名居民区108个，更名居民区1个，审核备案命名大型建筑物37个，命名街路52条。108个居民区分别是：经贸大学东苑、湖山郡府（1-4号楼）、胜美家园（1栋楼）、福盛家园、顺通紫辰院、保利堂悦小区、东明苑、合泰苑、北城山水小区（8栋楼）、利航观棠府、溪山晴庐小区（25栋楼）、磊阳湖畔小区（11栋楼）、博东园、林荫春天家园（6栋楼）、金科博翠园、枫林水郡（4栋楼）、剑桥春雨小区（商务楼4栋、住宅楼24栋）、保合盛世御城（四区）、金辉优步小区（优园）、和平阳光苑、和西苑、天山熙悦小区（一区、二区）、瑞城北区、华誉智璟苑、华誉名璟苑、鑫界万悦府（9栋住宅楼）、安联生态城（檀悦府）、安联生态城（雅诗阁）、际华苑、际华佳林苑（东区、西区）、瀚正御璟苑（2栋楼）、博远嘉苑、众里景园（6栋楼）、金科府、水润华府（2栋楼）、远洋晟庭（11栋楼）、金盛悦府、中阳润庭、福美小区（锦园）、福美小区（福园）、福安熙华府、天山依澜小区（7栋住宅楼）、天山观澜园、中睿府、润江翡丽华府、玖珑福邸（4栋住宅楼）、金辉优步小区（品园）、金辉优步小区（智园）、福临名邸（8栋住宅楼）、瀚正御璟苑（9栋住宅楼）、常春藤小区（西区）、常春藤小区（南区8栋楼）、半岛名邸（一区8栋住宅楼）、福美瑜瑾园、翠景园（南区）、翠景园（北区）、厚德锦城（9栋住宅楼、3栋商业楼）、北城山水小区（3号楼、5号楼）、臻园（1、2号楼，7-11号楼）、荣盛荣和府、荣盛盛御府、春熙雅园（1号楼）、尚和明珠苑、丽湾御园、润煦园、华庭家园、辰景园、中山华府丁香院、御园、润江悦府、建勘家园、安和苑、康德郡、万源雅筑小区（1、2、4、5、6、9、10、11号住宅楼）、天力家园（北区：2栋楼）、东创铂悦府、紫睿枫景小区（8栋住宅楼、2栋商业楼）、盛佳锦绣家园、冀铁馨苑（1、2号楼）、金辉云著小区、恒山天功颂园、安联天颂府、万合名著小区、星荟园、鸿昇燕园、锦园、璀璨裕华园、天山国熙府（壹号院）、天下锦程花苑（3栋楼）、四季百花郡、天力家园（北区：5栋楼）、天山御熙园（6栋楼）、胜利三佳馨苑、帝华鸿府、帝华尚锦苑、云杉溪谷璟苑、天山御熙园（7栋楼）、厚德海山锦园、荣威紫郡、吴家庄天润家园（一区）、（二区）、（三区）、（四区）、帝华御锦苑、乐嘉名苑（1号楼）、华鹰雅苑、仕林名邸、燕港美域小区（1、2、4、5、6、10、11号楼）、富贵城（一区）、幸福城（三区）、荣熙苑。1个更名居民区是东王丁科苑更名为东王新村。37个审核备案大型建筑物名称分别是梧桐商务中心、正阳城市广场、保利广场（北区）、融华商务大厦、超达晶彩中心广场、玖隆大厦、紫润大厦、保利智悦大厦、石家庄长安万达广场、瑞城广场、紫裕商务楼、万悦大厦、富力广场、尚郡广场、建华城市广场（3、4号楼）、远洋晟庭（15、16号办公楼、17号商业楼）、荣盛智慧城市广场、天山创业城（3栋楼）、智创谷中心（11栋）、华庭广场、嘉瑞商务楼、绿地中山大厦、绿地胜利大厦、石家庄国际贸易城二区（2号馆西、1号商务楼）、石家庄国际贸易城三区（3号馆西、1号商务楼）、柳林大厦、半岛名邸大厦、启新商务大厦、绿地铭创大厦、旭苑科汇城（1-5栋楼）、未来汇大厦、鸿德广场、世茂大厦、汉和商务大厦、旺洋商业广场（16栋楼）、胜利三佳大厦、尚峰汇大厦。命名街路52条分别是：茶仓路、莲花路、东营路、景瑞路、南高基路、玉兰街、北焦路、福荣街、天龙路、东三庄街、贤明路、荣达街、植物园西街、华文路、卧龙路、牧场大街、飞翔街、大郭东街、兴泰街、兴茂街、文达路、建达路、机械路、封龙大街、仰陵大街、富仰街、钦仰街、丰仰街、天云路、中仰陵路、西仰陵路、景仰路、后太保路、双剑路、柳林路、柳林南路、燕乐街、宋营街、北宋北路、十中街、申福路、环裕路、园艺街、东新街、天慧路、通乡路、留营路、合作路、祥和街、凤桥街、龙山街、书院路。按照省、市美丽乡村建设要求，指导各县（市）完成406个村地名标志设置，完成227块街路标志设置。《石家庄市地名志》（城区卷）完成两次校稿，出版社正在修订排版。开展平安边界创建工作，指导县（市、区）完成1条市界和11条县界的联合勘查。协助市水务局等部门做好行政区域界线现场指认工作。

（王静）

应急管理

【概况】 2018年，石家庄市应急管理局扎实开展事故隐患大排查大整治攻坚行动。全年共排查企业24302家，暗访暗查企业550家次，发现隐患42423项，已整改隐患40936项，整改率达到96%。关闭取缔企业16家，停产整顿60家，实施经济处罚2450余万元，约谈政府部门、企业59家，党纪政纪处分4人。持续开展重点行业领域专项整治，排查整治非煤矿山914条隐患。实施危险化学品安全综合治理，审查A类、B类危化企业，建设危险化学品追溯体系。始终保持打非治违高压态势。动员市、县、乡、村四级力量，采取明察暗访、部门联合行动等措施，加大违法生产经营行为执法检查。责成22家企业补办相关手续，撤销18个烟花爆竹零售许可证。出台《关于推进安全生产领域改革发展的实施办法》，组织非煤矿山、危化、冶金等高危行业企业观摩执法99次，邀请905家企业1875名安全管理人员参与观摩。市级组织危化、冶金等高危企业应急救援演习2次，县级618场次，直接参与人数2.2万余人。全年共发生各类生产经营事故135起，死亡112人，同比减少27起和4人，分别下降16.7%和3.4%，其中工矿商贸领域发生1起6人死亡较大事故。开展第17个全国“安全生产月”系列活动，完成应急管理部安全月活动专项抽查。修订完成《石家庄市负有安全生产监管（审批）部门权力清单和责任清单》，明确县、乡党委和政府主要负责人严格落实安全生产第一责任人，建立安全生产领导包联责任制和安全生产巡查制度，强化安全生产责任落头。加强企业诚信管理。共定级发布诚信企业2062家，新增发放诚信等级证书四批共658份，累计发布市级黑名单企业6家并全部依法关闭。4月24日，组织各县（市、区）578家企业，共636人开展年度诚信管理业务培训。参加全省安监系统执法岗位技能比武活动，共获得团体一等奖1项、二等奖2项、3等奖1项，个人奖4项。尾矿库“专家会诊”安全隐患排查工作被省安监局通报表扬。石家庄市安监局选送作品《举报隐患 共享安全》获得“河北省第三届广播电视公益广告大赛优秀奖”。石家庄市在全国安全生产宣传教育工作会议上交流工作经验。6个基层社区被国家评为“综合减灾示范社区”。格力电器（石家庄）有限公司入选应急管理部2018年第一批安全生产守信联合激励单位。12月24日清晨6时许，河北医科大学家属宿舍8号楼1单元402室住户天然气泄漏发生爆燃，至12月24日23时55分，现场搜救工作结束，事故导致4人死亡，4人受伤。落实机构改革方案，撤销石家庄市安全生产监督管理局，组建石家庄市应急管理局，机构规格正县级，加挂市地震局牌子；改革后，市应急管理局内设处室23个，分别为办公室、应急指挥中心、人事培训处、教育训练处、风险监测减灾处、火灾防治管理处、防汛抗旱处、震害防御处、地震地质灾害救援处、危险化学品安全监督管理处、非煤矿山安全监督管理处、工商贸行业安全监督管理处、安全生产综合监管处、综合协调处、救灾物资保障处、救援协调和预案管理处、政策法规处、规划财务处、事故调查统计处、科技信息化处、新闻宣传处、直属单位党委（机关纪委）。12月26日，市应急管理局挂牌，办公地址位于石家庄市新华区和平西路219号。

【安全生产培训】 高危行业市属及以下生产经营单位安全管理人员考核工作。完成危化行业生产经营单位安全管理人员考核40期、2745人；非煤矿山行业生产经营单位安全管理人员考核2期168人；有限空间作业行业生产经营单位安全管理人员考核2期、91人；烟花爆竹行业生产经营单位安全管理人员考核2期、77人。特种作业人员（特种设备作业人员除外）考核、发证工作。完成高压电工换证、取证考核59期，完成低压电工取证、换证考核38期，完成焊工取证考核27期，完成登高作业取证考核1期。完成特种作业初次取证考核5304人，制发特种作业操作证15576个。完成特种作业延期换证考核11623人，换发特种作业操作证10276个。市属及以下高危行业以外其他生产经营单位主要负责人、安全管理人员考核、发证工作。完成市属及以下高危行业以外其他生产经营单位主要负责人、安全管理人员考核78期、6342人、发证4833本。基层（乡镇、街道）安全生产委托执法人员培训。5月8日至31日，在中山宾馆举办基层（乡镇、街道）安全生产委托执法取证、换证培训班6期，培训人员737名。

【安全生产宣传】 省应急管理厅、省教育厅等6个单位联合发文表彰全省安全生产志愿服务优秀单位和个人。石家庄市18名个人、4个项目、4个组织、10位工作者、7个单位分获第四届全省优秀安全生产志愿者、优秀安全生产志愿服务项目、优秀安全生产志愿服务组织、安全生产志愿服务先进工作者、安全生产志愿服务工作先进单位。2018年推选1家一级、5家二级、25家三级标准化企业分别参加国家级、省级、市级安全文化建设示范企业创建活动。赞皇金隅水泥有限公司被命名为全国安全文化建设示范企业，22家企业被命名为省级安全文化建设示范企业，12家企业被命名为市级安全文化建设示范企业。组织开展2018年“冀中能源杯”全民安全知识网络竞赛活动，全市共计43.18万人次参加全国竞赛活动。12月13日，参加全省“冀中能源杯”安全知识电视竞赛，石家庄市代表队荣获优秀奖。组织筹划《安全生产法》《河北省安全生产条例》宣贯活动，制定活动实施方案印发县（市、区）和市安全生产委员会成员单位，期间共印制学习资料12.6万册，组织培训学习84场。

【安全生产监管】 依法依规惩处非法违法、违规违章企业。联合公安系统严厉查处私藏雷管、炸药等危爆物品非法违法行为，取缔烟花爆竹零售点18个，收缴烟花爆竹8747件、双响33020个、礼花弹12643枚、原材料951公斤，行政处罚359人。检查住建系统工地628家，暗访83个，查出隐患2402项。交管系统查处酒驾736起、醉驾295起，“三超一疲劳”16681起，行政拘留122人，吊销驾驶证468本，宣传报道335次。安监系统执法检查危化企业2089家次，查处隐患6802条，关闭取缔9家，停产整顿40家，罚款535万余元。消防会同商务、文广新、教育、卫计委等多部门检查人员密集场所，排查整治火灾隐患11127项，督促整改火灾隐患10523项，其中重大隐患8项，并全部整改到位。深化安全生产大排查大整治攻坚行动。持续开展“打非治违”，拉网式排查企业废弃厂房、偏僻院落等重点部位，共查处非法违法企业、经营场所269家，手续不齐全企业317家，长期关停企业63家，打掉非法加工窝点54家。安全事故统计。2018年全市共发生生产经营类事故135起，同比减少27起，下降16.7%；死亡112人，同比减少4人。发生一次死亡3～9人事故1起，死亡6人，上升100%。其中，工矿商贸企业共发生生产安全事故6起，同比减少1起，发生6人死亡事故1起；道路交通领域发生生产经营性事故127起，同比减少26起，下降17.0%，死亡99人，同比减少6人，下降5.7%；生产经营性火灾事故2起，无人死亡。非煤矿山安全生产监管。通过招投标确定河北国泰安全评价有限公司、河北英博认证有限公司、中钢石家庄工程设计研究院有限公司3家中介机构对全市14家地下矿山生产系统、13家露天矿山生产系统、131座尾矿库、7家选矿厂安全隐患排查“专家会诊”工作，共排查问题和隐患928条，有效提高全市非煤矿山安全生产水平。全年共投入资金503万元，实施尾矿库闭库、“头顶库”和地下矿山采空区治理等重大安全隐患治理，对8座尾矿库实施闭库治理，治理3座“头顶库”和3家地下矿山采空区隐患。工商贸行业安全监管。贯彻落实《河北省安全生产风险管控与隐患治理规定》(省政府2号令)，开展冶金等工贸行业专项整治，企业自查隐患2604项，督促冶金企业实施相应设备设施改造。召开涉氨制冷专项整治工作调度会，对3个重点县9家企业整治情况开展明察暗访，发现问题和隐患48条。赵县对128家不符合安全生产条件冷库采取查封、摘表、断电等措施；藁城区拆除设备停止使用冷库29家，区财政出资40多万元对所有冷库制冷设备实施检验检测。开展监管执法，指导企业完善规章制度，自觉加大安全投入，强化企业内控，对安全工作不作为问题实施严厉处罚，倒逼企业全面落实安全生产主体责任。2018年全市检查企业370家，发现一般隐患910起，整改一般隐患910起，经济处罚27.3万元。危险化学品安全监管。持续深入开展危险化学品烟花爆竹“打非治违”工作，成立领导小组，建立定期通报、调度制度，严格落实县、乡、村主体责任，严格检查试生产、合法企业非法改扩建等关键环节，共协助22家企业补办相关手续，关停取缔135家非法企业，撤销18个烟花爆竹零售许可证，对89家不符合安全生产条件企业责令停产整改，注销8家企业，将65家规模小、条件差、存在严重管理问题的生产企业列入注销范围，并提请当地政府予以关闭。持续推进危险化学品安全综合治理。完成5家人口密集区危化搬迁企业迁验收工作，深刻吸取新乐“11·7”燃爆事故教训。2018年11月7日15时，河北金万泰化肥有限责任公司2#尾气燃烧炉烘炉作业过程中发生燃爆事故，造成6人死亡，7人受伤，直接经济损失约947.14万元。事故发生后，省委书记王东峰、省长许勤，省委常委、市委书记邢国辉等领导分别作出重要批示，要求全力救援，切查事故原因，严肃追究事故责任单位及相关人员责任，并制定针对性整改措施，切实用事故教训推动安全生产工作。

【应急救援】 多层级组织安全生产月应急演练活动。按照全市安全生产月安排部署，精心谋划安全生产月应急预案演练活动，印发《2018年全市“安全生产月”应急预案演练活动方案》(石安委办〔2018〕32号)，安全生产月期间全市共组织规模较大演练618场次，其中平山县、新华区、栾城区、晋州市、藁城区、灵寿县、新乐市、无极县、元氏县等县(市、区)政府组织演练14场次，部门组织演练72场次，企业组织综合演练532场次，投入演练费用580余万元，动用主要装备器材6200余台(件、套)，直接参与人数共达2.2万余人。圆满完成市级危险化学品和冶金企业煤气泄漏事故应急救援演习活动。6月29日，在石家庄宝丰化工有限公司举行危险化学品事故应急救援演习。10月18日，在敬业集团与平山县人民政府联合举行冶金企业煤气泄漏事故应急救援演习，通过演习检验应急预案，磨合应急响应机制，锻炼应急救援队伍，提升防灾减灾救灾能力，为全市开展安全生产事故应急救援演习起到示范引领作用。消防演练。10月26日，由省市两级政府牵头组织，河北省消防总队策划，市应急管理办公室、市公安消防支队、塔坛国际商贸城共同承办的石家庄市大型商业综合体灭火救援综合应急实战演练在塔坛国际商贸城举行。演练采用信息化手段，全方位展示大型商业综合体灭火救援的全过程和全要素，包括规范等级力量调派、现场组织指挥、作战力量编成、穹顶开窗、内攻人员搜救、高层供水技术等内容。出动各类消防车44辆，参与消防官兵200余人。

【地质灾害】 2018年石家庄市主要

遭受风雹、洪涝和低温冷冻等自然灾害，给人民群众生命财产造成不同程度损失。根据各县（市、区）灾情年报统计，共有14个县（市、区）92个乡镇，68.44万人不同程度受灾。农作物累计受灾面积约5.45万公顷，其中绝收面积约1305.73公顷，倒塌房屋51间，严重损坏房屋22间，一般损坏房屋41间，因灾造成直接经济损失达1.81亿元。赞皇县、晋州市、平山县、行唐县、新乐市、深泽县受灾相对较重。根据历年数据分析属灾情较轻年份。加强地质灾害防治。严格落实责任，及时调整地质灾害防治工作领导小组和地质灾害应急指挥系统，组织专家排查地质灾害隐患点467处，确定市级隐患重点58处，印发地质灾害防治方案，完善汛期值班、灾害预警巡查等各项防灾制度。减灾救灾。各县（市、区）共下拨冬春生活救助资金660万元，救助因灾困难人员4.42万人。同时，针对部分灾区受灾群众存在缺衣少被，煤改气之后取暖得不到保障等情况，及时启动市救灾物资库储备，将棉被、棉褥、棉大衣、电取暖器等2550余件、价值43.2万元物资，下发到多灾易灾县，保障受灾困难人员的基本生产和生活。组织召开全市减灾救灾工作会议，传达贯彻全省防灾减灾救灾工作会议精神，明确加强防灾减灾体制机制建设，强化防灾减灾宣传教育，全力以赴做好自然灾害应对，救助因灾困难人员，加强防灾备灾能力建设和稳步推进农房保险试点等重点工作。防灾演练。5月11日，石家庄市举行“5·12”防灾减灾宣传活动暨救灾应急预案综合演练。省民政厅、省减灾委员会、市减灾委员会及其成员单位和23个县（市）区民政系统领导、河北科技大学部分师生、裕华区消防、医疗等1800余人参加演练。活动主要内容有：举办全市“十二五”“十三五”防灾减灾成果展及防灾减灾宣传活动，以图文形式宣传全市23个县（市、区）“十二五”以来防灾减灾救灾工作主要成就，共展出图片180多张。组织河北科技大学师生和相关部门开展应急避险综合演练活动。演练以地震为背景，采取模拟与实战方式，通过预警预报、应急避险、疏散转移、伤员救护、火灾逃生、索降救援、消防救援、空中救援、社会力量参与、安置救助、卫生防疫、心理疏导等环节，把单一逃生演练转变为多元宣传教育实践活动。参加演练主要社会力量有人保财险河北省分公司、上海金汇通航和蓝天救援队，动用救灾无人机、金汇通航PICC救援直升机、救灾指挥车、消防救援车、应急发电、通信设备、医疗救护车等100多台（套）。

【防震减灾】 2018年，全市地震监测台网有21个测震台、12个前兆观测台。全年石家庄市共发生0级以上地震18次，其中0～0.9级16次，1.0～1.9级地震1次，2.0～2.9级地震1次。最大地震为2018年2月9日河北井陉ML2.4级地震。1～12月共召开各类会商会（周、月、半年、年度）69次。参加河北省地震局2018年度地震分析预报评比获优秀奖。组织参加河北省地震局2017年度地震观测资料评比，气象三要素极5井获第一名、数字化水位辛集晋2井获第二名、数字水温无极极12井获第三名；晋2井水位模拟观测、CK电井水氡模拟观测均获省级优秀奖。防震演练。提高学校应急处置能力。会同教育等部门，利用课间操、升旗仪式等活动时间，大力推进全市中小学生地震应急疏散演练。5月10日，在市第六中学举行“2018石家庄市中小学地震应急综合演练”，进一步指导和推进全市中小学地震应急救援演练开展。3500余名师生参加活动，各县（市、区）主管地震应急工作领导、全市120所中小学主管

2018年5月10日，石家庄市中小学地震应急综合演练在市第六中学举行

学校安全领导现场观摩演练。演练环节包括室内避震、疏散逃生、被埋压学生紧急救援、火灾等地震次生灾害逃生和应急救援等，并开展大型地震应急救援知识培训，现场发放地震应急知识宣传手册等书籍5000余册。“5·12”全国减灾日期间全市中小学，陆续开展多种形式地震应急演练活动。应急预案。全市各县（市、区）和34个市直部门在2017年完成地震应急预案修订基础上，继续优化完善预案，特别是针对一些重点部门和单位。其中，市卫计委进一步修订《石家庄市防汛防震卫生应急工作指导方案》。水利部门再次修订《石家庄市水利抗震救灾应急预案》，完善全市239座大中小型水库、6条主要行洪河道避险转移预案等。建设应急避难场所。至2018年底，石家庄市在主城区依托公园和广场建立10所市属地震应急避难场所，进一步推进相关标志和设施完善；依托地下大型人防工程建设9处地震应急避难场所，总面积为7.88万平方米，并配套通风、发电等设施。各县（市）、区也相应建立应急避难场所。

（张云飞）

精神文明建设

【概况】 2018年，市精神文明建设部门围绕创建文明城市、公民思想道德建设、未成年人思想道德建设、志愿服务等重点任务，以培育和践行社会主义核心价值观为主线，建成石家庄市地铁站、鹿泉区西部长青、行唐县东沟村3个社会主义核心价值观涵育基地和绿荫广场社会主义核心价值观主题广场。《石家庄市公共文明行为条例》顺利通过省十三届人大常委会第三次会议审查，并于7月1日起正式实施。以巩固文明城市创建成果为抓手，印发《关于推进全国文明城市常态化实施意见》，实施公共文明行为立法，开展文明城市创建提质行动，完成国家、省级文明城市复检，在国测中，石家庄市在全国文明城市中的28个省会（首府）、副省级城市和全国文明城市提名城市141个地级以上城市、城区中排名第五。深化群众性精神文明创建活动，着力提高市民思想道德素质和社会文明程度，推进农村精神文明建设，开展“建设文明石家庄 做文明石家庄人”活动、“我们的节日”主题实践活动，积极培树先进典型；推进志愿服务常态化和长效化，开展“党员活动日”志愿服务活动，打造志愿服务品牌，正式挂牌成立石家庄市志愿服务指导中心，推进志愿服务制度化建设。5月23日，市志愿服务指导中心揭牌成立。加强未成年人思想道德教育，开展文明校园创建活动，持续推进未成年人文明礼仪养成教育，净化校园周边环境。2018年，石家庄市7人获评“中国好人”称号，1人获评“河北省道德模范”称号，24人获评“河北好人”称号，5人获评“时代新人·河北好人”称号，7人获评“石家庄市见义勇为模范”称号，146人和1个集体获评“石家庄市文明公民标兵”称号，1人入选河北省首批“新时代好少年”，2人入选由中宣部、中组部、中央文明办等部门联合评选的志愿服务“四个100”先进典型，评选2016～2017年度市级文明单位、文明村镇、文明社区共852个，评选命名2016～2017年度市级文明校园133所。吕建江先进事迹展及报告会。2月28日，市公安局举行吕建江先进事迹展及报告会；展览以图文形式，将吕建江一生概括为“对党忠诚、牢记使命”“信念坚定、服务群众”“公正执法、依法办事”“清正廉洁、敬业奉献”“生命虽逝、风范长存”“使命传承、精神永存”6个主题，生动、形象地展现吕建江从普通一兵成长为全国优秀人民警察人生轨迹。落实机构改革方案，12月20日，原河北省省会精神文明建设委员会办公室更名为石家庄市精神文明建设委员会办公室，级别正县级；改革后，市文明办内设处室4个，分别为文明创建协调处、文明创建指导处、志愿服务工作处、未成年人思想道德教育处。

【创建文明城市】 开展文明城市创建活动，印发《关于推进全国文明城市创建工作常态化实施意见》（石办发〔2018〕4号），委托国家统计局石家庄城调队对全市所有县（市、区）开展模拟测评，结果分批通报；抽调12名工作人员组建常态创建督导组，开展日常督导。开展“讲文明、改陋习、除顽疾、洁城区”行动，教育和处罚乱扔垃圾、随地吐痰、车窗抛物、乱贴乱画小广告不文明行为，开展不文明养犬行为整治行动，建立小广告治理常态机制，对违规号码进行停机处理。推出“城市道路交通文明畅通提升行动计划新举措20条”，从文明交通、从严执法、治堵治乱、“铁骑慧眼”、警保联动等20个方面提升交通文明。开展文明城市创建提质行动，由分管市领导牵头，组建“五个专班”，一是开展“暖途行动”，进行交通秩序整治，严查交通违法行为60多万起；二是开展“洁城行动”，整治市容环境，推行“以克论净，深度保洁”，冲洗道路88.7万千米、洗扫道路60万千米，停机小广告号码600余个，清理占道经营6万余处；三是开展“亮剑行动”，整治老旧小区，粉刷楼道墙体，绿化美化，拆除私搭乱建10600多处；四是开展“便民行动”，整治集贸市场，制定便民市场建设工程实施方案和实施细则，新建便民菜市场40家；五是开展“创优行动”，促进窗口服务提升，窗口单位和服务网点积极加强行业规范管理，主动开展文明引导，志愿服务，推动各项创建工作落实，巩固提升创建成果。开展全国和省级文明城市复检迎检工作，按照《2018年全国文明城市测评标准和操作要求》，将88大项180条具体标准分解到107个创城责任单位，对107个创城责任部门上报的100多万字文字材料、1000多张图片、100多个统计表格进行汇总梳理、修改完善，逐条修改形成高质量、高水平的档案材料，高标准完成全国和省级文明城市测评网上申报工作，9月和12月，省文明办和中央文明办分别委托第三方对石家庄市进行了实地考察和问卷调查，石家庄市顺利完成全国和省级文明城市复检工作，在省测中，石家庄市在全省四个全国文明城市中排名第一，指导全市21个县（市、区）顺利完成省级文明城市测评（复检），赞皇县列全省文明县城第二名，桥西区列全省文明城区第五名，在国测中，石家庄市在全国文明城市中的28个省会（首府）、副省级城市和全国文明城市提名城市141个地级以上城市、城区中排名第五。

【公民思想道德建设】 开展社会主义核心价值观涵育基地建设，建成石家庄市地铁站、鹿泉区西部长青、行唐县东沟村3个社会主义核心价值观涵育基地和绿荫广场社会主义核心价值观主题广场，全市涵育基地总数达到22个。开展“建设文明石家庄 做文明石家庄人”活动，共评选出2016～2017年度市级文明单位、文明村镇、文明社区共852个。结合乡村振兴和人居环境三年整治工作，以农村“十个一”为抓手，开展文明村镇创建工作，全市县级以上文明村镇达40%以上。春节期间，开展社区卫生大扫除、互贴春联迎新年、志愿服务暖社区、邻里和睦大联欢等活动，融洽邻里关系，全市300多个社区上百万居民开展“亲邻行动”；在清明、端午、七夕、中秋、重阳等传统节日，开展“我们的节日”主题实践活动，全市共开展文明倡议、经典诵读、文体娱乐等形式多样的群众性节日文化活动1600余场。组织全市各县开展“石家庄市文明公民标兵”评选，2018年共评选出“石家庄市文明公民标兵”146人，推荐200余人次参评河北好人、中国好人，25人成功当选“河北好人”，7人入选“中国好人榜”。牵头承办全省"善行河北·德润燕赵"先进典型基层巡讲（南部片区）活动，邀请全国、省道德模范和身边好人等进机关、进企业、进校园、进农村、进社区，讲述发生他们的亲身经历，组织县（市、区）开展相关活动120余场，让市民亲身感受到道德的力量。

【未成年人思想道德教育】 组织全市大中小学校广泛开展文明校园创建活动，评选命名2016～2017年度市级文明校园133所，涌现青园街小学、外国语学校等一批创建先进典型，在全市发挥示范引领作用；石家庄外国语学校代表河北省在中央文明办举办的全国文明校园创建调研座谈会上发言；与省文明办联合主办“履行社会责任 实施教育扶贫”座谈会，推广石家庄外国语学校履行文明校园社会责任，实施教育精准扶贫经验，要求精神文明战线履行社会责任，中央文明办专题刊载石家庄外国语学校的做法；承办中央文明办未成年人思想道德建设专项调研任务，组织3次座谈会，实地调研省会儿童活动中心、市图书馆和桥西区、高邑县的社区、学校、公益组织。开展未成年人文明礼仪养成教育活动，面向全市中小学生开展“文明礼仪随手拍”活动，在石家庄电视台推出“践行核心价值观·做新时代好少年”电视节目春季《开学第一课》，家庭学校社会携手，促进未成年人文明素质提升；开展“扣好人生第一粒扣子”主题实践活动，在市属主要媒体开设《新时代好少年》专题专栏，已刊发50余期，宣传青少年先进典型36名，潘幸泉入选河北省首批“新时代好少年”；

举办“少年说·中国梦”石家庄市青少年经典诵读大赛，弘扬中华优秀传统文化，厚植红色基因和爱国意识，社会赛区、校园海选共计300多所学校、4000多人参与；在石家庄新闻广播《星河梦工厂》节目、微信平台“882聆听经典”专栏开设特别节目，展现青少年爱国爱家的情怀和风采；组织石家庄市优秀童谣征集活动，评选出24首优秀童谣在全市学校、社区和家庭推广传唱，10首童谣入选河北省2018年优秀童谣。以文明城市创建和未成年人思想道德建设测评为契机，协调县（市、区）有关部门加强校园周边环境和网吧治理，全年累计出动执法人员28400余人次，执法车辆3700余辆次，检查学校周边文具、玩具店、网吧、文化场所和食品、医疗经营单位9600余户次，查处违法案件18件，净化校园周边环境，维护青少年身心健康。

2018年4月14日，“建设文明石家庄 党员干部在行动”志愿服务活动启动仪式举行

【志愿服务】 开展“建设文明石家庄 党员干部在行动”志愿服务活动，全市机关、企事业单位5000余名党员志愿者，在每月首个周六分别到路口、路段及公园广场，开展交通秩序维护、环境卫生清洁、引导市民文明行为、开展文明行为宣传等志愿服务活动，2018年共开展集中活动9次，累计出动党员志愿者45000人次，清理小广告45万余张，清理垃圾14.7万立方米，发放文明乘车、文明旅游、文明交通等各类宣传册、宣传品共14万多份，开展燕赵社区大讲堂2400余场，劝阻行人闯红灯11.2万余次。打造志愿服务品牌，举办第五届“鲜花送雷锋 善美在省城”大型公益活动。2月23日，由市委宣传部、省会精神文明办公室、市互联网信息办公室主办第五届“鲜花送雷锋 善美在省城”大型公益活动启动。全市市民踊跃参与，征集“身边雷锋”1万余名，送花志愿者2万余名，送花车辆1000余辆。3月3日，第五届“鲜花送雷锋 善美在省城”大型公益活动出发仪式在人民广场举行。来自河北爱心救援队、河北善行使者公益协会、河北义工协会、石家庄户外公益联盟等公益组织近1000名志愿者手捧鲜花，佩戴活动徽章，开始分赴大街小巷、机关企业、社区楼院，向市民推荐“身边雷锋”赠送鲜花，表达感谢和敬意。开展“精准扶贫178（一起帮）寒门学子爱心行动”“慈善光明行 关爱环卫工”、2018“做文明石家庄人——公益社区行”志愿服务、走进科学 启迪未来——“山里孩子看世界”“礼遇道德模范·关爱空巢老人”浣衣熊O2O洗衣等多种形式公益活动，建立国药乐仁堂医药有限公司旗下6家在石中西医结合诊所作为首批健康公益行志愿服务驿站，基本实现志愿服务活动天天有。石家庄市中医院“杏林为民”志愿服务项目、优秀志愿者刘斌2个典型，入选由中宣部、中组部、中央文明办等部门联合评选的志愿服务“四个100”先进典型；39个优秀志愿服务项目、志愿服务组织、优秀志愿者、社区，入选由省委宣传部、省委组织部、省文明办联合评选的学雷锋志愿服务先进典型。年内正式挂牌成立石家庄市志愿服务指导中心，同时配套开发“志愿石家庄”微信平台，指导中心承担对全市志愿服务组织的登记注册、孵化培训、协调指导，以及服务活动的方案研制、宣传等功能，为广大志愿服务组织、志愿服务者搭建更发展平台。全年指导中心已举办培训班、讲座等各种公益活动80余次，全国各地前来观摩学习30余次。

石家庄市精神文明建设委员会办公室

主　任：李刚

副主任：臧建平

（李勇勇）

区县（市）

Districts and Counties (Cities)

长　安　区

【概况】长安区位于石家庄市主城区东北部，总面积138.31平方千米。辖4个镇、12个街道办事处，1个省级开发区，147个居委会、8个村委会，常住人口82.71万人。2018年长安区完成地区生产总值557.4亿元，同比增长8.9%。其中，第一产业增加值0.7亿元，下降32.3%；第二产业增加值83.0亿元，增长0.5%；第三产业增加值473.7亿元，增长10.5%。全部财政收入142.1亿元，同比增长17.6%，全部财政收入位列石家庄市第二名，其中，公共财政预算收入58.0亿元，增长19.4%；财政支出37.6亿元，同比增长22.9%。固定资产投资396.7亿元，同比增长8.5%。农林牧渔业总产值1.60亿元，同比下降22.8%；粮食播种面积2983公顷；粮食总产量1.60万吨，其中，小麦产量1325吨，玉米产量1.45万吨。规模以上工业增加值同比增长5.0%，规模以上工业高新技术产业增加值同比下降2.8%；规模以上工业利润4.77亿元，同比下降29.9%。社会消费品零售总额212.6亿元，同比增长8.4%。城镇居民人均可支配收入39950元，同比增长8.2%。2018年长安区位列“全国综合实力百强区”第66位、“全国科技创新百强区”第55位、“全国新型城镇化质量百强区”第57位。

中共长安区委书记：凌青利
区人大常委会主任：刘卓雄
区　　　长：穆德英
区政协主席：鲁志强

【产业项目】三次产业比例为0.1∶14.9∶85.0。农业产值5325万元，牧业产值5926万元，农林牧渔服务业产值4217万元。工业投资同比增长265.3%，工业技改投资同比增长232.1%，高新技术产业投资同比增长198.5%。实际利用外资1.6亿美元，同比下降46.0%。推进项目建设，把项目建设放在经济发展的首位。举办项目集中开工活动2次。建设项目完成投资170.8亿元。恒大御景半岛二期等8个项目开工，瑞城商业广场东区等12个项目竣工，建华城市广场、新源蜂巢购物中心正式营业。中房元泰广场、光华里等8个市重点项目完成投资65.3亿元，完成年度投资计划114%。谋划世茂·长安、苏宁广场等优质产业项目。开展招商引资，全年签约项目129个，总投资328亿元，其中，引进“4+4”现代产业项目106个，占比82.2%。推进实施京津冀协同发展战略和合作，引进京津项目60个，引入4500个北京外迁商户入驻国际贸易城、华北鞋城、红星世界湾等商城。发展楼宇经济和总部经济，全年房地产完成投资226.0亿元；民生财富广场、开元环球中心、勒泰中心3座楼宇步入税收“亿元楼”行列。新增市场主体2.25万户，累计达到10.41万户；新增挂牌上市企业3家，累计达到19家。民营企业年销售收入500万元以上达到350家，超1亿元达到18家。至2018年末，长安区民营经济增加值完成279.3亿元，占全区地区生产总值50.1%，成为推动经济发展的主力军。

【城区建设】完善城市精细化管理。集中开展老旧小区环境综合整治行动，拆除违规违法建设200处、24万平方米，光华小区等53个老旧小区引入正规物业公司管理。实施“利剑清仓”行动，拆除整改违法占地305亩。开展“大棚房”集中整治，2.67万平方米“大棚房”全部拆除。整治占道经营、店外摆放、露天烧烤等市容乱象，取缔栗康街等占道市场13个，利用闲置空地新建标准化菜市场8个。稳步推进旧城改造。棚户区改造开工4588套，基本建成5019套。运河桥社区联合宿舍等10个棚户区改造项目发布征收决定。热电厂与化肥厂生活区改造主体建设完工，柳董庄、柳林铺旧村改造回迁入住。纳入省、市考核95个房地产遗留问题全部解决。推进城区基础设施和市政工程建设，联石丰道路拓宽工程基本贯通，翟营大街（光华路—石德南路）启动征地拆迁，石家庄地铁一号线二期、二号线一期长安区段征迁任务完成。建立农村卫生保洁“三个一”机制，新建垃圾转运站4座，改造升级公厕47座、产权单位管理公厕34座。开展涉气异味污染源排查整治，7家单位、31台燃气锅炉整改完毕，全部实现达标排放。实施“四尘”治理，长安区53个施工工地全部落实扬尘治理措施；购置更换环卫作业车辆42部，主次干道机械化洗扫作业频次增加，城区黄土裸露治理任务完成。当年零星（四旁）植树45万株，体育大街、建华大街等11条街道绿化提升，新增绿地面积20余万平方米。

【**社会民生**】 全年举办就业招聘会11场，提供就业岗位1.25万个；参加创业培训2992人，扶持创业800人。城镇新增就业3.89万人，完成年度计划177%；城镇居民登记失业率3.03%，高校毕业生登记失业率为零。跃进街道和平时光社区、育才街道谈南社区获评省级充分就业社区。公租房保障家庭新增1556户，发放廉租住房补贴63.6万元。养老保险参保新增1.27万人，养老金支出8.92亿元。低保、特困、医疗、临时救助合计3.8万人次，发放各类救助金2191.9万元。推进养老机构建设，打造嵌入式微型照护中心2家，5家养老机构被评为星级养老机构。为退役军人提供专岗，发放抚恤金、生活补助金、医疗费、优待金等1935.3万元。开展“扫黑除恶”专项斗争，打掉涉黑涉恶犯罪团伙24个，破获案件89起。创新能力提升，2018年末全区高新技术企业达到90家，科技型中小企业备案数量达到776家；培育形成市级众创空间5家、省级众创空间3家；蜂巢集创获评“2018年度全国特色众创空间”。申请市级科技计划44项，为企业争取科技扶持资金2020.5万元。产学研联盟达到12家，建立院士工作站6个、工程技术研究中心4个，设立各类创业创新团队200余个。拥有学校193所，其中，幼儿园98所，特殊教育学校1所，小学60所，中学23所（初级中学12所、高级中学1所），中等职业学校11所；在校生12.36万人，教职工9363人，专任教师7147人。规范学校办学行为，新增普惠性幼儿园2所，累计达21所。南石家庄小学等3所学校建成投用，接收住宅项目配套学校5所，全区新增学位2700个。高考本科率达87.6%，中考普通高中率达76.6%。深化与京津名校合作办学方式，首都师范大学石家庄附属学校、北京师范大学石家庄附属学校北校区建设开工；市第二十二中学与华东师范大学签约“学校优质特色发展建设”项目。发展文化体育事业，举办公益性群众文化体育活动160余场，建成社区多功能运动场10个，辖区对外开放体育场馆达到20家。深化医联体建设，31家首席专家工作室建成投用，培养首席医师58名，组建家庭医生团队174支，家庭医生签约31.2万人，重点人群签约15.9万人。4个社区卫生服务中心获评“全国优质服务社区”。

（丁捷）

桥　西　区

【**概况**】 桥西区位于石家庄市主城区西南部，总面积75.28平方千米。辖17个街道办事处，126个居委会、15个村委会，常住总人口84.8万人，人口自然增长率6.31‰。2018年桥西区完成地区生产总值614.2亿元，同比增长8.7%。其中，第一产业增加值0.1亿元，下降79.9%；第二产业增加值57.5亿元，增长2.7%；第三产业增加值556.4亿元，增长10.1%。全部财政收入182.7亿元，同比增长12.1%，全部财政收入位列石家庄市第一名，其中，公共财政预算收入72.5亿元，增长15.0%；财政支出44.3亿元，同比增长19.8%。固定资产投资同比下降19.7%。农林牧渔业总产值3760万元，同比下降49.7%；粮食播种面积54公顷；粮食总产量322吨，其中，小麦产量155吨，玉米产量167吨。规模以上工业增加值同比增长6.9%，规模以上工业高新技术产业增加值同比下降2.7%；规模以上工业利润4639万元，同比下降41.2%。社会消费品零售总额450.1亿元，同比增长8.1%。城镇居民人均可支配收入40706元，同比增长8.1%。

中共桥西区委书记：刘军志
区人大常委会主任：张书凯
区　　　长：戎华奎
区政协主席：浦建伟

【产业项目】 第二产业、第三产业分别占桥西区地区生产总值9.4%和90.9%。农业产值3363万元。工业投资同比增长137.6%，工业技改投资同比增长137.7%，高新技术产业投资同比增长180.4%。实际利用外资1.26亿美元，同比增长39.7%。全年实施重点项目52个，完成投资127.8亿元，占年度计划114.4%。其中，市重点项目6个，完成投资30.25亿元，投资完成率247.9%。华润万象城、未来时间等重点项目竣工投用，富力广场、中桐城市广场等项目建设开工。商贸服务业形成北国商城、新百华润、万象天成、益友4个亿级商圈。新增市场主体1.5万多户，市场主体达到10万户。以打造“环境最宽松、政策最透明、服务最优质”营商环境为目标，采取团队招商、以商招商和精准招商方式，与商会、行业协会签订招商服务外包协议，与河北银监局、保监局签订战略合作协议。全年桥西区签约招商引资项目126个，注册121个，注册率96%；资金到位项目102个，拟引资额644.6亿元，到位资金106亿元。金融服务业快速发展，拥有各类金融机构达1000余家，全市80%以上省级银行总部、85家保险公司省级分公司、12家证券公司总部和省级分公司位于桥西区；金融业实现税收71.1亿元，占全部财政收入38.9%。推进金融创新开发区建设，制定《金融创新开发区金融产业发展总体规划（2018～2027年）》。以金世界、南花园、华融富邦等项目为突破口，加快金融创新开发区建设和改造步伐；采用整体租赁、改造提升、定单式招商等方式，盘活空间资源20余万平方米。金融创新产业园建成启用，与京津等地建立战略合作关系，与爱心人寿保险、中荷人寿保险等金融、总部企业达成落户意向，首批入驻企业40家。金融创新开发区获得2018中国·石家庄金融博览会最佳服务奖。

【城区建设】 推进和保障中央商务区建设，多次赴北京与铁路部门对接，完成铁路单位、长途客运总站等地块资产评估，启动地块收储及建筑物拆迁。中华大街南延、轨道交通2号线工程、西环公园等重点市政工程征迁任务完成。实施旧城改造项目13个，建成棚户区改造安置住房2697套。新建和改造公厕70座。推进解放大街用地征迁，拆除沿街临建设施1.8万平方米，解放大街与槐安路交口以南西半幅道路通车。投入1200余万元，硬化黄土裸露道路30条，整修和续建道路7条。高标准建设休门街、长兴街等17条样板街巷。打造园林绿化精品街道14条、星级街旁游园4处、精品微景观2处，亮化美化区管公园4个；新增绿化面积12.5万平方米。完善城区管理机制，制定《老旧小区（旧村）清理保洁长效管理实施细则》；投资5000余万元，综合整治油漆厂宿舍、水泥厂宿舍等65个老旧小区环境；采取9种物业管理模式，解决312个无人管理老旧小区和15个旧村居的清扫保洁问题，实现垃圾日产日清。实施大棚房清理、“利剑清仓”“两乱一违”整治和城乡环境卫生、露天烧烤整治等专项攻坚行动，清理违法占地35.2万平方米，清理“两乱”问题1.5万余处，拆除违建设施27万平方米，清理积存垃圾27.6万立方米，规范露天烧烤400余处，清理占道摊点2万余处。取缔“散乱污”企业18家，35蒸吨及以下燃煤锅炉实现“清零”，建筑工地扬尘治理实现24小时全程在线监控。

【社会民生】 全年新增就业25357人，安置城镇登记失业人员1915人，城镇登记失业率2.45%，低于石家庄市下达4%任务目标。失业保险参保单位1276家，参保人数41900人，发放失业金1678.9万元，发放率100%。城乡居民社会养老保险参保15796人，发放养老金924.5万元，发放率100%。启用“智慧眼”人脸识别系统，实现领取养老金待遇直接“刷脸”认证。保障低保对象及特困供养人员27560人次，发放保障金1721.5万元。落实老年福利政策，17家街道综合居家养老服务中心实现社会化运营。区级退役军人管理服务中心和17个街道、141个社区退役军人服务站建成。新增科技型中小企业144家、高新技术企业74家、省及市级科技企业孵化器3家，填补桥西区无科技企业孵化器的空白。拥有学校166所，其中，幼儿园76所，特殊教育学校1所，小学53所，中学22所（初级中学4所、高级中学4所），中等职业学校14所；在校生14.08万人，教职工1.04万人，专任教师8168人。与芬兰帕尔卡诺市、伊卡利宁市签署教育合作项目框架协议。实施校餐改革，45所小学实现校餐社会化供应，惠及学生3.5万名。推进智慧医疗与家庭医生签约服务，家庭医生签约工作获得第二届全国基层信息化应用创新大赛二等奖。2018年桥西区通过国家慢性病综合防控示范区复审评估，获评全国基层中医药服务先进单位和全国流动人口动态监测调查优秀单位。

（宋惠君　温汝）

新　华　区

【概况】 新华区位于石家庄市主城区西北部，总面积92.11平方千米。辖15个街道办事处，97个居委会、13个村委会，常住人口70.33万人。境内拥有赵佗先人墓、毗卢寺、解放纪念碑、大石桥、正太饭店、中国银行“小灰楼”等历史文化古迹。2018年新华区完成地区生产总值336.8亿元，同比增长8.9%。其中，第一产业增加值3900万元，下降2.8%；第二产业增加值72.16亿元，增长4.5%；第三产业增加值264.27亿元，增长10.1%。全部财政收入62.8亿元，同比下降8.6%，其中，公共财政预算收入27.5亿元，增长1.1%；财政支出23.8亿元，同比下降5.0%。固定资产投资同比增长6.8%。农林牧渔业总产值6446万元，同比下降5.2%；粮食播种面积693公顷；粮食总产量4129吨，其中，小麦产量1718吨，玉米产量2294吨。规模以上工业增加值同比增长9.2%，规模以上工业高新技术产业增加值同比增长19.4%；规模以上工业利润－1183万元。社会消费品零售总额250.7亿元，同比增长9.2%。城镇居民人均可支配收入40144元，同比增长8.2%。

中共新华区委书记：刘建芳
区人大常委会主任：韩新民
区　　　长：刘振乾
区政协主席：张彩珍（女）

【产业项目】 三次产业比例为0.1∶21.4∶78.5。农业产值4858万元，农林牧渔服务业产值1341万元。西瓜种植面积102公顷，总产量1529吨；五七路西瓜较有名气。工业投资同比下降16.9%，工业技改投资同比下降100%，高新技术产业投资同比下降5.7%。实际利用外资1036万美元，同比增长25.0%。全年实施区级重点项目33个，总投资646亿元，其中，亿元以上项目32个，总投资645.58亿元。林荫大院橡树园、柏林世贸中心、和西苑等12个项目开工建设，10个续建项目均按进度推进，假日风景、大河悦城二期、大河商业广场等5个项目竣工。6个项目列为市重点项目，总投资224.6亿元，完成投资33亿元。中央商务区新华片区总投资150亿元，主要由商务办公区和历史文化区两大功能区域组成；2018年底原车辆厂厂区和私产征收完毕，涉及私产359户。新华万达广场总占地82亩，总建筑面积37.88万平方米，其中，地上面积24.68万平方米，地下面积13.2万平方米，总投资40亿元；2018年土地征收完成52亩。荣盛御府由石家庄荣繁房地产开发有限公司投资建设，总占地102.9亩，总建筑面积24.69万平方米，总投资32.7亿元；2018年7月开工，2018年底完成投资15亿元。林荫大院橡树园由河北兆翔房地产开发有限公司投资建设，总占地32亩，总建筑面积11.7万平方米，主要建设内容为商业设施、商务办公、影院等，总投资10亿元；2018年5月开工，2018年底完成投资7亿元。华业商务广场由石家庄市东方企业发展有限公司投资建设，总建筑面积16.11万平方米，总投资5.9亿元；2018年完成投资6.1亿元，主体工程封顶。中环商业广场由河北协信银睿房地产开发有限公司投资建设，总占地67亩，总建筑面积31万平方米，总投资31.6亿元，1～5层裙楼为7万平方米集金融、信托、保险、基金、证券为一体的街区式高端商业广场和6A级高端写字楼；2018年地上建筑物拆除完毕。天河商业广场由石家庄永生集团股份有限公司与石家庄市海市房地产开发有限责任公司合作开发，总占地60亩，总建筑面积17万平方米，总投资10.3亿元，新建地下两层、地上五层商业裙楼和3座16层商务塔楼；2018年完成投资3亿元。至2018年底，新华集贸中心市场占地面积33万平方米，经营面积130万平方米，经营铺位1.5万余个。

【城区建设】 道路改建和维护。新华路（中华大街—公里街）、红星街（北二环—检查站）、惠中街（警安路—村北）、翔翼路（友谊大街西300米—西三庄大街）、警安路（景源街—永昌大街）5条道路大修任务完工。全年新铺沥青路面1.05万平方米，维修便道3350平方米，更换路缘石240米；掘路修复78处；整治黄土裸露地面13处、4.9万平方米；文苑街综合整治、中华大街永泰街段石家庄市退役军人管理服务中心周边景观提升及10个街道办事处、29个居民区58栋楼宇59773平方米平改坡整修任务完工；日常维修道路30余条。老旧小区改造和农贸市场建设。整治老旧小区61个，建筑面积204.34万平方米，居民楼437栋，涉及居民2.9万户，完成棚改任务2026户；新建改造提升赵佗路、友谊北大街2家标准化菜市场。城区精细化管理。开展城区综合整治，取缔6个全天候占道市场，拆除辖区河北地质大学大门北侧占道棚亭7个、誉兴街两侧占道棚亭20间、高华路私设棚亭26处；清理积存垃圾187处；检查渣土运输车辆900余辆，督促渣土外运工地清理门前道路1万余平方米，立案查处80件，处罚金额34.1万元。实施水上公园景观提升工程，完成樱花广场、明珠公园、浩林园、民心园、中山公园5个公园绿化地被补植完工，栽种灌木1477株、地灌植物9000余株，种植草坪1.4万余平方米，人均公园绿地面积达到15.82平方米。推进空气环境综合治理，拆除燃煤锅炉16台，按照工地扬尘“十二条标准”综合整治建筑施工项目31个，立案查处破坏生态环境违法行为121起，罚款350.34万元。

【社会民生】 至2018年末，新华区共有养老保险参保单位2520家，参保人数90567人，净增13202人；征缴养老保险费6.1亿元。其中，城乡居民养老保险参保24854人，征缴养老金567.6万元，续保率95%；机关事业单位养老保险参保人数6187人，征缴养老保险费1.05亿元；管理离退休人员3989人，支付养老金2.01亿元。企业工伤保险参保单位1486家，参保人数60283人；征缴工伤保险1891.1万元，为277人支付工伤保险费用1287.3万元。机关事业单位工伤保险参保单位258户，参保人数7136人；征缴工伤保险费231.51万元，为15人支付工伤保险费用34.51万元。享受低保家庭1432户、1760人，年人均补助水平499.59元，全年累计发放低保金1081.25万元，累计发放特困供养人员资金27.77万元。医疗救助困难居民248名，发放医疗救助资金98.29万元。建成综合居家养老服务中心15家、标准化社区居家养老服务中心38家，10家养老服务机构设置床位1952张，入住775人。发放自主就业退役士兵一次性经济补助1277.53万元，安置转业士官和符合政府安排条件的城镇士官28人。办理结婚登记3922对、离婚登记1925对。实施区级科技计划课题13项，拨付资金190万元；争取省、市科技项目74项，获得科技专项资金2082.534万元。新增高新技术企业58家，总数达到98家；新增科技型中小企业172家，总数达到722家。拥有学校154所，其中，幼儿园71所，特殊教育学校1所，小学50所，中学18所（初级中学2所、高级中学1所），中等职业学校14所；在校生13.56万人，教职工8922人，专任教师6859人。新建改建学校3所，河北国际学校教育集团组建成立，“集团化、一体化、学区制”学校覆盖率达80%；增扩教学班76个，解决3700名进城务工人口子女入学问题；发放普惠园建设奖补资金509.96万元，受益幼儿3098人；落实普通高中国家助学金274万元，资助学生1370人。深化与北京市海淀区教育交流和合作，12所中小学与海淀区优质学校签订合作协议。

（新华区委办公室）

裕　华　区

【概况】 裕华区位于石家庄市主城区东南部，总面积60.8平方千米。辖2个镇、11个街道办事处，

96个居委会、5个村委会，常住人口56.52万人。2018年裕华区完成地区生产总值290.9亿元，同比增长9.6%。其中，第一产业增加值600万元，增长4.8%；第二产业增加值50.5亿元，增长6.8%；第三产业增加值240.4亿元，增长10.3%。全部财政收入87.0亿元，同比增长15.1%，其中，公共财政预算收入39.3亿元，增长26.7%；财政支出21.4亿元，同比增长29.5%。固定资产投资339.9亿元，同比增长7.8%。农林牧渔业总产值986万元，同比下降0.3%；粮食播种面积137公顷；粮食总产量847吨，其中，小麦产量462吨，玉米产量376吨。规模以上工业增加值同比增长21.4%，规模以上工业高新技术产业增加值同比增长26.9%；规模以上工业利润5.0亿元，同比增长47.2%。社会消费品零售总额202.6亿元，同比增长8.0%。城镇居民人均可支配收入41012元，同比增长8.1%，城镇居民人均可支配收入位列全市第一。

中共裕华区委书记：
　　王丽君（12月免）
　　管云天（12月任）
区人大常委会主任：刘风清
区　　长：管云天（12月免）
　　　　　张东凯（12月任）
区政协主席：纪英超

【产业项目】 第二产业、第三产业分别占裕华区地区生产总值17.4%和82.6%。农业产值608万元。工业投资同比增长183.2%，工业技改投资同比增长237.8%，高新技术产业投资同比增长256.4%。实际利用外资2775万美元，同比下降21.0%。新增市场主体1.9万户，万人拥有市场主体1699户。全年实施千万元以上项目65个，总投资1430亿元。众美定制广场等7个项目开工，中冶城市商业广场等30个续建项目正在建设，德贤公馆等9个项目竣工投用；星光智慧广场等8个省市重点项目完成投资49.21亿元，完成年任务量225.7%；“4+4”现代产业在建项目总投资448.1亿元。加快产业结构调整，优先发展现代服务业，成功举办“一带一路2018裕华峰会”。采取开放招商和精准招商策略，腾讯公司在河北首个创新项目落户裕华区；引进中房集团、众城车险河北分公司等总部经济，华儒城100FUN购物中心、喜马拉雅培训基地等13个高端项目签约。新增楼宇面积33万平方米，至2018年末，裕华区商业总面积达到1700万平方米，40余家企业总部和金融机构入驻，发展形成永昌商务中心等12座税收超亿元楼宇、方北商务等30座税收超千万元楼宇。

【城区建设】 对标天津市、杭州市等地城区管理，确立高起点建设、高效能管理模式。拆除违规违法建设设施55万平方米，清理复耕违法占地33万平方米。全部拆除195个“大棚房”违规建筑。64个“三难”房地产遗留问题全部解决，办理房产证28494户，妥善解决万达广场回迁区项目、芝兰明仕项目等房地产历史遗留问题。贾村等6个城中村改造顺利推进。石栾路、谈固西街等6条道路升级改造完工，南二环东延贯通；打造塔南路、翟营南大街2条精品景观样板街道，形成“一路一貌”景观效果。实施城区容貌整治，方兴路游园等2个星级游园建设完成，新增绿地面积21万平方米。以创建国家卫生城市为契机，集中开展占道经营、露天烧烤等专项整治行动；推行生活垃圾分类和数字城管“扁平化”管理模式，街道容貌综合考评获得市级十六连冠。实施散煤和扬尘污染治理，6所学校生物质锅炉改造完工，辖区在建工地全部落实建筑扬尘管理“六个百分百”要求。开展“散乱污”企业排查整治，关停取缔38家，提升改造55家，完成率100%;《河北日报》印务车间、河北天宝制漆2家污染企业实现搬迁。投入600余万元，整治完成南位排水沟和方村雨水坑黑臭水体。18家加油站双层罐改造完工。大气污染物PM2.5平均浓度70微克/立方米，同比下降12.5%；空气质量综合指数同比下降11%，空气环境污染5年来首次实现“零爆表”。水环境质量稳定，断面考核全部达标。

【社会民生】 全年民生事业支出15.26亿元，占财政支出71.3%。为民承诺8件利民惠民实事全部完成。城镇新增就业29879人，失业人员再就业7111人，城镇登记失业率为2.91%。推进审批服务便民化，22项高频行政服务事项全部做到一次性办结，企业开办时间由原来7个工作日压缩到2.5个工作日。投入600多万元，建成112个退役军人管理服务中心（站）；区退役军人管理服务中心获评河北省退役军人管理服务工作先进单位。推进“机构养老、社区养老、居家养老”三位一体养老体系建设，新增爱慈、中精众和2家养老机构，12家街道级综合居家养老服务中心全部实现社会化运营。拥有科技型中小企业670家、高新技术企业105家、科技小巨人企业22家，新增优客工场、创客乐园、联合制药3家孵化器，建成国家级众创空间8家、院士工作站7家、省级孵化器1家。拥有学校127所，其中，幼儿园60所，特殊教育学校2所，小学46所，中学10所（初级中学3所），中等职业学校9所；在校生11.41万人，教职工7420人，专任教师5779人。新增普惠性幼儿园5所，南焦城中村配建小学移交投用；新招聘教师351人；扩增教学班31个、1240个学位，消除义务教育大班额76个。组建家庭医生服务团队107支，与河北医科大学第一医院联合成立紧密型医联体，成功创建省级慢性病综合防控示范区。

（赵春常）

井陉矿区

【概况】 井陉矿区位于石家庄市区西部，周边被井陉县环绕，属石家庄市辖区，距离石家庄市主城区50千米。总面积69.98平方千米，辖2个镇、1个乡、2个街道办事处，1个省级开发区，38个居委会，常住人口10.02万人。2018年井陉矿区完成地区生产总值48.9亿元，同比增长6.7%。其中，第一产业增加值4535万元，下降12.5%；第二产业增加值22.5亿元，增长4.0%；第三产业增加值25.96亿元，增长9.6%。全部财政收入7.3亿元，同比增长20.3%，其中，公共财政预算收入3.6亿元，增长16.7%；财政支出7.9亿元，同比下降0.8%。固定资产投资同比增长10.0%。农林牧渔业总产值7145万元，同比下降14.9%；粮食播种面积124公顷；粮食总产量650吨，主要为玉米产品。规模以上工业增加值同比增长5.1%，规模以上工业高新技术产业增加值同比增长26.9%；规模以上工业利润3.6亿元，同比增长234.9%。社会消费品零售总额17.1亿元，同比增长7.9%。城镇居民人均可支配收入32014元，同比增长8.4%；农村居民人均可支配收入18807元，同比增长9.0%。2018年井陉矿区纳入全国重点采煤沉陷区综合治理工程试点县区。

中共井陉矿区区委书记：来广普
区人大常委会主任：刘连一
区　　　长：李瑞峰
区政协主席：李进朝

【产业项目】 三次产业比例为0.9∶46.0∶53.1。农业产值2805万元，牧业产值3776万元。工业投资同比增长27.1%，工业技改投资同比增长26.2%，高新技术产业投资同比增长44.4%。实际利用外资75万美元，同比增长294.7%。全年实施区级重点项目17个，总投资195.36亿元。庆晟特钢等3个项目竣工投产，中渥电气、滨河路及河道整治等8个项目正在建设。石钢公司短流程绿色环保搬迁项目开工，总投资102亿元；12月27日，河钢石钢奠基仪式在井陉矿区石钢项目建设现场举行。焦化去产能任务完成。中渥电气项目纳入省重点项目，7个项目纳入市重点项目。推进传统工业产业向先进装备制造产业、康复辅助器具产业转型，康复辅助器具产业园纳入《石家庄市战略性新兴产业发展三年行动计划》，康复辅助器具产业小镇PPP项目按计划推进。瞄准京津、长三角地区，开展市场化招商，与广州优信投资公司、深圳招商引资实战平台签订委托招商协议。签约引资项目11个，总投资82.7亿元，其中，6个项目落地，2个项目部分投产。段家楼正丰矿工业建筑群被工业和信息化部命名为第二批工业遗产名录，加入中国工业旅游联合体。与井陉县联合，成功申办第五届石家庄市旅游产业发展大会。贾庄古镇、荆蒲兰水磨风情小镇入选市级特色小镇。举办首届美丽乡村民俗文化旅游节，天户峪美丽乡村旅游度假区列入市级重点。创建省级观光采摘园2个、市级现代农业示范园区2个、市级现代果业示范园区1个。“杏花沟”牌红富士苹果（大峪兆丰荒山果木开发公司）、“昊源”牌红星苹果（天户峪昊源林果场）参加第二十二届中国（廊坊）农产品交易会获得第三届京津冀果品争霸赛金奖。

【城乡建设】 引进国家开发银行、石家庄国控投资集团资金1.7亿元，启动实施城区基础设施综合提升工程，横南棚户区改造、滨河路及河道整治工程开工。矿市南街东侧及横北社区改造项目完成拆迁户征收392户，拆除建筑设施2.35万平方米；南纬路中段老干部楼正在拆迁。以保障和服务省市旅游产业发展大会为目标，启动西环旅游路、南二环西延井矿快速路建设；平赞高速连接线、平涉路改线项目获得省市批复。投资4580万元，实施贾凤路和平涉路沿线、南北出入区口、高速口周边等绿化提升工程，新建绿道绿廊5千米。汽车客运枢纽站启用，城区新能源公交车路线开通。历史积存垃圾清零，获批全省农村垃圾治理示范县，获得省级支持资金1250万元。实施工业污染源深度治理工程，严控道路、工地扬尘污染；第二次污染源普查、洁净燃料推广和气代煤工程任务完成；"散乱污"企业及燃煤锅炉治理成果有效巩固。推进生态修复、国土绿化、矿山复绿工程，6个矿山地质环境恢复治理项目竣工，其中4个通过验收，年末全区森林覆盖率达58.2%。中央环保督查"回头看"、环保部"蓝天保卫战"强化督查组和省委省政府第六环境保护督察组交办案件和问题全部按时完成整改，139起环保信访举报案件全部按时办结。立案查处环境违法行为129起，罚款558.6万元。空气质量综合指数为7.62，高于全市空气质量综合指数0.09。2018年井陉矿区凤山镇南凤山村、贾庄镇贾庄村入选第五批中国传统村落名录。

【社会民生】 全年用于民生支出5.6亿元，占全区财政支出70.9%。新增城镇就业3585人，城镇登记失业率2.68%。发放困难群众、弱势群体救助金596.5万元，发放退役军人抚恤、补贴、救助资金644.4万元。新增科技型中小企业10家、高新技术企业2家。拥有学校32所，其中，幼儿园13所，小学14所，中学3所（初级中学2所、高级中学1所），中等职业学校2所；在校生1.01万人，教职工1026人，专任教师831人。率先在石家庄市试点推行教师"区管校聘"制。高考本科上线率70.79%，连续4年保持5%的提升速度。全民健身中心项目启动。河北太艺文化艺术馆建设完工。开展国家卫生城市和国家级健康促进示范区创建活动。整合优势资源，打造康养产业，新建医养结合机构2所。

（宋丽霞）

藁　城　区

【概况】 藁城区位于石家庄市区东侧，属太行山洪积山前倾斜平原，东与无极县、晋州市，西与正定县、长安区、裕华区、栾城区，南与赵县，北与新乐市相邻，距离石家庄市主城区31千米。1989年7月撤县建市，2014年9月撤市设区。总面积836平方千米，辖12个镇、1个乡，1个国家级开发区（石家庄经济技术开发区）、1个省级开发区，6个居委会、239个村委会，常住人口78.4万人，人口自然增长率7.9‰。2018年藁城区完成地区生产总值607.9亿元，同比增长7.0%。其中，第一产业增加值41.0亿元，增长7.0%；第二产业增加值391.0亿元，增长5.8%；第三产业增加值176.0亿元，增长10.1%。全部财政收入86.6亿元，同比增长26.3%，其中，公共财政预算收入28.4亿元，增长16.3%；财政支出44.2亿元，同比下降8.9%。固定资产投资同比增长6.2%。农林牧渔业总产值65.71亿元，同比增长7.0%；粮食播种面积7.64万公顷，总产量51.84万吨，平均亩产452.5千克。规模以上工业增加值同比增长6.1%，规模以上工业高新技术产业增加值同比增长15.8%；规模以上工业利润5.96亿元，同比下降94.0%。社会消费品零售总额208.0亿元，同比增长9.1%。城镇居民人均可支配收入35500元，同比增长8.0%；农村居民人均可支配收入19159元，同比增长8.7%。2018年藁城区首次入选全国绿色发展百强区、连续第二年入选全国综合实力百强区和全国工业百强区，其中全国绿色发展百强区、全国工业百强区是河北省唯一入选的市辖区。

中共藁城区委书记：高玉柱
区人大常委会主任：李更顺
区　　　长：袁丽华（女）
区政协主席：张银侠

【产业项目】 三次产业比例为6.7∶64.3∶29.0。工业投资同比下降31.9%，工业技改投资同比下降60.8%，高新技术产业投资同比下降23.7%。民营经济实现增加值521.0亿元，同比增长8.3%。全年实施重点项目143个，总投资1630亿元。新开工500万元以上项目138个，其中，超千万元项目108个，超亿元项目56个。29个项目列入省市重点项目计划，完成投资103亿元，占年度投资计划137%。万联云数据中心、华北制药生物技术药物产业化基地等项目开工，山岭海河大型数控机床、柯瑞高端生物医学材料产业化等项目竣工或部分竣工。实际利用外资3.6亿美元，同比增长20.4%；引进域外资金160亿元，同比增长12%；实际利用外资和引进域外资金均位列全市第一。保障重大项目落地，投入1.5亿元，启动土地大片区收储。联东U谷科技产业园、颐高数字经济产业园、红星爱琴海购物公园综合体等现代产业项目签约。6月8日，藁城区政府与吉林化纤签署“关于年产2万吨生物基长丝项目合作”协议。旅游业综合收入突破10亿元，同比增长26.0%。制定藁城区旅游发展规划，藁城宫灯、宫面等九大特色产品入选石家庄市旅游名品名录。2018年石家庄经济技术开发区主营业务收入1709亿元，获评“河北省开放发展十佳开发区”“利用外资先进开发区”；河北藁城经济开发区主营业务收入突破700亿元，被确定为全省第八批装备制造新型工业化产业示范基地。

【农业生产】 全年农林牧渔业总产值65.71亿元，同比增长7.0%。其中，农业产值33.16亿元，林业产值7442万元，牧业产值27.72亿元，农林牧渔服务业产值4.08亿元。牧业产值位居全市第一。粮食播种面积7.64万公顷，总产量51.84万吨，平均亩产452.5千克。其中，小麦播种面积3.45万公顷，总产量24.63万吨，平均亩产475.4千克，播种面积、总产量、平均亩产均位列全市第二名；玉米播种面积3.1万公顷，总产量23.98万吨，平均亩产516.3千克；谷子播种面积593公顷，总产量1402吨，平均亩产157.6千克。豆类（主要为大豆）播种面积9405公顷，总产量2.4万吨。油料播种面积1038公顷，总产量4720吨。棉花播种面积2.94公顷，总产量3.62吨。蔬菜及食用菌种植面积9405公顷，总产量72.6万吨，种植面积和总产量均排名全市第一。瓜果种植面积216公顷，总产量8094吨。果园面积3264公顷，其中，苹果园221公顷、梨园2945公顷、桃园58公顷、葡萄园33公顷。水果总产量（不含果用瓜）13.82万吨，其中，苹果6660吨（红富士苹果1656吨）、梨12.86万吨（雪花梨1.1万吨、鸭梨2590吨）、桃798吨、葡萄2020吨、红枣119吨。至2018年底，牛、马、驴、猪、羊、家禽存栏数分别达到4.3万头、258匹、633头、32.5万头、6.24万只、1308.84万只。肉、奶、禽蛋、鸡蛋产量分别达到7.61万吨、4.34万吨、11.17万吨、8.97万吨，其中，猪肉、牛肉、羊肉、家禽肉、驴肉产量分别达到5.01万吨、6765吨、1858吨、1.73万吨、49.5吨。粮食生产功能区划定基本完成，其中，小麦功能区47.5万亩，玉米功能区43万亩。调整种植业结构，规划打造30万亩强筋小麦产业园，年末藁城区强筋小麦种植面积达到43万亩，普及率83%。发展富硒谷产业，推广1.5万亩，其中杂交谷5450亩。示范推广小麦—辣椒间种植模式1000亩，亩均收入超过2000元。瓜菜种植面积3.7万公顷，总产量316万吨，设施瓜菜种植比重达到53%；加快蔬菜品种更新换代，引进蔬菜新品种200个，筛选示范10个；鼓励菜农实行订单生产，覆盖面积5万亩。发展现代农业，培育农业产业化联合体20家；新认定区级农业园区6家，农业园区数量累计达到36个，亮昊、众生源2个农业园区列入石家庄市提档升级重点园区。首家全省县级农业院士工作站落户藁城区，南营镇入选全国首批农业产业强镇示范建设乡镇。2018年藁城区被确定为河北省农业可持续发展示范区。

【城乡建设】 制定出台主城区规划建设管理、沿街建筑规划管理等5项制度，拆除违规违法建筑6.4万平方米。加大基础设施建设，启动实施60个城建项目，总投资51.6亿元；307国道大中修、廉州路西延、育英路西延、兴华公园等重点城建项目投入使用，外环路主体基本完工，新建街头游园4处、城市公厕10座，7个老旧小区实现专业化物业管理。建立街长制、周五大扫除等常态城区管理机制，启动生活垃圾分类试点，新增洗扫车、深度保洁车等环卫车辆172辆，道路机扫率达到92%。实施乡村振兴战略和美丽乡村建设，推进农业园区、品牌农业、特色小镇、环境整治等重点工程；整治农村人居环境，新改建农村公路106千米，改造农村厕所1.59万座，建设农村垃圾中转站22座，31个村生活污水纳入污水处理厂集中处理。投入3.1亿元，开展“碧水、蓝天、净土”生态环境治理，深度治理涉 VOCs 企业 333 家，关停取缔“散乱污”企业 63 家，清理城区大车停车场 5 家，实现 35 蒸吨及以下燃煤锅炉清零。空气环境质量持续改善，空气优良天数同比增加 18 天。全面落实辖区“河长制”管理，清理河道垃圾 25 万立方米，查处河道违法行为 40 余起。完成滹沱河生态修复工程征地 7 万余亩，机场路上下游 2.5 千米示范段正式开放。当年零星（四旁）植树 75 万株，人工造林 2167 公顷，京港澳高速公路两侧形成宽 1 千米绿色廊道。

【社会民生】 城镇新增就业人数 6109 人。城镇非私营在岗职工年平均工资 80589 元，同比增长 6%。社会保险费收入 4.15 亿元，城乡居民养老保险、基本医疗保险参保率分别为 96% 和 96.5%，城镇职工与城乡居民医保实现跨省异地就医直接结算。城乡低保标准提高，同比分别增长 11% 和 10%。拥有学校 228 所，其中，幼儿园 85 所，特殊教育学校 1 所，小学 112 所，中学 26 所（初级中学 18 所、高级中学 3 所），中等职业学校 4 所；在校生 13.85 万人，教职工 8648 人，专任教师 7140 人。投入 1.9 亿元，用于改善教育办学条件；新增普惠性幼儿园 9 所；南董镇中等 15 个新改扩建学校项目完工，梅花阳台幼儿园等 13 个新建项目正在建设，藁城一中新校区项目招投标完成。文体健身广场健身设施实现全覆盖，区文化馆、图书馆均达到国家二级馆标准；农村公共文化服务体系“五个一”建设达标率达到 70% 以上。深化医药卫生体制改革，2 所县级公立医院与省市重点医疗机构联合组建医联体 20 余个，与乡镇卫生院发展形成紧密型医共体。减轻企业负担，为企业减税降费 7.6 亿元。年末城乡居民储蓄余额 311.7 亿元，同比增长 16.6%。

【石家庄经济技术开发区】 石家庄经济技术开发区于 1992 年 7 月经河北省批准设立，2012 年 10 月国务院批准升级为国家级开发区，由石家庄市藁城区管辖，曾称良村经济技术开发区、藁城经济开发区。石家庄经济技术开发区位于藁城区西部，西邻石家庄高新技术产业开发区，东面、北面与岗上镇接壤，南与丘头镇和石家庄炼油厂区相连。规划总面积 26.38 平方千米，下辖良村、北邑、北席、西马村北街、西马村南街、南席、塔元庄、内族 8 个行政村，常住人口 12 万人。2018 年石家庄经济技术开发区完成地区生产总值 315.76 亿元，主营业务收入 1709 亿元，财政收入 70.1 亿元，固定资产投资 179.4 亿元，实际利用外资 2.56 亿美元；高新技术产业增加值同比增长 13.7%，高于规模以上工业增速 3.9 个百分点；服务业增加值同比增长 11.2%，高于地区生产总值增速 2.5 个百分点。深入实施“科技创新、优化升级、产城融合”三大战略，聘请北京伯昂咨询公司策划，启动未来科技城建设。落实土地指标 772 亩、占补平衡指标 688 亩，完成 2000 余亩土地征地补偿。落实科技创新“九条措施”，新认定高新技术企业 3 家，新增科技型中小企业 46 家。总投资 44.8 亿元的石药新制剂、科海药业、爱尔兰百美达、华药 6-APA 等项目竣工投产，总投资 379.9 亿元的 25 个项目正在建设。以“4+4”现代产业为重点，引进丽康源生物科技产业园、生态环境自然科技园、平安云谷、联东 U 谷·石家庄科技创新港等项目 16 个，引进域外资金 120.9 亿元。新增市场主体 1118 家。行政审批“证照分离”改革任务完成，企业注册登记实现全程电子化，在线审批率达到 60%。至 2018 年底，石家庄经济技术开发区发展形成以华药、石药、四药等知名医药企业为代表的生物医药产业集群，以新宏昌天马、中农博远、太行机械为代表的装备制造产业集群，以石家庄卷烟厂、青岛啤酒、可口可乐、益海粮油为代表的轻工食品产业集群和以中国光纤产业园、平安金融产业园为代表的互联网信息产业集群。

（米志科）

鹿泉区

【概况】 鹿泉区位于石家庄市区西部，东与正定县、新华区、桥西区、栾城区，西与平山县、井陉县，南与元氏县，北与灵寿县相邻，距离石家庄市主城区 15 千米。鹿泉区西倚太行山，东环省会主城区，地域内山区、丘陵、平原各占三分之一。境内拥有背水一战古战场土门关、秦皇古驿道、道教名观十方院、佛教圣地龙泉寺、文化遗迹封龙书院、名山抱犊寨等历史古迹。曾用名获鹿县、鹿泉市，1994年5月撤县建市，2014年9月撤市设区。总面积603平方千米，辖9个镇、3个乡，1个省级开发区，22个居委会、208个村委会，常住人口47.0万人，人口自然增长率11.29‰。2018年鹿泉区完成地区生产总值332.4亿元，同比增长7.6%。其中，第一产业增加值18.5亿元，下降3.1%；第二产业增加值112.6亿元，增长6.1%；第三产业增加值201.2亿元，增长10.2%。全部财政收入49.5亿元，同比增长19.6%，其中，公共财政预算收入27.8亿元，增长20.9%；财政支出48.6亿元，同比增长20.0%。固定资产投资同比增长12.1%。农林牧渔业总产值28.71亿元，同比下降4.0%；粮食播种面积2.77万公顷，总产量14.83万吨，平均亩产357.4千克。规模以上工业增加值同比增长6.5%，规模以上工业高新技术产业增加值同比增长14.9%；规模以上工业利润16.93亿元，同比下降21.2%。社会消费品零售总额162.3亿元，同比增长9.6%。城镇居民人均可支配收入34303元，同比增长8.3%；农村居民人均可支配收入19171元，同比增长8.7%。

中共鹿泉区委书记：杨国芳
区人大常委会主任：张旭午
区　　长：李为军
区政协主席：李书海

【产业项目】 三次产业比例为5.6∶33.9∶60.5。工业投资同比下降15.3%，工业技改投资同比下降3.5%，高新技术产业投资同比增长11.5%。服务业增加值占比首次突破60%，新兴产业税收占比突破80%，12家企业税收收入达到5000万元以上，全部为新型工商企业。列支财政资金8000万元，支持“双创双服”活动和“4+4”现代产业发展。出台扶持企业上市融资政策，设立产业基金60亿元，引入风险投资机构5家。新增市场主体7379个。民营经济实现增加值249.6亿元，同比增长7.6%，占鹿泉区地区生产总值75.1%。全年实施亿元以上项目164个，其中，开工建设重点项目45个，总投资326亿元；竣工投产项目41个，总投资288亿元，16个项目当年签约、当年开工、当年竣工。新增电子信息企业170家，总数达到368家，产值同比增长25.2%，税收收入同比增长18.5%；电子信息企业数量两年增长6倍，电子信息产业集群初具规模。实际利用外资7108万美元，同比增长15.3%。签约引进总投资700亿元的中科招商、清控科创等项目28个。中芬产业园、中德产业园、硅谷科技园3个国别产业园落户鹿泉区。中关村鹿泉创新中心、深圳河北科技生态园等产业承接载体挂牌或签约，实现国内与中关村、深圳、长三角，国外与美国硅谷、芬兰、加拿大、德国等广维度、多层次产业对接。休闲旅游业快速发展，新建西部长青德明古镇、杰明房车营地等休闲旅游项目13个，抱犊寨、食草堂等17个旅游景点改造提升，成功举办第二届石家庄市旅游产业发展大会。旅游业呈现爆发式增长，全年接待游客1700万人次，实现旅游业收入17亿元，游客人数和收入同比均增长70%，其中，旅游门票收入5.6亿元，同比增长5倍。河北鹿泉经济开发区托管区域面积增加到109.5平方千米，主营业务收入同比增长20%，税收收入同比增长31.1%。石家庄西北物流产业聚集区核心区规划编制完成，收储用地3000余亩，引进微电子产业园、军民融合科创产业园、智慧物流产业园等产业项目。军民融合创新中心落地项目10个，新增军民融合型企业7家，总数达到36家。

【农业生产】 全年农林牧渔业总产值28.71亿元，同比下降4.0%。其中，农业产值17.44亿元，林业产值1.16亿元，牧业产值6.87亿元，渔业产值8266万元，农林牧渔服务业产值2.42亿元。粮食播种面积2.77万公顷，总产量14.83万吨，平均亩产357.4千克。其中，小麦播种面积1.21万公顷，总产量7.16万吨，平均亩产394.8千克；玉米播种面积1.34万公顷，总产量7.15万吨，平均亩产893.9千克。豆类播种面积1468公顷，总产量2361吨，其中，大豆播种面积1387公顷，总产量2210吨。油料播种面积867公顷，总产量2512吨。棉花播种面积25.51公顷，总产量22.96吨。蔬菜及食用菌种植面积5494公顷，总产量45.5万吨；设施蔬菜种植面积1246公顷，总产量8.3万吨。瓜果种植面积101公顷，总产量4104吨。果园面积1564公顷，其中，苹果园566公顷、梨园104公顷、桃园233公顷、葡萄园179公顷。水果总产量（不含果用瓜）1.52万吨，其中，苹果3079吨（红富士苹果2841吨）、梨2225吨（雪花梨1999吨、鸭梨210吨）、桃1434吨、葡萄3265吨、红枣169吨。核桃产量1222吨。至2018年底，牛、猪、羊、家禽存栏数分别达到9046头、2.78万头、9392只、232.2万只。肉、奶、禽蛋、鸡蛋产量分别达到1.2万吨、4.37万吨、2.74万吨、2.3万吨，其中，猪肉、牛肉、羊肉、家禽肉产量分别达到7585吨、1122吨、244吨、3084吨。水产品养殖面积426公顷，总产量5115吨。农业产业化龙头企业销售收入76.17亿元，同比增长14.8%。新增省级农业园区1家、市级农业园区3家，现代农业园区总数达到30家，省级示范家庭农场达到5家，市级示范家庭农场达到19家。鹿泉区获批创建国家级现代农业产业园区。

【城乡建设】 实施道路工程28个，全长138千米。贯穿鹿泉区南北山前大道打通。5月31日，鹿泉区山前大道升级改造项目（牛山村—衡井村）通车；山前大道升级改造工程按照国家一级公路标准设计，全线双向6车道，重点路段双向8车道，总投资105亿元，主线北起石闫公路，南至青龙山大道，全长50千米。京赞线南延、衡井线提升改造工程完工。环抱路、北外环等20余条道路景观和13处节点升级改造，建设“石榴红了”等大型主题花海3个，设计打造水幕电影、音乐灯光秀等城市夜景。奇石街等中心城区改造工程完成，石邑街等拓宽打通工程启动，鹿北新区双同路实施拓宽绿化亮化，故城路、纬二十六路建成通车，城区北部发展框架拉开。征收土地1.4万亩，涉及拆迁户6500户。开展“拆违、打非、治乱”专项行动，拆除违规违法建筑14.6万平方米，解决房地产历史遗留问题42个，为1.8万户居民办理不动产登记。实施36个老旧小区管网改造工程，建设供热管网114.6千米。筹资20亿元，实施上安电厂引热入鹿工程，1300万平方米集中供热面积实现热源切换。污水处理厂提升改造完工，新改建污水管网28.5千米、供水管网59.9千米，新建城市综合管廊4千米。统筹解决农村人居环境问题，全区208个村实现气代煤电代煤、垃圾处理市场化、厕所改造“三个100%”，58个村实现污水集中处理。建设旅游综合服务站，新增停车位1.4万个，改造农村厕所8861座。市级以上特色小镇达到6个，鹿泉区全域列为省级新型城镇化试点。白鹿泉美丽乡村旅游度假区提档升级，获评2018年省级农村人居环境整治试点区。保护生态环境，关停曲寨热电厂和曲寨、鼎鑫水泥各1条生产线；72家涉VOCs企业完成深度治理，24家铸造企业升级改造，“散乱污”企业实行动态清零。重视扬尘治理，开展307国道环境综合整治、“洗路净城”等行动，专项整治建筑工地和重型车辆。城区主干道路机械化洗扫率达到100%。实施山场、乡村等六大类62项绿化工程，绿化山场13个，新增育苗213公顷，当年人工造林2888公顷，零星（四旁）植树679万株，封山育林面积1333公顷，森林抚育面积8783公顷，林木覆盖率50.0%。至2018年末，鹿泉区绿地面积达到907.2公顷，人均公园绿地14.95平方米；建成区绿化覆盖率41.59%，建成区绿地率35.53%。

【社会民生】 全年用于民生投入40.3亿元，占财政支出82.9%，同比增长21.7%。10件为民办实事全部完成。城镇新增就业6420人，城镇登记失业率1.19%。城镇低保标准由每人每月550元提高至610元，农村低保标准由每人每年5500元提高至5800元。建档立卡贫困人口121户、330人，2018年10月底全部脱贫出列。制定实施水源保护区生态经济发展补贴暂行办法，受益群众1.5万人。新增高新技术企业31家，总数达到111家；新增科技型中小企业110家，总数达到718家。新增院士工作站4家、国家企业技术中心2家，市级以上研发平台达到134家。出台鼓励创新创业政策59项。新认定市级以上众创空间、科技企业孵化器5家，众创空间和科技企业孵化器达到14家；科技型中小企业园达到22个，鹿岛V谷升级为国家级孵化器。拥有学校182所，其中，幼儿园66所，特殊教育学校1所，小学89所，中学18所（初级中学11所、高级中学4所），中等职业学校8所；在校生8.37万人，教职工5932人，专任教师4855人。北京外国语大学附属学校、石家庄财经职业学院建设开工，鹿泉区幼儿园、第二实验小学、实验初中等15所学校改建，公开招录招调教师196名。开展草根大舞台等文化惠民活动，举办京津冀曲艺邀请赛优秀作品展、鹿泉丝弦艺术节等展览演出。编纂出版《档案志》。开发卫生“远程医疗系统”，医疗救治双向转诊实现区、乡、村三级全覆盖。

（李晓伟）

栾 城 区

【概况】 栾城区位于石家庄市区南部，东北与藁城区，东南与赵县，西北与鹿泉区，西南与元氏县，北与裕华区相邻，距离石家庄市主城区12千米。2014年9月撤县设区。总面积345平方千米，辖5个镇（郄马镇由高新区代管）、3个乡，1个省级经济开发区，6个居委会、173个村委会，常住人口36.2万人，人口自然增长率11.8‰。2018年栾城区完成地区生产总值180.6亿元，同比增长7.0%。其中，第一产业增加值14.3亿元，增长3.5%；第二产业增加值75.3亿元，增长5.6%；第三产业增加值91.0亿元，增长10.1%。全部财政收入24.1亿元，同比增长15.0%，其中，公共财政预算收入13.6亿元，增长15.8%；财政支出27.0亿元，同比增长17.9%。固定资产投资同比增长1.8%。农林牧渔业总产值28.80亿元，同比增长3.3%；粮食播种面积3.33万公顷，总产量21.72万吨，平均亩产435.3千克。规模以上工业增加值同比增长7.0%，规模以上工业高新技术产业增加值同比增长13.6%；规模以上工业利润14.71亿元，同比增长1.8%。社会消费品零售总额102.2亿元，同比增长9.9%。城镇居民人均可支配收入31858元，同比增长8.2%；农村居民人均可支配收入17487元，同比增长8.7%。

中共栾城区委书记：张旭
区人大常委会主任：张军廷
区　　长：刘玉渭（12月免）
　　　　　彭勇民（12月任）
区政协主席：岳云霞（女）

【产业项目】 三次产业比例为7.9∶41.7∶50.4。工业投资同比增长9.6%，工业技改投资同比增长13.1%，高新技术产业投资同比增长118.1%。开展项目建设攻坚突破年活动，制定项目建设八项推进机制，落实重点项目清单式管理。实施省市重点项目23个，总投资403.9亿元。同福大健康食品城、天山国家农业公园等项目开工，德澳科技、潘城未来科技城等项目正在建设，康普斯压缩机、驰远食品等项目竣工；8月29日，石家庄市秋季项目集中开工仪式在栾城区举行；10月10日，首辆“石家庄产”奇瑞新能源汽车在栾城区装备制造产业园下线。实际利用外资1.9亿美元，同比增长0.9%。动态储备招商项目103项，京东亚洲一号、华讯方舟食品安全产业基地等34个项目签约。9月7～9日，2018德国普鲁士中国石家庄第一届葡萄酒节在栾城区装备制造产业园区内河北德澳科技有限公司欧洲产业园举行，来自德国、法国、西班牙、意大利、南非等13个外国酒庄参展，设置展位15个。9月21～24日，2018中国国际通用航空博览会在栾城区通用航空产业园举行；航空博览会期间，同步举办首届“三苏祖籍”文化节，参会世界各地苏氏家族代表、苏氏研究学会代表和专家150余人。推进园区建设，河北石家庄装备制造产业园、通用航空产业园等规划编制完成，装备路、生态街等19项基础设施工程竣工；实施“管委会+公司”运营模式，瑞腾公司、广桥市政公司正式运营，园区综合服务中心建成投用。2018年河北石家庄装备制造产业园主营业务收入541亿元，同比增长38%。

【农业生产】 全年农林牧渔业总产值28.80亿元，同比增长3.3%。其中，农业产值8.50亿元，林业产值3362万元，牧业产值13.91亿元，农林牧渔服务业产值6.06亿元。粮食播种面积3.33万公顷，总产量21.72万吨，平均亩产435.3千克。其中，小麦播种面积1.64万公顷，总产量11.14万吨，平均亩产452.9千克；玉米播种面积1.41万公顷，总产量10.07万吨，平均亩产475.1千克。豆类（主要是大豆）播种面积2482公顷，总产量4249吨。油料播种面积79公顷，总产量194吨。棉花播种面积4.67公顷，总产量2.11吨。蔬菜及食用菌种植面积842公顷，总产量7.5万吨。瓜果种植面积108公顷，总产量3884吨。果园面积377公顷，其中，苹果园100公顷、梨园7公顷、桃园106公顷、葡萄园

59 公顷。水果总产量（不含果用瓜）1725 吨，其中，苹果 64 吨、桃 1203 吨、葡萄 342 吨。至 2018 年底，牛、猪、羊、家禽存栏数分别达到 2.64 万头、1.91 万头、2.07 万只、689.9 万只。肉、奶、禽蛋、鸡蛋产量分别达到 2.34 万吨、5.17 万吨、7.23 万吨、6.94 万吨，其中，猪肉、牛肉、羊肉、家禽肉产量分别达到 8428 吨、3805 吨、478 吨、1.04 万吨。发展智慧农业，建成苏园、锦绣庄园 2 个智慧农业示范园。举办第十六届草莓采摘节、第四届樱桃音乐节、首届无花果采摘节和农民丰收节。“栾城草莓”获评国家地理标志证明商标。栾城区获得“河北省第一批农产品质量安全示范县”“农民合作社高质量发展示范县”称号。

【城乡建设】 开展城市建设攻坚提质行动，实施重点城建项目 33 项，总投资 23.2 亿元。太行大街、衡井公路等 8 条道路管网工程提升改造完工，栾武路、新开街等 6 条道路绿化提质，惠源路、宏达路和 165 条小巷胡同亮化提升，“四纵两横”街道夜景工程建设完成；实施供热管网“一管到户”，新建改造供热管网 4800 米。开展“洁城行动”，探索推行城乡环卫市场化运营模式。清理占道经营，治理广告塔乱象问题。80 个老旧小区实行市场化物业服务管理。开展清理违法用地“利剑清仓”行动，严厉打击违规违法建设行为，拆除违法设施占地面积 1697 亩。保护生态环境，6 台 35 蒸吨以下燃煤锅炉拆除任务完成，161 家行政企事业单位实施“电代煤”取暖改造，整治和取缔“散乱污”企业 36 家；实施差异化企业错峰生产政策，落实重污染天气“一厂一策”措施。2018 年末空气质量综合指数下降至 7.45。综合治理北沙河、古运粮河南部河道，清理河道垃圾 3.5 万立方米。开展净土行动，争取上级资金 6350 万元，持续推进土壤污染防治。实施环城绿化林带、环村林、农田林网、万亩苗圃生产基地等林业重点工程建设和新元高速公路两侧绿化林带改造提升工程、高速及国省干道补植补造工程，人工造林面积 420 公顷，当年零星（四旁）植树 78 万株，义务植树 60 万株。森林抚育面积 1020 公顷，森林覆盖率 28.6%。

【社会民生】 全年用于民生支出占财政支出比重超过 83%。10 件利民惠民实事全部完成。年末城乡居民存款余额 237.6 亿元，同比增长 17.7%。开建创业孵化基地，举办就业洽谈会 16 场（次）；城镇新增就业 3405 人，城镇登记失业率 1.63%。栾城镇、冶河镇等 3 家居家养老综合服务中心及公办敬老院实现社会化运营。城镇职工、城乡居民医疗保险覆盖率达到 100%，养老金社会化发放率、足额发放率连续保持 100%。1000 套棚户区改造任务全部开工，90 套保障房配租入住，117 户困难群众危房改造按期完成。落实扶贫兜底政策，实施医疗、教育、产业等精准脱贫项目，建档立卡贫困户采取光伏发电扶贫方式，全区 53 户建档立卡贫困户全部脱贫出列。拥有学校 225 所，其中，幼儿园 154 所，特殊教育学校 1 所，小学 53 所，中学 12 所（初级中学 9 所、高级中学 2 所），中等职业学校 5 所；在校生 6.44 万人，教职工 5254 人，专任教师 4299 人。栾城区第一幼儿园综合楼、鑫源路小学、冶河镇中学综合楼等校舍工程、奥林匹克篮球主题公园和区人民医院“智慧医院”建设完成。组建精品医养结合体 2 个。栾城区获评全国流动人口动态监测优秀单位和河北省慢性病综合防控示范区。

（栾城区党史研究中心）

井 陉 县

【概况】 井陉县位于石家庄市西部，地处太行山东麓，境内多山岭，东与鹿泉区、元氏县，东南与赞皇县，西及西南与山西省，西北与平山县相邻，距离石家庄市主城区 40 千米。境内拥有秦皇古驿道、于家石头村、大梁江村、苍岩山、仙台山等历史文化古迹、古村落及旅游景区，是韩信背水之战和百团大战的主战场。石灰石矿藏质好量多，井陉拉花闻名全国。总面积 1381 平方千米，辖 10 个镇、7 个乡，1 个省级经济开发区，318 个村委会，常住人口 31.5 万人。2018 年井陉县完成地区生产总值 166.1 亿元，同比增长 7.2%。其中，第一产业增加值 12.42 亿元，增长 4.2%；第二产业增加值 56.13 亿元，增长 2.7%；第三产业增加值

97.6亿元，增长10.5%。全部财政收入13.0亿元，同比增长9.9%，其中，公共财政预算收入7.1亿元，增长13.4%；财政支出22.9亿元，同比增长25.5%。固定资产投资119.1亿元，同比增长8.8%。农林牧渔业总产值19.33亿元，同比增长1.4%；粮食播种面积1.51万公顷，总产量6.0万吨，平均亩产265.0千克。规模以上工业增加值同比增长5.3%，规模以上工业高新技术产业增加值同比增长12.9%；规模以上工业利润5.3亿元，同比增长12.4%。社会消费品零售总额39.8亿元，同比增长8.3%。城镇居民人均可支配收入29630元，同比增长8.1%；农村居民人均可支配收入13259元，同比增长8.9%。

中共井陉县委书记：

苏志超（12月免）

刘玉渭（12月任）

县人大常委会主任：王永华

县　　长：李杰

县政协主席：毕元明

【产业项目】 三次产业比例为7.5 ∶ 33.8 ∶ 58.7。工业投资同比增长1.2%，工业技改投资同比下降8.5%，高新技术产业投资同比下降33.0%。实际利用外资1825万美元，同比增长0.4%。全年实施重点项目227个，总投资567亿元。其中，亿元以上项目70个，列入市重点项目13个，亿元以上项目总投资272.8亿元；列入石家庄市“4+4”现代产业发展项目14个，总投资250.26亿元，当年计划投资44.5亿元，实际完成投资53亿元，完成年计划119%。叁暖空气源热泵、东方久乐汽车安全部件等项目建成投产，再生金属加工项目试产，神力焊材、公铁联运项目开工，环能发电、天下粮仓、森林智慧谷等项目顺利推进，西山月谷、大成影视、蓝城颐养小镇等14个重点项目签约。实施工业技改项目27项，18家碳酸钙企业环保改造完成，25家矿山企业实施综合整治。举办井陉特色农产品工业品包装电商创意大赛，签约项目12个。新增市场主体1812户，服务业增加值对经济增长贡献率达到58.7%。仙台山景区提档升级，祖山景区正式对外开放。全年旅游业接待人数220万人次，同比增长15%；实现旅游收入2.3亿元，同比增长21%。

【农业生产】 全年农林牧渔业总产值19.33亿元，同比增长1.4%。其中，农业产值7.60亿元，林业产值3.16亿元，牧业产值6.95亿元，农林牧渔服务业产值1.58亿元。粮食播种面积1.51万公顷，总产量6.0万吨，平均亩产265.0千克。其中，小麦播种面积916公顷，总产量4116吨，平均亩产299.6千克；玉米播种面积1.12万公顷，总产量4.80万吨，平均亩产285.0千克；谷子播种面积799公顷，总产量1476吨，平均亩产123.2千克。豆类播种面积1272公顷，总产量1286吨。油料播种面积1190公顷，总产量2186吨。棉花播种面积80.78公顷，总产量52.92吨。蔬菜及食用菌种植面积1752公顷，总产量9.1万吨。果园面积840公顷，其中，苹果园687公顷、桃园37公顷。水果总产量（不含果用瓜）3.66万吨，其中，苹果（主要是红富士苹果）3.23万吨、桃442吨、红枣2184吨。核桃产量2932吨。花椒产量300吨。至2018年底，牛、猪、羊、家禽、兔存栏数分别达到2.15万头、5.09万头、6.24万只、225.87万只、1.05万只。肉、奶、禽蛋、鸡蛋产量分别达到1.58万吨、2712吨、2.47万吨、2.24万吨，其中，猪肉、牛肉、羊肉、家禽肉、兔肉产量分别达到6898吨、3659吨、1384吨、3810吨、75吨。维修加固水库5座，发展节水灌溉面积1.3万亩。现代农业发展商会成立。建成标准化养殖示范场21个。“井陉苹果”获批国家地理标志商标。农业产业化经营率达到49.8%。

【城乡建设】 县城东部新区规划调整，县城建设东连西拓。实施迎宾路改建和建设南路、幸福中街改造，新建县第一小学道路工程；307国道中修完工，平赞高速工程建设收尾，334省道（南防口至井平界）全线竣工，南绕城高速援建稳步推进；修建农村道路31条。建设太和荣域等5个高品质住宅项目，滨河大世界二期主体竣工；金良河三期项目蓄水成景，四期综合整治完工。新增集中供热面积65万平方米。天然气用户达到2万户。数字化城管平台投入使用。建成绿道绿廊20.5千米，井陉县通过省级园林县城复审，连续三次获得省级园林县城称号。改造农村电网202千米，18个村电网升级改造完成。架设光缆1100千米，覆盖行政村286个。打造美丽乡村，农村改厕1.8万所，206个村实现卫生长效保洁，井陉县获评全省农村生活垃圾治理示范县，陶瓷水镇、玉水庭院入列全市创建类特色小镇。保护生态环境，水土保持治理20平方千米，矿山土地修复615亩；整治“散乱污”企业55家，35蒸吨以下燃煤锅炉全部清零；4个村1024户气代煤项目完成，电代煤石墨烯试点1490户；推广清洁型煤1.5万吨，压减煤炭3.2万吨，县城工地实现在线监测全覆盖。全年空气二级以上优良天数达到161天，同比增加42天。改善水质环境，甘陶河生态治理工程完成过半，出境水质稳定达到地表水三类标准。开展造林绿化，当年人工造林面积4573公顷，零星（四旁）植树75万株，封山育林面积3513公顷，森林抚育面积2.53万公顷，森林覆盖率达56%。2月26日，国家林业局批复同意建设河北井陉藏龙山国家连翘公园。2018年井陉县祖山获评省级森林公园，仙台山获得“中国森林氧吧”“中国森林康养基地”称号。

【社会民生】 全年新增就业岗位3082个，城镇新增就业2890人，城镇登记失业率4%。年末居民储蓄存款余额137.3亿元，同比增长10.9%。企业职工养老保险参保人数16624人，机关事业单位养老保险参保人数10917人。呈龙老年养护院主体竣工，4家居家养老中心基本建成。优抚医院和残疾人托养中心建设完工，气象灾害预警平台建成投入使用。保障困难群众基本生活，发放低保、临时救助、社会救助等资金2000万元。改造农村危房180户，10个房地产遗留问题全部解决。开展精准扶贫，筹措资金3800多万元，实施扶贫项目104个；南张井等5个扶贫光伏项目并网发电，安置贫困人员承担护林、护路等公益性岗位110余人；兜底救助因病致贫、返贫人员2100多名；5个深度贫困村脱贫摘帽，4918名贫困人口脱贫达标出列。新增省级高新技术企业2家、科技型中小企业57家，培育“双创”平台1家，孵化企业27家，井陉创客被认定为市级众创空间。拥有学校155所，其中，幼儿园91所，特殊教育学校1所，小学49所，中学11所（初级中学8所、高级中学2所），中等职业学校3所；在校生4.07万人，教职工3205人，专任教师2829人。公开招聘教师222名。12所农村幼儿园改造提升完工并投入使用，3所幼儿园获评市级农村示范园，北方幼儿园获得石家庄市双十佳幼儿园称号。北方学校、良河西小学投用。高考文理类本科一批上线176人，同比增加36人；本科二批上线824人，同比增加38人。举办春节民俗展演暨传统村落庙会文化研讨会，乏驴岭铁桥获批省级保护文物；中国传统村落达到44个，传统村落数量位列全省第一。组建医疗联合体2个。新增“一站式”医疗救助网点3个，总数达到11个。井陉县获评全省中医药强县和县级公立医院综合改革示范创建县。

（朱凯荣）

正　定　县

【概况】 正定县位于石家庄市北侧，与石家庄市主城区相接，距离石家庄市主城区13千米，东与藁城区，北与新乐市、行唐县，西与灵寿县、鹿泉区，南与长安区、新华区相邻。境内多寺庙，拥有隆兴寺、广惠寺、天宁寺、临济寺、开元寺、文庙、正定古城墙等历史古迹。正定小商品博览会、板材、书法闻名周边，元曲杂剧作家白朴曾在正定生活和创作。历史上正定与保定、北京并称“北方三雄镇”，素有“三山不见，九桥不流”“九楼四塔八大寺，二十四座金牌坊”“古建筑宝库”的美誉。正定是国家历史文化名城、全国中小城市综合改革试点、国家智慧城市试点和中国最具投资潜力中小城市百强县。总面积468平方千米，辖3个镇、5个乡、2个街道办事处，1个省级高新技术产业开发区，34个居委会、154个村委会，常住人口49.5万人。2018年正定县完成地区生产总值276.7亿元，同比增长6.6%。其中，第一产业增加值35.22亿元，增长2.5%；第二产业增加值54.96亿元，增长1.3%；第三产业增加值186.54亿元，增长10.6%。全部财政收入43.0亿元，同比增长24.6%，其中，公共财政预算收入29.1亿元，增长30.9%；财政支出89.1亿元，同比增长156.1%，财政支出排名全市第一。固定资产投资同比增长7.7%。农林牧渔业总产值55.53亿元，同比增长1.4%；粮食播种面积4.24万公顷，总产量28.22万吨，平均亩产443.5千克。规模以上工业增加值同比增长

1.5%，规模以上工业高新技术产业增加值同比增长15.9%；规模以上工业利润5.81亿元，同比增长1.3%。社会消费品零售总额152.0亿元，同比增长8.9%。城镇居民人均可支配收入31984元，同比增长8.4%；农村居民人均可支配收入18531元，同比增长9.0%。2018年正定县获评全国投资潜力百强县、十大中国旅游影响力县、中国营商环境百强县、全国幸福百强县、全国电商示范百佳县等荣誉。

市委常委、正定县委（正定新区党工委）书记，石家庄综合保税区党工委书记、管委会主任，河北正定高新技术产业开发区党工委书记：
张业
县人大常委会主任：崔庆朝
县长、正定新区管委会主任、河北正定高新技术产业开发区管委会主任：
孙鹏云
县政协主席：钟亚辉（女）

【产业项目】 三次产业比例为12.7∶19.9∶67.4。工业投资同比下降15.7%，工业技改投资同比增长27.2%，高新技术产业投资同比下降38.0%。制定出台《扶持规模以上工业企业政策措施》，新增规模以上工业企业16家。正定县入选河北省工业转型升级示范县，常山药业、小蜜蜂工具被省政府授予河北省百强民营企业。全年实施重点项目48个，完成投资88.9亿元，其中，“4+4”现代产业项目24个，完成投资65.3亿元。新增市场主体1万户，总量达到5.2万户。正定县供销社连续三年获评“全国百强县级社”。4月26～28日，承办2018第十一届中国·石家庄（正定）国际小商品博览会，签约项目22个，总投资193.59亿元。对外贸易进出口总额5.4亿美元，同比增长87.0%；实际利用外资1221万美元，同比下降20.6%；引进域外资金58.8亿元。联东U谷·正定科技总部港、精进电动等项目落地。获批设立河北省首批离境商品退税店。正定镇被命名为中国淘宝镇，8个村被命名为中国淘宝村。旅游业呈现井喷式增长，全年接待旅游总人数“突破千万”，达到1295.6万人次，同比增长145.8%；实现旅游总收入61.07亿元，同比增长174.7%，其中，门票收入1.19亿元，增长228.7%。河北正定高新技术产业开发区主营业务收入突破700亿元，列入《中国开发区审核公告目录》，获批河北省新型工业化产业示范基地。

【农业生产】 全年农林牧渔业总产值55.53亿元，同比增长1.4%。其中，农业产值26.74亿元，林业产值7810万元，牧业产值24.67亿元，农林牧渔服务业产值3.33亿元。粮食播种面积4.24万公顷，总产量28.22万吨，平均亩产443.5千克。其中，小麦播种面积2.15万公顷，总产量14.37万吨，平均亩产445.5千克；玉米播种面积1.93万公顷，总产量13.29万吨，平均亩产458.2千克。豆类（主要是大豆）播种面积1054公顷，总产量2784吨。薯类播种面积341公顷，总产量1.20万吨。油料播种面积2990公顷，总产量1.33万吨，其中，花生播种面积2940公顷，总产量1.31万吨。棉花播种面积6.01公顷，总产量4.52吨。蔬菜及食用菌种植面积6599公顷，总产量58.8万吨。瓜果种植面积286公顷，总产量1.59万吨，其中，西瓜种植面积208公顷，总产量1.33万吨。果园面积163公顷，其中，苹果园34公顷、梨园16公顷、桃园73公顷、葡萄园39公顷。水果总产量（不含果用瓜）3656吨，其中，苹果573吨（红富士苹果471吨）、梨296吨（雪花梨138吨、鸭梨158吨）、桃1564吨、葡萄967吨。商品材产量3229立方米。至2018年底，牛、猪、羊、家禽存栏数分别达到4.97万头、34.40万头、2.0万只、815.7万只。肉、奶、禽蛋、鸡蛋产量分别达到6.63万吨、6.66万吨、8.44万吨、7.83万吨，其中，猪肉、牛肉、羊肉、家禽肉产量分别达到4.58万吨、7849吨、552吨、1.21万吨。家禽肉产量位列全市第一名，肉类、禽蛋产量位列全市第二名。建成高标准农田7500亩，发展节水灌溉4800多亩。新认定现代农业园区10家，县级以上农业园区达到24个。正定县获评河北省农产品质量安全县。

【城乡建设】 正定古城保护24项重点工程完成20项。实施公路项目74个，建设总里程134.2千米，总投资6.7亿元；京五路、城德街南延等6条道路拓宽改造完工。推进旺泉古街、南关民俗街和阳和楼特色街区建设，城隍庙等4个城中村改造启动，棚户区住房改造开工920套。新购环卫车72辆，城区机械化清扫率达到96%。正定新区国际会展中心、青少年活动中心竣工，市城市馆、市图书馆基本完工，河北奥林匹克体育中心投用；新建市政道路6.9千米、雨污水管网7.8千米；6条管廊直线段完工，形成廊体22千米；建成供热管网长度35千米，16个项目达标供暖，总供热面积120万平方米；110千伏临济变电站竣工投用；新增绿化面积88万平方米。河北正定高新技术产业开发区新建道路12千米，修建管网长度9.8千米；新增绿化面积9.6万平方米；污水处理厂通水试运营，地表水厂主体完工，燃气热电联产项目具备供热条件。实施农村人居环境综合整治，改造农村厕所7245座。投资8024万元，改建农村公路59条、90.7千米，107国道改建工程通车。农村生活垃圾实现日产日清，农村生活垃圾一体化、无害化处理率均达100%。保护生态环境，设立乡镇环保所，实行乡镇空气质量考核排名制度。削减煤炭21万吨，35蒸吨以下燃煤锅炉实现“清零”。落实“河长制”管理，河道内344处历史遗留违建全部拆除；启动实施周汉河水利综合整治，关停南水北调受水区自备井110眼。当年人工造林面积847公顷，零星（四旁）植树40万株，森林抚育面积2181公顷，森林覆盖率28.5%。空气环境质量好转，空气质量综合指数为7.62；PM10平均浓度137微克/立方米，同比下降18.9%；PM2.5平均浓度73微克/立方米，同比下降21.5%。突出“开放共享”理念，实施“厕所革命”，改造、提升、新建厕所625座；2018年2月，全国厕所革命工作现场会在正定县召开。启动国家卫生县城创建活动，正定县城市容卫生环境通过河北省爱国卫生运动委员会办公室评估验收。2018年7月，正定县获评省级洁净城市。

【社会民生】 全年城镇新增就业5300人，城镇登记失业率2.29%。企业退休人员养老金人均月增129.7元，城乡低保标准分别提高到每人每月610元、每人每年4400元；发放特困资金622万元、城乡医疗救助资金293万元。11件利民惠民实事完成。建立因病、因伤等突发事件致贫救助机制，财政出资为贫困人口购买疾病、意外伤害医疗商业补充保险，贫困人口个人住院费用实现100%报销；2018年正定县302户、687名贫困人口全部提前脱贫。深化行政审批改革，设立乡村审批服务站12个、农村代办点37个，全县农村实现行政审批网点全覆盖。争取上级科技资金1275万元。建成高标准创业孵化基地2家。高新技术企业数量达到31家，科技型中小企业数量达到600家，市级以上工程技术研究中心达到18家；新增院士工作站1家，总数达到3家。2018年正定县被科技部评为全国首批创新型县。拥有学校255所，其中，幼儿园140所，特殊教育学校2所，小学85所，中学21所（初级中学11所、高级中学2所），中等职业学校7所；在校生9.88万人，教职工7255人，专任教师6013人。新增市级公办幼儿园1所、民办普惠性幼儿园3所，增加入园名额1200个；消除义务教育大班额256个；开元小学、第四幼儿园建设工程主体竣工；职教园区一期竣工投用，5所学校入驻；特教学校智力残疾儿童康复项目获批全国特教改革试验点。城区建成健身广场20个。开元寺南广场遗址考古首次发现晚唐至明清等7个历史朝代连续文化层叠压。深化县级公立医院改革和家庭医生签约服务，新城铺镇卫生院获评全国群众满意卫生院，曲阳桥乡中心卫生院获评全国百佳乡镇卫生院，塔元庄劲松老年公寓等4家机构被确定为省、市医养结合示范机构。

（戴世丽）

行 唐 县

【概况】 行唐县位于石家庄市北部，东与新乐市，西与灵寿县，南与正定县相邻，北及东北与阜平县、曲阳县相接，属太行山东麓浅山丘陵区与华北平原交接地带，距离石家庄市主城区50千米。2012年行唐县批准成为国家扶贫开发工作重点县。总面积966平方千米，辖4个镇、11个乡，1个省级经济开发区，8个居委会、322个行政村，常住人口41.7万人，人口自然增长率5.75‰。2018年行唐县完成地区生产总值104.9亿元，同比增长6.3%。其中，第一产业增加值31.87亿元，增长4.7%；第二产业增加值18.59亿元，增长3.9%；第三产业增加值54.44亿元，增长9.8%。全部财政收入8.0亿元，同比增长11.2%，其中，公共财政预算收入5.4亿元，增长16.2%；财政支出30.8亿元，同比增长23.2%。固定资产投资98.45亿元，同比增长8.3%。农林牧渔业总产值52.11亿元，同比增长5.5%；粮食播种面积5.19万公顷，总产量32.38万吨，平均亩产415.7千克。规模以上工业增加值同比增长4.0%，规模以上工业高新技术产业增加值同比增长21.4%；规模以上工业利润2.16亿元，同比下降38.9%。社会消费品零售总额75.68亿元，同比增长7.7%。城镇居民人均可支配收入29707元，同比增长7.9%；农村居民人均可支配收入8694元，同比增长14.0%。

中共行唐县委书记：杨立中
县人大常委会主任：高华树
县　　　长：王彦芳
县政协主席：盖义江

【产业项目】 三次产业比例为30.4∶17.7∶51.9。工业投资同比增长0.7%，工业技改投资同比下降27.5%，高新技术产业投资同比增长372.1%；拥有规模以上工业企业77家，规模以上工业企业总产值42.79亿元，主营业务收入39亿元，完成增加值9.05亿元。实际利用外资3522万美元，同比增长6.7%。全年在建千万元以上项目27个，完成投资71.5亿元，超出年度计划8.8亿元。中电生物质发电、安清环保包装材料等7个亿元以上项目竣工，华北航空文化产业园、盛航环保专用车等12个亿元以上项目顺利推进，华夏幸福基业产业新城、强大泵业二期等15个亿元以上项目签约，明旺乳业二期、昆仑新奥泛能网等6个亿元以上项目达成合作意向。民营经济营业收入454.8亿元，实现利润总额51.83亿元，上缴税金5.79亿元。搭建政、银、企对接平台4次，帮助中小企业融资6.2亿元。

【农业生产】 全年农林牧渔业总产值52.11亿元，同比增长5.5%。其中，农业产值23.64亿元（中药材产值3.40亿元），林业产值1.72亿元，牧业产值22.33亿元，渔业产值946万元，农林牧渔服务业产值4.33亿元。粮食播种面积5.19万公顷，总产量32.38万吨，平均亩产415.7千克。其中，小麦播种面积2.43万公顷，总产量14.87万吨，平均亩产407.5千克；玉米播种面积2.56万公顷，总产量16.61万吨，平均亩产432.1千克；谷子播种面积390公顷，总产量954吨，平均亩产163.1千克。豆类（主要是大豆）播种面积288公顷，总产量406吨。薯类播种面积1295公顷，总产量3.83万吨。油料播种面积4971公顷，总产量1.88万吨，其中，花生播种面积4462公顷，总产量1.76万吨，花生产量位列全市第一。棉花播种面积18.42公顷，总产量10.69吨。蔬菜及食用菌种植面积4196公顷，总产量29.0万吨。瓜果种植面积366公顷，总产量1.25万吨。果园面积1.47万公顷，其中，苹果园435公顷、梨园15公顷、桃园175公顷、葡萄园8公顷。水果总产量（不含果用瓜）12.14万吨，其中，苹果2.11万吨（红富士苹果2.07万吨）、梨968吨（雪花梨867吨、鸭梨101吨）、桃5881吨、葡萄218吨、红枣9.25万吨、黑枣1吨、杏757吨。核桃总产量2465吨。红枣产量位列全市第一。至2018年底，牛、驴、骡、猪、羊、家禽、兔存栏数分别达到4.95万头、4242头、281只、6.50万头、3.56万只、408.93万只、1.16万只。肉、奶、禽蛋、鸡蛋产量分别达到3.61万吨、20.3万吨、3.73万吨、3.37万吨，其中，猪肉、牛肉、羊肉、家禽肉、驴肉、兔肉产量分别达到1.67万吨、1.29万吨、736吨、5127吨、431吨、33吨。奶类（牛奶）、牛肉、驴肉产量位列全市第一。水产品养殖面积40公顷，总产量685吨。

【城乡建设】 棚户区改造、地下综合管廊等11个专项规划编制完成，乡（镇）建设规划、美丽乡村规划实现全覆盖。实施玉城大街路面修复、升仙桥路综合整治等32项重点市政工程，复兴大街东延竣工，新客运站开工；行陈线行唐段（行唐县城—灵寿县陈庄）改建工程竣工通车，13座（米家庄水库桥、南城寨乡道2号桥、南城寨乡道3号桥、掌头桥、群众桥、苏家庄桥、北董庄桥、杨家庄桥、梨沿庄3号桥、梨沿庄2号桥、杨下口革命桥、任家庄桥、北石庄桥）危桥改造完工投用。开展县城东北外环、颍水两岸等节点绿化项目，新增绿地面积11.3万平方米；龙州公园获评省级四星级公园。推进“省级文明县城”建设，集中整治脏乱占堵现象，拆除违规违法建筑45.2万平方米。“智慧城市”数字化管理系统投入运行，城区重点区域、重点部位实现全天候监管。新增多功能清扫车19辆，城市机械化清扫率达到91.3%。开展农村人居环境综合整治，改造农村厕所1.8万余个，全县村庄基本实现环卫保洁市场化运作。规划面积2.76平方千米食品工业园纳入开发区管理序列，玉晶西路北延、工业北路、胜利大街竣工通车，110千伏变电站升级扩容，第二污水处理厂规范运行，“双创”服务中心、青岛保税港区行唐功能区海关监管场站主体完工。保护生态环境，削减燃煤9万吨，推广洁净型煤1.7万吨、气代煤20534户、电代煤5034户、石墨烯6910户，所有在建工地实现视频监控和PM10在线监测全覆盖。关停取缔“散乱污”企业74家、非法石子加工厂30家，拆除黑加油站点56家，安全处置危险废物173吨。颍水河上游16.3千米河道综合整治进展顺利，颍水大道二期基础工程完工。治理水土流失面积22.4平方千米。开展造林绿化活动，当年人工造林面积2867公顷，零星（四旁）植树75万株，封山育林面积2667公顷，森林覆盖率达到42.2%。空气环境质量好转，空气优良天数同比增加23天，PM2.5、PM10同比分别下降13.98%和17.14%，空气质量综合指数同比下降12.53%。

【社会民生】 全年用于民生支出占财政支出比重达到88.1%。城镇非私营单位在岗职工年平均工资54001元，同比下降3.4%。年末住户存款余额153.3亿元，同比增长13.3%。居民养老保险参保23.8万人，医疗保险参保36.9万人。城镇新增就业3538人，农村劳动力转移就业1万人。同创返乡创业孵化基地被认定为“全国农村创业创新基地”。建成保障性住房127套，改造农村危房526户。发放困难补助金6886万元。开展脱贫攻坚行动，实施大棚种植、畜禽养殖等扶贫产业项目24个，带动4252个贫困户实现稳定增收。全年建档立卡贫困人口转移就业1895人，“微工厂”带动就业2630人，开发公益专岗3316个；67个贫困村、1.1万贫困人口达到脱贫出列和脱贫标准，贫困发生率由2017年3.35%下降至0.5%。拥有学校104所，其中，幼儿园23所，特殊教育学校1所，小学61所，中学17所（初级中学11所、高级中学4所），中等职业学校2所；在校生7.67万人，教职工5447人，专任教师4777人。新建小学教学楼7所，完成薄弱学校改造30所；公开招聘教师238名。钱红游泳馆主体完工。行唐故郡遗址入围“中国考古十大新发现”终评项目并获评省级文物保护单位。县医院新建门诊医技综合楼主体完工，8所乡（镇）卫生院配备医疗DR设备。2018年行唐县通过国家基层中医药工作先进县复审，获评省级妇幼健康优质服务示范县。

（行唐县地方志办公室）

灵　寿　县

【概况】 灵寿县位于石家庄市西北部，距离石家庄市主城区30千米，东与行唐县，东南与正定县，西与平山县、五台县，南与鹿泉区，北与阜平县相邻。著名景区有五岳寨等。灵寿县是山区县、老区县、国家扶贫开发工作重点县，也是民政部、联合国地名考察组命名的“千年古县”。县内地形轮廓呈条状，地势自西北向东南倾斜，依次为山区50%、丘陵38%、平原12%，地貌格局大体为“七山二水一分田”。总面积1066平方千米，辖6个镇、9个乡，1个省级经济开发区，3个居委会，279个行政村，常住人口34.0万人。2018年灵寿县完成地区生产总值93.8亿元，同比增长5.2%。其中，第一产业增加值25.63亿元，增长4.0%；第二产业增加值24.03亿元，增长0.9%；第三产业增加值44.14亿元，增长10.1%。全部财政收入7.9亿元，同比增长31.0%，其中，公共财政预算收入5.0亿元，增长22.9%；财政支出25.6亿元，同比增长25.5%。固定资产投资83.9亿元，同比增长9.7%。农林牧渔业总产值38.25亿元，同比增长4.6%；粮食播种面积3.20万公顷，总产量15.76万吨，平均亩产328.0千克。规模以上工业增加值同比下降1.8%，规模以上工业高新技术产业增加值同比增长18.5%；规模以上工业利润-7579万元，同比下降160.3%。社会消费品零售总额53.77亿元，同比增长9.4%。城镇居民人均可支配收入29106元，同比增长7.7%；农村居民人均可支配收入8398元，同比增长13.9%。

中共灵寿县委书记：宋存汉
县人大常委会主任：刘振波
县　　　长：冯素伟
县政协主席：白东风

【产业项目】三次产业比例为27.3∶25.6∶47.1。工业投资同比下降9.9%，工业技改投资同比下降27.9%，高新技术产业投资同比下降39.5%；拥有规模以上工业企业56家。民营经济完成增加值59.15亿元，同比增长4.6%。河北灵寿经济开发区主营业务收入311.17亿元，同比增长57.97%。年末金融机构存款余额160.64亿元，城乡居民储蓄存款余额128.74亿元；金融机构贷款余额76.50亿元，城乡居民贷款余额24.9亿元。全年实施重点项目41个，完成投资39.1亿元，占年度投资计划101%。总投资65.6亿元的颐高互联网双创大厦、悦城CBD、亿朗环保等12个项目开工。打造装配式建筑产业基地，推进河北建工装配式住宅产业基地、装配式和海绵城市建设系统生产线等项目，构建从管道到墙体建筑、装饰材料生产装配式建筑一体化全产业链；河北建工装配式住宅产业基地项目实现当年开工、当年投产。北京、上海灵寿商会成立。签约招商项目21个。实际利用外资715万美元。灵寿县北国超市建成营业。“供销e家”“灵寿供销”电子商务平台建成投用，特色农产品实现线上销售；灵寿县获评国家级电子商务进农村综合示范县。谋划实施综合文化活动中心、磁河百里画廊景观带、中山故都、锦绣大明川休闲度假康养小镇等23个旅游项目，总投资200余亿元。2018年灵寿县接待游客人数290万人次，同比增长41%；实现旅游业收入30.9亿元，同比增长47%。

【农业生产】全年农林牧渔业总产值38.25亿元，同比增长4.6%。其中，农业产值20.69亿元，林业产值1.73亿元，牧业产值13.84亿元，渔业产值8523万元，农林牧渔服务业产值1.14亿元。粮食播种面积3.20万公顷，总产量15.76万吨，平均亩产328.0千克。其中，小麦播种面积1.21万公顷，总产量5.75万吨，平均亩产317.7千克；玉米播种面积1.81万公顷，总产量9.21万吨，平均亩产338.9千克。豆类播种面积115公顷，总产量214吨。薯类播种面积1441公顷，总产量3.53万吨。油料播种面积1686公顷，总产量3567吨，其中，花生播种面积1590公顷，总产量3379吨。棉花播种面积30.10公顷，总产量15.77吨。蔬菜及食用菌种植面积2035公顷，总产量36.9万吨，其中食用菌产量14.2万吨。瓜果种植面积20.3公顷，总产量360吨。果园面积756公顷，其中，苹果园166公顷、梨园36公顷、桃园225公顷、葡萄园53公顷。水果总产量（不含果用瓜）4275吨，其中，苹果2285吨、梨476吨、桃63吨、葡萄305吨、红枣7吨。核桃总产量2949吨。板栗总产量3499吨。茶叶总产量2800千克。山杏仁产量500吨。商品材产量3600立方米。至2018年底，牛、猪、羊、家禽存栏数分别达到3.30万头、16.90万头、3.46万只、180.18万只。肉、奶、禽蛋、鸡蛋产量分别达到3.07万吨、3.52万吨、1.62万吨、1.45万吨，其中，猪肉、牛肉、羊肉、家禽肉产量分别达到2.39万吨、3457吨、785吨、2580吨。蜂蜜产量120吨。水产品养殖面积284公顷，总产量5298吨。实施土地整治项目，新增耕地325公顷；年末农村土地流转面积达到家庭承包耕地总面积43%。认定县级农业产业化龙头企业22家，农业产业化经营率达到33.6%。开展国家有机产品认证示范县、省级农产品质量安全示范县创建活动，重点推进核桃、食用菌、中药材等特色农产品认证；注册农业品牌20个，建成农产品生产基地10个、无公害畜产品生产基地14个。灵寿丹参入选“电商扶贫优秀农特产品”，灵寿桑茶入选“电商扶贫重点扶持农特产品”，灵寿“徐薯”获得2018中国甘薯产业博览会“好吃红薯”三等奖。

【城乡建设】构建“一核、两轴、四区、多点”城镇发展体系，启动“多规合一”及信息平台建设，全域城乡总体规划修编纲要及供热、燃气、道路交通等25项专项规划、14个乡镇总体规划、松阳河新区等3个重要地块的城市设计完成。城区9条“断头路”“卡脖路”打通，15条道路升级改造完工，城区道路长度达到99.42千米。启动正南路绿美廊道、磁河旅游路、滹沱公路灵寿段（河北大道）、人民路西延等路网工程。西阜高速灵寿段主线贯通。投资1.06亿元，实施207国道保定界至陈庄段中修、行陈公路（宝平线至灵寿、平山界段）改造、木北线改建等工程；投资3.01亿元，实施120个贫困村农村公路扶贫开发建设项目。投资1.2亿元，建成占地面积37.7公顷松阳河综合性公园；投资2.02亿元，实施占地面积68.22公顷松阳河湿地修复工程；城区新增公园、游园10处，建成区绿地率达到36.3%。实施棚户区改造工程——松阳河新区项目，一期工程全面开工，总投资16.03亿元。改造城区居住环境，实施弱电入地、夜景亮化、美化工程；8个老旧小区改造工程完工；拆违拆迁23万平方米，腾清用地33万平方米，拆除违建临建设施1.3万平方米。组建城市管理综合执法队，施划机动车、非机动车停车位9100余个，取缔城区主次干道流动摊贩1500余处，整治批发市场及劳务市场10余家。城区环卫保洁实行托管运营，城区机械化清扫率达94%，垃圾收运率达到100%。保护生态环境，关停正元化肥、名世锦簇等重点污染企业，整治“散乱污”企业81家，压减水泥产能270万吨，20蒸吨以下燃煤锅炉全部淘汰。空气质量综合指数同比下降14.4%。冬季供暖热源替代工程完工，总投资1.7亿元。实施污水处理厂提标改造、地下水超采综合治理等项目，落实县乡村三级“河长制”管理，清理河道垃圾26.4万立方米，5个省级美丽乡村生活污水治理项目完工。编制乡村振兴战略实施规划，开展农村人居环境整治、村容村貌提升、空心村治理等行动，建立城乡全域一体化垃圾处理机制；改造农村厕所1.65万座，完成32个村饮水安全工程和24个村农田灌溉设施工程，新增配变器204台。创建生态村123个，南营乡车谷砣村获评“全国生态文化村”。当年人工造林面积2733公顷，零星（四旁）植树70万株，封山育林面积3333公顷，森林抚育面积3750公顷，森林覆盖率达到61.17%。

【社会民生】 全年用于民生支出22.98亿元，占财政支出比重89.8%。城镇新增就业2722人，城镇登记失业率2.8%。发放城乡低保金、特困人员供养金、临时救助资金3770万元。新建养老服务机构4家。农村清产核资和130个村集体产权制度改革完成。率先在全省创新设立农村青年人才服务中心及党支部，灵寿县被确定为河北省和石家庄市创新发展党员工作试点县，入选全国“改革开放40年地方改革创新40案例”。制定出台《关于支持科技型中小企业和高新技术企业创新发展的实施意见》，认定省级技术创新中心1家、科技型中小企业28家、科技小巨人企业5家、高新技术企业4家，培育众创空间1家。拥有学校190所，其中，幼儿园89所，特殊教育学校1所，小学82所，中学15所（初级中学9所、高级中学3所），中等职业学校3所；在校生5.96万人，教职工4822人，专任教师4004人。投资2100万元，实施校舍“全面改薄”工程，改造提升民办幼儿园56所。县中西医结合医院综合病房楼项目主体完工，总投资3965万元；县医院妇儿科综合病房楼项目开工，总投资4800万元。重视做好扶贫脱贫工作。投资6.6亿元，实施种养殖、电子商务、光伏发电等9类223个扶贫项目，帮助2226名贫困人口实现就业。投资4.1亿元，实施农村环境整治、水电路讯、文化服务设施等7类164个建设项目。开展金融扶贫，获得综合授信额度28.3亿元，发放“共富宝”10.2亿元、小额贷款3000余万元、担保贷款3400万元；6月6日，2018河北省金融扶贫工作现场观摩会在灵寿县举行。“十三五”规划期间易地扶贫搬迁任务完成。所有贫困村基本公共服务设施达到脱贫退出标准。至2018年底，89个贫困村2383户5645人脱贫，剩余贫困人口371户927人，全县贫困发生率下降至0.34%。车谷砣村党支部书记陈春芳当选第十三届全国人大代表，获评全国脱贫攻坚奖奋进奖。

（张晓星）

高 邑 县

【概况】 高邑县位于石家庄市南部，属华北平原西部边缘，太行山脉东麓，距离石家庄市主城区50千米，东北与赵县，西与赞皇县，南与邢台市，北与元氏县相邻。境内拥有中山国房子郡遗址、刘秀登基台、南星书院等历史文化遗迹。京广高铁“高邑西站”是石家庄以南、河北省境内唯一县级站点，2012年12月建成投用。总面积230平方千米，辖4个镇、1个乡，1个省级经济开发区，5个居委会、107个行政村，常住人口19.1万人，人口自然增长率4.28‰。2018年高邑县完成地区生产总值78.0亿元，同比增长7.5%。其中，第一产业增加值11.97亿元，增长6.2%；第二产业增加值33.34亿元，增长6.1%；第三产业增加值32.71亿元，增长10.5%。全部财政收入7.0亿元，同比增长12.6%，其中，公共财政预算收入5.4亿元，增长12.6%；财政支出17.2亿元，同比增长25.2%。固定资产投资同比增长7.5%。农林牧渔业总产值17.34亿元，同比增长5.1%；粮食播种面积2.38万公顷，总产量15.47万吨，平均亩产432.8千克。规模以上工业增加值同比增长6.6%，规模以上工业高新技术产业增加值同比增长16.9%；规模以上工业利润2.36亿元，同比下降32.8%。社会消费品零售总额43.57亿元，同比增长10.2%。城镇居民人均可支配收入27579元，同比增长8.4%；农村居民人均可支配收入13960元，同比增长8.7%。

中共高邑县委书记：彭敬捷（女）
县人大常委会主任：王惠武
县　　　长：陈宏锋
县政协主席：宋英华

【产业项目】 三次产业比例为15.4∶42.7∶41.9。工业投资同比增长17.6%，工业技改投资同比增长19.0%，高新技术产业投资同比下降45.2%。工业发展形成建陶、化工、纺织三大特色产业，其中，建陶产业成为石家庄市特色产业之一，获评"河北省建筑陶瓷特色产业基地""河北省中小企业特色产业集群"；建陶年生产能力3亿平方米，产品销售辐射中国东北、华北、西北等十几个省（区、市）。氧化锌产业年生产能力9万吨，产品销往全国各地和东南亚、欧洲等20多个国家及地区，列入石家庄市产业集群之一，成为与葫芦岛、柳州齐名的全国三大锌业生产基地之一。纺织产业年纺纱能力50万锭，其中，精梳精纺能力20万锭，织机1万多台，年产坯布3亿米。全年实施重点项目133个，总投资501.0亿元，其中，亿元以上项目66个，总投资390.3亿元。规划建设占地面积1万亩、产值1000亿元、带动就业10万人鞋业小镇项目，总投资500亿元，项目一期公租厂房、5家自建企业建设完工。总投资52亿元冀中南智能港开通中欧、中亚班列，初步实现常态化运营、智能化管理、效益化经营。以"绿色、精准、效益"为理念，开展专业招商、会展招商活动，13个项目达成合作意向；刘秀文化创意产业园项目签约，总投资60亿元。实际利用外资817万美元，同比增长2.0%。河北高邑经济开发区完成主营业务收入342亿元。

【农业生产】 全年农林牧渔业总产值17.34亿元，同比增长5.1%。其中，农业产值12.97亿元，牧业产值3.40亿元，农林牧渔服务业产值8808万元。粮食播种面积2.38万公顷，总产量15.47万吨，平均亩产432.8千克。其中，小麦播种面积1.12万公顷，总产量7.51万吨，平均亩产447.2千克；玉米播种面积1.22万公顷，总产量7.81万吨，平均亩产428.1千克。豆类播种面积95公顷，总产量192吨。薯类播种面积214公顷，总产量4744吨。油料播种面积871公顷，总产量1952吨。棉花播种面积50.06公顷，总产量50.84吨。蔬菜及食用菌种植面积5151公顷，总产量42.8万吨，其中，设施蔬菜种植面积为3655公顷，总产量为30.7万吨。瓜果种植面积202公顷，总产量1.33万吨，其中，西瓜种植面积195公顷，总产量1.28万吨。果园面积88公顷，其中，梨园21公顷、桃园16公顷、葡萄园14公顷。水果总产量（不含果用瓜）3521吨，其中，梨919吨、桃2227吨、葡萄249吨、红枣17吨。至2018年底，牛、猪、羊、家禽存栏数分别达到1548头、3.12万头、8371只、117.23万只。肉、奶、禽蛋、鸡蛋产量分别达到9155吨、3530吨、1.28万吨、1.17万吨，其中，猪肉、牛肉、羊肉、家禽肉产量分别达到6366吨、373吨、282吨、2118吨。以建设现代蔬菜产业园为重点，推进蔬菜产业向规模化、园区化、设施化、标准化和产销一体化发展；润尚园区获评河北省四星级休闲采摘园。土地确权面积14.37万亩。新增土地流转面积7600亩，累计达到11.3万亩，土地流转率46.38%。

【城乡建设】 郑昔线107国道地道桥景观改造提升。亿博大街、东城大街、府右路新安装路灯180盏，铺设电缆6740米；太行路、东城大街更换损坏灯具钢化玻璃罩230片，架空线路入地1300余米；太行路、107国道等城内路段更换LED节能光源494套。实施小街小巷硬化亮化提升工程，硬化、铺装和绿化小街巷70余条、2万余平方米。棚户区改造完成223套，其中，平安里棚户区改造项目33套，工农街棚户区改造项目190套。危房改造完成242户，争取危房专项改造资金200余万元。天然气环城管网、园区公共管网铺设工程完工，日供气能力达到30万立方米。加强城区管理，道路机械化清扫率达90.78%；垃圾清运全部实施密闭运输和日产日清，垃圾无害化处理率达到100%。刘秀公园获批河北省五星级公园。至2018年底，县城建成10万平方米以上综合公园3座、街旁游园43处，创建省、市级园林式单位小区46个，人均公园绿地面积达到12.59平方米。

【社会民生】 全年民生支出占财政支出比重达到83.3%。城镇新增就业2707人，城镇登记失业率3.2%。重视引进人才，制定出台《高邑县人才绿卡管理办法》，专门设立“高邑英才基金”。城乡居民养老保险、医疗保险参保率分别达到99.6%和98.9%，城镇低保、农村低保每人每年分别提高720元和396元，无固定收入老年人生活补贴覆盖面扩大到68周岁。107个村实现农村安全饮水全覆盖。开展精准扶贫，实施产业扶贫项目8个，总投资1300万元；1294户、2532名贫困人口稳定脱贫。拥有学校120所，其中，幼儿园65所，特殊教育学校1所，小学42所，中学10所（初级中学7所、高级中学1所），中等职业学校2所；在校生3.96万人，教职工2822人，专任教师2458人。新改扩建学校、幼儿园8所，职教中心规划选址完成；启动建设足球场5个；公开招聘教师64名。推进媒体融合，县传媒中心挂牌成立。卫生业务综合大楼竣工，县医院门诊楼主体工程完成；高邑县入选河北省紧密型医共体试点县。

（中共高邑县委办公室）

深　泽　县

【概况】 深泽县位于石家庄市东北部，东与衡水市，南与辛集市、晋州市，西与无极县，北与保定市相邻，距离石家庄市主城区75千米。境内文物古迹有文庙、北极台、永济桥等。总面积296平方千米，辖3个镇、3个乡，1个省级经济开发区，3个居委会、125个村委会，常住人口25.2万人。2018年深泽县完成地区生产总值83.2亿元，同比增长7.1%。其中，第一产业增加值13.42亿元，增长4.2%；第二产业增加值32.37亿元，增长5.8%；第三产业增加值37.43亿元，增长10.5%。全部财政收入6.6亿元，同比增长14.0%，其中，公共财政预算收入4.8亿元，增长13.5%；财政支出16.1亿元，同比增长19.9%。固定资产投资同比增长8.2%。农林牧渔业总产值22.86亿元，同比增长5.0%；粮食播种面积3.04万公顷，总产量20.21万吨，平均亩产443.6千克。规模以上工业增加值同比增长6.7%，规模以上工业高新技术产业增加值同比增长14.8%；规模以上工业利润6488万元，同比下降63.0%。社会消费品零售总额54.38亿元，同比增长9.7%。城镇居民人均可支配收入28426元，同比增长8.2%；农村居民人均可支配收入13462元，同比增长9.0%。

深泽县城夜景

中共深泽县委书记：

　　张少华（12月免）

　　李向阳（12月任）

县人大常委会主任：

　　张少华（1月免）

袁国良（2月任）
县　　长：李向阳（12月免）
　　　　　卢明刚（12月代）
县政协主席：郭立辉

【产业项目】三次产业比例为16.1∶38.9∶45.0。工业投资同比下降14.0%，工业技改投资同比下降34.1%，高新技术产业投资同比增长91.8%。全年谋划建设千万元以上项目202个，总投资714.95亿元。11个项目列入市重点建设计划，完成投资25.1亿元；“4+4”现代产业项目入库29个，总投资178.3亿元。举行集中开工活动2次，开工项目9个，总投资21.1亿元。红柏家纺产业园二期工程建设启动，总投资2.1亿元。开展精准招商，选派人员外出招商129次，签约项目62个，协议总投资77.2亿元，签署战略框架协议9个，达成合作意向44项。引进市外资金26.1亿元，引进省外资金25.2亿元；实际利用外资29万美元，同比增长38.1%。5月11日，深泽县政府和颐高集团在2018中国·深泽新经济发展高峰论坛上签约颐高新经济产业园项目，园区地址位于深泽县城西北部，占地面积247亩，总投资20亿元，主要建设培育发展区、商业聚集区、特色小镇等项目。总投资7.1亿元的新希望种养加工一体化项目、总投资10.3亿元的丹泰溶剂项目签约。电子商务快速发展，全县“淘宝村”达到7个，注册淘宝用户4.7万人；电子商务实现交易额12.4亿元。外贸进出口总值完成7274万美元，同比增长5.9%。西河肉糕获评“石家庄市十大传统美食”。支持京津冀协同发展，签约京津项目7个，引进资金15.8亿元。河北深泽经济开发区启动实施基础设施提升工程，总投资3988万元，盘活庆丰、云海、柏奇等公司闲置预留土地256亩；新引进项目13个，总投资46.7亿元。

【农业生产】全年农林牧渔业总产值22.86亿元，同比增长5.0%。其中，农业产值11.92亿元（中药材产值7009万元），林业产值1767万元，牧业产值7.72亿元，农林牧渔服务业产值3.0亿元。粮食播种面积3.04万公顷，总产量20.21万吨，平均亩产443.6千克。其中，小麦播种面积1.32万公顷，总产量8.65万吨，平均亩产438.4千克；玉米播种面积1.64万公顷，总产量11.30万吨，平均亩产458.7千克。豆类（主要是大豆）播种面积606公顷，总产量1489吨。薯类播种面积126公顷，总产量4200吨。油料播种面积1037公顷，总产量3856吨。棉花播种面积16.62公顷，总产量13.51吨。蔬菜及食用菌种植面积2803公顷，总产量20.8万吨。瓜果种植面积135公顷，总产量5595吨，其中，西瓜种植面积121公顷，总产量5169吨。果园面积3205公顷，其中，苹果园2152公顷、梨园486公顷、桃园43公顷、葡萄园436公顷。水果总产量（不含果用瓜）8.53万吨，其中，苹果4.93万吨（红富士苹果3.45万吨）、梨2.08万吨（雪花梨4306吨、鸭梨3528吨）、桃2086吨、葡萄1.21万吨、红枣97吨。苹果产量位列全市第一，葡萄产量位列全市第二。至2018年底，牛、马、猪、羊、家禽存栏数分别达到4704头、108匹、4.81万头、4.09万只、144.84万只。肉、奶、禽蛋、鸡蛋产量分别达到1.93万吨、2.03万吨、1.64万吨、1.34万吨，其中，猪肉、牛肉、羊肉、家禽肉产量分别达到1.44万吨、1434吨、1220吨、2121吨。种植中药材、张杂谷、强筋麦、甘薯、生姜等特色农产品4.7万亩。新增土地托管、流转面积1万亩，办理土地

深泽小堡布艺展厅

经营权交易2900亩。创建国家级示范性合作社2个，分别为深泽县建民粮食种植专业合作社、深泽县顺丰粮食种植专业合作社；创建省级示范性合作社2个，分别为深泽县森海粮食种植专业合作社、深泽县金色原野核桃种植专业合作社；创建市级示范性合作社4个，分别为深泽县森海粮食种植专业合作社、深泽县金色原野核桃种植专业合作社、深泽县隆昌中药材种植专业合作社、深泽县宋超粮食种植专业合作社。杜社葡萄种植合作社被中华全国供销合作总社授予“农民专业合作社示范社”称号。创建省级示范性家庭农场3个，分别为深泽县王洋家庭农场（夹河村）、深泽县博瑞家庭农场（中白庄村）、深泽县英诚家庭农场（大直要村）；创建市级示范性家庭农场4个，分别为深泽县沃田家庭农场（中白庄村）、深泽县王洋家庭农场（夹河村）、深泽县博瑞家庭农场（中白庄村）、深泽县福泽家庭农场（西内堡村）。新认定县级现代农业园区7个、农业产业化龙头企业8个、农业产业化联合体5个，军创原野现代农业园区获评市级十佳园区。

【城乡建设】 县城石油大街南延、北苑路西延、文昌街、东苑街、建设路等8条道路升级改造、13条小街小巷整治和9条街道污水管网清淤工程完工，城区建设形成“一环七横七纵”路网格局。城区机械化清扫率达到80%，生活垃圾无害化处理率达到98%。61户农村危房改造完成，140套棚户区改造开工。建设美丽庭院25个、精品庭院5个，硬化农村道路1.5万平方米。保护生态环境，落实大气污染防治措施，实施油烟净化、散乱污整治、工业企业VOCs治理、散煤治理等专项治理工程，全年空气优良天数达到171天。推进清洁取暖，新增气代煤、电代煤和新型取暖试点2.5万户，型煤推广实现全覆盖。开展“利剑斩污”“渗坑整治”等生态治理行动，重点治理污水处理厂、滹沱河等关键领域，2018年滹沱河断面各项数据均达到省控考核目标。实施县域滹沱河、老磁河、木刀沟、村庄绿化和方田林网、绿色通道及“五堤”补植补造工程，绿化面积2万平方米，当年人工造林640公顷，零星（四旁）植树65万株，森林覆盖率达到28.1%。秀水公园获评省级四星级公园，四季公园敬语省级三星级公园。新增绿地面积6.9公顷、绿道绿廊6千米，建成区绿地率达到34.9%，人均公园绿地面积达到10.7平方米。

【社会民生】 全年城镇新增就业2840人，城镇失业率控制在4.2%以内；农村劳动力转移就业1730人，发放创业担保贷款810万元。城乡居民基本养老保险参保人数达到12.6万人，城镇职工和城乡居民医疗保险参保率达到95%。发放抚恤定补金、生活补助和优待金1938.8万元，悬挂光荣牌7961块。实施基本医疗保险、大病保险和医疗救助三重保障，救助城乡低保和特困人员34319人次，发放救助金1137.9万元。投资1846万元，开展精准扶贫项目；贫困户就诊实行“先诊疗后付费”政策，34户贫困户危房改造完成，救助建档立卡贫困学生105名，年末1225户2211人稳定脱贫。投资6656.7万元，实施地下水超采综合治理和农村生活用水置换及供水管网改造，惠及6个乡镇19.3万人。宋家庄村、杜社村入选市级革命老区示范村。深化“放管服”改革，整合16个职能部门审批业务，实行流程再造，企业开办时间压缩至2.5个工作日。实施“质量强县、名牌兴企”战略，新认定科技型中小企业47家、研发中心6家；申报河北省专精特新中小企业2家，获批河北省知名品牌7个；农哈哈公司获得河北省科技进步奖一等奖。拥有学校59所，其中，幼儿园15所，特殊教育学校1所，小学33所，中学8所（初级中学7所、高级中学1所），中等职业学校2所；在校生2.88万人，教职工1866人，专任教师1724人。开展文明单位、文明村镇创建活动，投资218.4万元，改造提升55个村级组织活动场所，获授市级文明单位15个、文明乡镇1个。留村乡、白庄乡卫生院获评国家级群众满意乡镇卫生院。

（谢寒雷　邸曼芹）

赞皇县

【概况】 赞皇县位于石家庄市西南部，属太行山中段东麓，东与高邑县，南与邢台市，西与昔阳县，北及西北与元氏县、井陉县相邻，距离石家庄市主城区33千米。赞皇县是山区县、老区县、国家扶贫开发工作重点县，也是联合国地名组织命名的“千年古县”。山场面积115万亩，地貌格局为“七山二滩一分田”。境内景区有嶂石岩、棋盘山等。总面积1210平方千米，辖4个镇、7个乡，1个省级经济开发区，8个居委会、212个村委会，常住人口25.1万人。2018年赞皇县完成地区生产总值72.4亿元，同比增长6.1%。其中，第一产业增加值16.28亿元，增长3.3%；第二产业增加值20.72亿元，增长4.8%；第三产业增加值35.4亿元，增长9.5%。全部财政收入7.4亿元，同比增长14.3%，其中，公共财政预算收入4.0亿元，增长15.2%；财政支出19.5亿元，同比增长17.1%。固定资产投资同比增长2.3%。农林牧渔业总产值26.29亿元，同比增长3.6%；粮食播种面积1.77万公顷，总产量6.48万吨，平均亩产244.7千克。规模以上工业增加值同比增长5.2%，规模以上工业高新技术产业增加值同比增长14.6%；规模以上工业利润3.87亿元，同比增长10.4%。社会消费品零售总额55.14亿元，同比增长10.7%。城镇居民人均可支配收入27130元，同比增长7.8%；农村居民人均可支配收入8054元，同比增长14.3%。

中共赞皇县委书记：冯立业
县人大常委会主任：刘忠才
县　　长：王涛
县政协主席：冯立业（兼）

【产业项目】 三次产业比例为22.5∶28.6∶48.9。工业投资同比增长42.4%，工业技改投资同比增长16.2%，高新技术产业投资同比增长222.5%。实际利用外资210万美元。引进签约山东国瑞集团公司风力发电项目、深圳市冀商联合投资控股有限公司深石智谷·石家庄冀商电子信息产业园项目、美国东方五金机械工业有限公司大口径阀门制造项目、睿捷盟（天津）能源科技有限公司光伏发电项目、石家庄宝德投资集团有限公司污泥和有机垃圾处理中心项目等33个，总投资135亿元。其中，“4+4”现代产业项目17个；深石智谷·石家庄冀南电子信息产业园项目总投资33亿元。列入市重点项目6个，完成年度计划投资9.5亿元。蓝源风电项目开工，总投资16亿元；明诚宇盟光伏发电项目并网发电，河北华岱腰果、核桃加工项目等6个项目竣工投产；金隅水泥列入国家第三批“绿色工厂”名单。新建便民市场2个，盛世唐街市场开街。新增市场主体3115户。全年旅游业接待人数23.2万人，实现旅游收入6585万元。

【农业生产】 全年农林牧渔业总产值26.29亿元，同比增长3.6%。其中，农业产值11.43亿元（中药材产值3718万元），林业产值2.46亿元，牧业产值9.77亿元，渔业产值1230万元，农林牧渔服务业产值2.51亿元。粮食播种面积1.77万公顷，总产量6.48万吨，平均亩产244.7千克。其中，小麦播种面积4517公顷，总产量2.03万吨，平均亩产299.4千克；玉米播种面积1.16万公顷，总产量3.97万吨，平均亩产227.4千克；谷子播种面积301公顷，总产量785吨，平均亩产173.9千克。豆类播种面积452公顷，总产量568吨。薯类播种面积746公顷，总产量1.74万吨。油料播种面积4478公顷，总产量9793吨，其中，花生播种面积3546公顷，总产量7876吨。棉花播种面积9.57公顷，总产量6.51吨。蔬菜及食用菌种植面积1482公顷，总产量10.7万吨。果园面积3.45万公顷，其中，苹果园903公顷、梨园531公顷、桃园405公顷、葡萄园40公顷。水果总产量（不含果用瓜）8.96万吨，其中，苹果3417吨（红富士苹果2982吨）、梨1430吨（主要是雪花梨）、桃401吨、葡萄50吨、红枣7.79万吨。核桃产量1.73万吨，位列全市第一；红枣产量位列全市第二。至2018年底，牛、猪、羊、家禽存栏数分别达到3.44万头、4.91万头、4.22万只、164.91万只。肉、禽蛋、鸡蛋产量分别达到2.26万吨、2.03万吨、1.79万吨，其中，猪肉、牛肉、羊肉、家禽肉产量分别达到8644吨、1.01万吨、716吨、3123吨。蜂蜜产量1854吨，位列全市第一。水产品养殖面积536公顷，总产量853吨。实施耕地占补平衡项目，新增耕地面积4700多亩。探索建立农产品质量追溯体系，引导种养大户实施标准化、品牌化绿色生产，建成樱桃、大枣等设施农业大棚20个。创建省级农业现代园区1家、市级现代农业园区2家，组建农业产业化联合体6家。

【城乡建设】 编制完成《赞皇县城乡总体规划（2018～2035年）》，建成全县域沙盘展厅和“多规合一”信息管理平台。以槐河为中心，推进

"一河两岸"城区发展，加快槐河生态修复、"一河一路"迎宾大道工程，启动滨河新区规划建设。平赞高速与高铁连接线建成通车。投资1.5亿元，实施龙门桥、石臼山桥、槐河路西延建设工程，石柱山至棋盘山道路工程、槐河路（西段）拓宽改造工程、县城出入口、公园绿地提质工程、红旗大街至滨河路亮化工程及体育公园、万坡顶公园等5个公园工程完工；石臼山公园获评四星级公园。开展县城容貌集中整治行动，省级文明城复检通过。建成垃圾中转站4座，环卫市场化运作实现全覆盖。推进棚户区改造，18个房地产遗留问题全部解决。购置新能源公交车投入运营。风云四号省级气象地面接收站建成投用。新改建农村道路42千米、供电线路304千米，完成农村改厕1.6万座。保护生态环境，取缔整改"散乱污"企业27家；空气质量综合指数、污染物PM2.5年平均浓度在全市最低。实施太行山绿化工程，当年人工造林面积3467公顷，零星（四旁）植树190万株，封山育林面积3333公顷。赞皇县获评全国林业生态旅游先进县、2018美丽中国——生态城市与美丽乡村称号。

【社会民生】 全年民生支出16.6亿元，占财政支出比重85.1%。转移农村劳动力2000多人，发放创业担保贷款1200多万元，创业孵化基地获批省级创业园。新认定科技型中小企业26家、高新技术企业3家、科技小巨人企业2家。拥有学校158所，其中，幼儿园96所，特殊教育学校1所，小学50所，中学9所（初级中学7所、高级中学1所），中等职业学校2所；在校生5.40万人，教职工3654人，专任教师3194人。投入资金2590多万元，新改扩建学校7所。举办一月一精品文体活动，"三馆一中心"建成开馆。县中医院综合楼、妇幼院综合楼、嶂石岩世茂爱心康养医院建设完成，总投资4665万元；更新县乡两级医疗机构设备，总投资1555万元。开展脱贫攻坚行动，整合涉农资金2.4亿余元，专项用于扶贫事业；建成扶贫微车间45个，开发公益岗位1731个；建设光伏电站、利通商贸等资产收益项目，实现贫困群众稳定增收；年末52个贫困村、2868户、5513人实现稳定脱贫，综合贫困发生率降至0.56%。

（冯建林　耿建彩）

无　极　县

【概况】 无极县位于石家庄市东北部，地处滹沱河北岸，东及东南与深泽县、晋州市，西及西南与藁城区，北及西北与保定市、新乐市相邻，距离石家庄市主城区52千米。无极县民间艺术门类繁多，地方特色浓郁，"无极剪纸""七汲全羊宴技艺""无极饸饹制作技艺""无极刘琨的传说"列入河北省非物质文化遗产保护名录，"无极吹歌""无极泥模"列入石家庄市非物质文化遗产保护名录。总面积524平方千米，辖6个镇、5个乡，1个省级经济开发区，4个居委会、213个村委会，常住人口53.7万人。2018年无极县完成地区生产总值171.2亿元，同比增长2.7%。其中，第一产业增加值27.1亿元，增长4.3%；第二产业增加值58.7亿元，下降2.3%；第三产业增加值85.4亿元，增长10.0%。全部财政收入11.3亿元，同比增长12.8%，其中，公共财政预算收入6.8亿元，增长13.5%；财政支出28.6亿元，同比增长27.4%。固定资产投资124.3亿元，同比增长8.0%。农林牧渔业总产值44.35亿元，同比增长4.3%；粮食播种面积5.62万公顷，总产量35.73万吨，平均亩产423.7千克。规模以上工业增加值同比下降6.5%，规模以上工业高新技术产业增加值同比增长18.2%；规模以上工业利润8.68亿元，同比下降44.3%。社会消费品零售总额150.86亿元，同比增长10.0%。城镇居民人均可支配收入29214元，同比增长8.3%；农村居民人均可支配收入15214元，同比增长8.8%。

中共无极县委书记：吕智临
县人大常委会主任：刘全江
县　　　　长：王勇军
县政协主席：马孟军

【产业项目】 三次产业比例为15.8：34.3：49.9。工业投资同比增长38.1%，工业技改投资同比增长51.4%，高新技术产业投资同比增长17.8%；新增规模以上工业企业17

个，规模以上工业企业达到115个。全年实施建设项目177项，总投资501.2亿元。其中，亿元以上项目55项，总投资458.8亿元；1000万元至1亿元项目97项，总投资41.1亿元。具有较大影响的重点项目7个，总投资48亿元。3个重点项目建成投产，分别为：市住房开发建设集团有限责任公司无极建筑产业化基地项目，总投资10.5亿元，规划年产3万吨钢管束、1万吨H型钢梁、50万平方米楼承板；世联汽车内饰（河北）有限公司高档汽车真皮座椅生产项目，总投资5.6亿元；河北优胜环保科技有限公司加油站环保设备生产线项目，总投资6.5亿元，规划年产双层油罐3000个、单层油罐1100个、双枪加油机1500台、四枪加油机300台。4个重点项目正在建设，分别为：石家庄嘉盛新能源有限公司生物质发电项目，总投资9.3亿元，规划建成后日处理生活垃圾500吨；河北云兴化工有限公司环保型活性染材生产项目，总投资5.3亿元，规划年产对位脂1万吨、磺胺1万吨、丁酸2000吨；石家庄米格动画科技有限公司无极文化产业基地（金大陆）项目，总投资5.5亿元，规划建成后年生产各种类型展柜长度3万米、浮雕5万平方米、沙盘4万平方米、雕塑3000个；石家庄飞龙饲料有限公司整体搬迁项目，总投资5.3亿元，规划建成后年生产微生物发酵饲料22万吨。军城物流产业园项目开工。2018年2月，由石家庄军城物流有限公司投资建设的军城物流产业园区项目开工，建筑面积6万平方米，总投资2.75亿元，主要建设办公、仓储、生产、加工、服务等设施，规划项目建成后，年货物吞吐量800万吨。皮革业是无极县支柱产业，年从业人员10万人，年加工能力占全国总量10%。9月21日，河北省“万企转型”无极皮革产业转型升级启动仪式举行。12月23日，无极县政府与中信环境科技有限公司签约“中信·无极绿色生态皮革后整产业园”项目开工，总投资32亿元，规划占地2000亩，主要建设废气、污水、危废固废三大环保处理中心。实际利用外资47万美元，同比下降88.0%。至2018年末，全县金融机构各项存款余额222.1亿元，同比增长13.3%；贷款余额69.2亿元，同比增长9.5%。

【农业生产】 全年农林牧渔业总产值44.35亿元，同比增长4.3%。其中，农业产值21.09亿元，林业产值4267万元，牧业产值7.24亿元，农林牧渔服务业产值3.32亿元。粮食播种面积5.62万公顷，总产量35.73万吨，平均亩产423.7千克。其中，小麦播种面积2.67万公顷，总产量16.92万吨，平均亩产423.3千克；玉米播种面积2.78万公顷，总产量18.41万吨，平均亩产441.6千克；谷子播种面积373公顷，总产量951吨，平均亩产170.0千克。豆类（主要是大豆）播种面积1170公顷，总产量1659吨。薯类播种面积236公顷，总产量6907吨。油料播种面积3100公顷，总产量7480吨，其中，花生播种面积3049公顷，总产量7342吨。蔬菜及食用菌种植面积6929公顷，总产量51.5万吨，其中，设施蔬菜面积2200公顷，食用菌产量1000吨。瓜果（主要是西瓜）种植面积314公顷，总产量2.28万吨。果园面积270公顷，其中，苹果园82公顷、梨园93公顷、桃园89公顷、葡萄园7公顷。水果总产量（不含果用瓜）3898吨，其中，苹果1344吨（红富士苹果1214吨）、梨2492吨（雪花梨1488吨、鸭梨1004吨）。至2018年底，牛、马、猪、羊、家禽存栏数分别达到6.4万头、268匹、13.02万头、6.94万只、652.13万只。肉、奶、禽蛋、鸡蛋产量分别达到4.03万吨、4.06万吨、6.87万吨、6.27万吨，其中，猪肉、牛肉、羊肉、家禽肉产量分别达到2.04万吨、8648吨、1819吨、9366吨。土地流转面积18.7万亩。年末全县共有畜禽标准化养殖示范场33个、美丽生态牧场4个、农民专业合作社255家、家庭农场308家。培育省市级农业产业化龙头企业19家、联合体5家，农业产业化经营率达到67.8%。

【城乡建设】 启动县城大外环建设，将县城框架由9.6平方千米扩展至25平方千米，县城发展空间扩大到原来两倍多。推进县域连片开发，加快产、城、教融合，倾力打造对接和服务雄安新区桥头堡，谋划实施北京大学经济学院石家庄教育科研基地、木刀沟生态湿地公园等重点建设项目。实施道路设施建设，正港线西段迎宾大道综合整治工程完工，无极路、千山路、花园路翻修改造。谋划和推进城区8条主干路、城外4条道路提升改建工程，城区8条主干路分别为贸易街、正义街、光明街、幸福街、人和街、智慧街、建设路、中昌路，城外4条道路分别为史村至正港线道路改建工程、郭陈线北延改建工程、南流乡小东郎村至江仁村路段改建工程、西庄泵站北至无深河堤道路硬化工程。引进天山熙湖等高端住宅项目。4个城中村、棚户区改造工程动工。规范房地产管理，制定出台《解决房地产开发遗留问题实施方案》，重点解决房地产办证难、入住难问题，历史遗留43个无证小区住房具备办证条件。开展县城环境综合整治，全域清理店外经营、违规广告牌匾、车辆乱停乱放行为，县城范围内占道市场实现清零，主要街道实行24小时保洁管理，城区垃圾做到日产日清。按照星级标准，实施民俗公园、平安公园改造项目。改建厕所1.81万座。保护生态环境，当年人工造林面积733公顷，零星（四旁）植树45万株，森林抚育面积500公顷。

【社会民生】 全年举办就业招聘会10余次，提供工作岗位5568个；社保就业综合服务中心主体竣工；城镇登记失业率0.71%。社会福利院投入使用，建成各类养老机构6所。开展扶贫攻坚，投入扶贫资金近3000万元，5254名贫困人口实现稳定脱贫。推进城乡教育一体化发展，建立城乡学校结对帮扶机制，7所学校改薄工程完工，第二实验中学建设工程收尾，角头组团学校规划设计完成；优化教师资源配置，新招录教师141名，全部分配到缺编乡村学校；规划建设城北教育新区，石家庄实验中学、野风美术中学扩建工程启动。至2018年末，全县拥有学校213所，其中，幼儿园110所，特殊教育学校1所，小学82所，中学17所（初级中学12所、高级中学2所），中等职业学校3所；在校生7.93万人，教职工4797人，专任教师4045人。改造提升城乡文化场所，张段固、东侯坊2个文化站达到国家一级标准；举办文体活动、体育赛事70余场。七汲全羊宴获得京津冀美食节金奖，北苏袁家饸饹获得“石字号”十大传统特色美食。推进医疗卫生体制改革，建立分级诊疗、远程医疗、城乡医联体等机制，县域就诊率达到97%，基层就诊率达到75%，基本实现就诊“小病不出乡，大病不出县”目标。投入8120万元，为1200余名退役军人落实政策；所有现役、退役军人及军烈属全部悬挂光荣牌；退役军人吕保民获得“中国好人”“感动中国十大人物”“时代新人·河北好人”称号。

（无极县委办公室）

平　山　县

【概况】 平山县位于石家庄市西北部，地处太行山中段东麓，地势自东向西北逐渐增高，海拔最低点东水碾村120米，最高点驼梁2281米，素有“八山一水一分田”之称，东北与灵寿县，东南与鹿泉区，南与井陉县，西与山西省相邻，距离石家庄市主城区30千米，是中国革命圣地——西柏坡所在地，也是河北省首批扩权县。总面积2648平方千米，辖12个镇、11个乡，1个省级经济开发区，7个居委会、717个村委会，常住人口44.6万人，人口自然增长率7.01‰。2018年平山县完成地区生产总值219.0亿元，同比增长5.3%。其中，第一产业增加值15.24亿元，增长4.0%；第二产业增加值112.49亿元，增长2.1%；第三产业增加值91.23亿元，增长10.3%。全部财政收入41.2亿元，同比增长68.2%，其中，公共财政预算收入17.2亿元，增长39.7%；财政支出41.0亿元，同比增长27.8%。固定资产投资163.6亿元，同比增长15.1%。农林牧渔业总产值26.0亿元，同比增长4.5%；粮食播种面积2.21万公顷，总产量11.05万吨，平均亩产332.7千克。规模以上工业增加值同比增长1.3%，规模以上工业高新技术产业增加值同比增长26.2%；规模以上工业利润82.83亿元，同比增长89.7%。社会消费品零售总额73.87亿元，同比增长10.3%。城镇居民人均可支配收入30344元，同比增长7.7%；农村居民人均可支配收入9324元，同比增长14.2%。2018年9月29日，省政府批准平山县脱贫。

中共平山县委书记：李旭阳
县人大常委会主任：焦习军
县　　长：董晓航
政协主席：郭双全

【产业项目】 三次产业比例为7.0∶51.3∶41.7。工业投资同比下降16.8%，工业技改投资同比增长51.5%，高新技术产业投资同比下降47.2%；拥有规模以上工业企业24

家，完成工业总产值440.9亿元，同比增长10.8%。支持河北敬业集团向多元化、高端化发展，钢铁精深加工产业园初具规模，敬业钢构、法兰制造、汽车改装等项目快速转型，螺纹钢通过国家绿色产品认证；敬业增材制造（3D打印）入选工业和信息化部“2018年智能制造综合标准化与新模式应用项目”“河北省第四批军民融合项目”；与深圳光启、西安空天研究院合作，共同建设省级增材制造创新中心。以创新驱动为引领，实施“战略性新兴产业三年行动计划”，推进先进制造业与现代服务业深度融合。光纤光缆、林宏建材等7个项目实现规模化生产阶段，博欧机械人、泽宏科技二期、中国CL建筑总部基地等10个项目开工。全年项目建设完成投资156.3亿元，占年度投资计划104.9%；17个项目入选省市重点项目，完成投资57.4亿元，占年度投资计划135.4%。招商引资洽谈项目37个，签约12个，合同引资额237亿元；实际利用外资1796万美元，同比增长794%。拥有市场主体3万余家，其中，企业8000余家，个体工商户2.2万余户。挂牌上市企业7家。全年民营经济实现营业收入615亿元，同比增长13%；完成增加值149亿元，同比增长7%；上缴利税83.5亿元，同比增长126.6%。谋划实施旅游业项目17个，重点打造红色教育、乡村休闲、温泉康养、农旅融合等旅游业态。10月11～12日，第三届石家庄市旅游产业发展大会在平山县举行，签约旅游项目30个，意向投资金额1427.3亿元，演出实景剧《新中国从这里走来》。2018年平山县接待游客1713.3万人次，同比增长32.1%；实现旅游业收入129.7亿元，同比增长35.5%。

【农业生产】 全年农林牧渔业总产值26.0亿元，同比增长4.5%。其中，农业产值7.29亿元，林业产值6.34亿元，牧业产值7.78亿元，渔业产值9099万元，农林牧渔服务业产值3.67亿元。粮食播种面积2.21万公顷，总产量11.05万吨，平均亩产332.7千克。其中，小麦播种面积4253公顷，总产量2.64万吨，平均亩产413.9千克；玉米播种面积1.61万公顷，总产量8.0万吨，平均亩产330.8千克；谷子播种面积700公顷，总产量1244吨，平均亩产118.5千克。豆类播种面积317公顷，总产量431吨。薯类播种面积745公顷，总产量1.21万吨。油料播种面积2777公顷，总产量6724吨，其中，花生播种面积2191公顷，总产量5234吨。棉花播种面积69公顷，总产量57吨。蔬菜及食用菌种植面积2525公顷，总产量14.2万吨。瓜果种植面积45公顷，总产量1476吨。果园面积2395公顷，其中，苹果园1612公顷、梨园53公顷、桃园381公顷、葡萄园60公顷。水果总产量（不含果用瓜）5943吨，其中，苹果4788吨（红富士苹果4397吨）、梨234吨、桃599吨、葡萄110吨。核桃种植面积47.4万亩，总产量5462吨。花椒产量3950吨。山杏仁产量100吨。中药材种植面积5万余亩。至2018年底，牛、猪、羊、家禽存栏数分别达到1.78万头、9.34万头、5.53万只、162.73万只。肉、奶、禽蛋、鸡蛋产量分别达到2.0万吨、6739吨、1.35万吨、1.20万吨，其中，猪肉、牛肉、羊肉、家禽肉产量分别达到1.55万吨、2136吨、963吨、1409吨。蜂蜜产量710吨，位列全市第二。商品材产量5518立方米，位列全市第一。拥有县级以上农业园区43家，其中，省级农业园区2家、市级农业园区7家；建成农村专业合作社1159个、家庭农场169家。农业产业化经营率达到59.2%。

【城乡建设】 按照“一线一河一城两区十乡镇”思路，以“园林城、卫生城、文明城、洁净城”四城同创为抓手，优化县域空间布局。启动编制海绵城市、综合管廊、生态保护、综合防灾、停车设施5个专项规划。实施城乡建设项目46个，总投资15.88亿元，重点开展滨河东西路、康乐街大修、正义路改造、外环路大修等7条路网工程和桥东、桥西2个大型集贸市场项目及冶河西路、健康街雨污分流改造等配套工程。新建改造二级以上供热管网1.62千米，提升改造老旧换热站46座，主城区供热入网面积668万平方米，供热普及率94.2%。以提升县城发展品位为理念，建成高速连接线迎宾景观大道及滨河西路、建设大街等5条城市景观路；实施冶河两岸及4座大桥夜景亮化工程和明珠、文昌、秀水3个综合性公园提升工程，滨河、市民广场、商代遗址3个大型公园建设及丽水湾橡胶坝续建、秀水公园橡胶坝修复、音乐喷泉修复工程完工，打造形成冶河景观带6千米，年末城区绿地率达到40%。以中山古城国家考古遗址公园获批立项为契机，成立平山县中山古城国家考古遗址公园建设服务协调领导小组，编制区域总体发展规划、遗址公园建设详细规划等项目规划；占地10公顷王陵区绿化美化和王陵陈列馆、王厝墓区整治、桓公墓保护开发、王陵区停车场及道路升级改造等工程完工。乡村建设重点打造西柏坡红色教育、岗南乡村客栈、温塘温泉养生、北冶怡情山水等10个特色小城镇。开展农村人居环境整治三年行动，实施农村生活垃圾治理、污水处理、厕所改造、村容村貌提升、空心村治理等工作，改造农村厕所2.2万座。以环岗南水库周边6个乡镇为试点，推行城乡环卫一体化运作模式管理。保护生态环境，整治取缔"散乱污"企业52家；实施"电代煤"5253户，推广型煤4万多户；23个乡镇全部建立空气微型检测站。落实县域"河长制"管理，确定县级河长14人，乡级总河长、河长75人，村级河长485人。清理河流和水库生活垃圾、建筑垃圾、采矿弃渣22万立方米，主要河流断面水质实现稳定达标。实施太行山绿化、农田林网绿化、矿山复绿等工程，当年人工造林面积4334公顷，零星（四旁）植树600万株，封山育林面积3334公顷，森林抚育面积6.88万公顷，林木绿化率达到60%。

【社会民生】 全年用于民生投入33亿元，占财政支出比重80.5%。城镇新增就业4000余人，转移农村劳动力5000余人；参加就业培训8300余人次，发放创业贷款1700多万元。城乡居民养老保险参保率97.3%，医疗保险参保率98%。累计认定高新技术企业10家、科技型中小企业257家。拥有学校197所，其中，幼儿园101所，特殊教育学校1所，小学68所，中学23所（初级中学8所、高级中学2所），中等职业学校4所；在校生7.72万人，教职工5977人，专任教师5148人。投资6000余万元，新建、改扩建学校和幼儿园15所，南贾壁第二小学建成投用。文艺刊物《百合花》复刊，河北梆子现代戏《没有共产党就没有新中国》入选京津冀精品剧目并参加北京展演；传统舞蹈"渔家乐"、戏剧"刘家坪丝弦"列入第六批省级非物质文化遗产。举办送电影、送戏等文化下乡活动8880余场次。医疗服务水平提升，回舍镇卫生院获评国家级"群众满意的乡镇卫生院"，王坡乡卫生院获评省级"群众满意的乡镇卫生院"。实施体育惠民工程，城乡体育健身设施实现全覆盖。开展扶贫脱贫行动，建成3个集中式、73个村级、2886户分布式光伏电站；260个贫困村通村路、村卫生室、综合文化活动中心达到"全覆盖"；贫困村安全饮水达标率、用电保障率、街道硬化亮化率达到100%；145个贫困村建成美丽乡村，其中30个村获评省级美丽乡村精品村；87户247名贫困人口易地扶贫搬迁完成。2018年平山县脱贫各项指标达到或超过国家标准，贫困发生率降至0.16%，率先在全市实现脱贫出列。

（韩晓敏）

元氏县

【概况】 元氏县位于石家庄市南部，西倚太行山，东临华北平原，境内自西向东山区、丘陵、平原梯次分布，东与栾城区、赵县，西与井陉县，南与高邑县、赞皇县，北与鹿泉区相邻，距离石家庄市主城区30千米。县内拥有常山郡遗址、封龙山石窟、开化寺塔、西张村西周遗址等国家重点文物。2010年联合国地名专家组命名元氏县为"千年古县"。新元高速、石赞高速、107国道、红旗大街纵贯南北，青银高速、赵赞公路、井元公路横贯东西。总面积676平方千米，辖8个镇、7个乡，1个省级经济开发区，4个居委会、208个村委会，常住人口43.3万人。2018年元氏县完成地区生产总值158.4亿元，同比增长7.1%。其中，第一产业增加值17.53亿元，增长0.7%；第二产业增加值56.43亿元，增长6.4%；第三产业增加值84.42亿元，增长9.6%。全部财政收入17.5亿元，同比增长20.9%，其中，公共财政预算收入8.7亿元，增长13.6%；财政支出25.7亿元，同比增长34.6%。固定资产投资同比增长11.8%。农林牧渔业总产值27.41亿元，同比增长4.3%；粮食播种面积6.03万公顷，总产量35.39万吨，平均亩产391.4千克。规模以上工业增加值同比增长7.0%，规模以上工业高新技术产业增加值同比增长24.3%；规模以上工业利润16.28亿元，同比下降5.0%。社会消费品零售总额 69.88 亿元，同比增长 10.4%。城镇居民人均可支配收入 28371 元，同比增长 8.3%；农村居民人均可支配收入 14848 元，同比增长 8.9%。

中共元氏县委书记：郑巍
县人大常委会主任：张庆志
县　　　长：许尽晖（女）
县政协主席：白兰怀

【产业项目】 三次产业比例为 11.1∶35.6∶53.3。工业投资同比下降 5.9%，工业技改投资同比下降 17.8%，高新技术产业投资同比增长 13.4%。全年实施重点项目 116 个，总投资 1100 多亿元。其中，华远建筑设备等 15 个项目投产，尚华科技等 23 个项目竣工，沃奥生物科技等 57 个项目正在建设；17 个省市重点项目完成投资 39.7 亿元，占年度投资计划 147%。实施工业技改项目 32 项，总投资 148 亿元。生物医药、装备制造、现代物流三大主导产业发挥工业经济支撑作用，河北诚信公司、远征禾木、耐力股份等工业企业总产值同比增长达 20% 以上。河北诚信公司获评国家级“绿色工厂”，新宇宙电动车等 3 家企业入选河北省 100 家优秀民营企业名单，新能源和装备制造产业园获批省级新型工业化产业示范基地。开展招商引资，签约引进项目 45 个；实际利用外资 176 万美元，同比增长 131.6%。总投资超 5 亿元的海尔物流园、东成启达公路港等现代物流园项目实现当年开工、当年竣工、当年投产。旅游业实现收入 7.2 亿元，同比增长 26.3%。

【农业生产】 全年农林牧渔业总产值 27.41 亿元，同比增长 4.3%。其中，农业产值 10.71 亿元，林业产值 9062 万元，牧业产值 14.82 亿元，农林牧渔服务业产值 9400 万元。粮食播种面积 6.03 万公顷，总产量 35.39 万吨，平均亩产 391.4 千克。其中，小麦播种面积 2.67 万公顷，总产量 16.64 万吨，平均亩产 415.9 千克；玉米播种面积 3.08 万公顷，总产量 17.66 万吨，平均亩产 382.0 千克；谷子播种面积 622 公顷，总产量 1478 吨，平均亩产 158.4 千克。豆类播种面积 681 公顷，总产量 1067 吨。薯类播种面积 1487 公顷，总产量 4.20 万吨。油料播种面积 1712 公顷，总产量 4713 吨，其中，花生播种面积 1429 公顷，总产量 4097 吨。棉花播种面积 103 公顷，总产量 88 吨。薯类和棉花播种面积、总产量均位列全市第一。蔬菜及食用菌种植面积 1927 公顷，总产量 12.0 万吨。果园面积 278 公顷，其中，苹果园 24 公顷、梨园 8 公顷、桃园 11 公顷、葡萄园 26 公顷。水果总产量（不含果用瓜）7562 吨，其中，苹果 1163 吨（红富士苹果 838 吨）、梨 255 吨、桃 155 吨、葡萄 596 吨，红枣 701 吨。核桃总产量 4655 吨。至 2018 年底，牛、驴、猪、羊、家禽存栏数分别达到 2.53 万头、1487 头、10.30 万头、8.42 万只、395.92 万只。肉、奶、禽蛋、鸡蛋产量分别达到 3.64 万吨、2.48 万吨、4.17 万吨、3.83 万吨，其中，猪肉、牛肉、驴肉、羊肉、家禽肉产量分别达到 1.92 万吨、7968 吨、143 吨、2258 吨、6756 吨。羊肉产量位列全市第一。水产品养殖面积 241 公顷，总产量 185 吨。“太行红”富凯石榴获得中国农产品交易会“果王”称号，富美韭菜获得中国农产品交易会金奖。

【城乡建设】 围绕“建设一环生态景观带、做强五个特色发展功能区、打造十大精品支撑点、美化 20 个美丽乡村、改造拆迁 15 个村、提升两个工业园”发展思路，以槐阳镇为重点，规划打造总面积 70 平方千米范围示范区，涵盖 35 个行政村、7.6 万人口、2 个工业园区、19 家规模以上企业。张掖新市镇“庄产城融合”建设稳步发展，总投资 18 亿元、占地 2000 亩的河北外国语学院项目顺利推进，附属学校建设完工；华夏幸福产业新城项目落地，引进投资 94.4 亿元。恒山大街北段拓宽、槐阳大街南延取直、井元路大修、红旗大街迎宾景观大道改造、裴院路和常山路西段、人民路西延等道路容貌提升及 36 项农村电网新改建工程完工。铺设恒山大街、育元街等雨污管网 9 千米。新建城区公厕 16 座、改建 2 座，新建停车场 3 座。华西路年代街、卧牛公园、韩信公园、农业水价改革展示中心 4 个精品工程完工。新建绿廊绿道 27 千米、游园 18 处，改造提升样板街道 42 条，建设村民中心、文化广场 20 个。电厂游园、消防公园建成开放，元氏公园、常山广场获评河北省四星级公园、广场。“龙河新区”建成长度 1000 米潴龙河生态水系及配套道路、管网、绿化、亮化等工程。拆除违章建筑 357 处，拆迁建设设施 32.5 万平方米，清理垃圾 22 万立方米、残垣断壁 1105 处、庭院 1.8 万多处。农村改厕 2.1 万座。投资 4000 万元，实施城乡环卫一体化运营管理模式，河北省城乡生活垃圾处理工作现场会在元氏县举行观摩活动。当年人工造林面积1926公顷，零星（四旁）植树75万株，封山育林面积367公顷。

【社会民生】 城乡居民参加养老保险23.46万人，城镇职工参加养老保险3.32万人；城乡居民参加医疗保险37.71万人，城镇职工参加医疗保险1.91万人。享受居民最低生活保障5273人，其中，城镇居民56人，农村居民5217人。农村五保供养706人。昌盛社区养老服务中心正式运营。引进各类人才324人，其中硕士以上学历占比15%。新增省市技术创新中心8家、省级“星创天地”3家、市级众创空间1家。拥有学校115所，其中，幼儿园23所，特殊教育学校1所，小学70所，中学15所（初级中学7所、高级中学2所），中等职业学校6所；在校生7.01万人，教职工4878人，专任教师4396人。县直第一幼儿园综合楼改造及槐阳中心小学等3所学校改扩建工程完工，槐阳实验学校等2所初中建立分校。新建医共体4家，家庭医生签约覆盖人口33.2万人。开展扶贫脱贫行动，投入扶贫资金2400万元，推行“互联网＋家庭医生”签约服务模式，农村贫困患者住院全部做到“先诊疗后付费”要求；发放教育扶贫资金162.9万元，资助各学龄段学生2300人次。农村危房改造112户。探索推行“产业扶贫资金＋政府购买服务”模式，223个贫困户实现每户每年增收2500元；全年退出贫困人口2858户、5592人，退出率70.1%。

（杨夕群）

赵　县

【概况】 赵县位于石家庄市东南部，东与晋州市，西与元氏县、高邑县，南与邢台市，北与藁城区、栾城区相邻，距离石家庄市主城区40千米。赵县古称赵州，2005年被联合国地名专家组中国分部命名为“千年古县”。境内拥有赵州桥、柏林禅寺、陀罗尼经幢等众多历史遗迹。其中，赵州桥有1400多年历史，是世界桥梁的鼻祖，被誉为天下第一桥；柏林禅寺有1700多年历史，始建于东汉末年，是中国禅宗史上重要祖庭，史称“畿内名刹”“古佛道场”，内设河北省佛学院、河北省禅学研究所；陀罗尼经幢坐落县城中央，被誉为“华夏第一塔”。赵县是国家林业局命名中国雪花梨之乡、全国经济林示范县、中国优质梨果生产基地重点县，也是农业部命名优质小麦生产基地县、全国粮食生产先进县。总面积675平方千米，辖7个镇、4个乡，1个省级经济开发区，9个居委会、281个村委会，常住人口59.2万人。2018年赵县完成地区生产总值136.4亿元，同比增长6.6%。其中，第一产业增加值22.59亿元，增长1.0%；第二产业增加值40.52亿元，增长6.2%；第三产业增加值73.33亿元，增长9.7%。全部财政收入11.0亿元，同比增长14.9%，其中，公共财政预算收入6.7亿元，增长13.0%；财政支出24.0亿元，同比增长5.6%。固定资产投资同比增长12.0%。农林牧渔业总产值34.69亿元，同比下降0.5%；粮食播种面积7.48万公顷，总产量55.13万吨，平均亩产491.1千克。规模以上工业增加值同比增长6.5%，规模以上工业高新技术产业增加值同比增长20.6%；规模以上工业利润4.37亿元，同比下降48.1%。社会消费品零售总额146.68亿元，同比增长8.8%。城镇居民人均可支配收入30344元，同比增长7.9%；农村居民人均可支配收入15401元，同比增长8.7%。

中共赵县县委书记：张敏周
县人大常委会主任：黄云锁
县　　　长：高楠
县政协主席：张清华

【产业项目】 三次产业比例为16.6∶29.7∶53.7。工业投资同比增长10.6%，工业技改投资同比增长17.0%，高新技术产业投资同比增长51.6%。以“健全产业链、提升价值链，推动企业提质增效”为理念，加快生物制药、精细化工、装备制造产业发展，改造提升纺织、纸制品、食品加工传统产业。全年实施重点项目120个，总投资199亿元。14个项目列入省市重点项目，总投资141.3亿元。32个项目列入石家庄市“4+4”

现代产业项目计划。实施规模以上工业项目80个，总投资152.6亿元，其中技改项目30个。华药生物发酵基地青霉素V钾项目竣工投产，维生素B_{12}、VC包衣颗粒项目投入试运行；安健成益、嘉一化工、京桥新材料等35个项目竣工或部分投产；天山创科孵化器、易谷现代产业园、昆泰科技二期及东明·金桥国际城市综合体、天山熙湖商业广场等项目正在建设。河北赵县经济开发区总体规划、产业发展规划编制完成，“新九通一平”及公共服务平台建设启动。推进现代商贸业发展，与阿里巴巴集团签订县域电子商务发展项目合作协议；京东商城赵州特产馆正式上线。招商引资签约项目14个，拟投资金额82亿元；实际利用外资69万美元，同比增长23.2%。新增市场主体7300户，总量达到3.6万个。2月6日，萌帮水溶肥公司在新三板挂牌上市。重视旅游文化产业发展，赵州石桥文化旅游区列入《石家庄市全域旅游发展规划（2018～2035年）》六大重点品牌旅游区之一，《赵州古韵》画轴、赵州桥折扇等9个产品入选石家庄市旅游名品名录，柏林禅寺、城隍庙街区命名为河北省历史文化街区。

【农业生产】 全年农林牧渔业总产值34.69亿元，同比下降0.5%。其中，农业产值23.60亿元，林业产值5131万元，牧业产值7.50亿元，农林牧渔服务业产值3.07亿元。粮食播种面积7.48万公顷，总产量55.13万吨，平均亩产491.1千克。其中，小麦播种面积3.86万公顷，总产量27.79万吨，平均亩产480.1千克；玉米播种面积3.57万公顷，总产量27.09万吨，平均亩产505.5千克。粮食、小麦、玉米总产量及粮食、小麦平均亩产位列全市第一，玉米平均亩产排名全市第二。豆类播种面积259公顷，总产量831吨。薯类播种面积191公顷，总产量7450吨。油料播种面积139公顷，总产量497吨，其中，花生播种面积137公顷，总产量494吨。棉花播种面积1公顷，总产量1吨。蔬菜及食用菌种植面积1059公顷，总产量7.8万吨。瓜果种植面积80公顷，总产量4693吨。果园面积1.22万公顷，其中，梨园1.22万公顷、葡萄园7公顷。水果总产量（不含果用瓜）31.26万吨，其中，梨31.24万吨（雪花梨22.78万吨、鸭梨3.31万吨）、葡萄200吨。雪花梨产量位列全市第一，梨、鸭梨产量排名全市第二。至2018年底，牛、马、驴、猪、羊、家禽、兔存栏数分别达到4623头、154匹、1111头、5.49万头、1.79万只、135.75万只、1.15万只。肉、奶、禽蛋、鸡蛋产量分别达到2.32万吨、1.21万吨、2.32万吨、2.13万吨，其中，猪肉、牛肉、驴肉、羊肉、家禽肉、兔产量分别达到1.59万吨、1117吨、153吨、678吨、4631吨、28吨。蜂蜜产量49吨。土地承包经营权流转面积达到30.6万亩，占土地承包总面积42.2%。加快农业种植结构调整，发展杂粮杂豆种植面积1.5万亩、粮饲兼用玉米和青贮玉米2万亩。培育新型农业经营主体，拥有现代农业园区21家、农民专业合作社350家、家庭农场257家；旭海果汁、玉桥食品等13家企业认定为市农业产业化重点龙头企业，纽康恩食品获批出口加拿大含肉馅粮食制品企业。

【城乡建设】 县城建设投资20多亿元，资金投入、工程项目数量创下历年之最。国柏路、西外环北延建成通车。国柏路建设融合生态和园林理念，突出高标准绿道、绿廊设计，在县城北部形成一道亮丽的风景线。柏林大街等21条主要街道实施“白改黑”和便道改造，永康街等120多条小街小巷综合提升，19处公园和广场绿地提档升级；永通桥公园获评四星级公园，澄波公园、自强公园获评三星级公园。东晏头城中村改造启动。增设公共林荫停车场20处，新增停车位6800余个。城乡主次街道、小街小巷全面推行县、乡、村三级“街长制”，城市管理由大街向小巷拓展，小街小巷“脏乱差”问题得到有效整治，门店占道经营全部清理。2018年赵县获评省级园林县城，并通过省级文明县城复检。开展村容村貌集中整治、农村垃圾清理、厕所革命等集中行动，清除垃圾6.9万立方米，硬化道路8.6万平方米。提升农村居住环境，实施农村重点建设工程；果王线拓宽改造，总投资1亿元；农村电网扩容，总投资7000万元；农田水利改造，总投资5820万元；高标准农田建设，总投资1751万元。保护生态环境，落实大气污染防治专项攻坚行动及清洁能源替代、燃煤污染管控、扬尘污染整治、机动车污染管控等“1+9”工作方案；61个村27840户“气代煤”、22个村9079户“电代煤”改造项目完工，35蒸吨以下燃煤锅炉实现“清零”；覆盖全县秸秆禁烧高清视频监控和红外报警系统建成投用。全年空气重污染天数同比减少21天，大气污染物PM2.5浓度下降到77微克/立方米，空气质量综合指数下降到7.81。重视水污染防治，县域4条河流全部落实河长制；实施洨河、汪洋沟两岸高清摄像头安装、封闭式围挡和污水处理厂改造等工程，出境断面水质实现稳定达标。开展城乡绿化，当年人工造林面积693公顷，零星（四旁）植树75万株，森林抚育面积5500公顷，森林覆盖率达到30.97%。

【社会民生】 全年用于民生支出21亿元，占财政支出比重87.5%。建成综合居家养老服务中心4所，县民政事业服务中心市场化改革完成。开展扶贫脱贫行动，采取产业扶贫、健康扶贫、就业扶贫等方式，实现1511户3007人贫困人口脱贫。拥有学校102所，其中，幼儿园18所，特殊教育学校1所，小学56所，中学24所（初级中学7所、高级中学3所），中等职业学校3所；在校生8.73万人，教职工4913人，专任教师4774人。教育优质均衡发展、集团化办学，中高考成绩实现重大突破，顺利通过省政府对赵县教育职责及语言文字工作督导评估；赵县中学本科一批上线人数同比增长3倍；县职教中心获评“国家中等职业教育改革发展示范学校”“全国中小学国防教育示范学校”。实施文化惠民工程，举办第二十七届“鸣鼓节”、首届龙文化旅游节、首届赵州桥杯全国楷书作品展、纪念改革开放40周年书画展、合唱艺术节等活动。“眭家营商周文化遗址”入选河北省第六批省级文物保护单位。开展医药卫生体制改革，建立现代医院管理制度，推进分级诊疗、医联体、医共体建设；县医院整体搬迁有序推进；中国妇幼保健协会儿童早期发展业务经验交流会在赵县举行；卫生人才引进机制、县医院薪酬制度改革得到省市肯定。精简优化行政审批流程，加快推进“互联网+政务服务”建设，65项行政审批事项实现网上办理，占比62.5%。

（屈海平）

晋州市

【概况】 晋州市位于石家庄市正东部，东及东北与辛集市、深泽县，西及西北与藁城区、无极县，南及西南与宁晋县、赵县相邻，距离石家庄市主城区45千米。晋州市是唐朝丞相魏征的故乡，也是中国鸭梨之乡，所辖周家庄乡是中国唯一实行乡级集体核算管理体制乡镇。1991年经国务院批准撤县设市。总面积619平方千米，城区面积14.83平方千米，辖9个镇、1个乡，1个省级经济开发区，10个居委会、224个行政村，常住人口55.1万人，人口自然增长率9.69‰。2018年晋州市完成地区生产总值265.18亿元，同比增长7.5%。其中，第一产业增加值35.94亿元，增长8.9%；第二产业增加值102.72亿元，增长5.8%；第三产业增加值126.52亿元，增长9.7%。全部财政收入14.7亿元，同比增长13.8%，其中，公共财政预算收入10.3亿元，增长12.7%；财政支出34.0亿元，同比增长35.4%。固定资产投资209亿元，同比增长14.7%。农林牧渔业总产值50.42亿元，同比增长6.1%；粮食播种面积5.40万公顷，总产量33.96万吨，平均亩产419.2千克。规模以上工业增加值同比增长6.7%，规模以上工业高新技术产业增加值同比增长30.8%；规模以上工业利润17.72亿元，同比下降31.0%。社会消费品零售总额152.70亿元，同比增长10.6%。城镇居民人均可支配收入33675元，同比增长8.0%；农村居民人均可支配收入19096元，同比增长8.7%。

中共晋州市委书记：陈慧明
市人大常委会主任：马玉社
市　　长：袁永福
市政协主席：崔贞军

【产业项目】 三次产业比例为13.6∶38.7∶47.7。新增规模以上工业企业22家，规模以上工业企业达到272家；工业投资同比增长16.8%，工业技改投资同比增长24.9%，高新技术产业投资同比增长88.0%；实施工业技改项目78项，石家庄金太阳生物有机肥有限公司、石家庄市春尔采暖炉具有限公司入选河北省“专精特新”企业，河北博纳德能源科技有限公司的BNDNY牌地（水）源热泵机组获得石家庄市十大工业名牌产品。至2018年末，晋州市纳税50万元以上工业企业达到168家，同比增长57%，其中纳税3000万元以上工业企业达到3家。金融机构存款余额303.72亿元，同比增长15.28%；城乡居民储蓄存款余额258.19亿元，同比增长14.13%；金融机构贷款余额122.24亿元，同比增长6%。三奇帝紫铜浮雕等4种产品列入石家庄市旅游产品名录。全年晋州市列入省、石家庄市重点项目20项，完成投资59.1亿元，占年度计划156.7%；诺安电力等7个项目主体完工。河北晋州经济开发区完成6条道路管网、电力线路迁改及亿利洁能集中供热站一期等工程，总投资6.5亿元；新奥泛能网、生活垃圾焚烧发电项目及“七纵九横”主干道路建设项目正在建设；生物医药健康产业园与石家庄高新区开展合作共建。2018年河北晋州经济开发区实现主营业务收入501亿元，同比增长51.8%；税收收入同比增长28.9%，固定资产投资同比增长43.8%。以高端定位和精准招商为理念，多渠道开展招商引资活动；普洛斯综合物流园项目落户晋州市，总投资2.1亿美元；韵达河北（晋州）快递电商总部基地项目达成合作意向，总投资21.6亿元；实际利用外资4218万美元，同比增长26.1%；2018年晋州市引进世界500强、中国500强企业实现零的突破。

【农业生产】全年农林牧渔业总产值50.42亿元，同比增长6.1%。其中，农业产值29.32亿元，林业产值1.13亿元，牧业产值17.27亿元，农林牧渔服务业产值2.69亿元。粮食播种面积5.40万公顷，总产量33.96万吨，平均亩产419.2千克。其中，小麦播种面积2.50万公顷，总产量16.40万吨，平均亩产437.4千克；玉米播种面积2.60万公顷，总产量19.99万吨，平均亩产435.3千克；谷子播种面积830公顷，总产量1935吨，平均亩产155.4千克。谷子播种面积、总产量位列石家庄市第一。豆类播种面积2077公顷，总产量3363吨。薯类播种面积85公顷，总产量2171吨。油料播种面积1736公顷，总产量5618吨，其中，花生播种面积1724公顷，总产量5581吨。蔬菜及食用菌种植面积4679公顷，总产量35.4万吨。瓜果种植面积2公顷，总产量57吨。果园面积1.43万公顷，其中，苹果园444公顷、梨园1.11万公顷、桃园282公顷、葡萄园2113公顷。水果总产量（不含果用瓜）67.94万吨，其中，苹果1.65万吨（红富士9172吨）、梨58.0万吨（雪花梨4.04万吨、鸭梨21.22万吨）、桃1.16万吨、葡萄6.31万吨。水果（不含果用瓜）、梨、鸭梨、桃、葡萄产量位列石家庄市第一，雪花梨产量排名石家庄市第二。至2018年底，牛、猪、羊、家禽存栏数分别达到7642头、36.0万头、5.65万只、564.9万只，猪存栏数位列石家庄市第一。肉、奶、禽蛋、鸡蛋产量分别达到5.17万吨、1.33万吨、5.81万吨、5.33万吨，其中，猪肉、牛肉、羊肉、家禽肉产量分别达到4.04万吨、1966吨、1141吨、8154吨。拥有石家庄市级以上农业产业化龙头企业25家，其中，国家级2家、省级14家；组建省级农业产业化联合体5家。晋州鸭梨特色农产品优势区被认定为河北省特色农产品优势区，并通过中国特色农产品优势区初审认定；“晋州山楂”“晋州葡萄”成功注册中国地理标志证明商标。

【城乡建设】以创建国家园林城市为目标，编制南部新城、西部开发、海绵城市等10余项城乡建设规划；晋州市与中建二局签订南部产业新城战略合作协议。城区朝阳路东段等8条路网管网改造及116条街巷整治完工，打造精品特色街道3条；英才路、朝阳路西延等断头路打通。307国道晋州段改线南跨项目经省政府批准，由列入省交通“十四五规划”提前至“十三五规划”实施；易官线北段、石济高速铁路跨地方道路改造和11条农村公路维修完工。6月21日，京津冀互通卡晋州首发仪式举行，晋州市成为河北省首家采用“一卡通”系统县级城市。拆除违法占地、违法建设和老旧片区20万平方米，整改卫星图片显示违规违法建筑设施242处。实施城区供热体制机制改革，组建成立国有聚德热力公司，采用“中节能电厂集中供热＋新建26座清洁能源热源站分布式供热”新模式；城区供热面积新增120万平方米。保护生态环境，依法取缔“散乱污”企业135家、整改19家；“气代煤”“电代煤”改造5.6万户，削减煤炭23.3万吨；建立恶臭气体污染源排放清单和治理档案，320家涉VOCs排放企业纳入清单式管理。购置洒水、洗扫、雾炮等清洁车34辆，主次干道实行不间断巡回保洁管理模式。优良天数160天，同比增加12天；重污染天数同比减少8天；空气环境污染物PM2.5平均浓度由95微克/立方米下降到84微克/立方米。辖区河流全部落实“河长制”管理，清除河渠垃圾1.5万立方米、违章建筑51处；23家企业实现供水切换，自备井全部封停；涉水企业建立“一企一池一闸一管”排污智慧监测系统，排污管网沿线安装高清摄像头71个，形成全覆盖、无遗漏管控体系。新建光明、富强、文体3个精品公园和19个主题游园，27.33公顷镜湖公园土方造景和石津渠滨水公园护坡高标准绿化、护栏及11座桥体整体亮化工程完工；建成绿廊绿道26.6千米，建成区绿地率达到35.43%、绿化覆盖率达到41.09%，人均公园绿地面积11.48平方米；当年人工造林面积660公顷，零星（四旁）植树47万株，森林抚育面积1.43万公顷。晋州市通过创建国家园林城市省级初验。周家庄入选中国美丽休闲乡村。

【社会民生】 全年用于民生支出27.85亿元，占财政支出比重81.9%。城镇新增就业人口4750人，农村劳动力转移就业6000人；城镇登记失业率1.8%。医疗保险参保人数51.2万人，企业退休人员养老金人均月增126.2元。全年发放城乡低保金1148.4万元，惠及5056人；城乡最低生活保障标准分别提高到每人每年7320元和4400元。特困供养人员发放资金514.3万元，惠及1005人。发展城乡养老公益事业，建成3个居家养老服务中心、3个农村社区服务中心和11个互助幸福院。开展扶贫脱贫行动，投入资金1800余万元，采取产业扶贫、就业扶贫、社会保障扶贫等方式，实现2081户3867人脱贫。建成公共保障房40套，分配入住比例100%，17个办证难房地产遗留问题全部解决。支持创新创业，设立清华启迪之星科技平台；与中国纺织研究院签署战略合作协议，培育国家级星创天地1家、石家庄市众创空间2家；高新技术企业达到24家，小巨人企业达到19家，科技型中小企业达到392家。拥有学校158所，其中，幼儿园50所，特殊教育学校1所，小学82所，中学21所（初级中学16所、高级中学2所），中等职业学校4所；在校生8.60万人，教职工5506人，专任教师4766人。第七小学等10所学校新建改建工程完工，晋州市通过省教育督导评估验收。放映电影2488场次。建有各级各类医疗卫生机构302个，其中，二级医院2个，一级医院5个，中心卫生院5个，卫生院5个，村级医疗机构224个；医疗机构共有卫生床位1212张，平均每万人拥有床位22.56张；注册卫生技术人员3003人。国民体质监测站及8个乡镇、10个村体育健身工程建成投用。开展“扫黑除恶”专项斗争，侦破涉恶类案件37起，打掉犯罪团伙15个，抓获犯罪嫌疑人105人。晋州市疑难纠纷调解委员会获评“全国人民调解工作先进集体”，晋州市7人获评“石家庄市文明公民标兵”称号。

（黄学哲）

新　乐　市

【概况】 新乐市位于石家庄市东北部，地处太行山东麓，属太行山山前倾斜平原，东及北与定州市、曲阳县，南及东南与藁城区、无极县，西北及西南与行唐县、正定县相邻，境内拥有大沙河、木刀沟2条季节性河流，京广铁路、107国道、京港澳高速公路纵贯南北，南距石家庄市主城区38千米、石家庄国际机场7千米。1992年10月撤县设市。相传人类始祖伏羲长于新乐，自古有“羲皇圣里”之称，新乐市区北2千米保存有国家级文物——伏羲台。新乐市拥有西瓜、花生、蔬菜、生猪、奶牛“三种两养”五大特色产业，“新乐西瓜”被列为国家地理标志产品。总面积525平方千米，辖8个镇、3个乡、1个街道办事处，1个省级经济开发区，10个居委会、160个行政村，常住人口51.0万人。2018年新乐市完成地区生产总值214.5亿元，同比增长7.0%。其中，第一产业增加值30.89亿元，增长2.1%；第二产业增加值97.68亿元，增长6.4%；第三产业增加值85.94亿元，增长9.5%。全部财政收入13.8亿元，同比增长16.4%，其中，公共财政预算收入9.2亿元，增长16.4%；财政支出27.5亿元，同比增长20.2%。固定资产投资同比增长11.9%。农林牧渔业总产值

50.29亿元，同比增长2.8%；粮食播种面积5.21万公顷，总产量34.29万吨，平均亩产439.0千克。规模以上工业增加值同比增长6.8%，规模以上工业高新技术产业增加值同比增长25.8%；规模以上工业利润2.13亿元，同比下降90.3%。社会消费品零售总额137.86亿元，同比增长8.6%。城镇居民人均可支配收入28413元，同比增长8.2%；农村居民人均可支配收入16954元，同比增长8.9%。

中共新乐市委书记：李志勇
市人大常委会主任：张智琦
市　　　长：郭建亭
市政协主席：陶国田

【产业项目】 三次产业比例为14.4∶45.5∶40.1。新增规模以上工业企业5家，规模以上工业企业达到186家；实施工业技改项目75个，完成投资69.6亿元；工业投资同比增长10.8%，工业技改投资同比增长39.1%，高新技术产业投资同比增长89.1%。聚焦供给侧结构性改革和产业转型，落实支持工业发展“十六条”措施，实施骨干企业上台阶、传统产业提升、企业服务优化三大工程，推进铸造、电热毯等传统产业开展抓转型、搞技改、创品牌、提质量、扩规模活动。全年建设重点项目70个，完成投资102亿元，其中，16个项目入选石家庄市重点项目，完成投资37.4亿元，占年度投资计划186.6%。新增市场主体4310户、纳税超千万元企业2家、规模以上服务业企业5家。服务业对经济增长贡献率达到40%。对外贸易进出口总额1.25亿美元，同比增长12.6%。开展招商引资活动，签订投资协议13个，总投资额70亿元；实际利用外资1380万美元，同比增长172.2%。河北新乐经济开发区入驻企业110家，实现主营业务收入435亿元，同比增长48.5%；新建道路5条，改造提升道路6条，金安路等3条道路竣工通车。重视旅游业发展，《新乐市全域旅游规划》编制完成，伏羲台景区通过3A景区复查验收；东方艺术小镇项目获评石家庄市十大旅游投资项目，入选河北省特色小镇培育名单。

【农业生产】 全年农林牧渔业总产值50.29亿元，同比增长2.8%。其中，农业产值23.52亿元，林业产值3255万元，牧业产值21.62亿元，农林牧渔服务业产值4.82亿元。粮食播种面积5.21万公顷，总产量34.29万吨，平均亩产439.0千克。其中，小麦播种面积2.43万公顷，总产量15.90万吨，平均亩产435.4千克；玉米播种面积2.63万公顷，总产量17.80万吨，平均亩产451.6千克。豆类播种面积540公顷，总产量690吨。薯类播种面积916公顷，总产量2.63万吨。油料播种面积4694公顷，总产量1.34万吨，其中，花生播种面积4685公顷，总产量1.33万吨。花生播种面积位列石家庄市第一，总产量排名石家庄市第二。蔬菜及食用菌种植面积6429公顷，总产量42.3万吨。瓜果种植面积2282公顷，总产量12万吨，其中，西瓜种植面积1355公顷，总产量7.84万吨。西瓜种植面积、总产量位列石家庄市第一。果园面积327公顷，其中，苹果园58公顷、梨园127公顷、桃园57公顷、葡萄园86公顷。水果总产量（不含果用瓜）1.05万吨，其中，苹果896吨（红富士551吨）、梨7609吨（雪花梨6405吨、鸭梨782吨）、桃1222吨、葡萄808吨。至2018年底，牛、马、驴、猪、羊、家禽、兔存栏数分别达到2.53万头、229匹、2025头、30.50万头、1.84万只、679.0万只、25.22万只，兔存栏数位列石家庄市第一，驴存栏数排名石家庄市第二。肉、奶、牛奶、禽蛋、鸡蛋产量分别达到5.99万吨、8.04万吨、7.86万吨、6.69万吨、6.08万吨，其中，猪肉、牛肉、驴肉、羊肉、家禽肉、兔肉产量分别达到4.64万吨、2741吨、269吨、331吨、9677吨、468吨。兔肉产量位列石家庄市第一，奶、猪肉、驴肉产量排名石家庄市第二。土地承包经营权流转面积16.60万亩，占家庭承包经营土地总面积43.8%。建设优质粮食、优质瓜菜、高产粮油特色主导产业科技创新示范基地3个，推广主导品种8个、关键技术8项；小麦水肥一体化种植面积达到1000亩；“新乐花生”河北省地方标准和“新乐甜瓜”石家庄市地方标准制定完成，新乐西瓜入选河北省“二十大”农产品区域公用品牌。拥有大中型拖拉机和小麦、玉米、花生联合收获机械7000余台，主要农作物耕种收综合机械化水平达到95%。新发展山楂、红梨、核桃、桃等名优果树新品种1667亩。新建果树示范点3个，面积1500亩，其中，东曹村葡萄园700亩、凤鸣苹果园200亩、赤支桃园600亩。新建果业示范园区3个，分别为新乐市三品种植专业合作社（东曹村）、石家庄东伦凯农业科技有限公司（田村铺）、河北博达种植有限责任公司（赤支）。

拥有市级以上农业产业化重点龙头企业13家，创建石家庄市级现代农业园区2个、县级现代农业园区8个；创建市级农民示范合作社12家、省级农民示范合作社6家，市级以上农民示范合作社达到20家；创建市级示范家庭农场10家、省级示范家庭农场3家，市级以上示范家庭农场达到30家。新乐市邯邰镇被认定为第八批全国“一村一品示范村镇”。

【城乡建设】 城市空间结构总体规划修编通过专家评定，7镇3乡建设规划编制完成。打造伏羲文化片区，伏羲台上古文旅小镇PPP项目启动，伏羲大桥建设开工，伏羲大街改造及伏羲南巷道路工程完工。城区新建道路6条，改造提升道路6条，硬化小街巷219条14.4万平方米；15条街道地下雨污管网分流改造、30千米供热管网建设完成；生活垃圾资源化综合利用项目启动，总投资2.3亿元。实施城区亮化工程，新华路等3个地道桥及文化广场、环城迎宾线等重要节点亮化工程项目完工，主次干道亮灯率达到97.8%。城市管理推行“深度保洁、以克论净”环卫制度和网格化管理，城区机械化清扫率达到91%；新建、改造公厕12座，施划停车位3000个；拆除违规违法建筑360处、41.8万平方米。107国道维修改造竣工通车，“三桥四通道”及新元高速互通区建设启动，无繁线至邯邰段、安承线改扩建工程及10条乡村道路建设工程完工。7个房地产历史遗留问题全部解决。保护生态环境，实施燃煤综合治理，“气代煤”“电代煤”及型煤推广任务完成；关停取缔“散乱污”企业61家，263家餐饮单位安装高效油烟净化装置。开展“洗城净天”专项行动和建筑工地、道路扬尘、企业料堆等扬尘治理，严格执行差异化错峰生产和重污染天气应急减排措施；环保违法立案310起，处罚金额810万元。2018年新乐市空气污染物PM2.5浓度为79微克/立方米，同比下降14.1%；空气质量综合指数为7.72，同比下降12.6%。落实河流“河长制”管理，拆除养殖场及河道违章建筑87处，禁养区10家规模化养殖场、南水北调总干渠保护区46家养殖户治理任务完成；木刀沟生态治理项目开工，一期工程总投资6.28亿元。推进地下水超采综合治理，封闭南水北调受水区自备井74眼。实施农村人居环境整治，农村生活垃圾处置形成市场化运作管理机制；农村改厕8327座。造林绿化面积1015公顷，当年人工造林面积892公顷，大沙河、木刀沟两侧绿化面积4000亩；零星（四旁）植树75万株，高速公路、高铁及县乡道路两侧补植乔木2.7万株，全民义务植树参加人数28万人次。新增公园绿地面积86万平方米，建成区绿地面积达到450万平方米。投资1.6亿元，打造和建设4个公园，总占地面积1300亩，其中，体育公园、绿洲公园、京新公园建成开园，迎宾公园建设工程开工。2018年新乐市通过省级园林城市复查验收，获评省级洁净城市。

【社会民生】 政府机构改革、18件为民办实事及82个村农村集体产权改革、160个村农村集体清产核资、147个村农村房地一体调查工作完成。城镇新增就业3297人，农村劳动力转移就业3720人；城镇登记失业率2.59%。发放低保、城乡特困、临时救助、医疗救助等社会保障资金2800余万元，惠及困难群众8000余名。新建综合居家养老中心1家、标准化居家养老中心2家，公立敬老院完成社会化改革。开展扶贫脱贫攻坚行动，投入扶贫专项资金1575万元，实现1157户2869人脱贫。与西北农林科技大学、石家庄铁道大学签订战略合作和引才引智协议。瑞祥创业孵化园、金地国际创业孵化基地被认定为石家庄市级小微企业创业创新基地。新增高新技术企业4家，新认定科技型中小企业70家、科技小巨人企业7家；获评河北省知名品牌7家、河北省质量效益型企业2家、河北省优质产品2项；专利申请量164件，其中发明专利申请量11件。拥有学校300所，其中，幼儿园175所，特殊教育学校1所，小学92所，中学30所（初级中学13所、高级中学5所），中等职业学校2所；在校生10.44万人，教职工5976人，专任教师5609人。投资4000余万元，新改扩建东名村小学等8所学校；新乐市教育局、东长寿学校获评“全国生命教育先进单位”。新乐市图书馆被文化部评为二级图书馆。完善医院管理制度，实施支付方式、人事薪酬、医疗服务价格动态调整等体制机制改革。新增医养结合机构3个，新建新乐市中心医院综合楼、新乐市医院综合病房楼东区、新乐市中医院中医肿瘤和老年病治疗中心；新乐市中医院纳入河北省三级中医医院管理；新乐市获评河北省中医药强县，邯邰镇获评“河北省卫生乡镇”。

（史雪林　丁然平）

人物

Figures

感动中国十大人物

2019年2月18日，无极县退伍军人吕保民获评2018年度“感动中国”十大人物。这是中央电视台“感动中国”栏目自2003年创建以来，首位石家庄市市民获得该项荣誉。

吕保民 1969年10月出生，无极县无极镇东中铺村人，退伍军人、个体经营者。1984年10月入伍，1989年4月退役。2018年9月8日7时左右，无极县南汪村开小卖部的曹爱芳和儿子翟佳成到县城进货时突然遭遇歹徒张某抢包，母子二人与张某拉扯过程中，张某掏出匕首将翟佳成刺伤。正在市场经营的吕保民见义勇为，挺身而出，联手热心群众制服犯罪嫌疑人。吕保民在与歹徒搏斗过程中，身中5刀，后经抢救脱离生命危险。2018年10月，中央文明办授予吕保民见义勇为“中国好人”称号。2018年吕保民还曾获授“河北省见义勇为英雄”“河北好人”“石家庄市文明公民标兵”“石家庄市见义勇为模范”“石家庄时代新人”称号。

全国“五一劳动奖章”获得者

2018年4月，石家庄市4人获授全国“五一劳动奖章”。

李娜 女，中国民生银行股份有限公司石家庄分行鹿泉支行副行长。李娜从事银行工作20多年，多次代表中国民生银行石家庄分行参加全国、省、市金融系统技能竞赛，获得“河北省劳动模范”“石家庄市劳动模范”“石家庄市金融系统技术状元”“全国银行业学雷锋标兵”“中国民生银行青年岗位能手”“中国民生银行优秀运营管理人员”等荣誉称号。2012年11月，李娜应上海东方卫视邀请参加“劳动最光荣”达人秀挑战栏目；2013年，李娜应邀参加湖北卫视“挑战女人帮”、河北卫视“我为购物狂”节目录制，在社会上引起较大反响，为中国民生银行树立了品牌形象。2014年8月，以河北省劳动模范李娜名字命名的河北省金融系统第一家技能传授职工创新工作室——“李娜工作室”在鹿泉支行挂牌；2017年3月，省级“李娜工作室”被河北省总工会授予“河北省工人先锋号”称号。

曹云霞 女，石家庄市天荟商贸有限公司食品组组长。2007年以来，曹云霞坚持照顾一对年近九旬的老夫妇；每年她拿出3000多元，资助山区贫困儿童，还经常到敬老院照看孤寡老人。工作中任劳任怨，勇挑重担。近年来，她每年为单位创造销售收入近2000万元，累计实现经济效益150多万元。舍小家顾大家。父亲做心脏手术没请过一天假，本人卸货时脚部受伤坚持照常工作；利用业余时间到社区清理卫生，和环卫工人一起清扫道路、清理小广告。曹云霞在工作和生活上时刻保持一名共产党员的良好形象，热心公益事业，让助人为乐成为习惯，处处体现了劳动模范的奉献精神。曹云霞多次被评为优秀共产党员，是全国劳动模范刘荣秀劳模群体的一员，也是职工和顾客心中的楷模，2014年曹云霞获评河北省劳动模范。

李伟 女，石家庄常山北明科技股份有限公司布机挡车工。2009年9月，李伟参加工作。多年来，勤奋好学、脚踏实地、埋头苦干，干一行、爱一行、钻一行，从来不在困难面前低头。工作中按照“多动脑、多观察、多请教”的方式和方法，善于发现问题、解决问题，生产成绩月月达到优质高产和名列前茅。2015 年、2016 年李伟连续两届获得公司最高荣誉——“最佳员工”称号。2016 年李伟参加石家庄职工职业技能竞赛，在喷气织机挡车工大赛中，她凭借自身扎实的操作技术和过硬的理论知识夺得冠军，获得全市喷气织机挡车工大赛第一名。2017 年李伟获得河北省“五一劳动奖章”称号。

李辉 石家庄市藁城区财政局局长、地税局副局长。多年来，李辉在工作中获得很多荣誉。主要表现在直面困难，勇于担当，特别是在藁城区经济转型升级的关键时期，善于抓住影响财税收入的重点问题，倾力服务和惠及民生，不折不扣地落实财税体制改革，为藁城区经济发展做出了突出贡献。提升藁城区基础设施建设水平，积极推进 PPP 项目建设。确保国有资产保值增值，防止国有资产流失。坚决治理税费征纳环境，促进藁城区财政收入持续、稳定、健康增长。加大和扶持“三农”工作力度，深化推进环境污染治理等改革，做到纵横联动、上下贯通，财政运行平稳有序，服务民生取得成效。发挥财政杠杆作用，推动社会资本有效运转。提高土地资源利用率，推进实体经济健康发展。

中国好人

樊江华 女，1974 年 10 月出生，井陉县秀林镇袁峪村村民。24 年前，樊江华与袁彦文结为夫妻，一进袁家，沉重的家庭负担便落在她的肩上。公婆去世多年，爱人的大哥因患眼疾，视物不清，难以成家，一直单身，二哥在采石场打工时发生意外导致双目失明、失去左手，两个大伯哥的饮食起居全由小两口承担。由于两个大伯哥离不开人，为照顾家庭，樊江华和爱人辞去工作，专职照顾家庭。当别人问她为了照顾大伯哥丢掉宝贵的工作后悔不，她爽朗地回答：“两个大伯哥身处困境，既然成了一家人，我们不管谁来管？亲情比什么都重要！”24 年来，樊江华任劳任怨，对两个哥哥照顾有加，想方设法让他们开心快乐。大哥喜爱放羊，她凑钱买来几只羊羔，让大哥减少孤独；为消除二哥在黑暗生活中的寂寞，她给二哥买过十几台收音机，让他听广播。2011 年，二哥胃出血，她精心伺候，一日三餐注意调理，从不让他吃硬冷食物，由于照顾到位，二哥的病一直未犯过；近年，大哥患上高血压，她每天三次叮嘱大哥按时吃药，使血压得到有效控制。2018 年 1 月，中央文明办授予樊江华孝老爱亲“中国好人”称号。

许青树 1981 年 1 月出生，赵县新寨店镇北正村人，赵县交通运输局职工。2018 年 2 月 4 日 15 时许，许青树带女儿到赵县澄波公园游玩，发现 3 个 10 岁左右小男孩从结冰湖面落入水中，许青树听到孩子们呼救声，立即跳入湖水，奋力将 3 名落水儿童救起。3 名儿童上岸后，许青树带着女儿默默离开。救人过程中，许青树被湖面冰层划破胳膊、手、脖子等多处部位。事后有群众将许青树勇救落水儿童的视频发到微信朋友圈，人们才知道救人的是许青树。2018 年 2 月 7 日，赵县文明办授予许青树“赵县文明公民标兵”称号。2018 年 2 月，中央文明办授予许青树见义勇为“中国好人”称号。

郭朋勃 1986 年 5 月出生，元氏县马村镇张掖村人，河北省爱心互助协会执行会长。主要事迹：为孤寡老人创办爱心食堂。2014 年夏天，郭朋勃在游玩的时候，走到井陉县吴家窑乡滴水岸村，看到村里有很多孤寡贫困老人，生活非常困难，便萌生为老人们建一个免费食堂的想法。2015 年 4 月，郭朋勃开始尝试筹建爱心食堂，以孤寡、空巢、残障的 60 岁以上老人为主要接收对象，免费为老人提供一日三餐。同时，郭朋勃向社会各界爱心人士募集部分生活物资，保障爱心食堂的日常运转，并定期组织医护人员为爱心食堂的老人免费提供医疗检查服务。爱心食堂推行“以老养老”模式，不设专门看护人员，让年轻一点的老人照顾年长一点的老人，使老人们在生活上抱团互助，各自取长补短，干一些力所能及的事。爱心食堂成立之初，为有一定劳动能力的老人购买了部分生产物资，开展绿色农副产品生产，由爱心人士认养解决销路，收益部分归老人所有，部分归爱心食堂共同所有，基本实现独立运转和自给自足。

至2018年5月底，郭朋勃分别在元氏县牛家庄、行唐县龙州镇、沧州市献县垒头乡苑垒头村、保定市满城区等地创办爱心食堂，供养200余位孤寡老人、12个孤儿、7名残疾人一日三餐，个人累计捐款达30余万元。2018年6月，中央文明办授予郭朋勃助人为乐“中国好人”称号。

康静 女，1988年6月出生，平山县两河乡南白雁村人，河北爱尔海泰制药有限公司职工。2018年4月，康静的父亲康清海意外跌入高温水池，全身上下99%的皮肤严重烫伤，其中特重度以上超80%，命悬一线。医院先后为康清海做过多次人造皮肤和自体皮移植手术，由于烫伤创面大、感染风险高，康清海自身皮肤已不能满足植皮手术的需要。如果买异体皮，费用高不说，手术效果也不一定好。医生建议，最好从亲人身上取皮移植。这个时候，大女儿康静抢先站了出来。她说：我是家里老大，妹妹有三个小孩要带，弟弟还没结婚，还要照顾妈妈和年迈的奶奶。康静也是两个孩子的妈妈，小女儿才8个月大，尚未断奶。2018年7月4日，经过6个小时手术，医生从康静双腿上顺利取出18块约手掌大的皮肤，接近她全身表面皮肤的五分之一，移植到父亲的腰、背部及四肢。康静“割皮救父”大孝之举感动许多人。河北省井陉县一位不愿透露姓名的老大爷得知此事后，两次从县城赶到石家庄看望康静，还拿出几百元钱捐助，夸赞康静是“做儿女的榜样”。石家庄市民政局和市慈善总会相关负责人也到医院慰问了康静父女。石家庄市慈善总会还开通爱心捐赠渠道，倡导社会各界爱心人士伸出援助之手，传递爱心，帮助这个家庭早日渡过难关。2018年8月，中央文明办授予康静孝老爱亲“中国好人”称号。

周辉峰 1976年9月出生，赵县赵州镇苏村人，赵县蚂蚁应急救援服务中心救援队队长。2018年7月23日，新闻媒体刊播一条消息：“老挝阿速坡省一处水电站发生溃坝，50亿立方米的水造成周边多个村庄洪水泛滥！”作为一名有灾区救援经验的志愿者，周辉峰没有任何犹豫，立刻通过老挝华帮中心同老挝方面取得联系，决定以志愿者身份到老挝参与救援。2018年7月27日，周辉峰到达广州，采购消杀服20套、方便面30箱、火腿肠10箱及药品等救援物资，随后登上飞机直奔老挝首都万象市。2018年8月3日，救援任务完成，周辉峰等志愿者撤回万象市。2018年8月7日，周辉峰返回赵县。在老挝期间，周辉峰搜救被困村民300多人，出色完成疫情消杀任务。2018年9月27日，中央文明办授予周辉峰助人为乐“中国好人”称号。

郑科 1998年出生，河南省息县人，石家庄市打工者。2018年8月15日晚，郑科和打工地点老板吃完饭在月季公园附近散步，两人拿着手电筒想看看河里有没有小鱼，结果看到有一个女孩浮在离岸边不远的水面上。郑科几次尝试抓住女孩，都没有成功，于是连衣服、鞋子都没来得及脱掉就跳进水中救人。据在场人回忆：郑科和落水女孩顺着水流被冲到附近的桥洞，过了一会儿，女孩被附近钓鱼的人救了上来，但大家没有看到郑科。有路人报警，民警和消防员随即赶到，也没有找到郑科。2018年8月16日15时许，石家庄蓝天救援队在石家庄市体育大街北二环石津灌渠处打捞起郑科遗体。2018年9月27日，中央文明办授予郑科见义勇为“中国好人”称号。

吕保民 1969年10月出生，无极县无极镇东中铺村人，退伍军人、个体经营者（参见《石家庄年鉴2019》类目“人物”下分目“感动中国十大人物”）。

大国工匠年度人物

2019年1月，中国电子科技集团第五十四研究所夏立入选中华全国总工会、中央广播电视总台联合发布10位2018年“大国工匠年度人物”。

夏立 中国电子科技集团第五十四研究所钳工，高级技师，航空、航天通信天线装配责任人，中国电子科技集团首届高技能带头人。夏立在钳工岗位工作20多年，参与攻克通信设备生产、组装工艺等多项难关，创造出一个又一个奇迹。他承担“天眼”射电望远镜、索马里护航军舰等卫星天线预研与装配、校准任务，装配齿轮间隙仅有0.004毫米。2016年6月，夏立创新工作室成立。

夏立曾获得全国技术能手、河北省金牌工人、河北省“五一劳动奖章”、河北省军工大工匠等荣誉和称号。

河北省“五一劳动奖章”获得者

2018年4月，石家庄市16人获授河北省“五一劳动奖章”。

张力峰 河北翼辰实业集团股份有限公司销售经理

李二明 石家庄市油漆厂耐热、水工漆技术主管

张延青 石家庄一建建设集团有限公司衡水分公司经理

谷青博 河北神通光电科技有限公司车间主任兼研发主任

李彬 中车石家庄车辆有限公司总装车间阀一班班长

丁志军 石家庄钢铁有限责任公司炼钢厂连铸一段段长

王小华 中航通飞华北飞机工业有限公司综合机加分厂工装工段长

周亚然 女，石家庄市燕春饭店管理有限公司湘君府分店负责人

李振国 石家庄市栾城农村信用合作联社主任

贺鹏 国网石家庄供电公司工会主席

殷殿书 石家庄四药有限公司药物研究院院长

李杰彬 石家庄市轨道交通有限责任公司工程管理三部部长

张建芬 石家庄市公安局交通管理局局长

栾新华 石家庄市裕华区裕华路街道办事处党工委书记

李红霞 女，石家庄外国语学校党总支书记

高利军 石家庄市井陉矿区财政局财政集中支付中心主任

河北省道德模范

2018年2月，河北省精神文明建设委员会追授吕建江“河北省道德模范”称号。

吕建江 1970年4月出生，市公安局桥西分局安建桥综合警务服务站原主任

河北好人

2018年石家庄市24人获得“河北好人”称号，其中，见义勇为3人，助人为乐9人，敬业奉献9人，孝老爱亲3人。

见义勇为（3人）

王子卓 1998年10月出生，吉林省洮南市向阳街人，石家庄铁道大学2016级本科学生，表彰日期：2018年1月30日

郑科 1998年出生，河南省息县人，石家庄市打工者，表彰日期：2018年8月31日

吕保民 1969年10月出生，无极县无极镇东中铺村人，退伍军人、个体经营者，表彰日期：2018年10月9日

助人为乐（9人）

李化璟 1934年1月出生，井陉县辛庄乡洪河漕村人，井陉矿区原红星煤矿书记，表彰日期：2018年1月30日

吴学宝 1958年6月出生，石家庄市长安区任栗村人，石家庄市老吴殡葬公司总经理，石家庄市殡仪服务行业商会会长，表彰日期：2018年4月9日

郭朋勃 1986年5月出生，元氏县马村镇张掖村人，河北省爱心互助协会执行会长，表彰日期：2018年4月9日

沈振祥 1932年7月出生，赞皇县黄北坪乡上转村人，赞皇县商业局离休干部，表彰日期：2018年4月28日

李艳华 女，1971年5月出生，石家庄市裕华区人，“橄榄绿热线志

愿者拥军之家”负责人，表彰日期：2018年5月29日

周辉峰　1976年9月出生，赵县赵州镇苏村人，赵县蚂蚁应急救援服务中心救援队队长，表彰日期：2018年8月31日

李双全、李斌父子　灵寿县慈峪镇冯家庄人。父亲李双全，2018年去世；儿子李斌，1985年8月出生，家具厂务工，中华骨髓库志愿者。表彰日期：2018年8月31日

白金花　女，1965年1月出生，正定县南牛乡河里村人，正定县燕凤楼西饼屋经理，表彰日期：2018年12月7日

敬业奉献（9人）

尹海军　1963年4月出生，井陉县南障城镇孙家峪村人，井陉晋剧团团长，表彰日期：2018年1月30日

高忠海　1982年7月出生，井陉县苍岩山镇景庄村人，井陉县苍岩山镇景庄村卫生室医生，表彰日期：2018年1月30日

王兰英　1960年6月出生，赞皇县土门乡寺峪村党支部书记，表彰日期：2018年4月28日

祁文芝　1955年2月出生，正定县北早现乡小客村人，正定县北早现乡政府民调主任，表彰日期：2018年7月31日

次亚静　女，1977年11月出生，元氏县槐阳镇东原庄村人，河北博纳文化传播有限公司总经理，表彰日期：2018年10月9日

梁保庆　1977年8月出生，山西省临汾市人，正定县消防大队大队长，表彰日期：2018年10月9日

封娟　女，1976年12月出生，行唐县龙州镇北贾素村人，行唐县儿童福利院护理员，表彰日期：2018年11月1日

王晓娜　女，1978年10月出生，晋州市人，石家庄市公共交通总公司组宣部副部长，表彰日期：2018年12月7日

李丽梅　女，1973年9月出生，石家庄市井陉矿区凤山镇南凤山村人，石家庄市四中路小学特教教师，表彰日期：2018年12月26日

孝老爱亲（3）

樊江华　女，1974年10月出生，井陉县秀林镇袁峪村村民，表彰日期：2018年1月30日

康静　女，1988年6月出生，平山县两河乡南白雁村人，河北爱尔海泰制药有限公司职工，表彰日期：2018年8月31日

李智峰　1970年6月出生，石家庄市桥西区留营街道办事处西简良村人，石家庄市新华区赵陵铺路街道办事处科员，表彰日期：2018年12月7日

时代新人·河北好人

2019年1月18日，由河北省文明办主办的“时代新人·河北好人”2018年度人物发布活动在河北广播电视台举行，石家庄市5人获得“时代新人·河北好人”称号。

见义勇为（2人）

吕保民　1969年10月出生，无极县无极镇东中铺村人，退伍军人、个体经营者

许青树　1981年1月出生，赵县新寨店镇北正村人，赵县交通运输局职工

助人为乐（1人）

郭朋勃　1986年5月出生，元氏县马村镇张掖村人，河北省爱心互助协会执行会长

孝老爱亲（2人）

康静　女，1988年6月出生，平山县两河乡南白雁村人，河北爱尔海泰制药有限公司职工

樊江华　女，1974年10月出生，井陉县秀林镇袁峪村村民

河北省“五四青年奖章”获得者

2018年5月3日，石家庄市4人获授河北省“五四青年奖章”。

刘冬　女，常山纺织恒盛分公司布机挡车工

郭阳　石家庄铁道大学信息科学与技术学院教师

郭朋勃　元氏县马村镇张掖村人，河北省爱心互助协会执行会长

陈立飞　西柏坡发电有限责任公司焊工班高压焊工

河北省最美政法干警

2019年1月，省委政法委授予10人2018年河北省“最美政法干警”称号，其中石家庄市1人。

刘希昌　石家庄市公安局新华分局省二院综合警务服务站副主任

河北省优秀退役军人

2019年1月9日，石家庄市9人获评河北省2018年度优秀退役军人。

王永辉　43岁，市公安局桥西分局吕建江综合警务服务站主任

王殿明　66岁，市军队离退休干部第八休养所军休干部

吕保民　49岁，无极县无极镇东中铺村人、个体经营者

许国栋　43岁，井陉县洪河漕村党支部书记、村委会主任

张胜青　53岁，藁城区系井村党支部书记

陈建权　40岁，市公交总公司一公司1路车队车长

郑永亮　34岁，赞皇县茗森绿化种植有限公司总经理

姬建辉　41岁，晋州市爱心志愿者协会会长、肢残人协会主席

智艳英　女，46岁，市人力资源和社会保障局人事处处长

河北省最美教师

赵力津　市第一中学

石家庄市见义勇为模范

2018年7月5日，石家庄市政府印发《关于认定赵明辉等五人石家庄市见义勇为模范的决定》(石政发〔2018〕13号)，授予赵明辉、王博、康林书、张彦海、习占强5人“石家庄市见义勇为模范”称号，并颁发证书及奖金5万元。

赵明辉　2017年8月21日上午，赵明辉回家途中，看到有人落入市区民心河，已经二十多年没有下过水的赵明辉毫不犹豫跳下河去，冒着生命危险将落水老人救上岸。赵明辉因为体力耗尽，差点未能从河中上来。看到被救老人没有什么大碍，赵明辉便离开现场，有人问他的名字，他坚持不说。回家后，赵明辉怕妻子担心，一直没有提救人的事，最后因为路过的同事认出了他，大家才知道，原来救人的是赵明辉。评语：甘冒生命危险多次潜入河中救人，挽救落水老人的生命。

王博　2016年12月31日，寒风凛冽，一位八旬老人在晨练时不慎掉入民心河中。危急关头，王博飞奔而至，跳进冰冷刺骨的河水中，并将老人扛到肩上，奋力向岸上托举。在大家齐心协力帮助下，老人成功获救。评语：不畏冰水刺骨跳入河中，合力将八旬老人救出。

康林书　2016年8月11日，石家庄市鹿泉区李村镇邓村62岁村民康林书在自家农田干活时，发现一名陌生男子正在盗窃本村村民郄某的电

动车电瓶，他及时上前制止并与盗窃分子展开激烈搏斗，后与闻讯赶来的其他村民一起，将盗窃分子抓获并移交公安机关。在与盗贼搏斗过程中，康林书头部、颈部多处受伤，经法医鉴定为轻伤二级。评语：不顾年迈体弱多病勇于同犯罪分子作斗争，身负重伤保护群众财产安全。

张彦海 1968年3月出生，石家庄市鹿泉区黄壁庄镇古贤庄村人。2017年4月25日21时许，张彦海与妻子在鹿泉经济开发区昌盛大街河北高速鹿泉大队附近等人时，发现3名男子正在盗窃路边停靠的大巴车电瓶，他立即上前制止，3名疑犯遂对张彦海实施恐吓和殴打。张彦海妻子见状及时拨打电话报警，3名犯罪嫌疑人仓促逃窜。张彦海为保护他人财产造成鼻骨、上颌骨骨折（经司法鉴定为轻伤二级）。2017年10月，石家庄市鹿泉区政府授予张彦海“鹿泉区见义勇为先进个人”称号。评语：不畏强暴勇敢制止团伙犯罪，使他人财产免受损失。

习占强 2017年2月27日，新乐市东名村村民习占强在伏羲公园湖边散步时，突遇一名年轻男子因突发疾病掉入湖中，习占强立即上前施救并大声呼救。在几位热心市民的共同帮助下，落水男子被成功救上岸，因溺水男子一直处于昏迷状态，习占强迅速对其施救，几分钟后，男子恢复意识。评语：危难时刻挺身而出，先后抢救遇难群众五人。

2018年9月29日，石家庄市政府印发《关于认定郑科、吕保民石家庄市见义勇为模范的决定》(石政发〔2018〕19号)，授予郑科、吕保民2人“石家庄市见义勇为模范”称号，并颁发证书及奖金5万元。

郑科 1998年出生，河南省息县人。2018年8月15日，石津灌渠河畔，河南省来石家庄打工小伙郑科为救落水女孩牺牲，时年20岁。2018年8月20日，石家庄市追授郑科见义勇为“石家庄市文明公民标兵”称号。评语：作为河南籍来石打工小伙，他的纵身一跃，跃出了我们这个城市最壮丽的风景，彰显了新时代青年最靓丽的精神风貌，石家庄人民将永远记住这位年轻的英雄。2018年9月27日，中央文明办授予郑科见义勇为“中国好人”称号（参见《石家庄年鉴2019》类目“人物”下“中国好人”）。

吕保民 1969年10月出生，无极县无极镇东中铺村人，退伍军人、个体经营者（参见《石家庄年鉴2019》类目“人物”下“感动中国十大人物”）。评语：作为一名复员退伍军人，退役不褪色，在人民群众生命安全受到侵害的危难时刻，他奋不顾身、挺身而出，勇于同违法犯罪作斗争，再现了新时代退役军人维护社会正义的英雄本色。

石家庄市“三八红旗手”

2019年3月5日，石家庄市妇联授予100人石家庄市“三八红旗手”称号。

长安区（4名）

毛瑞花 长安区第三幼儿园园长兼书记

马冬梅 长安区检察院未检科科长

许小静 长安区城市管理局规划科副科长

陈暇 太和文化礼品城总经理

桥西区（4名）

刘慧 桥西区维明街道党工委书记

张秀洁 桥西区城市管理局党政办公室主任

朱磊 桥西区红星小学校长

杨莉 新联合投资控股有限公司执行副总裁兼财务总监

新华区（4名）

黄涛 新华区统计局局长

刘彦伟 新华区革新街道党工委书记

朱兰翠 市机场路小学校长

张素珍 新华区妇幼保健计划生育服务中心办公室主任

裕华区（4名）

段哲红 裕华区妇联科员

张丽 裕华区建华南街道经管科科长

王彦平 裕华区卫生和计划生育局科员

黄培 裕华区第二幼儿园园长

井陉矿区（3名）

付斌妤 井陉矿区贾庄镇安监站科员

李国娟 井陉矿区直属机关工作委员会副书记

张娟 井陉矿区凤山镇党委组

织委员

藁城区（5名）

白菊　藁城区妇联主席、党组书记

刘宁　藁城区幼儿园园长

贾景景　藁城区贾市庄镇武装部部长

李翠荣　藁城区廉州镇石井村委委员

姚荣娟　藁城区岗上镇大同村党支部副书记

鹿泉区（5名）

何慧茹　鹿泉区卫健局健康促进办主任

林晓丽　鹿泉区教育局办公室副主任

崔璐瑶　鹿泉区公益岗位职员

郄静　鹿泉区宜安镇政府党委副书记、镇长

苏佳　鹿泉区人力资源和社会保障局职称科科长

栾城区（5名）

安素敏　栾城区卫计局基层指导科副科长

关云霞　栾城区栾城镇政府民政所副所长

石素果　栾城区第一幼儿园党支部书记兼园长

赵素巧　栾城区职教中心教师

鲁晓静　栾城区栾城镇西关村妇女组长

井陉县（3名）

樊海清　井陉县妇联科员

张晓敏　井陉县巾帼家政服务有限公司经理

田新华　井陉县馨艺舞蹈艺术学校校长

正定县（5名）

王小英　正定县美丽乡村社区服务中心主任

孙志坤　正定县文化和旅游发展局党组成员

张瑞方　正定县青益农业科技有限公司总经理

李立平　正定县环境卫生管理大队清扫中队长

张宏景　河北恒山建设集团会计

行唐县（4名）

李华　行唐县司法局副局长

李蕙萍　行唐县妇联副主席

肖香中　行唐县上方乡羊柴村党支部委员兼计生专干

董利英　中国人寿保险股份有限公司行唐支公司经理

灵寿县（3名）

李星奕　灵寿县灵寿镇第一中学教师

刘江彦　共青团灵寿县委科员

刘苏云　灵寿县医院护士

高邑县（3名）

王宁　高邑县万城镇党委宣传委员

刘英　高邑县财政局综合科科长

石瑞丽　高邑县行政审批局科员

深泽县（4名）

曹建芝　深泽县妇联党组书记、主席

刘赟　深泽县西北留村小学教师

于莉　深泽县医院党支部副书记

翟海静　深泽县卫生计生局宣传科宣传员

赞皇县（4名）

甄静雨　赞皇中学教师

宫云霞　赞皇县县医院妇产科医生

肖一帆　赞皇镇中学教师

张兴菲　赞皇县县直工委副书记

无极县（3名）

李会莉　无极县妇联副主席

刘欢　无极县七汲镇党委组织委员

张从忍　无极县税务局城区税务分局副局长

平山县（4名）

曹智琴　平山县古月镇闫沟村支部书记

刘波丽　中共平山县委党校讲师

卢素艳　平山县政府办公室法制办副主任

孙焕弟　平山县农牧局法制科股长

元氏县（3名）

郭学哲　元氏县人力资源和社会保障局新农保科员

杨旭朴　元氏县槐阳中心小学教师

赵然然　元氏县北褚镇扶贫办科员

赵县（4名）

李进锐　赵县第二中学教师

杨欣　赵县人民医院医生

张慧聪　赵县王西章乡党委副书记、乡长

郑国芳　赵县妇联党组书记、主席

晋州市（5名）

彭茹　晋州市市场监管局商城所所长

宋艳荣　晋州市农牧局生产科科长

孙燕卿　晋州市实验中学教师

陶亚芳　晋州市人民检察院案件管理办公室主任

苑会仓　晋州市特殊教育学校教

师

新乐市（4名）

鞠东花　新乐市妇联办公室主任

李春景　新乐市实验小学教师

牛会敏　新乐市教师进修学校附属中学教师

张素英　新乐市中医医院院长

市直机关妇工委（5名）

张海燕　市第二看守所管教三科科长

李伟芹　石家庄路桥集团开发部科员

籍雪梅　中共石家庄市委党校校刊编辑部主任

贾丽娟　市直机关工委统战部长、妇工委主任、团工委书记

张海月　市委办公厅公文办理处副主任科员

市直农口妇工委（1名）

桂蕴　　市畜牧技术推广站职工

教育局妇工委（1名）

仲兆妹　市第二十四中学副校长

社会化推荐（10名）

邵兵　　裕华区教育局教研室中教室副主任

刘健　　市机关事务管理局科员

耿朝宁　河北正中实验中学教师

刘欣　　石家庄广播电视台记者

胡杰　　市第三医院CT核磁室主治医师

秦建芬　新乐市公路管理站办公室副主任

陈金娜　赵县中学教师

刘肖娟　栾城区青少年校外活动中心培训部教师

焦磊　　市社会福利院院长

葛军　　市第四医院党委委员、副院长

石家庄市文明公民标兵

2018年，市文明办授予146人和1个集体“石家庄市文明公民标兵”称号。

2018年第一季度，市文明办授予46人“石家庄市文明公民标兵”称号。

助人为乐（16人）

彭子响　1993年7月出生，晋州市婚庆公司摄影师

梁瑞国　1979年7月出生，灵寿县北洼乡西孙楼村村民

任志江　1976年12月出生，灵寿县狗台乡索阜安村村民

肖建芳　女，1970年4月出生，平山县凯辉印刷厂联合党支部书记

李宁　　1974年8月出生，深泽县医院医师

葛凤朝　1958年1月出生，正定现代城社区值班室门卫

高玉乐　1981年11月出生，正定县爱心救援队队长

李志生　1947年2月出生，井陉矿区横涧乡政府原副乡长

陈永军　1967年11月出生，赞皇县励志志愿者协会会长

沈振祥　1932年7月出生，赞皇县商业局离休干部

马华　　女，1971年11月出生，裕华区现代城小学教师

王文路　1954年9月出生，裕华区槐东小区居民

杜喜珍　女，1966年4月出生，井陉矿区合汇老年公寓院长

白龙　　1984年1月出生，河北金峻信息科技有限公司总经理

张玉斌　1986年8月出生，河北金峻信息科技有限公司副总经理

吴学宝　1958年6月出生，石家庄市长安区任栗村人，石家庄市老吴殡葬公司总经理，石家庄市殡仪服务行业商会会长

诚实守信（2人）

马聚霞　女，1980年5月出生，井陉县微水十八队居民，个体经营者

白士江　1958年7月出生，裕华区金域蓝湾社区物业

敬业奉献（26人）

梁胜华　女，1978年4月出生，井陉县行政审批局注册科科长

陈淑珍　女，1971年2月出生，正定县新安中心卫生院副院长、内科主任

王勇　　1982年8月出生，藁城区交通运输局综合科副科长

安虎涛　1974年9月出生，晋州市第一中学教师

邓传双　女，1971年6月出生，晋州市第三中学教师

冯晓燕　女，1976年10月出生，晋州市和平小学教师

乔梅红　女，1968年3月出生，晋州市第七中学教师

邵艳霞　女，1971年11月出生，晋州市实验小学教师

黄君利　1975年11月出生，晋州市邮政分公司秘书

康玉娟　女，1989年2月出生，中国邮政集团公司河北省平山县分公司职员

韩素芸　女，1978年11月出生，平山县人民医院儿科副主任

崔彦生　1962年7月出生，深泽县文化馆馆长

王兰英　1960年6月出生，赞皇县土门乡寺峪村党支部书记

赵佳星　女，1993年3月出生，赵县地税局科员

李军分　女，1973年10月出生，赵县妇联副主席

李卓　1993年3月出生，赵县供电局科员

魏晓宁　1987年4月出生，赵州镇政府宣传委员

张焕巧　女，1972年6月出生，赵县住房和城乡建设局创园办主任

张春平　女，1977年3月出生，赵县中学教师

韩合贵　1970年2月出生，市公安局裕华公安分局建通派出所民警

陈炜　1967年9月出生，市公安交通管理局桥西大队事故中队中队长

沈思忠　1973年5月出生，安徽省肥东县人，市公安局桥西交警大队六中队代理中队长

于江　1974年7月出生，江苏省金坛县（今金坛市）人，市公安交通管理局长安交警大队副大队长

陈敏霞　女，1977年11月出生，无极县医院口腔科主任

张伟鹏　1988年4月出生，无极县医院医师

张琳　女，1985年8月出生，中共无极县委宣传部职员

孝老爱亲（2人）

褚逍磊　女，2001年2月出生，藁城区第一中学高二（19）班学生

韩兰英　女，1962年9月出生，藁城区东胜酒业总经理

2018年第二季度，市文明办授予30人“石家庄市文明公民标兵”称号。

助人为乐（9人）

乔彦军　1985年8月出生，行唐县城管局城管中队党支部书记，城管科副科长兼外环中队中队长

杜淑娥　女，1954年2月出生，市十二化建退休职工

魏丽霞　女，1961年6月出生，裕华区海天阳光园社区居民

韩占维　1981年出生，平山县岗南镇石盆峪村村民

白志国　1976年8月出生，平山县太行大家帮协会成员

刘二彦　女，1978年4月出生，平山县太行大家帮协会成员

李俊霞　女，1973年4月出生，藁城区增村镇大慈邑小学教师

张旭　1985年10月出生，石家庄一家人志愿者协会会员

刘意　1979年9月出生，石家庄一家人志愿者协会会员

诚实守信（2人）

次亚静　女，1977年11月出生，河北博纳文化传播有限公司总经理

郭富一　1996年7月出生，赵州桥文化传播中心员工

敬业奉献（17人）

霍力伟　女，1980年11月出生，行唐县运输管理站办公室主任、法制科长

王昆　1985年4月出生，行唐县交通运输局地方道路管理站办公室主任

祁文芝　1955年3月出生，正定县北早现乡政府民调主任

梁保庆　1977年8月出生，正定县公安消防大队大队长

郝正军　1972年11月出生，平山县邮政局投递员

李革平　1968年7月出生，平山县东回舍镇政府城建所长

段志永　1977年11月出生，高邑县医院影像科主任

于龙　1988年7月出生，高邑县公安局科员，西富村派出所民警

常新立　1966年8月出生，赵县林果技术服务中心植保检疫站站长

范静丽　女，1972年2月出生，赵县市场监管局注册科科长

刘来玉　1951年8月出生，赵县佳靓环卫公司环卫工

刘淑然　女，1973年9月，赵县中医院主治医师

李彩茹　女，1981年10月出生，无极县东侯坊学区东阳学校教导主任、班主任

张永　1977年9月出生，河北佳功律师事务所律师

段建霞　女，1973年8月出生，鹿泉区实验初级中学教师

杜爱书　1986年8月出生，赞皇县中医医院院长

赵勇军　1970年11月出生，赞皇县医院院长助理兼急诊科主任

孝老爱亲（2人）

康静　女，1988年6月出生，河北爱尔海泰制药有限公司职工

王秀芝　女，1956年8月出生，裕华区阳光花园社区居民

2018年第三季度，市文明办授予35人“石家庄市文明公民标兵”称号。

助人为乐（12人）

申卫增　1969年出生，赞皇县土门乡人，加拿大驻华大使馆电器技工

申增花　女，1967年出生，赞皇县土门乡人

马信明　1954年出生，藁城区兰盾保安公司驻区政府保安队队长

梁磊　1991年出生，藁城区岗上镇岗上村村民

夏增惠　女，1967年出生，桥西区永安街社区居委会工作人员

樊国强　1978年出生，河北永乐房地产公司董事长

刘泽东　1975年出生，公交鹿泉公司309路车队游6线路

康朝辉　1983年出生，晋州市公安局巡防大队协警

崔峰　1987年出生，行唐联社上滋洋信用社主任

王馨正　1989年出生，石家庄一家人志愿者协会会员

聂志坚　1966年出生，石家庄一家人志愿者协会会员

周辉峰　1976年出生，赵县人

见义勇为（2人）

郑科　1998年出生，河南省息县人

吕保民　1969年10月出生，无极县无极镇东中铺村人，退伍军人、个体经营者

诚实守信（1人）

马新霞　女，1972年出生，高邑县文广新局办公室副主任

敬业奉献（18人）

姜文龙　1979年出生，赞皇县税务局党建办主任

高蕾　女，1981年出生，藁城区梅花惨案纪念馆讲解员

赵晓亮　1986年出生，井陉矿区矿市街道党工委委员

高爱民　1960年出生，鹿泉区国税局财务科科员

段建霞　女，1973年出生，鹿泉区实验初级中学教师

李小红　女，1979年出生，高邑县医院产房护士长

赵星　女，1982年出生，桥西区西岗头小学教师

杨现省　女，1973年出生，石家庄市育新实验小学教师

张彦彬　1971年出生，无极县教育局思政体卫科副科长

曹丽敏　女，1964年出生，赵县文化馆文艺部主任，省级非遗项目“赵州扇鼓”代表性传承人

吕晓娟　女，1967年出生，赵县仁济医院内二科主任副主任医师

刘卫江　1980年出生，赞皇县赞皇镇副镇长、组织委员

李成洁　女，1974年出生，晋州市教育局科员，晋州市第七届政协委员

赵丽　女，1981年出生，晋州市东里庄镇马坊学校教师

李杰　1980年出生，晋州市城市管理综合执法局职员

王晓娜　女，1978年出生，市公交总公司职员

刘丽珍　女，1974年出生，行唐县实验中学教师

王军青　1973年出生，无极县国税局办公室主任

孝老爱亲（2人）

李智峰　1970年出生，新华区赵陵铺路街道科员

李丽梅　女，1973年出生，桥西区四中路小学特教教师

2018年第四季度，市文明办授予35人和1个集体“石家庄市文明公民标兵”称号。

助人为乐（12人和1个集体）

袁荣丽　女，1968年出生，新乐市承安镇回头岗村人

颜文杰　1974年出生，正定县新城铺镇新城铺村人

封文会救人集体　平山县小觉镇

赵振国　1951年出生，高邑县委党史研究室原副主任

袁慧京　1986年出生，赞皇县飞驰公交客运有限公司经理

王国军　1959年出生，石家庄明城供电服务有限公司赞皇县分公司职工

张惠芬　女，1953年出生，裕华区裕华路街道建南社区副书记

杨军雷　1984年出生，鹿泉区寺家庄镇西龙贵村人

郄会云　1969年出生，鹿泉区山尹村镇西郭庄村人

段非　1980年出生，石家庄报恩社会工作服务中心主任

许利娜　女，1981年出生，石家庄报恩社会工作服务中心理事长

董保连　1971年出生，石家庄一家人志愿者协会会员

吉广清　1969年出生，石家庄一家人志愿者协会会员

见义勇为（1人）

习占强　1969年出生，新乐市长寿街道东名村人

诚实守信（1人）

高鹏　女，1987年出生，行唐县行政审批局职工

敬业奉献（20人）

孙晨华　女，1964年出生，中国电子科技集团公司第五十四研究所

副总工程师

张暖　女，1982年出生，晋州市实验中学教导主任

邱敏　女，1980年出生，新乐市人

高瑞奎　1948年出生，正定县正定镇民主街人

戎新宅　1955年出生，正定县北早现乡上水屯村人

周文旗　1975年出生，正定县物业管理服务中心主任、房管所副所长

赵永霞　女，1980年出生，行唐县实验学校小学一级教师

赵志峰　1973年出生，平山县税务局收入核算科科长

杨惠琴　女，1972年出生，平山县公安局出入境管理大队副大队长

石军芬　女，1974年出生，赵县国税局办税服务厅副主任

李军改　女，1964年出生，赵州镇中学教师

李素敏　1966年出生，赵县宝丰源家庭农场场主

李美霞　女，1974年出生，赵县住建局绿化管理处职工

眭献平　女，1964年出生，高邑县女子文体队队长

李杰　女，1987年出生，赞皇县南清河乡政府宣传委员

王立卿　女，1962年出生，新华区联盟街道文苑社区书记

李智勇　1969年出生，藁城区南营镇马庄村人

张雪峰　1975年出生，市公安局裕华分局槐底派出所燕港社区民警

刘淑贤　女，1965年出生，裕华区裕华路街道办事处青园小区社区居委会专职调解员

杨宝芳　女，1939年出生，新华区合作路街道朝阳社区党总支第七党支部委员、公安局家属院负责人

孝老爱亲（1人）

杨文志　1964年出生，鹿泉区法院政治处副主任

石家庄市“五四青年奖章”获得者

2018年5月4日，共青团市委授予17人石家庄市“五四青年奖章”。

马贝贝　女，37岁，市东风西路小学教师

马振峰　39岁，中车石家庄车辆有限公司高级技师

孔宁　35岁，中国人民解放军第3302工厂光电中心工程师

王维国　36岁，河北经贸大学马克思主义学院副教授

付晓燕　女，37岁，灵寿县陈庄学区教师

史海水　河北医科大学基础医学院生物化学与分子生物学教研室教授

石茶　女，38岁，石家庄学院外国语学院副教授

张杨　38岁，河北科技大学计算机系副教授

张富康　31岁，市第一医院手术室副护士长

李盼仪　女，27岁，晋州市地方税务局办公室科员

郑占乐　36岁，河北医科大学第三医院骨科创伤急救中心副主任

赵钰　女，30岁，市特殊教育学校小学部教师

郭红星　35岁，石家庄蓝天救援队队长

郭鹏飞　34岁，石家庄第二中学西校区年级主任

麻永刚　39岁，河北大四通文化传播有限公司董事长

董宇　39岁，市第一中学教研处副主任兼历史教研室主任

梁腊八　34岁，平山县润众农业专业合作社理事长

石家庄市优秀退役军人

2019年1月，石家庄市委、石家庄市政府、石家庄警备区表彰2018年度全市优秀退役军人60名。

姬建辉　晋州爱心志愿者协会会长、晋州市肢残人协会主席

张英立　晋州市委办公室副主任

王金瑞　新乐市东安家庄村党支部书记兼村主任

陈杰　新乐市税务局城区分局副局长

张计存　正定镇东门里党支部书记

戎鹏海　正定县公安局南楼派出所巡防队队长

贾志刚　井陉县孙庄乡冶里村支部委员

许国栋　井陉县红河漕村支部书记兼主任

吕保民　无极县无极镇东中铺村人，个体经营者

张永科　无极县人民法院审判监督庭副厅长

史建平　深泽县赵八镇侯村党支部书记

王立峰　深泽县文广新局股长

白健民　行唐县只里乡北高里村党支部书记兼村委会主任

李国平　行唐县工业和信息化局原职工

张学勇　灵寿县河北安能绿色建筑科技有限公司董事长

柳春海　灵寿县石家庄市炫灵石业有限公司董事长

李吉宽　平山县东回舍镇东回舍村党支部书记

焦利刚　平山县敬业集团第三炼铁事业部部长

安庆兵　赵县档案局职工

王志华　赵县北王里镇党支部书记

左胜彩　元氏县南因镇赵堡村党支部书记

赵庆良　元氏县人民法院司法警察大队队长

耿志合　高邑县退役军人管理服务中心党建综合科科员

任增歧　高邑县退役军人管理服务中心党建综合科科员

张凤毅　高邑县特福莱汽车美容装饰部经理

郑永亮　赞皇县茗森绿化种植有限公司总经理

石敬德　赞皇县公安局交警大队民警

贾铜芳　井陉矿区凤山镇中凤山社区党总支书记

郧继良　长安区谈固社区党委书记

高建朝　长安区育才街道办事处副主任

吕吉祥　长安区桃园社区党总支组织委员

李茂生　桥西区退役军人事务局局长

崔广利　桥西区退役军人管理服务中心党支部书记常务副主任

杨帆　桥西区环卫监察大队办公室主任

张聚杰　新华区新华路街道宁安小区社区党总支书记、主任

燕进英　新华区机关事务管理局生活服务科科长

梁健　新华区联强一社区居民

段荣会　裕华区槐底街道世纪花园居民

张雪峰　市公安局裕华分局槐底派出所民警

刘永伟　裕华区退役军人事务局副局长

张胜青　藁城区廉州镇系井村党支部书记

贾怀军　藁城区梅花镇屯头村村民

籍永彪　藁城区籍家宫面食品厂厂长

赵建新　鹿泉区宜安镇民政办主任

王皓　鹿泉区河北华鹿暖通设备有限公司经理

王文海　鹿泉区铜冶镇莲花营村党支部书记、主任

张栋栋　栾城区石家庄汉方文景贸易有限公司经理

冯乐永　栾城区栾城镇南浪头村党支部书记、村委会主任

刘立彬　高新区太行街道办事处社会事务办主任

王立然　循环化工园区石家庄市科源化工厂厂长

李锋　市委办公厅综合一处处长

雷鸣　市委政法委主任科员

许晓东　市农业产业化办公室主任

郭树君　市信访局副局长

胡排基　市机关事务管理局大食堂班长

王永辉　市公安局桥西分局吕建江综合警务服务站主任

王殿明　市军队离退休干部第八休养所休干

郜学勇　市司法局副主任科员

智艳英　市人力资源和社会保障局人事处处长

陈建权　市公交总公司一公司1路车队车长

石家庄市教育杰出贡献奖

邵喜珍　女，市第二中学校长

石家庄市十大知名校长

李云红　女，市第四十中学

王宪军　市第六中学

赵彦国　市第二十七中学

默延杰　新乐市长寿学区东长寿学校

董羊城　市第二十八中学

崔迎霞　女，市实验小学

王欣　女，市西苑小学

苑海生　市第二十三中学

吴进校　市第二中学西校区

王素娟　女，市东风西路小学

石家庄市最美教师

訾玉玲　女，市第二十七中学
王晓民　市第二中学
王锡珍　女，晋州市职业技术教育中心
张永梅　女，石家庄幼儿师范高等专科学校
郝丽梅　女，市第二十四中学
赵钰　女，市特殊教育学校
冯燕　女，深泽县耿庄中学
李建军　井陉矿区贾庄学区贾庄中学
范卫卫　女，河北正定中学
卢爱平　女，桥西区红星小学
石家庄市十大名班主任
田丽霞　女，市第四十二中学
赵力津　市第一中学
高伟敬　市第二十四中学
司中华　鹿泉区第一中学
孟凡永　河北辛集中学
王晓雪　女，藁城一中
王晶　女，市第二十二中学
李艳芝　女，市职业技术教育中心
安玲玲　女，正定县解放街小学
陈亚敏　女，市雷锋小学

石家庄市十大名师工作室导师

张惠英　女，市教育科学研究所
马增书　河北正定中学、
潘军令　市第二中学
高俊霞　市翟营大街小学
杨永洪　河北师范大学附属中学
张双全　女，晋州市实验小学
李丽英　女，市裕东小学
王万青　女，北京师范大学石家庄附属学校
孙成林　市第三十七中学
李冬　女，市第四十一中学

石家庄市第二批高层次人才

2018年9月21日，市委组织部公布石家庄市第二批“高层次人才支持计划”人选26人。

延续管理首批“高层次人才支持计划”人选（12人）

田国英　石家庄市农林科学研究院
史占良　石家庄市农林科学研究院
朱青竹　石家庄市农林科学研究院
仲锡军　河北迈尔斯通电子材料有限公司
刘金成　河北阳煤正元化工集团有限公司
远松灵　石家庄市京华电子实业有限公司
张继军　石家庄工大化工设备有限公司
陈钟　神威药业集团有限公司
赵玉斌　石家庄市中医院
赵韶华　石家庄以岭药业股份有限公司
强慧勤　石家庄市畜牧兽医技术开发中心
潘卫东　石药集团有限公司

新申报人选“高层次人才支持计划”人选（14人）

乞国艳　石家庄市第一医院
王世杰　石家庄君乐宝乳业有限公司
李青　东旭集团有限公司
吴立志　河冶科技股份有限公司
何庆国　河北宇辰医药科技有限公司
张之奎　石家庄鹏海制药股份有限公司
孟小莽　石家庄市种子管理站
党继革　河北双星种业股份有限

公司

殷殿书　石家庄四药有限公司

高怀林　河北以岭医院

梁敏　石药集团中奇制药技术（石家庄）有限公司

韩爱云　石家庄学院

褚素乔　石家庄市畜牧技术推广站

戴二黑　石家庄市第五医院

感动省城十大人物

2019 年 1 月 22 日，由市委宣传部、石家庄广播电视台、石家庄日报社组织和主办的 2018 年度“感动省城”十大人物颁奖盛典在市广电中心演播大厅举行，石家庄市 2018 年度“感动省城”十大人物现场揭晓。

见义勇为退伍兵——吕保民 1969 年 10 月出生，无极县无极镇东中铺村人，退伍军人、个体经营者（参见《石家庄年鉴 2019》类目“人物”下分目“感动中国十大人物”）。

网红村的“扶贫兄弟”——刘博　李玉法 刘博，39 岁，中共党员，石家庄裕华区农工委副书记；李玉法，36 岁，自由职业者。2016 年 2 月，刘博任平山县下口镇卷掌村扶贫工作队队长、第一书记。刘博任职前一个月，应邀从石家庄市回家乡带领村民脱贫的李玉法被任命为卷掌村党支部第一书记。刘博、李玉法任职到来时，卷掌村遗留问题多，村“两委”不健全，村集体收入为零，多年来矛盾累积，干群关系淡薄，发展不力，是当地有名的问题村和贫困村。刘博、李玉法到任后，带领乡亲们确立“以旅游开发为龙头，以特色种植为支柱，以光伏、风电为支撑”发展思路。村里成立农业专业合作社，扶贫资金通过合作社入股龙头企业享受分红，贫困人口每人每年增收 220 元；实施联村并建光伏项目，贫困户每户每年增收 3000 元；考证天生桥、石抱树等旅游资源，依托自然景观开展农家旅游接待活动；推动怀特集团对卷掌村旅游开发，把卷掌村农产品销往槐底村，同时引进资金上千万元建成贯穿卷掌村公路；促成平山县政府与国家电投石家庄分公司签订投资 8 亿元风电项目合作框架协议，建设范围包括卷掌村在内多个乡镇；开展教育帮扶，两人发起“帮山里娃找城里亲戚”活动，给村里 12 户 14 个孩子对接城市爱心家庭；在刘博、李玉法的组织下，村里连续三年举办幸福饺子宴，并逐渐变成新民俗；挖掘、塑造教师村品牌，卷掌村教师群体获得 2017 年度感动省城十大人物……经过刘博、李玉法两年多时间的拼搏奋斗，现在的卷掌村摘掉了国家级贫困村“帽子”，变成了“网红村”。2018 年底，刘博、李玉法卸任返回石家庄市后，继续以个人身份支持卷掌村的发展。卷掌村的变化和刘博、李玉法的事迹先后得到新华社、中国新闻社、《人民日报》、河北广播电视台等主流新闻媒体的报道。刘博获评石家庄市 2016 年度优秀驻村第一书记，石家庄市裕华区农工委驻平山县卷掌村工作队获评 2017 年度全省扶贫脱贫“先进驻村工作队”；李玉法获得“2018 年度燕赵好网民”称号。刘博、李玉法被亲切地称为“扶贫兄弟”。

供暖专家——刘文栋 中共党员，石家庄市供热管理中心主任、党支部书记，石家庄市第十次党代会党代表。多年来，刘文栋一直奋战在供热工作第一线。2018 年冬季至 2019 年春季供热期来临前，市委、市政府向市民公开承诺提前 5 天实现供热。为完成好市领导对供热工作提出的更高要求，刘文栋以忘我的工作热情，全身心地投入到供热设备安装和施工中。他和同事们积极联系全市各个供热单位，调度指挥，为供热企业排解难题，保证按时提前供热。精心组织和举办全市首次“供热开放日”活动，2018 年 10 月 20 日、21 日，石家庄主城区四区、高新区的 1651 个居民供热热力站（换热站、天然气锅炉房等），面向市民开放，接受社会各界监督。开放日期间，接待居民咨询 20 多万人次，受理居民反映供热问题 4932 件，其中，4866 件现场解决，剩余 66 件因涉及户内管道堵塞、供热质量纠纷等原因，于 2018 年 10 月 30 日前解决完毕。通过举办“供热开放日”活动，达到用户与供热单位协商、共同排查和消除供热隐患目标，为居民温暖过冬奠定了良好的基础。多年来，因为供热质量问题，市民怨言不少，为及时掌握供热情况，以最快速度排查问题，刘文栋主导建成全国首家城市级政府供热智能管理平台，安装居民室温信息采集装置 3 万套，实现了全市热源、热力站、居民室温数据在线监测。每年供热季期间，刘文栋都吃住在单位，几天几夜不回家是常事，哪里有问题，哪里都会出现他的身影。2013 年除夕，热电三厂 5 号锅炉爆管停炉，农历正月初一上午，为加快抢修进度，刘文栋亲自钻进锅炉维修现场督战。在刘文栋和同事们的努力下，2018 年石家庄供热实现了市委、市政府提前保质保量供热的承诺，市民投诉电话较 2017 年下降 90%。

“听心”天使——董凤群 女，55 岁，中国民主促进会会员，河北生殖妇产医院副院长，胎儿心脏超声科主任。先天性心脏病种类繁多，病因复杂，现阶段没有有效的技术手段或者药物预防。胎儿心脏超声检查是诊断、评估先心病的最佳技术手段。董凤群被誉为“胎心超人”，20 多年她执着探索，逐渐成为国内一流的胎儿心脏超声专家。每年董凤群和她的团队要会诊胎儿心脏 4000 多例，诊断评估先天性心脏病胎儿 1000 多例。2014 ～ 2018 年，600 多例因孕晚期生理性变异被误诊为先天性心脏病胎儿，经董凤群会诊评估后确定没有问题，免遭引产命运，为 600 多个家庭带来幸福。董凤群先后获评河北省有突出贡献的中青年专家、享受国务院特殊津贴专家和河北省“五一劳动奖章”获得者。为表彰董凤群多年来在胎儿心脏超声推广和普及方面做出的贡献，2018 年中国医师协会超声医师分会授予她“中国杰出超声医师”称号，并在 2018 年首届中国医师节授予“白求恩式超声医师”称号。

西柏坡精神的传播者——西柏坡纪念馆讲解员团队（群体） 现有讲解员 70 多名，平均年龄 35 岁左右。西柏坡是毛主席和党中央最后一个农村指挥所，是“两个务必”的发源地和“进京赶考”的出发地，也是“新中国从这里走来”的地方。每年到西柏坡参观学习的游客和观众数以百万计。西柏坡纪念馆讲解员主要职责就是宣传老一辈革命家在西柏坡的丰功伟绩，向所有参观者讲述和传播西柏坡精神。2018 年西柏坡迎来中共中央和解放军总部移驻西柏坡 70 周年、中共中央发布“五一口号”70 周年，全国党政军群等单位及社会各界人士到西柏坡开展理想信念教育活动和纪念活动人数大幅增长，西柏坡纪念馆讲解员团队宣传讲解达 1.66 万批次，圆满完成参观和接待工作。多数讲解员还兼任艺术团演员，除坚守西柏坡讲解岗位外，经常利用业余时间排练节目，走进企业、单位、学校、部队举办宣传演出活动。2018 年 6 月，受邀参加中国中央电视总台《军营大舞台——我爱唱军歌》栏目演出；2018 年 8 月，参加中国中央电视总台《星光大道》周赛选拔；2018 年 11 月，讲解员郭薇到上海参加由中共中央宣传部、文化和旅游部举办的全国红色故事讲解员大赛，获得“全国十佳金牌讲解员”称号。

大义父子——李双全 李斌 灵寿县慈峪镇冯家庄人。父亲李双全，2018 年去世；儿子李斌，1985 年 8 月出生，家具厂务工，中华骨髓库志愿者。2018 年 6 月，李斌接到中华骨髓库河北分库工作人员打来电话，告诉他造血干细胞与患者配型成功。李斌回家后第一时间把这个消息告诉了自己的父亲。听到这个消息，因为生病说话有些不利索的李双全大声地说：“捐！”患者病情危急，骨髓库工作人员安排李斌很快进行体检，就在父子俩满怀期待等待捐献时，意外突然降临。2018 年 7 月 16 日傍晚，李斌的父亲突发脑出血，倒在家里，住院第二天，医生就下了病危通知书。这时，李斌接到骨髓库工作人员电话，说骨髓受助者病情十分危急，急需造血干细胞移植。一边是病危的父亲，一边是绝症患者，李斌陷入两难抉择。在父亲支持下，他把父亲托付给姐姐照顾，自己随骨髓库工作人员来到医院完成剩下的体检项目。检查结束后，李斌迅速返回医院照顾父亲。不幸的是，2018 年 7 月 31 日中午，李斌的父亲因病情突然加重离开人世。父亲生前告诉李斌：做人要学会感恩，学会回报社会，去世后要把自己的器官和遗体捐献出去，帮助更多的人。遵照父亲生前的愿望，李斌含泪将父亲的一个肝脏、两个肾脏、一对眼角膜和遗体进行了捐献。在父亲器官摘除的同时，李斌自己也郑重地签下遗体捐献同意书。2018 年 8 月 2 日，父亲去世第二天，李斌带着悲痛入住河北医科大学第二医院。2018 年 8 月 7 日，李斌成功捐献 163 毫升造血干细胞悬液，用“生命种子”挽救北京某医院一名 7 岁白血病患者。李双全、李斌父子以行动向全社会传递了爱心和善举。

飘扬的绿丝带——石家庄市绿丝带志愿服务队（群体） 石家庄市绿丝带志愿服务队是经市文明办注册的一支精神卫生专业志愿服务队，下设政策宣讲、心理救援及健康促进、患者服务、综合服务 4 个分队。多年来，市绿丝带志愿服务队联合石家庄广播电视台广泛开展志愿服务宣传活动，引起社会各界关注精神障碍患者生存环境。在市绿丝带志愿服务队帮助下，27名应享受而未享受救助政策的弱监护家庭贫困严重精神障碍患者办理免费住院治疗手续，64名长期关锁的贫困严重精神障碍患者接受规范治疗，57名出院解锁患者建立个人管理档案居家康复，让精神障碍患者由家庭累赘变成劳动力，由“危险分子”变为社会有用之人，达到解锁一个患者、解救一个家庭、平安一片社区、维稳一方社会的效果。举办空中课堂、社区课堂、职工课堂、学生课堂、家长课堂和农村课堂72期，组织巡回讲座127场，发放政策宣传材料及书籍4000余份、健康处方和精神障碍防治宣传页5万余份。2016年石家庄市“7·19”特大洪水灾害发生后，市绿丝带志愿服务队志愿者走访受灾家庭531户，心理干预严重受灾人员49名。至2018年末，市绿丝带志愿服务队志愿者为45名未成年犯罪嫌疑人开展心理干预，为83户“失独”家庭开展专业心理抚慰；向住院患者提供生活帮助和音、体、美指导及现身说法等服务340余人次，参加节假日义诊、义务劳动志愿服务600余人次。2018年10月10日，市绿丝带志愿服务队项目获得首届全国卫生健康行业青年志愿服务项目全国决赛银奖；2018年市绿丝带志愿服务队项目还获得河北省志愿服务创新项目、石家庄市志愿服务创新项目和市红十字优秀志愿服务项目等荣誉。

割皮救父的好女儿——康静 女，1988年6月出生，平山县两河乡南白雁村人，河北爱尔海泰制药有限公司职工。2018年8月，康静获评孝老爱亲“河北好人”称号，市文明办授予康静孝老爱亲“石家庄市文明公民标兵”称号（参见《石家庄年鉴2019》类目“人物”下分目“中国好人”）。

雨夜好司机——顾鑫 石家庄市公交总公司67路车车长。2018年8月12日晚，一场大雨阻断了许多人回家的路，雨夜中公交车辆在城区艰难行进，乘客除了等待没有别的办法。“你到哪下，我就在哪儿停!”车长顾鑫一句话让所有乘客感到踏实和温暖。这一感人情景在网络上迅速火遍了石家庄。当时是晚上六点半钟，距离顾鑫从始发站出车才过去10分钟时间；公交车是电车，正常情况下，为保证安全，遇见这种天气公交车需要停运返程。但是顾鑫想到火车站滞留等车的乘客，决定还是冒险再跑一趟。因为无法预知道路前方积水状况，顾鑫只能开着车慢慢地一点一点往前挪动。开车前进几米，下车淌水试探一下水深，确定安全后，回到车上再向前开几米。就这样不断地下车试探，一点一点地开着车往火车站挪动。等顾鑫开车到达火车站时，已经是晚上10点多了。正常20分钟的行车路程，顾鑫走了将近四个小时。上了车，乘客安心了。随着公交车启动，火车站、富强大街、裕华路、翟营大街，一路送完乘客，顾鑫回到家已经是深夜两点多。大雨袭城，雨夜里这辆坚持数小时孤身挺进的公交车温暖了所有乘客。顾鑫以自己的行动向大家展示了尽职尽责也能写就平凡和感人的故事。他的事迹最先被石家庄广播电视台“民生关注”栏目报道，随后引发强烈反响，中国中央电视总台CCTV-4中文国际频道、人民网、新华社等百家网站及媒体转发报道。2018年8月26日，中国中央电视总台新闻频道“面对面”栏目为顾鑫做了长达17分钟的专访。这一事件在人民网播报中，视频点击率达100多万人次，获得点赞13万多人次。

“桑榆”园丁——李英 石家庄市音乐家协会副主席，市歌舞团原副团长，市老年大学声乐老师兼合唱团团长。2008年，临近退休年龄的市歌舞团副团长李英谢绝众多艺术团体和单位的高薪聘请，领取微薄的补贴，来到市老年大学担任声乐老师兼合唱团团长，全身心投入到石家庄市老年教育公益事业。为适应老年人教学需求，李英克服困难，四处奔波学习先进声乐教学经验。同时，根据老年人实际情况，李英凭借自身艺术修为，自编教案，探索形成各种简单易懂的练声方式，调动了学员的学习兴趣，挖掘出大家的艺术潜能。十年来，学员们从未见过李英请假、迟到。很多学员后来才知道，这位课堂上飒爽英姿的花甲老人患有严重的颈椎病，要定期理疗和住院治疗。为不耽误教学，她经常从医院直接拔掉针头，忍着病痛赶到课堂。十年里，李英在市老年大学培养热爱音乐的老年朋友1000多名。在她的带领下，市老年大学合唱团成为石家庄市乃至全省有名的合唱团体。市老年大学合唱团坚持深入学校、农村、社区和养老院等开展公益演出活动100多场次，代表石家庄市先后走进中国中央电视总台、中国大剧院等艺术殿堂，展示了石家庄老年人的艺术才华和精神风貌，获得国家级和省级奖项20余项。李英的先进事迹多次被河北广播电视台、石家庄广播电视台、《河北青年报》《燕赵晚报》《燕赵老年报》等新闻媒体报道。在李英的带动和感召下，越来越多的志愿者投身老年教育公益事业，支持老年人追逐兴趣和爱好，帮助亲人解决顾虑和担忧，为社会带来和谐稳定。

逝世人物

郭英健（1917～2018），女，河北省定县（今定州市）人，石家庄市妇女联合会离休干部。1917年12月出生，1939年10月参加革命工作，1940年10月加入中国共产党，1982年12月离休，享受正处级待遇。2018年1月18日因病在石家庄逝世，享年101岁。

王树广（1925～2018），原石家庄市水利局离休干部。1925年3月出生，1940年8月参加工作，1990年12月离休，享受正处级待遇。2018年5月31日因病去世，享年93岁。

常乃莹（1926～2018），河北省献县人，政协石家庄市第六届、七届、八届委员会副主席，民进市委第四届、五届、六届委员会主委。1926年3月出生于北京市，1946年3月在张家口晋察冀边区城工部参加工作，1998年6月离休，中国民主促进会会员。1946年6月肄业于北京大学，1946年11月在晋察冀边区行政干部学校学习。1948年2月至1957年3月担任市女子中学教师、市一中教师、市教师进修学院教师、民进石家庄市委员会组织处处长；1958年被错划为右派，1961年平反。1961年10月至1998年，担任市十一中教师、市教师进修学院教师、民进市委副秘书长、秘书长、主委，河北省第六届、七届、八届人大代表，政协石家庄市第六届、七届、八届委员会副主席。2018年8月13日因病逝世，享年93岁。

李树亭（1929～2018），河北省安平县人，原石家庄市标准计量局局长。1929年11月10日出生，1945年8月1日参加工作，1985年6月1日离休，享受副厅级待遇。2018年12月23日因病逝世，享年89岁。

路中林（1952～2018），政协石家庄市桥西区第六届、七届委员会主席。1952年出生，2018年10月15日因病逝世，享年66岁。

贾连海（1956～2018），河北省行唐县人，政协石家庄市第十一届、十二届委员会副主席。1956年5月出生，1975年6月参加工作，1983年8月加入中国共产党。1975年6月至1985年7月担任行唐县上碑高中教师、食品公司干部、商业局政工科干事、县供销社物价科副科长、行唐县工商物价局副局长；1985年7月至1997年2月担任行唐县商业局局长、财贸办公室主任、行唐县副县长；1997年2月至2002年1月担任深泽县委常委、副县长；2002年1月至2008年12月担任井陉矿区区委副书记、区长，井陉矿区区委书记；2008年12月至2011年1月担任市交通运输局局长、党组书记；2011年1月至2016年8月担任政协石家庄市第十一届、十二届委员会副主席；2016年9月退休。2018年11月28日因病逝世，享年62岁。

李革平（1968～2018），河北省平山县人，平山县东回舍镇城建所原所长。1968年7月16日出生，1989年分配到平山县物资局上班，1996年调到东回舍镇。李革平扎根乡镇一线22年，下村6600多天，平均每年超300天都在群众身边、农户家里，累计行程3.3万千米。22年来，李革平将自己的青春年华和毕生精力献给党和人民，用行动诠释了一名普通共产党员不平凡的人生。2018年1月5日，李革平突发心脏病去世，时年49岁。

郑科（1998～2018），1998年出生，河南省息县人。2018年8月15日，石津灌渠河畔，河南省来石家庄打工小伙郑科为救落水女孩牺牲，时年20岁。2018年8月20日，石家庄市追授郑科见义勇为“石家庄市文明公民标兵”称号。2018年9月27日，中央文明办授予郑科见义勇为“中国好人”称号（参见《石家庄年鉴2019》类目“人物”下“中国好人”“石家庄市见义勇为模范”）。

附　录

Appendix

条例法规

石家庄市公共文明行为条例

（2018 年 4 月 25 日石家庄市第十四届人民代表大会常务委员会第十一次会议通过
2018 年 5 月 31 日河北省第十三届人民代表大会常务委员会第三次会议批准）

河北省人民代表大会常务委员会
关于批准《石家庄市公共文明行为条例》的决定

（2018 年 5 月 31 日河北省第十三届人民代表大会常务委员会第三次会议通过）

河北省第十三届人民代表大会常务委员会第三次会议审查了石家庄市人民代表大会常务委员会报请批准的《石家庄市公共文明行为条例》，该条例与宪法、法律、行政法规和本省的地方性法规不抵触，决定予以批准，由石家庄市人民代表大会常务委员会公布施行。

石家庄市人民代表大会常务委员会公告

《石家庄市公共文明行为条例》已经 2018 年 5 月 31 日河北省第十三届人民代表大会常务委员会第三次会议批准，现予以公布，自 2018 年 7 月 1 日起施行。

石家庄市人大常委会

2018 年 6 月 4 日

第一条　为了引导和规范公共文明行为，培育和践行社会主义核心价值观，提升公民文明素质和社会文明水平，推进新时代城乡文明建设，根据有关法律法规，结合本市实际，制定本条例。

第二条　本市行政区域内公共文明行为规范和管理工作，适用本条例。

第三条　本条例所称公共文明行为，是指遵守宪法和法律、法规规定，符合社会主义道德要求，体现社会主义核心价值观，维护公序良俗、引领社会风尚、推动社会文明进步的行为。

第四条　引导和规范公共文明行为应当坚持以人为本、社会共治、奖惩结合、系统推进的原则，发挥公民主体作用，形成公共文明建设长效机制。

第五条　市和县（市、区）精神文明建设委员会统筹协调本行政区域内的公共文明行为推进工作。

市和县（市、区）精神文明建设

工作机构具体负责本行政区域内公共文明行为推进工作的指导、协调和督促、检查，并对本条例的实施情况进行评估和通报。

第六条 市和县（市、区）人民政府负责组织实施本行政区域公共文明行为推进工作。相关行政管理部门、乡镇人民政府、街道办事处、社区居民委员会、村民委员会等应当明确责任、积极配合，按照各自职责做好公共文明行为推进工作。

第七条 国家机关、企业事业单位、社会组织、基层群众性自治组织和公民应当积极参与公共文明行为推进工作。

国家公职人员、教育文化传媒工作者、公众人物、高等院校学生等应当在公共文明行为推进工作中发挥表率作用。

第八条 公民应当做到爱国守法、敬业奉献、明礼诚信、团结友善、勤俭自强、恪尽职守。

第九条 本市公共文明行为基本规范：

（一）遵守公共礼仪，在公共场所着装整洁得体，言行举止文明；

（二）维护公共环境卫生，爱护公共设施，保护绿地和花草树木；

（三）节约资源，合理消费，分类投放垃圾，坚持简约适度、绿色低碳的生活方式；

（四）移风易俗，文明节庆、文明婚丧嫁娶、文明祭扫；

（五）尊老爱幼，家庭和睦，邻里团结，重礼谦让，树立良好家风；

（六）遵守旅游规范，尊重当地风俗习惯、文化传统和宗教信仰，爱护文物古迹和自然风景名胜；

（七）等候服务依次排队，使用电梯先出后进，使用扶梯依次有序。乘坐公共交通工具文明等候，主动为老、弱、病、残、孕及携带婴幼儿的乘客让座；

（八）遵守交通规则，行人在人行道内行走，没有人行道的靠路边行走，按照交通信号指示通行；驾驶车辆文明礼让，不争道抢行；

（九）参加集会、观看演出和赛事，服从现场管理，保持现场整洁；

（十）遵守网络文明公约，文明上网。培育积极健康、向上向善的网络文化，营造健康的网络空间。

第十条 本市禁止下列不文明行为：

（一）在公共禁烟场所吸烟；

（二）随地吐痰、便溺，乱扔塑料袋、烟蒂、纸屑、饮料罐、口香糖、果皮等废弃物；

（三）在公共场所非法张贴、涂写、刻画及挂置宣传物品，随意发放小广告；

（四）在公共场所任意堆放杂物，私搭乱建，私占、损坏绿地和公共设施；

（五）违规占道经营、沿街摆放；

（六）携带犬只（导盲犬、警用犬等特殊用途的除外）进入公园、广场、商场和乘坐公共交通工具等公共场所，携犬出户不束犬链，不及时清除在公共场所产生的排泄物；

（七）在公共场所大声喧哗；公园、广场等公共场所音响器材音量超标，干扰周围环境；沿街商铺、车辆行驶中高声播放乐曲、广告，损害公共环境；

（八）擅自在公共道路及道路两侧设置停车泊位、车位锁、隔离桩、栏杆及其他影响通行的障碍物；

（九）驾驶机动车拨打接听手持电话、向车外抛掷物品，违反规定使用远光灯、鸣喇叭、变更车道、超速行驶、追逐竞驶；违反规定停放车辆和占用非机动车道、人行道；

（十）驾驶电动自行车逆向行驶、超速行驶，违反规定停放车辆；

（十一）占用消防通道停放车辆；

（十二）行人违反道路通行规定在机动车道上行走或者闯红灯、跨越交通护栏；

（十三）在互联网等媒体上编造、发布和传播虚假、低俗淫秽信息以及损害他人合法权益等违背法律法规、公序良俗的信息；

（十四）酗酒滋事、聚众赌博；

（十五）法律、法规禁止的其他不文明行为。

第十一条 本市倡导下列公共文明行为：

（一）参加志愿服务活动，加入依法设立的志愿服务组织；

（二）采取合法、适当的方式实施见义勇为行为；

（三）对需要急救的人员拨打急救电话呼救，并提供必要帮助；

（四）参加扶贫、济困、助学、助医、救助灾区等慈善公益活动；

（五）无偿献血、捐献造血干细胞、人体器官及组织；

（六）其他崇德向善、热心公益、奉献社会的行为。

第十二条 市和县（市、区）人民政府及有关部门应当建立健全公共文明行为表扬奖励制度，对实施公共文明行为或者制止不文明行为中做出突出贡献者予以表扬奖励。

市和县（市、区）人民政府及

有关部门应当加强文明城市、文明村镇、文明单位、文明校园、文明家庭等建设，组织公共文明工作宣传、评选活动。

第十三条　报刊杂志、广播电视、网络等公共媒体应当积极宣传社会公共文明建设成就，宣传报道公共文明行为先进典型，营造全社会鼓励和推进公共文明行为的氛围。

第十四条　鼓励居民委员会、村民委员会等基层群众性自治组织和其他单位制定公共文明行为公约，动员居（村）民、职工参与公共文明行为推进工作，建设文明社区（村）和文明单位。

第十五条　市和县（市、区）人民政府应当依法建立不文明行为信用惩戒制度。

相关行政主管部门根据具体情况，对不文明行为人进行批评教育。对情节严重、影响恶劣的，相关行政主管部门将违法行为事实采取适当方式，在适当范围时限内，利用大数据新媒体信息提醒等多种方式进行处理，并纳入政府相关征信系统。

第十六条　行政执法部门应当健全文明执法行为规范。执法人员在执法时，应当出示执法证件，使用规范用语，公正文明执法。

第十七条　行政执法人员查处不文明行为时，有权要求行为人提供姓名、地址及联络电话等信息，并做出相应的处罚。

行为人拒不提供姓名、地址、联络电话的，现场行政执法人员可以按照规定通知公安机关进行现场查验，或者依法公示其不文明行为。

第十八条　任何单位和个人有义务履行公共文明行为规范，有权通过电话、信函、电子邮件、微信等方式对公共文明行为工作提出意见和建议，对违反本条例的不文明行为进行劝阻，对相关部门、单位不履行公共文明行为职责予以投诉、举报。

县级以上人民政府应当公布不文明行为的举报电话。

第十九条　县级以上人民政府应当向本级人大常委会报告公共文明行为推进工作情况，县级以上人民代表大会常务委员会应当依法监督本级人民政府公共文明行为推进工作，要充分发挥乡镇、街道、村居等基层组织在公共文明行为推进工作中的作用。

第二十条　违反本条例第十条第一项规定，在公共禁烟场所吸烟的，经营管理单位对其予以制止，由卫生行政主管部门责令改正，并处以十元罚款。

第二十一条　违反本条例第十条第二项至第六项规定，由城市管理综合执法部门责令其纠正违法行为、限期改正、采取补救措施，并处以罚款：

（一）随地吐痰、便溺，乱扔废弃物的，处以十元以上五十元以下罚款；

（二）在公共场所非法张贴、涂写、刻画及挂置宣传物品，随意发放小广告的，处以五十元以上二百元以下罚款；

（三）在公共场所任意堆放杂物，私搭乱建，私占、损坏绿地的，按占地面积每平方米处以十元以上五十元以下罚款；

（四）违规占道经营、沿街摆放的，处以五十元以上二百元以下罚款；情节严重的，处以二百元以上五百元以下罚款；

（五）携带犬只不及时清除在公共场所产生的排泄物的，处以五十元罚款。

第二十二条　违反本条例第十条第六项、第七项规定，由公安部门责令改正，并处以罚款：

（一）携带犬只（导盲犬、警用犬等特殊用途的除外）进入公共场所和乘坐公共交通工具、携犬出户不束犬链的，处以警告，并处以五十元罚款；

（二）在公共场所制造社会生活噪声，干扰他人正常生活的，处以警告；警告后不改正的，处以二百元以上五百元以下罚款。

第二十三条　违反本条例第十条第八项至第十项、第十二项规定，由公安交通管理部门处以警告或者罚款：

（一）擅自设置停车泊位或者其他影响通行障碍物的，处以二百元罚款；

（二）向车外抛掷物品，驾驶人处以警告或者五十元罚款，乘车人处以警告或者二十元罚款；

（三）驾驶机动车拨打接听手持电话、违反规定鸣喇叭、随意变道的，处以警告或者五十元罚款；

（四）违反规定使用远光灯、超速行驶的，处以一百元罚款；

（五）违反机动车停放、临时停放规定和占用非机动车道、人行道的，可以指出违法行为，并予以口头警告、令其立即驶离。驾驶人不在现场，妨碍其他车辆、行人通行的，处以一百元罚款；拒绝立即驶离，妨碍其他车辆、行人通行的，处以二百元罚款；

（六）驾驶电动自行车超速行驶的，处以警告或者五十元罚款；

（七）行人违反道路通行规定在

机动车道上行走或者闯红灯的，处以警告或者五元罚款；

（八）行人跨越护栏的，处以警告或者二十元罚款。

第二十四条 违反本条例第十条第十一项规定，占用消防通道停放车辆的，由消防部门对个人处以警告或者五百元以下罚款；对单位责令改正，处以五千元以上一万五千元以下罚款。

第二十五条 违反本条例规定，应当处罚的其他不文明行为，由有关行政执法部门依照法律、法规规定予以处罚。

第二十六条 有下列情形之一的，有关行政主管部门除依照《中华人民共和国行政处罚法》的有关规定进行处理外，还应当依法将行政处罚决定作为行为人个人信用信息，采取适当方式在适当范围时限内予以记录：

（一）采取威胁、侮辱、殴打等方式打击报复劝阻人、投诉人、举报人，受到行政处罚的；

（二）违反本条例规定被依法处罚，但拒不履行行政处罚决定的；

（三）违反本条例规定，情节严重，影响恶劣的。

第二十七条 违反本条例规定，相关行政主管部门和单位及其工作人员未履行职责或者徇私舞弊、玩忽职守、滥用职权的，由其所在单位或者上级机关、监察机关责令改正，对直接负责的主管人员和其他直接责任人员依法给予行政处分；构成犯罪的，依法追究刑事责任。

第二十八条 市和县（市、区）财政主管部门应当在公共财政支出中统筹安排资金，保障城乡文明建设。

第二十九条 市人民政府应当根据本条例规定，于条例施行之日起一年内制定具体实施办法。

第三十条 本条例自2018年7月1日起施行。

石家庄市人才发展促进条例

（2018年8月29日石家庄市第十四届人民代表大会常务委员会第十三次会议通过
2018年9月20日河北省第十三届人民代表大会常务委员会第五次会议批准）

河北省人民代表大会常务委员会
关于批准《石家庄市人才发展促进条例》的决定

（2018年9月20日河北省第十三届人民代表大会常务委员会第五次会议通过）

河北省第十三届人民代表大会常务委员会第五次会议审查了石家庄市人民代表大会常务委员会报请批准的《石家庄市人才发展促进条例》，该条例与宪法、法律、行政法规和本省的地方性法规不抵触，决定予以批准，由石家庄市人民代表大会常务委员会公布施行。

石家庄市人民代表大会常务委员会公告

《石家庄市人才发展促进条例》已经2018年9月20日河北省第十三届人民代表大会常务委员会第五次会议批准，现予以公布，自2018年11月1日起施行。

石家庄市人大常委会

2018年9月25日

第一章 总则

第一条 为了优化人才发展环境，激发人才创新创业活力，构建人才友好型城市，根据有关法律、法规，结合本市实际，制定本条例。

第二条 本市人才发展的事业支持、素质提升、奖励激励、服务保障和权益保护，适用本条例。

本条例所称人才，是指具有一定的专业知识或者专门技能，进行创造性劳动并对社会作出贡献、能力素质较高的劳动者。主要包括专业技术人才、企业经营管理人才、高技能人才、农村实用人才和社会工作人才等本市经济社会发展需要的人才。

第三条 促进人才发展坚持党管人才、因地制宜、精准施策、鼓励创新、优化服务的原则。

第四条 市、县级人民政府应当编制中长期人才发展规划，并列入国民经济和社会发展总体规划；建立健全人才工作目标责任制，将人才发展纳入经济社会发展综合评价指标考核体系；改进人才管理方式，提供优质公共服务，为人才发展创造良好环境。

第五条 市、县级人才工作综合主管部门负责人才发展的宏观指导、政策制定、综合协调和服务保障等工作，推进各类人才队伍建设。

市、县级人民政府人力资源和社会保障部门是人才工作的管理实施部门。市、县级人民政府各职能部门按照职责做好人才发展工作。

市、县级工会、共青团、妇联、科协等人民团体以及行业协会应当发挥自身优势，联系和服务各类人才，做好相关领域的人才发展工作。

第六条 用人单位应当发挥在人才培养、引进、使用和服务中的主体作用，落实各项人才政策，为人才进行创造性劳动提供保障。

第七条 市人才工作综合主管部门、人力资源和社会保障部门可以委托第三方机构对全市人才发展情况进行综合评估，并根据评估结果及时调整优化人才政策。

第八条 每年11月6日为“石家庄人才日”。

第二章 事业支持

第九条 市、县级人民政府应当建立人才管理服务权力清单和责任清单，简化办事程序，提高行政效能；落实国有企业、高等院校、科研院所等企业事业单位和社会组织的用人自主权，优化人才创新创业环境。

第十条 市、县级人才工作综合主管部门以及相关部门负责实施“人才绿卡”制度，为持卡人在工商、税务、金融、科研、创业场地等方面提供支持和服务。

第十一条 市人民政府应当发挥本市在京津冀协同发展中的区位优势，承接京津人才和产业、科技成果转移，在技术交易、科技金融等方面给予支持。

鼓励本市企业事业单位在京津设立研发中心。对京津高等院校、科研院所在本市设立分支机构、中试基地的，在建设规划、土地审批等方面开设绿色通道。

第十二条 市、县级人民政府以及相关部门应当建立完善有利于创新创业的人才发展政策体系，结合主导产业实施重大人才工程，发挥人才在科技创新、产业转型等方面的引领作用。

鼓励开发区（园区）搭建人才与主导产业融合发展的载体，加快培育创新型企业和高新技术企业，配套建设科技创新中心和公共创新平台。

第十三条 市、县级人民政府应当加强科技企业孵化器建设；支持和鼓励行业领军企业、投资机构、社会组织等社会力量参与众创空间、创业孵化基地和高层次人才创业园建设，认定后按照规定给予补贴。

第十四条 市、县级人民政府应当鼓励高等院校、科研院所和企业自主或者以产学研用合作方式，建设各类研发机构。对认定为市级以上的重点实验室、技术创新中心和企业技术中心等研发机构，按照规定给予奖励；新建的院士工作站、博士后科研工作站和博士后科研流动站，经认定后按照规定给予资助。

科技、工信等相关部门应当建立研发机构与企业对接交流机制，促进科研成果及时转化。

第十五条 市、县级人民政府共同出资设立科技成果转化引导资金，保障人才工程项目的实施，支持高层次人才创新创业。

科技、财政、金融等相关部门应当完善财政支持、贷款贴息、质押融资等方面的政策措施，畅通人才创新创业融资渠道，提供融资服务。

发挥政府资金的引导与推动作用，扶持创业风险投资基金，支持人才创办科技型企业。

第十六条 市人才工作综合主管部门、人力资源和社会保障部门应当根据经济社会发展需要，定期发布急需紧缺人才需求目录，举办多种形式的海内外人才招聘活动。

高层次人才和团队来本市创新创业的，市科技、财政等相关部门按照规定给予科研经费、项目资金和创业场地支持。大学毕业生来本市自主创业的，市人力资源和社会保障、财政等相关部门按照规定给予创业补助、贷款扶持和场地支持。

第十七条 人才来本市就业创业的，不受户籍、地域、身份、学历、人事关系等限制，对其原在市外、省外获得的专家称号和专业技术职务任职资格予以承认。

第十八条 人才或者团队以挂职兼职、技术咨询、项目合作、“周末工程师”等方式来本市工作或者创新创业的，按照规定享受本市相关人才政策待遇。

第十九条 高等院校、科研院所等事业单位专业技术人员经所在单位同意，可以在本市离岗创业。离岗创业期间，在职称晋升、社会保险、住房公积金方面与在岗人员享受同等待遇，在规定期限内返回原单位的，工龄连续计算。

第三章 素质提升

第二十条 市、县级行业主管部门和用人单位应当根据全市中长期人才发展规划制定人才培养计划，突出重点，分类培养，提升人才队伍整体素质。

第二十一条 实施高层次人才培养计划，支持高层次人才参加海内外高端培训和学术交流等活动，加强各行业领军人才、核心技术研发人才培养和创新团队建设，提升人才自主创新能力。

第二十二条 完善产学研用相结合的人才培养机制，鼓励企业、科研院所与高等院校联合培养重点行业、重点领域、战略性新兴产业急需人才。分行业开展主导产业人才培训，加强同行业人才技术交流合作，提高产业人才专业技术水平。

第二十三条 加强对青年人才的培养支持，在各类研究资助计划中设立青年专项，重大科技项目申报应当提高科研团队中的青年人才比例，促进青年人才成长。

第二十四条 市人力资源和社会保障部门应当加强高技能人才培训基地和技能大师工作室建设，按照规定给予补贴。注重工匠型人才的发现与培养，建立高技能人才独特技艺代际传承机制。

第二十五条 健全农村实用人才教育培训网络，推进农村实用人才带头人素质提升和新农村实用人才培训工程，实施现代农业人才支撑计划，增强农村实用人才服务发展的能力。

第二十六条 建立社会工作人才培养体系，培养职业化、专业化的社会工作人才。

第二十七条 依托京津等地高等院校、科研院所以及重点企业等优质资源，通过合作办班、学术论坛、挂职交流等多种形式，培养符合本市经济社会发展需要的人才。

第二十八条 用人单位应当建立健全人才培训制度，鼓励和支持各类人才参加在职培训、继续教育、出国（境）访学、海内外学术会议、专业论坛等培训交流活动。

鼓励用人单位增加人才培训经费投入。海内外知名学术机构和行业组织等在本市举办产业发展学术会议、高端论坛和科技展会等活动，市财政部门给予一定的资金补助。

第四章 奖励激励

第二十九条 尊重首创精神，加强人文关怀，营造鼓励创新、宽容失败的社会氛围，激发人才的创造活力。

第三十条 加强政治引领和政治吸纳，注重从各类人才中推荐人大代表、政协委员候选人，扩大人才的参政议政渠道。

第三十一条 市人民政府应当对在本市经济社会发展中作出突出贡献的各类人才或者团队授予荣誉，并给予奖励。

第三十二条 高等院校、科研院所获得的职务科技成果，除事关国家安全、国家利益和重大社会公共利益外，研发团队与所在高等院校、科研院所通过协商，可以取得科技成果使用权、处置权和收益权。高等院校、科研院所对上述科技成果转化活动应当予以支持。

高等院校、科研院所的职务科技成果转化、转让后，由单位对科技成果完成人、科技成果转化重要贡献人员按照规定给予奖励。

第三十三条 市科技、财政等部门应当完善科研项目经费管理办法，赋予项目负责人更大的经费支配权，将科研项目直接费用中多数科目预算调剂权下放到承担单位，由项目负责人自主使用科研经费。

第三十四条 市人民政府应当完善知识、技术、技能等生产要素按贡献参与分配的产权激励制度。企业可以通过股权、期权、分红等方式，对科技成果的研发团队、成果完成人或者科技成果转化重要贡献人员给予激励。

第三十五条 企业事业单位可以对高层次人才、高技能人才实行协议工资制、项目工资制和年薪制等多种分配形式，提高科研人员薪酬。

第三十六条 建立健全科学化、社会化、市场化的人才评价机制。树立正确的人才评价使用导向，以人才的品德、能力、业绩和贡献为重点，发挥政府、市场、专业组织、用人单位等多元评价主体作用，分类别、分层次对人才进行评价，并将评价结果作为奖励激励的重要参考依据。

第五章　服务保障

第三十七条　建立以政府为主导、相关部门分工负责、社会各界广泛参与的服务保障机制，发挥用人单位的主体作用，为人才发展提供服务，创造宜业宜居环境。

第三十八条　市、县级人民政府应当设立人才发展专项资金，保障人才发展各项政策和工作的实施。

鼓励企业、社会组织和个人发起设立人才发展基金。

第三十九条　市、县级住房和城乡建设部门在筹建保障房时应当考虑人才住房需求，为人才安居提供便利；鼓励各县（市、区）采取新建、购买、租赁和商品房配建、支持用人单位筹建等方式建设人才公寓。

引进的人才在本市就业创业的，按照规定给予购房补贴或者租房补助。对引进的高层次人才和产业急需特殊人才，按照规定给予安家费补助。

第四十条　市、县级人民政府有关部门应当按照各自职责，为人才在出入境和居留、户籍办理、配偶随迁、子女入学、医疗保健、社会保险等方面提供服务，落实相关待遇。

鼓励开发区（园区）完善配套服务设施，引进优质中小学校、幼儿园、医院等入驻园区，解决人才的子女教育、就医等问题。

第四十一条　市、县级人民政府应当建立人才综合服务平台，制定人才公共服务清单，为人才政策咨询、业务办理等提供高效便捷的服务。

第四十二条　市人才工作综合主管部门、人力资源和社会保障等相关部门应当建立对人才的跟踪服务机制，实行人才服务专员制度和用人单位联络员制度。

第四十三条　市、县级人民政府应当培育和引进人才专业化服务机构，可以采取政府购买服务的方式，推进人才选聘、培训、测评等技术性工作向专业组织和服务机构转移，为人才提供个性化、多样化服务。

第四十四条　市、县级科技、文化等相关部门应当完善人才联谊交流机制，丰富人才的精神文化生活。

第六章　权益保护

第四十五条　市、县级人才工作综合主管部门以及相关部门，应当加强对人才政策实施情况的监督检查，并组织社会相关方面代表进行社会监督，确保各项人才政策落实。

第四十六条　市科技部门应当建立健全知识产权的侵权预防、预警和应对机制，加强知识产权保护；完善人才引进使用中的知识产权鉴定制度，防控知识产权风险。

第四十七条　市、县级人才工作综合主管部门应当建立人才诉求表达机制，对涉及人才发展的相关诉求，帮助提供解决办法或者途径。

第四十八条　用人单位应当全面履行劳动合同（聘用合同）或者引进协议，尊重人才的各项法定权利，未按约定履行义务的，依法承担相应的法律责任。

第四十九条　有关行政主管部门的工作人员违反本条例规定，滥用职权、玩忽职守、徇私舞弊的，依法给予行政处分；构成犯罪的，依法追究刑事责任。

第五十条　用人单位或者个人弄虚作假，骗取政府人才政策优惠或者扶持资金的，由政策实施部门或者资金审批部门取消其获得的待遇，追回资金；构成犯罪的，依法追究刑事责任。

第七章　附则

第五十一条　本条例自2018年11月1日起施行。

石家庄市国家建设项目审计条例

（2009 年 10 月 26 日石家庄市第十二届人民代表大会常务委员会第十五次会议通过
2010 年 3 月 26 日河北省第十一届人民代表大会常务委员会第十五次会议批准
2018 年 6 月 27 日石家庄市第十四届人民代表大会常务委员会第十二次会议修订
2018 年 9 月 20 日河北省第十三届人民代表大会常务委员会第五次会议批准）

河北省人民代表大会常务委员会
关于批准《石家庄市国家建设项目审计条例（修订）》的决定

（2018 年 9 月 20 日河北省第十三届人民代表大会常务委员会第五次会议通过）

河北省第十三届人民代表大会常务委员会第五次会议审查了石家庄市人民代表大会常务委员会报请批准的《石家庄市国家建设项目审计条例（修订）》，该条例与宪法、法律、行政法规和本省的地方性法规不抵触，决定予以批准，由石家庄市人民代表大会常务委员会公布施行。

石家庄市人民代表大会常务委员会公告

《石家庄市国家建设项目审计条例（修订）》已经 2018 年 9 月 20 日河北省第十三届人民代表大会常务委员会第五次会议批准，现予以公布，自 2018 年 11 月 1 日起施行。

石家庄市人大常委会
2018 年 9 月 27 日

第一条　为加强国家建设项目的审计监督，规范投资行为，提高投资效益，根据《中华人民共和国审计法》、《河北省国家建设项目审计条例》等法律、法规，结合本市实际，制定本条例。

第二条　本条例所称国家建设项目（以下简称建设项目），是指政府投资、其他国有资产投资以及以政府投资和其他国有资产投资为主的建设项目。政府投资和以政府投资为主的建设项目，包括：

（一）全部使用预算内投资资金、专项建设基金、政府举借债务筹措的资金等财政资金的；

（二）未全部使用财政资金，财政资金占项目总投资的比例超过 50%，或者占项目总投资的比例在 50% 以下，但政府拥有项目建设、运营实际控制权的。

国家建设项目实行审计全覆盖。

第三条　市、县（市）区人民政府审计机关是建设项目审计监督的执法主体，分别负责本条例在本行政区域内的实施和本级投资及主要由本级投资的建设项目的审计监督。

市审计机关可以授权县级审计机关审计市级管辖范围的建设项目，也可以直接审计县级审计机关管辖的建设项目。

第四条　市、县（市）区人民政府各有关行政主管部门，应当在各自职权范围内做好建设项目审计的相关工作。

行政审批、财政、住建等有关行政主管部门，应当将年度建设项目计划、投资审批情况以及建设项目工程施工许可审批结果抄送同级审计机关。

第五条　建设、勘察、设计、施工、监理、采购、供货、代建、咨询服务等单位与建设项目直接有关的财务收支，应当接受审计机关的审计监督。

第六条　审计机关应当每年向本级人民政府和上级审计机关报告建设项目审计情况。

市、县（市）区人民政府应当每

年向本级人大常委会报告建设项目的审计情况。

审计机关可以向政府有关部门通报或者向社会公布建设项目审计结果。

第七条　审计机关对建设项目进行审计，不得收取费用。

审计机关履行建设项目审计监督职权所需经费和委托社会中介机构、聘用专业技术人员的费用，列入本级财政预算。

第八条　审计机关应当建立建设项目投诉举报制度。对投诉举报的问题及时调查处理，经查实有重大价值的，审计机关应当给予投诉举报人奖励。

第九条　审计机关对建设项目审计的类别包括：预算执行情况审计、竣工决算审计、绩效审计。

审计机关应当依照审计类别审计建设项目相关内容的真实性、合法性、效益性。

第十条　审计机关应当依据建设项目计划和实际需要编制年度建设项目审计计划，报本级人民政府批准后实施，并报本级人大常委会和上级审计机关备案。

第十一条　年度建设项目审计计划应当突出以下重点：

（一）重点建设项目；

（二）本级人大常委会决定审计的建设项目；

（三）本级人民政府交办审计的建设项目；

（四）上级审计机关授权审计的建设项目。

年度建设项目审计计划应当列明实施预算执行情况审计、竣工决算审计、绩效审计的项目类别。

年度建设项目审计计划，可以根据实际情况进行调整，经本级人民政府批准后实施，报本级人大常委会和上级审计机关备案。

审计机关应当将年度建设项目审计计划及其调整情况抄送有关行政主管部门，并及时告知被审计单位。

第十二条　年度建设项目审计计划一经批准，审计机关和有关部门应当确保审计计划有效实施。

第十三条　国家建设项目应当经过竣工决算审计。

第十四条　审计机关按审计计划实施建设项目审计，可以委托具有法定资质的社会中介机构对建设项目进行审计，选定中介机构应当采取政府采购的方式，并对其监督指导。

审计机关应当对社会中介机构出具的审计结果进行审核，提出审计机关的审计结果报告。

第十五条　未列入审计计划的国家建设项目，可以由建设单位采取招投标的方式委托具有法定资质的社会中介机构进行审计。

审计机关依法对社会中介机构的审核结果进行监督，必要时可以抽查复核。

第十六条　建设项目的主管部门应当建立健全内部审计制度，加强建设项目审计监督，接受审计机关的业务指导和监督。

建设项目进行内部审计的，应当在内部审计完成后的十五日内将审计结果报审计机关备案。

审计机关应当对建设项目内部审计机构的审计结果进行核查。

第十七条　建设单位在订立与建设项目有关的各项施工合同或者组织招投标时，可以在合同中约定或者在招标文件中载明以审计结果作为竣工结算的依据。

第十八条　建设项目预算执行情况审计，应当主要审计以下内容：

（一）预算的编制、执行和总投资控制情况；

（二）建设资金的筹集、管理、使用情况；

（三）工程价款结算情况；

（四）设备、材料等采购情况；

（五）有关税费计缴情况；

（六）建设成本核算情况；

（七）法律、法规规定应当审计的其他事项。

第十九条　建设项目竣工决算审计，应当主要审计以下内容：

（一）预算执行情况审计的规定内容；

（二）竣工决算编制情况；

（三）履行工程建设基本程序情况；

（四）建设资金节余及分配、基本建设收入的核算情况；

（五）法律、法规规定应当审计的其他事项。

第二十条　审计机关对建设项目审计，应当逐步推行对重大建设项目的工程质量管理、环境保护、经济效益、社会效益的绩效审计。

建设项目绩效审计，应当依据有关的经济、技术及社会环境指标，分析评价建设项目的投资效益，包括以下主要内容：

（一）项目立项、招投标、设计、施工等环节的造价控制和资金支付情况；

（二）项目勘察、设计、建设、施工和监理等单位资质的真实性和合法性；

（三）工程设计、质量、安全管理的原则、制度、措施以及先进性、有效性；

（四）环境保护设施与主体工程建设的先进性、同步性及其有效性；

（五）采用技术设备的先进性、有效性；

（六）项目经济效益、社会效益、环境效益的预期目标。

第二十一条 列入年度建设项目审计的项目，建设单位应当在合同规定的单位（标段）工程完成后的二十日内，向审计机关提出预算执行情况审计申请。审计机关应当自接到申请之日起十日内实施审计。

第二十二条 审计机关实施建设项目预算执行情况审计时，应当书面通知被审计单位。

被审计单位应当向审计机关报送下列资料：

（一）项目批准建设的有关文件、设计文件、项目概算以及历次调整概算文件；

（二）与项目建设有关的勘察、设计、建设、施工和监理的招、投标文件、合同文本；

（三）项目管理中涉及工程造价的有关资料，包括工程结算书、施工图、设备材料采购单、工程计量单、设计变更、现场签证、有关会议纪要等；

（四）银行开户资料、会计凭证、会计账簿、会计报表等财务资料；

（五）与项目预算执行审计相关的其他资料。

第二十三条 列入年度建设项目审计的项目，建设单位应当在编制建设项目竣工决算草案后的三十日内，向审计机关提出竣工决算审计申请，审计机关应当在自接到申请之日起十日内实施审计。

第二十四条 审计机关实施建设项目竣工决算审计时，应当书面通知被审计单位。

被审计单位应当向审计机关报送下列资料：

（一）预算执行情况审计报送的资料；

（二）项目批准建设的有关文件、设计文件、历次调整概算文件；

（三）竣工验收资料；

（四）与建设项目有关的合同以及结算资料；

（五）自项目建设之日起的工程进度报表和财务报表、工程决算报表，以及其他与财务收支有关的资料；

（六）项目竣工决算审计必要的其他资料。

第二十五条 审计机关实施建设项目绩效审计时，应当书面通知被审计单位。

被审计单位应当向审计机关报送下列资料：

（一）预算执行情况审计和竣工决算审计报送的资料；

（二）环境影响评价报告及相关文件；

（三）项目造价控制文件及相关资料；

（四）采购技术、设备的文件和资料；

（五）经济效益、社会效益、环境效益预期目标评估文件资料；

（六）与绩效审计相关的其他资料。

第二十六条 审计机关对建设项目进行绩效审计应当对审计事项作出审计评价，向被审计单位出具审计结果报告；绩效审计发现问题或者认为应当改进的，应当在审计结果报告中提出改进意见和建议，并向本级人民政府提交绩效审计结果报告，为政府投资决策提供参考依据。

被审计单位应当依据审计报告提出的意见和建议进行改进，提高投资效益。

第二十七条 审计机关对建设项目审计，可以利用社会中介机构和有关部门内部审计机构审计结果。

第二十八条 审计机关对建设项目审计，应当选择投资规模大、建设周期长、关系国计民生的重大建设项目，按照审计类别实施跟踪审计。

跟踪审计可以按照单项工程、工程标段或投资完成进度目标实施审计。

第二十九条 审计机关对建设项目审计，应当按照精干高效、适应需要的原则组成审计组，具体实施审计工作。

审计组审计人员应当具备与从事的审计工作相适应的专业知识和业务能力，具有行政执法资格。

审计机关可以根据审计工作需要，聘请具有相应资质的专业人员协助审计组开展工作。

第三十条 审计机关对建设项目审计，应当编制审计实施方案。

第三十一条 审计组对审计项目实施审计后，应当提出审计报告，送达被审计单位征求意见；被审计单位应当自收到审计报告之日起 10 日内，将意见书面予以反馈，超出 10 日未反馈书面意见的，视同无异议；被审计单位对审计组提出的审计报告有异议的，审计组应当对有异议的部分进行复核，根据核实的情况对审计报告作必要修改。审计组提出的审计报告和被审计单位的书面意见应当一并报送审计机关。

社会中介机构提出的审计报告，经审计机关复核后，由审计机关依照前款规定征求被审计单位的意见和修改审计报告。

第三十二条　审计机关应当对审计组提出的审计报告和被审计单位意见进行复核，经审计业务会议审议后，提出审计报告；需要作出处理、处罚的，应当作出处理、处罚的审计决定；需要移送有关机关处理的，应当依法作出移送处理。

审计机关的审计报告和审计决定，应当在审计组审计结束之日起60日内提出，并送达被审计单位或有关机关。

审计机关委托社会中介机构审计的建设项目提出的审计报告和审计决定，依照前一、二款的规定提出。

第三十三条　审计机关应当根据建设项目的规模确定审计期限。审计期限不得超过三个月。因特殊情况，需要延长审计期限的，经审计机关负责人批准，可以适当延长审计时间，但延长时间最长不得超过三个月。

第三十四条　审计机关发现被审计单位有下列情况的，应当及时移送有关部门依法处理：

（一）违反规划、土地、拆迁、招标投标、环境保护等法律、法规的；

（二）未经国家建设项目审批部门审批、核准、备案的；

（三）勘察、设计、施工、监理、咨询服务等单位不具备相应资质的；

（四）未有效实施工程质量管理的；

（五）其他违法、违规行为。

审计机关作出审计移送处理的，有关部门应当依法作出处理，并将处理结果书面告知审计机关。

第三十五条　审计机关在建设项目审计中，发现被审计单位和建设项目相关人员，有涉嫌犯罪行为的，应当及时移送监察委员会或者公安机关处理；发现因决策失误造成重大损失的，应当及时报告本级人民政府并建议做出处理。

第三十六条　审计机关在作出审计决定或移送有关机关处理决定时，可以通知财政部门和被审计单位的主管部门核减投资或停止拨款。

第三十七条　审计机关应当将审计报告、审计决定及时送达被审计单位，同时抄送建设单位主管部门及其他相关部门。

被审计单位应当自审计报告和审计决定送达之日起三十日内，将审计报告列明的审计结果和决定执行情况书面报告审计机关。

审计机关应当自审计决定送达之日起六十日内，检查审计决定的执行情况。

超过规定期限，被审计单位拒不执行审计决定的，审计机关应当申请本级人民政府督促执行，或申请人民法院强制执行。

第三十八条　审计机关和审计人员审计建设项目，应当客观公正，实事求是，遵纪守法，廉洁奉公，保守国家机密和商业秘密，保证审计质量，提高审计效率，恪守职业道德和审计准则。

第三十九条　审计人员办理审计事项时，有下列情形之一的，应当回避：

（一）与被审计单位负责人或有关主管人员之间有亲属关系的；

（二）与被审计单位或者审计事项有经济利益关系的；

（三）与被审计单位或者审计事项有其他利害关系，可能影响公正执行公务的。

被审计单位认为有前款规定情形的，可以对审计人员提出回避申请。

审计人员的回避，由审计机关决定。

第四十条　因勘察、设计单位的过错造成建设项目重大预算失控和投资损失的，审计机关应当报告政府并责成建设单位依法追究勘察、设计单位的赔偿责任；情节严重的，应当建议有关部门降低其资质等级或者依法吊销其资质证书。

第四十一条　工程造价、评估咨询机构有下列行为之一的，审计机关应当建议建设行政主管部门依据相关法律、法规的规定给予行政处罚：

（一）超越资质证书规定的业务范围从事工程造价编制活动的；

（二）故意少算、高估冒算工程造价的；

（三）串通虚报工程造价的；

（四）涂改、出租、转让资质证书的；

（五）编制工程结算文件，其工程造价高于或者低于按规范编制价格百分之五以上的。

第四十二条　建设单位未按照本条例规定进行竣工决算审计的，由审计机关予以警告、通报批评；付出的工程价款超过审计结果部分，责令建设单位予以追回，可以处多付出工程价款百分之五以上百分之二十以下的罚款，同时建议有关部门对直接负责的主管人员和其他直接责任人员给予行政处分；构成犯罪的，依法追究刑事责任。

第四十三条 被审计单位拒绝、阻碍审计或审计调查的，由审计机关给予警告，责令改正；拒不改正的，处以三万元以上五万元以下罚款；对直接负责的主管人员和其他直接责任人员，由有关部门给予行政处分。

第四十四条 社会中介机构及其工作人员，在建设项目审计中出具虚假报告，隐瞒审计中发现的违法、违规问题的，由审计机关解除委托关系，由有关部门分别作出以下处理：

（一）对社会中介机构给予警告，没收违法所得，可以并处违法所得一倍以上五倍以下的罚款；

（二）对社会中介机构的工作人员给予警告；

（三）涉嫌犯罪的，移交司法机关依法处理。

第四十五条 审计人员在审计建设项目时有下列行为之一，尚未构成犯罪的，由有关部门依法给予行政处分：

（一）明知与被审计单位或者审计事项有利害关系而不主动回避，并产生不良后果的；

（二）索贿、受贿或者谋取接受不当利益的；

（三）隐瞒被审计单位违反财经法纪等问题的；

（四）泄露国家秘密或者被审计单位商业秘密的；

（五）对受理投诉举报问题不认真调查处理，向被举报人泄露举报信息的；

（六）对聘请的专业人员的审计工作未全面履行监督责任，造成严重后果的；

（七）与被审计单位、聘请的专业人员及社会中介机构串通舞弊的；

（八）有其他滥用职权、徇私舞弊、玩忽职守等违法行为的。

第四十六条 本条例自2018年11月1日起施行。2010年6月1日起施行的《石家庄市国家建设项目审计条例》同时废止。

关于修改《石家庄市水土保持条例》《石家庄市河道管理条例》的决定

河北省人民代表大会常务委员会关于批准《石家庄市人民代表大会常务委员会关于修改〈石家庄市水土保持条例〉和〈石家庄市河道管理条例〉部分行政处罚条款的决定》的决定

（2018年11月23日河北省第十三届人民代表大会常务委员会第七次会议通过）

河北省第十三届人民代表大会常务委员会第七次会议审查了石家庄市人民代表大会常务委员会报请批准的《石家庄市人民代表大会常务委员会关于修改〈石家庄市水土保持条例〉和〈石家庄市河道管理条例〉部分行政处罚条款的决定》，该决定与宪法、法律、行政法规和本省的地方性法规不抵触，决定予以批准，由石家庄市人民代表大会常务委员会公布施行。

石家庄市人民代表大会常务委员会公告

《石家庄市人民代表大会常务委员会关于修改〈石家庄市水土保持条例〉和〈石家庄市河道管理条例〉部分行政处罚条款的决定》已经2018年11月23日河北省第十三届人民代表大会常务委员会第七次会议批准，现予以公布，自公布之日起施行。

石家庄市人大常委会

2018年11月27日

石家庄市人民代表大会常务委员会关于修改《石家庄市水土保持条例》和《石家庄市河道管理条例》部分行政处罚条款的决定

（2018年8月29日石家庄市第十四届人民代表大会常务委员会第十三次会议通过
2018年11月23日河北省第十三届人民代表大会常务委员会第七次会议批准）

为确保地方性法规与党中央精神相符合，与宪法法律等上位法相一致，切实维护国家法制统一，按照全国人大常委会和省人大常委会关于清理地方性法规的部署要求，经石家庄市第十四届人民代表大会常务委员会第十三次会议审议，决定对《石家庄市水土保持条例》和《石家庄市河道管理条例》部分行政处罚条款进行修改。

一、对《石家庄市水土保持条例》的修改

1.将第二十一条修改为：违反本条例第十二条、第十五条、第十七条规定未编报水土保持方案或水土保持方案未经批准开工建设的，由水土保持行政主管部门责令限期编报水土保持方案，并停止违法行为。在建设和生产过程中造成水土流失不进行治理的，责令限期治理；逾期仍不治理的，水土保持行政主管部门可以指定有治理能力的单位代为治理，所需费用由违法行为人承担。

2.将第二十三条修改为：破坏水土保持设施、拒绝或阻碍水土保持监督人员执行公务的，由公安机关依照《中华人民共和国治安管理处罚法》进行处罚；构成犯罪的，依法追究刑事责任。

二、对《石家庄市河道管理条例》的修改

1.将第二十四条修改为：违反本条例第十条规定，未经审批、核准或未按审批、核准的范围和工程建设方案施工的，给予警告，责令停止违法行为，补办审查同意或者审查批准手续；工程设施建设严重影响防洪的，责令限期拆除，逾期不拆除的，强行拆除，所需费用由建设单位承担；影响行洪但尚可采取补救措施的，责令限期采取补救措施，可以处以罚款：

（一）修建跨河、穿河、穿堤以及临河、沿河的桥梁、桥涵、公路、管道、缆线等工程设施的，处以一万元以上十万元以下罚款；

（二）修建堤坝、丁坝、堵坝、闸涵、渡槽、渠道、倒虹吸取排水口、水电站、防护林等工程和存放物料、修建厂房和修建其他建筑设施的，处以一万元以上十万元以下罚款；

（三）从事旅游、休闲娱乐、种植养殖等开发项目的，处以一万元以下罚款；

（四）挖筑鱼塘、钻探、打井、开采地下资源、进行考古发掘的，处以五千元以下罚款；

（五）采砂、取土、淘金、采石的，没收违法所得，并处违法所得一倍以上三倍以下的罚款，最高不得超过十万元；没有违法所得的，处二千元以上一万元以下的罚款。

2.将第二十八条修改为：违反本条例第十八条第（一）、（二）、（三）、（四）项规定的，给予警告，责令纠正违法行为、排除阻碍或者采取其他补救措施，可以视情节和危害程度按以下规定处以罚款：

（一）在河道管理范围内修建围堤、阻水渠道、阻水道路和倾倒垃圾、弃土、弃渣等废弃物的，处以五万元以下罚款；

（二）围垦河流、种植高秆农作物、芦苇和树木的，处以五万元以下罚款。

3.将第三十条修改为：违反本条例第十九条规定的，给予警告，责令停止违法行为、采取补救措施、没收违法所得，可以视情节和危害程度处以罚款；造成损坏的，依法承担民事责任；应当给予治安管理处罚的，依照《中华人民共和国治安管理处罚法》的规定处罚；构成犯罪的，依法追究刑事责任：

（一）破坏、侵占、损毁堤防、护岸、闸坝等水工程建筑物和防汛设施、水文监测设施、河岸地质监测设施以及通讯照明等设施的，处以一万元以上五万元以下罚款；

（二）在堤防、护堤地和堤防安全保护区内建房、开渠、打井、挖窖、存放物料、开采地下资源、进行考古发掘、钻探、爆破、挖筑鱼塘、采石、取土等危害堤防安全的，处以一万元以上五万元以下罚款；

（三）非管理人员操作河道上的涵闸闸门，处以五十元以上五百元以下的罚款；

（四）损毁、移动里程碑、界桩等设施的，处以五万元以下罚款；

（五）擅自砍伐护堤护岸林木、挖掘草皮、耕种、葬坟的，处以五万元以下罚款。

4. 将第三十二条修改为：阻碍、威胁水行政主管部门或者河道管理机构工作人员依法执行职务，构成犯罪的，依法追究刑事责任；尚不构成犯罪，应当给予治安管理处罚的，依照《中华人民共和国治安管理处罚法》的规定处罚。

石家庄市公园管理办法

石家庄市人民政府令第 194 号

《石家庄市公园管理办法》已经 2018 年 1 月 22 日第十四届人民政府第 18 次常务会讨论通过，现予以公布，自 2018 年 4 月 1 日起施行。

2018 年 2 月 12 日

第一章　总则

第一条　为加强公园的规划、建设、管理和保护，改善城市生态环境，增进公民身心健康，根据有关法律、法规，结合本市实际，制定本办法。

第二条　本市行政区域内已建成的各类公园（含绿化广场）和规划确定的公园预留用地适用本办法。

第三条　本办法所称的公园是指向公众开放，以游憩为主要功能，兼具生态、美化、防灾等作用的绿地，包括综合公园、社区公园、专类公园、带状公园以及其他具备公园功能的场所。

第四条　市园林绿化行政主管部门负责全市行政区域内公园管理工作。

县（市、区）园林绿化行政主管部门按照职责分工，负责本行政区域内的公园管理工作。

公园管理机构负责公园的日常管理工作。

城市管理综合执法部门负责实施公园管理过程中的行政处罚工作。

国土资源、规划、住建、公安等有关行政管理部门按各自职责，协同园林绿化行政主管部门做好公园管理工作。

第五条　本市公园实行分类、分级管理。公园的类别和等级由市园林绿化行政主管部门按照有关规定确定并公布。

第六条　市、县（市、区）人民政府应当将公园的建设和管理纳入本级财政预算，保障园林公益事业发展。

园林绿化行政主管部门应当通过市场化、社会化运作模式，多层次多渠道组织公园的建设和管理。

鼓励企业、事业单位、社会团体和个人通过自建、资助、捐赠、认养等方式参与公园的建设、管理和保护。

第七条　市、县（市、区）人民政府对在公园建设、保护和管理工作中成绩显著的单位和个人给予表彰和奖励。

第八条　任何单位和个人都有保护公园内绿地和设施的责任，有权对损害公园绿地和设施的行为进行劝阻、制止和举报。

第二章　规划和建设

第九条　园林绿化行政主管部门应当依据城市总体规划和绿地系统规划，编制公园发展规划，报市、县（市、区）人民政府批准后实施。

已建成公园和规划公园预留用地，应当向社会公布，实行城市绿线控制管理。

第十条　各级人民政府应当依托当地历史文化特色建设公园，并注重建设服务半径 500 米以下的小型公园。

新建居住区、旧城区改造必须按照规定标准建设社区公园。

城市道路、河道两侧，有条件的应当结合周边环境建设公园。

鼓励利用荒滩、荒地、废弃地、垃圾填埋场等建设公园。

第十一条　规划、国土资源等

行政主管部门应当对可能影响公园周边景观环境的建设项目，实行严格控制，并划定一定范围的景观控制区。

第十二条 公园景观控制区内新建、改建、扩建的建筑物、构筑物，其高度、体量、色调、风格应当与公园景观相协调。

第十三条 合理利用公园地下空间，按照城市地下空间规划建设地下停车设施等市政工程的，应当经园林绿化行政主管部门同意，不得影响公园的使用功能、整体景观及植物正常生长。

第十四条 园林绿化行政主管部门应当配合相关部门依据《城市绿地减灾避险规划》，按照国家标准《地震应急避难场所场址及配套设施》建设防灾避险公园。

新建、改建、扩建公园时，应当按照城市规划和防灾避险技术要求设置必要的基础设施。

第十五条 公园新建、改建和扩建项目由园林绿化行政主管部门依据公园发展规划制定计划书，报市、县（市、区）人民政府审批，并按规定办理规划、建设等相关手续。

第十六条 公园新建、改建、扩建项目应当通过招投标方式确定设计、施工、监理单位。

项目施工应当由信用良好的施工单位承担，严格按批准的设计方案实施，不得擅自变更。确需变更的，由建设单位提出，报经原批准部门审查同意。

第十七条 建设单位应当委托园林绿化工程质量监督机构对公园建设工程进行质量监督。

第十八条 公园绿化应当体现植物多样性，植物配置注重生态和景观效应。公园绿地率应达到70%以上，绿化广场的绿地率应达到60%以上。

第十九条 新建公园设计时应当同步进行停车设施和出入口设计，妥善做好与周边道路的衔接。

公园内水、电、燃气、热力等各类市政设施应当隐蔽设置，避开游人密集区，不得破坏公园景观。

公厕、果皮箱、路椅、服务部等配套设施应当与公园功能相适应，与景观相协调。

第二十条 公园建设应当在确保公园排水防涝安全的前提下，采取自然途径与人工措施相结合的方式，消纳自身雨水，为蓄滞周边区域雨水提供空间，最大限度地实现雨水积存、渗透和净化，提高雨水资源利用，推进海绵型公园建设。

第三章 管理和保护

第二十一条 任何单位和个人不得擅自改变公园用地性质，不得在公园预留用地内进行任何可能改变和破坏预留用地现状、性质的行为。

因城市建设确需征用公园用地或预留用地的，应当制定调整方案，补偿经济损失并就近异地补偿相应的用地。调整方案需经规划、园林等部门论证提出意见，按城市绿地系统规划审批程序办理相关手续。

第二十二条 市政工程建设涉及已建成公园或预留用地的应当采取合理避让措施。除不占用公园用地或预留用地会严重影响城市功能发挥的市政工程外，其他建设项目不得占用公园用地或预留用地。

确需临时占用的，需经园林绿化行政主管部门论证提出意见，报市、县（市、区）人民政府批准。

第二十三条 公园内树木的砍伐、更新、移植和修剪按《石家庄市城市园林绿化管理条例》的规定办理手续，并在现场公示批准单位、原因和施工单位等基本信息。

第二十四条 公园管理机构应当依法保护公园内的古树名木。不得伐移古树名木，加强对古树名木的养护复壮。

第二十五条 动物园应当加强动物饲养、繁育和保护，积极开展科学研究，扩大珍稀、濒危动物种群，依法做好动物的引进、交换等工作。

植物园应当加强植物科学研究和引种驯化，积极开展科普活动。

第二十六条 公园的养护管理，应当通过市场化的方式，招标选择管护作业队伍。

第二十七条 公园管理机构应当按照公园设计规定的游人容量接待游客。在公园开放时，游客量超过游人容量、遇有紧急情况或者突发事件，应当按照应急预案采取疏散游人或临时关闭公园、景区、展馆等措施，同时在公园门口大屏幕公示信息，并及时向园林绿化行政主管部门和其他相关部门报告。

第二十八条 公园出入口两侧50米范围内禁止设置商业摊点。

第二十九条 游客应当文明游园，爱护公园绿化，保护公园设施，维护公园秩序，遵守游园守则。公园内禁止下列行为：

（一）在公园内躺卧，在绿地草坪内搭建帐篷、铺设防潮垫等，攀援、撞击树木，在树木上悬挂吊床等物品；

（二）随地吐痰、便溺，乱丢果

皮、纸屑，倾倒垃圾、杂物等；

（三）在植物、文物、雕塑、建筑物、构筑物、服务设施和硬化路面上留言刻字、乱贴乱画；

（四）携带宠物（不含导盲犬）进入公园，恐吓、投打、捕捉、伤害动物或者在非投喂区投喂动物；

（五）翻越公园围栏（墙），静园后滞留和过夜，擅自采石取土，损坏花草树木，焚烧枝叶、垃圾或其他杂物；

（六）在非指定区域进行游泳、玩球、轮滑、抖空竹、放风筝等；甩鞭子、打陀螺等具有危险性的活动；

（七）在水体非指定地段、区域捕（钓）鱼，冬季在冰面上溜冰、玩耍、捕（钓）鱼；

（八）使用扩音器、乐器、音响等器材声音高于60分贝；

（九）擅自设置经营项目和摊点，兜售物品，散发广告等宣传品；

（十）盗窃、损毁园林设施；

（十一）擅自引用水休，使用水体洗刷物品、车辆；

（十二）向公园水体内排放污水、倾倒有毒物质；

（十三）其他影响公园秩序、安全、环境和形象的不当行为。

第三十条　公园环境卫生应当符合下列标准和要求：

（一）环境整洁、美观；

（二）全天保洁，无积水、污物、痰迹及烟头，垃圾清运及时无外露；

（三）水面清洁无漂浮物，水质符合观赏标准；

（四）厕所专人负责，设施保持完好，卫生达标。

第三十一条　公园内供游览、休憩用的建筑物和设施，由公园管理机构负责维护和保养，不得擅自改变用途。

第三十二条　公园应当设置科普、法治、文明等内容的宣传栏，定期更换内容，维护良好。

提倡公园建立电子档案，设置含二维码的植物标牌，提供无线网络服务，开展相关内容宣传，方便公众利用现代信息技术查阅相关知识和资料。

第三十三条　公园内应当保持路椅、牌示等配套设施和各类建筑物、构筑物外观完好。牌示上的文字图形应规范，牌示内容中的文字应中外文对照，并保持准确齐全，洁净完好。

公园喷泉和灯饰应当按规定定时开关。

第三十四条　公园内施工必须现场公示，围挡作业，施工物料、设备放置整齐，设置警示标志，做到工完场清。

第三十五条　除老年人、残疾人、儿童等使用的手摇、手推、电动轮椅车外，其他车辆未经允许不得进入公园。电动轮椅车应当减速慢行，确保安全。

第三十六条　公园管理区域内应当设置安保视频监控系统，配备治安管理人员24小时监控，并按照国家和本省有关规定保存相关数据。

公园应当公示游客投诉电话，及时办理游客投诉。

第三十七条　公园应当配备消防和抢救器械，做好防风、防汛、防火和安全用电等工作。

第三十八条　公园管理机构应当设置安全警示标志，及时清理危树枯枝，定期检修湖堤、桥梁和山体等构筑物。

第三十九条　公园各种设备的操作人员必须经业务培训合格后持证上岗，定期对设备进行安全检查和维修保养，严格遵守操作规程。

第四十条　公园应当每日开放，按时开园、闭园。具体开放时间由市、县（市）园林绿化行政主管部门按照季节确定并及时向社会公布。

第四十一条　公园配套服务设施、游乐项目应当符合国家政策，依据城市规划和公园性质控制规模，并按照批准的设计方案设置。

第四十二条　公园配套服务设施、游乐项目应当满足公园服务功能，面向公众开放，符合公众消费水平，做到安全、无噪音、无污染。

禁止设立与公园服务功能无关的项目，禁止设立私人会所。

第四十三条　设置配套服务设施、游乐项目由公园管理机构进行综合分析论证，提出项目申请，报园林绿化行政主管部门审核通过后，办理相关手续，签订合同。

第四十四条　公园管理及服务人员应当定期培训，持证上岗，统一着装，执行岗位规范，礼貌待客，文明服务。

服务从业人员应当定期检查身体，持健康证上岗。

第四十五条　公园门票及其他收费项目的价格标准，应当报物价管理部门核定并公示。收费公园的门票依据有关规定对残疾人、老人、儿童、现役军人、学生实行优惠，优惠办法应当公示。

第四十六条　公园内举办展览、宣传、咨询、演出等活动，应当符合公园的性质和功能，坚持健康文明的原则，禁止各类商业性活动。

第四十七条　公园举办的各类活动，由公园管理机构根据申请单位的活动方案提出审查意见，报园林绿化行政主管部门批准。大型活动须经公安、园林绿化行政主管部门审核，报市、县（市、区）人民政府审批。

第四十八条　活动举办单位应当向公园管理机构提出申请，同时提交相关材料：

（一）活动性质、内容、时间和期限、使用面积、人员构成和人数等；

（二）活动涉及宣传、文艺、体育等内容的，需提交宣传、文化、体育等主管部门的审核意见；

（三）大型活动需提交公安部门的审核意见；

（四）其他需要提交的活动材料。

第四十九条　活动举办单位应当提前10个工作日向公园管理机构提出申请，公园管理机构应当在3个工作日内提出初步意见，上报所属园林绿化行政主管部门。园林绿化行政主管部门应当在5个工作日内提出审核或上报意见。

第五十条　在公园举办活动应当遵循谁主办谁负责的原则，按批准的期限、区域、内容从事活动，制定应急预案，保障游客安全。不得随意扩大场地、变更活动内容和延长活动时间。

活动举办者应当按照市、县（市、区）园林绿化行政主管部门核定的范围和标准交纳有关费用，损坏的设施应当照价赔偿。

活动举办者需用的水、电由公园专业人员负责接用，任何单位和个人不得擅自接用。

活动举办者应当防止噪音污染，不得使音响设备超过规定的噪声分贝，保持场地卫生整洁，做到人走场清。

第四章　法律责任

第五十一条　公园管理机构在管理过程中发现需要实施行政处罚的行为时，应当向城市管理综合执法部门报告，协助做好现场调查、证据收集和违法性质认定工作；城市管理综合执法部门应当及时到现场调查处理，实施处罚后15个工作日内应当将处罚结果函告公园管理机构。

第五十二条　违反本办法第二十一条规定，擅自改变公园用地性质或进行可能改变和破坏公园预留用地现状、性质行为的，责令限期改正，并处以1万元以上3万元以下罚款。

第五十三条　违反本办法第二十八条规定，影响公园出入畅通安全，在公园出入口两侧50米范围内设置商业摊点的，责令改正，并处500元以上1000元以下罚款。

在公园用地范围内，不符合规划要求的建筑物和构筑物及其他设施应当限期拆除。

第五十四条　违反本办法第二十九条规定的，责令停止侵害，恢复原状，赔偿损失，并视情节轻重按以下规定给予处罚：

有（一）、（二）项行为的，处10元以上50元以下罚款；

有（三）、（四）项行为的，处50元以上200元以下罚款；

有（五）、（六）、（七）、（八）项行为的，处200元以上500元以下罚款；

有（九）、（十）、（十三）项行为的，处500元以上1000元以下罚款；

有（十一）项行为的，按每立方米100元的标准处以罚款，不易确定引水量的，处500元以上5000元以下罚款；

有（十二）项行为的，处1000元以上2万元以下罚款。

第五十五条　违反本办法第三十五条规定，擅自驾车进入公园的，责令驶离，并处200元以上500元以下罚款。

第五十六条　违反本办法第四十六条、第五十条规定的，责令停止活动或限期改正，并赔偿损失。

第五十七条　园林绿化行政主管部门和公园管理机构的工作人员以及执法人员违反本办法规定，由其所在单位或上级主管机关给予批评教育；滥用职权、玩忽职守、徇私舞弊造成不良社会影响和财产损失的，依法追究行政责任和民事责任；涉嫌犯罪的，由司法机关依法追究刑事责任。

第五章　附则

第五十八条　本办法所称的绿化广场是指政府确定由园林绿化行政主管部门管辖的，经过绿化、亮化，具备一定公共设施和规模，供公众游憩、娱乐、健身的开放性场所。

本办法所称公园预留用地，是指依据城市规划确定用于公园建设的土地。

第五十九条　本办法自2018年4月1日起施行。2007年施行的《石家庄市公园管理办法》同时废止。

石家庄市行政规范性文件管理规定

石家庄市人民政府令第 195 号

《石家庄市行政规范性文件管理规定》已经 2018 年 3 月 26 日市第十四届人民政府第 20 次常务会议讨论通过，现予发布。自 2018 年 6 月 1 日起施行。

2018 年 4 月 3 日

第一条　为加强对行政规范性文件的管理，促进依法行政，维护法制统一，根据有关法律、法规和《河北省规范性文件管理办法》，结合本市实际，制定本规定。

第二条　本规定所称行政规范性文件（以下简称规范性文件），是指除政府规章外，行政机关及其法律、法规授权的具有管理公共事务职能的组织（以下统称制定机关），依据法定权限和程序制定的，涉及公民、法人或者其他组织权利和义务，具有普遍约束力，在一定期限内反复适用并公开发布的文件。

第三条　规范性文件分为政府规范性文件和部门规范性文件。政府及其办公厅（室）制定的规范性文件为政府规范性文件；县级以上人民政府工作部门，法律、法规授权的具有管理公共事务职能的组织制定的规范性文件统称部门规范性文件。

第四条　本市规范性文件的制定、备案、清理等管理工作，适用本规定。

行政机关内部工作制度和工作方案，人事任免和奖惩决定，请示、报告和会议纪要等文件不适用本规定。

第五条　规范性文件管理遵循权责一致、程序完备、公众参与、有件必备、有错必纠、及时清理的原则。

第六条　制定机关应当严格控制规范性文件的数量。法律、法规、规章以及上级行政机关规范性文件已经明确规定的内容，下级行政机关规范性文件原则上不作重复性规定。

第七条　制定机关对其制定的规范性文件应当进行统一登记、编号、印发、备案。政府规范性文件和部门规范性文件分别由政府办公厅（室）和部门负责实施。

第八条　各级人民政府应当加强对规范性文件的管理，建立健全相关制度，将其纳入依法行政考核内容。

第九条　下列行政机关和组织可以制定规范性文件：

（一）各级人民政府；

（二）县级以上人民政府办公厅（室）；

（三）县级以上人民政府的工作部门；

（四）县级以上人民政府的派出机关；

（五）法律法规授权组织。

前款规定以外的临时性机构、议事协调机构、行政机关内设机构及其派出机构等不得制定规范性文件。

第十条　规范性文件由制定机关组织起草，明确具体起草单位。

政府规范性文件由政府办公厅（室）或者政府工作部门负责起草。部门规范性文件由其内设机构或者下属机构负责起草。联合制定规范性文件由主办部门负责起草。

起草规范性文件，可以邀请有关专家学者、社会组织参与起草，也可以委托有关专家学者、社会组织起草。

第十一条　规范性文件不得设定下列内容：

（一）行政许可；

（二）行政处罚；

（三）行政强制；

（四）行政事业性收费、政府性基金；

（五）地方保护或者行业保护的内容；

（六）其他应当由法律、法规、规章规定的内容。

没有法律、法规依据，规范性文件不得作出减损公民、法人和其他组织合法权益或者增加其义务的规定。

第十二条　起草规范性文件，应当对其必要性和可行性进行研究，并对所要解决的问题、拟确立的主要制度和措施等内容进行调研论证。

第十三条　起草规范性文件，应当征求有关行政机关、社会组织、管理相对人以及专家的意见。必要时可以召开座谈会、论证会、听证会或者进行社会风险评估。对公民、法人和其他组织权利义务产生直接影响的规范性文件，还应当向社会公开征求意见，征求意见的时间一般不少于15日。

第十四条　起草单位应当对征求的意见进行研究处理。有关单位对规范性文件草案内容有重大分歧意见的，起草单位应当进行协调，协调不成的，报请制定机关协调或者决定。对重大分歧意见的协调和处理情况，应当在起草说明中载明。

第十五条　规范性文件草案在提交制定机关集体讨论前，应当由制定机关法制机构进行合法性审查。未经合法性审查或者经审查不合法的，不得提交制定机关集体讨论。

第十六条　报请审议的政府规范性文件，起草部门应当将下列材料报送本级人民政府办公厅（室）：

（一）规范性文件草案；

（二）起草说明，包括制定的必要性、拟采取的主要措施等内容；

（三）征求意见的汇总、协调处理情况；

（四）法律、法规、规章和政策依据；

（五）起草部门对规范性文件草案合法性审查的意见；

（六）其他有关材料。

部门规范性文件草案，由起草单位报送本部门法制机构审核，上报材料应当符合前款（一）、（二）、（三）、（四）、（六）项的规定。

第十七条　政府办公厅（室）应当对报送的政府规范性文件草案的文种、格式、文字表述以及材料是否齐全等先行进行审查，审查合格后报请政府批转至本级政府法制机构进行合法性审查。报送材料不合格的，退回起草部门重新报送。

第十八条　合法性审查包括以下主要内容：

（一）是否符合制定机关的法定权限；

（二）是否符合法律、法规、规章的规定；

（三）是否符合本规定确定的程序；

（四）是否符合本规定第十一条规定的内容。

第十九条　合法性审查以书面审查为主，不得以征求意见、会签等方式替代合法性审查，审查时间一般不超过15个工作日。因特殊情况不能在规定期限内完成审查的，经法制机构负责人批准，可延长10个工作日。

第二十条　合法性审查有下列情形之一的，不计入审查期限：

（一）起草单位补充报送相关材料；

（二）组织有关专家进行论证；

（三）召开座谈会、协调会，进行实地调研等。

第二十一条　通过合法性审查的规范性文件草案，提交制定机关集体讨论决定后，由制定机关主要负责人签发并公布施行。

第二十二条　规范性文件应当标注施行日期和有效期，有效期一般不超过5年，名称冠以“暂行”、“试行”的不超过2年。法律、法规和规章对规范性文件有效期另有规定的，从其规定。

第二十三条　制定机关应当将公布施行的规范性文件，按照《政府信息公开条例》的规定，向社会公开。未公布的规范性文件，不得作为行政管理的依据。

第二十四条　规范性文件应当自公布之日起15日内，由制定机关按照下列规定报送备案：

（一）政府规范性文件报送上一级人民政府备案，径送上一级政府法制机构；

（二）部门规范性文件报送本级人民政府备案，径送本级政府法制机构。

两个或者两个以上部门联合制定的规范性文件，由主办部门报送备案。

第二十五条　规范性文件备案应当提交下列材料：

（一）报送备案的报告；

（二）正式文本和起草说明一式三份及电子文本；

（三）其他需要备案的材料。

不符合前款规定的，由政府法制机构退回重新报送。

第二十六条　报送备案的规范性文件，符合本规定第四条、第九条和第二十五条规定的，政府法制机构予以备案登记。

第二十七条　政府法制机构进行备案审查时，发现规范性文件存有违反本规定第十一条规定的，通知制定机关限期自行纠正并报告纠正结果；逾期不纠正的，报请本级人民政府予以变更或者撤销该规范性文件。

第二十八条　制定机关应当在每年1月底前向负责备案审查的政府法制机构提交上年度本机关规范性文件目录备查。

第二十九条　制定机关应当建立健全规范性文件清理长效机制，根据法律、法规、规章的制定、修改、废止等情况以及经济社会发展需要，对规范性文件进行及时清理。

第三十条　规范性文件应当在有效期届满前3个月由制定机关组织评估清理。政府规范性文件的评估清理，由实施部门提出废止、修改和继续实施的意见，经本级政府法制机构审核后，报本级人民政府决定。

第三十一条　制定机关应当按照下列规定，对清理的规范性文件作出处理决定：

（一）内容合法、仍然适用的，予以保留；保留的规范性文件可以延长有效期，但延长期最长不超过5年；

（二）内容与法律、法规、规章规定不一致或者不适当的，予以修订或者重新制定；

（三）已被新的法律、法规或者规章等规定替代，有效期已过或者调整对象已消失的，予以废止或者宣布失效。

制定机关应当将清理结果以目录形式向社会公布。

第三十二条　公民、法人或者其他组织对规范性文件有异议的，可以提出书面审查建议和复核建议，制定机关和政府法制机构应当按照各自职责，依法进行办理。

第三十三条　制定机关、法制机构及其相关工作人员违反本规定的，按照相关法律、法规和规章的规定，依法作出处理。

第三十四条　本规定自2018年6月1日起施行。2006年10月18日石家庄市人民政府令第151号发布的《石家庄市行政规范性文件管理规定》同时废止。

石家庄市人民政府
关于废止《石家庄市知名商标认定和保护办法》的决定

石家庄市人民政府令第196号

《石家庄市人民政府关于废止〈石家庄市知名商标认定和保护办法〉的决定》已经2018年8月6日市第十四届人民政府第31次常务会讨论通过，现予公布，自公布之日起施行。

2018年8月12日

为维护法制统一，适应经济社会发展需要，市政府决定废止《石家庄市知名商标认定和保护办法》（2013年8月1日市政府令第183号公布）。

本决定自公布之日起施行。

光　荣　榜

全国工人先锋号

2018年4月，石家庄市3个集体获授“全国工人先锋号”。

石家庄科林电器股份有限公司苏彦斌创新工作室

河北诚信有限责任公司801车间

上海红星美凯龙品牌管理有限公司石家庄和平分公司红星美凯龙和平商场

全国最美家庭

2018年5月14日，全国妇联在人民网演播厅举行2018年度全国最美家庭揭晓活动，石家庄市4个家庭获授全国最美家庭称号。

韩兰英家庭　藁城区东城街东胜酒业51号

张莉家庭　裕华区绿家小区

姜晶晶家庭　桥西区长兴街25号西王小区

权景翠家庭　新乐市建安小区

第十一届全国“五好家庭”

2018年5月15日，全国妇联在人民大会堂举行第十一届全国“五好家庭”表彰大会，石家庄市4个家庭获授第十一届全国“五好家庭”称号。

高凤瑞家庭　鹿泉区四街新村

尹沫家庭　正定县恒山小区

赵红家庭　长安区育才街道华药一区

王月洋家庭　“一杯豆浆”公益行动发起人、“道德90后”志愿服务队队长

河北省“五一劳动奖状”

2018年4月，石家庄市9个单位获授河北省“五一劳动奖状”。

河北航天信息技术有限公司

中共石家庄市委宣传部

石家庄市农林科学研究院

石家庄市轨道交通有限责任公司

河北百年巧匠文化传播股份有限公司

河北常青实业集团有限公司

石家庄盛华企业集团有限公司

石家庄市中博汽车有限公司

河北金隅鼎鑫水泥有限公司

河北省工人先锋号

2018年4月，石家庄市21个单位获授“河北省工人先锋号”

华北制药华胜有限公司制造三部纯化组

河北白沙烟草有限责任公司卷接包车间

高邑公路管理站养护中心

石家庄市海星餐饮有限公司建设大街全聚德烤鸭店

石家庄国康中医风湿骨病医院科研班组

河北省赵县国家税务局城区税务分局

石家庄市唯美行物业管理有限公司西美五洲天地小区物业

河北省正定县地方税务局征收分局

石家庄格力电器小家电有限公司油汀厂增效组

中国石油化工股份有限公司石家庄炼化分公司炼油运行四部 2# 常减压装置一班

河北省深泽县国家税务局征收服务分局

中国邮政集团公司石家庄市分公司鹿泉区分公司

中国联合网络通信有限公司石家庄市分公司云数据中心

石家庄市公安局刑警支队警犬训练大队

中国移动通信集团河北有限公司石家庄分公司青园营业厅

税友软件集团股份有限公司石家庄分公司技术部

石家庄印钞有限公司检封部裁封自动线三班

河北华电石家庄鹿华热电有限公司维护部热控维护班

神威药业集团有限公司中药提取二车间

石家庄常山北明科技股份有限公司恒盛分公司葛文军创新工作室

河北诚信集团有限责任公司应急救援队

河北省最美家庭榜样

栾瑞花家庭　井陉县南王庄乡东尖村

河北省最美家庭

杜喜珍家庭　井陉矿区老年公寓院长

刘二彦家庭　平山太行大家帮爱心救援队队长

卢会英家庭　井陉矿区荆普兰社区

赵润生家庭　井陉矿区文化馆

郝兰风家庭　桥西区彭后街道元村社区

丁惠彦家庭　深泽县桥头乡西河村

石家庄市“三八红旗集体”

2019 年 3 月 5 日，石家庄市妇联授予 26 个单位石家庄市“三八红旗集体”称号。

井陉县统计局

晋州市妇联联合会

国家税务总局正定县税务局第一分局

新乐市妇女联合会

国家税务总局无极县税务局征收管理股

深泽县深泽镇人民政府

行唐县农村信用联社股份有限公司

灵寿县人民检察院案件管理办公室

平山县西柏坡镇梁家沟村妇联

赵县中学

元氏县马村镇人民政府

中国农业发展银行高邑县支行会计结算部

国网河北省电力有限公司赞皇县供电分公司

井陉矿区中学

长安区委机要保密局

桥西区行政审批局

新华区妇女联合会

市现代城小学

藁城区北街幼儿园

鹿泉区妇女联合会

中国农业发展银行石家庄市栾城区支行

石家庄电子信息学校

市经济作物站

市轨道交通有限责任公司运营分公司服务热线

石家庄聚橙剧院管理有限公司

桥西区长兴街道景祥社区居委会

石家庄市百强企业

2018年12月21日，2018石家庄市百强企业名单公布。按照2017年企业营业收入排名，2018石家庄市百强企业营业收入达到10亿元（含）以上75家，20亿元（含）以上44家，30亿元（含）以上33家，40亿元（含）以上25家，50亿元（含）以上20家，100亿元（含）以上14家，200亿元（含）以上9家，300亿元（含）以上2家，500亿元（含）以上1家。

表51

2018年石家庄市百强企业名单一览表

排名	企业名称	2017年营业收入（万元）
1	河北敬业集团有限公司	6746750
2	东旭集团有限公司	3835433
3	河北天山实业集团有限公司	2989668
4	中国移动通信集团河北有限公司	2741212
5	石药控股集团有限公司	2641790
6	河北诚信有限责任公司	2558389
7	河北省国和投资集团有限公司	2428817
8	中国石油化工股份有限公司石家庄炼化分公司	2351106
9	石家庄北国人百集团有限责任公司	2016293
10	河北中烟工业有限责任公司	1897417
11	河钢集团石家庄钢铁有限责任公司	1770585
12	国药乐仁堂医药有限公司	1554210
13	国家开发银行河北省分行	1443416
14	石家庄常山纺织集团有限责任公司	1244001
15	华北制药集团有限责任公司	918952
16	河北白沙烟草有限责任公司	870588
17	中国电信股份有限公司河北分公司	815004
18	石家庄君乐宝乳业有限公司	769232
19	格力电器（石家庄）有限公司	701594

续表

排名	企业名称	2017年营业收入（万元）
20	国网河北省电力有限公司 石家庄供电分公司	649010
21	石家庄荣恩房地产开发有限公司	489731
22	石家庄市中恒宏誉房地产开发有限公司	483395
23	中国工商银行股份有限公司石家庄分行	462754
24	中国建设银行股份有限公司河北省分行营业部	457927
25	河北曲寨集团有限公司	433755
26	华能国际电力股份有限公司上安电厂	387270
27	河北新兴格力电器销售有限公司	384475
28	中国农业银行股份有限公司石家庄分行	381918
29	石家庄四药有限公司	381728
30	石家庄地益嘉房地产开发有限公司	364467
31	河北中宏置业房地产开发有限公司	352060
32	河北省天然气有限责任公司	346550
33	河北诺亚人力资源开发有限公司	321165
34	河北银湖房地产开发有限公司	298700
35	中国光大银行股份有限公司石家庄分行	292272
36	河北荣商房地产开发有限公司	262783
37	河北中冶名润房地产开发有限公司	254252
38	河北远东通信系统工程有限公司	229955
39	中车石家庄车辆有限公司	227849
40	石家庄国瑞房地产开发有限公司	222505
41	渤海国际信托股份有限公司	217519
42	河北省农村信用社联合社	215774
43	河北西柏坡发电有限责任公司	215273
44	河北京石高速公路开发有限公司	201734

续表

排名	企业名称	2017年营业收入（万元）
45	石家庄创世纪房地产开发有限公司	198676
46	石家庄金石房地产开发有限公司	197083
47	石家庄新奥燃气有限公司	189895
48	河北金隅鼎鑫水泥有限公司	189796
49	河北省保障住房投资有限公司	180611
50	平安银行股份有限公司石家庄分行	176900
51	石家庄建工集团有限公司	176140
52	河北西柏坡第二发电有限责任公司	166948
53	上海宝原体育用品商贸有限公司河北分公司	165359
54	石家庄中博汽车有限公司	162024
55	华夏银行股份有限公司石家庄分行	159786
56	石家庄一建建设集团有限公司	151422
57	交通银行股份有限公司河北省分行	149514
58	中信银行股份有限公司石家庄分行	144440
59	河北常山生化药业股份有限公司	142016
60	石家庄印钞有限公司	140894
61	石家庄良村热电有限公司	139537
62	河北省金融租赁有限公司	139085
63	中国民生银行股份有限公司石家庄分行	137000
64	河北诚信九天医药化工有限公司	136049
65	上海浦东发展银行股份有限公司石家庄分行	132604
66	石家庄国祥运输设备有限公司	124878
67	华润置地（石家庄）有限公司	122122
68	神威药业集团有限公司	120946
69	河北华电石家庄裕华热电有限公司	112912

续表

排名	企业名称	2017年营业收入（万元）
70	中国邮政储蓄银行股份有限公司石家庄市分行	112770
71	石家庄中迪房地产开发有限公司	112257
72	石家庄市油漆厂	109840
73	际华三五一四制革制鞋有限公司	105623
74	际华三五零二职业装有限公司	104324
75	河北先河环保科技股份有限公司	104253
76	冀银金融租赁股份有限公司	96251
77	河北翼辰实业集团股份有限公司	93103
78	财达证券股份有限公司	87751
79	石家庄白龙化工股份有限公司	86453
80	河北远征药业有限公司	84799
81	中国平安人寿保险股份有限公司河北分公司	80108
82	石家庄汇融农村合作银行	76947
83	河北银行股份有限公司石家庄分行	70485
84	渤海银行股份有限公司石家庄分行	65773
85	河北盈德气体有限公司	65437
86	河北石青高速公路有限公司	63183
87	河北诺特通信技术有限公司	59117
88	招商银行股份有限公司石家庄分行	56905
89	河北苹乐面粉机械集团有限公司	50864
90	石家庄诚志永华显示材料有限公司	50666
91	石家庄明旺乳业有限公司	47046
92	河北华荣制药有限公司	44861
93	中国人民解放军第三三零二工厂	44455
94	河北新化股份有限公司	42841

续表

排名	企业名称	2017 年营业收入（万元）
95	河北张河湾蓄能发电有限责任公司	42114
96	河北正定农村商业银行股份有限公司	41869
97	青岛啤酒（石家庄）有限公司	40065
98	河北嘉禾啤酒有限公司	30576
99	中国人民财产保险股份有限公司河北省分公司	29675
100	石家庄新宇三阳实业有限公司	28979

石家庄市亿元纳税大户

2018 年石家庄市纳税额达到 1 亿元（含）以上企业 75 家，2 亿元（含）以上企业 46 家，3 亿元（含）以企业 22 家，4 亿元（含）以上企业 14 家，5 亿元（含）以上企业 11 家，10 亿元（含）以上企业 6 家，20 亿元（含）以上企业 2 家，50 亿元（含）以上企业 1 家。

表 52

2018 年石家庄市纳税亿元以上企业及单位一览表

序号	纳税企业或单位名称	纳税金额（万元）	同比增长（%）
1	中国石油化工股份有限公司石家庄炼化分公司	763744.9	-0.6
2	河北白沙烟草有限责任公司	392611	42.1
3	河北敬业钢铁有限公司	159796.2	324.9
4	渤海国际信托股份有限公司	151589.4	198
5	河北省烟草公司石家庄市公司	130279.7	-15.1
6	大秦铁路股份有限公司	117091.2	157.3
7	石药集团恩必普药业有限公司	93044.9	34.8
8	平山县敬业冶炼有限公司	88459.1	148.1
9	国家开发银行股份有限公司河北省分行	85264.7	10.7
10	国网河北省电力公司	63309.9	1.8
11	石家庄以岭药业股份有限公司	59532.4	10.8

续表

序号	纳税企业或单位名称	纳税金额（万元）	同比增长（%）
12	石药集团欧意药业有限公司	48136.6	6.6
13	河北中烟工业有限责任公司	43395.3	13.6
14	河北诚信有限责任公司	40091.1	98
15	河北保利房地产开发有限公司	38617.6	53.7
16	石家庄君乐宝乳业有限公司	38391	1.2
17	石家庄市巨邦房地产开发有限公司	36139.4	258.3
18	河北银湖房地产开发有限公司	35771.6	86
19	格力电器（石家庄）有限公司	34431.7	40.1
20	石药集团中诚医药物流有限公司	33460.5	176.2
21	中国平安人寿保险股份有限公司河北分公司	32068.8	61.8
22	石家庄钢铁有限责任公司	31958	37.6
23	国网河北省电力公司石家庄供电分公司	29899.4	−12
24	华北制药股份有限公司	29586.1	18.3
25	神威药业集团有限公司	28853.5	3.6
26	中国人寿保险股份有限公司河北省分公司	28735.4	115.6
27	河北银行股份有限公司	28643.8	−40.6
28	华能国际电力股份有限公司上安电厂	28494.8	5.3
29	京沪高速铁路股份有限公司	27760.9	−15.5
30	中国建设银行股份有限公司河北省分行营业部	27583.9	4.2
31	河北省金融租赁有限公司	27302.8	1.4
32	河钢集团有限公司	26941	31.1
33	中国平安财产保险股份有限公司石家庄中心支公司	26936.2	34.1
34	中国工商银行股份有限公司河北省分行营业部	26877.4	8.1
35	石家庄印钞有限公司	25980.7	21.6
36	石家庄四药有限公司	25899	28

续表

序号	纳税企业或单位名称	纳税金额（万元）	同比增长（%）
37	河北荣商房地产开发有限公司	25864.3	103
38	中信银行股份有限公司石家庄分行	24561.6	−0.1
39	河北京石高速公路开发有限公司	23751.1	−26.2
40	中国民生银行股份有限公司石家庄分行	23674.3	−0.9
41	中国人民财产保险股份有限公司河北省分公司	22872.6	−3.6
42	河北省农村信用社联合社	22717.6	22.5
43	中国光大银行股份有限公司石家庄分行	22420.2	−9.7
44	平安银行股份有限公司石家庄分行	21384.5	91.8
45	石家庄弘城房地产开发有限公司	20920.4	72.7
46	华夏银行股份有限公司石家庄分行	20529.5	−8.5
47	交通银行股份有限公司河北省分行	19946.2	0.6
48	石家庄地益嘉房地产开发有限公司	19862.2	−36.6
49	中国人民财产保险股份有限公司石家庄市分公司	19682.9	25.9
50	中国农业银行股份有限公司河北省分行营业部	19176.6	25.4
51	华润置地（石家庄）有限公司	18675.2	54.3
52	石家庄四药有限公司开发区分公司	18618.1	10.9
53	河北正定农村商业银行股份有限公司	18083.4	26.8
54	河北中冶名润房地产开发有限公司	17618.5	0.9
55	中国移动通信集团河北有限公司	17381.3	−61.3
56	河北金隅鼎鑫水泥有限公司	16368.6	47.2
57	河北西柏坡发电有限责任公司	15970.1	−5.3
58	河北中宏置业房地产开发有限公司	15815	−26.5
59	天山房地产开发集团有限公司	15813.2	20.6
60	兴业银行股份有限公司石家庄分行	15771.1	−5.5
61	河北省保障住房投资有限公司	15260.2	−19

续表

序号	纳税企业或单位名称	纳税金额（万元）	同比增长（%）
62	河北银行股份有限公司石家庄营业管理部	14603.8	−8.6
63	上海浦东发展银行股份有限公司石家庄分行	14418.2	−18.9
64	华北制药河北华民药业有限责任公司	13250.9	27.7
65	河北西柏坡第二发电有限责任公司	12981.5	12.3
66	石家庄新奥燃气有限公司	12461.9	11.1
67	河北省体育彩票管理中心	12341.7	11.8
68	中国银行股份有限公司石家庄市裕华支行	12184	11.9
69	石家庄国瑞房地产开发有限公司	12140.1	−46.2
70	河北石青高速公路有限公司	11829.4	−19.9
71	石家庄汇融农村合作银行	11702.1	−7.3
72	河北省社会福利有奖募捐委员会办公室	11257.4	7.1
73	石家庄金石房地产开发有限公司	11147.4	−35.7
74	财达证券股份有限公司	10918.3	−26.3
75	河北兆翔房地产开发有限公司	10071.1	−21.2

统计资料

表 53

行政组织机构及总面积

县（市、区）	镇政府（个）	乡政府（个）	街道办事处（个）	居民委员会（个）	村民委员会（个）	总面积（平方千米）
石家庄市	119	82	60	650	4009	13504
市区合计	35	8	57	545	689	2220
长安区	4	—	12	147	8	138.31
桥西区	—	—	17	126	15	75.28
新华区	—	—	15	97	13	92.11
裕华区	2	—	11	96	5	60.8
井陉矿区	2	1	2	38	—	69.98
藁城区	12	1	—	6	239	836
鹿泉区	9	3	—	22	208	603
栾城区	5	3	—	6	173	345
井陉县	10	7	—	—	318	1381
正定县	3	5	2	34	154	468
行唐县	4	11	—	8	322	966
灵寿县	6	9	—	3	279	1066
高邑县	4	1	—	5	107	230
深泽县	3	3	—	3	125	296
赞皇县	4	7	—	8	212	1210
无极县	6	5	—	4	213	524
平山县	12	11	—	7	717	2648
元氏县	8	7	—	4	208	676
赵　县	7	4	—	9	281	675
晋州市	9	1	—	10	224	619
新乐市	8	3	1	10	160	525

表 54

户籍人口

行政单位	年末总户数		年末总人口	
	数量（户）	同比增长（%）	数量（人）	同比增长（%）
全市总计	2862744	1.62	9816006	0.85
市区合计	1214509	1.93	4220284	1.24
长安区	201293	3.0	654175	1.81
桥西区	194852	2.04	674958	−0.28
新华区	153896	1.71	504906	0.94
裕华区	183699	2.97	636481	2.25
井陉矿区	26772	−0.72	88652	−1.05
藁城区	235118	0.75	861593	1.02
鹿泉区	122887	1.71	441266	2.06
栾城区	95992	1.90	358253	1.85
高新区	—	—	—	—
井陉县	107487	0	331333	0.49
正定县	127219	0.18	513518	0.99
行唐县	158224	2.49	461762	0.40
灵寿县	108015	1.81	350397	0.63
高邑县	57379	1.30	203818	0.62
深泽县	94719	2.97	258065	0.30
赞皇县	97571	0.22	279590	0.74
无极县	156556	5.85	537486	0.41
平山县	166311	0.18	502981	0.47
元氏县	105043	1.97	444902	0.41
赵　县	176237	0.81	619500	0.68
晋州市	157174	0.42	575092	0.75
新乐市	136300	−0.16	517278	0.36

备注：户籍人口为市公安局户政部门数据

表 55

地区生产总值

行政单位	地区生产		第一产业		第二产业		第三产业	
	总值（亿元）	同比增长（%）	增加值（亿元）	同比增长（%）	增加值（亿元）	同比增长（%）	增加值（亿元）	同比增长（%）
全市总计	6082.6	7.5	373.2	3.5	2000.6	4.7	3212.8	10.1
长安区	557.4	8.9	0.7	−32.3	83.0	0.5	473.7	10.5
桥西区	614.2	8.7	0.1	−79.9	57.5	2.7	556.4	10.1
新华区	336.8	8.9	0.39	−2.8	72.16	4.5	264.27	10.1
裕华区	290.9	9.6	0.06	4.8	50.5	6.8	240.4	10.3
井陉矿区	48.9	6.7	0.45	−12.5	22.5	4.0	25.96	9.6
藁城区	607.9	7.0	41.0	7.0	391.0	5.8	176.0	10.1
鹿泉区	332.4	7.6	18.5	−3.1	112.6	6.1	201.2	10.2
栾城区	180.6	7.0	14.3	3.5	75.3	5.6	91.0	10.1
高新区	270.5	10.0	—	—	—	—	95.5	10.2
井陉县	166.1	7.2	12.42	4.2	56.13	2.7	97.6	10.5
正定县	276.7	6.6	35.22	2.5	54.96	1.3	186.54	10.6
行唐县	104.9	6.3	31.87	4.7	18.59	3.9	54.44	9.8
灵寿县	93.8	5.2	25.63	4.0	24.03	0.9	44.14	10.1
高邑县	78.0	7.5	11.97	6.2	33.34	6.1	32.71	10.5
深泽县	83.2	7.1	13.42	4.2	32.37	5.8	37.43	10.5
赞皇县	72.4	6.1	16.28	3.3	20.72	4.8	35.4	9.5
无极县	171.2	2.7	27.1	4.3	58.7	−2.3	85.4	10.0
平山县	219.0	5.3	15.24	4.0	112.49	2.1	91.23	10.3
元氏县	158.4	7.1	17.53	0.7	56.43	6.4	84.42	9.6
赵　县	136.4	6.6	22.59	1.0	40.52	6.2	73.33	9.7
晋州市	265.2	7.5	35.94	8.9	102.72	5.8	126.52	9.7
新乐市	214.5	7.0	30.89	2.1	97.68	6.4	85.94	9.5

表 56

财政收入

行政单位	全部财政收入		公共财政预算收入	
	金额（亿元）	同比增长（%）	金额（亿元）	同比增长（%）
全市总计	1040.0	13.5	500.9	12.8
长安区	142.1	17.6	58.0	19.4
桥西区	182.7	12.1	72.5	15.0
新华区	62.8	−8.6	27.5	1.1
裕华区	87.0	15.1	39.3	26.7
井陉矿区	7.3	20.3	3.6	16.7
藁城区	86.6	26.3	28.4	16.3
鹿泉区	49.5	19.6	27.8	20.9
栾城区	24.1	15.0	13.6	15.8
高新区	73.4	15.2	33.3	11.7
井陉县	13.0	9.9	7.1	13.4
正定县	43.0	24.6	29.1	30.9
行唐县	8.0	11.2	5.4	16.2
灵寿县	7.9	31.0	5.0	22.9
高邑县	7.0	12.6	5.4	12.6
深泽县	6.6	14.0	4.8	13.5
赞皇县	7.4	14.3	4.0	15.2
无极县	11.3	12.8	6.8	13.5
平山县	41.2	68.2	17.2	39.7
元氏县	17.5	20.9	8.7	13.6
赵　县	11.0	14.9	6.7	13.0
晋州市	14.7	13.8	10.3	12.7
新乐市	13.8	16.4	9.2	16.4

表 57

农产品总产量

行政单位	粮食		小麦		玉米		油料		棉花		蔬菜及食用菌		园林水果		肉类		禽蛋		水产品	
	总产量（吨）	同比增长（%）	总产量（吨）	同比增长（%）	总产量（吨）	同比增长（%）	总产量（吨）	同比增长（%）	总产量（吨）	同比增长（%）	总产量（吨）	同比增长（%）	总产量（吨）	同比增长（%）	总产量（吨）	同比增长（%）	总产量（吨）	同比增长（%）	总产量（吨）	同比增长（%）
全市总计	4247941	-16.91	1958598	-1.34	2170060	-8.92	99478	-11.90	329	-22.33	5024539	2.14	1528826	3.58	547480	-3.89	700037	-4.50	18108	-7.33
长安区	15988	-42.98	1325	-90.98	14543	10.08	37	1133.33	—	-100.00	12694	21.49	3423	-4.84	1666	-2.00	255	-15.00	—	—
桥西区	322	-52.44	155	181.82	167	-73.15	—	—	—	—	8774	13.18	40	—	12	-88.00	1	—	—	—
新华区	4129	3.85	1718	14.84	2294	12.51	167	-36.50	—	—	17204	-10.50	408	-19.05	9	—	4	—	—	—
裕华区	847	-43.94	462	41.72	376	-67.64	8	—	—	—	706	-6.12	—	—	78	-22.00	41	-59.00	—	—
井陉矿区	650	-47.03	—	-100.00	650	-45.97	—	—	—	—	2664	-24.53	4430	10.42	1395	-30.25	818	-18.20	12	0.00
藁城区	518445	-4.77	246255	0.65	239765	-16.94	4720	-20.99	4	-88.57	726004	11.77	138193	-1.69	76096	-0.64	111734	-1.47	70	75.00
鹿泉区	148275	-0.47	71578	11.28	71465	-12.80	2512	7.17	23	53.33	454874	0.54	15222	-0.85	12040	-35.63	27362	2.48	5115	0.10
栾城区	217175	-9.06	111413	-6.75	100747	-13.07	194	-45.96	2	100.00	74830	3.21	1725	476.92	23361	7.13	72309	-4.35	—	—
高新区	11393	-35.91	6915	-18.28	4478	-51.93	2	—	—	—	2368	-98.31	947	-45.82	202	-2.42	620	-38.00	—	—
井陉县	60082	13.26	4116	-8.08	47974	16.31	2186	-1.38	53	-7.02	90684	3413.52	36638	-2.67	15828	-8.07	24714	3.84	300	3.45

续表

行政单位	粮食		小麦		玉米		油料		棉花		蔬菜及食用菌		园林水果		肉类		禽蛋		水产品	
	总产量（吨）	同比增长（%）	总产量（吨）	同比增长（%）	总产量（吨）	同比增长（%）	总产量（吨）	同比增长（%）	总产量（吨）	同比增长（%）	总产量（吨）	同比增长（%）	总产量（吨）	同比增长（%）	总产量（吨）	同比增长（%）	总产量（吨）	同比增长（%）	总产量（吨）	同比增长（%）
正定县	282170	-3.08	143720	-4.00	132872	-1.51	13267	0.76	5	-37.50	587503	5203.81	3656	8.29	66281	-13.58	84446	-11.48	—	-100.00
行唐县	323785	-5.04	148656	6.35	166113	-15.20	18821	-1.99	11	-42.11	289679	216.24	121406	-1.66	36051	0.21	37346	11.81	685	-51.59
灵寿县	157565	12.92	57545	16.29	92102	9.83	3567	-0.59	16	-5.88	369229	-36.37	4275	-8.77	30745	-3.69	16240	0.87	5298	0.00
高邑县	154700	-11.07	75070	-3.88	78128	-17.09	1952	-42.39	51	-5.56	428294	54.24	3521	54.77	9155	-10.39	12786	-1.65	—	—
深泽县	202069	-1.96	86540	-2.83	112990	-1.52	3856	-4.67	14	-22.22	207876	-43.54	85252	1596.56	19275	-2.50	16400	5.13	127	2.42
赞皇县	64784	3.57	20286	0.91	39655	3.18	9793	30.56	7	-30.00	107315	-74.50	89619	3.26	22606	3.66	20316	5.26	853	-16.62
无极县	357323	-4.33	169238	-6.79	184094	-1.88	7480	-35.79	—	-100.00	515161	126.51	3898	-15.50	40316	-11.53	68696	6.67	3	-40.00
平山县	110478	5.33	26403	44.60	79967	-2.89	6724	1.12	57	-3.39	142295	38.17	5943	-6.13	19991	4.58	13523	1.68	5460	0.55
元氏县	353900	-0.19	166362	2.37	176591	-1.91	4713	-13.53	88	-31.78	120256	-75.93	7562	-8.74	36364	1.45	41694	-4.81	185	-4.15
赵　县	551332	-11.77	277884	-2.99	270942	-19.67	497	-73.04	1	—	78478	-41.70	312639	11.12	23197	55.68	23190	-47.89	—	—
晋州市	339618	-2.60	164025	-1.54	169861	-3.31	5618	-0.60	—	—	354047	0.98	679394	2.26	51668	-12.44	58143	-4.21	—	—
新乐市	342947	-3.40	158964	-5.06	178040	-1.97	13365	-31.87	—	—	422877	0.83	10537	-1.70	59917	1.21	66924	-0.11	—	—

表 58

农林牧渔业总产值

行政单位	农林牧渔业总产值（万元）	同比增长（%）
石家庄市	5936666	3.1
长安区	16013	−22.8
桥西区	3760	−49.7
新华区	6446	−5.2
裕华区	986	−0.3
井陉矿区	7145	−14.9
藁城区	657134	7.0
鹿泉区	287084	−4.0
栾城区	287991	3.3
高新区	4502	−31.5
井陉县	193330	1.4
正定县	555250	1.4
行唐县	521094	5.5
灵寿县	382539	4.6
高邑县	173397	5.1
深泽县	228649	5.0
赞皇县	262934	3.6
无极县	443494	4.3
平山县	259908	4.5
元氏县	274061	4.3
赵　县	346888	−0.5
晋州市	504194	6.1
新乐市	502901	2.8

表 59

规模以上工业企业利润

行政单位	规模以上工业企业利润总额（万元）	同比增长（%）
全市总计	2805368	−27.4
长安区	47748	−29.9
桥西区	4639	−41.2
新华区	−1183	—
裕华区	49479	47.2
井陉矿区	35873	234.9
藁城区	59618	−94.0
鹿泉区	169287	−21.2
栾城区	147113	1.8
高新区	604785	−15.9
井陉县	53034	12.4
正定县	58102	1.3
行唐县	21611	−38.9
灵寿县	−7579	−160.3
高邑县	23614	−32.8
深泽县	6488	−63.0
赞皇县	38666	10.4
无极县	86803	44.3
平山县	828277	89.7
元氏县	162777	−5.0
赵　县	43733	−48.1
晋州市	177227	−31.0
新乐市	21263	−90.3

表 60

社会消费品零售额

行政单位	社会消费品零售额（万元）	同比增长（%）
全市总计	29341347	9.1
长安区	2126331	8.4
桥西区	4501419	8.1
新华区	2506612	9.2
裕华区	2025911	8.0
井陉矿区	170975	7.9
藁城区	2080155	9.1
鹿泉区	1623346	9.6
栾城区	1022483	9.9
高新区	1042758	10.5
井陉县	397889	8.3
正定县	1520019	8.9
行唐县	756826	7.7
灵寿县	537739	9.4
高邑县	435687	10.2
深泽县	543806	9.7
赞皇县	551399	10.7
无极县	1508610	10.0
平山县	738733	10.3
元氏县	698802	10.4
赵　县	1466779	8.8
晋州市	1526958	10.6
新乐市	1378603	8.6

索 引

Index

说 明

一、本索引采用主题分析法，按主题词首字汉语拼音字母顺序排列，第一个字相同，按照第二字汉语拼音字母顺序排列，依此类推。数字开头主题词按照数字汉语读音排列。

二、类目采用黑体字，其他内容采用宋体字。主题词后的数字表示内容所在页码，数字后的英文字母a、b、c分别表示从左到右第一、二、三栏。同一主题词内容在文中多处出现，以不同页码标注。

三、本索引包含类目、分目、主要条目和部分内文，特载、大事记内容未作索引。

A

安全生产监管　446c
安全生产事故数量　445b

B

柏林禅寺　34b
白龙化工股份有限公司　230b
抱犊寨　33a
保险　339
保障性安居工程　250c
报业传媒　413
暴雨　37a
帮扶困难职工　170c
北国人百集团有限责任公司　297c
北京银行石家庄分行　330b
博深股份有限公司　231a
博物馆　412b
不动产登记　369c

C

财政　352
财政和金融　42a
财政收入　353a　543
财政支出　353a
残疾人就业　180a
残疾人康复服务　179c
苍岩山　32a
长安区　452
常山集团　226b
常住人口　28a
成品油供应　313
城市道路建设　244bc　245abc
城市公共交通　281
城市管理　254
城市轨道交通　280
城市信息化建设　286
城乡规划　241
城乡规划会议　241b
城乡基础设施建设　243
城乡建设　239
城乡交通和生态环境　43b
城乡居民收入与消费　433
创建国家卫生城市　421c
创建文明城市　449c
创建园林县城　261b

创业就业 104c
村镇建设 246c

D

大国工匠年度人物 494
大气环境治理 271a
大事记 19
档案 85a
党史 88b
党校 89b
党员队伍 67c
党政机构设置 75a
党政机关 56
道教 31b
道路交通噪声 269a
地方史志 85c
地理位置 24b
地区生产总值 542
第四次全国经济普查 358a
电厂装机容量 238b
电力工业 237
电网建设 237c
电信 291
电子商务 299
电子信息技术产业 285
电子政务中心 290a
动物疫病防控 205c
动物园 262b
对外交往 199b
对外贸易 304
多党合作与政治协商 71a

E

2018 年石家庄市区居民消费价格指数变化表 38
2018 年石家庄市主要工业产品产量及其增长速度表 218
2018 年石家庄市主要农产品产量及其增长速度表 39

F

法院 191
法治 183
法治政府建设 185
发展和改革 347
房地产市场交易 252a
防震减灾 448b
纺织服装业 226
非物质文化遗产 408c
风景名胜 31
风景区 31c
封龙山 33a
佛教 31a
富德生命人寿保险石家庄中心支公司 345a
福利彩票 444b
附录 510
扶贫 434
扶贫领域腐败典型案例通报 156a
服务外包业 305a
伏羲台 34c
抚恤优抚 442b
妇幼保健 424a

G

感动省城十大人物 506
感动中国十大人物 492
藁城区 459
高等教育 401
高考招生 397b
高速公路 276a
高邑县 473
格力电器（石家庄）有限公司 231a
革命老区重点村 216c
公安 186
公车使用管理 84a
公共资源交易 110b

公路 276
公路运输管理 278b
公民思想道路建设 450b
公园游园 260c
工会组织 170b
工业 40a 217
工业科技与高新技术 374
供气 259a
供热 258b
供水、排水与污水处理 257c
供销合作商业 310
共青团组织建设 172a
古城正定 33c
古迹 33c
古树名木 207b
古中山国遗址 35a
固定资产投资 350b
广播影视 415
光荣榜 530
规模以上工业企业利润 547
国际数字经济博览会 301c
国家科学技术奖 378c
国民经济与社会发展 37
国有资产监督管理 368
果品产业 203c

H

汉字书写艺术节 176b
河北诚信集团有限公司 229a
河北好人 495
河北金隅鼎鑫水泥有限公司 236b
河北敬业集团 234c
河北曲寨集团有限公司 236a
河北三元食品有限公司 233a
河北省道德模范 495
河北省工人先锋号 530
河北省科学技术奖 378a
河北省农村信用社石家庄审计中心 329c
河北省人大代表 91b
河北省“五四青年奖章”获得者 496
河北省“五一劳动奖章”获得者 495
河北省“五一劳动奖状” 530
河北省优秀退役军人 497
河北省政协委员 153a
河北省最美家庭 531
河北省最美家庭榜样 531
河北省最美教师 497
河北省最美政法干警 497
河北石家庄循环化工园区 52
河北双鸽食品股份有限公司 233b
河北威远生物化工股份公司 229c
河北银行石家庄分行 329b
河北正定中学 398b
河钢集团石钢公司 235b
河流水环境质量 267c
河长制 210a
洨洨水 33b
户籍人口 541
滹沱河生态修复 210c
花卉种植 207b
华夏银行石家庄分行 327b
华药集团 224a
环城水系 259c
环境卫生保洁 256a
黄埔军校同学会 73a
会展业 300
婚姻登记 442b

J

疾病预防控制中心 425a
基础教育 394
基督教 31c
机构编制 74b
机关工委 81c
机关事务管理 83c
纪检监察 154

纪检监察体制改革 155b
纪律审查 155c
纪念馆、陵园 31b
建材工业 235
建置沿革 25
建筑业 249
检察 189
降水 36c
交通管理 188a
交通银行河北省分行 326c
交通运输·邮政 274
教育 389
晋煤金石化工公司 229b
晋州市 487
金融 319
竞技体育 430a
经济体制改革 349c
经济研究 108c
京津冀协同发展 308b
精神文明建设 449
井陉矿区 458
井陉县 465
九三学社石家庄市委员会 166c
居民收入 433a
居民消费 434a
卷烟营销 312a
君乐宝乳业 232a
军事·外事·台港澳侨事务 197

K

开发区·园区·保税区 49
开发区（园区）机构改革 80c
开发区建设 308c
勘察设计行业监管 250b
科技成果转化推广与管理 387
科技合作与交流 377
科学技术 372
科学技术和教育 42c
科学技术奖励 377
科学技术研究与发展计划 373
口岸与物流管理 351c
快递业务 282c
空气环境质量 264
空气污染状况 265
“空心村”治理 216b
矿产资源 26a

L

劳动竞赛 169c
老旧小区改造 251c
立法及废止 94a 185c
利民惠民实事 102c
离退休老干部管理 68a
粮食作物 203a
粮油购销 351c
林业 206
灵寿县 471
六大高耗能行业 218b
鹿泉区 461
律师服务 194a
旅游 315
旅游产业发展大会 315b 316b
旅游行业管理 317b
栾城区 464

M

美丽乡村建设 215b
民办教育 392c
民商事审判 191b
民营经济和服务业 351a
民用航空 278
民政 442
民主党派和工商联 164
民主党派和工商联领导成员 164a
民族 30a

民族·宗教 30
民族宗教事务 439
募捐 181a 443a

N

能源资源 27a
年龄构成 30a
农产品总产量 544
农村电子商务 299c
农村工作 214
农林牧渔业总产值 546
农业 39a
农业产业化 214bc 215a
农业机械 211
农业科技 212
农业科技服务 214b
农业农村 201
农业园区 215b
农业综合执法 202c

P

棚户区改造 251c
皮革行业废物治理 227c
毗卢寺 34c
平安财产保险石家庄中心支公司 344a
平安人寿保险河北分公司 342b
平山县 481
浦发银行石家庄分行 330a

Q

七大主导工业行业 218a
气代煤、电代煤 351b
气候 35
气温 36a
棋盘山 32c
桥西区 453
清凉山 32b
青少年思想教育 172a
区划地名 444b
区划设置 24c
区县（市） 452
全国工人先锋号 530
全国人大代表 91b
全国“五好家庭” 530
全国“五一劳动奖章”获得者 492
全国政协委员 153a
全国最美家庭 530
全民阅读活动 407c
群众体育 430c
群众团体 169
群众艺术馆 412c

R

人才引进 105a
人口 28
人口分布 29c
人口性别 29b
人力资源和劳动就业 104b
人民防空 198
人民生活和社会保障 43c
人民调解 193c
人物 492
日照 37a
肉菜储备及投放 297a

S

“扫黑除恶”专项斗争 184a 189c
山区经济技术开发 215c
商贸流通 295
商业和旅游 41a
商业·旅游 295
社会保障 437
社会发展领域科技进步 376

社会救助 181b 443b
社会科学 87b
社会生活 433
社会消费品零售额 295a 548
社会主义核心价值观教育 69b
审计 359
神威药业 225a
深泽县 475
声环境质量 269
生态环境 263
生态治理与保护 270
生物资源 27b
市标 26
市场监督管理 360
市第二中学 398b
市第十四届人民代表大会第三次会议 91c
市第十四届人大常委会会议 92b
市第一医院 425c
市第一中学 397c
市工商业联合会 167c
市花 26a
市情概览 24
市人大常委会主任 90c
市人大常委会组成部门 90c
市树 26b
市委常委 57a
市委常委会会议 58b
市委工作部门 57b
市委机构设置 75a
市委机关机构改革 76a
市委理论学习中心组学习会 63b
市委全会 63a
市委全会报告 1
市委全面深化改革领导小组会议 65a
市委书记 57a
市长 96b
市政府常务会 100b
市政府工作部门 96b
市政府领导 96b
市政协常务委员 150b
市政协第十三届常委会会议 152b
市政协第十三届委员会第二会议 152a
市政协工作机构 150b
市政协主席 150b
十大工业名牌产品 223a
十大优秀工业设计产品 222c
时代新人·河北好人 496
石化工业 228
石家庄国际动漫博览交易会 411a
石家庄国际投资合作洽谈会 309c
石家庄国际小商品博览会 301b
石家庄国际医药博览会 303c
石家庄国家高新技术产业开发区 49
石家庄警备区 197
石家庄经济技术开发区 461b
石家庄科技工程职业学院 403c
石家庄炼化分公司 228b
石家庄煤矿机械有限公司 231b
石家庄市百强企业 532
石家庄市残疾人联合会 179
石家庄市第二批高层次人才 505
石家庄市妇女联合会 172
石家庄市公共文明行为条例 510
石家庄市公园管理办法 523
石家庄市归国华侨联合会 178
石家庄市国家建设项目审计条例 517
石家庄市红十字会 180
石家庄市黄埔军校同学会 73a
石家庄市见义勇为模范 497
石家庄市科学技术协会 177
石家庄市人才发展促进条例 513
石家庄市人民代表大会 90
石家庄市人民政府 95
石家庄市“三八红旗集体” 531
石家庄市“三八红旗手” 498
石家庄市十大名师工作室导师 505
石家庄市台湾同胞联谊会 72c
石家庄市文明公民标兵 500

石家庄市文学艺术界联合会 174
石家庄市“五四青年奖章”获得者 503
石家庄市消费者协会 181
石家庄市行政规范性文件管理规定 527
石家庄市亿元纳税大户 536
石家庄市优秀退役军人 503
石家庄市知名商标认定和保护办法废止 529
石家庄市总工会 169
石家庄市最美教师 505
石家庄四药 225c
石家庄信息工程职业学院 403a
石家庄学院 402a
石家庄幼儿师范高等专科学校 404b
石家庄职业技术学院 402b
石家庄综合保税区 54
石药集团 223b
食品工业 232
食品药品监督管理 363a
逝世人物 509
事业单位机构改革 80b
蔬菜生产 203b
数据资源管理 289
水环境质量 267
水利 209
水土保持和河道管理条例修改 521
水资源 28b
税务 354
司法行政 193
“4+4”现代产业 348c

T

台港澳侨事务 200
台湾同胞联谊会 72c
太平洋财产保险石家庄中心支公司 342b
太平洋人寿保险石家庄中心支公司 341a
特色小镇 247b
特殊教育 392a
特载 1
体育 429
条例法规 510
天桂山 32a
天津银行石家庄分行 330c
天主教 31c
铁路 274
铁路货运量 275a
铁路客运量 274c
统计 357
统计资料 540
统战工作 70c
土地利用 370c
土地资源 28c
土壤污染治理 271c
图书馆 411c
退役军人事务 440
驼梁 31c

W

外事 199
外资登记和市场管理 367a
网络安全和信息化 287
微电影大赛 70b
违反中央“八项规定”和“四风”问题查处 159c
卫生 421
卫生·体育 421
文化 405
文化产业 70a 410a
文化、卫生和体育 43a
文化艺术 405
文物 416
文艺创作 174b 406a
文艺繁荣奖 175
无极县 479
无线电管理 290
物价监督管理 365b
五岳寨 32c
雾和霾 37b

X

西柏坡纪念馆 418
县城建设 246a
县（市、区）空气质量 265c
仙台山 32a
消费者咨询投诉 182b
信访 83a
信息产业 284
新华区 455
新华人寿保险石家庄中心支公司 344a
新乐市 489
刑事审判 191a
刑事侦查 187c
行唐县 469
行政复议与应诉 186b
行政区划 24
行政审批 109c
行政审批权力目录 111
行政审批制度改革 81b
行政组织机构及总面积 540
畜牧水产业 204
宣传工作 68b
学前教育 393
巡视巡察 65c 156a

Y

烟草专卖管理 312
养老保险 438a
养老服务 444a
冶金工业 234
夜经济 295c
异常天气 37a
医疗保障 438
医药工业 223
以岭药业 224c
伊斯兰教 31b
银行 320
应急管理 445
应急救援 447b
用电量 237a
有害生物防治 207c
邮政 282
裕华区 456
园林绿化 259
元氏县 483

Z

赞皇县 477
造林绿化 207a
嶂石岩 32b
招商引资 305
赵县 485
赵州桥 34a
政策研究 73a
政法委 183
政府工作报告 8
政府机构设置 75b
政府机关机构改革 76c
政府投资代建项目 247
政务公开 104a
政协提案 153a
正定县 467
证券 332
治安管理 187a
制酒厂 234a
质量技术监督 361a
植物园 262b
志愿服务 451a
仲裁 195
重点商贸项目 296b
重点项目 348a
中等职业教育 399
中电科第十三研究所 286b
中电科第五十四研究所 285c

中国传统村落 247c
中国电信集团有限公司石家庄分公司 293b
中国共产党石家庄市委员会 56
中国共产主义青年团石家庄市委员会 171
中国工商银行石家庄分行 324c
中国光大银行石家庄分行 328b
中国国际通用航空博览会 302c
中国国民党革命委员会石家庄市委员会 164c
中国好人 493
中国建设银行石家庄分行 326a
中国联合网络通信有限公司石家庄市分公司 292b
中国民生银行石家庄分行 328a
中国民主促进会石家庄市委员会 166a
中国民主建国会石家庄市委员会 165b
中国民主同盟石家庄市委员会 165a
中国农工民主党石家庄市委员会 166b
中国农业发展银行河北省分行营业部 324a
中国农业银行石家庄分行 325b
中国企业 500 强 44a
中国人民财产保险石家庄市分公司 340a
中国人民银行石家庄中心支行 321b
中国人民政治协商会议石家庄市委员会 150
中国人寿保险石家庄分公司 339b
中国石化石家庄石油分公司 313a
中国（石家庄）国际汽车工业展览会 303a
中国移动通信集团石家庄分公司 291a
中国银行石家庄管理部 325c
中国邮政储蓄银行石家庄市分行 328c
中航通飞华北飞机工业有限公司 231c
中考招生 396a
中信银行石家庄分行 327a
中医药管理 423b
中医院 427a
中药材 204c
种植业 202
驻村帮扶 436a
住房保障和房地产业 250
住房公积金管理 253
专利和知识产权保护 364b
装备制造业 230
自然资源 26
自然资源管理 369
综合经济管理 347
宗教 31a
组织工作 66a

编后记

2020年12月，《石家庄年鉴2019》由河北人民出版社出版，在此谨向为本书提供支持和帮助的石家庄市党政军群、企事业单位及社会各界人士表示最衷心的感谢！

《石家庄年鉴》始终以为党立言、为国存史、为民编鉴为使命，坚持党委领导、市档案馆组织实施、社会各界广泛参与的工作体制，力争用通俗易懂的语言，真实记录石家庄地域的社会变迁和人文成就，努力为中外读者奉献出石家庄市最权威、最准确、最翔实的历史文献。“铁肩担道义，秉笔写春秋”，我们一直在奋斗、在追求，也期盼您提出宝贵的意见和建议。

信函地址：河北省石家庄市兴凯路219号4号楼529室

收 件 人：石家庄市档案馆年鉴编纂处

电子邮箱：sjznj@163.com

电　　话：0311-87851928